Schubert · Die Dokumente seines Lebens

Schubert

Die Dokumente seines Lebens

Gesammelt und erläutert von Otto Erich Deutsch

mit einem Geleitwort von Peter Gülke

BREITKOPF & HÄRTEL

WIESBADEN · LEIPZIG · PARIS

BV 302
ISBN 3-7651-0302-0
Erweiterter Nachdruck der 2. Auflage Leipzig 1980

Druck: Druck- und Verlagsanstalt Wiener Verlag Ges. m. b. H. Nachf. KG
Umschlaggestaltung: Doris Jausly, Wiesbaden
Titelbild: Moritz von Schwind – Eine Schubertiade bei Ritter von Spaun (Ölskizze),
Schubert-Museum Wien (Archiv für Kunst und Geschichte, Berlin)
Printed in Germany

Zum Geleit

Otto Erich Deutschs *Schubert-Dokumente* sind bis zum heutigen Tage ebensosehr ein unverzichtbares Grundlagenbuch wie ein Monument der Musikwissenschaft. Diese doppelte Rechtfertigung für eine Neuausgabe 80 Jahre nach der unkommentierten ersten und 30 Jahre nach der wesentlich erweiterten zweiten Edition erscheint kaum abgeschwächt, weil nunmehr – dank einer Forschung, die seiner Arbeit sehr viel verdankt – auf der Hand liegt, welcher Ergänzungen und Korrekturen sie bedürften, und eine neue Aufbereitung der Quellen bereits auf den Weg gebracht ist. Selbst aber, wenn die vier Bände der neuen Ausgabe vorliegen und in gleicher Weise erreichbar sein werden wie Deutschs *Dokumente*, werden wir diese nicht entbehren können – teilweise aus Gründen, die ihr Bearbeiter nicht gebilligt hätte.

„Dieses ist ein Buch der Tatsachen, der Selbstabdruck eines Lebens" – zu diesem für ihn ungewöhnlich stolzen, nahezu pathetischen Auftakt seines Vorworts fühlte Deutsch sich berechtigt, weil er als Autor bzw. Bearbeiter hinter der Objektivität des Materials zurückgetreten, in ihr gewissermaßen aufgegangen zu sein meinte; insofern verursachte gerade Bescheidenheit – dessen, der überdies betont, daß „ihm die Gabe der Analyse" fehle – die eröffnende Fanfare. Offenbar sieht er den „Selbstabdruck" weder durch seine Kommentare relativiert noch etwa durch das Geständnis, in bezug auf die Tagebücher der Brüder Hartmann „vielleicht etwas zu freigiebig" verfahren zu sein, „weil er sie zur Schilderung des Hintergrundes dieser Lebensgeschichte für besonders wichtig" hielt. Hier wie in vielen anderen Fällen, auch bei der zuweilen drastischen Kürzung etlicher Texte, hat er beim „Selbstabdruck" doch Hand anlegen, hat auswählen und werten, hat erfahren müssen, daß die Quellen – anders, als im Konzept der Dokumentar-Biographie gewollt – nicht ganz von selbst sprechen. Als Betrachter bzw. Bearbeiter konnte er sich also nicht einfach ausblenden – was ihm andererseits so wünschenswert erschien, daß er die Beeinträchtigung jenes Konzeptes nicht reflektierte.

Eine glücklicherweise unvermeidliche Beeinträchtigung! Wäre nämlich die pure Objektivität des „Selbstabdrucks" erreichbar gewesen, so müßte bei der Entscheidung für eine unveränderte Neuausgabe der Fassung des Jahres 1964 schwerer ins Gewicht fallen, daß mittlerweile neue Dokumente aufgetaucht sind und daß Deutsch dem Gebot der Nachprüfbarkeit der Befunde sehr oft nicht gefolgt ist – die meisten Quellennachweise fehlen. Wer hieraus Verdikte ableiten wollte, sollte allerdings erwägen, welch ungeheure Materialarbeit er geleistet, wie verhältnismäßig wenig er zu entdecken übriggelassen hat – in erster Linie wären die zwei Bände der von Walburga Litschauer herausgegebenen *Neuen Dokumente zum Schubert-Kreis: Aus Briefen und Tagebüchern seiner Freunde* (Wien 1986 bzw. 1993) zu nennen –, und wie gewissenhaft er mit den Quellen umging; Lesefehler und Flüchtigkeiten sind ihm, gemessen am Umfang des Materials, kaum unterlaufen. Sehr wohl ließe sich von „Andacht" gegenüber den Quellen sprechen, zumindest von einer akribischen Spurensicherung, der keine Mühe zu groß war und zu der nur allzu gut paßt, daß Deutsch „alles Ästhetisieren in Kunstsachen zuwider" war, einer ähnlichen Allergie Schönbergs vergleichbar in dem Bedürfnis, alles relativierende Gerede von sakrosankten Selbstverständlichkeiten fernzuhalten, auch in dem Argwohn, solches Gerede zeige an, daß jene Selbstverständlichkeiten verlorenzugehen begännen.

Zum Geleit

Noch die beiläufigste Erwähnung Schuberts wiegt für Deutsch letztlich schwerer als jede ihr angehängte Deutung – was zu betonen wichtig erscheint angesichts unzähliger, unschätzbarer Verstehenshilfen, die er dem Benutzer leistet.

Gewiß hat Deutsch im Blick auf seinen Helden diesen betreffende Auskünfte zuweilen in einer Weise herauspräpariert, welche eine adäquate Einordnung und Bewertung erschwert. Wenn Schubert beispielsweise in einem längeren Text unter zahlreichen Komponisten nur beiläufig erwähnt erscheint, stellt auch dies eine Auskunft dar – welche Deutsch indessen versperrt, indem er das meiste nicht Schubert Betreffende streicht und damit eine Aufmerksamkeit simuliert, welche originaliter nicht vorhanden war. Dergestalt blendet er das ihm allzu selbstverständlich vertraute sozial- und rezeptionsgeschichtliche Umfeld stärker aus, als dem Anspruch des „Selbstabdrucks" gemäß sein kann. Einerseits verhindert die Abstinenz in bezug auf Gewichtung und Deutung die Reflexion darauf, inwiefern derlei Aufbereitung und Anordnung der Quellen eo ipso ein Moment von Deutung und Wertung enthalten, andererseits wäre es paradox, dokumentiert sehen zu wollen, wie Schubert nicht beachtet wurde. Deutsch gibt eben genug Anhalte für entsprechende Rückschlüsse.

Ursprünglich lag es keineswegs in seiner Absicht, die Nachweise zu vernachlässigen – und eben hier wird ein Blick auf seine Person unerläßlich. „Die späteren Umstände des Verfassers haben es vielfach unmöglich gemacht, dieses Versäumnis [i. e. der Ausgabe von 1914] nachzuholen: seine Korrespondenz ist vernichtet" – dergestalt untertreibend (wie ähnlich, wenn er in der Dankrede zur Ehrenpromotion von 1960 von seinem „etwas unregelmäßigen akademischen curriculum" spricht) spielt er auf die erzwungene Exilierung an, welche die Verwirklichung etlicher Pläne verhinderte und auch die *Schubert-Dokumente* zum Fragment macht – ursprünglich hatte er, wie im Vorwort erläutert, ein alle Quellen und Dokumente umfassendes Corpus ins Auge gefaßt. Dessen verschiedene Teile mußten späterhin an unterschiedlichen Stellen erscheinen, die *Schubert-Dokumente* als Band 5 in der „Serie VIII: Supplement" der Neuen Ausgabe sämtlicher Werke – genau entsprechend den ebenfalls von Deutsch gesammelten und erläuterten *Mozart-Dokumenten*, welche drei Jahre zuvor im Rahmen der neuen Mozart-Ausgabe vorgelegt worden waren.

Über 400 teilweise umfangreiche Aufsätze, die 1955 erschienene Dokumentar-Biographie Händels, ein Register aller Wiener Opernaufführungen seit 1641, das vorliegende Buch und jene Publikation, welche in der Fachwelt kurzweg „der Deutsch" heißt, das chronologische Verzeichnis von Franz Schuberts Kompositionen, welches als „Thematic Catalogue ..." erstmals 1951 in London erschien und seit 1978 in einer revidierten Neuausgabe vorliegt – das drängt uns im Zeitalter von Teamwork, Forschungsstipendien, Sponsoren, Datenverarbeitung und Computer die Frage auf, wie einer allein, obendrein in einem jäh aus der Bahn geworfenen Leben, dies hat leisten können. Die einzig gewissenhafte Antwort lautet: Wir wissen es nicht. Wir können nicht ermessen, wie ein einzelner einer solchen Materialfülle Herr werden und, etwa in Journalen der Schubert-Zeit, Fahndungen betreiben konnte, bei denen er oftmals erst auf der zwanzigsten Fährte fündig wurde. Die Formulierung, Deutsch sei in mehrfacher Weise sein eigener Sponsor gewesen, obwohl nicht unberechtigt, bagatellisiert die Frage mehr, als daß sie sie beantwortet. Daß die Lebensumstände ihm zeitweise erlaubten, Liebhabereien nachzugehen, erklärt nicht, wie er es – Sammler, Privatgelehrter, Liebhaber in einem – jahrzehntelang mit aufopferungsvoller Konsequenz tun konnte, und ganz ohne die in solchen Fällen übliche, einseitig auf die Gegenstände ausgerichtete Monomanie. Seine Arbeit erwuchs aus einer tiefen, breitgefächerten, selbstverständlichen Verbundenheit mit der Kultur Wiens – kennzeichnend schon, daß er beruflich erst spät zur Musik gelangte, nominell als Dreiundvierzigjähriger, da er die Verwaltung der Musiksammlung von Anthony van Hoboken übernahm.

Der aus einer begüterten Fabrikantenfamilie Stammende studierte zunächst Kunst- und Literaturgeschichte und arbeitete anschließend, ehe er im Ersten Weltkrieg als Offizier diente, zugleich als Kunstkritiker und als Assistent am Kunsthistorischen Institut der Wiener Universität, legte knapp vor Kriegsausbruch die erste Ausgabe der *Schubert-Dokumente* vor und betätigte sich nach dem Kriege, ehe er zu Hoboken kam, als Buchhändler; zeitweise versuchte er sich als Herausgeber einer anspruchsvollen Zeitschrift und wurde im Jahre 1938 brutal daran erinnert, was vordem als differencia specifica für ihn keine Rolle gespielt hatte: daß er jüdischer Abkunft war. Deutsch emigrierte nach England, kam 1952 nach Wien zurück und arbeitete fortan bis zu seinem Tode im Jahre 1967 als Mitglied, später im Vorstand der Internationalen Stiftung Mozarteum in Salzburg. Soweit die Daten.

Nicht also von vornherein (man möchte sagen: gerade nicht) ein Fachmann, sondern ein Liebhaber! – und dieser, in denkbar umfassendem Sinne, ist Deutsch zeit seines Lebens geblieben. Noch das „Pathos der Nüchternheit" in allem, was er schrieb und tat, später vermehrt um angelsächsisches Understatement, zeugen hiervon; „die Engländer pflegen solche Lobreden mit dem Satze zu erwidern: it is nice of you to say so" – so begann seine Dankrede auf die Laudatio der Ehrenpromotion. Solche Nüchternheit gründet, wie die oben angesprochene Distanz gegenüber weitgreifenden Deutungen, ebenso in der Vertrautheit mit der Kultur der Wiener Klassik wie in dem, was man frei nach Thomas Mann „Bescheidenheit des Bescheidwissenden" nennen könnte, dem Respekt vor dem, was keine Erklärung zu erreichen vermag. „Können Sie mir sagen, was Schönheit sei?" läßt Goethe in „Der Sammler und die Seinigen" (Fünfter Brief) den jungen Philosophen fragen. „Vielleicht nicht", lautet die Antwort, „aber ich kann es Ihnen zeigen." So hätte auch Deutsch antworten können.

Ein Liebhaber seines Zuschnitts ist nicht zu haben für die Unterscheidung von Beruf und Berufung – hierin vor allem, mehr als in materiellen Angelegenheiten, war Deutsch sein eigener Sponsor; insofern lebte in ihm das Ethos heroischer Generationen der Musikforschung fort, des Ritters von Köchel oder Otto Jahns, dem wir die erste „realistische" Mozart-Biographie danken, Friedrich Chrysanders, der bei der Händel-Ausgabe nicht nur Herausgeber und Redakteur, sondern auch sein eigener Notenstecher war, das Ethos von Forschern wie Friedrich Ludwig oder Heinrich Besseler, welche mittelalterliche Manuskripte serienweise kalligraphisch genau abschrieben. Im Zeitalter vielfältiger Reproduktionstechniken haben wir das nicht mehr nötig, haben aber Anlaß, zu überlegen, welch sehr konkrete, bis ins Palpatorische reichende Vertrautheit mit den Quellen damit verlorengegangen sei und wie sehr deren Materialität zur Sache gehöre. Die Beiträge der jüngeren Papier- und Manuskriptforschung zu unserer Kenntnis Bachs, Mozarts, Beethovens oder Schuberts reden eine deutliche Sprache in bezug auf den Nutzen solcher Vertrautheit, die die beste Reproduktion nicht ermöglicht und welche Deutschs Kommentaren allenthalben zugrundeliegt; ihm war das Material auf kaum mehr nachvollziehbare Weise gegenwärtig. Wenn wir eingangs angedeutete Bedenken gegen seine Vorgehensweise anmelden, dann unter Maßgaben, deren Anwendung seine Pionierarbeit erst ermöglicht hat; Zwerge auf der Schulter des Riesen haben es leicht, weiter zu sehen als dieser. Und jene Bedenken helfen, indem sie ihre Voraussetzungen zu prüfen zwingen, Deutschs Arbeit ins rechte Licht rücken.

Es ist Zeit zu sagen, weshalb seine Aufbereitung der Texte auch bestehen kann, wenn die neue vollständig verfügbar sein wird. Nur im vorliegenden Bande findet der Leser die allermeisten aus Schuberts Lebenszeit stammenden Dokumente samt Kommentaren zwischen zwei Buchdeckeln vereint – ohne die gewiß unumgängliche, dennoch wenig benutzerfreundliche Vierfach-Trennung von gedrucktem und handschriftlichem Material und je zugehörigen Kommentaren. Deutschs Sammlung wird ihm die Einordnung der fehlenden Dokumente erleichtern dank ihrer größeren Kohärenz, verglichen mit der strenger am Prinzip des „Selbst-

abdrucks“ orientierten neuen Aufbereitung, welche dieser Strenge wegen den Leser den Zufälligkeiten der Überlieferung stärker aussetzt. Deutschs *Dokumente* bleiben also in einem doppelten Sinne „handlicher“, ein Mittleres zwischen Rohmaterial und Biographie – wie immer ihr Bearbeiter das nicht gern gehört hätte. Seiner Anordnung und Kommentierung nachgehend und diese in bezug auf das Material reflektierend wird der Leser rasch entdecken, wo sie mehr biographische Folgerichtigkeit suggerieren könnten, als die Quellen rechtfertigen; jede andere Anordnung als die strikt chronologische freilich wäre fragwürdiger und subjektiven Wertungen noch stärker ausgeliefert. Angesichts der Auslassungen wird der Leser im Auge behalten, daß die *Dokumente*, indem sie die Aufmerksamkeit fokussieren, ihn gewissermaßen von vornherein in den engeren Kreis der Schubertianer ziehen.
Als wäre das nicht vor allem ein Vorteil! – nicht, weil man, den Einwand gegen die herausgeleuchtete Einzelheit zu Ende denkend, Deutsch gar vorwerfen müßte, überhaupt aus dem Ozean des Unwichtigen das Wichtige herausgefischt zu haben, sondern weil das Material nahezu vollständig versammelt und vorgeordnet erscheint („seit 1914 ist es schwer geworden, keine Schubert-Biographie zu schreiben“, sagt Deutsch im Vorwort), weil der Leser gerade auch über Erschwerungen bei der Bezugnahme zwischen unterschiedlichen Dokumenten, bei der Verfolgung übergreifender, durch scheinbar Nebensächliches gestörter Zusammenhänge besonders intensive Tuchfühlung mit der in sich widersprüchlichen, nur ausschnitthaft dokumentierten Wirklichkeit dieses Lebens und Schaffens gewinnt und zu bedenken gezwungen wird, daß Dokumente Reflexe von Tatbeständen sind und nicht diese selbst, daß Optik und Interesse des jeweiligen Berichts kalkuliert werden müssen und derselbe Sachverhalt in einem anderen Bericht sich anders darstellen kann. Einerseits erspart Deutsch dem Benutzer die Irritation durch ein ganz und gar amorphes, kontingentes Material, blendet andererseits diesen Hintergrund aber nicht vollständig aus, er geht dem Leser wohl kommentierend zur Hand, hält sich aber zurück in bezug auf Vorentscheidungen darüber, wie wichtig ein Dokument sei. Eine Lektüre vorausgesetzt, die nichts ausläßt, nicht zu fragen aufhört und sich von Deutschs Entdeckerfreude anstecken läßt, und im Hinblick darauf, daß ein solcherart Lesender sich sein je eigenes Bild des Komponisten zusammensetzen kann, bleiben Deutschs *Dokumente* der Königsweg zu einer Schubert-Biographie.

Wuppertal, Herbst 1995 — Peter Gülke

Vorwort

Dieses ist ein Buch der Tatsachen, der Selbstabdruck eines Lebens.
Es unterscheidet sich von anderen Biographien dadurch, daß es nicht Geschehnisse und Zeugnisse, die dem Verfasser bekannt geworden sind, auswählt, ihre Lücken überbrückt, und das Ganze belletristisch oder wissenschaftlich verbindet. Es ist vielmehr eine, mit den Kräften eines Menschenalters unternommene, annähernd vollständige Sammlung aller Tatsachen, und Dokumente mit den nötigen Erklärungen. Diese Erklärungen selbst sind, soweit das menschenmöglich ist, objektiv gehalten, ohne persönliche Ausschmückung, unter Vermeidung von Vorurteilen und von Treppenwitz. Kurz gesagt, dieses Buch will nicht eine Biographie Schuberts sein, deren noch manche geschrieben werden dürften, sondern das natürliche Monument seines Lebens; unheroisch, wie es sich bei einem Helden der menschlichen Kultur geziemt.
Ob das System dieses Buches sich aus der Materie selbst, dem bescheidenen Lebenslauf eines „Frühvollendeten", ergeben hat oder aus der Eigenart seines Autors, dem alles Ästhetisieren in Kunstsachen zuwider ist und dem die Gabe der Analyse fehlt, weiß er selbst nicht mehr zu sagen. Der erste Umstand hat einen Freund Schuberts, den Dichter Eduard von Bauernfeld, 1857 aufseufzen lassen: dieses Leben böte „so wenig faßbare biographische Züge", daß es sich „etwa nur in einer Art poetischer Schilderung" darstellen ließe (was in unserer Zeit ja öfters geschehen ist). Noch 1897 meinte Max Friedlaender, einer der verdienstvollen Schubert-Forscher: „Es mangelte und mangelt noch an Material für eine Biographie." Der zweite Umstand hat diesen Mangel behoben; seit 1914 ist es schwer geworden, keine Schubert-Biographie zu schreiben. Wenn dieses Buch schon in seiner fragmentarischen ersten deutschen Ausgabe von Schubert-Forschern und Literaten nicht fruchtlos benützt worden ist, so mag es in dieser endgiltigen Fassung noch nutzbringender werden. Ohne Habsucht und ohne Neid sei ihm also auf seinen neuen Weg der Segen mitgegeben: Vivant sequentes!

Die vorliegende Ausgabe des Buches, die der Autor für die endgiltige hält, ist nicht nur durch den Kommentar, der in Worten etwa zwei Fünftel ausmacht, vermehrt worden. Es sind mehr als 160 Dokumente und etwa 80 Ereignisse neu aufgenommen. Etwa 75 Dokumente, meist Varianten von Rezensionen, wurden als überflüssig ausgeschieden, aber im Kommentar erwähnt. Zahlreiche Dokumente sind im Wortlaut verbessert, manche davon auch vermehrt worden.
Es gibt 74 erhaltene Briefe von Schubert, 7 Gedichte, eine allegorische Erzählung, zwei fragmentarische Tagebücher, etwa 35 charakteristische Widmungen und Notizen auf Manuskripten von seiner Hand. Dem stehen mehr als 50 Briefe an ihn gegenüber, etwa 230 Briefstellen und fast 300 Tagebuchstellen über ihn. (Im Falle der Brüder Franz und Fritz von Hartmann war der Autor vielleicht etwas zu freigebig in der Mitteilung ihrer Tagebücher, weil er sie zur Schilderung des Hintergrundes dieser Lebensgeschichte für besonders wichtig hält.) Mindestens drei Tagebücher von Weggenossen

Schuberts sind verlorengegangen: die von Anselm Hüttenbrenner, Leopold von Sonnleithner und Johann Baptist Jenger; alle drei offenbar absichtlich vernichtet. Die zu Schuberts Lebzeiten gedruckten Dokumente umfassen Programme, Ankündigungen und Kritiken. Daneben gibt es allerhand Familiendokumente und amtliche Zeugnisse, poetische Ergüsse von Freunden und Verehrern u. dgl. m. Obzwar die erste deutsche Ausgabe in ihrem fragmentarischen Zustand den Nachweis der Quellen nie erbracht hat, sind diese doch von keiner Seite je angezweifelt worden. Die späteren Umstände des Verfassers haben es vielfach unmöglich gemacht, dieses Versäumnis nachzuholen: seine Korrespondenz ist vernichtet. Die Rechtschreibung wurde 1914 bei allen Dokumenten, ausgenommen die von Schuberts eigener Hand, modernisiert. Auch das konnte jetzt nicht mehr geändert werden. Aber es genügt wohl hier zu sagen, daß die meisten Quellen in Wien gefunden worden sind: bei den Nachkommen der Geschwister Schuberts, in der Bibliothek und dem Archiv der Stadt Wien, der National- und der Universitäts-Bibliothek, dem Staats-Archiv, den Archiven der Ministerien des Innern und des Unterrichts, in den Registraturen anderer Ämter, den Sammlungen der Gesellschaft der Musikfreunde und anderer Vereine. An Stelle einer Liste persönlicher Förderer des Unternehmens wird hier ein Verzeichnis der Schubertianer geboten, mit deren Nachkommen, Erben oder Nachfolgern der Verfasser erfolgreich verkehrt hat:
Artaria & Co.; Bibl, Bocklet, Breuning, Bruchmann, Breitkopf & Härtel; Clodi, Craigher; Diabelli, Doblhoff; Ebner, Enderes, Graf Esterházy; Grob, Karl Magnus Gross, Grove; Hardtmuth, Franz und Therese v. Hartmann, Josef Hauer, Hönig, Holzapfel, Hüttenbrenner, Josef Huber, Hugelmann; Kenner, Kienreich, Fürstin Kinsky, Kleyle, Koller, Kreißle, Leopold Kupelwieser, Kurzrock; Franz Lachner, Leidesdorf, Leitermayer, Löwenthal; Mayerhofer v. Grünbühel, Mayssen; Pachler, Pinterics, Pompe, Pratobevera, Probst, Prokesch; Rieder; Sauter, Seidl, Siboni, Sonnleithner, Josef v. Spaun; Schellmann, Schlechta, Schnorr, Schober, Franz Schubert-Dresden, Schweighofer, Schwind; Albert Stadler, Streinsberg; Teltscher, Traweger; Umlauff; Graf Weissenwolff.
Der Verfasser hat alle Schubert-Stätten selbst besucht, ausgenommen Schloß Steyregg bei Linz und Schloß Wildbach bei Graz. Er war aber auch z. B. am Geburts- und am Sterbeort Franz von Schobers (Schloß Torup bei Malmö und seine letzte Wohnung in Dresden).
Als eine Art Ehrentafel sei hier, in chronologischer Folge, eine Liste der Schubert-Biographen gegeben, die diesem Buche vorgearbeitet haben. Einige dieser Männer (bezeichnet o) sind nicht über eine private Sammlung von Materialien hinausgekommen; andere (bezeichnet x) nicht über Ansätze zu einer Biographie:

Aloys Fuchs o
Anton Schindler x
Ludwig Gottfried Neumann x
Franz Derffel o
Josef Wilhelm Witteczek o
Franz Liszt x
Ferdinand Luib o
Heinrich Kreißle von Hellborn
Konstant von Wurzbach
Sir George Grove
Max Friedlaender x
Richard Heuberger
Alois Fellner o

Friedlaender und Heuberger waren dem Verfasser freundliche Berater. Ludwig Scheibler und Eusebius Mandyczewski, die wenig Biographisches über Schubert veröffentlicht haben, hilfsbereite Freunde. Zu ihnen gesellten sich später Maurice J. E. Brown und Ignaz Weinmann.

Die erste deutsche Ausgabe des ganzen Werkes, bei Georg Müller in München begonnen, sollte aus vier Teilen bestehen: Band 1 George Groves Biographie, übersetzt und bearbeitet (gesetzt, aber nicht erschienen), und die Schubert-Bibliographie (bis 1928 von Willi Kahl 1938 separat herausgegeben); Band 2, erste Abteilung, die Dokumente von der Geburt bis zum Tode umfassend, erschienen 1914 (hier als „erste Ausgabe" zitiert); zweite Abteilung, umfassend den Nachruhm und die erst 1957 bei Breitkopf & Härtel in Leipzig erschienenen Erinnerungen (in diesem Buche als „Schubert-Erinnerungen" zitiert) mit Kommentar und Register zu beiden Teilen; Band 3, das Leben in Bildern (in diesem Buch als „Bildband" zitiert), 1913 erschienen; Band 4, Thematisches Verzeichnis, erst 1951 in London englisch erschienen.

Die englische Ausgabe der Dokumente erschien 1946 bei J. M. Dent & Sons in London, die dann auch den Thematischen Katalog veröffentlicht haben. Beide Bücher wurden in New York von W. W. Norton & Company verlegt.

Nachschrift. Man sollte glauben, daß nach fünfzig Jahren die Quellen dieser Dokumentation erschöpft sein müssen. Nachdem der Satz dieses Buches schon seitenweise umbrochen war, meldeten sich aber zwei neue Helfer, die etwas dazu beisteuern konnten: Prof. Dr. Andreas Markus in Linz, der drei auf Schubert bezügliche Briefe der Gräfin Anna Revertera, geborenen von Hartmann, fand, und Prof. J. N. Chochlow in Moskau, der in Budapest Verlagsanzeigen und Akten ermittelte, die Schuberts Werke betreffen. Auch die Aufführung eines Schubert-Liedes in Laibach (Ljubljana) ist durch Prof. Chochlow ermittelt worden. Glücklicherweise bieten diese neuen Dokumente nur Stützen des Textes, so daß sie ohne Hinweise im Hauptteil als kleiner Nachtrag angefügt werden konnten.

Während der Drucklegung wurde die von allen Schubert-Forschern geforderte und längst fällige neue Gesamtausgabe der Werke Schuberts Wirklichkeit: Die Ende 1963 in Tübingen gegründete Internationale Schubert-Gesellschaft hat die Aufgabe übernommen, eine ‚Neue Ausgabe sämtlicher Werke' Franz Schuberts herauszubringen, als deren ersten Band in der Serie VIII, Supplement, die vorliegenden Schubert-Dokumente somit erscheinen können.

Wien, September 1963 O. E. Deutsch

EINLEITUNG

ÖSTERREICH UND WIEN ZU SCHUBERTS ZEIT

Bei einem der jährlichen Dinners, die die Anglo-Austrian Society in London veranstaltete, sagte 1925 Sir Henry Hadow, der erste Herausgeber der „Oxford History of Music" und Verfasser ihres 5. Bandes, der sogenannten „Viennese Period", folgendes: „Für alle, die Musik lieben, ist Wien wahrlich eine geheiligte Stadt. Wenn ich die drei größten künstlerischen Zeiten der Weltgeschichte anzugeben hätte, würde ich an erster Stelle das Perikleische Athen, an zweiter das Elisabethinische England und an dritter – ohne jeden Zweifel – das Wien der zweiten Hälfte des 18. und des ersten Viertels des 19. Jahrhunderts nennen." Das war die Zeit Haydns, Mozarts, Beethovens und Schuberts.

Als Franz von Habsburg-Lothringen 1792 Kaiser wurde, geriet er alsbald mit dem revolutionären Frankreich in Krieg. Im Frühjahr 1796 wurde Österreich von zwei Heeren am Rhein angegriffen, denen Erzherzog Karl, des Kaisers Bruder, standhielt, und von einem Heer in Italien, das Buonaparte siegreich führte. Zu Neujahr 1797 war Österreich um den Entsatz Mantuas bemüht, wurde aber zuerst bei Arcole und dann, am 14. Januar, bei Rivoli geschlagen. Das war 17 Tage vor Schuberts Geburt (31. Januar 1797).
Schon im Herbst 1796 war in Wien ein Freiwilligen-Korps aufgestellt worden. Als dessen zweite Division am 17. November, dem Tage von Arcole, zur italienischen Armee abging, schrieb Beethoven den „Abschiedsgesang an Wiens Bürger", den er dem Kommandanten des Korps, Major Karl von Köwesdy, gewidmet hat.
Ende 1796 hatte die Regierung, nach englischem Muster, Haydns „Volkshymne" bestellt, die am 12. Februar 1797 in allen Theatern Österreichs abgesungen wurde.
Nach dem Fall von Mantua, am 21. Februar, bei dem sich auch die Wiener Freiwilligen ergeben mußten, war Innerösterreich selbst bedroht. Buonaparte zog über die Ostalpen, besetzte Graz, die Hauptstadt der Steiermark, und drohte, über den Semmering gegen Wien vorzudringen.
Am 4. April kam es zum Aufgebot des allgemeinen Landsturms in Österreich, und am 14. veröffentlichte Beethoven sein „Kriegslied der Österreicher". Drei Tage darauf, am Ostermontag, versammelten sich die Korps des Wiener Aufgebots auf dem Paradeplatz des Glacis. Nach einer Feldmesse zogen sie mit klingendem Spiel durch die (heute so benannte) Währinger- und Nußdorferstraße, an Schuberts Geburtshaus vorbei, zum Linienwall hinaus. Das war die erste öffentliche Musik, die er – 76 Tage alt – gehört hat.
Aber diese Musik, darunter wohl die neue Volkshymne, führte nicht wirklich zur Schlacht. Die sieben Brigaden gelangten nur bis an die Grenzen der beiden Viertel ober und unter dem Wienerwald (Teile Niederösterreichs), die Universitäts-Brigade bis Kritzendorf und das am 18. April folgende Handlungs-Korps bis Klosterneuburg an der Donau. Denn an diesem Tage schloß Buonaparte, der abgeschnitten zu werden fürchten mußte, mit Österreich den Vorfrieden von Leoben (Steiermark). Am 3. Mai

kehrte das Wiener Aufgebot, wahrscheinlich auf dem gleichen Wege, zurück. Im selben Monat zog Buonaparte wieder nach Oberitalien, und im Oktober 1797 kam es zum Frieden von Campo Formio, der Österreich die Lombardei und Belgien gekostet, ihm aber Venetien eingebracht hat.

Im Dritten Koalitionskrieg eroberte Joachim Murat, Kaiser Napoleons Schwager, die Residenzstadt Österreichs und des Deutschen Reiches, im Monat des Sieges von Trafalgar, Oktober 1805. Napoleon residierte im Lustschloß Schönbrunn. Im Frieden von Preßburg (Ungarn) verlor Österreich weitere Gebiete. Kaiser Franz, der schon 1804 den Titel eines erblichen Kaisers von Österreich angenommen hatte, legte 1806 die deutsche Kaiserwürde nieder, was das Ende des alten Deutschen Reiches bedeutete.

1809 versuchte Österreich allein, Europa vom französischen Joche zu befreien, während Napoleon in Spanien festgehalten schien. Im Mai besetzte Napoleon aber zum zweiten Male Wien, das er auch nach seiner Niederlage bei Aspern (Niederösterreich) behauptete. Sein Sieg bei Wagram (Juli) führte im Oktober zum Frieden von Wien, abermals unter Landverlusten für Österreich. Im April 1810 kam es dann zur Hochzeit Napoleons mit der Tochter des Kaisers Franz, Erzherzogin Marie Louise.

1812 mußte Franz, wie der König von Preußen, dem Kaiser Napoleon in Dresden, vor seinem Feldzug gegen Rußland, huldigen. Aber 1813 rief Friedrich Wilhelm III. zum Befreiungskriege auf, der Österreich, Preußen und Rußland gegen Frankreich vereinigte. Die Völkerschlacht bei Leipzig, im Oktober 1813, und der Einzug der Verbündeten in Paris, 1814, besiegelten Napoleons Schicksal.

Der Wiener Kongreß (September 1814 bis Juni 1815) gab Österreich alle seine Besitzungen, mit Ausnahme Belgiens und der sogenannten Vorlande am Rhein, zurück. Das Österreichische Kaisertum, wie die Monarchie seit 1804 hieß, umfaßte ungefähr das Gebiet der späteren Österreichisch-Ungarischen Monarchie, aber auch Venedig, Mailand und andere Besitztümer in Oberitalien, zusammen etwa 12000 Quadratmeilen. Die 14 Provinzen hatten über 30 Millionen Einwohner, darunter etwa 15 Millionen Slawen und 6 Millionen Deutsche. Die Katholiken darunter machten fast 27 Millionen aus.

Nach dem mißglückten Putsch Napoleons kam sein Sohn, der später so genannte Herzog von Reichstadt (Böhmen), nach Wien, wo er bis zu seinem frühen Ende, 1832, verblieb.

Kaiser Franz, in Österreich der Erste (1768–1835), heiratete 1816 zum vierten Male, und zwar die frühere Gattin des Kronprinzen von Württemberg, Karolina Augusta von Bayern (1792–1873), die erst 1825 in Preßburg auch zur Königin von Ungarn gekrönt worden ist. Er war der Haustyrann in der Familie seiner Völker, um alles bedacht, aber kleinlich; besorgt um die Loyalität seiner Untertanen; rücksichtslos in der Verfolgung wirklicher oder – wie im Falle der „Jakobiner" und der Freimaurer – eingebildeter Gefahren für den Thron. Sein Ratgeber seit 1809, Klemens Fürst Metternich, war ein kluger, aber kein weiser Kanzler, dessen System, in Österreich wie in Europa, zu den Revolutionen von 1848 geführt hat. Metternichs Handlanger war seit 1817 der Polizeichef Josef Graf Sedlnitzky, und die Mittel beider waren nicht eben wählerisch. Die Zensur von Büchern (einschließlich Noten mit Text) und von Zeitungen, das Verbot des vereinsmäßigen Turnens, die Beaufsichtigung der Universitäten usw. waren von Metternich 1819 auf der Minister-Konferenz des neuen Deutschen Bundes in Karlsbad angeregt und vom Bundestag in Frankfurt am Main genehmigt worden.

Der höhere Adel, der eine gewisse Selbständigkeit gegenüber dem Hofe bewahrte, bestand aus Fürsten, Grafen und den Freiherren älteren Rangs. In Wien waren um 1825

etwa 20 fürstliche, 70 gräfliche und 60 freiherrliche Familien ansässig. Die Einkünfte eines fürstlichen Hauses beliefen sich jährlich auf 100000 bis 150000 fl. Konventionsmünze, die eines wohlhabenden gräflichen Hauses auf 20000 bis 80000 fl.
Der zweite oder sogenannte Leoninische (das heißt etwa halbseidene) Adel bestand aus Rittern, Landmännern, Edlen von und Herren von; das waren meist Offiziere und Beamte, aber auch geadelte Fabrikanten, Großhändler und Bankiers, die selbst im gräflichen Range eines Fries nicht vom alten Hochadel anerkannt wurden. Die geadelten Kaufleute waren meist eingewanderte Schweizer und Reichsdeutsche, die katholisch geworden waren.
Zum Hofstaat gehörte der Oberst-Hofmeister, dem u. a. die (geistliche) Hofkapelle, die Hofbibliothek und der „Hofmusikgraf" unterstanden, sowie der Oberst-Kämmerer, der u. a. die Kunstsammlungen und die Hoftheater zu beaufsichtigen hatte.
Die innere Verwaltung des autokratischen Systems wurde besorgt durch drei Hofkanzleien in Wien: die Vereinigte (österreichisch-böhmische, galizische und italienische), die Königlich Ungarische und die Königlich Siebenbürgische; ferner durch die Gouvernements in den 14 Ländern oder Provinzen. Es gab landesfürstliche (Regierungs-), ständische (Landes-) und städtische Beamte, die zusammen in Wien allein 4000 bis 5000 Köpfe zählten.

Die Zahl der Bevölkerung Wiens (ohne Militär), die um 1788 schon 270000 erreicht hatte, war während der folgenden Kriege zeitweilig bis auf 230000 zurückgegangen, hat aber 1824 schon 290000 ausgemacht. Davon lebten etwa 50000 in der Inneren Stadt. Darunter waren auch die malerischen Typen der nicht-deutschen Bewohner, besonders der Griechen und der Türken. Die Zahl der Fremden, die in ganz Wien lebten, war 1802 schon 40000. Die City, in einem Halbrund an den Donaukanal (einen regulierten Arm des Stromes) grenzend, war befestigt. Wall und Graben, genannt Bastei und Glacis, waren schon im Mittelalter errichtet worden, und es heißt, daß das englische Lösegeld für Richard Löwenherz mitgeholfen habe, die Befestigung Wiens, des europäischen Bollwerks der Christenheit gegen die orientalischen Gefahren des Heidentums, zu bezahlen. Besonders aber war diese Befestigung seit 1529 gegen die Türken gerichtet, deretwegen man 1683 auch die Vorstädte einbezogen hatte, mit dem „Linienwall", der einen äußeren Halbkreis bildete und sich an die Donau selbst anschloß. Nur die Leopoldstadt, mit dem Prater und dem Augarten, die zwischen der Donau und dem Kanal liegt und häufig auch Überschwemmungen ausgesetzt war, blieb ziemlich unbefestigt und mußte im Ernstfall, wie die Vororte, im Stich gelassen werden. 1809 hatten die Franzosen vor ihrem Abgang einen Teil der Basteien geschleift, der aber 1816/17, zur Steuerung einer Arbeitslosigkeit, wieder instand gesetzt worden ist.
Das Glacis, heute z. T. durch die Ringstraße ersetzt, war 600 Schritte breit. Der Flächeninhalt der Inneren Stadt betrug etwa 400000, der der ganzen Stadt etwa 8500000 Quadratklafter. Die 127 Straßen und Gassen der Inneren Stadt waren schmal; sie umfaßten etwa 1200, meist hohe Häuser (ohne die Kirchen). Durch die 12 Tore innerhalb der Bastei führten radiale Straßen in die 34 Vorstädte, die über 7000 Häuser hatten. Durch die Tore des Linienwalls (jetzt durch „Gürtel" und Stadtbahn ersetzt) führten jene Straßen weiter in die Vororte, meist Dörfer am Fuße des Wienerwalds, der ein Ausläufer der östlichen Alpen ist und bei Nußdorf (einem Vororte) an der Donau endigt.

Das Leben in Wien war, trotz der Teuerungen von 1803 und 1809 und des Staatsbankrotts von 1811, um 1820 wieder billiger als in den meisten der europäischen Großstädte. 1825 kostete ein Pfund Rindfleisch 6 kr., ein Mittagessen in einem der guten Gasthäuser 20 bis 40 kr., in einem besseren Restaurant 2 bis 4 fl. K. M. Ein Maß Bier kostete 6 bis 4 kr., je nach Qualität. Ein Gulden hatte 60 Kreuzer. Nur Wohnung und Beheizung (Holz) waren verhältnismäßig teuer. Schuberts möbliertes Zimmer am Glacis kostete 1825 monatlich 10 fl. K. M. Wien hatte damals 84 Kaffeehäuser – der beliebteste Treffpunkt für Männer –, wo man alle möglichen Erfrischungen, kalte und warme, aber keine Mahlzeiten bekam. Der echte Bohnenkaffee, durch Napoleons Kontinentalsperre zeitweise unterbunden, war seit 1813 wieder zugelassen. Es gab bei 2000 Privatkutschen, über 600 Fiaker, 60 unnumerierte Stadtlohnwagen, nur mehr 37 Tragsessel, dafür aber neue Gesellschaftswagen, die aus der Stadt hinaus führten, 1200 offene „Zeiselwagen", die vor den Linien standen, und 20 bürgerliche Landkutschen für Einzelreisende über Land.

Das katholische Wien hatte 18 Kirchen und 8 Klöster in der Inneren Stadt, 30 Kirchen und 8 Klöster in den Vorstädten. Unter den 16 Klöstern waren 3 Frauenklöster. In den Trivialschulen, 5 in der Stadt und 55 in den Vorstädten, betrug das Schulgeld jährlich 3 fl.

Wien hatte damals 5 Theater: das Hoftheater nächst der Burg, kurz das Burgtheater genannt, das beste deutsche Schauspielhaus; das Hoftheater nächst dem Kärntnertor, kurz das Kärntnertor-Theater genannt, die stark italienisch durchsetzte Oper mit einem guten Ballett; das Theater an der Wien, von Schikaneder in Nachfolge seines Theaters auf der Wieden (Freihaus-Theater) erbaut; das Theater in der Leopoldstadt und das kleinere in der Josefstadt. Die drei Vorstadtbühnen waren Privattheater und betrieben Schauspiel, meist Komödie, und Oper, meist Singspiele. An Stelle des Wiener Kasperls, Johann Laroche, dem Nelson noch 1800 im Leopoldstädter Theater Beifall gezollt hatte, war Ferdinand Raimund mit seinen Zaubermärchen getreten, deren Musik u. a. von dem hochbegabten Wenzel Müller stammte. Die Eintrittspreise waren etwa 20 kr. bis 1 fl. K. M. Konzerte wurden gegeben im Großen oder im Kleinen Redoutensaal, den Ballsälen der Hofburg, im Festsaal der Universität (gegenüber dem alten Jesuiten-Kollegium mit dem neuen Stadtkonvikt); im Landhaus-Saal, dem Sitzungsraum der Niederösterreichischen Stände; auch im Saal der Gesellschaft der Musikfreunde oder des Gasthofs „Zum Römischen Kaiser". Der Eintritt war gewöhnlich 1 bis 2 fl.

Die fremden Sprachen, die besonders gepflegt wurden, waren Italienisch (unter Künstlern) und Französisch (unter Adeligen). Englisch war seit Mozarts Zeit, das heißt seit etwa 1785, da eine englische Kolonie in Wien bestanden und unter den einheimischen Snobs eine Anglomanie geherrscht hatte, stark zurückgegangen. Dagegen hatte die englische Mode in Möbeln und Kleidung (mindestens bei den Männern) die französische ziemlich verdrängt. Im Porträt waren die besten Wiener Maler, z. B. Füger und Daffinger in der Miniatur, die beiden Lampi und Amerling im Ölbild, Schüler der englischen Meister. „Ossian", Shakespeare (im Burgtheater durch politische Zensur geschwächt) und Scott waren viel gelesen und übersetzt.

Im Tanz der Wiener hatte der bodenständige Walzer das französische Menuett, aber auch bald die Ecossaise und die Polonaise zurückgedrängt. Die Tanzwut führte dazu, daß z. B. am Donnerstag vor dem Faschings-Sonntag 1821 in einer Nacht 1600 Bälle stattfanden. Dabei waren die Wirtshäuser nicht mitgezählt, wo es, besonders in den Vorstädten, täglich Musik gab und im Fasching natürlich auch getanzt wurde. Im

Frühjahr 1818 wurde im Theater an der Wien, dem damals größten der Wiener Schauspielhäuser, die erste Theater-Redoute abgehalten. Zu den Redoutensälen, die für öffentliche Maskenbälle eingeräumt wurden, waren der Saal beim Sperl in der Leopoldstadt und die prächtigen Apollo-Säle auf dem Schottenfeld gekommen. Bei Privatbällen, auch in Adelshäusern, tanzte man im Fasching meist bis 6 oder 8 Uhr morgens.

Die Pflege der Wissenschaften war unter der nüchternen Regierung Franz I. hauptsächlich auf praktische Ziele eingestellt. Die Literatur, wenigstens die deutsche, erfreute sich nicht des besonderen Interesses des österreichischen Adels, der mehr der bildenden Kunst und natürlich der Musik zugetan war. Dennoch blühte die romantische Schule der deutschen Literatur gerade in Wien. Österreichs eigene Dichtkunst, mit Grillparzer an der Spitze, begann sich zu entfalten. Die klassische Literatur, besonders Goethe, war wohl beim neuen Bürgertum des „Vormärz" (1815–1848) besser bekannt als bei der Aristokratie.

In der Pflege der Musik war das gebildete Bürgertum mit dem Adel in einen Wettbewerb getreten, in dem es endlich führend blieb. Ein Klavier gab es in jedem Hause, und bei dem töchterreichen Bankier von Geymüller gleich fünf. Der Kaiser spielte zwar in seinem eigenen Streichquartett, war aber kein besonderer Gönner der Musik. Die Adelsfamilien hatten nur selten mehr ihre eigenen Orchester wie im 18. Jahrhundert, und ihre Kammermusik wurde nicht mehr von musikalischen Bedienten, sondern von geladenen Berufsmusikern bestritten. An Stelle der „Gesellschaft der assoziierten Kavaliers" (3 Fürsten und 3 Grafen), die 1786–1791, mit Gottfried van Swieten als ihrem Sekretär, die Händel-Pflege in Wien eröffnet hatte, war die bürgerliche „Gesellschaft der Musikfreunde" getreten, die 1814 ihr Wirken auch mit Händel begann. Aber statt des kleinen Ensembles vor einer ausgewählten Hörerschaft in der Hofbibliothek oder in Adelspalästen gab es nun bei solchen Anlässen Monstre-Konzerte vor einem Monstre-Publikum in der großen Winter-Reitschule der Hofburg. Im Gegensatz dazu stand die häusliche Musikpflege des Bürgertums, die nicht nur en famille geschah (wie bei Schuberts Vater), sondern in Freundeskreisen von Amateuren, die sich manchmal zu richtigen Salons der Musik entwickelten. Leopold von Sonnleithner berichtet in seinen „Musikalischen Skizzen aus Alt-Wien" von 5 solchen Salons, die aus dem 18. Jahrhundert stammten, und 18 neuen. Und zwischen diesen Extremen gab es halböffentliche Veranstaltungen, wie die Abendgesellschaften des Musikvereins, oder Feinschmecker-Treffen, wie das Concert spirituel, aber auch die hochstehende katholische Kirchenmusik, besonders in der Hofkapelle. Nimmt man dazu den kräftigen Musikverlag und die tüchtigen Instrumentenmacher (besonders Klavierbauer), die seit dem 18. Jahrhundert beliebten Abendmusiken, die Harmoniemusik der Militärkapellen, die kleine Streichermusik der Strauß (Vater) und Lanner, die Harfenisten im Prater und die Leiermänner auf den Straßen, die Spieluhren in öffentlichen Lokalen und in Privathäusern, so versteht man, daß Wien nun wirklich die Residenz der Musik geworden war. Das aber war auf die Dauer wirksamer als die Ehre, die Residenz eines oder zweier großer Reiche zu sein.

SCHUBERTS ENGERE HEIMAT

Kindheit und Jugendzeit auf dem Himmelpfortgrund und in Liechtental (1797–1816)

Der Himmelpfortgrund, der erst seit etwa 1710 verbaut wurde, hatte 86 Häuser in 9 Straßen, mit mehr als 3000 Bewohnern. Das benachbarte Liechtental hatte beinahe 7000 Einwohner, die nahe Roßau etwa 5500. Die Vorstädte Liechtental, Thury, Himmelpfortgrund und Althan gehörten zum Polizeibezirk Roßau. Die Seelsorge der 1712 bis 1714 erbauten Liechtentaler Pfarrkirche „Zu den vierzehn Nothelfern" umfaßte die selben Vorstädte ohne die Roßau, aber mit dem Michelbeuerngrund; alle gehören jetzt zum 9. Wiener Gemeindebezirk. Liechtental hatte um 1780 vier Trivial- oder Elementarschulen, Thury und Himmelpfortgrund je eine.
Liechtental verdankt dem Fürsten Johann Adam Liechtenstein (1697–1708) seine Entstehung, dem Erbauer des Roßauer Gartenpalais, das von 1767 bis etwa 1940 die berühmte Liechtensteinsche Gemäldegalerie beherbergte. Der Himmelpfortgrund stand, wie Liechtental, auf dem sogenannten Sporkenbühel, einem Weide- und Ackerland. Die Grundrechte in Liechtental gehörten dem Fürsten Liechtenstein. Grundherrschaft auf dem Himmelpfortgrund war das Kloster der Himmelpförtnerinnen in der Inneren Stadt; 1782 wurde dieses Kloster unter Josef II. aufgelöst, sein Besitz Staatseigentum (k. k. Kameral-Herrschaft Himmelpfortgrund), bis ihn 1824 die Stadt Wien erwarb.

Franz Theodor Florian *Schubert* und Maria *Elisabeth* Katharina *Vietz*, Schuberts Eltern, waren einzeln aus den nördlichen Kronländern nach Wien gekommen und trafen zufällig in Liechtental zusammen.
Franz Schubert der Ältere (1763–1830), aus einer bäuerlichen Familie stammend, war in Neudorf bei Mährisch-Schönberg, Bezirk Altstadt, zu Hause. Um 1765 wanderte ein anderer Bauernsohn, Andreas Becker, aus dem nahen Seibersdorf nach Wien, wo er in der zur Karmeliter-Kirche gehörigen Trivialschule in der Brunngasse, Nr. 408 der Vorstadt Leopoldstadt (jetzt ein Neubau, Taborstraße 21), Nachfolger des Lehrers Johann Adam Stadlbauer wurde, indem er dessen Tochter heiratete. Becker zog einen älteren Bruder Franzens, Karl Schubert (1755–1804), nach sich, der 1778 Beckers Witwe heiratete, obwohl sie beinahe doppelt so alt war wie Karl, und so zuerst Beckers Gehilfe und dann sein Nachfolger wurde.
Indessen war Anfang 1772 der Schlosser- und Büchsenmeister Johann Franz Vietz aus Zuckmantel im österreichischen Schlesien bettelarm und krank in Wien angelangt, nachdem er sich als Vorsteher seiner Gilde an deren Kasse vergriffen hatte und in Schande geraten war. Er starb wenige Stunden nach seiner Ankunft im Wirtshaus „Zum goldenen Lamm" in der Naglergasse der Inneren Stadt. Seine Frau, die wahrscheinlich unterwegs verschied, war ihm mit einem Sohne und zwei Töchtern gefolgt. Felix Vietz, der ein Weber war oder wurde, ließ sich mit seinen Schwestern in Liechten-

tal nieder, einer der Wiener Vorstädte, wo dieses Gewerbe blühte. Elisabeth (1756 bis 1812) und Maria Magdalena Vietz aber verdingten sich als Köchinnen und Mägde.
Ende 1783 folgte Franz Schubert, der schon drei Jahre Schulgehilfe in Mähren gewesen war, seinem Bruder und war von 1784 bis 1786 dessen Gehilfe an der Karmeliter-Schule. (1783/84 war Franz Schubert senior mindestens ein Semester lang Student der Philosophie an der Wiener Universität.) Er lernte Elisabeth Vietz 1784 kennen und heiratete sie am 17. Januar 1785 in der Liechtentaler Kirche. Sie lebten damals schon zusammen auf Nr. 152 dieser Vorstadt, in der Badgasse (jetzt ein Neubau, Nr. 20 der Gasse), benannt „Zum goldenen Ring". Im Traubuch wurde sein Alter mit 25 statt 22 Jahren eingetragen; sie war 28 Jahre alt. Ihr erstes Kind, Ignaz, wurde schon am 8. März 1785 geboren.
Am 13. Juni 1786 wurde Vater Schubert zum Schullehrer auf dem Himmelpfortgrund ernannt. Das Haus, wo diese Schule seit einiger Zeit schon untergebracht war, hieß „Zum roten Krebsen"; es stand in der „Oberen Hauptstraße zur Nußdorferlinie" und hatte die Nummer 42 (von 1796 an Nr. 72) der Vorstadt, jetzt Nußdorfer Straße 54. Schuberts Vorgänger dort waren Matthias Bittner (um 1780) und Anton Osselini (um 1784).
Es ist bisher fast ausnahmslos angenommen worden, daß die Himmelpfort-Schule schon vor 1800 in der Säulengasse gelegen war und daß Vater Schubert erst 1796 in die Hauptstraße übersiedelte. Das geschah aber, mit Frau und zwei Kindern, schon Mitte 1786, als er die Schule im gleichen Hause übernahm. Die „Josefinische Steuerfassion" von 1787/88, deren die Stadt Wien betreffende Teile im städtischen Archiv liegen, enthält auch den Band „Gemeinde Himmelpfortgrund", wo auf Folio 97 verso bis 99 recto Schuberts künftiges Geburtshaus aufgenommen ist. Es hatte drei Keller, wovon einer dem Hausherrn, dem Maurermeister Matthias Schmidtgruber, gehörte. Im Erdgeschoß (damals ohne Gassenladen) und im ersten Stock waren nicht weniger als sechzehn Wohnungen, jede aus Zimmer und Küche sowie dem üblichen Bodenraum bestehend. Auch der Hausherr, der an letzter Stelle noch einmal genannt ist, hatte nicht mehr. Vater Schubert erscheint zweimal in der Liste der Mietparteien: auf Nummer 5 (die drei Keller sind als Nummer 1 bis 3 gezählt) mit 26 fl. Jahreszins, dem höchsten des Hauses; und auf Nummer 14 mit 24 fl. einem der drei nächst hohen Zinse (wovon ein anderer, Nummer 13, eine besondere Kammer umfaßt). Es ist nun mit Wahrscheinlichkeit anzunehmen, daß die erste der beiden Schubert-Wohnungen im Erdgeschoß gelegen war, rechts im Hofe das vorletzte Logis, und die kleine Schule beherbergte, für deren Miete der Schullehrer einen Quartierbeitrag in Raten bekam. Die andere Wohnung aber hat der Familie als Unterkunft gedient und war im Obergeschoß gelegen; auf der Gasse rechts, wo seit 1912 im Schubert-Museum der Stadt Wien das Klavier steht und (statt der Küche) jetzt die Garderobe ist. Nach einer Überlieferung, die auf die Tochter seiner Schwester Theresia zurückgeht, wäre Schubert in einem „Alkoven" geboren worden, was der Küche dieses Quartiers entsprechen mag, mit einem Fenster auf den offenen Gang des Hofes. Das Haus, dessen Aussehen vor Schuberts Zeit uns in Josef Daniel v. Hubers Vogelperspektiv-Plan von 1776 auch bildlich überliefert ist, hat zwei Seitenflügel im Hofe, deren oberes Geschoß damals von der vorn gelegenen steinernen Stiege durch einen offenen Holzgang erreichbar war. (Die offenen Treppen im Hofe wurden erst nach der Mitte des 19. Jahrhunderts angebracht und der Gang auf einen verglasten Vorraum des Gassentraktes reduziert; auch die Veranda links im Garten ist ein späterer Zubau, und im Innern wurden einige Tren-

nungsmauern versetzt, eingefügt oder abgetragen; die Einteilung des Hauses in Kleinwohnungen mit je einem Zimmer und einer Küche ist aber noch im wesentlichen zu erkennen.) Wenn man sich auch vorstellen kann, daß Vater Schubert zu Anfang seiner Laufbahn die wenigen Schüler in anderthalb Zimmern unterrichtet hat, so ist es schwer zu verstehen, wie Mutter Schubert in Zimmer und Küche zwischen 1786 und 1801 weitere zwölf Kinder gebar und zuletzt fünf am Leben gebliebene versorgte. Von den überlebenden Kindern wurden dort geboren: *Ferdinand* Lukas 1794 (St. Lukas war der Schutzpatron der Himmelpfort-Schule), Franz *Karl* 1795, *Franz* Peter am 31. Januar 1797 und Maria *Theresia* 1801.

Im Frühjahr 1801 erwarb Vater Schubert, mittels einer Hypothek, das nahe Haus in der Säulengasse (heute Nr. 3), das die Nummer 10, ursprünglich Nummer 14, der Vorstadt Himmelpfortgrund trug und „Zum schwarzen Rössel" benannt war. Dort richtete er nun seine Schule ein und übersiedelte im Herbst des Jahres, siebenköpfig, in das eigene Haus. Franz hatte also fast fünf Jahre in seinem Geburtshaus verbracht.

Onkel Karl, Vater Schuberts Trauzeuge, hatte 1792, drei Monate nach Anna Stadlbauer-Becker-Schuberts Tod, die Schwester seiner Schwägerin, Magdalena Vietz, geheiratet. Er war unter anderen Franzens Taufpate gewesen, und als er Ende 1804 starb, übernahm Vater Schubert die Vormundschaft der beiden unmündigen Töchter Karls, Magdalena und Theresia, von denen die jüngere bald nach ihm dahinging. Dann aber nahm Vater Schubert Karls Witwe und ihre nun einzige Tochter in sein Haus auf, und Magdalena wurde die Gespielin des kleinen Franz. Zeitweilig war auch der Schwager Felix Vietz mit seiner kleinen Familie im Schulhause untergebracht.

Es scheint uns verwunderlich, daß neben der Unterkunft für zehn oder mehr Personen in jenem kleinen, zweigeschossigen Haus, das einen Hof, aber keinen Garten hatte, noch mehrere Zimmer für die Schule zur Verfügung standen. Vater Schubert mag die Schule zuerst mit nur einem Gehilfen geführt haben, den er von der Hauptstraße mitgebracht hatte; bald aber hatte er zwei, und zuletzt, wie es scheint, sechs Gehilfen (der sechste soll 1814 bis 1816 Franz gewesen sein). Das deutet auf drei bis sieben Schulzimmer, obwohl die Trivialschulen nur zwei bis drei Klassen hatten. Der Familienstand aber wechselte. Franz war vom Herbst 1808 bis zum Herbst 1813 als Internist im k. k. Stadtkonvikt untergebracht und kam nur für die kurzen Herbstferien nach Hause. Ferdinand, der seit 1816 Lehrer im nahen Waisenhause war, heiratete im selben Jahre. Nach dem Tode der Mutter (1812) vermählte sich Vater Schubert 1813 mit Anna Kleyenböck (1783–1860) aus der Vorstadt Gumpendorf, die ihm 1814 und 1815 je eine Tochter, Marie und Josefa, schenkte. (Schuberts Halbbrüder, Andreas und Anton, wurden erst 1823 und 1826 im Schulhaus der Roßau geboren.) Es ist nicht richtig, daß Franz jemals aus dem Vaterhause verwiesen war. Er stand auch mit seiner Stiefmutter in einem herzlichen Verhältnis.

Was Vater Schubert als Schullehrer zuerst in der Hauptstraße (1786–1801) und dann in der Säulengasse (1801–1817) geleistet hat, ist aus Dokumenten zu ersehen, die sich bei seinen Nachkommen erhalten haben, sowie aus Protokollen im niederösterreichischen Statthalterei-Archiv. Die 76 Trivialschulen Wiens unterstanden nämlich der Landesregierung; nur in religiöser Beziehung der „Oberaufsicht der Deutschen Schulen" (so genannt im Gegensatz zu den Gymnasien, den Lateinschulen). Es war Bischof Josef Anton Gall, auf dessen Empfehlung Vater Schubert die Himmelpfort-Schule bekam, und Galls Nachfolger, der spätere Dompropst Josef Spendou, war Vater Schuberts und seiner Söhne besonderer Gönner.

Schubert senior hatte anfangs in der „verfallenen“ Schule in der Hauptstraße fast keine Schüler mehr vorgefunden. Sie hatte einen schlechten Ruf, und er mußte im ersten Jahre seiner Dienstzeit dort meistens arme Kinder unentgeltlich unterrichten. Von den Einkünften konnte er nicht einmal den Zins für die Schule bestreiten, und die 96 fl. für ihre notwendig gewordene Neueinrichtung wurden zum Teil aus seinem väterlichen Erbteil (Karl Schubert senior war Ende 1787 in Mähren gestorben), zum anderen Teil aber durch Leihgeld bezahlt. Er hatte 1796 schon 174 Schüler, deren Eltern aber vielfach mittellos waren. Deshalb mußte er Privatlektionen, für 1 fl. 30 kr. monatlich, geben, um sich einen Gehilfen und eine „bequeme“ Wohnung halten zu können. Von dieser Zeit an versuchte Vater Schubert immer wieder, eine andere Schule zu bekommen. Da die Kinder der Himmelpfort-Schule vielfach zu Hause beschäftigt waren, mußte er schon 1797 zweimal täglich Unterricht geben, acht Stunden des Tages. Nach der Übersiedlung in die Säulengasse ging es langsam aufwärts. Vater Schubert hatte nun „mehrere Zimmer“ für den Unterricht. Es kamen sogar Schüler aus „entfernteren“ Vorstädten. Obwohl er nur verpflichtet war, bis zu zwanzig mittellose Kinder unentgeltlich zu unterrichten, hatte er 1804 schon vierzig solcher Schüler. Im Jahr darauf zählte die Schule 300 Kinder. Von 1807 an bekam Vater Schubert 20 bis 40 fl. vierteljährlich für den Unterricht mittelloser Schüler, was aber kaum seine Spesen deckte. Es gab kein Gehalt für diese Schullehrer. Die zahlenden Schüler brachten je drei bis vier Kreuzer wöchentlich ein oder etwa 3 fl. jährlich, wenn ihre Eltern das Schulgeld wirklich zahlten. Im Jahre 1815, als Franz schon Schulgehilfe war, erwähnte Vater Schubert in einem neuen Gesuch um Versetzung, daß er neben den Lehrgegenständen der ersten und zweiten Klasse auch in besonderen Stunden die der dritten Klasse unterrichte und daß er jährlich mehrere Schüler für die lateinischen Schulen prüfen lasse. Bei dieser Gelegenheit betonte er auch, daß er (in Brünn, heute Brno, Tschechoslowakei) sechs Gymnasial-Klassen absolviert habe; mehr also als Franz, nachdem er 1813 das Stadtkonvikt verlassen hatte. In der Roßau (1818–1830) fand Vater Schubert endlich eine Stellung, die ihn zufrieden machte, und er erntete weiterhin alle Anerkennung der vorgesetzten Behörden. 1826 erhielt er das Bürgerrecht der Stadt Wien.

Seinen Sohn Franz bereitete er in der Säulengasse zum Elementarunterricht vor, als er fünf Jahre alt geworden war, und vom sechsten Jahre an (1803) besuchte Franz die Schule, wo er immer der Beste seiner Klasse gewesen sein soll. Es ist anzunehmen, daß Vater Schubert ihn auch für die Aufnahmeprüfung ins Stadtkonvikt (1808) vorbereitet hat. In seinem achten Jahre brachte er Franz die Vorkenntnisse zum Violinspiel bei. Der Bruder Ignaz lehrte Franz das Klavierspiel, der Chorregent der Liechtentaler Kirche, Michael Holzer, Gesang, Orgelspiel und Generalbaß. Als Franz im Stadtkonvikt eine höhere musikalische Ausbildung genoß, spielte er in dem häuslichen Streichquartett des Vaters (Violoncello) mit Ignaz und Ferdinand (Violinen) die Viola. Nach einem zehnmonatigen Kurs in der Lehrerbildungsanstalt bei St. Anna in der Inneren Stadt (Annagasse) wurde Franz 1814 seines Vaters jüngster Schulgehilfe. Er unterrichtete, wie es scheint, die ABC-Schützen der sogenannten Taferl-Klasse, die manchmal als Unterstufe der ersten Klasse geführt wurde. Obzwar er noch 1817 auf dem Himmelpfortgrund und bis 1820 in der Roßau zum Stande der väterlichen Schule gezählt wurde, scheint Franz nach 1816, als ihn sein Freund Franz v. Schober zu sich nahm, nicht mehr dort unterrichtet zu haben.

In jenem Jahre 1814, als er Schulgehilfe wurde, dirigierte Schubert, 17 Jahre alt, seine erste Messe in der Liechtentaler Kirche, zu deren Hundertjahr-Jubiläum sie geschrieben worden war. Damals kam er in nähere Fühlung mit der 16jährigen Therese Grob, Tochter einer Witwe, die mit ihrem Sohne Heinrich eine Seidenzeug-Fabrik betrieb. Die Familie wohnte damals in Liechtental Nr. 163, in der Badgasse (heute ein Neubau, Nr. 8) im Haus „Zur heiligen Dreifaltigkeit“. Therese sang das Sopransolo in jener Messe in F, während Ferdinand Schubert, von etwa 1810 bis 1820 Organist der Kirche, die Orgel spielte. Um diese Zeit schrieb der verliebte Franz zahlreiche Liebeslieder, aber auch sein erstes Meisterlied: „Gretchen am Spinnrade“. Zwischen 1813 und 1816 entstanden in der Säulengasse nicht weniger als 400 von Schuberts erhaltenen tausend Werken; während seiner Schulgehilfenzeit (1814–1816) vier Sinfonien, drei Messen, drei Singspiele, zwei Streichquartette und etwa 250 Lieder, auch der „Erlkönig“. Und all das in der Enge des Hauses und neben dem Schuldienst. Damals muß er wohl unzählige Male die „Himmelpfortstiege“ ab- und aufgelaufen sein, die nach Liechtental hinunter führt. An der Ecke oben stand das Gasthaus „Zum Kreuz“, später „Zum weißen Kreuz“ und zuletzt (Neubau) „Zum Tirolereck“ benannt, ein auch nach 1817 beliebter Treffpunkt der Brüder Schubert.

Nach dem Tode seiner Mutter erbte Schubert 1812 einen Anteil an dem Hause in der Säulengasse, den ihm sein Vater ausbezahlte, als er es 1827 verkaufte. Aber Franz war um 1816 zu arm und aussichtslos, um Therese heiraten zu können. Sie wurde 1820 die Frau eines Bäckermeisters in der Vorstadt Neubau. Die Nachkommen ihres Bruders besaßen noch bis vor kurzem ein Album mit von Schubert selbst geschriebenen Liedern.

Die Liechtentaler Kirche, in der er wie alle seine Geschwister getauft worden war, bekam erst 1827 ihren zweiten Turm, und die beiden Altarbilder, die Schuberts Freund Leopold Kupelwieser malte, wurden erst 1832 und 1841 dort angebracht. Noch kurz vor seinem Ende, am 31. Oktober 1828, besuchte Schubert das Gasthaus „Zum Kreuz“ auf dem Himmelpfortgrund.

DIE DOKUMENTE

VERZEICHNIS DER IM FOLGENDEN VERWENDETEN ABKÜRZUNGEN

K. M.	eigentlich C. M. – Konventionsmünze
W. W. (M. M.)	Wiener Währung
fl.	eigentlich florin – Gulden (1 fl. hatte 60 kr.)
kr. oder xr.	Kreuzer
D.	Otto Erich Deutsch, *Schubert. Thematic Catalogue of all his Works in Chronological Order*, London und New York, 1951
Bildband	*Franz Schubert. Sein Leben in Bildern.* Herausgegeben von Otto Erich Deutsch. München 1913
erste Ausgabe	*Franz Schubert. Die Dokumente seines Lebens.* Herausgegeben von Otto Erich Deutsch. *Erste Hälfte*, München 1914
englische Ausgabe	*Schubert. A Documentary Biography* by Otto Erich Deutsch. London (*The Schubert Reader*, New York), 1946
Schubert-Erinnerungen	*Schubert. Die Erinnerungen seiner Freunde.* Gesammelt und herausgegeben von Otto Erich Deutsch. Leipzig 1957

VOR SCHUBERTS GEBURT

Aus dem Trauungsbuch der Pfarre „Zu den vierzehn Nothelfern" in der Wiener Vorstadt Liechtental, 17. Januar 1785

Bräutigam: Franz Schuberth, ein Instruktor,
von Neudorf in Mähren gebürtig, Bauerns Sohn, Lichtenthal Nr. 152,
katholisch, 25 Jahr, ledig,

Braut: Elisabeth Vitzin
von Zuckmantel in kaysl. Schlesien gebürtig, Schlossermeisters Tochter,
Lichtenthal Nr. 152, katholisch, 28 Jahr, ledig,

Beystände: Ignaz Wagner, Schumacher
Karl Schubert, ein Schullehrer

Josephus Hollpein Coop.

Vater Schubert, der damals noch bei seinem Bruder Karl in der Vorstadt Leopoldstadt (Brunngasse) Schulgehilfe war, ist hier als Instruktor bezeichnet. Es mag sein, daß er, der sechs Gymnasialklassen absolviert hatte, damals schon Nachhilfestunden in Latein gegeben hat, um sein Einkommen zu verbessern. Er wohnte mit der Braut in Liechtental, heute Badgasse 20 (Neubau).

Aus dem Verzeichnis der „Geburts- und Sterbefälle in der Familie des Schullehrers Franz Schubert"

1. Ignaz Franz, geb. 8. März 1785, früh $^1/_2$6 Uhr, † 30. Nov. 1844, mittag $^1/_2$12 Uhr (Schlagfluß).
2. Elisabeth, geb. 1. März 1786, früh $^3/_4$6 Uhr, † 13. [12.?] August 1788, früh 7 Uhr [Fleckenausschlag].

Nur die letzte Seite dieser Liste ist in der Familie erhalten geblieben (Bildband, Tafel 88a). Die Eintragungen wurden seit 1823 von Vater Schuberts zweiter Frau, Anna Kleyenböck, fortgesetzt, dann von deren Kindern. Die in eckigen Klammern beigesetzten Todesursachen stammen aus dem Totenprotokoll der Stadt Wien.
Vater Schubert wird am 13. Juni 1786 zum Schullehrer am Himmelpfortgrund Nr. 42 ernannt.

3. Karl, geb. 23. April 1787, nachmittag $^1/_2$2 Uhr, † 6. Februar 1788, früh 7 Uhr [Wasserkopf].

Am 16. [richtig 24.] Dezember $\overline{787}$ halb 4 Uhr früh starb mein herzlich geliebter u. verehrter Vater Karl Schubert.

Die kleine Erbschaft ging für die Schuleinrichtung (96 fl.) und den Zins der Schule auf, ja Vater Schubert mußte überdies dafür noch Geld leihen.

4. Franziska Magdalena, geb. 6. Juni 1788, früh $^1/_2$2 Uhr, † 14. [13?] August 1788 abends nach 11 Uhr [Gedärmreißen].

5. Franziska Magdalena, geb. 5. Juli 1789, früh 2 Uhr, † 1. Jänner 1792, früh 1/29 Uhr [Schleimfieber].
6) Franz Karl, geb. 10. August 1790, nachmittag 6 Uhr, † 10. September 1790, früh 3/411 Uhr [Fraisen].
7) Anna Karolina, geb. 11. Juli 1791, früh 1/412 Uhr, † 29. Juli 1791, früh um 7 Uhr [Fraisen].

Mozart stirbt am 5. Dezember 1791.

Aus dem Trauungsbuch der Karmeliter-Pfarre „Zum heiligen Josef" in der Vorstadt Leopoldstadt, 7. Mai 1792

Bräutigam: Schubert Karl, bürgerl. Schullehrer
Nr. 408 allhier
katholisch, 38 Jahr, Wittwer

Braut: Maria Magdalena Viezin
des Franz Viez, bürgerl. Schlossermeisters zu Zuckmantel in Schlesien und Elisabeth Riedlin eheliche Tochter.
Nr. 408 allhier
katholisch, 27 Jahre, ledig.

Beystände: Anton Strazinger, N. Ö. Regierungs Kanzellist
Franz Schubert, Schullehrer am Himmelpfortgrund.

P. Adolphus Dobrova Cooperat.

Aus dem Verzeichnis der „Geburts- und Sterbefälle in der Familie des Schullehrers Franz Schubert"

8) Petrus, geb. 29. Juni 1792, früh 1/42 Uhr, † 14. Jänner 1793, früh 1/26 Uhr [Zahnkatarrh].

Beethoven kommt Anfang November 1792 nach Wien.

9) Josef, geb. 16. September 1793, früh 1/41 Uhr, † 18. Oktober 1798, nachts 12 Uhr [Blattern].
10) Ferdinand Lukas, geb. 18. Okt. 1794, früh 1/24 Uhr, † 26. Februar 1859, früh 4 Uhr (Typhus).
11) Franz Karl, geb. 5. Nov. 1795, abends 3/412 Uhr, † Dienstag, 20. Marz 1855 nachts (Herzleiden).

Vater Schubert bewirbt sich am 31. Januar 1796 vergeblich um die Stelle des Schullehrers zu St. Leopold in der Vorstadt Leopoldstadt, Große Pfarrgasse.

DAS LEBEN

1797–1828

Aus dem Verzeichnis der „Geburts- und Sterbefälle in der Familie des Schullehrers Franz Schubert“

12) Franz Peter, geb. 31. Jänner 1797, nachmittags $^1/_2$2 Uhr, getauft 1. Februar.

Aus dem Geburtsbuch der Pfarre „Zu den vierzehn Nothelfern“ in Liechtental

(Name des Taufenden) H. W. Wanzka
(Jahr, Monat, Tag) $\overline{797}$, Febr. den 1ten
(Wohnung und Nro. des Hauses) Himmel.grund No. 72
(Name der Getauften) Franz Peter
(Religion katholisch) 1 [ja]
(Geschlecht Knab) 1
(Ehelich) 1
(Aeltern: Vaters Namen und Kondition und Charakter) Schubert Franz Schullehrer
(Mutters Tauf- und Zunamen) Elisabeth gebohr. Vitzin
(Pathen Namen) Karl Schubert
(Stand) Schullehrer
(Anmerkungen) –

15. März 1797: Franz Schubert sen. bewirbt sich – wiederum vergeblich – um einen Posten an der St.-Augustin-Schule in der Vorstadt Landstraße.

16. Dezember 1797: Franz Schubert sen. bewirbt sich vergeblich um einen Posten an der St.-Stefan-Schule in der Inneren Stadt.

Aus dem Verzeichnis der „Geburts- und Sterbefälle in der Familie des Schullehrers Franz Schubert“

13) Aloisia Magdalena, geb. 17. Dezember 1799, früh $^1/_4$4 Uhr, † 18. Dezember 1799, früh nach 6 Uhr [Fraisen].

11. April 1801: Josef Lanner geboren.

Aus der amtlichen „Wiener Zeitung“ vom 21. Januar 1801

Fortsetzung des Verzeichnisses über die für die k. k. Armee eingegangenen freiwilligen Beiträge

Von der Schule am Himmelpfortgrund, durch die deutsche Schuloberaufsicht, auf die ermunternde Vorstellung zweier rechtschaffener Männer, nämlich ihres Katecheten des Hrn. Koperators Martin Rößner, und ihres Lehrers Franz Schubert 25 fl. 58 kr.

Die Beiträge wurden für das neue Landesaufgebot gegen Napoleon gesammelt.

Aus dem Grundbuch der Stadt Wien

Franz Schubert, Elisabeth, dessen Ehewirtin, empfangen zugleich Nutz und Gewähr um ein Haus auf dem Freigrund Sporkenbüchl sub No. 14, zum schwarzen Rößl genannt, zwischen Matthias Rutner, und Matthias Schwindl Häusern liegend. Davon dient man der k. k. kaal. Herrschaft Himmelpforte jährlich zu Michaelizeit 45 xr zu rechten Grunddienst, und nicht mehr. Dann ist auch an Robotgeld jährlich unabänderlich fünf Gulden, nebst all übrig herrschaftl., landesfürstl. und Gemein Abgaben zu entrichten. Darumen ist vorhin im Grundbuch fol. 186, und Gewährbuch A fol. 161 Elisabeth Mölzerin allein vergewährt gestanden, welche solche Behausung zu Folge des untern 14ten Mai 801 geschlossenen lit. Instrum. D. fol. 206° einkommenden Kaufkontrakts an Eingangs ernannte Gewährnehmer um einen Kaufschilling pr. 3200 f. käuflich überlassen hat. Wien, den 27ten Mai 1801.
Versetzt den 27ten Mai 1801 lit. F. fol. 59 der Frau Elisabeth Mölzerin pr. 3000 f.

Wenn Theresia Schubert (siehe 17. September 1801) wirklich noch in der alten Wohnung geboren wurde, dann ist die Familie frühestens im Herbst 1801 in das eigene Haus übergesiedelt. Schubert besuchte natürlich die Schule seines Vaters (etwa 1803–1808).

Aus dem Verzeichnis der „Geburts- und Sterbefälle in der Familie des Schullehrers Franz Schubert“

14) Maria Theresia, geb. 17. September 1801, früh $^3/_4$ 3 Uhr, verehelichte Schneider.

14. März 1804: Johann Strauß Vater geboren.

29. Dezember 1804: Schuberts Onkel Karl Schubert stirbt.

März 1805: Schuberts Vater bewirbt sich vergeblich um des verstorbenen Bruders Stelle bei den Karmelitern in der Leopoldstadt.

13. November 1805 bis 13. Januar 1806: Wien wird von den Franzosen besetzt. Napoleon residiert im Schloß Schönbrunn.

6. August 1806: Schuberts Großmutter Susanna Schubert stirbt, 75 Jahre alt, in Neudorf.

Aus der amtlichen „Wiener Zeitung“ vom 28. Mai 1808

Kundmachung.

Da in der k. k. Hofkapelle zwei Sängerknabenstellen neu zu besetzen sind, so haben diejenigen, welche eine dieser Stellen zu erlangen wünschen, den 30. September Nachmittag um 3 Uhr im k. k. Konvikte am Universitätsplatz Nr. 796 zu erscheinen, und sich der mit ihnen sowohl in Ansehung ihrer in den Studien bisher gemachten Fortschritte, als auch ihrer in der Musik etwa schon erworbenen Kenntnisse vorzunehmenden Prüfung zu unterziehen, und ihre Schulzeugnisse mitzubringen. Die Konkurrenten müssen das zehnte Jahr vollendet haben, und fähig sein, in die erste Grammatikal-Klasse einzutreten. Wenn die aufgenommenen Knaben sich in Sitten und Studien auszeichnen, so haben sie nach der allerhöchsten Anordnung auch nach Mutierung der Stimme im Konvikte zu verbleiben; widrigenfalls sie nach Mutierung der Stimme aus demselben auszutreten haben. Wien, den 24. Mai 1808.

Das k. k. (= kaiserlich-königliche) Stadtkonvikt war als Erziehungsinstitut 1803 von Franz, Kaiser von Österreich und König von Böhmen etc., gegründet worden. Es war ein Ersatz für das frühere, von den Jesuiten geleitete kaiserliche Konvikt bei St. Barbara, das wie alle ähnlichen Institute von Kaiser Joseph II. aufgelöst worden war. (Konvikt, von convictorium: Gemeinschaftshaus.) Das neue Institut, nach der Inneren Stadt benannt im Gegensatz zu dem schon 1801 restaurierten Löwenburgschen Konvikt für adlige Schüler, das sich in der Vorstadt Josefstadt befand, wurde im alten Universitätsgebäude gegenüber der neuen Aula und neben der Jesuitenkirche untergebracht. Es stand, wie das Löwenburgsche Konvikt, unter der Leitung der Piaristen, des Ordens der Fratres piae scholae. Die Konviktisten, meist im Genusse von Stipendien, waren Mittelschüler, die das benachbarte Akademische Gymnasium (Vorschule zur Universität) besuchten, und Hochschüler, also Studenten der Universität, ausgenommen Mediziner. Im Gymnasium unterrichteten die Präfekten des Konvikts, also die Piaristen. Zu den Konviktisten gehörten auch die vom Hofe unterhaltenen Sängerknaben der Hofkapelle in der Burg, ferner ältere Sänger und Musiker, die durch zwei besondere Stiftungen finanziert wurden und für die Kirche „Am Hof" Tenor, Baß und Violine zu stellen hatten. Es gab etwa 130 Pensionäre, viele von ihnen Söhne adliger Offiziere und Beamter, die in 7 „Kameraten" wohnten. Jede Kamerate hatte ein Zimmer für den Präfekten, einen Studier- und einen Schlafsaal. Es gab eine unbedeutende Bibliothek und ein Mineralien-Kabinett (eigentlich Naturalien-Kabinett, zum Gymnasium gehörig und hier nur untergebracht). Französisch und Italienisch waren unobligate Unterrichtsgegenstände, ebenso Zeichnen, Kalligraphie und Musik. Die Musik war natürlich für die Sängerknaben obligat, und da der Direktor, Dr. Franz Innocenz Lang (1752 in Marchegg, Niederösterreich, geboren), selbst zwar nicht musikalisch, aber ein großer Musikfreund war, so sorgte er bald für die Anschaffung von Instrumenten und Noten. (Zur Musiksammlung, die ihr eigenes Exlibris hatte, trug auch Josef v. Spaun bei, der manchmal hungerte, um neue Werke beschaffen zu können, und der 1808 zu Fuß nach Linz heimkehrte, weil er sein Reisegeld für zwei Beethoven-Sinfonien geopfert hatte.) Beinahe täglich gab es zu bestimmten Stunden Musikübungen, und das Stadtkonvikt hatte bald ein Orchester, das sich hören lassen konnte. Kurz vor Schuberts Eintritt hat es sogar einmal im Schloß Schönbrunn vor Erzherzog Rudolph und Beethoven, der bei ihm zu Gast war, gespielt. Die Konviktisten hatten eine eigene Uniform, mehr der Kontrolle auf der Straße als der Auszeichnung wegen. Sie bestand aus einem altmodischen niederen Dreispitz, weißem Halstuch, einem ausgeschnittenen Rock von schwarzbrauner Farbe mit einer kleinen goldenen Epaulette auf der linken Achsel, lichten, glatten Knöpfen, altväterischer Weste über den Bauch hinunter, kurzen Beinkleidern mit Schnallen, Schuhen mit Schnallen. Einen Degen durften die Konviktisten nicht tragen.

Aus der amtlichen „Wiener Zeitung" vom 3. August 1808

Erledigte Sopranistenstelle im k. k. Konvikte.

Zu Ende des gegenwärtigen Schuljahres wird in dem k. k. Konvikte eine Stelle für einen Sopranisten erlediget. Wer für seinen Sohn oder Mündel diesen Platz zu erhalten wünscht, hat bei der Direktion des genannten Konviktes, wo am 1. Oktober früh um 9 Uhr die Prüfung vorgenommen werden wird, zu erweisen, daß der Kandidat in die erste lateinische Klasse eintreten könne, eine gute Singstimme besitze und im Singen gut unterrichtet sei. Vorläufig aber ist mit Zeugnissen der Fortgang des Kandidaten in den zwei letzten Semestern und dessen körperliche Gesundheit, wie auch, daß er die Pocken bereits überstanden habe, bei der erwähnten Direktion auszuweisen.
Von der k. k. ni. öst. Landes-Regierung. Wien am 11. Juli 1808.

Jos. Schürer v. Waldheim, Sekretär.

Während am 28. Mai ein Sopranist und ein Altist gesucht wurden, wird hier nur die Stelle eines Soprans ausgeschrieben.

30. September (?) 1808

AUS DEM VERLORENGEGANGENEN ZEUGNIS ANTONIO SALIERIS

[Fra li Soprani li migliori sono: Francesco Schubert, e Francesco Müllner ...]

Der Hofkapellmeister Salieri, seit 1766 in Wien, sprach fast nur italienisch. Diese Sprache war damals in Wien geläufiger als das Französische.

ÄUSSERUNG ÜBER DEN VORSCHLAG DES HERRN KAPELLMEISTERS SALIERI

Die 2 Sopranisten Schubert und Müllner sind auch in den Vorbereitungskenntnissen unter allen die Besten.
Von den Altisten ist der Maximilian Weiße noch der erträglichste, und man kann mit ihm ein Jahr einen Versuch machen, ob er die gehörigen Fortschritte in den Studien machen werde. Weil es im vorigen Jahr hieß, daß kein Altist, sondern nur Sopranisten aufgenommen werden; so habe ich heuer alle, die sich als Altisten angaben, abgewiesen.

Wien den 4. Oktob. 808 Lang
Direktor des k. k. Konviktes.

Gefunden von Ignaz Weinmann in den Hofmusikkapell-Akten des Staatsarchivs, Wien.

AN DES K. K. KONFERENZ MINISTER, RITTER DES GOLDENEN VLIESSES
UND ERSTEN OBERSTEN HOFMEISTER
HERRN FÜRSTEN [FERDINAND] VON TRAUTTMANSDORFF [-WEINSBERG]
FÜRSTLICHEN GNADEN

Euer fürstlichen Gnaden

Da unter den Hofsängerknaben drei Plätze in Erledigung gekommen sind, so wurde nach der bestehenden Vorschrift die Konkursprüfung der vorhandenen Kompetenten, und zwar am 30 ten September vorgenommen.
Die Äußerung des Kapellmeisters, dann die des Hw. Konviktsdirektors lege ich hier bei; es erhellet daraus, daß die beiden Sopranisten Schubert und Müllner, dann der Altist Maximilian Weiße vor den übrigen den Vorzug verdienen.
Die Bittschrift des Johann Paul Schurz, dessen Sohn bei der Prüfung zwar nicht unbrauchbar, aber wenigstens doch dermal den übrigen noch nachzustehen befunden wurde, wird hier zugleich wiederum mitbeigelegt.

[Wien,] d. 4t Oktober 808. Gf. v. Kuefstein.

Im ganzen waren also drei Plätze zu besetzen. Antonio Salieri war als Hofkapellmeister zuständig für die Prüfung der Hofkapell-Sängerknaben (siehe 30. September 1808). Lang war Konviktsdirektor (siehe 1. Oktober 1808). Maximilian (später Ritter v.) Weiße (geboren 1798 in Ladendorf, Niederösterreich), für den Schubert während der Konviktszeit eine verlorengegangene Ouvertüre für Klavier schrieb, wurde ein hervorragender Astronom. Johann Ferdinand Graf Kuefstein (geboren 1752), ein Amateur-Komponist, war damals „Hofmusikgraf"; so bezeichnete man die jeweils von einem musikalischen Grafen bekleidete Hofstellung. Trauttmansdorff (1749 in Wien geboren) war seit 1807 erster Obersthofmeister. — Bei der Prüfung trug Schubert einen hechtgrauen, fast weißen Anzug, so daß man ihn für eines Müllers Sohn hielt.

Vertrauliche Mitteilung des Obersthofmeisteramtes an den k. k. Hofmusikgrafen Ferdinand Grafen v. Kuefstein

dto. 8. Oktober 1808.

Nachdem bei der am 30. v. M. vorgenommenen Konkursprüfung für die drei erledigten Hofsängerknaben-Stellen, vermöge der zurückfolgenden Zeugnisse des k. k. ersten Hofkapellmeisters Salieri und des Konviktsdirektors Lang, die beiden Sopranisten, Franz Schubert und Franz Müllner, dann der Altist Maximilian Weiße, als die tauglichsten befunden wurden; so unterliegt deren Aufnahme keinem Anstande.
Wonach der Hofmusikgraf das weiters Nötige verfügen, die Konviktsdirektion hievon verständigen, zugleich aber auch hieher anzeigen wird, worauf sich die dem Konviktsdirektor Lang – laut seiner Äußerung – im vorigen Jahre gegebene Weisung gründe, keine Altisten, sondern nur Sopranisten aufzunehmen.

Mosel.

Ignaz Franz Mosel, mit dem Schubert später näher bekannt wurde, war damals Hofkonzipist im Obersthofmeisteramt. Er wurde 1818 geadelt. — Ignaz Weinmann hat die von Mosel entworfenen Akten des Obersthofmeisteramtes in ihrer Reinschrift gefunden (Staatsarchiv, Wien).

Verlorengegangenes Schreiben Graf v. Kuefsteins an Lang

[Mitteilung,] daß bei der am 30. September 1808 vorgenommenen Prüfung für die drei erledigten Hofsängerknaben-Stellen die beiden Sopranisten Franz Schubert und Franz Müllner und der Altist Maxm. Weiße als die tauglichsten erkannt und zur Aufnahme in das Konvikt begnehmigt wurden.

7. März 1809: Johann Georg Albrechtsberger stirbt in Wien.

Ausweis über das sittliche Betragen, den Fortgang in den Studien und in der Musik der Hof-Sängerknaben im k. k. Konvikte im 1ten Semester 1809

Namen	Sitten	Studien	Gesang	Klavier	Violine	Anmerkungen
Schubert Franz	s. gut	gut	s. gut	gut	s. gut	Ein musikalisches Talent

Wien, den 17. April 809.

Lang,
Direktor des k. k. Konviktes.

Graf Kuefstein an Fürst Trauttmansdorff

Euer fürstlichen Gnaden

Der Herr Konvikts-Direktor hat mir den beiliegenden Ausweis über das sittliche Betragen, dann den Fortgang in den Studien und der Musik der Hofsängerknaben vom ersten Semester d. J. überreicht, welchen ich Euer Fürstlichen Gnaden zur hohen Einsicht ergebenst vorlege, mit der Bemerkung, daß die allermeisten sich der vollen Zufriedenheit bisher würdig gemacht haben. Die zwei Knaben Weiße und Müllner, welche in einigen Stücken bisher nur noch als mittelmäßig vorkommen, sind die letzt aufgenommenen, mithin scheint auch von ihnen zu hoffen zu sein, daß sie in der weiteren Folge ihren übrigen Kollegen gleich zu kommen trachten werden.

Wien, d. 20t April 809. Gf. v. Kuefstein.

Die Fortschritte der Hofsängerknaben wurden in den Gymnasialzeugnissen und in besonderen Ausweisen für den Hof vermerkt. Beide Zeugnisse wurden halbjährlich geschrieben, entsprechend den zwei Semestern der österreichischen Schulen. Die Ferien waren im Herbst, aber die Sängerknaben wurden nur abwechselnd nach Hause geschickt.

9. Mai 1809: Wien wieder von den Franzosen besetzt. Nach einer kurzen Belagerung (9.–13. Mai) ziehen sie in die Stadt ein und bleiben bis zum 20. Oktober. Während des Bombardements der Inneren Stadt wird das Gebäude des Konvikts am Abend des 11. Mai 1809 von einer Haubitzgranate getroffen. Napoleon residiert wieder in Schönbrunn. Während dieser Zeit werden die Orchesterübungen im Konvikt unterbrochen; im September 1809 verläßt Schuberts Freund Josef v. Spaun das Konvikt.

31. Mai 1809: Josef Haydn stirbt in Wien.

Katalog vom Schuljahr 1809

über die Schüler der I. Grammatikal-Klasse am Akademischen Gymnasio. Für das 1. und 2. Semester. Von den Professoren der Religion Josef Tranz, der Grammatik P[ius] Strauch, Supplent der Mathematik und Naturgeschichte Walch, der Geographie und Geschichte Rittmannsberger.

Name und Alter des Jünglings	Vaterland, Geburtsort, Wohnung	Name und Stand der Eltern	Sitten	Verwendung	Fortgang: Religionslehre	Latein. Sprache, Stil	Mathematik	Naturgeschichte und Naturlehre	Geogr. Geschichte	Griech. Sprache	Stipendist, Stiftl., Befreit., Zahlender	Anmerkungen
Schubert Franz 11	Or. N. St. 796	Franz, Schullehrer	1 / 1	1 / 1	1 / 1	1 / 1	1 / 1	1 / 1	1 / 1 em	— / —	Stiftl. k. k. Konv.	

Die Kataloge des Akademischen Gymnasiums wurden auch gedruckt. Die Häuser der Inneren Stadt, etwa 1000, waren durchlaufend numeriert, ebenso die Häuser der einzelnen Vorstädte.

Verzeichnis der k. k. Hof-Sängerknaben in Rücksicht ihrer Sitten, Verwendung in den Studien und den verschiedenen Zweigen der Musik, im 2ten Semester 809.

Namen	Sitten	Studien	Gesang	Violine	Klavier	[Anmerkung]
Schubert Franz	gut	gut	s. gut	s. gut	s. gut	Ein besonders musikalisches Talent

[29. Oktober 1809.] Lang, Direktor des k. k. Konviktes.

Lang an Graf Kuefstein

Hochgeborner
Herr Hof-Musikgraf.

Ich gebe mir die Ehre, in der angeschlossenen Beilage das Verzeichnis der Hof-Sängerknaben in Rücksicht ihrer Sitten und ihrer Verwendung zur weiteren gefälligen Einbegleitung zu übersenden, mit der Bemerkung, daß der Klaviermeister Ruczizka auch in diesem unruhigen halben Jahre mit dem oft belobten Eifer fortgefahren ist, den Knaben in den Nebenstunden in den verschiedenen Zweigen der Musik besonders Unterricht zu geben und sich zu vervollkommnen.

Wien, den 29. Oktober 809. Lang,
Direktor des k. k. Konviktes.

Wenzel Ruzicka, Violaspieler im Burgtheater und Hoforganist, war Klavier- und Schlagmeister des Konvikts; er unterrichtete die Knaben auch fallweise im Viola- und Cellospiel, sogar im Generalbaß (Schubert 1811). Dafür erhielt er anfangs 100 fl. Er hatte das Konviktsorchester gegründet, das er dirigierte. Später wurde er hierin manchmal von Schubert vertreten, von dem er sagte: „Der hat's vom lieben Gott gelernt." Ferdinand Hofmann war der Geigen- und Philipp Korner der Singmeister des Konvikts. Im Orchester, das anfangs ohne Trompeten und Posaunen allabendlich eine Sinfonie und eine bis zwei Ouvertüren spielte, hatte Schubert bald die erste Violine inne, Josef v. Spaun, Jurist aus Linz, die zweite, Anton Holzapfel, Gymnasiast und später Philosoph aus Wien, zuerst die zweite Violine und dann das Cello; Violine spielten auch Anton Hauer und Leopold Ebner, der aus Tirol stammte, die erste Flöte Franz Eckel, die erste Klarinette Josef Kleindl. Max v. Spaun, der Cello spielte, und der spätere Komponist Benedikt Randhartinger, der die vom Vizedirektor Franz Schönberger gestifteten Pauken bediente, traten erst bei Schuberts Austritt ein. Nach Georg v. Thaa, einem Konviktisten der Zeit, soll das Orchester 6 erste, 6 zweite Violinen, (3 Violen?), 2 Violoncelli, 2 Kontrabässe, 2 Oboen, 2 Flöten, 2 Klarinetten, 2 Fagotte, 2 Hörner, Trompeten (!) und Pauken umfaßt haben. Zu den engeren Kollegen Schuberts gehörten noch: Michael Rueskäfer, Josef Kenner, Albert Stadler, Franz Werner und Josef Beskiba. Einige dieser Gymnasiasten und Studenten stammten aus dem Konvikt des Stiftes Kremsmünster (Oberösterreich). Sie bildeten den Kern der ersten Schubert-Runde.

Graf Kuefstein an Fürst Trauttmansdorff

Euer fürstlichen Gnaden

In dem Anschlusse hat mir der Herr Konviktsdirektor mittels des Verzeichnisses die Verwendung der in dem k. k. Konvikte sich befindlichen 10 Sängerknaben der Vorschrift gemäß mit der Bemerkung angezeiget, daß der Klaviermeister Ruczizka auch in diesem unruhigen halben Jahre mit dem oft belobten Eifer fortgefahren, und in den Nebenstunden in den verschiedenen Zweigen der Musik besonders Unterricht gegeben habe. Ob nun zwar Ruczizka außer dem Klavier keine weitere Verbindlichkeit zu leisten hätte, so ist es um so rühmlicher für diesen Manne, daß sogar außer diesem Instrumente das k. k. Konvikt selbem eine so ziemlich organisierte Musik, und sogar eine Harmonie zu danken hat. Ich finde mich daher verpflichtet, selben der Gnade Euer Fürstlichen Gnaden anzuempfehlen.

Wien, d. 10. Nov. 809. Gf. v. Kuefstein.

Vertrauliche Mitteilung an den k. k. Hofmusikgrafen

dto. 28. Nov. 1809.

... Johann Wisgrill ist wegen seines guten Fortganges in den Studien und Franz Schubert wegen seiner ausgezeichneten Verwendung in der Tonkunst zu beloben, dem

Franz Müllner und Max Weiße aber ernstlich einzuschärfen, sich durch mehreren Fleiß der diesortigen Zufriedenheit ebenfalls würdig zu machen.
Der rühmliche Eifer des Klaviermeisters Ruczizka gereicht zur angenehmen Nachricht.

Mosel.

Graf Kuefstein an Konviktsdirektor Lang

Euer Hochwürden

Über den von mir an das k.k. Obersthofmeisteramt einbegleitete Kalkul über die Verwendung der in dem k. k. Konvikte befindlichen 10 Hofsängerknaben wurde mir die höchste Entschließung dahin mitgeteilt, dass der Joh. Wisgrill wegen seines guten Fortgangs in den Studien, und Franz Schubert wegen seiner ausgezeichneten Verwendung in der Tonkunst zu beloben, dem Franz Müllner und Max. Weiße aber ernstlich einzuschärfen sei, sich durch mehreren Fleiß der dießortigen Zufriedenheit ebenfalls würdig zu machen, so wie eben der rühmliche Eifer des Klaviermeister Ruziczka zur angenehmen Nachricht genommen wurde.

Den 4t Dezember 809.

Dieser Entwurf wurde von Ignaz Weinmann in den Hofmusikkapell-Akten des Staatsarchivs, Wien, gefunden.

1810

Fantasie für Klavier zu vier Händen (D. 1), 8. April bis 1. Mai.

Über das sittliche Betragen, den Fortgang in den Studien und in der Musik der Hofsängerknaben im k. k. Konvikte im 1ten Semester 1810

Namen	Sitten	Studien	Gesang	Klavier	Violin	Anmerkungen
Schubert Franz	gut	gut	s. gut	s. gut	s. gut	Ein musikalisches Talent

[Anfang Mai 1810]

Lang
Reggrt. u. Direktor
des k. k. Konvikts.

Graf Kuefstein an Fürst Trauttmansdorff

Euer Fürstliche Gnaden

In dem Anschlusse habe ich die Gnade, den mir von dem Herrn Konviktsdirektor mit dem Verzeichnis übergebenen Kalkül über die Verwendung der in dem k. k. Konvikte sich befindlichen 10 Sängerknaben der Vorschrift gemäß zu überreichen.

Wien, den 7. Mai 1810.

Ferdinand Graf v. Kuefstein,
Hof-Musikgraf.

Vertrauliche Mitteilung an den k. k. Hofmusikgrafen

dto. 7. Mai 1810.

Der mit Bericht des [Hofmusikgrafen] vom heutigen Datum einbegleitete Kalkül über die Verwendung der im k. k. Konvikte befindlichen Hofsängerknaben wird zum Amtsgebrauch zurückbehalten, und ist der Johann Wisgrill, dann der Franz Schubert durch die k. k. Konvikts-Direktion über ihre gute Verwendung [zu] beloben, dem Max Weiße aber sein Unfleiß vorhaben zu lassen.

Mosel.

Graf Kuefstein an Konviktsdirektor Lang

Über den mittels Bericht übergebenen und von mir an das k. k. Obersthofmeister Amt einbegleiteten Kalkul der ihrer Leitung unterstehenden 10 Hofsängerknaben erfolgte die dießfällige Entschließung dahin, daß der Johann Wisgrill, dann der Franz Schubert über ihre gute Verwendung belobet, dem Max Weiss aber sein Unfleiß verhoben werden solle ...

d 9 Mai 810

Gefunden von Ignaz Weinmann in den Hofmusikkapell-Akten des Staatsarchivs, Wien.

Katalog vom Schuljahr 1810 über die Schüler der II. Grammatikal-Klasse am Akademischen Gymnasio. Für das 1. und 2. Semester.

Schönberger, Vizedirektor.

Der Religionslehrer Josef Tranz,
der Grammatik Pius Strauch,
der Geographie und Geschichte Rittmannsberger,
der Mathematik und Naturgeschichte Walch.

Name u. Alter des Jünglings	Vaterland, Geburtsort, Wohnung	Name und Stand der Eltern	Sitten	Verwendung	Fortgang: Religionslehre	Fortgang: Latein. Sprache, Stil	Fortgang: Mathematik	Fortgang: Naturgeschichte und Naturlehre	Fortgang: Geogr. Geschichte	Fortgang: Griech. Sprache	Stipendist, Stiftl. Befreit., Zahlender	Anmerkung
Schubert Franz 12	Or. N. St. 796	Franz, Schullehrer	1 em	1 1	1 1	1 1	1 1	1 1	1 1	— —	k. k. Konv.	

Über das sittliche Betragen, den Fortgang in den Studien und in der Musik der Hofsängerknaben im k. k. Konvikte im 2ten Semester 1810

Namen	Sitten	Studien	Gesang	Klavier	Violin	Anmerkung
Schubert Franz	s. gut	gut	s. gut	s. gut	s. gut	Ein musikalisches Talent

Wien, den 23. September 810.

Lang,
Rgrt. und Direktor
des k. k. Konvikts.

Vertrauliche Mitteilung an den k. k. Hofmusikgrafen

dto. 26. Sept. 1810.

. . . Dem Joh. Wisgrill bezeigt man die diesortige Zufriedenheit mit der Fortsetzung seines lobenswerten Fleißes, und wird der [Hofmusikgraf] Sorge tragen, daß auf die musikalische Bildung des Franz Schubert, da er ein so vorzügliches Talent zur Tonkunst besitzt, besondere Sorgfalt gewendet werde.

Mosel.

Graf Kuefstein an Konviktsdirektor Lang

Euer Hochwürden

Über den mit Bericht vom 24t d M einbekleideten Kalkul über die Verwendung der k. k. Hofsängerknaben im Konvikte erfolgte nachfolgende Weisung, daß, da der unter 7 Mai d. J. dem Maximilian Weiße wegen seiner Nachlässigkeit angeordnete Verweis die gehabte Besserung nicht bewirket hat, dem k. k. Konviktsdirektor solches wegen zu verschärfender Ahndung zu bemerken sei. So wie dem Joh: Wisgrill die Zufriedenheit mit der Fortsetzung seines lobenswerten Fleißes zu bedeuten kommt, ist unter einem auf die musikalische Bildung des Franz Schubert, da er ein so vorzügliches Talent zur Tonkunst besitzt, besondere Sorgfalt zu verwenden anbefohlen worden . . .

Wien, 28t Sept. 810.

Gefunden von Ignaz Weinmann in den Hofmusikkapell-Akten des Staatsarchivs, Wien.

12. Dezember 1810 (?): Schubert hört im Kärntnertor-Theater Joseph Weigls Oper „Das Waisenhaus".

1811

Streichquartett in D-Dur (verloren)
Lied „Hagars Klage", 30. März
Ouvertüre für Streichquintett (D. 8, unveröffentlicht), 29. Juni bis 12. Juli

25. Januar 1811: Graf Joseph Karl Dietrichstein wird zum Kurator des Stadt- und des Löwenburg-Konvikts ernannt. – Infolge des durch die Franzosenkriege verursachten Staatsbankrotts in Österreich wird am 15. März 1811 eine Zwangswährung eingeführt: Das Papiergeld wird auf ein Fünftel seines Nennwertes herabgesetzt und in ein neues Staatspapiergeld, die sogenannte Wiener Währung umgewandelt. Die alte Konventions-Münze (Staatsvertrag mit Bayern von 1753) beruhte auf dem 20-fl.-Fuß (20 Gulden aus einer feinen, d. h. reinen, Kölner Mark gewonnen, d. i. etwa 1/2 deutsches Pfund Gewicht). 1 fl. hatte 60 kr. (Kreuzer), auch in der neuen Währung. Aber 5 fl. W. W. waren nur mehr 2 fl. K. M. wert. Für 100 fl. alter „Bankozettel" bekam man 250 fl. „Einlösungsscheine" oder „Scheingeld", für 100 fl. W. W. entsprechend 40 fl. K. M., die Abkürzung W. W. für „Wiener Währung" wurde als „Weh! Weh!" lächerlich gemacht. Beide Währungen wurden lange Zeit nebeneinander benützt.

Über das sittliche Betragen, den Fortgang in den Studien und in der Musik der Hofsängerknaben im k. k. Konvikte im 1. Semester 1811

Namen	Sitten	Studien	Gesang	Klavier	Violin	Anmerkung
Schubert Franz	s. gut	gut	s. gut	s. gut	s. gut	—

Wien, den 25. April 1811.

Lang,
Rggsrt. und Direktor
des k. k. Konvikts.

Vertrauliche Mitteilung an den k. k. Hofmusikgrafen

dto. 28. April 1811.

... Franz Schubert und Franz Müllner sind über ihre guten Fortschritte in allen Rubriken zu beloben.

Mosel.

Graf Kuefstein an Konviktsdirektor Lang

Euer Hochwürden!

Der mit Bericht von 27. d. M: einbegleitete Kalkul der Konviktsdirektion über die Studien, und das Betragen der Hofsängerknaben im 1ten Semester d. J. wurde von dem k. k. Obersthofmeisteramte mit dem zur Nachricht genommen, daß die beiden Knaben Illgner und Wisgrill in der Voraussetzung, daß ihnen das Singen während der Zeit des Mutierens nicht etwa zum physischen Nachteil gereiche, noch durch die Sommermonate zur Dienstleistung verwendet werden können, übrigens seie Johann Helmsperger zur Besserung in den Studien ernstlich zu ermahnen, bei dem Aloys Chimani aber, wenn es ihm an Talent oder Fleiß zum Klavierspiele mangelt, mit der dießfälligen Instruktion aufzuhören und die Mühe lieber auf einen anderen hiezu besser geeigneten Knaben zu verwenden.
Franz Schubert und Franz Müllner seien über ihre guten Fortschritte in allen Rubriken zu beloben.

d 29t April 811

Gefunden von Ignaz Weinmann in den Hofmusikkapell-Akten des Staatsarchivs, Wien. — Johann Georg Hellmesberger (geboren in Wien 1800), der nur von 1810 bis 1812 Konviktist und Hofsängerknabe war, wurde ein berühmter Geiger.

8. Juli (?) 1811: Schubert hört Josef Weigls Oper „Die Schweizer-Familie" im Kärntnertor-Theater. Das von George Grove in dem berühmten Schubert-Artikel seines Lexikons angenommene Datum ist nicht gesichert. Er gibt auch als Datum der ersten Oper, die Schubert gehört haben soll, Weigls Oper „Das Waisenhaus", den 12. Dezember 1810 an. Josef v. Spaun, der Schubert zu diesen Opernaufführungen in das Kärntnertor-Theater (die Wiener Hofoper) auf die fünfte Galerie einlud, widerspricht sich in zwei Berichten darin, welche der beiden Opern Schubert als erste hörte. Jedenfalls aber befand sich Spaun Ende 1810 noch in Linz und kam erst im März 1811 wieder nach Wien.

Katalog vom Schuljahr 1811 über die Schüler der III. Grammatikal-Klasse am Akademischen Gymnasio. Für das 1. und 2. Semester.

Alois Vorsix,
der Religionslehrer Josef Tranz,
Rittmannsperger, Professor der Geographie und Geschichte,
der Mathematik- und Naturlehrer Walch.

Name u. Alter des Jünglings	Vaterland, Geburtsort, Wohnung	Name und Stand der Eltern	Sitten	Verwendung	Fortgang: Religionslehre	Latein. Sprache, Stil	Mathematik	Naturgeschichte und Naturlehre	Geogr. Geschichte	Griech. Sprache	Stipendist, Stiftl. Befreit., Zahlender	Anmerkung
Schubert Franz 13	Oest., Wien, Stadt No. 796 im k. k. Konv.	Franz, Schullehrer	1 em 1 em	g g	1 1	1 1	1 1	1 1	1 em 1	— —	Stiftl. im k. k. Konv.	

Über das sittliche Betragen, den Fortgang in den Studien und in der Musik der Hofsängerknaben im k. k. Konvikt im 2ten Semester 1811

Namen	Sitten	Studien	Gesang	Violin	Klavier	Anmerkung
Schubert Franz	s. g.	gut	s. gut	s. gut	s. gut	Geigt und spielt schwere Stücke *prima vista*

Lang,
Rggrat. und Direktor
des k. k. Konviktes.

[Mitte September 1811]

Vertrauliche Mitteilung an den k. k. Hofmusikgrafen

dto. 28. Sept. 1811.

... Dem Hellmesberger ist im Namen dieses O. Hofamts ein nachdrücklicher Verweis über seine schlechte Verwendung in den Studien zu geben;
dem Franz Schubert hingegen die diesortige besondere Zufriedenheit über seine in allen Rubriken ausgezeichneten Fortschritte zu bezeigen, so wie auch denen, – von dem H. Direktor angerühmten Musikmeistern, und insbesondere dem Klaviermeister Ruzicka, das verdiente Lob zu erteilen ist ... Mosel.

GRAF KUEFSTEIN AN KONVIKTSDIREKTOR LANG

Hochwürdiger Herr!
Hochzuehrender Hr. Regierungsrat!

Über das einbegleitete Verzeichnis über die Verwendung der Hofsängerknaben im 2ten Semester d: J. erfolgte die k. k. Obersthofmeisteramts-Erledigung dahin: daß für den Fall als Chimani, wie es scheint, keine Anlage oder keinen Eifer zum Klavierspielen zeigt, bei demselben mit dem Unterrichte in diesem Musikzweige aufzuhören und die verlorene Mühe des Meisters auf einen anderen hiezu fähigeren Knaben zu verwenden wäre.
In Rücksicht des Johann Öhlinger wird mit dem nächsten Kalkul die besondere Anzeige erwartet, ob er sich im Singen gebessert habe oder ob widrigenfalls sein Platz durch einen anderen zu besetzen sei.
Dem Helmsperger ist im Namen des Oberst-Hofamtes ein nachdrücklicher Verweis über seine schlechte Verwendung in den Studien zu geben.
Dem Franz Schubert hingegen die besondere Zufriedenheit über seine in allen Rubriken ausgezeichneten Fortschritte zu bezeigen, so wie auch denen von dem Hrn. Direktor angerühmten Musikmeistern, und insbesondere dem Klaviermeister Ruziczka das verdiente Lob zu erteilen.

d 30 Sept 811

Kuefstein e. h.

Gefunden von Ignaz Weinmann in den Hofmusikkapell-Akten des Staatsarchivs, Wien.

15. Dezember 1811: Die Sängerknaben der Burgkapelle beteiligen sich an einem „Collin-Feier" genannten Konzert im Prunksaal der Universität mit vier Chören, die Abbé Stadler zu Heinrich Collins Tragödie „Polyxena" komponiert hatte. Der Reinertrag dieser Veranstaltung war für ein Denkmal des Dichters bestimmt, das auf Anregung des Grafen Moritz Dietrichstein in der Karlskirche errichtet werden sollte.

24. Dezember 1811: Die Sängerknaben singen das selbe Werk im Burgtheater zugunsten des neuen Marienspitals in Baden bei Wien. Das Konzert war von der „Gesellschaft adeliger Frauen zur Beförderung des Guten und Nützlichen" veranstaltet worden.

Ein sonst unbekannter Konviktskollege Schuberts, Ignaz Spenn, der mit Josef v. Spaun, Holzapfel und Kenner, aber auch schon mit Körner, Schober und Mayrhofer, die uns erst später begegnen werden, verkehrte, führte 1811/12 ein Tagebuch, in dem ein „Schub." mehrere Male erwähnt ist. Dieses Tagebuch, das sich im Besitz der Wiener Nachkommen Anton v. Spauns befindet, ist bisher nicht veröffentlicht worden. Spenn wurde um 1791 geboren – von 1806 bis 1812 war er im Konvikt – und starb schon am 5. Januar 1813 als Konzeptspraktikant des Haus-, Hof- und Staatsarchivs in Wien.

1812

Ouvertüre in D-Dur (D. 26), beendet am 26. Juni
Salve regina in F-Dur (D. 27, veröffentlicht 1928), 28. Juni
Sonatensatz für Klavier, Violine und Violoncello in B-Dur (D. 28, veröffentlicht 1923), 27. Juli bis 28. August
Kyrie in d-Moll (D. 31), 25. September

3. April 1812: Im Burgtheater findet eine der vorhergehenden ähnliche Feier für den verstorbenen Dichter Collin statt. Unter den Mitwirkenden befanden sich die Opernsängerin Anna Milder und der Hofkapell-Bassist Leopold Pfeiffer. Es ist unwahrscheinlich, daß die Hofsängerknaben wieder mitgewirkt haben.

Sie durften laut Vorschrift nicht öffentlich auftreten. Aus diesem Grunde ist auch die Annahme, daß sie 1808 bei der Festaufführung von Haydns „Schöpfung" im Prunksaal der Universität (Aula) oder – mit Schubert – bei einem der Oratorien, die der Witwen- und Waisenverein der Wiener Musiker veranstaltete, mitgewirkt haben, unhaltbar. Die beiden oben genannten Aufführungen waren besondere Ausnahmen: Im ersteren Fall hat wohl Graf Moritz Dietrichstein, der Veranstalter der Feier, darum gebeten, und vor der zweiten Veranstaltung schrieb die Fürstin Karoline Lobkowitz, Vorsteherin jenes Damenvereines, am 18. Dezember 1811 an den Obersthofmeister (Bitte um Freigabe der „jeunes Garcons von convict", Staatsarchiv, Wien). Die anderen Mitwirkenden waren Dilettanten. Die Knaben wurden von ihrem Singmeister, Philipp Korner (geboren 1761), begleitet. Er war Tenorist der Hofkapelle, ein dürrer Mann mit einem langen dünnen Zopf, der die Buben oft mit Schlägen und Ohrrissen regalierte (nach Holzapfels Bericht).

Über das sittliche Benehmen, den Fortgang in den Studien und in der Musik der Hofsängerknaben im k. k. [Konvikte] im 1. Semester 1812

Namen	Sitten	Studien	Gesang	Violin	Klavier	Anmerkung
Schubert Franz	s. gut	gut	s. gut	s. gut	s. gut	—

Wien den 20. April 1812.

Lang,
Direktor des k. k. Konvikts.

Aus dem Verzeichnis der „Geburts- und Sterbefälle in der Familie des Schullehrers Franz Schubert"

1812, den 28. Mai, am Frohnleichnamstage, nachmittags 4 Uhr, starb die innigstgeschätzte Ehegattin Elisabeth, geb. Vitz.

Daß Schubert aus dem Vaterhause verbannt wurde und nur zur Bestattung der Mutter heimkommen durfte, ist eine Annahme Alois Fellners, der Schuberts Erzählung „Mein Traum" (vom 3. Juli 1822) in diesem Sinne auslegte. Dahms' Schubert-Biografie, 1. Auflage, 1912 basiert bei dieser Nachricht auf Fellner.

Aus dem Totenprotokoll der Stadt Wien

Mai 1812

Den 28ten

Schubert Herr Franz, öffentlicher Schullehrer, und k. k. Armenvater, s. Frau Elisabeth, geborne Vitz, aus Schlesien geb., beim schwarzen Rössel No. 10 am Himmelpfort-Grund, am Nervenfieber, alt 55 Jr.

Wolf.

Aus dem Buch der Todesfälle der Pfarre „Zu den vierzehn Nothelfern" in Liechtental

28. Mai 1812 Elisabeth Schubert, geb. Vitz, Himmelpfortgrund Nr. 10. Franz Schubert, Schullehrer u. Armenvater, seine Frau Elisabeth, 55 Jahre alt; an Nervenfieber; am 30. Mai beerdigt.

Als Todesursache wurde Nervenfieber angegeben. So bezeichnete man zur damaligen Zeit den Typhus, woran auch Schubert gestorben ist.

Vermerk auf einem Noten-Übungsblatte Schuberts [Cantus firmus von Salieris Hand, Kontrapunkt hierzu von Schubert]

Den 18. Juny 1812 den Contrapunkt angefangen. 1. Gattung.

Schubert besuchte Salieri zweimal wöchentlich. – Undatierte Generalbaßübungen Schuberts (Deutsche Staatsbibliothek, Berlin) zeigen auf 2 Seiten Queroktav die Punkte 15 und 16 des Paragraphen 41 eines nicht identifizierten Lehrbuches ausgearbeitet, den Paragraphen 43 begonnen. Später benützte Schubert die „Harmonie- und Generalbaßlehre" von Josef Drechsler (1782 in Wällisch-Birken, Böhmen, geboren), in der bei Tobias Haslinger 1828 erschienenen zweiten Auflage (Exemplar früher bei der Familie Krasser in Wien). Sie war um 1816 für die Normal-Hauptschule in Wien geschrieben worden, die Schubert 1813/14 besucht hatte.

Aus dem Grundbuch der Stadt Wien

Franz Schubert, Schullehrer am Himmelpfortgrund, empfangt allein Nutz und Gewähr um eine Behausung sub Nro. 10 am Himmelpfortgrund zum schwarzen Rößl genannt. Hievon dient man der k. k. Herrschaft Himmelpforte jährlich 45xr zu rechten Grunddienst, dann ist auch am Robotgeld 5 fl. nebst allen übrigen herrschaftlichen, landesfürstlichen und Gemeinabgaben zu entrichten.
Um vorstehende Behausung ist vorhin auch die Ehegattin des Gewährsnehmers Elisabeth Schubert zur Hälfte vergewährt gestanden, nach deme dieselbe aber mit Tod abgegangen, so wurde mehr gedachte Realität laut heute gepflogener Abhandlung dem eingangsgedachten Franz Schubert im Werte pr. 5200 fl. eingeantwortet.

Wien, den 16ten Juli $\overline{812}$.

Aus dem Grundbuch der Stadt Wien

Urbarium über den Himmelpfortgrund Haus No. 10 . . . Satz-Fürmerkungen: . . . Lit. F. fol. 307 den 16. Juli 1812 für Ferdinand, Karl, Franz und Theresia Schubert à 204 fl. $^{1}/_{11}$ kr., 816 fl. $1^{2}/_{4}$ kr.

Die Erbanteile wurden im Grundbuch nur gutgeschrieben. Es ist auffällig, daß Ignaz Schubert, der erstgeborene Sohn, nicht bedacht ist. Er war – siehe B. (1) – schon sieben Wochen nach der Hochzeit geboren worden. Er spielte Klavier und Violine und half seinem Vater bei dem ersten Musikunterricht seiner jüngeren Brüder; Franz wurde vom Vater im Violin-, von Ignaz im Klavierspiel unterrichtet, während ihn der Chorregent Michael Holzer (geboren 1772 in der Vorstadt Himmelpfortgrund) im Singen, Orgelspiel und Kontrapunkt unterwies. Ignaz vertrat schon als Student seinen Vater, in dessen Schule er dann von 1805 bis 1830 erster Gehilfe war, bis er sein Nachfolger als Lehrer wurde. Trotz seines Freisinns mußte er manchmal den Katecheten im Religionsunterricht vertreten und hatte auch Sonntagsschule zu halten. Als Stammhalter der Familie galt jedoch erst Ferdinand, der Nächstgeborene.

Dekret an den k. k. Hofkapellmeister H. Josef Eybler

Über die von dem k. k. Hofkapellmeister gemachte Anzeige, daß die zwei k. k. Hofkapellknaben *Franz Schubert* und *Franz Müllner* die Stimme mutieret haben, wurde wegen Aufnehmung neuer die Einleitung durch Ausschreibung eines Konkurses auf den 28ten Sept. d. J. und der Einschaltung in die Wiener Zeitung getroffen . . .

Wien, d. 21. Juli $\overline{812}$.

Vermerk am Ende der dritten Altstimme in Peter Winters erster Messe in C, aus der k. k. Hofkapelle

Schubert Franz zum letztenmahl gekräht. Den 26. July 812

Vermerk am Ende der vierten Altstimme des gleichen Werkes

[Verzeichnis der Hofsängerknaben, geschrieben von fremder Hand] Hemetsberger, Bajer, Huber, Öhlinger, Müllner, Fuchs, Kinast, Schubert, Weiße, Chimani.

Den 26. Juli 1812. Weiße.

Das sind die zehn Hofsängerknaben von 1812, zu denen Schubert noch gehörte. Außer Müllner, Weiße und Hellmesberger sind noch Georg Boyer, Ferdinand Huber, Johann Öhlinger, Franz Fuchs, Johann Kinast und Alois Chimani zu identifizieren.

Aus der amtlichen „Wiener Zeitung" vom 29. Juli 1812

Kundmachung

erledigter Musikstiftungsplätze im k. k. Konvikte.

Mit Anfang des künftigen Schuljahres sind zwei Stiftungsplätze für Sängerknaben im k. k. Konvikte allhier zu besetzen. Die Kandidaten müssen 10 Jahre alt, und in die erste lateinische Schule einzutreten fähig, mit einer guten Singstimme versehen, und im Singen gut unterrichtet sein. Diejenigen Eltern und Vormünder, welche ihre Söhne oder Mündel in diese Plätze zu bringen wünschen, haben dieselben am 29. September d. J. früh um 9 Uhr zur Prüfung bei der Direktion des besagten Konviktes zu stellen, vorher aber sich bei der Direktion mit den Schulzeugnissen auszuweisen. Wien, den 10. Juli 1812.

Katalog vom Schuljahr 1812 über die Schüler der IV. Grammatikal-Klasse am Akademischen Gymnasio. Für das 1. und 2. Semester.

Josef Tranz der Religion,
Matthias Rebel der Grammatik,
Benedikt Lamb der griechischen Sprache,
Rittmannsberger der Geographie und Geschichte,
Walch der Mathematik.

Name und Alter des Jünglings	Vaterland, Geburtsort, Wohnung	Name und Stand der Eltern	Sitten	Verwendung	Fortgang: Religionslehre	Latein. Sprache, Stil	Mathematik	Naturgeschichte und Naturlehre	Geogr. Geschichte	Griech. Sprache	Stipendist, Stiftling, Befreiter, Zahlender	Anmerkung
Schubert Franz 14	Wien Stadt 796	Franz, Schullehrer	1 1	1 1	1 1	1 1	1 1	— —	1 1	1 1	Zögling des k. k. Konv.	

Über das sittliche Betragen, den Fortgang in den Studien und in der Musik der Hofsängerknaben im k. k. Konvikte im 2. Semester 1812

Namen	Sitten	Studien	Gesang	Violin	Klavier	Anmerkung
Schubert Franz	gut	gut	s. gut	s. gut	s. gut	Mutiert

Wien den 16. September 1812.

Lang,
Direktor des k. k. Konvikts.

Graf Kueffstein an Fürst Trauttmansdorff

Euer Fürstlichen Gnaden

... Für die Aufnahme dreier neuer Sängerknaben, da Schubert und Müllner die Stimmen mutieren, Hellmesberger aber entlassen wurde, ist künftigen Montags, den 28ten, die Konkursprüfung bestimmt, worüber ich sodann den weiteren Bericht zu erstatten nicht ermangeln werde.

Wien den 26 September 812.

Gf v Kuefstein.

Alexander Holz, Benedikt Randhartinger und Augustin Gment waren die drei neuen Hofsängerknaben, die an Stelle der genannten aufgenommen wurden.

1. Oktober (?) 1812: Schubert hört Spontinis „Vestalin" im Kärntnertor-Theater. (Das Datum ist ungewiß, siehe 8. Juli 1811.) Schubert soll um diese Zeit auch Cherubinis „Médée", Boieldieus „Jean de Paris", Isouards „Cendrillon" und Mozarts „Zauberflöte" gehört haben.

Fürst Trauttmansdorff an Kuefstein

... Endlich sieht man dem Resultat des zur Besetzung der drei erledigten Hofsängerknabenstellen eingeleiteten Konkurses entgegen.

Vom k. k. Obersthofmeisteramte
Wien, d. 29t September 1812.
Freiherr v. Löhr.

Trauttmansdorff.

Schubert an seinen Bruder Ferdinand (?)

Den 24. November 1812.

Gleich heraus damit, was mir am Herzen liegt, und so komme ich eher zu meinem Zwecke, und Du wirst nicht durch liebe Umschweife lang aufgehalten. Schon lange habe ich über meine Lage nachgedacht und gefunden, daß sie im Ganzen genommen zwar gut sei, aber doch noch hie und da verbessert werden könnte; Du weißt aus Erfahrung, daß man doch manchmal eine Semmel und ein Paar Aepfel essen möchte, um so mehr wenn man nach einem mittelmäßigen Mittagsmahle, nach $8^1/_2$ Stunden erst ein armseliges Nachtmahl erwarten darf. Dieser schon oft sich aufgedrungene Wunsch stellt sich nun immer mehr ein, und ich mußte nolens volens endlich eine Abänderung treffen. Die paar Groschen, die ich vom Herrn Vater bekomme, sind in den ersten Tagen beim Teufel, was soll ich dann die übrige Zeit thun? Die auf dich hoffen, werden nicht zu Schanden werden. Matthäus Cap. 3, V. 4. So dachte auch ich. – Was wär's denn auch, wenn Du mir monatlich ein Paar Kreuzer zukommen ließest. Du würdest es nicht einmal spüren, indem ich mich in meiner Clause für glücklich hielte, und zufrieden sein würde. Wie gesagt, ich stütze mich auf die Worte des Apostels Matthäus: der da spricht: Wer zwei Röcke hat, der gebe einen den Armen etc. Indessen wünsche ich, daß Du der Stimme Gehör geben mögest, die Dir unaufhörlich zuruft,

Deines
Dich liebenden armen, hoffenden
und nochmal armen Bruders
Franz zu erinnern.

Dieser erste erhaltene Brief Schuberts ist möglicherweise an seinen ältesten Bruder Ignaz gerichtet, obzwar auch Ferdinand Schubert bereits seit 1811 Schulgehilfe (im Wiener Waisenhaus) war und demzufolge über ein kleines Einkommen verfügte. Schubert stand mit beiden Brüdern und auch mit dem dritten, Karl, in bestem Einvernehmen. Am innigsten war sein Verhältnis jedoch zu Ferdinand, dem eigentlichen Haupt der jüngeren Generation. Der Brief ist ein harmloses Gegenstück zu einigen Briefen, die Ende 1813 und Anfang 1814 Franz v. Schlechta (geboren 1796 in Pisek, Böhmen), ein neuer Konviktist, der gleichzeitig mit Max v. Spaun aus Kremsmünster gekommen war, an den dort verbliebenen Franz v. Schober über die Übelstände im Konvikt schrieb (Stadtbibliothek Wien, veröffentlicht in „Die Quelle", Wien, April 1928, S. 487f.). Freilich soll auch Schubert 1809 das Konvikt ein Gefängnis genannt haben. Seine Bibelzitate sind falsch, wahrscheinlich willkürlich erfunden (nicht im Wortlaut, aber in den Quellen). Statt Matthäus III. 4 muß es heißen: Paulus an die Römer X. 11 und statt der ungenannten Matthäus-Stelle: Lukas III. 11, wo es wörtlich heißt: „Wer zwei Röcke hat, der gebe dem, der keinen hat." Es war nicht ungewöhnlich, daß die Konviktisten von ihren Angehörigen ein „Rekreationsgeld" bekamen.

1813

Trios und Kanons (D. 51, 53—58, 60—65, 67, 69—71), 15. April bis 15. Juli
Oktett für Blasinstrumente, Menuett und Finale erhalten (D. 72), beendet am 18. August
„Trinklied" für Baß Solo mit Männerchor und Klavierbegleitung (D. 75), 29. August
Sinfonie in D-Dur (D. 82), beendet am 28. Oktober
Menuette und Deutsche Tänze für Orchester (D. 89 und 90), begonnen am 19. November
30 Menuette für Klavier (10 verloren, die übrigen D. 41)

Aus der amtlichen „Wiener Zeitung" vom 30. Januar 1813

Kundmachung.

In dem k. k. Stadtkonvikte sind nachfolgende Stiftungsplätze erledigt und in Folge k. k. Studienhofkommissions-Dekretes vom 23. Oktober v. J. zur Wiederbesetzung geeignet: ... 5) Ein Meerfeldischer Stiftungsplatz, für mittellose Jünglinge von guter Familie; Präsentant ist die Ni. Oest. Landesregierung ...

Wien den 26. Jan. 1813.
Leopold Freiherr v. Cazan,
k. k. ni. öst. Regierungs-Sekretär.

Balduin Franz v. Meerfeld, ein österreichischer Hofrat, hatte 1771 dem früheren Konvikt 26250 fl. zur Erziehung der Jugend gestiftet. Davon sollten acht Stiftlinge jährlich 150 fl. bekommen, wenn sie sich verpflichteten, monatlich einen Rosenkranz für den Stifter und seine „Freundschaft" (Familie) zu beten, am Jahrestag seines Hinscheidens aber zu beichten und zu kommunizieren. Ursprünglich sollten diese Stiftlinge nur von angesehenen Eltern hinterlassene, mittellose und minderjährige Söhne sein, diese Bedingung scheint aber später nicht mehr beachtet worden zu sein.

Aus dem Verzeichnis der „Geburts- und Sterbefälle in der Familie des Schullehrers Franz Schubert“

1813, den 25. April, vermählte ich mich zum zweiten Male mit der wertgeschätzten Jungfrau Anna Kleyenböck, geb. 1. Juni 1783.

Heirats-Kontrakt

An dem zu Ende gesetzten Jahr und Tage ist zwischen dem Herrn Franz Schubert als Bräutigam eines, und zwischen der Jungfrau Anna Kleienböck als Braut andern Teils folgender Heirats-Kontrakt verabredet und beschlossen worden:

1. Haben sich beide Brautpersonen bis auf die priesterliche Einsegnung ehelich verlobt.
2. Bringt die Jungfrau Braut eine anständige Hauseinrichtung zum Heiratsgute mit, welches
3. der Herr Bräutigam mit fünf Hundert Gulden widerlegt, und sollen Heiratsgut und Widerlage auf Überleben bedungen sein. Sollte jedoch wider alles Vermuten eine Trennung entstehen, so haben sich beide Teile ausdrücklich dahin einverstanden, daß jeder Teil bloß sein mitgebrachtes Vermögen bekomme, ohne jedoch irgend einen Anspruch auf das Vermögen oder auf die Unterstützung des andern Teiles machen zu können.
4. Was beide Teile während ihrer Ehe mit einander erwerben, ererben, oder auf was immer für eine erlaubte Art an sich bringen, soll ein gemeinschaftliches Gut sein und bleiben. Zu dem Ende wird ein gesetzmäßiges Verzeichnis über alle dermal vorhandenen Habschaften beider Brautleute errichtet, und von ihnen eigenhändig unterfertiget.

Urkund dessen beider kontrahierenden Teile und der erbetenen Herren Beistände als Zeugen eigenhändige Fertigung. Wien, den 15. April 1813

Anna Kleyenböck
als Braut
Johann Kunert
erbetener Zeug und
Beistand.

Franz Schubert
als Bräutigam
Joh. Mich. Wagner
als Beistand von Seite
des Bräutigams

Der Ehekontrakt wird im Archiv der Stadt Wien verwahrt.

Aus dem Pfarrbuch der Kirche St. Ägidius in Gumpendorf

Sind getraut worden den 25. April [1813] von Kolumban, Kooperator. Franz Schubert, Hausinhaber und Schullehrer auf dem Himmelpfortgrund, geb. in Mähren zu Neudorf, des Karl Schubert, eines Bauern sel., und Susanna, geb. Mick, ehl. Sohn. Auf dem Himmelpfortgrund Nr. 10 durch 27 Jahre. [Katholisch], 49 [J. a.], [Witwer]. Anna Kleienböck, des Anton Kleienböck, eines bürgerl. Seidenzeugfabrikanten, und Anna, geb. Zeiner, ehl. Tochter. In Gumpendorf No. 160 durch 1/2 Jahr. [Kath.], 29 [J. a.], [ledig]. [Beistände:] Johann Kunert, Fabrikant in Gumpendorf. Michael Wagner, Grundrichter auf dem Himmelpfortgrund.

Anna Kleyenböck war eine von vier Töchtern. Das Seidengewerbe blühte damals in Wien. Gumpendorf ist eine Vorstadt im Südwesten Wiens. In der Kirche zum Heil. Ägidius, die zum Schottenstift gehörte, war Haydn 1809 eingesegnet worden. Der Pfarrer Kolumban Daigele war ein Vetter der Braut. Wenn Vater Schubert als 27 Jahre seßhaft im Himmelpfortgrund angeführt wird, so ist dabei sein Aufenthalt in Liechtental (seit 1785) mitgezählt. Vater Schuberts Trauzeuge, Wagner, betrieb das selbe Gewerbe wie der Brautvater; er mag die Bekanntschaft vermittelt haben. Vater Schuberts zweite Frau war Franz wohlgesinnt und hat ihm später oft aus ihrem „Strumpfgeld" ausgeholfen. – Am 7. Februar 1823 ließ sich Vater Schubert einen (neuen?) Trauschein ausfertigen (erste Ausgabe, S. 17).

Gedicht von Franz Schubert

Die Zeit (im Mai 813)

Unaufhaltsam rollt sie hin
Nicht mehr kehrt die Holde wieder
Stät im Lebenslauf Begleiterin
Senkt sie sich mit uns ins Grab hernieder.

Nur ein Hauch! – und er ist Zeit
Hauch! schwind' würdig ihr dort nieder
Hin zum Stuhle der Gerechtigkeit
Bringe deines Mundes Tugendlieder!

Nur ein Schall! und er ist Zeit
Schall! schwind' würdig ihr dort nieder
Hin zum Sitze der Barmherzigkeit
Schütte reuig Flehen vor ihm nieder!

Unaufhaltsam rollt sie hin
Nicht mehr kehrt die Holde wieder
Stät im Lebenslauf Begleiterin
Senkt sie sich mit uns ins Grab hernieder.

Der Anlaß dieses Gedichtes ist nicht bekannt. Holzapfel, der eine Kopie davon aufbewahrt hat, berichtete 1858 an Ferdinand Luib, daß Schubert um diese Zeit noch ein anderes Gedicht im Odenstil Klopstocks über Gottes Allmacht in der Schöpfung geschrieben habe. Dieses Gedicht ist leider verlorengegangen.

18. August 1813

Schuberts humoristische Nachschrift auf dem Autograph seines Oktetts für Blasinstrumente (D. 72)

Fine mit'n Quartett, welches gecomponiret hat Franzo: Schubert Kaplmaster der kais. chinesischen Hofkapppehle zu Nanking, der weltberühmten Residenz von S^r. Chinesischen Mayestät. Geschrieben zu Wien in an Datum, das i nit wass, in an Jahr, das an 3 am End hat, u. an Anser (1) im Anfang, u. nachher an Ochter u. wieder an Anser: Heisset also: 1813.

Die übermütige Nachschrift läßt darauf schließen, daß dieses Oktett für das Konviktsorchester bestimmt war.

26. August 1813: Theodor Körner fällt in der Schlacht bei Gadebusch. Johann Baptist Wanhal stirbt in Wien.

Theodor Körner, der Dichter der Befreiungskriege, der vom August 1811 bis März 1813 als Theaterdichter des Burgtheaters in Wien geweilt und sich dort mit der Hofschauspielerin Antonie Adamberger verlobt hatte, war musikalisch. Er sang Baß im Chor in der neuen „Gesellschaft der Musikfreunde" und soll auf seiner Gitarre bei Wiener Nachtmusiken seiner Freunde, u. a. bei Josef v. Spaun, mitgewirkt haben. Spaun berichtet, daß er mit Schubert Glucks „Iphigenie auf Tauris" besucht hatte (also nicht erst 1815, wie Grove annahm), als er Körner traf und mit Schubert bekannt machte. Sie speisten zusammen beim „Jägerhorn" in der Dorotheergasse nahe dem Graben und waren voll Begeisterung über Anna Milder und J. M. Vogl (Iphigenie und Orest). An diesem Abend soll Körner Schubert in seiner Absicht bestärkt haben, bei der Musik zu bleiben. In Körners Briefen aus Wien ist Schuberts Name nicht erwähnt, was darauf schließen läßt, daß diese Begegnung erst Anfang 1813 stattgefunden hat. Es heißt, daß Körner in der Wipplingerstraße nahe dem alten Rathaus bei Frau Anna Sanssouci gewohnt habe, der späteren Wirtin Mayrhofers, Schuberts und Josef Hüttenbrenners; ihr Sohn Franz war damals auch Konviktist, ihr Mann starb 1814. Er war Weinhändler und Juwelier, sie wurde Tabakhändlerin. Es ist bemerkenswert, daß Schubert bald nach jenem Oktett mit der lustigen Nachschrift (siehe 18. August 1813) eine „Kleine Trauermusik" für Blasinstrumente, datiert vom 19. September 1813, schrieb. Da er auch ein Kontrafagott fordert, war das Werk offenbar nicht für das Konviktsorchester bestimmt. Es ist unsinnig zu vermuten, daß diese Musik mit dem Tod von Schuberts Mutter im Mai 1812 etwas zu tun hat, denn die spätere Aufschrift von fremder Hand, „Franz Schuberts Begräbnisfeier", sagt natürlich nichts über die ursprüngliche Bestimmung aus. Es scheint allerdings möglich, daß Schubert diese Musik zu Ehren Körners komponierte. Theodor v. Sydow, Körners Freund, veranstaltete am 14. März 1814 eine Trauerakademie für ihn in Wien.

Vortrag der Studien-Kommission vom 6. August 1813

mit dem Vorschlage zur Besetzung sechs Windhagischer Stiftungs Plätze, dann eines Meerfeldischen und eines Goldeggischen Platzes im Konvikt zu Wien. –
... Die *Konvikts Direktion* äussert sich:
... Für den *zweiten*, *dritten*, *vierten* und *fünften* Windhagischen Platz werden verordnungsmässig die wegen Stimme Veränderung nicht mehr zu Sänger Knaben brauchbaren Joseph *Andorfer*, Joseph *Kleindl*, Franz *Schubert* und Franz *Müllner* vorgeschlagen, um das freie Konvikts Vermögen baldigst ihrer Verpflegung zu entheben ...
Die n. ö. *Regierung* glaubet ihr Vorschlags Recht nicht besser benützen zu können, als wenn sie *diesem* – der Ordnung, den Stift Briefen und den Vorschriften vollkommen entsprechenden gewissenhaften *Vorschlage durchaus* beitritt ...
Der *Konvikts Kurator Gr. Dietrichstein* ... bemerket ...: Es scheine ihm, die erwähnten Sänger Knaben sollten immer nur bei übrigens gleichen Eigenschaften in die erledigten Stiftungs Plätze einrücken, besonders da man sie ohnehin schon bei ihrer Aufnahme dadurch begünstiget, daß man weniger auf ihren Fortgang im Lernen, als auf eine schöne Stimme sieht ... *Daher hätten die vorgeschlagenen vier Sänger Knaben erst bei der nächsten baldigen Erledigung, und auch dann nur bei übrigens gleichen Eigenschaften einzurücken* ...
Die *Studien Kommission* erinnert: ...

Was die *Einrückung der erwähnten vier Sängerknaben* in die Windhagische Stiftung betrifft, halten es *die mehrern Stimmen* ..., dann der Regierungs Rat Lang, für *allerdings notwendig*, und dem Sinne der höchsten Anordnungen gemäß, *daß die gegenwärtige Gelegenheit zur Unterbringung jener auf Kosten des freien Vermögens verpflegten vier Sänger in Windhagische Stiftungs Plätze benützet werde* ... *Daher dürften in vier der erledigten sechs Windhagischen Plätze die benannten vier Sänger Knaben Andorfer*, *Kleindl*, *Schubert* und *Müllner einrücken*, welche insgesamt im vorigen Jahre mit ersten Klassen, drei in Sitten, und Kleindl auch in drei Lehr Gegenständen mit dem Vorzuge bezeichnet waren, somit die im Stiftbriefe gefoderte genügsame Fähigkeit, dann christliche und tugendsame Aufführung besitzen. –

Teplitz am 23. September 1813.

Dittmann

Eigenhändiges Gutachten des Leibarztes Andreas von Stift

. . . Das Einrücken der Sängerknaben, welche ihre Stimmen änderten, gründet sich auf allerhöchste Anordnungen, und es kann hierbei nicht gefordert werden, daß sie anderen Bittwerbern, welche noch keine Stiftlinge sind, in Studien-Zeugnissen gleich seien oder vorgehen; weil sie schon im Genusse einer Stiftung sind, und es zum Fortgenusse dieser oder einer anderen Stiftung genug ist, wenn man sich desselben nicht unwürdig gemacht hat, d. i. wenn man die 1te Fortgangsklasse hat.
Die Einrückung der 4 mutierten Sängerknaben in die Windhagischen Stiftungsplätze scheint daher keinem Anstande zu unterliegen . . .
24. Sept. 1813. Stift.

Vorschlag Stifts für die Entschliessung des Kaisers

Die Windhagischen Stiftungs-Plätze verleihe Ich . . . den 4 Sängerknaben Jos. Andorfer, Jos. Kleindl, Franz Schubert und Franz Müllner . . .
[Allerhöchste Entschließung:]
Die Windhagischen Stiftungs-Plätze verleihe Ich . . . von den 4 Sängerknaben Jos. Andorfer, Jos. Kleindl, Franz Schubert und Franz Müllner denen 3en welche sich aus ihnen in Studien und Sitten am besten ausgezeichnet haben, den Meerfeldischen Stiftungs-Platz aber dem 4ten aus gedachten Sängerknaben es seie denn daß diese Stiftung mit mehr Vorteilen als die Windhagische verbunden wäre . . . Franz.

Johann Joachim Graf Windhag hatte 1670 ein Kapital für sechzig Stipendien von je 200 bis 300 fl. dem früheren Konvikt hinterlassen, die nun auch wieder ausbezahlt wurden. Sie waren zunächst für arme Studenten der Philosophie bestimmt, die sich im Studium ausgezeichnet hatten, ausnahmsweise auch für Mittelschüler. – Die Stiftung des Johann Matthias Freiherrn v. Goldegg, 1657 im alten Konvikt für arme talentierte Studenten eingerichtet, kam für Schubert nicht in Betracht. – Der Ort Teplitz (heute Teplice, Tschechoslowakei) erinnert an die Schlacht bei Kulm und Nollendorf, wo General Vandamme von Russen und Österreichern am 29. und 30. August 1813 geschlagen wurde. – Andreas Josef Freiherr v. Stifft, Dr. med., (geboren 1760) war Staats- und Konferenzrat. – Der Kaiser, der sich um alle Einzelheiten des Reiches selbst kümmerte, befand sich eine Woche vor der Völkerschlacht bei Leipzig in Komotau, Böhmen (heute Chomutov, Tschechoslowakei).

Katalog vom Schuljahr 1813 über die Schüler der 1. Humanitäts-Klasse am Akademischen Gymnasio. Für das 1. und 2. Semester

Der Eloquenz und griechischen Sprache Benedikt Lamb,
der Religions-Lehrer Josef Tranz,
der Geographie und Geschichte Rittmannsberger,
der Mathematik Walch.

Name und Alter des Jünglings	Vaterland, Geburtsort, Wohnung	Name und Stand der Eltern	Sitten	Verwendung	Fortgang: Religionslehre	Latein. Sprache, Stil	Mathematik	Naturgeschichte und Naturlehre	Geogr. Geschich.	Griech. Sprache	Stipendist, Stiftling, Befreiter, Zahlender	Anmerkung
Schubert Franz 15	Öst. Wien k. k. Konv.	Franz, Schullehrer	1	1	1	2 (1)	1	—	1	1	k. k.	
			1	1	1	1	2	—	1	1	K.	

Die „studia inferiora" des Gymnasiums umfaßten damals vier Grammatikal- und zwei Humanitätsklassen; vor dem eigentlichen Universitätsstudium lagen noch zwei Jahre Philosophie, die „studia superiora". In Latein, dem Hauptgegenstand des Gymnasiums, hatte Schubert im zweiten Semester seine Leistungen verbessert. Aber der Mathematik fiel er, wie zahlreiche andere Schüler des Konvikts, darunter Johann Nestroy, am Schluß des Jahres zum Opfer. Es wurden nur folgende Noten vergeben: 1 em(inent), 1, 1–2, 2.

Aus dem gedruckten Kalkülkatalog

Juventus Caesareo Regii
Gymnasii Academici
Viennae
E Moribus et Progressu In Litteris
censa
exeunte anno scholastico
MDCCCXIII . . .

In I. humanitatis classe:

Schubert Franc. Austr. Vienn. e C. R. Conv.	E Moribus	E Doctrina Religionis	Ex. Auct. Interpr. et Stylo	E Graecae Linguae Studio	E Geogr. et Histor.	E Mathesi
	1	1	1	1	1	2

Einer der „Catalogi inferiorum", aufbewahrt von Nachkommen der Familie Schubert, wird hier zitiert. Im Akademischen Gymnasium zu Wien haben sich auch die vier älteren der gedruckten Kataloge erhalten, in denen Schuberts Name erscheint; sie decken sich natürlich mit den geschriebenen „Kalkülkatalogen". Der letzte Katalog mit Schuberts Namen deckt sich auch mit dem in deutscher Sprache verfaßten Gesamtverzeichnis der Stiftlinge, das Direktor Lang abgeliefert hat. Zu dem engeren Kollegenkreis Schuberts in diesem letzten Konviktsjahre gehörten Maximilian Löwenthal, Franz Sanssouci (siehe die Notiz über Körner) und Josef v. Streinsberg, von dem wir noch hören werden. Zu seinen Kollegen im weiteren Sinne zählten Johann Nestroy, der große Satiriker, und Joseph Othmar (später Ritter v.) Rauscher (geboren 1797), der Fürsterzbischof von Wien wurde. Die aus Wien stammenden Konviktisten waren meist Externe, d. h. sie besuchten das Gymnasium, ohne im Konvikt zu leben. Unter den Konviktisten aber gab es auch einige zahlende, sogenannte „Kostgeher".

Vortrag des niederösterreichischen Landmarschalls und Konvikts-Kurators Grafen v. Dietrichstein

vom 26. September 1813

Womit derselbe *die . . . Klassen-Verzeichnisse der . . . Kostzöglinge des k. k. Konviktes für die zweite Hälfte des Schul Jahrs 1813* unter folgenden Bemerkungen vorlegt:

. . . Dem *Franz Schubert*, Schüler der ersten Humanitäts Klasse, gewesenen Hof Sängerknaben; dann
dem *Johann Geraus*, Schüler der ersten grammatikal Klasse, wie auch
dem *August Gment*, Hofsängerknaben
welche in beiden Jahres Hälften in zweite Klasse verfielen, *dürfte der fernere Aufenthalt im Konvikte dergestalt bewilliget werden*, dass der Erstere nach den Ferien die zweite Klasse verbessere, die zwei andern aber die erste grammatikal Klasse zur vollen Zufriedenheit wiederholen; weil Schubert, ein sehr guter Jüngling, wegen seines vorzüglichen musikalischen Talentes, und als Verfasser mehrerer guter Musik Stücke vom Kapellmeister Salieri angerühmt wird, Geraus und Gment aber bloß durch kindische Unruhe sich die zweite Klasse in Sitten zuzogen, und Beide, besonders der Letztere, gute Sänger sind . . .

Teplitz, am 3. Oktober 1813.

Dittmann

[Eigenhändiges Gutachten des Leibarztes Andreas von Stift:]
In Hinsicht der Stiftlinge . . . Franz Schubert und Joh. Geraus und Aug. Gment dürften E. M. die Anträge des Kurators genehmigen. Letztere können ohnehin, so lange sie noch Sänger sind, nicht wohl entlassen werden, da geeignete Sängerknaben nicht leicht zu erlangen sind.
4 Oktob. 1813. Stift.

[Stifts Entwurf für die Allerhöchste Entschließung:]
In Hinsicht der Stiftlinge . . . Franz Schubert, Joh. Geraus und Aug. Gment genehmige Ich Ihre Anträge; doch müssen . . . Schubert, wenn sie nach den Ferien die 2te Klasse nicht verbessern, oder in der nächsten Semestral-Prüfung wieder in eine 2te Klasse verfallen, ohne weiters entlassen werden.
Die Hofsängerknaben Geraus und Gment sind strenge zu bedrohen und ernstlich zum Fleiß zu verhalten . . .

A[llerhöchste] E[ntschließung:]
In Hinsicht der Stiftlinge . . . Franz Schubert, Joh. Geraus und Aug. Gment genehmige Ich Ihre Anträge in so weit daß selbe, wenn sie nach den Ferien die 2te Klasse nicht verbessern, oder in der nächsten Semestral-Prüfung wieder in eine 2te Klasse verfallen, ohne weiters entlassen werden indem das Singen und die Musik nur eine Nebensache die guten Sitten und Fleiß im studieren aber die Hauptsache und eine unerläßliche Pflicht bei jenen ist die sich des Besitzes eines Stiftungsgenusses erfreuen wollen . . .
Den übrigen Inhalt nehme ich zur Wissenschaft, und habe die Verzeichnisse zurückbehalten.

Rötha, den 21ten Octob. 1813. Franz

Rötha liegt in Sachsen. Kaiser Franz schrieb seine Entschließung über die Stiftlinge zwei Tage nach dem Siege der Alliierten bei Leipzig. Schubert schrieb am 15. November 1813 auf die erste Strophe eines anonymen Gedichtes einen Kanon für drei Männerstimmen „Auf den Sieg der Deutschen" (D. 88). Noch im gleichen Jahre vertonte er den ganzen Text für eine Singstimme mit Begleitung von zwei Violinen und Violoncello (D. 81).

Text von Schuberts „Kantate zur Namensfeier des Vaters"
Terzetto (D. 80)

Ertöne Leyer
zur Festesfeyer!
Apollo steig hernieder
begeistre unsre Lieder!

Lange lebe unser Vater Franz!
lange währe seiner Tage Chor!
Und im ewig schönen Flor
blühe seines Lebens Kranz.

Wonnelachend umschwebe die Freude
seines grünenden Glückes Lauf.
Immer getreñt vom trauernden Leide
nehm' ihn Elysiums Schatten auf.

Endlos wieder töne holde Leyer,
bringt des Jahres Raum die Zeit zurück,
sanft u. schön an dieser Festes-Feyer
ewig währe Vater Franzens Glück!

Auf die Nahmensfeyer meines Vaters!!! Fine, den 27. September 813.

[Franz Schubert]

In katholischen Ländern wird der Namenstag mehr als der Geburtstag gefeiert. Der Namenstag Vater Schuberts (und Schuberts selbst) fiel auf den 4. Oktober. Das Werk, zu dem Schubert auch den Text verfaßt hat, ist für drei Männerstimmen (2 T. u. B.) mit Gitarrenbegleitung geschrieben. Es ist das einzige Mal, daß Schubert eine Stimme für dieses Instrument gesetzt hat (die Ad-lib.-Gitarrenbegleitung vieler seiner später veröffentlichten Lieder ist nicht original), obwohl er das Instrument damals selbst gespielt haben soll. (Das zu Anfang des Jahres 1814 entstandene sogenannte Gitarrenquartett ist das Notturno op. 21 von Wenzel Matiegka, zu dem Schubert nur eine zusätzliche Cellostimme – für seinen Vater? – geschrieben hat.) Die Gesangspartien wurden offenbar von seinen drei Brüdern, Ignaz, Ferdinand und Karl, gesungen, da er selbst ja gerade mutiert hatte. Möglicherweise ist auch jener Kanon vom 15. November 1813 von den Brüdern zu Hause gesungen worden.

K. k. Studien-Hofdekret an die k. k. Niederösterreichische Regierung 1813

Seine Majestät haben über den Regierungsbericht vom 24. Mai, Empfang 10. Juni d. J., dessen Beilagen hierbei zurückfolgen, und den hiernach an allerhöchst dieselbe erstatteten alleruntertänigsten Vortrag die 6 erledigten Windhagischen Stiftungsplätze dem Anton Hayek, Matthias Winter, Wenzel Rieger, und von den 4 Sängerknaben Josef Andorfer, Josef Kleindl, Franz Schubert und Franz Müllner denen dreien, welche sich aus ihnen in Studien und Sitten am besten ausgezeichnet haben, den Meerfeldischen

Stiftungsplatz dem vierten aus gedachten Sängerknaben, es sei denn, daß diese Stiftung mit mehr Vorteilen als die Windhagische verbunden wäre, den Goldeggischen aber dem Franz Graf allergnädigst zu verleihen, übrigens die allerhöchste Willensmeinung dahin zu äußern geruht, daß, da die Windhagischen Stiftungen auch den Gradus ihren Stiftlingen aushalten, diese überhaupt den besten aus den Studierenden jederzeit verliehen werden, insoweit sich nicht solche vorfinden, die von dem Stifter dazu berufen sind; daß daher auch den Sängerknaben, die nunmehr solche erhalten, diese dann, wenn ihnen andere Stiftplätze gegeben werden können, und sich obgedachter höchsten Willensmeinung nach tauglichere hierzu als gedachte Sängerknaben vorfinden sollten, abgenommen, und sie mit den andern Stiftungen beteilt werden. Regierung hat zu Vollziehung dieser höchsten Entschließung das Nötige schleunigst zu verfügen, den mutierten Sängerknaben Jos. Kleindl, Jos. Andorfer und Franz Müllner die Windhagische, dem Franz Schubert aber die Meerfeldische Stiftung zuzuwenden und sich in künftigen Fällen nach der höchsten Vorschrift zu benehmen.

Graf Laczanzky.
Von der k. k. Studienhofkommission.
Wien, am 22. Oktob. 813.
Stainer.

Prokop (II.) Graf Laczanzky, ein Amateursänger, gehörte als böhmisch-österreichischer Hofkanzler der Studien-Hofkommission an.

26. Oktober 1813

Verlorengegangenes Schreiben Josef Karl Graf Dietrichsteins an die Konviktsdirektion

[Es wird die a. h. Bewilligung vom 21. Oktober 1813 mitgeteilt, Franz Schubert dürfe im Stadtkonvikt verbleiben, unter der Bedingung, daß die erhaltene zweite Klasse während der Ferien verbessert werde.]

28. Oktober 1813

Vermerk am Schluss der autographen Partitur der 1. Sinfonie in D (D. 82)

[dem Direktor Lang gewidmet]

Finis et fine.

Schubert soll diese seine erste Sinfonie zum Geburtstag (28. Juli) oder Namenstag (4. Okt.) des Direktors Lang geschrieben haben. Für beide Gelegenheiten ist sie zu spät fertiggestellt worden. Vielleicht hatte Schubert nur die Absicht dazu geäußert, sie aber dann fallen lassen, da er das Konvikt verlassen mußte. Jedenfalls aber hat er dem Direktor dann seine zweite Sinfonie von 1814/15 im Manuskript zugeeignet.

Vermerk auf dem Titelblatt der Zauberoper „Des Teufels Lustschloss“ (D. 84), begonnen 30. Oktober 1813

Franz Schubert, Schüler des Herrn Salieri, erstem k. k. Hofkapellmeister in Wien.

Salieri hatte sich 1784 auf dem Titelblatt der Pariser Partitur seiner Oper „Les Danaides“ als Schüler Glucks bezeichnet.

6. November 1813

VERLORENGEGANGENES SCHREIBEN GRAF DIETRICHSTEINS AN DIE KONVIKTSDIREKTION

[Mitteilung, daß die Studienhofkommission dem Sängerknaben Franz Schubert die Meerfeldische Stiftung zugewendet habe.]

DEKRET DER NIEDERÖSTERREICHISCHEN LANDESREGIERUNG AN DIE KONVIKTSDIREKTION

Sehr dringend Dekret.
und unfehlbar bis 29. d. M. An die k. k. Konviktsdirektion.
zu bestellen.

Se. Majestät haben laut k. k. Studienhofdekr. von 22t v. M. die 6 erledigten Windhagischen Stiftungsplätze dem Anton Hayek, Matthias Winter, Wenzel Rieger, und jenen dreien von den 4 Sängerknaben Josef Andorfer, Josef Kleindl, Franz Schubert u. Franz Müllner, welche sich aus ihnen in Studien und Sitten am meisten ausgezeichnet haben, – den Meerfeldischen Stiftungsplatz aber dem vierten ausgedachten Sängerknaben, es sei denn, daß diese Stiftung mit mehr Vorteilen als die Windhagische verbunden wäre, – dann den Goldeggischen dem Franz Graf allergnädigst zu verleihen ... geruht ...
Zur Vollziehung dieser höchsten Entschließung hat die k. k. St.-H.-Komm. verordnet, den mutierten Sängerknaben Jos. Kleindl, Jos. Andorfer u. Franz Müllner die Windhagische, dem Franz Schubert aber die Meerveldische Stiftung zuzuwenden ...
Indem nun die k. k. Konviktsdirektion zum weiteren Benehmen hievon die erforderliche Wissenschaft erhält, werden die neu ernannten Stiftlinge mit Ausnahme der mutierten Sängerknaben, welche die Direktion gehörig anzuweisen hat, hievon verständiget; übrigens wird sich die k. k. Konviktsdirektion bei dem Eintritte dieser Stiftlinge von ihnen die letzten Studienzeugnisse vorzeigen lassen, um sich die Überzeugung zu verschaffen, ob sie durch ihre gegenwärtigen Studien und erhaltenen Fortgangsklassen noch zur Aufnahme in das Konvikt geeignet sind. Hierüber ist nötigenfalls die Anzeige zu erstatten, welches auch von ihrem Eintrittstage wegen Anordnung des Verpflegsbetrages zu geschehen hat. Nicht minder sind die Studien- und Fortgangsklassen der Neueintretenden zur Berichtigung der hierortigen Vermerkungen anzuzeigen. Da endlich nach einer soeben von dem H. Konv.-Kurator erhaltenen Eröffnung der Meerveldsche Stiftling Franz Schubert der Studien entsagt hat: so wird dessen Platz als erledigt anzusehen sein und dessen Besetzung ordnungsmäßig eingeleitet werden ...

Krauß m. p. den 23. Nov. 813
[unleserlich.]

Schubert hatte also resigniert und die Anstalt verlassen. Vielleicht war dabei auch eine Disziplinaraffäre im Spiele, an der Schubert nicht selbst beteiligt war (s. den Bericht des Konviktskurators an den Kaiser vom 29. August 1813, abgedruckt in „Die Quelle“, Wien, April 1928, S. 485–487). Das Hofkameralamt hatte für Schubert in den abgelaufenen fünf Jahren etwa 1500 fl. K. M. an das Konvikt ausbezahlt. Daß er es nun verlassen mußte, war nicht dem Stimmwechsel zuzuschreiben, sondern seinem Versagen im Studium und dem Umstande, daß er nicht bedingt in die zweite Humanitätsklasse aufsteigen wollte, wo ihm ein Meerfeldscher Stiftungsplatz winkte. Vermutlich hat auch Vater Schubert sich darauf nicht einlassen wollen, sondern entschied, daß Franz wie er selbst und die Brüder Schullehrer werden sollte. Schubert kehrte also zunächst nach Hause zurück und besuchte im Schuljahr 1813/14 die Lehrer-Bildungsanstalt der sogenannten Normal-Hauptschule in der Annagasse (Innere Stadt), wo die angehenden Schulgehilfen in einer Muster-Elementarschule praktisch ausgebildet wurden. Sie war von Josef Mesmer, einem Vetter des Magnetiseurs, unter Maria Theresia eingerichtet worden. Schwesteranstalten bestanden in den Provinzen. Anton Josef Emanuel Kraus (später Ritter v. Elislago) war Rat bei der Niederösterreichischen Landesregierung.

1814

Operette „Des Teufels Lustschloß" (3 Akte, Kotzebue) (D. 84), 30. Oktober 1813 bis 22. Oktober 1814
Messe in F-Dur (D. 105 [185]), 17. Mai bis 22. Juli
Lied „Gretchen am Spinnrade", 19. Oktober

Aus dem Verzeichnis der „Geburts- und Sterbefälle in der Familie des Schullehrers Franz Schubert"

15) Maria Barbara Anna, geb. 22. Jänner 1814, 1/2 10 Uhr abends, getauft 23. Jänner, nachmittags 4 Uhr.

23. Mai 1814 (?): Schubert hört im Kärntnertor-Theater Beethovens „Fidelio", und zwar die Premiere der endgültigen Fassung. Daß Schubert, um der Vorstellung beiwohnen zu können, seine Schulbücher verkauft habe, geht auf eine Nachricht von Moritz v. Schwind zurück, der ihn allerdings erst später kennengelernt hat (siehe Ludwig Nohl, „Beethoven", Leipzig 1867, II, S. 569). Vgl. 3. November 1822.

Inschrift eines Transparents auf Vater Schuberts Haus

bei dem Einzug Kaiser Franz I. nach dessen Rückkehr aus Paris, 16. Juni 1814, abends Beleuchtung am Himmelpfortgrunde . . . Nr. 10. In der Säulengasse.

Bei Herrn *Schubert*, Schullehrer:
O könnt' ich, wie ich wollte,
Ich ehrte, wie man sollte,
Franz den besten Kaiser!
Es brennen hier nur Kerzen
Allein aus meinem Herzen
Sprießen Lorbeerreiser.
franCIsCo Magno, VICtorI
reDeVntI!

Die großen Buchstaben ergeben in summa die römischen Ziffern der Jahreszahl 1814.

Aus dem Verzeichnis der weltlichen Präparanden an der k. k. Normal-Hauptschule, die im Jahre 1814 den 19. August geprüft worden sind

Theoretische Kenntnis

Namen und Studien	Grundsätze der Unterweisung	Kurrentschrift	Latein	Kanzelei	Rechtschreibung	Aussprache	Deutsche Sprachlehre	Rechenkunst	Geographie	Schreibarbeit	Religionslehre
Schubert Frz. 17 J. ebenfalls [angeh. Gehilf]	m	g	m	m	g	g	g	g	—	—	m

Praktische Kenntnis

Buchstaben-kennen	Buchstabieren	Lesen	Schön-schreiben / Recht-schreiben	Diktando-Schreiben / Deutsche Sprach-lehre	Rechenkunst	Geo-graphie / Schreib-art	Religion	Fleiß / Sitten	Anmer-kungen
g	g	g		g	m	—	sch	fl	Z. als Gehilf
			g	g		—			

[Josef Peitl]

Direktor der Normal-Hauptschule war Dr. Wilhelm Bauer, der ebenso wie sein Vorgänger Josef Mesmer mit Mozart gut bekannt gewesen war. Josef Peitl (geboren 1789 in Hohenwuppersdorf, Niederösterreich) war damals Lehrer und wurde 1825/26 Direktor der Schule; Ferdinand Schubert wurde dort 1824 Lehrer, 1851 Direktor. Peitl unterrichtete das Lehrverfahren mit Übungen im praktischen Unterricht.

5. September 1814

Vermerk am Schlusse des ersten Satzes „Allegro ma non troppo" von Schuberts B-Quartett (D. 112)

In $4^1/_2$ Stunden verfertigt.

16. Oktober 1814: Erste Aufführung der Messe in F-Dur (D. 105 und 185) unter Schuberts Leitung in der Liechtentaler Pfarrkirche zu deren Jubiläum; Chormeister: Michael Holzer, Orgel: Ferdinand Schubert, Sopransolo: Therese Grob. – Eigentlich hatte die Liechtentaler Pfarrkirche, auf deren Chor Schubert zu Hause war, ihr Jubiläum schon am 25. September 1814 gefeiert, und eine Woche davor war ein zweiter Hochaltar geweiht worden. Am Sonntag, dem 9. Oktober, hatte dort der geistliche Dichter und Konvertit Zacharias Werner (geboren 1768 in Königsberg [heute Kaliningrad in der Sowjetunion]), seit kurzem in Wien weilend, gepredigt. (Er war während des beginnenden Wiener Kongresses in Mode gekommen.) Der 16. Oktober 1814 war ein Sonntag. Diese Messe war das erste Werk, das von Schubert öffentlich aufgeführt wurde. Außer den Freunden vom Grund (Pfarrkindern) wirkte auch Josef Mayseder (geboren 1789 in Wien) als Primgeiger mit. Salieri war anwesend. Schuberts Vater, stolz auf diesen Erfolg seines Sohnes, soll ihm damals ein fünfoktaviges Klavier aus der Werkstatt Konrad Grafs geschenkt haben.

26. Oktober 1814: Zweite Aufführung der F-Dur-Messe in der Augustiner-Hofkirche unter Schuberts Leitung. Sopransolo: Therese Grob (?). Zweifellos haben dieser Aufführung auch einige Ausländer beigewohnt, die anläßlich des Kongresses 1814/15 zahlreich in Wien weilten.

Dezember 1814: Josef v. Spaun stellt Schubert Johann Mayrhofer vor. Schubert hatte am 7. Dezember 1814 Mayrhofers Gedicht „Am See" komponiert, und dieses Lied vermittelte die Bekanntschaft. Mayrhofer, 1787 in Steyr (Oberösterreich) geboren, war vier Jahre lang Kleriker im Stift St. Florian gewesen, seit Herbst 1810 hat er dann in Wien Jura studiert und wurde 1820 Revisor beim Zentral-Bücherrevisionsamt, d. h. dritter Zensor dieses Amtes. Trotz seiner Freiheitsliebe nahm er das Amt ernst und galt als strenger Zensor. Er war schweigsam, sarkastisch, den Frauen abgeneigt. Eines seiner Lieblingsbücher war Youngs „Night Thoughts". Seine Freundschaft mit Schubert war bis 1824 herzlich. Er war musikalisch, spielte die Gitarre und sang.

1815

Sinfonie in B-Dur (D. 125), 10. Dezember 1814 bis 24. März 1815
Sonate in E-Dur für Klavier (D. 157), 18. bis 21. Februar
Singspiel „Der vierjährige Posten" (1 Akt, Körner) (D. 190), 8. bis 19. Mai
Sinfonie in D-Dur (D. 200), 24. Mai bis 19. Juli
Singspiel „Fernando" (1 Akt, Albert Stadler) (D. 220), 27. Juni bis 9. Juli
Singspiel „Claudine von Villa Bella" (3 Akte, Goethe) (D. 239), begonnen am 26. Juli
Singspiel „Die Freunde von Salamanka" (2 Akte, Johann Mayrhofer) (D. 326), 18. November bis 31. Dezember
Etwa 145 Lieder, darunter „Heidenröslein", 19. August; mehrere Ossian-Gesänge, September; und „Erlkönig", Spätherbst

Anfang 1815

Verlorengegangener Brief Schuberts an Anton Holzapfel

Bekenntnis seiner Liebe zu Therese Grob. Anton Holzapfel, geboren in Wien 1792, war im Konvikt von 1806 bis 1817, zuletzt als Jurist. In Aufzeichnungen von 1858 (Stadtbibliothek Wien) schreibt er, daß es für Schuberts Zurückhaltung charakteristisch war, seine Neigung zu Therese Grob nicht mündlich, sondern in einem „längeren, enthusiastischen, leider verlorenen Briefe" dem Freunde Mitteilung davon zu machen, der ihn „lächerlicher Weise durch eine weitläufige, mir damals höchst weise dünkende, chrienmäßige Epistel abzubringen suchte".

Anfang 1815

Verschollene Antwort Holzapfels an Schubert

Versuch, Schubert von seiner Liebe zu Therese Grob abzubringen. Der Entwurf dazu, Anfang 1815 datiert, war 1858 noch in Holzapfels Besitz. Er beschreibt Therese, die er schon ein paar Jahre vor 1815 selbst gekannt hatte, als „durchaus keine Schönheit, aber gut gewachsen, ziemlich voll, ein frisches kindliches Rundgesichtchen, mit schöner Sopranstimme (bis zum hohen D reichend)". Therese Grob, geboren in Wien 1798, und ihr zwei Jahre jüngerer und ebenfalls musikalischer Bruder Heinrich, waren die Kinder der Witwe Therese Grob, die eine kleine Seidenweberei nahe der Kirche in Liechtental betrieb. Der Vater war aus der Schweiz eingewandert. Thereses Tante Wilhelmine (geboren 1785) war mit dem Münzgraveur Leopold Hollpein (geboren um 1785 in Berlin) vermählt und heiratete nach dessen Tode Schuberts ältesten Bruder, Ignaz. Zwischen den Schuberts und Grobs gab es wiederholt Taufpatenschaft. Schubert hat am 16. Oktober 1814 „Das Mädchen aus der Fremde" geschrieben, am 19. Oktober „Gretchen am Spinnrade" und im Mai 1815 zahlreiche Liebeslieder. Er scheint erst nach drei Jahren seine Hoffnung auf sie, die 1820 den Bäckermeister Johann Bergmann heiratete, aufgegeben zu haben. Er sprach nach 1820 einmal mit Anselm Hüttenbrenner darüber, dem er Therese als „eben nicht hübsch, mit Blatternarben im Gesicht, aber gut, herzensgut" beschrieben hat. Er komponierte für sie ein paar kleinere Kirchenmusikwerke und für ihren Bruder Heinrich, der neben anderen Instrumenten auch Cello spielte, das Adagio und Rondo concertante in F (D. 487) und ein Klavierquartett (im Oktober 1816). Bei Heinrichs Nachkommen hat sich eine Sammlung von Liederautographen Schuberts, meist aus dem Jahre 1816, darunter drei bisher ungedruckte, erhalten, die als „Album der Therese Grob" bezeichnet wird. (Jetzt in einer Schweizer Privatsammlung.) Wenn Hüttenbrenners, im einzelnen sicher unrichtige Angaben von 1858 (Stadtbibliothek Wien) hierin stimmen, so hat Schubert Therese Grob nicht vergessen können und ihretwegen der Ehe endgültig entsagt. Die Ursache dafür, daß sie nicht seine Frau wurde, ist wohl in seiner damals hoffnungslosen materiellen Lage zu suchen.

Aufschrift und Schlussvermerk auf dem Manuskript der zehn Variationen in F (D. 156)

X Variations pour le Forte-Piano composes par François Schubert, Ecolier de Salieri, prémier Maître de la Chapelle imperiale et royale de Vienne 1815 ... Den 15. Februar 1815.

Die drei Fehler (Geschlecht und Akzente) in zwei Zeilen eines französischen Titels zeigen, daß seine Kenntnis dieser Sprache mangelhaft war, und seine Schulzeugnisse beweisen, daß sie nicht zu seinen Unterrichtsgegenständen im Konvikt gehört hatte. Viele seiner späteren Werke sind mit französischen Titelseiten erschienen, wie dies damals in Österreich und Deutschland üblich war; aber obwohl sie oft – von ihm oder seinen Verlegern – falsch geschrieben wurden, werden sie hier von nun an in ihrer richtigen Form gegeben. Schubert blieb Salieris Schüler auch nach dem Austritt aus dem Konvikt, von wo er ihn zweimal wöchentlich besucht hatte, mindestens bis 1816.
Frühling 1815: Erste Aufführung der G-Dur-Messe (D. 167) in der Liechtentaler Pfarrkirche.

Aus dem Verzeichnis der „Geburts- und Sterbefälle in der Familie des Schullehrers Franz Schubert"

16) Josefa Theresia, geb. 8. April 1815, früh $^3/_4$8 Uhr, getauft 9. April, nachmittag 5 Uhr.

Die Halbschwester Schuberts hatte den Vetter ihrer Mutter, Pfarrer Kolumban Daigele, zum Taufpaten.

27. Juni 1815

Vermerk auf dem Manuskript des Singspiels „Fernando" (D. 220)

... Schüler des Herrn v. Salieri.

Das Libretto des Singspiels „Fernando" war von Schuberts Schulkollegen Albert Stadler (geboren 1794 in Steyr). Er trat 1812 in das Wiener Konvikt ein und verließ es im Juni 1817, als er nach Linz ging; er kopierte alle bis dahin erreichbaren Lieder Schuberts.

26. Juli 1815

Vermerk auf dem Manuskript des Liederspiels „Claudine von Villa Bella" (D. 239)

... Schüler des Herrn v. Salieri.

Goethes Singspiel war zuerst von Ignaz v. Beecke komponiert worden (Uraufführung in Wien 1780). Es wurde u. a. auch von Johann Friedrich Reichardt (geboren 1752 in Königsberg), Goethes Freund, komponiert (Berlin 1789).

25. August 1815

Aus dem erfolglosen Gesuch Vater Schuberts an den Schottenprälaten Andreas (Dr. Andreas Wenzel) um die erledigte Lehrerstelle an der „Deutschen Schule" des Stiftes

Insbesondere macht ihm das Verhältnis seiner 4 Söhne, welche bereits alle bei dem deutschen Schulwesen dienen, diese gnädige Beförderung erwünschlich, indem der Eine zugleich Zeichnungsmeister an dem Mädchen-Institute am Hofe, die Zeichnungs-Akademie frequentiert (von wo er v. J. im Figuren-Zeichnen den ersten Preis erhielt), der andere unter der gütigen Leitung des ersten k. k. Hof-Kapellmeisters Herrn *von Salieri* nebstbei der Tonsetzungskunst mit glücklichem Erfolge obliegt; und so jeder nach seiner Art seiner ferneren Bildung und endlichen Bestimmung wesentlich näher gebracht würde.

Das sogenannte Schottenstift wurde im 12. Jahrhundert vom Babenberger Herzog Heinrich Jasomirgott („Ja, so mir Gott helfe!") gegründet, und zwar mit irischen Benediktinern (Scotia war damals der Name Irlands). Der Zeichenlehrer war Karl Schubert, der jüngste von Schuberts drei Brüdern.

Herbst 1815: Franz v. Schober kommt aus dem Konvikt des Stiftes Kremsmünster nach Wien. Franz Ritter v. Schober wurde 1796 auf Schloß Torup bei Malmö in Schweden geboren, als Sohn des aus Sachsen stammenden Hofrates Franz v. Schober (geadelt 1801, gestorben 1802), Güterdirektor des Schlosses, und der in Baden bei Wien 1762 geborenen Katharina Derffel. Er war zuerst 1803 bis 1806 in Salzmanns berühmtem Institut zu Schnepfental erzogen worden, dann (1808–1815) in Kremsmünster und studierte nun in Wien Jura. Er hatte einen Bruder und zwei Schwestern.

Vermerk auf dem Manuskript des Singspiels „Die Freunde von Salamanka" (D. 326), 18. November 1815

... Schüler des H. Salieri 1815.

Das Libretto dieser Oper von Johann Mayrhofer ist verlorengegangen. Der Titel wird seit Kreißle manchmal irrtümlich als „Die beiden Freunde von Salamanka" zitiert, es sind aber drei Freunde, die sich gegen einen eitlen Grafen verbünden.

Josefa v. Spaun an ihren Sohn Josef in Wien

Linz, 24. November 1815.

Die Ecossaisen, die Anton schon ein wenig einstudiert hat, sind sehr schön.

Josefa Edle v. Spaun, geb. v. Steyrer (1757) war verwitwet und lebte mit ihrer Tochter und einigen ihrer Söhne in Linz. Sie war sehr musikalisch, sang besonders gern Lieder von Zumsteeg und später die von Schubert und erzog auch ihre Kinder in der Liebe zur Musik. Die Ecossaise, den englischen Country Dances entstammend, war wie in Paris so auch in Wien ein neben den Walzern, Deutschen Tänzen und Ländlern ($^3/_4$-Takt) und Galoppes beliebter $^2/_4$-Takt-Tanz. Der spätere Name „Schottisch" ist dem Tanz in England gegeben worden. Es scheint, daß die von Josefa v. Spaun erwähnten Ecossaisen, deren Autor nicht genannt ist, Schuberts erste außerhalb Wiens bekanntgewordene Werke waren. Frau v. Spauns Sohn Josef, Schuberts Freund, hat ihr offenbar die 12 Ecossaisen geschickt, die Schubert am 3. Oktober 1815 für ihre Tochter Marie (geboren 1797) geschrieben hatte. (Veröffentlicht in der Gesamtausgabe XXI. 29 und „Die Musik", Berlin, 1. Sept. 1912.) Anton v. Spaun, ein Bruder Josefs, war damals Beamter in Linz.

1816

Sinfonie in c-Moll („Die Tragische") (D. 417), April
Kantate „Prometheus" (D. 451, verloren), 17. Juni
Sinfonie in B-Dur (D. 485), September bis 3. Oktober
Tänze für Klavier, einschließlich des sog. „Trauerwalzers"
Über 100 Lieder, darunter „An Schwager Kronos", mehrere Ossian-Gesänge, Februar; „Das große Halleluja", Juni; Harfner- und Mignon-Lieder, September; „Der Wanderer", Oktober; „Wiegenlied" („Schlafe, schlafe"), November

Aus der amtlichen „Wiener Zeitung" vom 17. Februar 1816

Besetzung der Musiklehrerstelle
an der deutschen Normalschul-Anstalt zu Laibach.

Mit hoher Zentral-Organisierungs-Hofkommissions-Verordnung vom 11. Dezember 1815 ist die Errichtung einer öffentlichen Musikschule an der deutschen Normalschul-Anstalt in Laibach bewilliget worden, für welche hiermit ein Lehrer gesucht wird, der nebst einer ausgezeichneten guten Konduite, ein gründlich gelernter Sänger, Organist, und ein ebenso guter Violinspieler sein, dann nicht nur die nötigsten Kenntnisse aller gewöhnlichen Blasinstrumente besitzen, sondern auch die Fähigkeit haben muß, andern den Unterricht darin zu erteilen.

Dieser Musiklehrer wird während des Schuljahres, mit Ausnahme der Sonn- und gebotenen Feiertage, seinen Schülern täglich durch drei Stunden und nebstbei auch den Landschul-Kandidaten während ihres sechsmonatlichen Präparanden-Kurses dreimal in der Woche, jedesmal wenigstens durch eine Stunde den Musikunterricht erteilen, und in Hinsicht der ordentlichen Musikschüler einen Gehalt von jährlichen 450 fl. M. M. aus dem Provinzialfonde, in Hinsicht der Landschul-Kandidaten aber eine jährliche Remuneration von 50 fl. M. M. aus dem Normalschul-Fonde beziehen, nebstbei den Rang eines Normalschul-Lehrers haben und zugleich befugt sein, die übrigen Stunden dem Privatunterrichte, keineswegs aber solchen Beschäftigungen zu widmen, wodurch das Ansehen eines öffentlichen Lehrers gefährdet werden könnte.

Diejenigen, welche dieses Lehramt zu erhalten wünschen, müssen daher mit glaubwürdigen Zeugnissen das Alter, den Geburtsort, die dermalige Beschäftigung, ihre besitzenden Kenntnisse, und den Umstand, ob selbe ledig, verheiratet, Witwer, mit Kindern, und zwar mit wie vielen, versehen, oder kinderlos seien, erörtern und zugleich mit glaubwürdigen Zeugnissen über ihre gründlichen musikalischen Kenntnisse und ihre diesfällige Lehrfähigkeit, wie auch mit einem von der geistlichen und politischen Behörde ihres Aufenthaltes bestätigten guten Sittlichkeits-Zeugnisse versehen sein, und ihr mit gedachten Zeugnissen belegtes Gesuch, insofern sich die Kompetenten in Niederösterreich befinden, der löbl. k. k. Nied.-Österr. Regierung bis 15. März d. J. vorlegen.

Von dem k. k. prov.
Gubernium.
Laibach am 19. Januar 1816.

Auch in Laibach (heute Ljubljana in Jugoslawien), der Hauptstadt des österreichischen Kronlands Krain, gab es eine Normalschule als Bildungsanstalt für „deutsche", d.h. Elementarlehrer (zum Unterschied von Lateinlehrern). Die Stellung, die Schuberts kleines Gehalt als sechster Schulgehilfe – in der ABC-Klasse – beim Vater vielfach aufgewogen hätte, war für ihn vielleicht auch wegen seiner Werbung um Therese Grob erstrebenswert. Darüber hinaus hätte diese Stelle auch seiner Begabung mehr entsprochen als der Beruf seines Vaters. Die Ausschreibung erschien auch in Laibach, Klagenfurt, Graz und Prag.

April 1816

Schubert an die Wiener Stadthauptmannschaft

Hochlöbl. k. k. Stadthauptmannschaft!

Unterzeichneter bittet unterthänigst, ihm die erledigte Musik-Director-Stelle zu Laibach in Gnaden zu verleihen.

Er unterstützet seine Bitte mit folgenden Beweggründen:

1. Ist er ein Zögling des k. k. Convicts, gewesener k. k. Hofsängerknabe, und in der Composition Schüler des Herrn von Salieri ersten k. k. Hofkapellmeisters, auf dessen wohlmeinendes Anrathen er diese Stelle zu erhalten wünschet.
2. Hat er sich in jedem Fache der Composition solche Kenntnisse und Fertigkeit in der Ausübung auf der Orgel, Violin u. im Singen erworben, daß er laut beiliegenden Zeugnisses unter allen um diese Stelle nachsuchenden Bittwerbern als der Fähigste erklärt wird.
3. Gelobet er, die bestmögliche Verwendung seiner Fähigkeiten, um einer gnädigen Bittgewähr vollkommen zu entsprechen.

Franz Schubert
der Zeit Schulgehülfe der
Schule seines Vaters zu
Wien am Himmelpfortgrunde
No. 10.

Die Stadthauptmannschaft war eine Art Kreisamt in Wien, das aber nur bis 1819 bestand. Die Bemerkung, daß Schubert als der fähigste der Bewerber bezeichnet wurde, kann sich nicht auf das verlorene Zeugnis Spendous beziehen (siehe 14. April 1816), sondern ist wohl damit zu erklären, daß Schubert Salieris Zeugnis nicht selbst gesehen hatte. Die Hausnummer 10 der Schule entspricht der früheren Nr. 14 und der späteren Nr. 12.

Zeugnis Salieris für Schubert

Io qui sottoscritto affermo quanto nella supplica di Francesco Schubert, in riguardo al posto musicale di Lubiana, sta esposto.

Vienna 9 Aprile 1816

Ant. Salieri
primo maestro di Cappella
della Corte Imp.le e Reale

Anton v. Spaun an seine Braut Henriette v. Vogelsang

Wien, 12. April 1816.

... Ich muß Dir noch erzählen, in welcher Verfassung ich diesen Brief schreibe. Ich sitze in einem kleinen Zimmer bei Schober, wo meine Brüder, Josef Kreil, Schubert etc. herumstehen und kaum mehr den Schluß meines Briefes erwarten können; endlich gehen sie, um mich nicht zu stören, ins Nebenzimmer und Schubert fängt an Klavier zu spielen, was mich noch mehr verwirrt. Aber durch seine Töne wird mein Herz noch sehnsüchtiger – überhaupt fühle ich mich hier womöglich noch glücklicher als vorher, wenn ich das unruhige, leere, verkehrte Streben der Menschen hier sehe, wo die Besten ohne Unterlaß darüber klagen, daß den heißesten Wünschen ihres Herzens keine Gewährung, nicht einmal eine Hoffnung dazu wird.

Anton v. Spaun (geboren 1790) weilte zu Besuch in Wien. Von seinen Brüdern war Josef (geboren 1788) Beamter der Lottodirektion in Wien, Franz (geboren 1792) Angestellter der Hofkanzlei und der jüngste, Max (geboren 1797), Privatist des Wiener Konvikts. Max wohnte bei der Mutter in Linz und kam nur zu den Prüfungen nach Wien. Schober wohnte mit seiner jüngeren Schwester Sophie (geboren 1795) bei seiner wohlhabenden Mutter in der Landskrongasse der Inneren Stadt, im Haus „Zum Winter". Josef Kreil, geboren 1792, auch aus Linz stammend, war damals Erzieher beim Hofkanzler Prokop (II.) Graf Laczansky (siehe 22. Oktober 1813); er war schriftstellerisch tätig.

Die Wiener Stadthauptmannschaft an die Niederösterreichische Landesregierung

Das anliegende Gesuch des Franz Schubert um die Musikdirektorsstelle in Laibach wird der hohen Landesstelle nachträglich zum hierortigen Berichte vom 3. April 1816 über die gleichlautenden Gesuche des Hanslischek und Wöß überreicht.
Man hat den Bittsteller aus dem Grunde nicht erst zu einer neuerlichen Prüfung seiner musikalischen Fähigkeiten angehalten, weil er ein Zeugnis ddo. 9. April 1816 des k. k. Hofkapellmeisters Anton Salieri seinem Gesuche beilegte, welches ihn zu der angesuchten Stelle fähig erkläret.
Da eben Salieri es ist, welcher auch die übrigen Bittwerber um diese Stelle prüfte, so ist dessen ausgesprochenes Urteil für Schubert sehr rühmlich.
Nicht minder empfehlenswert lautet die Äußerung des Regierungsrats und deutschen Schul-Oberaufsehers Domherrn Josef Spendou über des Bittstellers Methode in Behandlung der Jugend.
Da Schubert ein Zögling des k. k. Konvikts ist und Singerknabe an der k. k. Hofkapelle war, *derzeit noch* als Schulgehilfe am Himmelpfortgrund dienet, so dürften auch diese Umstände nach hierortigem Ermessen demselben zum Verdienste und Vorzuge angerechnet werden.

Wien, am 14. April 1816. Mertens m. p. Freih. v. Haan m. p. Unger m. p.

Salieri, der nur für die Kandidaten aus Wien und Niederösterreich zuständig war, hatte zuerst Jakob Schauff, aber erst am 28. Mai Peter Anton Hanslischek und Josef Wöß Zeugnisse ausgestellt. Ein zweites Zeugnis für Schauff erhob diesen über seine Mitbewerber. Dennoch ermunterte Salieri Schubert zu seiner späten Bewerbung. Das Zeugnis Spendous, des besonderen Gönners der Familie Schubert, ist verlorengegangen.

Josef v. Spaun an Goethe

Euer Exzellenz!

Der Unterzeichnete waget es, Euer Exzellenz durch gegenwärtige Zeilen einige Augenblicke Ihrer so kostbaren Zeit zu rauben, und nur die Hoffnung, daß beiliegende Liedersammlung Eurer Exzellenz vielleicht keine ganz unliebe Gabe sein dürfte, kann ihn vor sich selbst seiner großen Freiheit wegen entschuldigen.
Die im gegenwärtigen Hefte enthaltenen Dichtungen sind von einem 19jährigen Tonkünstler namens Franz Schubert, dem die Natur die entschiedensten Anlagen zur Tonkunst von zartester Kindheit an verlieh, welche Salieri, der Nestor unter den Tonsetzern, mit der uneigennützigsten Liebe zur Kunst zur schönen Reife brachte, in Musik gesetzt. Der allgemeine Beifall, welcher dem jungen Künstler sowohl über gegenwärtige Lieder als seine übrigen, bereits zahlreichen Kompositionen von strengen Richtern in der Kunst sowie von Nichtkennern, von Männern sowie von Frauen zuteil wird, und der allgemeine Wunsch seiner Freunde bewogen endlich den bescheidenen Jüngling, seine musikalische Laufbahn durch Herausgabe eines Teils seiner Kompositionen zu eröffnen, wodurch [er] sich selber, wie nicht zu bezweifeln ist, in kurzer Zeit auf jene Stufe unter den deutschen Tonsetzern schwingen wird, die ihm seine vorzüglichen Talente anweisen.
Eine auserwählte Sammlung von deutschen Liedern soll nun den Anfang machen, welchem größere Instrumental-Kompositionen folgen sollen. Sie wird aus 8 Heften be-

stehen. Die ersten beiden (wovon das erste als Probe beiliegt) enthalten Dichtungen Euer Exzellenz, das dritte enthält Dichtungen vom Schiller, das 4te und 5te vom Klopfstok, das 6te vom Mathißon, Hölty, Salis etcetc., und das 7 und 8te enthalten Gesänge Ossians, welche letztere sich vor allen auszeichnen.
Diese Sammlung nun wünscht der Künstler Euer-Exzellenz in Untertänigkeit weihen zu dürfen, dessen so herrlichen Dichtungen er nicht nur allein die Entstehung eines großen Teils derselben, sondern wesentlich auch seine Ausbildung zum deutschen Sänger verdankt. Selbst zu bescheiden jedoch, seine Werke der großen Ehre wert zu halten, einen, soweit deutsche Zungen reichen, so hoch gefeierten Namen an der Stirne zu tragen, hat er nicht den Mut, Euer Exzellenz selbst um diese große Gunst zu bitten, und ich, einer seiner Freunde, durchdrungen von seinen Melodien, wage es, Euer Exzellenz in seinem Namen darum zu bitten; für eine dieser Gnade würdige Ausgabe wird gesorgt werden. Ich enthalte mich jeder weitern Anrühmung dieser Lieder, sie mögen selbst für sich sprechen, nur so viel muß ich bemerken, daß die folgenden Hefte dem gegenwärtigen, was die Melodie betrifft, keineswegs nachstehen, sondern selbem vielleicht noch vorgehen dürften, und daß es dem Klavier-Spieler, der selbe Euer Exzellenz vortragen wird, an Fertigkeit und Ausdruck nicht mangeln dürfe.
Sollte der junge Künstler so glücklich sein, auch den Beifall desjenigen zu erlangen, dessen Beifall ihn mehr als der irgendeines Menschen in der weiten Welt ehren würde, so wage ich die Bitte, mir die angesuchte Erlaubnis mit zwei Worten gnädigst melden zu lassen.
Der ich mit grenzenloser Verehrung verharre

Euer Exzellenz gehorsamster Diener

Wien, den 17t April 816. Josef Edler von Spaun

Wohnhaft in der Landskron Gasse No. 621 im 2t Stock.

Josef v. Spaun, Schuberts treuester Freund, bekam keine Antwort von Goethe. Aber das Probeheft wurde zurückgeschickt. Es ist wie das zweite Heft von Schuberts Goethe-Liedern in Reinschrift erhalten, allerdings nicht ganz vollständig. Das erste Heft (März 1816), das jetzt 16 Lieder enthält (Deutsche Staatsbibliothek, Berlin), begann wahrscheinlich mit „An Schwager Kronos" oder der „Szene aus Goethes Faust" und umfaßt u. a. „Schäfers Klagelied", „Heidenröslein", „Gretchen am Spinnrade", „Rastlose Liebe" und den „Erlkönig" in der dritten Fassung (Begleitung in Achteln statt der schwierigen in Triolen). Das „2te Heft" vom Mai 1816 (z. T. in der Bibliothek des Conservatoire Paris, z. T. in der Stadtbibliothek Wien) enthielt 12 Lieder, darunter „Nur wer die Sehnsucht kennt" und „An den Mond". Es fehlte also keines der bedeutenden Goethe-Lieder von den 34, die Schubert 1814/15 komponiert hatte. Interessant ist, daß die Freunde Schuberts damals die Ausgabe seiner Lieder nach Dichtern geordnet planten, aber nur die Ossian-Lieder sind als Heft 1–5 der „Nachgelassenen musikalischen Dichtungen" 1830 in dieser Form erschienen. Spauns Brief und die begleitende Sendung sind weder in Goethes Tagebüchern noch in seinem Briefwechsel mit Zelter (geboren 1758) erwähnt, in dem Schuberts Name überhaupt nicht vorkommt. Wie Eckermann bezeugt, antwortete Goethe lieber gar nicht als bloß mit Phrasen. Vielleicht spielte bei der Ignorierung des Briefes auch der Umstand mit, daß ein Onkel Spauns, der in München lebende Sonderling Franz Seraphicus v. Spaun (geboren 1754 in Wien) aus einem profunden Goethe-Kenner ein boshafter Goethe-Gegner geworden war. Josef v. Spaun übersiedelte im Mai 1816 zu Joseph Wilhelm Witteczek, der bei seinem künftigen Schwiegervater, Prof. Heinrich Josef Watteroth (geboren 1756 in Worbis bei Kassel) wohnte, in die Vorstadt Landstraße, Erdberggasse 97.

Aus dem Schul-Index der Niederösterreichischen Landesregierung 1816

13910 Stadthptm. 14. Apr. ad . . . über das Gesuch des Franz Schubert – An Gub. in Laibach mit sämtlichen Gesuchen . . . . 18. Apr.

ANTON V. SPAUN AN HENRIETTE V. VOGELSANG

[Wien, ca. 20. April 1816]

Schubert habe ich gehört – das ist etwas Außerordentliches, wovon ich gar keine Vorstellung hatte. Ich werde neue leichtere, vorzüglich herrliche Lieder mitbringen . . .

VERMERKE SCHUBERTS AM ANFANG UND AM SCHLUSS EINES NUR TEILWEISE ERHALTENEN MANUSKRIPTS VON 6 ECOSSAISEN (D. 421), FÜR MARIE V. SPAUN GESCHRIEBEN (?)

Als Arrestant in meinem Zimmer in Erdberg componirt. Mai 1816 . . . Gott sey Lob u. Dank.

Schubert wohnte damals, wohl während der Pfingstferien, auch im Watteroth-Hause. Er war natürlich nur zum Scherz eingesperrt worden, vielleicht damit er diese Tänze schreibe, so wie ihn seine ehemaligen Kollegen während ihres Gottesdienstes in der Kamerate eingesperrt hatten, wenn er um 1814 sonntags das Konvikt besuchte. Der erste Vermerk mit dem Datum, den Kreißle noch gesehen hat, ist nicht mehr auf dem bei der Gesellschaft der Musikfreunde in Wien aufbewahrten Manuskript zu finden.

ÄUSSERUNG DER DIREKTION DER PHILHARMONISCHEN GESELLSCHAFT IN LAIBACH ÜBER DEN BEWERBER SCHUBERT

Schubert Franz, Schulgehilfe in Wien.
Geburtsort: unbekannt.
Musik-Kenntnisse: A. Orgel, Violine und Gesang, sehr empfehlend, ist zugleich Komponist; Blasinstrumente unbekannt.
Moralität: B. sehr gut.

Bemerkungen: Dieser Bittsteller, dessen Alter nirgend vorkömmt, ist ein Zögling des k. k. Konvikts: war Hofsängerknabe und dürfte vermutlich noch sehr jung und ledig sein. Er wurde von dem k. k. H. Hofkapellmeister Salieri für die Musiklehrerstelle als fähig erklärt und selbst von der Stadthauptmannschaft und Schuloberaufsicht in Wien vorzüglich empfohlen. 26. Mai 1816.

Die Philharmonische Gesellschaft in Laibach galt als die älteste der Welt; sie war 1702 gegründet worden und bestand bis 1919. – Das A und B bezieht sich auf die beiden Zeugnisse, von denen das Spendous, wie schon erwähnt, verlorengegangen ist. Das Alter und der Stand Schuberts (ob ledig, verheiratet, verwitwet, mit Kindern) waren in Laibach unbekannt. Schubert hatte die Einlaufnummer 18 unter den 21 Petenten.

AUS SCHUBERTS TAGEBUCH

[Aussen:]

Tagebuch.

Wien den 14. Juny 1816

Franz Schubert

[Innen:]

13. Juny 1816.

Ein heller, lichter, schöner Tag wird dieser durch mein ganzes Leben bleiben. Wie von ferne leise hallen mir noch die Zaubertöne von Mozarts Musik. Wie unglaublich kräftig u. wieder so sanft ward's durch Schlesingers meisterhaftes Spiel ins Herz tief, tief eingedrückt. So bleiben uns diese schönen Abdrücke in der Seele, welche keine Zeit, keine Umstände verwischen, u. wohlthätig auf unser Daseyn wirken. Sie zeigen uns in den Finsternissen dieses Lebens eine lichte, helle, schöne Ferne, worauf wir mit Zuversicht hoffen. O Mozart, unsterblicher Mozart, wie viele o wie unendlich viele solche wohlthätige Abdrücke eines lichtern bessern Lebens hast du in unsere Seelen geprägt. – Dieses Quintett ist, so zu sagen, ein's seiner größten kleinern Werke. – Auch ich mußte mich produciren bey dieser Gelegenheit. Ich spielte Variationen von Beethoven, sang Göthe's *rastlose Liebe* u. Schillers *Amalia*. Ungetheilter Beyfall ward jenem, diesem minderer. Obwohl ich selbst meine *rastlose Liebe* für gelungener halte als *Amalia*, so kann man doch nicht läugnen, dß Göthe's musikalisches Dichter-Genie viel zum Beyfall wirkte. Auch lernte ich Mdm. Jenny, eine außerordentlich geläufige Klavierspielerinn kennen, doch scheint ihr der wahre, reine Ausdruck einigermaßen zu fehlen.

Nur wenige Tagebuchblätter sind von Schubert erhalten (vgl. März 1824). Er dürfte aber auch selten ein Tagebuch geführt haben. Die musikalische Gesellschaft, an der er am 13. Juni 1816 teilnahm, ist nicht näher zu bestimmen. Der Violinspieler, der in Mozarts Streichquintett, wahrscheinlich dem in g-Moll (KV 516), spielte, soll der Böhme Martin Schlesinger (geboren in Wildenschwert 1751) gewesen sein, der Musikdirektor des Grafen (Josef?) Erdödy war und 1820 in Wien gestorben ist. Die Klavierspielerin Mdm. Jenny ist wahrscheinlich identisch mit der Frau v. Jenny, die Beethoven am 19. April 1817 in einem Briefe an Charles Neate erwähnt. Welche Variationen von Beethoven Schubert gespielt hat, ist nicht zu entnehmen.

Aus Schuberts Tagebuch

14. Juny 1816.

Nach einigen Monathen machte ich wieder einmahl einen Abendspaziergang. Etwas angenehmeres wird es wohl schwerlich geben, als sich nach einem heißen Som̄ertage Abends im Grünen zu ergehen, wozu die Felder zwischen Währing u. Döbling eigens geschaffen scheinen. Im zweifelhaften Däm̄erschein, in Begleitung meines Bruders *Carl* ward mir so wohl ums Herz. Wie schön, dacht' ich u. rief ich, u. blieb ergötzt stehen. Die Nähe des Gottesackers erin̄erte uns an unsere gute Mutter. So kamen wir unter traurig traulichen Gesprächen auf den Punkt, wo sich die Döblinger Straße theilt. Und wie aus him̄lischer Heimath hörte ich von einer haltenden Chaise herab eine bekannte Stim̄e. Ich schaute auf – u. es war Hr. Weinmüller, welcher eben ausstieg u. sich in seinem herzlichen biedern Tone empfahl. – Gleich wandte sich unser Gespräch auf die äußere Herzlichkeit in Ton u. Sprache der Menschen. Wie mancher bemühet sich sein redliches Gemüth vergebens in eben so herzlicher, biederer Sprache zu zeigen; wie mancher würde da nur zum Gelächter der Menschen dienen. Man kann solches nicht als ihr erstrebtes Gut, sondern nur als Naturgabe ansehen.

Währing und Döbling waren nordöstliche Vororte von Wien, vom Himmelpfortgrund aus leicht zu erreichen. Der Friedhof, den die beiden Brüder passierten, war der alte Währinger vor der Nußdorfer Linie, wo Schuberts Mutter und später auch sein Vater begraben wurden. (Der Linienwall war die äußere Befestigung von Wien, die Vorstädte umfassend; Linie nannte man die Tore dieses Walles, bei denen eine Verzehrungssteuer für Hereinkommende eingehoben wurde.) Von der Döblinger Straße zweigt die heutige Billrothstraße nach Döbling ab. – Karl Friedrich Weinmüller (geboren 1764 in Dillingen bei Augsburg), der 1814 den Rocco im „Fidelio" gesungen hatte, war Bassist am Kärntnertor-Theater und in der Hofkapelle, auch Regisseur. Er hatte eine Villa in Ober-Döbling. Schubert kannte ihn von der Hofkapelle her.

Aus Schuberts Tagebuch

15. Juny 1816.

Gewöhnlich ist's, dß man sich von zu erwartenden zu große Vorstellungen macht. So ging es auch mir, als ich die bey St. Anna gehaltene Ausstellung vaterländischer Gemählde sah. Unter allen Gemählden sprach mich ein Madonnen-Bild mit einem Kinde von Abel am meisten an. Sehr getäuscht wurde ich durch den Sam̄tmantel eines Fürsten. Übrigens sehe ich ein, dß man dergleichen Sachen öfter u. lange sehen muß, um den gehörigen Ausdruck u. Eindruck zu finden u. zu erhalten.

In dem ehemaligen Jesuitenkloster St. Anna, in der Inneren Stadt, war nicht nur die Normal-Hauptschule, sondern auch die Akademie der bildenden Künste untergebracht. Dort fanden jährlich Ausstellungen statt. Der Katalog von 1816 nennt in Saal II als Nr. 73 Josef Abels Bild „Maria zeigt in mütterlicher Lust den Engeln das schlafende Kind". Abel (geboren 1764 in Aschbach, Oberösterreich) war Historien- und Porträtmaler. Das von Schubert bewunderte Gemälde ist verlorengegangen. Das Porträt des Fürsten, dessen Samtmantel so realistisch gemalt war, mag von Johann Baptist Ritter von Lampi d. Ä. gewesen sein.

Text des „Beitrags zur fünfzigjährigen Jubelfeyer des Herrn von Salieri, erstem k. k. Hofkapellmeister in Wien, von seinem Schüler Franz Schubert" (D. 407, 441)

Gütigster, Bester!
Weisester, Größter!
So lang ich Thränen habe,
Und an der Kunst mich labe,
Sei beides Dir geweiht,
Der beides mir verleiht.

So Güt' als Weisheit strömen mild
Von Dir, o Gottes Ebenbild,
Engel bist Du mir auf Erden,
Gern' möcht' ich Dir dankbar werden,

Unser aller Großpapa,
Bleibe noch recht lange da!

[Franz Schubert]

Die Feier fand zur Erinnerung des Tages statt, an dem Salieri vor 50 Jahren nach Wien gekommen war. Es war ein Sonntag. Nach einer Andacht mit seinen vier Töchtern in der italienischen Minoritenkirche begab sich Salieri zum Obersthofmeister Fürst Trauttmansdorff, der ihm in Gegenwart des Hofmusikgrafen Kuefstein und des Personals der Hofkapelle im Namen des Kaisers die große goldene Zivil-Ehrenmedaille überreichte. Dann dirigierte Salieri die nur aus eigenen Werken bestehende Musik des Hochamts in der Hofkapelle; ein Mittagsmahl im Kreise seiner Kinder und einiger Freunde schloß sich an. Am Abend fand in Salieris Heim die Feier der Schüler in Gegenwart des Hofmusikgrafen statt. Salieri saß am Klavier, in Halbkreisen zu seiner Rechten 14 Schülerinnen, zur Linken 12 Schüler, ehemalige und gegenwärtige. Hummel und Moscheles, die nicht in Wien waren, hatten Gesangsstücke eingeschickt. Jeder der anwesenden Schüler hatte eine Widmungs-Komposition mitgebracht. Der Abend begann mit einem Dankchor von Salieri (Text und Musik von ihm) und schloß mit einigen Stücken aus seinem Oratorium „Gesù al limbo" (1803, Text von Luigi Prividali). Zu Salieris Schülern gehörten u. a.: Karl

Freiherr v. Doblhoff, Josef Weigl, Josef Hartmann Stuntz, Ignaz Aßmayr, Julius Cornet, Anselm Hüttenbrenner und Schubert in der Komposition (später auch Liszt); im Gesang Josef Mozatti und die Damen Betty Vio, Karoline Unger, Marie Therese Rosenbaum, Katharina Canzi und Fortunata Franchetti (früher auch Catarina Cavalieri). Schubert hatte seinen Beitrag zunächst als Gesangsquartett ohne Begleitung begonnen, dann aber, vielleicht aus Besetzungsgründen, zu einem Terzett mit Klavierbegleitung umgearbeitet. (Schubert sang damals mit Aßmayr, Hüttenbrenner und Mozatti regelmäßig Quartette, aber Hüttenbrenner war bei dieser Gelegenheit abwesend.) Der zweite Teil der Komposition ist eine Arie mit Klavierbegleitung, der dritte ein Canon à tre; alles für Männerstimmen.

Aus Schuberts Tagebuch

16. Juny 1816.

Schön u. erquickend muß es dem Künstler seyn, seine Schüler alle um sich her versam̄elt zu sehen, wie jeder sich strebt, zu seiner Jubelfeyer das Beste zu liefern, in allen diesen Compositionen bloße Natur mit ihrem Ausdruck, frey aller Bizarrerie zu hören, welche bey den meisten Tonsetzern jetzt zu herrschen pflegt, u. einem unserer größten deutschen Künstler beynahe allein zu verdanken ist, von dieser Bizzarrerie, welche das Tragische mit dem Komischen, das Angenehme mit dem Widrigen, das Heroische mit Heulerey, das Heiligste mit dem Harlequin vereint, verwechselt, nicht unterscheidet den Menschen in Raserey versetzt statt in Liebe auflöst zum Lachen reitzt, anstatt zum Gott erhebt, diese(s) Bizzarrerie aus dem Cirkel seiner Schüler verbannt, u. dafür die reine, heilige Natur zu blicken, muß das höchste Vergnügen dem Künstler seyn, der von einem Gluck geleitet, die Natur ken̄en lernt, u. sie trotz der unnatürlichsten Umgebungen unserer Zeit erhalten hat. –
Hr. Salieri feyerte, nachdem er 50 Jahre in Wien u. beynahe eben so lang in Kaiserlichen Diensten geweßen, sein Jubelfest; wurde von S. Majestät mit einer goldnen Medaille belohnt, ladete viele seiner Schüler u. Schülerinen ein. Die dazu verfertigten Compositionen seiner Compositions-Schüler wurden nach der Ordnung, in welcher sie bey ihm eintraten, von oben nach unten producirt. Das Ganze ward von einem *Chor* u. dem Oratorium *Jesu al Limbo*, beydes von Salieri, eingeschlossen. Das Oratorium echt Gluckisch gearbeitet. Die Unterhaltung war für jeden interessant.

„Einer unserer größten deutschen Künstler" ist offenbar Beethoven. „Bizarr" nannte Amadäus Wendt „Beethovens Manier" in der „Allgemeinen musikalischen Zeitung" (1815, Spalte 387–389). Solche Urteile lagen also in der Luft. Aber wir können annehmen, daß Schubert an diesem Tage unter dem Einfluß Salieris stand. Vielleicht hatte dieser selbst in seiner Ansprache zu Beginn des Abends, in gebrochenem Deutsch, etwas Derartiges gesagt. – „Von oben nach unten" heißt, die jüngsten Schüler kamen zuerst dran.

Aus Schuberts Tagebuch

17. Juny 1816.

An diesem Tag componirte ich das erste Mahl für Geld. Nähmlich eine Cantate für die Nahmensfeyer des Hn. Professors Wattrot von Dräxler. Das Honorar ist 100 fl W. W.

Zur Kantate vgl. die Notiz zum 24. Juli 1816.

1816: Schobers Abreise nach Schweden. Er legte 1817 seine erste und vermutlich auch letzte juristische Prüfung ab. In der Zwischenzeit reiste er mit seinem Onkel, wahrscheinlich dem Syndikus Josef Derffel, in Erbschaftsangelegenheiten nach Malmö.

1816 (?)

Überschrift auf der ersten Partiturseite des Ersten Offertoriums (D. 136)

Aria mit Clarinett-Solo. für Hrn. [Josef] Doppler.

Anton v. Spaun an seinen Bruder Josef nach Wien

Linz, 14. Juli 1816.

. . . Zuerst wurde gestern abends musiziert: Lugo, Adjutant von General Bentheim, der Arneths Leutenant war und sehr schön singt, sang Schubertische Lieder: Die Sehnsucht, den Liedler und andere . . .

Lugo ist nicht zu identifizieren. Sein General war Friedrich Wilhelm Belgicus Fürst zu Benheim-Steinfurt, sein Leutnant wahrscheinlich Josef v. Arneth, einer der Freunde aus der „Linzer Runde" in Wien (siehe Notiz vor Anfang Oktober 1826), der 1813 an den Befreiungskämpfen teilgenommen hatte.

Verlorengegangenes Titelblatt des Manuskripts der C-Messe (D. 452 [961])

Missa in C-dur von Franz Schubert für Herrn Holzer July 1816.

Auf der Wiener Schubert-Ausstellung von 1897 war das Autograph eines Holzer gewidmeten Kyrie ausgestellt, angeblich datiert Juli 1810. Das muß verlesen worden sein; es gibt keine Kirchenmusik von Schubert aus jener Zeit. Das gezeigte Kyrie gehört offenbar zur C-Dur-Messe, die auch im Druck 1825 Holzer, seinem ersten Musiklehrer, zugeeignet wurde.

16. Juli 1816

Besetzungsvorschlag des bischöflichen Konsistoriums in Laibach an das Gubernium von Krain

Unter den auswärtigen Bewerbern, deren keinen das Konsistorium kennt und sich daher nur mit vieler Schüchternheit an die Bestimmung der Verdienstordnung wagt, schienen nachstehende drei mit Rücksicht auf ihre beigebrachten Zeugnisse für die Musiklehrerstelle die geeignetsten zu sein: und zwar Kubick Franz, Domkapellmeister zu Görz; Sokoll Franz, Tonkünstler zu Klagenfurt, und Schubert Franz, Schulgehilfe zu Wien. Ihre musikalischen Kenntnisse sind in der Kompetenten-Tabelle aufgeführt und sind, so wie ihre übrigen Empfehlungen, noch mehr aus den beigebrachten Zeugnissen ersichtlich.

Das Konsistorium hätte am liebsten den in Laibach wirkenden Josef Miksch durchgesetzt, machte aber trotzdem diese drei Alternativvorschläge. Schuberts Beschreibung in der Tabelle entspricht der Äußerung der Philharmonischen Gesellschaft in Laibach vom 26. Mai 1816.

24. Juli 1816: Erste Aufführung von Schuberts Kantate „Prometheus", Text von Philipp Dräxler (später v. Carin), im Garten Professor Heinrich Josef Watteroths, Erdberggasse 97 in der Vorstadt Landstraße. Organisatoren waren die Jurastudenten mit Philipp v. Mannagetta an der Spitze. Die Proben hatten im Konsistorialsaal der Universität stattgefunden. Die ursprünglich für den 12. Juli, den Namenstag des Hausherrn, vorgesehene Aufführung wurde wegen schlechten Wetters verschoben. Die Ansprache hielt Konstantin Graf Wickenburg. Die Ausführenden waren: Schubert als Dirigent und die Solisten Marie Lagusius als Gäa und Franz Pechaczek oder Josef Götz als Prometheus; Chor und Orchester stellten die Studenten, darunter Anton Müllner, Franz v. Schlechta, Leopold Sonnleithner und

Albert Stadler. Veranstaltet wurde diese Serenade von den Jurastudenten des achten Semesters, also kurz vor ihrem Austritt. Der Konsistorialsaal lag im „Alten Universitätshaus“, in der heutigen Sonnenfelsgasse. Das Watteroth-Haus, das heute noch steht, hat Hof und Garten, ähnlich dem Geburtshaus Schuberts. Der Textautor, mit Schubert gleichaltrig, hatte das Gedicht auf einem Spaziergang in Baden bei Wien geschrieben. Fräulein Lagusius (geboren um 1796), die aus der Familie des mit Mozart befreundeten Botanikers Jacquin stammte, heiratete (?) den Haydn-Biographen Georg August v. Griesinger, sächsischen Legationsrat in Wien. Pechaczek war ein Beamter der Stadt, Amateur-Sänger und Klavierspieler (nicht zu verwechseln weder mit einem Namensvetter, der damals zweiter Orchesterdirektor am Theater an der Wien war, noch mit einem gleichnamigen Komponisten). Josef Götz, Beamter beim Fürsten Johann Nepomuk Schwarzenberg, ein Bassist, wird uns noch öfter begegnen. Leopold Sonnleithner, der viel für Schubert bedeuten sollte, hat ihn damals kennengelernt. Auch er war, wie Josef v. Spaun, ein Schüler des Rechtslehrers Watteroth. Auffällig ist, daß auf den 12. Juli nicht der katholische, sondern der protestantische Namenstag Heinrich fällt. Es scheint, daß die katholischen Studenten ihren freigeistigen Lehrer, der selbst ein Katholik war, protestantisch feiern wollten, obwohl gerade bei den Protestanten die Feier des Namenstages nicht üblich ist. – Schuberts Kantate ist verlorengegangen, wahrscheinlich erst um 1828. Sonnleithner hat uns wenigstens ein paar Themen aus dem Gedächtnis hinterlassen (siehe „Zellners Blätter für Theater, Musik und bildende Kunst“, Wien, 5. März 1867; „Schubert – Die Erinnerungen seiner Freunde“, S. 391f.). Während Kreißle 1865 Götz als Sänger des Prometheus nennt, sagt Sonnleithner, daß Pechaczek diese Partie gesungen habe. Das Werk hatte nur eine Abteilung und dauerte 45 Minuten. (Es folgten noch andere Musikstücke.) Schubert hatte die Stimmen selbst herausgeschrieben; sie gingen wie die Partitur verloren. Eigentliche Arien kamen nicht vor, die Soli bestanden meist aus ernsten Rezitativen. Das einzige ausgeführte Solostück war ein Duett zwischen Gäa und Prometheus. Von den drei Chören war der erste heiter und mehr auf die Feier als auf das Schicksal des Helden bezüglich: „Ihr Nymphen herbei und Najaden . . .“. Der Chor der „Zöglinge des Prometheus“ war wohl eine poetische Anspielung auf die Schüler des Professors. Den Schluß bildete ein Triumphchor für gemischte Stimmen mit Instrumentalbegleitung. Es befanden sich also auch Damen unter den Mitwirkenden, wahrscheinlich sogar die Tochter des Hauses, Anna (geboren 1800), die 1819 Witteczek heiratete. (Schubert verkehrte in den folgenden Jahren bei Watteroths, später auch bei Witteczeks.)

Aus der „Wiener Allgemeinen Theaterzeitung“ vom 27. September 1817

An Herrn Franz *Schubert.*
(Als seine Kantate „*Prometheus*“ aufgeführt ward.)

In der Töne tiefem Beben,
wie die Saiten jubelnd klangen,
Ist ein unbekanntes Leben
in der Brust mir aufgegangen.

In dem Sturmeston der Lieder
klagt der Menschheit jammernd Ach –
kämpfend steigt Prometheus nieder,
und das schwere Dunkel brach!

Mich hat's wunderbar erhoben
und der Wehmut neue Lust,
wie ein schimmernd Licht von oben,
kam in die bewegte Brust!

Und in Tränen und Entzücken
fühlte ich mein Herz zerstücken,
jauchzend hätte ich mein Leben
wie Prometheus hingegeben!

Franz *v. Schlechta.*

Das war das erste Mal, daß Schuberts Name in einer Zeitschrift erwähnt wurde. Das Gedicht ist um ein Jahr verspätet erschienen, weil Schlechta erst im Sommer 1817 Mitarbeiter dieser Zeitschrift geworden war. Er wurde 1796 in Pisek (Böhmen) geboren, besuchte erst das Konvikt in Kremsmünster und dann – zu seinem Schmerz – das in Wien. Er wurde später Jurist. Schubert hatte 1815 das erste Gedicht von ihm komponiert: „Auf einen Kirchhof". Schlechta war erst nach Schuberts Abgang ins Wiener Konvikt eingetreten.

Josef v. Spaun an Franz v. Schober in Schweden

Wien, den 19. August 1816.

... Mein Bruder Franz ... befindet sich gut in Ried, ... doch schweben ihm seine Tage in Wien und Linz wie verlorne Seligkeiten vor, vor dem Schlafengehen singt er täglich bei seiner Violine das schöne Lied „Der du von dem Himmel bist", und zuweilen kommt dann ein süßer Friede auf ihn nieder und schließt ihm sanft die Augen nach traurig vollbrachtem Tagwerk ... Mayrhofer, Kreil etc. grüßen Dich alle, auch unser teurer Minnesänger, dessen große Kantate mit vielem Beifall aufgeführt wurde...

Schober weilte damals in Schweden. Franz v. Spaun war Kreiskommissär in Ried (Niederösterreich) geworden. Das Lied „Der du von dem Himmel bist" ist „Wandrers Nachtlied" (entstanden 1815 nach einem Text von Goethe). Der Minnesänger ist natürlich Schubert. Es ist bemerkenswert, daß Schubert später, als die Freunde sich nach Figuren des Nibelungenlieds benannten, Volker der Spielmann hieß.

Aus dem Schul-Index der niederösterreichischen Landesregierung 1816

33711 Gub. in Laibach 20. Aug. 9107 ad 13910. Daß diese Stelle dem dortigen Tonkünstler Franz Sokol verliehen wurde – An Stadth. – OWW – UWW – ung. Statthalterei zur Verständigung der Bittwerber .... 7. 7mbr.

Dieses Dokument erweist, daß die Überlieferung falsch ist, nach der Salieri hinter Schuberts Rücken Schauff durchgedrückt habe. Der erste Vorschlag des Konsistoriums (siehe 16. Juli 1816) hatte die Namen Kubick, Sokoll und Schubert genannt. Das Gubernium von Krain lehnte ihn ab. Der zweite Vorschlag, vom 11. August 1816, lautete auf Schauff, Sokoll und Kubick. Franz Sokoll wurde Sieger. Er war aber nicht „dortig", nämlich in Laibach ansässig, sondern in Klagenfurt, und stammte aus Salzka in Böhmen (geboren um 1780). Schubert war, was die Behörden nicht wußten, wahrscheinlich der jüngste Bewerber gewesen. Schauff hatte sich, nach anfänglichem Mißerfolg, am 28. März 1816 (zugleich mit Hanslischek und Wöß) einer zweiten Prüfung bei Salieri unterzogen. Damals hat ihn Salieri als den besten unter den von ihm geprüften Bewerbern bezeichnet. Dann erst ermunterte er Schubert, den er nicht prüfen mußte, sich ebenfalls um die Stellung zu bemühen. Es gab also weder Verrat noch Entzweiung. — OWW und UWW bezeichnen die Kreisämter in den Vierteln ober- und unter dem Wienerwald.

Johann Mayrhofer an Schober

Wien, am 7. September 1816.

... Schubert kommt heute und mehrere Freunde zu mir, die Nebel der Gegenwart, die etwas bleiern ist, wollen sich unter seinen Melodien heben ...

Mayrhofer wohnte in der Wipplingerstraße neben dem alten Rathaus. Es ist möglich, daß die Gedanken in Schuberts nächstem Tagebuchblatt von Mayrhofer angeregt worden sind.

Aus Schuberts Tagebuch

8. September 1816.

Der Mensch gleicht einem Balle, mit dem Zufalle u. Leidenschaft spielen.

Mir scheint dieser Satz außerordentlich wahr.

Ich hörte oft von Schriftstellern sagen: Die Welt gleicht einer Schaubühne, wo jeder Mensch seine Rolle spielt. Beyfall u. Tadel folgt in der andern Welt. – Eine Rolle aber ist aufgegeben, also ist auch unsere Rolle aufgegeben, und wer kann sagen, ob er sie gut oder schlecht gespielt hat? – Ein schlechter Theater-Ressigeur, welcher seinen Individuen solche Rollen gibt, die sie nicht zu spielen im Stande sind. Nachlässigkeit läßt sich hier nicht denken, die Welt hat kein Beyspiel, dß ein Akteur wegen schlechtem Recitiren verabschiedet worden sey? Sobald er eine ihm angemessene Rolle bekömt, wird er sie gut spielen; erhält er Beyfall oder nicht, dieß hängt von einem tausendfältig gestimten Publikum ab. Drüben hängt der Beyfall oder Tadel von dem Welt-Ressigeur ab. Der Tadel hebt sich also auf.

Naturanlage u. Erziehung bestimen des Menschen Geist u. Herz. Das Herz ist Herrscher, der Geist soll es seyn. Nehmt die Menschen wie sie sind, nicht wie sie seyn sollen.

Selige Augenblicke erheitern das düstere Leben; drüben werden die seligen Augenblicke zum währenden Genuß, u. seligere werden Blicke in seligere Welten u. s. f.

Glücklich, der einen wahren Freund findet. Glücklicher, der in seinem Weibe eine wahre Freundinn findet.

Ein schreckender Gedanke ist dem freyen Manne in dieser Zeit die Ehe; er vertauschet sie entweder mit Trübsinn, oder grober Sinnlichkeit. Monarchen dieser Zeit, ihr seht dieß, u. schweiget. Oder seht ihr's nicht? Dann, o Gott, umschleyere uns Sinn u. Gefühl mit Dumpfheit; doch nim den Schleyer einmahl wieder ohne Rückschade.

Der Mann trägt Unglück ohne Klage, doch fühlt er's desto schmerzlicher. – Wozu gab uns Gott Mitempfindung?

Leichter Sinn, leichtes Herz. *Zu* leichter Sinn birgt meistens ein *zu* schweres Herz.

Ein mächtiger Antipode der Aufrichtigkeit der Menschen gegen einander ist die städtische Höflichkeit.

Das größte Unglück des Weisen u. das größte Glück des Thoren gründet sich auf die Convenienz.

Der edle Unglückliche fühlt die Tiefe seines Unglücks u. Glücks, eben so der edle Glückliche sein Glück u. Unglück.

Nun weiß ich nichts mehr. Morgen weiß ich gewiß wieder etwas. Woher komt das? Ist mein Geist heut stumpfer als morgen, weil ich voll u. schläfrig bin? – Warum denkt mein Geist nicht, wenn der Körper schläft? – Er geht gewiß spazieren? – Schlafen kann er ja nicht? –

Sonderbare Fragen,
Hör' ich alle sagen?
Es läßt sich hier nichts wagen,
Wir müssens duldend tragen.
Nun gute Nacht,
Bis ihr erwacht.

Der zweite Gedanke zeigt eine gewisse Verwandtschaft mit einer Stelle in Marc Aurels (gestorben in Wien, 180 n. u. Z.) „Selbstbetrachtungen": „Es [zu sterben] ist nichts anderes, als wenn ein Schauspieler durch den selben Prätor, der ihn angestellt hat, wieder entlassen wird." Die Gedanken über die Ehe scheinen nicht durch ein aktuelles Erlebnis ausgelöst worden zu sein.

Geheimnis
An Franz Schubert

[Komponiert von Schubert im Oktober 1816 (D. 491)]

Sag an, wer lehrt dich Lieder, so schmeichelnd und so zart?
Sie rufen einen Himmel aus trüber Gegenwart.
Erst lag das Land verschleiert im Nebel vor uns da –
du singst, und Sonnen leuchten, und Frühling ist uns nah.

Den schilfbekränzten Alten, der seine Urne gießt,
erblickst du nicht, nur Wasser, wie's durch die Wiesen fließt.
So geht es auch dem Sänger, er singt, er staunt in sich;
was still ein Gott bereitet, befremdet ihn wie dich.

Johann Mayrhofer.

Das Gedicht wurde wahrscheinlich auf einem Ausflug nach Lilienfeld (Niederösterreich) geschrieben, den Mayrhofer im September mit Watteroths Sohn Hermann (geboren 1801) unternommen hatte. Die unbefangene Komposition des eigenen Lobgedichtes erinnert an Händels Vertonung eines Gedichtes, das Kardinal Pamfili zu seinem Ruhm geschrieben hatte (Rom 1708), aber auch an Haydns Vertonung der Gedichte „What art expresses" von Dr. Henry Harington und „O tuneful voice" von Mrs. Anne Hunter.

Herbst 1816: Erste Aufführung der Sinfonie in B-Dur (D. 485) „ohne Trompeten und Pauken", bei Otto Hatwig im Schottenhof. – Hatwig, 1766 in Grulich (Böhmen) geboren, war Mitglied des Burgtheaterorchesters, Lehrer für Klavier und Violine und Komponist. Er leitete 1815 bis 1818 die Hauskonzerte, die aus den Streichquartett-Übungen im Hause von Schuberts Vater hervorgegangen waren und bis zum Herbst 1815 bei Kaufmann Franz Frischling stattfanden.

Aus dem Verzeichnis der „Geburts- und Sterbefälle in der Familie des Schullehrers Franz Schubert"

17) Theodor Kajetan Anton, geboren 15. Dezember 1816, früh 3 Uhr, getauft 15./12., nachmittag $^1/_2$5 Uhr.

Dieser Halbbruder Schuberts starb schon 1817.

Dezember 1816

Zweifacher Vermerk auf dem Autograph der Lieder „Lebenslied" und „Leiden der Trennung" (D. 508, 509)

In der Wohnung des H. v. Schober.

Nach Schobers Rückkehr aus Schweden war Schubert zu ihm in die Landskrongasse gezogen, vielleicht nur für die Dauer der Weihnachtsferien. Es scheint aber, daß Schubert schon damals vorübergehend dem Schuldienst entflohen war und daß er vom Herbst 1816 bis zum Herbst 1817 bei Schober seine erste Zuflucht gefunden hatte. Deshalb wohl brachte er diese Adresse zweimal auf einem Manuskript an.

1817

7 Sonaten für Klavier (D. 557, 566, 575, 537, 568, 29, 604), Mai bis August
2 Ouvertüren im italienischen Stil, D-Dur und C-Dur (D. 590, 591), November
Nahezu 60 Lieder, darunter „Der Tod und das Mädchen", Februar; „Ganymed", März; „An die Musik", März; „Die Forelle"

Einige Freunde Schuberts geben 1817/18 eine Art literarischen Jahrbuchs heraus: „Beiträge zur Bildung für Jünglinge", erschienen in Wien bei Franz Härter, wovon ein Exemplar in der Nationalbibliothek Wien aufbewahrt wird. – Die Mitarbeiter waren Anton v. Spaun, Anton Ottenwalt, Josef Kenner, Josef Kreil und Johann Mayrhofer. Die Behörden nahmen einigen Anstoß an dieser Publikation und dem Verband, der dahinter stand, weil er bedenklich an den deutschen „Tugendbund" erinnerte. Aber es kam zu keinem Verbot; der Mangel an Interesse ließ das Jahrbuch eingehen.

Schober stellt im Februar oder März 1817 Schubert Johann Michael Vogl vor. – Die Begegnung scheint in Schobers Wohnung, wo auch Schubert lebte, stattgefunden zu haben. Schober hatte durch seinen Schwager Siboni, der allerdings Wien schon um 1814 verlassen hatte, Beziehungen zum Kärntnertor-Theater. Vogl, 1768 in Steyr (Oberösterreich) geboren, war seit 1794 an der deutschen Oper engagiert und sang dort als Tenorbariton erste Rollen, so z. B. den Pizarro in der letzten Fassung des „Fidelio" (1814). Er betätigte sich auch als Regisseur. Er war von großer Statur und vielseitiger Bildung. Er hatte das Gymnasium in Kremsmünster absolviert und sollte ursprünglich Jurist werden. Er beherrschte außer den klassischen Sprachen auch das Englische und soll das „Enchiridon" von Epiktet in vier Sprachen, einschließlich der deutschen, übertragen haben. Marc Aurel war einer seiner Lieblingsautoren. Er schätzte Flaxman, und in seinen Tagebuchnotizen findet sich auch eine Huldigung an Scott. Er komponierte Lieder (darunter Desdemonas „Willow Song") und begann eine unvollendet gebliebene Singschule. Er war etwas schroff, auch skeptisch Schubert gegenüber bei dieser ersten Begegnung, aber später wurde er sein Freund und Herold. Sein Vortrag Schubertscher Lieder soll durch die Deklamation unvergeßlich gewesen sein. Allerdings erlaubte er sich gewisse Änderungen, und sein Spiel mit der Lorgnette, wenn er neben Schubert am Klavier saß, war etwas kokett.

Frühjahr 1817: Schubert oder Josef v. Spaun schreiben an Breitkopf & Härtel in Leipzig und bieten den „Erlkönig" an.

Der Dresdener Franz Schubert an Breitkopf & Härtel

Dresden, den 18. April 1817.

Wertgeschätzter Freund!

... Noch muß ich Ihnen melden, daß ich vor ungefähr 10 Tagen einen von Ihnen mir schätzbaren Brief erhalten, wo mir dieselben ein von mir sein sollendes Manuskript, *den Erlkönig von Göthe* überschickten, zu meinem größten Erstaunen melde ich, daß diese Kantate niemals von mir komponiert worden; ich werde selbige in meiner Verwahrung behalten, um etwan zu erfahren, wer dergleichen Machwerk an Ihnen auf so eine unhöfliche Art übersendet hat, und um auch diesen Padron zu entdecken, der meinen Namen so gemißbraucht. Übrigens bin ich Ihnen für Dero gütige Übersendung freundschaftlich verbunden und verbleibe mit der vollkommensten Hochachtung

Dero

verbindlichster Freund
und Bdr!!!
Franz Schubert,
Königl. Kirchen Kompositeur.

[Vermerk außen:]
Den 23. Mai resp. u. d. Mnskpte. zurück verlangt.

Der Dresdner Schubert (geboren 1768) stand als Kontrabassist und Komponist in Diensten des sächsischen Hofes. Sein 1808 geborener Sohn war Violinist und wurde als Komponist bekannter als sein Vater. („L'abeille" – „Die Biene" wird oft unserem Schubert zugeschrieben.) Dieser Sohn war später mit Schober befreundet, und so kam die Familie in den Besitz von einigen Schubert-Manuskripten, die jetzt in der Sächsischen Landesbibliothek sind. Der alte Schubert in Dresden war Freimaurer wie Gottfried Christoph Härtel, der Chef der Firma Breitkopf & Härtel. Die damals schon fast 100jährige Firma hat zu Ende des 19. Jahrhunderts die Gesamtausgabe von Schuberts Werken verlegt, aber nichts zu seinen Lebzeiten. Das Manuskript des „Erlkönig" kam über den Verlag an Schubert zurück. Es ist bemerkenswert, daß diese Firma 1817 eine Vertonung des „Erlkönig" in einer Sammlung Goethe-Lieder von Petersen Grönland (geboren in Schleswig 1760) verlegte.

Anton v. Spaun an Schober in Wien

[Linz,] den 15. Mai 1817.

... Siehst Du Schubert öfters? Hast Du keine neuen Lieder gemacht? ...

22. Juni 1817: Die Ouvertüre in B-Dur wird unter Ferdinand Schuberts Leitung im Waisenhaus aufgeführt. – Siehe Oktober 1818.

1817 (?)

Widmung auf einem Stammbuchblatte von Schubert mit einer Ecossaise in Es-Dur und einem Deutschen (Ländler) in As-Dur

Springen Sie mit diesem Eccossaise
Durch jedes Wohl und Weh!

Ihr bester Freund
Franz Schubert.

[Rückseite:]
Tanzen Sie stets bey diesem Walzer;
Werden sie Russe oder gar Pfalzer.

Ihr obiger Freund.

Wem dieses Blatt gewidmet war, weiß man nicht. Der Walzer ist dann als Nr. 3 von op. 9 erschienen. Im Original reimt Schubert „Wohl und Weh" auf Ecossaise, das er (mit zwei cc, aber sonst) richtig in der weiblichen Form schreibt. Er hat das Wort also offenbar falsch ausgesprochen, als ob es männlich wäre (Ecossais).

Anton v. Spaun an seinen Bruder Josef in Wien

Linz, 19. Juli 1817.

Daß Münch bei uns ist, wirst Du wissen ... Er .. frühstückt immer mit uns, dann musizieren wir, bis er ins Amt geht ... nachmittag trinkt er wieder Kaffee mit uns, dann wird meistens wieder musiziert bis zum Amt. Wenn Du mir ein Schubertisches Lied für den Baß schicken könntest, wäre es mir sehr lieb. Ödipus, der für den Baß gesetzt ist, gefällt ihm außerordentlich...

Münch ist wahrscheinlich Konstantin Freiherr Münch v. Bellinghausen, der zugleich mit Franz v. Spaun Kreiskommissär in Ried war, zur Zeit dieses Briefes sich offenbar in Linz aufhielt und 1823 Ehrenmitglied des Linzer Musikvereins wurde. Das genannte Lied war erst im März 1817 entstanden.

Anton v. Spaun an seinen Bruder Josef in Wien

Linz, 27. Juli 1817.

Ich danke Dir sehr für die Saiten und die Lieder; schreibe, was erstere kosten – letztere konnte ich noch nicht probieren, da wir mit den früheren noch gar nicht im reinen sind. Sehr gefällt mir Meeresstille – vorzüglich noch immer der Erlenkönig – Leni Diemer hingegen zieht Schäfers Klagelied und des Jägers Morgenlied vor, auch die Nähe des Geliebten ist herrlich – An Mignon brachten wir nicht recht zusam, das Grablied haben wir noch nicht probieren können, da ichs der Mama geschickt – ebenso Adelaide. Wenn Du da wärst, könnt ich Dir genug sagen über jedes einzelne, so aber gehts nicht recht, ich müsste nur schreiben, wenn ich gerade vom Fortepiano käme; vielleicht bekömmst Du doch bald eine ausführliche Relation...

Die erwähnte Dame ist unbekannt. „Jägers Morgenlied" dürfte „Jägers Abendlied" (Goethe) von 1816 oder „Sängers Morgenlied" (Körner) von 1815 gewesen sein. „An Mignon" ist wahrscheinlich eine der beiden 1815 (op. 19, Nr. 2) geschriebenen Fassungen des „Lied der Mignon". Das „Grablied" ist wohl das „Grablied auf einen Soldaten" von 1816. Die Mutter Spauns hielt sich damals mit der Tochter Marie bei ihrem Sohne Franz in Ried auf.

Aus dem Verzeichnis der „Geburts- und Sterbefälle in der Familie des Schullehrers Franz Schubert"

Theodor Kajetan Anton, † 30. Juli 1817, früh 1/2 8 Uhr.

Schubert an Franz v. Schober

(Komposition D. 578)

Den 24. August 1817.

Abschied.

In das Stammbuch eines Freundes.

Lebe wohl, Du lieber Freund!
Ziehe hin in fernes Land,
Nimm der Freundschaft trautes Band –
Und bewahr's in treuer Hand!
Lebe wohl! Du lieber Freund!

Lebe wohl, Du lieber Freund!
Hör' in diesem Trauersang
Meines Herzens innern Drang,
Tönt er doch so dumpf und bang.
Lebe wohl, Du lieber Freund!

Lebe wohl, Du lieber Freund!
Scheiden heißt das bitt're Wort,
Weh, es ruft Dich von uns fort
Hin an den Bestimmungsort.
Lebe wohl, Du lieber Freund!

Lebe wohl, Du lieber Freund!
Wenn dies Lied Dein Herz ergreift,
Freundes Schatten näher schweift,
Meiner Seele Saiten streift.
Lebe wohl, Du lieber Freund!

[Franz Schubert]

Schober fuhr seinem kranken Bruder Axel (geboren 1789) entgegen, der österreichischer Oberleutnant und Regimentsadjutant beim 10. Husarenregiment war und aus Frankreich zurückkam. Er starb in Dillingen bei Saarlouis am 6. September 1817, bevor Schober dort eintraf. Axel, das älteste Kind der Familie, war ebenso wie Franz in Schnepfental erzogen worden, weilte 1814/15 während des Kongresses in Wien und sollte jetzt auf Urlaub kommen. Schubert hatte seinetwegen das Zimmer bei Schobers geräumt und zog wieder zu seinem Vater. Schuberts Lied klingt wie ein Abschied für lange Zeit; aber wir wissen nichts darüber, ob Schober damals im Ausland bleiben wollte. Es ist möglich, daß er nach der Begrüßung des Bruder wieder Schweden besuchen wollte und durch dessen Tod zur Heimkehr genötigt worden ist.

Anton Ottenwalt an Josef v. Spaun in Wien

Linz, 7. Oktober 1817.

... Grüße mir unsern Mayrhofer, und leider! noch unbekannter Weise, Schubert, der mir große Freude damit gemacht hat, daß er an eine meiner Poesien geraten ist. Ich freue mich sehr, das Lied nächstens zu hören.

Anton Ottenwalt, geboren in Linz 1789, war Beamter bei der Oberösterreichischen Landesregierung. Es war ein gebildeter und feinfühliger Mann, ernst, aber gütig und etwas unbeholfen. Er hatte ein paar Dramen geschrieben und mehrere Gedichte, wovon einiges bereits gedruckt worden war. Er beherrschte Latein und Französisch, nicht aber Englisch, so daß ihm Bruchmann 1826 eine Übersetzung von Byrons „Cain" verschaffen mußte. Das erwähnte Lied ist „Der Knabe in der Wiege", in der zweiten, unvollständigen Fassung vom November 1817 „Wiegenlied" benannt.

Holzapfel an Albert Stadler in Linz

Wien, 17. Oktober 1817.

... Aus Schuberts Seele verspreche ich Dir, daß er sich bessern und von sich was Reelles wird hören lassen.

Stadler war von 1817 bis 1820 beim Kreisamt Steyr, seiner Heimatstadt, angestellt und ging erst 1821 als Beamter zur Landesregierung nach Linz.

Ende 1817: Erste Aufführung der einen der beiden Ouvertüren im italienischen Stil (D-Dur oder C-Dur, D. 590 oder 591). — Schubert schrieb diese beiden Ouvertüren in November 1817 unter dem Einfluß des Rossini-Taumels, der 1816 in Wien begonnen hatte. Sie wurden eher als eine Herausforderung denn als ein Tribut komponiert.

Stammbuchblatt für Anselm Hüttenbrenner

Exiguum nobis vitae curriculum natura circumscripsit, immensum gloriae.

Cicero ex Orat.
pro Rabirio

Vindobonae, 16./12. 1817.

Francisc. Schubert.

Das ist der Schlußsatz des zehnten Abschnitts aus Ciceros Verteidigungsrede für Caius Rabirio d. Ä. Schubert schrieb dieses Zitat im letzten Monat des Jahres 1817, in dem er sich sehr viel mit Texten antiken Inhalts befaßt hatte, mit Gedichten von Mayrhofer, Schiller und Goethe. – Anselm Hüttenbrenner, geboren in Graz 1794, hatte zuerst am Lyzeum in Graz studiert, dann als Mönch im Zisterzienserstift Rain bei Graz gelebt, sodann Jura an der dortigen Universität und endlich, seit April 1815, auf Empfehlung des Grafen Moritz Dietrichstein, Musik bei Salieri in Wien studiert. Er pflegte die Wintermonate in Wien zu verbringen, während er den Sommer über in Graz weilte. Er schrieb damals seine ersten Kompositionen.

An den Schullehrer Franz Schubert am Himmelpfortgrunde

N: C: $\frac{3445}{556}$

Durch hohes Reggsdekret vom 6./16. Xbr. d. J. Z. 52148 wurde die Übersetzung des Schullehrers am Himmelpfortgrunde Franz Schubert auf den Schuldienst in der Roßau genehmigt u. beschlossen. Man versieht sich zu demselben, daß er die Schule in der Roßau ungesäumt antreten, u. durch eifrige Erfüllung aller seiner Pflichten sich dieser Gnade der hohen Landesstelle würdig machen werde.

Matth. Paulus Bischof von Antinopolis
Ex Consistorio Archieppli.
Wien, den 24ten Dez. 1817.

Die Vorstadt Roßau, nahe dem Liechtental, lag etwas näher zur Inneren Stadt. Die Schule dort war erst vor etwa einem Jahre gegründet und ihr erster Lehrer, Valentin Rosen, wegen einer Disziplinaraffäre entlassen worden. Das erzbischöfliche Konsistorium beaufsichtigte die Elementarschulen. „Bischof von Antinopolis" (Arsinoe, Oberägypten) war ein von einem der unbesetzten Sitze der katholischen Kirche abgeleiteter Titel, der mit keiner realen Funktion verbunden war („In partibus infidelium"). Er hieß Matthias Paulus Steindl und war Generalvikar des Wiener Metropolitan-Kapitels.

1818

Sinfonie in C-Dur (D. 589), Oktober 1817 bis Februar 1818

Aufnahme-Bogen im Jahre 1818

Roßau No. 147, Schulhaus, Wohnung 1
Franz Schubert * 1763, öffentlicher Lehrer
Ehw. [Eheweib] Anna * 1783

Sohn Ignaz * 1786 [richtig 1785] geprüfter Schulgehilfe, von Himmelpfortgrund geb. ist bucklicht

Sohn Ferdinand * 1795 [richtig 1794] öffentlicher Lehrer im Waisenhause am Spittalberg [später Karlsgasse] daselbst verh.

Sohn Karl * 1796 Landschaftsmaler laut Zeugnisses, hat am 23t Juli 818 auf ein Jahr einen Paß in die konskribiert. Erbstaaten erhalten, verheiratet gross

Sohn Franz * 1797 Musikmeister messet 4 Schuh 11 Zoll 2 Strich und schwach, hat am 7t Juli 818 einen Paß auf 5 Monate nach Hung[arn] erhalt. [mit roter Tinte:] den 21.9ber 828 gestorben [darunter:] laut Bescheid der Schuloberaufsicht vom 12. Aug. 819 ist selber als Schulgehilf in der Roßau angestellt. [Ihrer Qualifikation nach gänzlich Unanwendbare:] 1

Sohn Andrä * 1823
Sohn Anton * 1826
Tochter Theres * 1801
Tochter Marie * 1814
Tochter Josa [Josefa] * 1815

Nicht alle diese Aufnahmebogen der Konskription in Wien sind erhalten geblieben. Für Schubert ist es der erste und einer von zwei erhaltenen Bogen (siehe Winter 1823/24). Natürlich war Schubert schon auf dem Himmelpfortgrund und wahrscheinlich Anfang 1817 auch bei Schober in der Innern Stadt aufgenommen worden. Dieses Dokument aber bezeugt, daß Schubert wieder daheim war, offenbar auch wieder Schulgehilfe bei seinem Vater. Daß er damals schon von der Militärpflicht befreit gewesen sei, trifft genausowenig zu, als daß er, um dieser Pflicht nicht genügen zu müssen, Lehrer geworden sei. (Vgl. Schubert-Erinnerungen, S. 30.) Nur *ein* geprüfter Schulgehilfe war in jeder städtischen Schule vom Militärdienst befreit, und das wäre – da Ignaz Schubert nicht in Betracht kam – bestenfalls der zweite, nicht aber der sechste Gehilfe gewesen. Der Grund für Schuberts Zurückstellung ist vielmehr darin zu suchen, daß er die Mindestgröße nicht erreichte, nämlich weniger als fünf österreichische Schuh groß war. (Er maß nicht ganz 157 Zentimeter.) Diese Maße wurden natürlich nur für militärpflichtige Männer eingetragen. Die Pflicht lief vom 18. bis zum 45. Lebensjahr; die Dienstzeit betrug 14 Jahre! Befreit waren Geistliche, Adelige (Beethoven beispielsweise schützte sein mißverstandenes „van"), Beamte, „Honoratioren", Advokaten, Ärzte, privilegierte Großhändler, Schauspieler einer regulären Truppe und bildende Künstler mit gutem Akademiezeugnis. Virtuosen und Komponisten mußten alle drei Jahre ein Zeugnis einer politischen Behörde über die Ausübung ihres Berufes, dessen Qualität und ihre Moral usw. beibringen. Den zeitweilig Befreiten gehörten Schullehrer und begabte Studenten an. Die Gebrüder Schubert waren zum Teil untauglich, zum Teil befreit. – Das Geburtsjahr (Sternchen) des noch ledigen Ignaz ist aus begreiflichen Gründen (siehe S. 4) um ein Jahr vorgeschoben. Ferdinand war seit 1816 Lehrer (vorher Schulgehilfe) im Waisenhaus in der Alservorstadt nahe dem Himmelpfortgrund und hatte 1816 in Liechtental, wo er noch immer auf der Orgel aushalf (1809–1820), Anna Schülle geheiratet. Karl, der keinen bürgerlichen Beruf hatte, heiratete erst 1823 und war, wie wir sehen werden, 1818 auch auf Reisen (wie Franz). Neben der Schwester Therese, die später den Lehrer Matthias Schneider heiratete, und den beiden Halbschwestern Schuberts sind auch schon seine später geborenen Halbbrüder nachträglich eingetragen worden: Marie starb ledig, Josefa heiratete zuerst einen Herrn Zant und dann den Roßauer Lehrer Johann Bitthan; Andreas wurde Rechnungsrat und heiratete ein Fräulein Anna Fleuriett, Anton aber wurde, unter dem Namen Pater Hermann, Priester des Schottenstifts in Wien.

Aus der amtlichen „Wiener Zeitung" vom 24. Januar 1818

[Ankündigung des „Mahlerischen Taschenbuchs für Freunde interessanter Gegenden, Natur- und Kunst-Merkwürdigkeiten der Österreichischen Monarchie." Herausgegeben von Dr. Franz Sartori. VI. Jg. Mit 5 Kupfern. Wien 1818. Brosch. 6 fl.]

Auch in diesem Jahre sprechen besonders [die Reisebeschreibungen] und die zwei zarten sinnigen Gedichte von *Joh. Mayrhofer*: *auf der Donau* und *am Erlafsee*, wovon das letzte mit einer ebenso genialen als lieblichen Musik von *Schubert* begleitet ist, den gefühlvollen Leser auf die angenehmste Art an. . . . Die Kupfer sind ebenso überraschend als meisterhaft gearbeitet, und gewähren bei der Lektüre des Werkes das größte Vergnügen.

Das war das erste der von Schubert selbst verlegten Werke, und die Notiz der „Wiener Zeitung" die erste Anzeige eines solchen. Es war damals nichts Ungewöhnliches, daß Musikbeilagen, besonders Lieder, in Zeitschriften oder Almanachen im Typendruck erschienen. Der Band enthielt u. a. „Die Reise nach Lunz" (am Erlafsee) und einen Kupferstich, der diesen See darstellt (Niederösterreich, nahe dem steirischen Wallfahrtsort Maria-Zell). Er wird jetzt Erlaufsee genannt. Sartori, geboren 1782, war als Vorsteher des Zentral-Bücherrevisionsamtes Mayrhofers Vorgesetzter. Außer diesem Taschenbuch, das hier zum letzten Male bei A. Doll erschien, gab er u. a. die „Vaterländischen Blätter für den österreichischen Kaiserstaat" heraus. – Schubert hatte bereits nahezu 350 Lieder geschrieben, als dieses als das erste im Druck erschien.

Widmung eines Trios für Klavier (D. 610) an Ferdinand (?) Schubert

Trio zu betrachten als verlorner Sohn eines Menuetts von Franz Schubert für seinen geliebten Herrn Bruder eigends niedergeschrieben im Feb. 1818.

Obzwar Ferdinand nicht genannt ist, dürfte das Trio des verlorenen Menuetts für ihn, nicht für Ignaz, von Schubert aus dem Gedächtnis noch einmal niedergeschrieben worden sein. Es ist anzunehmen, daß das Menuett in c-Moll (D. 600) das hier verloren geglaubte ist.

19. Februar 1818

Verlorengegangener Brief Schuberts an Stadler in Linz

Der Inhalt dieses von Anton Holzapfel am 19. Februar 1818 erwähnten Briefes ist nicht bekannt.

Holzapfel an Stadler in Linz

Wien, 19. Februar 1818.

. . . Heute habe ich auch Schuberts und Hölzels Zettel abgesammelt.

„Hölzel" – wahrscheinlich Heinrich Josef Hölzl, ein Kollege Mayrhofers, war um 1820 zweiter Bücherrevisor bei der Zensur.

Widmung einer Niederschrift der „Forelle" (D. 550) für Josef Hüttenbrenner

(Geschrieben am 21. Februar 818 Nachts um 12 Uhr)

Theuerster Freund! Es freut mich ausserordentlich, dß Ihnen meine Lieder gefallen. Als einen Beweis meiner iñigsten Freundschaft, schicke Ich Ihnen hier ein anderes, welches ich eben jetzt bey Anselm Hüttenbrenner Nachts um 12 Uhr geschrieben habe. Ich wünsche, dß ich bey einem Glas Punsch nähere Freundschaft mit Ihnen schließen könnte. Vale.
Eben, als ich in Eile das Ding bestreuen wollte, nahm ich, etwas schlaftrunken, das Tintenfaß u. goß es ganz gemächlich darüber. Welches Unheil!

„Die Forelle“ war schon 1817 komponiert worden; es gibt fünf abweichende Fassungen davon, die letzte aus dem Jahre 1821. Das Manuskript mit dem großen Tintenklecks, um das es sich hier handelt, ist verlorengegangen und nur noch in einer Reproduktion erhalten. Schuberts Angaben sind etwas irreführend: er hat das Lied nicht „eben jetzt geschrieben“, sondern nur wieder niedergeschrieben. Wenn er den Empfänger als „Teuerster Freund!“ anspricht, so ist es sonderbar, daß er mit ihm „nähere Freundschaft schließen“ möchte. Aber das alles war um Mitternacht bei Punsch nach etlichen Flaschen Szegzárder (ungarischen Rotweins) geschrieben worden. – Josef Hüttenbrenner, geboren 1796 in Graz, war ein jüngerer Bruder Anselms. Er war damals Landwirt und hatte Schubert, der ihm schon die Lieder „Minona“ und „Rastlose Liebe“ geschickt hatte, im Sommer 1817 in Wien kennengelernt, wohin er im Dezember 1818 endgültig übersiedelte, um Registraturbeamter im Ministerium des Innern zu werden. Er war ein Amateur-Sänger und in bescheidenem Maße auch Komponist; es gibt einen „Wanderer“ von ihm, vor Schubert komponiert, aber nicht veröffentlicht (Schubertbund, Wien). Er wurde „Schuberts Prophet, Sänger, Freund und Schüler“, wie er sich 1860 gegenüber A. W. Thayer genannt hat. Leider wurde er, das Faktotum Schuberts in den Zwanzigerjahren, nach dessen Tod ein ebenso begeisterter Verkünder des vermeintlichen Genies seines Bruders Anselm. – Anselm schreibt in seinen Erinnerungen an Schubert (1854 für Liszt verfaßt), daß Schubert statt Streusand das Tintenfaß erwischte, wodurch die Anfangstakte fast unleserlich wurden. Anselm wohnte damals im „Neubad“ beim Kohlmarkt als Untermieter des Buchhändlers Josef Geistinger. Schubert hat dort manchmal übernachtet.

Anfang 1818: Erste Aufführung der Sinfonie Nr. 6 in C-Dur (D. 589) bei Hatwig im Schottenhof.

Aus der „Wiener Allgemeinen Theaterzeitung“ vom 26. Februar 1818

(Über die musikalisch-deklamatorische Akademie im Saale „Zum römischen Kaiser“ veranstaltet von dem Violinspieler Eduard *Jaëll*, Orchestermitglied des Theaters an der Wien, am Sonntag, den 1. März 1818, 5 Uhr nachmittags.)
Zweite Abteilung: Ganz neue Ouvertüre von Hrn. Franz *Schubert*.

Das war die erste weltliche Aufführung eines Werkes von Schubert in der Öffentlichkeit. Der Saal im Gasthof „Zum Römischen Kaiser“ (das Haus steht noch) war sehr beliebt, das Hotel klein, aber ersten Ranges. Eduard Jaëll, der Vater des Pianisten Alfred, fungierte bei den Hatwig-Abenden als Konzertmeister (später wurde er Konzertmeister der Philharmonischen Gesellschaft in Laibach). Schuberts Ouvertüre sollte ursprünglich die zu „Claudine von Villa Bella“ sein; die aufgeführte war aber offenbar wieder eine der beiden „im italienischen Stil“, wahrscheinlich die in C-Dur. Eine andere Ouvertüre in diesem Konzert war von Philipp Jakob Riotte (geboren in Trier 1776, seit 1809 in Wien, zu diesem Zeitpunkt Kapellmeister im Theater an der Wien). Die siebenjährige Klavierspielerin Leopoldine Blahetka wirkte bei diesem Konzert mit.

Aus der „Wiener Allgemeinen Theaterzeitung“ vom 14. März 1818

Die zweite Abteilung begann mit einer wunderlieblichen Ouvertüre von einem jungen Kompositeur, Hrn. Franz *Schubert*. Dieser, ein Schüler unsers hochverehrten *Salieri*, weiß jetzt schon alle Herzen zu rühren und zu erschüttern. Obwohl das Thema befremdend einfach war, entwickelte sich aus demselben eine Fülle der überraschendsten und angenehmsten Gedanken, mit Kraft und Gewandtheit ausgeführt. Möchte uns dieser Künstler doch recht bald wieder mit einer neuen Gabe erfreuen.

Außer dieser erschienen weitere Kritiken in der Wiener „Allgemeinen musikalischen Zeitung“ vom 7. März und in der Dresdener „Abendzeitung“ – die erste Auslandsstimme – vom 28. April 1818 (erste Ausgabe, Nr. 119 und 121).

Aus dem Programm der Musikalisch-deklamatorischen Privatunterhaltung, gegeben von K. F. Müller am 12. März 1818 mittags im Saale des Hotels zum römischen Kaiser

1. Ouverture auf zwei Fortepiano, jedes zu 4 Hände, von F. Schubert, vorgetragen von den Fräulein Therese und Babette Kunz, den Herren Schubert und [Anselm] Hüttenbrenner.

Original in der Stadtbibliothek Wien.

Aus der Wiener „Allgemeinen musikalischen Zeitung“ vom 21. März 1818

Musikalisch-declamatorische Privat-Unterhaltung, gegeben von Herrn *C. F. Müller* im Saale zum röm. Kaiser am 15. März.

1) *Ouverture* für acht Hände auf *zwey Pianoforte* von *F. Schubert* (jene, welche bey *Jälls* Akademie mit vollem Orchester gegeben wurde), gespielt von den Fräulein *Babette* und *Therese Kunz*, Herrn *Hüttenbrenner* und dem *Componisten.*

In der Wiener Stadtbibliothek hat sich auch das Programm dieses Konzerts gefunden.

Aus der „Wiener Allgemeinen Theaterzeitung“ vom 24. März 1818

[Über die musikalisch-deklamatorische Privat-Unterhaltung des ehemaligen k. k. Hofschauspielers Karl F. *Müller*, am 12. März 1818 beim Römischen Kaiser.]

Den Anfang machte eine Ouvertüre auf zwei Fortepiano für 8 Hände, von Franz *Schubert*, vorgetragen von den Fräulein Therese und Babette *Kunz*, den Hrn. *Schubert* und *Hüttenbrenner*. Ref. glaubt hier, als an seinem Platze, auf den jungen Künstler, Hrn. *Schubert*, vorzüglich aufmerksam machen zu müssen; da er schon öfter Gelegenheit hatte, seine reichen Anlagen zu bewundern. Ein tiefes Gemüt, geregelte, unumwundene Kraft und ansprechende Lieblichkeit bezeichnen jede seiner kleineren und größeren Kompositionen, und wenn die Übung, diese Mutter aller menschlichen Vollkommenheit, noch das Ihre daran tut, so werden sie unter den Tags-Produkten gewiß ihren vorteilhaften Platz finden. Die Exequierung war gleichfalls alles Lobes wert.

F. v. S.
[Franz v. Schlechta]

Müller, aus einer bekannten Wiener Schauspielerfamilie stammend, komponierte auch und gab einige der Wiener Tanzsammlungen heraus. Welche Ouvertüre von Schubert damals aufgeführt worden ist, weiß man nicht. Es war aber wohl wieder eine der beiden „im italienischen Stil“, die er selbst vierhändig arrangiert hat (D. 597 und 592), diesmal aber doppelt besetzt aufführte. Die beiden Damen Kunz, wahrscheinlich Schwestern, hat die Musikgeschichte Wiens nicht registriert. Anselm Hüttenbrenner war der Vierte im Bunde. Auf dem Programm standen ferner: Variationen für Violine von Novelli, gespielt von Bernhard Molique, geboren in Nürnberg 1802, seit kurzem in Wien, Geiger bei Hatwigs Abenden, Komponist (von 1840 an in London); Beethovens „Adelaide“, gesungen von Franz Jäger; Gitarre-Variationen von Marco Giuliani, gespielt von seinem Schüler namens Mendl, und ein vierhändiges Rondo von Moscheles, gespielt von den beiden Kunz. Die Leipziger „Allgemeine musikalische Zeitung“ brachte am 22. April 1818 eine Notiz über Schuberts Ouvertüre, aber keine Kritik (erste Ausgabe, Nr. 123).

Widmung Schuberts auf einer Niederschrift des „Trauerwalzers“ (D. 365, Nr. 2)

Aufgeschrieben für mein Kaffeh- Wein- und Punsch-Brüderl Anselm Hüttenbrenner, weltberühmten Compositeur. Wien den 14. März im Jahre des Herrn 1818 in seiner höchst eigenen Behausung monathlich 30 fl. W. W.

Auch der sogenannte „Trauerwalzer“ war schon früher entstanden, nämlich 1816, und Schubert schrieb ihn nur für Anselm Hüttenbrenner noch einmal nieder. Es entspricht nicht den Tatsachen, daß – wie Hüttenbrenner in seinen Schubert-Erinnerungen erzählt – der Walzer schon vorher Beethoven zugeschrieben war. Das geschah erst, nachdem er 1821 in Schuberts erstem Tanzheft, op. 9, erschienen war. Wir kommen darauf später zurück (s. Oktober 1823). Der Titel stammt nicht von Schubert, sondern ist eine Verleger-Zutat.

März 1818

Widmung des selben Deutschen Tanzes für Ignaz Assmayer

Hier hast Du diesen Deutschen,
Mein allerliebster Asma'r!
Sonst möchst Du mich noch peitschen,
Vermaledeyter Asma'r!
Illustrissimo, doctissimo, sapientissimo,
prudentissimo, maximoque Compositori
in devotissima humillimaque
reverentiae expressione
dedicatum oblatumque
de
Servorum Servo Francisco Seraphico vulgo Schubert nominato.

Aßmayr, Schuberts Kollege bei Salieri, wurde 1790 in Salzburg geboren und hat zuerst bei Michael Haydn studiert. Er ist 1808 bis 1815 dort Organist im Stift an St. Peter gewesen und lebte nun in Wien als Klavierlehrer. – Schuberts Vornamen waren Franz Peter, aber Franz von Assisi hatte den Beinamen Pater seraphicus (der seraphische Vater).

Schubert an Anselm Hüttenbrenner

[Aussen:]

An
Hr. Hüttenbrenner, Compositeur
in
Wien.

[Innen:] [Wien den 17. (?) März 1818]

Lieber Hüttenbrenner!

Ich bitte Dich recht sehr, Donnerstags Nachmittags, das ist Monath März den 19. um 3 Uhr zu Hause zu seyn, damit ich Dich abhohlen u wir zusammen zu den Kunzen gehen können. Solltest Du nicht Zeit haben, was mich außerordentlich derangiren würde, so lasse mir eine Nachricht bey deinen Hausherrn. Um dieß alles bittet Dich inständigst Dein Freund

Franz Schubert.

Man verschickte damals die Briefe ohne Kuvert, sie wurden gefaltet und meist gesiegelt, die Adresse wurde außen daraufgeschrieben. Innerhalb Wiens wurden sie durch die „Kleine Post“ für 2 Kreuzer (Stempel) zugestellt. Mit Kunz ist die Familie der beiden schon erwähnten Klavierspielerinnen gemeint (siehe 24. März 1818). Hüttenbrenners Hausherr war, wie schon erwähnt, der Buchhändler Geistinger (siehe 21. Februar 1818).

7. Mai 1818: Leopold Kozeluch stirbt. – Schubert hatte einmal im Konvikt, bei der Aufführung einer Sinfonie von Kozeluch, diesen gegen Franz Krommer verteidigt, dessen Sinfonien dort beliebter waren. Kozeluch betätigte sich als Klavierpädagoge, Komponist und Musikverleger.

Aus der Wiener „Allgemeinen musikalischen Zeitung“ vom 6. Juni 1818

(Über die musikalisch-deklamatorische Mittags-Unterhaltung des Violoncellspielers Anton *Schmid*, am 17. Mai 1818 im Müllerschen Saale.)
Die Ouvertüre des Herrn *Schubert* gefiel sehr, sie ist dem italienischen Geschmacke und dem neuesten Diktator desselben, Herrn *Rossini*, nachgebildet (das Orchester war nicht durchaus rein genug gestimmt).

Anton Schmid, ein Schüler Alois Linkes, war Amateur-Musiker, sonst Rechnungsoffizial bei der Kameral-Hauptbuchhaltung. Er ist nicht zu verwechseln mit Dr. Anton Schmith, einem Amateur-Geiger, der mit Mozart befreundet gewesen war und die ersten Menuette Schuberts prophetisch gepriesen hatte. Dieser Arzt war mit Spauns verschwägert, seit 1813 im Ausschuß der Gesellschaft der Musikfreunde tätig, wanderte aber später nach Kiew aus. – Die Ouvertüre mag diesmal die in D-Dur gewesen sein.

Aus der Leipziger „Allgemeinen musikalischen Zeitung“ vom 24. Juni 1818

(Über die musikalisch-deklamatorische Mittags-Unterhaltung des Violoncellspielers Anton Schmid, am 17. Mai 1818 im Müllerschen Saale.)
... Besser als die Hauptperson waren alle andern Ingredienzen; nämlich: eine recht interessante Ouverture von Hrn. Schubert, Salieri's Zögling ...

Die „Hauptperson“ war natürlich der Konzertgeber.

Ottenwalt an Josef v. Spaun in Wien

Linz, 3. Juli 1818.

... Der gastliche Ort, wo Du gern unter uns gesessen, der Schloßgarten, wird itzt weniger besucht; wir sind herabgerückt. Mayrhofer wird Dir's sagen, der an dem neu gewählten Platz etliche Abendstunden mit uns zubrachte, und da mit schönem Feuer von Goethes Liedern und Schuberts Weisen dazu sprach ...

Das Schloß in Linz, zuletzt Kaserne, hatte einen öffentlich zugänglichen Garten an der Donau. Mayrhofer war auf Krankenurlaub.

7. Juli 1818: Schubert erhält einen Paß nach Ungarn für fünf Monate. – Schubert war durch Johann Karl Unger, den Vater der Sängerin Karoline Unger, beim Grafen Johann Karl Esterházy von Galántha in Wien als Musiklehrer seiner beiden Töchter eingeführt worden. Unger, 1771 im Zipser Komitat geboren, war Piarist gewesen, studierte dann Jura, wurde Lehrer der Reichsgeschichte an der Theresianischen Ritterakademie in Wien, dann Erzieher beim Freiherrn Ignaz v. Forgács und 1810 Wirtschaftsrat des Freiherrn Rudolf Josef v. Hackelberg-Landau. Er war auch Schriftsteller, Herausgeber von Almanachen und als Amateur-Sänger Mitglied der Gesellschaft der Musikfreunde. Im Theresianum hatte er sich mit dem 1775 geborenen Esterházy angefreundet, der sich 1801 auf eine Bildungsreise nach

Deutschland begab, die ihn auch nach Weimar führte. Er traf Goethe nicht an, wohl aber Wieland, dem er später Wein aus seinem Ofner Garten schickte. Esterházy war ein gebildeter, belesener Mann, „ein Natursohn, der in der Barbarei aufgewachsen ist", wie er sich selbst einmal bezeichnet hat. Er sang Baß, und 1807 hatte ihm Wenzel Matiegka kurioserweise jenes op. 21 – mit einem Satz „alla zingarese" – gewidmet, das Schubert 1814 zu einem Gitarrenquartett umarbeitete (siehe 27. September 1813). Der Graf, aus der Altsohl-Linie der Esterházy stammend (Galántha, ihr Stammsitz, liegt bei Dioszég im Komitat Poszony, d. i. Preßburg, heute Bratislava), hatte 1802 die schöne Komtesse Rosine Festetics de Tolna (geboren 1779) geheiratet, mit der er die Wintermonate in Penzing, einem Vorort Wiens verbrachte. Von ihren sechs Kindern, die fast alle in Penzing zur Welt kamen, blieben nur drei am Leben: Marie, geboren am 27. Dezember 1802, Karoline, geboren am 6. September 1805 (nicht 1806 oder 1811, wie öfters angegeben), und Albert (geboren am 15. Juni 1813). Marie sang Sopran, Karoline Alt, und beide spielten Klavier. Schubert mag sie schon vor seinem ersten Sommer in Ungarn in Wien unterrichtet haben, wo die Familie damals in der jetzigen Herrengasse, früher Stadt Nr. 40, Ecke Landhausgasse (neue Nr. 2), im zweiten Stock wohnte. Der Sommersitz war Schloß Zseliz an der Gran (ungarisch Garam, slowakisch Hron) im Komitat Bars. Das kleine Schloß mit einem riesigen Park und großen Ländereien, die beschnitten wurden, als das Dorf (Zeliezovce) zur Tschechoslowakei kam, liegt nördlich von Gran (Esztergom), wo der Primas von Ungarn residierte, also auf dem Wasserweg von Wien (über Preßburg [ung. Poszony, heute Bratislava in der Tschechoslowakei]) nach Budapest kurz vor dem Donauknie. Das Schloß wurde schon 1787 erbaut, ist eingeschossig mit einem französischen (Mansarden-) Dach um einen rechteckigen Hof angelegt, umwachsen von Glyzinien, mit reizenden Ausblicken in den Park und in die flache Landschaft bis zum Fluß. Durch besondere Umstände war es (1928) fast unverändert erhalten geblieben, einschließlich der Einrichtung und des Preßburger Flügels aus Schuberts Zeit; das kleine Familienarchiv war musterhaft gehalten. Die ganze Dorfbevölkerung sprach nur ungarisch, während die gräfliche Familie und ein Teil des Dienstpersonals auch das Deutsche beherrschten. Schubert reiste Anfang Juli (wahrscheinlich allein) nach Zseliz mit der Post (14 Stationen). – Sir Henry Hadow erzählt in seiner mißlungenen Haydn-Broschüre „A Croation Composer", S. 27, daß er 1897, im Jahr der ersten Schubert-Zentenarfeier, von Wien nach Eisenstadt gefahren sei und dabei festgestellt habe, daß die Residenz von Haydns Fürsten und das Schlößchen von Schuberts Grafen Esterházy identisch seien, da beide im Slawischen „Zeljez" genannt werden. Tatsächlich aber heißt Eisenstadt (ungarisch Kismárton) auf Kroatisch Zelesno, und Zseliz bekam erst später den slowakischen Namen Zeliezovce. Außer dem Familiennamen der Besitzer haben die beiden Musikstätten also nichts miteinander gemein.

Aus dem Vormerkungs-Protokoll über Passwerbungsgesuche, 7. Juli 1818

7. July 818/Schubert Franz/Rossau/im Schulhaus No. 81/Bei seinem Vater Franz Schullehrer allda/ (Geburtsort) Thury/(Land) N.Oe/ (Alter) 21/ (Charakter oder Profession) Musikmeister bei Joh. Esterhazzy/(ledig) 1 (Reiset nach) nach Zselesz in Hungarn/ (Dauer des Passes) 5 Monate

Original im Archiv der Stadt Wien. – Gefunden von Ignaz Weinmann.

Verlorengegangener Brief Schuberts an seine Eltern, Zseliz, etwa 1. August 1818

Schubert an Schober und die anderen Freunde

Zelez, den 3. August 1818.

Liebste, theuerste Freunde!

Wie könnte ich euch vergessen, euch, die ihr mir alles seyd! Spaun, Schober, Mayrhofer, Senn wie geht es Euch, lebt ihr wohl? Ich befinde mich recht wohl. Ich lebe und componire wie ein Gott, als wenn es so seyn müßte.

Mayrhofer's „Einsamkeit" ist fertig, und wie ich glaube, so ist's mein Bestes, was ich gemacht habe, denn ich war ja *ohne Sorge*. Ich hoffe, daß ihr alle recht gesund und froh seyd, wie ich es bin. Jetzt lebe ich einmal, Gott sey Dank, es war Zeit, sonst wär' noch ein verdorbener Musikant aus mir geworden. Schober melde meine Verehrung bei Herrn Vogl, ich werde nächstens so frey seyn, auch Ihm zu schreiben. Wenn es seyn kann, so bringe Ihm bei, ob er nicht die Güte haben wollte, bei dem Kunzischen Concerte im November ein Lied von mir zu singen, welches er will. Grüße mir alle möglichen Bekannten. An deine Mutter und Schwester meine tiefste Verehrung. Schreibt mir ja recht bald, jeder Buchstab von euch ist mir theuer.

Euer ewig treuer Freund

Franz Schubert.

Spaun ist Josef v. Spaun. – Johann Chrisostomus Senn, Kollege Schuberts im Konvikt 1808 bis 1813, war 1795 in Pfunds (Tirol) geboren, hatte schon 1807 Schobers Bekanntschaft gemacht, studierte an mehreren Fakultäten der Wiener Universität und lebte als Privatlehrer. – Das Lied „Einsamkeit" – schon Nr. 339 der später gesammelten Lieder! – nach einem Gedicht von Mayrhofer, ist eine Solokantate, deren erste Niederschrift nicht erhalten ist. – Die Freiheit, deren sich Schubert erfreute, ist wohl aus der Abschüttelung des im Herbst 1817 wieder aufgeladenen Schuljoches zu erklären, dem Schubert ein zweites Mal, wohl wegen seines Engagements bei Esterházy, entronnen war. – Babette Kunz allein gab am 23. Dezember 1818 mittags eine „Musik-Privat-Unterhaltung" im Müllerschen Saale; Vogl, der dort das erste Schubert-Lied öffentlich gesungen hätte, wirkte nicht mit. – Am Schlusse werden Frau v. Schober und ihre Tochter Sophie gegrüßt.

Verlorengegangener Brief Schuberts an seine Eltern, Zseliz, etwa 8. August 1818

Vielleicht identisch mit dem Brief von etwa 1. August 1818.

Ignaz an Karl Schubert in Linz

Wien, den 10. August 1818.

Herzallerliebster Bruder!

. . . Vom Franz muß ich Dir melden, daß er geschrieben hat, und daß er seines Schreibens nach sich wie ein Gott wohl befindet, und daß er besonders an Dich, als *seinen zweifachen Bruder*, wie er sich ausdrückt, seinen Gruß zu melden uns anbefohlen hat. Das Nähere von ihm wirst Du in Wien erfahren . . .

Dein Dich liebender Bruder
Ignaz Schubert.

Karl Schubert war etwas später als Franz nach Oberösterreich auf Reisen gegangen. In dem verlorenen Briefe nach Hause hatte Schubert offenbar die selbe Wendung gebraucht wie im Briefe an die Freunde („wie ein Gott"). Er nannte darin Karl seinen zweifachen Bruder, weil er auch ein Künstler war.

Schubert an seinen Bruder Ferdinand

Vom 24. August 1818.

Lieber Bruder Ferdinand!

Es ist Nachts halb 12 Uhr, und fertig ist Deine Trauermesse. Traurig machte sie mich, glaub es mir, denn ich sang sie aus voller Seele. Was dran fehlt, ergänze, d. i. schiebe den Text drunter u. die Zeichen drüber. Willst Du manches repetiren, so thu es, ohne mich in Zeliz darum zu fragen. Dir geht es nicht gut, ich wollt, ich könnte mit Dir tauschen, so wärst Du einmahl froh. Jede drückende Last würdest Du abgeworfen finden. Lieber Bruder, ich wünscht' es Dir von Herzen. – Mein Fuß schläft mir ein, u. ich bin darüber sehr böse. Könnte der Talk schreiben, würde er nicht schlafen. – – – – – – Guten Morgen, Brüderchen, ich hab nun sam̄t dem Fuße geschlafen und setze meinen Brief den 25. um 8 Uhr fort. Für Deine Bitte hab ich auch eine: Grüße mir meine lieben Ältern, Geschwister, Freunde und Bekannte, insonderheit Karln nicht zu vergessen. Gedachte er in seinem Briefe meiner nicht? – – – Stupfe oder laß meine Stadt-Freunde recht gewaltig stupfen, dß sie mir schreiben. Meiner Mutter berichte, dß meine Wäsche sehr gut besorgt wird, dß mir Ihre Sorgfalt mütterlich wohl thut. (Wenn ich aber noch Wäsche haben könnte, so wär es mir außerordentlich angenehm, wenn Sie mir einen Nachtrab von Schnupftüchern, Halstüchern und Strümpfen schickten. Auch brauchte ich sehr nothwendig zwey Paar – casimirne Beinkleider, das Maß kann der Hart nehmen, wo er will. Das Geld dafür würde ich sogleich schicken.) Für den Monath July nahm ich sam̄t dem Reisegeld 200 fl ein. – Es fängt hier schon an, kalt zu werden, u. doch werden wir vor halbem November nicht nach Wien reisen. Ich hoffe künftigen Monath auf einige Wochen nach Freystadtl zu kom̄en, welches dem Grafen Erdödy, dem Onkel meines Grafen, gehört. Die Gegend soll dort außerordentlich hübsch seyn. Auch hoffe ich nach Pest zu kom̄en, indem wir in Bosczmedjer Weinlese halten, welches nicht weit davon entfernt ist. Außerordentlich angenehm wär' es mir, wenn ich dann den Herrn Administrator Taigele anträfe. Überhaupt aber freue ich mich auf säm̄tliche Weinlesen, indem mir schon so viel Lustiges davon erzählt worden ist. Auch die Ernte ist hier sehr schön. Man bringt hier das Getreide nicht wie in Österreich in Scheuern, sondern man errichtet auf freyem Felde ungeheure Haufen, welche man Tristen nennt. Sie sind öfters 40 bis 50 Klafter lang und 15 bis 20 hoch. Sie wissen es so geschickt zu legen, dß der Regen, welcher ablaufen muß, keinen Schaden machen kann. Hafer und dergleichen vergräbt man auch in die Erde. – So wohl es mir geht, so gesund als ich bin, so gute Menschen als es hier gibt, so freue mich doch unendlich wieder auf den Augenblick, wo es heißen wird: Nach Wien, nach Wien! Ja, geliebtes Wien, Du schließest das Theuerste, das Liebste, in Deinen engen Raum, und nur Wiedersehen, him̄lisches Wiedersehen wird dieses Sehnen stillen. Ich bitte nochmahl um meine obgenannten Wünsche und

verbleibe mit wahrer Liebe Allen
der treue, aufrichtige *Franz*
Deinem guten Weibe u. Deiner lieben Resi
tausend Grüße.

Der Frau
Muhme Schubert u. Tochter
einen sehr herzlichen
Gruß.

Die „Deutsche Trauermesse" war eine der Kompositionen, die Schubert für seinen Bruder Ferdinand, einen bescheidenen Komponisten, geschrieben hat, um ihm in seinem Berufe zu helfen. Ferdinand hat sie offenbar im September 1818 in der Wiener Waisenhaus-Kapelle als sein eigenes Werk aufgeführt und sie im gleichen Sinne am 23. Dezember 1819 bei seiner Prüfung in Musiktheorie benützt. Das kleine und unbedeutende Werk erschien um Neujahr 1826 bei A. Diabelli & Co. (Nr. 2068/9) unter Ferdinands Namen in Stimmen, gewidmet dem Vizedirektor des Waisenhauses, Johann Georg Fallstich. Es wurde 1928 bei Eduard Strache, Wien, als Werk Franz Schuberts wieder gedruckt. – Schubert stand mit seiner Stiefmutter, die er Mutter nennt, in bestem Einvernehmen. – Ein Schneider Bartholomäus Hardt erscheint nach Schuberts Tod unter seinen Gläubigern (siehe 27. Dez. 1828). – Die Reise von Wien nach Zseliz mit dem Postwagen kostete etwa 5 fl. K. M., nach der Anzahl der Stationen berechnet. Da Schubert 1824 nur 100 fl. monatlich von Esterházy bekam (siehe 1824), so ist anzunehmen, daß diese

Summe in K. M. zu verstehen ist, jene aber in W. W. Demnach hätte er 1818 monatlich etwa 75 fl. K. M. bekommen. Im September–Oktober 1819 war Leopold Czapek „gräflicher Musikmeister" bei Esterházy und bekam dafür 300 fl., wahrscheinlich auch W. W. – In Freistadtl (ung. Galgócz) an der Waag, zwischen Preßburg (Poszony) und Pistyan gelegen, war das Gut des Grafen Josef Erdödy von Monyorókerék und Monte Claudio, der auch mit den Festetics (vgl. 14. Juni 1816) verschwägert war und dem Haydn 1799 seine sechs Streichquartette op. 76 gewidmet hatte. Es liegt nordwestlich von Zseliz. Ob Schubert wirklich dorthin kam, ist unbekannt. – Ebensowenig wissen wir, ob Schubert einmal das Weingut des Grafen Esterházy in Pócs-Megyer, auf einer Donauinsel gegenüber Waitzen (ungar. Vác) gelegen, besucht hat, oder gar nach Pest, das damals noch von dem am anderen Donau-Ufer gelegenen Ofen (Buda) politisch getrennt war, gekommen ist. Der dort gekelterte Wein war rot, wie der aus Szegzárd (Komitat Tolna), den Schubert schon in Wien schätzen gelernt hatte. Daß er dem teuren Tokayer nicht abgeneigt war, wissen wir nicht nur aus seinem Lied „Lob des Tokayers" (nach einem Gedicht der Gabriele v. Baumberg, verehelichten v. Bacsányi, einer Freundin der Gräfin Esterházy), das er 1815 komponiert hatte. – Kolumban Daigele (siehe 25. April 1813) war der Vetter von Schuberts Stiefmutter. Er wurde 1782 in Aletshausen bei Ulm geboren, von 1810 bis Juli 1818 war er Kooperator der Aegidius-Kirche in der Vorstadt Gumpendorf, die zum Schottenstift gehörte, und war jetzt als Administrator des Gutes Telki bei Ofen und als Priester in Jenö, die beide dem selben Stift gehörten, angestellt. – Die Heuschober wurden so geschichtet, daß man den jeweiligen Bedarf abschneiden konnte, ohne sie zu zerstören. – Die Muhme ist Maria Magdalena Schubert, geb. Vietz, die Witwe des Onkels Karl, die mit ihrer Tochter Magdalena, geboren 1797, 1820 vermählt mit dem Zeichner am Naturalien-Kabinett – einer naturhistorischen Sammlung des Hofes – Michael Sandler, im Familienhaus der Säulengasse wohnte und dort auch nach dem Abzug der Schule blieb. – Über Resi siehe 29. Oktober 1818.

Karl Schubert an seinen Bruder Franz

[Gmunden, August oder September 1818]

Unter andern lernte ich auch in Gmunden den Herrn Kaufmann Traweger kennen, welcher sich mir, als Deinem Bruder, sehr gefällig und liebevoll bezeugte. Er läßt Dich recht herzlich grüßen, und sagen, Du möchtest auf ihn bedacht sein, wenn Du 4 oder 8stimmige Männersingstücke hättest.

Dieses Briefchen, das hier nach Kreißle wiedergegeben ist, wurde von Ferdinand Luib in seinen Schreiben an Eduard Traweger und an Albert Stadler 1858 voneinander abweichend zitiert. Ferdinand Traweger war ein Kaufmann in Gmunden (Oberösterreich), bei dem Schubert später gewohnt hat. Wann und wie er seine Bekanntschaft gemacht hat, ist unbekannt.

Vater Schubert an seinen Sohn Karl in Linz

Wien, den 27. August 1818.

Lieber Sohn!

... Den 10. dies. erhielt ich wieder einen Brief von Deinem Bruder Franz; es geht ihm so gut, daß er sich sehr glücklich schätzt; er spricht in einem recht herzlichen Tone voll Empfindung und Liebe; und grüßt jedes von uns allen namentlich ... Die Frau Schwiegermutter und ihre Tochter Therese, die Bäckerin Obermeyer sind am 20. dies. nach Ungarn zu unserem H. Vetter Daigele, Stiftsadministrator zu Telk, abgereist ...

Dein treuer Vater Franz Schubert,
Schullehrer in der Roßau.

Auch der hier erwähnte Brief Schuberts an seine Familie ist verlorengegangen. – Vater Schuberts zweite Schwiegermutter war Anna Kleyenböck, geb. Zeiner. Therese Obermeyer war eine der drei Schwestern der zweiten Frau Vater Schuberts. Ihr Mann, Bäcker am Himmelpfortgrund, ist nicht identisch mit dem Bäckermeister Leopold Obermayer in Gumpendorf, dem Schwager von Beethovens Bruder Johann.

Schubert an Schober und die anderen Freunde

Den 8. Sept. 1818.

Lieber Schober! Lieber Spaun! Lieber Mayrhofer! Lieber Senn! Lieber Streinsberg! Lieber Wayß! Lieber Weidlich!

Wie unendlich mich eure Briefe sammt u. sonders freuten, ist nicht auszusprechen! Ich war eben bey einer Ochsen- u. Kuh-Licitation, als man mir euren wohlbeleibten Brief überreichte. Ich brach ihn, u. ein lautes Freudengeschrey erhob ich, als ich den Nahmen Schober erblickte. Unter immerwährendem Gelächter u. kindischer Freude las ich sie in einem benachbarten Zimmer. Es war mir, als hielt ich meine theuren Freunde selbst in Händen. Doch ich will euch in aller Ordnung antworten:

Lieber Schobert!

Ich sehe denn schon, es bleibt bey dieser Nahmens Verwandlung. Also, lieber Schobert Dein Brief war mir von Anfang bis zum Ende sehr lieb u. kostbar, besonders aber das letzte Blatt. Ja ja das letzte Blatt setzte mich in volles Entzücken, du bist ein göttlicher Kerl (versteht sich im schwedischen) u. glaub es mir, Freund, du wirst nicht unterliegen, denn dein Sinn für die Kunst ist der reinste, wahrste, den man sich denken kann. Dß du diese Veränderung eine kleine nanntest, gefiel mir recht wohl, du standst ja schon lange mit einem Fuße in unserer Hölle. – Daß die Operisten in Wien jetzt so dumm sind, u. die schönsten Opern ohne meiner aufführen, versetzt mich in eine kleine Wuth. Denn in Zeléz muß ich mir selbst alles sein. Compositeur, Redacteur, Autiteur u. was weiß ich noch alles. Für das Wahre der Kunst fühlt hier keine Seele, höchstens dann u. wann (wenn ich nicht irre) die Gräfinn. Ich bin also allein mit meiner Geliebten, u. muß sie in mein Zimmer, in mein Klavier, in meine Brust verbergen. Obwohl mich dieses öfters traurig macht, so hebt es mich auf der andern Seite desto mehr empor. Fürchtet euch also nicht, dß ich länger ausbleiben werde, als es die strengste Nothwendigkeit erfordert. Mehrere Lieder entstanden unter der Zeit, wie ich hoffe, sehr gelungene. Daß der griechische Vogel in Oberoesterreich flattert, wundert mich nicht, da es sein Vaterland ist, u. er Ferien hat. Ich wollte, ich wäre bey ihm. Dann würde ich gewiß meine Zeit gut zu Faden schlagen. Aber dß du, der du doch von Haus aus ein gescheidter Kerl bist, glaubst, mein Bruder flattere eben dort ohne Wegweiser ohne angenehmer Bekanntschaft herum, wundert mich sehr, 1[tens] weil ein Künstler am liebsten sich selbst überlassen ist, 2[tens] weil es in Oberöstreich zu viele schöne Gegenden gibt, als dß er nicht die schönste finden könnte, 3[tens] weil er an H. Forstmeyer in Linz eine sehr angenehme Bekanntschaft hat. Er ist also ganz gewiß an seinem Platz.

Wenn du mir Maxen ohne Hopochondrie grüßen kannst, so wird es mich unendlich freuen. Und da du auch bald deine Mutter u. Schwester sehen wirst, so melde meine Verehrung. Es kann vielleicht seyn, dß dieser Brief dich in Wien nicht mehr antrifft, indem ich ihn erst in den ersten September-Tagen, an denen du reisest, erhielt. Ich werde ihn dir nachschicken lassen. – Unter andern freuts mich recht sehr, daß dir die Milder nicht ersetzt werden kann, mir geht es auch so. Sie singt am schönsten u. trillert am schlechtesten.

Nun eine Beschreibung für alle:

Unser Schloß ist keins von den größten, aber sehr niedlich gebaut. Es wird von einem sehr schönen Garten umgeben. Ich wohne im Inspectorat. Es ist ziemlich ruhig, bis auf einige 40 Gänse die manchmahl so zusammenschnattern, dß man sein eigenes Wort nicht hören kann. Die mich umgebenden Menschen sind durchaus gute. Selten wird irgend ein Grafen-Gesinde so gut zusammen gehen, wie dieses. Der H. Inspector, ein Slavonier, ein braver Mann, bildet sich viel auf seine gehabten Musiktalente ein. Er bläst jetzt noch auf der Laute zwey 3/4 Deutsche mit Virtuosität. Sein Sohn ein studirender Philosoph, kam gerade auf die Ferien, ich wünsche ihn recht lieb zu gewinnen. Seine Frau ist eine Frau wie alle Frauen die gnädig heißen wollen. Der Rentmeister paßt ganz zu seinem Amte, ein Mann mit außerordentlichen Einsichten in seine Taschen u. Säcke. Der Doktor, wirklich geschickt, kränkelt mit 24 Jahren wie eine alte Dame. Sehr viel Unnatürliches. Der Chirurgus, mir der liebste, ein achtbarer Greis von 75 Jahren, stets heiter u. froh. Gott gebe jedem ein so glückliches Alter. Der Hofrichter, ein sehr natürlicher, braver Mann. Ein Gesellschafter des Grafen, ein alter lustiger Geselle, u. braver Musikus, dient mir oft zur Gesellschaft. Der Koch, die Kammerjungfer, das Stubenmädchen, die Kindsfrau, der Beschließer etc. 2 Stallmeister, sind gute Leute. Der Koch ziemlich locker, die Kammerjungfer 30 Jahr alt, das Stubenmädchen sehr hübsch, oft meine Gesellschafterin, die Kindsfrau eine gute Alte, der Beschließer mein Nebenbuhler. Die 2 Stallmeister taugen viel besser zu den Pferden als zu den Menschen. Der Graf, ziemlich roh, die Gräfinn stolz, doch zarter fühlend, die Contessen gute Kinder. Vom Braten bin ich bisher verschont geblieben. Nun weiß ich nichts mehr; dß ich mit meiner natürlichen Aufrichtigkeit recht gut bey allen diesen Leuten durchkomme, brauche ich euch, die ihr mich kennt, kaum zu sagen.
Lieber Spaun, ich freute mich wahrlich recht herzlich, dß du einmahl Palläste bauen kannst, worin junge kleine *Hofconcipisten* herum springen. Du wirst vermuthlich ein Sing-Quartett meinen. Grüße mir H. Gahy.
Lieber Mayerhofer, meine Sehnsucht nach dem November wird deiner nicht viel nachgeben. Höre auf zu kränkeln, wenigstens zu mediciniren, so gibt sich das andere von selbst.
Der Hans Senn beliebe zu lesen: *wie oben.*

Der Freund Streinsberg möchte schon gestorben seyn; darf also nichts schreiben.
Freund Weidlich flicke seinen Nahmen an einen Rockzipfel.
Der gute Waiß erinnert sich meiner mit Dankbarkeit, ist ein braver Mann.

Und nun lieben Freunde, lebt alle recht wohl, schreibt mir ja recht bald. Es ist meine theuerste, liebste Unterhaltung eure Briefe zehnmal zu lesen.
Grüßt meine lieben Ältern, u. meldet meine Sehnsucht nach einen Brief von Ihnen.
Mit ewiger Liebe Euer treuer Freund

Frz. Schubert

An H. H. Grafen
Johann Esterhazy
in
Zeléz.

Über
Raab
u.
Torok

Josef Ludwig v. Streinsberg, geboren 1798 (in Wien?), ist von 1808 bis 1813 Schuberts Kollege im Konvikt gewesen und hatte sich durch Vermittlung Josef v. Spauns mit ihm angefreundet. Für die verstorbene Mutter Streinsbergs hatte Schubert im Juni 1818 das „Grablied für die Mutter" geschrieben. – Wayß ist wahrscheinlich der am 4. Oktober 1808 genannte Maximilian Weisse. – Weidlich soll ein Freund aus dem Stift Kremsmünster gewesen sein. Er ist wahrscheinlich mit dem Militärbeamten Josef Weidlich identisch, der Beethovens Freund Nikolaus Zmeskall v. Domanowitz bei seinem Buch über einen Chronometer half. – Die Vieh-Lizitationen, die auch Pferde und Schafe umfaßten, wurden im Meierhof von Zseliz abgehalten. Sie wurden vorher im Orte ausgetrommelt, und die erschienenen Komitatsherren und Beamten wurden dann von der Herrschaft zu Mittag eingeladen. – Schober sollte wohl wieder verreisen, blieb aber in Wien. Er hatte nun, nach Aufgabe des Jura-Studiums, versucht, Landschaftsmaler zu werden. Es war das der erste der vielen Berufe, die er ergriff, ohne dabei zu bleiben. Er war im Zeichnen nicht ungeschickt, aber doch nur ein Dilettant. – Die neuen Opern in Wien waren: Rossinis „Elisabetta" im Theater an der Wien (3. September) und Spontinis „Ferdinand Cortez" (zweite Fassung) im Kärtnertor-Theater (3. Oktober). – Nur drei Lieder sind aus dieser Zeit erhalten: die schon genannte „Einsamkeit" vom Juli, „Der Blumenbrief" und „Das Marienbild" vom August 1818 (die „Litanei auf das Fest Aller Seelen" war schon vor 1817 entstanden). – Vogl wird wegen seiner Begeisterung für Hellas „der griechische Vogel" genannt; vielleicht auch wegen seiner Rollen als Orest in Glucks „Iphigenie auf Tauris" und als Kreon in Cherubinis „Medea". – Michael Forstmayer war Karl Schuberts Gastfreund in Linz. — Der zweite Absatz des Briefes ist an Josef v. Spaun gerichtet. – Anna Pauline Milder, verehelichte Hauptmann, war 1785 in Konstantinopel geboren, wurde Schülerin Salieris und erhielt ihr erstes Engagement 1803/04 im Theater an der Wien, dann von 1805 in der Wiener Hofoper als erster Sopran; 1816 ging sie nach Berlin. Neben Vogl hatte sie Schubert und seine Freunde im Kärntnertor-Theater am meisten begeistert. – Das Inspektorat, in dem Schubert dieses Mal einquartiert war, liegt unmittelbar vor dem Schloßpark. – Mit Hilfe des Archivs von Zseliz lassen sich die von Schubert genannten Personen mit einiger Sicherheit bestimmen: der Inspektor war Johann Már, sein Sohn hieß Ignaz, und der Rentmeister Andreas Pschorner; der Doktor hieß Stefan Brach, der Chirurg Dr. Ignaz Losbiegler, der Hofrichter Paul Grünwald und der musikalische Gesellschafter des Grafen war anscheinend ein gewisser Fröhlich (Schüler Salieris), der sang, Gitarre spielte und auch komponierte. Der Koch hieß Georg Buchmayer (er bezog mit 1000 fl. das höchste Gehalt; sein Nachfolger soll der Ahnherr der berühmten Wiener Hoteliers Sacher gewesen sein), die Kammerjungfrau Therese Tschekal; das Stubenmädchen Pepi Pöckelhofer (Pepi ist die Koseform sowohl für Josefine als auch für Josef), die Kindsfrau für den kleinen Albert Barbara Steiner, der Beschließer (Materialienverwalter) Johann Röhrer (sein Haus im Park, später von einer Beschließerin bewohnt, ist mit einer symbolischen Eule geschmückt), die beiden Stallmeister Anton Toss und Kaspar Döntz. Daneben gab es natürlich einen Kammerdiener, Jäger, Beamte, Köchinnen, Wäscherinnen, Gärtner, Kellermeister, Kutscher etc. etc. Daß der Inspektor auf der Laute geblasen habe, ist natürlich ein Scherz. – Das hübsche Stubenmädchen – wahrscheinlich eine Österreicherin –, mit der Schubert vielleicht, vielleicht aber auch nicht, eine mehr oder weniger ernste Liebesaffäre hatte (er erwähnt einen Rivalen), wurde 1818 Kammerjungfrau und heiratete später den neuen Kammerdiener Josef Rössler (wahrscheinlich erst um 1830); zuletzt war sie Kammerfrau und wurde 1845 pensioniert. – Die Gräfin spielte im Leben etwa die Rolle ihrer Standesgenossin in Mozarts „Nozze di Figaro". Die Komtesse Marie war damals 17 Jahre alt, hübsch und geistreich; ihre Schwester Karoline 13 Jahre, unscheinbar und scheu, auch weniger musikalisch als Marie. – Schubert, der im Juli 1818 zweistimmige Vokalisen mit beziffertem Baß für die beiden Komtessen schrieb, wurde in diesem ersten Zselizer Sommer offenbar nicht an die Herrschaftstafel gezogen. – Josef v. Spaun wurde 1816, nachdem er bei der verhaßten Lottokollektur gedient hatte, Konzipist bei der Hofkammer; er baute wohl schon Luftschlösser für Ehe und Kinder, vielleicht schon für vier musikalische Söhne. – Josef (später v.) Gahy wurde 1793 in Ungarn geboren, war ebenfalls bei der Hofkammer angestellt, hatte musikalisches Talent und war Violin-, besonders aber Klavierspieler. Er hatte Schubert durch Spaun kennengelernt, und das Rondo in D für vier Hände vom Januar 1818, vom Verleger „Notre amitié est invariable" betitelt, ist wahrscheinlich für ihn geschrieben worden; Schubert musizierte mit ihm sehr gern vierhändig. Gahy spielte Schuberts Tänze so, daß die Tänzer „elektrisiert" wurden. – Mayrhofer, diesmal auf längerem Krankenurlaub, neigte schon damals zur Hypochondrie. – Die Landstraße führte südlich der Donau von Wien über Raab (Györ) und Dorog nach Gran (Esztergom).

Josef Doppler an Schubert

An Herrn
Franz Schubert, Musikmeister
bei Herrn Grafen Johann
von Esterhazy
in
Zsellész
über Raab
Torok.

Wien den 8. Oktob. 1818.

Herzensfreundchen!

Ich sollte wohl recht sehr mit Dir zanken und schmählen, da Du auf einen Deiner besten und ergebensten Freunde so lange vergisst, aber Du darfst nicht hoffen, wenn auch Du so nachlässig bist, daß ich es auch seyn kann. O nein! ich arbeite immer für Dich, und um Dir einen Beweis zu geben, so melde ich Dir gleich unter Einem, da die Ouverture aus Claudine Villa Bella bei Hrn. Jaells Academie wegen den zu grossen Schwierigkeiten nicht produzirt werden konnte, – nämlich es sollen für die Oboen und Corni Passagen darin seyn, welche jene in *Baden* nicht ausführen konnten, nun aber von einer kaiserlichen Hofkapelle gewiß mit Ruhm produzirt werden wird, so gab ich sie jetzt an Hrn *Scheidl*, Violin-Direktor der kaisl. Hofkapelle, welcher sie dieser Tage bei einer Akademie welche er zu seinem Vortheile im N.Oest.Landständischen Saale geben wird, als erste Ouverture geben wird, und auch schon auf dem Anschlagzettel gesetzt, und von aller Welt Augen gelesen wird; das Nähere davon soll Dir ein Schreiben von mir schon berichten.

Hr von Blahetka, welchen Du vermuthlich vom Hören oder durch das Spiel seiner kleinen Tochter aus kennen wirst, läßt Dich recht sehr bitten, für seine Tochter ein Rondo brillant oder was es immer seyn mag, welches besagtes Fräulein noch diesen Winter einstudieren und bei einer Akademie produziren könnte, nämlich für das Pianoforte, mit Orchesterbegleitung zu komponiren, Du magst Schwierigkeiten, Sprünge, Läufe oder wie das Teufelszeug alles heisst, hineinmachen wie du willst, nur ausgenommen 8taven Spannungen oder dergleichen, welches für den Bau ihrer Hände nichts ist.

Hr v. Blahetka, welcher als Dichter jetzt sehr berühmt ist, und viele schöne Poesien in die Theaterzeitung gibt, hat ein großes Oratorium in Arbeit wovon schon 2 Abtheilungen fertig sind. Der Stoff ist biblischer Geschichte, und wie ich von vielen höre, welche schon Piecen davon gelesen haben, sehr rührend und erbaulich und sehr gut für die Musik geschrieben da er selbst ein guter Musiker ist, will bei nun bald erfolgenden Ende dieses Oratoriums Dir die ganze Poesie überschicken, um dass Du sie in Musik setzen möchtest, da nun das was Vortreffliches für Dich wäre, wenn so etwas von Dir an das Tageslicht käme, so glaube, Du möchtest mit dem Concert für seine Tochter nicht säumen, u Dich sobald als möglich an die Arbeit machen, mir aber alsogleich bei gänzlicher Ausfertigung dessen die Partitur mittelst Postwagen übersenden. Die Auslagen dafür werde schon ich bestreiten.

Da nun die wichtigen Aufträge alle besorgt sind, so wollen wir nun auf Nebensachen übergehen. Bist Du gesund? vergnügt, zufrieden? bist Du brav mit Componiren beschäftigt? und was hast Du alles gemacht, das muß ich alles wissen, denn es wäre möglich, daß sich Gelegenheit fände, was produziren zu lassen. Beantworte mir alle meine Fragen, aber sehr bald, ich hoffe, daß Du so weit Regard für meine Freundschaft haben wirst, und diesen Brief nicht mit Stillschweigen weglegen wirst.
Da dieser Tage Dein Namensfest war, so gratuliere ich Dir, und wünsche von Herzen, alles Gute, was Freunde nur immer wünschen können. Ich verbleibe Dein aufrichtiger Freund

Joseph Doppler

N. B. Unser Musikverein hat sich neuerdings gebildet u. steht jetzt auf dem Punkte, der beste dieser Art zu werden. Hr *Otto* aus der Hofkapelle dirigirt uns. Hr *Bogner* erster Flötist Hr *Merk* erster Violoncellist Hr *Bayer* Organist etc etc
Wir machen nächstens alle Deine Messen, da wir genug Sänger haben, auch eine Orgel besitzen. Nächstens mehr davon.

Abschrift von Ferdinand Luib in der Stadtbibliothek Wien. – Josef Doppler (nicht zu verwechseln mit zwei anderen Musikern namens Karl Doppler und Josefs Sohn Franz) behauptete Grove gegenüber, der Taufe Schuberts beigewohnt zu haben. Er war 1792 geboren, ein Freund des Hauses Schubert, nahm schon um 1814 an den Streichquartett-Übungen bei Vater Schubert teil (als Violaspieler, wie Franz), spielte in Frischlings Amateur-Gesellschaft Klarinette und war auch mit dem Fagott vertraut. Er schenkte 1828 der Gesellschaft der Musikfreunde Kopien der ersten zwei Sinfonien von Schubert in Stimmen (die zweite kopiert Juni/Juli 1816, wohl für das Orchester bei Hatwig). Später war er Geschäftsführer des Verlags C. A. Spina, des Nachfolgers A. Diabellis.

Aus der „Wiener Allgemeinen Theaterzeitung“ vom 17. Oktober 1818

(Über die musikalisch-deklamatorische Mittags-Unterhaltung des Herrn Josef *Scheidel*, ehemaligen Mitglieds des k. k. Hoftheater-Orchesters, am 11. Oktober 1818 im Landhaussaale.)
Wir hörten dabei statt der zum Anfange bestimmten Ouvertüre von *Schubert*, und zwar nicht ohne Mißvergnügen, die aus der Oper Cosi fan tutte von *Mozart*.

– – r.

Scheidel wurde 1751 geboren und starb im Frühjahr 1819; er ist auch Violinspieler in der Hofkapelle gewesen. – Die Ouvertüre, die abgesetzt wurde, war die zu Goethes Singspiel „Claudine von Villa Bella“ (siehe 8. Oktober 1818).

Ignaz Schubert an seinen Bruder Franz

[Wien,] den 12. Oktober [1818]

Lieber Bruder!

Endlich, endlich einmal, wirst Du Dir denken, bekommt man doch ein paar Zeilen zu sehen. Ja, ja, ich glaube, Du würdest noch nichts zu sehen bekommen haben, wenn nicht endlich einmal zu meinem Trost die lieben Vakanzen angerückt wären, wo ich Muße genug habe, in ungestörter Ruhe und ohne verdrießliche Gedanken, einen ordentlichen Brief zu schreiben.

Du glücklicher Mensch! wie sehr ist Dein Los zu beneiden! Du lebst in einer süßen, goldenen Freiheit, kannst Deinem musikalischen Genie vollen Zügel schießen lassen, kannst Deine Gedanken wie Du willst hinwerfen, wirst geliebt, bewundert und vergöttert, indessen unsereiner als ein elendes Schullasttier allen Roheiten einer wilden Jugend preisgegeben, einer Schar von Mißbräuchen ausgesetzt ist, und noch überdies einem undankbaren Publikum und dummköpfigen Bonzen in aller Untertänigkeit unterworfen sein muß. Du wirst Dich wundern, wenn ich Dir sage, daß es in unserm Hause schon so weit gekommen ist, daß man sich nicht einmal mehr zu lachen getraut, wenn ich vom Religionsunterricht eine abergläubisch lächerliche Schnurre erzähle. Du kannst Dir also leicht denken, daß ich unter solchen Umständen gar oft von innerlichem Ärger ergriffen werde, und die Freiheit nur dem Namen nach kenne. Siehst Du, von allen diesen Dingen bist Du nun frei, bist erlöset, Du siehst und hörst von all diesen Unwesen und besonders von unseren Bonzen nichts mehr, von welchen letzteren man Dir gewiß nicht erst den trostreichen Vers des Hrn. Bürger zurufen muß:

Beneide nicht das Bonzenheer
Um seine dicken Köpfe,
Die meisten sind ja hohl und leer
Wie ihre Kirchturmknöpfe.

Nun zu etwas anderem. Das Namensfest unseres Herrn Papa wurde feierlich begangen. Das ganze Rossauer Schulpersonal samt Frauen, der Bruder Ferdinand samt Frau, nebst unserm Mühmchen und Lenchen und der ganzen Gumpendorfer Sippschaft wurden zu einem Abendzirkel eingeladen, wo wacker geschmauset und getrunken wurde und es überhaupt sehr lustig herging. Bei dieser Gelegenheit setzte ich auch einmal meinen sparsamen Dichterwitz in Bewegung und brachte unserm alten Herrn folgende Gesundheit aus:

Es lebe Vater Franz noch lang in unsrer Mitte;
Doch vergönn' er wohl uns heut' auch eine Bitte:
Er stell' aufs Jahr sich wieder ein
Mit Hendel, Strudel, Konfekt und Wein.

Vor der Schmauserei spielten wir Quartetten, wo wir aber herzlich bedauerten, unsern Meister Franz nicht in unserer Mitte zu haben; wir machten auch bald ein Ende.
Tags darauf wurde das Fest unseres heil. Schutzpatrons Franziskus Seraphikus feierlichst abgehalten. Sämtliche Schüler mußten zur Beichte geführet werden, und die größern sich nachmittags um 3 Uhr in der Schule vor dem Bildnisse des Heiligen versammeln; ein Altar war aufgerichtet, zwei Schulfahnen paradierten rechts und links; eine kleine Predigt wurde abgehalten, wo es unter andern ein paarmal hieß, daß man das Gute vom Bösen wohl *entscheiden* lernen müsse, und daß man dem *mühsamen* Lehrer viel Dank schuldig sei; eine Litanei auf den Heilg. wurde auch gebetet, eine Litanei, über deren Sonderbarkeit ich nicht wenig erstaunte; zuletzt wurde gesungen, und sämtlichen Anwesenden eine Reliquie des Heilg. zu küssen gegeben, wobei ich bemerkte, daß mehrere Erwachsene zur Tür hinausschlichen, die vielleicht nicht Lust haben mochten, dieser Gnade teilhaftig zu werden.
Nun auch ein paar Worte von den Hollpeinschen. Sowohl Mann als Frau lassen Dich herzlich grüßen und fragen, ob Du denn auch bisweilen auf sie denkest? Sie wünschten, Dich bald wieder zu sehen, wiewohl sie meinen, Du werdest bei Deiner Rückkehr nach

Wien nicht so häufig mit Deinen Besuchen sein, wie sonst, da Dich Deine ganz neuen Verhältnisse wohl davon abhalten möchten. Dieses bedauern sie gar oft, denn sie lieben Dich, so wie uns alle, mit dem aufrichtigsten Herzen und äußern oft über Deine glückliche Lage die innigste Teilnahme.
Daß ich zu Deinem Namensfeste nicht ein Wort sage, wirst Du aus unseren Gesinnungen zu enträtseln wissen. Ich liebe Dich, und werde Dich ewig lieben, und hiermit punctum; Du kennst mich.
Lebe nun wohl, und komme bald, denn ich hätte Dir noch vieles zu sagen, was ich mir aber verspare bis auf eine mündliche Unterredung.

Dein Bruder Ignaz.

Wenn Du an den Papa und mich zugleich schreiben möchtest, so berühre nichts von religiösen Gegenständen. Das Mühmchen samt Lenchen lassen Dich ebenfalls herzlich grüßen.

Die Schulferien waren im Herbst. – Vater Schubert war streng religiös, Ignaz aber ein Freidenker. – Gottfried August Bürgers Gedicht „An Göckingk" (27 Strophen lang) heißt an dieser Stelle richtig: „Doch neid' ich nicht..." (statt „Beneide nicht..."). – Der Namenstag Franz Seraphicus fällt auf den 10. Oktober, das Fest fand aber schon am Abend vorher statt. (Schuberts eigener Namenstag war offenbar der 29. Januar, der Tag Franz Sales.) – Der Gottesdienst fand in der nahen Serviten-Kirche statt. Der Pfarrer, Pater Candidus Lösch, hat im Monat darauf, zusammen mit Vater Schubert, erfolgreich gegen die beabsichtigte Einrichtung eines Dilettanten-Theaters im Saal „Zum grünen Tor", der an die Schule grenzte, protestiert. – Die Hollpeins (siehe Anfang 1815) wohnten im Liechtental neben den Grobs. Sie hatten vier Kinder, von denen eines gleich nach der Geburt starb; das jüngste war damals erst ein halbes Jahr alt. Der Sohn Heinrich Hollpein, geboren 1814, wurde ein tüchtiger Porträtmaler, der u. a. auch Ignaz Schubert, seinen späteren Stiefvater, gemalt hat. – Als „neue Verhältnisse" bezeichnet Ignaz Franzens Leben in der Inneren Stadt unter Freunden und Gönnern höheren Standes. – Diesem Briefe lagen offenbar je ein Schreiben von Ferdinand (im folgenden abgedruckt) und von Therese Schubert (verloren) bei.

Ferdinand Schubert an seinen Bruder Franz

[Mitte Oktober 1818]

Lieber Bruder Franz!

Daß es Dir recht gut geht, freut mich von Herzen. Mache nur, daß Du bald kommst, denn alles fragt mich, wie lange Du denn noch ausbleibst. Unser guter Vater sagte mir, daß sogar Deinen kleinen Schwestern (Marie und Bebi) die Zeit schon lang wird, und täglich sich erkundigen: Wann kommt denn einmal der Franz? – Und so machen es denn auch alle Deine Liederfreunde. Wenn Du den Tag Deiner Ankunft bestimmen kannst, so tue es.
Deine Stadtfreunde konnten nicht gesucht werden, weil sie alle auf dem Lande waren. Deinen letzten Brief hat aber unser Papa dem Mayrhofer lesen lassen und das Geheimnis, daß Schober sich der Landschaftskunst weihet, ist erloschen.
Unter andern muß ich Dir noch einige musikalische Vorfälle erzählen: Deine Ouvertüre aus Claudine, welche schon früher bei einem Jaëll'schen Konzert in Baden aufgeführt werden sollte, unterliegt, wie mir Doppler sagt, vieler Kritik. Sie soll für die Harmonie so schwer gesetzt sein, daß sie besonders für Oboen u. Fagott unausführbar wäre. Andere sagen (so auch Radecki), sie sei nur für das Badner Orchester zu schwer. Nun sollte sie am 11. Okt. d. J. im landständschen Saal in Wien aufgeführt werden, denn die

öffentlichen Anschlagzettel sagten es, u. doch wurde nichts daraus. Dies ist nach meiner Ansicht für Dich gewiß unangenehm; Du könntest Dich deshalb beim Doppler bedanken. Man sagte nun auch hier das nämliche von derselben, wie oben, u. ein gewisser Scheidel, so hörte ich aus Jaëlls Munde, wollte behaupten, daß der Effekt nicht gehörig berechnet sei, u. einige bekannte Stellen vorkämen.
Nun was anders: Im Waisenhause wurde bei der Prämienverteilung Deine Ouvertüre aus Hoheisels Kantate mit vielem Beifall aufgeführt, u. dann mein Prüfungslied recht gut abgesungen. Hierauf folgte die Verteilung der Schulpreise u. 12 silberner Medaillen; drei davon waren Ehrenzeichen mit Shawl [?] u. Band, welche, nachdem sie eine gewisse Zeit von den ausgezeichneten Schülern getragen wurden, wieder abgegeben werden müssen, aber die übrigen 9 blieben den betreffenden Zöglingen als Eigentum; überdies wurde auch einer mit einer Uhr beschenkt. Zum Schlusse wurde Gott erhalte Franz den Kaiser abgesungen.
Das Namensfest unseres Direktors wollte ich mit einer großen Musik feiern. Allein da es mir an Sängern und Finanzen fehlt, wurde eine sehr kleine daraus. Das ganze Orchester, welches außer den Geigen-Instrumenten nur mit Oboen u. Corno besetzt war, bestand aus 13 Individuen. Die Grob Theres schlug mir den Gesang ab; sie wollte diesmal bloß Zuhörerin sein. Ich wollte aus Deinem Prometheus die Ouvertüre samt dem darauf folgenden Chor u. andere große Werke machen; so aber bestand die Musik aus folgenden Stücken. 1. Ouvertüre von Mozart aus L'Idomeneo; 2. 2 Gesänge der Waisen von Ferd. Schubert; 3. Polonaise in B für die Violine von Franz Schubert, gespielt von Ferd. Schubert; 4. Erstes Stück einer Rosettischen Symphonie; 5. Ouvertüre von Mozart aus Figaro u. hiemit Punctum.
Jetzt noch Eines: Mein Fortepiano wird verkauft u. nun möchte ich das Deinige an mich ziehen. Bist Du damit einverstanden, so bestimme den Preis, u. die bare Bezahlung wird folgen.
Und nun sei 1000 Mal geküßt, u. wenn Du nach Wien kommst, so lasse mich nicht den Letzten sein. Bei mir bist Du in jedem Falle willkommen, u. doppelt willkommen, wenn du in meinem Hause überwintern wolltest. Mit wahrer Liebe Dein

treuer aufrichtiger Bruder
Ferdinand.

Von den Meinigen, von
Vater, Mutter, Geschwistern
u. Freunden herzlicher Gruß.

Anm. Der Vater läßt Dich warnen, kein Geld ohne Rezepisse einzusenden, weil die Erhaltung desselben meistens ungewiß ist.

Dieser Brief, nur in Abschrift erhalten, ist am Anfang verstümmelt. Die Erklärung dafür bringt der Beginn der Antwort Schuberts vom 29. Oktober 1818: es war das Eingeständnis Ferdinands, sich die „Deutsche Trauermesse“ (siehe 24. August 1818) angeeignet (sie nicht nur als Widmung des Bruders im Waisenhaus aufgeführt) zu haben. – Marie und „Bebi“ (Josefa) sind die jüngst geborenen Halbschwestern Schuberts. – Baden ist ein Kurort südlich von Wien mit einer seit dem Altertum bekannten Schwefelquelle. – Radecki ist offenbar Friedrich Hradezky, geboren 1776 in Böhmen, Hornist am Kärntnertor-Theater und in der Hofkapelle. – Über Scheidels Konzert siehe 11. Oktober 1818. – Die Prämienverteilung fand nach Abschluß des Schuljahrs statt, diesmal am 16. September. Die Kantate (D. 472) war im September 1816 zu Ehren Josef Spendous, des Stifters und Vorstehers des Witweninstituts der Wiener Trivialschullehrer, auf einen Text Johann Baptist Hoheisels geschrieben worden. Die in der Gesamtausgabe nicht identifizierte Ouvertüre dazu ist wahrscheinlich die in B-Dur vom selben Monat (D. 470). Sie fehlt auch in der Erstausgabe der Kantate, einem als op. 128 bezeichneten Klavierauszug von Ferdinand Schubert (1830), ist aber in Anton Schindlers Liste der Werke Schuberts (nach Ferdinands Angaben) besonders erwähnt. Das Werk war wohl am 22. Januar 1817, der 20. Wiederkehr des Gründungstages jenes Instituts, im Waisenhaus aufgeführt worden. Jetzt aber wurde nur die Ouvertüre wiederholt. Spendou (siehe 14. April 1816), 1757 zu Möschnach in Krain geboren, war Prälat, Dompropst bei St. Stefan, Kanzler der Universität, bis 1816 Oberaufseher der Deutschen (Elementar-) Schulen etc. Auf seine Veranlassung hin war die Generalbaßlehre in der Normal-Hauptschule eingeführt worden. Hoheisel, geboren 1768, war Beamter der Schulbücher-Verschleiß-Administration und verfaßte neben einigen Gedichten auch Lehrbücher der deutschen Sprache. Schubert betitelt ihn auf dem Manuskript der Kantate als Professor. – Die selbe Ouvertüre wurde auch am 16. August 1829 im Waisenhaus bei der Feier zu Ehren des neuen Direktors, JohannGeorg Fallstich (siehe 24. August 1818), von Ferdinand wieder aufgeführt. – Ferdinands „Gesang der Waisen am Tage ihrer Prüfung" wurde am 16. September 1817 komponiert (Autograph bei der Gesellschaft der Musikfreunde, Wien) und erschien 1826 mit zwei ähnlichen Gesängen als op. 3 bei A. Diabelli in Wien. – „Gott erhalte Franz den Kaiser" ist bekanntlich die von Haydn stammende und um die Zeit von Schuberts Geburt komponierte Hymne. – Der Namenstag (Michael) des Waisenhausdirektors Franz Michael Vierthaler, geboren 1785 in Mauerkirchen (Oberösterreich), fiel auf den 29. September. – Therese Grob hatte offenbar vorher manchmal in der Waisenhaus-Kirche gesungen. – Zur „Prometheus"-Kantate siehe die Anmerkung vor dem 27. September 1817. – Ferdinands op. 3 enthält noch zwei andere Lieder für die Waisen. – Schuberts Polonaise für Violine mit Orchesterbegleitung vom September 1817 wurde erst in neuerer Zeit wiedergefunden und 1928 bei Ed. Strache in Wien veröffentlicht. Es war eines von mehreren Werken, die Franz für Ferdinand geschrieben hatte, der das Solo spielte, während Kollegen und Schüler das Orchester stellten, wobei die Fagottstimmen des Stückes ersetzt werden mußten. Die Polonaise war offenbar schon einmal 1817 zu Vierthalers Namenstag aufgeführt worden. Für Vierthaler war auch Schuberts Kantate „Namensfeier" (D. 779) von 1815 bestimmt gewesen, die Ferdinand seinem Direktor in einem Manuskript (Museum Carolino Augusteum, Salzburg) als sein eigenes Werk gewidmet hat. Im Druck widmete er ihm aber nur jenes Opus 3. – Kleine Sinfonien von Francesco Antonio Rosetti (recte Franz Anton Rösler, geboren in Leitmeritz [heute Litoměřice, Tschechoslowakei] 1750, gestorben in Ludwigslust 1792, Hofkapellmeister in Schwerin) waren auch von dem Liebhaberorchester bei Kaufmann Frischling im Herbst 1815 gespielt worden. – Das Fortepiano war wohl jenes, das Schubert 1814 von seinem Vater bekommen hatte (siehe Anmerkung vor Anfang 1815). – Ferdinand Schubert wohnte damals im Waisenhaus (siehe Anfang 1818). – Schubert, der also offenbar nicht ins neue Schulhaus zurückkehren wollte, scheint Ersparnisse nach Hause geschickt oder doch die Absicht dazu geäußert zu haben.

Schubert an seine Geschwister Ferdinand, Ignaz und Theresia

Den 29. Oct. 1818 Zeléz.

Lieber Bruder Ferdinand!

Die Sünde der Zueignung war Dir schon im ersten Brief verziehen, Du hattest also keine andere Ursache, so lange mit Deinem Schreiben zu säumen, als höchstens Dein zartes Gewissen. Die Trauermesse gefiel Dir, Du weintest dabey und vielleicht bey dem nähmlichen Wort, wo ich weinte; lieber Bruder, das ist mir der schönste Lohn für dieses Geschenk, laß ja von keinem andern was hören. – Wenn ich die Leute um mich herum nicht alle Tage besser kennen lernte, so ging es mir noch eben so gut, wie anfangs. So sehe ich aber, daß ich unter diesen Menschen doch eigentlich allein bin, bis auf ein Paar wirklich braver Mädchen ausgenommen. Meine Sehnsucht nach Wien wächst täglich. Mit halbem November werden wir reisen. Die lieben kleinen Geschöpfe, Pepi und Marie, grüße und küsse mir herzlich, so auch meine guten Ältern. Die Stadtfreunde sind liederlich. So lange Schober's Wunsch *als Geheimniß* erloschen ist, bin ich ruhig.

Die musikalischen Vorfälle ließen mich so ziemlich kalt. Ich bewundere nur den blinden, verkehrten Eifer meines etwas tölpischen Freundes Doppler, der mir mit seiner Freundschaft mehr schadet als nützet. Übrigens werde ich mit meinen Herzensgefühlen niehmals berechnen u. politisiren, so wie's *in mir* ist, so geb' ich's heraus und damit Punctum.

Mein Fortepiano ziehe nur an Dich, es wird mich freuen. Nur verdrießt es mich, daß Du glaubst, Deine Briefe seyen mir unangenehm. Das ist doch schrecklich, von Deinem Bruder so was nur zu denken, u. gar schreiben. – Aber das ist mir unangenehm, daß Du immer von Bezahlung, Lohn u. Dank sprichst, gegen einen Bruder, pfui Teufel! – Küsse mir Dein liebes Weib u. Deine kleine Resi. Lebe recht wohl. –

Recht innig freut es mich, von euch, Ignaz u. Resi Briefe zu bekommen. Du, Ignaz, bist noch ganz der alte Eisenmann. Der unversöhnliche Haß gegen das Bonzengeschlecht macht Dir Ehre. Doch hast Du keinen Begriff von den hiesigen Pfaffen, bigottisch wie ein altes *Mistvieh*, dumm wie ein *Erzesel*, u. roh wie ein *Büffel*, hört man hier Predigten, wo der so sehr venerierte Pater Nepomucene nichts dagegen ist. Man wirft hier auf der Kanzel mit Ludern, Kanaillen etc. herum, daß es eine Freude ist, man bringt einen Todtenschädel auf die Kanzel, u. sagt: Da seht her, ihr pukerschäkigten Gfriser, so werdet ihr einmahl aussehen. Oder: Ja, da geht der Bursch mit'n Mensch ins Wirtshaus, tanzt die ganze Nacht, dann legen sie sich besoffen nieder, u. stehen ihrer drey auf u.s.w. – Ob ihr bey der Schmauserei an mich dachtet, weiß ich nicht. – Und du, liebe Resi, denkst oft an mich, das ist charmant. – Die Hollpeinischen, sowohl Mann als Frau u. Resi u. Heinrich u. Carl u. seinen Herrn Pathen, samt zukünftiger Gemahlin laß ich alle 99 Mahl küssen. Ob ich auf Sie gedacht habe, wird Ihnen beantworten *der leibhaftige* Franz.

Der Anfang dieses Briefes bezieht sich auf die verlorengegangenen ersten Sätze des letzten Briefes von Ferdinand, von Mitte Oktober 1818. Schon Grove hatte 1880 bemerkt: „it fixes the Trauermesse as his [Franz Schubert's] which before was considered as Ferdinand's" (Brief an Miss Carola Geisler-Schubert, zitiert in Charles L. Graves' Biographie Sir George Grove's, London 1903, S. 260). – Die „braven Mädchen" gehörten natürlich zum Gesinde. – Pepi und Marie sind Schuberts Halbschwestern. – Schobers Wunsch war, Landschaftsmaler zu werden. – Resi ist Ferdinands erstes Kind, die 1816 geborene Therese. – Auffällig ist, daß Schubert, der nicht Ungarisch verstand, eine Predigt, offenbar aus Zseliz, zitiert, wo der Pfarrer, Nikolaus Horvath, natürlich ungarisch predigte. Vielleicht hatte er sie übersetzt bekommen. Der „Pater Nepomucene" ist wahrscheinlich der dem Pfarrer Lösch untergeordnete Pater Maria Johann Nepomuk Priegl in der Roßau gewesen. – Die „liebe Resi" ist Schuberts Schwester Therese. – Die andere Resi ist wahrscheinlich Therese Grob, und Heinrich ihr Bruder. Karl ist der jüngste Sohn der Hollpeins (siehe 12. Oktober 1818), dessen Taufpate Schuberts Bruder Karl im Frühjahr 1818 gewesen war. Dessen zukünftige Gemahlin aber ist eine vierte Therese, Fräulein Schwemminger, geboren 1799. (Sie hatte auch einen Bruder Heinrich, aber Schubert dürfte sie nicht zweimal erwähnt haben.)

Holzapfel an Stadler in Linz

Wien, 7. November 1818.

. . . Ich schreibe Dir nächstens von Schubert etwas, ich wußte kaum, daß er abreiste, doch höre ich, soll er schon wieder da sein. Wir werden aber doch aus unserem so trauten Vereine herausgerissen sein.

Der „traute Verein" ist wohl die Gemeinschaft der Schulfreunde, der Schubert nun entwachsen war. Nur wenige Konviktgenossen blieben auch weiterhin mit ihm verbunden.

Aus der amtlichen „Wiener Zeitung" vom 21. November 1818

Angekommene Ausländer und Inländer. Den 19. November: ... Graf Johann Karl v. Esterhazy, k. k. Kämmerer, samt Familie aus Ungarn (St. Nr. 40).

Schubert, der noch im November das Lied „Das Abendrot", wahrscheinlich für den Grafen, in Zseliz geschrieben hat, muß um die selbe Zeit wie die Esterházys nach Wien zurückgekommen sein.
25. November 1818: Anton v. Spaun heiratet Henriette v. Vogelsang.

1819

Musik zu der Posse „Die Zwillingsbrüder" (1 Akt, Georg Ernst von Hofmann) (D. 647), Ende 1818 bis Januar 1819
Ouvertüre in e-Moll (D. 648), Februar
Klavierquintett („Die Forelle") (D. 667)
Lied „Prometheus", Oktober

8. Januar 1819: Zweite Aufführung der Kantate „Prometheus" mit Klavierbegleitung in einer musikalischen Übung bei Ignaz Sonnleithner, der den Prometheus selbst singt, im Gundelhof; Gäa – Frl. Eleonora Staudinger, unter den Chorsängern Josef Hüttenbrenner.
Ignaz Sonnleithner, geboren in Wien 1770, war Advokat und Professor des Handelsrechts. Er wohnte im dritten Stockwerk des Gundelhofs auf der „Brandstätte" (Innere Stadt), wo er von 1815 bis 1824 regelmäßig Hauskonzerte veranstaltete. Freitag abends (später in 14tägigem Abstand) trafen sich dort in den Wintermonaten mehr als 120 Musikfreunde. Schubert wurde von Sonnleithners Sohn Leopold (geboren 1797), den er von der Erstaufführung der Kantate „Prometheus" kannte, in dieses Haus eingeführt. Vater Sonnleithner war der Bruder der Mutter Franz Grillparzers.

Schubert an Josef Hüttenbrenner

[Anfang 1819 (?)]

Lieber Hüttenbrenner!

Ich bin und bleibe der Ihrige. Mich freut es außerordentlich, daß Sie mit der Sinfonie fertig sind. Kommen Sie heute Abends damit zu mir, und zwar um 5 Uhr. Ich wohne in der Wipplingerstraße bei Mayrhofer.

Josef Hüttenbrenner, der im Dezember 1818 aus Rotenturm bei Judenburg (Steiermark), dem Gute seines Vaters, als Beamter nach Wien gekommen war, wohnte zuerst im „Bürgerspital", einem riesigen Mietshaus in der Inneren Stadt. Schubert war im November 1818 nicht in die Roßau zurückgekehrt, sondern zu Mayrhofer in die Wipplingerstraße, neben dem alten Rathaus, gezogen, wo nun beide in einem Zimmer des dritten Stockwerkes bei Frau Sanssouci wohnten (siehe Anmerkung vor dem 13. September 1813). Das Haus, das Franz Irrsa gehörte, war Nr. 387 der Inneren Stadt. – Die erwähnte Sinfonie ist Schuberts erste in D-Dur, von der Josef Hüttenbrenner einen vierhändigen Klavierauszug angefertigt hat. Es heißt, daß Schubert diesen Auszug mit ihm auf einem alten Flügel durchspielte. Schubert mag den Klavierauszug für die beiden Kunz benötigt haben.

Schubert an Anselm Hüttenbrenner

[Aussen:]

An

Herrn Anselm Hüttenbrenner
in

Grätz.

[Innen:]

Wien, den 21. Jänner 1819.

Lieber alter Freund!

Lebst Du denn noch? So muß ich billig fragen, wenn ich erwäge, wie lange Du schon von uns weg bist, wie lange Du nichts geschrieben, wie treulos Du uns verlassen hast? Auch die letzte Hoffnung Deiner Wiederkunft ist verloschen. Was hält Dich denn so fanatisch fest in dem vermaledeyten Grätz, ist ein Zauberkreis um Dich, der Dich so entsetzlich fesselt, daß Du alle Welt vergißt? Wohl ahnete – es mir, als ich Dir den Abschiedskuß gab, Du kämest sobald nicht.
Du hast 2 Sinfonien componiert, das ist gut, Du läßt uns nichts davon sehen, das ist nicht gut. Deinem alten Freunde solltest Du doch manchmal etwas mittheilen.
Doch, wo sind die vielen Stunden, die ich mit Dir zu glücklich zubrachte; Du denkst vielleicht nicht mehr daran. Wohl aber ich. Daß es mir übrigens recht gut geht, wirst Du schon gehört haben.
Ich wünsche Dir vom ganzen Herzen dasselbe.
Bleibe mein Freund und vergesse nicht

Deinen

Schubert.

Schreibe mir recht bald.

Anselm Hüttenbrenner war zu dem gleichen Zeitpunkt, in dem sein Bruder Josef nach Wien übersiedelte, nämlich im Herbst 1818, nach Beendigung der juristischen Studien nach Graz zurückgekehrt, wo er ein Jahr lang beim Kreisamt tätig war. Seine erste Sinfonie in E-Dur wurde am 18. September 1819 im Steiermärkischen Musikverein aufgeführt. Er schrieb im ganzen sechs Sinfonien.

Aus der „Wiener Allgemeinen Theaterzeitung“ vom 4. März 1819

(Über die musikalisch-deklamatorische Akademie Eduard *Jaëlls* am 28. Februar 1819, 5 Uhr nachmittags, beim römischen Kaiser.)
Erste Abteilung . . . 3. Schäfers Klagelied, von *Goethe*, mit Musik von Herrn Franz *Schubert*, gesungen von Herrn *Jäger*, Opernsänger im Theater an der Wien. Eine schöne Komposition, mit der entzückenden Stimme des Herrn *Jäger* voll Gefühl gesungen.

Es war das erste Lied von Schubert, das öffentlich gesungen wurde. Franz Jäger, geboren in Wien 1796, war von 1817 bis 1820 als Tenor am Theater an der Wien engagiert, dann am Kärntnertor-Theater, 1824 ging er nach Berlin, später nach Stuttgart. Seine berufliche Laufbahn begann als Schulgehilfe in der Wiener Vorstadt Lerchenfeld und endete als Singlehrer der Württemberger Hofoper. Jäger schrieb auch Lieder. – Das Konzert enthielt u. a. eine Ouvertüre und Bravour-Variationen für Klavier, Violine und Orchester von Eduard Freiherrn v. Lannoy (geboren 1787 in Brüssel, seit 1813 in Wien) und die Deklamation der „Jeremiade eines wandernden Virtuosen“ von Ignaz Franz Castelli.

Aus der Wiener „Allgemeinen musikalischen Zeitung“ vom 6. März 1819

3. „*Schäfers Klagelied*“ von *Goethe*, Musik von *Franz Schubert*, gesungen von Herrn *Jäger* . . . Die Gesangsstücke amüsierten.

Aus dem Berliner „Gesellschafter" vom 22. März 1819

Ein Gesangstück: „Schäfers Klage", von dem jungen Schubert komponiert und gesungen von unserem braven Tenoristen Jäger, gewährte den meisten Genuß. Man freut sich in der Tat recht sehr auf ein größeres, uns zum Genuß bevorstehendes Werk dieses hoffnungsvollen Künstlers. –S.–

Das größere Werk, von dem schon Ende 1818 in Wien gesprochen wurde, war das erst 1820 aufgeführte Singspiel „Die Zwillingsbrüder".

Aus der Leipziger „Allgemeinen musikalischen Zeitung" vom 24. März 1819

3. Schäfers Klagelied, von Goethe, in Musik gesetzt von Hrn. Franz Schubert: die gefühlvolle, rührende Komposition dieses jungen talentvollen Mannes wurde von Hrn. Jäger in diesem Geiste ausgeführt.

Aus dem Tagebuch Matthias Franz Perths vom 14. März 1819

[Über das 12. Konzert der Dilettanten-Gesellschaft im Müllerschen Saale.]
6. Ouvertüre von Fr. *Schubert.*

Perth (geboren 1788) war Konzipist beim Obersthof- und Landjägermeisteramt. Er führte fast 50 Jahre lang ein Tagebuch über Wiener Ereignisse, besonders über die des Theaters und der Musik, das bisher nur in Bruchstücken veröffentlicht worden ist. Die Dilettanten-Gesellschaft war wohl identisch mit der Vereinigten Privat-Musikgesellschaft, die seit 1818 bestand. (Nestroy hat dort zuerst öffentlich gesungen, und zwar bei der Aufführung von Händels „Timotheus", das ist der Titel des „Alexanderfests" in der seit 1822 verwendeten Wiener Bearbeitung.) Ferdinand Schubert war zum Ehrenmitglied und Orchesterdirektor dieser Gesellschaft ernannt worden. Er also dürfte die Ouvertüre, wahrscheinlich die neue in e-Moll vom Februar 1819 (D. 648), dirigiert haben. Das Lokal war der Saal beim Roten Turm am Donaukanal (Innere Stadt), wo Josef Müller, recte Graf Deym v. Stritetz (1750–1804), zuletzt sein Kunstkabinett eingerichtet hatte; Deyms Schwägerin, Komtesse Therese Brunswick, war eine der „unsterblichen Geliebten" Beethovens, mit der Schober später in Ungarn, wo sie sich um die Kleinkinder-Bewahranstalten verdient machte, bekannt wurde.

Aus der Dresdener „Abendzeitung" vom 7. Juni 1819

(Über eine Akademie im Theater an der Wien zugunsten der Theater-Armen, 25. März 1819.)
8. Schäfers Klagelied von *Goethe*, mit Musik von *Schubert*, gesungen von Jäger.

[Höhler.]

Das Theater an der Wien, Wiens damals größtes Schauspielhaus, war 1801 von Emanuel Schikaneder eröffnet worden und stand jetzt unter der Direktion des Grafen Ferdinand Pálffy von Erdöd. Es lag in der westlichen Vorstadt „An der Wien" (Nebenfluß der Donau).

6. April 1819: Aufführung von Haydns „Die sieben Worte unseres Erlösers" bei Anton v. Pettenkofer in der Münzerstraße beim Bauernmarkt 581, an der Schubert teilnimmt. – Pettenkofer, der Vater des Malers August v. Pettenkofen, war 1788 in Szöny (Ungarn) geboren, Materialwaren-Händler und Großgrundbesitzer; er hatte von Hatwig die (ursprünglich Schubertsche) Musikgesellschaft übernommen, die sich nun in den Jahren 1819 und 1820 jeden Donnerstagabend bei ihm traf. Schubert spielte auch dort noch oft die Viola. (Pettenkofers Adel ist fraglich.)

Aus der Wiener „Allgemeinen musikalischen Zeitung" vom 17. April 1819

(Über das Konzert des Violinspielers Pietro *Rovelli* am 12. April 1819 mittags im Landhaussaale.)

Herr *Jäger* sang mit wahrer Empfindung Herrn *Schuberts* gemütliche *Komposition* des *Goethe*schen Gedichts: *Schäfers Klagelied.*

Der Sitzungssaal im Landhaus, dem Parlament der Stände von Niederösterreich, war damals als Konzertraum sehr beliebt. – Rovelli war 1793 in Bergamo geboren, bayrischer Kammervirtuose, von 1817 bis 1819 in Wien tätig, wo er eine Tochter des Komponisten Emanuel Alois Förster heiratete.

Die Familie Esterházy, in der Schubert wahrscheinlich auch im Winter Musikunterricht erteilt hat, geht im April 1819 wieder nach Zseliz, aber ohne ihn.

Schubert an Anselm Hüttenbrenner

Wien 19. May 1819.

Lieber Freund!

Ein Schelm bist Du, das ist richtig!!! Ein Jahrzehend verfließt schon, eh Du Wien wieder siehst. Bald sitzt ihm das, bald jenes Mädchen in dem Kopf, ey so hohle der Teufel alle Mädchen, wenn Du Dich gar so von Ihnen behexen läßt. Heurathe in Gottes Nahmen, so hat die Geschichte ein Ende. – Freylich kannst Du auch sagen, wie Caesar, lieber in Grätz der Erste, als in Wien der zweyte. Nun dem sey wie immer, ich bin einmahl fuchsteufelswild, dß Du nicht da bist. Cornet erfährt obiges Sprichwort noch mehr wie Du. Gott gesegne ihms. Ich werde zuletzt auch nach Grätz kommen, u. mit Dir rivalisiren. – Neues gibts hier Weniges, wenn man was Gutes hört; so sind es immer alte Sachen. – Letzthin wurde bey uns Othello von Rossini gegeben. Außerm Radichi wurde alles recht gut exequirt. Diese Oper ist bey weitem besser, d. h. characteristischer als Tancred. Außerordentliches Genie kann man ihm nicht absprechen. Die Instrumentirung ist manchmahl höchst originell, auch der Gesang ist es manchmahl, u. außer den gewöhnlichen italienischen Gallopaden u. mehreren Reminiscenzen aus Tancred. – Trotz eines *Vogels* ist es schwer, wider Canaillen von Weigl, Treitschke etc. zu manövriren. – Drum gibt man statt meiner Operette andere *Ludern*, wo einem die Haare zu Berge stehen.

Semiramis von *Catel* wird nächstens gegeben werden mit einer unendlich herrlichen Musik. – Herr *Stümer*, Tenorist von Berlin, welcher schon in mehreren Opern sang, wird auch hier debutiren. Seine Stimme ist ziemlich schwach, keine Tiefe, beständige Falset-Höhe. – Nun weiß ich nichts mehr. Componire fleißig u. laß uns was zu Theil werden.

Lebe recht wohl. Dein wahrer Freund
Wien den 19. May 1819 Franz Schubert.

Anselm Hüttenbrenner heiratete erst im November 1821, nachdem er die väterlichen Güter übernommen hatte, und zwar Fräulein Elise v. Pichler, die Tochter eines russischen Staatsrats. – Schubert variiert hier eine Stelle Plutarchs, wonach Caesar beim Anblick eines elenden Alpenstädtchens ausgerufen haben soll: „Lieber der Erste hier, als der Zweite in Rom!" – Julius Cornet, geboren 1793 in San Candido (Tirol), sang Tenor, war 1816/17 Schüler Salieris, 1818 in Wien und 1819/20 in Graz engagiert. – Mit „alten Sachen" sind Opern gemeint. Rossinis „Otello" war am 29. April im Kärntnertor-Theater, aber schon am 19. Januar 1819 in dem rivalisierenden Theater an der Wien gegeben worden, beide Male in deutscher Sprache. Giulio Radicchi, geboren 1763, der Florestan von 1814, war Tenor am Kärntnertor-

Theater. – Rossinis „Tancredi" war schon 1816 italienisch und 1818 deutsch in Wien gegeben worden; das war, nach „L'inganno felice", der Beginn des Rossini-Taumels. Indessen war 1817 auch „L'Italiana in Algeri" aufgeführt worden. – Josef Weigl, geboren in Eisenstadt 1766, Opernkomponist, war seit 1790 Hoftheater-Kapellmeister. – Georg Friedrich Treitschke, geboren in Leipzig 1776, seit 1800 in Wien, war Regisseur und Operndichter am Kärntnertor-Theater; er hatte an der letzten Fassung des „Fidelio"-Textes mitgearbeitet. – Schuberts Operette war „Die Zwillingsbrüder", deren Komposition am 19. Januar 1819 beendet worden war. Ihr Text stammte von Treitschkes künftigem Nachfolger, Georg v. Hofmann. – Charles Simon Catels „Sémiramis" war in deutscher Sprache schon 1806 im Theater an der Wien und 1815 im Kärntnertor-Theater gegeben worden. Am 22. Mai 1819 wurde das Werk wieder aufgenommen, als Heinrich Stümer (geboren 1789) aus Berlin als Arsoz gastierte. Er, der erste Max in Webers „Freischütz", war schon am 6. Mai als Pylades in Glucks „Iphigénie en Tauride" aufgetreten, wurde aber nicht engagiert. (Alfred Einstein schreibt in seinen „Meisterbriefen", daß Schubert Catels Musik ironisch „unendlich herrlich" genannt hat, was zu bezweifeln ist.)

Josef Hüttenbrenner an seinen Bruder Heinrich

[Auf der Rückseite des vorhergehenden Briefes]

Bester Heinrich!

Dein treffliches Schreiben hat mich sehr erfreut, diesen Sonntag ging ich in den Prater, lagerte mich ins Gras und las es wiederholt durch. – Einen Abriß meines dermaligen Jahrs erhältst Du nächstens. – Ich bin zufrieden, so weit man das nur sein kann. – Seit ich Sokrates-Plato lese, wird's immer lichter um mich. – Wie freue ich mich des Lebens – meiner Jugend – jetzt ist die glücklichste Zeit da. – Der Gedanke, daß sie so bald verschwindet, ist trübe und wird immer härter. In 7 Jahren bin ich schon auf halbem Wege – diese Zeit muß ich mit allen Kräften ausnützen – dann ist's aus mit den Lebensfreuden. – Die Liebeszeit, das schönste auf Erden, ist hin, und mit ihr vergeht die Hoffnung einer besseren Welt. – Indes vertrauen wir dem lieben Allvater, dem's doch eine leichte Sache ist, uns das ewige Leben zu gönnen. Für dermalen laß Dir's angelegen sein, für Schubert ein Opernbuch zu schreiben – sag's auch *Schröckinger*. – Es fällt nebstbei auch ein Honorarium aus. – Eure Namen werden in Europa genannt werden. – Schubert wird wirklich ein neuer Orion am musikalischen Himmel glänzen. – André und die lieben Schwestern grüße herzlichst. – Schreibe bald wegen Schubert Deinen Entschluß. – Lebe recht wohl

Dein Josef.

Künftiges Schuljahr mußt Du jedenfalls nach Wien kommen, – für eine Stelle wird schon jetzt gesorgt.

Heinrich Hüttenbrenner, ein anderer der vier Brüder aus Graz, war dort 1799 geboren und kam im September 1819 nach Wien, um, wie schon sein Vater und seine Brüder Anselm und Andreas, Jura zu studieren. Er wurde dann in Graz Professor des Römischen Rechts und des Kirchenrechts, starb aber bereits 1830. Schon frühzeitig hatte er sich als lyrischer Dichter versucht und war auch Mitarbeiter der „Wiener Allgemeinen Theaterzeitung". – Der Prater, ursprünglich der kaiserliche Wildpark, ist der berühmte Erholungs- und Unterhaltungsort der Wiener auf der Insel zwischen Donau und dem Donaukanal, auf der auch die Vorstadt Leopoldstadt liegt. – Sieben Jahre später wurde Josef Hüttenbrenner 30 Jahre alt. Er blieb ledig. – Heinrich schrieb kein Libretto für Schubert. Auch Karl Johann Nepomuk Schröckinger, geboren 1798 in Graz, nicht, der ebenfalls Jura in Wien studierte, aber schon zu Ende des Jahres 1819 dort gestorben ist. – Andreas (später Ritter v.) Hüttenbrenner, geboren 1797, war der dritte der vier Brüder; er blieb in Graz und brachte es dort zu hohen Ehren als Jurist. Er spielte Flöte und war einer der Gründer des Steiermärkischen Musikvereins (1815). – Über die Schwestern

Hüttenbrenner ist nichts Näheres bekannt. – Am 23. Mai 1819 stellte Salieri ein Zeugnis für Anselm Hüttenbrenner aus, der sich damals vielleicht um eine Kapellmeister- oder Operndirektor-Stelle bemühte.

Holzapfel an Stadler in Steyr

Wien, 24. Mai 1819.

... Von Schubert will ich Dir schreiben – ich bin nicht oft, aber doch so ziemlich mit ihm zusammen gewesen. Physice lebt er ganz gut, quoad exterius atque interius. Musice lebt er auch, das heißt, ich weiß, er schreibt auf Vogls Veranlassung, und also nicht ohne Ursache, aufzuführende Operetten, Opern, und andere große Dinge, die ich weder weiß noch höre; aber es ist so. Ich war bei Vogl von Schellmann aufgeführt. Sein Empfang war für mich sehr schmeichelhaft, weil Schubert und besonders Schellmann wahrlich außerordentlich günstig von mir sprachen. Mayrhofer, der Freund vom Hause zu sein scheint, kam eben auch. Wir sprachen – – Indessen spricht man auch mit den gebildetsten Männern, zu denen Vogl ohne weiteres gehört, wenn man ihre Überlegenheit, die ihnen die Kunst und die große Weltkenntnis gibt, fühlt oder zu fühlen glaubt, doch immer etwas befangen und geniert.

„Die Zwillingsbrüder" waren auf Veranlassung Vogls geschrieben worden. – Die Schellmanns waren eine Advokaten-Familie in Steyr, dem Geburtsort Vogls (siehe 13. Juli 1819).

Holzapfel an Stadler in Steyr

Wien, 17. Juni 1819.

... Schubert kömmt also nach Steyr; der Glückliche und Du Glücklicher! – Schubert lobt den Rossinischen Othello so sehr, rede mit ihm darüber, ich habe ihn noch nicht gehört.

Stadler lebte 1817 bis 1820 als Beamter des Kreisamts in seinem Heimatort Steyr.

Fragment eines nicht abgeschickten Gesuches Vater Schuberts an das fürsterzbischöfliche Ordinariat, 1819 (?)

Abschnitt .... Schulverfassung gesetzlich vorgesch[rieben.]
Unterzeichneter bittet daher gehorsamst, seinen Sohn *Franz Schubert*, welcher aus rücksichtswürdigen Ursachen zur Ausbildung seiner von Sachkennern anerkannten Kunsttalente seit einem Jahre den Schuldienst mit Erlaubnis unterbrach, neuerdings als 6. Gehülfen an seiner Schule in Gnaden zu bestätigen; zumal da er laut der jährlichen Schulberichte bereits 4 Jahre als Schulgehülfe zur gänzlichen [Zufriedenheit] ...

Dieses Gesuch, das sich nur fragmentarisch in der Familie Schubert erhalten hat, scheint – vielleicht nach einer heftigen Auseinandersetzung zwischen Vater und Sohn – nicht abgeschickt und zerrissen worden zu sein. Es ist nicht datiert. Wenn es wirklich im Frühjahr 1819 geschrieben worden ist, dann müßte mit den vier Jahren der Schulgehilfenzeit Schuberts die Zeit von 1814 bis 1818 gemeint sein, die er allerdings nicht nur diesem Berufe gewidmet hatte. Wir können seine Lehrtätigkeit mit einiger Sicherheit auf die Zeiten vom Herbst 1814 bis Herbst 1816 und vom Herbst 1817 bis Frühjahr 1818 ansetzen. Zum Zeitpunkt des Gesuches dürfte jeder Dienst in der väterlichen Schule beendet gewesen sein. Daß es infolgedessen zu einer etwa drei Jahre dauernden Entfremdung zwischen Vater und Sohn gekommen sei, ist nicht erwiesen.

AUS DEM AUSGABENBUCH DES KÄRNTNERTOR-THEATERS VOM 9. JULI 1819

Interims Ausgabe gegen Ersatz

Vogel Michael
Sänger

Laut angew. Quitt. do 8 Juli 819 a Conto des Honorars für die von demselben der Direktion übergebene von H Schubert in Musik gesetzte Oper „Die Zwillingsbrüder"

9. Juli 1819
Jour Art 6031
fl 150 kr – –

AUS DEM AUSGABENBUCH DES KÄRNTNERTOR-THEATERS VOM 9. JULI 1819

Kopiatur Musik

Vogel Michael

Hofopernsänger

Laut angew. Quittung do 8 Juli 1819 für Kopiatur der Opern Partitur „Die Zwillingsbrüder"

9. Juli 1819
Jour Art 6031
fl 30 kr – –

Nationalbibliothek, Wien, Theatersammlung. – Gefunden, wie alle Dokumente dieser Art (1819–1821), von Ignaz Weinmann, Wien. – Bei der ersten Eintragung handelt es sich um einen Vorschuß für Schubert auf das Honorar von 500 Gulden Wiener Währung.

SCHUBERT AN SEINEN BRUDER FERDINAND

Steyr, den 13. Juli 1819.

Lieber Bruder!

Ich glaube wohl, daß dich dieser Brief in Wien treffen wird, und du dich gesund befindest. Ich schreibe dir eigentlich, mir das *Stabat mater*, welches wir hier aufführen wollen, so bald als möglich, zu schicken. Ich befinde mich bis jetzt recht wohl, nur will das Wetter nicht günstig sein. Es war hier gestern den 12. ein sehr starkes Gewitter, welches in Steyr einschlug, ein Mädchen tödtete und zwei Männer am Arme lähmte. In dem Hause, wo ich wohne, befinden sich 8 Mädchen, beynahe alle hübsch. Du siehst, daß man zu thun hat. Die Tochter des Herrn v. K[oller], bei dem ich und Vogl täglich speisen, ist sehr hübsch, spielt brav Klavier, und wird verschiedene meiner Lieder singen.

Ich bitte dich, beiliegenden Brief weiter zu fördern. Du siehst, daß ich nicht gar so treulos bin, als du vielleicht glaubst.

Grüße mir Eltern und Geschwister, deine Frau und alle Bekannten. Vergesse ja nicht auf das *Stabat mater*.

Dein
ewig treuer
Bruder Franz.

Die Gegend um Steyr ist über allen Begriff schön.

Schubert dürfte mit Vogl, der die Opernferien gern in seiner Heimatstadt verbrachte, Anfang Juli nach Steyr gefahren sein. Steyr, am Zusammenfluß der Steyr und der Enns sehr malerisch gelegen, ist eine der schönsten Städte Österreichs. Es hat einen wunderbar erhaltenen Hauptplatz, dessen älteste Häuser aus dem 15. Jahrhundert stammen. – Schubert wohnte im Hause des Berggerichtsadvokaten Dr. Albert Schellmann senior, geboren in Steinbach (Oberösterreich) 1759, aber nicht im ersten Stockwerk des Hauses am Hauptplatz (jetzt Nr. 34), sondern im zweiten, wo auch Schellmanns Neffe Stadler mit seiner Mutter lebte. Schellmann hatte drei Söhne und acht Töchter, von denen fünf zu Hause lebten. Die anderen drei der von Schubert erwähnten „acht Mädchen" waren die Töchter des Kreiskommissärs Weilnböck, die neben Stadlers wohnten und deren eine, Antonie, Stadlers Frau geworden ist. (Die Adoptivtochter Dr. Franz Xaver Kruglugers, die 1812 in Steyr geborene Karoline Eberstaller, die ebenfalls in Schellmanns Hause wohnte, rühmte sich im hohen Alter, Schuberts Freundin gewesen zu sein.) Da Schubert das einzige Klavier des Hauses in sein Zimmer nahm, mußten die Mädchen während dieser Zeit dem Tanze entsagen. – Der Eisenhändler Josef v. Koller, geboren 1780 in Steyr, wohnte am Hauptplatz, jetzt Nr. 11, mit Frau und Tochter. Fräulein Josefine, geboren 1801, spielte Klavier und sang. Mit Stadler im Bunde führten die vier dort einmal den „Erlkönig" mit verteilten Stimmen auf: Schubert sang den Vater, Josefine das Kind, Vogl den Erlkönig, und Stadler saß am Klavier. – Es ist nicht bekannt, was der beigelegte Brief enthielt; vielleicht einen Glückwunsch zu Therese Grobs Verlobung (siehe 21. November 1820). – Das Stabat Mater, das wohl in der durch Bruckner bekannten, aus dem 15. Jahrhundert stammenden Stadtpfarrkirche hätte aufgeführt werden sollen, dürfte das deutsche in f-Moll gewesen sein, das 1816 auf einen Text von Klopstock geschrieben wurde (D. 383). – Ferdinands Schuberts Sohn Ferdinand Heinrich war am 26. Juni 1819 geboren worden.

Kantate

[Zum Geburtstag Johann Michael *Vogls*, den 10. August 1819, in Steyr von *Schubert* komponiert (D. 666)]

Sänger, der vom Herzen singet
und das Wort zum Herzen bringet,
bei den Tönen deiner Lieder
fällt's wie sanfter Regen nieder,
den der Herr vom Himmel schickt,
und die dürre Flur erquickt.

Diese Berge sah'n dich blühen,
hier begann dein Herz zu glühen,
für die Künstlerhöh'n zu schlagen,
die der Wahrheit Krone tragen;
der Natur hast du entwandt,
was die Kunst noch nicht verstand.

Da saht ihr Oresten scheiden,
Jakob mit der Last der Leiden,
saht des Arztes Hoffnung tagen,
Menschlichkeit am Wasserwagen,
saht, wie man sich Linen sucht,
Bräute holt aus Bergesschlucht.

In der Weihe deiner Würde
stehst du, aller Sänger Zierde,
auf Thaliens Tempelstufen,
hörst um dich des Beifalls Rufen;
doch ein Kranz, ein Sinngedicht
ist der Lohn des Künstlers nicht.

Wenn dich einst in greisen Tagen
deines Lebens Mühen plagen,
willst du nicht zur Heimat wandern?
Laß die Helden einem Andern,
nur von Agamemnons Sohn
trag die treue Brust davon.

Gott bewahr' dein teures Leben
heiter, spiegelklar und eben,
wie das Tönen deiner Kehle
tief herauf aus voller Seele;
schweigt dann einst des Sängers Wort,
tönet doch die Seele fort.

Albert Stadler.

Die Kantate wurde von Josefine v. Koller, Bernhard Benedict, einem Sänger aus Steyr, und Schubert im Hause Koller vorgetragen. Die ersten zwei Zeilen von Stadlers Gedicht erinnern an das etwa um die gleiche Zeit formulierte Motto von Beethovens *Missa solemnis*: „Von Herzen, möge es wieder zu Herzen gehn!" Beide Sätze scheinen irgendwo entlehnt zu sein. – Die dritte Strophe spielt auf einige der besten Opernpartien Vogls an: den Orest in Glucks „Iphigénie en Tauride", den Jakob in Méhuls „Joseph", den Regimentsarzt Berg in Gyrowetz' „Augenarzt", den Savoyarden Micheli in Cherubinis „Deux Journées" („Der Wasserträger"), den Jakob Friburg in Weigls „Schweizerfamilie" (Line ist die dort gebrauchte Koseform für Emeline). – Es ist zu beachten, daß Vogls Geburtstag und nicht sein Namenstag (Michael am 29. September) gefeiert wurde, zweifellos, weil dieser nicht in die Ferien fiel.

12. August 1819: Das Schulinspektorat informiert das Konskriptions-Amt, daß Schubert als Lehrgehilfe in der Roßau angestellt ist. Schubert war wohl nur mehr Titularschulgehilfe. Auch die Reise nach Oberösterreich wäre kaum möglich gewesen, wenn er noch in der Schule tätig gewesen wäre.

Schubert an Mayrhofer

Linz, den 19. August 1819.

Lieber Mayrhofer!

Wenn es dir so gut geht, wie mir, so bist du recht gesund. Ich befinde mich gegenwärtig in Linz, war bei den Spauns, traf Kenner, Kreil und Forstmayer, lernte Spauns Mutter kennen und den Ottenwald, dem ich sein von mir componirtes Wiegenlied sang. In Steyr hab ich mich und werd' mich noch sehr gut unterhalten. Die Gegend ist himmlisch, auch bey Linz ist es sehr schön. Wir, d. h. Vogl und ich, werden nächster Tage nach Salzburg reisen. Wie freu' ich mich nach . . . Den Überbringer dieses Briefes, einen Studenten von Kremsmünster, Namens Kahl, welcher durch Wien nach Idria zu seinen Eltern reist, empfehle ich dir sehr, und bitte dich, ihm durch die Tage, die er

hier zubringt, mein Bett zu überlassen. Überhaupt wünsche ich, daß du dich seiner freundschaftlich annimmst, denn er ist ein sehr braver, lieber Mensch.
Die Frau v. S[anssouci] lasse ich herzlich grüßen. – Hast du schon was gemacht? Ich will's hoffen. – Vogl's Geburtsfest feyerten wir mit einer von Stadler gedichteten und von mir componirten Cantate, die recht gut ausfiel. Jetzt lebe wohl bis auf den halben September.

Dein
Freund
Franz Schubert.

Hr. v. Vogl läßt dich grüßen.
Grüße mir den Spaun.

Mayrhofer war 1818/19 ernstlich krank. – Schubert kam von Steyr zum ersten Mal nach Linz, der Hauptstadt Oberösterreichs, wo er gute Freunde hatte und neue finden sollte. – Josef Kenner, geboren in Wien 1794, zuerst im Kremsmünster, dann im Wiener Konvikt erzogen, war seit Mitte 1816 Beamter beim Magistrat in Linz. Er war zeichnerisch und lyrisch begabt und heiratete später Anna, die Schwester der Brüder Kreil. Unter Kreil kann hier Karls Bruder Franz Sales (später Ritter v.) Kreil gemeint sein, der Staatsbeamter war. – Ottenwalt heiratete im November 1819 Marie v. Spaun. – Die Absicht, von Linz nach Salzburg weiterzureisen, haben Vogl und Schubert damals nicht ausgeführt. – Philipp Kahl aus Idria (Krain) war bis dahin im Konvikt zu Kremsmünster gewesen. – Wonach Schubert fragt, ist wahrscheinlich ein neues Libretto von Mayrhofer; denn „Die Freunde von Salamanka“ und wahrscheinlich auch das Fragment „Adrast“ hatte Schubert schon früher komponiert. – Der am Ende genannte Spaun ist Josef.

Aus Pater Beda Planks Tagebuch

[Kremsmünster, 26. August 1819]

H. Vogl Opernspieler von Wien mit H. Schubert Musikkomposit[eur]

Beda Plank war Regenschori und Rentmeister des Stiftes Kremsmünster, das Schubert mit Vogl an diesem Tage besuchte. – Mitgeteilt von P. Altman Kellner, Kremsmünster, aus dem dortigen Archiv. Vgl. 27. Mai und 16. September 1825. – Adalbert Stifter, der später mit der Gräfin Anna Revertera, geb. v. Hartmann, befreundet wurde, war 1818 bis 1826 Schüler im Stift Kremsmünster und gab Kollers Sohn um 1825 Nachhilfe dort und in Steyr.

Albumblatt von Schubert und Vogl für Katharina Stadler

Steyr, den 14. September 1819.

Genieße stets der Gegenwart mit Klugheit, so wird Dir die Vergangenheit eine schöne Erinnerung und die Zukunft kein Schreckbild sein. [Franz Schubert]

In der Freunde Herzen leben,
Was kann's hiernieden Schön'res geben?

[J. M. Vogl]

Die beiden Albumblätter sind offenbar zum Abschied für Albert Stadlers Schwester geschrieben worden, nachdem Vogl und Schubert Steyr ein zweites Mal aufgesucht hatten. – Grove zitiert als Parallele zu Schuberts (eigenem?) Gedanken eine englische Eintragung, die Mozart (als Zitat?) in das Album eines Wiener Freimaurers 1787 geschrieben hatte: „Patience and tranquillity of mind contribute more to cure our distempers as [than] the whole art of medicine“ (Nationalbibliothek, Wien).

Salieris Zeugnis für Schubert

Daß Hr. Franz Schubert die Tonsetzkunst vollständig erlernet, und bereits sowohl für die Kirche als für das Theater sehr gute Kompositionen geliefert hat; und daher, sowohl in Rücksicht seiner gründlichen Kenntnisse als in Rücksicht seines moralisch guten Charakters, für jede Kapell-Meisterstelle vollkommen geeignet ist, wird hiermit zu seinem Lobe bestätiget.

Wien den 21. September 1819. Ant. Salieri,
k. k. Hofkap[ll] Meister.

Dieses Zeugnis, kurz nach einem ähnlichen für Anselm Hüttenbrenner (23. Mai 1819) von Salieri verfaßt, scheint keinem unmittelbaren Zwecke gedient zu haben. Es ist möglich, daß Salieri um diese Zeit mehrere seiner Schüler mit solchen Attesten ausgestattet hat, oder daß die beiden Kollegen gleichzeitig solche für die Zukunft erbeten hatten. (Vgl. 7. April 1826.)

Holzapfel an Stadler in Steyr

Wien, 14. November 1819.

... Daß Ihr, Du, Schubert, Vogl, Paumgartner etc. ein freudiges Leben geführt habt, – – wird man Euch wohl aus Euren Gesichtern angesehen haben.

Sylvester Paumgartner, der hier zum ersten Male genannt wird, war der Musikmäzen von Steyr. Geboren um 1763, Hauptgewerk-Vizefaktor, war Liebhaber des Blasinstrumenten- und Cellospiels und hatte in seinem Hause auf dem Hauptplatz (jetzt Nr. 16) im zweiten Stockwerk einen Musiksalon eingerichtet mit symbolischen Emblemen (jetzt beim Wiener Schubertbund), Bildnissen von Musikern, zahlreichen Instrumenten und einer reichen Notensammlung. Dort fanden regelmäßig Veranstaltungen statt, etwa vergleichbar den Sonnleithner-Abenden in Wien. Er hatte in diesem Jahre das Forellen-Quintett bestellt, dessen Cello-Part er allerdings nicht völlig bewältigte.

Vermerk auf dem verschollenen Manuskript der Ouvertüre für Klavier zu vier Händen in F-Dur op. 34 (D. 675), November 1819

Im November in Herrn Josef Hüttenbrenner's Zimmer im Bürgerspital innerhalb drei Stunden geschrieben und darüber das Mittagmahl versäumt.

Schubert hatte zuvor mit Josef Hüttenbrenner eine Ouvertüre von Beethoven vierhändig gespielt, angeblich in der selben Tonart (F-Dur), aber eine solche gibt es nicht. Die Einleitung von Schuberts Ouvertüre ist jedoch in f-Moll, der Tonart der Egmont-Ouvertüre, geschrieben. „Bürgerspital" war der Name eines Hauses, in dem Hüttenbrenner ein Zimmer hatte.

19. November 1819: Erste Aufführung des Quartetts für Männerstimmen „Das Dörfchen" (D. 809) bei Ignaz Sonnleithner, gesungen von Josef Barth, Josef Götz, Wenzel Nejebse und Johann Karl Umlauff. – Josef Barth, geboren in Großlippen (Böhmen) 1781, war 1807 als Beamter des Fürsten Josef zu Schwarzenberg nach Wien gekommen und sang Tenor in der Hofkapelle. – Josef Götz, 1784 in Krumau (Böhmen [heute Český Krumlov, Tschechoslowakei]) geboren, seit 1812 ebenfalls Beamter des Fürsten Schwarzenberg in Wien, war Bassist in der Hofkapelle und in der zweiten Hälfte des Jahres 1821 am Kärntnertor-Theater engagiert (der Bartolo in Rossinis „Barbiere" war seine beste Rolle). Er starb schon 1822 an einer „geheimen Krankheit". Er schrieb auch Lieder. – Wenzel Nejebse, 1796 in Karlstein (Böhmen) geboren, war Staatsbeamter, zuerst bei der Zensur, dann bei den Staatskassen; er sang Baß. – Johann Karl Umlauff (später Ritter v. Frankwell), geboren in Mährisch-Schönberg (heute Šumperk, Tschechoslowakei) 1796, ein angehender Richter, seit 1816 in Wien, sang Tenor und spielte Gitarre; er hatte bei Vogl singen gelernt und blieb nur bis zum Sommer 1821 in Wien.

25. November 1819: Anton Ottenwalt heiratet Marie v. Spaun in Linz.

Graf Moritz Dietrichstein an Fürst Trauttmansdorff

(Bericht und Vorschläge über Verbesserungen im Hofsängerknaben-Konvikt)

... daß den Knaben die Zeit, nebst dem Gesang, auch noch |: je nachdem ihr Talent sich äußert:| Violine oder Klavier zu lernen gegönnt, und womöglich die vorhin stattgehabten musikalischen Abend-Übungen wieder eingeführt würden.
Auf diese Weise dürfte dann die Hofmusikkapelle wieder hoffen, brauchbare und ausgezeichnete Chorknaben, wie früher Maurer, Wild, Schubert, Payer u: a: m: waren, zu erhalten, und selbst für die Opernbühne würde in der Folge dem so tief gefühlten Mangel an guten Sängern, durch eine zweckmäßige, hinreichende und vollendete Bildung der Chorknaben zu tüchtigen Tenoristen oder Bassisten abgeholfen werden können ...

Wien, den 27. November 1819.

Gefunden von Ignaz Weinmann in den Hofmusikkapell-Akten der Staatsarchivs, Wien. – Nur von Franz Wild, dem Sänger, ist es bekannt, daß er das Stadtkonvikt besucht hat; nicht aber von Franz Anton Maurer oder von Hieronymus Payer, wenn diese gemeint waren.

23. Dezember 1819: Karl Johann Nepomuk Schröckinger stirbt in Wien.

25. Dezember 1819: Schubert und die Brüder (Anselm, Heinrich und Josef) Hüttenbrenner folgen dem Sarg auf den Währinger Friedhof.

1820

Musik zu dem Melodram „Die Zauberharfe" (3 Akte, Hofmann) (D. 644), 1819 bis 1820
Osterkantate „Lazarus" (der erste und ein Teil des zweiten Akts erhalten) (D. 689), Februar
Lied „Frühlingsglaube"
Streichquartettsatz in c-Moll (D. 703), Dezember
Psalm 23 für Frauenstimmen (D. 706), Dezember
Lied „Der zürnenden Diana", Dezember

Aus Perths Tagebuch vom 2. März 1820

[Über eine musikalische Unterhaltung bei Anton v. Pettenkofer]
8. Ouvertüre von Schubert.

Wahrscheinlich wieder die Ouvertüre in e-Moll.

Bericht des Polizei-Oberkommissärs Leopold v. Ferstl an den Polizeipräsidenten Josef Graf Sedlnitzky vom März 1820

Rapport ... über das störrische und insultante Benehmen, welches der in dem burschenschaftlichen Studentenvereine mitbefangene Johann Senn, aus Pfunds in Tyrol gebürtig, bey der angeordneter massen in seiner Wohnung vorgenommenen Schriften-Visitation und Beschlagnahme seiner Papiere an den Tag legte und wobey er sich unter andern der Ausdrücke bediente, *„er habe sich um die Polizey nicht zu bekümmern", dann die*

Regierung sey zu dumm, um in seine Geheimnisse eindringen zu können. Dabey sollen seine bey ihm befindlichen Freunde, der Schulgehilfe aus der Roßau Schubert, und der Jurist Steinsberg, dann die am Ende hinzugekommenen Studenten, der Privatist Zechenter aus Cilly, und der Sohn des Handelsmannes Bruchmann, Jurist im 4. Jahre, in gleichem Tone eingestimmt, und gegen den amthandelnden Beamten mit Verbalinjurien und Beschimpfungen losgezogen seyn. Hievon macht der Pol.Ob.Coar. die amtliche Anzeige, damit dieses exzessive und sträfliche Benehmen derselben gehörig geahndet werde. Die P.O.D. [Polizei-Oberdirektion] bemerkt hiebey, daß bey der Konstituierung des Senn auf diesen Rapport Bedacht werde genommen werden; übrigens würden jene Individuen, welche sich beym Besuche des Senn grob gegen den P.O.Coar. benommen haben, vorgeruffen und mit strenger Warnung bedroht, auch der Hofsekretär Steinsberg sowie der Handelsmann Bruchmann von dem Benehmen ihrer Söhne unterrichtet werden.

Zum Verständnis dieser Akte ist zu sagen, daß nach der Ermordung des absolutistisch gesinnten Dramatikers August v. Kotzebue durch den Studenten Karl Ludwig Sand (1819) auf Grund der sogenannten Karlsbader Beschlüsse das Studentenwesen in Deutschland von der Polizei scharf beobachtet wurde. Alle burschenschaftlichen Verbindungen waren verdächtig. Über Prag machte sich der Einfluß deutscher Studenten auch in Österreich fühlbar. Aber alle Untersuchungen führten zu keinem Resultat. Johann Senn, Schuberts Konviktskollege, war eines der ersten und am schwersten bestraften Opfer der neuen Maßnahmen des österreichischen Polizeidirektors Josef Graf Sedlnitzky. Dieser hatte 1819 an den Oberstburggrafen (Statthalter) in Prag geschrieben: „Die Ausbrüche des bösen Geistes im Ausland gebieten uns, Sorge zu tragen, damit unser Staat vor den Greueln des politischen Fanatismus bewahrt bleibe.“ Leopold Ferstl, Kommissär bei der Polizei-Oberdirektion, handelte im Geiste Sedlnitzkys. Dieser berichtete am 29. März 1820 (Staatsarchiv, Wien) an den Kaiser über die „Nachahmung des deutschen Burschenwesen durch einige Studenten der Wiener Universität“: „Die Namen der bekannten Teilnehmer liegen in einem eigenen Verzeichnis bei; ihre Anzahl wird sich wahrscheinlich noch vermehren. Sie wurden vorläufig den hiesigen Studien-Direktoren durch die Polizei-Oberdirektion zur Darnachhaltung bekannt gemacht.“ (Liste fehlt.) Senn hatte sich (wie sein Zögling Anton Freiherr v. Doblhoff-Dier) durch die Teilnahme an Zusammenkünften in einem Gasthaus verdächtig gemacht, die Folge davon war eine Haussuchung. Dabei waren die genannten Freunde anwesend, Schubert aber kann kaum zu den Besuchern jenes Lokals gehört haben. Daß er, und nicht etwa sein Bruder Ignaz, unter dem „Schulgehilfen“ gemeint ist, ergibt sich aus der Gesellschaft, zu der Ignaz keine Beziehung hatte. Streinsberg, der in der Akte Steinsberg geschrieben ist, ist durch seinen Vater, den Hofsekretär bei der Allgemeinen Hofkammer, Josef Edler v. Streinsberg, identifiziert. Zechenter ist wahrscheinlich der spätere Gatte von Schobers Schwester Sophie, Johann Ignaz, der allerdings in Seitenstätten (Niederösterreich) geboren war, in Kremsmünster studiert hatte und Geometer wurde. Franz Seraph Ritter v. Bruchmann, geboren 1798, war der Sohn des aus Köln eingewanderten Großhändlers Johann Christian v. Bruchmann und durch Streinsberg mit Schubert bekannt geworden. In seinem „Selbstbekenntnis“, 1827 für Senn geschrieben (veröffentlicht Innsbruck 1930), spricht Bruchmann nur andeutungsweise über dieses Ereignis: „Nach einer stürmisch hingebrachten Nacht, in der wir uns sorglos der Freude überließen, und keine Ahndung des bevorstehenden Unheils hatten, wurden Sie am frühen Morgen aus unserer Mitte gerissen, in die Sie nie mehr zurückkehrten.“ Senn blieb 14 Monate in Untersuchungshaft, wurde dann nach Tirol abgeschoben, seine Karriere war zerstört. Er wurde zuerst Schreiber bei einem Advokaten, dann Soldat, Lehrer an einer Kadettenschule, endlich 1828 bis 1832 Offizier. Er sah Schubert niemals wieder, aber – laut einem Briefe Schwinds an Schober – träumte er von ihm einmal im Jahre 1830. Senn war ein bedeutender Lyriker; sein Gedicht „Der rote Tiroler Adler“ (Krieg gegen Napoleon 1809) wurde berühmt. – Mayrhofer und Leopold Kupelwieser hatten mit dieser Affäre, wie behauptet worden ist, nichts zu tun. Auch die Verhaftung einiger Schweizer und einiger preußischer Studenten in Wien um die selbe Zeit war ohne Zusammenhang damit, obzwar der in die preußische Affäre verwickelte Gustav Ignaz Graf Chorinsky 1825 in einem Briefe von Bruchmann an Senn als Überbringer erwähnt ist – Schubert kam bei der Sache mit einem blauen Auge davon. In Sedlnitzkys Dekret an die Polizei-Oberdirektion vom 25. März 1820 sind neben Senn nur mehr Bruchmann und Streinsberg genannt.

Namenstagslied

[Zum Namenstage Josef v. Kollers, dem 19. März 1820, für dessen Tochter Josefine von Schubert komponiert (D. 695)]

Vater, schenk' mir diese Stunde,
hör' ein Lied aus meinem Munde!
Dir verdank' ich das Gelingen,
meine Wünsche heut' zu singen,
denn du hast mit güt'ger Hand
mir den Weg dazu gebahnt.

O, laß diese Hand mich küssen!
Sieh' des Dankes Thräne fließen!
Denn sie hat mir mehr gegeben
als Gesang: ein schönes Leben;
und mit kindlich frohem Blick
dank ich dir des Lebens Glück.

Himmel, sende deinen Segen
dem verehrten Mann entgegen!
Strahle ihm, des Glückes Sonne!
Schäum' ihm über, Kelch der Wonne,
und von Blumen, voll der Pracht
sei ein Kranz ihm dargebracht.

Diesen Kranz in deinen Haaren
möge Gott uns stets bewahren,
und ich fleh's mit nassen Blicken:
noch ein zweiter soll dich schmücken,
blau und golden, denn hier spricht
jeder Mund: Vergißmeinnicht!

Albert Stadler.

Schuberts Manuskript ist von Ludwig v. Köchel, dem früheren Eigentümer, datiert: Steyr, Mitte März 1820. Es ist aber nicht dort geschrieben worden. Stadler, der die Singstimme herausschrieb, begleitete Fräulein v. Koller.

Über- und Unterschrift der Antiphonen zur Palmweihe (D. 696), März 1820

1820. Frz. Schubert . . . Im k. k. Waisenhause.

Schubert hat dieses Werk offenbar vor dem 28. März im Waisenhaus, das heißt bei seinem Bruder Ferdinand, geschrieben, der eben Regenschori in der Kirche der westlichen Vorstadt Alt-Lerchenfeld geworden war. Ferdinand stieß zunächst auf Widerstand bei den ansässigen Musikern, und Schubert half ihm, offenbar auch am nächsten Sonntag, sich dort durchzusetzen. Ferdinand wurde 1821 Lehrer in dieser Vorstadt und übersiedelte dorthin ins Schulhaus. Die Kirche „Zu den sieben Zufluchten" erhielt damals eine neue Orgel von Christoph Erler.

4. April 1820: Schubert dirigiert am Ostersonntag Haydns sogenannte „Nelson-Messe“ in der Alt-Lerchenfelder Kirche. – Diese Messe in d-Moll war anläßlich Nelsons Aufenthalt in Eisenstadt dort im September 1800 aufgeführt, aber bereits im Juli und August 1798 komponiert worden. Die Nachricht von Nelsons Sieg bei Aboukir kam erst Anfang September 1798 nach Wien.

Aus einem Grazer Konzertprogramm vom 7. April 1820

(Große musikalische Akademie, von Eduard *Jaëll* mit mehreren Mitgliedern des steiermärkischen Musikvereines im Redoutensaal veranstaltet.)
I. Abteil. Nr. 1. Neue Ouvertüre von Herrn Franz Schubert.

Der Redoutensaal ist im Landständischen Theater gelegen. – Die Ouvertüre war wohl wieder die in e-Moll, die letzte, die Schubert als Einzelstück geschrieben hat. Dies war die erste Aufführung eines Werkes Schuberts außerhalb Wiens.

13. April 1820: Haydns „Schöpfung“ wird bei Pettenkofer aufgeführt, wahrscheinlich unter Mitwirkung Schuberts.
Frühjahr 1820: Plan einer Aufführung der Kantate „Prometheus“ im Augarten unter Schuberts Leitung; nach erfolglosen Proben von ihm selbst abgesagt. – Der Augarten ist ein zu einem kaiserlichen Sommerschloß, der Alten Favorita, gehöriger öffentlich zugänglicher Park in der Leopoldstadt, in dem schon zu Mozarts Zeiten im Frühjahr am Sonntagmorgen Konzerte stattfanden.

Ottenwalt an Josef v. Spaun in Wien

Linz, 3. Mai 1820.

Du mußt das so gar selten erklingende Klavier bei manchem Schubertischen Lied erklingen lassen.

Spaun wurde erst im Herbst 1821 nach Linz versetzt.

Programm des Wiener Hofoperntheaters

Neue Posse mit Gesang.
Heute Mittwoch, den 14. Juni, wird in den beiden Hoftheatern aufgeführt werden:
(*Im Theater nächst dem Kärntnertore.*)
Von den k. k. Hof-Operisten:

Zum ersten Male:
Die Zwillingsbrüder.
Posse mit Gesang in einem Aufzuge.
Die Musik ist von Herrn Franz Schubert.

Personen:

Der Schulze	Hr. Meier
Lieschen, dessen Tochter	Dlle. Vio
Anton	Hr. Rosenfeld
Der Amtmann	Hr. Gottdank
Franz Spieß, Friedrich Spieß } Invaliden	Hr. Vogl
Landleute.	

(Das Stück spielt in einem Dorfe am Rhein.)

Nachher:

Die zwei Tanten, oder: *Ehemals und Heute.*

Komisches Ballet in zwei Aufzügen, von der Erfindung des Hrn. Aumer, Balletmeister der k. k. Hoftheater.
Die Musik ist von Hrn. Kapellmeister Gyrowetz.

. . . .

Die Violin-Solis wird Herr Mayseder zu spielen die Ehre haben.
Die Freibillette sind heute ungiltig.
Der Anfang ist um 7 Uhr.

Das war das erste größere Werk, das von Schubert aufgeführt wurde. Der Text von Georg Edlem v. Hofmann (geboren 1771) hatte Schubert nicht besonders angesprochen. Er soll übrigens (siehe 17. Juni 1820) nach einer französischen Vorlage geschrieben worden sein. Das würde mit der Tatsache übereinstimmen, daß Hofmann, der Nachfolger Treitschkes als Operndichter des Kärntnertor-Theaters, mit Josef v. Seyfried noch um 1835 Libretti aus dem Französischen übersetzt hat. Er verfaßte auch einige Libretti für Gyrowetz und Weigl, für Schubert noch das Melodram „Die Zauberharfe" und soll 1826 die Nummern für das angebliche Probewerk Schuberts am Kärntnertor-Theater beigestellt haben (Affäre mit Nanette Schechner). – Die Theaterzettel umfaßten damals, auf doppelter Breite, beide Hoftheater, also auch das Programm der Schauspielaufführungen des Burgtheaters. –Meier ist wahrscheinlich Friedrich Sebastian Meyer (Meier oder Mayer), geboren 1773 in Benediktbeuren (Bayern), Mozarts posthumer Schwager, Sänger (Baß) und Schauspieler, zuerst am Freihaus-Theater und im Theater an der Wien (der Pizarro von 1805), dann am Kärntnertor-Theater engagiert, ein großer Händel-Verehrer, der noch sein Abschiedskonzert am 1. Mai 1828 mit Händel-Fragmenten bestritt. – Betty (Elisabeth) Vio, geboren 1802 in Wien, die Nichte des Theaterdirektors Wilhelm Vogel, war seit Mitte 1819 am Kärntnertor-Theater engagiert, vom Frühjahr 1824 an am Theater an der Wien. – Viktor Rosenfeld, geboren in Prag 1790, war seit 1815 an der Hofoper tätig und ging bald nach Dresden. – Josef Gottdank, geboren 1779, war zuerst am Theater an der Wien gewesen und seit 1806 an der Hofoper, wo er später Regisseur wurde. – Mayseder war 1816 Konzertmeister der Hofkapelle geworden und fungierte jetzt auch als Solist in den Hoftheatern.

Aus dem Reisetagebuch Wolfgang Amadeus Mozarts des Jüngeren

Wien, 14. Juni 1820.

Abends sah ich im Kärntnertor-Theater eine kleine Operette: Die Zwillingsbrüder, mit Musik des Herrn Schubert, eines Anfängers. Die Komposition hat recht hübsche Sachen, ist aber ein wenig zu ernst gehalten.

Mozarts jüngster Sohn, geboren in des Meisters Todesjahr, der auch Wolfgang Amadeus hieß, Pianist und Komponist, war 1819 bis 1822 auf Reisen, später Musikdirektor in Lemberg (heute Lwów, Polen). Zwei Freunde Schuberts erscheinen in seinem Stammbuch: Johann Baptist Jenger trug sich in Graz am 8. Juli 1820 ein, Josef v. Spaun bei seiner Abreise von Lemberg am 18. April 1826.

Aus Josef Karl Rosenbaums Tagebuch vom 14. Juni 1820

K.-Th. Zum 1tenmal: *Zwillingsbrüder.* Posse 1 A. v. Hoffmann, Mus. v. Schubert – 2 *Tanten* . . . Ins K.-Th. Die Operette hat nichts Empfehlendes, doch Schuberts Freunde machten viel Lärm, die Gegen-Partei zischte – am Ende stürmte man, bis der Vogl erschien, und sagte „Schubert ist nicht zugegen, ich danke in seinem Namen".

Josef Karl Rosenbaum, geboren 1770, wurde 1825 Sekretär des Grafen Karl Esterházy. Er hatte die Opernsängerin Marie Therese v. Gassmann geheiratet, eine Schülerin Salieris, die mit Haydn befreundet gewesen war. – Schubert befand sich mit Anselm Hüttenbrenner wie gewöhnlich auf der letzten Galerie und war nicht dazu zu bewegen, Anselms Frack gegen seinen alten „Kaputrock" auszutauschen, um sich verbeugen zu können. Er hörte Vogls Dank lächelnd an und ging dann mit Freunden ins Weinhaus des Achatius Lenkay in die Liliengasse (nahe dem Stefansdom), wo man ein paar Seidel „Nessmüller" (billiger ungarischer Wein) auf den Erfolg trank (vgl. Februar 1825).

Aus dem Einnahmenbuch des Kärntnertor-Theaters vom 14. Juni 1820

Abend Einnahme von Opern und Ballets
Jour Art 676
14t Juni 820
Die Zwillingsbrüder. *Die beiden Tanten*
fl 615 kr – –

Aus der Wiener „Allgemeinen musikalischen Zeitung" vom 17. Juni 1820

K. k. Hofopern-Theater. Am 14. Juni zum ersten Male: *Die Zwillingsbrüder*, Posse mit Gesang in einem Aufzuge, Musik von Herrn *Franz Schubert* . . . Wie die ersten Jahre des Lebens das ganze Wesen eines Menschen bestimmen, über Glück und Unglück des Daseins entscheiden, so vielmals, denn man weiß und kennt Ausnahmen, geben die ersten Schritte des Jüngers auf der Kunstbahn, sein erstes Gelingen oder Mißlingen der langen Reihe nachfolgender Jahre eine feste Richtung, fördern oder hemmen seinen Lauf. Der Kritiker ist also auch verbunden, in solchen Fällen um so mehr jedes Wort zu wägen und der zarten Blüte nicht wehe zu tun, als ihm zu einem erschöpfenden Urteile Zeit und Gelegenheit mangeln, und es schwer ist, Töne, die nur einmal flüchtig vorüber gerauscht, durch das Gedächtnis so zu fesseln, daß sie den Operationen der Urteilskraft unterworfen werden können; noch ein anderer Umstand tritt hier ein, es handelt sich hier um vaterländische, einheimische Kunst, und dies allein gebietet Rücksichten. Wir wollen also hier unsere Ansicht offen, doch mit Schonung niederlegen; wie wir es sagen, schien es uns *faciant meliora potentes.* Herr *Schubert*, um den es sich hier hauptsächlich handelt, war uns nur bisher durch einige verdienstvolle Romanzen bekannt; von seiner Oper, die er bescheiden unter dem Titel: Posse erscheinen läßt, wurde zwar schon Ende 1818 gesprochen, doch bekamen wir sie trotz mächtiger Verwendung erst jetzt zu Gesichte. Sie beurkundet ihren Verfasser als einen talentvollen Kopf, voll Kraft und Erfindungsgabe, ein Hauptvorzug, da sich alles andere *erringen* läßt; sie beweiset aber zugleich, daß Herr *Schubert* mehr Fähigkeit zum Tragischen als zum Komischen hat, daher wir ihm sehr raten, das erstere Fach für jetzt wenigstens zu wählen. Die Musik der Zwillingsbrüder hat viel Originalität, manche interessante Partien und ist deklamatorisch richtig; darin liegt aber der Flecken des Werkes, daß die Empfindungen einfacher Landleute in einem komischen Sujet viel zu ernsthaft, wir möchten sagen schwerfällig aufgefaßt sind. *Medium tenuere beati.* Ebensowenig man zugeben kann, daß Helden Polonaisen singen und in Rouladen weinen, ebensowenig kann man gestatten, daß in der leichten Operette die Leidenschaften tragisch aufgefaßt werden. Wir wollen hier von den deutschen Tondichtern und *Mozart*, diesem Muster der *romantischen* und *einzig wahren* Musik, gar nicht sprechen, aber wenn wir auch die Franzosen als Beispiel aufstellten, so wird man doch in Méhuls Beiden Füchsen einen gewaltigen Abstand von seinen größern Arbeiten, in *Cherubinis* Meisterwerke Die Tage der Gefahr eine ganz andere Komposition als in seiner *Medea* finden. Die komische Musik duldet, scheint uns, gar nicht, daß man sich so sehr an die Worte binde, und den Schmerz z. B. gar nicht nenne, ohne zu einer Modulation seine Zuflucht zu nehmen; und beide Arten, die hohe wie die leichtere Musik, fordern Ründung in den Stücken, deren jedes seine Exposition, seine Ver- und seine Entwicklung haben muß, wie die Szenen eines Bühnenspieles, siehe hierüber *Mozarts* Opern. Herr *Schubert* ist an die Einzelnheiten des Textes zu sehr gefesselt, was ihn und den Zuhörer rastlos durch Modulationen jagt und keinen Ruhepunkt gestattet; er will die Worte durch Töne ausdrücken, statt den Charakter der *ganzen* Rede durch den Charakter des *ganzen Stückes* zu malen, was doch, wie *Mozart* beweiset, das einzige Mittel ist, der Kunst höchstes Ziel zu erreichen und ihre größte Schwierigkeit zu besiegen, indem man regelrechte, geründete Stücke verfaßt und doch *durch das Ganze* die Empfindung hervorbringt, die man soll. Hierzu hat sich Herr *Schubert* durch das löbliche Bestreben, seine eigene Bahn zu wandeln, zu weit führen lassen und die gewöhnlichen Endformeln der Stücke zu sehr beseitigt. Soll denn ein Brief nicht originell sein, weil man unten liest: *Ich bin Ihr Diener!* Dieser Gewohnheit, welche uns schnell endende Piecen abgehackt erscheinen macht, hat der genialste der lebenden Tondichter, *Beethoven*, vielleicht am meisten gehuldigt; ist er darum weniger ein Urgeist? Überhaupt muß man sogar den Schein vermeiden, daß man originell sein will, man muß es sein. Was nun auch vielfach die oft unvorbereiteten und daher harten Modulationen noch schneidender erscheinen macht, ist die zu zerstreute Instrumentierung. Mögen die Saiten- oder Blasinstrumente, welche Figur, welchen Nebengesang sie immer wollen, verfolgen, der eine oder der andere Teil muß den Faden der Harmonien halten und nicht auslassen, bis ihn der andere aufnimmt, und Einheit herrsche im Ganzen. Dieser Mangel war vorzüglich in der Ouvertüre (D-Dur) bemerkbar. Die darauf folgende Introduktion in B-Dur (Chor mit Tenor-Solo) ist melodisch und harmonisch zugleich, sie wurde auf allgemeines Verlangen wiederholt; was indessen der ein paarmal gerade vor der Kadenz vorkommende und sich sogleich wieder auflösende Moll-Akkord soll, begreifen wir nicht; uns schien er bloß sonderbar. Im Duett (einige Takte G-Dur, dann bis zum Ende Es-Dur) sind die Stimmen künstlich gesetzt, doch wohl auch der Modulationen zu viel. Dasselbe kann man von der Sopran-Arie in G-Dur sagen, die ein pikantes Motiv hat, aber ganz der Ruhe entbehrt; in Strophen gearbeitet hätte sie mit dem Refrain gewiß viel mehr gefallen. Des Seemanns recht brave Arie in C-Dur wird kaum gefaßt, als sie schon schließt; sie kommt zu plötzlich, um gehörig begriffen zu werden. Das Quartett in B-Dur gab Stoff zu Kanons und andern kontrapunktischen Wendungen; so wurde es indessen nicht benützt, aber es hat Ruhe und Einheit und gefiel. Das letztere gilt auch von dem Terzette in E-Dur, was kräftig und bezeichnend ist. Des sanftern Spießes Eintritts-Arie hat treffliche Partien, die aber, vom Tonsetzer anders dargeboten, noch mehr ergriffen hätten. Von dem Chore in D ist wenig, vom Finale nichts zu sagen und so hätten wir, wenn das Gedächtnis getreu war und keine Nummer ausgelassen hat, unsere Analyse vollendet und dem Verfasser einen Beweis unserer Aufmerksamkeit dadurch gegeben. Der Stoff ist nach einem französischen Vaudeville, wir glauben *les deux Valentins*, haben es aber nicht zur Hand, um es bestimmter sagen zu können. Er hat nichts Neues, wenig Gutes, einige derbe Späße und manche Längen. Die Darstellung ging gut; Herr *Rosenfeld* und Dlle. *Vio* zeichneten sich durch Spiel und Gesang aus. Herr *Vogl* gab die beiden Spieße echt künstlerisch, ohne Übertreibung, eben darum aber weniger komisch. Der Schluß gab zu einem Parteienkriege Anlaß, indem Herrn *Schuberts* Freunde ihn herausrufen wollten, viele Schlangen aber dagegen sich vernehmen ließen. Der größere Teil der Zuhörer blieb ruhig bei diesem Streite, der die Kunst nicht eigentlich betraf, denn der Verfasser hatte weder das eine noch das andere, sondern bloß Ermunterung verdient. Herr *Vogl*, dessen Sorgfalt und Pflege wir größtenteils den jungen Tonsetzer verdanken, erschien, meldete, daß Herr *Schubert* nicht zugegen sei, und dankte in dessen Namen.

Das war die erste ausführliche Kritik, die über ein Werk Schuberts veröffentlicht wurde. – Cherubinis Oper hatte im Deutschen drei Titel: „Der Wasserträger", „Graf Armand" und „Die Tage der Gefahr". – Der Seemann ist Franz Spieß. – Der sanftere Spieß ist Friedrich. – Der Kritiker hat eine Nummer übersehen: das zweite Duett zwischen Lieschen und Anton (Nr. 7 der Partitur). – Daß das Libretto nach jenem Vaudeville verfaßt war, behauptet auch die folgende Kritik vom 20. Juni. – Die hier abgedruckte erste Kritik mag von Josef Ritter v. Seyfried, geboren Wien 1779, stammen, dem damaligen Herausgeber dieser Zeitschrift.

Aus dem „Wiener Konversationsblatt" vom 20. Juni 1820

Im k. k. Theater nächst dem Kärntnertore ward am 14. Juni zum ersten Male gegeben: „*Die Zwillingsbrüder*", Posse mit Gesang in einem Akte, Musik von *Franz Schubert*. Das Stückchen ist nach dem französischen „Les deux Valentins" ziemlich mühselig bearbeitet und besteht in einem Quid pro quo, veranlaßt durch zwei sich täuschend gleichende Zwillingsbrüder. Die Unwahrscheinlichkeiten gehören auf die Schulter des Dichters; der Bearbeiter hätte diese wohl mildern können – wenn die Rollen des Invaliden für zwei Individuen, die sich allenfalls hätten finden lassen, wären berechnet worden. Die Darstellung beider durch *eine* Person versetzt der Täuschung eine allzu schwere Wunde. Die Charaktere sind übrigens wie die Situationen aus dem letzten Teige geknetet, und das Ganze ist so ein Scherz unter halb blinden Bauersleuten. Wer nun aber darin eine Szene aus dem Hirtenleben oder auch nur einen idyllischen Pinselstrich sucht, der irrt sich bedeutend, und so ist es dem Kompositeur gegangen. In seinen wunderschönen, leider zu wenig bekannten Liedern offenbart sich ein ebenso einfaches, tiefes als poetisch reiches Gemüt; fast ängstlich mag er nun an dem vorliegenden Stoffe einen Zug gesucht haben, in dem er seine Stärke kundgeben könnte. Das zeigt die ganze Anlage, und nur in der Arie des einen Invaliden, welche den Gruß an den heimatlichen Boden ausspricht, leuchtete ihm ein fernes Licht. Die possenhafte Seite der Handlung sprach ihn offenbar nicht an, denn sie blieb vollkommen unberührt. Da nun die Musik fast wie ein reiches Kleid über einem Holzbilde anzusehen war, so konnte diese innere Spaltung auch nur einen unbefriedigenden Eindruck machen. Dieses dürfte der Standpunkt sein zur Betrachtung des kleinen Werkes, daher nun etwas über die Musik selbst. In der Ouvertüre in D wird ein einfaches Thema gut durchgeführt. Der Mittelgedanke läßt jedoch kalt und tritt zu wenig hervor. Eine fast zu tändelnde Behandlung der Flöten und Hautbois macht viele Stellen leer. Der Eingangs-Chor in B erntete mit Recht allen Beifall. Die Melodie ist rührend einfach, klar anziehend und neu, die Haltung des Chores zur Solostimme durchaus gediegen. Dieses Stück erfüllte die Erwartungen, welche man sich von *Schubert* zu machen berechtigt war. Ebenso erschien das folgende Duett Antons und Lieschens lieblich und vorzüglich gut instrumentiert, was nicht bei allen Nummern der Fall ist. *Lieschens* Arie „Mag auch der Vater Kind mich nennen" ist viel zu sehr gedehnt und müßte lebhafter vorgetragen werden, um Effekt zu machen. Bei der den

Schiffeslauf im Meeressturm beschreibenden Arie des Invaliden *Franz* liegt die Wirkung im Orchester, das die Worte malend begleitet. Hier kann nur eine sehr starke Stimme durchdringen. Das Quartett sprach besonders an, doch scheinen die Stimmen zu einzeln behandelt; besser würde die Wirkung sein, wenn sie häufiger zur allgemeinen Harmonie vereint worden wären. Des Invaliden *Friedrich* Arie ist das vorzüglichste Tonstück. Wehmütige Erinnerung und der Wunsch, in der geliebten Heimat zu sterben, drücken sich in dem reinen Gesang rührend aus. Das Vor- und Nachspiel ist ungemein zart, indes verdarb der Sänger hieran sehr viel. Unter den übrigen Nummern verdient noch das Terzett in E ehrenvolle Erwähnung, das jedoch nicht hinreichend einstudiert war, wie überhaupt *Anton* und *Lieschen* hier und da schmerzlich distonierten. – Das Gesamturteil über *Schubert* kann nach dem Gesagten nur ein günstiges sein, wenn auch nicht in dem Maße, als seine zahlreichen Freunde es auszusprechen sich bemühten. Er wird Schönes und Großes leisten, und in dieser Hoffnung sei uns der bescheidene Künstler recht freundlich willkommen! B. S.

[Baron Schlechta?]

Aus dem Wiener „Sammler“ vom 22. Juni 1820

(*K. k. Hofoperntheater nächst dem Kärntnertore.*) Allda wurde zum ersten Male am 14. Juni aufgeführt: „*Die Zwillingsbrüder*“, Posse in einem Aufzuge; Musik von Hrn. *Schubert.* Der Stoff ist französischen Ursprungs und schon ziemlich verbraucht auf der Bühne. Die Zwillingsbrüder (hier von *einem* Schauspieler dargestellt) geben durch ihre Verwechslung Anlaß, sich selbst und andere zu täuschen. Dies bringt manche komische Effekte zum Vorschein, bis zum Schlusse, der dann gewöhnlich matt wird. Wir können über den Inhalt des Textes füglich wegsehen. Die Musik ist eine artige Kleinigkeit, das Produkt eines jungen Tonsetzers. Es muß ein recht ordentliches Studium der Setzkunst vorausgegangen sein, denn der Stil in dieser Oper ist ziemlich rein und beweiset, daß der Kompositeur kein Neuling in der Harmonie ist. Viele Melodien sind aber etwas ältlich, manche sogar unmelodisch. Der Eingangschor mußte wiederholt werden. Die Arie in C, welche [Franz] Spieß singt, ist nicht ohne Effekt.
Hr. *Vogl* gab die Zwillingsbrüder mit Laune, wenn schon nicht mit dem scharfen Kontraste, der zur Verständlichkeit seiner Rolle und zur Ergötzung der Zuseher beitragen würde; die übrigen Rollen waren durch die HH. *Rosenfeld*, *Meier*, *Gottdank*, Dlle. *Vio* vorteilhaft besetzt. Am Schlusse wurde applaudiert, und am ersten Abend verlangte man sogar den Tonsetzer zu sehen. Er wird dieses *Kompliment* seiner Freunde nicht mißverstanden haben. Hr. *Vogl* erschien und dankte im Namen des abwesenden Hrn. *Schubert.*

Die „Wiener Allgemeine Theaterzeitung“ brachte keine Kritik.

Aus der Dresdener „Abendzeitung“ vom 14. August 1820

Am 14. Juni. Im Hofoperntheater wurde ein kleines Singspiel: „*Die Zwillingsbrüder*“, nach dem Französischen (les deux Valentins), gegeben. Ein junger Tonsetzer trat mit der dazu verfaßten Musik zum erstenmal öffentlich auf. Auch diesem jungen, talentvollen Manne möchte ich das uralte „Zu viel ist ungesund!“ zurufen; denn das Publikum nahm die Operette wie ein großes Meisterstück auf, was sie nicht ist. Gründlichkeit im Satze und durchdachte Ausführung neuer Thematen zeigten sich in seiner Komposition allerdings; allein ebenso unpassend eine tändelnde Musik zu einem heroischen Gegenstande ist, ebensowenig paßt auch seine Musik zu diesem tändelnden Gegenstand, sie ist zu erhaben, zu gesucht für diese ländliche Handlung. Überhaupt bin ich der Meinung, daß dieser junge Tonsetzer (*Schubert* nennt er sich) mit größerem Glücke im heroischen als im komischen Stile arbeiten würde. Was die Aufführung betrifft, so hat unser Meister *Vogl* diesmal wenig geleistet, er spielte die beiden Zwillingsbrüder so, daß man wohl merkte, daß es derselbe Schauspieler war, der sie darstellte, auch er ist im Komischen nicht recht zu Hause. [Höhler?]

Aus der Leipziger „Allgemeinen musikalischen Zeitung" vom 16. August 1820

Als Novität sahen wir eine Posse: „*Die Zwillingsbrüder*", mit Musik von Hrn. Schubert, der uns bereits als angenehmer Liederkomponist bekannt ist. In diesen seinem ersten dramatischen Versuche schien er Beethoven nachfliegen zu wollen und Ikarus' warnendes Beispiel nicht zu beherzigen. Vom wahren Gesang ist wenig aufzufinden, wogegen ein verworrenes, überladenes Instrumentenspiel, ein ängstliches Haschen nach Originalität, durch immerwährendes Modulieren kaum einige Ruhe gewinnen läßt. Nur der Introduktions-Chor, ein Quartett und eine Baß-Arie gehen klar und verständlich hervor, und eben diese Sätze berechtigen auch zu schönen Erwartungen, wenn sich erst die bei Erstlingen nie fehlende Beklommenheit verloren haben und der talentvolle junge Mann die Selbständigkeit erringen wird, seine eigene, von der Natur ihm so richtig vorgezeichnete Bahn mit Ernst und Fleiß zu verfolgen. Wie Hr. Vogl, der im Kothurn unerreichbare Mime, zur Darstellung dieser Doppelcharaktere sich herablassen konnte, bleibt für den Profanen ein nicht zu lösendes Rätsel. Daß Herr Schubert viele, und für ihn auch sehr tätige Freunde besitze, zeigte die erste Vorstellung; doch diese vergaßen wohl, daß zwischen Fiasco und Furore machen, wie sich der Italiener ausdrückt, noch ein gewaltiger Unterschied, für den Anfänger freundliche Ermunterung der schönste, wohltätigste Lohn, und hier wie überall der Mittelweg wohl immer der beste sei. –

Das Wiener „Hof-Theater-Journal" auf das Jahr 1821 erwähnt nur die Tatsache der Erstaufführung (erste Ausgabe, Nr. 176).

Karl Schubert an seine Braut Therese Schwemminger

16. Juni 1820.

Liebe Resi!

Trotz meiner sehr nötigen Arbeit vermag ich es nicht, von der zweiten Aufführung der Zwillingsbrüder wegzubleiben, sollte es Ihnen, mir zum innigsten Vergnügen, möglich sein, mich zu begleiten, so werde ich dankbar Ihre Bestimmung (rücksichtlich des Abholens) erwarten.

Ich bin mit Achtung

Ihr treuer Freund
Karl Schubert.

Karl Schubert heiratete erst 1823.

Aus dem Programm des Kärntnertor-Theaters vom 16. Juni 1820

Die Zwillingsbrüder

. . . .

Nachher:

Alfred der Große.

Heroisch-pantomimisches Ballet in drei Aufzügen, von der Erfindung des Herrn Aumer, Balletmeister der k. k. Hoftheater.
Die Musik ist vom Herrn Grafen W. Robert von Gallenberg.

Es sind zwei Programme dieses Theaters erhalten (datiert 21. Juni und 8. Juli 1820), die den gleichen Inhalt haben (erste Ausgabe, Nrn. 179 und 181).

Aus dem Einnahmenbuch des Kärntnertor-Theaters vom 16. Juni 1820

Jour Art 682
16t Juni 820
Die Zwillingsbrüder. *Alfred*
fl 1138 kr 20

Aus dem Einnahmenbuch des Kärntnertor-Theaters vom 21. Juni 1820

Jour Art 694
21t Juni 820
Die Zwillingsbrüder. *Alfred*
fl 1439 kr 40

Aus dem Ausgabenbuch des Kärntnertor-Theaters vom 22. Juni 1820

Komposition Musik

Schubert Franz
Kompositeur
Laut angew. Quitt. dto 21ten Juni 820 für die Komposition der Musik zur Oper „Die Zwillingsbrüder"
22. Juni 1820
Jour Art 5534
fl 500 kr – –

Aus dem Einnahmenbuch des Kärntnertor-Theaters vom 26. Juni 1820

Zurückvergütete Interims-Ausgaben gegen Ersatz

(Vorschreibung)
Vogel Michael
Sänger

Für laut ang. Quitt. dto. 9ten Juli 1819 a Conto des Honorars für die von Hrn Schubert zu dem Singspiel „Die Zwillings Brüder“ zu liefernde Musik
fl 150 kr – –
Jour Art 706
26t Juni 820

(Abstattung)
Laut Verord dto 22t Juni 820 werden die an Hrn Vogel bezahlte 150 fr Vorschuß, welche unter heutigen Dato als Honorar für die von Hrn Schubert gelieferte Musik zu dem Singspiel „Die Zwillingsbrüder“ über die schon bezahlte 500 fr – – Litt J. Pag 311 in der Ausgabe ersichtlich, in Ausgabe gestellt worden, hier in Empfang genommen
fr 150 kr – –

(Anmerkung)
als Vorschuß beausgabt Vide Litt J. Pag: 922

Aus dem Ausgabenbuch des Kärntnertor-Theaters vom 26. Juni 1820

Schubert Franz
Kompositeur
Laut Verord. dto 22t Juni 820 werden die von Hrn. Vogel, Sänger a Conto des Honorars, unter 9te Juli 819, für Hrn Schubert behobenen, und in der Ausgabe Litt. J. Pag. 922 als Vorschuß ersichtlichen 150 fr. – – über bereits erhaltene 500 fr – – auf Komposition der Musik: zu dem Singspiel „Die Zwillings-Brüder“ als Honorar beausgabt
26. Juni 1820
Jour Art 5562
fr 150 kr – –

Aus dem Ausgabenbuch des Kärntnertor-Theaters vom 27. Juni 1820

Komposition, Manuskripts, gedruckte Bücher, Journale
Hofmann
Dichter
Laut ang. Quitt. dto 26ten Juny 820 für das Singspiel „Die Zwillingsbrüder“ als Honorar
27. Juni 1820
Jour Art 5567
fr 150 kr – –

Johann Karl Unger an Johann Graf Esterházy in Zseliz

Wien, 27. Juni 1820.

Schubert hat mit seiner kleinen ersten Oper Die Zwillingsbrüder Ehre eingelegt, ohne noch auf dem Gipfel des Parnasses zu stehen.

Schubert hatte vor den „Zwillingsbrüdern“ bereits sechs Opern und Singspiele, dazu zwei Fragmente, verfaßt.

Vermerk auf dem Autograph des „Morgenlieds“ (D. 685)

NB. Der Sängerin P. [Pepi *v. Koller*] und dem Clavierspieler St. [Albert *Stadler*] empfehl' ich dieses Lied ganz besonders!!! 1820.

Aus dem Einnahmenbuch des Kärntnertor-Theaters vom 8. Juli 1820

Abend Einnahme von Opern und Ballets

Jour Art 734
8ten Juli 820
Die Zwillingsbrüder. *Alfred*
fl 1777 kr 2

Aus dem Programm des Kärntnertor-Theaters vom 14. Juli 1820

Die Zwillingsbrüder.

. . . .

Nachher:
Achilles.
Heroisches Ballet in zwei Aufzügen, von der Erfindung des Herrn Aumer,
Balletmeister der k. k. Hoftheater.
Die Musik ist von Herrn Karl Blum.

Karl Ludwig Blum, geboren in Berlin 1786, Regisseur der dortigen Königlichen Oper, hatte auch eine Zeitlang bei Salieri studiert.

Aus dem Einnahmenbuch des Kärntnertor-Theaters vom 14. Juli 1820

Jour Art 745
14ten Juli 820
Die Zwillingsbrüder. *Achilles*
fl 395 kr 56

18. Juli 1820: Sybille v. Bruchmann stirbt an „Auszehrung“ in Hütteldorf bei Wien. – Sie war eine der drei Schwestern Franz v. Bruchmanns (geboren 1799). Schuberts Lied „Schwestergruß“ vom November 1822, auf einen Text Franz v. Bruchmanns, soll an sie gerichtet gewesen sein.

Aus dem Programm des Kärntnertor-Theaters vom 21. Juli 1820

Die Zwillingsbrüder

. . . .

Nachher:
Aline, Königin von Golconda.
Großes Ballet in drei Aufzügen, von Hrn. Aumer, Balletmeister der k. k. Hoftheater.
Die Musik von Herrn Karl Blum.

Das war die sechste und letzte Aufführung der „Zwillingsbrüder“.

Aus dem Einnahmenbuch des Kärntnertor-Theaters vom 21. Juli 1820

Jour Art 755
21ten Juli 820
Die Zwillingsbrüder. *Aline*
fl 624 kr 52

Programm der Erstaufführung des Melodrams „Die Zauberharfe"

Neues Zauberspiel.
Heute Samstag den 19. August 1820,
wird in dem k. k. priv. Schauspielhause an der Wien
gegeben:

Zum ersten Mahle:

DIE ZAUBERHARFE.

Zauberspiel mit Musik in drey Aufzügen.
Musik von Herrn Schubert

Die neuen Decorationen sind von Herrn Neefe.
Die neuen Maschinerien von Hrn. Roller.
Das neue Costume von Hrn. *Lucca Piazza.*

Personen:

Arnulf, Graf von Montabor	Hr. Rüger.
Melinde, Arnulfs Gemahlin	Mad. Gottdank.
Ida von Brabant, Arnulfs Nichte	Mlle. Botta.
Folko, der Adler } Ritter der Tafel-Runde	Hr. Heurteur.
Ryno, der Bär } Ritter der Tafel-Runde	Hr. Spitzeder.
Alf, der Delphin } Ritter der Tafel-Runde	Hr. Demmer.
Sauville, } Brabantische Ritter	Hr. Hann.
Marin, } Brabantische Ritter	Hr. Leeb.
Tirecour, } Brabantische Ritter	Hr. Stadelmeyer.
Palmerin, ein Troubadour	Hr. Schimon.
Sutur, Feuergeist	Hr. Küstner.
Ritter, Damen, Pagen, Troubadours, Genien. Larven, Wache, Volk.	

Freybillete sind ungültig.

....

Der Anfang ist um 7 Uhr.

Der Text war wieder von Georg v. Hofmann. Diesen Auftrag hatte Schubert der Vermittlung des Dekorationsmalers Hermann Neefe, des Sohnes von Beethovens Bonner Lehrer Christian Gottlob Neefe, zu danken. Hermann Neefe wurde 1790 in Bonn geboren, kam 1804 nach Wien, arbeitete zuerst am Theater in der Leopoldstadt und seit 1814 im Theater an der Wien. Er hatte 1819 Regina Lutz, geboren 1799, geheiratet und wurde dadurch später der Schwager des Malers Leopold Kupelwieser, Schuberts Freund, der ihre Schwester Johanna heiratete. Neben Neefe, der auch mit Rosenbaum befreundet war, ist der Regisseur Friedrich Demmer, geboren 1786, an Schuberts Auftrag beteiligt gewesen. Der Maschinenmeister Andreas Roller war ein wichtiger Mann in diesem Theater, das in Ausstattungen schwelgte; natürlich auch der Kostümier Lucca Piazza. Die Mitwirkenden waren: Karl

Erdmann Rüger, geboren 1783 in Zossen (Schlesien); Josefa Gottdank, geb. Schlögl (in Wien 1792), Gattin Josef Gottdanks; Frl. Botta; Nikolaus Heurteur, geboren in Wien 1781, Regisseur; Josef Spitzeder (seine zweite Gattin wurde Betty Vio), geboren in Bonn 1795, Baßbuffo; Demmer, der oben genannte Regisseur; die Herren Hann, Leeb, Stadelmeyer sind sonst unbekannt; Ferdinand Schimon, geboren in Pest 1797, Sänger und Porträtmaler (von ihm stammt ein Beethoven-Bildnis); Josef Küstner, geboren 1787, Regisseur, endete November 1821 durch Selbstmord. – Graf Pálffy, geboren in Wien 1774, seit 1813 Inhaber des verschuldeten Theaters, hatte 1819 eine Lotterie ausgeschrieben, deren Ziehung bald darauf stattfand. Der Gewinner des Theaters – ein ungarischer Weinhändler – begnügte sich für 80000 von den ihm zustehenden 300000 fl. mit einem Anteil an dem Theater, so daß der Graf aus der Lotterie einen erheblichen Gewinn zog, den er aber zu einem Umbau und zu Spekulationen benützte, die ihn in neue Schulden stürzten.

Aus Eduard v. Bauernfelds Tagebuch vom 19. August 1820

Im Theater an der Wien: „*Die Zauberharfe*". Ein Dekorations- und Maschinenstück. Musik von Franz *Schubert*. Ausgezeichnet.

Eduard v. Bauernfeld, geboren in Wien 1802, hatte das Gymnasium im Schottenstift absolviert und studierte Philosophie. Er wurde später ein guter Freund Schuberts.

Aus Rosenbaums Tagebuch vom 19. August 1820

W. Th. Zum 1tenmal *Zauberharfe*. Zauberspiel 3 A. Mus. v. *Schubert*. Dekor. *Neefe*. Maschinen *Roller*. – Elendes Machwerk, mißfiel ganz, die Maschinen stockten, gingen schlecht, obwohl nichts Bedeutendes ist. Keiner wußte seine Rolle, den Souffleur hörte man immer zuerst.

Aus der „Wiener Allgemeinen Theaterzeitung" vom 26. August 1820

(*K. k. priv. Theater an der Wien.*) Am 19. Aug. zum ersten Mal: „Die Zauberharfe", Zauberspiel mit Musik in drei Aufzügen. Musik von Hrn. *Schubert*. Die neuen Dekorationen von Hrn. *Neefe*, die Maschinerien von Hrn. *Roller*, das Kostüme von Hrn. *Lucca Piazza*. – Zuerst einige Worte über den Text dieses Melodrams, oder, wie es lieber heißen will, Zauberspiels; und leider läßt sich mit dem besten Willen von der Welt nicht viel Tröstliches darüber sagen. Ach! das Hexenwerk möchte noch hingehen; aber die peinliche Langeweile, wovon es gleichsam überquillt, die noch auf die Erinnerung fortwirkt und selbst die geläufigste Feder der Kritik lähmt! – Die Wehklagen des alten Grafen *Arnulf*, die Großversprechereien der tatenlosen Ritter: *Adler*, *Bär* und *Delphin*, also benamst von ihren Heldentaten, die kein Mensch gesehen hat – daß sie trinken können, sieht man wohl – das Disputieren und Diskutieren der sanftmütigen Zauberin *Melinde* und des barbarischen Feuergeistes *Sutur*, der schale Pathos und die unendliche Länge der Monologen und Zwiegespräche – wo ist die irdische Geduld, deren Fäden, wären sie auch stark wie Ankertaue, nicht endlich zerreißen müßten? – Selbst Hand und Erbe der brabantischen Prinzessin, die der Preis des Ritters werden soll, dem es gelingt, die Zauberin *Melinde* zu vernichten, können hier keine Wunder wirken. Es erscheinen Adler und Tauben, Genien und Ungeheuer – alles umsonst, die Unterhaltung bleibt aus! Auch eine Fledermaus erblickt man hier, so groß, so groß – es muß ein Vampyr sein. – Ach, der Vampyr ist so übel nicht! – Nur heraus damit, wir wissen schon. – Die Erzählung, aus welcher diese seltenen Dinge geschöpft sind, mag ihre Bedeutung haben, die Einkleidung kann anziehend sein, immerhin! hier ist alles

der Musik und den Dekorationen und der Maschinerie überlassen, aber auch diese vereinten Kräfte sind unvermögend, den Strom der Langeweile zu bekämpfen. Wenn manche Szene wenigstens, ich will nicht sagen ausgestrichen, aber doch gestrichen wäre! Freilich die Musik – ganz recht Musik! Viele gute Gedanken, kräftige Stellen, sinnreich geführte harmonische Sätze, Einsicht und Verstand; aber Ungleichheiten die Menge, das Gewöhnliche neben dem Besonderen, Leichtes und Gesuchtes, Haltbares und Tändelhaftes durcheinander, und man kann, trotz dem Besseren, nicht umhin, das Ganze für ein Werk der Eilfertigkeit zu halten, die jedoch hier keinen Tadel verdient, nur wäre dem talentvollen Tonsetzer für die Zukunft ein besserer Stoff und Bedächtigkeit in vollem Maße zu wünschen.
Hr. *Schimon* sang als Palmerin, der Troubadour, das Ariettchen mit großer Zartheit. Die Rundung der tiefen Töne und das Piano des Falsetts bildeten einen angenehmen Kontrast, und der einfache Vortrag dieses auf die Eigenheit seiner Stimme wohlberechneten Gesanges erwarben ihm aufmunterungsvollen Beifall.
Die oben genannten drei Artisten hatten Fleiß und Geschicklichkeit reichlich aufgeboten, um den Mangel des inneren Gehalts durch äußeren Schmuck zu ersetzen. Hier soll nur die Verwandlung der Mondsichel in eine Vollmonds-Gloriette, mit einem Sternenbogen, wovon jeder einzelne Stern sich erweiterte und einen Genius in seiner Mitte sehen ließ; dann die vorletzte Dekoration, die den Dämon Sutur in einem Feuerpfuhl zeigte, und noch des glänzenden Schlußgemäldes gedacht werden, einen prachtvollen Feentempel darstellend, in dessen bezaubernden Farbenschmelz die ganze liebliche Phantasie des kunstreichen *Neefe* sich spiegelte. *Ihm*, nebst dem Hrn. *Roller* und *Lucca Piazza*, war die dritte Einnahme überlassen, und die Theaterfreunde, ihrer erfreulichen, unermüdlichen Leistungen eingedenk, beeiferten sich, ihre Erkenntlichkeit an den Tag zu legen, so daß der Erfolg im Ganzen bescheidenen Erwartungen entsprach.

Die „Ariette" des Palmerin ist eine Romanze, „Was belebt die schöne Welt", die am Ende des zweiten Aktes – vor dem Schlußchor – stand und wegen Schimons Unzulänglichkeit nach der Uraufführung gestrichen worden ist. Obwohl Schubert das Stück später für Konzertzwecke etwas umarbeitete, fehlen beide Fassungen in der Gesamtausgabe. Die zweite ist nur in einem Klavierauszug von Josef Hüttenbrenner im 7. Band des „Schubert-Albums" bei Peters erschienen. Schubert hat das Stück übrigens zwischendurch rein instrumental am Ende des ersten Aktes verwendet.

Aus der Wiener „Allgemeinen musikalischen Zeitung" vom 26. August 1820

Im Theater an der Wien wurde am 19. dieses zum ersten Male dargestellt: *Die Zauberharfe*, ein Zauberspiel in 3 Akten, mit Musik von Herrn *Schubert*. Wenn man erwägt, daß der junge Komponist sich hier zum ersten Male in einer höhern Gattung versuchte, so muß man seinem rühmlichen Streben, eigentümlich zu bleiben, und auf diesem einzig möglichen Wege einst eine bedeutende Kunststufe zu erreichen, nur volle Gerechtigkeit widerfahren lassen. Nähere Bekanntschaft mit den Mysterien der Bühne und belehrende Selbsterfahrung über den Effekt großer Instrumentalmassen werden zurzeit die sichersten Wegweiser werden und alle jene gefährlichen Klippen vermeiden lehren, die sich jedem Kunstjünger unausweichlich entgegenstemmen. – Das Auge wird in diesem Drama vollkommen befriedigt werden, denn die Dekorationen sind von der herrlichsten Wirkung. Eine günstigere Theaterzeit und ein weniger sombröser Stoff wären für das Ganze vorteilhafter gewesen.

[Johann Mayrhofer?]

Obwohl sich ein Manuskript dieser Kritik von der Hand Mayrhofers in Josef Hüttenbrenners Nachlaß gefunden hat, ist es doch nicht glaubwürdig, daß er sie verfaßt hat. Vermutlich schrieb er sie nur ab.

Aus dem „Sammler" vom 26. August 1820

Die Zauberharfe, Zauberspiel mit Musik in drei Akten. Musik von Hrn. *Schubert*, Dekorationen von Hrn. *Neefe*, Maschinen von Hrn. *Roller*, Kostüme von Hrn. *Lucca Piazza*. Also ein sogenanntes Spektakelstück! In der Tat fehlt es auch nicht an Spuk mancher Art, worunter der Gespensterspuk nicht einmal der bedeutendste ist. Es wird darin geflogen; – zwar bemerkt man keinen Flug der Phantasie, wohl aber jene körperlichen Flüge, die sich ehedem, wo sie seltner waren, recht hübsch ausnahmen, auch wohl die Hände in Bewegung setzten, jetzt aber als gemeine Ware verschollen sind. Drei Elemente haben ihre Ungetüme hergeben müssen, um den Rittern der Tafelrunde Namen und Wappen zu verschaffen (Adler, Bär und Delphin). Bisher wußten wir alle nur von einem *Mann* im Monde; das Zauberspiel bereichert aber unsere sideralischen Kenntnisse, indem es uns belehrt, daß es auch *Fräulein* im Monde gibt. Eine Zauberin kommt vor, die recht böse aussieht, im Grunde aber nicht einmal so schlimm ist als manche unserer menschlichen Zauberinnen. Endlich erscheint ein glühroter Feuergeist, der wahrscheinlich so viel Gestank mit sich führt, daß die Leute davon taub werden, weshalb er zu ihnen mit einer Stentorstimme spricht. Um das Ganze recht gemütlich und romantisch zu machen, sehen wir auch ein Täubchen sich vor den Schwingen des Adlers in den Arm der Jungfrau retten; einen Troubadour, der mit den Tönen seiner Harfe die drei tapferen Ritter der Tafelrunde zuschanden macht; dann hören wir zuweilen jene poetische Prosa, welche einst ein geistreicher Rezensent die *tollgewordene Prosa* nannte. Aus dem Gesagten könnte man auf Abwechslung und Mannigfaltigkeit schließen, und dennoch besteht erstere nur in einer abwechselnden Langeweile und letztere in den mannigfaltigen reichen Gewändern und Bühnenverzierungen. Unserer Ansicht nach müßte die Monotonie eines Zauberspiels durch Beigabe eines Komikers den Zuschauern verdeckt werden, wie dieses der vielfach mit Unrecht getadelte *Schikaneder*, *Hensler* usw. zu tun pflegte und auch der bühnenkluge *Kotzebue* in seiner *Frau im Walde* nicht verschmähte; ferner müßte die begleitende Musik die Handlung fortsetzen statt sie aufzuhalten; ferner müßten die Herren Schauspieler ihre Rollen fein zu Hause lernen, damit die Zuschauer nicht für die Probe zu bezahlen haben (den Damen gebührt auch hierin eine rühmliche Ausnahme). Gefallen hat in diesem Stücke nichts als die Nebensachen, Dekorationen, Maschinen, Kleider, welches gerade so viel ist, als wenn ein Tonsetzer zu abscheulichen Singstimmen ein schönes Akkompagnement setzt. Leid tut es uns um die vielfach verdienten H. H. *Neefe*, *Roller* und *Lucca Piazza*, denen die dritte Vorstellung als Einnahme überlassen war. Sie konnte nicht reichlich ausfallen, obschon die genannten Herren gerade in diesem Zauberspiele alle Mühe und Kunst aufgeboten hatten, um etwas Ausgezeichnetes zu liefern, wie sie auch besonders bei den zwei letzten Aktschlüssen taten, die sehr sehenswert sind, und wofür die H. H. *Neefe* und *Roller* gerufen wurden.

. . . Von der Musik ließe sich viel sagen, wenn die Zauberharfe als ein Zauberspiel auch noch eine Zaubermusik hätte. Wenigstens hätte dann der Titel die drei Einheiten ungefähr wie bei ci-de-vant Aristoteles . . .

Man sieht aber, daß von seiten der theatralischen Machthaber in diesem Fache ein wenig durch die Finger gesehen wurde, um nur nicht allen Neid und Haß durch Vereinigung aller möglichen Vorzüge bei einem Werke zu unrechter Zeit zu erregen. Hierdurch sind sie, wie das Beispiel zeigt, die weise Mittelstraße gegangen und haben jene große Klippe vermieden, an der so manche Unternehmungen scheitern, die in allen Zweigen gleich vollkommen ausgeführt werden und deshalb auf gar keinen allgemeinen Beifall Anspruch machen können. Denn man sollte doch bedenken, daß kein Publikum auf der Welt ist, welches ein ganz vollkommenes Drama mit der gehörigen Liebe aufnimmt, weil es eine ästhetische Freude für den Beschauer ist, einige, wenn auch ganz kleine Mängel daran zu entdecken. Wenn nun diese durch die strenge Vereinigung von drei gleichen Potenzen, die zur Erreichung eines idealen Zweckes gleich mächtig wirken, unmöglich gemacht wird, so findet sich der Beschauer in der fatalen Lage, daß er gar nicht weiß, wo er etwas tadeln soll.

Hier ist nun aber dafür gesorgt; denn unerachtet der Titel „Die Zauberharfe" ein recht schöner, ästhetischer Titel und die charakteristische Bestimmung „ein Zauberspiel" eine recht ästhetische Invention ist, so hat doch der Beschauer wenigstens Fug und Recht zu tadeln, daß nicht auch eine Zaubermusik dabei angebracht wurde.

Man hätte hiezu eines Tonsetzers bedurft, der ein Zauberer in seiner Kunst ist und mit seinen Tönen Tore und Türme aufsprengt, wenigstens die der Herzen. Dazu gehört eine Kenntnis aller Geheimnisse der Natur und Geisterwelt. Doch diese können nur die Eingeweihten durch einen langen, treuen und strengen Dienst in dem Reiche des großen Alidoro kennen lernen, denn dieser versteht das wahre Hexeneinmaleins, nach dem die Musiker auch rechnen; ferner schließt er ihnen die Tiefe des menschlichen Herzens auf, wo sie alle Falten und Empfindungsorgane wahrnehmen und studieren können, wie man in anderen Sterblichen durch überirdische Macht Gefühle erregt, die sie über die enge Gegenwart hinaus in die Ewigkeitsräume der Phantasie versetzen, wo für jedes Herz eine eigene Welt geschaffen ist. Endlich lehrt Alidoro den Gebrauch der Instrumente, die zu den Zauberstücken gebraucht werden. Wer diesen nicht kennt, der gebraucht dann die Wünschelrute wie einen Peitschenstiel, oder die Baß-Posaune wie eine kleine Kindertrompete. – Doch das soll einmal so ein Luftgeist von einem Posaunisten probieren; und doch muten manche Tonsetzer dies ihnen zu, namentlich der Kompositeur der Zauberharfe. Diese guten Posaunenengel müssen doch auch einen Anhaltspunkt haben, der ihrem Spiele Festigkeit gibt; wenn sie aber beständig Pizzicato blasen sollen in einem Tempo, das im Geschwinden nicht unter das Langsamste gehört – der Tonsetzer sagt ja, Allegro maëstoso – dann wissen sie wahrhaftig nicht, wieviel Viertel sie in jedem Takte verschlucken sollen.

So auch gibt es in der Sprache der musikalischen Zauberei ganz abenteuerlich gestaltete Interpunktionszeichen, die sehr genau beachtet werden müssen, z. B. Komma, Punktum, Fragezeichen, Ausrufungszeichen; hier wollen wir gar nicht von der Rhetorik sprechen!

Diese Interpunktionen sind bei dem Melodrama von der allergrößten Wichtigkeit. Denn bei dem möglichen Falle, den man sich der Sicherheit wegen doch denken muß, daß z. B. ein Schauspieler sich während des melodramatischen Musikeinschiebsels nicht gleich recht besinnen könnte auf das, war er zu sagen hat, und er sagte nun etwas anderes, z. B. Unsinn oder eine Antwort im Tone der Frage oder eine Frage im Tone der Antwort, so ist es immer gut, wenn die Musik dann wenigstens fragt, damit doch der Zuhörer seine Hälfte des zu Leistenden bekommt und nicht ganz leer ausgeht. Auch ist ja dies gerade der Grund, warum Schauspieler so eine ausnehmende Zärtlichkeit für Melodramas haben, besonders wenn sie vor lauter *Proben* niemals an die *Aufführung* der Stücke denken können; denn erstens schöpft man während dem Musikeinschiebsel Atem, zweitens Worte – dies Wort ist wörtlich zu verstehen! – drittens nimmt man einen Rand, um wieder ein paar Gebärden zu machen; viertens kann man mitten in der stärksten Rolle eine Kompagnie Statisten-Rekruten stellen, und sie zum Agieren antreiben.

Das Studium der Regeln des Melodramas ist also sehr wichtig, und es muß der Artikel: Kadenz nach den strengsten Gesetzen des wahren Rezitativs studiert werden. Hier wird Alidoro, der große Zauberer, noch manches im Zauberharfen-Stil zu tadeln finden, am allermehrsten in der Geisterpartie. – Geister sind für den Geist in der Komposition schon aus Verwandtschaft sehr eingenommen, und können's am allerwenigsten leiden, wenn er sich nicht sehen läßt und Versteckens spielt, da sie doch ihre Unsichtbarkeit ablegen. Auch fordern sie eine gewisse Kraft und können das Schwache, das Charakterlose, das Gemeine und Alltägliche in der Musik gar nicht leiden. Der Geschmack der Geisterharfenmusik ist aber häufig dünn, fade und abgestanden.

Dem Herrn *Palmerin* hat der Tonsetzer die *Palme* zugedacht und seinem Gesange einigen Ausdruck und melodische Kraft gegeben. Man sieht also im einzelnen, was man im ganzen noch nicht sieht. Dies wird nach mehreren Exempeln schon werden, und dann eine ernste musikalische Kritik möglich sein; doch sollten alle solche Exempel zu Hause gemacht werden.

Emanuel Schikaneder, geboren in Regensburg 1751, der Textdichter von Mozarts „Zauberflöte" und Gründer des Theaters an der Wien, war 1812 in Wien verarmt und geistesumnachtet gestorben. – Karl Friedrich Hensler, geboren in Schaffhausen 1761, ebenfalls ein Volkstheaterdichter, hatte nach dem Theater in der Leopoldstadt und vor dem Theater in der Josefstadt 1817 auch das Theater an der Wien geleitet. – Kotzebues „Die kluge Frau im Walde oder Der stumme Ritter" war ein 1801 erschienenes Zauberspiel. – Alidor ist der Erzieher des Prinzen und – an Stelle der Märchenfee – der zaubernde Astrologe in Isouards „Cendrillon" (Text von Charles Guillaume Etienne), aufgeführt in Paris 1810; in Wien 1811 im Theater an der Wien und 1815 im Kärntnertor-Theater, beide Male in deutscher Sprache.

Aus der „Wiener Zeitschrift für Kunst, Literatur, Theater und Mode" vom 29. August 1820

Theater an der Wien, den 19. d., zum ersten Male: *Die Zauberharfe.* Zauberspiel mit Musik in drei Aufzügen. Musik von Hrn. *Schubert.* (Mit neuen Dekorationen, Maschinerien und Kostüm.)

Wenn man dieses Zauberspiel in der Länge und in der Breite betrachtet – denn füglich kann man diese beiden Richtungen annehmen – so zeigen sich zwei Eigenschaften in vereinter Wirksamkeit, wodurch es sich vor vielen ähnlichen auszeichnet: Unsinn und Langeweile. Der erstere läßt sich an dieser Gattung nicht verdammen, denn bekanntlich gibt es unterhaltenden Unsinn, und einen, der sogar sublim genannt werden kann. Unsinn und Langeweile zugleich aber ist der *Übel größtes* an einem dramatischen Produkt, und es gehört viel von der letzteren Spezies dazu, wenn neue und glänzende Dekorationen, Kleiderpracht und kunstreicher Mechanismus das Übel nicht bezwingen können. Wie mag es aber anders sein, da jener König, der gleich anfangs von dem Thron herab seine Ehestandsleiden erzählt: daß seine Gemahlin Melinde eine Zauberin war, mit der er sich nicht vertragen konnte, und daß, nachdem sie seinen Sohn ins Kaminfeuer geworfen, sie plötzlich verschwand, um Unheil und Verderben zu verbreiten;

ferner jene hochherzigen Ritter, Bär, Adler und Delphin, die aus einem alten Volksmärchen sich hieher verirrt zu haben scheinen, und die Unholdin zu vernichten schwören, ohne weiter an ihren Schwur zu denken; endlich der wütende Feuerdämon Sutur und die klagenreiche Zauberin Melinde, allzu widerstrebende Naturen sind. Unglücklicher Weise hat sich der Verfasser in dem Unsinn so gefallen, daß er ihm ein pathetisches Gewand anlegte, durch welches die innere Armut nur desto sichtbarer wird; dennoch besitzt dieses Zauberspiel noch eine dritte vorzügliche Eigenschaft, die nämlich, alle sonst getrennten Meinungen in der Klage über Langeweile zu vereinigen.
Die Komposition, deren Wirkung an sich selbst schon nicht bedeutend ist, kann durch die zerstückelten, melodramatischen Phrasen auch keinen Vorteil gewinnen. Die Chöre sind ungleich gehalten und zum Teil nachlässig gearbeitet. Andererseits wird man das Bestreben gewahr, durch grelle und überladene disharmonische Gänge zu überraschen, und in der fehlerhaften Anwendung der Instrumente verrät sich die schwächere Seite des Komponisten, so daß einzelne gute Gedanken und glücklich geführte Sätze auf einem Strom von Affektation und Alltäglichkeit ohne Wirkung vorübergleiten. Der junge Verfasser, dem man übrigens Talent und Kenntnisse zugesteht, sollte sich zuerst um einen vorteilhafteren Text bewerben, und sich dann von der Ungeduld zu glänzen nicht beherrschen lassen. Die Romanze des *Troubadours* ist ungemein ansprechend, und H. *Schimon*, ungeachtet ihm vorher die Stimme einigemal umschlug, trug sie besonders sicher und gefällig vor.
Zwei Hauptdekorationen machen eigentlich das ganze vergängliche Glück dieses Melodrams aus. Die eine ist das Werk des Maschinisten, und stellt die Sichel des Mondes vor, die vorüberschwebend zur vollen Scheibe wächst und Melinde umstrahlt, während fünf Sterne einen Bogen bilden, und ein Genius aus jedem einzelnen hervorblickt. Die andere dient zum glänzenden Final, und erwarb ihrem Meister, Hrn. *Neefe*, den vollen Beifall, der dem Verfasser des Zauberspiels *ohne* Zweifel in Träumen der Begeisterung vorschwebte.

Aus dem „Wiener Konversationsblatt“ vom 29. August 1820

Im *k. k. priv. Schauspielhaus an der Wien* wurde am 19. August zum erstenmal gegeben: „*Die Zauberharfe*“, Zauberspiel in drei Aufzügen. Mit Musik von *Franz Schubert*. – Es ist unlängst eine unfehlbare Anleitung zur Dichtung eines modernen Zauberspiels aufgefunden worden, die wörtlich wie folgt lautet: „Nimm ein Stück guten und ein Stück bösen Zauberer, welche miteinander sich katzbalgen, ferner ein mondsüchtiges Ruinenfräulein, einen heulenden Vater nebst einem verfeiten Sohne, item einige alberne Ritter, die sich lächerlich machen müssen, endlich zehn oder zwölf Stück Ungeheuer, je possierlicher desto besser. Mische diese Ingredienzen mit einem Eimer Tränen, einer Handvoll Seufzer und einer derben Portion des unsinnigsten Zaubers – zu einem unverständlichen Brei – so ist das Unding fertig. Nur hüte dich, auch nur ein Quentchen gesunden Menschenverstand oder eine Messerspitze Poesie beizugeben – sonst wird Quark daraus.“ – Der Verfasser des obgenannten Zauberspiels hat demnach ohne Zweifel dies köstliche Rezept vor Augen gehabt. Meisterlich wußte er selbst die schöne Anlage bis zu dem gelungensten Wirrwarr auszuführen, und was man Plan, Verwicklung, Charakteristik und Menschensprache nennt, hat er als ein ehrlicher Kämpfer für den Unsinn treu gemieden, um nur das Seine zu tun. – Schade in der Tat um die reiche Ausstattung, welche an diese Folie vergeudet wurde, schade vor allem um

Schuberts wunderschöne Musik, die keinen würdigeren Gegenstand gefunden. Dieser Künstler hat nun in der kürzesten Zeit sein zweites musikalisches Produkt auf die Bühne gebracht, und jene, die bei der Aufführung des ersten an seinem Genius zu zweifeln Ursache fanden, glänzend überzeugt. In der vorliegenden Komposition beginnt die *Ouvertüre* mit einem ungemein lieblichen Andante, das sehr zart instrumentiert ist und in ein rasches Allegro übergeht, dessen Thema aus dem Melodram des ersten Aktes genommen wurde. So lobenswert die Durchführung dieses Tonstückes ist, so schien es doch vielen, als ob der Mittelgedanke mit dem Hauptthema zu wenig verwandt und die Verbindung mit demselben zu locker sei. Auch glaubte man, daß die Ouvertüre mehr Verdienst als Tonstück an sich als in ihrem Verhältnisse zum Melodram habe und ebenso gut vor einer Oper zu spielen sei als vor einem Zaubergebilde. Der *Eingangschor für Männerstimmen* mit Harfenbegleitung enthält schönen Gesang und kann seine Wirkung auch ohne alle äußere Überladung, wie sie leider so sehr an der Tagesordnung ist, nicht verfehlen. Ebenso ist der *zweite Chor* während des Abziehens der Versammlung sehr gelungen, wurde jedoch gegen den ersten minder gut vorgetragen. Die Worte: „*Bei mondheller Nacht*" sind zwar dem gewählten Marschtempo nicht angemessen, dennoch ist ihre Behandlung, obgleich eigen, nicht minder vorzüglich. *Das erste Melodram*, nämlich das Erscheinen des Feuergeistes und *Melindas* Schwur, der sanfte Gesang während der Sichtbarwerdung *Palmerins* erschien durchaus vortrefflich und nur der enge Raum dieser Blätter verbietet, alle die großen Schönheiten dieses charakteristischen Tongemäldes aufzuzählen. Ungemein zart ist die *Szene Idas* im Zauberwalde und der Ausdruck ihres Zagens, ihrer Angst um die verfolgte Taube. Schade, daß man über der mühseligen Jagd des Adlers die herrliche Musik minder beachtete. *Der Schlußchor des ersten Aktes* ist effektvoll, aber mit Schwierigkeiten verbunden, welchen die Darsteller nicht ganz gewachsen sind. – *Der zweite Akt* beginnt mit einem *Trinkchor*, während dessen *Palmerin* in Begleitung einer Baßstimme einzelne Strophen singt. Dieser Chor erhielt den vollsten Beifall und mußte wiederholt werden. Wenn man übrigens bedenkt, daß die Erbin *Brabants* an der Tafel saß, so möchte allenfalls der Jubel der Ritter zu ungebunden sein – aber die Worte: „Schenket ein!", „Leeret aus!", „Jauchzet!" – vielleicht aus dem savoir vivre des *Dichters* genommen, ließen wohl kaum ein stilleres Gemälde zu. Von den *Melodramen* des zweiten Aktes, deren Ausführung keineswegs genügte, muß ganz vorzüglich jenes ausgezeichnet werden, welches die Worte der gefangenen *Ida* begleitet. Es ist durchaus harmonisch, und die schönen Teile bilden ein schönes Ganze. *Die Romanze Palmerins* in D ist ein Tonstück, unendlich an tiefer Empfindung und überreich an Lieblichkeit. Freilich ließ uns der Sänger nur ahnen, was der Kompositeur wollte, aber selbst dieser matte Abglanz ergriff. Warum *Palmerin*, für dessen Stimme die Romanze ohnehin zu hoch gesetzt war, sich die undankbare Mühe nahm, am Schlusse derselben schwerfällige Verzierungen anzubringen, die ihn bis in das hohe Cis führten, ist unbegreiflich. *Über den Schlußchor des zweiten Aktes* läßt sich wenig sagen. Er wird von Genien, daher nur von Sopran- und Altstimmen gesungen und enthält eine liebliche, höchst einfache Melodie, welche von dem ganzen Orchester und der Harfe hätte begleitet werden sollen, was leider – wie man hört, ohne Wissen des Tonsetzers – hinwegblieb. Hierin mag auch der Grund liegen, daß die Genien so viele unartikulierte Töne von sich gaben. *Der dritte Akt* enthält wenig Musik, und diese war offenbar so mittelmäßig einstudiert, daß wohl nicht leicht jemand darüber absprechen könnte. Doch schien das *Melodram* in diesem Akte mit minderer Liebe und größerer Eile behandelt, auch zeigte es sich, daß der Dekorationen wegen

manche Verkürzung vorgenommen wurde, welche den Zusammenhang störte. Der Eingang zum *dritten* Akte ist übrigens einer Tanzmusik so ähnlich, daß man sein Staunen kaum bergen kann, obgleich das Tonstück sonst recht artig ist. Der *Schlußchor* endlich war ernst und feierlich gehalten, ging aber vor den Strahlen des so oft gebrauchten griechischen Feuers in das Dunkel zurück.
Im Gesang hat *Schubert* sein poetisches Gemüt zu entfalten vielfache Gelegenheit gehabt und dies redlich und glücklich getan. Bald klingen seine Töne aus einem friedlichen, stillen Tanze herüber, bald rauscht die Zauberharfe gewaltig und doch mild versöhnend darein. Der sprechendste Beweis für die Vorzüglichkeit seiner Komposition ist endlich der Umstand, daß sie trotz der größtenteils mittelmäßigen Aufführung so allgemein ansprach. Selbst der unglückliche *Palmerin* konnte seinen Part nicht ganz verderben. Man gewähre mir am Schlusse den freudigen Wunsch auszusprechen, daß *Schubert* mit dem unendlichen Reichtume seiner Klänge es recht oft versuchen möge, uns aufzuwecken aus dem schläfrigen Taumel, in welchen uns die Zwittergeburten des Tages versenken.
Unter den Darstellern sei des *Feuergeistes* und *Melindas* die rühmlichste Erwähnung getan. Herr *Neefe*, *Roller* und *Piazza*, zu deren Vorteil das Zauberspiel gegeben ward, zeigten in Dekorationen, Maschinerie und Kostümierung viele Vorzüge.

B. S.

[Baron Schlechta?]

Die Ouvertüre zum ersten Akt (es gibt auch eine zum dritten) sollte, nachdem Schubert 1823 für das Schauspiel „Rosamunde" seine Ouvertüre zur Oper „Alfonso und Estrella" verwendet hatte, später als Ouvertüre zur „Rosamunde" in einem vierhändigen Klavierauszug veröffentlicht werden (vgl. 24. März 1824). Die Ouvertüre zur „Zauberharfe", von der es gelegentlich heißt, daß sie den Platz einer Ouvertüre zur „Rosamunde" eingenommen habe, die tatsächlich nie geschrieben worden ist, wurde in der Gesamtausgabe richtig eingereiht. – In dieser Besprechung ist auch erwähnt, daß der Trinkchor (Nr. 5) wiederholt werden mußte. – Für die Orchesterbegleitung des Schlußchors im zweiten Akt sind zwei Harfen vorgesehen. – Der „Eingang zum dritten Akt" ist jene andere Ouvertüre.

Aus der Dresdener „Abendzeitung" vom 30. September 1820

Am 19. Aug. Alle übrigen Theater bieten stets ihre alten Waren feil. Nur das Theater an der Wien bringt täglich etwas, was mindestens des Bemerkens wert ist. Heute erschien ein neues Zauberspiel: *Die Zauberharfe*, mit Musik von Schubert. Die Handlung ist so langweilig, daß ich die Leser zu ermüden fürchte, wenn ich sie auch nur nacherzählte. Es kommen vor: Ein König und sein Weib (eine Fee), bei welchen der Zuhörer nicht ins Klare kömmt, welches von beiden schlecht und welches brav sei. Beider Sohn ein Troubadour, der gar nichts tut, nichts redet, sondern nur ein bißchen singt. Drei Ritter der Tafelrunde, mit den Beinamen: der *Adler*, der *Bär* und der *Delphin* – drei gute Tiere, welche ausziehen, um der Fee den Garaus zu machen, aber zum Gespötte der Gassenjungen es zu gar keinem Ziele bringen; endlich ein gewaltig roter Feuergeist, von welchem man glauben muß, er sei über die Worte so rot geworden, die er zu sprechen hat. Bei alledem, daß alle diese Personen nicht handeln, reden sie doch entsetzlich viel und zwar in einem lächerlichen Bombast. Das Publikum würde dem Schlafe gewiß nicht widerstanden haben, hätte es nicht die Neugierde bis zum Schlusse wach gehalten, da man sich am Ende wenigstens eine außerordentlich glänzende Dekoration versprach. Diese erschien auch, und als man das blaue, griechische Feuer sah, schlug man über dieses blaue Wunder die Hände so mächtig zusammen, daß dieses einem Applause nicht unähnlich war. Die Musik, von dem jüngen Tonsetzer Schubert komponiert, bezeugt neuerdings dessen Talent. Er hat die Worte sehr passend zu begleiten gewußt, und die Chöre haben Kraft und Leben. Das einzige, was man ihm vorwerfen könnte, wäre, daß er die Rede *zu oft* mit Musik unterbrochen habe. [Höhler?]

Aus der Leipziger „Allgemeinen musikalischen Zeitung" vom 4. Oktober 1820

Das Melodrama: „*Die Zauberharfe*, mit Musik vom Hrn. Schubert, fand eine ziemlich kalte Aufnahme, ein paar überraschend schöne Dekorationen ausgenommen, welche aber für das langweilige, zu monoton und ohne Interesse behandelte Sujet nicht zu entschädigen vermögen. Der Tonsatz verrät hie und da Talent; im ganzen fehlt es in der technischen Anordnung, es mangelt der durch Erfahrung gewonnene Überblick; das meiste ist viel zu lang, ohne Effekt und ermüdend, die Harmonienfolgen allzu grell, das Instrumentale überladen, die Chöre matt und kraftlos. Das einleitende Adagio der *Ouvertüre* und eine *Tenor*-Romanze sind die gelungensten Sätze und sprechen an durch Gefühl, herzlichen Ausdruck, edle Einfachheit und zarte Modulationen. Ein idyllenartiger Stoff müßte der Eigentümlichkeit des jungen Komponisten ungemein mehr zusagen, und man möchte es einen Mißgriff nennen, sich an einer Gattung zu versuchen, wo man ohne die vertrauteste Bekanntschaft mit den innersten Geheimnissen der Bühne nie etwas Wirksames hervorzubringen imstande sein wird.

Die Ouvertüre beginnt nicht mit einem Adagio, sondern einem Andante, dem ein Allegro folgt.

Aus Rosenbaums Tagebuch vom 20. August 1820

W. Th. – das verunglückte Zauberspiel „*Zauberharfe*" aus dem Franz. v. Hoffmann.

Hier wird behauptet, daß auch dieses Stück wie „Die Zwillingsbrüder" aus dem Französischen übernommen sei.

Die folgende Benefiz-Vorstellung wurde von Graf Pálffy in der amtlichen „Wiener Zeitung" und im „Wanderer" am 18. August 1820 angezeigt (erste Ausgabe, Nrn. 195 und 196).

Unger an Graf Esterhazy

Wien, 20. August 1820.

Schubert hat in der Zauberharfe, einer Spektakeloper an der Wien, eine schöne Musik komponiert. Schimon, ein Exjude, ist ein hoffnungsvoller Tenorist allda.

21. August 1820: Der Theaterzettel nennt bei der dritten Aufführung der „Zauberharfe" auch die Namen der Statisten. Als Ritter traten auf: Jüngling, Marchard, Meyer, Riter, Schlager, Weber, Macho und Bauernschober; als Troubadours: Dunst, Bock, Baduscheck, Gloßy, Ibner, Mick, Schmidt und Simler.

Aus Rosenbaums Tagebuch vom 21. August 1820

Einnahme des *Neefe*, *Roller*, *Piazza*, zum 3tenmal das mißlungene Zauberspiel „Die Zauberharfe". – Wir nahmen die Loge No. 17, und 4 Sitze im 2. Stock, und ich gab 30 f. – Wohlfarth 20 f. – Es war sehr leer, 8 Logen unbesetzt, die Galerie leer. – Nur Fürst Kaunitz gab 5 #. Sie mögen kaum 1500 f. eingenommen haben.

(Josef Anton?) v. Wohlfahrt war ein Freund Rosenbaums. – Alois Wenzel Fürst Kaunitz-Rietberg, geboren 1774, war Diplomat. – Auch die Dresdener „Abendzeitung" vom 4. Oktober 1820 (erste Ausgabe, Nr. 198) bezeugt, daß die Einnahme gering gewesen ist.

Aus Rosenbaums Tagebuch vom 22. August 1820

W. Th. – Zauberharfe.

Drei weitere Eintragungen dieses Wortlauts nahm Rosenbaum am 23. und 24. August und am 15. September 1820 in sein Tagebuch auf (erste Ausgabe, Nrn. 200, 201 und 202). „Der Wanderer“ vom 15. September 1820 kündigt irrtümlich für diesen Tag eine Wiederholung der „Zwillingsbrüder“ an.

Wien, September 1820

Gedicht von Schubert

Der Geist der Welt.

Laßt sie mir in ihrem Wahn,
Spricht der Geist der Welt,
Er ists, der im schwanken Kahn
So sie mir erhält.

Laßt sie rennen, jagen nur
Hin nach einem fernen Ziel,
Glauben viel, beweisen viel
Auf der dunkeln Spur.

Nichts ist wahr von allen dem,
Doch ists kein Verlust;
Menschlich ist ihr Weltsystem,
Göttlich, bin ich's mir bewußt.

Dieses Gedicht, das Bauernfeld fälschlicherweise in das Jahr 1824 verlegte, sollte ein bewegtes Schicksal haben. Schumann druckte es ab, 1860 tauchte es in dem Besitz eines „kürzlich verstorbenen“ Schubert-Freundes mit dem Zusatz „nach Lesung des ‚Faust‘ geschrieben“ auf, und Walter Dahms brachte es mit Senns Schicksal in Verbindung. Beide Deutungen entsprechen nicht den Tatsachen. Ein Original des Gedichtes in Bleistift-Niederschrift (jetzt im Besitze des Wiener Schubertbundes) auf der Rückseite einer imposanten Speisekarte des Gasthauses im Seitzerhof (Innere Stadt) fand sich in der Familie eines erst 1870 verstorbenen Schubert-Freundes, Josef Huber, geboren 1794 in Aggsbach (Niederösterreich), der in Kremsmünster studiert hatte und später Konzepts-Praktikant bei der Hofkriegs-Buchhaltung geworden war. Er wurde wegen seiner Größe der „lange Huber“ genannt und wegen seiner großen Nase oft von Schwind karikiert, auch sonst wegen seines tölpischen Wesens gern verspottet. Schubert, der das Gedicht angeblich für ihn geschrieben hat, wohnte 1823/24 mit ihm auf der Stubentor-Bastei (Innere Stadt 1187). Dennoch scheint das Gedicht im September 1820 entstanden zu sein. Eine andere, wenig abweichende und 1820 datierte Bleistift-Niederschrift hat Schumann 1838 in Wien von Ferdinand Schubert bekommen (1932 in Berlin versteigert).

Aus der amtlichen „Wiener Zeitung“ vom 13. September 1820

Ankündigung

W. G. Beckers Taschenbuch zum geselligen Vergnügen.
Herausgegeben von Friedrich Kind.
Auf das Jahr 1821.

. . . .

Leipzig bey G. J. Göschen,
und in Wien, in der Carl Gerold'schen Buchhandlung . . .
zu haben.

Preis der gewöhnlichen Ausgabe .... 2 fl. 45 kr. C. M.
– – der Prachtausgabe .... 4 fl. 30 kr. C. M.

Inhalt: . . . IV. Lieder-Compositionen von Dotzauer, Gyrowetz, Methfessel, Fr. Schubert, Minna Schütz, Maria von Weber . . .

Die Musikbeilagen dieses Jahrgangs, darunter auch der erste Druck eines Stücks aus Webers „Freischütz" (Text von Kind, dem Herausgeber des von Becker gegründeten Almanachs), nämlich der Mädchenchor „Wir winden dir den Jungfernkranz" als „Volkslied aus dem Freischütz" – ein Exemplar im Besitz von Hans Harald Rath in Wien – einstimmig gesetzt, wurden nicht veröffentlicht. Das in der Beilage enthaltene Schubertsche Lied, die erste Fassung des „Widerschein", Text von Schlechta, wurde also zumindest gedruckt. Dieser Typendruck auf einem zweimal gefalteten Doppelblatt ist jetzt in der Wiener Stadtbibliothek zu finden. Alle Beilagen sind offenbar zu spät fertig geworden. Das Taschenbuch ist in der gewöhnlichen Ausgabe mit einer Arabeske aus den „Bädern des Titus" und in der Luxusausgabe mit den „Vier Jahreszeiten" von Raffael geschmückt.

Aus dem „Wiener Konversationsblatt" vom 28. September 1820

(Über W. G. *Beckers* Taschenbuch zum geselligen Vergnügen auf das Jahr 1821, herausgegeben von Friedrich *Kind.*)
. . . Weitere gefällige Zugaben dieses Taschenbuches sind die Musikkompositionen von . . . *Franz Schubert* in *Dresden*, . . . und *Franz Schubert* in *Wien*. Minder glücklich als die anderen zeigten sich dabei . . . und besonders *Franz Schubert* in *Dresden*, der mit seinem Wiener Namensbruder keinen Vergleich aushält. B–r.

Das Lied des Dresdener Schubert hieß „Die Lebensgefährten", Text von A. v. Nordstern.

9. Oktober 1820: Schuberts Kusine Magdalena heiratet Michael Sandler.

Aus Rosenbaums Tagebuch vom 12. Oktober 1820

W. Th. – Zauberharfe.

Die acht Aufführungen der „Zauberharfe" sind auch in den handschriftlichen Tagebüchern des Schauspielers Friedrich Henning und des Komponisten Ignaz v. Seyfried erwähnt, die beide die Ereignisse des Theaters an der Wien behandeln (Stadtbibliothek, Wien). – Josef Lanner soll eine der späteren Aufführungen besucht und vor allem die Ouvertüre gelobt haben.

Aus dem Hochzeitenverzeichnis der Pfarre „Zu den vierzehn Nothelfern" in Liechtental

21. Nov. 1820. Therese Grob verm. m. Joh. Bergmann, Bäckermeister.
Joh. Bergmann, bürgerl. Bäckermeister, geb. am Neubau, ehel. Sohn des Friedr. Bergmann, Bäckermeister, u. Dorothea, geb. Kassimir, wohnhaft Stadt 831;
Grob Theresia, geb. i. Liechtental, ehel. Tochter d. Grob Heinrich, bürgerl. Seidenzeugfabrikant, u. Gattin, geb. Männern, 22 J. alt;
Michael Kassimir, bürgerl. Bäckermeister am Strozzigrund, u. Johann Wagner, bürgerl. Seidenzeugfabrikant u. Grundrichter in L. 166.

Neubau und Strozzigrund waren Vorstädte Wiens. – Johann Michael Wagner, wie sein voller Name lautet, war 1813 auch Trauzeuge bei Vater Schuberts zweiter Hochzeit gewesen.

Aus der Dresdener „Abendzeitung" vom 30. Januar 1821

[Korrespondenz aus Wien von Anfang Dezember 1820.]

Der junge Komponist *Schubert* hat mehrere Lieder der besten Dichter (meistens von *Goethe*) in Musik gesetzt, welche das tiefste Studium, verbunden mit bewunderns-würdiger Genialität, beurkunden und die Augen der gebildetern musikalischen Welt auf sich ziehen. Er versteht es, mit Tönen zu malen, und die Lieder „Die Forelle", „Gretchen am Spinnrad" (aus *Faust*) und „Der Kampf" von *Schiller* übertreffen an charakteristischer Wahrheit alles, was man im Liederfache aufzuweisen hat. Sie sind meines Wissens noch nicht gestochen, sondern gehen nur in Abschriften von Hand zu Hand. Höhler.

Zwei Lieder von Schubert waren tatsächlich schon erschienen, wenn auch nur als Beilagen in Typendruck: „Am Erlafsee" und „Widerschein". Das dritte sollte sogleich folgen.

1. Dezember 1820: Erste Aufführung des „Erlkönig" (D. 328), bei Ignaz Sonnleithner; es singt August Ritter v. Gymnich, Anna Fröhlich begleitet am Klavier. – Gymnich, geboren um 1786, war Registrant bei der Hofkammer und Repräsentant der Gesellschaft der Musikfreunde; er sang Tenor. Er soll die Bekanntschaft des Dichters Franz Grillparzer mit den Schwestern Fröhlich vermittelt haben. Er starb schon im Herbst 1821. Die Fröhlichs waren die vier Töchter eines früher adeligen Fabrikanten, lebten aber allein, zuletzt in der Singerstraße (nahe dem Dom). Nur eine (Barbara) heiratete, und Grillparzer, der Freund der schönen Katharina, zog später als Zimmerherr zu ihnen. (Bauernfeld nannte sie die „Grillparzen".) Sie waren alle musikalisch, und 1841 hat die „Allgemeine Wiener Musikzeitung" über sie geschrieben, „sie dürften für die Kunst, namentlich den Gesang, mehr gewirkt haben, als so manche Europa-berühmte Amazone von der Kehle". Maria Anna, 1793 geboren, sang Sopran, studierte bei Johann Nepomuk Hummel und wurde 1819 Gesangslehrerin am Konservatorium der Gesellschaft der Musikfreunde (dritte Klasse, für Sängerinnen). Barbara, die begabteste der Schwestern, war 1798 geboren, sang Mezzosopran, scheint sich 1816 kurz am Theater an der Wien versucht zu haben, wurde aber dann als Schülerin M. M. Daffingers Malerin. 1825 heiratete sie den Flötisten Ferdinand Bogner, Kanzlisten der Hofkammer, und war später Zeichenlehrerin. Katharina, geboren 1800, sang Sopran. Grillparzer schrieb später über sie in sein Tagebuch: „Wie Säufer in Wein, so betrinkt sie sich in Musik. Sie ist ihrer selbst nicht mächtig, wenn sie gute Musik gehört hat." (Sie blieb die „ewige Geliebte" des Dichters.) Josefine, geboren 1808, sang Alt, studierte erst bei Anna, war von Mitte 1821 bis Anfang 1822 am Kärntnertor-Theater engagiert, trat dann als Konzertsängerin, auch im Ausland, auf, ging nach Kopenhagen, wo sie Sibonis Schülerin und dänische Kammersängerin wurde. Anfang 1826 war sie auf der Höhe ihres Könnens. Sie wurde später Gesangs- und Klavierlehrerin. – Die Töchter des legendären Glasermeisters Tschöll auf der Mölkerbastei in Wien, in R. H. Bartschs Schubert-Roman „Schwammerl" und in Emil Bertés Singspiel „Das Dreimädlerhaus" mit Schubert in enge Verbindung gebracht, sind wohl durch die Figuren der Schwestern Fröhlich angeregt worden, aber durchaus erfunden. (Auch der „Baron" Schober als Rivale Schuberts.)

9. Dezember 1820: „Die Forelle" op. 32 (D. 550) erscheint als Beilage zur „Wiener Zeitschrift für Kunst usw." – Die „Wiener Zeitschrift für Kunst, Literatur, Theater und Mode", kurz die „Modezeitung" genannt, herausgegeben von dem Modewarenhändler Johann Schickh (geboren in Wien 1770), war 1816 gegründet worden und brachte als Beilagen gestochene Modebilder (meist nach französischen Vorlagen) und, in Typendruck, zusammengefaltete doppeltbreite Musikbeilagen. Es waren meist Lieder, darunter eine ganze Reihe von Schubert in Erstdrucken, die oft auch noch, mit einem besonderen Titel, auf vier Seiten neu aufgelegt worden sind. – „Die Forelle" erschien hier in der vorletzten Fassung (der vierten).

JOSEF HÜTTENBRENNERS VERMERK AUF DEM MANUSKRIPT DER ZWEITEN FASSUNG VON SCHUBERTS OPER „DES TEUFELS LUSTSCHLOSS“ (UM 1820?)

Diese drei aktige Oper – Vom Tonsetzer ins Eigentum gekauft.

Joseph Hüttenbrenner
kais. kön. Hofkanzlei-Registrant.

1821

„Gesang der Geister über den Wassern“ für 8 Männerstimmen mit Streichquartettbegleitung (D. 714), Februar
Lieder: „Suleika“ I und II, „Sei mir gegrüßt“
Skizzen für eine Sinfonie in E-Dur (D. 729, nur in Bearbeitungen veröffentlicht), August

ZEUGNIS IGNAZ FRANZ V. MOSELS FÜR SCHUBERT

Daß Herr Franz Schubert, gewesener Schüler des k. k. ersten Hofkapellmeisters Hrn. Anton Salieri, sowohl durch seine tiefen Kenntnisse in der theoretischen und praktischen Harmonie, als durch die sich eigen gemachten übrigen, zur Vokal-Komposition erforderlichen Hilfswissenschaften und durch sein ausgezeichnetes Talent einer unserer hoffnungsvollsten jungen Tonsetzer sei, von welchem sich die Oper überhaupt und das k. k. Hofoperntheater, welchem er seine Arbeiten vorzugsweise zu widmen wünscht, insbesondere, die erfreulichsten Kunsterzeugnisse versprechen darf, bezeuge ich hiemit.

Wien, am 16. Jänner 1821.

Ignaz Franz Edler v. Mosel,
k. k. wirklicher Hofsekretär.

Dieses Zeugnis Mosels und die folgenden von Dietrichstein, Weigl und Salieri hat Schubert vielleicht erbeten, um sich bei der neu zu bestimmenden Direktion der Hofoper damit einführen zu können, sei es als Komponist oder als Kapellmeister. Sie mögen sogar für ein Majestätsgesuch gedacht worden sein. Das Kärntnertor-Theater, nächst dem Kärntnertor in der Inneren Stadt gelegen (hinter dem jetzigen Opernhaus), gehörte ursprünglich der Stadt, war lange als Schauspielhaus benützt worden, dann abwechselnd mit dem jüngeren Theater nächst der Hofburg, dem sogenannten Burgtheater, auch als Opernhaus, bis es zuletzt ganz dieser Bestimmung zugeführt wurde. Da Dietrichstein am 12. Februar 1821 zum Obersten Hoftheater-Direktor ernannt wurde, mit Mosel als seinem Sekretär, so konnte Schubert, falls er davon überrascht worden war, die Zeugnisse dieser Männer nicht ihnen selbst vorlegen. Eher ist anzunehmen, daß die zu Ende des Jahres erfolgte Verpachtung der Oper bereits im Januar vorgesehen war. Da aber die neue Direktion aus Italienern bestand, kam Schubert für die Oper nicht mehr in Betracht. – Ignaz Franz Edler v. Mosel, dem wir schon als Beamten des früheren Hofmusikgrafen begegnet sind, war 1772 in Wien geboren, musikalisch als Komponist und Schriftsteller tätig; er war indessen Hofsekretär geworden und folgte seinem neuen Chef, Moritz Graf Dietrichstein, in die Oper. Seit 1812 hat er in Wien für die Pflege Händelscher Musik Hervorragendes geleistet.

19. Januar 1821: August v. Gymnich singt das Lied „Der Wanderer“ bei Iganz Sonnleithner.

ZEUGNIS MORITZ GRAF DIETRICHSTEINS FÜR SCHUBERT

Durch Neigung wie durch Pflicht veranlaßt, ausgezeichnete musikalische Talente vorzüglich im Vaterland zu erforschen und ihre edlen Bestrebungen nach Kräften zu fördern, gereicht es mir zum besonderen Vergnügen, hiemit zu erklären, daß Herr Franz

Schubert, welcher seine erste musikalische Bildung im Konvikt erhielt, solange er sich daselbst als Chorsänger der k. k. Hofkapelle befand, seither in dem Zeitraum von wenigen Jahren durch angebornes Genie, eifriges Studium des strengen Satzes und häufige treffliche Vorarbeiten bereits die sprechendsten Beweise seiner ebenso gründlichen, als Gefühl und Geschmack vereinigenden Kenntnisse geliefert habe, und daher nur zu wünschen übrig bleiben muß, daß diesem achtungswerten Manne die Gelegenheit dargeboten werde, so schöne Blüten zum Gedeihen der Kunst überhaupt und der dramatischen Musik insbesondere zu entfalten.

Am 24. Jänner 1821. Moritz Graf Dietrichstein,
k. k. Hofmusikgraf.

Moritz Graf Dietrichstein-Proskau-Leslie, geboren 1775, war 1819, als Nachfolger Kuefsteins, Hofmusikgraf geworden, daneben seit 1815 Obersthofmeister-Stellvertreter bei Napoleons Sohn in Wien, dem Herzog von Reichstadt. Als Liederkomponist war er, wie Niklas Freiherr v. Krufft, ein bescheidener Wiener Vorläufer Schuberts.

Aus dem Programm der 8. musikalischen Abendunterhaltung der Gesellschaft der Musikfreunde im Gundelhof, am 25. Januar 1821

[4.] Der Erlkönig von Goethe, in Musik gesetzt von Fr. Schuberth, gesungen von Herrn v. Gymnich.

Diese Abendunterhaltungen der Gesellschaft der Musikfreunde, auch die des „kleinen Vereins" genannt, waren nicht öffentlich zugänglich. Sie fanden seit März 1817 in der Gesellschaftskanzlei jeden Donnerstag statt, zuerst in der Singerstraße beim „Roten Apfel" und dann im Gundelhof, unterhalb der Wohnung Sonnleithers. Diesmal begleitete Schubert oder Anna Fröhlich, und Gymnich, der seit der Gründung (1812) der Gesellschaft angehörte, stellte Schubert vor.

Zeugnis Josef Weigls und Salieris für Schubert

Ex offo.

Zeugnis

Daß Herr Franz Schubert seines rühmlichen, viel versprechenden musikalischen Talentes wegen, welches vorzüglich in der Komposition sich auszeichnet, von einer hohen Hoftheater Direktion in diesem Fache mit Auszeichnung zur allgemeinen Zufriedenheit schon verwendet worden ist, und ferners verwendet wird bezeuge hiermit

Wien, den 27. Jänner 821
Josef Weigl
k. k. Hof-Opern Direktor.
Antonio Salieri
k. k. Hofkap[l] Meister

Pr. k. k. Hoftheater
Direktions Kanzlei
Wien, den 29ten Jänner 1821
Leopold Pfersmann v. Eichthal
k. k. Hofsekr. u. Kanzlei Direktor

Coram me
Joh. Gr. Barth-Barthenheim
n.ö. Regs. Sekretär
noe. Stadthauptmann

Die Hofoper, an der Weigl seit 1805 „Musikdirektor" war, hatte von Schuberts Diensten bis dahin ein einziges Mal Gebrauch gemacht, und zwar bei der Aufführung der „Zwillingsbrüder". – Dieses Sammelzeugnis umfaßt Atteste des Musikdirektors der Hofoper, der Direktionskanzlei der beiden Hoftheater und – bezeugt von der Stadthauptmannschaft Wien – des Hofkapellmeisters.

Januar 1821 (?).

Graf Dietrichstein an Johann Michael Vogl

Ich bitte Sie, lieber Freund, dies dem wackern Schubert gütigst zu übergeben. Möchte es ihm einigen Vorteil gewähren, denn seitdem ich das Genie dieses jungen, kräftigen, ungemein viel versprechenden Tonsetzers ergründet, gehört es zu meinen sehnlichsten Wünschen, sub umbra alarum tuarum für ihn zu wirken, so sehr ich es vermag. Guten Morgen, liebster Freund, rara avis in terra, oder vielmehr rarissima.

Bezieht sich auf das Zeugnis Dietrichsteins, das Vogl offenbar für Schubert erbeten hatte.

Josef Huber an seine Braut Rosalie Kranzbichler in St. Pölten

Wien den 30 Jänner 821

Vergangenen Freitag [den 26.] habe ich mich recht gut unterhalten, da die [Sophie] Schober in St. Pölten war hat Franz den Schubert Abends eingeladen und 14 seiner guten Bekannten. Da wurden eine Menge herrliche Lieder Schuberts von ihm selbst gespielt und gesungen was bis nach 10 Uhr Abends dauerte Hernach wurde Punsch getrunken den einer aus der Gesellschaft gab und da er sehr gut und in Menge da war, wurde die ohnedies schon fröhlich gestimmte Gesellschaft noch lustiger, so wurd es 3 Uhr Morgens als wir auseinander giengen. Du kannst dir denken wie angenehm mir der durch so viele Jahre entbehrte Genuß so vieler geistvoller Männer ist, der noch durch die Rückerinnerung an meine Studien Jahre erhöht wird. Gerne lasse ich alles was man Unterhaltung nennt darum zurück.

Sankt Pölten liegt westlich von Wien in Niederösterreich. – Sophie v. Schober, Franzens Schwester, war mit Hubers Braut befreundet. Sophie und ihre Mutter weilten manchmal bei Verwandten dort. – Die Braut war brustkrank und starb bald darauf. – Diese, allerdings rein männliche Gesellschaft ist die erste überlieferte „Schubertiade“: gesellige Abende in befreundeten Familien, an denen ausschließlich Schubertsche Musik gemacht wurde; wenn die Damen dabei waren, erklangen auch Tänze, die Schubert, der nicht tanzte, selbst am Klavier spielte und oft improvisierte.

Aus dem Programm der 10. Abendunterhaltung der Gesellschaft der Musikfreunde, am 8. Februar 1821

4. Die Sehnsucht von Schiller, in Musik gesetzt von Franz Schubert. Vorgetragen von Herrn Götz.

Aus Perths Tagebuch vom 8. Februar 1821

(Über eine musikalische Unterhaltung bei *Pettenkofer*.) 7. Ballade: Der Erl-König; in Musik gesetzt von *Schubert*.

Anfang 1821 (?)

Schubert an seinen Bruder Ferdinand

Lieber Bruder! Da ich wegen gestriger Lumperey heut marody war, so hab ich an dem Offertorium nichts gemacht, es wird also nicht fertig. Auch ist Anselm Hüttenbrenner hier, mit dem ich mich heute Abends um 6 Uhr bestellt habe. Hättest Du vielleicht Lust mit uns zu seyn, so komme in die Wipplinger Straße zu Fr. v. Sansouci, wo ich ehe gewohnt habe, u. frage Dich etwa herunten im Tabackgewölb an um 6 Uhr. Wonicht, so sehen wir uns Morgen beym Kreutz.

Franz.

Es ist möglich, daß mit der „gestrigen Lumperei" der Abend bei Schober am 26. Januar 1821 gemeint war. – Das Offertorium war wohl Schuberts zweites von 1815, zu dem er aber erst 1823 die Bläserstimmen hinzukomponiert hat. Anselm Hüttenbrenner war allerdings schon Mitte 1819 zum Auditoriat (militärische Rechtsbehörde) nach Wien gekommen, wo er ein bis zwei Jahre lang als Konzipist diente. Er mag über Weihnachten zu Hause gewesen sein. Der einzige Anhaltspunkt für die Datierung dieses Billetts ist Schuberts Übersiedlung aus dem Hause der Frau Sanssouci, d. h. aus Mayrhofers Zimmergemeinschaft, in ein anderes Haus der Wipplingerstraße, Innere Stadt Nr. 360 (später 21), Ecke Tiefer Graben. Es war das Gebäude des ehemaligen Theatiner- oder Kajetaner-Klosters. Schwind hat 1821 Schuberts mit einem Klavier ausgestattetes Zimmer dort gezeichnet (Bildband, S. 48). – Das „Rote Kreuz" auf dem Himmelpfortgrund, nahe Schuberts Geburtshaus in der heutigen Nußdorferstraße an der Stiege, die ins Liechtental hinunter führt, war ein Stammlokal der Familie. Daß sich die Brüder noch dort trafen, läßt darauf schließen, daß Ferdinand, der 1821 ins Schulhaus von Alt-Lerchenfeld übersiedelte, damals noch im nahen Waisenhaus wohnte.

Aus dem Index für Schulsachen, 2. März 1821

Himmelpfortgrund

Grundgericht zeigt an, daß der Hausinhaber Schubert die Wohnung, wo sich die Schule befindet, aufgekündigt habe.

Gefunden von Ignaz Weinmann im Niederösterreichischen Landesarchiv, Wien. – Schon am 5. Februar 1821 hatte der Schullehrer der noch immer in der Säulengasse bestehenden Schule des Himmelpfortgrundes „um Untersuchung wegen Beschaffenheit der dortigen Lehrzimmer" gebeten. Die Schule dürfte noch 1821 verlegt worden sein.

2. März 1821: Sophie Linhart singt „Gretchen am Spinnrade" (D. 118) bei Ignaz Sonnleithner. – Sie war eine Schülerin Anselm Hüttenbrenners, sang Sopran und trat später als Frau Schuller auf.

Aus dem Programm des Kärntnertor-Theaters vom 7. März 1821, 7 Uhr abends

(Große musikalische Akademie mit Deklamation und Gemälde-Darstellungen.)

Erste Abteilung: . . .

6. *Das Dörfchen*, ein Gedicht von *Bürger*, für zwei Tenor- und zwei Baßstimmen gesetzt von Hrn. *Franz Schubert*, vorgetragen von den Herren *Götz* und *Barth*, in Diensten Sr. Durchlaucht des regierenden Herrn Fürsten von Schwarzenberg, und den Herren *Nejebse* und *Umlauff* . . .

Zweite Abteilung: . . .

12. *Der Erlkönig*, Gedicht von *Goethe*, in Musik gesetzt von *Franz Schubert*, vorgetragen von Hrn. *Vogl*, k. k. Hofoperisten, auf dem Pianoforte begleitet von Hrn. *Anselm Hüttenbrenner* . . .

15. *Der Gesang der Geister über den Wassern*, Gedicht von *Goethe*, für vier Tenor- und vier Baßstimmen gesetzt von Hrn. Franz Schubert, vorgetragen von den Herren Götz, Barth, Nejebse, Umlauff, Weinkopf, Frühwald und zwei Chorsängern.

Dieser Aschermittwoch, ein Tag, an dem die Theater nicht spielten, war ein bedeutsamer Tag für Schubert. Das Konzert wurde von der „Gesellschaft adeliger Frauen zur Beförderung des Guten und Nützlichen" veranstaltet, die 1811 von Fürstin Karoline Lobkowitz (siehe Notiz zum 24. Dezember 1811) und Fürstin Babette Odescalchi gegründet worden war. Josef Sonnleithner (Ignaz' später nicht geadelter Bruder) war Sekretär der Gesellschaft. Er war 1766 geboren, niederösterreichischer Regierungsrat und Hofagent, war mit Mozart bekannt gewesen und an der Gründung der Gesellschaft der Musikfreunde beteiligt. Als Theaterdichter gestaltete er das Libretto des „Fidelio" mit und ist zeitweilig auch Musikverleger und Hoftheater-Sekretär gewesen. Er sammelte Materialien für eine Geschichte der Musik und Musikerporträts, die er sich meist neu malen ließ (jetzt bei der Gesellschaft der Musikfreunde, Wien). Die Gesellschaft der 160 Damen hatte unter dem Titel „Abendunterhaltungen für den Winter 1815/16" Publikationen herausgegeben, in denen auch Gedichte von Ottenwalt und Schlechta enthalten waren (Nationalbibliothek, Wien). Die Aschermittwoch-Konzerte der Gesellschaft, die 1962 ihr 150. Jubiläum feierte, standen damals unter dem besonderen Protektorat der Landgräfin Therese Fürstenberg. Das Programm enthielt u. a. ein Tableau (lebendes Bild) nach van Dycks „Hagar", an dem Vogl teilnahm, zwei Mozart-Arien, gesungen von Wilhelmine Schröder (später verhel. Devrient) und Karoline Unger (später verehel. Sabatier), ein Gedicht, vorgetragen von der Tragödin des Burgtheaters, Sophie Schröder (Mutter Wilhelminens), ein Rossini-Duett, von beiden Sängerinnen gesungen, und am Schluß noch ein Tableau, in dem die später weltberühmte Tänzerin Fanny Elßler als Zehnjährige auftrat. Adalbert Gyrowetz, geboren 1763 in Budweis (Böhmen [heute České Budějovice, Tschechoslowakei]), früher Hoftheater-Kapellmeister, leitete die Musik, und der Hoftheater-Kostümier Philipp v. Stubenrauch, geboren Wien 1784, die Tableaux. – „Das Dörfchen" (ohne Begleitung!) war das erste Schubert-Quartett, das öffentlich vorgetragen wurde. – Nach Anselm Hüttenbrenners Erinnerungen hätte Schubert bei der Probe auf Vogls Verlangen hie und da einige Takte in die Begleitung des „Erlkönigs" eingeschoben, um dem Sänger die Möglichkeit des Atemholens zu geben. Schubert, der zu scheu war, um selbst auf dem neuen Graf-Flügel zu begleiten, soll bei der Aufführung umgeblättert haben. – Das für diese Akademie geschriebene Oktett (auch ohne Begleitung?) war zu wenig geprobt worden, wie Leopold v. Sonnleithner berichtet. – Johann Michael Weinkopf, 1780 geboren, war zuerst im Theater an der Wien (der erste Don Fernando) und seit 1814 im Kärntnertor-Theater als Bassist engagiert. Josef Frühwald, geboren 1783, hat eine ähnliche Karriere gehabt (er war 1805 der erste Jaquino) und war Korners Assistent, dann sein Nachfolger als Singmeister der Hofsängerknaben und in der Singschule des Konservatoriums. Er verkehrte mit Schubert in dessen letzten Lebensjahren und trat als Mittler für geplante Aufführungen der „Prometheus"-Kantate, besonders in Göttweig, seinem Geburtsort (Niederösterreich), auf.

Aus Rosenbaums Tagebuch vom 7. März 1821

3 Musik-Stücke von Schubert – wovon das letzte, die Geister ober den Gewässern, ganz unterging.

Aus der Wiener „Allgemeinen musikalischen Zeitung" vom 21. März 1821

Der Vortrag der Ballade „Erlkönig", Musik von *Schubert*, zeigte unsern Meister im deklamatorischen Gesange – Hrn. *Vogl* – in seiner Größe. Die Musik hat viel Phantasie. Mehrere gelungene Stellen wurden vom Publikum mit Recht ausgezeichnet. Ein Vokal-Quartett von demselben Tonsetzer gefiel ebenfalls sehr und mußte wiederholt werden. Der schöne Tenor des Hrn. *Barth* zeichnete sich aus.

Dagegen wurde der achtstimmige Chor von Hrn. *Schubert* von dem Publikum als ein Akkumulat aller musikalischen Modulationen und Ausweichungen ohne Sinn, Ordnung und Zweck anerkannt. Der Tonsetzer gleicht in solchen Kompositionen einem Großfuhrmann, der achtspännig fährt und bald rechts, bald links lenkt, also *ausweicht*, dann umkehrt und dieses Spiel immerfort treibt, ohne auf eine Straße zu kommen.

Vor dieser Kritik war schon eine in der „Wiener Allgemeinen Theaterzeitung" vom 13. März 1821 erschienen (erste Ausgabe, Nr. 221). Nachher erschien auch im „Sammler" vom 27. März eine Besprechung des Abends (erste Ausgabe, Nr. 223).

Aus der Dresdener „Abendzeitung" vom 26. April 1821

Einige Lieder, von dem jungen talentvollen Komponisten *Schubert* in Musik gesetzt, haben darin die meiste Sensation erregt. Vor allem gefiel der *Erlkönig*, welchen *Vogl* mit seiner bekannten Meisterschaft vortrug und der wiederholt werden mußte. Diese herrliche Komposition muß ergreifen, sie ist jetzt hier bei *Cappi und Diabelli* im Stich erschienen, und ich bin überzeugt, daß es mir jeder der Leser, der sich dieses Meisterwerk anschaffen will, Dank wissen wird, daß ich ihn darauf aufmerksam machte.

[Höhler ?]

Diese Kritik erschien nach der Ausgabe des „Erlkönig" (siehe 2. April 1821).
Eine andere Auslands-Kritik erschien in der Leipziger „Allgemeinen musikalischen Zeitung" am 2. Mai 1821 (erste Ausgabe, Nr. 225).

Aus dem Programm der 14. Abendunterhaltung der Gesellschaft der Musikfreunde, am 8. März 1821

[2.] Tartarus von Schiller, in Musik gesetzt von Franz Schuberth, gesungen von Hrn. Preisinger.

Preisinger, geboren in Wien 1796 (Beamter der Registratur der Nationalbank), sang Baß und spielte Klavier. Er wurde Anfang 1824 an das Kärntnertor-Theater als Buffo engagiert.

Anfang März 1821

Als Sie, zuhörend, am Klavier sass

[An Katharina *Fröhlich* als Zuhörerin *Schuberts*]

Still saß sie da, die Lieblichste von allen,
aufhorchend, ohne Tadel, ohne Lob;
das dunkle Tuch war von der Brust gefallen,
die, nur vom Kleid bedeckt, sich atmend hob;
das Haupt gesenkt, den Leib nach vorn gebogen,
wie von den flieh'nden Tönen nachgezogen.

Nenn' ich sie schön? Ist Schönheit doch ein Bild,
das selbst sich malt und nur sich selbst bedeutet;
doch Höheres aus diesen Zügen quillt,
die, wie die Züge einer Schrift verbreitet,
an sich oft bildlos, unscheinbare Zeichen,
doch himmlisch durch den Sinn, den sie erreichen.

So saß sie da, das Regen nur der Wangen,
mit ihren zarten Muskeln, rund und weich,
der Wimpern Zucken, die das Aug' umhangen,
der Lippen Spiel, die, Purpurlädchen gleich,
den Schatz von Perlen hüllen jetzt, nun zeigen,
verriet Gefühl, von dem die Worte schweigen.

Und wie die Töne brausend sich verwirren,
in stetem Kampfe stets nur halb versöhnt,
jetzt klagen, wie verflog'ne Tauben girren,
jetzt stürmen, wie der Gang der Wetter dröhnt,
sah ich ihr Lust und Qual im Antlitz kriegen,
und jeder Ton ward Bild in ihren Zügen.

Mitleidend wollt' ich schon zum Künstler rufen:
„Halt ein! Warum zermalmst du ihre Brust?"
Da war erreicht die schneidendste der Stufen,
der Ton des Schmerzes ward zum Ton der Lust,
und wie Neptun, vor dem die Stürme flogen,
hob sich der Dreiklang ebnend aus den Wogen;

und wie die Sonne steigt, die Strahlen dringen
durch der zersprengten Wetter dunkle Nacht,
so ging ihr Aug', an dem noch Tropfen hingen,
hellglänzend auf in sonnengleicher Pracht;
ein leises Ach! aus ihrem süßen Munde,
sah, wie nach Mitgefühl, sie in die Runde.

Da trieb's mich auf: nun soll sie's hören,
was mich schon längst bewegt, nun werd' ihr's kund;
doch sie blickt her, den Künstler nicht zu stören,
befiehlt ihr Finger, schwicht'gend an dem Mund;
und wieder seh' ich horchend sie sich neigen,
und wieder muß ich sitzen, wieder schweigen.

Franz Grillparzer.

Der Anlaß zu diesem Gedichte soll Grillparzers zweite Begegnung mit Kathi Fröhlich im Hause des Bankiers Johann Heinrich Geymüller in der Wallnerstraße (Innere Stadt) gewesen sein, dessen Frau Barbara ihre zahlreichen Töchter von Anna Fröhlich in der Musik unterrichten ließ. Daß Schubert der Klavierspieler bei dieser stummen Liebesszene war, ist nur durch Tradition überliefert. Ein Entwurf zu dem Gedichte trägt die Aufschrift „An Katty Fröhlich". Es erschien schon Ende 1821 im Taschenbuch „Aglaja", herausgegeben von Josef Sonnleithner und Josef Schreyvogel in Wien. In jenem März schrieb Grillparzer auch ein Albumblatt für Kathi. Die Geste des Schweigen gebietenden Fingers ist auch in einem Briefe Grillparzers an seinen Freund Georg Altmütter vom Frühjahr 1821 geschildert, allerdings in einem scherzhaften Sinne. Von diesem Tage an war der Dichter der schönen Spröden fürs Leben verfallen.

Mosel an Josef Hüttenbrenner

[17. März 1821]

Bekannt mit den wohlwollenden Gesinnungen Sr. Exzellenz des Herrn Grafen Moritz von Dietrichstein gegen den talentvollen Tonsetzer Herrn Franz Schubert, zweifle ich keineswegs, daß Se. Exzellenz die Widmung des, von Herrn Schubert in Musik gesetzten Gedichtes „Der Erlkönig" genehmigen werde.

Zum Aufdruck einer Widmung mußte der Autor eines Notenheftes die schriftliche Zustimmung des Adressaten einholen und der Zensurbehörde vorlegen. Da Mosel Sekretär im Büro Dietrichsteins war, antwortete er für seinen Chef von der Hofoper. Der Graf nahm die Widmung natürlich an (siehe 2. April 1821).

Aus der „Wiener Allgemeinen Theaterzeitung" vom 29. März 1821

(Über das Konzert des Klaviervirtuosen Karl *Schunke* vom 25. März 1821 mittags im Landhaussaale, zweite Abteilung.)

Herr *Rueß* sang unsers so viel versprechenden *Schubert* herrlichen Erlkönig nicht ohne Verdienst, doch bleibt jedem, der dieses Genie als Tonstück das erstemal in jener Vereinigung wahrer und würdiger Musikfreunde hörte, der Eindruck, den er durch den seelen- und geistvollen Vortrag damals erhielt, unauslöschlich. Mpr.

Karl Schunke, aus einer Musikerfamilie stammend, war 1801 in Magdeburg geboren und kam später auf seinen Konzertreisen auch nach London. – Rueß wurde 1823 ans Theater in der Leopoldstadt als Tenor engagiert. – Die Anspielung auf seinen Vorläufer bezieht sich auf Vogl (siehe 7. März 1821). Eine kurze Besprechung erschien auch in der „Wiener Zeitschrift für Kunst usw." am 3. April 1821 (erste Ausgabe, Nr. 230).

Leopold Sonnleithner an Josef Hüttenbrenner

Hr. v. Hüttenbrenner!

Ich ersuche Sie, ja gewiß zu besorgen, daß Schubert morgen zu Frl. Linhardt kömmt, um mit ihr den Jüngling zu probieren, welchen sie bei mir singt, dann, daß Schubert Mittwoch um $^1/_2$12 Uhr zu mir kommt, um seinen Geisterchor zu probieren. Ich rechne auf Ihre Gefälligkeit, daß Sie veranstalten, daß Schubert gewiß zu diesen Proben kömmt. Ich muß mich billig wundern, daß sich Schubert überhaupt nicht bei mir sehen läßt, da ich doch wegen seinem Erlkönig und wegen andrer Angelegenheiten ihn dringend zu sprechen habe. Mit Achtung

Ihr

S. H. [?] d. 26. März 821. Ergebener

Leop. Sonnleithner.

Die Proben hängen mit dem Konzert bei Sonnleithner am 30. März (Freitag) zusammen. Der „Erlkönig" war kurz vor dem Erscheinen. – „S. H." mag Schottenhof heißen: Sonnleithner war Hofrichter bei den Schotten (Schottenstift).

30. März 1821: Barth, Götz, Gymnich, Umlauff, Krebner, Nejebse, Preisinger und Hardt singen bei Ignaz Sonnleithner zweimal den „Gesang der Geister über den Wassern" (D. 714), und Sophie Linhart trug „Der Jüngling auf dem Hügel" vor (D. 503). – Georg Krebner, Sekretär bei der k. k. Familiengüter-Oberdirektion (Fideikommiß der Habsburger), war Ausschußmitglied der Gesellschaft der Musikfreunde und sang Tenor. – Albert Hardt, der Baß sang und Violine spielte, scheint Berufsmusiker gewesen zu sein.

Aus dem „Sammler" vom 31. März 1821

Soeben ist bei Cappi und Diabelli, auf dem Graben, erschienen und um 2 fl W. W. zu haben: *„Erlkönig"*, Ballade von *Goethe*, in Musik gesetzt von *Franz Schubert*.
Diese in dem Konzerte, welches der adelige Damenverein am 7. März zur Beförderung seiner wohltätigen Zwecke veranstaltet hatte, von dem rühmlichst bekannten Hofopernsänger Hrn. *Vogl* vorgetragene Ballade gefiel durch die Musik so sehr, daß sie auf allgemeines Verlangen wiederholt werden mußte. Dasselbe Tonstück wurde bereits früher in den ausgezeichnetsten Häusern, wo Musik exekutiert wird, aufgeführt, und allenthalben erntete Hrn. Schuberts Komposition den verdienten, d. h. den rauschendsten Beifall. Die Gunst, mit der die Musikliebhaber dieselbe aufgenommen haben, erscheint durch das Urteil der vorzüglichsten hiesigen Kunstkenner gerechtfertigt, nach welchem Goethes Text von dem jungen Tonkünstler auf das richtigste aufgefaßt und das Charakteristische in der durchaus originellen Komposition mit ergreifender Wahrheit durchgeführt worden ist.
Dem in exekutiver Hinsicht musikalischen Wien kann es daher nur eine höchst willkommene Erscheinung sein, daß der Tonsatz der obigen Ballade nunmehr einer größeren Publizität übergeben worden ist, und man zweifelt um so weniger an einem für den Herausgeber günstigen Erfolg, als sich die Zahl der Subskribenten bereits auf eine die Kosten der Herausgabe hinlänglich deckende Menge erhoben hat.

[Josef Hüttenbrenner]

Leopold Sonnleithner hatte, nach dem vergeblichen Versuch bei Breitkopf & Härtel (siehe 18. April 1817), den „Erlkönig" dem Wiener Verlag Steiner & Co. angeboten, aber auch dieser lehnte die Veröffentlichung ab mit der Begründung, daß der Komponist zu unbekannt und die Klavierbegleitung zu schwierig sei. Nun hatten sich Leopold Sonnleithner, Josef Hüttenbrenner, Johann Schönauer und Johann Nepomuk Schönpichler zusammengetan, um das Werk auf Subskription herauszugeben, wobei der junge Verlag Cappi & Diabelli als Kommissionär fungierte. Die vier Männer hatten das nötige Geld für das Heft zur Verfügung gestellt. Aber bei einem der Hauskonzerte Ignaz Sonnleithners (vielleicht schon am 1. Dezember 1820) wurden sofort hundert Exemplare gezeichnet, womit Stich und Druck auch noch des kleineren Opus 2 („Gretchen am Spinnrade") bezahlt waren. Insgesamt wurden Schuberts Liederhefte, opp. 1 bis 7 und 12 bis 14 auf Subskription verlegt; sie kosteten je 1 fl. 30 kr., ausgenommen opp. 1 und 14, die 2 fl. kosteten. Alle diese Hefte tragen Schuberts Kontrollnummer und Namenszug rechts unten auf der leeren letzten Seite: opp. 1 bis 7 gezeichnet „Sch." mit der Nummer danach, opp. 12 bis 14 gezeichnet „Schbt." mit der Nummer davor. Vom „Erlkönig" erschienen so in drei Auflagen etwa 600 Exemplare, von „Gretchen am Spinnrade" in zwei Auflagen etwa 500, von dem gemischten Goethe-Heft op. 3 in zwei Auflagen etwa 500 Exemplare. Die Auflagen der folgenden Opera dürften je etwa 300 Stück betragen haben. – Schönauer, geboren 1778, war Universitätspedell, daneben bis 1807 Tenor der Hofkapelle und dann Violaspieler im Orchester der Gesellschaft der Musikfreunde; er hatte schon bei Gottfried van Swietens Wiener Händel-Konzerten unter Mozarts Leitung als Hofsängerknabe mitgesungen. Schönpichler (geboren um 1771) war herrschaftlicher Wirtschaftsrat (Güterinspektor), Mitglied des leitenden Ausschusses der Gesellschaft der Musikfreunde und Violinspieler.

Aus der amtlichen „Wiener Zeitung“ vom 2. April 1821

Bei Cappi und Diabelli
am Graben Nr. 1133, ist neu erschienen und zu haben:
Erlkönig.
Ballade von Goethe, in Musik gesetzt, und Sr. Exzellenz dem
hochgebornen Herrn Herrn
Moritz Grafen v. Dietrichstein
ehrfurchtsvoll gewidmet von
Franz Schubert
Preis .... 2 fl. W. W.

Über den Wert dieser Komposition hat sich sowohl das Urteil des Publikums im am verflossenen Aschermittwoche gegebenen Konzerte im k. k. Hofoperntheater, da es die Wiederholung derselben, vorgetragen von unserm gefeierten Hofopernsänger Hrn. Vogl, einstimmig verlangte, als auch mehrerer öffentlichen Blätter zur Ehre des jungen, genialen Tonsetzers bereits so günstig und vorteilhaft ausgesprochen, daß eine fernere Anempfehlung derselben ebenso überflüssig, als deren Erscheinung und Besitz im Stiche jedem in- und auswärtigen Kenner und Freunde des Gesanges willkommen sein dürfte. [Josef Hüttenbrenner]

Dietrichstein hatte selbst ein paar Goethe-Lieder komponiert. – Auffällig ist, daß die Opusnummer (1) in den beiden Anzeigen nicht genannt ist. Sie steht aber auf dem Titelblatt der ersten Ausgabe.

Aus Rosenbaums Tagebuch vom 4. April 1821

[Über das 1. abonnierte Privatkonzert des Harmoniequintetts Johann *Sedlatzek*, Ernst *Krähmer*, Wenzel *Sedlak*, August *Mittag* und Friedrich *Hradezky* im Landhaussaale mittags.]
Ein Quartett von Schuberth.

Sedlatzek, geboren 1789 in Oberglogau (Schlesien), seit 1810 in Wien, war Flötist der Hoftheater. Krähmer, geboren 1795 in Dresden, seit 1815 in Wien, war erster Oboist im Kärntnertor-Theater und später in der Hofkapelle. Sedlak, geboren 1776, war Klarinettist in der fürstlich Liechtensteinschen Kapelle. Mittag, geboren 1795, war Fagottist der Hoftheater, auch Professor am Konservatorium. Der Hornist Hradezky ist schon im Brief Ferdinand Schuberts vom Oktober 1818 genannt worden. – Das Männerstimmen-Quartett von Schubert war „Das Dörfchen“.

Aus der „Wiener Zeitschrift für Kunst usw.“ vom 24. April 1821

... Hierauf folgte das bekannte Vokal-Quartett von Hrn. *Schubert*, das gut gesungen und, wie immer, beifällig aufgenommen wurde.

Das „wie immer“ bezieht sich wohl auch auf das folgende Konzert.

Aus dem gedruckten (und dem handschriftlichen) Programm des 3. Jahreskonzerts der Wiener Gesellschaft der Musikfreunde am 8. April 1821 mittags im großen Redoutensaale (Oberleiter: Vinzenz *Hauschka*)

5. *Das Dörfchen*, Gedicht von *Bürger*, auf vier Männerstimmen gesetzt von *Franz Schubert* (u. vorgetragen von den Herren *Barth*, *Lugano*, *Nestroy* u. *Götz*).

Das Programm enthielt u. a. den ersten Chor der Trojanerinnen und den Wechselchor aus Collin-Stadlers „Polyxena" (siehe 15. Dezember 1811). Zu Hauschka siehe 12. Oktober 1826. – Lugano war Amateur-Sänger. – Nestroy, geboren 1801 in Wien, hatte 1810 bis 1813 das Akademische Gymnasium besucht, war im Herbst 1813, wie Schubert, in Mathematik durchgefallen und hatte sich als Jurist versucht, um aber bald die Sängerlaufbahn einzuschlagen. Er wurde später Charakterkomiker und der größte Satiriker des österreichischen Theaters.

Aus der „Wiener Zeitschrift für Kunst usw." vom 26. April 1821

Das Quartett von *Schubert* auf *Bürgers* Lied: „Ich lobe mir mein Dörfchen hier!" von Männerstimmen ausgeführt, mußte wiederholt werden. Vorzügliche Erwähnung verdienen der gefällige Vortrag des Tenors und der kraftvolle Ton des Bassisten.

Das Lob gilt wohl Barth und Götz.

Leopold Sonnleithner an Josef Hüttenbrenner

Hr. v. Hüttenbrenner!

Soeben erhalte ich beiliegenden Zettel v. Diabelli. Da Sie die Sache eingeleitet haben, so bitte ich Sie dringend, das Nötige zu veranlassen. Wenn Graf Fries die Dedikation annimmt, so könnte der Titel folgender sein:

Gretchen am Spinnrade,
Eine Szene aus dem Trauerspiele: Faust; von Goethe
In Musik gesetzt, und
dem hochgebornen Hn. Hn. Moritz Reichsgrafen von Fries
Ritter des k. k. Leopolds-Ordens etc. etc.
ehrfurchtsvoll gewidmet
von Franz Schubert
(2tes Werk).

Hat Fries die Dedikation noch nicht angenommen, so könnte der Stecher indeß die Platte anfangen, und den Namen frei lassen. Belieben Sie deshalb mit Diabelli zu reden.

Ihr Ergebener

Den 13. April 1821. Leopold Sonnleithner.

Die „Sache" war wieder die nötige Erlaubnis des Adressaten der Widmung, um die der Kommissions-Verlag als verantwortliche Stelle dringend gebeten hatte. Anton Diabelli, geboren 1781 in Mattsee bei Salzburg, Komponist und Verleger, der Kompagnon Peter Cappis seit 1818, wurde 1824 alleiniger Chef des Verlages. – Reichsgraf Fries, geboren 1777, war der Chef des Bankhauses Fries & Co., Direktor der österreichischen Nationalbank, ein großer Kunstsammler und Mäzen, übrigens auch ein Gönner Anselm Hüttenbrenners. – Der Titel des op. 2 wurde im Stich etwas anders formuliert.

Aus dem Ausgabenbuch des Kärntnertor-Theaters vom 13. April 1821

Unbestimmte Remuneration

Schubert Franz

Kompositeur
Laut angew. Quittung do 9 Apr 821 für Einstudieren der Rolle der Dlle Unger in der Oper „Mädchentreue"
13. April 1821
Jour Art 3756
fl 50 kr – –

Karoline Unger, am 16. Januar 1821 auf zwei Jahre engagiert, sang am 24. Februar als Debut die Isabella in der seit 1819 gespielten, von Friedrich Treitschke neu eingerichteten deutschen Fassung von Mozarts „Così fan tutte". Schubert wirkte, wahrscheinlich zum ersten und letzten Male, als Korrepetitor.

Aus der „Wiener Allgemeinen Theaterzeitung" vom 21. April 1821

(Über das 3. Abonnement-Konzert *Sedlatzek* am 15. April 1821 mittags im Landhaussaale.)
Wir hörten eine liebliche Komposition unsers vielversprechenden *Schubert* bei deren Vortrag sich vorzüglich der Tenor, Herr *Barth*, auszeichnete.

B. v. M–s–r.
[Benedikt Frh. v. Möser]

Es war wieder „Das Dörfchen".

Aus dem Programm des Kärntnertor-Theaters vom 22. April 1821

(Abendunterhaltung zum Vorteile der öffentlichen Wohltätigkeits-Anstalten.)
2. Abteilung . . . 4. *Die Nachtigall*, ein Gedicht von *K. Unger*, eigens für diesen Abend in *Vokal-Musik* gesetzt von Hrn. *Franz Schubert* und vorgetragen von dem Sänger der k. k. Hofkapelle, Hrn. *Barth*, dann den Herren *Götz*, *Umlauff* und *Nejebse*.

Dieses Konzert fand am Ostersonntag statt. Der Abend wurde eingeleitet mit der Ouvertüre zu „Médée" von Cherubini, dann folgte Goethes Schäferspiel „Die Laune des Verliebten". Hellmesberger spielte zwei Sätze aus einem Violinkonzert von Charles Philippe Lafont, es folgte aus Rossinis „Riccardo e Zoraide" ein Terzett, und am Schluß gab es natürlich ein Tableau. – Unger, Esterházys Freund, hat ein paar Texte für Quartette geschrieben, darunter „Der Abend" für Anselm Hüttenbrenner, das besonders in Zseliz gern gesungen wurde. „Die Nachtigall" erklang in der ersten, unbegleiteten Fassung.

Aus Bauernfelds Tagebuch

22. April 1821.

Kärntnertor-Theater: Goethe's „Laune des Verliebten" machte kein Glück. Das Beste ein Quartett von Schubert. Ein herrlicher Mensch! Den muß ich kennen lernen.

Bauernfeld lernte Schubert erst 1825 kennen.

Aus der Dresdener „Abendzeitung" vom 29. Juli 1821

Die Nachtigall, ein Vokalquartett von Schubert, mußte wiederholt werden. Es ist auch eine treffliche Komposition . . . Der treffliche Liederkomponist Schubert soll gegenwärtig mit der Komposition einer großen romantischen Oper beschäftigt sein.

Die Oper ist wohl „Alfonso und Estrella", deren Komposition Schubert aber erst im Herbst 1821 begann. – Andere Rezensionen über das Oster-Konzert erschienen im „Sammler" am 28. April, in der „Wiener Allgemeinen Theaterzeitung" und in der „Wiener Zeitschrift für Kunst usw." am 1. Mai, in der Wiener „Allgemeinen musikalischen Zeitung" am 16. Mai und in der Leipziger „Allgemeinen musikalischen Zeitung" am 30. Mai 1821 (erste Ausgabe, Nrn. 243 bis 247).

Ottenwalt an Josef v. Spaun in Wien

Linz, 28. April 1821.

Marie übt sich neben mir, die Schubert'schen Märsche zu spielen. Obgleich es nur der Baß ist und auf dem Klavier der Tante [Marie Berndt], hab' ich doch Mühe, mich der anmutigen Störung zu erwehren; meine Schreibfinger wollen sogar den wechselnden Takten folgen.

Die Märsche zu vier Händen von Schubert sind alle undatiert. Es mag sich hier um op. 27, die drei „heroischen" Märsche, handeln. – Spauns Tante, Marie Berndt, war Witwe.

Aus dem Programm der 16. Abendunterhaltung der Gesellschaft der Musikfreunde, am 29. April 1821

[2.] Sehnsucht von Schiller, in Musik gesetzt von Franz Schubert. Gesungen von Herrn Götz.

Götz sang in diesem Konzerte zum letzten Male vor seinem Tode. – Die Programme der Abendunterhaltungen von 1821/22 sind nicht erhalten.

Aus der amtlichen „Wiener Zeitung" vom 30. April 1821

Bei Cappi und Diabelli
Kunst- und Musikhändler, am Graben Nr. 1133,
ist neu erschienen und zu haben:

Gretchen am Spinnrade.
Aus Goethes Faust.
Für eine Singstimme mit Begleitung des Pianoforte komponiert
und dem Hochgebornen
Herrn Herrn Moritz Reichsgrafen v. Fries,
Ritter des österr. kaiserl. Leopoldordens etc. etc.
ehrfurchtsvoll gewidmet von
Franz *Schubert.*
2tes Werk. Preis 1 fl. 30 kr. W. W.

Bereits in den ausgezeichnetsten hiesigen Privat-Musikzirkeln wurde dieses Lied jedesmal mit dem entschiedensten Beifalle aufgenommen. Mit Recht kann man von selbem überdies sagen, daß es als Lied eines der interessantesten genannt zu werden verdiene. Der Besitz desselben wird daher jedem Kunstfreunde und besonders den Freundinnen des Gesanges sehr willkommen sein.

Ferner ist zu haben:

Erlkönig. Ballade von Goethe, für eine Singstimme mit Begleitung des Pianoforte, komponiert von Fr. Schubert. Erstes Werk. Pr. 2 fl. W. W.
Detto für detto mit Begleitung der Guitarre. 1 fl. 30 kr.

Die Ausgaben mit der nicht authentischen Gitarrenbegleitung erschienen meist etwas später.

Aus dem „Sammler“ vom 1. Mai 1821

Bei Cappi und Diabelli, auf dem Graben, ist soeben erschienen: „*Gretchen am Spinnrade*“, aus Goethes „Faust“, von Hrn. Franz *Schubert.* Preis 1 fl. 30 W. W. In mehreren Privatkonzerten wurde dieses Tonstück mit einstimmigem Beifall ausgezeichnet, und jeder Gesangsfreund sah dem Erscheinen einer Komposition in der Öffentlichkeit mit Begierde entgegen, welche dem Schüler der großen Meister Salieri und Vogl so viel Ehre macht.
Gretchens Zustand, in welchem die Gefühle und die Empfindungen der Liebe, des Schmerzens und der Wonne abwechseln, wird durch Schuberts Musik so ergreifend dargestellt, daß der Eindruck, den das musikalische Gemälde hinterläßt, kaum erschütternder kann gedacht werden. Außer diesem macht sich in der Komposition auch die Klavierstimme, welche in dem Ausdrucke der Bewegung des Spinnrades so glücklich nuanciert wird, und die meisterhafte Durchführung des Motivs vorzüglich bemerkbar. Dem Liedchen: „*Gretchen am Spinnrade*“ müssen wir überhaupt so viel Originalität und Unnachahmlichkeit zugestehen als Beethovens *Adelaiden* und Mozarts *Chloen* und dessen *Abendempfindung.*
Das Werk ist dem Herrn Moritz Reichsgrafen von Fries dediziert worden, einem Freunde der Künste, welche in ihm einen der großsinnigsten Kenner und Beschützer gefunden haben. –nn–

[Josef Hüttenbrenner.]

Josef v. Spaun an Schober in Wien

Linz, den 11. Mai 1821.

... Aber auch von Euch, meinen Freunden, erfahre ich weniger, als ich wünschte. Über Schubert muß ich die Zeitungen als beste Quellen über sein Treiben ansehen. Derffel hat mich vorgestern mit umständlichen Relationen förmlich erquickt, und mich ganz unter Euch, zur Krone und zum Wasserburger, versetzt. Es freut mich, daß Hosp bestimmt wurde, seiner Neigung zu folgen, und ich wünsche ihm besten Erfolg. Schade daß er Euch und Schubert nicht mitnehmen kann, denn ohne Anleitung und Aneiferung fürchte ich viel für ihn.

Spaun weilte wahrscheinlich nur vorübergehend in Linz. Josef Derffel der Jüngere, Schobers Vetter, war Beamter in Wien und zu Besuch in Linz. – Der Gasthof „Zur ungarischen Krone“, in dem schon Mozart 1791 öfters gespeist und Billard gespielt hatte, lag an der von Himmelpfortgasse und Seilerstätte (Innere Stadt) gebildeten Ecke, das Café Wasserburger auf der Seilerstätte ganz in der Nähe. In dem Gasthof – nach seinem früheren Besitzer, einem Erzbischof von Gran, benannt – gab es zu ebener Erde ein Extrazimmer, in dem sich Schubert und seine Freunde um 1822 gern aufhielten. Dort soll der Name „Canevas“ für diese Runde entstanden sein, weil Schubert, wenn ein neuer Mann eingeführt werden sollte, zu fragen pflegte: „Kann er was?“ – Hosp, über den nichts Näheres bekannt ist, war 1822 Sänger und Schauspieler in Brünn (heute Brno, Tschechoslowakei), 1823 Tenor am Leipziger Theater.

Aus der Wiener „Allgemeinen musikalischen Zeitung“ vom 12. Mai 1821

Erlkönig, Ballade von *Goethe.* In Musik gesetzt und Sr. Exzellenz dem hochgebornen Herrn *Moritz* Grafen von *Dietrichstein* gewidmet von *Franz Schubert.* Wien, in Kommission bei *Cappi* und *Diabelli.*

Der romantische Geist *Goethes*, welcher in dieser Ballade weht, hat in dieser Musik des jungen Tonsetzers einen recht schönen Widerhall gefunden. Die Bewegung des Akkompagnements bereitet das Gemüt des Hörenden auf das Schauerliche der Szene recht passend vor, und macht zu dem Eintritt der fragenden Geisterworte: „Wer reitet so spät durch Nacht und Wind?" einen die Erwartung spannenden Eingang. Die Führung des Gesangs ist klar und hat bei alldem einen Anstrich des Wunderbaren. Auch ist der Gegensatz in den Worten des Knaben, des Vaters und Erlkönigs recht charakteristisch gehalten. Der Tonsetzer hat den Schauder des ersten bei dem Ausrufe: „Mein Vater, mein Vater!" durch eine Dissonanz individualisiert, welche ihren Effekt wohl nicht verfehlen wird, obgleich die Stimme des Sängers sich einigermaßen sträubt, das oben liegende Intervall zu nehmen, besonders da es im Akkompagnement nicht angeschlagen wird. Die Intonation wird hier dem festesten Sänger schwer werden. Die festliegende Saite wäre leichter zu intonieren.
Das Triolen-Akkompagnement erhält das Leben durch das Ganze und gibt ihm gleichsam mehr Einheit; allein es wäre zu wünschen, daß Herr *Schubert* es ein paarmal in die linke Hand gelegt und dadurch den Vortrag erleichtert hätte; denn der immerwährende Anschlag eines und desselben Tones durch ganze Takte in Triolen ermüdet die Hand, wenn man das Tonstück in dem schnellen Tempo nehmen will, als Herr *Schubert* fordert.
Die Baßkadenz, welche sowohl vom Erlkönig als auch vom Vater einigemal gebraucht wird, erhöht den Reiz des Wunderbaren. Der Schluß durch ein Rezitativ ist höchst lobenswert und beweist, daß der Tonsetzer das *Goethe*sche Gedicht wirklich verstanden hat. Wir wünschen dem jungen Kompositeur von Herzen Glück zu diesem ersten wohlgelungenen Versuche, der durch den unübertrefflichen Vortrag des Herrn *Vogl* bei mehreren Privatzirkeln und öffentlichen Akademien von dem Publikum mit lautem Beifall gekrönt wurde.

Schuberts Widmung auf einem Manuskript der Deutschen Tänze, Opus 18, I. Abteilung, Nrn. 5 und 8, Mai 1821

Deutsche für die Comtesse Caroline.

Die beiden Tänze (der erste in es-Moll statt, wie jetzt, in e-Moll) stehen auf der Rückseite der für Karl Freiherr v. Schönstein (Bariton) transponierten Fassung des Liedes „Rastlose Liebe". Die Widmung ist wie in schlechter Laune stark durchstrichen.

16. Mai 1821

Distichen auf Anselm Hüttenbrenners Erlkönig-Walzer

Köder.

Frage.
Sage mir, lieblicher Kauz, was du suchst in den Werken von Goethe!
Antwort.
Titelchen stöbr' ich mir auf! Erlkönig deutsche! – Ich fand's!

Drei-Achtel-Takt.

Frage.
Sprich! Wie tanzt man denn deutsch der Geisterwelt furchtbaren Schauder?
Antwort.
Kann man nicht jegliches Lied tanzen, der heutigen Welt?

Das Gefühl.

Frage.

Sage mir! Strömt das Gefühl der jetzigen Welt nur dem Bein zu?

Antwort.

Seit sich die Menschen geschnürt, sanken die Herzen hinab!

F. A. Kanne

Hüttenbrenners Walzer erschien tatsächlich bald darauf bei Schuberts eigenen Verlegern (siehe 13. August 1821). Das Heft ist verschollen, hat aber offenbar nicht Schuberts Lied in Walzerform mißbraucht, sondern nur den Titel des Gedichtes. Friedrich August Kanne, geboren 1778, Dichter, Musiker und Kritiker, seit 1808 in Wien, von 1821 bis 1824 Herausgeber der Wiener „Allgemeinen musikalischen Zeitung", veröffentlichte dort mehrere satirische Distichen. Schubert schrieb sich diese ab und schickte sie durch Josef an Anselm Hüttenbrenner in die Steiermark. Nach Schuberts Tod hat Diabelli unter des Komponisten eigenem Namen „Erlkönig-Galoppe" erscheinen lassen (um Neujahr 1829). Nebenbei bemerkt veröffentlichten Steiner & Co. 1824 in Wien „Euryanthe-Walzer" und 1826 J. C. Gombart in Augsburg „Wanderer-Walzer", in beiden Fällen anonym.

Johann Ladislaus v. Pyrker an Schubert

Hochzuverehrender Herr!

Ihren gütigen Antrag, mir das 4te Heft Ihrer unvergleichlichen Lieder zu dedizieren, nehme ich mit desto größerem Vergnügen an, als es mir nun öfters jenen Abend in das Gedächtnis zurückrufen wird, wo ich durch die Tiefe Ihres Gemütes, – insbesondere auch in den Tönen Ihres *Wanderers* ausgesprochen, – so sehr ergriffen ward! Ich bin stolz darauf, mit Ihnen ein und demselben Vaterlande anzugehören und verharre mit größter Hochachtung

Venedig, d. 18ten Mai
1821.

Ihr ergebenster
Johann L. Pyrker
Patriarch.

Johann Ladislaus Pyrker v. Felsö-Eör, geboren 1773 in Lángh (Ungarn), kam 1792 ans Zisterzienserstift Lilienfeld (Niederösterreich), wurde 1812 Abt und 1818 Bischof von Zips (Ungarn) und 1820 Patriarch (d. i. Erzbischof) von Venedig. Er dichtete und hatte Schubert bei Matthäus von Collin kennengelernt. Dieser, der Bruder Heinrichs, 1779 in Wien geboren, war Erzieher des Herzogs von Reichstadt, Herausgeber der „Jahrbücher der Literatur" und dichtete ebenfalls. Er hatte Schubert bei Josef v. Spaun, seinem Vetter, getroffen und ihn dann mit Vogl zu sich geladen. Dort traf Schubert Mosel und Moritz Graf Dietrichstein, Josef Edler (später Ritter) v. Hammer (endlich Freiherr v. Hammer-Purgstall), Karoline Pichler und Pyrker. An jenem Abend soll Schubert seinen „Wanderer" vorgetragen und mit Anselm Hüttenbrenner die Variationen in e-Moll, op. 10, über die Romanze der Königin Hortense gespielt haben. Das dürfte im Jahre 1820 gewesen sein.

Aus der „Wiener allgemeinen Theaterzeitung" vom 22. Mai 1821

– Bei Cappi und Diabelli sind soeben wieder neu erschienen: *Schäfers Klagelied*, *Heidenröslein*, *Jägers Abendlied* und *Meeresstille*, vier Gedichte von Goethe, in Musik gesetzt von Franz *Schubert*. Jedes dieser Lieder hat nach dem Sinne des großen Dichters auch seinen eigenen Charakter; liebliche Melodien und edle Simplizität, abwechselnd mit origineller Erhabenheit und Kraftgefühl, verbinden dieselben zu einem herrlichen Liederkranz, welcher sich mit Verdienst an die frühern trefflichen Leistungen des talentvollen Kompositeurs anschließt. Das Werkchen ist dem wohlgeb. Herrn Hofrat und Hof-Theater-Vizedirektor Ignaz Edlen von *Mosel* gewidmet. –i–

Aus der amtlichen „Wiener Zeitung" vom 29. Mai 1821

Bei Cappi und Diabelli,
Kunst- und Musikhändler, am Graben Nr. 1133, ist neu
erschienen und zu haben:

Der Wanderer
von
Schmidt v. Lübeck.

Morgenlied von Werner, und *Wanderers Nachtlied*
von Goethe.

Für eine Singstimme mit Begleitung des Pianoforte in Musik
gesetzt von Franz Schubert.

4tes Werk. Preis 1 fl. 30 kr. W. W.

Schäfers Klagelied, Heidenröslein, Jägers
Abendlied und Meeresstille, von Goethe.

Für eine Singstimme mit Begleitung des Pianoforte in Musik gesetzt
von Franz Schubert. 3tes Werk. Pr. 1 fl. 30 kr.

Durch die so häufige Nachfrage findet sich die Verlagshandlung veranlaßt, den Freunden des deutschen Liedes auch diese zwei Hefte vorzulegen. Schon die Wahl der Gedichte beweiset das poetische Gemüt des Tonsetzers; aber die Art, mit welcher er dichterische Meisterwerke auffaßt und musikalisch wiedergibt, verbürget das ausgezeichnete Genie des jungen Künstlers.

20. Juni 1821: Erste Aufführung der dreiaktigen Zauberoper „Das Zauberglöckchen" nach E. G. M. Théaulon de Lambert von Friedrich Treitschke, Musik von Louis J. F. Hérold, im Kärntnertor-Theater mit zwei zusätzlichen Vokalnummern von Schubert (D. 723). – Schuberts Name war auf dem Theaterzettel nicht genannt, aber seine Autorschaft an den zwei von der Direktion bestellten Einlagen (Texte von Treitschke) war mindestens den Kritikern bekannt. Die erste Einlage war ein komisches Duett zwischen dem chinesischen Bräutigam Bedur (Franz Siebert) und seinem Gefährten Zedir (Josef Gottdank) im zweiten Akt, die zweite eine Arie des Azolin (Franz Rosner) zu Beginn des dritten Akts. Siebert, geboren 1793 zu Einsiedeln (Schweiz), war von 1818 bis 1821 als Bassist am Kärntnertor-Theater (vgl. Schubert-Erinnerungen, S. 250), Rosner, eigentlich Rosnik, geboren 1800 in Waitzen (Ungarn), von 1819 bis 1824 als Tenor engagiert. Vogl, der Schuberts Auftrag wohl vermittelt hatte, sang den Sultan.

Aus der Wiener „Allgemeinen musikalischen Zeitung" vom 4. Juli 1821

Das charakteristische Duett in B, von der Erfindung des Herrn *Schubert,* ist sowohl seiner Stimmführung als des Instrumentales wegen zu loben. Der Baß hat an zwei Stellen eine recht pikante Bewegung. Die Exekution durch die Herren *Siebert* und *Gottdank* war vortrefflich. Man kann wirklich die Schattierungen des Forte und Piano nicht besser hören. Es hätte lauten Beifall verdient. Aber – –!

. . . Die Arie in E, des Prinzen Azolin, ist wieder von der Erfindung des Herrn *Schubert*. Jedoch müssen wir von diesem Tonstück in ganz entgegengesetztem Sinne sprechen, als von dem oben erwähnten hübschen Duett. Zuerst liegt der Gesang beständig hoch, sogar im Forte, und was noch mehr schadet, ist die öftere Wiederholung eines und desselben hohen Tones. Man sieht es Herrn *Rosner* an, daß er unfähig wird, sie ordentlich zu End zu singen. Der zu große Wechsel des Tempos stört übrigens die Einheit. Die E-Trompeten sollten nur in der Tiefe gebraucht sein.

Weitere Kritiken erschienen in der „Wiener Zeitschrift für Kunst usw." am 30. Juni, im „Sammler" am 3. Juli und in der Leipziger „Zeitung für die elegante Welt" am 3. September 1821 (erste Ausgabe, Nrn. 258, 259 und 261). Das Leipziger Blatt nannte Schuberts Namen nicht. Josef v. Spaun berichtet, daß Schuberts Musik die Hérolds überschattete.

Aus dem Einnahmenbuch des Kärntnertor-Theaters vom 20. Juni 1821

Abend Einnahme von Opern und Ballets

Jour Art 136
20t Juni 821
Das Zauberglöckchen
fl 1709 kr 36

22. Juni 1821: Zweite Aufführung des „Zauberglöckchens".

Aus dem Einnahmenbuch des Kärntnertor-Theaters vom 22. Juni 1821

Jour Art 138
22t Juni 821
Das Zauberglöckchen
fl 746 kr 34

Aus der Nachschrift zum 1. Bande der Wiener „Eichenblätter"

Zum Vergnügen der Musikfreunde und zur Steigerung der Teilnahme an diesem Werke haben überdies noch die genialen Herren Kompositeurs W. *Tomaschek* in Prag und Franz *Schubert* in Wien wechselweise die Komposition der jedem Bande beigefügten Musikbeilage gefälligst übernommen.
Der zweite Band erscheint gegen Ende Oktober 1821.

Wien, am 27. Juni 1821. *Die Herausgeber.*

Von diesem, der „Gesellschaft adeliger Frauen" gewidmeten Almanach, ist nur der erste Jahrgang mit einem Musikstück („Des Vaters Tod") von Wenzel Johann Tomaschek (Vaclav Jaroslav Tomašek) erschienen. Tomaschek, geboren 1774 in Skutsch (Böhmen), Organist und Musikpädagoge, war – in seinen lyrischen Klavierstücken – ein Vorläufer Schuberts. Der Almanach erschien bei Leopold Grund in Wien. Der Herausgeber dürfte Karl Friedrich Weiß gewesen sein, der Verfasser des Widmungsgedichtes. Der erste Jahrgang wurde in der amtlichen „Wiener Zeitung" erst am 4. August 1821 angekündigt (erste Ausgabe, Nr. 271).

30. Juni 1821: „An Emma", op. 58, Nr. 2 (D. 113) erscheint in der „Wiener Zeitschrift für Kunst usw."

SCHUBERT AN JOSEF GROSS, MITTE 1821 (?)

Lieber Groß!

Sey so gut dem Überbringer dieses alle meine Deutschen, die sich bey dir befinden, zu übergeben, da sie gestochen werden sollen.

Dein

Schubert.

Groß, Hofsekretär bei der Hofkammer, ein Freund Josef v. Spauns war ein guter Klavierspieler. Seine Frau, Kamilla Ellmaurer, eine Schülerin Vogls, heiratete nach Groß' Tod (1834) Karl Ritter v. Enderes, einen anderen Schubertianer. – Schubert hatte Groß offenbar die einzige Niederschrift der „Deutschen Tänze" geliehen, die er dann als op. 9 herausgab. Josef Hüttenbrenner war der Überbringer des Billetts. Schubert hatte ihn mit Groß bekannt gemacht. Alle drei wohnten damals in der Wipplingerstraße: Schubert bei der Hohen Brücke, Hüttenbrenner beim Hausherrn Irrsa und Groß gegenüber dem Rathaus.

1. Juli 1821: Dritte Aufführung des „Zauberglöckchens".

AUS DEM AUSGABENBUCH DES KÄRNTNERTOR-THEATERS VOM 1. JULI 1821

Komposition Musik

Schubert Franz

Kompositeur
Laut angew. Quittung do 28 Juni 821 für 2 eingelegte Stücke in die Oper „Das Zauberglöckchen"

1. Juli 1821
Jour Art 1088
fl 100 kr – –

AUS DER AMTLICHEN „WIENER ZEITUNG" VOM 9. JULI 1821

Bei Cappi und Diabelli,
Kunst- und Musikhändler, am Graben Nr. 1133, ist neu erschienen und zu haben:

Rastlose Liebe,
Nähe des Geliebten, der Fischer, erster Verlust,
und der König in Thule.

Gedichte von Goethe.

Für eine Singstimme mit Begleitung des Pianoforte, in Musik gesetzt von Franz *Schubert.*

Fünftes Werk.

Preis: 1 fl. 30 kr. W. W.

Die Kompositionen dieses Tonsetzers bedürfen keiner Anempfehlung, da sich ihr innerer Wert zu klar ausspricht, als daß ihn nicht jeder Kunstliebhaber fühlen, jeder Kenner unbedingt anerkennen müßte.

Goethes Meisterdichtungen dürften schwerlich auf würdigere Art in Töne gekleidet werden können, als es in den vorliegenden, mit Sorgfalt ausgewählten, und zusammengestellten Kompositionen geschehen ist.

Op. 5 ist Salieri gewidmet. Daß die Lieder Vertonungen deutscher Gedichte waren – wenn auch von Goethe –, mag ihn enttäuscht haben.

Juli 1821: Schubert in Atzenbrugg. – Das Gut Atzenbrugg, damals dem Stift Klosterneuburg gehörig, liegt an der Perschling zwischen Tulln und Traismauer, etwa 35 km von Wien entfernt. Schobers Onkel, Josef Derffel der Ältere war Justitiar des Stiftes und Verwalter des Gutes. Er war es, der den Schubertianern um 1820 jährlich ein paar Wochen Gastfreundschaft in Atzenbrugg bot. Es sind Listen der Runde erhalten, die sich dort zu froher Geselligkeit traf, von 1817 bis 1822 reichend (Kopien waren im Besitz Max Kupelwiesers in Wien). Wir finden darin Schober und seine Schwester Sophie, deren Vetter Josef und Base Therese (Kinder des Adam Derffel), Josef v. Spaun, Gahy, den Philosophen und Mediziner Philipp Karl Hartmann, den Militärgeometer Ferdinand Mayerhofer v. Grünbühel und seinen Kollegen Johann Ignaz Zechenter (den späteren Gatten Sophie v. Schobers), Fräulein Emilie Stöger (später verehelicht mit Hofrat Ferdinand v. Wernekingh), Frau Derffel, wahrscheinlich Josefa, Adams Gattin, sodann Josef Groß, Elise Stöger (Emilies Schwester) und Louise Johanna, genannt Jeanette, Cuny de Pierron (Anton v. Doblhoffs früh verstorbene Braut). 1820 erscheint Schubert zum ersten Male in den Listen der Gesellschaft, der er mindestens vier Jahre lang angehörte; er dürfte also schon im Sommer 1820 in Atzenbrugg geweilt haben. Mit ihm taucht der Maler Leopold Kupelwieser auf, geboren 1796 in Piesting (Niederösterreich), den Schubert durch Josef v. Spaun kennengelernt hatte. Kupelwieser hat Schubert und Schober im Juli 1821 zu Atzenbrugg einzeln porträtiert und für Schober jene zwei Aquarelle gemalt (jetzt Schubert-Museum, Wien), von denen eines eine Landpartie im Wagen nach dem nahen Schloß Aumühle (im Besitz der Frau Katharina Gerstenbrand), das andere eine Szene einer Scharade darstellt, die von der Hälfte der Anwesenden gespielt und, einem Brief von Schober zufolge (14. Februar 1876), auf ein Rätsel und gleichzeitig auf einen kalauerartigen Wortwitz aufgebaut war: die erste Hälfte des Wortes „Rheinfall“ wurde durch „rein“, die zweite Hälfte durch (Sünden-) Fall dargestellt. Das Bild zeigt Adam und Eva, wobei Schubert die Szene auf dem Klavier begleitet. – 1821 erscheint der Maler Ludwig Mohn in der Runde, geboren 1797 in Halle an der Saale, der mit Schobers und Schwinds Hilfe ein „Ballspiel in Atzenbrugg“ radiert hat. (Schwind, den Schubert 1821 durch Josef v. Spaun traf, hat vor 1823 nicht zu jener Runde gehört.) Auch Axel v. Schobers ehemaliger Kammerdiener, Claude Etienne, wird 1821 erwähnt. Im folgenden Jahr, dem letzten listenmäßig erfaßten, kommen Anton Freiherr v. Doblhoff, Max Josef Gritzner und seine Frau Josefa samt Tochter Jenny (die späteren Besitzer der Aumühle), der Landschaftsmaler und Violinspieler Ludwig Kraissl und Josef Huber, der lange, hinzu. Daneben tauchen ein paar Namen auf, die uns nicht interessieren. – Schuberts Aufenthalte in Atzenbrugg sind durch seine Atzenbrugger Tänze belegt. Daß Ernst Freiherr v. Feuchtersleben (geboren Wien 1806) dort um 1825 sein Gedicht „Es ist bestimmt in Gottes Rat“ (später von Mendelssohn für Henriette Treffz in Leipzig komponiert) zu einem Abschied für Schober geschrieben habe, ist nicht erwiesen.

Ein Gelegenheitsgedicht von Schober (Atzenbrugg, Juli 1821?)

Bei einem jeu d'esprit
bei welchem F. Schubert zugegen war auf die aufgegebenen Worte
Witz Frosch Kugel Speise Haide Kiel Kunst Linderung

Theure Brüder theure Brüder
was konnt uns denn so berauschen
daß wir statt entzückt zu lauschen
mit des *Witzes Kugel*spielen
mit Papier u Feder*kielen*
holde Liederströme tauschen?

Viele stehlen sich vom Feste
der gesellig heitern Freude
auf die schilfumkränzte *Haide*
in die Nacht der dunklen Eichen
daß ihr Ohr sich am stets gleichen
Laut des *Frosch's* u Guckucks weide.

Und hier sitzt der Tonbezwinger
ungehört in unserm Kreise
mit der *Kunst*, die Seelen*speise*
Seelenlust u *Lindrung* beut? –
Auf u tödtet nicht die Zeit
er beginne seine Weise!

Das Gesellschaftsspiel, aus aufgegebenen Wörtern ein Gedicht zu machen, zu „worteln", war aus Kremsmünster zu den Schubertianern nach Wien gekommen. Ihm entspricht Schwinds lang geübtes Spiel, aus aufgegebenen Punkten eine Zeichnung zu machen, und, wie wir sehen werden, Schuberts Versuch am 1. März 1828, aus aufgegebenen Noten einen Deutschen zu komponieren.

Aus der Wiener „Allgemeinen musikalischen Zeitung" vom 18. Juli 1821

(Über die Musikpflege in Steyr.)

Der Kammergesang hat durch den Abgang mehrerer schätzbarer Personen sehr gelitten, und, außer in einem Privathause, wo *Franz Schuberts* junge, schöne Muse heimisch ist, kann dermalen wenig oder nichts geleistet werden. Doch freut sich Steyr, die Wiege des gefeierten Sängers *Michael Vogl* zu sein, der in der Vorstadt Ennsdorf in einem kleinen Hause geboren, als Kind auch den ersten Musik-Unterricht in Steyr empfing und jetzt noch in seiner Meisterschaft nicht unterläßt, die liebe Heimat, und in ihr seine Freunde und Verehrer öfters wiederzusehen. A. St[adler].

Das Privathaus ist wohl das Paumgartners. – Stadler übersiedelte 1821 von Steyr nach Linz, wo er Beamter der Landesregierung wurde.
22. Juli 1821: Vierte Vorstellung des „Zauberglöckchens".

Sommer 1821

Aus F. H. Böckhs Verzeichnis

der in und um Wien lebenden Tonkünstler, dann vorzüglichen Dilettanten, mit Angabe ihrer Wohnorte

Schubert Franz, Tonsetzer. In der Wipplingerstraße Nr. 350.

Franz Heinrich Böckh, geboren um 1787 in Klagenfurt (Kärnten), war Faktor der Hof- und Staatsdruckerei. Sein Handbuch, in dem die Tonkünstler-Liste nur ein Abschnitt ist, hat den Titel: „Wiens lebende Schriftsteller, Künstler und Dilettanten im Kunstfache". Eine Titelauflage erschien 1823 als „Merkwürdigkeiten der Haupt- und Residenzstadt Wien, etc." mit einem Supplement, in dem Schubert aber nicht genannt ist. – Schuberts hier genannte Wohnung ist die zweite in der Wipplingerstraße, bei der Hohen Brücke.

Franz v. Bruchmann an August Graf Platen in Erlangen

Wien, 2. August 1821.

. . . Schreiben Sie mir noch, mit was für einer Gelegenheit Sie die Bücher wollen und ob Sie in Erlangen einen mittelmäßigen oder vielleicht auch guten Sänger und Klavierspieler haben, ich würde Ihnen einige Goethische Gedichte schicken, von Schubert herrlich gesetzt, die gewiß alle Ihre Freunde entzücken würden. Ist nicht Dr. Engelhardt musikalisch? Habe ich nicht bei ihm ein Klavier gesehen?

Bruchmann war Ende Januar 1821 nach Erlangen gegangen, um an der dortigen Universität Vorlesungen – „Initia universae philosophiae" – des Philosophen Friedrich Wilhelm Schelling, den Senn schon vor 1820 verehrt hatte, zu hören. Solche Besuche an deutschen Universitäten waren österreichischen Studenten seit 1819 nicht mehr erlaubt, und so wurde diese Bildungsreise heimlich gemacht. Bruchmann befreundete sich in Erlangen mit dem Dichter August Graf Platen-Hallermünde (geboren 1796 in Ansbach, Bayern). Dieser war im September 1820 in Wien gewesen, ohne aber unseren Freunden dort nahe zu kommen. 1821 erschienen seine „Ghaselen", und am 31. März 1821 schrieb er in ein Widmungsexemplar für den scheidenden Bruchmann ein Sonett, in dem es heißt:

Du hassest alle, die nur Formeln schwätzen,
du strebst, das Innre jedes Dings zu sichten,
und übst den Geist in schroffen Gegensätzen.

Bruchmann besorgte Platen in Wien mit Hilfe Hammers und des Orientalisten Vinzenz von Rosenzweig Abschriften persischer Manuskripte der Hofbibliothek. – Platen begann im November 1821 Klavier zu lernen. – Veit Engelhardt, geboren 1791 in Neustadt in Franken, war seit 1820 Professor der Theologie in Erlangen.

13. August 1821: Anselm Hüttenbrenners „Erlkönig-Walzer" (g-Moll) erscheinen bei Cappi & Diabelli.

Aus der amtlichen „Wiener Zeitung" vom 23. August 1821

Bei Cappi und Diabelli,
Kunst- und Musikhändler, am Graben Nr. 1133,
ist neu erschienen und zu haben:

Memnon, Antigone und Oedip,
von J. Mayrhofer;
und:
Am Grabe Anselmos,
von Claudius.

Für eine Singstimme, mit Begleitung des Pianoforte, in Musik
gesetzt, und dem wohlgebornen
Herrn Michael Vogl,
Mitglied und Regisseur des k. k. Hofoperntheaters, hochachtungsvoll
gewidmet von Franz *Schubert.*
6tes Werk. Preis 1 fl. 30 kr. W. W.

Dieses Heft reihet sich würdig an die vorhergehenden an. Es durfte dem geschätzten Regisseur und Sänger des k. k. Hofoperntheaters, Hrn. Mich. Vogl gewidmet werden, dessen Lieblingsgesänge hier zusammengestellt sind. Dieser Umstand verbürgt die Trefflichkeit derselben.

Eine spätere Auflage (die vierte Ausgabe) dieses Heftes ist mit einer gestochenen Vignette nach Leopold Kupelwiesers Tuschzeichnung zum Liede „Am Grabe Anselmos" geschmückt, die vielleicht für das Vogl zugedachte Exemplar bestimmt war. (Franz Schubert. Sein Leben in Bildern, S. 294.)

Aus dem Programm der Wiener Konservatoriums-Prüfung, am 30. August 1821 im Gundelhof

3. Abteilung ... 14. Vierstimmiger Psalm von Schubert, vorget. von Schülerinnen 3ter Klasse.

Schubert hatte den 23. Psalm („Gott ist mein Hirt") in der Übersetzung von Moses Mendelssohn im Dezember 1820 für die Schülerinnen Anna Fröhlichs komponiert. Er erschien als op. 132 posthum (D. 706). – Bei der selben Gelegenheit wurde das auf der Bühne lange vernachlässigte Sextett aus Mozarts „Don Giovanni" gesungen, mit Nejebse und Nestroy unter den Sängern.

Aus der Leipziger „Allgemeinen musikalischen Zeitung" vom 26. September 1821

14. Psalm von Schubert, von vier Schülerinnen der dritten Klasse. Eine gemütliche, nur etwas zu gedehnte Komposition.

Aus der Wiener „Allgemeinen musikalischen Zeitung" vom 29. September 1821

Ein vierstimmiger Psalm von *Schubert*, vorgetragen von Schülerinnen der dritten Klasse, Mdlle. *Fabiani*, *Heinrich*, *Devils*, *Fleischmann*, gefiel wegen des interessanten Tonsatzes, der darin herrschte.

Die vier Sängerinnen waren: Louise Fabiani, Emerenzia Heinrich (später verehelichte Reichel), Amalia Tewils (nicht Devils) und Josefine Fleischmann.

Bruchmann an Platen

Wien, 5. September 1821.

[An Platen geschickte Bücher:]

... 6t) Goethische Lieder (Ihres erhielt Schubert noch nicht, weil er nicht hier ist).

Das erste Lied, das Schubert nach einem Text von Platen schrieb, war „Die Liebe hat gelogen" (Anfang April 1822). Schubert komponierte nur noch ein zweites, „Du liebst mich nicht", im Juli 1822 (siehe 8. November und 2. Dezember 1821) – Schubert weilte Anfang September 1821 vielleicht wieder in Atzenbrugg (siehe November 1821).

9., 19. und 25. September 1821: Fünfte bis siebente Aufführung des „Zauberglöckchens".

22. September 1821: Im „Musikalisch-literarisch-artistischen Anzeiger zum ‚Freimütigen'", herausgegeben von August Kuhn in Berlin, erscheint eine Anzeige von Schuberts Opus 1 (16 Groschen) und Opus 2 bis 6 (je 12 Groschen).

23. September 1821: Nach seiner Ernennung zum Assessor der oberösterreichischen Zollgefällen-Verwaltung übersiedelt Josef v. Spaun nach Linz.

Herbst 1821

An Franz

1.

Du liebst mich! tief hab ich's empfunden,
du treuer Junge, zart und gut;
so stähle sich denn, schön verbunden,
der edle, jugendliche Mut!
Wie immer auch das Leben dränge,
wir hören die verwandten Klänge.

Doch, Wahrheit sei's, womit ich zahle:
ich bin nicht, Guter, wie Du wähnst;
Du sprichst zu einem Ideale,
wornach Du jugendlich Dich sehnst, –
und eines Ringers schweres Streben
hältst Du für rasch entquoll'nes Leben.

Was ich gelallt mit schwacher Lippe, –
hab' ich das Wahre auch erkannt?
Ich schuf, – es war ein arm Gerippe;
hab' ich den Geist je festgebannt?
Konnt' ich den Sinn der Weltgeschichten
erscheinen lassen in Gedichten?

Doch laß uns treu, bis sich dem Willen
die Bildung und die Kraft gesellt,
als Brüder redlich bau'n im Stillen
an einer schönern, freien Welt;
sie ist es nur, – der ich gesungen, –
und *ist* sie, – sei das Lied verklungen!

2.

[„Im Hochgebirge", als „Heliopolis II"
von *Schubert* komponiert April 1822 (D. 754)]

Fels auf Felsen hingewälzet,
fester Grund und treuer Halt;
Wasserfälle, Windesschauer,
unbegriffene Gewalt;
Einsamkeiten, Abendschimmer,
hoher Burgen graue Trümmer –
grab' sie der Erinn'rung ein!
Denn der Dichter lebt vom Sein.
Atme Du den heil'gen Äther,
schling die Arme um die Welt;
und dem Würdigen, dem Großen
bleibe mutig zugesellt.

Laß die Leidenschaften sausen
im metallenen Akkord:
wenn die starken Stürme brausen,
findest Du das rechte Wort!

3.

Es rinnt die Quelle
mit leiser Welle
durch Blumenauen;
es sausen Flüsse
durch Finsternisse,
durch Waldesgrauen.

Flächen dehnen kornbeladen
sich zu blauen Hügeln hin,
und die Bäume dicht und grün,
lieben, sich im West zu baden.
Auf Gebirgen hausen Stürme,
und die Blitze treffen Türme,
Sonne, Mond und Sterne wallen
über Allen.
Dich wie mich beschirmt der hohe
gute Weltengeist,
er, der einst mit roter Lohe
jede Nacht zerreißt.
Laß uns denn entschlossen schiffen,
trotz den schwarzen Todesriffen,
und mit Lieb' und Harfentönen
uns're ernste Fahrt verschönen!

Johann Mayrhofer

Die drei Teile sind hier so wiedergegeben, wie sie in Ernst v. Feuchterslebens Ausgabe der Gedichte Mayrhofers stehen (1843). Die Handschrift der Gedichte Mayrhofers, die aus Schobers Nachlaß in die Wiener Stadtbibliothek gekommen ist, datiert den zweiten Teil, den Schubert komponiert hat, auf September–Oktober 1821. Im Manuskript und im ersten Druck der Gedichte (1824), die nur den zweiten Teil enthalten, ist eine Variante in den Zeilen 5 und 6, ebenso wie in Schuberts Komposition. – Der Franz der Überschrift war vielleicht nicht Schubert, sondern Schober. Das von Schubert komponierte Gedicht „Heliopolis I" (D. 753) stammt jedenfalls aus einem Schober gewidmeten Zyklus Mayrhofers.

Platen an Friedrich Graf Fugger

Göttingen, den 3. Oktober 1821.

Im Winter wirst Du auch ein Instrument mit Dir bringen oder eines in Erlangen mieten; ich werde durch *Bruchmann* eine Sammlung Goethischer Lieder erhalten, die von einem *Wiener* Komponisten (*Schubert*) herrlich gesetzt sein sollen und die Du uns spielen sollst.

Friedrich Graf Fugger-Hoheneck, geboren 1795, war Platens intimer Freund, später Herausgeber seiner Werke. Er komponierte selbst Lieder nach Platen und lebte 1821 in der Garnison Dillingen bei Augsburg (siehe die Anmerkung zum 24. August 1817).

6. Oktober 1821: August v. Gymnich stirbt.

Aus dem Programm des Kärntnertor-Theaters vom 8. Oktober 1821

(Musikalische Akademie zum Vorteile der Tänzerin Théodora *Rozier*.)

3. Erlkönig, von Goethe, in Musik gesetzt von Herrn Franz Schubert, gesungen von Herrn Vogl und begleitet von Herrn Karl Schunke.

Madame Rozier, Tochter des Ballettmeisters J. Aumer, war seit 1814 Tänzerin am Kärntnertor-Theater und hatte 1818 ihren Kollegen Jean Rozier geheiratet. – Das Programm dieser Akademie enthielt u. a. Beethovens Prometheus-Ouvertüre und das Ballett „Das Schweizer Milchmädchen" von dem neuen Ballettmeister Philipp Taglioni (geboren 1777), Musik von Gyrowetz.

Aus der „Wiener Zeitschrift für Kunst usw." vom 16. Oktober 1821

Das beliebte Gedicht von *Goethe*: *Erlkönig*, mit der geschätzten Musik des Hrn. Franz *Schubert*, gesungen von Hrn. *Vogl*, machte diesmal nicht die erwartete Wirkung, so sehr die Kunst des Sängers durchzugreifen strebte, weil der Begleiter auf dem Fortepiano Hr. K. *Schunke*, den Gesang durch das Akkompagnement nicht zu unterstützen wußte.

19. Oktober 1821: Achte Aufführung des „Zauberglöckchens". Das war die letzte Aufführung dieser Oper mit Schuberts Einlagen.

Schubert an Josef v. Spaun

Wien den 2. Nov. 1821

Lieber Freund!

Dein Schreiben hat mich sehr erfreut, und ich wünsche Dir, daß Du fortwährend Behagen findest. – Nun aber muß ich Dir berichten, daß meine Dedicationen ihre Schuldigkeit gethan haben, nähmlich der Patriarch hat 12 u. der Frieß durch Verwenden des Vogl 20 Ducaten springen lassen, welches mir sehr wohl thut.
Du mußt also so gut seyn, Deine Correspondenz mit dem Patriarchen durch eine Ihm u. mir angemessene Danksagung zu beschließen. – Schobers Oper ist schon bis zum 3ten Akt gediehen, und ich wünschte sehr, daß Du beym ihren Entstehen mitseyn könntest. Wir versprechen uns sehr viel davon. – Das Kärnthnerthor- u. Wiedener-Theater ist wirklich dem Barbaya verpachtet u. übernimmt selbe am December. Nun lebe recht wohl. Grüße mir Alle Bekannte insonders Deine Schwester u. Deine Brüder.

Dein Freund

Frz. Schubert.

Schreibe recht bald an Patr. und an uns.
NB. Schicke mir Ottenwalds Wiegenlied.

Der Patriarch ist Pyrker (siehe 18. Mai 1821). – 1 Dukaten entsprach 4 fl. 30 kr. K. M. – Die Oper ist „Alfonso und Estrella". Schober schrieb am 18. März 1848 an Schuberts Bruder Ferdinand, daß das

Textbuch „in sehr glücklicher Schwärmerei, aber in sehr großer Unschuld des Herzens und des Geistes“ geschaffen worden sei. – Domenico Barbaja, geboren 1778, Impresario in Neapel und Mailand, hatte das Kärntnertor-Theater vom 1. Januar 1822 an gepachtet, es aber schon am 1. Dezember 1821 übernommen. Er bekam 160000 fl. K. M. jährlichen Zuschuß vom Hofe. Pálffy überließ ihm das Theater an der Wien in Pacht. Diese erste Wiener Periode Barbajas dauerte bis 31. März 1825. Bald nach seinem Antritt verließen mehrere der Wiener Sänger, darunter Vogl, die Hofoper. – Die Abkürzung Schuberts im ersten Postskriptum, „an Patr.“, hatte zur Folge, daß man sie als „ad patrem“ verstand und daraus ableitete, daß Josef v. Spaun Schubert mit seinem Vater wieder aussöhnen sollte, von dem er angeblich seit Herbst 1818 wieder verstoßen war. Dabei ist in der Mitte des Briefes ausdrücklich gesagt, daß Spaun dem Patriarchen danken soll, dessen Gunst er Schubert vermittelt hatte. – Schubert scheint seine Komposition des „Wiegenliedes“ von Ottenwalt 1819 in Linz gelassen zu haben (siehe 19. August 1819).

Schober an Josef von Spaun

[Auf dem zweiten Blatte des vorhergehenden Briefes]

[4. November 1821]

Teurer Freund!

Schubert und ich sind nun von unserm halb Land-, halb Stadt-Aufenthalt wieder zurückgekehrt und bringen die Erinnrung an ein schönes Monat mit. In Ochsenburg hatten wir mit den wirklich schönen Gegenden, und in St. Pölten mit Bällen und Konzerten sehr viel zu tun, demohngeachtet waren wir fleißig, besonders Schubert, er hat fast 2 Akte, ich bin im letzten. Ich hätte nur gewunschen, Du wärst da gewesen und hättest die herrlichen Melodien entstehen hören, es ist wunderbar, wie reich und blühend er wieder Gedanken hingegossen hat. Unser Zimmer in St. P. war besonders lieb, die 2 Ehebetten, ein Sofa neben dem warmen Ofen, ein Fortepiano nahmen sich ungemein häuslich und heimisch aus. Abends referierten wir immer einander, was des Tages geschehen war, ließen uns dann Bier holen, rauchten unsere Pfeife und lasen dazu, oder Sofie und Nettel kamen herüber und es wurde gesungen. Schubertiaden waren ein paar beim Bischof und eine bei der Baron. Mink, die mir recht lieb ist, wobei eine Fürstin, 2 Gräfinnen und 3 Baroninnen zugegen, die alle aufs nobelste entzückt waren. Jetzt sind wir mit der Mutter hergekommen, in Heiligen-Eich wurde uns eine Tafel gegeben und der Himmel gab uns den ersten der herrlichen Tage zum Reisegeschenk, die uns bis heute, d. i. durch 8 Tage beglückt haben. Nun ist der Bischof auch nachgekommen, und St. P. ist so nach Wien versetzt. Es geht ihm und der Mutter gut. Sie sind ungewöhnlich heiter und lassen Dich sehr grüßen. Daß wir Kuppeln, der nachzukommen versprochen hatte und nicht kam, sehr hart entbehrten, kannst Du denken, wie Dich; denn Euch 2 hätten wir besonders gern zu Richtern über unsre Arbeit gemacht. Überhaupt ist mir's wie einem, der in die Sonne gesehen hat und nun überall den fatalen schwarzen Fleck sieht, so störend ist mir überall Dein Abgang. Die Krone fanden wir ganz verwüstet. Derffel ist nun ganz vom Whistteufel besessen, er hat 2 stabile Whist-Tage bei sich errichtet, spielt wie sonst bei Hugelmann, Dornfeld, im Kaffeehause, folglich immer, auch Waldl ist von demselben Teufel besessen wie Huber, und beide werden noch durch ihre Vorstadtmenagen entfernt. Gahy hat alles mit Dir verloren, ich habe ihn eigentlich traurig gefunden, er weiß nicht, was er tun soll und sieht in der Verzweiflung Spielen zu, ich werde suchen, ihm wieder etwas zu sein. Kuppel ist immer in Belvedere und kopiert die Jo, und kommt daher fast gar nie, sondern schläft bei Schnorr, der noch weiter in der Heugasse wohnt. Sein Faust ist gekauft um 2500 [fl.] K. M. Gestern sind die Freischützen von Weber gegeben worden, haben aber nicht recht gefallen. Sehr freut mich's, daß Max so wohl ist. Görz und seine Frau nehmen sich allerliebst aus und sind ganz selig, neulich sind sie in trunkner Vergessenheit durch die Vorstadt Linie ꝛc. immer grade fortgegangen, bis sie sich endlich, als der Hunger sich spät genug meldete, in einer Gegend fanden, wo sie mit Mühe Brot auftrieben. Ich empfehle mich allen. Glaube nicht, es werde immer wie jetzt gehen. Da ich an der Oper arbeite, glaube ich nichts andres schreiben zu können.

Dein *Schober*.

Wenn Ottenwalt das Gedicht noch hat, das ich ihm einst mit einem eisernen Basrelief gab, so sei so gut und schreibe mir's ab, aber ich bitte Dich bald. Max soll schreiben. Zwerger, der Prinzipal des Hosp, hat mit einer Million falliert. Hosp ist also frei und muß nun zum Theater.

Schubert und Schober weilten im Herbst in St. Pölten an der Traisen und in dem nahen Schloß Ochsenburg, das dem Bischof von St. Pölten, damals Johann Nepomuk Ritter v. Dankesreither, gehörte. Dankesreither, der sich 1817/18 des Verbandes der oberösterreichischen Jünglinge (vgl. Anfang 1817) angenommen hatte, war mit Schober verwandt, wahrscheinlich mütterlicherseits. Auf dem bischöflichen Gute und in der Stadtresidenz, dem Bischofshof auf dem Domplatz, scheinen Frau v. Schober und ihre Tochter Sophie oft zu Gaste gewesen zu sein. Diesmal kam die Gastfreundschaft des Bischofs Schober und Schubert zugute, die wohl eine Zuflucht für ihr gemeinsames Werk suchten. Es scheint, daß beide Anfang September wieder nach Atzenbrugg gingen und von dort über Heiligen-Eich nach dem nahen, südwestlich gelegenen St. Pölten gereist sind. Wenn Schubert den ersten Akt der Oper dort komponiert hat, so geben die Daten des Manuskriptes, 20. September bis 16. Oktober 1821, wohl ungefähr den Beginn und das Ende des Aufenthaltes an der Traisen an. Der zweite Akt, am Anfang auf den 18. Oktober datiert, war in St. Pölten begonnen und ist dann in Wien Anfang November vollendet worden. Schober war natürlich mit dem Libretto im Vorsprung. – Es mag sein, daß die beiden Freunde in St. Pölten nicht beim Bischof gewohnt haben, sondern im Gasthof „Zu den drei Kronen" am Herrenplatz. – Sophie v. Schober war mit Anna (Netti) Prunner befreundet, in die sich Schwind später verliebte, die aber 1824 einen anderen heiratete. – Josefine Freiin v. Münk (Schober schreibt Mink), geboren 1798 als Holzmeister, Gattin des Kreis-Forst-Kommissärs Iganz Freiherr v. Münk, war Schriftstellerin; mehrere ihrer Gedichte wurden komponiert, aber keines von Schubert. – Die übrigen sechs adeligen Damen können nicht mit Sicherheit identifiziert werden, eine von ihnen könnte die Gattin des pensionierten Generals Karl Mack, Freiherrn v. Leiberich gewesen sein. – Heiligen-Eich liegt nahe bei Atzenbrugg. Es scheint also, daß die beiden Freunde mit Schobers Mutter von St. Pölten nach Wien über Atzenbrugg gereist sind. Die Ankunft in Wien ist um den 28. Oktober erfolgt. – Kuppel (cupola) war die übliche Abkürzung des Namens Kupelwieser, aber nur bei Leopold, dem Maler. – Unter „Krone" ist der Gasthof „Zur ungarischen Krone" zu verstehen. Derffel ist Josef der Jüngere. – Josef Hugelmann, geboren 1768 in Wien, war Hof-Rechnungs-Offizial, bis etwa 1800 aber Berufsmusiker; er spielte Klavier, komponierte und veröffentlichte ein vierhändiges Arrangement von Mozarts Streichquintetten. – Anton Ritter v. Dornfeld, geboren 1772, der ältere Bruder des Kreishauptmanns von Steyr, war Beamter in Wien. – „Waldl" war ein Spitzname Mayrhofers; es ist bekannt, daß Schubert, als sie beisammen wohnten, ihm im Scherze manchmal mit einem Stock und der Zauberformel „Waldl, Waldl, wilder Verfasser!" auf den Leib gerückt war; aber wir wissen nicht, wie dieser Spitzname entstanden ist. (Vgl. Mayrhofers Nachruf in den Schubert-Erinnerungen, S. 11.) – Huber ist Josef Huber, mit dem Mayrhofer eng befreundet war. Beide spielten gerne Whist. Sie speisten damals offenbar nicht in der Inneren Stadt, sondern hatten ein Stammlokal in einer Vorstadt. Mayrhofer nahm im Winter 1821/22 wieder einen Krankenurlaub. – Im „Oberen Belvedere" (einst Sommerpalais Prinz Eugens) war die Kaiserliche Gemäldegalerie untergebracht, zu deren Beständen Correggios berühmtes Gemälde „Jupiter und Io", oder kurz „Io" gehörte. Das „Belvedere" liegt zwischen Rennweg und Heumarkt, wo Ludwig

Ferdinand v. Schnorr wohnte, geboren 1788 in Königsberg, seit 1804 in Wien ansässig. Schnorr war einer der Führer der romantischen Malerschule, Lehrer Schwinds und mit Friedrich v. Schlegel befreundet. „Faust in der Studierstube" war sein berühmtestes Bild, angekauft von der Gemäldegalerie, deren Kustos er später wurde. – „Der Freischütz" war am 3. November 1821 zum erstenmal in Wien im Kärntnertor-Theater aufgeführt worden. (Grillparzer, der in dieser Oper nicht mehr als einen glücklichen Zufall sehen konnte, nahm gegen Weber und für Rossini Stellung.) Max ist Spauns Bruder. – Götz (Schober schreibt Görz) ist wahrscheinlich der Bassist, der im Dezember 1820 aus Böhmen zurückgekommen und seit dem Sommer 1821 an der Hofoper engagiert war; der Bartolo in Rossinis „Barbiere" war seine beste Rolle. Er erkrankte aber, mußte Ende des Jahres das Singen aufgeben und starb im Frühjahr 1822. – Vorstadt-Linie: jede Vorstadt hatte im Linienwall (der äußeren Stadtbefestigung) ein Tor, an dem die Verzehrungssteuer für hereinkommende Güter erhoben wurde. – Über den genannten Zwerger ist nichts bekannt, obwohl ein Michael Zwerger 1815 bei Frischling Horn gespielt hatte.

Bruchmann an Platen

Wien, 8. November 1821.

... Schubert setzt nicht nur das kleine Gedicht, das Sie mir sendeten, sondern noch mehrere aus den lyrischen Blättern, unter andern d. 2 Winterlieder.

„Lyrische Blätter" hieß eine Serie von Platens Gedichten. Darin stehen ein „Winterlied" und ein „Winterseufzer", die Schubert beide – soweit wir wissen – nicht komponiert hat.

Aus dem gedruckten (und dem handschriftlichen) Programm des 2. Jahreskonzertes

der Gesellschaft der Musikfreunde, am 18. November 1821 mittags im großen Redoutensaale (Oberleiter: Leopold *Sonnleithner*)

4. Ouvertüre (in e-Moll,) von (Herrn) *Franz Schubert* (Mitgliede der Gesellschaft).

Dieses Konzert, eines der öffentlichen der Gesellschaft, wurde mit Beethovens 7. Sinfonie eröffnet. Am Schlusse wurde „Ein Teil des letzten Finales aus Mozarts Don Juan" gesungen, „welcher bei den Vorstellungen im k. k. Hoftheater weggelassen wird", also wieder das Sextett. – In dem gedruckten Programm (Bildband, S. 162) ist natürlich Schuberts Mitgliedschaft nicht erwähnt. Aber die Angabe in dem Vereinsprotokoll ist wesentlich, weil sie die alte Legende widerlegt, daß Schubert als Berufsmusiker nicht aufgenommen werden konnte. Auf jeden Fall besteht die Möglichkeit, daß er nicht als solcher betrachtet wurde, weil er keinerlei Anstellung hatte. In der handschriftlichen Matrikel der Gesellschaft erscheint er erst im nächsten März (siehe die Notiz vor dem 23. März 1822), und in einem Wiener Adreßbuch, das Anfang 1823 erschien, ist er ausdrücklich als ausübender Klavier- und Violaspieler der Gesellschaft genannt (siehe Januar 1823).

Aus der Leipziger „Allgemeinen musikalischen Zeitung" vom 2. Januar 1822

Im zweiten Gesellschaftkonzerte hörten wir: ... 4. Ouvertüre von Schubert ... Alles ging brav zusammen.

AUS DEM PROGRAMM DES 2. JAHRESKONZERTES

der Privat-Musikgesellschaft beim Römischen Kaiser, am 18. November 1821, 4 Uhr nachmittags

5. Der Wanderer, Gedicht von Goethe, mit Musik von Schubert.

Der Tag, an dem Schubert mittags und nachmittags aufgeführt wurde, war ein Sonntag. Das Konzert wurde von der Vereinigten Privat-Musikgesellschaft (siehe 14. März 1819) veranstaltet, die jetzt von Friedrich Klemm verwaltet wurde, einem leitenden Mitglied der Gesellschaft der Musikfreunde. Es schloß mit Rossinis Ouvertüre zum „Barbier von Sevilla". Das Gedicht „Der Wanderer" ist natürlich das von Schmidt (Lübeck).

AUS DER AMTLICHEN „WIENER ZEITUNG" VOM 27. NOVEMBER 1821

Bei Cappi und Diabelli,
Kunst- und Musikhändler, am Graben Nr. 1133, ist neu erschienen:

Die abgeblühte Linde. Der Flug der Zeit.

Gedichte
von Ludwig Grafen v. Szechényi.
Der Tod und das Mädchen, von Claudius.

In Musik gesetzt für eine Singstimme mit Begleitung des Pianoforte,

von Franz *Schubert.* 7tes Werk.

Preis 1 fl. 30 kr. W. W.

Aus Schuberts Tondichtungen sind hier solche zusammengestellt, welche mit ihrer innern Trefflichkeit auch den Vorteil verbinden, daß sowohl die Begleitung leicht auszuführen ist, als auch die Singstimme keines großen Umfanges bedarf. Dieser Umstand gibt diesem Hefte auch den Wert der Gemeinnützigkeit.

Ferner sind von demselben Verfasser zu haben:

Memnon, Antigone und Oedip, für eine Singstimme mit Begleitung des Pianoforte. 6tes Werk. Pr. 1 fl. 30 kr.

Rastlose Liebe, Nähe des Geliebten etc. 5tes Werk. 1 fl. 30 kr.
Der Wanderer, Morgenlied etc. 4tes Werk. 1 fl. 30 kr.
Schäfers Klagelied, Heidenröslein etc. 3tes Werk. 1 fl. 30 kr.
Gretchen am Spinnrade. 2tes Werk. 1 fl. 30 kr.
Erlkönig, von Goethe. 1tes Werk. 2 fl.
NB. Einige derselben sind auch mit Begleitung der Guitarre zu haben.

Opus 7 ist dem Dichter der beiden ersten Lieder gewidmet: Louis Graf Széchényi von Sárvár-Felsö-Vidék war 1781 in Horpács (Ungarn) geboren, Obersthofmeister der Erzherzogin Sophie (Mutter des späteren Kaisers Franz Joseph) und Mitglied der Gesellschaft der Musikfreunde. Randhartinger wurde später sein Privatsekretär.

Aus der amtlichen „Wiener Zeitung“ vom 29. November 1821

Bei Cappi und Diabelli,
Kunst- und Musikhändler, am Graben Nr. 1133,
sind neu erschienen:

Original-Tänze
für das Pianoforte,

komponiert von Franz *Schubert.*
9tes Werk. Erstes Heft 1 fl. 30 kr. Zweites Heft 1 fl. 30 kr. W. W.

Opus 8, ein anderes Liederheft, erschien erst im Frühjahr 1822 (siehe 9. Mai 1822); die Annahme, daß die zahlreichen Wiener Ausgaben der Freischütz-Musik an dieser Verzögerung schuld waren, ist willkürlich. – Opus 9, Schuberts erstes Heft mit Instrumentalmusik, enthielt Walzer, später „Erste Walzer“ genannt, darunter als Nr. 2 (von 36) den „Trauerwalzer“. Die Bezeichnung stammt nicht von Schubert. Schuberts für Hausunterhaltungen geschriebene Tänze wurden von ihm, wenn überhaupt, in ihren ursprünglichen Klavierfassungen veröffentlicht.

Platen an seine Mutter

Erlangen, 2. Dezember 1821.

Il [Fugger] est musicien et il a composé quelques unes de mes chansons très joliement et qui plaîsent généralement. Un compositeur renommé a Vienne, Mr. Schubert, a aussi composé de mes chansons que je recevrai dans quelque temps.

Siehe Anmerkung zum 5. September 1821.

Aus Perths Tagebuch

(Über das 3. Jahreskonzert der Privat-Musikgesellschaft beim Römischen Kaiser, am 2. Dezember 1821, 4 Uhr nachmittags.)

5. Der Jüngling, Gedicht, in Musik gesetzt von *Schubert.*

Das war das 3. Jahreskonzert dieser Gesellschaft; das Programm ist nicht erhalten. Das Lied, dessen Titel Perth unvollständig wiedergibt, war offenbar Nr. 1 aus op. 8, „Der Jüngling auf dem Hügel“ (November 1820), Text von Heinrich Hüttenbrenner, das sicher schon druckfertig vorlag.

Leopold Sonnleithner an das Konzertkomitee der Gesellschaft der Musikfreunde

Wien, 3. Dezember 1821.

Da ich durch Krankheit verhindert bin, der heutigen Sitzung persönlich beizuwohnen, so ersuche ich, folgende Bemerkungen einer Rücksicht zu würdigen:
Zu dem 3ten Gesellschafts-Konzerte schlage ich folgende Stücke vor: . . .
2. Vokalquartett oder Vokal-Chor von Schubert oder Aßmayer.

Sonnleithners Primo-loco-Vorschlag drang durch: Schuberts „Geist der Liebe“ wurde aufgeführt (siehe 3. März 1822).

Aus einem Sitzungsbericht der Gesellschaft der Musikfreunde (Sitzung des Komitees der Gesellschafts-Konzerte) vom 3. Dezember 1821

Leopold Sonnleithner als Direktor des 3t Konzertes schlägt vor: . . .
2. Vokal-Quartett oder Vokal-Chor von Schubert oder Aßmayr.
Es ist zu wünschen, daß die Angesagten des schätzbaren H. Schubert nicht zu düster seien. Wenn das Quartett von Seyfried zu haben wäre, so würde dieses vorzuziehen, für jeden Fall zum 4t Konzert zu wählen sein.

Ignaz Xavier Ritter v. Seyfried, geboren 1776 in Wien, ein Schüler Mozarts, war Kapellmeister am Freihaus-Theater gewesen und nun am Theater an der Wien engagiert. Er war auch als Komponist und Schriftsteller tätig. Sein Vokalquartett wurde auch im 4. Konzert nicht gesungen.

8. Dezember 1821: „Der Blumen Schmerz", op. 173, Nr. 4 (D. 731), erscheint in der „Wiener Zeitschrift für Kunst usw."

24. Dezember 1821: Schubert verbringt den Heiligen Abend mit Heinrich und Emilie Anschütz.
Der Christbaum, eine protestantische Sitte, war erst kurz vorher im katholischen Wien eingeführt worden. Heinrich Anschütz, geboren 1785 zu Luckau in der Lausitz, war Mitte 1820 aus Breslau (heute Wroclaw, Polen) nach Wien gekommen und seit Mitte 1821 am Burgtheater als Schauspieler und Regisseur engagiert; seine zweite Frau war Emilie, geb. Butenop, geboren 1797 in Stuttgart, die mit ihm engagiert worden war.

1822

Oper „Alfonso und Estrella" (3 Akte, Schober) (D. 732), 20. September 1821 bis 27. Februar 1822
„Gott in der Natur" für Frauenstimmen (D. 757), August
Messe in As-Dur (D. 678), November 1819 bis September 1822
Sinfonie in h-Moll (Unvollendete) (D. 759), begonnen am 30. Oktober
Fantasie für Klavier („Wanderer-Fantasie") (D. 760), November
Lied „Der Musensohn", Dezember

Januar 1822

Herrn Josef Spaun, Assessor in Linz

[Von *Schubert* komponiert (D. 749)]

Und nimmer schreibst du?
Bleibest uns verloren,
Ein starr Verstummter, nun für ew'ge Zeit?
Vielleicht, weil neue Freunde du erkoren?
Wardst du Assessor denn am Tisch so breit,
Woran beim Aktenstoß seufzt Langeweile,
Um abzusterben aller Freudigkeit?
Doch nein, nur wir sind's, nur uns ward zu Teile
Dies Schweigen, dies Verstummen und Vergessen.
Armut und Not selbst an der kleinsten Zeile!
Für jeden bist du schriftkarg nicht gesessen;
Für manchen kamen Briefe angeflogen,
Und nach der Elle hast du sie gemessen;
Doch uns, Barbar, hast du dein Herz entzogen!

Schwingt euch kühn, zu bange Klagen,
Aus empörter Brust hervor,
Und von Melodien getragen,
Wagt euch an des Fernen Ohr!
Was er immer mag erwidern,
Dieses hier saget doch:
„Zwar vergessen, jenes Biedern
Denken wir in Liebe noch."

Matthäus v. Collin.

Dieses „Sendschreiben" besteht aus Rezitativ und Arie, die das Pathos der italienischen Oper parodieren.

Aus der Wiener „Allgemeinen musikalischen Zeitung" vom 19. Januar 1822

Das abermals bei Cappi und Diabelli erschienene Heft neuer Gesänge von Franz Schubert, enthaltend: „Die abgeblühte Linde", „Flug der Zeit" und „Der Tod und das Mädchen", das Gedicht zu den beiden ersteren vom Herrn Grafen Széchényi, zu dem letzteren von Claudius, gibt uns die willkommene Veranlassung, sowohl diese, als noch weit mehr die früheren in derselben Kunsthandlung erschienenen Gesangstücke dieses für den lyrischen Gesang reich begabten jungen Tonsetzers dem musikalischen Publikum bestens anzuempfehlen und unsere Achtung für sein ausgezeichnetes Talent offen auszusprechen. Nicht leicht wurde einem Kompositeur die Gabe, des Dichters Gebilde in dem Gemüte des empfänglichen Zuhörers zur tief ergreifenden Anschauung zu bringen, in so hohem Grade zuteil. Vorzüglich bewährt sich diese bei Gretchens Liede am Spinnrade von Goethe, wo die malerische Nachbildung des Geräusches eines Spinnrads, der aus der innersten Tiefe eines weiblichen, bald in düstere Bilder der Gegenwart und Zukunft, bald in wehmütig süße Erinnerungen der Vergangenheit versunkenen Gemütes genommenen Schilderung zum höchst charakteristischen, in Rembrandtischem Helldunkel gehaltenen Hintergrunde dient. Kein fühlendes Herz kann dem hier geschilderten Wechsel der Gefühle des unglücklichen Gretchens folgen, ohne von Wehmut ergriffen zu werden und die grauenvolle Nähe der finsteren Gewalten, die sie umgarnen, zu ahnen. Gleich vortrefflich sowohl im Gesange als in der charakteristischen Begleitung ist Memnon, und Antigone und Ödip (beide von Mayrhofer gedichtet) gehalten.
Memnon ist, als Gedicht betrachtet, eine von Meisterhand gezeichnete Schilderung eines vom tiefen Grame beherrschten, in sich verschlossenen, erhabenen Gemütes, in dessen sturmerregtes Innere sich ein ahnender Hoffnungsstrahl von jenseits beruhigend senket.
In Antigone und Ödip zeigt uns der Dichter den blinden, im Haine der Eumeniden in Schlaf versunkenen Greis, an dessen Seite die liebende Tochter fromme Gebete für den Vater an die Götter sendet. Ödip erwacht, und schmerzlich ergreift ihn die im Traume aufgeregte Erinnerung an seine ehemalige Herrscherpracht.
Eine prophetische Stimme in seinem Inneren verkündet ihm den nahen Tod.
Beide treffliche Dichtungen sind von wahrer dichterischer Weihe.
Zu bedauern ist, daß die Worte des Dichters: „Laßt einen milden Hauch des Trostes *in Ödips große Seele wehn*", durch folgende Worte verändert und der Sinn ganz verunstaltet wurde. Der Tonsetzer läßt den Dichter sagen: „In des Vaters Seele wehn." Da

doch unmittelbar dadurch das Metrum verletzt wurde und die ursprünglichen Worte der Kantilene gar keinen Schaden würden getan haben. Die Unterlegung des Textes sollte mit derselben strengen Achtung gegen des Dichters Werk geschehn, mit welcher wir des Tonsetzers Gebilde ehren. –

Diese schönen Poesien hat Herr Schubert erhaben und mit ergreifender Wahrheit im Tonsatze wiedergegeben. Die Einleitung zu Memnon erinnert an die magischen Klänge des berühmten ägyptischen Standbildes. Kein weibischer Klageton entweiht die düsteren Worte des Heldenkönigs. Der in seinem Inneren brennende Schmerz lodert in wilder Flamme auf, die endlich in begeisterter Ahnung erlischt.

Antigones Gebet ist voll kindlich frommen Gefühles in melodischem Stile gehalten und spricht die Gefühle der sich willig zum Opfer für den Vater darbietenden Tochter auf das rührendste aus. Es wird durch zwei mit kurzem Rezitative abwechselnde Zwischentakte, welche das bange Stöhnen des erwachenden Greises auf das ausdrucksvollste schildern, unterbrochen. Wahrhaft königlich und erhaben ist der nun folgende Gesang Ödips gehalten, der mit dem von schauerlichen Akkorden begleiteten Geisterrufe würdig schließt. – In demselben Hefte mit Memnon und Antigone befindet sich Claudius' wehmütige Klage an Anselmos Grabe; ein Gesang voll ergreifendem Ausdruck, der in jeder fühlenden Brust seinen Widerhall finden muß. Herr Schubert hat die drei letztgenannten Gesänge unserem trefflichen Hofopern-Sänger Vogl gewidmet, hätte sie aber auch wahrlich in keine besseren Hände legen können, worin uns gewiß jeder, dem der hohe Genuß zuteil ward, sie von diesem großen Meister des Gesangs in einem engen, aber gewählten Zirkel empfänglicher Musikfreunde vortragen zu hören, aus vollem Herzen beistimmen wird.

Wir übergehen die übrigen Lieder des genialen Tonsetzers; nicht als ob sie den vorangezeigten am Werte nachständen (wir brauchen hier nur an seinen trefflichen Wanderer, an Wanderers Nachtlied von Goethe, Erlkönig etc. zu erinnern), sondern weil wir unsere Leser hinlänglich auf die Produkte dieses eminenten Talentes aufmerksam gemacht und allen Freunden wahrhaft ausdrucksvollen Gesanges hierdurch einen angenehmen Dienst geleistet zu haben glauben.

Wir kennen noch mehrere im Manuskripte vorhandene Gesänge von demselben Verfasser, die bei ihrem öffentlichen Erscheinen unseren musikalischen Zirkeln noch manchen schönen Genuß verheißen.

Diese erste eingehende Kritik Schubertscher Lieder ist vielleicht von Kanne, dem neuen Herausgeber dieser Zeitschrift, geschrieben worden. Der Autor scheint Schubert und Mayrhofer gekannt zu haben, da er von Lied-Manuskripten spricht und das Gedicht „Antigone und Oedipus", das erst 1824 in Mayrhofers Gedichten erschien (nicht aber in der Ausgabe von 1843), richtig zitiert. Ob die genannte Änderung vom Dichter stammt oder nur geduldet wurde, ist unbekannt.

Aus Bauernfelds Tagebuch

22. Jänner 1822

Gestern mit Fick einen Abend bei Weintridt. Der Kompositeur *Schubert* war zugegen und sang mehrere seiner Lieder. Auch mein Jugendfreund *Moritz Schwind*, der den Schubert mitbrachte. Maler Kupelwieser, Professor Stein, Graf Lanckoroński, Stadion usw. Wir blieben bis nach Mitternacht. –

Josef Fick, geboren 1800 in Wien, war Schriftsteller und wurde Geschichtslehrer (später auch des zukünftigen Kaisers Franz Joseph). Er beherrschte das Englische; Bauernfeld lernte bei ihm diese Sprache, als beide an dem „Wiener Shakespeare" arbeiteten. – Vincentius Weintridt, geboren 1778 in Wien, war Professor der Theologie, aber Anfang 1820 wegen seines Freisinns des Amtes enthoben worden. Er ging 1824 als Dechant nach Retz (Niederösterreich). Seine Schüler Bauernfeld und Schwind waren ihm ergeben. – Anton Stein, geboren 1759 zu Bladen (Oberschlesien), war Professor der klassischen Philologie und Literatur an der Universität, Lehrer Grillparzers und Bauernfelds und ein Freund Weintridts. – Kasimir Graf Lanckoroński-Brezie, geboren 1802, war Bauernfelds Schulkamerad am Gymnasium des Schottenstifts gewesen. – Stadion (Weintridts Schüler) ist Franz Seraph Graf Stadion-Warthausen, geboren 1806; er wurde später Minister des Inneren. – Moritz v. Schwind, geboren 1804 in Wien, einer der treuesten Freunde Schuberts, war der Sohn eines 1818 verstorbenen Hofsekretärs und hatte das Gymnasium des Schottenstifts besucht. Er wohnte mit seiner Mutter und mehreren Geschwistern in der Vorstadt Wieden, nahe der Karlskirche, im sogenannten Mondscheinhaus, das früher wegen seines Tanzsaals populär gewesen war. Schwind war ein schwärmerischer Jüngling, aus dem später ein heiterer, aber kaustischer Mann geworden ist. Schubert nannte ihn seine „Geliebte"; etwas Weibliches hing ihm in seiner Jugend wirklich an. Er war ein begabter Zeichner und Aquarellist, die Öl- und Fresko-Malerei gelang ihm weniger gut. Seine Stärke lag in der Komposition, und als Illustrator deutscher Märchen blieb er unerreicht. Schwind war sehr musikalisch, sein Motto war: „Einen Löffel Musik muß man täglich haben." Er wurde ein heftiger Gegner Liszts und Wagners. Es ist interessant, daß der bekannte deutsche Historiker Karl Lamprecht ihn als verspäteten Frühromantiker, Schubert aber als Spätromantiker bezeichnet.

Der Direktor der Theresianischen Ritter-Akademie an ihren Kurator, General-Feld-Wachtmeister August Picot Beccaduc Freiherrn von Herzogenberg

Hochgeborner, Hochgeehrter Herr
Freiherr, k. k. General und Kurator!

Der Supplent der Aesthetik am k. k. Theresianum, Deinhardstein, hat für die Feier der musikalischen Akademie einen Hymnus gedichtet nach der Art: Gott erhalte Franz den Kaiser, der von Schubert in Musik gesetzt und am Vorabend des Allerhöchsten Geburtsfestes Sr. Majestät von einer Auswahl akademischer Zöglinge gesungen werden wird. Die gehorsamst gefertigte Direktion unterlegt selben der hohen Einsicht Eurer Hochgeboren und bittet um das Vidi und die hohe Namensfertigung, um solchen zur Zensur und dem Drucke befördern zu können.

Wien, am 23ten Jänner 1822.

Peter Brukner,
Direktor.

Die von der Kaiserin Maria Theresia gegründete Theresianische Ritter-Akademie, kurz das „Theresianum" genannt, war als Schule für adelige Jünglinge in der sogenannten „Neuen Favorita", einem kaiserlichen Lustschloß auf der Wieden, untergebracht. Der Direktor war ein Geistlicher. – Johann Ludwig Ferdinand (später Freiherr v.) Deinhardstein, geboren in Wien 1794, war Supplent (Hilfslehrer), später Professor der Ästhetik und der klassischen Literatur am Theresianum. Er hatte 1816 eine Anthologie, „Dichtungen für Kunstredner", herausgegeben, in der Schubert den Text des „Wanderer" fand. – Leopold Sonnleithner hat den Auftrag an Schubert vermittelt. Schon am 23. Dezember 1821 hatte Brukner an Herzogenberg geschrieben, daß die Juristen und Philosophen des Theresianums die Geburtstage des Kaisers und der Kaiserin (Karolina Augusta, geboren 1792, die vierte Gemahlin Franz' I.) am 7. Februar 1822 durch eine musikalische Akademie feiern wollten. Der Plan wurde dann auf den Kaiser beschränkt und umdatiert. Den Prolog, gedichtet von Friedrich v. Hentl, einem älteren Zögling der Anstalt, hatte Brukner schon am 19. Januar 1822 vorgelegt. Er wurde, ebenso wie die lithographierte Partitur von Schuberts Hymne, gedruckt. Nur ein Korrektur-Exemplar der Hymne hat sich erhalten.

Aus der amtlichen „Wiener Zeitung" vom 11. Februar 1822

Bei Cappi und Diabelli,
Kunsthändler, am Graben Nr. 1133, ist erschienen und
zu haben:

Neueste Tanzmusik zum Carneval 1822.
Für das Pianoforte.

....

Schubert, Fr. *Original-Tänze* für das Pianoforte. 1tes und 2tes Heft, jedes à 1 fl. 30 kr.

....

Für die Violine und andere Instrumente.

....

Schubert, Fr. *Original-Tänze* für Flöte oder Violin und Guitarre. 1 fl. 30 kr.

Es war Sitte in Wien, zu jedem Fasching einige neue Tänze herauszugeben. Haydn, Mozart und Beethoven hatten aus diesem Anlaß Menuette und Deutsche Tänze für die beiden Redoutensäle in der Hofburg geschrieben. – Ein Exemplar des Arrangements von op. 9 hat sich bei der Gesellschaft der Musikfreunde erhalten und wurde 1920 von J. Zuth in Wien neu herausgegeben.

Aus dem Programm einer musikalischen Akademie, gegeben zur Feier des Geburtsfestes Kaiser Franz' I. von den Zöglingen der k. k. Theresianischen Ritter-Akademie am 11. Februar 1822 ebendort

4. *Erlkönig*, Ballade von Goethe, in Musik gesetzt von F. Schubert . . .
10. *Chor*, gedichtet zur Feier des Geburtstages Sr. Majestät des Kaisers, von Deinhardstein, in Musik gesetzt von F. Schubert [D. 748].

Leopold Sonnleithner dirigierte. Hentl trug seinen Prolog selbst vor.

17. Februar 1822: Carl Maria v. Weber kommt nach Wien. – Weber besuchte am selben Tage eine Aufführung von Weigls Oper „König Waldemar". Am 18. Februar war die Eröffnungsvorstellung der neuen Direktion Barbaja. Am 7. und 9. März dirigierte Weber seinen „Freischütz", der sich seit 1821 im Repertoire der Hofoper befand. An einem dieser beiden Abende wurde, nach damaligem Brauch, ein Huldigungsgedicht an Weber in zahlreichen Exemplaren von der Galerie hinabgeworfen, das Schober verfaßt hatte: „An Carl Maria von Weber, nach Aufführung des Freischützen mit einem Kranze".

Holzapfel an Stadler in Linz

Wien, 22. Februar 1822.

. . . Schubert hat, was man sagt, bruit gemacht, und wird ebenfalls, was man sagt, seinen sort machen. Ich sehe ihn selten, wir taugen auch nicht so sehr zusammen, da seine Welt eine ganz andere ist und sein muß. Sein etwas *schroffes* Wesen kommt ihm sehr zu statten, und wird ihn zum festen Mann und reifen Künstler bilden; er wird der Kunst würdig sein . . . Schubert hat eine Oper in der Arbeit, deren Text von Schober ist, und an welchem Werke beide im Einverständnisse zugleich gearbeitet haben sollen.

24. Februar 1822: Schubert empfiehlt Weber, Friedrich Schneiders Oratorium „Das Weltgericht" in Franz Xaver Gebauers Concert spirituel (mittags im Landhaus) anzuhören; Weber ist über Stimme und Vortrag des Solisten Karl Gottlieb Reißiger entzückt. – Gebauer, geboren 1784 in Glatz (Schlesien [heute

Klodzko, Polen]), war Chorregent der Augustiner-Hofkirche und hatte 1819 das „Concert spirituel" gegründet, in dem kurze Kirchenmusikstücke, aber auch Sinfonien aufgeführt wurden. Die Konzerte fanden zuerst im Hotel „Zur Mehlgrube" am Neuen Markt statt. Das Oratorium von Schneider (geboren 1786 in Schlesien) war schon 1821 in Wien aufgeführt worden. Diesmal wirkten unter Gebauers Leitung mit: die Damen Therese Klieber und Marie Mathilde Weiß, die Herren Barth, Reißiger und Nestroy. Karl Gottlieb Reißiger, geboren 1789 in Belzig (Sachsen), Bassist und Pianist, später Hofkapellmeister in Dresden, weilte um 1822 in Wien. Er traf Schubert nie, und auch als er 1825 wieder nach Wien kam, konnte er ihn nicht kennenlernen, weil Schubert krank war (siehe Schubert-Erinnerungen, S. 82).

Aus dem Programm des 3. Jahreskonzertes der Gesellschaft der Musikfreunde, am 3. März 1822 mittags im grossen Redoutensaale (Oberleiter: Leopold Sonnleithner)

2. *Der Geist der Liebe*, Gedicht von *Matthisson*, auf 4 Männerstimmen gesetzt von *Franz Schubert.*

Vgl. 3. Dezember 1821. Das Quartett wurde ohne Begleitung gesungen, wahrscheinlich von Barth, Lugano, Nestroy und Nejebse. Das Konzert wurde eingeleitet von einer C-Sinfonie Mozarts (offenbar der Jupiter-Sinfonie). Nach Beethovens Egmont-Ouvertüre wurde es mit dem Finale aus Webers Oper „Silvana" beschlossen. Weber dürfte anwesend gewesen sein. – Dieses war das dritte und letzte der öffentlichen Konzerte der Gesellschaft der Musikfreunde, in denen sie zu Schuberts Lebzeiten etwas von ihm aufgeführt hat (vgl. 8. Februar und 18. November 1821). – Schuberts Quartett wird in einer Besprechung des Konzerts in der Leipziger „Allgemeinen musikalischen Zeitung" vom 8. Mai 1822 erwähnt (erste Ausgabe, Nr. 309).

Josef v. Spaun an Schober in Wien

Linz, den 5. März 1822.

... Es ist seitdem der Winter entflohen, und es muß sich unter Euch so manches Interessante zugetragen haben, was Ihr dem treuen Fernen nicht vorenthalten müßt. Was das poetisch-musikalisch-malerische Triumvirat alles erschaffen hat, möchte ich gar so gerne wissen. Es tut mir in der Seele weh, daß Schubert für mich so verklungen ist. Ein von Max Spaun neulich in der Modezeitung gefundenes Lied „Blumenschmerz" war wahres Labsal für mich. Berede ihn, daß er mir einmal ein paar neue Lieder schicke, vielleicht wäre jetzt durch Frau v. Schmith gute Gelegenheit dazu ... Wo waren diesen Winter Schubertiaden, wie steht's mit der Krone, deren Leute ich grüßte, spielt die Uhr schon Schubert's Lied? ... Im ganzen bin ich wohl zufrieden, nur kann mir nichts die schönen geselligen Stunden vergessen machen, die ich mit Euch verlebte, und die oft Schubert so verschönerte, ich fürchte, daß sie mir nie so schön wiederkehren werden.

Das „Triumvirat" bestand aus Schober, Schubert und Kupelwieser. – Zu dem „Lied" siehe die Anmerkung vom Januar 1822. – Helene, die Nichte und Ziehtochter der Witwe Berndt (siehe 28. April 1821), war zuerst mit Karl Mayrhofer senior vermählt gewesen und hatte nach dessen Tod Dr. Anton Schmith (siehe 6. Juni 1818) geheiratet. Es sei hier bemerkt, daß Marie Berndt eine Schülerin Mozarts, Dr. Schmith, ihr Schwiegersohn, ein Freund Mozarts gewesen ist. – Im Gasthof „Zur ungarischen Krone" war eine Spieluhr aufgestellt, die ein Lied, später ein paar Walzer von Schubert spielte (siehe 3. Juli 1824). Das Lied könnte das „Heidenröslein" oder „Schäfers Klagelied" gewesen sein. Solche Spieluhren mit Flöten- oder Kornettpfeifen oder beiden zusammen waren in Wien seit dem Ende des achtzehnten Jahrhunderts beliebt; die Qualität der Wiener, meist von tschechischen Handwerkern erzeugten, Spieluhren war hervorragend.

Aus Anton Prokeschs Tagebuch

[Wien,] 5. März 1822.

Zu Mittag bei Pichler. Schubert spielt einige von ihm gesetzte Lieder mit Fülle der Empfindung und Tiefe.

Anton Prokesch, später Freiherr und dann Graf von Osten, geboren in Graz 1795, war 1821 Oberleutnant im General-Quartiermeisterstabe. Er war der Stiefsohn des Historikers Julius Franz Schneller, heiratete 1832 Irene v. Kiesewetter und wurde Diplomat. – Karoline Pichler (siehe 18. Mai 1821), geboren 1769 in Wien als Fräulein v. Greiner, war Schriftstellerin und unterhielt einen literarischen Salon in der Alserstraße; sie übersetzte Teile aus Walter Scotts „Lady of the Lake", die Schubert aber nicht benützt hat.

März 1822: Schubert wird Mitglied der Gesellschaft der Musikfreunde. – In der handschriftlichen Matrikel der Gesellschaft von 1844 steht: „Im März 1822. Franz Schubert, ..."; vgl. 18. November 1821.

9. März 1822: Josef Götz stirbt.

20. März 1822: Weber verläßt Wien.

Aus der „Wiener Zeitschrift für Kunst usw." vom 23. März 1822

Blick auf Schuberts Lieder.
Von Friedrich von Hentl.

Indem ich es unternehme, die Schubertschen Lieder zu beleuchten, geht meine Absicht vorzüglich dahin, den Geist, der das Ganze vereint, die Poesie, die es belebt, und den Organismus, der ihm den lebendigen Ausdruck gibt, herauszuheben. Andere werden den theoretischen Teil dieses Werkes beurteilen und dartun, inwiefern darin dem Technischen der Kunst, wo kein Mißgriff geduldet werden kann, weil die bestimmte Regel jede Willkür ausschließt, Genüge geleistet ist. Schuberts Lieder erheben sich durch immer unbestrittene Vorzüge zu dem Range genialer Meisterwerke, die dazu geeignet sind, dem gesunkenen Geschmack wieder aufzuhelfen; denn nie hat die wahre Kraft des Genies ihre Wirkung auf die Gemüter verfehlt. Möge der Funke des Göttlichen noch so tief unter der Asche verborgen glimmen, die von dem Altare niederbrennt, worauf wir dem Götzen der Sinnlichkeit opfern, er wird auflodern zur hellsten Flamme der Begeisterung, wenn ihn der Hauch des Genies anfacht, den wir nicht beschreiben, nur tief empfinden können.

In dem genialsten Werke unsers Komponisten, dem *Erlkönige*, ist es nicht sowohl der melodische Ausdruck, weniger die Aufeinanderfolge der Töne im Gesange, was dem Ganzen den organischen Zusammenhang gibt, als vielmehr der harmonische Ausdruck, der Ton, den die Begleitung dem Werke mitteilt. Diese ist hier die Grundlage, auf welche das Tongemälde aufgetragen ist, und zwar ganz entsprechend dem Texte, wo Nacht und Sturm und der reitende Vater mit seinem Kinde den Hintergrund bilden. Mit tief ergreifender Wahrheit charakterisiert der melodische Ausdruck das Innere der Handlung, die abwechselnden Gefühle des Vaters, des Kindes und des Erlkönigs, während das Äußere der Handlung, nämlich der Galopp des Pferdes und das Dazwischenbrausen des Sturmes, in den zweckmäßigsten Formen der Begleitung ausgedrückt ist. Diese Behandlung war hier die einzig wahre, indem der gehaltene Romanzenton des Gedichtes auch einen gleichförmig gehaltenen Ton in der musikalischen Ausführung forderte. Um diesen Ton in das Ganze zu verweben, ohne etwas von der notwendig verschiedenen Charakteristik in den Worten der handelnden Personen aufzuopfern, mußten die einzelnen Melodien, die disparaten Teile des charakteristischen Ausdruckes im Gesange durch die Begleitung gebunden werden. Letztere diente hier sonach nicht nur dem Gesange zur Folie, sondern als musikalische Malerei auch zur Tongebung.

Wie im Erlkönige, noch ehe der Vers:

Wer reitet so spät durch Nacht und Wind

im Gesange ertönt, das Gemüt schon vorbereitet und dem Eindrucke hingegeben ist, den das plötzlich vor die Anschauung gezauberte Bild nur verstärkt, ebenso sahen wir mit ahnendem Gemüte den Unglücklichen vom Gebirge niedersteigen, in *Wanderers Morgenlied*: noch ehe der Gesang beginnt, dämmern die Verse schon auf in unserer Seele:

Ich komme vom Gebirge her,
Es dampft das Tal, es braust das Meer!

Hinreißender Ausdruck belebt die darauffolgenden Verse:

Ich wandle still, bin wenig froh,
Und immer frägt der Seufzer, wo!

Zu intensiv ist der Eindruck, um ganz Wehmut, zu wenig scharf und konzentriert, um ganz Schmerz zu sein, der höchste Grad der Wehmut!

Wie der feierlichste Schwung den Vers:

Es dampft das Tal, es braust das Meer

begleitet und höchst ungezwungen in den Ausdruck der Wehmut übergeht, ebenso verliert sich der wehmütige Ausdruck in jenen der inneren Leerheit, des dumpfen Dahinstarrens, wenn die Welt nichts mehr gibt, bei den Worten:

Die Sonne dünkt mich hier so kalt,
Die Blüte welk, das Leben alt,
Und was sie sprechen, leerer Schall,
Ich bin ein Fremdling überall.

Mit innigster Befriedigung seiner Natur nimmt das Gemüt das darauffolgende Gefühl der Sehnsucht, der sich heftig aus dem Gemüte hervordrängenden Frage auf:

Wo bist du, mein geliebtes Land usw.

und das schnellere Tempo, die wehmütig-heitere Melodie entspricht ganz dem psychologischen Fortschritte des Textes und vereint in sich das Wehmütige der Sehnsucht und das Heitere des Gedankens an alles das, wornach das Gemüt sich sehnt. Nur eines dürfte das feinere Gefühl beleidigen, daß nämlich der heitere Ausdruck, der wohl mehr nur im schnelleren Tempo liegt, auch den Vers begleitet:

Wo meine Toten auferstehn.

Hier dürfte wohl das Freudige des Gedankens an die Auferstehung der geliebten Toten von dem Schmerze, daß der Unglückliche das Land erst sucht, wo sie auferstehen, und von dem Ernste des Gedankens an Tod und Auferstehung noch mehr gedämpft sein. Solche Übergänge von Gefühl zu Gefühl, wodurch jedem Worte seine eigentümliche Bedeutung gegeben wird, ohne das organische Leben der Melodie zu zerstören, gehören unter die schwersten Aufgaben der Musik. Auch hierin ist Mozart einzig und unerreichbar. In dem Monologe aus Goethes „Faust“, *Gretchen am Spinnrade*, gibt die Begleitung,

wie im Erlkönige, eine herrliche Grundlage zum herzzerreißenden Ausdrucke in den Tönen, worein der Schmerz und die Wonne der Liebe getaucht sind; sie ist die stete Schnur, woran die Perlenreihe der Töne festhält, und kontrastiert durch ihre *gleichförmige*, dem Gange des Spinnrades ähnliche Bewegung auf die ergreifendste Art gegen die leidenschaftliche Grundstimmung und den Wechsel der Gefühle im Gesange.
Eines weiteren Kommentars bedarf dieses Meisterwerk nicht. Nur derjenige, der die ganze Tiefe der Goetheschen Dichtung erfassen und nachfühlen kann, wird sie im Gesange wiederfinden; es wird ihm vom ersten bis zum letzten Takte klar werden, was ein in der ersten Liebe befangenes kindliches Gemüt empfindet.
Gleich herrlich ist *Schäfers Klagelied.* Hier ist alles vereint, um es zum vollendeten Tonwerke zu machen. Der dem Pastorale eigentümliche Ton ist vortrefflich gehalten: er liegt schon im melodischen Ausdrucke. Die Begleitung ist zweckmäßig und verbindet die durch die charakteristischen Modifikationen notwendig auseinander gehaltenen Melodien. Letztere sind schon an und für sich reizend und wirken als ästhetische Ideen auch ohne Text und Harmonie; jede Note muß unverrückt bleiben, soll die Melodie nicht zerstört werden, der sichere Probestein ihrer organischen Natur! Die Charakteristik ist so tief eingreifend, daß sie keiner Auseinandersetzung bedarf, um allgemein empfunden zu werden. Auch die Übergänge im charakteristischen Ausdrucke sind hier höchst natürlich und ergreifend!
Dramatisch und größtenteils rezitativisch sind *Memnon*, und *Ödip und Antigone* bearbeitet. Im ersteren ist das Klingen der Memnonssäule treffend in die Begleitung verwebt: es gibt dem Ganzen Ton und Haltung. Auch der originale Charakter der Melodie ist zu bemerken; sie entspricht, von der gewöhnlichen sentimentalen Manier sich entfernend, mehr der antiken Gefühlsweise durch Ernst und einen ruhigeren Klageton, und zwar mit um so größerem Rechte, da es *Memnon* ist, der klagt. Die zweite Komposition dürfte der Tadel treffen, daß die höhere, poetische Einheit einer zu gesuchten musikalischen Malerei des Einzelnen aufgeopfert sei.
Eine desto herrlichere Gabe ist das Lied: *An Anselmos Grabe*, das in schmuckloser Einfachheit tief ergreifend rührt.
In der *Abgeblühten Linde* hat Schubert selbst allgemeine Sätze, die kein Ausdruck einer Gemütstimmung sind, wie:

Änd'rung ist das Kind der Zeit

rein und schön melodisch behandelt. Überhaupt ist dies eine besonders ausgezeichnete Komposition, voll gewählter Motive, und mit Zartheit dem Sinne der Dichtung sich anschmiegend!
Wenn man zu diesen Kompositionen das Lied: *Rastlose Liebe*, durch seinen leidenschaftlichen, meisterhaft gedachten und durchgeführten Ausdruck dahinreißend, die beiden im echten Romanzenton gehaltenen Goetheschen Romanzen, *der Fischer* und *der König in Thule*, deren Letzterer besonders durch den naiv-wehmütigen Ausdruck rührt, hinzudenkt; wenn man die originale Behandlung des *Wernerischen Morgenliedes* aus den Söhnen des Tals, die Tiefe des Ausdrucks in *Wanderers Nachtlied* von *Goethe*, die reizende, naive Melodie des *Heidenrösleins*, den treffenden Charakter in *Jägers Abendlied*, den vollen Ausdruck in *Goethes erstem Verlust* und die tief ergreifende Behandlung des Gedichtes von Claudius *Das Mädchen und der Tod* in Anschlag bringt, so kann man nicht umhin, der deutschen Tonkunst zu einem Genie Glück zu wünschen, das in reicher Mannigfaltigkeit sich ausbreitend, den Meisterwerken der deutschen Dicht-

kunst die höchste musikalische Bedeutung in erschöpfender, nie irrender Charakteristik zu geben weiß.

Wer zweifeln möchte, daß Schubert rein melodisch setzen könne, und ihm den Vorwurf machte, daß er viele seiner Lieder durch zu reiche Begleitung unterstützend, bloß durch Harmonie und charakteristischen Ausdruck wirken lasse, wie etwa in *Gretchen*, der höre sein liebliches, höchst einfaches *Heidenröslein*, der nehme *Schäfers Klagelied*, das zarte *Wiegenlied* vor sich, der beherzige die melodischen Stellen im *Erlkönige*, *Wanderer* usw.

Ich glaube genug gesagt, und also nicht weiter nötig zu haben, vom Besonderen noch ausführlicher zur allgemeinen Charakteristik der Schubertschen Muse überzugehen. Jedermann wird in seinen Werken auf den ersten Blick den Charakter des Genies und des denkenden Künstlers entdecken, und wenn das gebildete Gemüt, im Innersten ergriffen, ausspricht, daß hier vollendet wahr und schön in Tönen ausgedrückt ist, was ebenso gedichtet ward, so ist es besser, den krittelnden Verstand zu bescheiden, wenn dieser ja die Frage aufwerfen sollte, ob denn das wohl die rechte Manier sei, ob es nicht noch eine andere geben könne, ob dieser oder jener Meister so vorgegangen sei oder nicht? Jedes Genie trägt seinen Maßstab in sich selbst, und wird von einem Gefühle begeistert, welches das tiefste, innerste Bewußtsein, die höchste Weisheit und die einzige wahre Erkenntnisquelle in Werken der schönen und erhabenen Kunst in sich schließt.

Hentl hatte Schubert offenbar bei der Feier im Theresianum kennengelernt (siehe 23. Januar und 11. Februar 1822). In seinen 1868 erschienenen „Gedanken über Tonkunst und Tonkünstler“ spricht er über Schubert. – Der „Funke des Göttlichen“, wohl ein Gemeinplatz, klingt an den angeblichen Ausspruch Beethovens an, als er in seinem letzten Lebensjahre durch Anton Schindler mehrere Lieder Schuberts kennenlernte: „Wahrlich, in dem Schubert lebt der göttliche Funke!“ – Hentl verwechselt die beiden Titel „Der Wanderer“ und „Wanderers Nachtlied“ aus Schuberts Opus 4, obwohl er später ausdrücklich auch das zweite Lied bespricht. – Er verdreht auch die Titel von „Antigone und Oedip“, „Am Grabe Anselmos“ und „Der Tod und das Mädchen“. – Das „Morgenlied“ von Zacharias Werner stammt wirklich aus dessen Drama „Die Söhne des Tals“, und zwar aus dem ersten Teil, genannt „Die Templer auf Cypern“, 1. Akt, 2. Szene, in der Philipp, Herzog von Anjou, als Gärtner des Tempelhauses verkleidet, dieses Lied (ohne Titel) singt. – „Wiegenlied“ scheint ein Druckfehler für „Morgenlied“ zu sein.

23. März 1822: Rossini kommt nach Wien.

Schubert an Anton Diabelli
Frühjahr 1822

H. v. Diabelli
Wohlgeboren

Da Baron Schönstein nicht zu treffen war, und ich keinen andern Weg weiß, auf welchen ich zu einem Erlaubnis-Zettel gelänge, so nehmen Sie in Gottes Nahmen diesen Brief als dessen Stellvertretter. Frz. Schubert

Schubert hatte offenbar von Esterházy brieflich die Zustimmung bekommen, ihm das op. 8, „Fünf Lieder“, widmen zu dürfen, aber er konnte nicht rechtzeitig eine formelle Erklärung von dessen Stellvertreter Schönstein (siehe Mai 1821) für die Zensur erhalten. Wenn die Absicht bestanden hätte, dieses Heft der natürlichen Reihenfolge gemäß schon im Winter 1821/22 zu veröffentlichen, so wäre Esterházy wohl in Wien erreichbar gewesen. Es ist aber möglich, daß das Erscheinen dieses Heftes gerade durch das Fehlen des Erlaubnisscheines verzögert worden ist.

Aus der Leipziger „Zeitung für die elegante Welt“ vom 16. Mai 1822

[Korrespondenz aus Wien vom Frühjahr 1822.]

Den Freunden der *deutschen* Oper eröffnet sich eine schöne Perspektive, da längstens bis Herbst [Äsop am Hofe von Kreutzer, eine neue Oper von Weber] und eine von dem talentvollen *Schubert* (dessen Lieder so ungemein viel Lieblichkeit und Zartheit atmen) in die Szene gesetzt wird.

„Äsop am Hofe des Königs Krösus“ wurde nicht in Wien aufgeführt. Die Oper war 1808 als „Äsop in Phrygien“ komponiert, 1821 in Donaueschingen unter obigem Titel, 1822 in Stuttgart als „Äsop in Lydien“ aufgeführt worden. Konradin Kreutzer, geboren 1780 in Möskirch (Baden), war wiederholt in Wien als Theaterkapellmeister engagiert, seit 1822 am Kärntnertor-Theater. – Webers von Barbaja bestellte Oper ist natürlich „Euryanthe“. – Barbaja soll auch bei Josef Kupelwieser, geboren 1791, dem älteren Bruder Leopolds, seit 1821 Sekretär der Hofoper, das Libretto „Fierabras“ für Schubert bestellt haben (siehe 22. Juni 1823). Das Werk wurde nicht aufgeführt, ebensowenig „Alfonso und Estrella“, das hier gemeint sein dürfte (siehe 7. Dezember 1822).

Aus der Leipziger „Allgemeinen musikalischen Zeitung“ vom 29. Mai 1822

(Über eine musikalische Akademie zum Vorteile der öffentlichen Wohltätigkeits-Anstalten, im Kärntnertor-Theater am Ostersonntag, dem 7. April 1822.)

4. „Frühlingsgesang“, in Musik als Vokal-Quartett gesetzt von Hrn. Fr. Schubert [D. 740].

Das Programm dieses Ostersonntag-Konzerts ist nicht erhalten geblieben. Schuberts Quartett wurde offenbar ohne Begleitung vorgetragen, wahrscheinlich von den Sängern des nächsten Konzerts.

Aus der „Wiener Zeitschrift für Kunst usw.“ vom 25. April 1822

(Über das Konzert Josef *Merks*, k. k. Hofkapell-Violincellisten und Mitglieds des Hofopernorchesters, am 15. April 1822, im Landhaussaale.)

Das neue Schubertsche Quartett [„Geist der Liebe“ (D. 747)] ward von den HH. *Barth*, *Tietze*, *Nestroy* und *Nejebse* vortrefflich vorgetragen und mußte wiederholt werden. Schade, daß, wie wir schon neulich bemerkt haben, diese Art von Kompositionen durch die gar zu große Nähe, in welcher die vier Stimmen liegen, wie durch die Anstrengung, welcher der erste Tenorist unterworfen ist, in sich selbst den Keim eines geringeren Effektes trägt, als der sein würde, wenn sie für die eigentlichen vier Stimmen gesetzt wären.

Auch dieses Konzert kennen wir nur aus Besprechungen, von denen eine weitere in der Wiener „Allgemeinen musikalischen Zeitung“ vom 4. Mai 1822 erschien (erste Ausgabe, Nr. 315). – Merk, 1795 in Wien geboren, war auch Professor am Konservatorium. Er widmete „seinem Freunde Schubert“ um 1833 sein Opus 11: „20 Exercises pour le Violoncelle“. – An Stelle Barths hatte Anton Haizinger (senior) den ersten Tenor übernommen. Er war 1796 in Wilfersdorf (Niederösterreich) geboren, ein Schüler Mozattis, seit Januar 1822 an der Hofoper engagiert, wo er bald den Florestan sang. Sein und der Burgschauspielerin Amalie Haizinger Sohn Anton, ein hoher Offizier, wurde ein berühmter Amateursänger Schubertscher Lieder. – Ludwig Tietze (eigentlich Titze), geboren 1797, seit 1821 in Wien, später Subpedell der Universität, wurde ein beliebter Sänger (Tenor) Schubertscher Lieder. – Was der Referent „neulich bemerkt“ hat, dürfte sich nicht auf ein Werk Schuberts, sondern eher auf Männerquartette im allgemeinen beziehen. – Schuberts Quartett ist diesmal anscheinend mit Begleitung gesungen worden (siehe 26. Mai und 15. Juni 1822).

Aus der „Wiener allgemeinen Theater-Zeitung“ vom 30. April 1822

6. Neues Quartett von Hrn. *Schubert*, gesungen von Hrn. *Haizinger*, *Tietze*, *Nestroy* und *Nejebse*, gefiel sehr und mußte wiederholt werden. S–t.

Bruchmann an Platen

Wien, 17. April 1822.

... Beiliegend finden Sie Ihr Gedicht in Musik nach Wunsch. Und somit habe ich das Meinige getan.

Das Lied war „Die Liebe hat gelogen“ (siehe 5. September 1821).

Aus der amtlichen „Wiener Zeitung“ vom 19. April 1822

Bei Cappi und Diabelli,
Kunst- und Musikhändler am Graben Nr. 1133,
ist neu erschienen und zu haben:

Variationen

über ein französisches Lied, für das Pianoforte auf 4 Hände,
verfaßt und dem Hrn. Ludwig van *Beethoven* zugeeignet, von
seinem Verehrer und Bewunderer Franz *Schubert.*
10tes Werk. Preis 3 fl. 30 kr. W. W.

Das französische Lied ist die Romanze „Le bon Chevalier“ („Reposez vous, bon chevalier, laissez là votre armure“), angeblich von Hortense, Königin von Holland (geboren in Paris 1783, Mutter Napoleons III.), die sie in ihren „Romances“ als Nr. 5 veröffentlicht hatte (Paris 1813, Leipzig 1817, London 1825). Schubert hatte das Lied in der Leipziger Ausgabe in Zseliz gefunden. Die Romanzen der Königin Hortense sollen tatsächlich von dem französischen Hofflötisten Louis Drouet (geboren 1793 in Amsterdam) stammen, der im Sommer und Herbst 1822 in Wien weilte und sich vergeblich um Karoline Unger bewarb. – Schubert soll das Heft, für dessen Widmung er wohl Beethovens Zustimmung erhalten hatte, zu ihm getragen, aber ihn (er wohnte damals neben dem Palais Auersperg in der Josefstadt) nicht angetroffen haben. Josef Hüttenbrenner (Brief an Luib vom Mai 1861, Stadtbibliothek Wien) berichtet, nach Mitteilungen von Beethovens Neffen Karl und Anton Schindler, daß das Werk Beethovens Beifall gefunden und daß er es während der folgenden Monate mit Karl „fast täglich“ durchgespielt habe. Daß Schubert Beethoven im Musikladen bei Steiner & Co. im Paternoster-Gäßchen beim Kohlmarkt, wie Anselm Hüttenbrenner berichtet, oder in einem Gasthaus (siehe 9. Juli 1822) gesehen habe, läßt noch nicht auf eine persönliche Bekanntschaft schließen. Es scheint vielmehr, daß Schubert Beethoven nur auf dem Sterbelager angetroffen hat, als er ihn mit den beiden Hüttenbrenners und dem Maler Josef Teltscher besuchte, der den Meister skizzierte. Schubert war offenbar immer zu scheu gewesen, sich Beethoven zu nähern.

Aus Prokeschs Tagebuch

24. April 22.

Bei Pichler, wo ich Schubert treffe, der mir einiges singt.

7. Mai 1822: „Die Rose“, op. 73 (D. 745) erscheint in der „Wiener Zeitschrift für Kunst usw.“

Aus der amtlichen „Wiener Zeitung“ vom 9. Mai 1822

Bei Cappi und Diabelli,
Kunst- und Musikalienhändler, am Graben 1133,
ist neu erschienen und zu haben:

. . . .

Ferner ist ganz neu erschienen:

Das *achte Heft von Schuberts Gesängen*, mit Begleitung des Pianoforte, und enthält folgende Gedichte: *Der Jüngling auf dem Hügel*, von H. Hüttenbrenner. *Sehnsucht*, *Erlaf-See* und am *Strome*, von Mayrhofer. Pr. 2 fl.
Kenner und Liebhaber haben bereits *Schuberts* Werke nach Verdienst gewürdiget; es bedarf daher dieses Heft keiner weitern Anempfehlung.

Dieses Heft war dem Grafen Johann Karl Esterházy gewidmet.

Josef v. Spaun an Schober

Linz, den 13. Mai 1822.

... Es hat mich sehr erfreut, von ihm [Kandler] vieles über Euch zu erfahren; daß Ihr noch so zahlreich und fröhlich bei der Krone zusammenlebt, ist mir sehr lieb. Laßt mich doch etwas mehr über Euch von Euch selbst erfahren. – Wie steht es mit dem Atzenbrugger Feste? Ich hoffe gut, sonst würde ich sehr um meine Hoffnung, Euch so bald wiederzusehen, trauern. – Was die Atzenbrugger Kasse betrifft, so stehe ich im Begriffe über meine Rückstände an den Kassier Vorschläge zu erstatten, die er dann Euch vortragen soll. – Was hat Schubert gemacht und Kuppel gemalt?

Franz Sales Kandler, geboren 1792, war vor Schubert Hofsängerknabe gewesen und wurde später Feldkriegs-Kanzlist und Musikgelehrter. Er weilte von 1817 bis 1826 dienstlich in Italien und war wohl während eines Urlaubs nach Wien und Linz gekommen. – Die Treffen in Atzenbrugg wurden „Feste“ genannt. Um die Kosten zu decken, wurden in den Zwischenzeiten „Verredegroschen“ gesammelt, das heißt, wer sich versprach, mußte einen Groschen in die Kasse des „Vereins“ zahlen (1 Groschen = 3 kr. K. M.). Spaun war darin im Rückstand. Er hoffte, von Linz im Sommer 1822 nach Atzenbrugg kommen zu können.

Bruchmann an Platen

Hütteldorf, 22. Mai 1822.

... Die Preise der Schubertischen Noten sind im ff. 20, ich habe sie aber billiger ebenso in fsz. 24 gekauft; sie sind auf den Noten selbst gestochen, und ich muß Sie bitten, sie zu summieren, da ich es nicht mehr weiß.

Hütteldorf ist ein westlicher Vorort von Wien, wo die Familie Bruchmann einen Sommersitz gemietet hatte. – Die Preise waren auf den Notentiteln in Wiener Währung und in Konventions-Münze angegeben. Bruchmann hat sich verschrieben und wollte an zweiter Stelle den 24-*Gulden*-Fuß, den sogenannten Reichsfuß, nennen, der u. a. in Bayern galt.

Aus dem Programm des Kärntnertor-Theaters vom 26. Mai 1822

(Musikalische Akademie zum Vorteile der öffentlichen Wohltätigkeits-Anstalten)

4. Geist der Liebe, von *Matthisson*, in Musik gesetzt von Fr. *Schubert*, gesungen von Hrn. *Barth*, *Tietze*, *Nejebse* und *Nestroy*.

Das war Pfingstsonntag. Wie aus einer Besprechung der Leipziger „Allgemeinen musikalischen Zeitung" vom 10. Juli 1822 (erste Ausgabe, Nr. 323) hervorgeht, wurde Schuberts Quartett mit Klavierbegleitung vorgetragen. Der musikalische Teil dieser Akademie stand unter der Leitung des Hofopern-Kapellmeisters Michael Umlauf (geboren in Wien 1781), der von Barbaja ebenfalls entlassen wurde. Der Pianist Franz Schoberlechner, geboren in Wien 1797, Kapellmeister am Hof Marie-Louisens von Bourbon, der Herzogin von Lucca, wirkte mit. Ein Waldhornspieler „ahmte" in Variationen „verschiedene Instrumente nach".

Aus der Wiener „Allgemeinen musikalischen Zeitung" vom 15. Juni 1822

4. Geist der Liebe von *Matthisson*, in Musik gesetzt von Herrn *Schubert*, gesungen von den Herren *Barth*, *Tietze*, *Nejebse* und *Nestroy*. – Dieses Quartett, welches zwar scheint schon oft gehört worden zu sein, wollte heute trotz der sehr guten Exekutierung nicht ansprechen.

Aus dem Programm der musikalischen Akademie Louis Drouets, Kammermusikers und ersten Flötenspielers des Königs von Frankreich (Ludwig XVIII.), gegeben am 3. Juni 1822, 1/2 1 Uhr mittags im Landhaussaale

3. Geist der Liebe, von *Matthisson*, in Musik gesetzt von Franz *Schubert*, gesungen von den Herren *Barth*, *Tietze*, *Nejebse* und *Nestroy*.

Ludwig XVIII. war damals König von Frankreich. – Das Konzert begann mit Mozarts Ouvertüre zu „Tito" und umfaßte, neben dem Andante aus Beethovens 7. Sinfonie, zwei eigene Kompositionen von Drouet. – Eine Besprechung erschien auch in der Wiener „Allgemeinen musikalischen Zeitung" am 15. Juni 1822 (erste Ausgabe, Nr. 325).

Aus der „Wiener Allgemeinen Theaterzeitung" vom 13. Juni 1822

Ein freundliches *Schubert*sches Vokal-Quartett wurde von den Herren *Barth*, *Tietze*, *Nejebse* und *Nestroy* sehr brav gesungen. K—t.

9. Juni 1822: Der 23. Psalm (D. 706) wird bei Sonnleithner von Frauenstimmen gesungen.

Aus der amtlichen „Wiener Zeitung" vom 12. Juni 1822

Neue Musikalien,
welche bei Cappi und Diabelli,
Kunst- und Musikhändler, am Graben Nr. 1133, erschienen und
zu haben sind:

....

Ferner ist neu erschienen:

Schubert, Fr., Gesänge für 4 Männerstimmen, mit Begleitung des Pianoforte oder Guitarre. 11. Werk.

Nr. 1. Das Dörfchen, von Bürger. 2 fl. W. W.
Nr. 2. Die Nachtigall, von Unger. 2 fl. W. W.
Nr. 3. Geist der Liebe, von Matthisson. 2 fl. W. W.

Dieses Werk ist Barth zugeeignet. Die Begleitung der Quartette ist ad libitum. Die modische Gitarrebegleitung, die auch in die Gesamtausgabe von Schuberts Werken aufgenommen worden ist, stammt nicht von ihm.

Platen an Graf Fugger

Ansbach, den 28. Juni 1822.

... Für jetzt bitte ich Dich, mir *unverzüglich* zu schreiben, wie viel die Musikhefte von Schubert betragen, da ich gleich nach meiner Rückkunft Heydern für *Bruchmann* bezahlen will. Zurückzusenden brauchst Du sie nie, ich mache sie Dir hiemit zum Geschenk.

Vgl. 22. Mai 1822. Heyder war Buchhändler in Erlangen.

[1822]

Schubert an Josef Hüttenbrenner

Sind Sie so gut, u. bringen Sie mir von der Oper, einen Act nach den andern hinaus zum corrigiren.
Auch wünschte ich daß Sie sich um bisherige Rechnung bey Diabelli bekümerten, da ich Geld brauche. Schubert.

Schubert ließ um diese Zeit „Alfonso und Estrella“ (beendet 27. Februar 1822) bei Cappi & Diabelli kopieren, wofür man ihm 100 fl. W. W. von dem Erlös der Kommissions-Hefte (nach Abzug der Kommissions-Gebühr) abrechnete. Eine etwa gleichzeitige Kopiatur der Oper „Des Teufels Lustschloß“ kostete privat 90 fl. W. W. – Schubert verlangt, daß man ihm die Kopie „hinaus“ bringe; am 31. Oktober 1822, in seinem Brief an Hüttenbrenner, sagt er „heraus“. Es ist wohl beide Male sein Logis im Schulhaus in der Roßau gemeint, wo er sich vorübergehend aufhielt, während er sonst in der neuen Wohnung der Familie v. Schober im Göttweigerhof (Ecke Spiegelgasse und Göttweigergasse, Innere Stadt) 1822 und die erste Hälfte des Jahres 1823 lebte. Das „hinaus“ läßt darauf schließen, daß der Brief in der Stadt, vor einem Gang in die Vorstadt, geschrieben worden ist.

Graf Fugger an Platen

Dillingen, den 1. Juli 1822.

... Die Lieder, wofür ich Dir schönstens danke, kosten zusammen 4 Gulden Crt., also 4 Fl. 48 kr. unseres Geldes.

Die Sendung Bruchmanns hatte offenbar die Opera 1–5, die ersten Goethe-Hefte, umfaßt, die 1 fl. für op. 1 und je 45 kr. für opp. 2–5 kosteten, zusammen 4 fl. K. M. (1 fl. hatte 60 kr.), in bayrischem Geld 4 fl. 48 kr. – Bruchmann subskribierte 1822 50 Exemplare von Platens „Neuen Ghaselen“ und kaufte noch weitere 40 Stück für Wiener Freunde.

Allegorische Erzählung von Schubert

Den 3. July 1822.

Mein Traum.

Ich war ein Bruder vieler Brüder u. Schwestern. Unser Vater, u. unsere Mutter waren gut. Ich war allen mit tiefer Liebe zugethan. – Einstmahls führte uns der Vater zu einem Lustgelage. Da wurden die Brüder sehr fröhlich. Ich aber war traurig. Da trat mein Vater zu mir, u. befahl mir, die köstlichen Speisen zu genießen. Ich aber konnte nicht, worüber mein Vater erzürnend mich aus seinem Angesicht verbannte. Ich wandte meine Schritte und mit einem Herzen voll unendlicher Liebe für die, welche sie verschmähten, wanderte ich in ferne Gegend. Jahre lang fühlte ich den größten Schmerz u. die größte Liebe mich zertheilen. Da kam mir Kunde von meiner Mutter Tode. Ich

eilte sie zu sehen, u. mein Vater von Trauer erweicht, hinderte meinen Eintritt nicht. Da sah ich ihre Leiche. Thränen entflossen meinen Augen. Wie die gute alte Vergangenheit, in der wir uns nach der Verstorbenen Meinung auch bewegen sollten, wie sie sich einst, sah ich sie liegen.
Und wir folgten ihrer Leiche in Trauer u. die Bahre versank. – Von dieser Zeit an blieb ich wieder zu Hause. Da führte mich mein Vater wieder einstmahls in seinen Lieblingsgarten. Er fragte mich ob er mir gefiele. Doch mir war der Garten ganz widrig u. ich getraute mir nichts zu sagen. Da fragte er mich zum zweytenmahl erglühend: ob mir der Garten gefiele? Ich verneinte es zitternd. Da schlug mich mein Vater u. ich entfloh. Und zum zweytenmahl wandte ich meine Schritte, u. mit einem Herzen voll unendlicher Liebe für die, welche sie verschmähten, wanderte ich abermals in ferne Gegend. Lieder sang ich nun lange lange Jahre. Wollte ich Liebe singen, ward sie mir zum Schmerz. Und wollte ich wieder Schmerz nur singen, ward er mir zur Liebe.
So zertheilte mich die Liebe und der Schmerz.
Und einst bekam ich Kunde von einer frommen Jungfrau, die erst gestorben war. Und ein Kreis sich um ihr Grabmahl zog, in dem viele Jünglinge u. Greise auf ewig wie in Seligkeiten wandelten. Sie sprachen leise, die Jungfrau nicht zu wecken.
Himmlische Gedanken schienen immerwährend aus der Jungfrau Grabmahl auf die Jünglinge wie lichte Funken zu sprühen, welche sanftes Geräusch erregten. Da sehnte ich mich sehr auch da zu wandeln. Doch nur ein Wunder, sagten die Leute, führt in den Kreis. Ich aber trat langsamen Schrittes, innerer Andacht u. festem Glauben, mit gesenktem Blicke auf das Grabmahl zu, u. ehe ich es wähnte, war ich in dem Kreis, der einen wunderlieblichen Ton von sich gab; u. ich fühlte die ewige Seligkeit wie in einen Augenblick zusammengedrängt. Auch meinen Vater sah ich versöhnt u. liebend. Er schloß mich in seine Arme und weinte. Noch mehr aber ich. – Franz Schubert.

Diese Erzählung ist in einem Original und in einer Abschrift erhalten geblieben. Das Original, in Bleistift geschrieben, hat am Schlusse Titel und Namen von Ferdinand Schuberts Hand in Tinte beigefügt: „Mein Traum. Franz Schubert." Ferdinand schenkte das Manuskript am 7. Januar 1839 Schumann in Wien. Die Abschrift, wahrscheinlich von Schobers Hand, hat sich bei der Familie des Dresdener Musikers Schubert erhalten, wohin sie sicher durch Schober gekommen ist. Die Erzählung, eine Einkleidung von Gedanken im Stile des Novalis (Friedrich Leopold v. Hardenberg, geboren 1772), ist psychoanalytisch und spekulativ gedeutet worden. Alois Fellner, dessen Deutung Walter Dahms in seiner Schubert-Biographie (erste Auflage) übernahm, berief sich dafür, daß Schubert zweimal aus dem Elternhause verwiesen worden sei, auf die Aussage von Schuberts Halbbruder Anton. Es gibt aber keine weitere glaubhafte Überlieferung dafür. Wahrscheinlich ist diese Erzählung einfach ein literarischer Erguß der Phantasie eines Zeitgenossen der deutschen Romantik. Schwinds Jugendbriefe, und sogar seine künstlerischen Jugendarbeiten, sprechen eine ähnliche Sprache. Wer will, mag daran glauben, daß Schubert wirklich von seiner Mutter Tod spricht, daß er seine Berufung zum Liederkomponisten am Grabe der heiligen Cäcilia erklärt, usw.; aber des Vaters Schule als Lustgelage und dann als Lieblingsgarten geschildert zu sehen, ist nicht überzeugend.

Johann Friedrich Rochlitz an seine Frau und Gottfried Christoph Härtel in Leipzig

Baden [bei Wien], den 9ten Julius [1822].

Etwa vierzehn Tage darauf [nach dem ersten Zusammentreffen mit Beethoven] will ich eben zu Tisch gehen: da begegnet mir der junge Kompositeur Franz Schubert; ein enthusiastischer Verehrer Beethovens. Dieser hatte zu ihm von mir gesprochen. Wenn Sie ihn unbefangener und fröhlich sehen wollen, sagte Schubert, so dürften Sie nur eben jetzt in dem Gasthause speisen, wohin er alleweile in derselben Absicht gegangen ist. – Er brachte mich hin. Die Plätze waren meist besetzt: Beethoven saß umgeben von mehrern seiner Bekannten, die mir fremd waren. Er schien wirklich froh zu sein ...

Rochlitz, geboren 1769 in Leipzig, war Musikschriftsteller und Romandichter und bis 1818 Herausgeber der Leipziger „Allgemeinen musikalischen Zeitung" (Verlag Breitkopf & Härtel) gewesen. Er weilte vom 24. Mai bis 2. August 1822 in Wien und machte einen Ausflug nach dem nahen Baden. – Die erste Begegnung Rochlitz' mit Beethoven hatte in Steiners Laden zu Pfingsten stattgefunden. Auch die hier geschilderte Szene spielt in Wien. Rochlitz' Brief ist das einzige zeitgenössische Zeugnis dafür, daß Beethoven zu Schubert gesprochen habe. (Rochlitz' Brief erschien zuerst im September 1828, also noch zu Schuberts Lebzeiten, in seinem Buche „Für ruhige Stunden".) Das Gasthaus war möglicherweise jenes „Zum Blumenstöckl" in der Ballgasse, hinter dem Stefansdom. Bezeichnend ist, daß Schubert Rochlitz nur hingeführt haben, aber nicht mit hineingegangen sein soll. Es bleibt – wie schon A. W. Thayer annahm – die Möglichkeit offen, daß der Inhalt dieses Briefes nicht den Tatsachen entspricht, daß Rochlitz ihn, wenn nicht erfunden, so doch stark novellistisch ausgeschmückt hat.

Aus dem Berliner „Gesellschafter" vom 21. September 1822

[Korrespondenz aus Wien vom Juli 1822]

Maria von Weber, Spontini, Weigl, Umlauf, Schubert, Bar. Poißl sind auf die ehrenvollste Weise gewonnen, Kompositionen für dieses [Kärntnertor-] Theater zu liefern, um damit der Liebe zu vaterländischer Musik neuen Schwung zu verleihen und die wackeren Künstler würdig zu beschäftigen.

Während vom 13. April bis 14. Juli 1822 Barbaja eine Stagione unter Rossinis Leitung am Kärntnertor-Theater abhielt und andere Opern abwechselnd auch im Theater an der Wien gab, wurde am 1. Juli ein Direktions-Komitee eingesetzt, unter Vorsitz der Komponisten Graf Wenzel Robert Gallenberg (geboren in Wien 1783, seit 1803 Gatte von Beethovens Schülerin Giulietta Giucciardi) und Josef Weigl; im Theater an der Wien übernahm Wilhelm Vogel (geboren in Mannheim 1772, Schauspieler und dramatischer Autor) als Generalsekretär Pálffys die künstlerische Leitung. Während das Theater an der Wien auch das Schauspiel pflegte, für das jetzt Vogel zuständig war, dürfte im Kärntnertor-Theater jenem Komitee besonders die Pflege der deutschen Oper auferlegt worden sein. – Von Webers „Euryanthe" war schon die Rede. Von Weigl wurde 1823 „Die eiserne Pforte" gegeben. Aus den anderen Aufträgen wurde nichts. Johann Nepomuk Poißl, geboren 1783 in Haunkenzell (Bayern), war bayrischer Hofmusik-Intendant, und Gasparo Spontini (geboren 1774) preußischer Generalmusikdirektor. – Zu Schuberts Oper vgl. 16. Mai 1822.

Anton v. Spaun an seine Frau Henriette in Linz

[Steyr], 20. Juli 1822.

Ich wünschte auch sehr, daß Pepi [Josef v. Spaun] bald käme, Vogel freut sich schon auf ihn und hätte viel mit ihm zu sprechen. Mir gefällt Vogel außerordentlich wohl, er hat mir mit aller Offenheit sein ganzes Verhältnis mit Schubert erzählt, leider kann ich letzteren gar nicht entschuldigen. Sehr erbittert ist Vogel gegen Schober, dem zulieb sich Schubert äußerst undankbar gegen Vogel benommen hat und der Schubert ganz benützt, um sich aus Geldverlegenheiten zu reißen und den Aufwand zu bestreiten, der schon das Vermögen seiner Mutter größtenteils erschöpft hat. Ich wünschte sehr, daß

jemand hier wäre, der Schubert wenigstens hinsichtlich der grellesten Vorwürfe verteidigte. Vogel sagt auch, daß Schobers Oper schlecht und ganz verfehlt, überhaupt Schubert auf ganz falschem Weg sei. Ich bitte Dich, dies alles, sobald als möglich, Pepi zu erzählen.
Beim Kreishauptmann und bei der alten Dornfeld war ich auch bereits, wie auch bei Koller, wo Vogel gewöhnlich zu singen pflegt. Von der neulichen Soirée bei Hintermayr wird Dir schon Nina Kindinger erzählt haben. Memnon und Antigone haben mich trotz meines schlechten Accompagnements entzückt. Heute abends werde ich wahrscheinlich bei Dornfeld spielen.

Anton v. Spaun hatte als Ratsprotokollist des oberösterreichischen Landrechts 1818 Henriette v. Vogelsang (geboren 1798) geheiratet. Er weilte wohl nur vorübergehend in Steyr, wo Vogl zur Sommerfrische war. – Pepi weilte in Linz. – Es ist nichts Näheres über Vogls Verbitterung gegen Schubert bekannt, die sich aber bald gelegt haben muß. Eine Andeutung darüber findet sich im Brief Schuberts an Josef v. Spaun vom 7. Dezember 1822. Interessant ist, daß Schober, der über seine Verhältnisse lebte, hier als Nutznießer Schuberts geschildert wird. Es ist freilich nicht klar, ob er direkt von Schubert, etwa aus seinen Einnahmen von den Liederheften, oder indirekt durch seine Hilfe bei Anleihen von anderen Geld genommen hat. Schubert wohnte damals bei ihm. Schober wurde früher und später von Eingeweihten als Verführer einiger Freunde, einschließlich Schuberts, zu leichtsinnigem Leben dargestellt: Kenner schrieb in diesem Sinne schon 1815 an Anton v. Spaun und 1858 an Luib (Stadtbibliothek Wien), Ottenwalt an Josef v. Spaun 1816, 1817 und 1825, endlich Holzapfel 1858 an Luib (Stadtbibliothek Wien). Ein Freund Schobers, Anton Mayer, schrieb 1826 an ihn aus Breslau über Schobers türkische Polster, arabische Teppiche und persische Pfeifen in Wien, zu denen er aus Breslau einen persischen Schlafrock zu bekommen suchte. (Man begreift, daß Schober mit Liszt befreundet war, und wundert sich, daß er nicht auch mit Wagner in näheren Kontakt trat.) Sein Einfluß auf den Schubert-Kreis war jedenfalls groß und dominierend. – Johann Nepomuk Ritter v. Dornfeld, geboren in Linz 1773, war Kreishauptmann des Kreisamts Traunviertel in Steyr, seine Frau Katharina war mit ihm gleichaltrig. Sie wird hier wohl „die alte" genannt, weil ihre Tochter Friederike, geboren 1804, den Freunden vertrauter war. – Hintermayr Edler v. Wallenberg (sein Vorname ist dem Herausgeber nicht bekannt) war Oberpfleger der Herrschaft Lamberg in Steyr. – Nina (Anna) v. Kindinger war eine Kusine der Brüder v. Spaun.

22. Juli 1822: Rossinis Abreise aus Wien.
30. Juli 1822: Der „Wachtelschlag" op. 68 (D. 742) erscheint in der „Wiener Zeitschrift für Kunst usw.".

Aus Prokeschs Tagebuch

6. August 22.

Soupiere im Gasthaus; da treffe ich den Kompositeur Schubert. Musikalische Gespräche. Er begleitet mich nach Hause.

Prokesch, der bald darauf aus Schuberts Kreis wieder entschwindet, traf ihn damals in Wichtls Bierhaus neben dem Kärntnertor-Theater, im sogenannten Komödiengäßchen.

Aus Prokeschs Tagebuch

8. August [1822].

Ins Gasthaus. Schubert.

Bruchmann an Platen

[Wien, Sommer 1822]

... Aus diesen ersten Ghaselen wird Schubert einige setzen, worauf ich mich sehr freue, wie hat Ihnen seine Komposition Ihres Liedes gefallen? ... Soeben höre ich von Schubert Ihre Ghasele

Zerrissen, Du liebst mich nicht,

die mich ganz bezaubert; wenn noch eine sich anreiht, u. Sie mir bis dahin etwas über ihn schreiben, erhalten Sie beide.

Das Lied „Du liebst mich nicht", im Juli 1822 entstanden, beginnt mit den Worten: „Mein Herz ist zerrissen, Du liebst mich nicht".

Aus einem Briefe Josef Hüttenbrenners an Carl Friedrich Peters in Leipzig

Wien, 14. August 1822.

... Unter den hiesigen neueren Kompositeurs besitzt Wien dermal wieder ein Talent, was bereits die allgemeine Aufmerksamkeit erregt, und schon zum Lieblinge des hiesigen Publikums geworden ist – kurz und ohne Übertreibung gesagt, ist es ein zweiter „Beethoven"; dieser unsterbliche Mann sagt von ihm gar, „dieser wird mich übertreffen".

Die Firma Peters war aus der Kompagnie Franz Anton Hoffmeister und Ambrosius Kühnel 1813 hervorgegangen. – Josef Hüttenbrenner ist in Einzelheiten so wenig wie Rochlitz (siehe 9. Juli 1822) zu trauen. Aber es scheint aus beiden Briefen hervorzugehen, daß sich Beethoven nach der Widmung der Variationen op. 10 (siehe 19. April 1822) damals wirklich mit Schubert befaßt hat.

Aus dem Programm des Theaters an der Wien vom 27. August 1822

(Abendunterhaltung zum Vorteile der Tänzerin Angioletta *Mayer*)

Dritte Abteilung ... 8. *Vokal-Quartett*, mit Begleitung einer Guitarre, von *Schubert*, vorgetragen von den Herren *Jäger*, *Spitzeder*, *Rauscher*, *Ruprecht* und *Schmidt*.

Angioletta Mayer (später verehelichte Hopfen), geboren 1807, dem berüchtigten Kinderballett Friedrich Horschelts entstammend, war schon fünfjährig im Theater an der Wien aufgetreten. Sie war dann acht Jahre am Kärntnertor-Theater engagiert, in dessen Ballett sie 1833 zurückkehrte. – Welches Quartett von Schubert damals gesungen wurde, ist nicht bekannt, wahrscheinlich war es wieder „Geist der Liebe". – Jakob Wilhelm Rauscher, geboren 1803 zu Wilfersdorf (Niederösterreich), war damals am Theater an der Wien engagiert, 1822 bis 1824 am Kärntnertor-Theater, wo er den Jaquino im „Fidelio" sang. Auch Ruprecht (Vorname unbekannt) kam 1822 an die Hofoper. Der Gitarrespieler mag der Schauspieler des Theaters an der Wien, Josef Schmidt, gewesen sein, geboren 1797, der 1828 ans Burgtheater kam.

Bruchmann an Schober

Innsbruck, am 8ten 7ber 822.

... Grüßen Sie Schwind u. Schubert.

Bruchmann hatte eine Fußreise über Linz und Salzburg nach Innsbruck unternommen, wo er Senn als Bote seiner Wiener Freunde aufsuchte.

Aus einem Grazer Konzert-Programm vom 8. September 1822

(Großes Vokal- und Instrumental-Konzert des Steiermärkischen Musikvereines zum Besten seines Fonds, im Redoutensaal)
II. Abteilung, Nr. 4. Vokal-Quartett mit Pianoforte-Begleitung (Das Dörfchen); von Fr. Schubert.

Die Sängerin Sessi (siehe 13. September 1822) wirkte bei diesem Konzerte mit. Von den Sängern des Schubertschen Quartetts ist nur Herr Fausky genannt (siehe 14. September 1822); sein Vorname ist unbekannt. Die Anregung zu dieser Schubert-Aufführung mag von Anselm Hüttenbrenner, eher aber von Johann Baptist Jenger ausgegangen sein, einem 1792 in Kirchhofen (Breisgau) geborenen Militärbeamten, der österreichischer Staatsbürger und Sekretär des Steiermärkischen Musikvereins war. Er spielte sehr gut Klavier.

Aus der amtlichen „Grazer Zeitung" vom 14. September 1822

Schuberts Vokalquartett: Das Dörfchen, hat hier wie in der Residenz große Sensation erweckt. Es mußte wiederholt gegeben werden. Eine gänzlich vollkommene, durchgehends originelle Komposition muß überall schnell Eingang finden. Herr Fausky entzückte darin durch seine noch immer sehr angenehme Tenorstimme.

Aus der amtlichen „Grazer Zeitung" vom 12. September 1822

[Voranzeige des folgenden Konzertes]

Herr Rueß aus Wien wird auf ausdrückliches Verlangen vieler und ausgezeichneter Kunstfreunde den *Erlkönig* von *Goethe*, mit Pianoforte-Begleitung von unserm *deutschen* Liederdichter *Schubert* vortragen. Das poetische Interesse des kurzen Gedichtes, die meisterliche Malerei der Musik ist allen Freunden der Dichtung und Musik bekannt, und wird um so gewisser ansprechen, als das Vokalquartett, von eben diesem Meister: *das Dörfchen*, im letzten Konzert auf allgemeines Verlangen wiederholt werden mußte.

Aus einem Grazer Konzert-Programm vom 13. September 1822

(Großes Vokal- und Instrumental-Konzert der Sängerin Maria Theresia *Sessi*, unter Mitwirkung des Steiermärkischen Musikvereines, im Redoutensaal)
I. Abteilung, Nr. 3. Vokalquartett: Die Nachtigall von Schubert . . . II. Abteilung Nr. 7. Der Erlkönig, Dichtung von Goethe, Musik von Schubert, gesungen von Herrn Rueß.

Die Sessi war 1796 geboren, begann ihre Karriere in Parma 1805, war 1812 an der Wiener Hofoper und wurde Gesangslehrerin in Wien. Sie war nicht eine der vier bekannten Schwestern Sessi. – Über Rueß siehe 29. März 1821.

Aus der amtlichen „Grazer Zeitung" vom 21. September 1822

Um dem Konzerte mehr Mannigfaltigkeit zu geben, wurde ein Vokalquartett von *Schubert*: *die Nachtigall*, und dieses Tonsetzers beliebter *Erlkönig* mit Pianofortebegleitung zur Ausführung gebracht. Letzteres Gesangstück fordert einen umsichtigen Sänger und Klavierspieler, die den Geist dieser genialen Komposition richtig aufzufassen vermögen. Herr Rueß trug seine Partie nach allen Regeln des deklamatorischen Gesanges vor, und wußte besonders am Schlusse mächtig zu ergreifen. Die Klavierbegleitung, welche alle Kraft eines Fortepianospielers in Requisition nimmt, übernahm Herr Anselm *Hüttenbrenner*, der diese Aufgabe, den romantisch-tragischen Geist der Dichtung und die charakteristische Musik lebendig auffassend, mit der Sicherheit und Kraft eines Meisters löste.

Aus der „Wiener Allgemeinen Theaterzeitung" vom 10. Oktober 1822

... Nebstbei wurde ein Vokalquartett von *Schubert*: „die Nachtigall", und der „Erlkönig" von eben diesem Tonsetzer produziert. Herr *Rueß* bewährte sich in letzterem Gesangstücke, welches Herr Anselm *Hüttenbrenner* auf dem Pianoforte meisterlich begleitete, als deklamatorischer Sänger.

Aus dem Programm der 4. Gesellschafts-Musik des Linzer Musikvereines, am 15. September 1822, 11 Uhr vormittags, im Redoutensaale

3. Vokal-Quartett: die Nachtigall, Gedicht von Matthisson, mit Pianoforte-Begleitung von Schubert.

Im Linzer Musikverein war Albert Stadler, der 1823 dort Sekretär wurde, für Schubert tätig. Das Konzert ist auch im ersten gedruckten Jahresbericht des Vereins erwähnt. Der Begleiter ist auch dort nicht genannt.

Aus dem Programm des Kärntnertor-Theaters vom 24. September 1822

(Konzert des Violinvirtuosen Anton *Bohrer*, königl. preußischen Konzertmeisters, und des Cellovirtuosen Max *Bohrer*, ersten Violoncellisten des Königs von Preußen)
4. Vokal-Quartett mit Guitarre-Begleitung von *Schubert*, gesungen von Herren *Haizinger*, *Rauscher*, *Ruprecht* und *Seipelt*.

Anton Bohrer wurde 1783 geboren; Max, sein Bruder, 1785 in München. Der Gitarrebegleiter ist nicht genannt. Das Quartett war wieder „Geist der Liebe". Josef Seipelt, geboren 1782 in Raika (Ungarn), war Bassist am Theater an der Wien und kam Ende 1822 an die Hofoper. Es hatte eine näselnde Stimme. 1824 sang er bei der Uraufführung von Beethovens Neunter Sinfonie das Solo. Er wurde später Chorregent und Musiklehrer. – Das Konzert enthielt eine große Militär-„Sinfonie concertante" für Violine und Cello, mit Orchesterbegleitung, komponiert von den Brüdern Bohrer. In dem abschließenden „anakreontischen Divertissement" von Taglioni gab es einen „Pas de trois", komponiert von Mayseder, der ein Violinsolo dazu spielte.

Aus der „Wiener Zeitschrift für Kunst usw." vom 1. Oktober 1822

Ein Vokal-Quartett mit Begleitung der Guitarre, von *Schubert*, gesungen von den Herren *Haizinger*, *Rauscher*, *Ruprecht* und *Seipelt*, ist bekannt. Was darüber schon gesagt wurde, gilt auch jetzt. Zwei Tenöre und zwei Bässe machen nicht die beste Wirkung. Die stretta erfordert, der schnellen Aussprache des Textes wegen, große Übung, und wirklich zeigt sich diese in der glücklichen Übereinstimmung der Sänger, die auch das Lob einer deutlichen Artikulation verdienen.

Der Rezensent beruft sich auf die „Wiener Zeitschrift für Kunst usw." vom 25. April 1822.

18. Oktober 1822

Verlorengegangener Brief Josef Hüttenbrenners an Peters

Peters hatte offenbar auf den Brief Hüttenbrenners vom 14. August 1822 geantwortet (siehe 12. November 1822).

Aus einem Grazer Konzert-Programm vom 18. Oktober 1822

(Musikalische Akademie des Violoncellisten J. B. *Amerbacher* im ständischen Schauspielhause)
II. Abteilung, Nr. 4. Das hier mit allgemeinem Beifall aufgenommene Vokal-Quartett: „Das Dörfchen" von Schubert, gesungen von den Herren Stefan und Franz Dunst, Forti und Krebs.

Amerbacher war Professor am Konservatorium in Prag. – Stefan (Tenor) war wohl der Bruder des Franz Xaver Dunst (Bariton, geboren 1794), der früher an der Hofoper gewesen war und später als Regisseur an das Theater in der Josefstadt kam. – Über Forti (Tenor) und Krebs (Baß) ist nichts bekannt. Alle vier Sänger gehörten dem Grazer Ensemble an. – Am selben Abend wurde des verstorbenen Dichters Karl Schröckingers Schauspiel „Der Hirtenknabe" gegeben.

Aus der „Wiener Allgemeinen Theaterzeitung" vom 29. Oktober 1822

(Über die musikalische Akademie des Violoncellisten J. B. Amerbacher im Grazer Schauspielhause am 18. Oktober)
Der Hr. Kapellmeister Stauffer erfreute sich mit den Herren Stefan und Franz Dunst, Forti und Krebs, welche das Vokal-Quartett: „das Dörfchen", *von Schubart*, sehr brav vortrugen, des verdienten Beifalls. P . . .

[Adalbert Prix]

Über diesen Stauffer ist nichts bekannt.

19. Oktober 1822: Schubert besucht mit Josef Hüttenbrenner im Theater in der Leopoldstadt „Aline, oder Wien auf einem anderen Kontinent", Zauberspiel von Adolf Bäuerle, Musik von Wenzel Müller. – Die Uraufführung dieses populären Stücks hatte 10 Tage vorher stattgefunden. Bäuerle, geboren in Wien 1786, war ein erfolgreicher Volksstückdichter, Herausgeber der „Wiener Allgemeinen Theaterzeitung". – Wenzel Müller, geboren im gleichen Jahr zu Tyrnau in Mähren, war Kapellmeister am Theater in der Leopoldstadt und ein hervorragender Komponist von volkstümlichen Theaterweisen, von denen manche Volkslieder geworden sind. Hans Költzsch glaubt, daß das Walzerthema des Scherzos in Schuberts „Wanderer-Fantasie", entstanden im folgenden Monat (November 1822), auf das Duett Zilli–Bims mit dem textlichen Anfang „Was macht denn der Prater, sag', blüht er recht schön?" und dem besonders populär gewordenen Refrain „Ja, nur ein' Kaiserstadt, ja nur ein Wien!" aus „Aline" zurückgeht. Bauernfeld schreibt 1869 in einem Schubert-Artikel: „Wir suchten Schubert nachzuweisen, daß gewisse Stellen in den ‚Müller-Liedern' an einen alten österreichischen Grenadiermarsch erinnerten, oder an Wenzel Müller's ‚Wer niemals einen Rausch hat g'habt'." Auch dieses Theaterlied Wenzel Müllers war eine Art Volkslied geworden.

20. Oktober 1822

Aus Maximilian Löwenthals Reisetagebuch

[Über seinen Besuch bei *Goethe* in Weimar]

Gegenstände des kurzen Gespräches . . . waren . . . das „Unfügliche der Anknüpfung neuer Verhältnisse, und einer Pflichtenvermehrung in seinem Alter" (worauf meine Bemerkung, daß er nie in Wien gewesen, ihn brachte); und „die gewaltige Masse von Musik, die in Wien sein müsse, und wozu schon die Lockung in den schönen Instrumenten liege, die man da mache“ (dies auf meine Erwähnung der Schubertschen Kompositionen seiner Gedichte, die er nicht kannte). Er sprach über dies alles nur wenige Worte, und diese kurz.

Maximilian (später v.) Löwenthal, geboren 1799 in Wien, hatte zugleich mit Schubert das Akademische Gymnasium besucht und war ein Freund des Dichters Nikolaus Lenau, dessen Angebetete Sophie v. Kleyle er später heiratete. Er war Hofkonzipist und Schriftsteller. 1822 wurde in Prag das Lustspiel „Die Freunde nach der Mode“ aufgeführt, das er nach Arthur Murphy bearbeitete. Er hatte eben eine Reise durch Frankreich, England und Deutschland beendet, die er 1825 in seinen „Skizzen“ beschrieb. Darin ist diese Tagebucheintragung zitiert, die Schubert also gelesen haben dürfte. In Goethes Tagebuch findet sich am selben Tag die Stelle: „Löwenthal, Reisender aus Wien, von seiner Reise durch Frankreich und England kommend.“ (Zu Goethes Vernachlässigung der ersten Annäherung Schuberts vgl. 17. April 1816.)

Franz Ignaz v. Holbein an Josef Hüttenbrenner

[Außen:]

Prag.

Sr. Wohlgeboren

Herrn *Jos. Hüttenbrenner*,

Registraturs-Beamter der k. k. österr. böhm. vereinten Hofkanzlei

in *Wien*.

Abzugeben in der k. k. Hofkanzlei.

[Innen:]

P. P.

Es macht mir ein besonderes Vergnügen, jungen Talenten die gewöhnlich rauhe Bahne der Kunst zu ebnen. Belieben Sie, mir Buch und Musik von „Teufels Lustschloß“ zu senden.

Entspricht es Ihren Äußerungen, so soll der Aufführung nichts im Wege stehen.

Ich bedaure, daß ich während meines Aufenthaltes in Wien, vom 20t Sept. bis 19. Oktob., nicht das Vergnügen hatte, Ihre und Ihres talentreichen Freundes persönliche Bekanntschaft zu machen.

Hochachtungsvoll

22. Okt. 822. v. Holbein.

Holbein Edler v. Holbeinsberg, geboren 1779 in Zistersdorf (Niederösterreich), war dramatischer Schriftsteller und Theaterdirektor in Prag. Josef Hüttenbrenner hatte ihm unter anderen Direktoren Schuberts Jugendoper „Des Teufels Lustschloß“ angeboten. Damit hatte es eine besondere Bewandtnis: Hüttenbrenner hat die zweite, endgültige Fassung dieses Werkes (1814), an dem Schubert wohl nicht mehr interessiert war, an Zahlungs Statt für eine kleine unbeglichene Schuld bekommen. Es ist aber möglich, daß das erst nach der Kopiatur des Werkes, die Hüttenbrenner Schubert Anfang 1823 verrechnete (vgl. die Rechnung) geschehen ist. Jedenfalls hat Schubert, der die Kopie zu bezahlen hatte, mit dem Autograph nicht auch seine Rechte an dem Werk abgetreten. Laut Hüttenbrenners Mitteilungen an Kreißle hat er dieses schwache Singspiel damals auch dem Grafen Gallenberg für das Kärntnertor-Theater, Hensler für das am 3. Oktober 1822 wieder eröffnete Theater in der Josefstadt und Peter v. Winter (geboren in Mannheim 1754) für die Münchner Oper angetragen. Es war alles umsonst. Schubert, der von Hüttenbrenner sagte: „Dem gefällt doch alles von mir!“, dürfte diese Bemühungen nur geduldet haben. Daß die Direktion in der Josefstadt die Aufführung versprochen, und daß Gallenberg 10000 fl. (W. W.?) Garantie verlangt habe, dürfte wieder auf die Phantasie Hüttenbrenners zurückzuführen sein.

Moritz von Schwind an Schober

[Wien,] den 22. Oktob. 822.

Die Bruchmannischen Fräulein wünschen sehr, am 10. Nov. als am Vorabend von ihrer Mutter Geburtstag eine Schubertiada zu begehen, um die an solch einem Festtag immer wiederkehrende, traurige Erinnerung an die selige Sibille so viel möglich zu verscheuchen. Sie rechnen dabei ganz auf Sie. Sehen Sie doch, bis dahin gewiß zu kommen.

Justine v. Bruchmann, geboren 1774 in Wien als Weis, hatte, neben dem Sohne Franz, drei Töchter. Die älteste, Sibylle (siehe die Anmerkung vor dem 21. Juli 1822), war 1820 gestorben, und das Lied „Schwesterngruß" wurde gerade im November dieses Jahres geschrieben. Isabella, geboren 1801, wurde im Scherz „Prinzessin Theekessel" und später, als Frau v. Streinsberg, die „Hofrätin" genannt. Justina, geboren 1805, verlobte sich heimlich mit Schober, der sich zuvor um Marie v. Spaun bemüht hatte, und heiratete dann Rudolf Ritter v. Smetana. Schwind nannte die beiden Schwestern später die „Bruchkinder". Der Vater, geboren 1768 in Köln, war Großhändler und Direktor der Österreichischen Nationalbank; er hatte den Spitznamen „der alte Shylock". Die Familie wohnte in der Singerstraße, später in der Weihburggasse (Innere Stadt). – Schwind sprach Schober damals noch mit „Sie" an. Er wurde bald sein ergebenster Freund und sagte sich erst in späteren Jahren von ihm los.

Schubert an Josef Hüttenbrenner

Lieber Hüttenbrenner!

Da ich an den Ihnen übergebenen Liedern sehr wichtiges zu verändern habe, so geben sie selbe dem H. Leidesdorf noch nicht, sondern bringen sie mir heraus. Sollten sie schon überschickt seyn, so müssen sie eiligst abgehohlt werden.

Wien den 31. Oct. 822 Frz. Schubert.

Der Verlag Sauer & Leidesdorf war erst 1822 gegründet worden. Ignaz Sauer, geboren etwa 1759, war Musikdirektor des Waisenhauses und hatte seit etwa 1800 einen Kunst- und Musikverlag unter dem Namen „Zu den sieben Schwestern" betrieben. Maximilian Josef (ursprünglich Markus) Leidesdorf, geboren 1787 in Wien, den Beethoven „Dorf des Leides" nannte, war als Komponist und als Verleger eifriger als sein alter Kompagnon. Der Laden war in der Kärntnerstraße. Die Firma soll mit Schubert, als er sich von Cappi & Diabelli zurückziehen wollte, einen Vertrag geschlossen haben, wonach er ihr für 1200 fl. W. W. durch zwei Jahre Lieder liefern sollte (laut Josef Hüttenbrenner). Das erste Heft von Schubert war das Frau v. Bruchmann gewidmete Opus 20, das im Frühjahr 1823 erschien: drei Lieder, deren zweites, das berühmte „Frühlingsglaube", in zwei älteren Fassungen aus dem Jahre 1820 in B-Dur existiert; die bekannte Fassung in As ist vom November 1822. Darauf bezieht sich dieses Briefchen. Solche nachträglichen Änderungswünsche sind übrigens selten bei Schubert.

Herbst 1822

Josef Hüttenbrenner an Holbein (Entwurf)

Eine längere Abwesenheit und eingetretene Hindernisse sind Ursache, daß ich Ihnen meinen verbindlichsten Dank für Ihre gefällige Bereitwilligkeit, meinen Freund, unsern jungen genialen Tonsetzer Schubert, in Schutz nehmen zu wollen, noch nicht erstattet und mit demselben zugleich die Oper (Teufelslustschloß) gesandt habe. –

[Auf der Rückseite dieses Konzeptes:]

Es ist löblich, daß man selbst dann, wenn ein eminentes Talent wie N. N. beinahe in dem ausschließenden Besitze des Beifalls ist, auf das Emporkommen eines andern Tonsetzers Zeit, Mühe und Kraft wendet, weil in der Unendlichkeit der Kunst an keine Erschöpfung zu denken, weil kein erreichtes Ziel – kein non plus ultra angenommen werden kann. – Aus diesem Grunde muß also sowohl jeder Operngesellschaft als auch jedem Publikum die dargebrachte Gabe eines neuen, nach Zelebrität strebenden Tonsetzers willkommen sein, und wenigstens einer ruhigen und darum gerechten Würdigung der in seiner gelieferten Arbeit entwickelten Kräfte entgegen sehen dürfen. Denn jedes neue zur Schwungkraft geregte Talent kann der Kunst, wenn es echte Kraft besitzt, und den Stempel der Originalität trägt, nur ein schöner achtungswerter Gewinn sein, und wenn auch selbst der Erfolg nicht immer durch einen ganz eklatanten Beifall gekrönt würde. – Denn einmal braucht ein *wirkliches Genie* Zeit, um von seiner Mitwelt anfangs Verzeihung für die große Kühnheit zu erlangen, mit der es seinen eigenen Weg zu betreten wagt, und zweitens sind das wirklich nicht immer die schlechtesten Bissen, welche der Welt anfangs nicht ganz schmackhaft erscheinen. –

Der zweite Teil dieses Entwurfes, worin Hüttenbrenner offenbar auf Rossini anspielt, ist wohl nicht für Holbein bestimmt gewesen, sondern vielleicht für eine Zeitung. Aber auch er dürfte sich auf die Oper beziehen.

Herbst 1822 (?)

Verlorengegangenes längeres Schreiben Carl Maria v. Webers

an Josef *Hüttenbrenner* über *Schuberts* Oper „Alfonso und Estrella"

Webers Brief, laut Josef Hüttenbrenners Angabe an ihn gerichtet, dessen Empfänger-Porto Schubert berechnet worden ist (Anfang 1823), wird von Schubert als „vielversprechend" bezeichnet (7. Dezember 1822). Salieri und Mosel, der an Weber darüber schrieb, sollen sich günstig über diese Oper ausgesprochen haben. Wilhelmine Schröder, geboren 1805 in Hamburg, die berühmte Sopransängerin, die 1823 den Schauspieler Karl Devrient in Dresden heiratete, soll damals das Libretto Weber dort übergeben haben. Sie hatte im Ballett des Kärntnertor-Theaters begonnen, war dann Schauspielerin am Burgtheater und seit Ende 1821 Sängerin an der Hofoper; besonders erfolgreiche Partien waren für sie die Pamina und die Leonore. Sie war es, die Goethe 1830 endlich Schuberts „Erlkönig" schätzen lehrte.

3. November 1822: Schubert hört mit Louis Schlösser Beethovens „Fidelio", der im Kärntnertor-Theater neu einstudiert worden ist. – Schlösser, geboren 1800 in Darmstadt, der in Wien bei Mayseder und Ignaz v. Seyfried studiert hatte, Violonist in der Hofkapelle und später Hofkapellmeister in Darmstadt wurde, weilte vom Frühjahr 1822 bis Ende Mai 1823 in Wien, wo er Beethoven besuchte. Er erzählt in seinen 1883 veröffentlichten Erinnerungen, daß er Schubert in der Roßau aufgesucht habe und daß dieser damals für einen Grafen Stefan X., Vetter des Grafen Esterházy, Kompositionen schrieb, die dieser als seine eigenen verwendete. Das ist unwahr. Nach der Aufführung des „Fidelio" soll Schubert Herrn Schlösser den Komponisten gezeigt haben, als Beethoven mit Schindler und Stephan v. Breuning heimging (siehe Schubert-Erinnerungen, S. 286). – Bei dieser Aufführung sang Wilhelmine Schröder die Leonore, Haizinger den Florestan, Nestroy den Don Fernando und Anton Forti den Pizarro. Forti war 1790 in Wien geboren und soll durch Intrigen bei Moritz Graf Dietrichstein Vogls vorzeitige Pensionierung veranlaßt haben.

10. November 1822: Schubertiade bei Bruchmanns.

PETERS AN JOSEF HÜTTENBRENNER

[Außen:]

Sr. Wohlgeb.
Herrn Jos. Hüttenbrenner,
k. k. Hofkanzlei-Beamter,
Wipplinger Straße N. 389, 3t Stock,
in
Wien.

Frei.

[Innen:] Leipzig, den 12. Novb. 1822.

Herrn Hüttenbrenner in Wien.

Zeitherige gehäufte Geschäfte mögen mich wegen etwas verspäteter Beantwortung Ihres Geehrten vom 18. Oktb. entschuldigen.
Sehr dankbar bin ich Ihnen für Ihre Mitteilung in betreff des Herrn F. Schubert, mehrere Gesang-Kompositionen desselben sind mir vorteilhaft bekannt und erwecken Vertrauen zu dem, was Sie mir von diesem Künstler Vorteilhaftes sagen. Recht gern will ich zu einer weiteren Verbreitung der Werke dieses Komponisten beitragen, als solches die Wiener Handlungen können, allein ehe ich mich deshalb auf etwas einlasse, erlauben Sie mir, Ihnen eine kleine Darstellung meiner Handelsverhältnisse zu machen.
Von dem Augenblicke an, als ich in meine jetzige Handlung eintrat, faßte ich den Plan, mich als Verleger vorteilhaft auszuzeichnen, nie etwas Schlechtes, sondern vielmehr so viel wie möglich nur das Beste zu drucken, ganz diesen Plan auszuführen, ist nicht möglich, denn von den vorzüglichsten Künstlern allein so viel Manuskripte zu erhalten, als ich brauche, ist unmöglich, und zweitens sind wir Verleger auch gar oft durch Konvenienzen gezwungen, manches zu drucken, was außerdem wenigstens ich nicht drucken würde, ja wir müssen sogar manches Oberflächliche verlegen und dadurch für jedes Publikum sorgen, denn mit bloß klassischen Werken würden wir einen sehr beschränkten Geschäftskreis haben, weil bekanntlich die Zahl der *Kenner* nicht die Mehrzahl ist, demohngeachtet habe ich mich aber durch Gewinnsucht doch nicht zu dem einträglichern, aber gehaltlosen Modetand verführen lassen, sondern darauf gesehen, daß auch die Werke für den größeren Haufen nie schlecht waren, übrigens immer auf meinen Lieblingszweck hingearbeitet und die Herausgabe vorzüglicher Werke mein Hauptbestreben sein lassen, und in der Folge wird dies Bestreben immer sichtbarer werden, indem ich mit jedem Jahre neue gute Verbindungen anknüpfe, auch meine zunehmenden ökonomischen Kräfte mir mehr erlauben werden, solche Verbindungen zu unterhalten.
Aus diesem nun ergeben sich aber zwei Dinge, die mich gar oft gefesselt halten, das erste ist die *Zeit*, von der ich fast immer im Zaume gehalten werde; um möglichst viel gute Werke zu erhalten, mußte ich Verbindungen mit guten Künstlern suchen und solche dadurch befestigen, daß ich nicht allein solche zufriedenzustellen suchte, sondern mich auch zu ihrem *stets* bereitwilligen Verleger erbat, welches für beide Teile gut und angenehm ist, meine Verbindung mit den mehrsten meiner mir werten Autoren, wie Spohr, Romberg, Hummel etc., ist zum freundschaftlichsten Verhältnisse geworden und aus doppelter Hinsicht bin ich also nunmehr verpflichtet, *alles* zu übernehmen, was mir solche Freunde und gute Künstler senden, wenn auch, wie oft der Fall vorkommt, manches darunter ist, woran ich voraussetze, daß kein Gewinn dabei ist.
Durch diese Verpflichtung nun wird meine Zeit sehr beschränkt, denn nicht allein daß

jene Künstler mich fortwährend beschäftigen, sondern ich muß auch noch einige Zeit in Vorrat behalten für Werke, die mir von solchen unerwartet zukommen, wie es jetzt bei einigen der Fall ist, meine übrige Zeit reicht dann selten hin, um auch andere ebenfalls nötige Sachen herauszugeben, so daß ich also fast immer gehindert bin, neue Komponisten-Verbindungen anzuknüpfen, weil zu deren Werken keine Zeit da ist.
Der zweite Punkt, welcher mir neue Verbindungen erschwert und aus dem früher Gesagten hervorgeht, ist die Neuheit und der in meinem Wirkungskreise noch unbekannte Name eines angehenden Komponisten. Gar oft trifft mich der Vorwurf, daß ich zur Bekanntmachung der Werke neuer Komponisten nicht beitragen wolle und er nicht bekannt werden könne, wenn sich der Verleger mit der Ausgabe seiner Werke nicht befasse, allein dieser Vorwurf trifft *mich* ganz unrecht, *alles* kann man nicht machen, sondern *einem* Plane muß man folgen, wenn etwas Ordentliches herauskommen soll; ich trachte nach den Werken der schon anerkannten Künstler, manches drucke ich zwar außerdem, allein kann ich von diesen *genug* erhalten, so muß ich die Einführung neuer Komponisten andern Verlegern überlassen, diese können auch etwas tun, und viele derselben tun jenes gern, weil sie die Honorare der schon ältern und teurern Künstler scheuen – ist aber der neuere Komponist namhaft geworden und werden seine Werke als gut erkannt, dann bin ich sein Mann, denn dann schlägt die Herausgabe seiner Werke in meinen, mehr auf Ehre als auf Gewinn gegründeten Plan, und lieber will ich dann seine Werke teurer honorieren als anfänglich wohlfeil beziehen.
Sie sehen also, daß es mir schwer fällt, Ihren Vorschlag wegen Hr. Schubert sogleich einzugehen, wobei namentlich meine sehr beschränkte Zeit ein Hauptgrund ist, indes nach dem, wie ich von demselben schließe, möchte ich den Wunsch des jungen Künstlers doch auch nicht gern abschlagen, als Mittelweg würde ich daher vorschlagen, daß mir Hr. Sch. einige seiner zum Drucke bestimmten Werke zur Ansicht übersende, denn *ungesehen* drucke ich *nichts* von einem noch wenig bekannten Komponisten, macht ein großer bekannter Künstler etwas Schlechtes, so fällt der Tadel auf ihn, denn *mir* war sein *Name Bürge*, bringe ich aber etwas von einem neuen Künstler, was nicht gefällt, so trifft *mich* die Schuld, denn wer heißt mich etwas drucken, wenn ich nicht die eigene Überzeugung von dessen Güte habe, hier gewährt mir der Name des Komponisten keinen Schutz.
Daß Hr. Sch. seine Werke bei mir in treue Hände niederlegt, ist keine Frage, er ist bei mir vor jedem Mißbrauch gesichert, finde ich dieselben nach Wunsche, so will ich davon behalten was ich *kann*, dagegen aber darf mir Hr. Sch. auch nicht übel nehmen, wenn etwas nicht gefällt; ich werde ganz offen sein, denn solche Offenheit führt am sichersten zu einem guten Vernehmen.
Ferner muß ich bitten, daß er mir bloß die *gelungensten* Werke sende, zwar wird er nichts herausgeben wollen, was er nicht für gelungen halte, indes dem sei, wie ihm wolle, ein Werk fällt besser aus wie das andere, und *ich muß* das Beste haben, ich sage, ich muß das Beste haben, wenn ich einen Komponisten bei meinem Publico, welches sehr ausgedehnt ist, einführen soll, nicht um dabei eines Gewinnes sicherer zu sein, sondern meines Kredits wegen. Ich habe mir es sauer werden lassen, meinen Verlag möglichst zu vervollkommnen, allein nun wird mir auch schon auf vielen Orten der Lohn dafür, daß meine Handlung ein vorzügliches Zutrauen genießt, man ist gewohnt, daß ich viel gute Werke herausgebe, und wenn ich bisweilen mit einem neuen Autor erscheine, so schenkt man ihm schon deshalb mehr Zutrauen, weil man glaubt, daß er gut sein müsse, weil ich mich damit befasse, freilich sind schon einigemal Täuschungen dabei vorge-

fallen, allein nunmehr werde ich immer vorsichtiger, um mir den sauer erworbenen Kredit zu erhalten und immer mehr zu befestigen, aus diesem Grunde verlange ich von einem neuen Autor, daß er mir das Gelungenste liefere, damit ich ihn gleich gehörig empfehlen kann und meine Empfehlung gerechtfertigt werde, auch wird durch den *ersten* Eindruck oft die Bahn für die ganze Folge gebrochen, daher angehenden Komponisten nicht genug die gute Lehre wiederholt gegeben werden kann, daß sie mit der Herausgabe ihrer Werke so behutsam wie möglich zu Werke gehen, sie können viel komponieren, aber nur wenig drucken lassen, bis erst ihr Ruf gegründet ist.
Spohr hat erst 58. Andr. Romberg 66. Bernh. Romberg 38 Werke herausgegeben, während jetzt viele andre Künstler, welche weit jünger sind, schon über 100 drucken ließen, diese nun anerkannten Künstler haben auch weit mehr komponiert, aber nicht herausgegeben, und will man dagegen einen fruchtbaren und dabei gediegenen Mozart, Haydn, Beethoven etc. aufstellen, so erkläre ich solche als seltene Erscheinungen, die man allerdings zum Vorbilde nehmen muß, allein die Erfahrung muß erst lehren, ob man ihnen gleich ist, und welche Menge frühere Werke von Mozart etc. sind nicht gedruckt worden!
Haben Sie nun die Güte, sich wegen dem hier Mitgeteilten mit Hr. Schubart zu besprechen und ein weiteres zu verfügen, was die Bedingungen seinerseits betrifft, so bitte ich solche mir mitzuteilen, indem es für mich ein unangenehmes Gefühl ist, auf ein Geistesprodukt ein Gebot zu tun, übrigens werden die Bedingungen keinen Anstand geben, denn die Beständigkeit, mit welcher meine Autoren bei mir bleiben, beweist schon, daß mit mir gut auskommen ist, und mir selbst kann ich dies Lob erteilen, übrigens werden ja die Bedingungen des jungen Künstlers nicht so hoch gestellt sein, daß solche nicht leicht annehmbar wären.
Daß von einem Werke des Hr. Sch. in Wien allein 300 abgesetzt werden können, will ich glauben, sobald solches in *Wien* gedruckt ist, ich aber setze dort schwerlich 100 ab, ob ich gleich mit allen Handlungen in Verbindung stehe; Sie werden solches nicht wohl begreifen, auch will ich mich nicht auf eine Auseinandersetzung der Ursachen einlassen, allein daß es so ist, dürfen Sie mir glauben und die Erfahrung bestätigt solches nur zu sehr, und nur selten geschieht darinnen eine Ausnahme.

Ich empfehle mich Ihnen und verbleibe mit aller Hochachtung

Ew. Wohlgeb.

ergebenster Diener
C. F. Peters.

Wenn Hr. Schub. Gesangmusik mitsendet, so sind Gesänge, welche einen Namen haben, wie Beethovens Adelaide oder dergl., lieber als bloße Lieder, denn es erscheinen so viele Lieder und Gesänge, daß man diesen Titel nicht mehr genug Aufmerksamkeit schenkt.

Josef Hüttenbrenner, der eine Zeitlang im zweiten Stock beim Hausherrn Irrsa gewohnt hatte, war nun in Mayrhofers Zimmer bei Frau Sanssouci einquartiert. – Louis Spohr war 1812 bis 1815 Konzertmeister am Theater an der Wien gewesen. – Der Geiger Andreas Romberg war Ende 1821 in Gotha gestorben. – Johann Nepomuk Hummel, geboren in Preßburg 1778, der bekannte Klaviervirtuose, ein Schüler Mozarts und Salieris, war 1811 bis 1816 als Lehrer in Wien gewesen und lebte in Weimar. – Bernhard Romberg, der Vetter des Andreas, war 1767 in Dinklage (Oldenburg) geboren, Cellist, 1822 Kapellmeister am Kärntnertor-Theater und dann in Berlin. – 300 Exemplare vom „Erlkönig" mögen bis zum Herbst 1822 abgesetzt worden sein. – Beethovens „Adelaide" war eines von Schuberts Lieblingsliedern. – Mit Peters kam es zu nichts. Seine Briefe sind stilistisch jenen ähnlich, die er um diese Zeit an Beethoven schrieb.

STAMMBUCHBLATT SCHUBERTS FÜR ALBERT SCHELLMANN JUN.

Wien, den 28. Nov. 1822.

Wer nicht liebt Wein, Mädchen und Gesang,
Bleibt ein Narr sein Lebelang.
Martin Luther.

Zum ewigen Andenken. Franz Schubert.

[Rückseite:]

Eines schickt sich nicht für Alle.
Sehe jeder wie er's treibe,
Sehe jeder, wo er bleibe
Und wer steht, daß er nicht falle.
Goethe.

Zur Erinnerung.

Schellmann der Jüngere wurde 1798 in Steyr geboren, war im Kremsmünster Konvikt gewesen und wurde Advokat, wie sein Vater. Er war ein guter Klavierspieler, und Vogl zog ihn manchmal Schubert als Begleiter vor. – Der erste Spruch (recte „Weib") wird gewöhnlich Luther zugeschrieben, ist aber nicht von ihm. – Die Goethe-Strophe ist die letzte des Gedichts „Beherzigung".

AUS PERTHS TAGEBUCH VOM 1. DEZEMBER 1822

(Über das 3. Jahreskonzert des Privat-Musikvereines beim Römischen Kaiser, 4 Uhr nachmittags)

6. Frühlings-Gesang, Vokalquartett von Franz *Schubert.* Gefiel ungemein und mußte wiederholet werden.

Ferdinand Schubert war seit 1818 Ausschuß-, später Ehrenmitglied und Orchester-Direktor dieses Vereins.

SCHUBERT AN JOSEF V. SPAUN

[Außen:] Von Wien.

An den Herrn Joseph Edlen von Spaun, Bancal-Assessor
in Linz.

[Innen:] Wien, den 7. Dec. 1822.

Lieber Spaun!

Ich hoffe Dir durch die Dedication dieser drey Lieder eine kleine Freude zu machen, die Du aber so sehr an mir verdient hast, daß ich Dir wirklich u. ex officio ein ungeheure machen sollte und auch würde, wenn ich es im Stande wäre. Auch wirst Du mit der Wahl derselben zufrieden, indem ich die wählte, die Du selbst angegeben hast. Nebst diesem Heft erscheinen zu gleicher Zeit noch 2 andere, wovon eines schon gestochen ist, u. ich Dir auch ein Exemplar beygelegt habe, und das andere eben gestochen wird. Das erste von diesen enthält, wie Du sehen wirst, die 3 Gesänge des Harfners, wovon das 2te: *Wer nie sein Brot mit Thränen aß*, neu ist, und ist dem Bischof zu St. Pölten gewidmet, das andere enthält, wie Du nicht sehen wirst, die Suleika und Geheimes, und ist dem Schober dedicirt. Nebst diesen habe ich auch eine Fantaisie fürs Pianoforte auf 2 Hände componirt, welche ebenfalls im Stich erscheint und einem reichen Particulier gewidmet ist. Auch habe ich einige neue Lieder von Göthe componirt, als: Der Musensohn, an die Entfernte, am Flusse, u. Willkommen und Abschied. – Mit der Oper ist es in Wien nichts, ich habe sie zurück begehrt u. erhalten, auch ist Vogl wirklich vom Theater weg. Ich werde sie in Kurzem entweder nach Dresden, von wo ich vom Weber einen vielversprechenden Brief erhalten, oder nach Berlin schicken. – Meine Messe ist geendiget, und wird nächstens producirt werden; ich habe noch die alte Idee, sie dem Kaiser oder der Kaiserinn zu weihen, da ich sie für gelungen halte. – Nun habe ich Dir alles, was ich von mir u. meiner Musik neues sagen konnte, gesagt, nur noch eins von einem andern. Libussa, eine große Oper von C. Kreutzer, ist dieser Tagen zum erstenmahl gegeben worden, und gefiel. Besonders soll der 2te Akt schön seyn, ich habe nur den 1ten gehört, der mich kalt ließ.

Und nun, wie geht es Dir? Da ich gewiß hoffe, gut, so konnte ich wohl so spät fragen. Wie befindet sich Deine Familie? Was macht Streinsberg? – Schreibe mir das alles ja recht bald. Mir ging es sonst ziemlich gut, wenn mich nicht die schändliche Geschichte mit der Oper so kränkte. Mit Vogl habe ich, da er nun vom Theater weg ist, u. ich also in dieser Hinsicht nicht mehr genirt bin, wieder angebunden. Ich glaube sogar mit ihm oder nach ihm diesen Sommer wieder hinauf zu kommen; worauf ich mich recht freue, indem ich Dich und Deine Freunde wieder sehen werde. – Unser Zusammenleben in Wien ist jetzt recht angenehm, wir halten bey Schober wöchentlich 3mahl Lesungen, u. eine Schubertiade, wobey auch Bruchmann erscheint. Und nun, lieber Spaun, lebe recht wohl. Schreibe mir ja recht bald u. recht viel, um die unausgefüllte Leere, welche mir deine Abwesenheit im̄er machen wird, einigermassen zu tilgen. – Grüße mir alle Deine Brüder, auch Deine Frau Schwester u. Ottenwalt recht herzlich, so wie Streinsberger und andere mehr etc

Dein treuer Freund

Franz Schubert.

Die Adresse mache in die Roßau in das Schulhaus, Grünthorgasse. indem ich jetzt da wohne.

Die Lieder des op. 13 (siehe 13. Dezember 1822) sind Spaun gewidmet. Op. 12 war ebenfalls schon beendet, op. 14 im Druck. Die Nr. 2 des op. 12 war erst 1822 entstanden, die beiden anderen Gesänge des Harfners jedoch schon 1816 und deshalb Spaun bekannt. Schubert hat aus Goethes romantischem Bildungsroman „Wilhelm Meisters Lehrjahre" alle Gesänge des mysteriösen Harfners und des traumhaften italienischen Kindes Mignon wiederholt komponiert, nicht aber die der leichtsinnigen Philine. – Der Bischof von St. Pölten war Dankesreither. – Die beiden Gedichte sind aus Goethes Hafis-Liedern, dem sogenannten „West-östlichen Divan" genommen. Das erste Suleika-Lied, auch „Ostwind" genannt, ist, ebenso wie das zweite, „Westwind" (op. 31), von Marianne v. Willemer, geboren 1784 in Wien oder Linz als Jung, in Frankfurt am Main verfaßt worden, und Goethe hatte diese beiden Gedichte seiner Freundin mit ihrem Einverständnis in die Sammlung aufgenommen. Dieser Umstand war aber Schubert unbekannt; er wurde erst nach 1850 von der Verfasserin eingestanden. – Die Fantasie war die später sogenannte „Wanderer-Fantasie" op. 15 (siehe 24. Februar 1823); der „Particulier" Emanuel Karl Edler Liebenberg de Zsittin, geboren 1796, ein 1819 getaufter Jude, Gutsbesitzer, Klavierspieler, Schüler Hummels. – „Am Flusse" war schon 1815 komponiert worden, vom Dezember 1822 stammt die zweite Fassung. – Die Oper ist „Alfonso und Estrella", die also tatsächlich beim Kärntnertor-Theater eingereicht worden war. Vogl hatte am 30. November 1822 die Hofoper verlassen. – Schubert schickte das Libretto nach Dresden und erst später die Partitur nach Berlin. – Die Messe in As-Dur war im November 1819 begonnen und im September 1822 in einer zweiten Fassung, betitelt „Missa solemnis", beendet worden; sie erschien erst 1875. Am 23. Februar 1823 schrieb Moritz Graf Dietrichstein an Moritz Reichsgraf Lichnowsky (geboren 1771, Beethovens Freund und Josef

Hüttenbrenners Gönner): „Ich schicke Dir hier auch zugleich die Partitur einer Messe von Reutter [dem Jüngeren]; wahr ist es, daß S. M. der Kaiser diesen Stil liebt... Fugen liebt S. M. sehr gehörig durchgeführt, doch nicht zu lang; das Sanctus mit dem Osanna möglichst kurz, um nicht die Wandlung [bei der Messe] aufzuhalten." Diesem Geschmack hat Schubert wohl unbewußt entsprochen. – „Libussa", Text von Josef Karl Bernard (geboren 1780), war am 4. Dezember 1822 im Kärntnertor-Theater zuerst aufgeführt worden. Für das Libretto hatte sich u. a. auch Beethoven interessiert, es aber nicht komponiert. – Streinsberg war damals Konzeptspraktikant bei der Zollgefälls-Administration in Linz. – Da Vogl die Oper „Alfonso und Estrella" nicht schätzte (siehe 20. Juli 1822), so hatte er, auf den man zu hören pflegte, sich dafür wohl auch nicht in der Hofoper eingesetzt. (Die Rolle des „Troila" in diesem Werk war für ihn gedacht gewesen.) – „Lesungen" waren von nun an eine gern gepflegte Sitte im Schubert-Kreise, sehr nützlich auch für den Komponisten. – Von Ende 1822 an war Schubert auf einige Zeit, wahrscheinlich bis zum Frühjahr 1823, ins Schulhaus des Vaters übersiedelt.

etwa 7. Dezember 1822

Verlorengegangener Brief Schuberts an Johann Nepomuk v. Dankesreither

Dieser Brief bezog sich auf die Widmung des op. 12 (siehe 14. Dezember 1822).

Aus der amtlichen „Wiener Zeitung" vom 13. Dezember 1822

Bei Cappi und Diabelli,
Kunst- und Musikhändlern, am Graben Nr. 1133,
ist neu erschienen und zu haben:

Gesänge des Harfners,
aus
Wilhelm Meister, von Goethe.

Für eine Singstimme mit Begleitung des Pianoforte.
In Musik gesetzt von
Franz Schubert.
12tes Werk. Pr. 1 fl. 30 kr. W. W.

Der Schäfer und der Reiter.
Von Fr. B. de la Motte Fouqué.

Lob der Thränen,
von A. W. v. Schlegel, und

der Alpenjäger,
von J. Mayrhofer.

Für eine Singstimme mit Begleitung des Pianoforte.
In Musik gesetzt von Franz *Schubert.*
13tes Werk. Pr. .... 1 fl. 30 kr. W. W.

Suleika und Geheimes.
Aus dem westöstlichen Divan, von *Goethe.*

Für eine Singstimme mit Begleitung des Pianoforte.
In Musik gesetzt von Franz *Schubert.*
14tes Werk. Pr. 2 fl. W. W.

Es werden hiermit dem Publikum drei Hefte der gewähltesten Lieder des genialen Tondichters übergeben, der in so kurzer Zeit ein Liebling der Kenner und Liebhaber geworden ist. Die Lieder aus Goethes Wilhelm Meister wurden wohl schon öfters gesetzt, aber selten so tief gefühlt, so wahr und ansprechend wiedergegeben. Nicht minder anziehend sind die beiden andern Hefte; Fouqués und Mayrhofers Gedichte werden in dieser musikalischen Einkleidung jeden Hörer überraschen. In einem ganz originellen Geiste aber sind die Lieder aus Goethes westöstlichem Divan gesetzt. Orientalische Glut ist darin mit solcher Zartheit gepaart, daß selbe die beste Wirkung nicht verfehlen können. Diese drei Hefte werden daher das Pult jedes Kenners zieren, und besonders bei dem zarterfühlenden Geschlechte des wärmsten Anteils nicht ermangeln.
Von dems. Verfasser sind noch folgende Werke zu haben: [Opus 11 bis 1 in umgekehrter Reihenfolge].

Nach Franz v. Hartmanns Erinnerungen hatte Schwind für op. 14 („Suleika") eine Vignette mit dem Bildnis des Fräulein Anna Hönig gezeichnet, die also nicht verwendet worden wäre. Da aber Anna Hönig erst später in unserem Kreise auftaucht und Schwind am 19. November 1823 an Schober schrieb, daß er eine „Suleika" vollendet habe, so dürfte sein verlorenes Bild erst nach dem Erscheinen dieses Heftes entstanden sein.

13. Dezember 1822: Franz Xaver Gebauer stirbt.

Dankesreither an Schubert

Wohlgeborner Herr!

Sie haben mir eine wahrlich unverdiente und ganz besondere Ehre dadurch erwiesen, daß Sie mir das 12te Werk Ihrer allgemein geschätzten und beliebten musikalischen Kunstprodukte gewidmet. Empfangen Sie sowohl für diese Auszeichnung und Aufmerksamkeit, als für die mir mit Ihrem gütigen Zueignungs-Schreiben übersendeten Exemplare dieses vortrefflichen Werkes meinen sehr verbindlichen Dank und das Geständnis, daß ich mich als großen Schuldner von Ihnen erkenne. Ein Exemplar hab ich sogleich meinem Sekretär Hrn. Gießrigl, eines dem Hrn. Prof. Kastl übergeben. Beide waren hoch erfreut darüber.
Gott, von welchem jede gute Gabe kömmt, hat Sie vorzugsweise mit einem so seltenen, so erhabenen Musiktalente ausgestattet, daß Sie durch die fernere Bearbeitung und Benutzung desselben Ihr Glück standhaft gründen können. Da ich Ihnen dieses Lebensglück recht herzlich wünsche, versichere ich Sie, daß ich mit ausgezeichneter Hochachtung und vieler Verbindlichkeit bin

St. Pölten, d. 14. Dec. 1822.

Ihr ergebenster Diener
Johann Nep., Bischof.

Karl Gießriegl, der vor Schubert Hofsängerknabe gewesen, war 1789 in Langenlebarn in Niederösterreich geboren. Johann Kastl, 1788 in Malschnig (Böhmen) geboren, war Professor für Kirchengeschichte im bischöflichen Seminar in St. Pölten. 1819 hat er ein lateinisches Dankgedicht für ein ihm vom Bischof von Kreutz (Kroatien) geschenktes Klavier geschrieben.

Aus dem Programm der 5. Abendunterhaltung der Gesellschaft der Musikfreunde, am 19. Dezember 1822 beim roten Igel

4. Gruppe aus dem Tartarus, Gedicht von Schiller, in Musik gesetzt von Schubert, vorgetragen von H. v. Preisinger.

Der „Rote Igel" war ein Haus unter den Tuchlauben („Unter den Tuchlauben", kurz „Tuchlauben", eine Straße der Inneren Stadt), wo die Gesellschaft der Musikfreunde endlich im Herbst 1822 ein dauerndes Quartier gefunden hatte. Der Hintertrakt des Hauses auf der Brandstätte enthielt ein Gasthaus gleichen Namens, das später ein Stammlokal von Brahms wurde.

Aus einem handschriftlichen Verzeichnis der Wiener Tonkünstler, Ende 1822

Schubert Fr: Tonsetzer – Spiegelgasse – Göttweigerhof nächst Kochgasse bei Hr Kaufm. Schober Nro 1089. 2 St.

Schubert hat sein Zimmer bei Schobers um diese Zeit verlassen (siehe 7. Dezember 1822). Die Familie Schober blieb dort bis zum Herbst 1823. Das Haus gehörte dem Stift Göttweig und wurde 1828 umgebaut (nicht abgetragen, nur aufgestockt). Kochgasse hieß die spätere Göttweigergasse. Schober war damals nicht Kaufmann, aber in Ermanglung eines Berufes mag er diesen angegeben haben.

Ende 1822

Verschollener Brief Schuberts an die Gesellschaft der Musikfreunde (?)

Dieses und das folgende Dokument sind unglaubwürdig. Kreißle hatte die Angaben von Gustav Nottebohm erhalten, bezweifelte sie aber später selbst (laut dem Handexemplar seiner Schubert-Biographie). Dahms folgerte aus der Angabe, daß sich Schubert um die Aufnahme beworben habe, um seine „Unvollendete" Sinfonie bei der Gesellschaft zur Aufführung zu bringen. Schubert dachte sicher nicht an eine solche Möglichkeit, war aber schon seit März 1822 Mitglied der Gesellschaft (siehe die Notiz nach dem 5. März 1822).

Ende 1822

Angeblicher ablehnender Bescheid der Gesellschaft der Musikfreunde an Schubert

[mit der Motivierung, daß statutengemäß nur Dilettanten zugelassen werden können, nicht aber Personen, die von der Musik leben.]

Tatsache ist, daß solche Bestimmungen bei der Gesellschaft bestanden, auf Grund deren Götz, Nestroy, Karoline Unger und (zeitweilig) Josefine Fröhlich aus ihr schieden, als sie ans Kärntnertor-Theater engagiert wurden. Das galt aber wohl nur für Sänger und vielleicht für Instrumentalmusiker, die aus ihrer Kunst einen Beruf machten, nicht aber für Komponisten, die wie Schubert nicht auch Virtuosen waren.

Aus Prokeschs Memorandum über das Jahr 1822

Schubert, Kompositeur. Wien 1822.

Im Pichler'schen Hause kennen gelernt. Junger Mann von großen Hoffnungen für die Musik. Seine Lieder haben etwas Originelles, tief Ansprechendes, was die Verbreitung erklärt, die sie gefunden haben, z. B. die Stelle im Erlkönig „Willst, feiner Knabe, du mit mir geh'n?" etc. Der Wiegenzauber, der sich in der Melodie ausspricht, und doch dabei das Unheimliche, das, wie jener lockt, zurückstößt, dramatisieren des Dichters Bild. Ich war viel mit Schubert, denn, ohne Bildung zu haben, war er durch seine Offenheit, seinen gesunden Verstand und seinen Schwung angenehm. Er sang mir die meisten seiner Kompositionen vor. Manchen Abend brachten wir in einem Bierhaus am Kärntnertor-Theater im lebendigsten Gespräche miteinander zu.

Diese Aufzeichnungen, betitelt „Berührungen und Verhältnisse", wurden spätestens 1830 geschrieben. Um 1870 schrieb Prokesch, in anderen Aufzeichnungen, über Schubert: „Große Musik schlummerte in ihm, sie kam nie zum Erwachen so, wie er selbst das Erwachen träumte und in seiner Seele hörte." Zur Frage von Schuberts Bildung vgl. 27. Juli 1825.

Wien, um 1822/23

FRIEDRICH V. SCHLEGEL AN LUDWIG SCHNORR V. CAROLSFELD

... Komm nur ja heute Abend; ist aber heute Dein Schober- u. Schuber-Dienstag, so komme nur lieber früher; laß mich aber in diesem Fall durch den Überbringer die Zeit wissen.

Friedrich v. Schlegel, der wie Zacharias Werner vom Protestantismus zum Katholizismus übergetreten war (geboren 1772 in Hannover), lebte seit 1808 als Legationsrat in Wien. Bruchmann verkehrte mit ihm. Vogl schätzte seinen Bruder August Wilhelm (geboren 1767), den anderen Führer der literarischen Romantik und Shakespeare-Übersetzer, noch höher als Friedrich. Schwind, Schnorrs Schüler, stand indirekt unter Friedrichs Einfluß. Dieser Brief ist der einzige Beleg dafür, daß ein loser Zusammenhang zwischen dem Schubert-Kreis und dem Schlegel-Kreis bestand. Von einem intimeren Verkehr Schnorrs mit Schubert und Schober ist nichts bekannt. Daß sich die Runde bei Schober an Dienstagen traf, mag nur für die wöchentliche Schubertiade gelten (siehe 7. Dezember 1822).

SILVESTERNACHT 1822 IN EINEM KREISE VON FREUNDEN

Die Horen halten ewig sich umschlungen
und schweben in der Jahre Wechseltanz
kaum hat die eine sich vorbeigeschwungen,
so naht die neue schon mit neuem Glanz.

Soeben sehn wir eine von uns scheiden,
die lang uns trauliche Gefährtin war,
sie reicht uns jetzt den Becher süßer Freuden
als letztes heil'ges Abschiedsopfer dar.

Und strebet fort. – Doch hemme noch die Frage
den schon gehobnen leichten Scheidetritt:
Was warst du uns? Was brachten deine Tage?
Was läßt du hier? Was nimmst du scheidend mit?

Die Göttin wendet flüchtig sich und leise,
ein Lächeln überleuchtet ihr Gesicht,
sie blickt vertraut und mild umher im Kreise,
dann öffnet sie den holden Mund und spricht:

„Ihr meine Günstlinge, ihr könnt noch fragen?
Die mit den schönsten Rosen ich bestreut?
Sollt' euch das eigne volle Herz nicht sagen,
wie viel ihr meiner Liebe schuldig seid?"

„Die schönsten Gaben, die in guter Stunde
ich einzeln sende in die weite Welt,
ihr fandet sie in eurem kleinen Bunde,
ihr hattet sie geordnet und gesellt."

„Die stumme Lippe wußte ich zu lösen,
daß die Empfindung eine Sprache fand,
die bunte Schar belebter Zauberwesen
entquoll auf meinen Ruf der sichern Hand."

„Dem Sänger hab' ich Weisen eingegeben,
noch seid ihr ja von ihrem Klang gerührt*,
und in der Dinge Geist und inn'res Leben
hat euch die Kraft des Denkers eingeführt."

„Und nicht mit unerhörter Sehnsucht Schmerzen,
in starrer Einsamkeit habt ihr gezeugt;
ich sandt' euch treue, liebevolle Herzen,
die lauschend euch die Seele zugeneigt."

„Auch saht ihr hohe prangende Gestalten,
mit Adel und mit Schönheit angetan,
in weißen Händen reiche Kränze halten;
daß nicht den Preis entbehre eure Bahn."

„O strebt nur freudig und gelassen weiter,
ich weiß, ich sorgte für euch mütterlich!
Vielleicht ist auch die Schwester mild und heiter,
wo nicht – so rüstet euch, und denkt an mich!"

Sie schien bewegt, sie wollt' uns nicht beschämen,
sie wandte sich – und eilte rasch empor.
Zwölf ihrer Schritte konnten wir vernehmen,
Bis in die Ferne sich ihr Bild verlor. –

So möge denn der laute Dank erschallen
für alle Huld, die sie an uns geübt:
Wir danken ihr, und jenen Teuren allen,
die uns erkannt, geduldet und geliebt!

Und wenn die Schwester naht, die Uranide,
und ernst vielleicht und düster um sich schaut,
wenn ungerührt den trauten Kreis sie schiede,
und kalt zerstörte, was wir aufgebaut,

wenn sie das luftdurchwirkte Band zerhiebe,
an dem uns jene unsichtbar bewegt,
wenn mancher seine Brust voll heißer Liebe
allein in nachtumhüllte Ferne trägt;

dann laßt uns auf die Hingeschwund'ne blicken,
die mit der milden Rede von uns schied,
es wird uns ihr Gedächtnis süß erquicken,
und heilen das zerrissene Gemüt.

Der liebe Kreis wird wieder uns umschweben,
die alten Freuden werden jung und neu,
und jeder wird mit voller Seele streben,
daß der Vergangenheit er würdig sei.

Franz v. Schober

* Franz Schubert hatte eben eine Folge seiner Lieder vorgetragen.

Die Strophe 7 spielt wohl auf Dichter, also auf Schober selbst, und auf Maler, also auf Schwind und Kupelwieser, an. – Wenn Schober in der Fußnote zu dem späteren Druck des Gedichtes nicht etwa irrtümlich an den Zyklus „Die schöne Müllerin“ dachte (erst 1823 entstanden), so meint er wohl die vier Goethe-Lieder, die im Dezember 1822 entstanden waren: „Der Musensohn“, „An die Entfernte“, „Am Flusse“ und „Willkommen und Abschied“. – Der Denker ist wahrscheinlich Bruchmann. In seinem 1827 geschriebenen Selbstbekenntnis an Senn schreibt er: „Der darauf folgende Winter [1822/23], der ein glänzendes, durch Musik und Poesie erhöhtes Leben in sich schloß, betäubte mich.“ – Strophe 10 mag auf die abwesenden Damen des Kreises anspielen, also z. B. auf Bruchmanns Schwestern. *Die* Schwester (Strophe 14) ist aber natürlich das neue Jahr.

1823

Sonate in a-Moll für Klavier (D. 784), Februar

Operette „Die Verschworenen“, später genannt „Der häusliche Krieg“ (1 Akt, Castelli) (D. 787), April

Oper „Fierabras“ (3 Akte, Josef Kupelwieser) (D. 796), 23. Mai bis 2. Oktober

Liederzyklus „Die schöne Müllerin“, Mai bis November

Musik zu dem Schauspiel „Rosamunde“ (4 Akte, Helmina von Chézy) (D. 797 [732]), Spätherbst

Lieder „Du bist die Ruh“, „Der Zwerg“, „Auf dem Wasser zu singen“

Anfang 1823

Erste Rechnung von Josef Hüttenbrenner

Ausgaben für Schubert. 1822

Für die Oper Das Lustschloß	90 fl
	100 f
Brief von *Weber* u. Antwort	1.10
Brief an *Winter*	.35
do. von *Holbein*	.25
7t 8b bezlt	1.40
9t do............	.40
Opernverband [?]	6.–
Peters geschrieben u. Antwort	
18t 8b	2.–
19t – Leopoldstädter Theater	1.–
21t 8b	4.–
Für die Messe Kopiatur und Papier	
14t 9b gelieh............	1.–
10t	5.–
10t	5.–
	25 f 30
Empfangen	10 f von Diabelli
	15
am 3. Jänner gegeben	20 f

Josef Hüttenbrenner führte damals vorübergehend die bescheidene Kasse Schuberts. Diese Rechnung steht in Zusammenhang mit der anderen vom Februar 1823, die sie zum Teil überschneidet. Sie ist in Wiener Währung zu verstehen. Die ersten zwei Zeilen sind separat zu nehmen: 100 fl. waren von Cappi & Diabelli eingenommen für Kommissions-Hefte, und 90 fl. waren für die Kopie der Oper „Des Teufels Lustschloß" von der Firma abgerechnet worden. Der Rest von 10 fl. erscheint gegen Ende dieser und der anderen Rechnung. Die erste Summe (1 fl. hat 60 kr.) ist falsch: statt 25 fl. 30 kr. sollte es heißen 28 fl. 30 kr. Die zweite Summe, die nur ungefähr gemeint ist, sollte statt 15 fl. (30 kr.) 18 fl. 30 kr. lauten. Für diese Schuld scheint Schubert 20 fl. gegeben zu haben, so daß er 1 fl. 30 kr. gut gehabt hätte. – Zu Webers Brief und seiner Antwort vgl. Herbst 1822. Über die Briefe an Winter und Holbein vgl. 22. Oktober 1822. – Der Posten 1 fl. 40 kr., der auch in der zweiten Rechnung erscheint, ist nicht spezifiziert; wohl aber dort die 40 kr. als Schubert geliehen. – „Opernverband" soll wohl Einband einer Opernkopie bedeuten; vielleicht wurde die Partitur von „Alfonso und Estrella" eingebunden. – Zum Porto für die Briefe von und an Peters siehe 12. November 1822. – Die beiden Ausgaben am 18. und 19. August („Aline") erscheinen auch in der anderen Rechnung. – Die Schuld vom 21. August ist dort mit 5 fl. genannt. – Die Kosten für das Papier (4 fl. 30 kr.) und die Kopiatur der As-Messe (15 fl.) erscheinen erst in der zweiten Rechnung. – Die Schuld vom 14. November ist auch dort genannt. – Die beiden Posten vom 10. können in den Oktober, November oder Dezember fallen. – Das Ganze scheint eine Aufzeichnung für Hüttenbrenner selbst gewesen zu sein. Erst die Rechnung für Schubert im folgenden Februar wurde ihm übergeben, obwohl sie sich auch in Hüttenbrenners Nachlaß fand.

Aus dem Leipziger „Literarischen Konversations-Blatt" vom 18. Januar 1823

[Korrespondenz aus Wien, Anfang 1823, über die musikalischen Unterhaltungen bei Ignaz v. *Mosel*]

Auch Kapellmeister Schubert, einen bescheidenen jungen Mann, fand ich da, dessen Lieder sehr originell sind, worunter sich besonders Gretchens Lied am Spinnrocken in Goethes Faust durch Originalität auszeichnet. 64.

Der Titel Kapellmeister ist hier Schubert ganz willkürlich verliehen worden, vielleicht aus Höflichkeit, um ihn irgendwie titulieren zu können. – Mosel, der im Melkerhof wohnte, hatte in zweiter Ehe Katharina Lembert (geboren in Klosterneuburg bei Wien 1789) geheiratet, die sich als Pianistin (Schülerin Hummels), Komponistin und Schriftstellerin betätigte; seine Tochter aus erster Ehe, Babette, später verehelichte Lagusius, sang. – Die Ziffer 64 ist eine Chiffre, eine Art Pseudonym.

Aus dem Programm der 8. Abendunterhaltung der Gesellschaft der Musikfreunde am 9. Januar 1823

4. Geist der Liebe, Vokalquartett von Schubert, vorgetragen von den Hrn. Barth, Tietze, Leschetitzki und Kiesewetter.

Das 1822 für die öffentlichen Gesellschaftskonzerte geschriebene Quartett wurde hier privat wiederholt. – Johann Leschetitzky war Mitglied der Gesellschaft und sang Baß; ebenso Rafael Georg Kiesewetter v. Wiesenbrunn, geboren 1773 in Holleschau (Mähren), Kanzleidirektor beim Hofkriegsrat, Präsident-Stellvertreter der Gesellschaft der Musikfreunde, auch Dilettant auf der Flöte. Er war Musikforscher und gab in seiner Wohnung am Salzgries (Innere Stadt) regelmäßig seit 1816 bis in die Vierzigerjahre Aufführungen alter Musik. Diese Liebhaberkonzerte wurden zuerst von Hugo Worzischek, dann von Jenger (beide Berufskollegen Kiesewetters) und endlich von Anna Fröhlich vom Klavier aus geleitet. (Ihre Erinnerung, daß der „Erlkönig" zuerst bei Kiesewetter zur Subskription aufgelegt worden sei, ist unrichtig.)

AUS DER AMTLICHEN „WIENER ZEITUNG" VOM 10. JANUAR 1823

Bei Sauer und Leidesdorf,
k. k. privil. Kunst- und Musikalienhändler in Wien, Kärntnerstraße
Nr. 941, sind erschienen:
Neue Tanzmusik
Carneval 1823.
Eine Sammlung Original-Deutscher Tänze
fürs Pianoforte.
In zwei Heften.
Von
K. Czerny, Horzalka, Leidesdorf, Pamer, Payer,
Pensel, Pixis, Preisinger, Schoberlechner,
Stein, Schubert und Worzischek.
Erstes Heft .... 2 fl. W. W.
Zweites Heft .... 2 fl. W. W.

Diese Walzer erscheinen nächstens fürs Pianoforte zu vier Händen und andere Instrumente eingerichtet.

Es war, besonders in Wien, Sitte geworden, zum Karneval besondere Sammelhefte von Tänzen und als Neujahrsgebinde Hefte gemischten Inhalts herauszugeben. Alle diese Hefte sind äußerst selten geworden, weil sie im starken Gebrauch zugrunde gingen. (Deshalb gibt es auch nur noch wenige Erstausgaben von Schuberts Tanzheften; die Erstdrucke seiner Kirchenmusik sind rar wegen der kleinen Auflagen.) Dieses war das erste von 17 Wiener Sammelwerken, in denen Schubert durch Original-Beiträge oder Nachdrucke vertreten war. Einige davon sind spurlos verschwunden. – Karl Czerny, geboren in Wien 1791, der bekannte Klavierpädagoge, Lehrer Liszts (der zehnjährig nach Wien gekommen war und 1821 bis 1823 auch ein paar Lektionen bei Salieri nahm), war Komponist von 1000, meist gedruckten, Werken. – Johann Evangelist Horzalka, geboren 1798 in Mähren, seit etwa 1810 in Wien, setzte 1824 ein Gedicht Mayrhofers und, nach Schubert, Grillparzers „Ständchen" in Musik, verkehrte – laut Schindler – bei Vogl, Karl Pinterics und Frau Katharina Lászny-Buchwieser, spielte vierhändig mit Schubert und wurde 1832 „Accompagnator" am Theater an der Wien. – Michael Pamer, geboren 1782, war Musikdirektor im Saal „Zum Schwan" in der Roßau (Vorstadt), und als Tanzkomponist ein Vorläufer Josef Lanners. – Hieronymus Payer, geboren 1787 in Meidling (Vorort von Wien), war Musikdirektor am Theater an der Wien und Kompositionslehrer der Leopoldine Blahetka. – Johann Pensel, geboren um 1794, starb 1828 vor Schubert. – Johann Peter Pixis, geboren in Mannheim 1788, weilte seit etwa 1820 für mehrere Jahre in Wien. – Über Preisinger siehe 8. März 1822, über Schoberlechner 26. Mai 1822. – Karl Andreas Stein, geboren in Wien 1797, war Klavierfabrikant und Komponist. – Johann Hugo Worzischek, geboren 1791 in Wamberg in Böhmen, war Konzepts-Praktikant im Marinedepartement des Hofkriegsrates seit 1813; 1823 wurde er zweiter, 1824 erster Hoforganist. – Schuberts Beitrag erschien im zweiten Heft: Drei Deutsche Tänze (D. 971).

AUS EINEM SITZUNGSPROTOKOLL DER GESELLSCHAFT DER MUSIKFREUNDE
(SITZUNG DES KOMITEES DER GESELLSCHAFTS-KONZERTE VOM 11. JANUAR 1823)

Aufzuführende Stücke: ...
Zum 5. Konzert ...
2. Vokalquartett von Schubert.

Es handelt sich um ein zusätzliches Konzert der Gesellschaft in der Saison 1822/23. Von Schubert wurde nichts aufgeführt. Es ist möglich, daß der folgende Brief damit zusammenhing.

AUS DER AMTLICHEN „WIENER ZEITUNG“ VOM 31. JANUAR 1823

Neue Tanzmusik
zum
Carneval 1823,
welche bei Cappi und Diabelli, Kunst- und Musikhändlern,
am Graben erschienen und zu haben ist:

. . .

NB. Binnen wenigen Tagen erscheinen *zwei neue Hefte* Walzer, Ländler und Ecossaisen für das Pianoforte komponiert von dem allgemein beliebten Tonsetzer, Franz Schubert.

Siehe 5. Februar 1823 (Opus 18).

Januar 1823 (?)

SCHUBERT AN LEOPOLD SONNLEITHNER

[Außen:

Seiner Wohlgeb.
des
H. Leopold v.
Sonnleithner.

[Innen:]

Lieber H. v. Sonnleithner!

Sie wissen selbst, wie es mit der Aufnahme der spätern Quartetten stand; die Leute haben es genug. Es könnte mir freylich vielleicht gelingen, eine neue Form zu erfinden, doch kann man auf so etwas nicht sicher rechnen. Da mir aber mein künftiges Schicksal doch etwas am Herzen liegt, so werden Sie, der Sie auch daran Theil zu nehmen mir schmeichle, wohl selbst gestehen müssen, dß ich mit Sicherheit vorwärts gehen muß, u. keineswegs mich der so ehrenvollen Aufforderung unterziehen kann; es müßte denn seyn, dß der löbl. Gesellschaft mit der Romance aus der Zauberharfe von *Jäger* vorgetragen, gedient wäre, dann würde sich beruhigt fühlen

Ihr

Ergebenster
Frz. Schubert.

Es handelt sich natürlich um Quartette für Männerstimmen. (Von den Streichquartetten Schuberts war bis dahin keines aufgeführt worden.) – Die Romanze aus der „Zauberharfe“ (siehe 26. August 1820), in der Schimon versagt hatte, war in Konzertform gebracht worden, und Jäger hätte sie wohl gut bewältigt. – Es war in Wien bedeutungslos, daß dieser Brief an Leopold *von* Sonnleithner adressiert war, obwohl er erst 1828 geadelt wurde (vgl. 3. Dezember 1821). Jäger verließ übrigens Wien schon 1824 und blieb bis 1828 in Berlin.

Undatiert

SCHUBERT AN JOSEF PEITL (?)

[Außen:]

Seiner Wohlgeboren
des H. H.
von Bäutel
zu
eignen Händen.

[Innen:]

Werthester H. v. Bäutel!

Da ich fürs ganze Orchester eigentlich nichts besitze, welches ich mit ruhigen Gewissen in die Welt hinaus schicken könnte, und so viele Stücke von großen Meistern vorhanden sind, z. B. von Beethoven: Ouverture aus Prometheus, Egmont, Coriolan etc. etc. etc. so muß ich Sie recht herzlich um Verzeihung bitten, Ihnen bey dieser Gelegenheit – nicht dienen zu können, indem es mir nachtheilig seyn müßte mit etwas Mittelmäßigen aufzutreten. Verzeihen Sie daher meiner zu schnellen u. unbedachten Zusage.

Ihr Ergebenster
Frz. Schubert.

Wenn Schuberts Herr „Bäutel", wie anzunehmen ist, mit seinem Lehrer Peitl von 1813/14 (siehe 19. August 1814) identisch ist, so handelt es sich vielleicht um ein Schülerkonzert in der Normal-Hauptschule, für das Schubert ein Orchesterstück beizusteuern versprochen hatte. Er wollte offenbar nicht mit den vor 1820 geschriebenen Werken dienen. – Die Ouvertüre zu Heinrich v. Collins Schauspiel „Coriolan" war Schubert als unbewußtes Vorbild für die Klavierbegleitung seiner „Forelle" vorgehalten worden, als er das neue Lied ins Konvikt gebracht hatte. Er wollte es zerreißen und wurde (nach Leopold Ebners Bericht) nur mit Mühe davon abgehalten. Dies bezieht sich zweifellos auf den 52. Takt der Ouvertüre und auf die Ähnlichkeit der Mittelteile in beiden Werken, an einer übrigens keineswegs ungeläufigen Stelle.

Januar 1823

Aus Anton Zieglers Adressenbuch von Tonkünstlern, Dilettanten, Hof-, Kammer-, Theater- u. Kirchen-Musikern etc. in Wien

Gesellschaft der Musikfreunde in dem österreichischen Kaiserstaate.

Ausübende Mitglieder:

Klavier – die Herren: ... *Schubert Franz*, wohnt in der Stadt, Spiegelgasse, Göttweiherhof. – –

Viola – Die Herren: ... *Schubert Franz*, wohnt in der Stadt, Spiegelgasse, im Göttweiherhof.

Tondichter und Schriftsteller:

Schubert Franz, [wie oben].

Vgl. 18. November 1821, 5. März 1822 und Ende 1822, zur Adresse ebenfalls Ende 1822.

Aus der amtlichen „Wiener Zeitung" vom 5. Februar 1823

Bei Cappi und Diabelli,
Kunst- und Musikhändlern, am Graben Nr. 1133,
sind neu erschienen und zu haben:

Walzer, Ländler und Ecossaisen
für das Pianoforte,
komponiert von Franz Schubert.
Achtzehntes Werk.
Erste Abteilung 1 fl. 30 kr. Zweite Abteilung 1 fl. 30 kr. W. W.

Dieses jüngste Werk des genialen Tondichters, welcher sich vorzüglich durch Originalität und liebliche Ideen auszeichnet, wird seinen zahlreichen Verehrern gewiß eine angenehme Erscheinung sein.

Februar 1823

Zweite Rechnung von Josef Hüttenbrenner

Rechnung an Schubert

den 7t 8b 822	1 f 40 kr
9t Notenpapier für die Messe	4.30
dem Sandbichler I a conto für Kopien	3.–
Schubert	–.40
18t 8b do.	2.–
19t do. do. Entree Leopoldstadt	1.–
21t do. baar	5.–
4t 9b Sandbichler Kopiatur-Kosten	5.–
14t do. Schubert baar	1.–
19t do.	1.–
5t Februar Schneidermstr. Titze an nachträgl. Forderung	5.–
Baar im Februar	20.–
Dem Kopisten bei Fürst Schwarzenberg bzlt für die Messe	15.–
	69 fl 50 kr
Von Cappi u. Diabelli erhalten	10 f
# Rest	59 f 50 kr

Erhalt. hiervon 1 Gold #.

Vgl. die erste Rechnung von Anfang 1823. Die erste Summe ist wieder falsch, sie sollte 64 fl. 50 kr. lauten. Neu sind die folgenden Posten: die Kopiatur, wahrscheinlich für kleinere Werke, des Herrn Sandbichler (vielleicht Florian S., ein Student aus Tirol, der später Buchhändler in Wien wurde), bezahlt am 9. August, zugleich mit dem Notenpapier für die Messe, und am 4. September 1822; außer den 4 oder 5 fl. am 21. August noch 1 fl. am 14. September und im Februar 1823 weitere 20 fl. für Schubert persönlich, der also die am 3. Januar bezahlte Summe wieder zurückgenommen hatte; die restliche Schneiderschuld am 5. Februar. Wie das Notenpapier ist auch die Kopie der Messe erst jetzt wirklich eingesetzt (den Kopisten mag Schubert durch Barth kennengelernt haben). Der Rest von Cappi & Diabelli ist von Hüttenbrenners Ausgaben wieder abgezogen. Wenn er einen Golddukaten bekommen hat, d. i. den Wert von 4 fl. 30 kr., so war ihm Schubert noch 55 fl. 20 kr., oder richtiger 50 fl. 20 kr. schuldig. Dafür mag er ihm das Autograph der zweiten Fassung seiner Oper „Des Teufels Lustschloß" überlassen haben. Josef Hüttenbrenner notierte darauf, daß er es von Schubert erworben habe.

Aus dem Programm der 13. Abendunterhaltung der Gesellschaft der Musikfreunde, am 20. Februar 1823

2. Gretchen am Spinnrade, Gedicht von Goethe, in Musik gesetzt von Schubert, gesungen von Frl. v. Linhart.

Vgl. 2. März 1821.

SCHUBERT AN DIABELLI

[Außen:]

Seiner Wohlgeb.
des H. v.
Diabelli

[Innen:]

H. v. *Diabelli*

Wien den 21. Febr. 1823

Hier überschicke ich das Quartett samt Klavier-Begleitung.
Die Erscheinung der 2 Hefte Walzer etc. hat mich etwas befremdet, indem sie nicht ganz der Abrede gemäß erschienen sind. Eine angemessene Vergütung wäre ganz an seinem Platz.
Übrigens bitte Sie, mir die Rechnung der 3 letzten Hefte gütigst einsehen zu lassen, indem ich abzuschließen gedenke, u. sie Ihnen, wenn sie wollen gegen 300 fl. W. W. als Eigenthum überlasse.
Auch bitte ich Sie noch um einige Exemplare von der Fantasie.

Franz Schubert.

Diabelli war der eigentliche Chef der Firma Cappi & Diabelli. – Das Quartett war „Naturgenuß" vom Mai 1816, das zusammen mit „Frühlingsgesang" als op. 16 im Herbst 1823 erschien. Die Begleitung war neu dazu geschrieben worden, offenbar auf Wunsch des Verlages. Obzwar op. 17, vier Männerquartette, zur gleichen Zeit ohne Begleitung erschienen ist, beide nach op. 18, so mag die Frage der Begleitung das Erscheinen beider Hefte verzögert haben. – Die zwei Hefte Walzer waren op. 18: „Walzer, Ländler und Ecossaisen". Womit Schubert unzufrieden war, ist nicht bekannt. Es scheint aber etwas gewesen zu sein, was seine materiellen Interessen berührte, da er eine Entschädigung erwartete. Wahrscheinlich hätten die Ecossaisen in einem dritten Heft separat erscheinen sollen. – Die drei letzten Hefte (nach der Fantasie, op. 15) waren die Liederhefte opp. 12–14, die wie opp. 1–7 in Kommission erschienen waren. Schubert hatte wohl bereits die Rechte für diese ersten Hefte an den Verlag verkauft und war nun dabei, auch jene der letzten Hefte aufzugeben, das heißt Platten, Restbestände und Verlagsrechte um ein Pauschale für alle Zukunft zu veräußern. Er soll 800 fl. W. W. für opp. 1–7 bekommen haben und begehrte jetzt 300 fl. für opp. 12–14, einen Preis, der aber gedrückt worden zu sein scheint, was wohl mit zu dem zeitweiligen Bruch zwischen Schubert und Cappi & Diabelli geführt hat. Leopold Sonnleithner war mit diesem Geschäft gar nicht einverstanden. Schubert hatte sich seiner Fürsorge entzogen, die ihm immerhin ungefähr 1000 fl. für jene zehn Hefte eingebracht hatte, das sind, zusammen mit der Abfindung von etwa 1000 fl., durchschnittlich 200 fl. W.W. pro Opus. Eine im ganzen günstige Abfindung, die sich wahrscheinlich noch günstiger gestaltet hätte, wenn Schubert hätte warten wollen oder können. Es ist freilich möglich, daß ihm die Abrechnung des Verlages nicht behagt hatte, daß er ihr nicht traute und sich damit nicht länger herumärgern wollte. – Das verzögerte, vielleicht von Esterházy honorierte Liederheft op. 8, die zwei Doppelnummern der Tanzhefte opp. 9 und 18, die Klavier-Variationen op. 10 und die drei Männerquartette op. 11 waren bereits als normale Verlagswerke bei Cappi & Diabelli erschienen, ebenso wie die verzögerten Quartette opp. 16 und 17 und das erst 1825 herausgekommene Goethe-Heft op. 19. Es folgte eine Pause in Schuberts Beziehungen zu dieser Firma.

AUS DER AMTLICHEN „WIENER ZEITUNG" VOM 24. FEBRUAR 1823

Bei Cappi und Diabelli,
Kunst- und Musikhändlern am Graben Nr. 1133,
ist neu erschienen und zu haben:

Fantaisie pour le Pianoforte,
composée et dediée
à Monsieur Em. Noble de Liebenberg de Zittin
par
François Schubert.
Oeuvre 15. Pr. 4 fl. W. W.

Die Fantasie ward von jeher als jene Gattung der Tonstücke anerkannt, in welcher die Kunst des Tonsetzers sich, von den Fesseln der Form befreit, am deutlichsten entfalten, und ihren Wert ganz erproben kann. Herr *Schubert* bewährte seine *Meisterschaft* in diesem neuesten Werke, in welchem er zeigte, daß er nicht nur die Gabe der *Erfindung* besitzet, sondern auch seine glücklichen Motive nach allen Forderungen der *Kunst* durchzuführen versteht. Die vorliegende *Fantasie* steht den ähnlichen Werken der ersten Tonsetzer würdig zur Seite, und verdient daher in jeder Hinsicht die Aufmerksamkeit aller Künstler und Kunstfreunde.

Auch dieses Opus erschien verspätet. Schubert hatte seine Belegexemplare schon einige Tage zuvor bekommen: statt der vereinbarten 20 Stück offenbar nur 12. – Die Fantasie wurde erst nach Schuberts Tod die Wanderer-Fantasie benannt.

Schubert an Mosel

[Kuvert:]

An den
Hochwohlgebornen Herrn
Hofrath, Edlen v. Mosel
in

Wien
im Mölkerhof
abzugeben.

[Innen:]

Hochwohlgeborner Herr Hofrath!

Verzeihen, daß ich schon wieder mit einem Schreiben lästig fallen muß, da meine Gesundheitsumstände mir noch immer nicht erlauben, außer Haus zu gehen.
Ich habe die Ehre, Euer Hochwohlgeb. nun den 3ten und letzten Akt meiner Oper sam̄t der Ouverture zum 1ten Akt zu senden, mit der Bitte, mir dann Hochderselben Meinung darüber gütigst mitzutheilen. Sollte ich bis dahin noch nicht das Glück haben können, Euer Hochwohlgeb. selbst zu besuchen, so bitte ich nur, mir gefälligst anzeigen zu lassen, wann ich Hochderselben Urtheil sammt der ganzen Oper abhohlen lassen kann. Dürfte ich Hochdieselben vielleicht an Ihr so gütiges Versprechen erinnern, selbe mit einem wohlwollenden Schreiben an *Weber* zu begleiten, so wage ich es sogar, wenn Euer Hochwohlgeb. nicht ungehalten darüber sind, zu bitten, meine Oper mit einem ähnlichen Schreiben an Freyherrn von Könneritz, der nach Weber's Nachricht die Leitung des Dresdner Theaters führt, gütigst vermehren u. mir übersenden zu wollen.
Und nun, da ich Euer Hochwohlgeb. schon mit so vielen Bitten belästige, so füge ich in Gottes Nahmen ganz demüthig noch die letzte hinzu: Ob Hochdieselben nicht so gütig

seyn wollten, mir Ihr meiner Wenigkeit zugedachtes Opernbuch indessen zukommen zu lassen, indem ich heilig versichere, es getreulichst zu bewahren und ja Niemanden auch nur sehen zu lassen.

Mit größter Hochachtung
Euer Hochwohlgeboren

Wien den 28. Febr. 1823.

Ergebenster Diener
Franz Schubert.

Ein etwas früher geschriebener Brief Schuberts an Mosel scheint verlorengegangen zu sein. – Wir hören hier zum ersten Male von einer Erkrankung Schuberts, die ihn schon um Neujahr befallen zu haben scheint. – Die Oper ist „Alfonso und Estrella", deren Kopie er Mosel zur Einsicht schickte. Zu seinem Brief an Weber siehe Herbst 1822. – Hans Wilhelm Traugott v. Könneritz, geboren 1753, war Intendant der königlichen Oper in Dresden. Mosel war Komponist und hatte selbst u. a. die Oper „Cyrus und Astyages", Text nach Metastasio von Matthias v. Collin (1818), geschrieben, war aber auch dramatischer Autor. Es scheint, daß Schubert an einem Libretto von ihm interessiert war oder zumindest sich interessiert zeigte.

Aus dem Programm der 15. Abendunterhaltung der Gesellschaft der Musikfreunde, am 6. März 1823

(D: H. v. S. [Dirigent Herr v. Schmiedel])

2. Die abgeblühte Linde (Lied von Schubert), vorgetragen von Herrn Rueß.

Johann Baptist Schmiedel, geboren in Wien 1790, Akzessist (Anfänger) der Allgemeinen Hofkammer, war Bassist und Klavierspieler (Schüler Ruzickas), Ausschußmitglied der Gesellschaft der Musikfreunde und Direktor ihrer Konzerte, später Chorregent in der Augustiner-Hofkirche. Bei Pettenkofer hatte er u. a. Händels „Alexanderfest" („Timotheus") dirigiert. – Schuberts Lied war an Stelle eines Duetts von Spontini eingelegt worden. Über Rueß siehe 29. März 1821 und 13. September 1822.

25. März 1823: „Drang in die Ferne" (op. 71, D. 770) erscheint in der „Wiener Zeitschrift für Kunst usw."

Anton v. Doblhoff an Schober

[Hajan bei Brünn?, Frühjahr 1823?]

Wir haben das schnödeste Wetter, Regen, Schneegestöber, den rauhesten Nordwind, und sind auf dem Lande! – wie trotze ich diesem Ungestüm auf das nachdrücklichste, als daß ich mein Stückchen Phantasie zur Hand nehme, und mich recht anmutiglich in die Wasserburg zu den innigst geliebten Freunden versetze – war es damals nicht auch kalter Winter, und ging mir doch im engen Stübchen immer das Herz so warm, ja glühend und blühend auf, und also will ich auch jetzt ganz bei Euch sein, und nicht früher Euch verlassen, bis die Sonne lieblich scheint und mich in den Föhrenwald lockt. – Josef, einen schwarzen Kaffee, und eine lange türkische Pfeife, und heute wird nicht Schach gespielt, liebster Schober, heute sind wir zu traulich beisammen. – Jetzt wird es doch schon ausgemacht sein, lieber Bertel; jetzt wird doch bald die holde Estrella die geduldig gespannte Erwartung belohnen – . . . aber Ihr seid so wortkarg, so einsilbig, ja ihr sprecht gar nicht – ach Gott, Ihr seid gar nicht da, und alles ist leider ein Traum, – war's aber nicht ein schöner Traum, und habe ich ihn nicht so oft wirklich gelebt; und wird die verblühte Wirklichkeit nicht erst im Entbehren vollendet, und in der Erinnerung herrlich, und also will ich auch jetzt zufrieden und selig sein. – Mir steht eine volle Bib liothek zu Diensten, und eine klangvolle Stimme versteht, Schuberts begeisternd melodische Weisen zu singen.

Anton Freiherr v. Doblhoff-Dier, geboren 1800, einst Zögling Senns, Schüler Salieris, Bräutigam der Jeanette Cuny de Pierron, war der Polizeibehörde auch seit 1820 verdächtig, wurde aber Staatsmann, später wiederholt Minister in Österreich. Er schrieb auch landwirtschaftliche Abhandlungen. – Das Gut Hajan in Mähren hatte bis 1810 Leopold v. Smetana, Rudolfs Vater, gehört. Doblhoff weilte um diese Zeit dort. – Die „Wasserburg" ist das Café Wasserburger. Josef hieß ein Kellner dort. – „Bertel" ist ein früher Kosename Schuberts, der aus der zweiten Hälfte seines Namens gemacht wurde. – „Estrella" ist natürlich die Oper.

8. April 1823: Abschiedsfest für Franz v. Bruchmann.

Aus der amtlichen „Wiener Zeitung" vom 10. April 1823

Bei Sauer und Leidesdorf,
k. k. privil. Kunst-, Alabasterhändler und Musikalienverleger in Wien.
Kärntnerstraße Nr. 941, ist soeben neu erschienen:

Drei Lieder

[Sei mir gegrüßt. – Frühlingsglaube. – Hänflings Liebeswerbung.]
für eine Singstimme mit Begleitung des Pianoforte,
von
Franz Schubert.
20. Werk . . . 1 fl. 30 kr. W. W.
Dieselben Lieder mit Guitarre-Begleitung. 1 fl. 15 kr. W. W.

Das Opus ist Frau v. Bruchmann gewidmet. Es war das erste Werk Schuberts, das nicht bei Cappi & Diabelli erschien.

Schubert an Cappi & Diabelli

Euer Wohlgeboren!

Haben mich durch Ihr Schreiben wirklich überrascht, indem ich nach dem eigenen Ausspruch des H. v. Cappi die Rechnung gänzlich abgeschlossen wähnte. Da ich zwar schon durch das frühere Verfahren bey Herausgabe der Walzer nicht die allerredlichste Absicht meiner Verleger bemerkte, so konnte ich mir dieses zweyte Benehmen auch erklären, woraus Sie sich, meine Herren, wieder sehr natürlich erklären können werden, warum ich mit einem andern Kunsthändler in ein dauerndes Verhältniß getreten bin. Nicht recht begreif ich übrigens die Angabe einer Schuld von 150 fl W. W., indem die Copiatur der Oper nach Ihrem Ausspruche nur auf 100 W. W. sich belief. Doch dem sey, wie es wolle, so glaub ich, dß der so äußerst geringe Verkauf[preis] der früheren Sachen, so wie jener der Fantaisie zu 50 fl W. W. jene mir ungerecht auferlegte Schuld längst getilgt hat. Indem ich aber sehr zweifle dß Sie diese zu menschliche Gesinnung hegen, so mache ich Sie höflichst aufmerksam, dß ich die gerechte Forderung von 20 Exemplaren der letzteren u. von 12 der früheren Hefte zu machen habe, u. die noch gerechtere der 50 fl, welche Sie mir wirklich auf eine *gar feine* Art zu entlocken wußten. Rechnen Sie dieses gütigst zusammen, u. sie werden finden, dß meine Forderung nicht nur die größere sondern auch die gerechtere ist, welche ich aber dennoch nicht gemacht haben würde, wenn Sie mich nicht so unangenehm daran erinnert hätten. Da die Schuld, wie Sie gefälligst einsehen werden, auf diese Weise schon längst getilgt war, so kann also auch von Herausgabe von Liedern ganz u. gar keine Rede seyn, welche Sie abermahls nicht wohlfeil genug taxieren konnten, indem ich gegenwärtig für 1 Heft 200 fl W. W. bekomme, und mir H. v. Steiner schon mehrere Mahle den Antrag zur Herausgabe meiniger Werke machen ließ. Zum Schluße muß ich Sie noch ersuchen, mir meine sämmtlichen Manuscripte sowohl der gestochenen als der ungestochenen Werke gefälligst zu senden.

Mit Achtung

Frz. Schubert
Compositeur.

den 10. Aprill 1823.

N. B. Ich bitt um genaue Rechnung der mir verabfolgten Exemplare seit unserm ersten Verkaufs Abschluß, indem ich finde, dß meine Rechnung die Ihrige bey weitem übersteigt.

[Empfangsbestätigung:]
Von Manuskripten 1 Sonate, 2 Hefte Lieder u. 2 Lieder auf 1 Blatt zurückerhalten.

Jos. Hüttenbrenner.

Dieser scharfe Brief folgte dem noch zurückhaltenden vom 21. Februar 1823. Inzwischen war das Liederheft bei Sauer & Leidesdorf erschienen. – Schubert hatte offenbar, nach der Antwort auf seinen Brief vom 21. Februar 1823, den Verlag besucht und war mit Peter Cappi in Abwesenheit Diabellis zu einem Abschluß gekommen, den nun ein neuer Brief widerrufen hatte. Er war natürlich schon vor dieser Enttäuschung mit dem anderen Verlag zu einem Abkommen gelangt, wozu jener zweite Brief Cappi & Diabellis sich offenbar auch geäußert hat. Die Kopiatur, über deren Kosten Schubert erst jetzt unterrichtet worden war, wäre für „Alfonso und Estrella" nicht zu teuer gewesen, nachdem der Verlag für die der Oper „Des Teufels Lustschloß" 90 fl. berechnet hatte. Die „früheren Sachen" sind wohl die nun pauschaliter verkauften Opera 1–7 und 12–14. Die Fantasie ist natürlich Opus 15, die 50 fl. das einmalige Honorar dafür. Die „früheren Hefte", von denen Schubert nicht einmal die zuerst vereinbarten 12 Belegexemplare bekommen hatte, waren wohl die Opera 8–11 und 18. – Die „entlockten" 50 fl. sind vielleicht die Differenz zwischen Schuberts Forderung von 300 fl. für die Ablöse der Opera 12–14 und der ihm dafür bezahlten geringeren Summe von etwa 250 fl. Völlig ist Schuberts Rechnung ohne den verlorengegangenen Brief des Verlages nicht zu verstehen. – Wenn Schubert jetzt ein Fixum von 200 fl. für ein Liederheft bekommen sollte, so hatte er sich (siehe 31. Oktober 1822) zu sechs Heften im Jahr verpflichtet, oder die von Josef Hüttenbrenner genannte Summe von 1200 fl. bezog sich auf zwei Jahre zu je drei Heften. – Siegmund Anton Steiner, geboren 1773, war der Inhaber der Firma Steiner & Co., der seit 1810 auch Tobias Haslinger angehörte. Von einem Angebot der Firma an Schubert ist sonst nichts aus dieser Zeit bekannt. – Der „erste Verkaufs-Abschluß" bezog sich wohl auf die Abtretung der Opera 1–7. – Die Bestätigung am Ende ist von Josef Hüttenbrenner geschrieben, der offenbar, auf die Antwort der Firma hin, sie aufgesucht hat, um die Manuskripte zu übernehmen. Er bekam wohl nicht alle (siehe 4. August 1824). Die Sonate mag die in a-Moll vom Februar 1823 gewesen sein, die dann doch bei Diabelli erschienen ist; allerdings erst 1839 als op. posth. 143. Die zwei Sammlungen von Liedern und das Blatt mit den 2 Liedern waren wohl auch noch ungedruckte Werke.

10. April 1823

Antrag Johann Baptist Jengers in einer Ausschuss-Sitzung des Steiermärkischen Musikvereins

Mit Berufung auf den § 9 der Statuten erlaube ich mir, den Tonsetzer Herrn Franz Schubert in Wien zur Aufnahme als auswärtiges Ehrenmitglied vorzuschlagen, weil dieser zwar noch junge Kompositeur durch seine Kompositionen doch schon den Beweis geliefert hat, daß er einstens als Tonsetzer einen hohen Rang einnehmen werde, und er dem steirischen Musikvereine es gewiß Dank wissen würde, ihn zuerst als Ehrenmitglied eines nicht unbedeutenden Vereines aufgenommen zu haben.

Das war die erste und eine der wenigen Ehrungen, die Schubert zu Lebzeiten erfahren hat. Sein Ruhm war gewiß schon über das Weichbild von Wien hinausgedrungen, aber es waren doch meistens nur persönliche Freunde, die zu seiner Ausbreitung beitrugen. – Paragraph 9 der Statuten von 1821, von denen Schubert ein Exemplar zusammen mit dem Ehrendiplom bekam, lautet: „... vorzügliche Tonkünstler des In- und Auslandes können als auswärtige Ehrenmitglieder von jedem Vereinsmitglied in Vorschlag gebracht werden.... von ihnen wird erwartet, daß sie auch in der Entfernung nach ihren Kräften zum Wohle des Vereines beitragen werden." Der 1815 gegründete Verein hat 1820 u. a. Mosel, Diabelli, Moscheles, Lannoy, 1821 Beethoven, Salieri, Mayseder, Hellmesberger zu auswärtigen Ehrenmitgliedern ernannt. Mit Schubert wurde Prof. Schneller, Castelli und Jaëll die selbe Ehrung zuteil; später auch Haslinger, Kiesewetter, Abbé Stadler, Josef Sonnleithner, Jäger und Eybler. Anselm Hüttenbrenner und Jenger sind wohl nur „teilnehmende Ehrenmitglieder" geworden, deren Diplom sich von jenen der „auswärtigen" im Text und in der Ausstattung unterschied.

Das Ehrendiplom des Steiermärkischen Musikvereins für Schubert

Der von Seiner k. k. Majestät allergnädigst bestätigte Musikverein in der Steiermark welcher durch Ausbildung und Vervollkommnung der Tonkunst auf dem Blumenpfade geistiger Vergnügungen das Ziel moralischer Veredelung, religiöser Erhebung der Gemüter im Vaterlande zu erreichen strebt, gibt sich die Ehre, Euer Wohlgeborn Herrn *Franz Schubert* in voller Würdigung Ihrer bereits allgemein anerkannten Verdienste als Tonkünstler und Tonsetzer hiermit die Ernennung zum auswärtigen Ehren-Mitgliede durch gegenwärtiges Diplom bekannt zu geben.

Gratz am sechsten April 1823.

Ignatz Graf von Attems	Johann Ritter von Kalchberg	Johann Baptist Jenger
Präses	Repräsentant	Sekretär

Das Diplom, das sich bei Nachkommen der Familie Schubert erhalten hat, ist ähnlich dem für Beethoven am 1. Januar 1822 ausgestellten (Historisches Museum der Stadt Wien). Die Unterschiede sind:

Beethoven	*Schubert*
Euer Hochwohlgeboren würdigend die Hochverdienste des größten Tonsetzers unseres gegenwärtigen Jahrhunderts	Euer Wohlgeboren in voller Würdigung Ihrer bereits allgemein anerkannten Verdienste als Tonkünstler und Tonsetzer

Im Anfang spricht die Formel bei Beethoven vom „hehren Ziel" des Vereins, bei Schubert nur vom „Ziel"; aber das war wohl ein Versehen, denn die lithographierten Vordrucke für Mitglieder und teilnehmende Ehrenmitglieder zeigten auch die Formulierung vom „hehren Ziel". Die Diplome haben links eine Vignette mit den Namen Ossians und Homers, rechts eine mit denen Haydns und Mozarts. Eine Oblate zeigt das Blindsiegel des Vereins mit dem Wahlspruch „UT RElevat MIserum FAtum SOliosque LAbores". – Ignaz Maria Graf Attems, geboren 1774, war Landeshauptmann (Gouverneur) von Steiermark. – Wenn die beiden anderen Dokumente (der Antrag Jengers und der Brief des Vereinsausschusses) in der Vereinsgeschichte richtig datiert sind, dann muß das Diplom schon vor der Sitzung fertig gewesen sein, ihr Beschluß also nur eine Formalität. Das Diplom wurde Schubert durch Anselm Hüttenbrenner (Graz) und seinen Bruder Josef (Wien) zugestellt.

Mitte April 1823

Der Ausschuss des Steiermärkischen Musikvereins an Schubert

Eure Wohlgeboren!

Die Verdienste, welche Sie um die Tonkunst bereits sich erworben haben, sind zu allbekannt, als daß der Ausschuß des steiermärkischen Musikvereines nicht auch davon Kunde haben sollte. Indem derselbe Ihnen nun einen Beweis seiner Anerkennung geben will, hat er Sie zum auswärtigen Ehrenmitgliede des steierm. Musikvereins aufgenommen, worüber im Anschluß das diesfällige Diplom nebst einem Exemplar der Gesellschaftsstatuten mitfolgt:

Vom Ausschusse:
Kalchberg. Jenger.

Johann Nepomuk Ritter von Kalchberg, geboren 1765 in Pichl (Steiermark), war ständischer Verordneter (Landesabgeordneter), Repräsentant des Vereins, Dichter und Historiker.

Aus der Wiener „Allgemeinen musikalischen Zeitung“ vom 30. April 1823

Phantasie von Fr. Schubert, Op. 15. Cappi und Diabelli. Eine Phantasie ist ein Tonstück, worin der Komponist den Fittichen seines Erfindungsgeistes eine ganz freie Schwungkraft erlauben, die seltsamsten Formen zur möglichsten Einheit verbinden und so ein Bild vor unsere Seele stellen kann, das durch Lebendigkeit der Farbe, Gestalt und Gruppierung, durch Mannigfaltigkeit der zu einem schönen Ganzen vereinten Mittel unser Empfindungsvermögen auf eine höchst interessante Art in Anspruch nimmt.
Hiermit soll nun nicht etwa gesagt sein, als ob er alle Gesetze der Tonkunst vernachlässigen und sich vielleicht selbst eine Norm für das erschaffen könnte, was in der Kunst ewig, fest und notwendig ist – das Schöne. Es soll vielmehr anzeigen, daß er durch die Unterschiede, welche die Arten des Stils trennen, weit weniger gebunden ist, und daß es ihm freisteht, ja sogar daß von ihm gefordert wird, in dem kleinen Rahmen seines Bildes den Zauber einer eigenen, bunten Welt zu entfalten.
Es ist also ein Tonstück, wo die Fülle der musikalischen Erfindungskraft keinen solchen Zwang in der Form zu beobachten hat und gleichsam als reißender, von hindernden Dämmen befreiter Strom die reizenden Gefilde der Tonkunst nach allen Richtungen und Verzweigungen durchirren kann.
Ein solches Tonstück ist aus diesem Grunde wohl am meisten geeignet, die Gefühle, welche den Tonsetzer bei der Erschaffung desselben beseelten, getreu in sich aufzunehmen und wiederzugeben, ja es kann füglich als ein Spiegel seiner Tiefe angesehen werden. Da nun ein Tonsetzer, wie Herr Schubert, der schon früher in seinen allgemein geschätzten Liederkompositionen ein tiefes Gemüt verriet, mit einem solchen Seelengemälde auftritt, kann es der musikalischen Welt nicht anders als erfreulich sein.
Die oben angezeigte Phantasie beginnt im Allegro con fuoco. Den Eingang bezeichnet ein einfacher, kurzer Satz, welcher dem ganzen Tonwerke zur Unterlage dienet, und fast neckend, bald verschwindet, bald wieder ganz unerwartet, aber stets überraschend, ans Licht tritt, und endlich von einem Adagio ersetzt wird, worin der Verfasser in lieblichen Melodien hervortritt, und nebenbei sowohl in diesem als auch in dem darauffolgenden Presto, $^3/_4$ Takt, dem Klavierspieler Gelegenheit gibt, seine Fertigkeit auf die glänzendste Weise zu erproben.

Der Tonsatz ist ziemlich rein, nur sei es erlaubt, dem geschätzten Verfasser zu bemerken, daß er in Hinsicht der guten Akkordenfolge hier und da doch zu weit gegangen und selbe nicht jedem Gehör erträglich sein dürfte; wie sich z. B. gleich anfangs auf der zweiten Zeile, im zweiten und vierten Takt zeiget, welche Stelle später wiederholt wird, sowie auch das stete Anschlagen des A auf der sechsten Seite, Zeile 2–3, nicht auf harmonische Grundsätze gebaut ist und sich füglich durch andere Töne ersetzen ließe, wie z. B. die halbe Note A im letzten Takte der zweiten Zeile durch G, weil dadurch ein dahin gehöriger Sechsten-Akkord bezeichnet wird usw., denn diese ganze Stelle läßt sich auf keinen Fall auf ein Tastosolo oder einen Orgelpunkt zurückleiten.
Schließlich muß noch bemerkt werden, daß sich vermutlich einige Fehler während des Stiches eingeschlichen haben, wovon die letzte Note der rechten Hand auf oben bemerkter sechster Seite, Zeile 2, Takt 2, unter mehreren anderen zeugen dürfte.

Die wichtigsten Stichfehler der Erstausgabe sind im Revisionsbericht der Gesamtausgabe angeführt; davon hat sich allerdings der erste als Schuberts Schreibung erwiesen. Das Original-Manuskript wurde erst nach dem Abdruck in der Gesamtausgabe zugänglich. – Die Kritik stammt vielleicht vom Herausgeber der Zeitschrift, Kanne.

Bruchmann an Schober

[Unterwegs,] Am letzten April 823.

. . . Mit diesen Zeilen geht zugleich ein Brief an meine Mutter ab, mit der Bitte, Ihnen und Schubert auf ein Monat einige Zimmer des Mutwillens einzuräumen unter den bebesprochenen Bedingungen . . . wird am 13ten Mai Schubertiade im Mutwillen sein?

Bruchmann befand sich auf einer Reise durch die Steiermark und Oberösterreich. Der „Mutwille" war ein solid gebautes Gartenhaus auf dem Landsitz in Hütteldorf, das die Familie Bruchmann wiederholt (1819 bis 1823) des Sommers bewohnt hat. Dieses Gartenhaus ist auf mehreren Abbildungen dargestellt und war in dem englischen Park des Fürsten Karl Paar gelegen, von dem die Bruchmanns es gemietet hatten. Es war ebenerdig, enthielt fünf hübsch eingerichtete Räume, deren einer unterteilt war und in einer Hälfte eine Spiegelwand hatte, auf der sich durch ein Periskop im Dache die schöne Umgebung abbildete. Hütteldorf (siehe 22. Mai 1822), ist ein Vorort im Westen Wiens; der Park im Rosental ist noch erhalten (heute Dehnegasse 15), nicht aber der „Mutwille". Ob Schubert und Schober die Gelegenheit benützt haben, vor dem Sommeraufenthalt der Bruchmanns dort abzusteigen, ist unbekannt; ebenso, ob sie am 13. Mai dort eine Gesellschaft gegeben haben. (Der 11. war der Geburtstag, der 12. der Tauftag der dort 1820 verstorbenen Sibylle v. Bruchmann.)

Gedicht von Schubert

Mein Gebet.

Tiefer Sehnsucht heil'ges Bangen
Will in schön're Welten langen;
  Möchte füllen dunklen Raum
  Mit allmächt'gem Liebestraum.

Großer Vater! reich' dem Sohne,
Tiefer Schmerzen nun zum Lohne,
  Endlich als Erlösungsmahl
  Deiner Liebe ew'gen Strahl.

Sieh, vernichtet liegt im Staube,
Unerhörtem Gram zum Raube,
Meines Lebens Martergang
Nahend ew'gem Untergang.

Tödt' es und mich selber tödte,
Stürz' nun Alles in die Lethe,
Und ein reines kräft'ges Sein
Lass', o Großer, dann gedeih'n.

8. Mai 1823. Frz. Schubert.

Das Gedicht dürfte unter dem Einfluß der Krankheit geschrieben worden sein, die Schubert befallen hatte (siehe 14. August 1823). – Die Behauptung Ludwig Starks (geboren in München 1831), daß Schubert dieses Gedicht am 2. Juli 1825 morgens auf dem Kranabeth-Sattel bei Ebensee (Oberösterreich) für Starks ungenannten Großonkel in Traunkirchen geschrieben oder kopiert habe, ist unglaubwürdig. Schubert hielt sich um die angegebene Zeit nahe dem Höllengebirge auf, aber von einem Besuche dieser Gegend ist nichts bekannt; er war auch ganz anderer Stimmung als im Mai 1823 und hatte das Gedicht wohl längst vergessen. Stark hat übrigens die Musik zu den drei von Schubert nicht komponierten Liedern aus dem Zyklus „Die schöne Müllerin" geschrieben und Schuberts unvollendete Sonate in C-Dur (veröffentlicht 1861 als „Reliquie") ergänzt.

20. Mai 1823: Sophie v. Schober heiratet in Heiligeneich bei Atzenbrugg den k. k. Geometer Johann Ignaz Zechenter.

Aus der amtlichen „Wiener Zeitung" vom 27. Mai 1823

In der k. k. privil. Kunst-, Alabaster- und Musikalienhandlung
von Sauer und Leidesdorf in Wien,
Kärntnerstraße Nr. 941,
ist eben neu angekommen und zu haben:

....

Der Zwerg, und Wehmut.
Zwei Gedichte von Matthäus Edlen v. *Collin.*
In Musik gesetzt
für eine Singstimme mit Pianoforte-Begleitung
von
Franz Schubert.
Opus 22. 1 fl. 30 kr. W. W.
Dieselben mit Guitarre-Begleitung sind unter der Presse.

Das Opus ist dem Textdichter gewidmet. Die erste Auflage, mit der falschen Verlagsnummer 337, enthält manche Irrtümer, es fehlen auch zahlreiche Vortragszeichen. Die zweite Auflage der Erstausgabe, mit der Nummer 357, hat die Zeichen ergänzt.

Anton v. Spaun an Schober

[Linz,] 4. Juni 1823.

... Wir haben neulich mehrere Schubertische Lieder von Vogl in Florian singen hören, unter andern den Zwerg, Gesang des Greisen, Nacht und Träume etc., welche wahrhaft göttliche Lieder sind. Mit dem langen Huber hat sich bei dieser Gelegenheit eine komische Szene ereignet. Der Bassist Linder von hier war ein Schulkamerad von Vogl, und brannte vor Begierde, ihn nach 36 Jahren zum erstenmale wieder zu sehen. Er nahm aber aus Irrtum statt Vogl Huber beim Hals, drückte den Widerstrebenden so heftig an seine Brust, daß er kaum mehr Atem hatte, um zu protestieren. – Während nun Linder immer fragte, ob er denn seinen alten Schulfreund, seit 36jähriger Trennung, nicht mehr kenne, und Huber beteuerte, daß er sich irren müsse, kam Vogl dazu und löste das Rätsel; indeß kann man sich leicht denken, daß sowohl Huber als Vogl sich durch diesen Mißgriff nicht geschmeichelt fühlten.

St. Florian ist eine im Mittelalter gegründete und südöstlich von Linz gelegene Augustiner-Abtei, in deren Kirche eine berühmte Orgel steht (bekannt durch Anton Bruckner, der in der Krypta begraben ist). Die Brüder v. Spaun waren dort gern gesehen und oft beim Prälaten zu Gaste. Dieses Amt übte damals seit kurzem Michael v. Arneth (geboren 1771) aus. – Der „lange" ist wieder Josef Huber. – Franz Xaver Linder, pensionierter Pfleger, war Ausschußmitglied des Linzer Musikvereins.

Aus der amtlichen „Grazer Zeitung" vom 7. Juni 1823

Es scheint, als wollte die Tonkunst gegenwärtig in unserer Hauptstadt recht festen Fuß fassen. Außer dem Musikverein, welcher das Gedeihen derselben sich eifrigst angelegen sein läßt, bilden sich kleinere musikalische Zirkel, wo man bemüht ist, klassische Werke einzuüben. Man hört da . . . Männerquartetten von Schubert . . .

Anselm Hüttenbrenner.

Diese Notiz erschien in der belletristischen Beilage der Amtszeitung, genannt „Der Aufmerksame", und wurde am 2. Juli 1823 auch in der Wiener „Allgemeinen musikalischen Zeitung" abgedruckt.

10. Juni 1823: Bischof Dankesreither stirbt in St. Pölten.

Aus der Wiener „Allgemeinen musikalischen Zeitung" vom 11. Juni 1823
[In einer Besprechung von sechs Liedern Johann *Spechs*]

. . . Allerdings gibt es Dichtungen, welche ihrer furchtbaren Tiefe, ihrer mystischen, inhaltsschweren Bedeutung wegen vom Tonsetzer absichtlich so behandelt werden müssen, daß ihre Melodie mehr schroff und eckig als schmiegsam erscheine, und von solchen hat uns der geniale *Schubert* in seinen Liedern manches gediegene Werk als Beispiel aufgestellt.

Spech, 1768 in Preßburg geboren, lebte seit einigen Jahren als Musiklehrer in Wien und veröffentlichte zahlreiche Liederhefte. – Auch diese Notiz mag von Kanne stammen (siehe 20. April 1823).

Aus der amtlichen „Wiener Zeitung" vom 19. Juni 1823

In der k. k. privil. Kunst-, Alabaster- und Musikalienhandlung
von Sauer und Leidesdorf
in Wien, Kärntnerstraße Nr. 941, ist soeben neu erschienen:

Auf der Donau. Der Schiffer.
Wie Ulfru fischt.
Gedichte von J. *Mayrhofer*.

In Musik gesetzt für eine Baßstimme, mit Begleitung des Pianoforte
von
Franz Schubert.
21stes Werk. Preis 1 fl. 30 kr. W. W.

Fr. *Schubert*, der Zwerg und Wehmut; in Musik gesetzt für eine Singstimme mit Pianoforte-Begleitung. Preis 1 fl. 30 kr.
Diese beiden Hefte erscheinen nächstens mit Guitarre-Begleitung.

Opus 21 erschien wieder außer der Reihe, möglicherweise weil wieder der Erlaubnisschein nicht rechtzeitig beigebracht werden konnte; denn das Werk ist dem Dichter gewidmet, der zu dieser Zeit auf Urlaub war.

Der Neffe Karl in Beethovens Konversationsheft, Ende Juni 1823

Man lobt den Schubert sehr. Er sagt aber, der solle sich verstecken.
Unter „Er" war vielleicht Mosel gemeint.

Anton v. Spaun an Schober

[Linz,] Juli 1823.

... Ist Mayrhofer in Oberösterreich, kömmt Schubert und Kupelwieser oder Schwind?

Mayrhofer, der abermals auf Krankenurlaub war, weilte, wohl mit Huber, in Oberösterreich, zuerst aber in Steyr. Er ist am 25. Juli in Linz eingetroffen. Schubert kam später nach.

Titelblatt und Schlussvermerk des handschriftlichen Librettos der Oper „Fierabras"

praes: Wien am 22. Julius 1823

Letocha
k: k: Pol: Ober Comr.
als Theat Cens Comr

FIERRABRAS.
Heroisch romantische Oper in drei Akten.
1823.
Für das k: k: Hoftheater nächst dem Kärntnertore

J. Kupelwieser.

Wien am 21. Juli 1823.

[Am Schlusse:]

Die Aufführung wird om. del. gestattet.
Von der k. k. Polizeihofstelle.
Wien, den 19 August 1823

Zettler.

Das angeblich von Barbaja bestellte Libretto stammte von Josef Kupelwieser, der damals (1821 bis 1823) Sekretär des Kärntnertor-Theaters war. Es ist eine Kombination der altfranzösischen Novelle „Fierabras" und der deutschen Legende von „Eginhard und Emma". Fierabras, gewöhnlich falsch mit zwei „r" geschrieben, heißt soviel wie Aufschneider, Feuerfresser. Eginhard, oder Einhard, war Karl des Großen Sekretär, Emma des Kaisers Tochter. – Schubert hatte die Komposition schon Ende Mai begonnen und mehr als die Hälfte beendet, bevor die Zensur das Textbuch für die Hofoper genehmigte.

Das Manuskript des Librettos, das sich in der Wiener Schubert-Sammlung des Herrn Ignaz Weinmann erhalten hat und die Nummer 179 der Hofopern-Bibliothek trägt, wurde vom Dichter in seiner Funktion als Theatersekretär bei der Zensur eingereicht, dort von Philipp Letocha, Polizeioberkommissär im Kärntner-Viertel übernommen und in gebührendem Zeitabstand vom Hofkonzipisten, später Hofsekretär der Polizei- und Zensurhofstelle, Alois Zettler, erledigt. Zettler, geboren 1778 in Brüx (Böhmen; heute Most, Tschechoslowakei), war 1799 nach Wien gekommen und selbst ein Dichter. Seine Gedichte wurden posthum von Christoph Kuffner herausgegeben (1836). Schubert hatte 1815 ein „Trinklied" von Zettler komponiert. Die Formel „omissis deletis" bedeutet, daß die gestrichenen Stellen bei einer Aufführung wegzulassen sind. Es handelt sich u. a. um folgende Veränderungen: Im Personenverzeichnis mußte bei Roland, dem Fürsten der Mauren, sein Beruf „Hispanischer Admiral" getilgt werden, und im II. Akt, 9. Szene wurden im Satze Rolands: „In dieser Ritter, *Des Königs und des Reichs erhab'nen Vettern, Vertrauter* Mitte nah' ich, Fried' Euch bietend" die kursiv gedruckten Worte gestrichen; die Worte *Frankreich* und *Franken* mußten überall ersetzt werden. Es hatte also diesmal nicht die Religion, sondern die Politik zensuriert. – Grillparzer schrieb im Mai 1823 in Beethovens Konversationsheft: „Schließlich können Musiker von der Zensur nicht betroffen werden; wenn die nur wüßten, was ihr denkt, wenn ihr eure Musik schreibt!" Bald nachher schrieb er in das Album von Moscheles ein Gedicht über die Freiheit der Musik, in dem eine Strophe so lautet:

Tonkunst, dich preis' ich vor allen,
höchstes Los ist dir gefallen,
aus der Schwesterkünste drei
du die frei'ste, einzig frei . . .

Bruchmann an Schober

[Wien, Juli 1823?]

. . . Wenn Sie Schubert vor seiner Abreise herausbringen wollen, so werde ich *meinen Vater* um die Bestimmung des Tages angehen.

Die Bruchmanns wohnten während des Sommers wieder in Hütteldorf. Franz war Ende Juni von seiner kleinen Reise heimgekommen.

21. Juli 1823: Wenzel Ruzicka stirbt.

Leopold Kupelwieser an Schober

[Baden bei Wien, 26. Juli.]
Annatag 1823.

. . . Bei Collin hörte ich gestern, daß Schubert krank sei, Bradesky soll die Nachricht gebracht haben . . .

Collin ist Matthias v. Collin. – Bradesky ist wahrscheinlich identisch mit dem Steyrer Eisengewerken (Titel eines Bergwerkbesitzers) Brandetzky, der damals in Wien lebte und als scharfer Witzbold geschildert wird. Sein Name erscheint auch als Brandeyski, Kaufmann in Steyr. – Schwind war Ende Juni in Baden bei Sophie v. Schober zu Besuch gewesen.

28. Juli 1823: Nachmittags führen Josef v. Spaun und Albert Stadler Schubert und Vogl bei Friedrich Ludwig v. Hartmann in Linz ein, wo sie der begeisterten Familie einige Schubert-Lieder vortrugen. – Schubert dürfte gegen den 25. Juli nach Oberösterreich, wahrscheinlich direkt nach Linz gereist sein, wo er Vogl traf. – Friedrich Ludwig v. Hartmann, geboren 1773 in Ulm (Württemberg), war Regierungsrat bei der Oberösterreichischen Landesregierung. Seine Frau hieß Maria Anna (geboren 1779). Ihre Kinder waren Anna, geboren 1797, Fritz, geboren 1805, Franz, geboren in Würzburg 1808, Ludwig, geboren 1810, und Therese, geboren 1812. (Vater Hartmann besaß das Manuskript von Mozarts vermeintlich frühestem Werk, KV 1.)

AUS DER AMTLICHEN „WIENER ZEITUNG“ VOM 4. AUGUST 1823

In der k. k. privil. Kunst-, Alabaster- und Musikalienhandlung
von Sauer und Leidesdorf
in Wien, Kärntnerstraße Nr. 941, ist neu erschienen:

Die Liebe hat gelogen. Selige Welt.
Schwanengesang. Schatzgräbers Begehr.
Vier Gedichte.

In Musik gesetzt für eine Singstimme mit Pianoforte-Begleitung
von
Franz Schubert.
23stes Werk. Preis 1 fl. 30 kr. W. W.
Erscheint nächstens mit Guitarre-Begleitung.

Der Zwerg, und: Wehmut.
Zwei Gedichte.
In Musik gesetzt für eine Singstimme mit Pianoforte-Begleitung
von
Franz Schubert.
22stes Werk. Preis 1 fl. 30 kr. W. W.

. . . .

Dieselben mit Guitarre-Begleitung 1 fl. 15 kr. W. W.
(Werden fortgesetzt.)

Opus 23 erschien, wie vorher die Tanzhefte opp. 9 und 18, ohne Widmung.

4. August 1823

AUS DER „ZEITUNG FÜR DIE ELEGANTE WELT“ VOM 6. SEPTEMBER 1823

[Korrespondenz aus Wien, über die Nachtmusik auf der Bastei, zum Namenstag Domenico *Barbajas* von der deutschen Operngesellschaft dargebracht]
. . . Am meisten gefiel aber Schuberts *Nachtigall.*

SCHUBERT AN SCHOBER

Steyer, den 14. August 1823

Lieber Schober!

Obwohl ich etwas spät schreibe, so hoffe ich doch, dß Dich dieß Schreiben noch in Wien trifft. Ich correspondire fleißig mit Schäffer u. befinde mich ziemlich wohl. Ob ich je wieder ganz gesund werde, bezweifle ich fast. Ich lebe hier in jeder Hinsicht sehr einfach, gehe fleißig spazieren, schreibe viel an meiner Oper u. lese Walter Scott.
Mit Vogl komme ich recht gut aus. Wir waren miteinander in Linz, wo er recht viel u. recht schön sang. Bruchmann, Sturm und Streinsberg besuchten uns vor einigen Tagen in Steyer und wurden ebenfalls mit einer vollen Ladung Lieder entlassen.
Da ich Dich schwerlich vor Deiner Rückreise noch sehen werde, so wünsche ich Dir nochmahl alles Glück zu Deinem Unternehmen, u. versichere Dich meiner ewig wäh-

renden Liebe, die Dich auf das schmerzlichste vermissen wird. Laß, wo Du auch seyst, von Zeit zu Zeit etwas von Dir hören

Deinem
Freunde
Franz Schubert.

Kupelwieser, Schwind, Mohn etc. etc., an die *auch geschrieben ist, grüße ich alle herzlich*

Meine Adresse: Stadt Steyer, abzugeben am Platz bey H. v. Vogl

Schober war nach dem Tode Dankesreithers wahrscheinlich nach St. Pölten gereist und ist – vielleicht mit Hilfe einer Erbschaft vom Bischof – bald darauf nach Breslau gegangen, wo er zwei Jahre lang verblieb, um Schauspieler zu werden. – Nach einigen früheren Andeutungen finden wir hier die erste bestimmte Erwähnung von einer ernsten Krankheit Schuberts. Es steht außer Zweifel, daß es eine venerische war, wahrscheinlich Lues. (Eine klare Unterscheidung zwischen Gonnorrhoe und Syphilis wurde erst 1837/38 durch Philippe Ricord möglich, der Chefarzt des Hôpital du Midi für Syphilitiker in Paris war.) Kenner erwähnt in einem Brief an Luib vom 10. Mai 1858 (Wiener Stadtbibliothek) „eine Lebensepisode Schuberts, welche nur zu wahrscheinlich sein frühzeitiges Hinscheiden veranlaßte, gewiß aber beschleunigte". – August v. Schaeffer, geboren 1790, Schuberts erster Arzt, mit dem er auch auf Reisen in Fühlung blieb, hatte vor ihm das Wiener Konvikt besucht und war 1816 Mediziner geworden. Er hatte auch zwei Brüder Josef v. Spauns in Wien behandelt. – Die Oper ist „Fierabras". – Scott, ein Lieblingsdichter Vogls, wurde schon in einer Teilübersetzung der „Lady of the Lake" von Karoline Pichler erwähnt; Schober schrieb ein Gedicht auf ihn, der in Wien wie in Deutschland in Mode war. Was Schubert damals las und in welcher Übersetzung, wissen wir nicht. Als er 1825 bis 1827 Scott komponierte, benützte er Übersetzungen von Adam Storck, Sophie May und S. H. Spiker. – Mit Vogl stand Schubert also wieder auf gutem Fuße. – Bruchmann reiste neuerlich nach Erlangen, um Schellings Vorlesungen über Mythologie zu hören. Er blieb aber nur 14 Tage dort, wohl weil ihn sein Vater heimrief, denn die Polizei hatte von dieser unerlaubten Reise an eine deutsche Universität erfahren, und Bruchmanns Aussichten, Staatsbeamter zu werden, waren dadurch zunichte geworden. – Ignaz Alois Sturm war Doktor der Medizin, später Kreisarzt in Wels. – Streinsberg war in Linz angestellt. – Auch Doblhoff besuchte Schubert in Steyr (siehe 8. September und 12. November 1823). – Schubert dürfte damals schon mit Vogl, wie 1825, bei Paumgartner gewohnt haben.

15. August 1823: Bruchmann reist nach Erlangen.

August (?) 1823

Widmung einer Ecossaise (D. 145, Nr. 8, zweite Fassung) für Seraphine Schellmann

Hüpfen Sie mit diesem Eccossaise
Froh durch jedes Ach und Weh!

Franz Schubert.

Wie 1822 für ihren Bruder Albert (am 28. November), so schrieb Schubert jetzt für Seraphine Schellmann selbst, die seinen Schulkollegen Ebner heiratete, ein Stammbuchblatt, vielleicht anläßlich ihres Namenstages, den 3. September. Der Vers ist nur eine Variante eines 1817 geschriebenen.

Verlorenes Ehrendiplom des Linzer Musikvereines für Schubert, (August?) 1823

Zugleich mit Schubert wurde Vogl Ehrenmitglied des Linzer Vereins, in dessen Ausschuß Hartmann senior, Josef v. Spaun und Albert Stadler saßen. Der erst 1821 gegründete Verein hatte in Schubert den ersten namhaften Musiker gefunden, den er in die Reihe seiner Ehrenmitglieder einfügen konnte. (Hier wurde nicht zwischen teilnehmenden und auswärtigen Ehrenmitgliedern unterschieden.)

23. August 1823: Schubert und Vogl in Linz: sie besuchen mit den Hartmanns und deren Tochter Anna, mit Anton und Marie Ottenwalt abends die Schloßtaverne.

25. August 1823: Schubert und Vogl musizieren bei Ottenwalts im Fügerhof bei Linz; Friedrich Ludwig v. Hartmann ist auch zu Besuch dort. – Über diesen Nachmittag, an dem Mutter Spaun, die auch während dieses Sommeraufenthalts bei Ottenwalts wohnte, Gastgeberin war, berichtet Josef v. Spaun in seinen Familienerinnerungen: „Es war eine kleine Gesellschaft geladen. Nach dem Vortrag einiger wehmütiger Lieder geriet der weibliche Teil des Auditoriums ins Heulen, so daß das Schluchzen das Konzert Vogls und Schuberts zu einem vorzeitigen Ende brachte. Eine gute Jause (Kaffee mit Kuchen) und Schuberts wie Vogls Humor, brachten die Gesellschaft wieder in Ordnung. Den beiden Künstlern, die durch jene Tränen besonders geehrt waren, blieb der Tag, der erst im Mondlicht endete, unvergeßlich." (Der Fügerhof in Urfahr gegenüber Linz war nach seiner früheren Besitzerin, einer Gräfin Füger benannt.)

29. August 1823: Schubert, der mit Vogl noch einmal kurz in Steyr verweilt, bearbeitet dort Maximilian Stadlers Komposition des Psalms 8 für die Pfarrkirche.

31. August 1823: Schuberts Schwester Therese heiratet in der Roßauer Pfarrkirche Matthias Schneider. – Dieser, geboren 1788, war Lehrer an der Hauptschule im Waisenhaus, unterrichtete dort auch Singen und Cellospiel und wurde später Oberlehrer in der Vorstadt St. Ulrich. Therese hatte ihn wohl durch ihren Bruder Ferdinand kennengelernt.

Josef v. Spaun an Schober in Breslau

Linz, den 8. September 1823.

... Schubert war und Doppelhof ist hier. Es war mir leid, mit ersterem fast nie allein sein zu können.

Im Herbst 1823 besuchen Bruchmann und Doblhoff ihren Freund Senn in Trient.

Konradin Kreutzer an Louis Spohr

Wien, 16. September 1823.

... Wir haben dann [nach Webers Euryanthe und einer Oper von Kreutzer] noch ein paar neue originaldeutsche Opern – eine von *Halm*, eine andere von *Schubert* – auch schreibt *Beethoven* die schöne Melusine von *Grillparzer* ...

Die Oper Kreutzers war wohl „Der Taucher" (siehe 11. Oktober 1823), Text nach Schillers Ballade von Georg v. Hofmann. Sie wurde schon 1809 beim Fürsten Nikolaus Esterházy aufgeführt und am 24. Januar 1824 im Kärntnertor-Theater gegeben. (Vgl. auch 16. Mai 1822.) – Anton Halm, geboren 1789 in Wies (Steiermark), seit 1815 in Wien, erst Offizier, dann Klavierlehrer und Komponist, vor allem aber Pianist, war ein Freund Beethovens. Es wurde keine Oper von ihm unter Barbaja aufgeführt, sofern er überhaupt eine geschrieben hat. – Die Schubertsche ist der „Fierabras". – Grillparzer hatte für Beethoven das Libretto der „Melusina" geschrieben, das aber schließlich von Kreutzer komponiert und mit dessen Musik 1833 zuerst in Berlin aufgeführt worden ist. (Mendelssohn schrieb nach der Aufführung eine davon unabhängige Melusinen-Ouvertüre. Schwind hat das Märchen später in einem Bilderzyklus nacherzählt.)

Schubert an den Steiermärkischen Musikverein

Löblicher Musikverein!

Für das mir gütigst übersendete Ehren-Mitglieds-*Diplom*, welches ich wegen langer Abwesenheit von Wien erst vor einigen Tagen erhielt, danke ich verbindlichst.

Möchte es meinem Eifer für die Tonkunst gelingen, dieser Auszeichnung einst vollends würdig zu werden. Um auch in Tönen meinen lebhaften Dank auszudrücken, werde ich mir die Freyheit nehmen, dem *löblichen Vereine* ehestens eine meiner *Sinfonien* in Partitur zu überreichen.

Mit ausgezeichnetster Hochachtung
Eines löblichen Vereines
dankergebenster bereitwilligster Diener
Wien am 20t 7.br 1823 Franz Schubert.

Schubert, der vielleicht auch das Stift Kremsmünster besucht hatte, kam spätestens Mitte September nach Wien zurück. – Ob er damals an die Ausführung der E-Skizze von 1821 oder noch an die Vollendung der h-Moll-Sinfonie dachte, ist unbekannt. Da er das Manuskript dieses Fragments von 1822 später durch Josef Hüttenbrenner an dessen Bruder Anselm geschickt hat, also auf dem umgekehrten Wege wie er das Diplom aus Graz erhalten hat, ist es wahrscheinlich, daß er das Manuskript nicht für seinen Freund bestimmt hatte, der es durch etwa 40 Jahre bei sich verschlossen hielt, sondern wirklich für den Verein. Aber es ist nicht daran zu glauben, daß Schubert an die Möglichkeit einer Aufführung des Werkes dachte.

21. September 1823: Weber trifft wieder in Wien ein.

Schwind an Schober

Linz, den 3ten Oktober 823.

Über die Liedlerskizzen war er [Josef Kenner] sehr erfreut und konnte mit lauter Anschaun gar nicht fertig werden . . . Die Umschläge zum Liedler sind schon entworfen, und somit will ich ihn auf weißem Papier anfangen.

Schwind war also doch noch dieses Jahr nach Oberösterreich gekommen (siehe Juli 1823). Er wohnte bei Streinsberg. – Schubert hatte Kenners Ballade „Der Liedler“ schon 1815 komponiert, sie erschien aber erst 1825 als op. 38, dem Dichter gewidmet. Schwind dachte wohl nicht daran, seine Illustrationen mit der Musik herauszubringen. Aber die „Umschläge“, die nicht erhalten sind, lassen darauf schließen, daß er an eine Publikation dachte. Es haben sich nur sieben von zwölf Sepiazeichnungen erhalten (Bildband, S. 195–201), von denen Nr. 5 vielleicht als Umschlag angesprochen werden kann. Drei dieser Skizzen sind in lavierten Bleistiftzeichnungen ausgeführt worden, vermutlich war das die endgültig geplante Form des Zyklus.

Aus der amtlichen „Wiener Zeitung“ vom 9. Oktober 1823

Bei Cappi und Diabelli,
Kunst- und Musikhändlern, am Graben Nr. 1133,
sind erschienen und zu haben:

Schuberts neueste Gesänge
für vier Männerstimmen
mit Begleitung des Pianoforte oder der Guitarre.
Nr. 1. Frühlingsgesang, von Schober
Nr. 2. Naturgenuß, von Matthisson.
16tes Werk. 4 fl. 30 kr. W. W.

Vier Gesänge für vier Männerstimmen
ohne Begleitung.
[Jünglingswonne. – Liebe. – Zum Rundetanz. – Die Nacht.]
17tes Werk. 2 fl. W. W.

Diese beiden verzögerten Opera erschienen ohne Widmung. Die wie bei op. 11 vorhandene Ad-libitum-Begleitung für Gitarre stammt nicht von Schubert, obwohl sie auch in die Gesamtausgabe seiner Werke aufgenommen worden ist. – Der Titel des ersten Quartetts von op. 16 ist außen irrtümlich als „Frühlingslied" angegeben; innen ist es, wie in der Anzeige, „Frühlingsgesang" genannt.

Aus der „Wiener Allgemeinen Theaterzeitung" vom 11. Oktober 1823

In kurzer Zeit sollen außer *Webers* „Euryanthe" und *Kreutzers* „Taucher" noch auf dem k. k. Hoftheater nächst dem Kärntnertore erscheinen: die erste große Oper von dem vielversprechenden *Schubert*, dem geistvollen Tonsetzer des „Erlkönigs": *Fierobras* nach *Calderon* vom Hoftheatersekretär Herrn *Kupelwieser*. Auch spricht man, daß Herr *Schubert* eine kleine Oper komponiere.

Calderons Schauspiel „La puente de Mantabile" (1635), das 1809 in August Wilhelm v. Schlegels „Spanischem Theater" übersetzt erschien, berührt sich inhaltlich mit der Prosaübersetzung des altfranzösischen Romans „Fierabras", die im selben Jahre 1809 in Büsching und Hagens „Buch der Liebe" erschien, wo auch das Schauspiel erwähnt ist (vgl. 21. Juli 1823). – Die kleine Oper Schuberts war offenbar „Die Verschworenen" (siehe 29. November 1823).

Aus der Monatsschrift „The Harmonicon", London, Oktober 1823

(Besprechung von Karl Czernys „Variationen über einen beliebten Wiener Walzer") . . . Der Walzer ist so reizend und ausdrucksvoll, daß wir uns veranlaßt sehen, ihn hier abzudrucken.

Das war nun die erste (auch die letzte) Pressestimme aus, und der erste Nachdruck in dem nicht-deutschen Ausland. Freilich ein Lob ohne Schuberts Namen. Das „Harmonicon" stand im ersten Jahrgang. Karl Czerny hatte seine Variationen über den „Trauerwalzer" ohne Schuberts Namen, als op. 12 in seiner eigenen langen Reihe von Werken, bald nach Schuberts op. 9 (Nr. 2) erscheinen lassen. Gerade diese Anonymität des Walzers machte es leicht, ihn – in erweiterter Form, mit Friedrich Heinrich Himmels (gestorben 1814) „Favorit-Walzer"* als zweiten Teil – unter dem Titel „Sehnsuchtswalzer" Beethoven zuzuschreiben. Der wehrte sich vergeblich dagegen (nicht aber Schubert), so daß Czernys beliebte Variationen über den Trauerwalzer noch 50 Jahre später mit dem Zusatz „von Beethoven" bei Litolff nachgedruckt worden sind. Aber schon 1838 schwankte William Gardiner, in seinem Buche „Music and Friends", indem er den Trauerwalzer Czerny und den kombinierten Sehnsuchtswalzer Beethoven zuschrieb. „The popular Vienna Waltz", den die Londoner Zeitschrift wohl auch Czerny selber zuschrieb, war übrigens im Thema Czernys schon etwas verändert, und so erschien Schubert zuerst in London in korrupter Form. Sein so schnell populär gewordener Walzer, den Czerny vielleicht gerade wegen des ungenauen Zitats nicht mit Schuberts Namen versah und den er ihm erst in der vierten Auflage seiner Variationen (bei Tobias Haslinger) zuschrieb, ist dann von zahlreichen anderen für verschiedene Instrumente variiert und wiederholt auch mit Liedertexten unterlegt worden; zuletzt im „Dreimäderlhaus" mit den Worten: „Es soll der Frühling mir künden, wo werd' ich sie finden . . .". – Das „Harmonicon" besprach übrigens im Anschluß an Karl Czernys Werk die Variationen Josef Czernys (geboren in Horsitz in Böhmen 1785, Klavierlehrer der Leopoldine Blahetka, nicht verwandt mit Karl) über „une Ecossaise favorite de M. F. Schubert", im Wiener Druck bei Steiner „Monsieur François Schubert" genannt und als Josefs opus 25 einer Mlle. Charlotte Friedlaender gewidmet; aber die matte Kritik hatte diesmal über Schuberts Ecosaisse (op. 18, Abteilung 1, Nr. 4, erst im Februar 1823 erschienen) nichts zu sagen.

* Nach Maurice J. E. Brown fast identisch mit einem undatierten Walzer in As-Dur von Schubert (D. 972, Nr. 2).

Aus dem Stuttgarter „Morgenblatt für gebildete Stände" vom 4. Dezember 1823

[Korrespondenz aus Wien, Oktober 1823]

Frau von *Chézy* arbeitet an einem neuen Operntext, den ein hiesiger junger Tonsetzer komponieren wird. Ein Schauspiel: *Rosamunde* hat sie schon beendigt . . .

Helmina v. Chézy, geborene Wilhelmine Christine v. Klencke (1783 in Berlin), war ein paar Jahre lang mit dem Orientalisten Antoine Leonhard Chézy in Paris verheiratet gewesen, im Sommer 1823 – wohl wegen der Erstaufführung der „Euryanthe" – mit ihren beiden Söhnen nach Österreich gekommen und schrieb in Baden bei Wien das Schauspiel „Rosamunde" (siehe 20. Dezember 1823). Ein ebenfalls um diese Zeit entstandenes Lustspiel von ihr, „Der Wunderquell", wurde kurz nach der „Rosamunde" und mit ähnlichem Mißerfolg am Burgtheater aufgeführt. Es ist bemerkenswert, daß einer ihrer beiden Söhne, der jung verstorbene Maler Max v. Chézy, um 1820 in Linz gelebt hatte und mit Anton v. Spaun befreundet war. Wilhelm, geboren in Paris 1806, der ältere der beiden, wurde Schriftsteller, wie seine Mutter, Großmutter und Ahne (Frau Karschin), und durch Ernst v. Feuchtersleben in den Schubert-Kreis eingeführt. – Es ist möglich, daß die Chézy ursprünglich einen Operntext für Schubert schreiben sollte. Schubert bekam den Auftrag für die Musik zur „Rosamunde" jedenfalls erst nach dem Oktober 1823, und die Chézy hatte wohl mit keinem andern jungen Komponisten in Wien zu tun. Bauernfeld beschreibt sie 1825 als „äußerst gutmütig, etwas lächerlich, die Reinlichkeit nicht ihre Haupttugend".

Schwind an Schober

[Linz,] den 16. Oktob. [1823.]

Ich höre, daß die Schubertische Oper schon überreicht ist, also vermutlich bald aufgeführt wird. Pepi Spaun fürchtet dafür, wegen der Instrumentierung. Ich kann mich aber nicht von meiner frohen Hoffnung trennen lassen . . . Ich habe bis jetzt außer einer kleinen Zeichnung für die Fr. v. Kenner drei Liedler ausgeführt.

Schwind weilte bis zum 26. Oktober in Linz. Er hatte dort außer den ersten Zeichnungen zu Kenners „Liedler" (siehe 3. Oktober 1823) auch eine Zeichnung zur Geburt seines ersten Sohnes Karl am 6. Oktober gemacht (Bildband, S. 430). Die erwähnte Oper ist „Fierabras".

23. Oktober 1823: Das Lithographische Institut veröffentlicht in der amtlichen „Wiener Zeitung" eine „Nachträgliche Anzeige" zu einer am 15. September dort erschienenen: die für Mitte November angekündigte Halbmonat-Serie „Der neue Amphion" soll u. a. auch Musikstücke von Schubert enthalten; wie viele von diesen Heften erschienen sind, ist ungewiß, sie enthielten aber kaum etwas von Schubert.

25. Oktober 1823: Erstaufführung von Webers „Euryanthe" im Kärntnertor-Theater in Anwesenheit des Komponisten. – Am Tag darauf, dem 26. Oktober, soll Schubert mit Weber (der in der „Ungarischen Krone" wohnte) zusammengetroffen sein und ihm, auf seine Frage, offen gesagt haben, daß ihm der „Freischütz" viel besser gefallen habe (vgl. Schubert-Erinnerungen, S. 22). Weber soll ihm dadurch entfremdet worden sein. Unmöglich ist es, daß er Schubert damals den Mißerfolg der „Rosamunde" vorausgesagt habe, deren Musik noch nicht einmal bestellt war. Eher wäre es möglich, daß er Schubert vor einem Opern-Libretto der Chézy gewarnt hätte.

Aus der amtlichen „Wiener Zeitung" vom 27. Oktober 1823

Bei *Sauer* und *Leidesdorf*,
k. k. privil. Kunst-, Alabaster- und Musikalienhändlern in Wien,
Kärntnerstraße Nr. 941, ist soeben *neu* erschienen:

Gruppe aus dem Tartarus von Fr. Schiller.
Schlummerlied von Mayerhofer.

Zwei Gedichte,
in Musik gesetzt für eine Singstimme mit Pianoforte-Begleitung
von
Franz Schubert.
24stes Werk. Preis 1 fl. 30 kr. W. W.
Unter der Presse ist und erscheint nächste Woche:
Franz Schubert, erste große Sonate für das Pianoforte zu 4 Händen. Op. 30.

Opus 24 hat keine Widmung. Das zweite Lied ist innen (Kopftitel) „Schlaflied" betitelt. Opp. 25 bis 29 erschienen nach op. 30, das erst Ende Dezember herauskam, wobei es auffällig wäre, wenn op. 26 bereits für die Gesänge aus „Rosamunde" reserviert gewesen sein sollte.

Aus Rosenbaums Tagebuch vom 28. Oktober 1823

Mit Weber, Th[erese] und Etzelt zum Reimann, um Golls Pianoforte zu hören. – Graf Maylath, Schubert gingen samt Th. und Etzelt mit. – Kreutzer kam herab, spielte auch; alle wurden probiert – gefielen im Ton und dem sichern Mechanismus, dann mit Weber zum Danhauser.

Diese Begegnung Schuberts mit Weber, am Tage, an dem er angeblich im Musikladen von Steiner & Co. sich zu Weber abfällig über die „Euryanthe" geäußert hat, beweist, daß keine ernste Verstimmung zwischen beiden vorlag. – Die Szenen, die Rosenbaum schildert, spielten sich alle in der Vorstadt Wieden ab. Therese war seine Frau, die 1774 als Tochter Florian Gassmanns in Wien geboren war, Schülerin Salieris wurde und bis 1824 am Kärntnertor-Theater engagiert war. – Ihre Freundin Etzelt war vielleicht die Frau des Bankiers Josef Etzelt, des Vorstehers der niederösterreichischen Sparkasse. – Reimann war ein Kunsttischler. J. J. Goll, sein Kompagnon, hatte ein neues, „einseitiges" Pianoforte konstruiert (mit Resonanzboden über den Saiten), für das er im Juni 1822 ein Privileg auf fünf Jahre erhielt, das im November 1823 auf zehn Jahre ausgedehnt wurde. Rosenbaum bestellte eines aus „Cocus-Nuß-Holz". Er war ein Snob, pflegte seinen musterhaften Garten, scheute sich aber nicht, an Leichenschändungen teilzunehmen, um einen interessanten Schädel, z. B. den Haydns, zu erwerben (der bis 1954 von den Gebeinen getrennt blieb). – Johann Graf Mayláth, geboren in Pest 1786, war ein Schriftsteller, von dem sich die Skizze eines Librettos, „Die Salzbergwerke von ..." in Schuberts Nachlaß fand. – Kreutzer mag im Hause bei Goll gewohnt haben. – Josef Danhauser, geboren 1805, der Sohn eines Möbelfabrikanten auf der Wieden, war ein ausgezeichneter Sittenmaler und spielte gut Violine. Auf einem undatierten Konzertprogramm (Bildband, S. 291), das u. a. Schuberts „Geist der Liebe" und „Frühlingsgesang" enthielt, erscheint er als Vortragender von Violinvariationen von Mayseder (Leitung des Konzerts: Franz Clement, Zeit: um 1825).

Aus dem Verzeichnis der „Geburts- und Sterbefälle in der Familie des Schullehrers Franz Schubert"

18) Am 7. November 1823 früh um halb 9 Uhr wurde geboren Andreas Theodor.

Schwind an Schober

[Wien,] den 9ten November [1823].

Vorgestern reiste Kupelwieser nach Rom ab. Tags zuvor war noch eine Art Bachanal bei der Krone, wir speisten alle dorten außer Schubert, der denselben Tag im Bette lag. Schaeffer und Bernard, der ihn besuchte, versichern, er sei auf dem besten Weg der

Genesung und reden schon von dem Zeitraum von 4 Wochen, wo er vielleicht ganz hergestellt sein wird. Außer uns waren noch Smirsch, Goldhahn, der Theater Kuppel, der aber jetzt vom Theater weg ist, und der Reitmeister Eibo, der sich sehr liebenswürdig und teilnehmend zeigte. Der Tisch war völler als je und alles sehr heiter; nach dem Essen kamen zwei Geigen und eine Guitarre und bald darauf ein trefflicher Punsch, welche beiden Genüsse den Frohsinn auf das vollendetste hervorriefen. Bruchmann trank mit uns allen Bruderschaft, worauf ein allgemeines Schmollieren und endlich ein grimmiges Gläser Bombardment anging. Deine Gesundheit, Schubert's, Senn's und des Prof. Redl seine wurden mit Begeisterung getrunken.

Der Maler Leopold Kupelwieser wurde von dem Russen Alexis v. Beresin auf eine italienische Reise mitgenommen, um eine geplante Beschreibung davon zu illustrieren. Kupelwieser, der bis August 1825 Wien fernblieb, zeichnete zahlreiche Landschaften, Bauwerke und Volkstrachten; das Werk aber wurde infolge des plötzlichen Hinscheidens Beresins nie veröffentlicht. – Die Krone ist der Gasthof „Zur ungarischen Krone". – J. Bernhardt, der Schwiegervater Matthias v. Collins, war Schuberts zweiter Arzt in dieser Zeit. Sein Vorname ist unbekannt. – Johann Karl Smirsch, geboren in Wien 1801, war Kassa-Offizier bei der K. k. Privat-Familien-Kassen-Oberdirektion und „Dilettant im Blumen- und Früchtefache"; er vertrat Kupelwieser während dessen Abwesenheit als Lehrer. – Goldhahn ist wahrscheinlich Franz Goldhann, Eisenhändler, Antiquitätensammler und Dilettant im Malen und Zeichnen. – Der „Theater-Kuppel" ist natürlich Josef, Leopold Kupelwiesers Bruder. Er hatte am 9. Oktober seine Stelle als Sekretär der Hofoper aufgegeben, wie es heißt, wegen der Anmaßungen der dort engagierten italienischen Sänger. – Über Eibo ist nichts bekannt; vielleicht handelt es sich um einen Scherznamen für den Oberbereiter Maximilian v. Weyrother, den künftigen Schwiegervater Franz v. Bruchmanns. – Josef Redl, geboren in Wien 1774, Historienmaler, war Professor an der Akademie der bildenden Künste.

11. November 1823: Schubertiade bei Bruchmanns.

Doblhoff an Schober

Wien, den 12. November 1823.

... Von Amstetten lenkte ich über Seitenstätten nach Steyr ein, um unseren lieben Schwämmelein zu besuchen. Ich fand ihn damals bedenklich krank, doch das weißt Du ohnedies. Vogl machte mir das Vergnügen, eine schöne Reihe von Liedern zu singen, die mir zu den wertesten Zehrpfennigen auf meiner Reise gelten ... [Senn in Trient] scheint jede umständliche Erinnerung zu vermeiden. Dennoch bezeigte er Dir und Schubert feurigen Anteil ... Bei Bruchmann genossen wir schon einmal das hohe Vergnügen einer Schubertiade, bei welcher Vogl sang. Auch haben wieder unsere Lesungen begonnen, zu welchen Smetana, Hönig und Mair eingetreten sind, mit den Namen Heinrich IV., Folko von Montfacon und Etzel.

Endlich scheint Schubert ernstlich seiner Genesung entgegen zu schreiten, sein Fierrabras jedoch durch Kupelwiesers Entfernung vom Theater zurück gehalten zu werden.

Amstetten liegt etwa 125 km westlich von Wien, zwischen St. Pölten und Steyr. Seitenstätten, eine Benediktiner-Abtei, ist zwischen Amstetten und Steyr gelegen. – „Schwammerl" war ein Spitzname Schuberts, der auf seine Figur anspielte, nicht, wie man später meinte, auf seine Neigung zum Trunk („Schwammer" heißt im Wienerischen Rausch). Da zufällig der Spielmann des Hunnenkönigs Attila (Etzel) Swämlin hieß, glaubte man auch hieraus eine Erklärung ableiten zu können. Das ist aber nicht aufrechtzuerhalten, da Schubert nach dem Spielmann der Burgunder-Fürsten im Nibelungenlied Volker genannt wurde (siehe zu Bruchmann 2. Dezember 1823). – Die Schubertiade bei Bruchmanns hatte am Tag vorher, dem 11. November 1823, zum Geburtstag der Mutter, stattgefunden (siehe 2. Dezember 1823). – Rudolf Ritter v. Smetana (siehe 22. Oktober 1822), geboren in Wien 1802, war Jurist; erst in späteren Jahren, als Geistlicher, scheint er sich auch als Dichter versucht zu haben. Mit dem Komponisten Bedřich Smetana war er nicht verwandt. – Auch Karl Hönig war Jurist, seine nähere Bekanntschaft mit Schubert soll durch Hönigs Schulkollegen Bauernfeld vermittelt worden sein. – Der Mayer, dessen Vorname nicht bekannt ist, wurde auch der „ungarische Mayer" genannt, vielleicht wegen seines Schnurrbartes, der wohl auch seinen Spitznamen Etzel veranlaßt hatte. Ob er mit Johann Mayer, dem Kaufmann aus Tyrnau in Ungarn identisch war, der durch die Lotterie vom 1. September 1820 Mitbesitzer des Theaters an der Wien geworden war (siehe 19. August 1820), ist fraglich. – Die Spitznamen (siehe 19. November und 2. Dezember 1823) stammten aus dem Nibelungenlied und aus anderen Werken der Literatur: Heinrich „IV"., recte V. aus dem Drama Shakespeares, Folko von Montfaucon heißt ein Ritter in Fouqués Roman „Der Zauberring" (1813), der Schubert schon zu den drei Romanzen „Don Gayseros" von 1814 angeregt hatte. Die Figur kommt auch in Fouqués Roman „Sintram und seine Gefährten" vor.

Aus dem Programm der 2. Abendunterhaltung der Gesellschaft der Musikfreunde am 13. November 1823

2. Der Zwerg. Gedicht von M. Collin, in Musik gesetzt von Schubert, vorgetragen von Herrn v. Preisinger.

Handschriftlicher Vermerk auf einem Programmtext (undatiert)

Gesungen und gespielt von v. Preisinger.

Aus der Relation des Ausschusses des Linzer Musikvereins

für das zweite Ausschußjahr vom 18. November 1822 bis 18. November 1823
Ehrenmitglieder:

....

Schubert, Franz, Tonsetzer.
Vogl, Michael, pensionierter k. k. Hof-Opernsänger und Regisseur.

Johanna Lutz an ihren Bräutigam Leopold Kupelwieser in Italien

Wien, 18. November 1823.

Vorigen Samstag war Sitzung bei Mohn, wo die Lesungen auf den Montag und Donnerstag bestimmt wurden. Es sind 2 neue Mitglieder aufgenommen worden, das ist der Hönig und der Doktor, welcher immer bei den Bruchmannschen ist. Der Schubert ist schon wieder gesund . . . Der Herr Vater hat mir ein paar Schubertische Lieder gegeben, welche mir noch fehlten.

Johanna Lutz, geboren 1803, war durch ihre Mutter, geboren in Wien 1796 als Maria Regina Putz, eine Kusine Leopold Sonnleithners; ihre Schwester Regina, geboren 1799, war die Frau des Theatermalers Neefe (siehe 19. August 1820). Ihr Vater, Johann Adam Lutz, geboren in Glatz (Schlesien, heute Klodzko, Polen) 1757, war Ingrossist bei der Stiftungs- und Hofbuchhalterei. – Mohn wohnte in der Grasgasse der Vorstadt Landstraße. – Der „Doktor" soll wahrscheinlich Smetana sein, er wurde aber erst 1827 zum Dr. jur. promoviert.

Schwind an Schober

[Wien,] den 19ten November [1823].

Die Lesungen haben beim Mohn wieder angefangen. Majer, Hönig und Smetana als König Etzel, Volk von Montfocon und Prinz Heinrich der fünfte sind neue Glieder. Huber aber zeigt sich nicht dabei. Die Rauchkreuzer sind abgeschafft, die Stunde um sieben Uhr Montag und Donnerstag ... Die Lesungen fangen an etwas anders zu werden. Durch Mohn sind Steiger als Kaspar der Torringer und Goldhahn! als Doktor Faust eingeführt. Die Menge und Gemischtheit der Gäste sind lästig und ich fühle mich nicht heimlich.

Es scheint, daß Schwind und Bruchmann (siehe 2. Dezember 1823) recht haben, wenn sie Prinz Heinrich V. (es sollte aber natürlich König Heinrich V. heißen), statt wie Doblhoff in seinem Brief vom 12. November 1823 Heinrich IV., schreiben. – Huber ist wieder Josef Huber. – „Rauchkreuzer" waren wie die „Verredegroschen" eine Abgabe, vielleicht auch für die Atzenbrugger Kasse bestimmt. – Johann Steiger v. Amstein, geboren 1803, war Montanistiker (Bergbauakademiker). – „Kaspar der Thorringer" war ein populäres Ritterschauspiel von Josef August Graf Törring. – Der „Doktor Faust" ist der des Puppenspiels.

19. November 1823: Schuberts Bruder Karl heiratet Therese Schwemminger.

Schwind an Schober

[Wien,] den 24ten [November 1823].

Gestern abends waren wir bei Deiner Mutter, die Fr. v. Bruchmann mit den Kindern, die Huglmans, Fräulein Jakobi und ein wildes vorlautes Ding, die ich nie gesehen, mit ihrer Mutter, Schubert, Vogl, Etienne, Derfel, Huber und ich. Nach einer kleinen Schubertiade folgte ein Essen und darnach ein kleiner Tanz bis Mitternacht.

Frau v. Schober hatte soeben eine neue Wohnung (wieder im Göttweigerhof?) bezogen. – Ein Fräulein Hugelmann, wahrscheinlich die Schwester Josefs (siehe 4. November 1821), lebte in Graz und kam auch 1823 nach Wien zu Besuch. Sie war mit Anselm Hüttenbrenner, Mayrhofer, Franz und Therese Derffel (deren Tante Frau v. Schober war) befreundet. Therese Hugelmann, Josefs Tochter, heiratete 1824 Claude Etienne (siehe 24. August 1817). – Über Fräulein Jakobi ist nichts bekannt.

Aus der „Wiener Allgemeinen Theaterzeitung" vom 29. November 1823

Die kleine *Schubertsche* Oper ist *Castellis* „*Verschworne*". Der „Fierobras" soll vorderhand nicht aufgeführt werden.

Ignaz Franz Castelli, geboren in Wien 1781, war niederösterreichischer Rechnungsoffizial, Redakteur des „Conversationsblattes" und dramatischer Schriftsteller. In seinem Almanach „Dramatisches Sträußchen" hatte er im Februar 1823 das schon 1820 geschriebene einaktige Libretto „Die Verschworenen", nach Aristophanes' Komödien „Ekklesiazusen" und „Lysistrata", veröffentlicht, das aus Zensurgründen später „Der häusliche Krieg" genannt wurde. Im Vorwort dazu schrieb Castelli: „Die Klage der deutschen Tonsetzer geht meistens dahin: ‚ja, wir möchten gerne Opern in Musik setzen, schafft uns nur Texte dazu!' Hier ist einer, meine Herren!" (vgl. 29. November 1823).

SCHUBERT AN SCHOBER

Wien den 30. Nov. 1823

Lieber Schober!

Mich drängt es schon einige Zeit, Dir zu schreiben, aber immer konnt' ich nicht dazu kommen. Du weist schon wie das geht.
Vor allem muß ich Dir ein Lamento über den Zustand unserer Gesellschaft wie über alle übrigen Verhältnisse ankündigen; denn außer meinen Gesundheitsumständen, die sich (Gott sey Dank) nun endlich ganz fest zu stellen scheinen, geht alles miserabl. Unsere Gesellschaft hat durch dich, wie ich es wohl voraussah, seinen Anhaltspunkt verloren. Bruchmann, von seiner Reise zurückgekom̄en, ist nicht mehr der, der er war. Er scheint sich in die Formen der Welt zu schmiegen, u. schon dadurch verliert er seinen Nimbus, der meines Erachtens nur in diesem beharrlichen Hintanhalten aller Welt-geschäfte bestand. Kupelwieser ist, wie du vermuthlich schon weißt, nach Rom (ist aber mit seinem Russen nicht sonderlich zufrieden). Was an den übrigen ist, weißt Du besser als ich. Als Ersatz für Dich u. Kupelwieser bekamen wir zwar 4 Individuen, nähmlich: Den ungarischen Mayr, dann Hönig, Smetana u. Steiger, doch die Mehrzahl *solcher* Individuen machen die Gesellschaft nur unbedeutender statt tüchtiger. Was soll uns eine Reihe von ganz gewöhnlichen Studenten u. Beamten? Ist nun Bruchmann nicht da, oder vollends krank, so hört man Stundenlang unter der obersten Leitung des Mohns nichts anders als ewig von Reiten u. Fechten, von Pferden u. Hunden reden. Wenn es so fortgeht, so werd ichs vermuthlich nicht lange unter ihnen aushalten. –
Mit meinen 2 Opern steht es ebenfalls sehr schlecht. Kupelwieser ist vom Theater plötzlich weggegangen. Weber's Euryanthe fiel schlecht aus u. wurde nach meiner Meinung mit Recht nicht gut aufgenom̄en. Diese Umstände u. eine neue Trennung zwischen Palfy u. Barbaja lassen mich beynahe nichts für meine Oper hoffen. Übrigens wäre es auch wirklich kein Glück, indem jetzt alles unbeschreiblich schlecht gegeben wird. –
Vogl ist hier, u. hat einmahl bey Bruchmann u. einmahl bey Witzeck gesungen. Er beschäftigt sich fast ausschließend mit meinen Liedern. Schreibt sich selber die Singstimmen heraus u. lebt so zu sagen, davon. Er ist daher gegen mich äußerst manierlich u. folgsam. Und nun laß von Dir was hören. Wie geht es Dir? Bist Du schon vor der Welt Augen erschienen?
Ich bitte Dich, laß ja recht bald von Dir mich was erfahren, u. fülle die Sehnsucht nach Dir nur einiger maßen aus, indem Du mir schreibst, wie Du lebst u. webst. – Ich habe seit der Oper nichts componirt, als ein paar Müllerlieder. Die Müllerlieder werden in 4 Heften erscheinen, mit Vignetten von Schwind. –
Übrigens hoffe ich meine Gesundheit wieder zu erringen, und dieses wiedergefundene Gut wird mich so manches Leiden vergessen machen, nur Dich, lieber Schober, Dich werd ich nie vergessen, denn was Du mir warst, kann mir leider niemand anderer seyn.
Und nun lebe recht wohl, und vergesse nicht

Deines Dich ewig liebenden

Freundes
Franz Schubert.

Meine Adresse:
Stubenthor-Bastey
Nr. 1187 im
ersten Stock.

Die zwei Opern Schuberts sind „Alfonso und Estrella“ und „Fierabras“. – Pálffy, der Eigentümer des Theaters an der Wien, war offenbar mit der Teilung der Arbeit zwischen diesem Theater und der Hofoper nicht einverstanden; aber es kam damals nicht zum Bruche mit Barbaja, der beide Theater weiterführte, doch sich (siehe 21. September 1822) Mitte 1822 vom Theater an der Wien etwas zurückgezogen hatte. Das Amt der obersten Hoftheaterdirektion übernahm in diesem November Johann Rudolf Graf Czernin zu Chudenitz von Moritz Graf Dietrichstein. – Vogl, der seit zwei Jahren pensioniert war, hatte sich offenbar länger in Steyr, seinem Sommersitz, aufgehalten. – Josef Wilhelm Witteczek, geboren in Troppau (heute Opava, Tschechoslowakei) 1787, Dr. jur. und Hofsekretär, hatte 1819 Wilhelmine Watteroth (geboren 1800, siehe 17. April 1816) geheiratet. Er war mit Schubert durch Josef v. Spaun bekannt geworden und wurde einer seiner glühendsten Verehrer. Durch mehr als 40 Jahre veranstaltete er in seiner Wohnung nahe der Hofoper Schubertiaden, und nach Schuberts Tode sammelte er in kalligraphierten Kopien alle Lieder, Klavier- und Kammermusik von Schubert, erwarb 1831 Pinterics' Liedersammlung und vererbte alles Josef v. Spaun, von dem die Sammlung an die Gesellschaft der Musikfreunde kam und eine wichtige Quelle der Gesamtausgabe wurde. – Schober bereitete sich darauf vor, in Breslau als Schauspieler aufzutreten. – Der Zyklus „Die schöne Müllerin“ ist zum Teil im Allgemeinen Krankenhaus geschrieben worden, wo Schubert wegen seines Zustandes sich 1823 zeitweilig aufhalten mußte. Das Werk erschien 1824 in fünf Heften, aber ohne die geplanten Vignetten von Schwind. Die einer nach Schuberts Tod erschienenen Auflage beigegebene anonyme schwache Titelvignette (eine für alle Hefte) stammt nicht von Schwind. – Schubert wohnte vom Herbst 1823 bis Frühjahr 1824 bei Huber auf der Stubentorbastei, nahe dem jetzigen Stadtpark, wo 1825 bis 1826 Mayrhofer lebte.

Schwind an Schober

[Wien,] den 2. Dez. [1823].

Ich stehe im Begriff, mich von den Lesungen loszumachen, denn das Lesen ist so übertäubt durch Kassageschäfte und Schwänke, daß einem nicht einmal ein ungestörtes Beisammensein möglich ist. Wenn Du oder der Senn plötzlich hineinkämen, wir müßten uns wahrlich dieser Kompagnie schämen, Schubert wird mit mir halten.

Bruchmann an Leopold Kupelwieser in Rom

Wien am 2ten Dec. 823.

... Am 11ten Nov. hatten wir zu Hause eine Schubertiade, bey welcher Vogel den Gesang übernahm. Gegenwärtig waren: Mone, Dobblhof, Kraisl, Mayrhofer, Schwind, Rieder, Dietrich, Eichholzer, Hönig, Schubert, Vogel und ich; Mädchen: die Liedern, Julie und meine Schwester. V– hatte sich sehr gefallen und herrlich gesungen, wir Andere waren bey Tisch fröhlich und heiter und unsere erste Mosler Gesundheit war Dir zu Ehren gebracht.

An diesem Abend war Huber noch des Haselhuhns wegen gewaltig geplagt und als Schwind beym Wasserburger seine nackte Gestalt auf einen Tisch aufzeichnete, ward er so aufgebracht, daß er seit der Zeit unsere Gesellschaft verlassen hat ...

Den 17ten war *erste* Lesung bei Mone. Wir haben Tasso wieder angefangen. Mone und Dietrich blieben in ihren alten Würden, ich als Vorleser. Hauptänderungen, die dabey vorgiengen, sind die Aufnahme von 5 neuen Mitgliedern: Mair mit dem Nahmen Etzel, Hönig mit dem Nahmen Folko von Montfaucon, Smetana m. d. N. Prinz Heinrich V, Steiger mit dem N. Kaspar, der Torringer, Goldhahn mit d. N. Doktor Faust. – Die Lesungen sind nur 2 mahl die Woche am Montag und Donnerstag von 7 Uhr

Abends bis 10 o. [oder] 11 Uhr. Es geht recht heiter dabey zu, doch vermissen wir unsere Stammleute recht schmerzlich und die Innigern erinnern sich oft sub rosa vergangener Zeiten. So gieng es uns auch bey der Schubertiade, wo man recht innig empfand, daß der Kern nicht mehr so fest sey, wie früher. –

Kupelwieser hatte am 20. November an Bruchmann einen Brief für alle Freunde geschrieben. – „Mone" ist der Spitzname von Mohn. – Wilhelm August Rieder, geboren in Döbling bei Wien 1796, war ein guter Porträtmaler, dem wir das beste zeitgenössische Bildnis Schuberts verdanken. – Anton Dietrich, geboren in Wien 1799, war ein guter Bildhauer, der eine (verschollene) Büste von Schubert gemacht haben soll. – Michael Eichholzer, Maler und Lithograph, war eine Kollege Schwinds, der ihn aber nicht leiden konnte. – Über Frl. Liedern oder Lindner, wie sie Schwind 1824 nennt, ist nichts bekannt. Sie scheint eine Freundin Justine v. Bruchmanns gewesen zu sein, die mit ihrer Schwester Isabella an diesem Feste teilgenommen hat. – Zu Jeanette Cuny de Pierron vgl. die Notiz vor Schobers Gedicht von 1821. – Juliana (Julie) Edle v. Weyrother, die Tochter des Oberbereiters Maximilian (siehe 9. November 1823), war Bruchmanns Braut. – Die Geschichte vom Haselhuhn, die dem gern verspotteten Huber teuer zu stehen kam, ist leider nicht bekannt. – Wasserburger ist das Kaffeehaus. – Die Lesung von Goethes Schauspiel „Tasso" war also in der vorigen Saison, in der Bruchmann auch aus der Homer-Übersetzung von Heinrich Voß vorgelesen hatte, schon begonnen worden. – Mohn und Dietrich waren offenbar die Präsidenten der Runde. – Leider erfahren wir aus diesen Briefen nichts über die Namen der älteren Mitglieder. Wir wissen aber, daß Leopold Kupelwieser „Rüdiger von Pöchlarn" hieß, Schwind „Giselher das Kind", Bruchmann (wahrscheinlich) „Gunther", Schober „der grimme Hagen", Doblhoff „Dietrich von Bern" und Schubert, wie gesagt, „Volker der Spielmann"; alle Namen entstammen dem Nibelungenlied, das damals viele Geister, besonders auch Anton v. Spaun, beschäftigte.

Aus der amtlichen „Wiener Zeitung" vom 9. Dezember 1823

Bei Sauer und Leidesdorf in Wien,
Kärntnerstraße Nr. 941, ist *soeben neu erschienen*:

Premiere grand Sonate
pour le Pianoforte à quatre mains,
composé
par Fr. Schubert.
Oeuv. 30. Preis........5 fl. W. W.

Nach op. 24 erschien dieses op. 30, mehrere andere Nummern vorläufig überspringend. Es war dem Grafen Pálffy, dem Eigentümer des Theaters an der Wien, gewidmet, was mit der Aufführung der „Rosamunde" zusammenhängen kann. Die Bezeichnung „*Première* Grande Sonate" steht erst auf dem Titel der zweiten Ausgabe, aber schon in dieser Anzeige. Schubert war also wohl mit diesem Zusatz zu spät gekommen.

Johanna Lutz an Leopold Kupelwieser in Venedig

Wien, 9. Dezember 1823.

Gegen Mittag, wenn ich allein bin, spiele ich gewöhnlich Schubertische Lieder. Sie sind gar so schön. Ganz ungeheuer schön ist der Schatzgräber, das Lob der Thränen aber ich kann eigentlich gar nicht sagen welches ... Der Schubert ist schon recht gesund und zeigt auch schon wieder Lust, die strenge Ordnung nicht lange mehr zu halten. Wenn er sich nur nicht verdirbt. O, da wäre es wieder recht gut, wenn Sie da wären.

Johanna Lutz spielte Klavier, und ihre Schwester Regina Neefe sang gerne.

Leopold Kupelwieser an Johanna Lutz

Venedig, 10. Dezember 1823.

Ich speiste heute beim Patriarchen ... Nach Tisch gingen wir in sein Zimmer und er zeigte mir ein Exemplar von Schuberts Wanderer, welches ihm gewidmet. Ich erklärte mich als den Verfertiger beiliegender Zeichnung.

Der Patriarch von Venedig war Pyrker. Die Zeichnung, die seinem Exemplar des „Wanderer" beigelegt war (siehe 23. August 1821), ist verschollen. Sie ist nicht identisch mit der Vignette, die nach 1828 in einer Auflage des Liedes erschien und von Schuberts Bruder Karl gezeichnet und von Adolf Dworžak gestochen war.

Johanna Lutz an Leopold Kupelwieser

Wien, 16. Dezember 1823.

Solange Sie fort sind, war eine einzige Schubertiade beim Bruchmann, aber andere Gesellschaften, wo Ihre Freunde nicht hinkommen, sollen viele sein.

Schwind an Schober

[Wien,] den 17ten Dez. [1823].

Neulich habe ich einige Satyren auf unsere Billardspielende Gesellschaft gemacht ... Ich hab's dem Bruchmann gegeben, der nebst dem Schubert und dem Eichholzer der einzige ist, der sich hält. Selbst Dobeloff verlegt sich auf den Genuß nach Bruchmann. Der Doctor Bernard soll ein Gedicht gemacht haben, worin er Deinen Geist diese Gemeinheiten tadeln läßt, ich habe es aber noch nicht kennen gelernt.

Der Brief gibt auch eine Beschreibung dieses verlorenen Blattes: Es persifliert die Welt als Kombination von Reitschule und Kaffeehaus, die Tageszeit zwischen zehn Uhr morgens und der Nacht als ausgefüllt mit Kaffee, Billard, Pferden, Hunden, Pfeifenrauchen etc. – Dr. J. Bernhard und sein melancholisch veranlagter Sohn Johann Baptist, Adjunkt bei der Kammerprokuratur, waren auch Amateur-Dichter. Das erwähnte Gedicht ist nicht bekannt geworden.

Aus dem „Sammler" vom 18. Dezember 1823

Benefiz-Anzeige. Frau Helm. v. *Chézy* hat der Direktion des k. k. privil. Theaters an der Wien ein neues Drama mit Chören: *Rosamunde von Cypern*, übergeben. Die Musik hiezu ist von dem rühmlich bekannten, talentvollen Tonsetzer, Hrn. Fr. *Schubert*, und die erste, Samstags, den 20. Dezember, stattfindende Vorstellung desselben wurde der Schauspielerin dieses Theaters, Dlle. Neumann, von der Direktion als Benefiz bewilligt. Die Namen der Dichterin und des Kompositeurs sichern dieser Künstlerin durch die getroffene Wahl die würdevolle Aufnahme eines Werkes, welches an Gediegenheit mit Recht den vorzüglicheren neuerer Zeit angereiht zu werden verdient.

Josef Kupelwieser, der hübsch und leichtsinnig war, hatte sich in die unbedeutende Schauspielerin Emilie Neumann verliebt, die später ihren Kollegen Karl Lucas heiratete. Es heißt, daß Kupelwieser Schubert bewogen habe, die Musik zu dem Schauspiel der Chézy zu schreiben, um seiner Freundin gefällig und behilflich zu sein. Das Schauspiel hat übrigens nichts gemein mit Josef Addisons Libretto, das Thomas Clayton, T. A. Arne und S. Arnold vertont haben (was in einer Kölner Dissertation von 1937 behauptet wurde), noch auch mit Wielands „Rosamund", das Anton Schweitzer komponiert hat. Das Stück der Chézy soll auf einer spanischen Grundlage beruhen, die aber nicht festgestellt werden konnte. Wir kennen den Inhalt des Schauspiels nur aus den Besprechungen, weil das Textbuch, auch in einer späteren Fassung (beide ungedruckt), verlorengegangen ist. – Ähnliche Anzeigen wie im „Sammler" erschienen am gleichen Tage in der „Theaterzeitung" und in der „Wiener Zeitschrift für Kunst usw." (nicht in der ersten Ausgabe enthalten).

Aus der amtlichen „Wiener Zeitung" vom 19. Dezember 1823

Neue Weihnachts- und Neujahrsgeschenke
welche in der privil. Kunst- und Musikalienhandlung
von Sauer und Leidesdorf,
Kärntnerstraße Nr. 941, zu haben sind:

Album musicale.

Sammlung neuer Klavier-Kompositionen, Gesänge mit deutschem, französischem und italienischem Texte, und Tänze.

Eigentum der Verleger.
Pariser Format,

im eleganten Umschlag gebunden und mit Vignetten geziert.

Preis	3 fl. K. M.
in Schuber mit Goldschnitt .	5 fl. K. M.
in Seide mit Gold	8 fl. K. M.

Deutschland vermißte bisher ein ähnliches Geschenk für das neue Jahr sowohl als für andere Feste. Es dürfte sich demnach das gegenwärtige schon durch seine Neuheit und besondere Eleganz, noch mehr aber durch seinen sorgfältig gewählten Inhalt einer besonderen Teilnahme zu erfreuen haben. Ohne durch prunkvolle Worte und Anempfehlungen bestechen zu wollen, begnügen wir uns bloß mit der Anzeige von dessen Inhalt.

Graf Gallenberg, neuer Cotillon für das Pianoforte.
Fr. Schubert, Air russe für das Pianoforte.
Auguste Louis, Plaisanterie sur des thèmes orig. espagnols.
Rossini, neue Kavatine.
Mad. Fodor-Mainvielle, zwei französische Romanzen.
M. J. Leidesdorf, Mädchens Herzensschläge, Romanze.
Neue Walzer, Quadrillen, Mazur etc. etc.

Dieses im Queroktav-Format erschienene Album war nach einem Pariser Vorbild angelegt und ausgestattet (vielleicht nach Gustave Dugazons „Danses Nationales", die von Gide fils verlegt wurden). Es sind nur zwei Exemplare der mittleren Ausgabe dieses ersten Jahrgangs erhalten geblieben (im Besitz von Frau Helene Obersteiner, Wien, und Anthony van Hoboken, Ascona). – Schuberts Beiträge waren das im Album „Aire Russe" genannte Klavierstück, das später als Nr. 3 der „Moments musicaux" (op. 94) erschien, und einer der „Neuen Walzer", den die Gesamtausgabe als XII. 18 (D. 769), Nr. 2 abdruckte, datiert – nach einer späteren Reinschrift, die ihn mit einem anderen Deutschen Tanz koppelte – Januar 1824. – Über August Louis ist nichts bekannt. – Josefine Fodor-Mainville, geboren als Fodor in Paris 1793, war mit dem französischen Schauspieler Mainville-Donadio verheiratet und seit 1823 in der italienischen Truppe der Hofoper tätig. Johann Karl Unger veröffentlichte 1823 ihre Biographie französisch und deutsch.

19. Dezember 1823

EIN HANDZETTEL DES THEATERS AN DER WIEN

Theater-Anzeige.

Se. Exzellenz Herr Graf *Ferdinand von Pálffy*, Eigentümer des k. k. priv. Theaters an der Wien, bewilligten der Unterzeichneten eine Vorstellung zu ihrem Vorteile; dieselbe gibt sich demnach die Ehre, einen hohen Adel und das verehrungswürdige Publikum gehorsamst zu benachrichtigen, daß diese Vorstellung Samstag den 20. Dezember 1823 im k. k. priv. Theater an der Wien stattfinden und an diesem Tage gegeben werden wird:

Zum ersten Male:

Rosamunde, Fürstin von Cypern.

Großes romantisches Schauspiel in vier Aufzügen, mit Chören, Musikbegleitung und Tänzen, von Helmine von Chézy, geborne Freiinn Klencke.

Musik von Herrn Schubert.

Emilie Neumann,
Schauspielerin des k. k. priv. Theaters an der Wien

Eine kurze Voranzeige erschien auch im „Wanderer" vom 20. Dezember 1823 (erste Ausgabe, Nr. 423).

PROGRAMM DES THEATERS AN DER WIEN

20. Dezember 1823.

K. K. priv. Theater an der Wien.
Zum Vorteile der Dlle. Emilie Neumann:
(Mit aufgehobenem Abonnement:) Zum ersten Male:

Rosamunde, Fürstinn von Cypern.

Großes romantisches Schauspiel in vier Aufzügen, mit Chören, Musikbegleitung und Tänzen, von Helmine von Chezy, geborne Freiinn Klencke.

Musik von Herrn Schubert.

Fulgentius, Statthalter von Cypern		Hr. Rott.
Clarebella, seine Tochter		Dlle. Eichenhoff.
Alfons, Prinz von Candia		Hr. Palmer.
Albanus, Bürgermeister		Hr. Klein.
Axa, eine Schifferswitwe		Mad. Vogel.
Rosamunde, ihre Pflegetochter		Dlle. Neumann.
Drogut, Haupt der Korsaren		Hr. Demmer.
Camalvo	Korsaren	Hr. Hann.
Lavegnia	Korsaren	Hr. Posinger
Feramör	Korsaren	Hr. Vollkommen.
Der Befehlshaber der Wache des Fulgentius		Hr. La Roche.
Erster	Bürger	Hr. Wille.
Zweiter	Bürger	Hr. Sandner.
Dritter	Bürger	Hr. Urban.

Vierter } Bürger		Hr. Renner.
Fünfter } Bürger		Hr. Willax.
Ein Greis		Hr. Mayerhofer.
Ein Diener		Hr. Tomaselli.

Hofdamen. Hofherren. Pagen. Gefolge. Bürger. Jäger. Hirten und Hirtinnen.

Die Szene ist auf Cypern.

...

Kassa-Öffnung um 5 – Anfang um 7 – Ende um halb 10 Uhr.

Es ist bekannt, daß Schubert zu diesem Schauspiel – dessen Originaltitel „Rosamunde, Fürstin von Cypern" lautete – folgende Nummern geschrieben hat: Zwischenaktmusik nach dem ersten Aufzug (h-Moll), für den zweiten Akt ein Ballett (h-Moll) und eine Zwischenaktmusik nach diesem Aufzug (D-Dur); für den dritten Akt die Alt-Romanze der Axa „Der Vollmond strahlt", den Geisterchor (Männerstimmen: „In der Tiefe wohnt das Licht") und eine Zwischenaktmusik nach diesem Aufzug (B-Dur); für den vierten Akt eine Hirtenmelodie (B-Dur), den Hirtenchor (gemischte Stimmen: „Hier auf den Fluren"), den Jägerchor (ebenfalls für gemischte Stimmen: „Wie lebt sich's so fröhlich im Grünen") und ein Ballett (G-Dur). Über die verwendete Ouvertüre siehe 29. August 1820 und 22. Dezember 1823. – Moritz Rott, recte Rosenberg, geboren 1793 in Prag, war Schauspieler und Regisseur, auch Schriftsteller. – Georg Palmer war einer der bedeutenderen Schauspieler des Ensembles. – Katharina Vogel, geb. Düpont, war die Gattin des Geschäftsführers (siehe 21. September 1822), als Sängerin auch an der Hofoper beschäftigt. – Friedrich Demmer (siehe 19. August 1820) war Opernregisseur an beiden Theatern. – Adolf Vollkommen, später Vollkomm genannt, geboren 1797, kam 1824 ans Burgtheater. – Julius Laroche, geboren 1781 in Berlin, kam 1827 ans Burgtheater, ebenso Franz Mayerhofer, geboren in Wien 1786, der auch Homöopath war. – Über die anderen Mitwirkenden ist nichts Näheres bekannt.

Aus Rosenbaums Tagebuch vom 20. Dezember 1823

W. Th. – Einnahme der Emilie Neumann. Rosamunde, Fürstin von Cypern. Sch. 4 A. von Wilh. v. Chézy. – Leer, langweilig, unwahrscheinlich. – Zahlte für mein. Sitz 10 f.

Laut dem vollständigen Theaterzettel (Bildband, S. 168) kostete der teuerste Sitz 1 fl. K. M., oder 2 fl. 30 kr. W. W., so daß Rosenbaum seinen Sitz zugunsten der Benefiziantin wesentlich überzahlt hatte. – In Ignaz v. Seyfrieds handschriftlichem Journal des Theaters an der Wien (Stadtbibliothek Wien) ist die Premiere auch verzeichnet.

Schwind an Schober

[Wien,] den 22ten [Dezember 1823].

Vorgestern wurde an der Wien ein Stück von der heillosen Fr. v. Chézy gegeben: Rosamunde von Cypern mit Musik von Schubert. Du kannst Dir denken, wie wir alle hineingingen. Da ich den ganzen Tag nicht aus war wegen dem Husten, so konnte ich mich auch nicht verabreden und kam allein in den 3ten Stock, während die andern im Parterr waren. Schubert hat die Ouverture, die er zur Estrella geschrieben hat, hergegeben, da er sie für die Estrella zu „aufhauerisch" findet und eine neue machen will. Mit allgemeinem Beifall wurde sie wiederholt zu meiner größten Freude. Du kannst Dir denken, wie ich die Baße und die Instrumentierung verfolgte. Ich weiß, daß Du dafür geforchten hast. Ich habe bemerkt, daß die Flöte, der das Thema halb anvertraut ist, etwas vorschlägt, es kann aber auch am Blaser gelegen sein. Sonst ist [sie] durchaus verständig und gleichgewichtig. Nach dem ersten Akt war ein Stück angelegt, das für den Platz, den es einnahm, zu wenig rauschend war und sich zu oft wiederholte. Ein Ballett ging unbemerkt vorüber und ebenso der zweite und 3te Zwischenakt. Die Leute sind halt gewohnt, gleich nach dem Akt zu plaudern, und ich begreife nicht, wie man ihnen zutrauen konnte, so ernste und liebliche Sachen zu bemerken. Im letzten Akt kam ein Chor von Hirten und Jägern, so schön und so natürlich, daß ich mich nicht erinnere, etwas Ähnliches gehört zu haben. Mit Beifall wurde er wiederholt und ich glaube, er wird dem Chor aus der Weberischen Euryanthe den gehörigen Stoß versetzen. Noch eine Arie, wiewohl von Mad. Vogel auf das gräulichste gesungen, und ein kurzes Bukolikon wurden beklatscht. Ein unterirdischer Chor war unmöglich zu vernehmen und die Gesten des Herrn Rott, der während dessen Gift kochte, ließen ihn nicht zur Existenz kommen.

Die Chézy galt als literarischer Blaustrumpf. – Die „Rosamunde" hatte keine eigene Ouvertüre bekommen (siehe 29. August 1820). Um die Verwirrung zu vergrößern, sollte noch zu Schuberts Lebzeiten die Ouvertüre zur „Zauberharfe" (in einer vierhändigen Bearbeitung Josef Hüttenbrenners?) als Ouvertüre zur „Rosamunde" veröffentlicht werden (siehe 24. März 1824). – Schubert hat keine neue Ouvertüre zu „Alfonso und Estrella" geschrieben. Die Gesamtausgabe druckte die „Alfonso"-Ouvertüre irrtümlich als die zur „Rosamunde"; das war der letzte Anlaß der dauernden Verwirrung. – Daß die Ouvertüre bei der Premiere zweimal wiederholt werden mußte, wie Josef Hüttenbrenner Kreißle erzählt hat, ist nicht richtig. – Schober kannte natürlich die Ouvertüre zu „Alfonso und Estrella", der Oper, deren Text er geschrieben hatte. – Das „Bukolikon" war die Hirtenmelodie (instrumental). Der „Geisterchor" wurde unter der Bühne gesungen.

Aus der „Wiener Allgemeinen Theaterzeitung" vom 30. Dezember 1823

Es mußte die Neugierde aller Liebhaber dieser Bühne auf das lebhafteste erregen, ein Werk angekündigt zu lesen, welches zwei rühmlichst bekannte Namen an der Stirne trägt. Frau v. *Chézy* ist in ganz Deutschland als anmutige Erzählerin und liebliche Liederdichterin bekannt und in diesen Fächern der Poesie ihr Ruf begründet; als dramatische Schriftstellerin kannten wir die genannte Frau seither nicht und ihre „Euryanthe", welche vielleicht gerade durch Lyrik die Dramatik des Werkes beeinträchtiget zeigt, konnte uns in dieser Hinsicht gerade nicht die strengsten Forderungen machen lassen. Dieses Sinnes begab sich Ref. in das genannte Stück, dessen Fabel folgende ist: – Der vorige Fürst von Cypern ließ auf seines treuen Bürgermeisters Albanus (Herr *Klein*) Rat auf dem Sterbebette seine Tochter Rosamunde (Dem. *Neumann*), um sie

Den Klippen stolzer Hoheit zu entzieh'n
Und sie durch Prüfungen im nied'ren Stand
Zu hohen Pflichten sorgsam auszubilden,

durch einen geheimen Gang zum Meeresstrande bringen, um sie der Sorge einer treuen Fischerin Axa (Mad. *Vogel*) zu übergeben. Dort sollte sie bis zur Vollendung ihres achtzehnten Jahres bleiben; dann erst hervortreten und dem Prinzen Alfons von Candia die Hand reichen. Während dessen herrschte Fulgentius (Hr. *Rott*) als ziemlich unumschränkter Gouverneur auf Cypern. Die bestimmte Frist verrann. Rosamunde, welche Gestrandeten aus ihrer Hütte Hilfe bringen will, stößt zufällig auf den einzigen geretteten Alfons von Candia, welcher, um seine Frau insgeheim auszuforschen, hieher fuhr und am Strande Cyperns Schiffbruch litt! Indessen versammeln sich die durch

Albani geheimnisvolle Ladungen herbeigerufnen Bürger: auch Fulgentius (Hr. *Rott*) mit seiner Tochter Claribella (Dem. *Eichenhoff*) kommt herbei. Axa stellt Rosamunden vor, welche nach manchen Einwendungen von seite des Fulgentius als Fürstin bestätigt wird. Alfons tritt als Manfredi in des Gouverneurs Gefolge. – Im zweiten Akte entwickelt sich die Veränderung, welche Rosamundes Anblick in des Gouverneurs Herzen hervorbrachte. Er liebt Rosamunden unaussprechlich und sucht sie durch festliche Aufzüge für sich zu gewinnen. Korsaren verbergen sich im Schloßgarten, um Rosamunden zu entführen. Zufällig tauschte diese aber ihr fürstliches Gewand aus Scherz mit Claribellen. Die Räuber stürzen daher auf Claribellen zu; Manfredi rettet sie; die Korsaren fallen, ein einziger Verwundeter lebt noch. Fulgentius beschwört Rosamunden zu sagen, ob sie ihn lieben könne, sie gesteht ihm mit Schaudern, daß sie ihn verabscheue. Wütend stürzt Fulgentius, dessen Liebe nun auf dem Kulminationspunkt ins Extreme überging, ab. Fulgentius' Leute nehmen Rosamunden, ungeachtet der Fürbitte Claribellas, unter dem Vorwand in Haft, sie habe um der Korsaren Anschlag gewußt und absichtlich ihr fürstliches Gewand mit Claribellen verwechselt, und solches der verwundete Räuber ausgesagt habe. – Im dritten Akt kommt Rosamunde, welche, nachdem jener Räuber zum Geständnisse gezwungen worden, daß er zur obigen Aussage bestochen sei, vom Volke befreit wurde, kehrt zu Axa zurück, mit dem festen Entschlusse, nimmer von ihr zu scheiden. – Jetzt erscheint Fulgentius, welcher sich früher schon als einen geschickten Chemiker verriet, in seiner Werkstätte, bereitet das stärkste Gift, mit welchem er einen Brief schreibt, dessen bloßes Lesen tötet. Diesen übergibt er seinem vermeintlich vertrauten Manfredi mit dem Versprechen, er solle, wenn er Rosamunden diesen tödlichen Brief übergeben, Claribellen und Cyperns Thron zur Belohnung erhalten. – Im vierten Akte erscheint Rosamunde in einem idyllischen Tal bei ihren Herden; Manfredi sagt ihr, welchen Vorsatz Fulgentius mit jenem Brief hatte. Fulgentius tritt auf und glaubt sich verraten. Allein Manfredi überredet ihn, Rosamunde habe bereits den Brief gelesen und den Tod in stillem Wahnsinn, in welchem sie sich Hirtin dünke, eingesogen. Fulgentius beschließt, durch Hirtentänze und Gesänge diesen Wahnsinn nähren zu lassen. Während des Festes zieht Albanus, vermummt, Alfonsen beiseite, gibt ihm eine Schrift und sagt ihm, es bedürfe nur Rosamundens Unterschrift, um schleunige Hilfe zu verschaffen. Indem Rosamunde unterschreibt, stürzt Fulgentius hervor, ringt mit Alfons um die Schrift; erhält aber aus Zufall seinen eigenen Brief; liest und – stirbt von seinem eigenen Gift. – Meine Pflicht dünkt es mich, bei einem Werke, welches vielleicht aus Zufall mehr Widersacher fand, als es verdient, womöglich das Gelungene hervorzuheben. Dieses besteht in einer reinen gebildeten Jambensprache; in schönen romantischen Anklängen; einzelnen kräftigen Momenten und ansprechenden lyrischen Stellen. Das Stück ist dem Vernehmen nach an vielen Bühnen des Auslandes bereits angenommen und der Aufführung nahe; wir sind auf das Verhältnis des Beifalles auf jenen Bühnen zu dem Beifalle, welchen das Stück hier fand, begierig. – Die Musik von Franz *Schubert*, unserem verehrten Landsmanne, zeichnet sich in einigen Nummern wirklich aus und spannt die Erwartungen noch mehr auf des Tondichters neuestes Produkt: „*Fierabras*“ (Buch von Hrn. *Kupelwieser*), welches irrig in diesen Blättern als zurückgelegt angekündigt wurde, da es bereits Ende Jänner erscheinen wird. Die Ouvertüre mußte repetiert werden, gleiche Ehre widerfuhr dem ländlichen Chor im letzten Akt. Das Lied zum Anfange des dritten Aktes und der Chor im nämlichen sind ausgezeichnet. Hr. *Schubert* fand einstimmige Anerkennung. – Die Benefiziantin spielte recht brav und ward laut vorgerufen, wofür sie bescheiden dankte. –

Hr. *Rott* lieferte eine sehr gelungene Darstellung, welche das Stück hob. – Mad. *Vogel* und Hr. *Klein* wirkten das Ihrige. – Hr. *Palmer* schien die Rolle schnell übernommen zu haben. – Das Ballettarrangement im zweiten Akte hatte kaum einige gute Momente und wurde mit geringer Präzision ausgeführt. S. S.

[Siegmund Saphir]

Daß das Stück bereits an vielen ausländischen Bühnen angenommen worden sei, war wohl ein Wunschtraum der Frau v. Chézy. Es ist nach der einzigen Wiederholung am 21. Dezember 1823 nie wieder gegeben worden. – Leider ist aber auch Schuberts Oper weder im Januar 1824 noch später in der Hofoper gespielt worden. Erst 1897 wurde sie in Karlsruhe und 1926 französisch in Brüssel aufgeführt.

Aus dem „Sammler“ vom 30. Dezember 1823

Einer väterlichen Grille wegen ward die Fürstin Rosamunde im Hirtenstande erzogen. Nach vollendetem achtzehnten Jahre soll ihre Aja allem Volke ihren Stand entdecken und sie die Regierung antreten. Am 3. Juni ist der Termin um. Manches Wundersame kettet sich an diese Begebenheit, worunter auch die Ankunft des Prinzen von Candia, der, von Kindheit an mit Rosamunde verlobt, nach Empfang eines geheimnisvollen Briefes nach Cypern eilt, aber an der Küste Schiffbruch leidet und sich ganz allein rettet. Fulgentius, der Statthalter von Cypern, hat unterdessen 16 Jahre lang auf Cypern regiert und er ist des Herrschens so wenig müde, daß er die Nachricht von dem Dasein der totgeglaubten Rosamunde gar unliebsam vernimmt. Diese hat bereits den verkleideten Prinzen von Candia gesehen, und beide erkennen sich durch einen geheimsympathetischen Zug der Romantik als das für einander bestimmte Paar. Der Prinz, der sich nicht zu erkennen geben will, warum? – um die Treue seiner Geliebten zu prüfen und vielleicht auch, weil alle seine Reisegefährten ersoffen sind und er auf keine Unterstützung rechnen kann – tritt in die Dienste des Fulgentius und gewinnt sein Vertrauen, da er seine Tochter aus Räuberhänden befreit. Soweit ginge nun alles nach Wunsch; aber – Fulgentius selbst wird rasend in Rosamunden verliebt, und da sie diese Glut nicht erwidern kann, verfolgt er sie mit ebenso grimmigem Haß, beschuldigt sie, den Überfall seiner Tochter veranlaßt zu haben, und läßt sie ins Gefängnis werfen. Damit noch nicht zufrieden, tüncht er einen Brief mit dem stärksten auf der Stelle tötenden Gift und befiehlt dem verkleideten Prinzen, den er in das Geheimnis dieses Mordes einweiht, den Brief Rosamunden zu übergeben. Diese hat inzwischen Mittel gefunden zu entkommen, sie kehrt in die Hütte ihrer alten Pflegerin zurück. Dort findet sie der Prinz von Candia und teilt ihr Fulgentius' Mordanschlag mit. Zu allem Unglück wird das liebende Pärchen von Fulgentius überrascht und würde übel wegkommen, wenn nicht der Prinz den Tyrannen überredete, Rosamunde sei bei dem ersten Anblick des vergifteten Briefes in Wahnsinn verfallen, eine Notlüge, welche die verständige Geliebte durch ihre Gesten unterstützt. Der leichtgläubige Timur – Fulgentius wollten wir sagen – überläßt nun noch seinem Vertrauten die Sorge um Rosamunden, und abermals scheint sich alles zum Guten zu wenden. Nun kommt aber ein Brief vom Bürgermeister Albanus (dies ist, beiläufig gesagt, der Mann, welcher den geheimnisvollen Brief an den Prinzen von Candia geschrieben und alljährlich am 2. Juni im Hause der Aja den Geburtstag der Prinzessin ausgerufen), der mit Fulgentius' Regiment gleichfalls unzufrieden ist. Unglücklicherweise überrascht dieser den Prinzen abermals bei Lesung dieses Briefes; nun hat die Leichtgläubigkeit eine Ende; es ist um das Leben des falschen Vertrauten geschehen; er soll den Brief ausliefern und – sterben; der Prinz

aber will leben und heiraten, gibt daher mit rascher Besonnenheit statt Albanus' Schreiben den Giftbrief an Fulgentius; dieser steckt die Nase hinein und – stirbt. – Und hiemit Lied am Ende.
Der Effekt dieses Schauspiels war gering; im ersten und zweiten Aufzuge war gar keiner vorhanden, im dritten waren einige Szenen anziehend, besonders jene zwischen Fulgentius und dem Prinzen Alfons. Die Katastrophe konnte nur jene Zuschauer überraschen, die mit dem Maschinenwerk der Melodramendichtungen – worunter dieses Produkt gehört – nicht bekannt waren. Die Glanzseite desselben ist eine schöne, mitunter poetische Sprache; zu bedauern ist, daß die Dichterin öfters mit Kleinigkeiten spielt; z. B. mit dem *Namen* Rosamunde, der mit dem Rosenmond (Juni) in Verbindung gesetzt wird. Einmal benützt gar der Liebhaber diesen Namen zu einer gezwungenen Schmeichelei und nennt seine Schöne die „Rose der Welt" (rosa mundi). Vermutlich ist an die Namen Claribella, Fulgentius und Albanus ein ähnlicher allegorischer Sinn verbunden, mit dessen Auffindung wir uns nicht befassen wollen.
Der Tonsetzer, Hr. *Schubert*, fand viele Aufmunterung. Man ließ die Ouvertüre und einen Chor wiederholen und applaudierte ein Lied, welches Mad. *Vogel* mit Glück sang. Hr. *Schubert* zeigt in seiner Komposition Originalität, leider aber auch Bizarrerie. Der junge Mann steht in der Entwicklungsperiode; wir wünschen, daß sie glücklich vonstatten gehe. Diesmal erhielt er des Beifalls *zu viel*; möge er sich künftig nie über das *zu wenig* beklagen dürfen! – Die Chöre gingen etwas unsicher, besonders schwankend zeigte sich die Intonation des weiblichen Chores.
Die Hauptrollen waren in Händen des Hrn. *Rott* und der Dlle. *Neumann*. Hr. *Rott* hatte sich sehr bemüht, in die grellen Absprünge des darzustellenden Charakters wenigstens *künstlerische* Einheit zu bringen, da eine *natürliche* nicht vorhanden war. Er beweiset mit jeder neuen Rolle, daß er sich mit dem Beifalle der Menge nicht mehr begnüge, sondern nach dem Lob der Kenner buhle und alle seine Kraft anstrenge, es zu verdienen. Dlle. *Neumann* spielte mit vieler Innigkeit, besonders die Szene im dritten Akte, wo sie zu ihrer Pflegerin zurückkehrt, hierbei aber auch von Mad. *Vogel* trefflich unterstützt wurde. – Dlle. *Eichenhoff*, eine Bekanntschaft vom Wolfsbrunnen her, war diesmal keine angenehme Erscheinung. – Dlle. *Neumann* und Hr. *Rott* wurden gerufen.

Das Wort „Bizarrerie", das Schubert 1816 für Beethoven gebraucht hatte (siehe 16. Juni 1816) wurde nun auf ihn selbst angewendet. – Zum „Wolfsbrunnen" siehe 13. Januar 1824.

Aus der „Wiener Zeitschrift für Kunst usw." vom 3. Januar 1824

Der Inhalt dieses Schauspieles ist folgender. Die Erbprinzessin Rosamunde von Cypern (Dlle. *Neumann*) ist als ein Kind von zwei Jahren der Schifferswitwe Axa (Mad. *Vogel*) zur Erziehung übergeben worden. Eine Urkunde, von der Hand ihres königlichen Vaters eigenhändig geschrieben, soll ihre Herkunft und ihr Erbrecht auf Cypern dartun. Durch ein anderes Schreiben wird Alfons, Prinz von Candia (Herr *Palmer*) aufgefordert, diese Prinzessin zur rechten Zeit in ihrem Erbrechte zu beschützen und sich dadurch ihren Besitz zu verdienen.
Nachdem die Prinzessin achtzehn Jahre alt geworden, erfährt sie von ihrer Pflegemutter Axa das Geheimnis ihrer Herkunft, und die Anstalten zu ihrer Erhebung auf den fürstlichen Stuhl, den inzwischen der Statthalter Fulgentius (Herr *Rott*) verwaltet. Da die erwähnte Urkunde keinen Zweifel übrig läßt, so wird die Prinzessin als rechtmäßige Beherrscherin von Cypern anerkannt. Der Bürgermeister Albanus (Herr *Klein*) mit dem

gesamten Volke schwört ihr den Eid der Treue, und der Statthalter selbst huldigt ihr, als seiner Gebieterin. Leider ist seine Unterwerfung nicht aufrichtig und ernstlich gemeint. Er geht vielmehr mit dem Gedanken um, sich bei seiner bisher geübten Macht und Herrschaft zu behaupten. Der Ehrsüchtige hofft anfangs, seine Absicht durch eine Liebesintrige erreichen zu können, und tritt als Liebhaber der Prinzessin auf. Aber er schildert in seiner Liebeserklärung sich selbst so häßlich, daß er, statt Liebe, Abscheu gegen sich erregt. Als er diese Wirkung wahrnimmt, beschließt er die schwärzeste Rache. Drogut, ein Korsarenhauptmann (Herr *Demmer*), soll ihm zum Werkzeuge dienen. Aber dieser irret sich in der Person und überfällt, statt der Prinzessin, des Statthalters Tochter Claribella (Dlle. *Eichenhoff*), welche aber von dem Prinzen Alfons gerettet wird, den Fulgentius unbekannterweise als einen Knappen in Dienste genommen hatte und nun zu seinem Vertrauten macht. Aber eben dadurch bereitet er sich den Untergang. Denn Alfons bezeigt sich als Rosamundens wachsamster Beschützer gegen die unerhörte Bosheit des Fulgentius, welcher zuerst die Prinzessin als Anstifterin des Korsarenanfalls auf seine Tochter anklagt, und da sie mit genauer Not dem Kerker entflieht, zuletzt mit Gifte zu vergeben beschließt. Er selbst, mit einem gläsernen Helme vor dem Gesichte, in einem unterirdischen Laboratorium, bereitet die Gifttinktur, welche, als Tinte in einem Briefe gebraucht, durch ihren tödlichen Hauch der Lesenden augenblicklich das Leben kosten soll. Alfons wird zum Überbringer dieses Giftbriefes ausersehen und in das Geheimnis eingeweiht. Zum Lohne verspricht ihm Fulgentius seine Tochter. Alfons geht mit dem tödlichen Briefe und warnt Rosamunde, ihn nicht zu eröffnen. Fulgentius, voll Ungeduld, den Erfolg zu sehen, eilt herbei, findet sich getäuscht, und stirbt durch die Eröffnung seines eigenen Briefes. Rosamunde ist nun befreit und wird von dem Volke mit Jubel auf den Thron geführt.

So reich auch dieser Stoff an romantischen Ereignissen ist, und so wenig auch die Schönheit der poetischen Diktion und der Wohlklang der fließenden Verse verkannt werden kann, so machte die Darstellung doch keine sonderliche Wirkung. Die Ursache scheint darin zu liegen, daß der Unterschied zwischen einer dialogisierten und vorgestellten Erzählung und der dramatischen Gestaltung einer Handlung nicht durchweg beobachtet ist. Anstatt daß Fulgentius gleich bei seinem ersten Auftritte seinen Charakter in Handlungen zeigte, schildert er sich in der Liebeserklärung mit weitläufigen Worten als einen Wüterich, wodurch freilich seine folgende Handlungsweise motiviert wird; aber diese Art der Motivierung ist nicht dramatisch. Ob es übrigens wahrscheinlich sei, daß ein so schlauer Wicht durch seine Worte sich so deutlich verrate, ferner daß das cyprische Volk, welches kurz vorher der Prinzessin Treue geschworen, sich bei ihrer Verfolgung so ruhig verhalte, endlich daß Prinz Alfons so wenig als Prinz und mit raschem Jugendmute handelnd erscheint, lassen wir dahingestellt sein; aber gewiß scheint es uns, daß dies alles der dramatischen Wirkung großen Abbruch tut. Die Szene der Giftbereitung schickte sich ebenfalls besser für eine Erzählung als für die Darstellung auf der Bühne. Es liegen in diesem Stoffe allerdings reichhaltige Hilfsmittel zur Hervorbringung einer großen Wirkung; aber sie scheinen uns in der Ausführung nicht so ergiebig benützt zu sein, als sie bei gehöriger Rücksicht auf das dramatische Interesse hätten benützt werden können, und es würde uns leid tun, wenn die so verdienstvolle Dichterin sich durch diesen Umstand von neuen Arbeiten für die Bühne abschrecken ließe. Der Bühneneffekt fordert zwar sein eigenes Studium, ist aber nicht unergründlich.

Die Musikbegleitung von *Schubert* ließ die Genialität dieses beliebten Meisters nicht verkennen. Die Ouvertüre und ein Chor im letzten Akte sprachen so lieblich an, daß die

Wiederholung unter lautem Beifallsklatschen verlangt wurde. Die schwärmerische Romanze der Axa wird ohne Zweifel in der Gesangeswelt bald allgemein ein Lieblingsstück sein.

Herr *Rott* (als Fulgentius), Herr *Palmer* (als Prinz Alfons), Dlle. *Neumann* (als Rosamunde) und Mad. *Vogel* (als Axa) zeichneten sich aus. Dlle. *Neumann* und Herr *Rott* wurden am Schlusse vorgerufen. Erstere trug bei dieser Gelegenheit eine wohlverfaßte Dankrede unter erneuertem Beifalle vor. Sie hatte sich eines ziemlich zahlreichen Zuspruches bei ihrem Benefize erfreut und möge sich dadurch zum fortgesetzten rühmlichen Streben ermuntert fühlen.

Die Leipziger „Allgemeine musikalische Zeitung" vom 15. Januar 1824 sagte über die „Rosamunde" nur: „Befriedigte in keiner Hinsicht". Das Stuttgarter „Morgenblatt" vom 24. Januar nannte Schuberts Namen nicht. Der Berliner „Gesellschafter" vom 16. Februar bemerkte, ebenso wie das Stuttgarter Blatt, daß die Schauspieler in Voraussicht des Mißerfolges ihre Rollen erst gar nicht gelernt hatten. Höhler, der Referent der Dresdener „Abendzeitung" bedauerte am 8. April 1824, daß er bei den zwei ersten Vorstellungen verhindert gewesen war und dann keine Gelegenheit mehr hatte, das Stück zu sehen. (Erste Ausgabe, Nrn. 430–433.)

21. Dezember 1823: „Rosamunde" zum zweiten und letzten Mal aufgeführt. – Diese Aufführung ist bei Rosenbaum und bei Ignaz v. Seyfried erwähnt. Es folgten vier Weihnachtstage, an denen das Theater geschlossen war.

22. Dezember 1823: Franz Lachner wird Organist an der protestantischen Kirche in Wien. – Einer von drei musikalischen Brüdern, war er 1803 in Rain am Lech (Bayern) geboren und im Herbst 1822 nach Wien gekommen. Er wurde bald mit Schubert befreundet, den er zu Mittag im Gasthaus Haidvogel am Stefansplatz traf. Es wird erzählt, daß Josef Lanner, als er Schubert und Lachner nach dessen Erfolg beim Wettbewerb der Organisten in der protestantischen Kirche im nahen Café Rebhuhn sah, wo Lanner mit seinem Streichquintett Musik machte, gesagt habe: „Ja, ja, alle diese Franzln haben doch noch was im Köpferl!"

Schwind an Schober

[Wien,] den 24. [Dezember 1823]

Schubert ist besser, es wird nicht lange dauern, so wird er wieder in seinen eignen Haaren gehen, die wegen des Ausschlages geschoren werden mußten. Er trägt eine sehr gemütliche Perücke. Er ist sehr viel bei Vogl und Leidesdorf. Der verzwickte Doktor geht auch viel mit ihm. Jetzt denkt er (Doktor) auf eine musikalische Akademie oder öffentliche Schubertiad. Wenn was zustande kommt, so schreib ich Dir's.

Der Haarausfall hing mit Schuberts Krankheit, vielleicht auch mit einer Kur, zusammen. – Der verzwickte Doktor ist Bernhardt. – Die Idee eines eigenen Konzerts taucht auch in Schuberts Brief an Kupelwieser aus dem Frühjahr 1824 auf, wurde aber erst im Frühjahr 1828 ausgeführt.

Schwind an Justina v. Bruchmann

[Wien,] Den 29. Dec. 1823.

Mich trügt das Bild nicht, das Sie mir und Schober und Schubert um mich zeigt, und der Garten mit ewigen Blumen.

Dieser Brief hat sich in einer Abschrift Justinens für Schober erhalten. – Der Stil des Satzes ist typisch für Schwinds Briefe aus dieser Zeit, besonders jener an Schober. Er fühlte sich als der Vertraute der Liebenden: Justina und Schober. Der Garten mit den ewigen Blumen ist wohl die Freundschaft der Vier.

30. Dezember 1823: „Auf dem Wasser zu singen“ op. 72 (D. 774) erscheint in der „Wiener Zeitschrift für Kunst usw.“

1824

Oktett in F-Dur (D. 803), Februar bis 1. März
Streichquartett in a-Moll (D. 804), Februar bis März
Sonate in C-Dur für Klavier zu vier Händen („Grand Duo“) (D. 812), Juni
„Divertissement à la Hongroise“ für Klavier zu vier Händen (D. 818)

Aus einem Konskriptionsbogen des Hauses Innere Stadt No. 1187, Anfang 1824

[Wohnung] No. 2. Franz Schubert 796 Tonkünstler v. Wien.

Schubert ist als Zimmerherr eingetragen (vgl. den Konskriptionsbogen aus dem Jahre 1818). Weder Huber noch Mayrhofer sind auf diesem Bogen genannt.

Aus der „Wiener Allgemeinen Theaterzeitung“ vom 1. Januar 1824

Wir achten es für eine sehr angenehme Pflicht, das kunstliebende Publikum von der Vermehrung der bisherigen Neujahr-Geschenke durch ein *musikalisches Angebinde* Album musicale (in der Kunsthandlung von *Sauer* und *Leidesdorf*) in Kenntnis zu setzen. Die kunstsinnigen Schönen Wiens werden nun die ersten Horen dieses Jahres mit reizenden Melodien begrüßen, welche rühmlich bekannten Tonsetzern ihr liebliches Dasein verdanken. Dieses in Deutschland noch nie vorgekommene glücklich gewählte Angebinde enthält nämlich für das Pianoforte einen neuen Kotillon von Herrn Grafen *Gallenberg*, eine russische Melodie von Hrn. Fr. *Schubert*, einen musikalischen Scherz über Original-Spanische Themen von Hrn. *Louis*, zwei französische Romanzen von Mad. *Fodor-Mainvielle*, von dem gefeierten *Rossini* eine neue Kavatine, dann Tänze nebst einigen kleinen Stücken, auch eine von Hrn. M. J. *Leidesdorf* gefühlvoll entworfene Romanze: „Mädchens Herzensschläge“. – Das Äußere dieses kleinen Werkes ist seiner schönen Bestimmung entsprechend ausgestattet. Echtes Basler-Papier, reiner Stich und Druck, nebst Kupfer, dann ein eleganter Einband eignen dasselbe zum willkommenen Neujahr-Geschenke, welches als eine wirklich brillante Neuigkeit unbezweifelt eine gefällige Anerkennung erwarten darf.

Siehe 19. Dezember 1823.

Schwind an Schober

[Wien,] am 2. Jen. [1824]

Unser Sylvester-Nachts-Fest lief glücklich ab. Wir waren bei Mohn versammelt. Bruchmann und Doblhoff kommen mit Schlag zwölf aus der Stadt zurück, wo sie den Schubert erwartet und gesucht hatten. Du, Senn und Kuppelwieser, Bruchmann und die allerseitigen Geliebten wurden durch Gesundheiten gefeiert. Bald darauf kündigten sich Schubert und Dr. Bernard durch ein kleines Scheibenschießen an. Schubert traf und die verwundete Fensterscheibe brachte alles in Aufruhr. Mit dem Doktor hab' ich schmolliert, das wird mir gut stehn. Um halb 5 Früh kam ich nach Haus. Das ganze war etwas roh und gemein, aber besser, als wir erwarten konnten. Bruchmann hat getanzt mit dem Eichberger, dem Mohn und mir . . . Heute brachte ich ihr [Justina] die Nachrichten, die ich aus Schuberts Brief entnehmen konnte.

Zu „schmolliert" siehe Anmerkung zum 9. November 1823. – Eichberger, recte Eichholzer. – „Schuberts Brief" war einer, den Schubert von Schober erhalten hatte (verloren).

Doblhoff an Schober

Wien, den 7ten Jänner 1824.

. . . Alle befinden sich recht wohl und gedachten mit innigstem Jubel an Dich bei dem hochgefeierten Sylvesterabend, der in mancher Hinsicht wohl dem vorigjährigen nachstehen mußte, in freier ungebundener Lust und Einklang der rauschendsten Freude [jenen] bei weitem besiegte. Wir kamen um 11 Uhr bei Mohn zusammen: Bruchmann, Schwind, Schubert, Bernhard, Hönig, Smetana, Kreißl, Dietrich, Eichholzer, Steiger, Kiesewetter, Mayr und ich. 6 Bruchmannische Mosler-Bouteillen stürzten sich und uns und alle unsre abwesenden herrlichen Freunde ins neue Jahr hinein, wenn auch etwas ungestüm, entwickelte sich doch kein anderes Gefühl als das der Liebe und Freundschaft, und so wollen wir denn auch das Beste für dieses majorenne Jahr erwarten . . . Schubert ist fast ganz gesund und fast in beständigem Umgange mit Bernhard und Leidesdorf.

Kiesewetter ist wohl der ältere Sohn des Hofrats (siehe 9. Januar 1823) Karl von Kiesewetter, der um 1820 an Senns burschenschaftlichem Studenten-Verein beteiligt oder interessiert gewesen war (siehe März 1820); Sedlnitzky erwähnt ihn in seinem Vortrag vom 29. März 1820 (Staatsarchiv, Wien). Er war eine Zeitlang bei seinen mütterlichen Großeltern in Heidelberg gewesen, was ihn wegen der dortigen Universität der Wiener Polizei verdächtig machte. – Die abwesenden Freunde waren Schober, Kupelwieser und Senn.

Carl Maria v. Weber an Ignaz Franz Castelli nach Wien

Dresden, den 8. Januar 1824

Bäuerle hatte unter meiner Adresse eine heftige Anzeige der durchgefallenen „*Rosamunde*" für die Abendzeitung eingeschickt. Wahrscheinlich glaubte er, mir dadurch Freude zu machen, setzte mich aber noch mehr in Verlegenheit. Winkler stand natürlich an, es zu drucken, was mir ganz recht war.

Bäuerle (siehe die Anmerkung vor dem 20. Oktober 1820), der Herausgeber der „Wiener Allgemeinen Theaterzeitung", hatte diesen Bericht unaufgefordert an die Dresdener „Abendzeitung" eingeschickt, deren Wiener Korrespondent, Höhler, die „Rosamunde" allerdings versäumt hatte, was er auch am 8. April dort gemeldet hat (siehe 3. Januar 1824). K. G. Th. Winkler, geboren in Waldenburg (Sachsen) 1775, Pseudonym Theodor Hell, der Textdichter von Webers „Die drei Pintos", später der deutsche Übersetzer seines „Oberon", war der Herausgeber der „Abendzeitung". (Schubert komponierte 1816 sein Gedicht „Das Heimweh".) Zu Webers und Schuberts Beziehungen nach der Aufführung der „Euryanthe" siehe die Anmerkungen vor dem 27. und 28. Oktober 1823. Es war Weber offenbar wegen der Chézy und wegen Schubert peinlich, in Sachen „Rosamunde" Stellung zu nehmen.

Aus der amtlichen „Wiener Zeitung" vom 12. Januar 1824

Neue Tanzmusik für 1824,
welche bei *Sauer* und *Leidesdorf*,
Kärntnerstraße Nr. 941, erschienen ist.

. . . .

Halt's enk z'samm.
Sammlung Original-Österreicher-Ländler für das Pianoforte
von Payer, Pensel, Leidesdorf u. a. m.
Erstes Heft. Preis 1 fl. 15 kr.
detto zu 4 Händen 2 fl. – kr.

Diese Walzer sind für Violine und Pianoforte, sowie für verschiedene andere Instrumente eingerichtet, bereits unter der Presse, und erscheinen in wenigen Tagen.

Dieses war das erste von drei Sammelheften mit Tänzen, die unter dem Titel „Halt's enk z'samm" und geschmückt mit einer Radierung von Schwind erschienen. Die Vignette zeigt einen Wiener Tanzsaal und im Orchester rechts einen stehenden Bläser, der den „langen Huber" darstellt, karikiert durch seine lange Nase im Profil. – Johann Pensel, geboren um 1794, starb 1828 noch vor Schubert. – Das Heft enthält zwölf Tänze, darunter sechs von Payer, zwei von Pensel, einen von Leidesdorf und drei unbezeichnete. Schubert war darin nicht, sondern erst in Heft 2 vertreten (siehe 29. Januar 1824).

Aus der „Wiener Zeitschrift für Kunst usw." vom 13. Januar 1824

Erläuterung und Danksagung.

Der schätzbare Referent dieser Zeitschrift hat den Zusammenhang des Dramas Rosamunde nicht ganz richtig und nicht in seinen wichtigsten Bestandteilen auffassen können, so auch steht in der Theaterzeitung ein Bericht, der hie und da einen Irrtum in sich faßt; beides liegt nicht an dem Referenten, wahrlich! wenn ich mein Stück nicht noch gegenwärtig gehabt hätte, ich hätte selbst nicht den Zusammenhang bei der Vorstellung herausgefunden. *Dies* mag auch die Ursache sein, daß der Aufsatz im *Sammler* einen falschen Bericht von der Fabel des Stückes enthält.

Vielleicht entschließ' ich mich bald, meine Dichtung *Rosamunde* in Druck zu geben, bis dahin muß ich jeden bitten, der sie aufführen sah, oder die Berichte las, sein Urteil zurückzuhalten. Die halsbrechende Eile, mit der die *Rosamunde* in Szene gesetzt wurde, lag nicht in dem Plan der Direktion, sondern in hier nicht zu erörternden Nebenumständen. Noch gesellten sich einige Fata zu diesem einen, z. B. die Tänze waren 48 Stunden vor der Vorstellung zum erstenmal eingeübt, die letzten Musikstücke waren erst ebenso spät angelangt und die Krone aller Fata war der Umstand, daß ein nagelneuer Souffleur sein erstes Probestück mit der Rosamunde ablegte. Dagegen gab sich der als denkender Künstler bewährte Regisseur Herr *Demmer* bei den Proben so redliche und angestrengte Mühe, daß ich mich verpflichtet fühle, den herzlichsten Dank dafür öffentlich auszusprechen. Das Orchester tat Wunder, es hatte *Schuberts* herrliche Musik nur zweimal in einer einzigen Probe durchspielen können, und führte die Ouvertüre und die meisten übrigen Nummern mit Präzision und Liebe aus. Ein majestätischer Strom, als süß verklärender Spiegel der Dichtung durch ihre Verschlingungen dahinwallend, großartig, *rein melodiös*, innig und unnennbar rührend und tief, riß die Gewalt der Töne alle Gemüter hin. Ja, selbst wenn sich Mitglieder des Publikums, das seit diesem Herbst an der Wien auf Wölfe und Leoparden Jagd macht, in die *Rosamunde* hinein verirrt hätten, und selbst wenn ein antimelodiöser Parteigeist sich in die Masse der Zuhörer geschlichen, *dieser* Strom des Wohllauts hätte *alles* besiegt. Wer die *Preciosa* u. a. Stücke von Gehalt im Theater an der Wien aufführen sehn, der wird mir beipflichten, daß ich glauben durfte, nichts zu wagen, indem ich ein Stück dafür schrieb, dem ich selbst seine Schranken gestellt hatte, und das in einer von dem hiesigen bedeutend verschiedenen Gestaltung in das Ausland versendet worden. *Spektakelstücke* zu dichten, ist eine Aufgabe, der ich so wenig gewachsen bin, als wenn die Epheuranke einen Turm stützen, oder ein Schmetterling ein Ritterschloß auf seinen Flügeln davontragen sollte. Ich konnte daher dem Wunsch der Direktion nur durch eine romantische Dichtung genügen, die aus tiefern Anklängen der innern Welt und aus einem alten, sich darbietenden Stoff genommen war; von *Kunst* konnte hier keine Rede sein, dazu blieb mir keine Zeit in den *fünf* Tagen, in denen ich das Stück entworfen und gedichtet, damit es schleunigst in die Szene gesetzt werde. Bei so beschaffenen Umständen würde es Undank sein, der sinnigen Leistung der Mad. *Vogel*, der unverkennbaren Liebe, mit der Herr *Rott* seine Rolle umfaßte, und dem braven Spiel der Dlle. *Neumann*, besonders am ersten Abend, so wie dem, was viele der andern dafür taten, Anerkennung zu verweigern. Das Vertrauen, mit welchem ich eine zwar schleunig, doch mit Liebe und Anstrengung vollendete Arbeit diesem Verein übergab, wird hoffentlich späterhin durch neues Einstudieren und größere Einheit in der Besetzung, sowie durch eine würdigere Ausstattung, als die, welche die Eil der ganzen Veranstaltung vergönnte, noch mehr gerechtfertigt werden.

Wien, den 4. Jänner 1824. Helmina v. Chézy, geb. v. Klencke.

Die zitierten Berichte der „Wiener Zeitschrift für Kunst usw.", des „Sammler" und der „Wiener Allgemeinen Theaterzeitung" sind weiter vorn abgedruckt. Der Text der „Rosamunde" wurde niemals gedruckt und ist auch in den Manuskripten der Chézy nicht erhalten. – Im Oktober 1823 war im Theater an der Wien ein Zauberspiel, „Der Wolfsbrunnen", von Josef Alois Gleich (geboren in Wien 1772), Musik von Franz de Paula Roser, aufgeführt worden, in dem ein Schauspieler (Leopold Mayerhofer) eine Wölfin mit besonderem Erfolg bei dem Publikum der beliebten „Viehstücke" dargestellt hatte, die Affen, Hunde und sogar Leoparden boten. (Das romantische Schauspiel „Der Leopard und der Hund" von Josef Alois Gleich, mit Musik von Philipp Jakob Riotte, war am 25. November 1823 zuerst aufgeführt worden.) – Der „Parteigeist" spielt vielleicht auf Webers Anhänger in Wien an. Seine Musik zu Pius Alexander Wolffs Schauspiel „Preziosa" war am 5. Juli 1823 im selben Theater benützt worden. – Ein „Spektakelstück" war Wilhelm Vogels „Der böse Krollo", ein altschweizerisches Ritterschauspiel nach des irischen „Terror-Novellisten" Charles Robert Maturin „Fredolfo", das am 5. Dezember 1823 zum Vorteil des Schauspielers Palmer gegeben worden war. – Daß Frau v. Chézy das Buch in fünf Tagen geschrieben habe, ist unglaubwürdig, weil bereits im Oktober 1822 davon die Rede gewesen ist (siehe 5. Dezember 1823) und weil Schubert seine Musik zum Teil erst knapp vor der Aufführung schreiben konnte. Es ist auch unwahrscheinlich, daß das Buch in einer verbesserten Fassung schon vor Mitte Januar 1824 an ausländische, das heißt Bühnen in Deutschland, verschickt worden war, wenn es erst im Dezember geschrieben worden wäre. Noch fraglicher ist die Angabe Wilhelm v. Chézys, daß das Buch in Karlsruhe und Stuttgart angenommen worden sei. – Es kam zu keiner Neueinstudierung.

14. Januar 1824: Ball bei Frau v. Schober.

Januar bis April 1824: Schubertiaden in der Familie des Grafen Weißenwolff in Linz. – Johann Nepomuk Ungnad Graf Weißenwolff, geboren 1779, war mit Sophie Gabriele Komtesse Breuner, geboren 1794, seit 1815 vermählt und bewohnte das jetzt halb verfallene Schloß Steyregg, 7 km östlich von Linz. Er war Erblandhofmeister und Oberstleutnant, sie sang Alt und wurde eine begeisterte Anhängerin Schuberts. Beide waren Mitglieder des Linzer Musikvereins.

Aus der Dresdener „Abendzeitung" vom 1. Mai 1824

[Tagebuch aus Wien von Anfang Januar 1824]

Der Karneval brachte uns wieder verschiedenartige und nicht wenig komisch titulierte Tänze: ... *Halt's enk z'samm*, Original-Österreicherländler ... [Höhler?]

Aus dem Programm der 11. Abendunterhaltung der Gesellschaft der Musikfreunde, am 15. Januar 1824

4. Die Nachtigall von Unger, Musik von Schubert für 4 Männerstimmen, gesungen von den Herrn v. Barth, Tietze, Nejebse, Rotter.

Adalbert Rotter, geboren 1800, sang Baß (siehe 24. April 1824).

Aus der Dresdener „Abendzeitung“ vom 3. Mai 1824

[Tagebuch aus Wien von Mitte Januar 1824]

Bei *Sauer* und *Leidesdorf* erscheint eine Sammlung neuer Klavierkompositionen, Gesänge und Tänze unter dem unpassenden Titel: *Album musicale.* [Höhler?]

18. Januar 1824: Anna v. Hartmann singt ihrem Bruder Ludwig in Linz Schubert-Lieder vor.

Schwind an Schober

[Wien,] den 19. [Januar 1824]

Heute Abend haben wir eine Art Schubertiad bei Mohn gehabt. Eine einzige erst bei Bruchmann den ganzen Winter.

Die Schubertiade bei Bruchmann hatte am 11. November 1823 stattgefunden.

Schwind an Schober

[Wien,] den 20. [Januar 1824]

Das Höchste, was ich auf Erden weiß, ist die Liebe, die Schönheit und die Weisheit. Du selbst hast mich zu dir und zu Schubert gezählt, und ich konnte die Wonne nicht ertragen. So hat mich der Schmerz gereinigt, daß ich alles darauf baue, daß ich der dritte zu euch bin.

Bruchmann an Johann Senn in Trient

[Wien,] 22. Jänner 1824

Von Schober wissen wir, daß er in Breslau nicht angenommen wurde, er reist nach Posen oder Stettin. Schubert ist ziemlich gesund.

Schobers Versuch, auf der Bühne in Breslau aufzutreten, stieß auf Schwierigkeiten. Er beabsichtigte deshalb, nach Schweden zu reisen, was aber unterblieben ist.

Johanna Lutz an Leopold Kupelwieser

Wien, 25. Jänner 1824.

Ich fürchte mich recht, denn es herrscht schon wieder allerlei Verdruß in der Gesellschaft. Du würdest Dich sehr ärgern über die dummen Plauschereien, welche immer unter den Herrn sind, und ich fürchte mich so davor, daß ich recht froh sein werde, wenn der Donnerstag vorbei sein wird.

Der Mohn ist recht gut, aber er verletzt immer die ungestörten Sitten und ist dann doch über jede Kleinigkeit beleidigt.
Die vorige Woche war der Schwind da und hat mir den Russischen von Schubert gebracht. Ich freue mich recht, ihn Dir vorzuspielen.
Der Schwind ist ein recht gutes Kind und hat Dich sehr lieb. Das gefällt mir recht gut, aber es wäre mir viel lieber gewesen, wenn der Kraißl mir die Noten gebracht hätte, wie er es versprochen hat; aber auf sein Versprechen ist nie viel zu trauen.

Die Gesellschaft ist die Lesegesellschaft der Freunde. Montag und Donnerstag fanden ihre Abende statt. – Der „Russische" ist „Air russe" (siehe 19. Dezember 1823). – Über Kraißl schreibt Bauernfeld im selben Monat, anläßlich eines Balls beim Drucker Josef Trentsensky: „Mittelmäßiger Landschaftsmaler, geigt himmlische Walzer. Sieht aus wie ein Bandit. Blaß, lange, schwarze, herabhängende Haare, Schnurr- und Spitzbart." (Vgl. Bildband, S. 308: ein Selbstporträt aus früheren Jahren.) Er war der Zeichenlehrer der Braut Kupelwiesers.

Aus der amtlichen „Wiener Zeitung" vom 29. Januar 1824

Neue Tanzmusik für 1824,
welche bei *Sauer* und *Leidesdorf*,
Kärntnerstraße Nr. 941, erschienen ist:

. . . .

Halt's enk z'samm.
Sammlung Original-Oesterreicher-Ländler für das Pianoforte
von Payer, Pensel, Leidesdorf u. a. m.

Für Pianoforte allein	1 fl. 15 kr.
Für Pianoforte zu 4 Händen	1 fl. 30 kr.
Für Pianof. und Violin concert.	1 fl. 15 kr.
Für 2 Violinen und Baß	1 fl. 30 kr.

Das ist noch immer das erste Heft dieser Sammlung (siehe 12. Januar 1824), die in mehreren Bearbeitungen erschien (verschollen).

Aus dem Programm der 13. Abendunterhaltung der Gesellschaft der Musikfreunde, am 29. Januar 1824

2. Rastlose Liebe, Gedicht von Goethe, Musik von Schubert, gesungen von Herrn Tietze.

Schwind an Schober

[Wien,] den 2ten Febr. 824.

Justine hat mir aus Deinem Brief vorgelesen, daß Du mit Glück [aufgetreten bist?] und was Du von mir schreibst. Das war an Schuberts Geburtstag. Wir hatten ein Fest bei der Kron, und wiewohl alle sehr besoffen waren, so wünschte ich doch, daß Du, um des Schuberts Freude über Dein Glück willen, dabei gewesen wärest. Im höchsten Rausch konnt' ich sehen, wie jeder ist. Alle waren mehr oder weniger dumm, Schubert schlief. Bruchmann allein, wiewohl [er] von allem nichts mehr weiß, war wie einer, der begeistert ist. Mit Leidenschaft umarmte er mich, Juliens Gesundheit trank er mit mir allein, und mit Schubert und mir brachte er Deiner Gesundheit einen warmen, ewigen Händedruck.

Schwind war der vertrauliche Bote zwischen Schober und Justina v. Bruchmann. – Die nur vermuteten Worte „aufgetreten bist" sind von Schober, wie alle Spuren dieses Schauspieler-Intermezzos, gestrichen worden. Er war also doch aufgetreten. – Schuberts Geburtstag fällt auf den 31. Januar. – Julie war Bruchmanns Braut, Frl. v. Weyrother.

Helmina v. Chezy an Frau Sarah Kaskel in Dresden

Wien, 4. Februar 1824.

Ich wollt', ich könnte Jettchen die entzückenden Melodien zu dem Liede aus der Rosamunde beilegen, die Schubert gemacht, es blüht uns in diesem herrlichen jungen Künstler die Hoffnung zu einem großen Mozart, auch ist er hier unendlich geschätzt und beliebt.

Jettchen (Henriette) war die Tochter der Frau Kaskel, beide waren mit der Chézy befreundet. Über das „Lied" siehe 24. März 1824.

Schwind an Schober (Fortsetzung des Briefes vom 2. Februar)

den 13. Febr.

Schubert hält jetzt ein vierzehntägiges Fasten und Zuhausebleiben. Er sieht viel besser aus und ist sehr heiter, ist sehr komisch hungrig und macht Quartetten und Deutsche und Variationen ohne Zahl.

Die genannten Werke dürften das Streichquartett in a-Moll (op. 29), verlorene Walzer vom Januar 1824 und die Variationen über „Ihr Blümlein alle" (aus der „Schönen Müllerin") für Pianoforte und Flöte vom selben Monat gewesen sein.

Aus der amtlichen „Wiener Zeitung" vom 17. Februar 1824

Bei *Sauer* und *Leidesdorf*,
Kärntnerstraße Nr. 941, ist neu erschienen:

Die schöne Müllerin.

Ein Zyklus von Liedern, gedichtet von W. *Müller*.
Für eine Singstimme in Musik gesetzt mit Klavier-Begleitung
von Franz *Schubert*.
25stes Werk, erstes Heft. 2 fl. W. W.

Unserer Meinung getreu, daß jedes gelungene Werk die empfehlendste Lobrede in sich selbst trägt, enthalten wir uns bei diesen Liedern am liebsten aller emphatischen Anpreisung, und bemerken bloß, daß es dem rühmlich bekannten Tonsetzer in diesen Liedern in vorzüglich hohem Grade gelungen ist, die Neuheit seiner Melodien mit jener Faßlichkeit zu verbinden, wodurch ein musikalisches Kunstwerk sowohl den Kunstkenner, als auch den gebildeten Musikfreund gleich einnehmend anspricht.

Das zweite Heft dieser Lieferung erscheint in 8 Tagen.
In Kurzem folgen diese Lieder mit Guitarre-Begleitung.

. . . .

Ferners folgende Gesänge mit Pianoforte-Begleitung.

Schubert, Gruppe aus dem Tartarus und Schlummerlied, von Fr. Schiller, 24. Werk. 1 fl. 30 kr. W. W.
Schubert, Die Liebe hat gelogen. Selige Welt. Schwanengesang. Schatzgräbers Begehr. 23. Werk. 1 fl. 30 kr.
– – Der Zwerg und Wehmut. 22. Werk. 1 fl. 30 kr.
– – Auf der Donau. Der Schiffer. Wie Ulfru fischt. 21. Werk. 1 fl. 30 kr.
– – Sei mir gegrüßt. Frühlingsglaube. Hänflings Liebeswerbung. 20. Werk. 1 fl. 30 kr.
– – Dieselben für Guitarre-Begleitung 1 fl. 15 kr.

Opus 25 erschien nach op. 30. Es war Karl Freiherrn v. Schönstein gewidmet (siehe Mai 1821). Er war 1797 in Ofen (Ungarn) geboren, wurde Hofsekretär bei der Allgemeinen Hofkammer in Wien, sang Bariton und hatte Schubert 1818 durch Esterházy kennengelernt. Er hatte zuvor nur italienische Arien gesungen und war Schuberts Sänger in den Adelskreisen Wiens geworden. Es ist bemerkenswert, daß Schubert drei Lieder aus diesem Zyklus für Schönsteins Stimme umgeschrieben hat: „Ungeduld", „Morgengruß" und „Des Müllers Blumen". – Wilhelm Müller, geboren 1794 in Dessau, der Vater des Oxforder Philologen Max Müller, genannt der Griechen-Müller wegen seiner Begeisterung für die Freiheitskämpfe der Griechen, hatte am 8. Oktober 1815 in sein Tagebuch geschrieben: „Ich kann weder spielen noch singen, und wenn ich dichte, so sing' ich doch und spiele auch. Wenn ich die Weisen von mir geben könnte, so würden meine Lieder besser gefallen als jetzt. Aber, getrost, es kann sich ja eine gleichgestimmte Seele finden, die die Weise aus den Worten heraushorcht und sie mir zurückgibt." In einem Dankbrief vom 15. Dezember 1822, gerichtet an den begabten Liederkomponisten Bernhard Josef Klein (geboren in Köln 1793, Musikdirektor an der Berliner Universität), hat Müller anläßlich der Veröffentlichung von zwei Heften seiner von Klein komponierten Gedichte (darunter „Trockne Blumen" und „Der Neugierige") über die „musikalische Belebung meiner Verse" geschrieben: „Denn in der Tat führen meine Lieder nur ein halbes Leben, ein Papierleben, schwarz auf weiß... bis die Musik ihnen den Lebensodem einhaucht, oder ihn doch, wenn er darin schlummert, herausruft und weckt. Sie, der Sie vorzugsweise meine Lieder zu Ihren Kompositionen wählen, dringen auch am tiefsten in sie ein." (Vgl. Heines Brief an Eduard Marxsen vom 18. November 1830, veröffentlicht in den Schubert-Erinnerungen, S. 340.) Leider ist sich Müller, der schon 1827 starb, nicht bewußt geworden, daß seine Hoffnung in Erfüllung gegangen war. Das Erscheinen der „Winterreise", des zweiten Schubert-Zyklus nach Müller, hat er nicht erlebt; es ist sogar fraglich, ob er auch nur die „Schöne Müllerin", genannt die „Müllerlieder" (im Doppelsinn), gesehen oder gar gehört hat. Sie waren in ihrer ersten Form für ein Liederspiel unter seinen Berliner Freunden geschrieben, und Ludwig Berger (geboren in Berlin 1777) war ihr erster Komponist gewesen. Welche der Damen dieses Kreises das Urbild der schönen Müllerin gewesen ist, kann nicht mehr entschieden werden. Schubert aber wurde nicht durch eine Müllerin oder eine Mühle zu seinem Zyklus angeregt, sondern durch Müllers Gedichte. Müller übersetzte auch aus dem Englischen, vor allem Marlowes „Faust" (1818). Deshalb ist es besonders interessant, daß der Text des Liedes „Ungeduld" („Ich schnitt' es gern in alle Rinden ein") an eine Stelle in Edmund Spensers „Colin Clout's come home againe" von 1591 anklingt: „Her name in every tree I will endosse..." – Das zweite Heft des Zyklus erschien erst am 24. März 1824.

Aus der amtlichen „Wiener Zeitung" vom 21. Februar 1824

Bei *Sauer* und *Leidesdorf*,
in Wien, Kärntnerstraße Nr. 941, ist neu erschienen:

Der beliebte neue Tanz
Galoppes und Ecosaises
fürs Pianoforte
von Franz Schubert und M. J. Leidesdorf.
Preis 1 fl. W. W.

Von den National-Oesterreicher-Ländlern unter dem Titel:
Halt's enk z'samm,
von Schubert, Czapeck und Leidesdorf,
das zweite Heft fürs Pianoforte allein. 1 fl.

Der richtige Titel des Sammelheftes lautet – im üblichen fehlerhaften Französisch – „Nouvelles Galoppes favorites et Ecossaises"; es enthält von Schubert drei Ecossaisen: D. 781, Nr. 3 und 6, und eine (D. 782), die in der „Musik", Berlin, am 1. September 1912 wieder abgedruckt worden ist. Nur ein Exemplar dieses Heftes ist bekannt: es befindet sich im Archiv der Gesellschaft der Musikfreunde, Wien. – Das zweite Heft der Ländler-Sammlung (Stadtbibliothek, Wien, und Anthony van Hoboken, Ascona) enthält von Schubert: op. 127 (D. 146), Nr. 2 und D. 366, Nr. 6.

Schwind an Schober

[Wien,] den 22ten Febr. [1824]

Schubert ist sehr wohl, er hat seine Perücke abgelegt und zeigt einen niedlichen Schneckerlanflug. Er hat wieder die schönsten Deutschen eine Menge. Von den Müllerliedern ist das erste Heft heraus.

Die Tänze Schuberts sind oft undatiert, so daß man nicht sagen kann, welche Schwind hier gemeint hat. Der Fasching 1824 scheint aber mehr Deutsche Tänze gezeitigt zu haben, als erhalten sind.

Johanna Lutz an Leopold Kupelwieser

Wien, 24. Februar 1824.

Die Unterhaltung bei Gritzners war sehr lustig, beinah etwas toll. Die ganze Lesegesellschaft war da, nur Rieder nicht, der sehr fleißig. Schwind klagt, daß ein anderer Ton in ihre Gesellschaft gekommen, seit Du und Schober nicht mehr hier seid. Es sind neue Leute da, gute Bursche, aber etwas derb, wie Hönig und Steiger, die letzthin auch bei Gritzner waren. Der Schubert war auch da. Der war aber sehr lieb. Er war recht lustig, was mich freute.
Wenn bei Schober ein Ball ist, werde ich eine Gelegenheit suchen, zuhause zu bleiben, obwohl die ganze Gesellschaft wieder versöhnt ist.

Josefa Gritzner war eine Bekannte aus Atzenbrugg (vgl. die Anmerkung vor Schobers Gelegenheitsgedicht vom Juli 1821). – „Letzthin", am 16. Februar, war ein Ball bei ihr gewesen.

Aus dem Programm der 17. Abendunterhaltung der Gesellschaft der Musikfreunde, am 4. März 1824 (Direktor: H. v. Pock)

4. Vokal-Quartett (Die Nachtigall) von Schubert, gesungen von den Herren Barth, Tietze, Nejebse und Rotter.

Josef und Leopold Pockh waren Baßsänger in der Gesellschaft der Musikfreunde; es ist nicht klar, welcher von beiden gemeint ist.

Schwind an Schober

[Wien,] den 6ten März 824.

Justine hat geschrieben, bevor sie auf den Ball zu Deiner Mutter ging . . . Franz [Bruchmann] war da . . ., Schubert nicht und Dr. Bernhard auch nicht, vermutlich weil er es versprochen hat . . .

Schubert ist schon recht wohl. Er sagt, in einigen Tagen der neuen Behandlung hatte er gefühlt, wie sich die Krankheit gebrochen habe und alles anders sei. Er lebt noch immer einen Tag von Banaderl, den andern von einem Schnitzel und trinkt schwelgerisch Thee, dazu geht er öfters baden und ist unmenschlich fleißig. Ein neues Quartett wird Sonntags bei Zupanzik aufgeführt, der ganz begeistert ist und besonders fleißig einstudiert haben soll. Jetzt schreibt er schon lang an einem Oktett mit dem größten Eifer. Wenn man unter Tags zu ihm kommt, sagt er grüß dich Gott, wie geht's?, „gut", und schreibt weiter, worauf man sich entfernt. Von den Gedichten von Müller hat er zwei sehr schön gesetzt und drei von Mayrhofer, dessen Gedichte bereits erschienen sind „Gondelfahrt", „Abendstern" und „Sieg". Das letzte habe ich zwar nicht recht gekannt, aber ich erinnerte mich immer darauf, als [auf] ein reiches blühendes, fast märchenhaftes Lied, jetzt ist [es] aber ernst, schwer ägyptisch und doch so warm und rund, ganz groß und echt. Außerdem wohl zwanzig Deutsche, einer schöner als der andere, galante, liebliche, bacchantische und fugierte, o Gott (God)! Ich bin fast alle Abend bei ihm, er hat den Vorsatz, Dir zu schreiben, ich wünsche aber heimlich, daß er es nicht tut, damit Du doch auch einsiehst, daß einem das Brief erwarten etwas zuwider ist, aber nein, schreib mir nicht, ich will nicht.

... Du und sie [Justine] und Schubert und ich selbst. Ich hab's empfunden, wie im heiligen Traum, ... ich schwebe über Euch.

Es hatte also wirklich ein Ball bei Frau v. Schober stattgefunden, zu dem ihre Tochter Sophie aus St. Pölten zurückgekommen war. Auf dem Balle waren u. a.: Bruchmann, Hönig, Smetana, Steiger, der Maler Josef Kriehuber, Eibo (siehe 9. November 1823) und Gahy; alle in Wien anwesenden Atzenbrugger darunter. – Dr. Bernhardt hatte eine neue Kur an Schubert begonnen. – Die Aufführung des Streichquartetts in a-Moll wurde vom 7. auf den 14. März verschoben (siehe folgende Notiz). – Das Oktett für Streicher und Bläser, op. 166, war im Februar komponiert und am 1. März 1824 beendet worden. Ferdinand Graf Troyer (geboren 1780) hatte es bestellt, der Obersthofmeister des Erzherzogs Rudolf, der ihm, einem guten Klarinettisten, eine Sonate für Klavier und Klarinette gewidmet hat. – Welche von den Müller-Liedern Schwind hervorheben will, ist nicht zu erraten. – Mayrhofers Gedichte waren 1824 in Wien erschienen; unter den Subskribenten fehlt Schubert auffälligerweise: die beiden Freunde dürften damals etwas entfremdet gewesen sein. Schwind schreibt „Gondelfahrt", statt „Gondelfahrer". „Der Sieg", den Schwind ägyptisch nennt, hat ihn in Schuberts Fassung musikalisch vielleicht an „Memnon" erinnert.

Leopold Kupelwieser an Schober in Breslau

Rom, am 8. März 1824.

... Musik hört man hier gar nicht, wir Deutschen singen oft und viel, auch geb' ich mir zuweilen Schubertiaden.

In Rom gab es eine deutsche Künstlerkolonie, die besonders aus den Malern der sogenannten Nazarener-Gruppe bestand.

14. März 1824: Nachmittags, erste Aufführung des a-Moll-Quartettes (D. 804) in Schuppanzighs zwölftem Subskriptionskonzert im Saal der Gesellschaft der Musikfreunde „Zum Roten Igel". Erste Violine: Ignaz Schuppanzigh; zweite Violine: Karl Holz; Viola: Franz Weiß; Cello: Josef Linke. – Schuppanzigh, geboren in Wien 1776, dem Schubert dieses Opus 29 zugeeignet hat, war Dirigent der 1.-Mai-Konzerte im Augarten, früher Primgeiger des Streichquartetts beim Fürsten A. K. Rasumofsky, dem russischen Botschafter in Wien, hatte aber jetzt ein eigenes, sehr angesehenes Quartett begründet. Er war übrigens Mitglied der (geistlichen) Hofkapelle und später Konzertmeister im Kärntnertor-Thea-

ter. – Holz, geboren in Wien 1798, war Kassenoffizier in der Kanzlei der niederösterreichischen Landstände (bei der Niederösterreichischen Landesregierung), also Amateur. – Weiß war 1778 in Schlesien geboren und wohnte im Palais Rasumofsky; er war auch Komponist. – Auch Linke stammte aus Schlesien (geboren 1783), war am Theater an der Wien beschäftigt gewesen und jetzt am Kärntnertor-Theater engagiert, daneben Mitglied der Hofkapelle.

Schwind an Schober

[Wien,] den 14. März 824.

Justine tanzt heute bei der Lindner. Wie ich von Tschupanzig zum Wasserburger ging, sah ich den Wagen vor dem Hause. Ich machte auch hinauf und traf die [Bruch-] Kinder noch . . .

Das Quartett von Schubert wurde aufgeführt, nach seiner Meinung etwas langsam, aber sehr rein und zart. Es ist im ganzen sehr weich, aber von der Art, daß einem Melodie bleibt wie von Liedern, ganz Empfindung und ganz ausgesprochen. Es erhielt viel Beifall, besonders der Menuett, der außerordentlich zart und natürlich ist. Ein Chineser neben mir fand es affektiert und ohne Styl. Ich möchte Schubert einmal affektiert sehen. Einmal hören, was ist das für unser einen, erst für einen solchen Notenfresser. Darauf kam das berühmte Septett von Beethoven.

Frau Lindner war wohl die Mutter des von Bruchmann genannten „Fräulein Liedern“ (siehe 2. Dezember 1823).

Aus der Wiener „Allgemeinen musikalischen Zeitung“ vom 27. März 1824

1) Neues Quartett von Schubert. Diese Komposition muß man öfter hören, um dieselbe gründlich beurteilen zu können.

Aus der Leipziger „Allgemeinen musikalischen Zeitung“ vom 29. April 1824

Den 14. März, nachmittags, im Lokale des Musik-Vereins: 12tes Abonnement-Quartett des Herrn Schuppanzigh: 1. Quartett von Schubert; als Erstgeburt nicht zu verachten.

Schubert hatte vor dem genannten Werk schon etwa 16 Streichquartette geschrieben, es folgten nur mehr zwei. Dieses war freilich das erste, das öffentlich gespielt worden, und das einzige, das zu Schuberts Lebzeiten veröffentlicht worden ist (siehe 7. September 1824).

Aus Helmina v. Chézys „Bemerkungen“ über ihr Lustspiel „Die Wunderquelle“ im „Archiv für Geschichte, Statistik, Literatur und Kunst“, 15.–17. März 1824

. . . Ein Punkt nun noch bleibt zwischen mir und Hrn. Weidmann zu erörtern, und daß ich es tue, beweist ihm, wie sehr ich ihn von nichtigen Aburteilern unterscheide. Er hat manches, was sich von selbst darbietet, nicht reiflich erwogen, indem er durch die Oper *Euryanthe* und das Drama *Rosamunde* zu der Ansicht gekommen, als hätte ich doch auch gar kein Talent für romantische Oper und Drama (!!) . . . Was nun die Rosamunde betrifft, so ist sie weder so, *wie ich sie gedichtet*, auf die Szene gesetzt worden, welches ich bereits gebeten zu beachten, wenn man die Rezensionen gelesen, oder sie aufführen sah. Es ist keine Kleinigkeit, in einer Laufbahn, in welche weder Fürwitz noch unreifer Drang mich hineingezogen (drei und zwanzig Jahre habe ich gearbeitet, eh ich mich in das dramatische Fach wagte) sondern ehrenvolle und dringende Aufforderungen, keine Beachtung der Umstände, unter denen ein dramatisches Werk erscheint, zu finden . . .

Aus dem „Österreichischen Beobachter" vom 19. März 1824

[Ankündigung des Konzerts der Klavierspielerin Leopoldine *Blahetka* am 21. März 1824, mittags 1/21 Uhr im Landhaussaale]
5. Vokalquartett von *Schubert*, gesungen von den Herren *Barth*, *Tietze*, *Nejebse* und *Rotter*.

Frl. Blahetka (siehe 26. Februar 1818), geboren in Guntramsdorf (Niederösterreich) 1810, war nun 13 Jahre alt, sie lernte bei Karl Czerny Klavier und bei Payer Komposition und hatte an den Konzerten bei Hatwig teilgenommen. – Die gleiche Ankündigung erschien am 21. März in der „Wiener Allgemeinen Theaterzeitung" und in der Wiener „Allgemeinen musikalischen Zeitung" (nicht in der ersten Ausgabe enthalten). Das angekündigte Vokalquartett war vielleicht „Die Nachtigall".

Aus der Wiener „Allgemeinen musikalischen Zeitung" vom 27. März 1824

5) Statt des angekündigten Vokal-Quartetts hat Hr. *Tietze* den *Erlkönig* von Schubert recht brav gesungen.

Aus der „Wiener Allgemeinen Theaterzeitung" vom 1. April 1824

Eines plötzlich eingetretenen Hindernisses wegen war Hr. *Tietze* so gefällig, ohne alle vorhergegangene Probe *Schuberts* geniales Erlköniglied zu singen, und Hr. *Hüttenbrenner* dies nicht leichte Klavier-Akkompagnement zu übernehmen. Hr. *Tietze* ergötzte abermals durch eine einschmeichelnde, ins Herz dringende Stimme, und Hr. *Hüttenbrenner* zeigte den festen, tüchtigen Musiker. S. S.

[Siegmund Saphir]

Der Begleiter war wohl nicht Josef, sondern Anselm Hüttenbrenner, der zu Besuch in Wien geweilt haben mag, vielleicht bei Salieri, der seit Anfang 1824 krank war. – Die „Wiener Allgemeine Theaterzeitung" brachte am 10. April noch einen ergänzenden Bericht (erste Ausgabe, Nr. 466), andere erschienen in der „Wiener Zeitschrift für Kunst usw." am 30. März und im „Sammler" am 27. April (erste Ausgabe, Nrn. 464 und 467).

Aus der amtlichen „Wiener Zeitung" vom 24. März 1824

Bei *Sauer* und *Leidesdorf*,
Kärntnerstraße Nr. 941, ist soeben neu erschienen:
Romanze der Axa
Aus dem Drama Rosamunde von Wilhelmine v. Chézy.
In Musik gesetzt für eine Singstimme und mit Begleitung des Pianoforte eingerichtet
von
Franz Schubert
26. Werk . . . Preis 1 fl. W. W.
Die Ouvertüre und Entr'Actes für Pianoforte zu vier Händen,
sowie die Chöre und übrigen Musikstücke erscheinen nächstens.

Die schöne Müllerin
Ein Zyklus von Liedern, gedichtet von Wilhelm Müller.
Für eine Singstimme in Musik gesetzt, mit Klavier-Begleitung
von
Franz Schubert.
25. Werk. Erstes Heft 2 fl. W. W.
zweites Heft 2 fl. W. W.

Die resp. Theater-Direktionen, welche die Partitur der Musik, komponiert von Herrn Franz Schubert, zu dem Drama Rosamunde, gedichtet von Frau Wilhelmine v. Chézy (hier aufgeführt), zu erhalten wünschen, belieben sich an die Kunst- und Musikalienhandlung Sauer und Leidesdorf zu wenden.

Op. 26, nach op. 30 erschienen, sollte wohl auch die übrigen Musikstücke zu „Rosamunde" umfassen. Tatsächlich erschien die Ouvertüre der „Zauberharfe", unter dem Titel „Rosamunde", arrangiert für Klavier weder bei Sauer und Leidesdorf noch (um 1827) bei M. I. Leidesdorf; die Zwischenaktmusiken Nr. 1 und 3 in Partitur erst 1866, Nr. 2 sowie die „Hirtenmelodie" 1891 in der Gesamtausgabe; die Ballettmusiken Nr. 1 und 2 (Partitur) erst 1867, ungefähr zur Zeit der Wiederentdeckung der Stimmen der gesamten „Rosamunde"-Musik durch Grove und Sullivan während ihres Wiener Aufenthaltes. Der „Jäger-", der „Geister-" und der „Hirtenchor" erschienen bald nach der Romanze als Nrn. 2 bis 4 des Opus 26, alle in Chorpartitur; Nr. 3 (separat) auch mit Blasinstrumentenbegleitung 1828 bei Leidesdorf. – Es ist keine Partiturkopie erhalten geblieben, wahrscheinlich sollten solche erst angefertigt werden, wenn sich Interessenten meldeten. Von der Originalpartitur sind die drei Chöre und die Romanze verlorengegangen. Die Stimmen des Theaters an der Wien waren bis 1867 verschwunden (siehe oben), kamen dann von Schuberts Neffen Eduard Schneider an Max Friedländer und schließlich ins Archiv der Gesellschaft der Musikfreunde in Wien.

24. März 1824: Graf Johann Karl Esterházy reist nach Ungarn ab.

Aus einem verlorenen Notizbuche Schuberts von 1824

25. März.
Schmerz schärfet den Verstand und stärket das Gemüth; da hingegen Freude sich um *jenen* selten bekümmert, und *dieses* verweichlicht oder frivol macht.

Aus dem tiefsten Grunde meines Herzens hasse ich jene Einseitigkeit, welche so viele Elende glauben macht, daß nur eben das, was *sie* treiben, das Beste sey, alles Übrige aber sey nichts. *Eine* Schönheit soll den Menschen durch das ganze Leben begeistern, wahr ist es; doch soll der Schimmer dieser Begeisterung alles Andre erhellen.

Die Eintragungen dieses Notizbuchs, das vielleicht nicht mehr enthielt, sind nur in einer Veröffentlichung Bauernfelds erhalten geblieben. In Bauernfelds Tagebuch ist am 18. September 1826 von diesem Notizbuch die Rede, wobei „auch Verse seiner Mache" (Schuberts) erwähnt sind, offenbar das Gedicht vom September 1820, das Bauernfeld zusammen mit diesen Notizen in seinem Nachruf für Schubert 1829 veröffentlicht hat (Schubert-Erinnerungen, S. 27). Das Gedicht mag Schubert 1824 noch einmal niedergeschrieben haben.

Aus einem verlorenen Notizbuche Schuberts von 1824

27. März.
Keiner, der den Schmerz des Andern, und Keiner, der die Freude des Andern versteht! Man glaubt immer, zu einander zu gehen, und man geht immer nur neben einander. O Qual für den, der dieß erkennt!

Meine Erzeugnisse sind durch den Verstand für Musik und durch meinen Schmerz vorhanden; jene, welche der Schmerz allein erzeugt hat, scheinen am wenigsten die Welt zu erfreuen.

Die erste Stelle mag mit der Entfremdung zwischen Schubert und Mayrhofer zusammenhängen. – Die zweite Stelle ist bei Kreißle (S. 323), wo auch das Wort Musik umgestellt ist („Meine Erzeugnisse in der Musik ..."), im entgegengesetzten Sinne wiedergegeben: „... scheinen die Welt am meisten zu erfreuen". Da Kreißle keine Quelle angibt, so ist es offenbar, daß er nur Bauernfeld benützt und verändert hat. Bekannt ist Heines verwandtes Wort: „Aus meinen großen Schmerzen mach' ich die kleinen Lieder", und Shelleys: „Men learn in suffering what they teach in song" oder: „Our sweetest songs are those that tell of saddest thought".

Aus einem verlorenen Notizbuche Schuberts von 1824

28. März.
Die höchste Begeisterung hat zum ganz Lächerlichen nur einen Schritt, so wie die tiefste Weisheit zur grassen Dummheit.

Mit dem Glauben tritt der Mensch in die Welt, er kommt vor Verstand und Kenntnissen weit voraus; denn um etwas zu verstehen, muß ich vorher etwas glauben; er ist die höhere Basis, auf welche der schwache Verstand seinen ersten Beweispfeiler aufpflanzt. Verstand ist nichts als ein analysirter Glaube.

Der erste Satz findet sich ähnlich in Wielands „Abderiten" (1781), in Thomas Paines „The Age of Reason" (1794) und in der Äußerung Napoleons auf der Flucht aus Rußland (1812).

Aus einem verlorenen Notizbuche Schuberts von 1824

29. März.
O Phantasie! du höchstes Kleinod des Menschen, du unerschöpflicher Quell, aus dem sowohl Künstler als Gelehrte trinken! O bleibe noch bey uns, wenn auch von Wenigen nur anerkannt und verehrt, um uns vor jener sogenannten Aufklärung, jenem häßlichen Gerippe ohne Fleisch und Blut, zu bewahren!

Aus einem verlorenen Notizbuche Schuberts von 1824

[Ohne Datum.] *Um 2 Uhr nachts.*
Beneidenswerther Nero! Der du so stark warst, bei Saitenspiel und Gesang ekles Volk zu verderben!

Bauernfeld erzählt 1869 in anderen Erinnerungen (Schubert-Erinnerungen, S. 197f.), daß der Anlaß zu dieser Notiz eine heftige Auseinandersetzung zwischen Schubert und Orchestermitgliedern der Hofoper gewesen sei. Sie baten Schubert, der eben nach einem Besuch in Grinzing (Weindorf bei Wien) mit Freunden in sein Stammcafé gekommen war, dort um eine neue Komposition für ein Konzert. Als er mit der Zusage zögerte, wurden sie anmaßend. „Ich denke, wir sind Künstler, so gut wie Sie!" sagte einer. „Künstler? Musikanten seid Ihr! Weiter nichts! ... Ich bin ein Künstler, ich! ... Und wenn das Wort Kunst ausgesprochen wird, ist von mir die Rede, nicht von Euch Würmern und Insekten, die Ihr Soli verlangt, die ich Euch niemals schreiben werde ..." Dies und mehr soll Schubert damals, nach einem letzten Glas Punsch im Café Bogner, gesagt haben. Er schrieb den Musikern das gewünschte Stück doch, „und sie küssen mir noch die Hand dafür! Ich kenn' das Volk!" So weit Bauernfeld, nur ist er mit Schubert leider erst 1825 näher bekannt geworden, und das Café Bogner war 1824 noch nicht Schuberts Stammlokal. Die Geschichte hat nichts mit jener Nero-Stelle zu tun, die Bauernfeld am 18. September 1826 in sein Tagebuch – ohne Angabe der nächtlichen Stunde – eintrug. – Daß Schubert schon als Jüngling im Gasthaus „Zum Blumenstöckl" in Rage geraten war, als ein benachbarter Universitätsprofessor über die Milder und Vogl in Glucks „Iphigénie en Tauride" sich mokierte, bezeugt Josef v. Spaun, der kein Dichter war und demzufolge in seinen Erinnerungen zuverlässiger ist.

Schwind an Schober

[Wien,] den 30. März 824.

Gestern war ich bei Bruchmann, das erste Mal, daß mich Franz zu sich bat. Er las mir einen Brief von Senn vom 6. März ... „Schober ist wohl schon über Pommern nach Schweden" ... Und auch Justinen sehe ich gefesselt.

Vgl. Anmerkung zum 22. Januar 1824.

Schubert an Leopold Kupelwieser

[Außen:]

M. Signor Leopoldo
Kupelwieser
pittore tedesco.
recapito al caffè grecco

Roma.

[Innen:]

Den 31. März 1824.

Lieber Kupelwieser!

Schon längst drängt' es mich Dir zu schreiben, doch niemahls wußte ich wo aus wo ein. Doch nun beut sich mir die Gelegenheit durch Smirsch, u. ich kann endlich wieder einmahl jemandem meine Seele ganz ausschütten. Du bist ja so gut u. bieder, Du wirst mir gewiß manches verzeihen, was mir andere sehr übel nehmen würden. – Mit einem Wort, ich fühle mich als den unglücklichsten, elendsten Menschen auf der Welt. Denk Dir einen Menschen, dessen Gesundheit nie mehr richtig werden will, u. der aus Verzweiflung darüber die Sache im̄er schlechter statt besser macht, denke Dir einen Menschen, sage ich, dessen glänzendste Hoffnungen zu Nichte geworden sind, dem das Glück der Liebe u. Freundschaft nichts biethen als höchstens Schmerz, dem Begeisterung (wenigstens anregende) für das Schöne zu schwinden droht, und frage Dich, ob das nicht ein elender, unglücklicher Mensch ist? – „*Meine Ruh ist hin, mein Herz ist schwer, ich finde sie nim̄er u. nim̄ermehr*", so kann ich wohl jetzt alle Tage singen, denn jede Nacht, wen̄ ich schlafen geh, hoff ich nicht mehr zu erwachen, u. jeder Morgen kündet mir nur den gestrigen Gram. So Freude- u. Freundelos verbringe ich meine Tage, wenn nicht manchmahl Schwind mich besuchte u. mir einen Strahl jener vergangenen süßen Tage zuwendete. – Unsere Gesellschaft (Lesegesellschaft) hat sich, wie Du wohl schon wissen wirst, wegen Verstärkung des rohen Chors im Biertrinken u. Würstelessen den Tod gegeben, denn ihre Auflösung erfolgt in 2 Tagen, obwohl ich schon beynahe seit

Deiner Abreise sie nicht mehr besuchte. Leidesdorf, mit dem ich recht genau bekant geworden bin, ist zwar ein wirklich tiefer u. guter Mensch, doch von so großer Melancholie, dß ich beynahe fürchte, von ihm mehr als zuviel in dieser Hinsicht profitirt zu haben; auch geht es mit meinen u. seinen Sachen schlecht, daher wir nie Geld haben. Die Oper von Deinem Bruder (der nicht sehr wohl that, dß er vom Theater wegging) wurde für unbrauchbar erklärt, u. mithin meine Musik nicht in Ansprache genomen. Die Oper von Castelli, *Die Verschwornen*, ist in Berlin von einem dortigen Compositeur componiert, mit Beyfall aufgenomen worden. Auf diese Art hätte ich also wieder zwey Opern umsonst komponirt. In Liedern habe ich wenig Neues gemacht, dagegen versuchte ich mich in mehreren Instrumental-Sachen, denn ich componirte 2 Quartetten für Violinen, Viola u. Violoncelle u. ein Octett, u. will noch ein Quartetto schreiben, überhaupt will ich mir auf diese Art den Weg zur großen Sinfonie bahnen. – Das Neueste in Wien ist, dß Beethoven ein Concert gibt, in welchem er seine neue Sinfonie, 3 Stücke aus der neuen Messe, u. eine neue Ouverture produciren läßt. – Wen Gott will, so bin auch ich gesonen, künftiges Jahr ein ähnliches Concert zu geben. Ich schließe jetzt, damit ich nicht zu viel Papier brauche, u. küsse Dich 1000mahl. Wenn Du mir über Deine jetzige begeisterte Stimung u. über Dein sonstiges Leben schreiben würdest, so freute nichts mehr

Deinen

treuen Freund
Frz. Schubert

Meine Adresse wäre dann:
An die Kunsthandlung:
Sauer et Leidesdorf, weil ich
Anfangs May mit Esterhazy
nach Ungarn gehe.

Lebe wohl!
recht wohl!!

Das Café Greco war der Treffpunkt der deutschen Künstler in Rom. – Smirsch (siehe 9. November 1823) schrieb wohl eben an Kupelwieser, und Schubert übergab ihm seinen Brief dazu. – Pessimistische Ansichten über Schuberts Gesundheit waren schon im August 1823 geäußert worden (14. August 1823). Jetzt verdunkelten sie aber sogar Schuberts Freundschaften. – Das Zitat ist aus Goethes „Gretchen am Spinnrade" („Faust"), das Schubert komponiert hatte. – Schuberts Klagen über die Lesegesellschaft, die etwa ein Jahr alt war, sind schon im November 1823 (30. November 1823) laut geworden. Ihre Veranstaltungen wurden am 1. April eingestellt (siehe 2. April 1824), sie selbst blieb aber noch eine Zeitlang pro forma bestehen (siehe August 1824). – Die ungenannte Oper war „Fierabras". – „Die Verschworenen", vertont von Georg Abraham Schneider (geboren 1770), Opernkapellmeister in Berlin, waren dort am 6. Januar 1824 im Schauspielhaus aufgeführt, aber nur einmal – am 11. im Opernhaus – wiederholt worden; so wie die „Rosamunde". Franz de Paula Roser, geboren in Naarn (Oberösterreich) 1779, ebenfalls Theaterkapellmeister, reichte 1829 seine Komposition dieses Librettos beim Theater in der Josefstadt ein, wo die Oper aber nicht gegeben worden ist. – Unter den Liedern sind offenbar die drei nach Mayrhofer (siehe 6. März 1824) und ein viertes, „Auflösung", auch vom März 1824, zu verstehen. – Die zwei Streichquartette sind das schon genannte in a-Moll und das im März 1824 geschriebene in d-Moll („Der Tod und das Mädchen"). Diese und das nicht geschriebene dritte Quartett sollten das Opus 29 ausmachen, es erschien aber nur das in a-Moll als op. 29, Nr. 1. – Die „große Sinfonie" ist als Typus gemeint, im Gegensatz zu Schuberts Jugendwerken dieser Gattung und im Hinblick auf seine beiden Torsi in E-Dur von 1821 und h-Moll von 1822. – Beethovens Konzert fand am 7. Mai 1824 im Kärntnertor-Theater statt und bot die Uraufführung der Neunten Sinfonie, Teile aus der „Missa solemnis", genannt „Drei große Hymnen mit Solo- und Chorstimmen", und die Ouvertüre „Zur Weihe des Hauses" (komponiert für das renovierte Theater in der Josefstadt, 3. Oktober 1822) op. 124. – Zu dem Plan eines eigenen Kompositions-Konzerts vgl. 24. Dezember 1824. – Graf Esterházy war schon am 24. März nach Zseliz gereist, wahrscheinlich mit seiner Familie.

Frühjahr 1824

ANTON SCHINDLER IN BEETHOVENS KONVERSATIONSHEFT

Bester! kümmert euch gar nicht um mich wegen des Kampfes mit M. Weber. Schubert und ich haben den rechten Mann vor uns.

Die Konversationshefte, die Beethoven in seiner Taubheit mit Besuchern gewöhnlich benützte, zeigen nur *einen* Teil des Gespräches und sind daher oft unklar. M. (Monsieur?) Weber ist wohl Carl Maria v. Weber. Die Stelle ist aber nicht zu deuten. Es ist nicht einmal klar, ob der „rechte Mann" Weber war oder ein anderer, der Schubert im Kampfe beigestanden hätte.

Frühjahr 1824: Erste Aufführung des Oktetts (D. 803) bei Graf Ferdinand Troyer, der es bestellt hatte, im früher Anton v. Spielmannschen Hause am Graben. – Ausführende waren: Ignaz Schuppanzigh (1. Violine), (?) Johann Sina (2. Violine), Franz Weiß (Viola), Josef Linke (Cello), Josef Melzer (Kontrabaß), Graf Troyer (Klarinette), Friedrich Hradezky (Horn) und (?) August Mittag (Fagott). Die Wohnung des Grafen Troyer war am Graben (jetzt Nr. 13), wo sich auch Pennauers Laden befand. – Es ist nicht sicher, ob Johann Sina, geboren 1778, oder etwa Holz die zweite Violine gespielt hat. – Melzer war Hofkontrabassist und Kontrafagottist.

AUS DER EINLADUNG ZUR MUSIKALISCHEN PRIVAT-ABEND-UNTERHALTUNG DES VIOLINSPIELERS GEORG HELLMESBERGER, PROFESSORS AM WIENER KONSERVATORIUM, AM 1. APRIL 1824 IM MUSIKVEREINSSAALE BEIM ROTEN IGEL, 7 UHR ABENDS

4. *Vokal-Quartett* von *Schubert*, gesungen von den Herren *Barth*, *Tietze*, *Nejebse* und *Rotter*.

Das Quartett mag wieder „Die Nachtigall" gewesen sein. – Das Programm enthielt, neben einer Arie von Paër, gesungen von Fräulein Marie Weiß (wahrscheinlich die Sopranistin Marie Pauline Weis, 1806–1888, später verehelichte Freifrau v. Rokitansky), u. a. neue Variationen für die Violine, komponiert vom Konzertgeber, Schuberts einstigem Schulkameraden.

AUS DER WIENER „ALLGEMEINEN MUSIKALISCHEN ZEITUNG" VOM 10. APRIL 1824

Nach einer Arie von Paër ... folgte ein Vokal-Quartett von Schubert, gesungen von den Herren Barth, Tietze, Nejebse und Rotter. Alle drei Stücke gefielen, das Quartett mußte wiederholt werden.

Eine andere Besprechung erschien in der „Wiener Allgemeinen Theaterzeitung" am 20. April (erste Ausgabe, Nr. 478).

DOBLHOFF AN SCHOBER

Wien, den 2ten April 1824.

... Gestern ist unsere Lesegesellschaft förmlich suspendiert worden. Sie hatte so zugenommen, bis sie sich selbst fraß, Unordnung in den Gesellschaftsregeln, Auflehnen einiger Mitglieder, kurz der heilige Eifer, der Ansehen und Erhaltung gibt, verschwand, zudem wurde Bruchmann durch sein Studium oft abgehalten zu kommen, und wer ersetzte wohl diesen? So schleppte sich schon einige Zeit das vor einem Jahre so blühende Institut als Schatten fort, bis wir ihm gestern ein Grab und Ruhe verschafften. O, wo sind die Zeiten, die heiteren, lebensfrohen? Wo der Verein der Edlen allen? Viele in der Fremde, viele begruben sich in Pandekten und Kodizes, selten findet sich noch

ein Sträußchen zusammen aus jenem Paradies, das in der Erinnerung fortblüht. – Die einzig treuen Wasserburgianer sind Schubert und ich, da finden sich auch täglich Bernhard, Smetana und Hönig ein, Bruchmann kommt manchmal, die anderen selten. – Schubertiaden werden kaum mehr genannt, Schubert selbst kann nicht singen, und Vogl singt nur in angenehmer solider Gesellschaft. O tempora nec sonora.
... Bernhard ist von einer ziemlich bedeutenden Krankheit fast gänzlich wieder hergestellt, Schubert klagt noch über Knochenschmerzen, die anderen sind alle gesund.

Bruchmann hatte sich auf Wunsch seines Vaters und wegen seines Verlöbnisses mit Julie v. Weyrother dem Rechtsstudium zugewandt. – Wasserburgianer sind natürlich die Stammgäste des Café Wasserburger. – Daß Schubert „nicht singen kann" heißt wohl, daß seine „voix de compositeur" nicht zum Vortrag geeignet war.

Johanna Lutz an Leopold Kupelwieser

Wien, 7. April 1824.

Vorgestern hat mir der Vater 2 Hefte Müllerlieder, die neu heraußen sind, gebracht. Sie machten mir sehr viel Freude. Wie wunderschön sie sind, kann ich gar nicht sagen. Es sind mehre dabei, die Du noch nicht kennst. O könntest Du sie doch hören; sie würden mich doppelt freuen.

Schwind an Leopold Kupelwieser

Wien, 10. April 1824.

... Schubert ist fast ganz wohl, er grüßt Dich vielmahl. Er war die Zeit her bey sehr schmaler Kost in Hausarrest und daher sehr fleißig. Durch mehrere Abende freuten wir uns des Gedankens, daß wir alle drey beysammen wohnen könnten, wenn du zurückkommst. Es steht zu erwarten, ob wir so bald glücklich seyn sollen.

Der Brief wurde fortgesetzt am 31. Mai und 9. Juni (siehe unter diesen Daten).

Schwind an Schober

[Wien,] den 14ten April 824.

Schubert ist nicht ganz wohl. Er hat Schmerzen im linken Arm, daß er gar nicht Klavier spielen kann. Übrigens ist er guter Dinge.
... Justine wird jetzt „An die Musik" singen, das wird einzig sein, wenn sie nur schon Suleika imstande wäre, ich begreife gar nicht, wie man nicht alles singen kann, wenn man Stimme genug hat, ihr Singen ist aber wie ein wachsendes Gras, ich denke mit einem heimlichen Schauer ihrem Gesange nach – bis sie erst frei wird.

„Suleika" kann eines oder beide Suleika-Lieder aus Goethes „West-östlichem Divan" bedeuten. – Der letzte Satz ist wohl so zu verstehen, daß Justina noch viel ergreifender singen werde, wenn sie durch Schober aus dem Familienhaus befreit und Frau geworden sein wird.

Johanna Lutz an Leopold Kupelwieser

Wien, 15. April 1824.

Die Lesegesellschaften haben jetzt sehr schnell geendet. Es war wohl vorauszusehen, denn es waren ihrer zu viele, um daß es dauern konnte.

Vermerk auf dem Autograph des Liedes „Sehnsucht" (D. 636)

Erhalten zum Andenken von H. Fr. Schubert.

Wien, den 24. April 1824. Adal. Rotter.

Das ist das Lied von Schiller. – Zu Rotter siehe 15. Januar 1824.

Aus der Wiener „Allgemeinen musikalischen Zeitung" vom 12. Mai 1824

[Über die große musikalische Morgenunterhaltung *Schuppanzighs*, am 1. Mai 1824 im k. k. Augartensaale]

Ein Vokal-Quartett (betitelt: die Nachtigall) von *Schubert*, gesungen von den Herren [*Adalbert*] *Herz*, [*Josef*] *Hüttenbrenner*, [*Johann*] *Hoffmann* und *Decani*, gefiel.

Schuppanzigh hat die 1.-Mai-Konzerte im Augarten, die er schon 1798 geleitet hatte, weitergeführt. Herz hat 1825 in seinem Konzert ein Vokalquartett von Anselm Hüttenbrenner in ähnlicher Besetzung aufgeführt, mit Josef als zweitem Tenor. Hoffmann, geboren in Wien 1805, kam Ende 1826 als Bassist ans Kärntnertor-Theater, wo er aber nur zwei Monate verblieb, um auf Reisen zu gehen. Er wurde 1855 Direktor des Theaters in der Josefstadt und hat auf dessen Sommerbühne, dem „Thalia-Theater", den „Tannhäuser" als erste Wagner-Oper in Wien herausgebracht. – Über Decani ist nichts Näheres bekannt.

Aus der „Wiener Allgemeinen Theaterzeitung" vom 18. Mai 1824

7. Neues Vokal-Quartett von *Schubert*, worin ein Dilettant, Hr. *Herz*, Gelegenheit hatte, seine schöne Metallstimme in Lichtpunkt treten zu lassen. Eine schöne Gestalt, verbunden mit einem bedeutenden, wenn auch noch nicht entwickelten Vorrat von schönen Gesangsanlagen, machen ihn für ein Operninstitut besonders brauchbar. Es wäre zu wünschen, ihn bald in etwas Bedeutenderem hören zu können S. S.

[Siegmund Saphir]

7. Mai 1824: Fritz v. Hartmann und Josef Hüttenbrenner singen im Chor bei der ersten Aufführung von Beethovens Neunter im Kärntnertor-Theater. – Schubert war gewiß bei diesem Konzerte anwesend (siehe 31. März 1824), bei dem Henriette Sontag (geboren in Koblenz 1803), Karoline Unger, Haizinger und Seipelt die Solisten waren. Schindler und Josef Hüttenbrenner sollen den erschöpften Beethoven nach dem Konzert nach Hause gebracht haben. Jedenfalls erkundigte sich Beethoven bald darauf nach Josef, und Schindler antwortete im Konversationsbuch mit typischer Unzuverlässigkeit: „Er heißt Hüttenbrenner, angestellt im Bureau des Grafen Sauerma, und kommt mit Lichnowsky als Bekannter von Grätz. Er ist gut musikalisch und sang in der Akademie im Chor mit." Franz Graf Saurau war Minister des Innern, und Josef Hüttenbrenner war an seinem Ministerium beschäftigt. (Sauraus Schwester, Maria Therese v. Oettel, war Hüttenbrenners erste Zimmervermieterin in Wien gewesen.) Moritz Reichsgraf Lichnowsky (siehe 7. Dezember 1822) stammte aus Grätz in Schlesien, und Hüttenbrenner, der aus Graz (oder Grätz) in Steiermark kam, hat Beethoven bei ihm in Wien zweimal getroffen.

8. Mai 1824: Claude Etienne heiratet Therese Hugelmann.

Leopold Kupelwieser an Johanna Lutz

Rom, 8./12. Mai 1824.

Giselher das Kind, mein Schwiegersohn, hat mir noch nicht geschrieben, noch Smirsch, noch Bruchmann. Der einzige gute Schubert klagt mir, daß er wieder krank sei. Ich schrieb ihm neulich, und da ich nicht wußte, ob ihn nach seiner Anzeige der Brief noch in Wien treffen würde, da er Willens sei, mit Esterházy nach Ungarn zu reisen, schloß ich den Brief einem an Rieder [bei].

Giselher (siehe 2. Dezember 1823) ist im Nibelungenlied der Schwiegersohn Gunthers. – Schwinds Brief vom 10. April war noch nicht abgeschickt worden. – Schuberts Brief war vom 31. März. – Kupelwiesers Antwort an Schubert ist nicht erhalten geblieben.

Aus dem „Österreichischen Beobachter“ vom 8. Mai 1824

[Ankündigung der musikalischen Akademie des Violoncellospielers Friedrich *Wranitzky*, Mitglied des Hofopernorchesters, am 9. Mai 1824 im kleinen Redoutensaale.]

4. Vokal-Quartett, komponiert von Hrn. *Schubert*, gesungen von den HH. *Haizinger*, *Rauscher*, *Seipelt* und *Ruprecht*.

Friedrich war der Sohn des 1819 verstorbenen Anton Wranitzky. Eine seiner Schwestern, Karoline Seidler, hatte 1816 in Wien mit der Gräfin und der Komtesse Marie Esterházy verkehrt. – Das Quartett war wohl der neue „Gondelfahrer“.

Aus der „Wiener Allgemeinen Theaterzeitung“ vom 1. Juni 1824

Ein Vokal-Quartett, komponiert von Hrn. *Schubert*, vorgetragen von den Herren *Rauscher*, *Ruprecht*, *Haizinger* und *Seipelt*, war das vierte Stück. Wir bemerkten mit Kondolenz, daß dieser Komposition jene Originalität, jenes Feuer der Begeisterung und jene lyrische Kraft mangle, die den *Schubert*schen Tondichtungen sonst eigen. Der Vortrag war à peu près.

Eine andere Besprechung, in der Wiener „Allgemeinen musikalischen Zeitung“ vom 2. Juni (erste Ausgabe, Nr. 488), erwähnt, daß das Quartett von denselben Herren „schon an anderen Orten zu unserem Vergnügen vorgetragen“ worden sei, was wohl privat geschehen sein dürfte, wahrscheinlich bei Frau von Lászny. Die vier Sänger hatten nur einmal zuvor ein Schubert-Quartett öffentlich gesungen, und das war „Geist der Liebe“ im September 1822 gewesen (siehe 24. September und 1. Oktober 1822).

Aus dem Programm des 1. Gesellschafts-Konzerts des Linzer Musikvereines am 23. Mai 1824, 11 Uhr vormittags, im Redoutensaale

2. Der Geist der Liebe. Vokal-Quartett von F. Schubert.

Diese zweite Aufführung eines Schubert-Werkes in Linz ist auch in der dritten „Relation“ (Jahresbericht) des Vereins, Seite 10, genannt (nicht in der ersten Ausgabe enthalten).

Karl v. Schönstein an Graf Esterházy in Zseliz

Wien 25t Mai 824.

... Aber eine Tatsache ist's, das *Alles* jetzt nur von Rubini begeistert ist, selbst unser kleiner Schubert, der doch auch David auf seinen Platz zu stellen wußte. Jener mag Dir also ein Näheres über Rubini erzählen, er wird wahrscheinlich übermorgen bei euch eintreffen, da er heute wie ich glaube, von hier abgereist ist.

Schönstein und Esterházy waren glühende Anhänger der italienischen Oper in Wien. – Giovanni Battista Rubini, geboren 1795 in Romano (bei Bergamo), war erst seit 20. Mai 1824 als Tenor engagiert. Giacomo David, geboren 1750 in Presezzo (auch bei Bergamo), war von 1822 bis 1824 im Kärntnertor-Theater als Tenor tätig gewesen; sein Sohn, Giovanni, geboren 1789 in Mailand, war auch Tenorist bei Barbaja, aber Schönstein meint offenbar den Vater.

Johanna Lutz an Leopold Kupelwieser

Wien, 26. Mai 1824.

Der Schubert hat Deinen Brief noch erhalten.
Er muß aber jetzt schon fort sein, weil die Fenster in seiner Wohnung, welche sonst immer zu waren, jetzt ganz offen sind. Die Bücher, welche der Schubert von Dir hatte, hat jetzt Giselher, und wenn er sie gelesen hat, wird er sie mir bringen. Er war die vorige Woche da und hat sich den Rieder und Böhm zum Kopieren geholt. Er bringt mir öfter Schubertische Lieder und Deutsche. Das ist mir sehr lieb, denn sonst höre ich ohnedies gar nichts.

Der Brief an Schubert ist in Kupelwiesers Brief vom 8./12. Mai 1824 erwähnt worden. – Schubert dürfte tatsächlich am 25. mit der ordinären Post nach Zseliz abgereist sein. – Sein Zimmer lag an der Stubentorbastei, vom Glacis (Graben vor der Befestigung der Inneren Stadt) gut sichtbar. – Giselher ist Schwind (siehe 2. Dezember 1823 und 8./12. Mai 1824). – „Den Rieder und Böhm" – das war wohl je ein Original der beiden Maler. Böhm war vielleicht Josef Daniel Böhm, geboren 1794 in Ungarn, der allerdings Medailleur gewesen ist.

Verlorener Brief Schuberts an seinen Vater, Zseliz, 31. Mai 1824

Schwind an Leopold Kupelwieser

[Wien,] den letzten Mai [1824].

. . . Schubert ist nach Ungarn gereist. Er hat einen Operntext mit, das Sujet der bezauberten Rose, von Dr. Bernard gearbeitet, auch hat er sich vorgenommen, eine Symphonie zu schreiben. Er grüßt dich vielmahl und hofft Dich in Wien anzutreffen. Komm doch gewiß zu uns!

Das beliebte Epos „Die bezauberte Rose" von Ernst Schulze – schon im Juni 1820 von Josef Karl Bernard als Opernsujet Beethoven empfohlen – war von Dr. J. Bernhardt für ein Libretto benützt worden, das Schubert nicht komponiert hat. Auch Bauernfeld beschäftigte sich später mit demselben Stoff für Schubert (siehe März 1825 und Juni 1826). In Strophe 41 des zweiten der drei Gesänge jenes Epos findet sich ein merkwürdiger Vorklang zu Schobers Gedicht „An die Musik", das durch Schubert so berühmt wurde. Schubert hat aber von Schulze selbst nur Gedichte aus dessen „Poetischem Tagebuch" komponiert. – Die geplante Sinfonie hat er in Zseliz nicht geschrieben, erst 1825 in Gmunden und Gastein (verloren).

6. Juni 1824: Josef Eybler wird als Nachfolger Salieris erster Dirigent der Hofkapelle.

Aus der amtlichen „Wiener Zeitung" vom 9. Juni 1824

Bei *Ant. Diabelli* und *Kompagnie*,
Kunst- und Musikhändlern, am Graben Nr. 1133
(vormals Cappi und Diabelli),
ist ganz neu erschienen und zu haben:

Vaterländischer Künstlerverein.
Veränderungen für das Pianoforte,
über ein vorgelegtes Thema,
komponiert von den vorzüglichsten *Tonsetzern* und *Virtuosen Wiens* und der k. k. Österreichischen Staaten.
Erste Abteilung, enthält: 33 Veränderungen von L. *van Beethoven*. 120stes Werk. Preis 5 fl. 30 kr. W. W.
Zweite Abteilung, enthält: 50 Veränderungen über dasselbe Thema von folgenden Tonsetzern, als:

Aßmayr, Ig., Bocklet, K. M. v., Czapek, L., Czerny, K., Czerny, J., Dietrichstein, M. Graf v., Drechsler, J., Förster, E., Freystädtler, J., Gänsbacher, J., Gelinek, Abbé, Halm, A., Hoffmann, J., Horzalka, J., Huglmann, J., Hummel, J. N., Hüttenbrenner, A., Kalkbrenner, F., Kanne, Fr. A., Kerzkowsky, J., Kreutzer, K., Lannoy, E. Bar., Leidesdorf, M. J., Liszt, F., Mayseder, J., Moscheles, Ig., Mosel, J. v., Mozart, W. A. Sohn, Panny, J., Payer, H., Pixis, P., Plachy, W., Rieger, G., Riotte, P., Roser, F., Schenk, J., Schoberlechner, F., Schubert, F., Sechter, S., S. R. D. [Serenissimus Rudolphinus Dux], Stadler, Abbé, Szalay, J. v., Tomaschek, W., Umlauf, M., Weber, Dion., Weber, F., Weiß, F., Winkhler, K. A. v., Witassek, J., Worzischek, J. H. *Coda von Karl Czerny*. Pr. 10 fl. W. W.

(*Eigentum der Verleger*).

Die unter der neuen Firma: A. Diabelli und Komp. beginnende Kunsthandlung schätzt sich glücklich, ihre Laufbahn mit der Ausgabe eines Tonwerkes eröffnen zu können, das in seiner Art einzig ist, und es seiner Natur nach auch bleiben wird. Alle vaterländischen jetzt lebenden bekannten Tonsetzer und Virtuosen auf dem Fortepiano, *fünfzig* an der Zahl, hatten sich vereint, *auf ein und dasselbe* ihnen vorgelegte Thema, jeder eine Variation zu komponieren, in welcher sich Geist, Geschmack, Individualität und Kunstansicht, sowie die einem jeden eigentümliche Behandlungsart des Fortepiano auf die interessanteste und lehrreichste Art ausspricht. Schon früher hatte unser großer Beethoven (der musikalische Jean Paul unserer Zeit) *auf dasselbe Thema in 33* (bei uns erschienenen) Veränderungen, die den *ersten* Teil dieses Werkes bilden, in meisterhaft origineller Bearbeitung alle Tiefen des Genies und der Kunst erschöpft. Wie interessant muß es daher sein, wenn alle andern Tonkünstler, die gegenwärtig auf Österreichs klassischem Boden blühen, über *dasselbe* Motiv ihr Talent entwickelten, und somit dieses bedeutende Werk nicht nur zu einer *Preis-Aufgabe*, sondern zugleich zu einem *alphabetischen Lexikon* aller, teils bereits längst gefeierter, teils noch viel versprechender Namen unsers in der Kunstgeschichte so glänzenden Zeitalters durch ihre Beiträge zu machen sich bemühten.

Es wäre zu weit führend, hier die einzelnen Leistungen zu detaillieren, und wir begnügen uns, nur noch beiläufig anzuzeigen, daß auch der leider uns bereits entrissene Em. Förster hier die *letzte* Arbeit seines gediegenen Geistes niederlegte; daß mehrere hochgeachtete Dilettanten diese Sammlung zu zieren die Güte hatten; daß auch Herr *Kalkbrenner* während seinem Aufenthalte in Wien uns einen Beitrag gefällig lieferte; – so wie das Publikum nicht ohne Interesse den *ersten* Kompositions-Versuch des talentreichen eilfjährigen Knaben *Liszt* in dieser Sammlung erblicken wird, und endlich, daß Hr. Karl Czerny, nebst seinem alphabetischen Beitrage, auf unsere Anregung noch zum Schlusse des Ganzen ein ausgearbeitetes Finale hinzufügte. Das Äußere ist dem Gehalte entsprechend.

Das Thema war von Diabelli selbst geschrieben worden. Der Auftrag geht bis 1820 zurück. Beethoven hatte seine berühmten Diabelli-Variationen vielleicht schon im Februar 1820 begonnen; sie waren zuerst erschienen, und jetzt, in dritter Auflage, als Heft 1 der ganzen Sammlung wieder gedruckt worden. Die Nationalbibliothek Wien besitzt 37 Manuskripte von den 49 anderen Komponisten, darunter je eine von zwei zum Druck eingereichten Kompositionen, von denen der Verlag damals keinen Gebrauch gemacht hatte: von Mozart Sohn und von Rieger (inzwischen auch gedruckt). Schuberts Beitrag ist datiert März 1821, aber auch Hüttenbrenners Stück ist vom selben Jahr, Sechters und Rosers Manuskripte sind von 1823, Kalkbrenners von 1824. Anfang 1824 hatte auch Wittassek erst seine Variation geschrieben. Unter den 50 „österreichischen" Komponisten sind ein paar Gäste Wiens aufgenommen worden, und natürlich zehn oder elf Böhmen, von denen einige ihre tschechischen Namen germanisierten, nachdem sie in Wien Aufenthalt genommen hatten. – Karl Maria v. Bocklet, geboren in Prag 1801, kam um 1817 nach Wien, wurde Violinist im Theater an der Wien und später Klaviervirtuose. – Emanuel Alois Förster (siehe 17. April 1819), geboren in Neurath in Österreichisch-Schlesien 1748, seit 1799 in Wien als Klavierlehrer tätig, war im November 1823 dort gestorben. – Franz Jakob Freystädtler war 1768 in Salzburg geboren, von Beruf ebenfalls Musikpädagoge. – Johann Baptist Gänsbacher, geboren 1778 in Sterzing (Tirol), Kapellmeister bei St. Stefan, war ein guter Freund Webers. – Abbé Josef Gelinek, geboren 1758 in Seltsch (Böhmen), Klavierlehrer, war Hauskaplan beim Fürsten Nikolaus Esterházy. – Joachim Hoffmann, geboren 1788 in Niederösterreich, war Klavierlehrer und Chorregent. – Friedrich Wilhelm Michael Kalkbrenner, geboren 1788 in Kassel, hatte Anfang 1824 ein Klavierkonzert in Wien gegeben; er lebte zehn Jahre in London und verbrachte einen großen Teil seines Lebens in Paris. – Über Josef Kerzkavsky ist nichts Näheres bekannt. – Liszts Beitrag dürfte Anfang 1823 geschrieben worden sein. – Josef Panny war 1794 geboren. – Wenzel Plachy, geboren 1785 in Klopotowitz (Mähren), seit 1811 in Wien, war Organist der Piaristen-Kirche in der Vorstadt Josefstadt. – Gottfried Rieger war Kapellmeister in Brünn. – Johann Schenk, geboren 1753 in Wiener-Neustadt (Niederösterreich), der Komponist der erfolgreichen Oper „Der Dorfbarbier", war Beethovens Theorie- und Bauernfelds Klavierlehrer gewesen. Dieser machte ihn später mit Schubert bekannt, und „der alte Klassiker ließ der neuen Romantik alle Gerechtigkeit widerfahren". – Simon Sechter, geboren 1788 in Friedberg (Böhmen), seit 1804 in Wien, Musikmeister am Blindeninstitut, war der große Theoretiker Wiens. – S. R. D. ist offenbar die Abkürzung von Serenissimus Rodolphus Dux (Erzherzog Rudolf). – Abbé commendataire Maximilian Stadler (siehe Notiz nach dem 28. September 1811), geboren in Melk (Niederösterreich) 1748, seit 1815 wieder in Wien, war Kirchenkomponist, Ehrendomherr von Linz, Abt und Kanonikus von Kremsmünster. – Josef (nicht Julius) de Szalay, geboren um 1806, Schüler Försters, Hummels und Salieris, war schon mit neun Jahren als Klavierspieler in Wien aufgetreten; es heißt, daß Schubert mit ihm bei Josef Groß vierhändig gespielt habe. – Dionys F. Weber, geboren in Welchau (Böhmen) 1771, war Direktor des Konservatoriums in Prag. – Franz Weber war Beamter und Pianist. – Über Franz Weiß siehe Anmerkung vor dem 8. März 1824. – Karl (Charles) Angelus v. (de) Winkhler war Amateur-Komponist in Pest. – Johann Nepomuk August Wittassek, geboren 1771 in Mělník (Böhmen) war Domkapellmeister bei St. Veit in Prag. – Johann Hugo Worzischek (siehe 10. Januar 1823), geboren 1791 in Wamberg in Böhmen, seit 1813 in Wien, war Konzepts-Praktikant des Marinedepartements im Hofkriegsrat gewesen, 1823 wurde er zweiter, 1824 erster Hoforganist. – Das zweite Heft des Werkes trägt auch noch die Plattenbezeichnung des Verlages Cappi & Diabelli (vor der Firmenänderung). Exemplare sind äußerst selten (Gesellschaft der Musikfreunde, Wien, Royal College of Music, London, und Paul Hirsch Library im British Museum, London).

Schwind an Leopold Kupelwieser

[Wien,] Den neunten Juni! [1824]

... Wie ich Dich, Schubert, Bruchmann lange gesucht und mich des Suchens fast geschämt und vor dem Finden gezittert, wie ich unter euch kam und mich geliebt sah, da ich nichts mehr zu wünschen getraute, als euch zu sehen, wie sollte ich denn anders seyn, als wie ich war. Da nun alle fern sind, senkt sich die Liebe in den Grund hinab, und wie das frische Zusammenseyn verschwunden ist, so halte ich mich unmittelbar an die Anerkennung und das Wesen selbst, das ewig und unerschütterlich ist.

Diese zweite Fortsetzung des Briefes vom 10. April (1. Fortsetzung vom 31. Mai 1824) zeigt Schwind auch Kupelwieser gegenüber in seinem sonst nur in den Briefen an Schober angewandten romantischen Stil. Schober ist in diesem Brief merkwürdigerweise nicht erwähnt.

Karl Haas an Max Clodi in Ebenzweyer

[Linz,] den 18ten Juni 1824.

... Schlechter kam meine Schwester Therese mit dem Wetter zu Teil, die, wie Du Dich erinnern wirst, mit Gräfin Weißenwolff, bei der sie jetzt in Steyregg einen äußerst angenehmen Landaufenthalt genießt, neulich nach Gmunden und Ischl fuhr ... Nach allen diesen Nachrichten scheint die Gräfin ebenso viel Sinn für die Natur zu haben, als sie für die Kunst und besonders für die Schubertische Musik äußert ... Obschon sie uns schon öfters in der Stadt besucht hat, freute es mich doch umso mehr, sie gestern in ihrer reizenden Umgebung zu besuchen, da ich mich selbst von der Güte und dem einnehmenden natürlichen Benehmen der Gräfin überzeugte, von der ich, was das Beste war, nun auch Schuberts Müllerlieder und seine allerneuesten, über die Maßen herrlichen Kompositionen singen hörte, wodurch freilich Nany Hartmanns Vortrag gewaltig in Schatten gesetzt ward, da ich nun erst zu fühlen glaube, was ein Schubertisches Lied heißen will. Wie sehr mein Bruder, mit dem ich hinausging, und Josef Spaun, den wir dort trafen, über eine solche Gönnerin ihres Freundes triumphierten, kannst Du denken.

Karl Haas, geboren 1804, Medizinstudent und Amateur-Pianist, war eines von mehreren Kindern der Regierungsratswitwe Marie Haas in Linz. (Er starb drei Monate vor Schubert.) Seine Schwester Therese war die Angebetete Max v. Spauns und mit der Gräfin Weißenwolff befreundet. – Gmunden und Ischl liegen im österreichischen Salzkammergut. – Nany (Nancy) oder Nanette war Anna v. Hartmann, die im gleichen Jahre Anton Graf Revertera (geboren 1786) heiratete und Ehrenmitglied des Linzer Musikvereins wurde. – Karl Haas hatte zwei Brüder, Ferdinand und Josef; hier dürfte Josef Haas gemeint sein, geboren in Hall 1803, Kooperator in Ansfelden, später Chorherr in St. Florian.– Der Adressat, geboren 1804, Jurastudent in Wien, war der älteste von drei Söhnen des Besitzers von Schloß Ebenzweyer am Gmundner See. Anton v. Spaun kam bald darauf zu Besuch auf dieses Schloß und traf dort oder in Gmunden mit Vogl zusammen. In Steyr, wo Vogl immer auf Sommerfrische war, brach am 21. Juni eine Feuersbrunst aus, die das Schloß Lamberg zerstörte.

Aus der Leipziger „Allgemeinen musikalischen Zeitung“ vom 24. Juni 1824

Auf der Donau. Der Schiffer. Wie Ulfru fischt. Für eine Baßstimme Op. 21.
Der Zwerg. Wehmut. Für eine Singstimme Op. 22.
Die Liebe hat gelogen. Die selige Welt. Schwanengesang. Schatzgräbers Begehr. Für eine Singstimme Op. 23.
Gruppe aus dem Tartarus. Schlummerlied. Für eine Singstimme Op. 24.
Sämtliche Gesänge mit Begleitung des Pianoforte komp. von Franz Schubert. Wien, bei Sauer und Leidesdorf. Jedes Heft 45 kr. Konv. M. Der Komponist dieser Gesänge beurkundet

durch sie ein achtungswertes Talent, das sich, im frischen Jugendmut verachtend die alten ausgetretenen Wege, eine neue Bahn bricht und diese konsequent verfolgt. Wer wollte das wohl tadeln? Keiner, der billig genug ist, jedem Künstler seine Ansicht der Kunst, seine Art und Weise, sich in ihr und durch sie auszusprechen, zu lassen – keiner, der bescheiden genug ist, zuzugeben, daß sein eigener Weg nicht der alleinige Weg des Heils sei. Aber der Billige und Bescheidene soll nun auch seine Meinung frei sagen und seine Ansicht, seinen Weg mit denen anderer vergleichen dürfen. Deshalb erlaubt sich Referent über obige vier Hefte ausführlicher zu sein, als bei dergleichen Werken gewöhnlich ist.

Hr. Fr. S. schreibt keine eigentlichen Lieder und will keine schreiben (ihnen sich mehr oder weniger nähernd sind jedoch No. 3 in Op. 21, No. 2 in Op. 22, No. 1, 2, 3 in Op. 23, No. 2 in Op. 24), sondern freie Gesänge, manche so frei, daß man sie allenfalls Kapricen oder Phantasien nennen kann. Dieser Absicht gemäß sind die meist neuen Gedichte, deren Wert jedoch sehr verschieden ist, günstig gewählt und die Übertragung derselben in Töne im allgemeinen zu loben, da dem Verfasser fast durchaus die Anlage im ganzen und einzelnen, der Idee nach, aber bei weitem nicht so glücklich die Ausführung gelingt, die durch wenig oder gar nicht motiviertes exzentrisches, oft recht wildes Wesen und Treiben den Mangel innerer Einheit, Ordnung und Regelmäßigkeit zu ersetzen versucht; durch welche letzten Eigenschaften allein freilich kein Werk der Kunst zum schönen Kunstwerk wird, ohne welche Eigenschaften aber auch bestimmt nur bizarre, groteske Produkte entstehen. Der Gesang, meist deklamatorisch, ist zuweilen wenig sangbar, nicht selten unnötigerweise schwierig und hat die Eigenheit, daß er oft auch bei Sopranstimme mit dem Spielbasse in Oktaven geht. Die Harmonie ist meist rein, – nach falschen Quinten und Oktaven, Querständen u. dgl. zu jagen, an denen es, selbst in ziemlicher Anzahl, nicht fehlt, ist mit Recht längst aus der Mode, – die Modulation frei, sehr frei und oft noch etwas mehr. Dem Referenten wenigstens ist keine Komposition in dieser Gattung, ja vielleicht überhaupt kaum irgendeine Komposition bekannt, welche es nicht etwa weiter, sondern nur so weit triebe. Z. B. Op. 21 No. 1 fängt in Es-Dur an, wo es im siebenten Takte nicht mehr ist; dann kommt c-Moll, As-Dur und Moll, Ces-Dur usw., fis-Moll, worin es länger bleibt und schließt. Op. 22, No. 2, d-Moll hat im 11ten Takte eine förmliche Kadenz in Fis-Dur, später den aus Rossinis *Tancredi* erstem Final berühmten Baß: bdf – besges – bdesfesges – hdisfis usw. vier- oder fünfmal dasselbe, immer einen halben Ton höher, was ein gar allerliebster Schusterfleck und Klavierstimmern zur Probe der Reinheit zu empfehlen ist. Ob in Op. 23, No. 1 die Tonverbindungen im dritten Takte vom Ende als wahrhaft neu und originell, wiewohl ziemlich gräßlich, mit Absicht geschrieben, oder ob sie Druckfehler sind, getraut sich Ref. nicht zu entscheiden, obgleich er einige Gründe hat, das erste zu glauben. Folgende Akkorde und Modulationen aber, von denen das erste Beispiel nur durch die wunderbare Art der Bezeichnung der Töne (Orthographie kann man es nicht nennen) auffallend ist, sind *keine* Druckfehler – esgesces – fesgcesd – des; ciseisgiscis – bgbd und noch dreimal dasselbe, immer einen halben Ton höher – fisaiscis – fisesac – gdgc usw. Wem das gefällt, nun der mag's spielen und singen oder komponierend wiederholen. Op. 21 [No. 2] Takt 13, 14 wäre anstatt cesfd – bfd – afd wohl besser cesgeses – bgeses – ageses – oder vielmehr, es kann kaum anders sein. Das einfache Schlaflied (Op. 24, No. 2) muß der Konsequenz halber nach der Mitte usw. einige desperate Modulationen erdulden. In Op. 23, No. 2 sind auch die fernsten Modulationen mild und zu loben, und Op. 23, No. 4 macht's damit billig. Op. 24,

No. 1 malt im Anfange, aber sehr gut, und die, obgleich sehr grellen, Modulationen lassen sich *hier* entschuldigen, allenfalls sogar rechtfertigen. – Dreizehn Triller im Spielbaß (Op. 21, No. 1), die Verkürzung der vier Takte in zwei bei der Wiederholung der letzten Zeile in No. 2, Op. 21, und einiges andere sind Einzelheiten, über die viel Worte zu machen nicht lohnt. Aber über die ungebührlich heftige Neigung, nur immer fort und fort, ruh- und rastlos zu modulieren und wieder zu modulieren, die eine wahre Krankheit der Zeit und bald zur Modulationsmanie geworden ist, der leider auch berühmte Tondichter, freiwillig oder der Mode huldigend, Opfer bringen, glaubte Ref. etwas ausführlicher sein zu dürfen. Wohl weiß er, daß nicht viele, hofft aber, daß doch einige auf die Stimme des Predigers in der Wüsten hören und achten, und wenn jene, vermeinend, auf ihre Weise zeige sich eben ihr Genie, ihre Gelehrsamkeit u. dgl., sich im Dünkel erheben und von uns andern denken oder sprechen: „Ist ihnen nirgends wohl, als wo's recht flach ist", so erinnert er diesen zum Trost, daß solche Modulations-exercitia, zwar auch ihren guten Nutzen haben, aber nur als eigentliche Übungen für Schüler der Akkordenlehre; daß alle Schüler der Komposition im Anfange gar wild und töricht, später aber immer weniger und weniger modulieren, woraus zu folgen scheint, daß solch plan- und zweckloses Herumschweifen nur Folge der Unbeholfenheit sei, sich glücklich auf dem Platz halten zu können, auf dem man eben ist; und daß man endlich in den herrlichsten Werken der größten Meister aller Zeiten die Einfachheit, Ruhe, Ordnung und Klarheit als die nicht geringsten Eigenschaften betrachtet. Auch darin, wie fast in allem, ist Mozart Muster und wird es bleiben, wenn auch neuere Skribenten, die niemand kennt, obgleich sie sich zu nennen den Mut haben, ihm *Geist-* und *Urteilskraft* absprechen und nur *Kunstinstinkt* zugestehen. – Risum teneatis amici!
Die angezeigten vier Hefte sind im Äußern gut und anständig ausgestattet. Einige Druckfehler sind nicht bedeutend. [G. W. Fink?]

Zu Rossinis „Tancredi" vgl. 19. Mai 1819.

Wien, Ende Juni 1824

Vater und Stiefmutter Schubert an Franz

Lieber Sohn.

Deinen Brief vom v. M. hab ich am 3. dies. erhalten. Wir freuen uns alle herzlich über Deine Gesundheit, u. über Deine schöne Aufnahme im gräflichen Hause. Suche daher, Deine Gesundheit, das erste unter den irdischen Gütern, zu erhalten u. zu pflegen, u. laß es Dir angelegen sein, die Liebe u. Achtung aller Gutgesinnten zu verdienen.
Du weißt schon, daß ich als Jugendlehrer immer gern moralisiere; allein glaube mir, nicht aus Gewohnheit, sondern aus innerlicher Überzeugung, daß kein Mensch wahrhaft glücklich sein kann, als der sich immerhin mit dem lieben Gott beschäftiget, u. sich standhaft an seinen heiligen Willen hält. Wir dürfen, ja wir sollen sogar die unschuldigen Lebensfreuden froh u. mit dankbarem Gemüte zu Gott mäßig genießen; wir müssen aber auch in trüben Umständen den Mut nicht sinken lassen; denn auch Leiden sind eine Wohltat Gottes u. führen den, der standhaft ausharret, zum erhabensten Ziel.
Wo ist auch ein großer Mann in der Geschichte zu finden, der nicht durch Leiden u. standhaftes Ausharren den Triumph errungen hätte. Darum möchte ich auch jene, die ich vorzüglich liebe, zu solchen Gesinnungen stimmen! –

In Wien geht alles den gewöhnlichen Gang. Daß H. v. Salieri mit seinem ganzen Gehalt in den Ruhestand versetzt u. H. v. Eybel zum 1. Hof-Kapellmeister an seine Stelle erhoben wurde, wird Dir schon bekannt sein. Dein Bruder Ferd. sprach mit H. v. Leidesdorf, u. übernahm von ihm Deine herauszugebenden Lieder zur Korrektur, welche Leidesdorf Dir eben aus der Absicht zuschicken wollte.
Die Witterung ist hier immer sehr mit kühlen Regen, Hagelwettern u. Sturmwinden gemischt, u. läßt wenig Hoffnung für den Weinbau übrig. H. Mohn hat sich bei uns noch nicht sehen lassen. – H. v. Jeckel, Apotheker in Döbling, 58 J. alt, ist am 15. dies. plötzlich am Nervenschlag gestorben; er sagte seiner Frau 1/2 Stunde vor seinem Sterben: ich fühle, daß ich heute noch sterben muß, u. als die Frau erwiderte: glaube doch das nicht u. erschrecke mich nicht so, sprach er: nun ja, ich kann Dir nicht helfen.
Auch H. Kopp, Wirt bei Sct. Anna (früher im Lichtental bei der Linde), ist am 19. dies. plötzlich am Schlagflusse gestorben.
Ich u. die Meinigen sind, Gott sei Dank, alle wohlauf. Von Deinen Brüdern, Schwestern, Anverwandten u. Bekannten tausend Grüße u. Segenswünsche; u. so verharre ich u. die Meinigen, Deine wohlmeinenden Ältern Anna u. Franz Schubert.
Ferdinand wird Dir ehestens extra schreiben.

Original jetzt in der Sammlung Jaques Samuel, London. – An die Stelle des erkrankten Salieri war schon im März 1824 Josef Eybler gerückt, geboren in Schwechat bei Wien 1765; seit 1804 Vizehofkapellmeister, wurde er aber erst am 6. Juni 1825 zum ersten Hofkapellmeister erhoben. Die erwähnten Korrekturen der Lieder sind wahrscheinlich jene der Hefte 3 bis 5 der „Schönen Müllerin" (siehe 12. August 1824). Über Mohn vgl. Ferdinand Schuberts Brief vom 3. Juli 1824. – Die Vornamen des Döblinger Apothekers und des Liechtentaler Hausherrn waren Josef.

26. Juni 1824: „Lied an den Tod" (D. 518), Heft 17, Nr. 3 der nachgelassenen Lieder, erscheint als Supplement der Wiener „Allgemeinen musikalischen Zeitung". – Die 50 Hefte der „Nachgelassenen musikalischen Dichtungen" Schuberts, die Diabelli 1830 bis 1850 verlegte, enthielten nur Lieder und Gesänge.

1824

Notizzettel von Schubert

„Der häusliche Krieg", beim Vater componirt, censurirt und für die Aufführung im Hofoperntheater passirt.

Es ist möglich, daß dieser Zettel schon zu Anfang des Jahres geschrieben worden ist. Die Oper war im April 1823 fertig geworden, und am 31. März 1824 gab Schubert schon die Hoffnung auf, sie in Wien (oder sonstwo) durchzusetzen (siehe 31. März 1824). Hier erscheint zum ersten Mal der neue Titel: aus den „Verschworenen" war der Wiener Zensur zuliebe der „Häusliche Krieg" geworden. Die besondere Zensur der Hoftheater hatte den Text gebilligt, aber es kam zu nichts.

Johann Gabriel Seidl an Schubert

Wien, am 1. Juli 1824.

Werter Herr und Freund!

Um's Himmels Willen, beeilen Sie sich mit dem *kurzen Mantel. Demmer*, der nun, seit *Vogel* weggejagt ist, alles überhat, will es zum ersten Herbstspektakel machen und jammert um die Musik. – Geld kommt jetzt sicher und zwar 50.000 K. M. von *Rothschild*

à conto der Ausspielung, die doch reussieren wird; Sie können also auf den *nervus rerum* auch rechnen. – Neue Kräfte bringen wir auch; – für die *Blanche* Dlle. *Vio*; statt des *Spitzeder* Hrn. *Wächter*, bitte daher nur die eingelegten Arien zu setzen; die (*vier*) Weiberstimmen sind folgende: Dlle. Schwarzböck, Mdme. Kneisel, Mdme. Vogel, Mdme. Raimund, Mdme. Wächter. Also mehr, als wir brauchen.
Von Ihnen hängt jetzt alles ab. – Lassen Sie sich Ihr Versprechen nicht reuen; das Theater scheint nun, nach *Vogels* Sturze, wieder einigen Kredit zu bekommen und auf der äußeren Ausstattung wird bei dem *Mantel* viel verwendet.
Antworten Sie *bald* und *zuverlässig* Ihrem
Gärtnergasse No. 36. 2. Stock links. J. G. Seidl.

Seidl, geboren in Wien 1804, war Lehrer und Numismatiker und wurde (etwas ironisch) ein „vaterländischer Dichter" genannt. Er hat bald darauf die Wiener Calderon-Ausgabe veranstaltet, ein Gegenstück zur Wiener Shakespeare-Ausgabe. Das dramatische Volksmärchen in drei Akten mit Chören, Gesängen und Tänzen, „Der kurze Mantel" (nach Benedicte Nauberts „Neuen Volksmärchen der Deutschen"), war sein erstes Theaterstück. (Das Thema ist ein Mantel, der auf den Schultern einer untreuen Ehefrau zusammenschrumpft.) Auf dem Manuskript in der Stadtbibliothek Wien steht noch „Die Musik von Franz Schubert", der sie ja versprochen hatte, aber diese Notiz ist dann wie folgt geändert worden: „1. Akt – Ph. J. Riotte, 2. – Josef von Blumenthal, 3. – Ignaz Ritter von Seyfried". Blumenthal, geboren in Brüssel 1782, war im Orchester des Theaters an der Wien beschäftigt. Dort ist das Stück auch wirklich am 6. November 1824 aufgeführt und achtmal wiederholt worden, gefolgt von einer Parodie im Theater in der Josefstadt: „Die kurzen Mäntel" von Karl Meisl, mit Musik von Franz Josef Gläser. – Wilhelm Vogel hatte die Leitung des Theaters am 31. Mai 1824 aufgeben müssen. – Pálffy wollte es wieder, um sich zu sanieren, durch eine Lotterie ausspielen und hoffte offenbar auf einen Vorschuß von Salomon Meyer Freiherrn v. Rothschild (geboren in Frankfurt am Main 1774, Chef des Wiener Hauses). – Die Blanche wurde tatsächlich von Frau Therese Wächter gesungen. Die anderen Frauenrollen waren mit Louise Raimund, der getrennten Gattin des Dichters Ferdinand Raimund, Frau Palmer und Fräulein Beatrix Schwarzböck, die Männerrollen mit den Herren Rott, Jäger und Johann Michael Wächter besetzt. Frau Thekla Kneisl, geboren als Demmer in Wien, war Sängerin, später Schauspielerin am Burgtheater.

Ferdinand Schubert an seinen Bruder Franz

[Kuvert:]

H. H.
Franz Schubert,
Kompositeur,
abzugeben bei H. Grafen
Esterházy v. Galantha
in Zseliz.

[Innen:]

Wien, am 3. Julius 1824.

Herzenslieber Bruder!

„Nun endlich einmal ein Brief vom Ferdinand! – Das ist ein fauler Mensch, ein kalter Kerl, der sich um seinen Bruder erst nach so vielen Wochen bekümmert! –" So denkst Du vielleicht von mir. – Aber laß es gut sein, und zürne nicht auf mich. Deine Gesellschaft wird mir so manchesmal vergegenwärtiget; indem ich nun angefangen habe,

Deine Quartetten* wieder zu spielen, und alle Wochen wenigstens einmal von der Uhr bei der ungarischen Krone so manches aus Deiner Komposition vernehme. Diese Uhr überraschte mich nicht wenig, da ich sie das erstemal bei einem Mittagsmahle so unvermutet einige Deiner Walzer spielen hörte. Ich fühlte mich in diesem Augenblicke so sonderbar; ich wußte nicht, wie mir war; ich wurde dadurch ganz und gar nicht erheitert; es durchfuhr vielmehr meine Seele, mein Herz so ein banger Schmerz, so eine Sehnsucht; – Melancholie warf endlich ihren Schleier darüber, und unwillkürlich entrollten mir –.

Nun, lieber Franz! schreib' mir doch (aber insbesondere an mich gerichtet), wie es Dir geht; ob du ganz gesund bist; wie Du Dich unterhältst und beschäftigest.

Heute habe ich auch die Bach'schen Fugen und das Opernbuch: „*Der kurze Mantel*" Herrn v. Leidesdorf zur Übersendung an Dich eingehändiget. Mache nur, daß bald was Großes von Dir auf der Opernbühne erscheine.

Vor 4 Wochen war Herr v. Mohn bei mir, welchem ich folgende 10 Hefte Lieder übergab:

1. Geheimnis v. Schiller, 1823
2. An den Frühling, 1817
3. Die Lebens-Melodien, 1816
4. Beim Winde v. Mayrhofer, 1819
5. Frohsinn, 1817
6. Wanderers 2. Nachtlied
7. Trost, 1817
8. Frühlingslied, 1816
9. Der entführte Orest, 1820
10. Sprache der Liebe v. Schlegel, 1816.

In einigen Tagen darauf übergab ich H. v. Kupelwieser auf sein Ansuchen und gegen Deine Anweisung die Partitur von Deiner neuen Oper.

Außer diesen beiden Herren kam auch Hr. Hugelmann mit dem Auftrage, ihm seine partitierten Mozart'schen Quartetten, die Du mir zur Aufbewahrung übergeben haben solltest, zurückzustellen. Allein, da ich sie nach einem dreimaligen Nachsuchen nicht fand, so konnte ich seinem Wunsche nicht willfahren. Er kam dann noch zweimal zu mir, einmal in den Gang der Normalschule und einmal in meine Wohnung und hat mir da nicht wenig Verdruß gemacht; indem er über Deinen Leichtsinn so gewaltig loszog, lärmte, schrie und sich so roher Ausdrücke bediente: daß ich die Ehre seiner Bekanntschaft sehr verwünschte. Sei also so gut und zeige mir an, wo die benannten Musikalien allenfalls sein könnten; damit ich dieses rasende Ungeheuer beruhigen kann.

Nun muß ich Dich doch auch mit meinem Befinden bekannt machen, welches ich um so lieber tue, weil ich, Gott sei Dank! mich recht gesund fühle. Mein Amt macht mir zwar sehr viel zu tun; allein ich bin dabei vergnügt und mit meiner Lage zufrieden. Außer den Schulstunden habe ich viel Zeit zum Durchsehen der Aufgaben, zu Vorbereitungen 2c. zu verwenden; aber desto wohltätiger wirken die Erholungsstunden, welche ich größtenteils in der Gesellschaft meines lieben Rieders, meines einzig wahren Freundes, zubringe.

* Diese bei mir statthabenden Quartetten sind folgendermaßen besetzt: Violino I^mo^ von mir, Violino II^do^ vom Br. Ignaz, Viola vom Freund Mayßen, Violoncello v. unserm lieben Schwager Schneider.

Derselbe läßt Dich (sowie auch sein Bruder Wilhelm) herzlich grüßen und ist gesonnen, Deine letzte Messe aufzuführen; versteht sich so, daß sie mit Ehren gekrönt werden kann, und erst dann, wenn Du wieder in Wien sein wirst.
Nun lebe wohl! schreibe mir recht bald, unterhalte Dich recht gut und bleibe gesund, bis Dich wieder sieht

Dein

treuer Bruder
Ferdinand.

Von meinem Weibe und unsern Kindern bist Du ebenfalls herzlich gegrüßt und tausendmal geküßt; nicht minder auch vom vielgeliebten Bruder Ignaz und vom Schwager Schneider samt seinem Anhange; wie auch vom Freund und Bruder Mayßen.

Die Adresse an mich: F. Sch. 2c., wohnhaft in Maria-Trost, No. 20, bei der goldnen Schlange, 2. Stock, Tür links, in Wien.

Die Adresse ist nur in einer Abschrift Kreißles vorhanden; der in der Stadtbibliothek Wien aufbewahrte Brief scheint also ausnahmsweise ein Kuvert gehabt zu haben. – Josef Mayßen, geboren in Hernals (Vorort Wiens) 1790, war Schulmeister und Chormeister dort; Schubert hatte im Gartenhaus von dessen Wohnung am 16. August 1821 ein Tantum ergo komponiert. – Die Uhr des Stammlokals „Zur ungarischen Krone" hatte schon 1822 ein Lied von Schubert gespielt (siehe 5. März 1822). Inzwischen scheint sie noch ein paar Walzen mit Schubert-Weisen bekommen zu haben; wahrscheinlich Tänze aus opp. 9 und 18, darunter gewiß den „Trauerwalzer". – Die Fugen von Bach waren in einer der Ausgaben des „Wohltemperierten Klaviers" enthalten. – Seidl hatte das Libretto (siehe 1. Juli 1824) offenbar schon im Juni bei Schuberts Familie abgegeben, aber es war dort liegengeblieben. Das mag mit ein Grund dafür gewesen sein, warum Schubert die Komposition gar nicht begonnen hat. – Zu welchem Zwecke Schubert dem Maler Mohn diese zehn Lieder-Manuskripte übergeben ließ, natürlich nur leihweise, ist nicht bekannt. Es scheint nicht unmöglich, daß es sich dabei um ein Pfand (für eine Geldschuld) gehandelt hat. – „Das Geheimnis" (D. 793) stammte in seiner zweiten Fassung vom Mai 1823, ebenso „An den Frühling" (D. 587) vom Oktober 1817. Das Autograph der „Lebensmelodien" ist verlorengegangen; auch das offenbar undatierte Manuskript von „Wanderers Nachtlied" Nr. 2 („ein anderes", wie Goethe es benennt), des berühmten „Über allen Gipfeln ist Ruh'", das Anfang 1823 entstanden war; ebenso „Trost", das ist das anonyme „Nimmer lange weil' ich hier". (Es gibt noch ein anderes so betiteltes Lied.) „Der entführte Orest" (siehe 16./18. Juli 1824) ist natürlich „Der entsühnte Orest". Dieses Manuskript ist ebenso wie „Sprache der Liebe" (nach August Wilhelm v. Schlegel) verlorengegangen. Es ist bezeichnend, wie genau auch Ferdinand die Daten, wenigstens die Jahreszahlen, der Manuskripte festhält. – Josef Kupelwieser war im Frühjahr 1824 Sekretär des Grazer Theaters geworden und hoffte wohl, dort den „Fierabras" anzubringen. – Hugelmann (siehe 2. November 1821) hatte Schubert wohl seine gestochenen Klavierauszüge der Streichquintette Mozarts (nicht „Quartette", Korrektur in Schuberts Brief vom 16./18. Juli 1824) geliehen, wahrscheinlich in einer der Ausgaben, die von André und von Pleyel verlegt worden waren. – Ferdinand war 1824 Lehrer an der Normal-Hauptschule bei St. Anna geworden, deren Direktor er 1851 werden sollte: er wohnte aber noch in der Vorstadt. Ferdinands Freund war Johann Rieder, Schullehrer, Chordirektor und Gemeindebeamter in Währing (Vorstadt), der Sohn des Komponisten Ambros und Bruder des Malers Wilhelm August Rieder. – Schuberts letzte Messe war die in As-Dur, begonnen November 1819, beendigt September 1822. Die Aufführungen in den Wiener Kirchen sind nicht genau festzustellen. – „Freund und Bruder" mag nur eine Verstärkung gewesen sein; es kann sich aber darauf beziehen, daß auch Mayßen (siehe oben) Schullehrer und Chormeister gewesen ist. – Maria Trost (oder St. Ulrich) war eine näher zur Inneren Stadt gelegene westliche Vorstadt; Ferdinand war von Alt-Lerchenfeld dorthin übersiedelt.

Schubert an seinen Bruder Ferdinand

Zeléz, den 16. (oder 17) bis 18. July 1824

Geliebtester Bruder!

Daß es mich wirklich etwas kränkte, daß ich sowohl von Haus als auch von Dir erst so spät ein Schreiben bekam, kannst Du mir aufs Wort glauben. Auch Leidesdorf läßt nichts von sich hören; ich habe ihm doch auch geschrieben. Sey doch so gut, u. sieh ein wenig nach bey ihm in der Kunsthandlung, er möchte mir doch schicken, um was ich geschrieben habe.* Auch kannst Du Dich um die Herausgabe des 3ten Hefts der Müllerlieder erkundigen, in der Zeitung sehe ich nichts. Über Deine Quartetten-Gesellschaft wundere ich mich umsomehr, da Du den *Ignaz*!!! dazu zu bewegen vermochtest. Aber besser wird es seyn, wenn Ihr Euch an andere Quartetten als die meinigen haltet, denn es ist nichts daran, außer daß sie vielleicht Dir gefallen, dem alles von mir gefällt. Die Erinnerung an mich, ist mir noch das Liebste dabey, besonders da sie Dich nicht so zu ergreifen scheinen als die *Walzer* bey der ungarischen Krone. War es bloß der Schmerz über meine Abwesenheit, der Dir Thränen entlockte, die Du Dir nicht zu schreiben getrautest? Oder fühltest Du beym Andenken an meine Person, die von ewig unbegreiflicher Sehnsucht gedrückt ist, auch um Dich ihren trüben Schleier gehüllt? Oder kamen Dir alle die Thränen, die Du mich schon weinen sahst, ins Gedächtniß? Dem sey nun, wie es wolle, ich fühle es in diesem Augenblicke deutlicher, Du oder Niemand bist mein innigster, mit jeder Faser meiner Seele verbundener Freund! – Damit Dich diese Zeilen nicht vielleicht verführen, zu glauben, ich sey nicht wohl, oder nicht heiteren Gemüthes, so beeile ich mich, Dich des Gegentheils zu versichern. Freylich ists nicht mehr jene glückliche Zeit, in der uns jeder Gegenstand mit einer jugendlichen Glorie umgeben scheint, sondern jenes fatale Erkennen einer miserablen Wirklichkeit, die ich mir durch meine Phantasie (Gott sey's gedankt) so viel als möglich zu verschönern suche. Man glaubt an dem Orte, wo man einst glücklicher war, hänge das Glück, indem es doch nur in uns selbst ist, u. so erfuhr ich zwar eine unangenehme Täuschung u. sah eine schon in Steyer gemachte Erfahrung hier erneut, doch bin ich jetzt mehr im Stande Glück u. Ruhe in mir selbst zu finden als damals. – Als Beweis dessen werden Dir eine große Sonate u. Variationen über ein selbst erfundenes Thema, beydes zu 4 Hände, welche ich bereits componirt habe, dienen. Die Variationen erfreuen sich eines ganz besonderes Beyfalls. Über die dem Mohn übergebenen Lieder tröste ich mich, da nur einige davon mir *gut* erscheinen, als: *die bey dem Geheimniß enthaltenen*, Wanderers Nachtlied, u. der *entsühnte* nicht aber *entführte* Orest, über welchen Irrthum ich sehr lachen mußte. Suche wenigstens diese benannten sobald als möglich zurück zu bekommen.

Äußerte Kupelwieser nicht, was er mit der Oper zu thun gesonnen sey? oder wohin er sie schicke?? – –

Die Quintetten (nicht Quartetten) des Stockesels Hugelthier sind aus Versehen mit mir gewandert, u. er soll sie bey Gott! nicht eher wieder erhalten, bis er sich durch eine schriftliche oder mündliche Abbitte seiner gemeinen Grobheiten entledigt hat. Wenn sich überdieß eine Gelegenheit zu einer derben Putzung dieser ungeputzten Sau ergiebt, werde ich nicht ermangeln, selbe ihm in tüchtiger Dosis zu ertheilen. Doch genug von diesem Elenden! –

* Du mußt recht in Ihn dringen, denn er ist etwas lässiger Natur.

Daß Du Dich recht wohl befindest, freut mich um so mehr, da ich hoffe, daß ich selbes Wohlbefinden mit dem meinigen kommenden Winter *kräftiglichst* genießen werde. Grüße mir Ältern, Geschwister und Freunde innigst! Du sey mir 1000mahl geküßt sowie Deine gute Frau u. Kinder. Schreibe sobald wie möglich, u. lebe recht, recht wohl!!!

N. B. Was macht *Karl* und *Ignaz*? sie sollen mir doch schreiben.

Mit ewiger Liebe
Dein Bruder Franz.

NB. Hat die Resi die Welt mit einem neuen Bürger vielleicht schon beglückt ? ? ?

Kein Brief Schuberts an Leidesdorf ist erhalten geblieben. – Zum Hinweis auf fremde Werke vgl. den undatierten Brief Schuberts an Josef Peitl. – Die abwehrende Bemerkung „dem alles von mir gefällt“ ist auch gegenüber Josef Hüttenbrenner bezeugt. – Es ist sehr bemerkenswert, daß Schubert nicht nur vor Ferdinand geweint hatte (und wohl gar nicht lange vorher), sondern ihn auch noch daran erinnert. – In Zseliz hatte sich natürlich während der abgelaufenen sechs Jahre manches verändert. Komtesse Marie war so gut wie verlobt. Ihr zukünftiger Mann, August Graf Breunner-Enkevoerth, reiste eben am 18. Juli von Zseliz ab, während Gräfin Esterházy am 24. Juli nach Wien fuhr. Marie, die Karoline am Klavier unterwies, wie diese den kleinen Albert, hatte sich im Klavierspielen so vervollkommnet, daß sie 1823 in einem Wiener Handbuch besonders als „Dilettantin im Pianofortespielen“ genannt worden ist. Komtesse Karoline war nun auch herangewachsen und fast 20 Jahre alt, aber ein Kind geblieben. Sie blieb es so sehr, daß ihre Mutter sie Reifenspielen schickte, als sie schon dreißig geworden war. Sie hing besonders an Zseliz und soll einmal gesagt haben: „Wenn es im Himmel nicht ebenso schön ist wie in Zseliz, dann will ich gar nicht in den Himmel kommen.“ Zwischen ihr und Schubert hatte sich ein Freundschaftsverhältnis entwickelt, das dem Einsamen wie Liebe schien. Die realistischeren Beziehungen zu Pepi Pöckelhofer hatten sich wohl mit den Jahren gelöst. Er wohnte diesmal im Schlosse, und zwar in einem der Gastzimmer, die an dem Korridor rund um den Hof liegen. Wir wissen, daß das „Gebet“, ein Quartett für gemischte Stimmen, bei der gemeinsamen Frühstückstafel von der Gräfin bestellt und am Abend des selben Septembertages schon im Salon geprobt worden ist. Schönstein, der die Baritonpartie sang, war im August aus Wien nachgekommen. Er durfte das Werk, das die Gräfin als ihr Eigentum betrachtete, erst 1838 drucken lassen. Es erschien bei Diabelli mit einer Widmung an ihn. – Die hier sich äußernde Depression Schuberts hatte sich seiner – wohl bedingt durch eine Krankheit – schon 1823 in Steyr bemächtigt, wodurch dieser Aufenthalt nicht so glücklich wie im Jahre 1819 verlief. – Die große Sonate ist das Duo in C-Dur, op. posth. 140, von dem Schumann annahm, daß es die erste Fassung einer verlorenen Sinfonie gewesen sei – von der es sonst meist hieß, sie sei in Gastein geschrieben worden – und die Joachim in diesem Sinne orchestriert hat. Die Variationen sind die in As-Dur, op. 35, beide im Sommer entstanden. – „Die bei dem Geheimnis enthaltenen Lieder“ mag dieses und den „Pilgrim“ vom Mai 1823 bedeuten, die in einem Manuskript (das zweite Schiller-Lied jetzt unvollständig) vereint waren; vielleicht hat es auch das „Vergißmeinnicht“, nach Schobers Gedicht, umfaßt, das jetzt als Einzelmanuskript existiert. – Schubert nennt Hugelmann boshaft Hugeltier. – Nach seinen anderen Brüdern erwähnt Schubert am Schlusse die Schwester Therese („Resi“), deren erstes Kind, eine Tochter, nicht am Leben blieb (siehe 6. Oktober 1824).

Verlorener Brief Schuberts an seinen Vater, Zseliz, Ende Juli 1824

Aus der „Summarischen Zusammenziehung“ der Ausgaben und Einnahmen 1824 in der Familie Esterhazy

Auf dem Lande monatlich: . . .
Schubert f 100.

Zu diesem Gehalt vgl. die Anmerkung zum 24. August 1818. Laut Josef Dopplers Mitteilungen an Kreißle bekam Schubert von Esterházy zwei Gulden für eine Lektion; das dürfte sich nur auf die Wiener

Musikstunden beziehen. Das Budget in Zseliz umfaßte monatlich: 300 fl. für den kleinen Grafen, 250 und 150 fl. für die beiden Komtessen, 430 fl. für die Dienerschaft, 433 fl. für die Küche, was zusammen – mit Schuberts Gehalt und mit den kleinen Ausgaben für das „Haus überhaupt" – 1700 fl. zu Händen der Gräfin ergab. Während die fünf Monate des Wiener Sejours 25 762 fl. kosteten, waren für die sieben Monate in Zselitz 22 238 fl. veranschlagt, um mit 48 000 fl. im Jahr auszukommen.

Aus der amtlichen „Wiener Zeitung" vom 2. August 1824

In dem lithographischen Institute,
am Michaelsplatz Nr. 2, ist neu erschienen . . .:

. . . .

Schubert, Franz, Lied an den Tod (Tod, du Schrecken der Natur), mit Begleitung des Pianoforte. 20 kr. W. W.

Das war eine Sonderausgabe der Beilage zur Wiener „Allgemeinen musikalischen Zeitung" (siehe die Notiz vor Schuberts Notizzettel von 1824).

[Anfang August 1824]

Schubert an Helmina v. Chézy (Entwurf?)

Wenn Euer Gnaden mich mit einem Exemplar der umgearbeiteten Rosamunde beglücken können, so verbinden Sie mich sehr.

Ergebenster

Franz Schubert.

Das scheint ein nicht benützter Entwurf zu dem Briefe vom 5. August 1824 gewesen zu sein oder eine erste kurze Antwort, der Schubert die andere folgen ließ.

Schubert an Helmina v. Chézy

Euer Wohlgeboren!

Überzeugt von dem Werthe der *Rosamunde* von dem Augenblick an, als ich sie gelesen hatte, bin ich sehr erfreut, daß E. W. einige unbedeutende Mängel, welche nur ein mißgünstiges Publikum so auffällig rügen konnte, gewiß auf die vortheilhafteste Art zu heben unternom̄en haben, und rechne mir's zur besonderen Ehre, mit einem umgearbeiteten Exemplar bekan̄t zu werden. Was den Preis der Musik betrifft, so glaube ich ihn nicht unter 100 fl C. M. bestim̄en zu können, ohne ihr selber zu schaden. Sollte er aber dennoch zu hoch seyn, so würde ich E. W. bitten, selben, doch ohne zu großer Entfernung von der angegebenen Sum̄e, selbst zu bestim̄en, und dessen Überlieferung in meiner Abwesenheit unter beygefügter *Adresse* zu befördern ersuchen. Mit größter Hochachtung

Ihr Ergebenster

Zeléz, den 5. Aug. 1824

Frz. Schubert.

Adresse: Franz Schubert, Schullehrer in der Rossau
im Schulhause

in
Wien.

Schubert hatte offenbar einen Brief von Frau v. Chézy bekommen, worin sie ihm mitteilte, daß sie ihr Stück umgearbeitet habe, und ihn fragte, was er als Pauschalsumme für seine Musik (die vom Theater an der Wien für dessen Aufführungen wahrscheinlich bezahlt worden war) begehren würde. Schubert nannte 100 fl. K. M.; die gleiche Summe hatte die Chézy selbst vom Theater für das Stück bekommen. Es scheint, daß sie Schubert die Rechte an seiner Musik wirklich abgekauft und eine Abschrift davon bekommen hat; denn sie hat später das umgearbeitete Stück mit der Musik den Theatern in Stuttgart und Karlsruhe angeboten, die es abgelehnt haben. Das erwähnt die Chézy in einem Gesuch an König Ludwig I. von Bayern 1837, dem sie die „Rosamunde", noch einmal vergeblich, für das Münchner Hoftheater empfahl. – Die Adresse, die Schubert am Schlusse angibt, ist natürlich die seines Vaters.

Aus der amtlichen „Wiener Zeitung" vom 12. August 1824

Bei Sauer und Leidesdorf,
k. k. privil. Kunst-, Alabaster- und Musikalienhändler in Wien,
ist soeben neu erschienen, und an alle Buch- und Musikhandlungen
versandt worden:

Der Gondelfahrer.
Gedicht von *Mayrhofer.*
In Musik gesetzt für 4 Männerstimmen mit Pianoforte-Begleitung
von Franz *Schubert.*
Op. 28. 3 fl. W. W.

Die schöne Müllerin.
Ein Zyklus von Gedichten von Wilhelm *Müller.*
In Musik gesetzt für eine Singstimme mit Pianoforte-Begleitung
von Franz *Schubert.*
Opus 25. Fünf Hefte komplett, jedes 2 fl. W. W.
Nächstens erscheint dasselbe Werk mit Guitarre-Begleitung eingerichtet.

Op. 28 erschien nach op. 30. Vom Zyklus der „Schönen Müllerin" erschienen gleichzeitig die Hefte 3 bis 5.

Vater Schubert, die Stiefmutter und Bruder Ignaz an Franz

Wien, am 14. August 1824.

Lieber Sohn!

Dein Schreiben, welches mir die gefällige Kammerjungfer am 31. v. M. eigenhändig überreichte, dient mir u. all den Unsrigen zum besonderen Vergnügen. Bei der Fr. Mutter hast Du die rechte Saite berührt, sie stimmte froh harmonisch; weil nach Deinem Wunsche Donnerwetter, besonders aber der Tod noch lange von ihr entfernt bleiben.
Ich freue mich Deines gegenwärtigen Wohlseins um so mehr, weil ich voraussetzte, daß Du dabei hauptsächlich eine vergnügte Zukunft beabsichtigest. Dies ist auch mein tägliches Bitten zu dem lieben Gott, daß er mich und die Meinigen erleuchte u. stärke, damit wir seines Wohlgefallens u. seines Segens immer würdiger werden.
Am 12. dies. erschien in der Wiener Zeitung die Ankündigung von Deinem *Gondelfahrer* u. der *schönen Müllerin.*
Dein Bruder Ferd. ist wegen der nahen Prüfungen sehr beschäftiget, zumal da er Visitator über mehrere Schulen ist; er wird Dir aber so bald als tunlich selbst schreiben.

Deine übrigen Brüder u. Schwestern samt all den Unsrigen grüßen u. küssen Dich liebevoll unter tausend Segenswünschen, u. hoffen bald wieder eine erfreuliche Nachricht von Dir. Hast Du H. v. Vogl schon lange nicht geschrieben?
Wie steht es wegen Deiner ehrenvollen Auszeichnung mit den Diplomen vom Steiermärkischen u. Linzer Musik-Vereine.
Sollte es, wider alles Vermuten, noch nicht geschehen sein, so lasse es Dir ja dringend angelegen sein, auf eine würdige Art zu danken. Diese edlen Vereine zeigen ausnehmende Liebe u. Achtung für Dich; welches für Dich sehr wichtig sein kann.
Nun empfehlen wir Dich in den Schutz Gottes, als Deine treuen Eltern

Anna und Fr. Schubert.

Auch von mir einige Zeilen, mein teurer Bruder! Ich bin ungemein erfreut über Dein dauerhaftes Wohlsein; was mich betrifft, so bin ich ebenfalls kerngesund. Daß ich seit einiger Zeit ein ehrenfestes Mitglied einer kleinen musikalischen Gesellschaft geworden bin, weißt Du ohnehin. Nur muß ich Dir sagen, daß diese musikal. Abendunterhaltung nicht ganz unrichtig mit einem Fuhrwerke verglichen werden könnte, das oft umwirft, und welches ohne seinen tüchtigen Führer manchmal wohl schwerlich wieder in Gang zu bringen sein möchte. Das Neueste ist, daß ein rasendes Selbstumbringen hier herrscht, nicht anders, als ob die Leute ganz gewiß wüßten, daß sie jenseits schnurstracks in den Himmel hineinspringen könnten. Lebe nun wohl, schreibe bald, oder lieber, komme bald und freue Dich wieder mit Deinem aufrichtigen Bruder

Ignaz Schubert.

Es scheint, daß Pepi Pöckelhofer, die „gefällige Kammerjungfer", die wohl auf Urlaub nach Wien (ihrer Heimat?) gekommen war, mit Schubert doch noch freundlich verkehrte. Der Vater wußte sicher nichts von ihren früheren Beziehungen zu seinem Sohne, oder er nahm sie nicht ernst. – Schubert hatte der Stiefmutter zu ihrem Namenstag gratuliert. – Die Mahnungen, an Vogl zu schreiben und den beiden Musikvereinen zu danken, sind – im Stile Leopold Mozarts – bezeichnend für die Gewissenhaftigkeit des Vaters Schubert. Er meinte aber wohl nicht nur Dankbriefe, deren einen Schubert schon am 20. September 1823 nach Graz geschrieben hatte und deren anderer – nach Linz – nur verlorengegangen sein dürfte, sondern offenbar Widmungen an diese Vereine. – Ignaz, der in seiner Nachschrift des Vaters wegen zurückhaltend ist, spielt auf seine Teilnahme in Ferdinands Streichquartett an (siehe 3. Juli 1824).

15. August 1824: Ferdinand, Karl Schuberts Sohn, geboren. – Dieser zweite Neffe Schuberts wurde ein begabter Historienmaler.

Schubert an Schwind

[Kuvert:] *Von Zeléz.*

An Herrn Hr.

Moritz v. Swind
Mahler, an der Wien
im Gasthause zum Mondschein

Über Torock in
u. Raab. Wien.

[Innen:]

Zeléz, den August 1824.

Lieber Swind!

Endlich ein Brief von Schubert, wirst Du sagen, nach 3 Monathen! – Es ist wahr, es ist schon hübsch lang, aber da mein Leben hier so einfach als möglich ist, so habe ich wenig Stoff Dir oder den Übrigen etwas zu schreiben. Und wenn mich nicht zu sehr verlangte, zu wissen, wie es Dir u. den andern nähern Freunden geht, insonderheit aber wie es um Schober u. Kupelwieser stünde, würde ich, verzeih mir's, vielleicht noch nicht geschrieben haben. Wie gedeiht Schober's Unternehmen? Ist Kupelwieser in Wien oder noch in Rom? Hält die Lesegesellschaft noch zusam̄en oder ist sie, wie zu vermuthen, nun gänzlich aufgelöset? Was machst Du??? – – – Ich bin noch immer Gottlob gesund u. würde mich hier recht wohl befinden, hätt' ich Dich, Schober u. Kupelwieser bey mir, so aber verspüre ich trotz des anziehenden bewußten *Sternes* manchmahl eine verfluchte Sehnsucht nach Wien. Mit Ende Septemb. hoffe ich Dich wieder zu sehn. Ich habe eine große Sonate u. Variationen zu 4 Hände componirt, welche letztere sich eines besondern Beyfalls *hier* erfreuen, da ich aber dem Geschmack der Ungarn nicht ganz traue, so überlasse ich's Dir u. den Wienern darüber zu entscheiden. – Wie geht es Leidesdorf? Geht's vorwärts oder gehn dem Hund die Haar' aus? Ich bitte Dich beantworte mir alle diese Fragen aufs genaueste u. so bald als möglich. Du glaubst nicht, wie ich mich nach einem Schreiben von Dir sehne. Und da von Dir so viel über unsere Freunde über Wien u. tausend andere Sachen zu erfahren ist, von mir aber nichts, so hätte es Dir nicht geschadet, wenn Du mir einiges mitgetheilt hättest, wenn Du anders meine Adresse wußtest. Vor allen andern, lege ich Dir auf's Gewissen, den Leidesdorf scandaleuse auszumachen, indem er auf meinen Brief weder eine Antwort noch das Verlangte überschickte. Was soll das heißen? zum Teufel hinein! Mit den Müllerliedern gehts auch so langsam, alle 4tel Jahr wird ein Heft *gezöt't*. Und nun lebe wohl u. grüße mir, wen Du beyläufig glaubst, u. (ich sage Dir's) schreibe mir ja bald, sonst soll Dich – – –

Dein

treuer Freund
Frz. Schubert.

Meine Adresse:

Zeléz in Ungarn
über Raab u. Torock
beym Grafen Joh. Esterhazy v. Galantha.

Das Haus „Zum Mondenschein", in dem sich eine Gaststätte und ein Tanzsaal befanden, lag nahe der Karlskirche am Glacis. Die Familie Schwind wohnte in einem der rückwärtigen Höfe, und ihr Heim war „Schwindien" benannt. – Schubert hatte die Tagesangabe im Datum nicht gleich eingefügt, offenbar, weil er ihrer nicht bewußt war oder weil er den Brief fortsetzen wollte. – Er spricht den Freund außen und innen – wohl nur zum Scherz – als „Swind" an. – Schobers „Unternehmen" ist sein Versuch, Schauspieler zu werden. – Kupelwieser war noch in Italien. – Zur Lesegesellschaft vgl. die Anmerkung zum 31. März 1824. – Der „anziehende bewußte Stern" dürfte die Komtesse Karoline gewesen sein, der Schubert wohl schon in Wien während der letzten Jahre freundschaftlich näher gekommen war, obwohl er sicher nicht ihr Herz, geschweige denn ihre Hand zu gewinnen hoffen durfte. Da der Hinweis eher oberflächlich klingt, sind jedenfalls alle Spekulationen zwecklos. Richtig ist, daß Bauernfeld später ganz deutlich schrieb:

Verliebt war Schubert; der Schülerin
galts', einer der jungen Komtessen;
doch gab er sich einer – ganz andern hin,
um die – andere zu vergessen.

Siehe aber 1824 über Bauernfelds Unzuverlässigkeit. Anderseits ist es unwahrscheinlich, daß Schubert Pepi so bezeichnet hätte, auch wenn die Beziehung zu ihr noch bestand. – Zu den Werken vgl. 16./18. Juli 1824. – Die Wendung, die Schubert für Leidesdorf gebraucht, bezieht sich auf den Geschäftsgang des Verlages. – Den nicht erhaltenen Brief an Leidesdorf hat Schubert schon am 16./18. Juli 1824 erwähnt. – Schubert hatte die letzten Hefte des Zyklus der „Schönen Müllerin" noch nicht erhalten. – „gezöt't" = gezettelt, langsam hergestellt.

19. August 1824: Franz Josef Gläsers „Erlenkönig-Marsch mit Trio" erscheint zwei- und vierhändig bei A. Diabelli & Co.

Schwind an Schober

[Wien, den 20. August 1824]

Schubert hat geschrieben. Es geht ihm recht wohl und er ist fleißig. So viel ich weiß, an einer Symphonie . . . Ich habe Gelegenheit, öfters Sachen von Schubert, was mich sehr erheitert, bei einem gewissen H. v. Pinderitz [zu hören], den ich beim Vogel habe kennen gelernt. Es ist ein sehr guter und rühriger Mann, zutraulich, rührig und voll altdeutscher Kunstsachen.

In Schuberts Brief vom August 1824 ist von der Sinfonie nicht die Rede gewesen. Aber er reiste wohl mit solchen Plänen von Wien ab (vgl. 31. März 1824, aber auch die Anmerkung zur vierhändigen Sonate nach Schuberts Brief vom 16./18. Juli 1824). – Karl Pinterics war Privatsekretär beim Fürsten Pálffy auf dem Josefsplatz. Er sang Baß und spielte sehr gut Klavier, schnitt Silhouetten und sammelte deutsche Graphik. Pinterics war seit 1817 mit Beethoven, seit 1821 mit Schubert bekannt, dessen Lieder er bis zu seinem Tode (1831) eifrig sammelte. Er hatte 505 beisammen, also den größten Teil, und Witteczek erwarb diese Sammlung für seine eigene Schubert-Kollektion, die allerdings nicht nur Lieder umfaßte. Es heißt, daß Pinterics Schubert 1824 davon abgeraten habe, Theorieunterricht bei Sechter zu nehmen, was er bekanntlich kurz vor seinem Ende wirklich versucht hat. Pinterics wohnte wie Schwind nahe der Karlskirche, im sogenannten Zuckerbäckerhaus.

Schwind an Schober

[Wien,] den 21. August [1824].

Es geht nichts über die Ruhe, die die Vorstellung von Dir umgibt, und nichts über die Hoffnung, bei Dir zu sein. Wäre nur Schubert schon hier. Das ist auch noch einer und der gute Kuppel, ich weiß gewiß, die werden anders sein, als alle die – einer ist pflichtig, der andere zweifelhaft, der dritte fad und ein ganzer Haufen gar nichts.

Schwind, der damals viel mit Bauernfeld verkehrte, wollte nach Linz und Salzburg reisen, lieber aber noch sich mit Schober in Dresden treffen. Dieser, schon stark ernüchtert von seinem neuen Beruf, wollte nach Weimar reisen (wo er später Kammerherr geworden ist). – Die Leute, deren Schwind so überdrüssig wurde, waren teils Mitglieder der Leserunde, teils Kollegen an der Kunstakademie.

Johanna Lutz an Leopold Kupelwieser

Wien, 30. August 1824.

Der Schubert hat dem Schwind geschrieben, um zu erfahren, ob Du schon da bist, und was der Schober macht. Schubert wird Ende September zurückkommen.

Schubert blieb einen Monat länger in Ungarn. Das angenommene Datum der Rückkehr mag noch auf seine darauf bezügliche Auskunft beim Abschied zurückgehen.

4. September 1824: Anton Bruckner in Ansfelden (Oberösterreich) geboren.

Aus der amtlichen „Wiener Zeitung" vom 7. September 1824

Bei Sauer und Leidesdorf
in Wien, Kärntnerstraße Nr. 941, ist soeben neu erschienen, und
an alle Buch- und Musikhandlungen versandt worden (in Pest
bei K. *Lichtl* zu haben):

. . . .

Trois Quatuors
pour deux Violons, Alto et Violoncelle
par François Schubert.
Oeuv. 29. No. 1. 6 fl. W. W.

Karl Lichtl war Kommissionär der Wiener Musikverleger in Pest. – Zu op. 29 vgl. die Anmerkung zum 31. März 1824. Es erschien ebenfalls erst nach op. 30.

Schwind an Schober

[Wien,] den 10ten Sept. [1824]

Von Schubertischen Liedern schicke ich Dir die Müllerlieder, die andern soll er schicken, ihn kostet es nichts.
. . . Was den Freischützen betrifft, wandern 200 nach England. Machen sie Aufsehen, so mache ich gleich den Hamlet.

Schwind hatte Schober wohl schon vorher davon verständigt, daß der zweite Jahrgang des „Album musical" (siehe 11. Dezember 1824) außer Schubert-Beiträgen auch einen kleinen Zyklus von Radierungen enthalten sollte, die Schwind zu Webers Oper gemacht hatte. Die Absicht, einen Teil der Auflage nach England zu verkaufen – ähnlich Schuberts Plan von 1825 mit seinen Walter-Scott-Liedern –, scheint nicht verwirklicht worden zu sein. Aber Schwind hatte sich bald mit Shakespeare zu beschäftigen, als er an der Ausstattung der Wiener Ausgabe mitarbeitete.

Johanna Lutz an Leopold Kupelwieser

Wien, 13. September 1824.

Der Schwind war eigentlich [hier], ein paar Hefte Müllerlieder, die von ihm da waren zu holen, da ihn der Schober gebeten hat, sie ihm zu schicken. Nun hat ihm aber noch ein Heft gefehlt, und ich habe es, so habe ich es ihm gegeben. Es freute mich. Du hättest es ihm gewiß auch gerne gegeben, und so bildete ich mir ein, doch ein wenig Deine Stelle zu ersetzen. Nicht wahr, ich bin sehr kindisch?

Schwind reiste an diesem Tage auf drei Wochen nach Steyr und Linz ab und besuchte auch Schloß Ebenzweyer.

SCHUBERT AN SCHOBER

[Außen:] *Von Zelêz*

An Ritter

Franz v. Schober
Wohlgeboren

in Ohlauer-Gasse bey
der goldnen Axt
im 2ten Stock be[i]m
H. v. Schall
Breßlau.

Über Dorogh
Wien etc.

[Innen:]

Den 21. Sept. 1824

Lieber Schober!

Ich höre, Du bist nicht glücklich? mußt den Taumel Deiner Verzweiflung ausschlafen? So schrieb mir Swind. Obwohl mich dieß außerordentlich betrübt, so wundert's mich doch gar nicht, da dieß beynahe das Loos jedes verständigen Menschen ist in dieser miserablen Welt. Und was sollten wir auch mit dem Glück anfangen, da Unglück noch der einzige Reitz ist, der uns übrig bleibt. Wären wir nur beysammen, Du, Swind, Kuppel u. ich, es sollte mir jedes Mißgeschick nur leichte Waare seyn, so aber sind wir getrennt, jeder in einem andern Winkel, und *das* ist eigentlich mein Unglück. Ich möchte mit Göthe ausrufen: „Wer bringt nur eine Stunde jener holden Zeit zurück!" Jener Zeit, wo wir traulich beyeinander saßen, u. jeder seine Kunstkinder den andern mit mütterlicher Scheu aufdeckte, das Urtheil welches Liebe und Wahrheit aussprechen würden, nicht ohne einige Sorgen erwartend; jener Zeit, wo einer den andern begeisterte, u. so ein vereintes Streben nach dem Schönsten alle beseelte. Nun sitz ich allein hier im tiefen Ungarlande in das ich mich leider zum 2ten Mahle locken ließ, ohne auch nur *einen* Menschen zu haben, mit dem ich ein gescheidtes Wort reden könnte. Ich habe seit der Zeit, daß Du weg bist, beynahe gar keine Lieder componirt, aber mich in einigen Instrumental-Sachen versucht. Was mit meinen Opern geschehen wird, weiß der Him̄el! Ungeachtet ich nun seit 5 Monathen gesund bin, so ist meine Heiterkeit doch oft getrübt durch Deine und Kuppels Abwesenheit, und verlebe manchmahl sehr elende Tage; in einer dieser trüben Stunden, wo mir [ich] besonders das Thatenlose unbedeutende Leben, welches unsere Zeit bezeichnet, sehr schmerzlich fühlte, entwischte mir folgendes Gedicht, welches ich nur darum mitteile, weil ich weiß, daß Du selbst meine Schwächen mit Liebe u. Schonung rügst:

Klage an das Volk!

O Jugend unsrer Zeit, Du bist dahin!
Die Kraft zahllosen Volks, sie ist vergeudet,
Nicht *einer* von der Meng' sich unterscheidet,
Und nichtsbedeutend all' vorüberzieh'n.

Zu großer Schmerz, der mächtig mich verzehrt,
Und nur als Letztes jener Kraft mir bleibet;
Denn thatlos mich auch diese Zeit zerstäubet,
Die jedem Großes zu vollbringen wehrt.

Im siechen Alter schleicht das Volk einher,
Die Thaten seiner Jugend wähnt es Träume,
Ja spottet thöricht jener gold'nen Reime,
Nichtsachtend ihren kräft'gen Inhalt mehr.

Nur Dir, o heil'ge Kunst, ist's noch gegönnt
Im Bild' die Zeit der Kraft u. That zu schildern,
Um weniges den großen Schmerz zu mildern,
Der nim̄er mit dem Schicksal sie versöhnt.

Mit Leidesdorf geht es bis dato schlecht, er kann nicht zahlen, auch kauft kein Mensch etwas, weder meinige, noch andere Sachen außer miserable Mode-Waare.
Ich habe Dich nun so ziemlich bekannt mit meiner jetzigen Lage gemacht, u. ich erwarte mit Sehnsucht die Deinige sobald als möglich zu erfahren. Das Liebste wäre mir, wenn Du wieder nach Wien kämest. Daß Du gesund bist, zweifle ich nicht.
Und nun lebe recht wohl, und schreibe mir ja sobald als möglich.

Meine Adresse:
Zeléz in Ungarn,
über Raab u. Torock
beym Grafen Joh. Esterhazy

Dein
Schubert.
Adieu!!!

Karl Schall, geboren in Breslau 1780, war Redakteur der „Breslauer Zeitung". Er gab mit zwei Freunden eben die Märchen „Tausendundeine Nacht" bei Max & Co. (siehe Ende Februar 1826) deutsch heraus, deren zweite Auflage (1827) mit Holzschnittvignetten nach Schwind versehen wurde, die Goethes Aufmerksamkeit erregten. – Schubert hält noch an der Schreibung „Swind" fest. – Das Goethe-Zitat stammt aus dem von Schubert komponierten Liede „Erster Verlust" (op. 5, Nr. 4). – Daß Schubert in Zseliz niemanden hatte, mit dem er „ein gescheites Wort" reden konnte, scheint nicht in Widerspruch zu seinen erotischen Beziehungen zu stehen. – Bis 1823 (einschließlich) hatte Schubert 450 von seinen 600 Liedern geschrieben. – Die Opern sind „Alfonso und Estrella", „Fierabras" und „Der häusliche Krieg". – Schuberts Gesundheit scheint im Frühjahr 1824, also nach $1^1/_2$ Jahren, wieder hergestellt gewesen zu sein. – Die zweite Strophe des Gedichtes, die beste und persönlichste, mag mit Schuberts Ringen um die großen Formen der Oper und der Sinfonie zusammenhängen, in dem er beinahe verzweifelte.

Leopold Kupelwieser an Johanna Lutz

Palermo, 25. September 1824.

Was mich sehr freut, ist, daß ich in Palermo einen Freund aus Wien habe. Du kennst ihn wahrscheinlich nicht. Laurin war Hofkonzipist bei der Hofkammer, und ich lernte ihn bei der Witteczek bei den Schubertiaden kennen, wo er mir immer wohl gefiel wegen seines natürlichen treffenden Urteiles über Schuberts Lieder. Dieser ist österreichischer Konsul in Palermo, und ich freue mich sehr, durch Gespräch mit ihm, mich in jene Zeit zurückzuführen, wo so neu u. überraschend Schuberts schöne Lieder einen so wunderbaren Eindruck auf meine Seele machten.

Kupelwieser und Beresin (siehe 9. November 1823), den er begleitete, waren fast sieben Monate in Rom gewesen und Mitte August auf der Überfahrt nach Sizilien an Malaria erkrankt, der Beresin zu Ende des Jahres in Girgenti erlegen ist. – Anton Laurin war, da der Posten des österreichischen Generalkonsuls in Palermo unbesetzt war, Verweser dieses Amtes in Messina; er mag aber 1824 in Palermo geweilt haben. –

In diesem Zusammenhang soll erwähnt werden, daß Johann Karl Umlauff (siehe die Anmerkung vor dem 2. März 1820) in den Jahren 1821 bis 1824 in Suczawa (Bukowina, heute Rumänien) Schubert-Lieder mit französischen und mit „moldauischen" Texten gesungen hat.

Ferdinand Schubert an seinen Bruder Franz

Lieber Bruder!

Du hast schon recht, wenn Du ein bischen böse auf mich bist; denn es war wirklich eine kleine Nachlässigkeit von mir, daß ich Dir nicht schon lange schrieb. Freilich habe ich Dir nicht augenblicklich antworten können, weil ich damals mit Prüfungsrüstungen viel zu tun hatte, um als ein Erstling an dieser Anstalt meinen Herren Kollegen nicht nachzustehen. Dann hatte ich auch die erste Hälfte des Septembers mit Visitationen von 8 Vorstadtschulen zuzubringen, die Berichte darüber zu erstatten, u. dgl. m. Den 17. Sept. war ich nun erst fertig, und seitdem wäre wohl Zeit genug gewesen, zu schreiben; allein da hatte ich wieder kleine Landreisen zu machen, und zwar nach Mödling, Weidling, Klosterneuburg, Kalksburg, Duttenhof, Leobendorf, Hainburg und sogar nach Preßburg.
Ich dachte freilich recht oft an Dich, besonders in Preßburg, indem ich dadurch auch im Lande der Schnauzbartler und zugleich näher bei Dir war. In Hainburg hatte ich bei dem liebenswürdigen Hn. Stadtpfarrer Reinberger Tisch und Bett. Dieser wirklich gute u. liebe Mann war sehr besorgt, mich zu unterhalten. Am ersten Tage führte er uns (: Mayseder war auch dabei :) auf den dortigen Schloßberg und in den Schloßgarten etc., am zweiten Tage nach Preßburg, am 3. Tag vormittags wurden in einer schönen Au Blaumeisen gefangen, bei 200 an der Zahl, und nachmittags auf dem sogenannten Hainburgerberg Hasen gejagt und geschossen. Bei dieser Gelegenheit machte er mich auch mit dem dortigen Regenschori und dessen Sohn, welcher Schullehrer daselbst ist, bekannt. Das sind auch ein Paar recht rare Leute. Ersterer lud mich zu einem Amte ein, welches am folgenden Sonntage, als den 4ten Tag meines Aufenthaltes statthatte; und als ich ihn fragte, was für eine Messe er machen werde, antwortete er: „Eine sehr schöne, von einem bekannten und berühmten Tonsetzer, – nur fällt mir sein Name nicht gleich ein." – Und nun, was war es für eine Messe? – Wenn Du da nur bei mir gewesen wärest; ich weiß, Du würdest Dich darüber auch sehr gefreut haben; denn es war die B-Messe von – – Dir! – Du kannst Dir wohl vorstellen, wie mir dabei zu Mute sein mochte, und auch, was das für liebe und ungewöhnliche Leute sein müssen, die mein Gefühl auf eine so angenehme überraschende Art anzusprechen sich bemühten. – Überdies wurde diese Messe mit sehr vielem Eifer und wirklich recht gut aufgeführt. Der Regenschori taktierte, und gab die Tempo so richtig an, daß es nicht richtiger sein konnte; sein Sohn, der ein fertiger Violinspieler ist, und der Herr Pfarrer waren an der Spitze des Primes, und der Obrist vom dortigen *Mineur-Corps*, dessen Musikbande die Harmonie-Stimmen besetzte, an der des Sekundes; ich spielte, wie gewöhnlich, die Orgel. Der Sing-Chor war auch recht gut bestellt; nur der Tenorist war etwas furchtsam, und in der Stimme schwach.
An diesem Tage regnete es fast unaufhörlich fort; man brachte daher den Nachmittag zu Hause zu, und unterhielt sich mit Streich- und Sing-Quartetten, und abends Rätseln, Charaden u. dgl. Am 5. Tage vorm. besahen wir die große Tabaks-Fabrik, und nachmittags reiseten wir endlich wieder nach Wien.
Was die Herausgabe Deiner Kompositionen betrifft, darf ich Dir nicht sagen, denn die Ankündigungen in der Zeitung sind – verzeihe! – mir zuvorgekommen.

H. v. Mohn, so wie auch H. v. Kupelwieser habe ich seit der Zeit, als ich ihnen die Dir angezeichten Musikalien übergab, nicht mehr zu Gesichte bekommen.
Dein letzter Brief hat unserm guten Vater viele Freude verursachet, und er trug es mir sogar auf, Dir es zu schreiben, so wie auch, daß er Deiner baldigen Ankunft mit vielem Vergnügen entgegen sieht.
Bruder Karl ist mit einem kleinen Ferdinand beglückt worden, den ich zur Taufe hob, und der noch lebt; aber die Resi, welche ein gesundes u. starkes Mädchen gebar, durfte sich dieses Glückes nicht lange freuen, denn selbes lebte nur 12 od. 14 Tage. Der Schmerz über den Tod ihres erstgeborenen Kindes verwandelte sich beinahe in Raserei und warf sie auf einige Wochen auf's Krankenbett. Glücklich hat sie nun aber ein gefährliches Übel überstanden, und scheint nun über ihr Schicksal beruhiget zu sein.
Wir alle, lieber Bruder, harren freudig auf den Augenblick, wo Du wieder in unserer Mitte erscheinen wirst; und nun sei von Vater und Mutter, Brüdern und Schwestern, Weib und Kindern herzlich gegrüßt!

Lebe wohl! bis Dich wieder umarmen kann

Dein
Dich ewig liebender Bruder
Ferdinand.

Wien, am 6. Okt. 824.

NB. Vergiß nicht auf die
Bach'schen Fugen.

Vgl. dazu den Brief Schuberts vom 16./18. Juli 1824 und den seiner Familie vom 14. August 1824. – Ferdinand war soeben als Lehrer der Normal-Hauptschule angestellt worden. – Die von ihm genannten Ausflugsorte (Leobendorf ist nahe Klosterneuburg) liegen alle, mit Ausnahme von Preßburg, in Niederösterreich, also unweit Wiens. Landpartien zu Fuß in die weitere Umgebung von Wien waren damals noch etwas Ungewöhnliches und Bergpartien so gut wie unbekannt. – Preßburg, damals ungarisch Poszony genannt, heute slowakisch Bratislava (siehe die Anmerkung vor dem 3. August 1818), liegt an der Donau, 65 km östlich von Wien. Etwa 22 km vor Preßburg liegt Hainburg an der Donau, mit beträchtlichen Überresten der Stadtmauern aus der Babenberger Zeit und einer Schloßruine auf dem waldigen Schloßberg, wo es im sogenannten Schloßgarten – wie überall in Österreich an solchen Plätzen – eine Gastwirtschaft gab. – Die Ungarn wurden wegen ihrer traditionellen Schnurrbärte, die auf Glanz gewichst und kokett eingedreht waren, gern geneckt. Preßburg lag – von Wien aus gesehen – in der Richtung nach Zseliz. – Die Hainburger Schule hatte der kleine Joseph Haydn besucht. – Schuberts Messe in B ist erst 1838 erschienen; es muß also ohne Ferdinands Wissen eine handschriftliche Kopie dorthin gekommen sein. – Mineure sind im Minenbau ausgebildete technische Truppen, jetzt zu den Pionieren gehörig. – Die Tabakfabrik an der Donau besteht noch, der österreichische Staat übte sein Tabakmonopol seit dem Ende des 18. Jahrhunderts selber aus. – Zu Mohn und Josef Kupelwieser siehe Schuberts Brief vom 3. Juli 1824. – Schubert scheint seinem Vater auf dessen Schreiben vom 14. August 1824 geantwortet zu haben, aber auch dieser Brief Schuberts ist nicht erhalten geblieben. – Zu Schuberts Schwester Resi (Therese) vgl. das Postskriptum seines Briefes vom 16./18. Juli 1824. – Zu den Fugen von Bach vgl. 3. Juli 1824.

Vermerk Adalbert Rotters auf dem Autograph des Liedes „Sehnsucht" (D. 636)

Am 12. Oktober 1824 sang *die Sehnsucht* H. Vogl, pens. k. k. Hofopernsänger.

Vgl. 24. April 1824. Diese zweite Fassung der „Sehnsucht" von Schiller ist um 1819 für Baß geschrieben worden, erschien aber 1826 im Violinschlüssel. Wo Vogl das Lied 1824 gesungen hat, ist nicht bekannt, vielleicht bei Frau von Lászny.

16. Oktober 1824: Schubert fährt mit Baron Schönstein von Zseliz nach Wien.

SCHÖNSTEIN AN GRAF ESTERHÁZY

Wien, 20. Okt. 824.

Lieber Freund!

Sonntag am 17t, bin ich, Dank sei es der gütigen Vorsehung und Deinen vier Braunen, hier glücklich angekommen. Von meinen Reisetaten ist weiter nicht viel Erhebliches zu sagen, denn den größten Teil unserer Fahrt hindurch wiegte uns Morpheus in einen wohltätigen Schlummer, der am ersten Abend nur durch die Finsternis, in die wir geraten, und somit durch die stete Angst vor dem Umwerfen gestört wurde. Wir sind, trotzdem daß ein Vorauspferd, welches dem schlechten Beschlag wegen krumm ward und daher in Verebély erst zum Schmied geführt und neu beschlagen werden mußte, am ersten Tage bis Dioszeg gekommen. – Da wir bisher größtenteils mit geschlossenen Augen fuhren, folglich das Bedürfnis des Schlafens noch nicht so sehr fühlten, so wurde der Abend zu einer Partie Tarteln und Mariage benützt. Wir brachen am 2te Tage zeitlich auf und waren um 10 Uhr in Preßburg, wo ich mich nur so lange aufhielt, bis umgespannt wurde. – Der Kutscher, der mich führte, muß meine Generosität geahnt haben, fuhr demnach so vortrefflich, daß wir um 4 Uhr nachmittags schon innerhalb der großen Residenzstadt waren. – Nimm nochmals meinen herzlichsten Dank, lieber Hansi, für die gute Beförderung bis Preßburg. Der Himmel lohne Dir an Deinen Kindern solch schöne Züge Deines edlen Herzens. – Meine Eltern fand ich zwar bei meiner Ankunft ziemlich wohl, meine Mutter aber büßt im gegenwärtigen Augenblick die Sehnsucht nach mir, die sie gleich nach dem Speisen bis zu meiner Ankunft bei der enormen Kälte am offenen Fenster hielt, mit einem Magenkrampf. Apropos der Kälte habe ich bald vergessen, Dir zu sagen, daß wir am 2te Tag unserer Karawane die schrecklichste Kälte auszustehen hatten. – *Schmetterling* wäre mir beinahe erfroren, und wäre er diesmal wirklich ein Schmetterling gewesen, so wäre er wahrscheinlich die übrige Reise herauf geflogen und kein Gott hätte ihn auf dem Kutscherbock erhalten. – Zum Überfluß hat mir Schubert in seinem Phlegma das am Rückteil des Wagens angebrachte Fenster schon gleich hinter Dioszeg zerschlagen, wodurch der gräßlichste aller kalten Winde freies Spiel um unsere Ohren bekam. – Indeß gibt es wohl keine Reise ohne irgend einer kleinen Fatalität, und da sie übrigens gut von statten ging, so war auch dies Ungemach bald verschmerzt.

Kaum in der Residenz angelangt, hab' ich auch schon die traurigste und leider nur zu wahre Nachricht vernehmen müssen, daß nun ganz bestimmt die Pachtung des Barbaja mit 1t Xbr sein Ende habe. Wenn er nun wirklich noch Individuen hätte, deren Kontrakt noch weiter hinaus dauert, so behebt sich die Hoffnung, eine Italienische Oper diesen Winter zu haben, schon durch die Aufkündung des Barbajaschen Kontraktes selbst, und endlich durch den weiteren Umstand, daß vom 1. Xbr an das Kärntnertortheater *ganz geschlossen wird.* Was nun diesen letzteren Fall betrifft, so könnte man sich wohl noch über den Verlust der Deutschen Oper trösten, denn nach den Italienern wäre diese ohnehin nicht zu verdauen gewesen, daß aber damit auch alle Balletts aufhören, folglich auch meine herzige Rosier für mich auf ewige Zeiten verloren ist, das ist nun einmal zu hart. – Man will glauben, daß *Deutsche* Opern doch sein werden, und zwar verbunden mit dem Schauspiel im Nationaltheater. Wer also noch in seinem Leben hier eine italische Oper und den göttlichen David hören will, der spute sich damit noch im Monat November. – Da ich übrigens nun nicht zweifle, daß das Kärntnertortheater zu Wagenremisen oder Stallungen verwendet werden wird (was soll denn sonst damit geschehen?), so werde ich mir's angelegen sein lassen, da ich ohnehin weiß, daß Du in einiger Verlegenheit wegen Unterbringung Deiner Pferde bist, wenigstens für den Fuchsen und Gentleman gegen eine honorable Miete ein Quartier daselbst zu finden. – Quo devenimus! Eheu proh dolor!!!

Vorgestern ist das neue Burgtor durch Se kk. Hoheit den Kronprinzen eröffnet worden, es ist in der Tat ein Prachtstück, paßt aber zum Ganzen, wie die Faust auf ein Aug. Damit ihr aber endlich über den Zustand der Fanny Hügel ganz in claris seiet, so höre man, wie folgt: Fanny H. ist also *umgeschmissen* worden (um gut deutsch zu sprechen), sie hat sich am Äußeren nichts lädiert, aber eine so starke Kontusion bekommen, daß sie keiner ihrer Bewegungen bis nun zu fähig ist, weder mit den Händen, noch mit dem Kopfe. – Dieser macht ihr gegen dem Genicke zu viele u. heftige Schmerzen, man glaubt, es werde eine Rückenmarks-Austrocknung zur Folge haben, sie aber in keinem Fall ganz hergestellt werden. Nun sei aber so gut, lieber Hansi, erhöre meine inständige Bitte – d. i. schreibe bald

Deinem aufrichtigen Freund
Sch.

Schönstein war am 16. Oktober von Zseliz im eigenen Wagen, aber mit Pferden Esterházys, abgereist und hatte Schubert mitgenommen. Nach späteren Aufzeichnungen Schönsteins (Schubert-Erinnerungen, S. 85) verließ Schubert Zseliz vorzeitig, weil er sich vergiftet glaubte. Die gewählte Route, nördlich der Donau, war kürzer als der Postweg. Sie übernachteten in Diószeg. – „Tarteln" oder Tatteln ist ein Kartenspiel zu zweit. „Mariage", benannt nach der glücklichen Vereinigung von König und Dame in der selben Farbe, ist ein dem „66" verwandtes Glücksspiel, das (ohne die Blätter 8 und 7) von zwei Personen gespielt wird. – „Hansi" ist Johann (Esterházy). – Von Preßburg an benützte Schönstein Postpferde oder seine eigenen. – Sein Vater, Franz Xaver v. Schönstein, war Hofrat der ungarischen Hofkammer in Wien und starb schon 1825. – „Schmetterling" mag ein kleiner Hund Schönsteins gewesen sein. – Barbajas erste Pacht wurde dann doch bis Ende März 1825 verlängert. Das Kärntnertor-Theater wurde auch nicht während des Winters 1824/25 geschlossen. – Über Madame Rozier, die bis 1828 dort blieb, vgl. 8. Oktober 1821. Ludwig Rellstab, der 1825 nach Wien kam, schrieb später: „Seit die Italiener hier so festen Fuß gefaßt haben, ist das Beste verdrängt. Dem Adel ist das Ballett die Hauptsache, er hat nur Sinn für Pferde und Tänzerinnen." – Über David vgl. 25. Mai 1824. In diesem Zusammenhang ist ein „Wiener Schwank" erwähnenswert, der zur Verspottung des deutschen Ensembles Ende 1822, im zweiten Jahr der Barbaja-Pacht, in Wien umging und den Johann Karl Unger seinem Freund Esterházy mitgeteilt hat: „Charakteristik des Barbajaschen Opernpersonals in Wien: Vogel – maestoso, Forti – vivace con espressione, [Therese] Grünbaum – capriccioso, Rosner – dolce, Unger – crescendo, [Josef Karl] Schütz – grazioso, Schröder – affettuoso, Jäger – amoroso e cantabile, Weinmüller – sostenuto, Haizinger – allegretto con variazioni, ... Vio – a piacere, ... Gottdank – non troppo e ben marcato, ... Mad. Vogel – sforzando, Nestroy – rinforzando, ... Fröhlich – tace, ... Gyrowetz – un poco più vivace ..." – Fuchs und Gentleman hießen Esterházys Reitpferde. – Das Neue Burgtor im Westen der Innern Stadt, das jetzt gegenüber den Museen an der Ringstraße liegt, war an Stelle eines von den Franzosen 1809 zerstörten Tores vor dem äußeren Burgplatz 1821 begonnen und 1824 vollendet worden. Es war nun eines der Tore, die durch die Bastei in die Innere Stadt führten, und ist 1934 als Heldendenkmal innen umgestaltet worden. – Der Kronprinz war der spätere Kaiser Ferdinand, geboren 1793. – Fanny v. Hügel, die Schubert als Sängerin seiner Lieder gelobt haben soll und für die er um 1819 das Quartett für gemischte Stimmen „Ruhe" (nicht in der Gesamtausgabe enthalten) geschrieben hatte, starb im Wahnsinn.

3. November 1824: Karl, Ferdinand Schuberts zweiter Sohn, geboren. – Die beiden Brüder, Ferdinand und Karl, hatten gegenseitig Pate bei ihren Söhnen gestanden. Karl Schubert folgte seinem Vater im Beruf: Er wurde Unterlehrer in der Vorstadt St. Ulrich (Maria-Trost), Professor und zuletzt Vizedirektor bei St. Anna (Normal-Hauptschule).

Schwind an Schober

Wien, den 8ten November 824.

Schubert ist hier, gesund und himmlisch leichtsinnig, neu verjüngt durch Wonne und Schmerzen und heiteres Leben.

den 9ten.

Schubert grüßt Dich vielmal.

Schwind war in den ersten Novembertagen mit den Brüdern Fritz und Franz v. Hartmann von Linz nach Wien zurückgekehrt. – Schuberts gute Laune ist wohl durch seine Freude, wieder in Wien und bei den Freunden zu sein, zu erklären; jedenfalls ist nichts davon zu merken, daß er etwa durch die Unerreichbarkeit der Komtesse Karoline unglücklich geworden wäre. Er ist diesmal wieder in die Roßau, ins väterliche Schulhaus zurückgekehrt, wo er bis Anfang 1825 verblieb.

Johanna Lutz an Leopold Kupelwieser

Wien, 15. November 1824.

Schubert ist wieder hier. Er soll sehr gesund sein und ist viel mit Schwind. Es ist dies gut, denn wenn sie sich auch nicht viel nutzen, so schaden sie sich nicht, und das ist beim Schwind schon viel gewonnen, da bei ihm seine Umgebung gar so viel einwirkt. Ein männlicher Freund wäre ihm sehr nötig.

Aus dem Programm des 4. Gesellschaftskonzertes des Linzer Musikvereines im grossen Ratssaal des Landhauses am 15. November 1824

4. Tenor-Arie von F. Schubert zur Oper: Das Zauberglöckchen.

Der Redoutensaal war im Umbau, und deshalb mußte der Verein ein anderes Lokal benützen. – Schubert hatte offenbar, als bescheidene Vergeltung für seine Ehrung, eine Abschrift der Partitur und der Stimmen der Arie (siehe die Notiz vor dem 4. Juli 1824) nach Linz geschickt, die dort erhalten geblieben sind. Die Aufführung ist auch in der „Relation“ (Jahresbericht) des Vereins genannt. Es war die letzte eines Werkes von Schubert dort zu seinen Lebzeiten.

Schwind an Schober

[Wien,] den 20. Nov. 824.

Ich habe neulich mit Dobblof gesprochen. Mir wird die Zeit unmäßig lang, wenn ich mit jemand andern von Dir spreche als mit Schubert oder mit meinen Kameraden, die Dich in ihrer Dummheit verehren, weiter aber nichts von Dir wissen ... Gegen Dich hat er [Bruchmann] sich gleichsam in Ruhestand versetzt, an mir und Schubert nimmt er aber viel Anteil.

Schwinds „Kameraden“ sind offenbar seine Kollegen von der Akademie der bildenden Künste.

23. November 1824: Matthäus v. Collin stirbt.

Ende 1824: Erste Aufführung der Sonate für Klavier und Arpeggione (D. 821) durch Vinzenz Schuster in Wien. – Die Arpeggione, gewöhnlich Bogen-Gitarre, Violoncell-Gitarre oder guitarre d'amour benannt, war ein sechssaitiges Streichinstrument mit Bünden am Griffbrett, das von E bis e reichte und nur etwa zehn Jahre in Gebrauch war. Sie wurde 1823 von Johann Georg Staufer, Wien, zuerst gebaut und von Vinzenz Schuster gespielt. Er hatte wohl Schubert um diese Sonate gebeten, hat sie dann privat gespielt und um 1825 eine Anleitung zum Spiel des Instrumentes bei Diabelli herausgegeben. Die Abbildung auf ihrem Titelblatt ist reproduziert im Bildband, S. 50a. Eine andere Abbildung war schon 1824 in der „Cäcilia", Mainz, erschienen. Ein Original-Instrument befindet sich im Musikinstrumenten-Museum der Karl-Marx-Universität Leipzig, ein anderes – erbaut 1828 in Kraków – im Museum Carolino-Augusteum zu Salzburg. Der Name „Arpeggione" steht, von Schuberts Hand geschrieben, auf dem November 1824 datierten Autograph. (Eine Cellostimme ad lib. erschien bereits in der allerersten Ausgabe, Wien 1871. Auch für Violine, Viola und Viola d'amour wurde die Arpeggione-Sonate herausgegeben. Die Klavierstimme wurde mehr als einmal durch ein Orchesterarrangement ersetzt.)

Schober an Schubert

[Breslau, 2. Dezember 1824]

Herzlieber Schubert!

Aus meinem Brief nach Zseliz wirst Du Dich wohl wenig ausgekannt haben, er war auch in der ärgsten Lage geschrieben. Du mein guter, ewig teurer Freund, Dir hat meine Liebe ihren Wert behalten, Du hast mich um mir selbst willen geliebt, wie mein Schwind und auch Kupelwieser wird treu sein. Und sind denn wir nicht gerade die, die unser Leben in der Kunst fanden, wenn die andern sich damit nur unterhielten, die gewiß und allein unser Innerstes verstanden, wie es nur der Deutsche verstehen kann? Ich fühl's, ich war zu sehr einer Menge von Dingen und Leuten preisgegeben und vergeudete mich und meine Zeit; es war nötig, daß ich herausgerissen wurde, daß meine Umgebung geläutert, ich selbst zur Tätigkeit gebracht würde, nun ist das eine geschehen und das andere im Werden, und ich kann also im ganzen nur einen vorgerückten schöneren Stand der Dinge erblicken und werde, wenn auch alles scheitert, wenigstens tüchtiger und ebenso liebevoll in Eure Arme zurückkehren, die ihr mir nun die Einzigen seid. Ich habe eine entfernte Hoffnung, Euch diesen Winter noch zu sehen, es müßte ein schöner, aber doch komischer Traum werden. Der Baron V[aerst], der sehr an abenteuerlichen, ungewöhnlichen Sachen hängt, will nämlich um eines Rendezvous willen, auf das er diesen Sommer in Karlsbad eingegangen, auf eine Nacht nach Wien in eine Redoute kommen, bloß Kurier hinfahren, die Nacht da sein und ebenso extrapost wieder zurück. Er hat mich auf den Fall, als das zustande kommt, eingeladen, mitzufahren, und war, als er eben von Karlsbad kam, sehr von diesem Plan erfüllt. Nun scheint er aber schon, in eine Menge anderer Sachen verwickelt, wieder abgekühlt zu sein. Wenn es aber geschieht, würde ich Euch den Ort sagen, wo Ihr mich zu erwarten hättet, und wir verlebten eine selige Nacht.

Nun auf Deine Sachen. Was machen denn Deine Opern? Ist die Castellische schon gegeben, und die Kupelwiesersche? Verlautet denn gar nichts von C. M. Weber? Schreib' ihm doch, und wenn er Dir nicht genügend antwortet, begehre sie zurück. Ich habe Mittel, an Spontini zu kommen; willst Du, daß ich einen Versuch mache, ob man ihn zur Aufführung bewegen könnte, denn es soll schwer bei ihm halten! Ich glaube, es hängt nur davon ab, daß etwas ganz gegeben wird, um den Enthusiasmus für Dich aufs neue im Volke zu beleben, aber gut wäre es wohl, wenn es bald geschähe. Also mit Leidesdorf geht es schlecht? Das ist mir doch sehr leid, *und auch Deine Müllerlieder haben kein Aufsehen gemacht?* Die Hunde haben kein eigenes Gefühl und keinen eigenen Gedanken und überlassen sich blind dem Lärm und fremder Meinung; wenn Du Dir nur ein paar Lärmtrommeln von Rezensenten verschaffen könntest, die immerfort ohne Ende in allen Blättern von Dir sprächen, es würde schon gehen; ich weiß ganz unbedeutende Leute, die auf *diese* Weise berühmt und beliebt geworden sind, warum sollte es denn der nicht benützen der es im höchsten Maße verdient. Castelli schreibt in ein paar auswärtige Blätter, Du hast eine Oper von ihm gesetzt; er soll's Maul aufmachen. Moritz hat uns die Müllerlieder geschickt, schicke Du mir doch, was sonst erschienen ist. Wie freue ich mich, daß Du wieder ganz gesund bist, ich werde es auch bald sein. Für das Gedicht danke ich Dir mehrmals, es ist so wahr und empfunden und hat auf mich großen Eindruck gemacht. Jawohl! Im siechen Alter schleicht das Volk umher! Lebe wohl und liebe mich, wir werden gewiß wieder vereinigt werden. In Moritzens Brief wirst Du mehr lesen.

Ewig Dein

Schober.

Schobers Brief nach Zseliz ist nicht erhalten geblieben. – Wenn die Österreicher, zu denen Schober trotz seiner Geburt in Schweden praktisch zählte, sich Deutsche nannten, so hat das keine politische, sondern eine mit der gemeinsamen Sprache zusammenhängende Bedeutung; die deutschen Kronlande Österreichs gehörten aber dem Deutschen Bunde an. – Friedrich Christian Eugen Freiherr v. Vaerst, geboren in Wesel 1792, ist durch seine „Gastrosophie" bekannt geworden; er lebte in Breslau und kam nicht mit Schober nach Wien. – Die Opern sind „Der häusliche Krieg" und „Fierabras"; Schober erwähnt „Alfonso und Estrella" (seinen Text) indirekt durch die Nennung Webers und Spontinis (vgl. 21. September 1824). – Moritz ist Schwind, sein Brief ist einer, den Schober an ihn geschrieben hatte.

Aus dem Programm der 4. Abendunterhaltung der Gesellschaft der Musikfreunde am 2. Dezember 1824 (Direktor: Herr Pock)

4. Der Wanderer. Lied von Schubert, vorgetragen von H. Hoffmann.

Georg Hoffmann, Konzipist, war Amateur-Tenor. Er ist unter den Subskribenten der Gedichte Mayrhofers genannt.

Aus dem „Chronologischen Verzeichnis aller auf den 5 Theatern Wiens gegebenen Vorstellungen" (1. Jahrgang, 1826)

[1824] December. Am 5. Im landständ. Saale Concert des Hrn. *Gottf. Schunke* und seiner beyden Söhne . . . 6. Vocal-Quartett (die Nachtigall) von *Schubert* . . .

Aus der „Wiener Allgemeinen Theaterzeitung" vom 9. Dezember 1824

[Über die musikalische Akademie des königl. württembergischen Kammer-Musikus und ersten Waldhornisten Gottfried *Schunke* und seiner beiden Söhne Ludwig und Ernst, am 5. Dezember 1824 mittags im Landhaussaale]

6. Vokal-Quartett, komponiert von *Schubert*, und mit den angenehmsten Stimmen und dem lieblichsten Vortrage gesungen von den Herren Jäger, Seipelt, Wächter und Weber.

Gottfried Schunke, geboren in Sachsen 1777; Ludwig, geboren in Kassel 1810, stand als Pianist zeitweilig im Wettbewerb mit Liszt und wurde später ein Freund Schumanns; Ernst, geboren in Kassel 1812. (Karl Schunke, siehe 29. März 1821, war der Sohn des Hornisten Michael, einer der vier Brüder Gottfrieds.) – Das Quartett war „Die Nachtigall" und wurde hier ohne Begleitung gesungen. Der Sänger Weber ist nicht zu bestimmen. – Weitere Besprechungen erschienen in der „Wiener Zeitschrift für Kunst usw." am 11. und in der Wiener „Allgemeinen musikalischen Zeitung" am 15. Dezember (erste Ausgabe, Nrn. 524 und 525).

Aus der amtlichen „Wiener Zeitung“ vom 11. Dezember 1824

Bei Sauer und Leidesdorf,
Kärntnerstraße Nr. 941, ist neu erschienen, und an alle Buch- und Kunsthandlungen versandt worden (in Pest bei K. *Lichtl* zu haben):

Weihnachts- und Neujahrsgeschenk.
Album musical.
Recueil de Compositions
pour Pianoforte seul et Pianoforte et Chant.
Second Année.
Gebunden in Goldschnitt mit 6 Vignetten, Szenen aus der Oper:
Der Freyschütz vorstellend, auf Basler-Velin. Preis 3 fl. K. M.

Inhalt:

....

Les Plaintes d'un Troubadour, par Fr. Schubert.

....

Die Erscheinung, in Musik gesetzt von Fr. Schubert.

....

Album musical.
Premier Année. Preis 3 fl. K. M.

Inhalt:

....

Thèmes russe, par François Schubert.

Von diesem zweiten Jahrgang des „Album musical“ sind zwei Exemplare erhalten (Paul-Hirsch-Library im British Museum, London, und Anthony van Hoboken, Ascona). Es enthielt auch eine Klavierfantasie nach Themen aus „Le Franc Chasseur“ von Auguste Louis (vgl. 19. Dezember 1823). Über Schwinds Beitrag siehe 10. September 1824. Schuberts Beiträge waren die spätere Nr. 6 des op. 94, der „Moments musicaux“ (siehe die Nr. 3 im ersten Jahrgang des Albums unter dem Titel „Air russe“, jetzt „Thèmes russe(s)“ benannt), und das später unter dem Titel „Erinnerung“ erschienene Lied op. 108, Nr. 3.

Anna Milder an Schubert

Sr. Wohlgeboren des
Herrn *Franz Schubert*
in
D. G. Wien.

Während meines Aufenthaltes in Wien gab mir Herr Schickh das Versprechen, daß ich die Freude haben sollte, Ihre persönliche Bekanntschaft zu machen; ich wartete vergebens, und ich mußte leider abreisen, ohne Gewährung meines Wunsches. Erlauben Sie mir nun, Ihnen schriftlich zu sagen, wie sehr mich Ihre Lieder entzücken, und welchen Enthusiasmus sie der Gesellschaft gewähren (erregen), wo ich selbe vortrage. Alles dieses macht mich so dreist, Ihnen ein Gedicht zuzuschicken, welches ich Sie inständigst bitte, wenn es Ihre Muse erlaubt, für mich zu komponieren. Sie würden

mich dadurch unendlich beglücken; indem ich wünschte, es in Konzerten vorzutragen, daher ich so frei bin, die einzige Bemerkung zu machen, für ein großes Publikum die Komposition zu berechnen. Ich habe vernommen, daß Sie mehrere Opern geschrieben, und wünsche, von Ihnen zu erfahren, ob Sie nicht geneigt wären, eine Oper in Berlin geben zu lassen, und ob ich mich für Sie bei der Intendanz verwenden kann, oder soll. Dieselbe Frage richtete ich an Vogl über diesen Gegenstand. Wahrscheinlich ist Freund Vogl nicht in Wien, sonst hätte ich Antwort hierüber erhalten; sehen Sie ihn, bitte ich, herzliche Grüße von mir zu entrichten, und sagen ihm, ich würde durch eine Nachricht von ihm sehr beglückt sein.
In der Hoffnung einer baldigen erfreulichen Antwort von Ihnen, habe ich die Ehre achtungsvoll zu nennen

Ihre

ergebenste Dienerin

Anna Milder.

Berlin, d. 12ten Dezember 824.

Die Milder (siehe 8. September 1818) hatte ihren Gatten, der ihr nicht nach Berlin folgen wollte, und eine Tochter in Wien zurückgelassen, die sie im Herbst wieder besucht hatte. – Schickh war der Neffe Johanns (siehe Anmerkung vor dem 16. Januar 1821), hieß mit Vornamen Kilian, war Kollege Schuberts am Akademischen Gymnasium gewesen und betätigte sich jetzt als Theaterdichter. Schubert war offenbar noch in Ungarn, als ihn Schickh der Milder vorstellen wollte. – Das Gedicht, das die Milder Schubert schickte, war wohl das später (siehe 8. März 1825) als „Der Nachtschmetterling“ erwähnte, das wahrscheinlich identisch ist mit „Der Jüngling und der Nachtschmetterling“ nach einem Text von Karl Gottfried v. Leitner (geboren 1800 in Graz). Johann Schickh hatte 1823 Leitners Gedicht „Drang in die Ferne“ Schubert zur Komposition gegeben und das Lied dann in der „Wiener Zeitschrift für Kunst usw.“ veröffentlicht (siehe die Notiz vor Frühjahr 1823). Obwohl sich auch Frau Marie Leopoldine Pachler später darum bemüht hat, die beiden Männer zusammenzubringen, ist Schubert, der mehrere Gedichte von Leitner komponiert hat, ihm nie begegnet. Leitner war 1826 Gymnasialprofessor in Graz, 1827 aber, bei Schuberts Besuch dort, Professor in Cilli (Steiermark). – Schuberts Antwort an die Milder ist nicht erhalten. Er komponierte das Gedicht nicht, schickte der Milder eine Abschift des zweiten „Suleika“-Gesanges („Westwind“) mit der Bitte, ihn ihr widmen zu dürfen, und eine Partitur-Kopie der Oper „Alfonso und Estrella“, welche die Berliner Hofoper nicht erreichte oder jedenfalls nicht dort blieb, sondern noch 1842 unbenützt in der Königstädter Oper zu Berlin lag.

Aus der amtlichen „Wiener Zeitung“ vom 18. Dezember 1824

Bei Sauer und Leidesdorf
in Wien, Kärntnerstraße Nr. 941, ist soeben neu erschienen,
und an alle Buch-, Kunst- und Musikhandlungen versandt worden:
(Pest bei K. Lichtl.)

Trois Marches héroiques
pour le Pianoforte à 4 mains
par François Schubert.
Oeuvre 27. Preis 3 fl.

Opus 27 erschien nach opp. 29 und 30 ohne Widmung. Die zwei Teile des ersten Marsches (ohne das später hinzugefügte Trio) dienten zuerst als Vorspiel für die zwei Kompositionsentwürfe (1815 und 1816) von Schillers Gedicht „Der Kampf“. Diese und die späteren Märsche für Piano-Duo, deren Titel sämtlich von den Verlegern stammen, sind nach Schuberts Tod wiederholt orchestriert worden. Unbegründet ist die Annahme, daß sie Schubert für Harmoniemusik, also als Militärmärsche, erdacht und nur ein Klavierarrangement veröffentlicht hätte. Der orchestrale Klang ist den meisten der sehr zahlreichen Werke Schuberts für Klavier zu vier Händen eigen. „Die Neigung zum Orchestermäßigen", die Eusebius Mandyczewski in den Streichquartetten Schuberts beobachtete, ist für ihn charakteristisch und erklärt sich aus dem „mächtigen Drang, sich immer möglichst voll und ganz auszusprechen".

Aus der amtlichen „Wiener Zeitung" vom 22. Dezember 1824

Im T. *Weigl'*schen *Kunst-* und *Musikverlage*,
(am Graben Nr. 1144, neben dem König von England)
ist ganz neu zu haben:

Musikalisches Angebinde
zum neuen Jahre.

Eine Sammlung 40 neuer Walzer
für das Pianoforte
von

L. van Beethoven, C. Bettlach, G. Bibl, L. Blahetka, K. M. v. Bocklet, Jos. Böhm, Leop. Böhm, F. Clement, L. E. Czapek, Karl Czerny, Josef Czerny, J. Drechsler, J. Faistenberger, F. Grutsch, A. Gyrowetz, G. Hellmesberger, J. Hoffmann, E. Keßler, K. Kreutzer, J. F. Limmer, M. J. Leidesdorf, Leon de St. Lubin, K. F. Müller, F. A. Neumann, M. Pamer, J. Preisinger, B. Randhartinger, J. Riotte, F. Schubert, J. Schuster, M. Schwarz, J. R. v. Seyfried, J. Stadler, P. Stegmayer, M. Umlauf, Ant. Volkert, F. Volkert, F. Weis, J. Wilde, A. Wranitzky.

Samt einem Schlußwalzer mit Coda von F. Lachner.
Preis: 3 fl. W. W.

Dieses von Josef Pauchinger gestochene Sammelheft, vom Herausgeber, K. F. Müller, dem Regisseur Demmer gewidmet, ist in drei Exemplaren erhalten, und zwar in der Nationalbibliothek, Wien, bei der Gesellschaft der Musikfreunde, Wien, und bei Anthony van Hoboken, Ascona*. Es enthält von Schubert, als Nr. 29, den Ländler D. 366, Nr. 17, der auch vierhändig in D. 814, Nr. 1, erhalten ist; beide Fassungen stammen wohl von 1824, die zweihändige ist aber anscheinend später, erst im November, für diese Sammlung geschrieben worden. – Karl Bettlach war Fagottist in Prag. – G. Bibl ist wohl richtig Andreas, geboren in Wien 1797, ein Schulkollege Schuberts, der später Domorganist wurde. – Josef Michael Böhm, geboren in Pest 1795, seit 1815 in Wien, war Geiger, Professor am Konservatorium und Mitglied der Hofkapelle, später Lehrer Joachims. – Leopold Böhm, der jüngste der Brüder Josefs, geboren in Wien 1806, gehörte zu den Primgeigern des Theaters an der Wien. – Franz Clement, geboren in Wien 1780, der 1791 als Wunderkind in London gewesen war, und für den Beethoven sein Violinkonzert geschrieben hat, war lange Orchesterdirektor des selben Theaters gewesen. – Franz Seraph Grutsch, geboren in Wien 1800, war ein Kollege Leopold Böhms dort. – Erasmus Kessler wurde 1808 in Wien geboren. – J. F. Limmer wurde um 1808 in Wien geboren. – Léon de Saint-Lubin, geboren in Turin 1805, seit 1819 in Wien, war ein Schüler Spohrs. – Ignaz Schuster, geboren in Wien 1779, war Schauspieler und Bassist am Leopoldstädter Theater und Sänger der Hofkapelle. – Matthias Schwarz war Organist der Karlskirche. – Josef Stadler, geboren in Wien 1796, war Violinist am Leopoldstädter Theater, im Stefansdom und in der Hofkapelle. – Ferdinand Stegmayer wurde 1803 in Wien geboren. – Antonia Volkert, geboren 1812 (!), war vermutlich die Tochter Franz Volkerts. Dieser, geboren 1778, war Kapellmeister am Leopoldstädter Theater und Bühnenkomponist. Er hatte schon 1815 eine Oper „Ernst Graf von Gleichen", Text von Gleich, aufführen lassen. Mit dem Stoff haben sich später auch Bauern-

* In neuerer Zeit hat Mr. Alan Tyson, London, ein viertes Exemplar erworben; ebenso drei andere Sammelhefte mit Schubert-Beiträgen.

feld und Schubert (auch Schwind) befaßt. – Josef Wilde, geboren 1778, war Kirchen- und Tanzkomponist sowie Musikdirektor im Großen Redoutensaal. – Anton Wranitzky, der Jüngere, war im Orchester der Hofoper angestellt. – Ein paar von diesen 40 angeführten Musikern – unter ihnen Johann Faistenberger – sind nicht mehr zu identifizieren. – Die Anzeige erschien am selben Tage auch unter der Firma des „Lithographischen Instituts", das das Werk aber nur in Kommission verkaufte.

Schwind an Schober

Wien, am Weihnachtsabend 1824.

Vielleicht kommt Schubert auch heraus, vormittag war er mit Josef Spaun bei mir, der auf einige Wochen auf Urlaub da ist.

Schwind hatte in der mütterlichen Wohnung im Mondscheinhaus einen großen Christbaum mit Geschenken für zwölf Teilnehmer des Abends vorbereitet: kleine Zeichnungen mit Versen, u. a. aber auch ein Exemplar von Bauernfelds Übersetzung der „Beiden Edelleute von Verona" aus der neuen Wiener Shakespeare-Ausgabe.

Aus Bauernfelds Tagebuch

[Ende] Dezember 1824.

Moritz bei mir, ich am heiligen Abend bei ihm. Seine Brüder und Freunde. Heiterste Geselligkeit.

Siehe Weihnachtsabend 1824. – Schwind hatte eine Schwester und zwei Brüder: August, geboren in Wien 1800, Konzepts-Praktikant bei der niederösterreichischen Staatsgüter-Administration, und Franz, geboren 1805, Montanist, der zur Salinenverwaltung am Traunsee (Oberösterreich) kam.

Aus der Wiener „Allgemeinen musikalischen Zeitung" vom 29. Dezember 1824

[Über die Musikbeilagen dieser Zeitschrift im Jahre 1824]

Nro. 5. Lied an den Tod von *Franz Schubert.* Der Verfasser zeigt in dem kleinen Lied seine Meisterschaft in der Harmonie. d. R.
[die Redaktion]

Siehe 26. Juni und 2. August 1824.

1825

7 Gesänge aus Walter Scotts „Lady of the Lake", einschließlich „Ave Maria" (D. 835; 836; 837–839, 843, 846), März bis Juli
Sonate in C-Dur (unvollendet) (D. 840), April
Sonate in a-Moll (D. 845)
Sinfonie (sogenannte „Gasteiner Sinfonie") (verloren), Sommer
Lieder „Die junge Nonne" und „Die Allmacht", August

Aus Bauernfelds Tagebuch

[6.] Jänner 1825.

Am Drei-Königsabend Maskenzug bei Schwind. Ich als Pilger, die drei Könige spielten Würfel im vollen Ornat. Ich verteilte Gedichte, Moritz machte mir eine Zeichnung.

Laut Bauernfelds Tagebuch-Eintragung vom Februar 1825 mag er Schubert am Weihnachts- und am Dreikönigs-Abend bei Schwind wieder getroffen haben (siehe 22. Januar 1822), ohne ihm damals schon näher gekommen zu sein.

Schwind an Schober

[Wien,] den 7ten Jänn. 825.

Übrigens male ich den ganzen Tag und gehe selten aus. Immer einmal zum Schubert auf einen Sprung, zu Vogl oder zu Hönig . . . Wenn Du nur einmal Schubert und mich sehen könntest. Wenn ich in der Früh zu ihm in die Roßau geh' oder wenn wir ein Sonntag Nachmittag zusammen verleben. Das ist ein wahres Malheur. Aber auch so komisch als was auf der Welt. Vor einer Woche war er mit mir bei Hönig, nachdem er schon zehnmal zugesagt und zehnmal nicht gekommen war. Um sechs kamen wir zusammen, und um 7 Uhr wollten wir erst hingehen, weil die Mutter dann ausging. Was ist indessen zu tun? In kein Kaffeehaus will er nicht, also zum Lenkay, wo er immer mit Senn hingegangen ist. Es kommt eine Halbflaschen Tokayer, und bei der Hälfte war ohne große Gefahr nicht ratsam, weiter zu trinken. Das Seitl wird in ein kleines Flaschl gefüllt und mitgenommen. Da niemand in der Nähe war, der es aufheben konnte, so nahm ich es zu Hönig mit, wo es unter vielem Gelächter hervorgebracht und ausgetrunken wurde. Schubert hat sich recht gut unterhalten und will bald wieder hingehen, denn die Nettl gefällt ihm recht gut. Sie ist auch ein lieber Schatz.

Schubert wohnte diesen Winter beim Vater. Der Sonntagnachmittag scheint auch für ihn ohne Arbeit gewesen zu sein. – Zu Lenkay siehe 14. Juni 1820. Es heißt, daß man dort nur ungarische Weine, darunter den teuren Tokayer, bekam. – Eine halbe Flasche war ein Seidel (0,3 Liter). – Nettl ist Anna Hönig (siehe 13. Dezember 1822). Sie war 1804 geboren als Tochter des Advokaten Dr. Franz Hönig (geboren 1766), von Schwind „der alte Priamus" genannt, und seiner Frau Anna, wohnhaft im sogenannten Trienterhof, Kleine Schulerstraße, nahe dem Stefansdom und – der Weinstube Lenkay. Beider Sohn Franz wurde schon am 12. November 1823 erwähnt. Anna war „nicht eben hübsch, aber zierlich, gebildet, mehr häuslich-bürgerlich als genial" (Bauernfeld) und bekam den Spitznamen „die süße Anne Page". Schwind verliebte sich in sie.

Aus der amtlichen „Wiener Zeitung" vom 8. Januar 1825

Bei Cappi und Kompagnie,
privil. Kunsthändlern, am Graben Nr. 1122, sind zu haben:

Tanz-Musikalien für den Karneval 1825.
Deutsche Tänze und Ecossaisen
für das Pianoforte verfaßt
von *Franz Schubert*
33stes Werk. Preis 1 fl. 30 kr. Wien. Währ.

Johann (Jean) Cappi hatte 1824 seinen Neffen Peter, der sich von Diabelli getrennt hatte, wieder aufgenommen; die Firma nannte sich daraufhin Cappi & Co., wurde aber 1826, als Josef Czerny eintrat, in Cappi & Czerny umbenannt. 1828 wurde Czerny Alleininhaber. – Op. 33, dem op. 32, aber noch nicht 31 folgte, war das dritte Tanzheft Schuberts. Es ist auch zur Faschingszeit, wie op. 18, und ohne Widmung erschienen.

AUS DER AMTLICHEN „WIENER ZEITUNG" VOM 13. JANUAR 1825

Bei Anton Diabelli und Kompagnie,
Kunst- und Musikhändlern, am Graben Nr. 1133, sind neu erschienen, und bei K. Lichtl in Pest um denselben Preis zu haben:

. . . .

Die Forelle.
Gedicht von Schubart.
In Musik gesetzt
für eine Singstimme, mit Begleitung des Pianoforte
von Franz *Schubert.*
Preis........1 fl. W. W.
(Eigentum der Verleger).

Dieses berühmte Lied war schon 1820 in der „Wiener Zeitschrift für Kunst usw." erschienen (siehe die Notiz vor dem 16. Januar 1821). Indessen hatte Schubert im Oktober 1821 eine letzte Fassung mit 5 Takten Vorspiel geschrieben. (Nicht in der Gesamtausgabe enthalten.) Das Lied erschien zunächst ohne seine Opusnummer (32) in Diabellis Sammlung „Philomele" als Nr. 152.

AUS DEM PROGRAMM DER 9. ABENDUNTERHALTUNG DER GESELLSCHAFT DER MUSIKFREUNDE, AM 13. JANUAR 1825 (DIREKTOR: HERR [JOHANN NEPOMUK] FISCHER)

4. Erlkönig, Gedicht von Goethe, Musik von Schubert, vorgetragen von Herrn Tietze.

AUS DER AMTLICHEN „WIENER ZEITUNG" VOM 27. JANUAR 1825

Bei Sauer und Leidesdorf
in Wien, Kärntnerstraße Nr. 941, ist soeben neu erschienen:

Neue Tanz-Musik.
Halt's enk z'samm.

Original-Oesterreicher-Ländler von Payer, Schubert, Pensel, Leidesdorf, Czapek.

Für das Pianoforte allein.

Drei Hefte, jedes 1 fl. Wien. Währ.
Dieselben zu 4 Händen, jedes Heft 1 fl. 30 kr. W. W.
Dieselben fürs Pianoforte und die Violine 1 fl. 15 kr. W. W.
Dieselben für zwei Violinen und Baß 1 fl. 30 kr. W. W.

Die beiden ersten Hefte dieser Sammlung, das zweite mit zwei Schubert-Tänzen, waren schon Anfang 1824 erschienen (siehe 12., 29. Januar und 21. Februar). Das dritte Heft, das wahrscheinlich nichts von Schubert enthielt, ist verschollen. Das erste Heft kostete ursprünglich 1 fl. 15 kr.

AUS DEM PROGRAMM DER 11. ABENDUNTERHALTUNG DER GESELLSCHAFT DER MUSIKFREUNDE, AM 27. JANUAR 1825 (DIREKTOR: HERR KIRCHLEHNER)

4. Die Sehnsucht von Schiller, in Musik gesetzt von Schubert, vorgetragen von Fräulein [Josefine] Fröhlich.

Kirchlehner war Fabrikant, sang Baß und spielte Violine.

29. Januar 1825: Schubertiade bei Enderes und Josef Witteczek. – Karl Ritter v. Enderes (vgl. Mitte 1821), geboren in Teschen (heute Český Těšín, Tschechoslowakei) 1787, war Konzipist im Finanzministerium und wohnte 1824 in der Neuburgergasse (nahe dem Neuen Markt) im Klosterneuburgerhof. Laut Franz v. Hartmanns Familienchronik hätte Enderes 1825 aber bei Witteczek gewohnt, der um diese Zeit aus dem Watteroth-Hause (dem Hause seiner Schwiegereltern) auf der Landstraße (Vorstadt) in sein eigenes Quartier, Ecke Kärntnerstraße und Waĺfischgasse, übersiedelt sein dürfte. Josef v. Spaun hatte Enderes mit Schubert bekannt gemacht. Enderes war Amateur-Botaniker und freundete sich später mit Ludwig v. Köchel an.

Aus dem Programm der 12. Abendunterhaltung der Gesellschaft der Musikfreunde, am 3. Februar 1825 (Direktor: Herr Fischer)

2. Der Blumen Schmerz. Gedicht von Graf Maylath, in Musik gesetzt von Schubert, vorget. von Herrn [Karl Maria] Groß.

Aus der amtlichen „Wiener Zeitung" vom 7. Februar 1825

Bei Pietro Mechetti qm. Carlo,
ist soeben neu erschienen und auch bei K. Lichtl in Pest zu haben:

Terpsichore.

Eine Sammlung von 50 ganz neuen Deutschen Tänzen,
für das Pianoforte komponiert

von Eduard Ritter v. Arbter, Ignaz Aßmayer, Julius Benedict, Leopoldine Blahetka, Johann Nepomuk Breitschädel, L. E. Czapek, Karl Czerny, Josef Czerny, Peter v. Decret, Johann Ferdinand Dolczalek, Josef Fischhof, Josef Förster, Albert Gyrowetz, Anton Hackel, Johann Horzalka, Josef Hüttenbrenner, Anselm Hüttenbrenner, Franz Janda, L. Jansa, Michael Janusch, Johann Kaltenmarker, Joseph Kerzkowsky, V. Konicek, Karl Krause, Konradin Kreutzer, August Krippner, Franz Lachner, Eduard Freiherrn von Lannoy, Josef Lanz, K. Georg Lickl, Alois Linke, Leon de St. Lubin, Ignaz Maschek, Michael Pamer, F. Paur, Johann Pensel, W. Plachy, P. J. Riotte, Franz Schubert, Matthias Schwarz, Simon Sechter, L. S–, Franz Stadler, Friedrich Starke, Josef v. Szalay, Johann Ritter v. Vesque, Franz Weber, Freiherrn v. Wodniansky, Karl

Würth, D. R. v. Zepharovich. – Schluß-Koda von L. E. Czapek.

In vier Heften. Nr. 1 . . . . 2 fl. – kr.
Nr. 2 . . . . 1 fl. 45 kr.
Nr. 3 . . . . 2 fl. – kr.
Nr. 4 . . . . 2 fl. – kr.
Alle vier Hefte im Ganzen 6 fl. – kr.

Pietro Mechetti, geboren in Lucca 1775, war einer der italienischen Kunst- und Musikalienhändler in Wien; er hatte 1811 den Verlag seines Onkels Carlo übernommen. – Von dieser Sammlung, die einen unbekannten Deutschen Tanz von Schubert enthalten haben mag, ist kein Exemplar erreichbar; um 1938 wurde eines von L. & A. Brecher in Brünn ausgeboten (Katalog 34, Nr. 367): Verlagsnummern 1695–98, 50 S. Querfolio. – Julius Benedict, geboren in Stuttgart 1804, war 1823 bis 1825 Vizekapellmeister am Kärntnertor-Theater. Es war mit seinem Lehrer Weber nach Wien gekommen und wurde 1835 Orchesterdirektor in London. Er war Pianist und Opernkomponist. – Breitschädel war Pianist. – Peter Edler v. Decret hatte bei Frischling Klavier, bei Hatwig Pauke gespielt. – Johann Ferdinand Dolczalek scheint nicht mit Johann Nepomuk Emanuel Dolezalek identisch gewesen zu sein, der uns noch später begegnen wird (siehe Notiz vor Mitte November 1828). – Fischhof, geboren in Butschowitz (Mähren) 1804, war 1822 als Student der Medizin nach Wien gekommen und ist Klavierpädagoge geworden. – Hackel, geboren in Wien 1799, war Rechnungsbeamter und Komponist sentimentaler Lieder, seit 1824 Musikredakteur des „Lithographischen Instituts", das die „Allgemeine musikalische Zeitung" verlegte. Sein Vater Johann Christoph war Arzt im Stadtkonvikt gewesen und hatte ebenfalls komponiert. – Janda, geboren in Wildenschwert (Böhmen) 1797, war 1817 als Violinist nach Wien gekommen, wurde Mitglied der Hofkapelle, Schuppanzighs Nachfolger in dessen Quartett und Professor am Konservatorium. Später ging er (als Konzertspieler und Musiklehrer) nach London. – Janusch war Flötist, zunächst in Prag. – Lanz, geboren in Michaelnbach (Oberösterreich) 1797, war wie Schubert ein Schullehrers-Sohn und wurde erster Violinspieler bei St. Peter in Salzburg. Zur Zeit war er Klaviermeister dort und kam dann nach Wien. Er wird uns noch in Schuberts letzten Tagen begegnen (siehe Notiz vor dem 12. November 1828). – Lickl, geboren in Wien 1801, war Kirchenkomponist und Virtuos auf der modischen Physharmonika. – Linke, geboren um 1801, war Violinist und starb 1830 durch einen Sturz von der Bastei (Stadtmauer). – „L. S –" mag Leopold Sonnleithner sein (der alphabetischen Ordnung entsprechend). – Franz Stadler, geboren in Lewin (Böhmen) 1760, war 1804 nach Wien an die Hoftheater gekommen; er spielte Violine und Oboe. – Starke, geboren 1774, war Kapellmeister des 33. Infanterieregiments und hatte eine „Wiener Pianoforte-Schule" herausgegeben, in der ein Erstdruck von Beethoven erschienen war, die „Bagatellen" Nrn. 7 bis 11 aus op. 119. – Johann Vesque v. Püttlingen, geboren in Opole (Polen) 1803, war um 1810 schon nach Wien gekommen, er wurde Beamter und komponierte später unter dem Pseudonym J. Hoven. – Einige der angekündigten Komponisten waren nicht zu identifizieren.

Aus der amtlichen „Wiener Zeitung" vom 9. Februar 1825

Bei Sauer und Leidesdorf
in Wien, Kärntnerstraße Nr. 941, ist soeben erschienen und zu haben:

Variations pour le Pianoforte à 4 mains
par *Fr. Schubert.*
Oeuvre 35. Preis 3 fl. 45 kr. W. W.

Diese Variationen über ein Originalthema, 1824 in Zseliz entstanden, waren dem 1796 in Wien geborenen Kämmerer Graf Anton Berchtold von Ungarschütz gewidmet. Schubert hatte keine näheren Beziehungen zu ihm, die Widmung wurde wahrscheinlich honoriert. Opp. 35 und 36 erschienen vor opp. 31 und 34.

10. Februar 1825: Schubertiade bei Enderes und Witteczek.

Aus der amtlichen „Wiener Zeitung" vom 11. Februar 1825

Bei Cappi und Kompagnie,
privil. Kunst- und Musikalienhändlern, am Graben Nr. 1122,
sind neu erschienen und zu haben:

Die zürnende Diana, und Nachtstück.
Gedichtet von G. Mayerhofer,
in Musik gesetzt für eine Singstimme, mit Begleitung des Pianoforte
von *Franz Schubert.*
36stes Werk. 2 fl. 30 kr. Wien. Währ.

Die Vortrefflichkeit von Schuberts Liedern ist bereits so allgemein anerkannt, daß selbe kaum einer Anempfehlung mehr bedürfen. Die Verlagshandlung hat aus den zahlreichen

Tondichtungen dieses genialen Komponisten die vorliegenden zwei Lieder ausgewählt, welche durch den klassischen Vortrag des pens. k. k. Hof-Opernsängers Hrn. Vogl, dieses Koryphäen deutscher Gesanges-Kunst, schon in mehreren der gewähltesten Privat-Zirkel volle Anerkennung und verdiente Auszeichnung erlangt haben. Die Verlagshandlung schmeichelt sich daher, allen Freunden vaterländischer Kunst eine willkommene Gabe darzubringen.

Schubert, F., deutsche Tänze und Ecossaisen für das Pianoforte.
33stes Werk. 1 fl. 30 kr.
– – dieselben Tänze f. d. Pianof. zu 4 Händen einger. 2 fl. 30 kr.
– – dieselben Tänze für Violine und Pianof. einger. 2 fl.

Das erste der beiden Lieder ist in der Originalausgabe wie auch in der ersten Niederschrift und in der Reinschrift Schuberts „Die zürnende Diana" genannt. Erst später wurde der Titel des Dichters wiederhergestellt: „Der zürnenden Diana". Das Opus war irrtümlich als 35. Werk bezeichnet, was aber in der zweiten Auflage verbessert worden ist. Es ist Frau Katharina v. Lászny gewidmet, geboren 1789 in Koblenz als Buchwieser. Sie war zunächst vermählt mit einem Herrn Hrzon und nun mit Ludwig Edlen Lászny v. Folkusfálva, Güterdirektor des Fürsten Josef Pálffy (vgl. 20. August 1824). Frau Kathinka, wie sie genannt wurde, war die Tochter Balthasar Buchwiesers, der um 1815 dritter Kapellmeister am Theater an der Wien war. Auch sie war zuerst dort engagiert gewesen. Von 1809 bis 1817 gehörte sie der Hofoper an, wo ihre Hauptpartien die Susanna in Mozarts „Figaro" und die Cattinka in Boieldieus „Jean de Paris" gewesen waren. Um 1810 hatte sie in brieflichem Verkehr mit dem romantischen Dichter Ernst Theodor Amadeus Hoffmann gestanden. Theodor Körner nannte sie 1811 in einem Briefe „fast unübertrefflich im Verein des Spieles und Gesanges". Zur Zeit des Wiener Kongresses soll sie die Geliebte von zwei Fürsten (Ghika und Franz Seraphicus Rosenberg) gewesen sein. – Wahrscheinlich hatte Vogl die beiden Lieder zuerst bei ihr gesungen. – Die Arrangements des op. 33 stammten nicht von Schubert selbst.

Schwind an Schober

[Wien,] den 14ten [Februar 1825].

Schubert ist gesund und nach einigem Stillstand wieder fleißig. Er wohnt seit kurzem in dem Haus neben uns, wo das Bierhaus ist, im zweiten Stock, in einem sehr hübschen Zimmer. Wir sehen uns täglich, und, so viel ich kann, teile ich sein ganzes Leben mit ihm. Im Frühjahr wollen wir nach Dornbach ziehen, in das Haus eines guten Freundes von mir. Es ist alle Wochen bei Enderes Schubertiad, das heißt, der Vogl singt. Die Gesellschaft ist außer er, Wittitschek, Esch, Schlechta, Groß, Riepl, ein Gemisch von lauter gleichen Gesichtern. Mayerhofer und Gahy zeigen sich auch öfters. Die neuen Variationen zu 4 Händen sind etwas Außerordentliches. Das Thema ist ebenso großartig als schmachtend, vom reinsten Satz, wenn Du nicht lachst, als frei und nobl. In acht Variationen sind diese Seiten ganz selbständig und lebendig entwickelt, und doch scheint jede wieder das Thema zu sein. Über die Charakteristik in den Märschen und die unerhörte Innigkeit und Lieblichkeit der Trio würdest Du erstaunen. Jetzt macht er Lieder. Wenn Du doch aus David und Abigail eine Operette oder Oper zu machen Lust hättest, oder eine andere, er möchte einen Text haben, aber mit wenig Worten. Du kannst Dir's wohl denken. Die zürnende Diana und Nachtstück sind erschienen und der Fr. v. Láscny gewidmet, das ist die ehemalige Buchwieser. Das ist eine Frau! Wenn sie nicht bald noch einmal so alt wäre als ich und, leider Gott, immer krank, ich müßte von

Wien fort, denn das wäre nicht zum Aushalten. Schubert kennt sie schon lange, ich aber erst seit kurzem. Sie hat Freude mit meinen Sachen und mir, wie noch niemand außer Dir, ich bin das erstemal ordentlich erschrocken, so redete sie zu mir, und so kam sie mir entgegen, als wäre gar nichts, was sie nicht von mir wüßte. Gleich darauf wurde sie wieder krank und brach Blut, und so habe ich sie lange nicht gesehen, morgen aber essen wir dorten. So weiß ich doch auch, wie eine Person aussieht und tut, die in der ganzen Stadt verrufen ist.

Hier ist eine Übersicht der Stellen, wo von Anfang 1823 bis Ende 1824 von Schuberts Krankheit die Rede gewesen ist: 28. Februar 1823, 8. Mai 1823, 26. Juli 1823, 14. August 1823, 9. November 1823, 12. November 1823, 18. November 1823, 30. November 1823, 9. Dezember 1823, 24. Dezember 1823, 7. Januar 1824, 22. Januar 1824, 2. Februar 1824, 22. Februar 1824, 6. März 1824, 31. März 1824, 2. April 1824, 10. April 1824, 14. April 1824, (31. Mai 1824), Ende Juni 1824, 16.–18. Juli 1824, (Ende Juli 1824), 14. August 1824, August 1824, 20. August 1824, 21. September 1824, 8. November 1824, 15. November 1824. Späterhin ist von Schuberts Gesundheit und Krankheiten am 19. Juli 1825, 25. Juli 1825, 2. Januar 1826 und am 12. Oktober 1827 die Rede. Die eingeklammerten Daten 31. Mai 1824 und Ende Juli 1824 beziehen sich auf verlorengegangene Briefe Schuberts, die Ende Juni 1824 und am 14. August 1824 erwähnt wurden. – Schubert war kurz vorher in das Haus des Johann Fruhwirth neben der Karlskirche gezogen, wo er beim Ölverschleißer Kellner wohnte. Das geräumige „Fruhwirthhaus" schaute über das Glacis gegen die Innere Stadt, vom Hofe aus gegen die Karlskirche links und das „Bierhaus", genannt „Mondscheinhaus" (Schwindien), rechts. Schubert blieb dort bis zum Sommer 1826, unterbrochen nur durch seine lange Sommerreise 1825. – Im Frühjahr ging Schwind nicht nach Dornbach (Vorort). – Karl Esch war Hofsekretär im Finanzministerium, Vorgesetzter der Hofkonzipisten Enderes, Grillparzer und Schlechta. – Groß ist Josef (siehe Mitte 1821). – Riepl ist vielleicht der Technologe Franz Xaver Riepl, geboren in Graz 1790, der Professor am Polytechnischen Institut, Wien, war. – Ferdinand Mayerhofer Freiherr v. Grünbühel (siehe Anmerkung vor Juli 1821), geboren in Wien 1798, der ein Jahr lang Mitschüler Schuberts gewesen war und „Sindbad" genannt wurde, war Militärgeometer. Er war vom Dezember 1824 bis Herbst 1825 in Wiener-Neustadt (etwa 45 km südlich von Wien) stationiert, kam aber wohl öfters nach der Residenz. Er war einer der Mitarbeiter der Wiener Shakespeare-Ausgabe und mit Bauernfeld besonders befreundet. (Bei Schwinds sorgloser Schreibart ist es immerhin möglich, daß er Mayrhofer meint, aber der war dem Schubertkreis zu dieser Zeit schon ziemlich entfremdet. Franz v. Hartmann, der in seiner Familienchronik Esch, Mayrhofer und Riepl nicht als Gäste erwähnt, spricht dagegen auch von [Max] Clodi und [Josef] Derffel.) – Die Variationen sind op. 35, Schwind spricht über den Druck. – Die Märsche, die Schubert mit Gahy spielte, sind wohl die schon erschienenen op. 27, nicht op. 40, das erst in Vorbereitung war. – Die Sage von „David und Abigail" hat Schwind später selbst in einem – verschollenen – Karton behandelt. Schober schrieb kein Libretto mehr für Schubert. – Frau Lászny war damals etwa 36, Schwind 21 Jahre alt. – Schwind erwähnt Schobers Schwester Sophie nicht; sie war seit 1823 mit Zechenter verheiratet und starb Anfang 1825 an Lungentuberkulose.

Aus Bauernfelds Tagebuch

Februar 1825.

Schwind besuchte mich eines Abends mit Franz Schubert, den ich bisher nur von weitem kannte. Ich las den Freunden auf ihr Verlangen das Drama „Madera" vor, spielte vierhändig mit Schubert, dann ins Gast- und Kaffeehaus.

Hier beginnt die Freundschaft zwischen Schubert und Bauernfeld. – Sein Vorspiel „Madera" vom August 1823 blieb ungedruckt und unaufgeführt. – Ob die Stammlokale noch die „Ungarische Krone" und das Café Wasserburger waren, ist unsicher.

Aus dem Tagebuche Sophie Müllers

24. Februar 1825.

Jenger, Vogl und Schubert speisten heute zum ersten Male bei uns; nach Tische sang Vogl mehrere Schillersche Gedichte von Schubert.

Sophie Müller, geboren in Mannheim 1803, war seit dem Frühjahr 1822 als jugendliche Liebhaberin am Burgtheater engagiert und sang dort auch ihre Einlagen selbst, wie vordem auf dem selben Theater Antonie Adamberger, für die Beethoven die Klärchen-Lieder zu Goethes „Egmont" komponiert hatte. Die liebreizende Sophie sang, nach Anselm Hüttenbrenner, die Schubertschen Mädchen-Lieder „am herzlichsten". Sie lebte nach dem Tode der Mutter zu Anfang 1824 mit ihrem Vater allein in Hietzing (Vorort). Sie führte ein Tagebuch und ein Stammbuch. Sie starb – vom Wiener Publikum vergöttert – bereits 1830.

Aus dem Programm der 13. Abendunterhaltung der Gesellschaft der Musikfreunde, am 24. Februar 1825 (Direktor: Herr [Ferdinand] Bogner)

2. Die zürnende Diana; Gedicht von Mayrhofer, in Musik gesetzt von Schubert, vorget. von H. [Johann] Hoffmann.

Bogner, der im selben Jahre Barbara Fröhlich heiratete (siehe Anmerkung vor dem 30. Januar 1821), war 1786 in Wien geboren, Flötist und Professor am Konservatorium.

26. Februar 1825: Schubertiade bei Enderes und Witteczek, danach geht die Gesellschaft in das Café Leibenfrost und dann ins Café Neuner; Schubert und Schwind trinken mit den Brüdern Fritz und Franz v. Hartmann Brüderschaft. – Das Café Josef Leibenfrosts lag am Neuen Markt (früher Mehlmarkt genannt), schräg gegenüber dem Café Neuner (im gleichen Hause wohnte Vogl) in der Plankengasse. – Die zwei Brüder v. Hartmann aus Linz studierten Jura in Wien.

Aus der amtlichen „Wiener Zeitung" vom 28. Februar 1825

Bei Cappi und Kompagnie,
Kunst- und Musikalienhändlern, am Graben Nr. 1122,
sind neu erschienen:

Schubert, F., der Pilgrim, und der Alpenjäger, gedichtet von Friedrich v. Schiller, in Musik gesetzt für eine Singstimme mit Begleitung des Pianoforte. 37stes Werk. 2 fl. W. W.

– – Ouvertüre in F-Dur für das Pianoforte zu vier Händen. 34stes Werk. 2 fl. 30 kr.

Op. 37 ist dem Maler Ludwig Ferdinand Schnorr v. Carolsfeld (siehe 2. November 1821), Schwinds Lehrer, von Schubert als „seinem Freunde" gewidmet. – Zur Ouvertüre siehe November 1819.

Aus Sophie Müllers Tagebuch

1. März 1825.

Vogl und Schubert kamen nachmittags und brachten neue Lieder aus dem Pirat, dann die Rose. Vogl sang auswendig die Szene aus dem Tartarus von Schiller; herrlich.

Obwohl Sophie Müller als neue Lieder immer nur solche bezeichnet, die ihr noch neu waren, ist diese Aufzeichnung doch ein Zeugnis dafür, daß der „Gesang der Norna" aus Walter Scotts „Pirat" offenbar schon Anfang 1825 entstand, nicht erst 1827, wie die Gesamtausgabe annahm. – Schuberts „Rose" war schon 1822 entstanden; es könnte aber auch das neue „Lied der Anne Lyle" aus Walter Scotts „Montrose" gemeint sein. – Die „Szene" heißt richtig „Gruppe aus dem Tartarus".

Aus Sophie Müllers Tagebuch

2. März 1825.

Nach Tisch kam Schubert; bis gegen 6 Uhr sang ich mit ihm, dann fuhr ich ins Theater.

Aus Sophie Müllers Tagebuch

3. März 1825.

Nach Tisch kam Schubert, brachte ein neues Lied: Die junge Nonne; später kam auch Vogl, ich sang es ihm; es ist schön komponiert. Der alte Lange besuchte uns dann auch noch. Wir musizierten bis gegen 7 Uhr, da gingen die Herren.

„Die junge Nonne" war sicher ein neues Lied. – „Der alte Lange" ist Mozarts Schwager Josef Lange, geboren in Würzburg 1751, der von 1817 bis 1821 wieder am Burgtheater engagiert gewesen war und sich als Schauspieler, Regisseur, Porträtmaler, Pianist und Komponist betätigte.

Johanna Lutz an Leopold Kupelwieser nach Neapel

Wien, 7. März 1825.

Ich bin wirklich sehr neugierig, was Franz [v. Bruchmann] Dir über den Schober schreiben wird.

Daß sich die ganze Gesellschaft gefreut hat, hat mir um Deinetwillen sehr weh getan. Ach, alles Trennen ist gar so schmerzlich!

Doch hat es auch sein Gutes. Denn wie Du und der Schober fort waren, so hat sich der ganze Verein anders, aber nicht besser gestaltet und mußte sich vollends auflösen. Doch die Bessern finden sich immer wieder, und da ist dann nicht viel verloren.

Ich kann nur das sagen, was ich von den Bruchmannschen und dem Schwind, diesen Gegenparteien, welche wohl beide sehr übertreiben, gehört habe, und was daraus zu schließen ist.

Der Rieder, Dietrich, Schubert und Schwind stehen gegen einander noch ebenso gut und fern wie früher, – doch gegen die Bruchmannschen ganz anders.

Der Rieder und Bruchmann sind nicht feindselig gegen einander, doch suchen sie sich nicht. Schubert und Schwind leben in offener Fehde mit dem Bruchmann. Sie kommen mir beide vor wie Kinder, und sie äußern auch ihren Haß kindisch. Sie kommen gar nicht mehr zusammen, grüßen nicht und begegnen sich sehr feindselig. Es ist wohl wahr, die Justin hat schwach und schwankend, und der Franz überlegt schlecht an Schober gehandelt, denn er hat ja alles gewußt. Und gewiß, die schlimme Seite des Schober war leichter zu finden als die gute. Aber das alles geht sie doch eigentlich nichts an.

Daß sie ihn nicht lieben, das können sie halten, wie sie wollen. Aber ihr Betragen ist kindisch.

Doch ihre Liebe und Treue für den Schober ist recht schön.

Schubert ist nun recht fleißig und ordentlich; das freut mich sehr.

Die Bruchmannschen haben nun einen sehr kleinen Kreis. Smetana und Eichholzer sind sehr viel dort. Letzterer macht in der Kunst sehr große Fortschritte und wird von dem ganzen Haus sehr unterstützt. Der Haß von Eichholzer und Schwind ist bubenhaft von beiden Seiten. Es ist mir unbegreiflich, besonders bei den beiden Mädchen, wie ihnen alle diejenigen, wo sie selbst sagten (als ich sie kennen lernte), das war ihre glücklichste

Zeit, wie sie in diesen Kreis kamen, es ist ihnen ein neues Leben aufgegangen, daß da gar keine Spur von Dankbarkeit für die Liebe, welche ihnen alle gegeben, zurückgeblieben ist. Aber sie suchen, wie die andern, alle Fehler auf, um sich selbst zu entschuldigen und ihren Wankelmut zu beschönigen.
Mohn ist in gar keiner Verbindung mit den andern. Ich weiß auch nicht, an welche Partei er sich hält.
Doblhoff, Hönig und die andern suchen Anstellungen, und jeder geht seinen eigenen Weg.
Du wirst, wenn Du kommst, wohl einige Mühe haben zu wählen, denn gegen Dich werden wohl alle die selben sein. Doch Du wirst auch dann am besten sehen, wie es steht. Recht nahe kann man doch nur einigen sein, u. diese findet man wohl immer. Ich habe wenigstens das feste Vertrauen, daß wahre Liebe und Freundschaft bestehen muß.
O Leopold, bist Du nur einmal da, alles andere wird sich wieder finden, und ich freue mich unendlich, wie sich alles um uns neu gestalten wird und wir uns immer gleich lieben.

Bei der von Johanna Lutz so unklar dargestellten Situation handelt es sich darum, daß Franz v. Bruchmann, mitbestimmt durch die zweifelhafte Berufswahl Schobers als Schauspieler, das geheime Verlöbnis seiner Schwester Justina mit Schober aufgedeckt und dessen Lösung erzwungen hatte. Dabei scheint ein Teil der Freundesrunde Schadenfreude über Schober geäußert zu haben. Schwind war natürlich auf Schobers und Justinas und Schubert mindestens auf Schobers Seite. – Smetana war der künftige Gatte Justinas. Das andere Mädchen ist natürlich ihre Schwester Isabella. Beide hatten sich von den meisten Freunden ihres Bruders wegen des Zwistes um Schober zurückgezogen. – Doblhoff bereitete sich, wie Bruchmann und Hönig, auf das juristische Doktorat vor, das er 1826/27 im österreichischen Oberitalien erwarb, weil ihm der Boden in Wien zu gefährlich schien. (Er wurde politisch verdächtigt, ist aber später Minister geworden.) Indirekt suchten sie natürlich Anstellungen durch das Doktorat.

Aus Sophie Müllers Tagebuch

7. März 1825.

Vogl kam vor Tisch und um 5 Uhr mit Schubert; sie brachten mehrere neue Lieder, worunter eine Szene aus dem Äschylus, Ihr Grab, die Forelle und der Einsame vorzüglich sind. Um halb 8 Uhr gingen sie fort.

Auch hier handelt es sich meist um Lieder, die nur für die Müller neu gewesen sind. Die „Szene", richtig das „Fragment aus dem Aeschylus" stammte von 1816, „Ihr Grab" wahrscheinlich von 1822, die „Forelle" in der letzten Fassung von 1821, und selbst „Der Einsame" (siehe vor März 1825), den die Gesamtausgabe ins Jahr 1825 verlegt, vielleicht schon von 1823. Kreißle behauptet, daß dieses Lied im Spital geschrieben worden sei.

Anna Milder an Schubert

[Kuvert:]

Sr. Wohlgeboren des
Herrn Franz Schubert
in der Roßau, in
im Schulhaus, Wien.
frei.

[Innen:]

Berlin, den 8. März 1825.

Mein verehrtester Herr Schubert!

Ich eile Ihnen zu melden, daß ich Ihre Oper *Estrella und Alfonso* sowie auch den zweiten Gesang der Zulaika mit unendlichem Vergnügen erhalten habe. Herzlich danke ich Ihnen für Ihre Bereitwilligkeit. Zulaikas zweiter Gesang ist himmlisch und bringt mich jedesmal zu Thränen. Es ist unbeschreiblich; allen möglichen Zauber und Sehnsucht haben Sie da hineingebracht, sowie im erstern Gesang der Zu. und im *Geheimnis.* Zu bedauern dabei ist nur, daß man alle diese unendlichen Schönheiten nicht dem Publikum vorsingen kann, indem die Menge leider nur Ohrenschmaus haben will. Sollte vielleicht der Nachtschmetterling nicht passend sein, eine für die Singstimme brillantere Musik zu machen, so würde ich bitten, daß Sie statts dem ein anderes Gedicht wählen möchten und womöglich von Goethe, welches sich in verschiedenen Zeitmaßen singen ließe, damit man mehrere Empfindungen darstellen kann. Wie zum Beispiel* *Verschiedene Empfindung an einem Platz* oder ein ähnliches, welches ich Ihnen überlasse, damit das Ende davon brillant sein könnte.

So viele Lieder, die Sie mir dedizieren wollen, kann mir nur höchst erfreulich und schmeichelhaft sein. Den 1t Juni reise ich von hier ab, könnte ich denn für meine Reise und Konzerten ein solches gewünschtes Lied von Ihnen erhalten, so würde es mich unbeschreiblich glücklich machen; nämlich daß Sie einige paßende Passagen und Vernuß anbringen.

Was *Alfonso und Estrella* Ihrer Oper anbelangt, ist es mir unendlich leid, bemerken zu müssen, daß das Buch hievon den hiesigen Geschmack nicht entspricht, man ist hier die große, hoch tragische Oper gewöhnt oder die französisch komische Oper. Nach diesem Ihnen hier beschriebenen Geschmack werden Sie selbst einsehen, daß Alfonso und Estrella durchaus kein Glück hier machen würde. Sollte ich die Freude haben, in einer Ihrer Opern darstellen zu können, so müßte es wohl für meine Individualität berechnet sein, z. B. die Rolle einer Königin, Mutter oder Bäuerin. Ich würde daher raten, etwas Neues zu machen und womöglich in einem Akt, und zwar ein orientalisches Sujet, wo der Sopran die Hauptperson, dies müßte Ihnen ganz vorzüglich geraten; so wie ich aus Goethens Divan ersehe. Auf 3 Personen und Chor könnten Sie für hier der guten Ausführung gewiß sein, nämlich 1 So., 1 Tenor, 1 Baß. Sollten Sie ein solches Sujet finden, so ersuche ich, es mir mitzuteilen, um uns näher zu verständigen. Alsdann würde ich alles anwenden, daß wir die Sache in die Szene bringen. Lassen Sie mich gefälligst wissen, was mit Ihrer Oper *Alfonso* geschehen soll.

An meinen Freund und Lehrer Vogl bitte ich alle herzliche Grüße zu entrichten; es tut mir unendlich leid, daß er so leidend ist; mir geht es nicht viel besser. Sagen Sie ihm, daß ich dieses Jahr nach Wiesbaden muß. Es würde mich unendlich glücklich machen, einige Zeilen von ihm zu erhalten.

An Fr. v. Láscny bitte ich auch meine innigen Grüße zu bestellen. Dieser liebenswürdigen und kunstverständigen Frau wünscht ich wohl Ihre Lieder zu singen.

Ihrem geneigten Wohlwollen empfiehlt bestens

Ihre

ergebenste

Anna Milder.

* In Goethens Gedichte zu finden.

Schuberts Antwort auf Anna Milders Brief vom 12. Dezember 1824 ist nicht erhalten. – „Geheimes" aus dem „West-östlichen Divan" war mit dem ersten Suleika-Lied erschienen, das zweite stand noch aus. – „Verschiedene Empfindungen an Einem Platz", das die Gefühle von vier Personen schildert, ist von Schubert nicht komponiert worden. – Frau Milder ist erst am 30. Juni abgereist, zunächst zur Kur nach Ems (nicht nach Wiesbaden) und dann nach Paris (siehe 28. Juni 1825). – Schubert schrieb keinen Einakter mehr. – Obwohl er „Alfonso und Estrella" (dessen Namen die Milder anfangs verdreht hat) zurück erbat, hat er die Partitur nicht wieder bekommen. Schubert hatte die Milder vielleicht gebeten, das Manuskript an das Königstädter Theater weiterzugeben. Die Oper enthielt keine Partie für sie. – Die Milder und Frau v. Lászny, als Fräulein Buchwieser, waren eine Zeit lang zugleich am Kärntnertor-Theater engagiert.

Aus dem „Österreichischen Bürgerblatt für Verstand, Herz und gute Laune", Linz, vom 11. März 1825

(Über den Linzer Karneval 1825)

Der Kotillon blieb auch heuer der Lieblingstanz, und wird es hoffentlich noch lange bleiben, durch die von Hrn. Schiedermayr zu Kotillons arrangierten ungemein schönen Deutschen des genialen Tonsetzers Franz Schubert, wurde aber dieser geschmackvolle Tanz zu einem höhern Vergnügen veredelt. S.

[Albert Stadler?]

Das war – soweit wir wissen – die erste Orchestrierung Schubertscher Tänze. Es handelt sich wohl um die Deutschen Tänze aus dem neuen Opus 33. Die Bearbeitung ist nicht im Druck erschienen. Johann Baptist Schiedermayr, geboren in Pfaffenmünster (Bayern) 1779, war Kapellmeister und Domorganist in Linz, auch „Leiter am Klavier" des Linzer Musikvereins sowie Singmeister an dessen Schule.

12. März 1825: „Der Einsame" op. 41 (D. 800) erscheint in der „Wiener Zeitschrift für Kunst usw."

Aus Bauernfelds Tagebuch

März 1825.

Viel mit Schwind und Schubert zusammen. Er sang bei mir neue Lieder. Letzthin schliefen wir bei ihm. Da eine Tabakspfeife fehlte, richtete mir Moritz eine derlei aus Schuberts Augengläserfutteral zurecht. Mit Schubert Du worden bei einem Glase Zuckerwasser. Er will einen Operntext von mir, schlug mir die „Bezauberte Rose" vor. Ich meinte, ein „*Graf von Gleichen*" gehe mir durch den Kopf. – Besuch bei dem Sänger *Vogl*. Merkwürdiger alter Junggeselle. Liest den Epiktet und ist ein Schatz angenehmer Geckerei. Moritz benahm sich manieriert ungezogen gegen ihn. Schubert ist immer der selbe, immer natürlich.

Schubert hatte im März 1825 „Im Walde", sein erstes Lied nach Ernst Schulze, dem Dichter des Epos „Die bezauberte Rose", geschrieben. Da Schubert Dr. Bernhardts Libretto, wenn es wirklich schon geschrieben worden war, nicht benützt hatte (siehe 31. Mai 1824), so regte er Bauernfeld an, das gleiche Sujet zu bearbeiten. Bevor dieser aber ernstlich daran ging, erfuhr er durch einen Brief Schobers im Sommer 1826, daß es zu spät geworden war. Das Libretto des „Grafen von Gleichen" aber wurde wirklich geschrieben und seine Komposition von Schubert skizziert. Schwind hat sich übrigens mit diesem Stoff später in einem Bilde beschäftigt. – Schwind machte sich auch nach Schuberts Tod in einem Briefe über Vogls Manieren im Vortrag lustig (siehe Anmerkung zum 4. Februar 1828), aber er zeichnete ihn wiederholt mit Schubert am Klavier.

Aus dem Programm des Konzerts Georg Hellmesberger, Professor am Wiener Konservatorium, 20. März 1825 mittags im Landhaussaale

5. Die Flucht, neues Vokal-Quartett (für Männerstimmen), von F. *Schubert*.

Das Programm enthielt u. a. ein Violinkonzert von Hellmesberger. Betty Schröder hätte eine Arie von Cocchi singen sollen, aber an ihrer Stelle rezitierte ihre Mutter eine Klopstock-Ode. Betty war 1806 in Hamburg als zweite Tochter der Tragödin Sophie Schröder geboren (siehe 7. März 1821), war von 1819 bis 1822 am Burgtheater engagiert und dann Opernsängerin geworden.

Aus dem „Chronologischen Verzeichnis aller ... Vorstellungen“

[1825] März ... Am 20. Im landständ. Saale. Concert des Hrn. *Hellmesberger*, Professor des hiesigen Musik-Conservatoriums ... 5. Die Flucht, Vocal-Quartett von *Schubert* ...

Aus dem „Sammler“ vom 5. April 1825

Außer den bisher angeführten Stücken ward noch ein neues Vokal-Quartett für Männerstimmen produziert unter dem Titel: „Die Flucht“ von F. *Schubert*. Auch dieses Werk unseres mit Recht allgemein beliebten Lieder-Tondichters ist sehr brav zu nennen; doch ist es außerordentlich schwer auszuführen, daher war die Exequierung auch wirklich etwas mangelhaft.

Eine andere Besprechung erschien am 7. April in der „Wiener Allgemeinen Theaterzeitung“ (erste Ausgabe, Nr. 562).

Aus Sophie Müllers Tagebuch

30. März 1825.

Schubert und Vogl kamen heute zum letzten Male. Vogl reist morgen auf sein Landgut in Steyr.

Vogl reiste am nächsten Tage nach Steyr; Schubert kam erst Ende Mai nach. Sie wohnten wieder bei Paumgartner.

Schwind an Schober

[Wien,] den 2ten April 825.

Morgen werde ich es [„Die Hochzeit des Figaro“] der Netty Hönig zeigen, die es viel – angeht, habe ich gestern noch schreiben wollen, da kam aber Schubert und Bauernfeld mit einem sehr lustigen Fremden. Heute fangen wir an anzuschauen, führt der Teufel den Hieber und Smetana daher, Figaro wird versteckt und ich mache mich davon. Wenn einem so billige Freuden durch so Zeugs verdorben werden, ist das nicht sehr elend? Schubert sollte schon den ganzen Nachmittag kommen und laßt mich sitzen; zuerst hab' ich geschlafen, dann geraucht und nebenbei gewartet und nun weide ich mich an dem Anblick meiner schlechten Ostern ...

Schwind hatte im März seinen Zyklus von 30 Federzeichnungen „Der Hochzeitszug des Figaro“, vollendet (vgl. 20. August 1824). In Ernst und Scherz hat er in diesem ersten großen Werke eine freie Illustration des dritten Finales aus Mozarts „Le Nozze di Figaro“ versucht. Ein Drittel der Zeichnung ist imaginären Gästen und Masken der Hochzeit gewidmet, darunter Figuren aus Friedrich v. Schlegels berüchtigtem Roman „Lucinde", den Justina von Bruchmann „sehr hoch hielt", aus der Sage des Grafen von Gleichen (siehe 11. März 1825), aus Mozarts „Don Giovanni" (Ständchen), aus seiner „Zauberflöte" (Papageno mit Familie, Monostatos mit 2 Sklaven), aus Haydns „Jahreszeiten" (mit der später volkstümlich gewordenen Figur des „Herrn Winter") usw. Schwind hat sich in dem Werk, nach seiner Art, selbst porträtiert, aber nicht in der Figur des Cherubin, mit der er gern verglichen wurde, sondern als jugendlicher Bürger in altdeutscher Tracht. Die Musikanten, die nach dem Herold den Zug eröffnen, sind ebenfalls sehr charakteristisch für Schwind in ihren den Instrumenten angemessenen Typen. Das Werk ist 1904 in Wien faksimiliert worden. Das Original, das Beethoven in seinen letzten Tagen bei sich hatte, befindet sich im Museum der Stadt Wien. – Netti Hönig war wohl in der Gärtnerstochter Barbarina verkörpert, mit der der Page Cherubin in einer Laube, abseits des Zuges, dargestellt ist. – Der „Lustige Fremde" ist nicht bekannt. – „Hieber", den Schwind um diese Zeit öfters nennt, ist wohl identisch mit Josef Huber, der ja als langweilig galt. – Ostersonntag war am 3. April. – Der Brief wurde unterbrochen und erst am 18. fortgesetzt.

Aus der „Wiener Allgemeinen Theaterzeitung" vom 28. April 1825

[Über das Konzert des jungen *Rüttinger*, am 10. April 1825 mittags beim roten Igel]

Hr. Tietze sang Schuberts „Alpen-Jäger" mit so vielem Beifall, daß er ihn wiederholen mußte.

Rüttinger, der Sohn eines Mitglieds des Burgtheaterorchesters (auch die Schauspielhäuser hatten bekanntlich eigene Orchester), war 1803 geboren und seit 1823 Klarinettist am Burgtheater. – Das Lied, das an fünfter Stelle gesungen wurde, war offenbar „Der Alpenjäger" nach Schiller (nicht nach Mayrhofer), das kurz vorher als Nr. 2 des op. 37 erschienen war (siehe 28. Februar 1825).

Aus dem „Chronologischen Verzeichnis aller ... Vorstellungen"

[1825] Aprill ... Am 10. ... Im Locale des Musik-Vereins. Concert des Hrn. *Joh. Rüttinger* ... 5. Schiller's Alpenjäger, comp. v. Hrn. *Schubert*, gesungen von Hrn. *Dietze* ...

Aus Bauernfelds Tagebuch

April 1825.

Bei Weintridt in Retz mit Moritz, der uns beide auf das Schild eines Stellwagenführers malte. – Große Schubertiade mit Freunden, Musikern und Malern. Das Fäßlein „Retzer" das wir mitgebracht, gab die Veranlassung.

Zu Weintridt siehe 22. Januar 1822. – Retz, etwa 80 km nordwestlich von Wien an der tschechischen Grenze gelegen, ist ein kleines Städtchen, dessen Befestigungen zum Teil noch erhalten sind. Der Hauptplatz, wo das schönste Sgrafitto-Haus Österreichs steht, ist durchzogen von tiefen Kellern, in denen der beliebte Wein der Umgegend aufgestapelt wird. (Vgl. Hugo v. Hofmannsthals Libretto zu Richard Strauss' „Der Rosenkavalier", 1. Akt, wo Ochs von Lerchenau die Vermengung der böhmischen Mädchen mit den deutschen Burschen auf seinem Gute mit dem Retzer Wein von der Sprachgrenze vergleicht.) – Neben der Fahrpost gab es auch private Stellwagen, so benannt, weil diese kleinen Pferde-Omnibusse an jeder Stelle angehalten („gestellt") werden konnten. Der Unternehmer der Stellwagen von Retz nach Wien und zurück hatte an seinem Hause ein Steckschild, das Schwind bemalte (verloren) und dafür wohl das Fäßchen Retzer Weins bekommen hat. Daran dürfte auch Schubert seine Freude in Wien gehabt haben.

Aus Bauernfelds Tagebuch

April 1825.

Ich bin noch immer in Clotilde verliebt, wie Moritz in seine Nettel. Schubert kichert über uns beide, ist aber selber nicht völlig heil.

Clotilde ist seit 1821 die Geliebte Bauernfelds gewesen, eine junge Frau, deren Namen er seinen Biographen mit Erfolg vorenthalten hat. – Nettel ist Frl. Hönig. – Schuberts Herzeleid galt wohl der Komtesse Karoline Esterházy (vgl. August 1824).

Marianne v. Willemer an Goethe in Weimar

[Frankfurt am Main,] 16. April 1825.

... Am frühen Morgen schickte ich in einen Musikladen und ließ mir das herrliche Lied „Herz, mein Herz, was soll das geben“ von Beethoven holen, und man sendete mir zugleich eine recht artige Melodie auf den Ostwind und „Geheimes“ im Diwan ...

Beethovens Goethe-Lied „Neue Liebe, neues Leben“ war in seinem op. 75 erschienen, aber auch einzeln nachgedruckt worden. Es gab davon zwei gedruckte Fassungen, hier aber ist offenbar die bekannte zweite gemeint. – Das unverlangt mitgekommene Heft war das op. 14 des im Brief nicht genannten Schubert mit dem ersten Suleika-Lied (nach dem Gedicht der Willemer) und „Geheimes“ nach Goethe. Das erste Lied wurde auch „Ostwind“ genannt, das zweite Suleika-Lied hieß auch „Westwind“ (op. 31). Frau Willemer, die Schauspielerin gewesen war, bevor sie heiratete, war mit der Milder befreundet. Schubert ist im Briefwechsel zwischen Goethe und Frau Willemer nicht genannt, das Lied wurde auch nicht mehr darin erwähnt. Im Juni 1821 hatte sie an den Dichter geschrieben, daß Beethoven die Suleika-Lieder komponieren sollte. „Er würde sie ganz verstehen, sonst niemand.“

Schwind an Schober (Fortsetzung des Briefes vom 2. April 1825)

den 18ten – –.

Früh morgens besuche ich immer Schubert, den übrigen Tag schaut jeder, wie er ihn anbringt. Er geht viel mit seinen Brüdern, ich viel mit Bauernfeld, bin aber meistens zu Haus. Die gute Láscny ist so schlecht, daß niemand zu ihr darf, denn sie soll nicht sprechen. Mir ist so unendlich leid um sie, es ist ihr gewiß recht leid um uns, und ich ließe sie gewiß kein Wort reden. Ich war schon oft dort und habe sie immer verstanden, wenn sie auch nichts reden durfte, wie, weiß ich nicht, sie hatte aber immer ihre Freude daran, doch will ich hoffen, daß es besser mit ihr wird. Die ist die einzige, von der ich mit Dir reden mag, denn sie ist eine entschiedene und gewaltige Gestalt, und in dem größten Schwall von Verführung und Zügellosigkeit blieb [sie] sich selbst treu und weiß, was sie zu ehren hat ... Gott erhalte Dich mir, den guten Schubert und meine fromme Freundin.

Schubert machte damals offenbar an Nachmittagen und an den Ostertagen Spaziergänge in die Vororte mit seinen Brüdern, vielleicht auch manchmal zum „Heurigen“. – Die „fromme Freundin“ ist Netti Hönig, die streng katholisch gesinnt war.

Aus Sophie Müllers Tagebuch

20. April 1825.

Schubert kam heute; ich probierte mehrere neue Lieder: der Einsame, böse Farbe, Drang in die Ferne.

Schubert war also am 7. März (siehe 7. März 1825) nicht das letzte Mal vor der Sommerreise bei Sophie Müller gewesen. – Den „Einsamen“ hatte sie schon damals bekommen. „Die böse Farbe“ aus der „Schönen Müllerin“ und „Drang in die Ferne“ waren schon 1823 entstanden, also nur ihr neu.

Albert Schellmann d. J. an Schubert

[Wien, Ende April 1825]

Lieber Schubert!

Sie noch zu grüßen, meine bei Ihnen vergessenen Handschuhe und das geliehene Buch zu holen – das sind die Zwecke, weshalb ich hier bin, – und die alle, bis auf das Buch, wovon ich die Hälfte fand, scheiterten. Leben Sie wohl, grüßen Sie mir alle Steyrer, meine Eltern, Vogl, die Pepi und besonders meinen Schatz, den sie leicht auskundschaften. Nehmen Sie dieses Blatt mit, – es wird Sie an ein Versprechen erinnern.

Schellmann.

V. S.
[Rückseite:]

Das Sternchen.

Ein Sternchen möcht' ich sein
Mit hellem, goldnem Schein,
Und säh' sie Nachts aus ihrem Haus
Zum schmalen Fensterchen heraus –
Wollt' ich so freundlich strahlen –
Ich *müßte* ihr gefallen.

Und was mein Mund nicht laut
Zu sagen sich getraut
Von meiner Liebe heißem Schmerz,
Das wollt' ich strahlen in ihr Herz, –
Das Sternchen sollt' ihr's sagen –
Sie *müßte* mich beklagen.

Schl.

Schellmann (siehe 28. November 1822) war zu seinen juristischen Doktorprüfungen nach Wien gekommen. Vater Schellmann (siehe 13. Juli 1819) war mit Barbara Reutter, geboren 1770, verheiratet. – Die „Pepi“ ist Josefine v. Koller (siehe 13. Juli 1819). – Schellmanns „Schatz“ mag Schubert in Steyr gefunden haben; anscheinend ist sie die Adressatin des Gedichts gewesen, das Schubert aber nicht komponiert hat. Da es auf die Rückseite des Briefchens geschrieben war, konnte es nicht zur Übergabe ohne Musik gedacht sein.

Aus der amtlichen „Wiener Zeitung“ vom 7. Mai 1825

Bei *Sauer* und *Leidesdorf*,
Kunst- und Musikhändlern, in Wien, in der Kärntnerstraße Nr. 941,
ist soeben erschienen, und um beigesetzte Preise zu haben
(in Pest bei Karl *Lichtl*):

. . . .

Schubert (Fr.), six grandes Marches et Trios pour le Pianoforte à 4 mains.
Oeuv. 40. Cah. I. 2 fl. 45 kr.

Opus 40, das vor op. 39 erschien und dessen zweites Heft erst im Herbst herauskam (siehe 21. September 1825), war von Schubert „en marque de reconnoissance à Son ami Monsieur J. Bernhardt, docteur en medicine“ gewidmet, also seinem Arzte, der ihn in den Jahren 1823 und 1824 behandelt hatte. Das erste Heft enthielt die Märsche 1 bis 3; sein Preis wurde am 21. Mai auf 2 fl. 30 kr. herabgesetzt.

7. Mai 1825: Salieri stirbt.

Aus der amtlichen „Wiener Zeitung“ vom 9. Mai 1825

Bei Cappi und Kompagnie,
in Wien, am Graben Nr. 1122, ist soeben neu erschienen und zu haben:

Der Liedler,
Ballade von Kenner,
in Musik gesetzt von
Franz Schubert.
38stes Werk. Preis 2 fl. 30 kr. Wien. Währ.

Diese Ballade, die erste, welche von dem genialen Schubert öffentlich erscheint, reihet sich nicht nur würdig den gefeierten Balladen Zumsteegs an, welche zu ihrer Zeit allgemeinen Enthusiasmus erregten, sondern sie übertrifft diese noch an Lebendigkeit des Ausdrucks und Originalität. Dabei ist selbe in einem einfacheren und mehr faßlichen Stile geschrieben, als manche andere Kompositionen Schuberts, und wird daher gewiß jedem Liebhaber des ausdrucksvollen Gesanges eine willkommene Erscheinung sein. Der Text, von einem vaterländischen, noch zu wenig bekannten Dichter verfaßt, ist nicht minder wertvoll und interessant, daher dieses Werk in jeder Hinsicht auf die allgemeine Teilnahme Anspruch machen darf.

Zum „Liedler“ siehe 3. Oktober 1823. – Es ist auffällig, daß dieses Lied als Schuberts erste Ballade bezeichnet wird, wenn auch nur als die zuerst erschienene. Der „Erlkönig“ war in Schuberts Druck ausdrücklich als Ballade bezeichnet worden. – Das Werk ist Kenner gewidmet. – Eine Ausgabe mit Guitarre-Begleitung erschien am 16. August 1825 („Wiener Zeitung“).

Anfang Mai 1825: Wilhelm August Rieder malt Schuberts Porträt. – Dieses bekannteste Porträt Schuberts, das als sehr ähnlich galt, war, wie es heißt, durch Zufall entstanden: Rieder, der nicht weit von Schubert in der Wiedner Hauptstraße wohnte, soll sich vor einem Regenschauer zu ihm geflüchtet und dabei ein Skizze gemacht haben, die er dann in mehreren Sitzungen ausführte. Das Aquarell – jetzt im Historischen Museum der Stadt Wien – trägt Schuberts Unterschrift und das Datum seines Todes, das Rieder hinzugefügt hat. Es ist die Grundlage der meisten Bildnisse von Schubert geworden.

Aus Bauernfelds Tagebuch

Mai 1825.

Schubert nach Steyr. Moritz beklagt sich über ihn. – „Wenn man mir geradezu etwas zuwider tut, so kann mich das mit Widerwillen erfüllen!“ sagte er. (Das war auch auf *mich* gemünzt.)

Schubert war vor dem 20. Mai nach Oberösterreich gereist, zunächst nach Steyr (20.–24. Mai). – Über Schwinds Verstimmung gegen Schubert siehe 2. Juli 1825.

20. Mai 1825: Josef v. Spaun wird von Linz nach Lemberg versetzt. – Spaun war durch ein Dekret vom Januar 1825 als Assessor von der Zollgefällenverwaltung Linz zu der nach Lemberg (polnisch Lwów) versetzt worden, wo er etwa ein Jahr lang verblieb.

24. und 25. Mai 1825: Schubert und Vogl bei Ottenwalts in Linz. – Vogl, der mit Schubert von Steyr nach Linz gekommen war, hatte die Ottenwalts bereits am 17. Mai besucht. Schubert machte von Linz aus einen Ausflug nach St. Florian und reiste über Kremsmünster (27. Mai) nach Steyr zurück, wo er bis zum 4. Juni verblieb.

Aus Pater Planks Tagebuch, Kremsmünster, 27. Mai 1825

Gäste Herr Vogl, voriger Hofschauspieler, mit Herrn Schubert, Musikkompositeur, dessen Lieder Herr Vogl abends gesungen.

Altman Kellner, „Musikgeschichte des Stiftes Kremsmünster", Kassel 1956, S. 640. – Vgl. 26. August 1819.

Aus einem Grazer Konzertprogramm vom 2. Juni 1825

[Großes Vokal- und Instrumental-Konzert, vom Steiermärkischen Musikverein zum Besten der dürftigsten Landschullehrer-Witwen und -Waisen im Landhaussaale veranstaltet]

I. Abteilung, Nr. 2. An die zürnende Diana. Gesangstück mit Pianoforte-Begleitung; von Franz Schubert.

Dem selben wohltätigen Zweck diente das Konzert, an dem Schubert 1827 in Graz teilgenommen hat (6. September 1827). – Der Titel des Liedes (siehe 11. Februar 1825) kommt hier dem originalen des Dichters näher: „Der zürnenden Diana". Der Sänger ist nicht bekannt.

Aus der Dresdener „Abendzeitung" vom 19. August 1825

[Tagebuch aus Wien, Anfang Juni 1825]

Der junge, talentvolle Tondichter *Schubert*, dessen Lieder-Kompositionen den musikalischen Maler beurkunden, fährt fort, in diesem leider zu viel vernachlässigten Zweige Vorzügliches zu leisten. Alle seine Kompositionen zeugen von tiefem Gemüte, verbunden mit einer bedeutenden musikalischen Theorie. Seine Lieder finden viele Abnehmer. [Höhler?]

Anfang Juni 1825: Josef v. Spaun hört als Gast des Grafen Anton und der Gräfin Anna Revertera (geborenen v. Hartmann) auf seiner Durchreise in Przemysl Schubert-Märsche (op. 27 oder op. 40, Heft I) in einem Arrangement für Blasinstrumente, gespielt von der Regimentsmusik des Zach-Regimentes, Kapellmeister Franz Wyskoczyl. – Graf Revertera (vgl. 18. Juni 1824), seit 1824 der Gatte Anna v. Hartmanns, war Hauptmann im Infanterie-Regiment Zach (benannt nach dem „Inhaber", einem früheren Kommandanten). Der Regiments-Kapellmeister Wyskoczyl war 1822 Ehrenmitglied des Linzer Musikvereins geworden, so wie 1824 auch die Gräfin Revertera. Das Regiment war von Linz nach Przemysl gekommen, der österreichischen Festung westlich von Lwów in Galizien (jetzt zu Polen gehörig). Nach Schiedermayrs Orchestrierung von Deutschen Tänzen Schuberts in Linz (11. März 1825) war diese Bearbeitung von seinen Märschen, wahrscheinlich op. 27 (siehe 18. Dezember 1824), für Harmoniemusik der erste bekannte Versuch in einer naheliegenden und vielversprechenden Richtung. Das Arrangement wurde aber nicht gedruckt.

Aus der amtlichen „Wiener Zeitung" vom 6. Juni 1825

Bei Anton Diabelli und Kompagnie,
Kunst- und Musikhändlern, am Graben Nr. 1133, sind neu erschienen,
und bei K. *Lichtl* in Pest um denselben Preis zu haben:

An Schwager Kronos.
(Spute dich, Kronos! fort den rasselnden Trott!)
An Mignon.
(Über Tal und Fluß getragen.)
Ganymed.
(Wie im Morgenglanz du rings mich anglühst!)
Gedichte von Goethe.
In Musik gesetzt
für eine Singstimme mit Begleitung des Pianoforte,
und dem *Dichter* verehrungsvoll gewidmet
von *Fr. Schubert.*
19tes Werk. Preis 2 fl. 30 kr. W. W.
(Eigentum der Verleger.)

Nun erst, mit einer Verspätung von etwa zwei Jahren, erschien Opus 19, für dessen Widmung man vielleicht die Zustimmung Goethes erbeten hatte. Sie ist jedenfalls nicht ausdrücklich erteilt worden, aber um ihm etwas widmen zu können, bedurfte es wohl bei der Wiener Zensur keine Bescheinigung. – Auf dem Titel ist der Preis mit 1 fl. 15 kr. K. M. angegeben.

Schubert an Goethe

[Anfang Juni 1825.]

Euer Exzellenz!

Wenn es mir gelingen sollte, durch die Widmung dieser Composition Ihrer Gedichte meine unbegränzte Verehrung gegen E. Exzellenz an den Tag legen zu können, und vielleicht einige Beachtung für meine Unbedeutenheit zu gewinnen, so würde ich den günstigen Erfolg dieses Wunsches als das schönste Ereigniß meines Lebens preisen.

Mit größter Hochachtung
Ihr
Ergebenster Diener
Franz Schubert.

Mit diesem Schreiben gingen zwei Prachtexemplare des Werkes, der Titel auf satiniertem Papier mit Goldaufdruck, nach Weimar an Goethe (eines in der Landesbibliothek dort). Schuberts Brief war offenbar vor seiner Abreise nach Oberösterreich geschrieben und beim Verlag gelassen worden, bis das Werk und die Vorzugsausgabe für Goethe fertig waren. Wie 1816 Josef v. Spauns Brief an Goethe, so blieb auch dieser unbeantwortet. Goethe stand unter dem Einfluß von Zelter und Reichardt; er hielt die einfach strophische Form der sogenannten Berliner Schule für die einzig richtige Vertonungsart und konnte deshalb an Schuberts Lösungen keinen Gefallen finden. Immerhin hat er 1830, als ihm Wilhelmine Schröder-Devrient den „Erlkönig" vorsang, ihn – vielleicht, weil *sie* ihn sang – als etwas Besonderes gewürdigt. (Siehe 16. Juni 1825.)

Aus der „Berlinischen Zeitung" (Voss) vom 9. Juni 1825

[Ankündigung des Konzertes Anna Milder, am 9. Juni 1825]

Wir freuen uns sehr, das Publikum benachrichtigen zu können, daß Madame *Milder* uns die gefällige Zusicherung erteilt hat, in ihrem heutigen Konzerte *Goethes* „Erlkönig" und „Zuleikas Gesang“ aus dem westöstlichen Divan, beide von Franz Schubert komponiert, zu singen. —r.

Aus der „Berlinischen Zeitung“ vom 11. Juni 1825

Reichen Genuß gewährte die musikalische Abendunterhaltung der Königlichen Sängerin, Madame *Milder*, am 9ten d. im Jagorschen Saale, welche zahlreich und glänzend besucht war . . .
Wir hören von der grandiosen Stimme dieser Sängerin . . . am liebsten einfach edlen, getragenen Gesang, wie Mad. Milder solchen in den beiden Liedern von *Goethe*: Suleikas zweiter Gesang, und „Erlkönig“ mit wahrer Meisterschaft *aus* dem Herzen *zum* Herzen widerhallen ließ.
Franz *Schubert* in Wien ist ein sinniger, die Modulation liebender Gesang-Komponist, der Suleika aus dem westöstlichen Divan besonders für Mad. Milder in Musik gesetzt und ihr das Manuskript zugeeignet hat. Wenn auch diese Tondichtung über die Liederform hinaus geht, und die fünf Verse des schönen Gedichts durchkomponiert sind, so ist dennoch der orientalische Geist desselben auch in der Musik gelungen aufgefaßt und wiedergegeben. Die zarte Melodie der von Mad. Milder mit innigem Gefühl vorgetragenen Singstimme erhält durch die ganz eigentümliche Pianoforte-Begleitung (von der Schwester der Sängerin, Mad. Bürde, geb. Milder, mit vieler Fertigkeit ausgeführt) ein helleres Kolorit. Das Wehen des sanften Westes, und die Sehnsucht zarter Liebe wird in diesen Tönen treffend versinnbildet. „Der Erlkönig“ ist höchst originell, mit tragischem Ernst behandelt, und die Orchester-Triolen-Figur in der sehr schweren Klavier-Begleitung konsequent durchgeführt. Nacht und Graus, Sturm und Schrecken ist in diesem Nachtstück schauerlich phantastisch gemalt. Auch dieser Gesang wurde in seiner Art vortrefflich ausgeführt.

Daß das zweite Suleika-Lied für die Milder geschrieben worden sei, ist wohl eine journalistische Übertreibung. Das Autograph ist nicht erhalten geblieben; aber Witteczek datiert das Lied in seiner Schubert-Sammlung in das Jahr 1821, und das wohl um dieselbe Zeit entstandene erste Suleika-Lied, dessen Autograph sich wieder gefunden hat, stammt vom März jenes Jahres, als Schubert die Milder noch nicht persönlich kannte. – Jeanette Antonie Bürde, die jüngere Schwester der Milder, war 1799 in Hütteldorf bei Wien geboren, Klavierspielerin, Sängerin und Lieder-Komponistin, später Lehrerin für Klavier und Gesang. – Andere Besprechungen dieses Konzerts erschienen in den „Berlinischen Nachrichten“ (Spener) am 11. Juni und in der Leipziger „Allgemeinen musikalischen Zeitung“ am 3. August 1825 (erste Ausgabe, Nrn. 581 und 582). Die Kritik der Spenerschen Zeitung (Voß und Spener waren Verleger in Berlin), die das deutsche Lied als Schöpfung Goethes einerseits, Zelters und Reichardts andererseits bezeichnet, ohne aber Schuberts Leistung zu verleugnen, fand sich im Nachlaß der Frau Willemer, der sie die Milder vielleicht geschickt hatte.

Aus Bauernfelds Tagebuch

Juni 1825.

Spaziergang mit Moritz. Einige Tage später verkündigte er mir die Ankunft seines höchst bedeutenden Freundes Schober.

Schober reiste Ende Juni von Breslau ab.

Aus Goethes Tagebuch

16. Juni 1825.

Sendung von Felix [Mendelssohn] von Berlin, Quartette. Sendung von Schubert aus Wien, von meinen Liedern Compositionen.

Der 16jährige Mendelssohn, der von Zelter an Goethe empfohlen worden war, hatte ihm drei Wochen zuvor das Klavierquartett op. 3 vorgespielt, das Goethe gewidmet ist, und am 9. Juni von Berlin die drei Klavierquartette opp. 1 bis 3 geschickt. Ihm antwortete Goethe am 21. Juni in einem ausführlichen Dankschreiben.

Therese Clodi an ihren Bruder Max in Wien

Ebenzweyer, den 22ten Juni 1825.

Daß Vogl und Schubert schon bei uns waren, glaube ich Dir schon geschrieben zu haben, ich möchte sie so gerne einladen, und weiß noch nicht, wie ich es recht machen soll, 2 male hörte ich Vogl singen und Schubert spielen, es ist und bleibt ein göttlicher Genuß, diese beiden zu hören.

Schloß Ebenzweier, etwa 5 km von Gmunden entfernt am Traunsee gelegen, stammt aus dem 13. Jahrhundert. Florian Maximilian Clodi, dessen Sohn Max wir schon begegnet sind (siehe 18. Juni 1824), geboren 1740, hatte um 1802 Schloß und Herrschaft Ebenzweier gekauft. Er hatte vier Kinder: Therese, Max, Josef und Franz. Sie stammten aus seiner zweiten Ehe, die er 1800 mit Josef v. Spauns Tante Therese eingegangen war; sie war 1814 gestorben. Er war blind geworden und litt an Gicht. Seine Tochter, die liebenswürdige Therese, geboren um 1803, führte das Gut als Hausfrau und Verwalter. Sie wird die „Schloßherrin", lieber aber das „Fräulein vom See" genannt. Franz v. Schwind (siehe Dezember 1824) verehrte sie; sie blieb aber ledig, verarmte nach dem Tode ihres Vaters (einen Monat vor Schuberts Ende) und war zuletzt Vorsteherin der Mädchenschule in Penzing bei Wien. – Schubert war zuerst etwa 14 Tage in Steyr gewesen und wohnte dann vom 4. Juni bis 15. Juli, sechs Wochen lang, in Gmunden, wo Vogl (wenigstens zeitweilig) mit ihm war. Sie wohnten beide beim Kaufmann Ferdinand Traweger (siehe August oder September 1818) in der Badgasse nahe dem Landungsplatz. Stadler nannte Traweger Gmundens Paumgartner, er war also ein Musikmäzen. Er hatte mit seiner Frau Elisabeth zwei Töchter und einen erst 1820 geborenen Sohn Eduard, an dem Schubert Gefallen fand. Er brachte dem Knaben das Lied „Guten Morgen, schöne Müllerin" bei und schenkte ihm einen silbernen Zahnstocher als Belohnung für sein gutes Benehmen beim Ansetzen von Blutegeln (Bildband, S. 53). Vater Traweger war ein besonderer Freund des Männerquartetts, und Schubert soll das lateinische Trinklied „Edit nonna" für ihn geschrieben haben. In Ebenzweier hat Schubert offenbar damals nicht gewohnt. Er verkehrte in Gmunden auch beim Schullehrer Johann Nepomuk Wolf, dessen Tochter Anna (Nanette), geboren in Hallstatt 1808, Klavier spielte und sang. Schubert soll mit ihr beim Hofrat Franz Ferdinand Ritter v. Schiller (geboren in Pontebba 1773), seit 1824 Salz-Oberamtmann des Salinen-Oberamts Gmunden, vierhändig gespielt haben.

Aus der amtlichen „Wiener Zeitung" vom 23. Juni 1825

Bei Ant. *Diabelli* und Komp.,
Kunst- und Musikalienhändlern am Graben Nr. 1133, ist neu erschienen,
und bei C. Lichtl in Pest um denselben Preis zu haben:
Tantum ergo in C,
für Sopran, Alt, Tenor und Baß, zwei Violinen, zwei Oboen oder
Klarinetten, 2 Trompeten und Pauken, Kontrabaß und Orgel;
komponiert von Franz *Schubert.*
45stes Werk. 1 fl. 30 kr. Wien. Währ.

Erstes Offertorium.
(Totus in corde langueo.)
Solo für Sopran oder Tenor und Klarinett concertant,
mit Begleitung von 2 Violinen, 2 Flöten, 2 Hörnern, Kontrabaß
und Orgel,
komponiert und seinem Freunde Ludwig *Titze* gewidmet,
von Franz *Schubert.*
46stes Werk. Preis 3 fl. W. W.
(Eigentum der Verleger.)

Gefunden von Ignaz Weinmann.

Anna Milder an Schubert

Geehrtester Herr Schubert!

Ich kann nicht unterlassen, Ihnen von einer musikalischen Abendunterhaltung Nachricht zu geben, die den 9. d. M. stattgefunden hat; ich habe doch die Suleika vor dem Publikum gesungen, und zwar bin ich dazu aufgefordert worden, wie Sie sehen. Der Erlkönig und die Suleika haben unendlich gefallen, und zu meiner großen Freude kann ich Ihnen diese Zeitung schicken; ich wünsche und hoffe, daß sie Ihnen ebenfalls die Freude verursachen möge. Man wünscht, daß die Suleika bald zu haben wäre, und sie wird vermutlich schon erschienen sein. In Berlin ist Trautwein der honetteste Musikhändler, wollten Sie die Suleika hier herausgeben, rate ich Ihnen diesen Mann.
Wie steht's mit die Empfindungen an einem Platze von Goethe? Haben Sie daran gedacht?
Ich reise den 30. d. von hier ab, und erhalte wahrscheinlich vor der Abreise von Ihnen nichts; was mir unendlich leid tut. Den Monat August bin ich in Ems meiner Gesundheit wegen; hätten Sie vielleicht Gelegenheit, mir von Ihren letztern Kompositionen dorthin zu schicken, oder nach Paris, wo ich 2 Monate sein werde, September und Oktober, würden Sie mich unendlich erfreuen.
Wie geht's dem Vogl? Ich hoffe gut, und nach meinen Wünschen sehr wohl, grüßen Sie ihn gefälligst unendliche Male von mir, ich betrübe mich noch, daß ich in Wien war, und nicht so glücklich war, ihn zu sehen. Haben Sie die Güte zu sagen, daß ich nach Paris reise, ich werde dort durchaus nicht singen, obschon man im Publiko mehr weiß wie ich.
Leben Sie recht wohl, und vergessen Sie bei Ihren Kompositionen nicht

Ihre ergebenste

Berlin, den 28. Juni
1825.

Anna Milder.

Siehe 9. und 11. Juni 1825. Die Milder schickte Schubert diese Pressestimmen. – Traugott Trautwein war der Inhaber eines 1820 gegründeten Musikverlags. Er druckte „Die Forelle" nach, sein Kollege F. S. Lischke in Berlin zu Schuberts Lebzeiten auch „Suleikas zweiter Gesang": das war fast alles, was an Nachdrucken erschienen ist. – Das Goethe-Gedicht, das Schubert nicht komponiert hat, wurde schon erwähnt (8. März 1825). – Die Milder scheint nicht in Paris gesungen zu haben. – Schubert schrieb für sie schließlich die Konzertarie „Der Hirt auf dem Felsen", Oktober 1828, op. posth. 129. (Vgl. Schubert-Erinnerungen, S. 337.)

Schwind an Schubert

2ten Juli 825.

Mein lieber Schubert!

Ich glaube fast, daß mein letzter Brief einiges enthalten hat, was Dir unangenehm war. Ich will aufrichtig sein und Dir gestehen, was mich noch immer kränkt. Du erinnerst Dich gewiß daran, wie Du das letzte Mal nicht zu Hönig gekommen bist. Ich müßte ganz blöd sein, wenn ich mich's verdrießen ließe, ja wenn es mir nicht angenehm wäre, wenn Du tust, was *Du* willst, und Dich nicht um das bekümmerst, was ich allenfalls von Dir begehre. Hättest Du aber daran denken wollen, wie viel Liebe Dich erwartet hat, so wärst Du gekommen. So wenig es mich abhalten wird, Dir zu sein und zu tun, was Dir bis jetzt von mir willkommen war, so muß ich mich fast fürchten, so viel Freuden von Dir [zu] empfangen, da ich sehe, wie wenig Übergewicht ich über Dein Mißtrauen und Deine Furcht, Dich geliebt und verstanden zu sehen, durch so manches Jahr habe erringen können. Das mag der Grund einiger boshaften Späße sein, die ich nicht habe unterdrücken können, so sehr sie mir selbst weh tun. Das verteufelte Spotten hat wohl überhaupt seinen Grund in ähnlichen Dingen. Warum soll ich's nicht sagen? Seit ich Dich und Schober kenne, bin ich gewohnt, mich in allen Dingen verstanden zu sehen. Da kommen die andern, und spotten und lauern in Verbindungen und Gedanken herum, von denen sie irgendein Fragment zu Gesicht bekommen, und wir lassen sie anfangs gewähren, dann tun wir's selber mit, und da der Mensch nicht von Diamant ist, so verliert sich Unersetzliches um den Spottpreis eines erträglichen Umgangs. Wenn das zu bitter ist, so war ich leider oft zu gut. Ich bitte Dich, antwortete mir hierüber, so grob und so aufrichtig als ich, denn es ist alles besser als diese qualvollen Gedanken, die ich nicht los werden kann.

Ich höre, daß Du mich schon bald erwartest; das ist aber leider nicht wahr. Ich kann es nicht verschieben, mich ganz auf das Malen zu werfen, und ein ganzer Sommer ist das geringste, was ich meinen bisherigen Versuchen zugeben kann, um nur zu einiger Sicherheit zu gelangen. Auch muß ich Schober erwarten, und kann dann nicht gleich weglaufen, er wird sich so genug ärgern, daß du nicht hier bist. Übrigens gehe ich fleißig nach Grinzing, wo sich mehr als eine saure Woche vergessen läßt. Ich habe etwas anderes schreiben wollen, aber ich höre Dich ordentlich spotten, wiewohl Du so gut als ich und noch besser weißt, wie wohltuend und lieblich ein Umgang ist, in dem man sich und seine Freunde verstanden sieht. Beiliegendes Zeitungsblatt schickt dir die Netty. Du wirst bemerken, wie sie sich bemüht hat, Deine Freundschaft mit Tietze zu vernichten, dem Du auch in ihrer Gegenwart verschiedene Ehrentitel beigelegt hast. Es grüßen Dich alle vielmals, und es ist kein Ende von Erinnerungen und Wiederholungen, aus der Zeit, wo Du da warst.

Ich weiß nicht, ob ich Dir geschrieben habe, daß ich bei Grillparzer war. Er zeigte viele Freude über meine Hochzeit, und versicherte mich, in zehn Jahren werde er sich noch jeder Figur erinnern. Da wir in Ermangelung eines Weimarischen Herzogs, der zu schützen und zu zahlen vermag, nichts begehren können als das geistige Urteil bedeutender Männer, so kannst Du Dir denken, wie vergnügt ich nach Hause ging. Übrigens bezeigte er sich sehr freundlich und gesprächig, großtenteils über die mangelhafte und erkünstelte Richtung gewisser Künstler und Gelehrten, die wir kennen. Daß er die Hochzeit des Figaro ganz so ansieht wie ich, war mir kein kleiner Triumph. Mit seiner Oper wird es nichts sein, denn sie gehört nimmer sein, und er kann daher nicht ganz tun, wie er will. Dafür hofft er, Dir eine Oper vom Königsstädter Theater in Berlin zu verschaffen, dessen Direktor er kennt und der eine Oper sucht. Er wiederholte öfters, daß es ihm eine wahre Angelegenheit sei. Bauernfeld studiert und grüßt Dich. Viele Empfehlungen an Herrn von Vogl, er soll doch ja nicht vergessen, der schönsten Frl. Amalia in irgendeiner gelegentlichen Schäferstunde die zwei Zeichnungen abzulocken. Ich selbst habe sie nicht, und da ich doch bald malen will, so brauche ich sie unumgänglich. Zur Fr. v. Láscny kann ich noch immer nicht. Das ist auch . . . Wenn Du nach *Ebensweyer* kommst, so empfiehl mich und richte aus, was Du nur Schönes auftreiben kannst. Schreibe mir auch recht bald, wie es Dir geht, was Du machst, wie es Dir gefällt und ob Du bestätigt findest, was ich Dir erzählte. Empfiehl mich bei Hofrat Schiller so artig, als Du weißt: wenn ich an voriges Jahr denke, so halte ich mein untertänigstes Kompliment noch für grob. Weißt Du von der Fritzy Dornfeld nichts, von Linz und Florian? Ich werde kurios ausstreichen, wenn ich hier fertig bin. Lebe recht wohl.

Dein Schwind.

Kreißle behauptet, daß dieser Brief – der erste ist nicht erhalten – nach Gmunden adressiert gewesen und Schubert nach Steyr nachgeschickt worden sei, wohin er aber erst am 25. Juli wieder gekommen ist, während er bis 15. in Gmunden verweilte. – Die Verstimmung zwischen Schubert und Schwind ist im Mai 1825 erwähnt worden. Sie war Anna Hönigs wegen entstanden, der Schubert noch am 16. April einen Walzer (D. 844) ins Stammbuch geschrieben hatte. (Schwind schrieb ihr 1827 selbst eine Klavierkomposition in dieses Album.) Schwind kam in seinem Brief vom 1. August 1825 noch einmal darauf zurück. – Über den Satz mit den Worten „Fragment" und „Diamant" hat sich Schubert in seiner verlorenen Antwort lustig gemacht (vgl. 1. August 1825). – Grinzing war ein Weindorf bei Wien. – Tietze, dem Josef Hüttenbrenner später nachsagte, daß er Schubert feindlich gesinnt gewesen sei, und den Anna Hönig natürlich nicht gegen Schubert eingenommen hatte, war zuletzt am 10. April mit einem Schubert-Liede aufgetreten, und die Kritik (28. April 1825) mag der Ausschnitt gewesen sein, den sie Schubert schicken ließ. – Grillparzer, ein besonderer Verehrer Mozarts, war in die Figur des Pagen Cherubin verliebt, wohl in Erinnerung an die Sängerin Henriette Teimer (1798–1818), die mit Anton Forti verheiratet war und die Rolle gesungen hatte. – Karl August, Großherzog von Weimar, der Protektor Goethes, war ein Mäzen der Künste. – Das Opernbuch Grillparzers war die „Melusina" (vgl. 16. September 1823). Es bestand also die Absicht, das Libretto, das Beethoven verschmäht hatte, Schubert zuzuschanzen, bevor es Kreutzer bekommen hat. Grillparzer hoffte, Schubert einen Auftrag für eine Oper vom Königstädtischen Theater in Berlin zu verschaffen, das 1824 unter der Direktion Karl Friedrich Cerfs eröffnet worden war; er hatte Henriette Sontag (die Wiener ‚Euryanthe'), Spitzeder und seine Frau, Jäger und Wächter aus Wien engagiert. – Das Königstädtische Theater, das „Melusina" von Beethoven erwartete und schließlich von Kreutzer bekam, hatte auch Schuberts „Alfonso und Estrella" von Frau Milder erhalten, ohne davon Gebrauch zu machen (siehe 8. März 1825). – Bauernfeld bereitete sich auf die Staatsprüfung vor, um Beamter zu werden. – Fräulein Amalia war die Tochter des Hofrats v. Schiller (vgl. 22. Juni 1825); Schwind hatte bei ihr offenbar im Herbst 1823 diese Zeichnungen hinterlassen. – Zu Fritzi (Friederike) v. Dornfeld vgl. 2. November 1821. – Florian ist das Stift bei Linz.

Ottenwalt an seinen Schwager Josef v. Spaun in Lemberg

Linz, 2. Juli 1825.

. . . Wer weiß, ob es nicht Dir gelingt, mit unsers Schuberts Liedern sarmatische Wälder und Steine zu beleben.

Sarmatia hieß im Altertum das Land zwischen Germanien und Dakien einerseits und dem Don andererseits.

Vater Schubert an Franz

Lieber Sohn!

Der Herr Vater der Madame Milder überbrachte mir diesen Brief an Dich, und ließ mich aus Berliner-Zeitungsblättern sehr viel Rühmliches über die am 9. Juni d. J. von seiner Tochter gegebene Abendunterhaltungen lesen, wo auch Deine Kompositionen sehr erhoben werden.
Es wundert mich und alle Angehörigen sehr, warum Du gar nichts von Dir hören läßt. Segenswünsche und Freundschaftsgrüße ohne Zahl soll ich Dir von allen Seiten mitteilen. Auch Dein letzter Hausinhaber ließ sich schon um eine Nachricht von Dir durch seine Dienstmagd anfragen. Ich und alle meine Anverwandten sind, Gott sei Dank, wohlauf, und in der Erwartung auf eine erfreuliche Antwort von Dir, wünsche ich Dir alles wahre und dauerhafte Gute als Dein treuer Vater F. Schubert.

An den hochzuverehrendesten Herrn v. Vogl, Deinen erhabenen Gönner, meine herzliche Verehrung.

Wien, am 8. Juni [statt Juli] 1825.

Felix Milder, der Vater der Sängerin, war zuerst Konditor und Cafetier in Konstantinopel, dann Dolmetscher in Bukarest, endlich österreichischer Gesandtschaftskurier gewesen, bevor er sich um 1800 in Hütteldorf bei Wien niederließ. Er scheint um 1825 Antekammer-Türhüter bei Hofe gewesen zu sein. – Er brachte Anna Milders Brief vom 28. Juni 1825, aber ohne die Ausschnitte aus der „Berlinischen Zeitung“ vom 9. und 11. Juni 1825 (siehe Schuberts Antwort an seinen Vater vom 25. Juli 1825) zu hinterlassen. – Der Ölverschleißer Kellner, bei dem Schubert im Fruhwirth-Haus wohnte, wollte wissen, ob er das Zimmer im Herbst wieder beziehen werde.

Aus Bauernfelds Tagebuch

Juli 1825.

Schober ist angekommen aus Breslau, wo er viel mit *Holtei*, *Steffens*, *Karl Schall* und anderen geistreichen Männern verkehrte, wie Baron Vaerst usw. Er hatte ein etwas abenteuerliches Leben geführt, war auch eine Zeitlang Schauspieler à la Wilhelm Meister. Er ist um fünf oder sechs Jahre älter als wir, dabei eine Art Weltmann, besitzt große Suada und Dialektik, ist bei den Weibern beliebt, trotz seiner etwas krummen Beine. Wir kamen gleich in ein angenehmes Verhältnis. – Klementine Ruß nannte ihn den Gott Mahadö. Sie verlange aber nicht, daß er sie mit feurigen Armen emporhebe. Auch Moritz verehrt ihn wie einen Gott. Ich finde ihn ziemlich menschlich, aber interessant.

Nach fast zwei Jahren kehrte Schober zurück. – Karl v. Holtei, geboren in Breslau 1798, war Schauspieler und Theaterdichter, damals für das Königstädtische Theater in Berlin stark beschäftigt. – Henrik Steffens, geboren in Stavanger (Norwegen) 1773, seit 1811 in Breslau, war dort Professor der Physik und Philosophie, aber auch Dichter und geistiges Bindeglied zwischen Breslau und den skandinavischen Intellektuellen. – Zu Schall siehe 21. September 1824, zu Vaerst 2. Dezember 1824, zu „Wilhelm Meister“ 7. Dezember 1822. – Schober war etwa sechs Jahre älter als Bauernfeld, Schwind w. r acht, Schubert ein Jahr jünger als er. – Klementine, die hübsche, etwa 18jährige Tochter des Historienmalers Karl Ruß, Kustos der kaiserlichen Gemäldegalerie, war – dilettantisch – Malerin und Dichterin. Sie und Schwind hatten 1824 um die Wette Schobers Porträt in Klementinens Skizzenbuch gezeichnet. – Mahadö ist „der Herr der Erde“ in Goethes Gedicht „Der Gott und die Bajadere“, das Schubert 1815 komponiert hatte.

THERESE CLODI AN IHREN BRUDER MAX IN WIEN

[Ebenzweyer,] den 19ten Juli 1825.

Vogl und Schubert sind wieder von Gmunden weg. Schubert ist, wie ich höre in Linz gewesen, Vogl weiß ich selbst nicht, wohin er ist, aber daß sie beide auf den Herbst wieder kommen, sagten sie mir.

Schubert war Freitag, den 15. Juli, nach Linz gereist.

OTTENWALT AN JOSEF V. SPAUN IN LEMBERG

Linz, 19. Juli 1825.

Wir genießen eine angenehme Zeit und möchten Dich so gern sie mitgenießen lassen. – Schubert ist hier, bis itzt allein. Er kam Freitag zuerst zu uns, ging aber nachmittags gleich nach Steyregg. Von da kam er heute morgen wieder u. wird hoffentlich etliche Tage hier zubringen, bis ihn Vogl, vermutlich gegen Ende dieser Woche, nach Steyr abholt. Schubert sieht so gesund und kräftig aus, ist so gemütlich heiter, so freundlich mitteilend, daß man innige Freude daran haben muß. Er bezieht heute das Zimmer, wo Du eine Zeitlang Dein Nachtquartier aufgeschlagen hattest. Da wird heute sein Koffer hingebracht, ein Tisch zum Schreiben eingerichtet, er wird mit Büchern versehen u. dgl. Ich bin Dir ordentlich stolz auf diesen Gast und jede Liebe und Ehre, die wir ihm erzeigen, gilt zugleich Dir. Wie gar herrlich wäre es, hätten wir Dich hier. Aber eine große Freude macht es mir, daß Schubert, da Du nicht hier bist, doch unter uns so heimlich zu sein scheint; er hat heut nach Tische sogar einiges von seinen Märschen mit Marien gespielt. Von seinen Liedern, sagt er uns, sind seither einige aus Scotts Fräulein vom See – nicht von dem armen Ferdinand [Haas], sondern von einem andern übersetzt – entstanden. Übrigens hat er in Gmunden an einer Symphonie gearbeitet, die im Winter in Wien aufgeführt werden soll.

Von Dir spricht er [Schubert] mit vieler Wärme, und neulich, als er von den Stunden, die er mit Dir in Wien verlebt, zu reden kam, geriet er eigentlich in Feuer. Über Deinen Entschluß nach Lemberg zu gehen, schüttelt er verwundert den Kopf, und als wir äußerten, zufrieden würdest Du dort wohl auch mit der Zeit nicht werden, erwiderte er lebhaft, das wäre auch durchaus nicht recht von Dir, es dürfe Dir gar nie dort gefallen. Für Max war sein Besuch ein Fest; er ist so viel, wie möglich um ihn. Abends wird ein Spaziergang zum Jägermaier gemacht, dann im Schloß soupirt, wo die Frauen auch hin kommen. Gesungen hat er uns noch nichts, obwohl auch nicht es abgeschlagen, die Deutschen aber, die Marie eingelernt, spielte er, sie haben unter seiner Hand ein unglaubliches Leben. –

Daß wir solche Menschen kennen und selbst bei uns haben können, verdanken wir auch Dir, so verschönerst Du nachwirkend noch unser Leben.

[Nachschrift Marie Ottenwalts:]

Könntest Du doch diese Tage mit uns zubringen, wie sehr wünschte ich erst heute, daß auch Du die neuen herrlichen Lieder hören könntest, die Schubert komponierte und sang. Der Text ist aus dem Fräulein am See. – Er las mit vieler Liebe Deine Briefe durch, welche jetzt schon zu einem ziemlichen Buche angewachsen sind. – Heute soll auch Vogl kommen, allein vielleicht geht dieser gleich nach Steyregg und wird uns wohl

Schubert mitnehmen, allein auf jedem Falle hoffe ich, ihn noch einige Tage hier zu behalten ... Schubert schläft an dem selben Platz, wo Du bei uns gelegen.

Über Schloß Steyregg und seine Besitzer, Graf und Gräfin Weißenwolff, siehe die Anmerkung vor dem 15. Januar 1824. – Die vierhändigen Märsche waren wohl aus dem neuen op. 40, das zur Hälfte schon im Frühjahr erschienen war. – Schubert komponierte im Frühjahr und Sommer 1825 sieben Lieder und Gesänge aus „The Lady of the Lake", von denen das einzig datierte, das „Lied des gefangenen Jägers", allerdings schon am 4. April 1825 in Wien entstanden war. Die Übersetzung war nicht die erst 1828 erschienene von Ferdinand Haas (geboren in Salzburg 1799) aus der mit Spauns befreundeten Linzer Familie (siehe 18. Juni 1824), sondern die des 1822 verschiedenen Prof. Ph. Adam Storck in Bremen, die 1819 erschienen war. – Die Nachricht über die in diesem Sommer geschriebene und verlorene Sinfonie, genannt die Gmunden-Gasteiner, ist die erste dokumentarische. Die geplante Aufführung wird auch von Schwind in seinem Brief vom 14. August erwähnt. Im übrigen erwähnen Josef v. Spaun und Bauernfeld diese Sinfonie als die „Gasteiner" in ihren Nekrologen für Schubert. George Grove kannte die beiden Briefstellen nicht, als er die Frage nach der Gasteiner Sinfonie aufwarf („The Times", 28. September 1881) und in einer Diskussion mit seinem Freunde Karl Ferdinand Pohl zu einem vorläufigen Ende brachte („Athenaeum", 19. November 1881). – Max ist Josef v. Spauns Bruder, der damals in Linz angestellt war, ein etwas scheuer, die Welt verbessern wollender Pechvogel. – Der „Jägermayr" ist ein Gasthaus im Stadtwald, östlich von Linz auf dem Freinberg gelegen; der Garten bietet eine weite Aussicht. Das „Schloß" an der Donau, das auch eine Gaststätte hatte, wurde schon am 3. Juli 1818 erwähnt. – Die „Deutschen Tänze" waren wohl die aus op. 33. – Die Briefe Spauns waren die, die er aus Galizien geschrieben hatte. – Schubert, der bereits vom 15. bis 19. Juli nachmittags einen Besuch in Steyregg gemacht hatte, ging mit Vogl auf ein paar Tage dorthin, wahrscheinlich vom 22. bis 24. Juli.

Schubert an Josef v. Spaun in Lemberg

Linz den 21. July
1825

Lieber Spaun!

Du kañst Dir denken, wie sehr mich das ärgern muß, daß ich in Linz an Dich einen Brief schreiben muß nach Lemberg!!! Hohl der Teufel die infame Pflicht, die Freunde grausam auseinander reißt, wenn sie kaum aus dem Kölch der Freundschaft genippt haben. Da sitz ich in Linz, schwitze mich halbtodt in dieser schändlichen Hitz, habe ein ganzes Heft neuer Lieder, u. Du bist nicht da! Schämst Dich nicht? Linz ist ohne Dich wie ein Leib ohne Seele oder wie ein Reiter ohne Kopf wie eine Suppe ohne Salz. Wenn nicht der Jägermeyr ein so gutes Bier hätte, u. auf dem Schloßberg ein passabler Wein zu haben wäre, so müßte ich mich auf der Promenade aufhängen, mit der Überschrift: *Aus Schmerz über die entflohene Linzer-Seele.* Du siehst, dß ich ordentlich ungerecht werde gegen das übrige Linzthum, indem ich doch in Deiner Mutter Hause, in der Mitte Deiner Schwester, des Ottenwalt u. Max recht vergnüglich bin, u. aus den Leibern manches noch andern Linzers Dein Geist herauszublitzen scheint. Nur fürcht ich wird dieser Geist nach u. nach ganz verblitzen, und da möchte man dann vor Unmuth zerplatzen. Überhaupt ist es ein wahres Elend, wie jetzt überall alles zur faden Prosa sich verknöchert, wie die meisten Leute dabey ruhig zusehen oder sich gar wohl dabey befinden, wie sie ganz gemächlich über den Schlam̄ in den Abgrund glitschen. Aufwärts geht's freylich schwerer; u. doch wäre dieses Gesindel leicht zu Paaren zu treiben, wenn nur von *oben* aus etwas geschähe. Übrigens laß Dir kein graues Haar wachsen, dß Du so weit von uns bist, biethe dem einfältigen Schicksal Trotz, u. ihm zum Hohne laß Dein reiches Gemüth wie einen Blumengarten erblühen, auf dß Du in dem kalten Norden

Wärme des Lebens verbreiten, u. Deine göttliche Abkunft beurkunden mögest. Niederträchtig ist die Trauer, welche ein edles Herz beschleicht, wirf sie von Dir, u. zertritt den Geyer, eh er sich in Deine Seele hinein frißt.
Von Schober hat man einige sehr sonderbare, beynahe komische Notitzen erhalten, fürs erste: las ich in der Wiener-Theaterzeitung von einer *pseudonymen Torupsohn*??? Was soll das bedeuten? Er wird doch nicht geheurathet haben? Das wäre doch einigermaßen lustig – fürs zweyte soll die Casperl-Rolle in der travestirten Aline seine Fors-Rolle seyn. Ein ziemlich tiefer Fall von der Höhe seiner Plane u. Erwartungen! Und endlich drittens, dß er nach Wien zurückkom̄en soll? Nun frag ich, was wird er da machen? Indessen freue ich mich doch sehr auf ihn, ich hoffe er wird wieder ein etwas lebendigeres u. gescheidteres Wesen in die zwar sehr zusam̄engeschmolzene Gesellschaft hinein bringen. Ich bin seit 20. May in Oberösterreich, u. ärgerte mich, als ich erfuhr, dß Du ein paar Tage zuvor von Linz weg gereist bist. Ich hätte Dich so gern noch einmahl gesehen, eh Du Dich dem pohlnischen Teufel überliefert hast. In Steyer hielt ich mich nur 14 Tage auf, worauf wir (Vogl u. ich) nach Gmunden gingen, wo wir 6 volle Wochen recht angenehm zubrachten. Wir waren bey Traweger einloschirt, der ein prächtiges Pianoforte besitzt, u. wie du weißt, ein großer Verehrer meiner Wenigkeit ist. Ich lebte da sehr angenehm u. ungenirt. Bey Hofrath v. Schiller wurde viel musicirt, unter andern auch einige von meinen neuen Liedern, aus Walter Scotts *Fräulein vom See*, von welchen besonders die *Hymne an die Maria* allgemein ansprach. Dß Du mit dem jungen Mozart zusam̄en kommst, freut mich recht, grüße ihn von mir.
Und nun recht lebe wohl! Mein lieber guter Spaun!
Denke öfters an Deinen

aufrichtigen Freund

NB. Schreibe mir doch nach Steyer.

Franz Schubert.

Über die Hitze des Sommers klagt Schubert auch in seinem Brief an den Vater vom 25. Juli 1825. – Das Heft neuer Lieder ist offenbar das mit den Gesängen aus dem „Fräulein vom See“. – Die Entstehung der mit Platanen bepflanzten „Promenade“ südlich vom Schloß, an Stelle der alten Stadtbefestigung, war Spauns 1804 verstorbenem Vater, dem ständischen Syndikus Franz Xaver Edlen v. Spaun, zu danken. – Frau v. Spaun wohnte, wie die Ottenwalts, im Großen Bürgerhof in der Herrengasse, und Schubert war dort Gast bei Ottenwalts. – Die „Wiener Allgemeine Theaterzeitung“ hatte am 23. April folgende Notiz aus Breslau, datiert 25. März, gebracht, die Anton v. Spaun in einem Briefe an Josef fast wörtlich zitiert: „Wir haben von österreichischen Theatern erhalten [engagiert] . . . und die pseudonyme Torupson, die hier zum ersten Male die Bühne betreten hat“ (gezeichnet Karl Barbarina). Da muß ein Irrtum geschehen sein: Es handelt sich um einen Mann, und zwar um Schober selbst, der nach seinem Geburtsort, dem Schloß Torup bei Malmö in Schweden, dieses Pseudonym für seine späte und kurze Theaterlaufbahn gewählt hatte. Er war um Neujahr 1825 als Hubert in Holteis „Die Wiener in Berlin“ aufgetreten. Die Kasperlrolle des Schiffbarbiers Bims in Bäuerles „Aline“ (siehe die Notiz vor dem 20. Oktober 1822) aber gab in Breslau Karl Stawinsky, den Schober selbst in einer Lithographie mit Frl. Kupfer als Zilli porträtierte. Das Stück wird die „travestierte Aline“ genannt, weil es Bertons Oper „Aline, Reine de Golconde“ (Paris 1803, Wien 1804) zur Grundlage hat. – Johanna Lutz hatte am 4. Mai an Leopold Kupelwieser geschrieben: „In der Theaterzeitung steht, daß mehrere Bühnenmitglieder Breslau verlassen haben, auch Torupson (= Schober), dessen Verlust nicht bedauert wird.“ – Spaun war am selben Tage von Linz abgereist, an dem Schubert in Steyr ankam. – Die „Hymne an Maria“ ist natürlich „Ellens dritter Gesang“ („Ave Maria“). – Mozarts Sohn (siehe 14. Juni 1820) war Musikdirektor in Lemberg. Spaun wurde durch die Reverteras beim Gubernialrat v. Baroni eingeführt, dessen Frau, geborene Komtesse Castiglioni, des jungen Mozarts Gönnerin war.

Aus der amtlichen „Wiener Zeitung" vom 25. Juli 1825

Bei A. *Pennauer*,
k. k. privil. Kunst- und Musikalienverleger in Wien, ist soeben neu erschienen, und in dessen Magazin, untere Bräunerstraße, im Fischerischen Hause, sowie in allen soliden Buch-, Kunst- und Musikhandlungen des In- und Auslandes, zu haben:

Die junge Nonne, und Nacht und Träume.
Zwei Gedichte,
in Musik gesetzt für eine Singstimme mit Pianoforte-Begleitung
von Franz Schubert.
43stes Werk. Preis 1 fl. 45 kr. W. W.
Dieselben mit Guitarre-Begleitung 1 fl. 30 kr. W. W.

Op. 43 erschien, ohne Widmung, vor opp. 41 und 42.

Aus der amtlichen „Wiener Zeitung" vom 25. Juli 1825

Bei Anton Diabelli und Komp.,
Kunst- und Musikhändlern, am Graben Nr. 1133, ist neu erschienen,
und bei K. Lichtl in Pest um denselben Preis zu haben:

Zweites Offertorium.
(Salve Regina.)
Solo für Sopran, mit Begleitung von zwei Violinen (zwei Klarinetten, zwei Fagotten ad lib.), zwei Hörnern, Kontrabaß und Orgel;
komponiert von Franz *Schubert.*
47stes Werk. Preis 2 fl. 30 kr. W. W.
(Eigentum der Verleger.)

Die Opera 44 bis 51, darunter vier Kirchenmusikwerke, waren offenbar alle vor dem April 1823 komponiert, schon vor dem Bruche zwischen Schubert und Diabelli von diesem Verlag (siehe 10. April 1823) erworben worden und erschienen nun unregelmäßig, mit neu vereinbarten Opusnummern (siehe 4. August 1825), zwischen Mitte 1825 und Anfang 1827. Ob diese Werke durch die Generalabrechnung von 1823 schon honoriert waren, ist nicht bekannt. Im Frühjahr 1827 kam es jedenfalls wieder zu einer Annäherung zwischen Schubert und diesem Verlag, obwohl er auch dann noch (1827 und 1828) meist ältere Werke von Schubert brachte und nicht mehr sein ausschließlicher Verlag war.

Schubert an Vater und Stiefmutter

Den 25. (28.?) Juli 1825, Steyer.

Theuerste Eltern!

Mit Recht verdiene ich den Vorwurf, den Sie mir über mein langes Stillschweigen machten, allein, da ich nicht gerne leere Worte schreibe und unsere gegenwärtige Zeit wenig Interessantes darbietet, so werden Sie mir's verzeihen, daß ich erst auf Ihr liebevolles Schreiben etwas von mir vernehmen lasse. Sehr erfreute mich das allerseitige Wohlbefinden, zu dem ich, der Allmächtige sei gepriesen, auch das meinige hinzufügen kann. Ich bin jetzt wieder in Steyer, war aber 6 Wochen in Gmunden, dessen Umgebungen wahrhaftig himmlisch sind, und mich, so wie ihre Einwohner, besonders der gute Traweger innigst rührten, und mir sehr wohl thaten. Ich war bei Traweger wie zu Hause, höchst ungenirt. Bei nachheriger Anwesenheit des Hrn. Hofrath v. Schiller, der der Monarch des ganzen Salzkammergutes ist, speisten wir (Vogl und ich) täglich in seinem Hause, und musicirten sowohl da, als auch in Traweger's Hause sehr viel. Besonders machten meine neuen Lieder, aus Walter Scott's *Fräulein vom See*, sehr viel Glück. Auch wunderte man sich sehr über meine Frömmigkeit, die ich in einer Hymne an die heil. Jungfrau ausgedrückt habe, und, wie es scheint, alle Gemüther ergreift und zur Andacht stimmt. Ich glaube, das kommt daher, weil ich mich zur Andacht nie forcire, und, außer wenn ich von ihr unwillkürlich übermannt werde, nie dergleichen Hymnen oder Gebete componire, dann aber ist sie auch gewöhnlich die rechte und wahre Andacht. Von Gmunden gingen wir über Puschberg, wo wir einige Bekannte antrafen, und uns einige Tage aufhielten, nach Linz, wo wir 8 Tage verweilten, die wir wechselweise in Linz selbst und in Steyereck zubrachten. Zu Linz quartirte ich mich im Spaunischen Hause ein, wo man Spaun's (dessen, den Sie kennen) Versetzung nach Lemberg noch sehr betrauert. Ich las einige Briefe von ihm, die er von Lemberg geschrieben hatte, die sehr betrübt lauten, und merkliches Heimweh verrathen. Ich schrieb ihm nach Lemberg, machte ihn über sein weibisches Benehmen sehr aus, wäre aber an seiner Stelle vermuthlich noch jammervoller, als er. In Steyereck kehrten wir bei der Gräfin Weißenwolf ein, die eine große Verehrerin meiner Wenigkeit ist, alle meine Sachen besitzt und auch manches recht hübsch singt. Die Walter Scott'schen Lieder machten einen so überaus günstigen Eindruck auf sie, daß sie sogar merken ließ, als wäre ihr die Dedication derselben nichts weniger als unangenehm. Mit der Herausgabe dieser Lieder gedenke ich aber doch eine andere Manipulation zu machen, als die gewöhnliche, bei der gar so wenig herausschaut, indem sie den gefeierten Namen des Scott an der Stirne tragen, und auf diese Art mehr Neugierde erregen könnten, und mich bei Hinzufügung des englischen Textes auch in England bekannter machen würden. Wenn nur mit den – von Kunsthändlern etwas Honnetes zu machen wäre, aber dafür hat schon die weise und wohlthätige Einrichtung des Staates gesorgt, daß der Künstler ewig der Sclave jedes elenden Krämers bleibt.

Was den Brief der Milder betrifft, so freute mich die günstige Aufnahme der Suleika sehr, obwohl ich wünschte, daß ich die Recension selbst zu Gesicht bekommen hätte, um zu sehen, ob nicht etwas daraus zu lernen sei; denn so günstig als auch das Urtheil sein mag, eben so lächerlich kann es zugleich sein, wenn es dem Recensenten am gehörigen Verstande fehlt, welches nicht gar so selten der Fall ist.

In Oberösterreich finde ich allenthalben meine Compositionen, besonders in den Klöstern Florian und Kremsmünster, wo ich mit Beihülfe eines braven Clavierspielers meine 4händigen Variationen und Märsche mit günstigem Erfolge producirte. Besonders gefielen die Variationen aus meiner neuen Sonate zu 2 Händen, die ich allein und nicht ohne Glück vortrug, indem mich einige versicherten, daß die Tasten unter meinen Händen zu singenden Stimmen würden, welches, wenn es wahr ist, mich sehr freut, weil ich das vermaledeyte Hacken, welches auch ausgezeichneten Clavierspielern eigen ist, nicht ausstehen kann, indem es weder das Ohr noch das Gemüth ergötzt. Ich befinde mich gegenwärtig wieder in Steyer, und wenn Sie mich bald mit einem Schreiben beglücken wollen, so wird es mich noch hier treffen, indem wir nur 10 bis 14 Tage verweilen, und dann die Reise nach Gastein antreten, einer der berühmtesten Badeörter ungefähr 3 Tage von Steyer entfernt. Auf diese Reise freue ich mich außerordentlich, indem ich dadurch die schönsten Gegenden kennen lerne, und wir auf der Rückreise das wegen seiner herrlichen Lage und Umgebungen berühmte Salzburg besuchen werden. Da wir von dieser Reise erst halben September zurückkommen werden, und dann noch einmal nach Gmunden, Linz, Steyreck und Florian zu gehen versprochen haben, so dürfte ich wohl schwerlich vor Ende Oktober in Wien eintreffen. Übrigens bitte ich, doch mein Quartier neben der Karlskirche zu miethen, und gefälligst die 28 fl. W. W. indessen zu erlegen, die ich bei meiner Wiederkunft mit Dank zurück erstatten werde, weil ich es einmal versprochen habe, und es doch möglich wäre, daß ich früher eintreffe, als ich glaube. Das Wetter war hier den ganzen Juni und halben Juli sehr unstät, dann 14 Tage sehr heiß, daß ich ordentlich mager wurde vor lauter Schwitzen, und jetzt regnet es 4 Tage beinahe in einem fort. Den Ferdinand und seine Frau sam̄t Kinder lasse ich schönstens grüßen. Er kriecht vermuthlich noch immer zum Kreuz und kann Dornbach nicht los werden; auch wird er gewiß schon wieder 77 Mal krank gewesen zu sein, und 9 Mal sterben zu müssen geglaubt haben, als wenn das Sterben das Schlimmste wäre, was uns Menschen begegnen könnte. Könnte er nur einmal diese göttlichen Berge und Seen schauen, deren Anblick uns zu erdrücken oder zu verschlingen droht, er würde das winzige Menschenleben nicht so sehr lieben, als daß er es nicht für ein großes Glück halten sollte, der unbegreiflichen Kraft der Erde zu neuem Leben wieder anvertraut zu werden. Was macht Karl, wird er reisen oder nicht? Er hat wohl jetzt viel zu thun; denn ein verheiratheter Künstler ist verpflichtet, sowohl Kunst- als Naturstücke zu liefern, und wenn beide Arten gerathen, so ist er doppelt zu loben, denn das ist keine Kleinigkeit. Ich leiste Verzicht darauf. Ignaz wird vermuthlich jetzt eben bei Hollpein sein; denn da er nur Morgens, Nachmittags und Abends dort ist, so wird er schwerlich zu Hause sein. Ich kann nicht aufhören, seine Ausdauer zu bewundern, nur weiß man nicht recht, ob es eigentlich ein Verdienst ist oder keines, ob er sich dadurch mehr den Himmel oder die Hölle verdient. Er möchte mich doch darüber aufklären. Der Schneider und seine Schneiderin sollen auf den zukommenden kleinen oder kleine Schneiderin schön Acht haben, auf daß die Schneider zahllos werden, wie der Sand am Meere, nur sollen sie darauf sehen, daß keine Aufschneider oder Zuschneider, keine Ehr- oder Gurgelabschneider überhand nehmen. Und nun muß ich das Geschwätz endlich enden, da ich glaubte, mein langes Schweigen durch ein dito Schreiben ersetzen zu müssen. Marie und Pepi und den kleinen Probstl Andre küsse ich 1000 Mal. Uebrigens bitte ich, Alles, was nur grüßbar ist, schönstens zu grüßen. In Erwartung einer baldigen Antwort verharre ich mit aller Liebe

Ihr

treuester Sohn
Franz.

Die Datierung dieses im Autograph verlorenen Briefes schwankt zwischen dem 25. und 28. Juli. Schubert und Vogl kamen am 25. erst spät in Steyr an, und die nächsten vier Tage waren verregnet. Der Brief mag also am 25. begonnen und am 28. beendet worden sein. – Die Zahl der frommen (geistlichen, nicht kirchlichen) Lieder von Schubert ist beträchtlich. – „Puschberg" ist wahrscheinlich Puchberg bei Wels, Oberösterreich, zwischen Gmunden und Linz gelegen. – Der Brief an Spaun ist der vom 21. Juli 1825. – Op. 52 wurde tatsächlich der Gräfin Weißenwolff gewidmet. Die Absicht, das Werk zweisprachig erscheinen zu lassen, wurde – mit Ausnahme von „Normans Gesang" – ausgeführt, wenn auch das Metrum der deutschen Übersetzung nicht ganz dem englischen Original entspricht (siehe 27. Juli, 4. August und 23. Oktober 1825). Die Absicht, in England bekannt zu werden, erinnert an Schwinds Plan mit seinen Freischütz-Radierungen (vgl. 10. September 1824). Beide Pläne gelangen nicht. –

Übrigens veröffentlichte auch Karl Czerny seine Vertonung der „Romance" („Not faster yonder rovers' might" aus der „Lady of the Lake" mit deutschem und englischem Text (bei Steiner & Co.). – Der Klavierspieler in Kremsmünster war Pater Heinrich Hassak, der Stifts-Kapitular, geboren 1789, in dessen Besitz eine Porzellanschale mit Schwinds Vignette zu Schuberts Terzett „Der Hochzeitsbraten" (1829 erschienen) war, die er aber nicht damals von Schubert bekommen haben kann, denn das Werk ist erst 1827 komponiert worden. – Die vierhändigen Variationen sind op. 35, die Märsche wahrscheinlich op. 40, und die neue Sonate in a-Moll op. 42 (komponiert im Frühjahr 1825). – Badgastein liegt etwa 140 km südwestlich von Steyr. – Salzburg wurde nicht auf dem Rückweg, sondern auf der Hinreise besucht. – Schubert kam noch einmal nach Steyr zurück, fuhr aber schon Anfang Oktober nach Wien. – Der Zins machte nur 25 fl. aus (siehe 18. oder 19. September 1825); die 28 dürften ein Versehen des zweiten Herausgebers dieses Briefes gewesen sein, Ludwig Gottfried Neumann, geboren in Graz 1813, der als erster um 1842 eine Schubert-Biographie vorbereitet hat. Ferdinand Schubert, der den Brief früher abdruckte, hat diesen Satz ausgelassen. – Das Gasthaus „Zum Roten Kreuz" (vgl. Anfang 1821), Besitzer Michael Weigert, war das Stammlokal der Familie Schubert. Es lag an der Ecke der Nußdorferstraße und der Stiege zum Liechtental; Schubert liebte es nicht, weil er den Wein dort für gefälscht hielt. – In Dornbach, einem Vorort Wiens, gab es Heurigen, der freilich nicht so berühmt war wie der Grinzinger. – Über Wilhelmine Hollpein, geb. Grob, die Ignaz bald darauf geheiratet hat, vgl. Anfang 1815. – Der Schneider ist Schuberts Schwager Matthias, mit dessen Namen er hier allerlei Wortspiele treibt. – Maria, Josefine (Pepi) und Andreas sind die Halbgeschwister Schuberts (siehe den Konskriptionsbogen von 1818–1828). Den kaum zweijährigen Andreas bezeichnet er als Probstl (kleiner Propst) wohl wegen seines Aussehens, das an einen wohlgenährten Geistlichen erinnert haben mag.

Franz Hüther an Schubert

[Außen:]

Herrn Mich. v. Vogl,
Mitglied der k. k. Hof-Kapelle u. Kammersänger,
für Herrn *Franz Schubert*
Wohlgeboren

Stadt Steyr.

[Innen:]

Wien, am 27. Juli 825.

Herrn Fr. Schubert in Stadt Steyr.

Verehrtester Freund!

Bei meiner Rückkunft von Leipzig erfuhr ich, daß Sie bereits nach Oberösterreich abgereist wären, Niemand konnte mir aber eine bestimmte Adresse geben, ich mußte daher bis heute des Vergnügens entbehren, mich um Ihr Wohlsein zu erkundigen, und rücksichtlich Ihrer neuen Kompositionen in Unterhandlungen zu treten. Heute erst erfahre ich durch Herrn v. Bindritsch Ihren Aufenthalt bei H. v. Vogl und benütze diesen Augenblick, um Ihnen Gegenwärtiges zuzusenden. Ich kann (Sie in solcher Gesellschaft wissend) nur Ihr Wohlsein vermuten, gehe daher sogleich zum Geschäfte über und bin so frei, mich anzufragen, was Sie im Laufe dieser Zeit komponiert und davon geneigt wären, im Publikum erscheinen zu lassen. Ich bitte Sie ferners, mir zu sagen, wie viele Lieder Sie aus Walter Scotts Werken komponierten, ob die deutsche Übersetzung im Metrum des englischen Originals ist und daher geeignet wäre, beide Texte unter die Komposition zu legen. Ich bitte Sie, mir den genauesten Preis als Anfänger zu machen und überzeugt zu sein, daß ich mein Möglichstes zur Ausstattung einer sehr

schönen Ausgabe und Verbreitung Ihrer Kompositionen beitragen werde. Von Ihren Werken habe ich das Heft „Die junge Nonne" ausgegeben, ein 2tes Heft Lieder folgt nächstes Monat, die Sonate aber, welche auch schon gestochen ist und wo ich täglich vom Erzh. Rudolph die Erlaubnis der Dedicasse erwarte, im Monate September. Ich bitte, mir zu wissen zu machen, auf welche Weise ich Ihnen Expl. der Lieder zusenden darf. Ich hoffe, Sie werden mit der Auflage zufrieden sein, und obwohl bei 3 *Korrekturen* einige unbedeutende Fehler bei den beiden Heften stehen geblieben, so sind doch selbe sogleich verbessert worden und nur die ersten zwanzig Expl., welche nicht einmal alle ausgegeben worden, sind fehlerhaft geblieben. Ich werde Ihnen durch eine Privatgelegenheit per Adresse des H. von Vogl einen Abdruck der Sonate zusenden und bitte, selbe genau durchzusehen, denn mir liegt sehr daran daß die Werke fehlerfrei bei mir erscheinen. Wollen Sie mir gefälligst anzeigen, wie lange Sie noch von Wien wegzubleiben gedenken. Sehr lieb wäre mir die Nachricht, daß Sie ein Werk zu 4 Hände geschrieben hätten, und bitte Sie, hierauf zu reflektieren, wenn Sie Lust zu einem recht brillanten Werke von nicht zu großem Umfange zu komponieren hätten, z. B. eine große Polonaise oder Rondeau mit einer Introduktion ꝛc. oder eine Fantasie! –
Ich erbitte mir nochmals Ihre billigsten Bedingnisse hinsichtlich der Lieder v. W. Scott und ersuche Sie, Ihre gefällige Zuschrift bloß an uns mit Adresse: *A. Pennauer, Kunsthdl. in Wien*, zu stellen. Ich wünsche Ihnen recht schöne und günstige Witterung, um ungehindert Ausflüge in die herrlichen Umgebungen Ihres Aufenthaltes machen zu können, bitte Sie, uns H. von Vogl ganz ergebenst zu empfehlen und der armen, jetzt ganz verlassenen Wiener manchmal zu gedenken. Genehmigen Sie die Versicherung meiner vorzüglichsten Wertschätzung und Auszeichnung, mit welcher verharret Ihr ganz ergebenster Diener

Fr. Hüther.

P. S. Es wird Sie vielleicht interessieren, von unsern Theatern etwas zu erfahren. Ich kann Ihnen mit Gewißheit sagen, daß Barbaja auf 10 Jahre die Direktion der Oper übernommen hat und bereits schon von Duport das Chorpersonal wieder engagiert wird. Mit der deutschen Oper aber!! – ist es total aus; wie ich höre, wird nur Ballet und Opera italiana. Graf Pálffy möchte gerne einen Kompagnon mit viel Geld; der Wunsch ist gut, dürfte aber schwer zu realisieren sein. – Über das Schicksal dieses Theaters ist man noch ganz ungewiß, indessen hat H. Carl vom bayerischen Theater für 3 Monat zum Versuche dasselbe gepachtet und fängt am 15. Aug. zu spielen an. –

Der Brief wurde durch Vogl bestellt, weil dem Absender Schuberts Adresse nicht genau bekannt und der berühmte Sänger in Steyr leicht zu finden war. – Hüther war der Geschäftsführer des 1820 gegründeten, aber erst 1825 protokollierten Musikverlags Anton Pennauer. – Leipzig war schon damals, auch für Österreich, das Zentrum des Buchverlages, wo alljährlich Messen abgehalten wurden. – Pinterics (siehe 20. August 1824) wurde 1826 Schuberts op. 65, drei Lieder, gewidmet, das bei Pennauer erschien. – Schubert hatte offenbar schon vor seiner Abreise diesem Verlag seinen erst angefangenen Scott-Zyklus angeboten, und zwar schon mit der am 25. Juli 1825 ausgesprochenen Idee, ihn zweisprachig herauszugeben. Das geschah aber schließlich bei Matthias Artaria. – Die Worte „als Anfänger" wurden früher fälschlich auf Schubert bezogen, sie gelten aber der Neuheit des Verlags. – Zur „Jungen Nonne" vgl. 25. Juli 1825. Das andere Liederheft war das verzögerte op. 31, „Suleikas zweiter Gesang" (siehe 12. August 1825). – Die Sonate op. 42 in a-Moll, gewidmet dem Erzherzog Rudolf, Kardinal-Erzbischof von Olmütz (Olomouc) in Mähren (heute Tschechoslowakei) (geboren in Florenz 1788, Beethovens Schüler und Gönner, Protektor der Gesellschaft der Musikfreunde), erschien nicht zu dem üblichen Michaeli-Termin, Ende September, sondern erst Anfang 1826. – In op. 43 war Schiller statt Matthäus

v. Collin als Dichter des Liedes „Nacht und Träume" auf dem Titel genannt worden; in op. 31 – abgesehen von der Verlagsnummer 130 statt 133 – Goethes „ost-westlicher" statt „west-östlicher" Divan. – Im Dezember 1825 schrieb Schubert ein vierhändiges Werk, das bald darauf bei Pennauer erschien, den Trauermarsch zum Tode Alexanders I., op. 55. – Barbajas erste Pacht war am 26. März 1825 abgelaufen. Im Frühjahr hatte das Theater in der Josefstadt zwei Gastspiele im Kärntnertor-Theater gegeben. Von Ende Juli bis Ende April 1826 blieb dieses Haus geschlossen. Dann erst begann eine neue, vierjährige Pachtzeit Barbajas. Sein Bevollmächtigter war Louis Antoine Duport, geboren 1783, Tänzer und Ballettmeister, später selbst Pächter der Wiener Hofoper. – Das Theater an der Wien war seit 1. Juni 1825 geschlossen. Von August 1825 bis März 1826 gastierte dort Karl Carl, recte Karl Andreas Bernbrunn, geboren in Krakau (heute Kraków, Polen) 1787, mit seiner Münchner Truppe, der dann dieses Theater pachtete und 1835 auch kaufte, nachdem es am 15. Dezember 1826 versteigert worden war.

Ottenwalt an Josef v. Spaun

Linz, 27. Juli 1825.

Von Schubert, ich darf fast auch schon schreiben: von *Unserm* Schubert, möchte ich Dir noch Vieles sagen. Das Beste sagt Dir wohl ohne Zweifel sein eigener Brief. Ich habe mich, eigentlich brüderliche Beherbergung ausgenommen, vielleicht noch niemals des Gastrechtes so erfreut, wie in den Tagen, wo er bei mir wohnte, mittags unser Gast war und den Abend mit uns im Schloß zubrachte. Er hielt sich nämlich bei St. (der Graf war in Ischl) nur ein paar Tage allein auf, war dann wieder ein paar Tage bei uns, dann kam eines Morgens Vogl und führte den Freund, nachdem beide bei uns gespeist hatten, abermal nach Steyregg; zuletzt kamen beide Sonntag abends wieder, waren Montag (25.) mittags nebst Stadler und Therese Haas, die zufällig dazu kam, wieder unsere Gäste und ließen uns, nach Tische scheidend, die Hoffnung, sie vielleicht auf der Rückreise von Gastein noch einmal zu sehen. Vogl hörten wir dreimal, Schubert selbst ließ sich herbei, unter uns, nach dem Frühstück einiges zu singen, auch trug er seine Märsche, 2 und 4händige Variationen, eine Ouvertüre auf dem Klaviere vor, Kompositionen von solchem Gehalt, daß mir gar nicht zusteht, darüber nur zu reden. Kann ich's gleich auch nicht würdig von seinen letzten Liedern nach W. Scott, so kann ich doch auch nicht davon schweigen. Es sind vorzüglich fünf 1. Ave Maria. Ellens Abendgesang und Gebet für ihren Vater in der Einöde, wo sie verborgen leben. 2. Kriegers Ruhe. Einschmeichelnder Schlafgesang, wie ihn etwa Armida zur Zauberharfe Rinalden singen möchte. 3. Jägers Ruhe. Auch ein Schlummerlied, einfacher und inniger, wie mich dünkt. Die Begleitung: Hörner-Gesang, möcht' ich sagen, wie Nachklang des Jagdlieds in schönem Traume. 4. Der gefangene Jäger. „Mein Roß im Stalle so müde sich steht, meine Dogge traurig das Futter verschmäht . . . an mir zehrt des Turmes Einsamkeit" . . . Begleitung – ja wie soll ich die zürnend, zuckenden, kurz abgebrochenen Akkorde bezeichnen! Fast schäme ich mich schon wieder, daß ich mir einfallen ließ, darüber zu schreiben. Und nun gar das letzte: Normans Sang. Gesang des Kriegers, der mit dem Opferbrande, Zeichen des Heerbanns, den Gau durchzieht. Rastlos eilend denkt er seines Gangs, der Braut, die er am Traualtar verlassen, des morgigen Kampfs, des Sieges, des Wiedersehens. Die Melodie und Begleidung *denke Dir.* Schubert selbst hält es für das gelungenste unter den Scotischen. Vogl trägt es selbst schwer (auf jede Note eine Silbe, häufig ein Wort), doch herrlich vor. Am allgemeinsten ansprechend durch die Anmut der Melodie und der wiegenden Hörnerklänge ist Jägers Ruhe. Liebster, wie wünschten wir jedesmal, daß Du es hörtest! Könnten wir doch die Weisen in Deine Träume bringen, wie sie uns bis in die sinkende Nacht umklingen!

Schubert war so freundlich, so mitteilend, nicht bloß gegen Max, was sich wohl versteht, aber auch gegen uns. Am Sonntag, nachdem Vogl um $^1/_2$10 Uhr fort war, blieb er bei uns; es war Max und ich, Marie und Mama, die zwischen 10 und 11 Uhr sich zurückzog. Wir saßen bis nicht weit von Mitternacht beisammen und nie hab' ich ihn so gesehen, noch gehört; ernst, tief, und wie begeistert. Wie er von der Kunst sprach, von Poesie, von seiner Jugend, von Freunden und andern bedeutenden Menschen, vom Verhältnis des Ideals zum Leben u. dgl. Ich mußte immer mehr erstaunen über diesen Geist, dem man nachsagte, seine Kunstleistung sei so unbewußt, ihm selbst oft kaum offenbar und verständlich u. so weiter. Und wie einfach das alles – Ich kann nicht reden von dem Umfang und einem Ganzen seiner Überzeugungen – aber Blicke einer nicht bloß angeeigneten Weltansicht waren das, und der Anteil, den edle Freunde daran haben mögen, benimmt der Eigentümlichkeit nichts, die sich darin verkündet.
Darum macht es mir große Freude, daß er so gern auch um mich zu sein schien und sich von dieser Seite uns zeigen mochte, die man nur einem befreundeten Gemüte zuwendet, und darum war mir Bedürfnis, Dir davon zu schreiben.

Schuberts Brief an Spaun ist der vom 21. Juli 1825. – Stadler ist Albert. – Die Märsche sind wahrscheinlich op. 40, die Variationen zu zwei Händen das Andante der Sonate op. 42, die vierhändigen op. 35, die (vierhändige) Ouvertüre op. 34. – Die Scott-Gesänge sind Ellens dritter, erster und zweiter Gesang, das „Lied des gefangenen Jägers“ und „Normans Gesang“ aus dem „Fräulein vom See“. Die beiden Chöre, „Bootsgesang“ für vier Männerstimmen und „Coronach“ für drei Frauenstimmen, die das Opus abrunden, waren wohl auch schon komponiert. – Das oft in Opern benützte Sujet von Armida und Rinaldo stammt aus Tassos Epos „Gerusalemme liberata“. Eine der von Schwind gemalten Lünetten im Foyer der neuen Wiener Oper illustriert Glucks „Armide“. – Vogl reiste am 24. Juli von Linz nach Steyr, Schubert am 25.

Schwind an Schubert

[Adresse:] Von Wien.

An Herrn

Herrn *Franz Schubert*,

Compositeur,

Whlgbrn.

in *Steyer* in Oberöstreich,

bei H. v. Vogl.

[Innen:] Den 1. August 825.

Liebster Schubert!

Ich muß einen schönen Unsinn geschrieben haben, das bemerke ich an dem schönen Gesetzel Diamant und Fragment, wofür ich aber durchaus keinen Zusammenhang finden kann. Übrigens sei's wie's sei, ich habe doch etwas erfahren, was mir im Schlaf nicht eingefallen, daß Dich bei Hönig jemand beleidigt hat. Von der Netti glaub ich es nicht, und ich hoffe, Du auch nicht, und von den andern sollte es mich sehr wundern. Hättest Du's nur gleich gesagt, die Sache hätte sich anders zeigen müssen, oder ich Dir nicht einen Augenblick zugemutet, hinzugeh'n; auch wirst du wohl glauben, daß ich auch keine Sehnsucht mehr nach einer solchen Gesellschaft hätte. Indessen werde ich in Teufels Namen das Haus umkehren, ob sich etwas findet, was einer eklatanten Widerrufung oder Deiner Beschuldigung gleich sieht. Ich kann Dich aber bei allen Heiligen versichern, daß ich gar keine Vorstellung davon habe.

Der Anfang bezieht sich auf Schwinds Brief vom 2. Juli 1825, erster Absatz, gegen Ende. – Wessen sich Schubert bei Hönigs beschuldigt glaubte, ist nicht bekannt. – Der Brief wurde am 6. August fortgesetzt.

Ferdinand Schubert an seinen Bruder Franz

Wien, am 4. Aug. 825.

Liebster Bruder!

Es ist mir sehr leid, daß ich diesen Brief mit einem Vorwurf beginnen muß. Allein Du verdienst ihn ganz gewiß, denn so weit von Wien sich zu entfernen u. auf so lange, ohne die vereinbarte Abschiedsstunde mit mir zu feiern! – Du weißt doch, wie teuer mir jeder Augenblick in Deiner Gesellschaft ist. Nun wollen wir es einstweilen gut sein lassen, in der Erwartung, daß Du desto mehr bei Deiner Zurückkunft auf mich denken wirst.
Daß Du das Salzkammergut schon besucht hast, hätte ich nicht vermutet, indem ich hoffte, daß Du diese wunderbar schöne Gegend erst Anfang September mit *mir* bereisen werdest. Auf diese Art (u. auch wegen der fatalen Finanzen) werde ich auch noch heuer mit Unterösterreich vorlieb nehmen müssen.
Aber welche Sehnsucht ich nach Oberöst. habe, das ist unbeschreiblich. Möchten doch die Göt[ter] es fügen, daß ich bald meinen Wunsch erfüllet sehe! –
Denn nicht nur die schönen Gegenden, sondern auch die guten Einwohner interessieren mich so sehr, weil ich von allen Seiten diese guten Leute so rühmen höre. Selbst *Vierthaler* spricht davon in seiner Geographie, nachdem er die vielseitige Betriebsamkeit dieser Bergbewohner geschildert hatte, mit folgenden Worten: „Die Folgen dieser vielseitigen Betriebsamkeit äußern sich nicht bloß durch den Wohlstand, sondern, was noch ungleich schöner ist, durch einen hohen Grad von Sittlichkeit, wodurch sich die Bewohner dieser Berggegenden vor andern auszeichnen. Mord, Raub, Diebstahl u. Betrug kennen sie nur dem Namen nach. Wird je ein Verbrechen dieser Art verübt, so findet sich fast immer, daß der Täter ein fremder Landstreicher war. Auf eine so schöne Art bewährt sich auch hier die alte Wahrheit, daß arbeitsame Menschen auch tugendhaft sind." Der liebe, gute Traweger ist mir schon durch Deine mündliche Beschreibung [sympathisch], u. daher höre ich recht gerne von ihm erzählen. Lebt der alte Bauer noch, der den Stock, mit Laubwerk verziert, ausschnitt?
Daß Deine Lieder dort so gut aufgenommen werden, ist ja sehr natürlich, denn die Gemüter der Guten können nur wieder durch die Werke eines *Guten* ergriffen u. begeistert werden. Und daß eine Hymne an die h. Jungfrau, von Dir komponiert, alle Zuhörer zur Andacht stimme, werden jene Leute nicht mehr bewundern, wenn sie Deine F-Messe, Dein erstes Tantum ergo u. Dein Salve regina gehört haben. Denn durch diese frommen Kompositionen muß jeder Mensch, wenn nur ein Funke von Gefühl in ihm ist, zu religiösen Betrachtungen entflammt werden.
Mit der Herausgabe Deiner Lieder anders zu manipulieren, wäre wohl schon lange gut gewesen, vorzüglich aber gefällt mir Dein Plan mit den *Walter Scott*schen Liedern, nämlich dieselben auch mit englischem Texte erscheinen zu lassen. – Schon träumt mir, wie Du in England aufgenommen werden, wie Du Dich durch größere Kompositionen, z. B. durch Sinfonien, Oratorien oder vielleicht durch Opern zu jener Höhe unter den deutschen Tonsetzern emporschwingen wirst, wie der ägyptische Josef unter seinen Brüdern.

Aus Deinem Briefe ersah ich auch, daß Du im Kloster zu St. Florian warst. Die Orgel daselbst soll die größte und beste in ganz Österreich sein, u. auf dieser zu spielen, wäre für mich kein kleiner Genuß. Deshalb möcht' ich halt auch einmal nach St. Florian kommen. Allein, wann wird diese glückliche Stunde schlagen! –
O Du glücklicher Bruder! Sogar das mit seinen herrlichen Umgebungen schöne Salzburg u. das schon vor 1000 Jahren entdeckte berühmte Wildbad Gastein wirst Du besuchen. – Nun vom letzteren bitte ich mir eine hübsche, ausführliche Beschreibung aus. Auch *ich* habe schon eine Reise gemacht, aber gegen die Deinige sehr unbedeutend, obwohl mich da einige Täler, Berge, Felsen u. Pässe in Erstaunen setzten. Es war nämlich die Reise nach Gutenstein. Die Gesellschaft bestand aus sehr soliden Männern, worunter der beliebte Jugendschriftsteller Chimani, u. ein äußerst liberaler Magistratsrat, namens Tuscher, waren.
Wir übernachteten den 1. Tag in Pottenstein, bei einem Köhler, der uns herrlich bewirtete. Er beschrieb uns auch ein Gewitter, welches den Tag vorher in dieser Gegend stattfand, nämlich: *Da hat's a so a halbe Stund ummagsotten, u. hat nachher an anzigen Tümmler tan.* Am 2. Tag kamen wir zum *Muckendorfer Wasserfall*, der äußerst prächtig ist, u. dazumal gerade sehr wasserhältig war, u. mich daher, da ich ein solches Naturwunder sah, erstaunlich überraschte. Von da gingen wir wieder zurück nach Pernitz u. dann weiter bis *Gutenstein.* Nach eingenommenem Mittagsmahl bestiegen wir den Klosterberg, welcher uns die mannigfaltigsten Aussichten auf Gebirge und in Täler hinab gewährte. Besonders nahe waren wir um den König dieser Berggegend: den *Schneeberg*, der sich auf einige Minuten ganz hell und klar darstellte, aber sich bald mit Wolken umhüllte. Abends gingen wir wieder hinab nach dem Markte Gutenstein, u. von da durch einen Paß zwischen ungeheuren Felsenmassen, die auf beiden Seiten aufgetürmt sind, über eine lange Brücke, unter welcher das Flüßchen Piesting fließt. Hier gewährt die Burg *Gutenstein*, welche himmelhoch auf schroffen Felsenwänden emporragt, einen schrecklich schaudervollen Anblick. Besonders bewundernswert ist die kühne Bauart eines gotischen Bogens, welcher über einen großen Ausbruch der Felsenwand gespannt ist u. worauf der Waffensaal ruht. Lange besah ich dieses schaudervolle Altertum, bis das Einbrechen der Nacht mich zum Zurückgehen nötigte.
Ja nun muß ich aufhören, sonst könnte Dich dieser Brief etwa in Steyr nicht mehr antreffen. Du findest diesem Schreiben auch noch einige Gedichte beigelegt, sie sind mir vom Diabelli mit der Bemerkung eingehändigt worden, daß sie von Hrn. Regierungsrat Kleinschmid sind, wovon Du schon in Kenntnis gesetzt bist.
Und nun lebe wohl, lieber guter Franz, u. sei 1000Mal gegrüßet von Allen, die nur grüßen können; insbesondere aber von Hrn. Vater, von Brüdern u. Schwestern u. von meinem Weibe samt Kindern. (Mein kleiner Karl, der erst 9 Monate alt ist, zeigt schon jetzt musikalische Anlagen, denn er singt zuweilen so ganz melodisch).
Gott hüte u. beschütze Dich, bis Dich wieder umarmt Dein

treuer Bruder

Ferdinand.

(Wohnhaft in der Wiener Vorstadt Maria Trost N. 20, bei der goldenen Schlange, im 2ten Stock links.)

Vierthaler (siehe Mitte Oktober 1818) hatte 1796 eine „Geographie von Salzburg" herausgegeben. Ferdinand Schubert hat unter seinen pädagogischen Schriften, die zum Teil von seinem Bruder Karl illustriert worden sind, auch ein paar geographische Lehrbücher erscheinen lassen. – Zu Traweger vgl.

August 1818. Ob Schubert 1819 oder 1823 nach Gmunden gekommen ist und dort Traweger besucht hat, ist nicht bekannt. Ebensowenig die Geschichte mit dem Bauern und dem geschnitzten Stock. – Die Messe in F ist die von 1814, das Tantum ergo op. 45 (Tietze gewidmet), das Salve Regina op. 47, die bald nach op. 46 erschienen. – Die Hauptorgel in der Kirche des Stifts St. Florian, erbaut 1770/71 von Franz Xaver Chrismann (geboren um 1725) und erst 1837 von Johann Georg Fischer vollendet, gilt auch heute noch als eine der schönsten und besten in Österreich (siehe 4. Juni 1823 und Anfang Oktober 1826). – Badgastein wurde schon im Mittelalter von Kurgästen besucht. – Das romantisch gelegene Gutenstein, der Lieblingsaufenthalt des Dichters Ferdinand Raimund, ist etwa 50 km südwestlich von Wien an der Pernitz gelegen. – Leopold Chimani, geboren 1774 in Lang-Enzersdorf (Niederösterreich), war Administrator des staatlichen Schulbücherverschleißes und Jugendschriftsteller, vielleicht der Vater des einstigen Hofsängerknaben Alois (siehe 26. Juli 1812). Er gab 1829 „Meine Fußreise von Wien durch das Land unter und ober der Enns" heraus. – Matthias Tuscher, geboren um 1775, war Mitglied des Repräsentantenkörpers der Gesellschaft der Musikfreunde, sang Tenor und hatte 1814 von Beethoven den „Abschiedsgesang" für einen nach Steyr übersiedelnden Freund bestellt. – Pottenstein liegt südwestlich von Baden, Muckendorf bei Pernitz. Der Wasserfall heißt jetzt die „Mirafälle". Der Klosterberg (705 m), recte Mariahilfer Berg, trägt ein Serviten-Kloster. Der südlich von Gutenstein gelegene Schneeberg ist 2075 m hoch. Er ist der höchste Berg in Niederösterreich (das Schubert wenig kannte). Wie der Mariahilfer Berg, den ein Wallfahrtskirchlein ziert, so bietet auch die Ruine des Gutensteiner Schlosses, „auf einem steilen Fels gelegen, zugänglich von der Steinapiesting-Schlucht" eine schöne Aussicht. Sie galt, nach Seidls Buch „Wiens Umgebung" 1826, als „schon sehr gefährlich zu besteigen". – Ferdinand scheint den nötigen Verkehr mit Diabelli, mindestens während Schuberts Abwesenheit, aufrechterhalten zu haben. – Friedrich August Kleinschmid, geboren zu Steinheim in Württemberg 1749, seit 1776 in Wien, war Leiter des Polizeihauses, Lyriker und Kunstsammler. Schubert hat kein Gedicht von ihm komponiert. – Über den jüngsten Karl Schubert siehe die Notiz vor dem 8. November 1824.

Bruchmann an Platen

Wien, 5. August 1825.

... Selbst Ihren letzten Wunsch, Schuberts Lieder, kann ich Ihnen jetzt nicht erfüllen, da Schubert nicht hier ist und auch meines Wissens sehr wenig von Ihnen gesetzt hat. Eines, glaube ich, haben Sie erhalten. Eines ist gedruckt und noch eines dürfte im Manuskript vorhanden sein. Doch weiß ich hierüber nichts Gewisses, bis er nicht kommt.

Schubert hat nach den beiden Liedern von 1822 nichts mehr von Platen komponiert. Eines davon war 1823 in op. 23 erschienen, das andere kam erst 1826 in op. 59 heraus.

Schwind an Schubert

(Fortsetzung des Briefes vom 1. August 1825)

Den 6.

Ich habe die Netti von weitem, aber so bestimmt als möglich ausgefragt, und schon der Gedanke liegt ihr so fern, daß ich Dir gutstehe, sie hat sich nicht sonderbar benommen, noch weniger zweideutig. Ich hoffe, Du wirst, wenn Du zurückkömmst, an die Sache nicht mehr denken.

Schober ist hier. Er grüßt Dich tausendmal. Er ist ganz der alte, ja lebendiger und frischer. Von Kuppl ist heut ein Brief aus Padua gekommen, in drei Wochen dürfte er schon hier sein. Die junge Nonne ist erschienen. Ich habe viel zu tun, daß ich nicht weiß, wann ich reisen kann, ich hoffe aber zuversichtlich, Dich zu sehen. Lebe recht wohl und schreibe uns bald. Bauernfeld macht Examen und Lebensblätter durcheinander, und wir [sind] recht fröhlich zusammen, so weit wir es ohne Dich sein können. Wenn [Du] die Resi Clodi siehst, so grüße sie, ich freue mich sehr, sie wieder zu sehen. Empfiehl mich H. v. Vogl, und erinnere ihn an die zwei Zeichnungen, die Mali hat. Pinterics, Doblhoff und alle grüßen Dich.

Dein Schwind.

Bald hätte ich das Wichtigste vergessen. Schober hat mit Tieck, der Theater-Hofrat in Dresden geworden ist, wegen Deiner Oper Alfonso gesprochen. Du mußt gleich schreiben, ob sie noch in Dresden ist oder wo sonst, denn Tieck wartet auf Nachricht. Ich habe nicht mehr Zeit. Lebe vielmal wohl.

Leopold Kupelwieser, der auch seit Herbst 1823 abwesend war, kam schon am 7. August nach Wien zurück. – Bauernfeld bestand am 16. August sein juristisches Examen glänzend. „Lebensblätter" ist wohl sein „Poetisches Tagebuch, in zahmen Xenien", das 1820 begonnen wurde und, bis 1886 weitergeführt, erst 1887 erschien. – Resi ist Therese Clodi, die Schwind im Herbst 1824 auf Ebenzweier besucht hatte. Mali ist Amalie v. Schiller (vgl. 2. Juli 1825) – Ludwig Tieck, geboren in Berlin 1773, der Märchendichter, dessen „Phantasus" Schwind 1832 einen ganzen Saal in der königlichen Residenz zu München gewidmet hat, war Anfang 1825 Dramaturg der Hofbühne in Dresden geworden und im Frühjahr 1825 in Wien gewesen.

Aus der amtlichen „Salzburger Zeitung" vom 15. August 1825

Fremden-Anzeige [vom 11. auf den 12. August].

Zum Mohren: Hr. Michael Vogel, k. k. pens. Hofschauspieler, von Steyer. Hr. Franz Schubert, Musikkompositeur aus Wien.

Schubert und Vogl waren über Kremsmünster, Vöcklabruck, Frankenmarkt, Straßwalchen, Neumarkt und längs des Wallersees nach Salzburg gefahren (siehe 12. September 1825), wo sie am 11. oder 12. ankamen und bis zum 13. oder 14. August geblieben sind. Die Annahme, daß sie beim Kaufmann Pauernfeind (siehe 12. September 1825) gewohnt haben, dessen Haus dem Gasthof gegenüber in der engen Judengasse der Altstadt am linken Ufer der Salzach lag, hat sich – trotz der dort angebrachten Gedenktafel – als falsch erwiesen. Der Gasthof wird jetzt „Mohr'n Sitz" genannt.

Aus der amtlichen „Wiener Zeitung" vom 12. August 1825

Bei A. Pennauer,
k. k. privil. Kunst- und Musikalien-Verleger in Wien, untere Bräunerstraße, im Fischerischen Hause, ist zu haben:

Suleikas zweiter Gesang,
von Goethe,
für eine Singstimme mit Pianoforte-Begleitung,
in Musik gesetzt von Fr. Schubert.
Op. 31. Pr. 1 fl. 30 kr.
Dasselbe mit Guitarre-Begleitung 1 fl. 15 kr.

Dieses Werk, das erst nach op. 47 erschien, ist der „königlich preußischen Hofopernsängerin" Milder gewidmet (siehe 8. März 1825).

Schwind an Schubert

[Adresse:] *von Wien.*

An Herrn
Herrn Franz Schubert
Wohlgeborn
in
bei H. v. Vogl *Steyer*

Im Falle der Abwesenheit wird gebeten dies H. v. Vogl nachzusenden.

[Innen:] Den 14. Aug. 825.

Lieber Schubert

Ich weiß zwar nicht, wo Du bist, aber der Brief wird Dir schon nachgeschickt werden. Daß Schober schon da ist, wirst Du aus meinem letzten Brief schon wissen, wenn Du ihn erhalten hast. Nun ist aber Kuppelwieser seit acht Tagen auch schon da. Nach den letzten Briefen konnten wir ihn erst in drei Wochen erwarten. Er sieht prächtig aus, und hat einen vollkommenen Haarputz, den er Nervenfiebers halber lang hat entbehren müssen. Sie grüßen Dich alle tausendmal. Es fehlt nichts, als daß Du endlich einmal zurückkömmst. Schober und Kuppl wohnen beisammen.
Dein Hausherr möchte gern *bestimmt* wissen, ob Du Dein Quartier *bestimmt* diesen Winter wieder wirst beziehen wollen. Schreibe mir das *bestimmt*, so werde ich ihm's sagen. Wenn gewisse Unterhandlungen nach meinem Wunsche ausschlagen, so bin ich entschlossen, für mich zu wohnen, aber wahrscheinlich auf der Wieden. *Rieder* ist an der Ingenieur-Akademie als Professor mit 600 fl. angestellt, dafür aber in dem Verdacht, daß er heiraten will. Wenn Du Dich ernstlich um die Hoforganisten Stelle bewirbst, so kannst Du's auch so weit bringen. Es wird Dir nichts übrig bleiben, als ordentlich zu leben, da Du im widrigen Falle, bei der entschiedenen gänzlichen Armut Deiner Freunde, Deine fleischlichen und geistigen Bedürfnisse, oder besser gesagt, Dein Bedürfnis von Fasanen und Punsch in einer Einsamkeit wirst befriedigen müssen, die einem wüsten Inselleben oder Robinsonade nichts nachgeben wird. Von Theater scheint gar keine Rede mehr zu sein, wenigstens von Opern, und da im Winter keine Harmonie bei Wasserburger ist, so können wir uns was pfeifen. Wie freu ich mich wieder auf die erste Schubertiad. Wegen Deiner Sinfonie können wir uns gute Hoffnungen machen. Der alte *Hönig* ist Dekan der juridischen Fakultät und wird als solcher eine Akademie geben. Dies kann wohl Gelegenheit geben, vielmehr es wird darauf gerechnet, daß sie aufgeführt wird.

Der Brief wurde offenbar nach Gastein nachgeschickt. – Schwinds vorige Briefe stammen vom 1. August und 6. August 1825. – Kupelwieser, der Malaria gehabt hatte („Nervenfieber" bezeichnete damals, wenigstens im Laienmunde, vielerlei), brachte an Stelle der verlorenen rötlichen Haare dichte blonde nach Hause. – Schober wohnte nicht bei seiner Mutter, sondern in der Oberen Bäckerstraße, nahe dem Konvikt. Kupelwieser, der bald heiraten wollte, zog deshalb vorübergehend zu ihm. – Zu Schuberts Hausherrn vgl. 8. Juni und 25. Juli 1825. – Rieder, der auch in Italien gewesen und jetzt Professor für Figurenzeichnen war, blieb vorläufig ledig. – Worzischek (siehe 10. Januar 1823), seit 1824 erster Hoforganist, war erkrankt, zur Kur nach Karlsbad (heute Karlovy Vary, Tschechoslowakei) gegangen, und starb im Herbst 1825. Die Stelle wurde nicht ausgeschrieben, sondern intern besetzt. Sechter, seit 1824 zweiter, wurde 1825 erster Hoforganist und Aßmayr 1826 zweiter. Schuppanzigh bedauerte damals, daß man Beethoven nicht zum Nachfolger Worzischeks gemacht habe. Schubert wäre doch nur für die zweite Stelle in Betracht gekommen. In diesem Zusammenhang ist auch erwähnenswert, daß sich Ende 1822 mit Worzischek auch Ferdinand Schubert um diese zweite Stelle beworben hatte, für die Beethoven erfolglos Drechsler empfahl. Dietrichstein hatte damals, im Einvernehmen mit Salieri und Eybler, Worzischek als ersten Organisten vorgeschlagen und durchgesetzt. Angeblich hat er 1825 durch Josef Hüttenbrenner dem Vater Schuberts nahegelegt, daß sich sein Sohn um die frei werdende Stelle (wohl die zweite) bewerben solle, was Schubert kaum getan hätte. – Zum Opernleben in Wien vgl. Anmerkung zum 27. Juli 1825. – Das Café Wasserburger hatte eine Filiale im Pavillon vor dem Karolinentor (wo heute das Schubert-Denkmal im Stadtpark steht), und dort spielte des Sommers täglich eine „Harmoniemusik". – Über die Sinfonie vgl. 19. Juli 1825. – Franz Hönig (siehe 7. Januar 1825) war Dekan der juristischen Fakultät, die für die Witwen und Waisen ihrer früheren Mitglieder jährlich eine musikalisch-deklamatorische Akademie in der Aula der Universität gab. Leider wurde die Sinfonie dort nicht aufgeführt; das mag mit ein Grund dafür gewesen sein, daß sie verlorenging. Der Brief wurde am 1. September fortgesetzt.

Schwind an Schubert
(Fortsetzung des Briefes vom 14. August)

Den 1. Sept.

Ich war unterdessen ein wenig unglücklich, bin aber schon wieder frisch. Solang man noch den Mut hat, aufrichtig zu sein, läßt sich alles beilegen. Kommen kann ich nicht, denn ich habe zu viel zu tun. Damit Du aber nicht glaubst, ich [sei] durch gewisse Leute gehalten, so wisse nur, daß ich doch nach Merkenstein, dann nach *Atzenbruck* gehe, wo Schober jetzt ist, um das Landleben zu genießen. Wiewohl ich noch aus Deinem Munde nicht weiß ob Du schon wieder gut bist, so schmeichle ich mir doch, daß ich und Bauernfeld nicht hinauf können, könnte auch noch ein Grund für Dich sein, eher zu kommen. Kuppel ist sehr fleißig, und Schober scheint ernste Anstalten dazu zu machen, aber wiewohl auf diese Art jeder glücklich ist, haben wir keine frohe Vereinigung ohne Dich. Du kannst Dich darauf verlassen, Du findest ein größeres Leben, als Du es verlassen hast. Netti Hönig, die einzige, die Du bezweifelst, zeigt ihre unbegrenzte Anhänglichkeit an Dich und Deine Sache, so vielfach und natürlich, daß, wenn ich einigen Glauben verdiene, ich mich verbürgen kann, daß Du nicht leicht vor jemand leben und singen kannst, der Dich mehr achtet oder einen innigern Anteil und tiefere Freude empfinden kann.

Worschizek geht auf den letzten Füßen, und der Hoforganismus will ernstlich betrieben sein. Es wird, soviel ich erfahren kann, auf ein Georgel über ein gegebenes Thema ankommen, um ein gemachter Mann zu sein. In Gmunden wird Dir doch eine Orgel zu Gebot stehen, um Dich zu üben?

Schließlich bitte ich Dich, Herrn Vogl nebst allen möglichen Empfehlungen Tag und Nacht anzuliegen, die bewußten zwei Zeichnungen auf jede Art zu erobern und mitzubringen. Ich hoffe, daß ich und meine Kunst ihm lieber sein werden, als selbige Dame, die übrigens so liebenswürdig sein mag, als sie will, und zu deren Gunst und Freundschaft ich ihm alles Glück wünsche, ja im Notfall mit aller uneigennützigen Anstrengung behilflich sein will. Ich möchte selbe Sachen gern malen, und weiß den nicht für meinen Freund zu halten, der mir da entgegen ist oder hilft.

Ich bleibe der Deinige, solange ich mich selbst nicht verlasse, und wünsche für mich, und alle, die Du liebst, baldige Ankunft oder Antwort. Dein Schwind.

Viel Schönes von Pinterics, Doblhoff, Randhartinger und, glaube mirs auf meine Treue, das Herzlichste von der kleinen Person. Briefe erhalte ich von Haus, wo ich auch sei.

Merkenstein ist ein Ausflugsort westlich von Baden und Vöslau (südlich von Wien), wo eine Ruine und seit 1829 ein Schloß steht. Beethoven hat den Ort in einem Liede besungen. – Die Pfarrkirche in Gmunden hatte freilich eine Orgel, und Schubert kam auf eine Woche noch einmal dorthin, aber es ist unwahrscheinlich, daß er sich auf den Wettbewerb vorbereitet hat. – Die Dame ist wieder Frl. Amalie v. Schiller (siehe 2. Juli und 1. August 1825), die Zeichnungen mögen für Schwinds spätere Gemälde „Erlkönig" und „Schwager Kronos" oder „Kätchen von Heilbronn" und „Morgenstunde" bestimmt gewesen sein, die er früh skizziert hatte. – Randhartinger (siehe 29. Oktober 1809) war 1802 in Ruprechtshofen (Niederösterreich) geboren, vom Herbst 1813 bis 1819 Hofsängerknabe, seit 1825 Privatsekretär des Grafen Louis Széchényi (siehe 27. November 1821) und Komponist. Er hat mit fortschreitendem Alter seine Beziehungen zu Schubert immer mehr überbewertet, so daß alle seine Erinnerungen an Schubert fragwürdig sind, besonders die über die erste Vorführung des „Erlkönig" im Stadtkonvikt, die Entstehung der „Müllerlieder" und des Liedes „Der Zwerg". – Die „kleine Person" ist natürlich Anna Hönig.

Aus der amtlichen „Wiener Zeitung" vom 3. September 1825

Bei *Anton Diabelli* und Kompagnie,
Kunst- und Musikhändlern, am Graben Nr. 1133, ist neu erschienen,
und bei K. *Lichtl* in Pest um denselben Preis zu haben:

Messe in C

für vier Singstimmen, 2 Violinen, 2 Oboen oder Klarinetten,
2 Trompeten, Pauken, Violoncell, Kontrabaß und Orgel verfaßt,
und dem Herrn *Michael Holzer*
zur freundlichen Erinnerung gewidmet
von *Franz Schubert.*
48stes Werk. Preis 9 fl. W. W.
(Eigentum der Verleger).

NB. Die Stimmen *zur beliebigen* Verdoppelung werden auch einzeln gegeben.

Diese Messe war 1816 geschrieben worden, als Schubert der Liechtentaler Kirche und ihrem Regenschori noch nahestand. Das Titelblatt fehlt im Autograph. Schubert hat aber eigenhändig einen Titel zu Ferdinands Abschrift, der Stichvorlage, geschrieben, der die Widmung trägt und das Werk noch als op. 42 bezeichnet: „Messe u. dem H. Michael Holzer zur freundlichen Erinnerung gewidmet von Franz Schubert, op. 42." Er schrieb im Oktober 1828, kurz vor seinem Tode, ein neues Benediktus dazu, das Diabelli verlegte und „in Ermangelung eines guten Sopran-Sängers" empfahl. Holzer starb 1826.

Aus dem „Verzeichnis der wahlfähigen Mitglieder der Gesellschaft der Musikfreunde des österreichischen Kaiserstaates", 3. September 1825

Wahlfähige, unterstützende und ausübende Mitglieder:
. . . Schubert, Fr. . . .

Dieses Verzeichnis, eine Handschrift, fand sich im Archiv der Gesellschaft. Das Datum gibt den Wahltag an.

Aus dem Ehrenbuch von Badgastein, 1825

Johann Ladislaus Pyrker Patriarch v. Venedig (3. Sept.)
Johann Mich. Vogl pens: k. k. Hofopernsänger (4. Sept.)
Franz Schubert Compositeur (4. Sept.)

Schubert und Vogl waren am 13. oder 14. August über Hallein, Golling, Paß Lueg und Werfen nach Gastein gefahren (siehe 21. September 1825). Sie blieben dort etwa drei Wochen. Unter den Kurgästen befanden sich Pyrker, der Patriarch von Venedig (siehe 18. Mai 1821), dessen Gedicht „Das Heimweh“ Schubert dort, mit Anspielung auf den Emmentaler Kuhreigen, komponiert hat, und Mozarts Witwe Konstanze Nissen, die mit Vogl verkehrte. Da Schubert auch die Sonate in D (op. 53) dort im August komponiert hat, wäre es unglaubhaft, daß die verlorene Sinfonie, die man lange die „Gasteiner“ genannt hat, zur gleichen Zeit entstanden sei. Sie ist in der Tat dort nur vollendet worden und wird jetzt wohl richtiger „Gmunden-Gasteiner“ Sinfonie genannt, oder kurz die „Verlorene“. Die beiden Freunde wohnten wahrscheinlich in der sogenannten „Straubinger-Hütte“ (jetzt Hotel Straubinger). Schubert, der an der Kur nicht teilnahm, hat gewiß die Naturschönheiten und die würzige Luft von Gastein genossen, also nicht zu viel gearbeitet. Vogl litt an Gicht. Er ist bald darauf nach Italien gereist, aber nicht mit Pyrker, der am 3. September abfuhr.

Aus der „Wiener Allgemeinen Theaterzeitung“ vom 6. September 1825

Den 8. September, als am Feste Maria Geburt, wird in der Kirche zu St. Ulrich am Platzl von einer Gesellschaft Musikfreunde um 10 Uhr eine *neue* Messe nebst Tantum ergo, Graduale und Offertorium von dem genialen Tonsetzer, Hrn. Franz *Schubert*, aufgeführt, wozu alle Freunde der Kirchenmusik höflichst eingeladen sind. Selbe Messe samt Tantum ergo und Offertorium ist bereits gestochen, in einer sehr schönen korrekten Ausgabe, in der Kunsthandlung des Ant. *Diabelli* und Komp. am Graben Nr. 1133 zu haben. A. Diabelli et Comp.

In dieser Kirche, auch Maria Trost genannt, der Ferdinand Schubert nahestand, wurde Ende 1828 eine Seelenmesse für Schubert gehalten und 1829 seine Es-Messe zum ersten Male aufgeführt. Diabelli hatte am 23. Juni das Tantum ergo (op. 45, D. 739) und das Graduale oder Erste Offertorium (op. 46, D. 136) verlegt. Das Zweite Offertorium (op. 47, D. 223) war im August, die Messe in C (op. 48, D. 452) im September erschienen (vgl. 4. August und 3. September 1825). Das zweite Benedictus von 1828 (D. 961) erschien erst 1829.

Vogl an Stadler in Linz

[Gmunden, Anfang September 1825]

... Grüßen Sie doch alles, was uns gern hat, und versichern Sie, daß wir in ungefähr 3 Wochen in Linz sein werden.

Schubert und Vogl waren über Werfen und dann vielleicht über Hallstatt, Attersee, Ebensee etwa am 10. September nach Gmunden zurückgekommen. Dort verblieben sie, mit einem Besuch in Ebenzweier, bis etwa 17. September. Nach Linz kamen sie erst nach zwei weiteren Wochen in Steyr um den 1. Oktober.

Schubert an seinen Bruder Ferdinand

Den 12. Sept. 1825, Gmunden.

Lieber Bruder!

Deiner Aufforderung gemäß möchte ich Dir freilich eine ausführliche Beschreibung unserer Reise nach Salzburg und Gastein machen, allein Du weißt wie wenig ich zum Erzählen und Beschreiben geeignet bin; da ich indessen bei meiner Zurückkunft nach Wien auf jeden Fall erzählen müßte, so will ich es doch lieber jetzt schriftlich als dann mündlich wagen, ein schwaches Bild all dieser außerordentlichen Schönheiten zu entwerfen, indem ich jenes doch besser als dieses zu treffen hoffe.
Wir reiseten nämlich ungefähr halben August von Steyer ab, fuhren über Kremsmünster, welches ich zwar schon öfter gesehen habe, aber wegen seiner schönen Lage nicht übergehen kann. Man übersieht nämlich ein sehr liebliches Thal, von einigen kleinen sanften Hügeln unterbrochen, auf dessen rechter Seite sich ein nicht unbedeutender Berg erhebt, auf dessen Gipfel das weitläufige Stift schon von der Fahrstraße, die über einen entgegengesetzten Bach herabführt, den prächtigsten Anblick gewährt, der besonders durch den mathematischen Thurm sehr erhöht wird. Hier, wo wir schon länger bekannt sind, besonders Hr. v. Vogl, der hier studiert hat, wurden wir sehr freundlich empfangen, hielten uns aber nicht auf, sondern setzten unsere Reise, ohne daß sie eine besondere Erwähnung verdiente, bis nach Vöklabruk fort, wo wir Abends anlangten: ein trauriges Nest. Den andern Morgen kamen wir über Straßwalchen und Frankenmarkt nach Neumarkt, wo wir Mittag machten. Diese Oerter, welche schon im Salzburgischen liegen, zeichnen sich durch eine besondere Bauart der Häuser aus. Alles ist beinahe von Holz. Das hölzerne Küchengeschirr steht auf hölzernen Stellen, die außen an den Häusern angebracht sind, um welche hölzerne Gänge herumlaufen. Auch hängen allenthalben zerschossene Scheiben an den Häusern, die als Siegestrophäen aufbewahrt werden aus längst vergangenen Zeiten; denn man findet die Jahreszahlen 1600 und 1500 häufig. Auch fängt hier schon das bairische Geld an. Von Neumarkt, welches die letzte Post vor Salzburg ist, sieht man schon Bergesspitzen aus dem Salzburger Thal herausschauen, die eben mit Schnee bedeckt waren. Ungefähr eine Stunde von Neumarkt wird die Gegend schon wunderschön. Der Waller-See, welcher rechts von der Straße sein helles blaugrünes Wasser ausbreitet, belebt diese anmuthige Gegend auf das herrlichste. Die Lage ist sehr hoch und von nun an geht es immer abwärts bis nach Salzburg. Die Berge steigen immer mehr in die Höhe, besonders ragt der fabelhafte Untersberg wie zauberhaft aus den übrigen hervor. Die Dörfer zeigen Spuren von ehemaligem Reichthum. An den gemeinsten Bauernhäusern findet man überall marmorne Fenster- und Thürstöcke, auch sogar manchmal Stiegen von rothem Marmor. Die Sonne verdunkelt sich und die schweren Wolken ziehen über die schwarzen Berge wie Nebelgeister dahin; doch berühren sie den Scheitel des Untersberges nicht, sie schleichen an ihm vorüber, als fürchteten sie seinen grauenvollen Inhalt. Das weite Thal, welches mit einzelnen Schlössern, Kirchen und Bauernhöfen wie angesäet ist, wird dem entzückten Auge immer sichtbarer. Thürme und Paläste zeigen sich nach und nach; man fährt endlich an dem Kapuzinerberge vorbei, dessen ungeheure Felswand hart an der Straße senkrecht in die Höhe ragt und fürchterlich auf den Wanderer herabblickt. Der Untersberg mit seinem Gefolge wird riesenhaft, ihre Größe will uns fast erdrücken. Und nun geht es durch einige herrliche Alleen in die Stadt selbst hinein. Festungswerke aus

lauter Quadersteinen umgeben diesen so berühmten Sitz der ehemaligen Churfürsten. Die Thore der Stadt verkünden mit ihren Inschriften die verschwundene Macht des Pfaffenthums. Lauter Häuser von 4 bis 5 Stockwerken erfüllen die ziemlich breiten Gassen und an dem wunderlich verzierten Hause des Theophrastus Paracelsus vorbei geht es über die Brücke der Salzach, die trüb und dunkel mächtig vorüberbraust. Die Stadt selbst machte einen etwas düstern Eindruck auf mich, indem ein trübes Wetter die alten Gebäude noch mehr verfinsterte, und überdies die Festung, die auf dem höchsten Gipfel des Mönchberges liegt, in alle Gassen der Stadt ihren Geistergruß herabwinkt. Da leider gleich nach unserer Ankunft Regen eintrat, welches hier sehr oft der Fall ist, so konnten wir, außer den vielen Pallästen und herrlichen Kirchen, deren wir im Vorbeifahren ansichtig wurden, wenig zu sehen bekommen. Durch Hrn. Pauernfeind, ein dem Hrn. v. Vogl bekannter Kaufmann, wurden wir bei dem Grafen von Platz, Präsident der Landrechte eingeführt, von dessen Familie, indem ihnen unsere Namen schon bekannt waren, wir freundlichst aufgenommen wurden. Vogl sang einige Lieder von mir, worauf wir für den folgenden Abend geladen und gebeten wurden, unsere sieben Sachen vor einem auserwählten Kreise zu produciren, die denn auch unter besonderer Begünstigung des schon in meinem ersten Briefe erwähnten Ave Maria's Allen sehr zu Gemüthe gingen. Die Art und Weise, wie Vogl singt und ich accompagnire, wie wir in einem solchen Augenblicke *Eins* zu sein scheinen, ist diesen Leuten etwas ganz Neues, Unerhörtes. Nachdem wir den andern Morgen den Mönchberg bestiegen, von welchem man einen großen Theil der Stadt übersieht, mußte ich erstaunen über die Menge herrlicher Gebäude, Paläste und Kirchen. Doch gibt es wenig Einwohner hier, viele Gebäude stehen leer, manche sind nur von einer, höchstens zwei bis drei Familien bewohnt. Auf den Plätzen, deren es viele und schöne gibt, wächst zwischen den Pflastersteinen Gras, so wenig werden sie betreten. Die Domkirche ist ein himmlisches Gebäude, nach dem Muster der Peterskirche in Rom, versteht sich im verkleinerten Maßstabe. Die Länge der Kirche hat die Form eines Kreuzes, ist von vier ungeheuren Höfen umgeben, von denen jeder einzelne einen großen Platz bildet. Vor dem Eingange stehen die Apostel in riesenhafter Größe aus Stein gehauen. Das Innere der Kirche wird von vielen marmornen Säulen getragen, ist mit den Bildnissen der Churfürsten geschmückt, und in allen seinen Theilen wirklich vollendet schön. Das Licht, welches durch die Kuppel hereinfällt, erleuchtet jeden Winkel. Diese außerordentliche Helle macht eine göttliche Wirkung, und wäre allen Kirchen anzuempfehlen. Auf den vier Plätzen, welche die Kirche umgeben, befinden sich große Springbrunnen, die mit den herrlichsten und kühnsten Figuren geschmückt sind. Von hier gingen wir in das Kloster zu St. Peter, wo *Michael Haydn* residirt hat. Auch diese Kirche ist wunderschön. Hier befindet sich, wie Du weißt, auch das Monument des M. Haydn. Es ist recht hübsch, aber steht auf keinem guten Platz, sondern in einem abgelegenen Winkel. Auch lassen diese herumliegenden Zettelchen etwas kindisch; in der Urne befindet sich sein Haupt. Es wehe auf mich, dachte ich mir, dein ruhiger, klarer Geist, du guter Haydn, und wenn ich auch nicht so ruhig und klar sein kann, so verehrt dich doch gewiß Niemand auf Erden so innig als ich. (Eine schwere Thräne entfiel meinen Augen, und wir gingen weiter. –) Mittags speiseten wir bei Hrn. Pauernfeind, und als uns Nachmittags das Wetter erlaubte auszugehen, bestiegen wir den zwar nicht hohen, aber die allerschönste Aussicht gewährenden Nonnenberg. Man übersieht nämlich das hintere Salzburger Thal. Dir die Lieblichkeit dieses Thals zu beschreiben, ist beinahe unmöglich. Denke Dir einen Garten, der mehre Meilen im Umfange hat, in diesem unzählige Schlösser und Güter, die aus den

Bäumen heraus oder durchschauen, denke Dir einen Fluß, der sich auf die mannigfaltigste Weise durchschlängelt, denke Dir Wiesen und Aecker, wie eben so viele Teppiche von den schönsten Farben, dann die herrlichen Straßen, die sich wie Bänder um sie herumschlingen, und endlich stundenlange Alleen von ungeheueren Bäumen, dieses Alles von einer unabsehbaren Reihe von den höchsten Bergen umschlossen, als wären sie die Wächter dieses himmlischen Thals, denke Dir dieses, so hast Du einen schwachen Begriff von seiner unaussprechlichen Schönheit. Das Uebrige von Salzburgs Merkwürdigkeiten, welche ich erst auf der Rückreise zu sehen bekomme, lasse ich auch bis dahin, indem ich meine Beschreibung chronologisch verfolgen will.

Ferdinands Bitte um eine ausführliche Reisebeschreibung, wenigstens von Gastein (die er nicht bekam), ist in seinem Brief vom 4. August 1825 ausgesprochen. Schubert hat seinen Brief, den er in Steyr am 21. September fortsetzte, aber nie beendet hat, dann doch nicht abgeschickt, sondern mit heimgebracht. Ferdinand hat ihn zuerst, wenn auch etwas redigiert, in seinem von Karl Schubert illustrierten Buch „Der kleine Geograph" (Wien 1833, II. 55ff.) abgedruckt; später erschien er in Schumanns „Neuer Zeitschrift für Musik" (Leipzig, 5. Februar 1839). Da auch dieser Abdruck unvollständig und das Original verschollen ist, so wurde hier auch Ludwig Gottfried Neumanns Abdruck (siehe 25. Juli 1825) in dem Sammelwerk „Lebensbilder aus Österreich" (Wien 1843, S. 218ff.) herangezogen. – Die Abreise von Steyr war schon am 10. August erfolgt. – Die Reise (siehe 15. August 1825) verlief west-süd-westlich; Frankenmarkt liegt auf dieser Tour vor Straßwalchen. – Kremsmünster, das Schubert schon lange durch seine dort erzogenen Freunde vertraut war, ist 777 gegründet worden und nach St. Peter in Salzburg das älteste Stift in den österreichischen Alpen. Die Gebäude stammen meist aus dem 17. und 18. Jahrhundert. Das Gymnasium in Kremsmünster war schon 1549 gegründet worden. – Bayern hatte den 24-fl.-Fuß, das heißt eine Mark Kölnischen Silbers war 24 fl. wert, nicht 20 fl. wie in Österreich. – Der Untersberger Marmor ist von rötlicher Färbung. – Den Kapuzinerberg sah Schubert von den zur Salzach gehenden Fenstern seines Gasthofs „Zum Mohren". – Die Erzbischöfe von Salzburg (1798–1803 auch weltliche Fürsten und als solche Kurfürsten des Reiches) haben das Primat der Römischen Kirche in deutschen Landen. Nach der Säkularisierung des Landes Salzburg kam es zuerst an Bayern und 1816 an Österreich. – Das sogenannte Haus des 1541 hier verstorbenen Arztes und Naturforschers Paracelsus liegt nahe der Hauptbrücke auf dem „Platzl". – Auf dem Mönchsberg, am linken Ufer der Salzach, liegt die alte Festung Hohen-Salzburg. – Johann Christian Pauernfeind (1783–1835) war Bürgermeister von Salzburg gewesen und jetzt stellvertretender Beisitzer aus dem Handelsstand beim Wechselgericht Salzburg. Er war ein Zögling der Gouvernante Katharina Gilowsky, Mozarts „Katherl", gewesen und wohnte am Kapitelplatz (heute Nr. 7). – Unter den Liedern, die Vogl dort sang, war wohl „Der Alpenjäger" nach Schiller (siehe 23./24. Oktober 1825 und 7. Januar 1826). – Die Stadt Salzburg litt noch immer unter dem Wechsel des Regimes. – Der frühbarocke Dom ist in der ersten Hälfte des 17. Jahrhunderts erbaut worden; er gilt als die beste italienische Architektur des Nordens. Es sind eigentlich nur drei Plätze mit zwei Brunnen, die den Dom umgeben. – Die nahe Benediktiner-Abtei St. Peter ist 696 gegründet worden. Ihre Stiftskirche stammt aus dem 12. Jahrhundert, wurde aber um 1760 im Rokokostil umgebaut. Michael Haydn, Josephs jüngerer Bruder, geboren in Rohrau 1737, war Organist von St. Peter und Konzertmeister des Fürsterzbischofs gewesen. Sein Grabmal im Biedermeierstil war erst 1821 errichtet worden. Die „Zettel" sind aus Stein und tragen die Titel der bedeutenderen Werke des Komponisten. Sein Schädel ist in der Urne oben untergebracht. Seine Gebeine liegen auf dem berühmten Friedhof des Stifts nebenan. Ob Schubert durch Michael Haydns Männerquartette, Vorläufer seiner eigenen, sich ihm besonders verbunden fühlte, ist unbekannt. Es scheint, daß Schubert um 1815 Kanons von Michael Haydn und einen von Franz de Paula Josef Otter zu Haydns Ehren gesungen hat; der zweite Tenorpart, den Holzapfel sang, ist bei Nachkommen der Familie Schubert erhalten geblieben. Schubert kopierte die Orgelstimme von Michael Haydns bekanntem „Deutschen Hochamt" („Hier liegt vor Deiner Majestät"; vgl. Schuberts „Deutsche Trauermesse", 24. August 1818, und seine „Deutsche Messe", 16. Oktober 1827). Ferdinand Schubert komponierte 1840, als op. 33, einen von Peter Bleich verfaßten Chor „An Michael Haydn, auf dem

Platze, wo er manche frohe Stunde genoß", d. i. im St.-Peters-Stift. – Auch der Nonnberg (Schubert schreibt „Nonnenberg") liegt am linken Ufer der Salzach. Dort befindet sich ein um 700 gegründetes Benediktiner-Frauenkloster mit einer romanisch-gotischen Kirche.

Bauernfeld an Schubert

[Adresse:]

Dem
Wohlgebor. Herrn Herrn
Franz Schubert
in

Abzugeben bei Herrn von Vogl. — *Steyer in Ober-Östreich.*

[Innen:]

Wien, am 13t September 1825.

Lieber Freund!

Ich weiß kaum, ob Du die Züge dieses kennst, der Dir da schreibt, und ob Du nicht zur bessern Orientierung zu der Unterschrift Deine Zuflucht nehmen mußt: wisse es also: ich bin der Bauernfeld – – Ich grüße und küsse Dich herzlich – jetzt aber gleich zum Allernotwendigsten, denn Du mußt diesen Brief so bald als möglich bekommen und in einer $^{1}/_{4}$ Stunde muß er auf die Post.
1t schreibe sogleich, ob Du Dein Zimmer behalten willst, denn Dein Hausherr fragt in einem fort; –
zweitens: Moritz Schwind u. ich machen Dir die Proposition, ein ordentliches Quartier zu nehmen, u. uns alle 3 zusammenzustecken; bist Du es zufrieden, so bestätige es mit einem holden Ja.
3tens Selbiger Plan wird aber nicht sogleich ausgeführt, sondern erst im Oktober oder November. Ich werde bis dahin bei Schober wohnen, u. Du irgendwo. Ich bitte Dich, antworte nur *sogleich* auf alles dieses, und *klar und deutlich* . . .
Wie geht's Dir, dickster Freund? Ich denke, Dein Bauch wird zugenommen haben; Gott erhalte ihn, u. lasse ihn gedeihen! Schober ist in Atzenbruck; Schwind ging gestern dahin; ich werde ihm wahrscheinlich bald folgen, aber nur auf wenige Tage. Schreibe mir nur gleich; und setze der Adresse bei: abzugeben im lithographischen Gewölbe des Jos. Trentsensky im Zwettelhof. Lebe wohl, lebe wohl, lebe wohl!
Wenn Du mir fein ordentlich schreibst, so werd' ich Dich vielleicht mit einem verständigen u. gehaltreichen Brief bedienen.

Dein Freund
Bauernfeld.

Zu Schuberts Hausherrn vgl. 8. Juni, 25. Juli und 14. August 1825. – Zum Wohnungsplan der Freunde vgl. 18./19. September 1825. – Bauernfeld zog, offenbar an Stelle Kupelwiesers, im Oktober wirklich zu Schober, wo er bis Februar 1826 blieb. Im Herbst dieses Jahres wohnte Schubert vorübergehend dort. – Schubert meinte im Gegenteil, infolge der Hitze in Oberösterreich (vgl. 25. Juli 1825) mager geworden zu sein. Jedenfalls bezeugt Bauernfelds scherzhafte Anspielung, daß Schubert nun wirklich dick geworden war. – Schober war schon seit August in Atzenbrugg, wo jetzt offenbar keine „Feste" mehr gefeiert wurden. Schwind war wohl in Merkenstein gewesen und hatte Bauernfeld in Wiener-

Neustadt bei Mayerhofer getroffen. – Josef Trentsensky (siehe 25. Januar 1824) war der Inhaber einer um 1823 gegründeten lithographischen Anstalt, an der auch sein Bruder Matthias, ein pensionierter Offizier und Erfinder der Litho-Stereotypen-Platten, beteiligt war. Der Laden im Zwettelhof besteht heute noch unter dem Namen der Nachfolger. Die Firma wurde berühmt durch ihre „Mandel-Bogen" (Mandel = Männchen) zum Ausschneiden, an deren Vorzeichnungen namhafte Künstler, auch Schwind, beteiligt waren. Die selbe Firma hatte nun auch, um die Erfindung Matthias' auszunützen, die Wiener Shakespeare-Ausgabe (später auch eine ähnliche für Calderon) unternommen, die zuerst in 43 Bänden Duodez (1824–1826) und dann in einem Band Quart (1825–1826) von den selben Platten gedruckt worden ist. Der nominelle Verleger war J. P. Sollinger, ein Buchdrucker, weil Trentsensky offenbar keine Verlagsbefugnis hatte. Die Umschläge, lithographiert von Jakob Hyrtl, hat Schwind gezeichnet, dazu noch zwei große Vignetten für die Quartausgabe. Die Titelvignetten der Duodezausgabe sind einfache Nachzeichnungen der Londoner von John Thurston (1814). Schubert entnahm die Texte seiner drei Shakespeare-Lieder 1826 der Wiener Ausgabe.

Aus Bauernfelds Tagebuch

September 1825.

Mit Schober und Schwind in Atzenbruck. Bei der Au-Müllerin einquartiert. Wir schliefen alle drei in einem breiten Bett.

Die Aumüllerin war die Besitzerin der Aumühle. Das war erst von 1827 an Frau Josepha Gritzner (siehe Anmerkung vor Juli 1821), deren Onkel Weigert später Verwalter von Atzenbrugg wurde.

Schubert an Johann Steiger v. Amstein

[Gmunden, Mitte September 1825]

Lieber Steiger!

Es ist mir sehr leid, daß ich Euch nicht zu Clodi begleiten kann. Da wir heute an den Atter-See fahren, u. diese Fahrt nicht verschoben werden kann, indem Vogl beschlossen hat, *Morgen!!* von Gmunden abzureisen. Dieß erfuhr ich erst heute früh, daher wirst Du mich entschuldigen. Sey nicht böse, mir ist recht leid. Abends hoffe ich euch noch in euerm Gasthaus zu sehen.
In Hinsicht der Besichtigung der Salzarbeiten fragt nur in dem Kuffen Handelamt nach H. v. Kinesberger, welcher gestern mit uns sprach.

Dein

Schubert.

Zu Steiger siehe 19. November 1823. – Sein Begleiter war Louis Hönig (siehe 18./19. September 1825). – Der Brief dürfte am 16. oder 17. September geschrieben worden sein. – Kufen (Kufen-Handelsamt) ist ein österreichisches Salzmaß.

Aus Pater Planks Tagebuch, Kremsmünster, 16. September 1825

Gäste Herr Vogl und Schubert Musiker.

Vgl. 27. Mai 1825. – Am 15. Juli 1825 war Vogl allein zu Gast in Kremsmünster gewesen.

Schubert an Bauernfeld

[Außen:]

Steyer

Dem

Wohlgeb. Herrn Herrn
J. Bauernfeld
in
Wien

Abzugeben bey
H. Jos. Trenschensky
im lithographischen Institute
im Zwettelhof.

[Innen:]

Steyer den 18. oder 19. Sept. 825.

Lieber Freund!

Wirklich war mir Dein Geschreibsel nicht mehr im Gedächtniß, die Alles zerstörende Zeit u. Deine bis zur Grobheit schnelle Hand haben es so weit gebracht. In letztem Falle denk ich Dir's gleich zu thun. – Was das Quartier im Frühwirthischen Hause anbelangt, so bin ich gesonen, es zu behalten, habe ihm dieses auch schon durch mein väterliches Haus wissen zu machen gesucht, es sey nun, daß man ihn vergessen hat oder dß er so ängstlich u. umständlich ist, so seyd auf jeden Fall Einer oder alle zusamen so gut, ihm in meinem Nahmen 25 fl. W. W. zu geben u. zu versichern, daß ich Ende October gewiß kome. – Was unser Zusammenleben betrifft, so wäre mir's zwar sehr angenehm, da ich aber dergleichen Junggesellen- u. Studenten-Plane schon kenne, so möchte ich nicht gerne, dß ich am Ende zwischen zwey Stühlen auf der Erde säße. Sollte sich indessen was Gscheidtes finden, so gibt es ja imer noch Mittel, mich von meinem Hausherrn auf gute Art zu trennen. Jene erwähnten 25 fl. wären ihm für Oct. einzuhändigen, welche ich mit meiner Ankunft pünktlichst zurückbezahlen werde. – Auf Schober u. Kuppelwieser bin ich sehr begierig, auf jenen, wie ein Mensch nach gescheiterten Planen, auf diesen, wie einer, der von Rom u. Neapel komt, aussieht. – Schwind ist ein wahrer Harn-Freund u. Garn-Haspel, denn von seinen 2 Briefen, die er mir geschrieben, ist einer konfuser als der andere. Ein solcher Galimathias von Verstand u. Unsinn ist mir noch nicht vorgekomen. Wenn er nicht in dieser Zeit sehr schöne Sachen gemacht hat, so ist ihm ein so hirnloses Gerede nimer zu verzeihen. Grüße mir diese 3 auch Rieder u. Dietrich, wenn Du sie sehen solltest. Riedern lasse ich gratuliren zu seiner Professur. – Steiger u. Louis Hönig besuchten mich in Gmunden, welches mich sehr freute. Wenn ihr zu eurem übrigen großen Verstand nur ein Quintel hinzugethan hättet, so würdet ihr mich auch mit eurer Gegenwart beehrt haben. Aber das ist von euch auf Brand u. Mord verliebten Jungen nicht zu verlangen. Wie oft werdet ihr wieder unglücklich gewesen seyn, u. eure Seufzer u. Klagen in Bier u. Punsch ersäuft haben? ha! ha! ha! ha! Bald hätte ich vergessen, Dir zu sagen, dß ich in Salzburg u. Gastein gewesen, deren Gegenden die kühnste Fantasie überflügeln.

Lebe wohl!

Dein
Schubert.

Schreibe mir, aber was Gscheidts, etwa ein musikalisches Gedicht. (?)!

Grüße mir alle Freunde.

NB. Eben sagt mir Vogl, daß es möglich wäre, dß er Ende dieses oder Anfangs Oct. mit Haugwitz nach Italien reisete; in diesem Falle käme ich auch früher Anfangs Oct.

Schubert adressiert irrtümlich an J. statt an E. Bauernfeld. – Zum Quartier im Fruhwirth-Haus vgl. 8. Juni, 25. Juli, 14. August und 13. September 1825. – Noch immer glaubte Schubert, bis Ende Oktober auszubleiben. – „Garn-Haspel" oder „Haspel" ist ein närrischer Kauz, „Harn-Freund" ist wohl nur durch ein Verschreiben entstanden, das Schubert nicht streichen wollte. – Die beiden Briefe Schwinds sind wahrscheinlich die vom 1. August und 14. August 1825. – Zu Rieder vgl. 14. August 1825. – Louis Hönig, Bauernfelds Schulkollege, war ein Neffe Franz Hönigs, sein Vater hieß Ludwig. – Ein „musikalisches Gedicht" ist natürlich eines zum Komponieren. Schubert hat nur zwei Gedichte von Bauernfeld vertont: „Der Vater mit dem Kind" (1827) und das verlorene „Totenhemdchen". – Vogl reiste wirklich nach Italien. Eugen Wilhelm Graf Haugwitz, geboren in Brünn 1777, war ein höherer Offizier, von 1815 bis 1818 Kommandant von Neapel, seit jener Zeit mit Vogl befreundet, aber auch mit Ludwig Friedrich v. Hartmann (siehe Anmerkung vor dem 4. August 1823). Er spielte die Harfe und sang Schubert-Lieder.

Aus der amtlichen „Wiener Zeitung" vom 21. September 1825

Bei Sauer und Leidesdorf,
k. k. privil. Kunst- und Musikalienhändlern in Wien, Kärntnerstraße Nr. 941,
ist soeben erschienen und zu haben (Pest, bei K. Lichtl):

Schubert (*Fr.*) *Six grandes marches et Trios*
pour le Pianoforte à 4 mains 2 e Cah. 3 fl. 15 kr. W. W.
1 r Cah. 2 fl. 45 kr. W. W.

Das ist op. 40, dessen erstes Heft schon im Frühjahr erschienen war (7. Mai 1825).

Schubert an seinen Bruder Ferdinand
[Fortsetzung des Briefes vom 12. September 1825]

Den 21. September, Steyer.

Du siehst aus dem angemerkten Datum, daß zwischen dieser und jener Zeile mehre Tage verflossen sind, und wir von Gmunden leider auf Steyer umsiedelten. Um also meine Reisebeschreibung (die mich leider schon reuet, weil sie mir zu lange dauert) fortzusetzen, folgt wie folget Folgendes: Der folgende Morgen war nämlich der schönste Tag von der Welt und in der Welt. Der Untersberg, oder eigentlich der Oberste glänzte und blitzte mit seinem Geschwader und dem gemeinen Gesindel der übrigen Berge herrlich in, oder eigentlich neben der Sonne. Wir fuhren durch das oben beschriebene Thal, wie durch's Elysium, welches aber vor jenem Paradies noch das voraus hat, daß wir in einer scharmanten Kutsche saßen, welche Bequemlichkeit Adam und Eva nicht hatten. Statt den wilden Thieren begegneten uns manche allerliebste Mädchen, – – –. Es ist gar nicht recht, daß ich in einer so schönen Gegend so miserable Späße mache, aber ich kann heut einmal nicht ernsthaft sein. So steuerten wir denn, in Wonne versunken über den schönen Tag und über die noch schönere Gegend, gemächlich fort, wo uns nichts auffiel, als ein niedliches Gebäude, welches Monat-Schlößchen heißt, weil es ein Churfürst in *einem* Monat für seine Schöne aufbauen ließ. Das weiß hier jeder Mensch, doch stößt sich Niemand daran. Eine Toleranz zum Entzücken. Auch dieses Gebäudchen sucht durch seine Reize das Thal zu verherrlichen. Nach einigen Stunden gelangten wir in die zwar merkwürdige, aber äußerst schmutzige und grausliche Stadt Hallein. Die Einwohner sehen alle wie Gespenster aus, blaß, hohläugig und mager zum Anzünden. Dieser schreckliche Contrast, den dieser Anblick des Ratzenstadtl's ꝛc. auf jenes Thal erzeugt, machte einen höchst fatalen Eindruck auf mich. Es ist, als wenn man von dem Himmel auf einen Misthaufen fiele, oder nach einer Mozart'schen Musik ein Stück von dem unsterblichen A. hörte. Den Salzberg sammt den Salzbergwerken anzusehen, war Vogl nicht zu bewegen, dessen große Seele, angetrieben durch seine Gicht, nach Gastein strebte, wie in finsterer Nacht der Wanderer nach einem lichten Punct. Wir fuhren also weiter über Golling, wo sich schon die ersten hohen, unübersteigbaren Berge zeigten, durch deren fürchterliche Schluchten der *Paß Lueg* führt. Nachdem wir dann über einen großen Berg langsam hinaufkrallten, vor unserer Nase, so wie zu den beiden Seiten schreckliche Berge, so daß man glauben könnte, die Welt sei hier mit Bretern vernagelt, so sieht man plötzlich, indem der höchste Punct des Berges erreicht ist, in eine entsetzliche Schlucht hinab, und es droht einem im ersten Augenblicke einigermaßen das Herz zu schüttern. Nachdem man sich etwas von dem ersten Schreck erholt hat, sieht man diese rasend hohen Felswände, die sich in einiger Entfernung zu schließen scheinen, wie eine Sackgasse, und man studirt umsonst, wo hier der Ausgang sei. In dieser schreckenvollen Natur hat auch der Mensch seine noch schreckenvollere Bestialität zu verewigen gesucht. Denn hier war es, wo auf der einen Seite die Baiern, und die Tyroler auf der andern Seite der Salzach, die sich tief, tief unten brausend den Weg bahnt, jenes grauenvolle Morden vollbrachten, indem die Tyroler, in den Felsenhöhen verborgen, auf die Baiern, welche den Paß gewinnen wollten, mit höllischem Lustgeschrei herabfeuerten, welche getroffen in die Tiefe herabstürzten, ohne je sehen zu können, woher die Schüsse kamen. Dieses höchst schändliche Beginnen, welches mehre Tage und Wochen fortgesetzt wurde, suchte man durch eine Capelle auf der Baiern Seite und durch ein rohes Kreuz in dem Felsen auf der Tyroler Seite zum Theil zu bezeichnen, und zum Theil durch solche heilige Zeichen zu sühnen. Du herrlicher Christus, zu wie viel Schandthaten mußt du dein Bild herleihen. Du selbst das gräßlichste Denkmal der menschlichen Verworfenheit, da stellen sie dein Bild auf, als wollten sie sagen: Seht! die vollendetste Schöpfung des großen Gottes haben wir mit frechen Füßen zertreten, sollte es uns etwa Mühe kosten, das übrige Ungeziefer, genannt Menschen, mit leichtem Herzen zu vernichten? – Doch wenden wir unsere Augen ab von so niederschlagenden Betrachtungen und schauen wir lieber, daß wir aus diesem Loch hinauskommen. Nachdem es nun eine gute Weile abwärts geht, die beiden Felswände immer näher zusammenrücken und die Straße sammt dem Strom auf 2 Klaftern Breite eingeengt werden, so wendet sich hier, wo man es am wenigsten vermuthet, unter einem herüberhängenden Felsen bei dem zornigen Wüthen der eingezwängten Salzach, die Straße zur angenehmen Ueberraschung des Wanderers. Denn nun geht es, obwohl noch immer von himmelhohen Bergen eingeschlossen, auf breiterem Wege und eben dahin. Mittags kamen wir in Werffen an. Ein Markt mit einer bedeutenden Festung, von den Salzburger Churfürsten erbaut, wird jetzt vom Kaiser renovirt. Auf unserer Rückreise bestiegen wir selbe, es ist v[erdammt] hoch, gewährt aber eine herrliche Aussicht in das Thal, welches auf einer Seite von den ungeheuren Werffner Gebirgen, die man bis Gastein sieht, begrenzt ist. Himmel, Teufel, das ist etwas Erschreckliches, eine Reisebeschreibung, ich kann nicht mehr. Da ich so in den ersten Tagen des Octobers nach Wien komme, so werde ich Dir dieses Geschreibsel selber übergeben und das Uebrige mündlich erzählen.

Der „folgende Morgen“ war der 13. oder 14. August gewesen. – Das Tal ist das Nonntal. – Das Monats-Schlößchen, erbaut 1615 in einem einzigen Monat (wenn auch nicht für die schöne Salome Alt, das Liebchen eines Erzbischofs), liegt im Park des Lustschlosses Hellbrunn (1613) und beherbergt jetzt ein Volkskunde-Museum. – Die Fahrt führt nach Süden. – Der Salzberg von Hallein heißt Dürnberg. – „Ratzenstadl“, im Wienerischen ein von Ratten bevölkerter Ort, war der Volksname der Vorstadt Magdalenengrund. – A. mag Johann Georg Albrechtsberger (1736–1809) sein; auch dieser Brief ist im Original verloren, und die ersten Abdrucke können verändert sein. – Der Paß Lueg, südlich von Golling, ist eine großartige Schlucht, durch welche die Salzach die Kette der Salzburger Kalkalpen zwischen dem Tennengebirge im Osten und dem Hagengebirge im Westen durchbricht. – Der Erstdruck gibt „rothes Kreuz“ (alte Schreibung), es muß aber wohl rohes Kreuz heißen. Noch heute ist es in der Kroatenhöhle des Paß Lueg zu sehen. – Werfen, auch an der Salzach gelegen, wird gekrönt von dem Schloß Hohenwerfen (633 m), das 1077 gebaut, 500 Jahre später erneuert, und in jüngerer Zeit restauriert wurde.

Ottenwalt an Josef v. Spaun in Lemberg

[Linz,] 27. September 1825.

Schubert hoffen wir bald zu sehen. Er ist in Steyer. Vogl soll mit Gr. Haugwitz nach Italien gehen.

Während der letzten Tage seines Sommeraufenthalts, die Schubert um den 1. Oktober herum in Linz verbrachte, besuchte er wieder Schloß Steyregg (Graf und Gräfin Weißenwolff). Stadler, der ihn begleitete, das Schlafzimmer mit ihm teilte und ihn damals zum letzten Male gesehen hat, beschreibt dieses Beisammensein in seinen Briefen an Luib 1858 (Stadtbibliothek Wien). Vogl scheint nicht nach Steyregg mitgekommen zu sein. Er ging nun für ein halbes Jahr nach Italien.

Herbst 1825: „Der Wachtelschlag“ (op. 68) erscheint als Nachdruck im „Nationalkalender für die Deutschen Bundesstaaten auf das Jahr 1826“, herausgegeben von Christian Karl André, im Verlag J. G. Cotta in Stuttgart.

3. Oktober 1825: Vogl und Schubert führen bei der Familie Anton v. Spauns in Linz anläßlich des Geburtstages der Frau Henriette v. Spaun die neuesten Lieder auf, von denen jene aus „Das Fräulein vom See“ besonders gefallen.

Anfang Oktober fahren Schubert und Josef v. Gahy in einem gemieteten Einspänner in drei Tagen von Linz nach Wien. – Henriette, geb. Vogelsang, war die Frau Anton v. Spauns (siehe 20. Juli 1822). Franz v. Spaun (siehe 12. April 1816) hatte 1824 Louise Wanderer, die Tochter eines Wundarztes in Nußdorf (Vorort von Wien) geheiratet. Ihre Mutter, Frau Babette Wanderer, war im September mit den beiden anderen Töchtern, Babette und Josephine, zu Besuch nach Oberösterreich gekommen, und Gahy hatte sie begleitet. So fand Schubert in ihm Gesellschaft für den Heimweg.

Aus Bauernfelds Tagebuch

Oktober 1825.

Schubert ist zurück. Gast- und Kaffeehaus-Leben mit den Freunden, häufig bis zwei, drei Uhr des Morgens.

Wirtshaus, wir schämen uns,
Hat uns ergötzt;
Faulheit, wir grämen uns,
Hat uns geletzt.

Schober ist darin der Ärgste. Er hat freilich nichts zu tun, tut auch nichts, was ihm Moritz häufig vorwirft.

Wenn Schubert dabei war, so war es für ihn ungewöhnlich, länger als bis Mitternacht zu bleiben. Es geschah wohl nur in den ersten Tagen des Wiedersehens mit Schober und Kupelwieser nach zweijähriger Trennung. – Die Verse, die wie ein Studentenlied klingen, sind ähnlich anderen, die Bauernfeld 1821 in sein „Poetisches Tagebuch" geschrieben hatte. – Die guten Absichten Schobers, die Schwind (Moritz) am 1. September 1825 verzeichnet hatte, waren also nicht erfüllt worden.

Aus Jakob Nikolaus Craigher de Jacheluttas Tagebuch

Sonntag, den 23ten Oktober 1825.

Heute wars ein rechter Freudentag für mich. Schwind und Schubert kamen zu mir zum Frühstück, und blieben von 9 bis gegen eilf Uhr da. Ersterer brachte sein wunderherrliches neues Werk „Der Ausfall Zrinyis bei Szigeth" mit. Schöneres habe ich mir [in] der Art nie gedacht. Die Nationalität der Türken und Magyaren ist in den Figuren dieses Bildes so charakteristisch dargestellt, wie nur immer möglich. Ich halte es weit über Krafts großes Gemälde. Besonders ist der Held Zrinyi außerordentlich gelungen, dessen Geist sich gleichsam über alle seine Mitkämpfer ausbreitet. Die Mannigfaltigkeit der Charaktere in den Türkenköpfen, worunter die verschiedenen asiatischen Völkerstämme gleichsam zu unterscheiden sind, ist höchst anziehend. Zur Rechten am Fuß des Bildes zeigt sich ein Bogenschütze in herrlicher Gestalt und beschäftigt das Auge, wegen der äußerst schönen Zeichnung, ganz besonders. Schwind kann, wofern er sich auf das Technische der Kunst mit aller Liebe verlegt, einer der größten Maler werden, die je gelebt haben. – –

Schubert ist einen Akkord mit mir eingegangen, vermög welchen ich ihm mehrere Lieder aus englischen, spanischen, französischen und italienischen Klassikern mit deutscher Übersetzung im Metrum des Originals liefern will, die er dann in Musik setzen und mit dem Original Texte auflegen lassen wird. Ich selbst kann dabei nur gewinnen; zumal dies eine nähere Vereinigung zwischen uns herbeiführen dürfte, die für uns beide in jeder Beziehung von Nutzen sein müßte. Überdies ist Schubert ein zu herrlicher Mensch, als daß ich nicht alles aufbieten sollte, ihn näher an uns zu ziehen. – Auch nahm er einige neue Lieder von mir mit, die er wahrscheinlich in Musik setzen wird.

Craigher, geboren 1797 in Ligosullo (Venetien), war um 1820 von Pest nach Wien gekommen und Buchhalter geworden. Nebenbei war er aber ein eifriger Lyriker und mit Friedrich v. Schlegel und Ludwig Ferdinand v. Schnorr befreundet. Er hat seine 1818 bis 1824 geschriebenen Gedichte als „Poetische Betrachtungen in freien Stunden" 1828 unter dem Pseudonym Nicolaus mit einer Vorrede und einem einleitenden Gedicht von Schlegel veröffentlicht. Darin finden sich auch die von Schubert Anfang 1825 komponierten Gedichte „Die junge Nonne" und „Totengräbers Heimwehe", nicht aber Craighers Übersetzung von Colley Cibbers „Blindem Knaben", die Schubert im April 1825 vertont hatte. „The Blind Boy" war schon von Mayláth (vgl. 28. Oktober 1823) übersetzt worden; Franz Lachner und Sechter haben diese Fassung komponiert. Es scheint, daß jene Übersetzung Craighers die Ursache des hier erwähnten Abkommens gewesen ist, das aber wohl zu nichts geführt hat. Schubert hat auch keine weiteren Gedichte von Craigher komponiert. – Schwinds Werk „Zrinyis letzter Ausfall aus Szigeth" ist einer der „Bilderbogen", die er für Trentsensky zeichnete und die, lithographiert von Kriehuber, als Illustrationen zur vaterländischen Geschichte erschienen. Das Thema – die Verteidigung der ungarischen Festung durch Zriny gegen Sultan Soliman II. 1566 – war durch Körners Schauspiel „Zrinyi" bekannt geworden, und Johann Peter Krafft (geboren in Hanau 1780), einer der Lehrer Schwinds an der Akademie der bildenden Künste, hatte es in einem Gemälde, das seit 1825 in der kaiserlichen Galerie im Belvedere hing, populär gemacht.

Georg Nikolaus Nissen an Albert Stadler in Linz

Salzburg (angefangen)
23. Okt. 1825 (geend. 24.)

... Aber froh bin ich von Herzen, daß mein guter Geist noch zu rechter Stunde ein Mittel an die Hand gibt, Ihnen Alles, ja alle Beschwerden zu vergüten. Er rät mir nämlich, Ihnen das Vergnügen zu machen, daß Sie mir noch ein großes Vergnügen machen. Ich bin (und sapienti sat) ganz in einen Teil eines Liedes verliebt, das Vogl nach Schuberts Komposition singt. Das Lied ist eine Unterredung zwischen Mutter und Tochter. Letztere sagt: Mutter, Mutter, laß mich gehen! Aber das reizt mich nicht – nur die einzigen Paar Strophen, die die Mutter singt: die Worte und Komposition. Beide dünken mich wundersanft, süß und schön. Doch ich habe die Worte nicht alle recht gehört; die Melodie aber klingt mir *immerfort* in Ohr und Herz.

Nissen, geboren in Hardisleben (Sachsen) 1765, war dänischer Staatsrat in Pension und lebte mit Konstanze, Mozarts Witwe, nun seiner Frau, in Salzburg. Vogl hatte sie in Gastein getroffen (siehe Anmerkung zum 3./4. September 1825) und ihn mit Stadler bekannt gemacht. Stadler besaß nämlich ein Autograph Mozarts, das er von Dr. Anton Schmith (siehe Anmerkung zum 6. Juni 1818) erhalten und das er Nissen, zugleich mit der Abschrift eines verlorenen Menuetts, geliehen hatte, weil Nissen eben seine Mozart-Biographie vorbereitete. Daraus entwickelte sich ein Briefwechsel, in dem Nissen auf Schubert zu sprechen kam. Er mag das Lied, den „Alpenjäger" nach Schiller, in op. 37 bereits erschienen, beim Grafen Platz in Salzburg gehört haben (siehe 12. September 1825). Das Gedicht spielt aber nicht zwischen Mutter und Tochter; die zitierten Worte werden vom Sohn, einem Knaben, gesungen.

25. Oktober 1825: Johann Strauß Sohn geboren.

29. Oktober 1825: Schubert erhält von Matthias Artaria ein Honorar von 200 Gulden für die „Sieben Gesänge aus Walter Scotts ‚Das Fräulein vom See'". Schubert war also mit Pennauer (vgl. 27. Juli 1825) über dieses Werk nicht handelseinig geworden und hatte es an Matthias Artaria vergeben. Dieser war der Sohn Domenico Artarias II., eines der Chefs des Hauses Artaria & Co., mit dem Schubert erst zuletzt in Fühlung kam. Matthias hatte die Witwe des Verlegers Daniel Sprenger geheiratet und 1822 dessen Unternehmen unter eigenem Namen übernommen. Der Laden lag Ecke Kohlmarkt und Paternoster-Gäßchen. Sein verlorenes Spesenbuch (1824–1831) war in Wiener Währung geführt.

1825

Der Tanz

[Kantate für Irene *Kiesewetter* (D. 826)]

Es redet und träumet die Jugend so viel,
von Tanzen, Galoppen, Gelagen,
auf einmal erreicht sie ein trügliches Ziel,
da hört man sie seufzen und klagen.
Bald schmerzet der Hals, bald schmerzet die Brust,
verschwunden ist alle die himmlische Lust.
„Nur diesmal noch kehr' mir Gesundheit zurück!"
so flehet vom Himmel der hoffende Blick!

Jüngst wähnt auch ein Fräulein mit trübem Gefühl,
schon hätte ihr Stündchen geschlagen.
Doch stand noch das Rädchen der Parze nicht still,
nun schöner die Freuden ihr tagen.

Drum Freunde erhebet den frohen Gesang,
es lebe die teure Irene noch lang,
sie denke zwar oft an das falsche Geschick,
doch trübe sich nimmer ihr heiterer Blick.

Schnitzer.

Irene v. Kiesewetter, die schöne Tochter des Hofrats (vgl. Anmerkung zum 5. März 1822), war 1811 in Wien geboren, also erst 14 Jahre alt, aber trotzdem schon eine gute Klavierspielerin, die Schubert manchmal und später Schönstein oft begleitete. Das Gedicht, dessen zweite Strophe in der Gesamtausgabe fehlt, parodiert anfangs Schillers „Hoffnung", die Schubert einmal komponiert hat. Es sollte die Tanzleidenschaft des Mädchens bekämpfen und war wohl vom Vater bestellt worden. Der Dichter mag K. A. F. Schnitzer, der aus dem Französischen und aus dem Griechischen übersetzte, oder der Amateur-Musiker Kolumban Schnitzer v. Meerau gewesen sein (die vielleicht identisch waren); siehe 26. Dezember 1827.

Aus dem Programm der 1. Abendunterhaltung der Gesellschaft der Musikfreunde, am 10. November 1825

3. Geist der Liebe von Schubert für 4 Männerstimmen. Tietze.

Das Quartett wurde eingeschoben an Stelle von Variationen für Violine und Klavier, komponiert von Johann Peter Pixis und Josef Böhm, die Bocklet mit Böhm, der erkrankt war, hätte spielen sollen.

Aus Johann Pezzls „Beschreibung von Wien", 7. Ausgabe, November 1825

Von den hiesigen Tonkünstlern verdienen rühmlichste Erwähnung: . . . *Schubert,* Franz, Tonsetzer, w. im Frühwirthischen Hause nächst der Karlskirche auf der Wieden.

14. November 1825: Schwind zeichnet für Josef Kenner in einer scherzhaften Briefillustration „Schuberts Quartier".

Aus der „Berliner Allgemeinen musikalischen Zeitung" vom 21. Dezember 1825 [Korrespondenz aus Wien, Spätherbst 1825]

Der junge Komponist *Schubert* fährt unermüdet fort, Lieder zu schreiben, seine Erstlinge, sonderlich der *Erlenkönig* haben ein Publikum gefunden, das sich jedoch allmählich zu vermindern scheint. Auch eine Messe aus seiner Feder hat *Diabelli* verlegt. Balladen gelingen besser.

Die Messe ist die in C-Dur, op. 48.

Aus dem Programm der 2. Abendunterhaltung der Gesellschaft der Musikfreunde, am 17. November 1825 (Direktor: Herr Fradl)

4. Der Gondelfahrer, Vokal-Quartett von Schubert, vorget. v. den Herren Suchy, Karl Groß, Nejebse und Fuchs.

Aloys Fuchs, geboren in Raase (Österreichisch-Schlesien) 1799, seit 1816 in Wien, war Beamter beim Hofkriegsrat, Baßsänger und Cellospieler, ein eifriger Sammler von Musikautographen.

19. November 1825: Johann Hugo Worzischek stirbt.

AUS DER AMTLICHEN „WIENER ZEITUNG" VOM 21. NOVEMBER 1825

Neueste Tänze
für das Pianoforte zum Karneval 1826,
welche
bei Anton Diabelli und Kompagnie,
Kunst- und Musikalienhändlern, am Graben Nr. 1133, erschienen, und bei
K. *Lichtl* in Pest um denselben Preis zu haben sind:

Valses sentimentales pour le Pianoforte
composées par François *Schubert.*
Oeuvre 50. Cah. 1. 1 fl. 30 kr. Cah. 2. 1 fl. 30 kr. W. W.

Galoppe et Ecossaises pour le Pianoforte
composées par Fr. *Schubert.*
Oeuvre 49. 1 fl. W. W.

Diese beiden Werke erschienen ohne Widmung. Der Titel des Opus 50 stammt vom Verlag. Opus 49 ist in der zweiten Auflage betitelt: „Galoppe [sic] und Ecossaisen für das Piano-Forte / Aufgeführt in den Gesellschafts Bällen im Saale zu den 7 Churfürsten in Pesth, im Carneval 1826." Damit hatte es eine besondere Bewandtnis. Das Werk war von einem Ungenannten für die Pester Nobelbälle im „Saal zu den sieben Kurfürsten" orchestriert und – nach dem dortigen Brauch – zuerst am Dreikönigstage konzertmäßig, dann aber jedes Mal bis zum Aschermittwoch als Tanzmusik gespielt worden. Karl Lichtl, Diabellis Agent in Pest, hatte veranlaßt, daß die zweite Auflage den deutschen Titel mit dem genannten Zusatz bekam. Angeblich wurde diese Auflage, oder eher ein Teil davon, auf Lichtls Kosten in Wien gedruckt. Danach nun druckte ein anderer Pester Musikalienhändler, Karl Theodor Müller, den Galopp allein ohne Schuberts Namen und ohne Verlagsangabe auf einem einzelnen Blatt nach. Lichtl verklagte ihn beim Stadtmagistrat von Pest am 2. März 1826. Das Urteil vom 10. April 1826 brachte eine Verwarnung für Müller. Sein Nachdruck, angeblich nur 27 Stück, ist in einem einzigen Exemplar im Städtischen Archiv zu Budapest erhalten. Schubert hat wohl nie von diesem Prozeß erfahren. Es scheint, daß dieser Galopp 1826 auch in Breslau von Karl Gustav Förster nachgedruckt wurde: die „Musikalische Eilpost" jenes Jahres (Weimar) erwähnt den in Breslau verlegten Galopp.

HANS GEORG NÄGELI AN KARL CZERNY IN WIEN

Zürich, 24. November 1825.

... Die Sonaten-Unternehmung soll für unsere Zeit das seyn, was vor einem Vierteljahrhundert das Repertoire des Clavecinistes. Ich werde mich darüber in einem gedruckten Kreisschreiben an die Komponisten, gleichwie an das Publikum, umständlich erklären ...

Nägeli, geboren in Wetzikon 1773, Komponist und Musikpädagoge, hatte 1791 seine Firma in Zürich gegründet, die um 1800 die genannte schöne Serie (mit den Erstdrucken von Beethovens Sonaten in G und Es, op. 31, Nr. 1 und 3) herausgebracht hatte und jetzt an eine neue ging, für die später der Name „Musikalische Ehrenpforte" gewählt wurde (siehe 18. Juni 1826). Drei Tage vorher, am 21. November 1825, hatte Nägeli das Vorwort zu seinen „Vorlesungen über Musik" geschrieben.

OTTENWALT AN JOSEF V. SPAUN

Wien, 27. November [1825].

... Es heißt, er [Schober] habe die Herausgabe seiner Poesien vor.
Es besteht kein Kreis um ihn; Schwind hängt ihm an mit unbedingter Hingebung,

auch Schubert ist noch gern mit ihm zusammen, und ein gewisser Bauernfeld ist sein Zimmergenosse.
Von Schubert wüßte ich nichts Dir und uns Neues zu sagen, in seinen Werken offenbart sich der Genius, der Göttliches schafft, unverwüstlich durch die Affektionen einer lebhaft begehrenden Sinnlichkeit, und für Freunde scheint er ein wahrhaft treues Gemüt zu haben. Er ist heiter, und so hoff' ich, auch gesund.
. . . Er [Kupelwieser] ist . . . mehr für sich lebend, so daß Schubert und Schwind um den guten Gesellen, wie überhaupt um den Verfall des alten Vereines klagen.

[Nachschrift Marie Ottenwalts:]

Bei Schober . . . brachten wir auch einen Abend zu, wo Schubert recht schön sang und mit Gahy spielte. Da war eine junge F. v. Anderes, welche Dich auch kennt, ich glaube sie heißt Marie, und war wohl damals noch Mädchen. Über Schubert hab' ich mich sehr zu beklagen, der war kein einziges Mal bei mir, welches gegen die fleißigen Besuche der andern sehr abstach, er schien doch in Linz bei uns so behaglich zu sein, doch als ich ihn bei Schober so recht freundlich wieder sah, konnte ich doch nicht böse sein, einem solchen Genie muß man was zuguten halten.

Das Ehepaar Ottenwalt war zu Besuch bei Wanderers in Nußdorf (siehe Oktober 1825). – Schober hat im Frühjahr 1826 in Breslau bei Max & Co. ein kleines Bändchen Gedichte herausgegeben, benannt „Palingenesien. Aus den hl. Büchern des alten Bundes", eine Serie von Sonetten mit Themen aus dem Alten Testament. Diese Broschüre hatte von der Wiener Zensur nur den „Transeat"-Vermerk erhalten, was bedeutete, daß sie in den Zeitungen nicht angekündigt werden durfte. Er hat diese Serie später in die Gedichtsammlung aufgenommen, die er 1841 in Pest zensurieren ließ, die aber 1842 in Stuttgart erschien. Eine zweite, etwas veränderte Ausgabe erschien 1865 in Leipzig. Außerdem hat er in seinem langen Leben nur noch eine Broschüre herausgegeben: „Briefe über F. Liszts Aufenthalt in Ungarn" (er war dort sein Sekretär gewesen), Berlin 1843. – Bauernfeld wohnte seit 20. Oktober vorübergehend bei Schober (siehe 13. September 1825). – Frau Marie Anderes mag identisch sein mit einer Frau von André, die einen musikalischen Salon führte.

Aus Sophie Müllers Tagebuch

6. Dezember 1825.

Jenger brachte den Freiburger Sänger und einen sehr braven Flötenspieler mit heute abends. Schubert kam auch, und so ward musiziert bis halb 10 Uhr. Eine vierhändige Ouvertüre aus Schuberts Oper und seine letzten Kompositionen aus Walter Scotts Fräulein vom See gefielen mir sehr.

Jenger (siehe 8. September 1822) war soeben aus Graz nach Wien übersiedelt und als Akzessist beim niederösterreichischen Generalkommando im Hofkriegsrat beschäftigt. Er stammte aus dem Breisgau. Wer der Sänger aus Freiburg, sein Landsmann, war, ist nicht bekannt, vielleicht war es Franz Xaver Freiherr v. Andlau (siehe 30. August 1827). Der Flötist kann Bogner gewesen sein (siehe 24. Februar 1825). Die Ouvertüre, die Jenger mit Schubert spielte, war offenbar die zu „Alfonso und Estrella" (aufgeführt 1823 zum Schauspiel „Rosamunde"), die Schubert vierhändig bearbeitet hatte und Anfang 1826 so erscheinen ließ (siehe 20. Februar 1826).

Aus der amtlichen „Wiener Zeitung" vom 9. Dezember 1825

Bei *Cappi und Kompagnie*,
k. k. priv. Kunsthändlern, am Graben Nr. 1134,
ist soeben erschienen:

Das äußerst wohlgetroffene Porträt
des Kompositeurs
Franz Schubert,
gemalt von Rieder.
3 fl. W. W.

Der geniale Tonsetzer, der Musikwelt rühmlichst genug bekannt, welcher besonders mit seinen Vokal-Kompositionen seine Zuhörer so oft entzückte, erscheint hier, durch die Künstlerhand des Hrn. Passini in Kupfer gestochen, in sprechendster Ähnlichkeit, und wir glauben daher, den zahlreichen Freunden und Verehrern Schuberts eine willkommene Gabe dargebracht zu haben.

Dieser Stich, dessen Erscheinen Schuberts wachsenden Ruhm bezeugt, ist nach dem Aquarell vom Mai 1825 (siehe die Notiz vor Mai 1825) von Johann Nepomuk Passini, geboren in Wien 1798, gestochen worden.

Aus der amtlichen „Wiener Zeitung“ vom 9. Dezember 1825

Bei *Sauer* und *Leidesdorf*,
k. k. privil. Kunst- und Musikhändlern in Wien, Kärntnerstraße
Nr. 941, ist soeben erschienen und zu haben:
Guirlandes,
als Weihnachts- und Neujahrsgeschenk;
in drei Heften, elegant gebunden;
enthaltend:
Original-Kompositionen von mehreren beliebten Meistern, als:
Graf *Gallenberg*, *Schubert*, *Pixis*, *Auguste Louis*,
Leidesdorf und andern.
Erstes Heft: Kompositionen für das Pianoforte ... 3 fl. — kr.
Zweites Heft: Gesang mit Begleit. d. Pianof. ...... 2 fl. 30 kr.
Drittes Heft: Verschiedene Tänze .... 2 fl. — kr.

Die drei Hefte der Sammlung „La Guirlande“ sind bisher nur in einem Exemplar des ersten Cahiers nachzuweisen (Mr. Alan Tyson, London). Sie enthielten nur Stücke aus den beiden Jahrgängen des „Album musical“ (siehe 13. Dezember 1823 und 11. Dezember 1824), d. h. die zweiten Abdrucke von Schuberts op. 94, Nrn. 3 und 6 im ersten, op. 108, Nr. 3 im zweiten und D. 769 Nr. 2 im dritten Heft. Der Verlag verwendete die alten Notenplatten für diese Sammlung.

Aus Bauernfelds Tagebuch

10. Dezember 1825.

Das Verhältnis mit Fick und Spina war mir zuletzt äußerst drückend geworden ... [Ficks] sittliche Prüderie ging schließlich zu weit ... Vor Spina hatte ich späterhin eine Art Grauen ... Wie anders mein jetziger Freundeskreis!

Bauernfeld hatte 1823 bis 1824 mit Fick und Spina, seinen Jugendfreunden (siehe 22. Januar 1822 und 13. September 1825), zusammen gewohnt. Sie waren seine Mitarbeiter an der Shakespeare-Ausgabe.

Aus Franz v. Hartmanns Tagebuch

Linz, 20. Dezember 1825: Spax bringt Schuberts herrlich getroffenes Porträt.

„Spax Maun" war der Scherzname Max v. Spauns. Das Porträt ist das am 9. Dezember 1825 angezeigte.

Aus der amtlichen „Wiener Zeitung" vom 28. Dezember 1825

Bei *Sauer* und *Leidesdorf*,
k. k. privil. Kunst- und Musikhändlern in Wien, Kärntnerstraße
Nr. 941, (Pest bei K. *Lichtl*) ist neu erschienen und zu haben:

Krähwinkler Tänze für das Pianoforte;

in zwei Heften, mit einer passenden Vignette; als Fortsetzung der
so beliebten:
Halt's enk z'samm.

Erstes Heft, Walzer; mit schwarzer Vignette 1 fl. 20 kr., koloriert 1 fl. 30 kr. W. W.
Zweites Heft, Ecossaises und Galoppes; detto 1 fl. 20 kr., koloriert 1 fl. 30 kr. W. W.

Diese Hefte, die später zu einem Band 1 von dreien zusammengefaßt worden sind, werden hier nur wegen der Fortsetzung angeführt; sie enthalten noch nichts von Schubert. Ein Exemplar wird in der Stadtbibliothek Wien aufbewahrt. Das Titelblatt zeigt eine anonyme Lithographie, darstellend ein Spiel mit doppelsinnigen Worten (siehe April 1828). Krähwinkler waren die Bewohner einer imaginären Kleinstadt (wie Abdera oder Schilda), deren Albernheit in solchen Scherzen verspottet wurde. Die graphischen Künste betrieben solche „Krähwinkeliaden" besonders, z. B. in ainer Originallithographie zu einem Klaviertrio, betitelt „Das Konzert in Krähwinkel", von Lêon de Saint-Lubin, wo alle Instrumente verkehrt gespielt werden. (Vgl. auch 23. Dezember 1826.)

Aus der amtlichen „Wiener Zeitung" vom 29. Dezember 1825

Soeben ist neu erschienen,
und in Kommission bei *Sauer* und *Leidesdorf*
(Kärntnerstraße Nr. 941) zu haben:

Seid uns zum zweiten Mal willkommen!

(Fortsetzung des beliebten musikalischen Angebindes für 1825.)
Enthaltend:

50 neue Walzer nebst Koda,
samt einer Einleitung über obiges Thema aus der Zauberflöte.
Ihrer k. k. Hoheit der durchlauchtigsten Frau

Erzherzogin Sophie von Österreich,

gebornen königl. Prinzessin von Bayern,
ehrfurchtsvoll zugeeignet
vom
Herausgeber K. F. *Müller*,
komponiert

von L. van Beethoven, Leopoldine Blahetka, Leop. v. Blumenthal, Leop. Böhm, Karl Czerny, G. Förster, F. Fraus, F. Gläser, A. Gyrowetz, F. Grutsch, J. Hellmesberger, J. Hirtl, J. Hoffmann, J. Horzalka, J. Hüttenbrenner, J. N. Hummel, E. Keßler,

J. Kinsky, K. Kreutzer, Karol. Krähmer, F. Lachner, F. Freih. v. Lannoy, M. J. Leidesdorf, M. Graf v. Lichnowsky, J. G. Lickl, J. F. Limmer, L. de St. Lubin, Ad. Müller, K. F. Müller, Wenzel Müller, F. A. Neumann, M. Pamer, W. Plachy, J. Preisinger, B. Randhartinger, Ph. J. Riotte, F. Schubert, M. Schwarz, J. R. v. Seyfried, J. Stadler, F. Starke, F. Stegmayr, J. Triebensee, M. Umlauf, F. Volkert, F. Dionys Weber, F. Weiß, A. Wranitzky, W. Würfel, J. Zach.

Der ausgezeichnete Beifall, welchen sich der erste Jahrgang dieser Sammlung Walzer von verschiedenen Tonsetzern erwarb, veranlaßte den Herausgeber, dem allgemeinen Wunsche entsprechend, auch dieses Jahr eine solche Blütenlese aus dem musikalischen Hesperidenhaine der geachtetsten Tonkünstler, dem kunstliebenden Publikum zu übergeben.
Der erhabene Name, den diese Sammlung an der Stirne trägt, möge der sicherste Bürge sein, daß keine gehaltlose Erscheinung hier in's Leben tritt, welches schon die Aufzählung der Namen der bedeutendsten Tonkünstler, deren Reigen der Fürst der Tonkunst, unser geniale Beethoven, anführt, ohne weitere Anempfehlung dartut. Übrigens werden die Besitzer der vorjährigen Sammlung bemerken, daß der Herausgeber durch den Beitritt bedeutender Kompositeurs des In- und Auslandes, die in der ersten Sammlung fehlten, dieses Werk noch interessanter zu machen suchte.

Preis 4 fl. Wien. Währ.

Ferner:

Ernst und Tändelei.

Eine Sammlung von Menuetten, Ecossaisen, Quadrillen, Kotillons und Galoppes.

Ihrer k. k. Hoheit der durchlauchtigsten Frau
Erzherzogin Maria Dorothea von Oesterreich,
gebornen Prinzessin von Württemberg
(Gemahlin Sr. k. k. Hoheit des Herrn Erzherzogs Palatinus),
ehrfurchtsvoll zugeeignet
vom Herausgeber K. F. *Müller.*

Menuetten

von A. Gyrowetz, Bar. Lannoy, M. J. Leidesdorf, L. de St. Lubin, M. Pamer, F. Weiß.

Ecossaises

von L. van Beethoven, Leop. Blahetka, Leop. Böhm, Karl Czerny, F. Gläser, J. Hirtl, J. Hüttenbrenner, J. N. Hummel, K. Kreutzer, Karol. Krähmer, K. F. Müller, Wenzel Müller, W. Plachy, P. J. Riotte, J. R. v. Seyfried, F. Starke, J. Triebensee, F. Volkert.

Quadrilles

von J. Horzalka, F. Lachner, Ad. Müller, F. A. Neumann, B. Randhartinger, A. Wranitzky.

Kotillons

von L. v. Blumenthal, J. Förster, J. Hoffmann, R. Leser, F. Schubert, J. Spoth, Dionys Weber, J. Zach.

Galoppes

von F. Grutsch, E. Keßler, J. Limmer, M. Schwarz, J. Stadler, J. Wilde.

Bei den heutzutage üblichen thés dansants, wo man bloß durch Dilettanten und Benützung eines Flügels die Musik auszuführen wünscht, ist es um so mehr allgemeines Bedürfnis, in *einer* Sammlung alle jene Gesellschaftstänze vereinigt zu sehen, welche zur Erheiterung geselliger Zirkel dienen.
Der Herausgeber glaubt, diesem Bedürfnisse nun abgeholfen zu haben, und wie dem Hefte der Walzer, möge zwar die Dedikation, welche Ihre k. k. Hoheit anzunehmen geruhten, als die beste Anempfehlung gelten, doch glaubt der Herausgeber, da diese Sammlung die erste in ihrer Art ist, auf den Anteil des musikalischen Publikums rechnen zu dürfen, welchem er durch Herausgabe beider Hefte seine Achtung zu beweisen strebte. Preis 3 fl. 30 kr. W. W.
Von dem ersten Jahrgange unter dem Titel: „Musikalisches Angebinde für das Jahr 1825", enthaltend 40 Walzer von den geschätztesten Tonkünstlern, sind gleichfalls noch vorrätige Exemplare zu 3 fl. W. W. zu haben.

Die erste Sammlung ist in der Nationalbibliothek in Wien und bei Herrn Anthony van Hoboken, Ascona, erhalten. Sie ist im Selbstverlag Müllers (siehe 24. März 1818) erschienen, der auch ihre Vorläuferin herausgegeben hat (siehe 24. Februar 1825). Der Titel ist natürlich aus der „Zauberflöte" entnommen, und zwar aus dem Terzett im II. Akt, Szene 17. – Erzherzogin Sophie, geboren 1805, seit einem Jahre vermählt mit Erzherzog Franz Karl, wurde die Mutter des Kaisers Franz Joseph. – Leopold v. Blumenthal, ein Bruder Josefs (siehe 1. Juli 1824), war Violinist in Preßburg. – Franz Josef Gläser (siehe 1. Juli 1824), geboren in Ober-Georgental (Böhmen) 1799, war Theaterkapellmeister, damals am Theater in der Josefstadt, und hatte 1824 bei Diabelli einen „Erlenkönig-Marsch" aus seinem komischen Zauberspiel „Der Erlenkönig" veröffentlicht (vgl. 16. Mai 1821). – Josef Kinsky (eigentlich Kinky), geboren in Olmütz (Mähren) 1789, war Kapellmeister des Landestheaters in Graz. – Karoline Krähmer, geboren in Konstanz 1794 als Schleicher, Frau des Oboisten Ernst Krähmer (siehe 4. April 1821), spielte Klarinette. – „J. G." ist Karl Georg Lickl. – Adolf Müller der Ältere, geboren 1801 in Tolna (Ungarn), war seit 1823 in Wien, wurde 1826 Sänger am Kärntnertor-Theater und 1828 Kapellmeister im Theater an der Wien, wo er 1834 ein großes romantisches Schauspiel „Der Erlkönig oder das Gelübde, mit beweglichem Traumtableau" (Wandeldekoration, lange vor Wagners „Parsifal") aufführen ließ, wobei er Schuberts Lied, für Chor und Orchester gesetzt, verwendete. – Josef Triebensee, geboren in Wien 1760, war Oboist und Theaterkapellmeister, vorher in Brünn und nachher in Prag. – Wilhelm Würfel, geboren in Planim (Böhmen) 1791, war seit 1820 Musikdirektor und wurde 1826 Kapellmeister am Kärntnertor-Theater. – Josef Zäch war Amateur-Violinspieler. – Ein paar der genannten Namen sind nicht zu identifizieren. – Schuberts Beitrag, Nr. 37, war ein Walzer (D. 978), der erst am 1. Dezember 1925 in der „Modernen Welt", Wien, wieder abgedruckt worden ist. – Die zweite Sammlung ist in zwei Exemplaren bei der Gesellschaft der Musikfreunde und in der Nationalbibliothek Wien erhalten. – Erzherzogin Maria Dorothea, geboren 1800, war die dritte Gemahlin des Erzherzogs Josef, Palatins von Ungarn. – Über Robert Leser ist nichts Näheres bekannt. – Josef Spoth, Sohn des böhmischen Musikers Josef Nikolaus Spoth, war Organist an der Karlskirche in Wien. – Schuberts Beitrag war Nr. 5 der 44 Tänze, ein Kotillon (D. 976). Die Titelseite erwähnt 6 Menuette, 6 Quadrillen, 6 (statt 18) Ecossaisen, 8 Kotillons und 6 Galoppe (in dieser Reihenfolge.)

Aus einem Konzertprogramm um 1825

Vorkommende
Musik-Stücke

....

3. Geist der Liebe, von *Matthisson*, in Musik gesetzt von *Franz Schubert*, gesungen von den Herren *Gottfried*, *Titze*, *Nejebse* und *Edl. v. Mayer*.

....

5. Frühlingsgesang in Musik gesetzt von *Franz Schubert*, gesungen von obengenannten Herren.

....

Das Ganze unter der Direktion des Herrn Clement.

Über Danhauser, der Variationen von Mayseder auf der Violine spielte, siehe 28. Oktober 1823. – Vinzenz Franz Gottfried, vielleicht identisch mit einem Sängerknaben, der ein Jahr vor Schubert ins Konvikt gekommen war und Kaufmann geworden ist, sang Tenor. – Über Clement siehe 22. Dezember 1824.

31. Dezember 1825

Bauernfelds Parodie auf den Schubert-Kreis

[In der Silvesternacht bei Schober vorgelesen]

Die Verwiesenen

(Ein Versuch, die Pantomime mit Worten darzustellen, in 3 Akten und Vorspiel)

Vorspiel

(Man erblickt die *Personen der Pantomime* durch eine Glastüre in trauriger Gruppe gereiht.)

(Der *Schauspieldirektor* [Trentsensky] und der *Schauspieldichter* [Bauernfeld] treten auf.)

Dichter: Lieber Schauspieldirektor, so ist es denn beschlossen und ausgemacht, daß Sie die würdigen Personen Ihrer Pantomime abdanken.

Direktor: Nicht anders, mein Herr. Die Gage dieses Monats mögen sie noch beziehen und dann sehen, wie sie sich fortbringen. So leid es mir um diesen Zweig der Kunst tut, so kann ich doch nicht anders handeln. Das Publikum liebt einmal das ewige Einerlei nicht, und meine Kasse hält die leeren Häuser nicht aus.

Dichter: Sie werden es natürlich finden, daß ich mich für diese trefflichen Personen interessiere, und daß es mich nicht wenig schmerzt, alle jetzt brotlos zu wissen. Dabei liegt mir auch Ihr Vorteil, bester Schauspieldirektor, am Herzen. Gäb' es nur ein Mittel, beider Interesse zu vereinigen.

Direktor: Wie wollen Sie ein solches Mittel ausfindig machen? Ich kann einmal ohne Geld nicht leben. Wenn diese fatalen Pantomimisten nur nicht so einseitig wären? Sagen Sie selbst!

Dichter: Freilich, freilich! – Wenn Sie mir nur einige Hoffnung machten, sie wieder aufzunehmen, wenn sich die Zeitumstände ändern.

Direktor: Mein Gott, ich will ja von Herzen gerne alles tun, und glauben Sie mir, es fällt mir selbst nicht leicht, mich von Leuten trennen zu müssen, an die ich mich durch Jahre gewöhnt habe. Wenn sie nur bessere Applikation hätten!

Dichter: Es gibt ausgezeichnete Talente unter ihnen! Ja, ich glaube, an diesem und jenem eine besondere Vielseitigkeit bemerkt zu haben. Besonders dieser Pantalon aus Przelavtsch – ich müßte mich sehr täuschen, oder in dem Manne steckt ein welthistorisches Talent.

Direktor: Nun, meinetwegen! Nehmen Sie sich der Leute an, sehen Sie, was mit ihnen zu machen ist. Wenn sie sich für andere Fächer des Schauspiels ausgebildet haben, sollen

sie mir willkommen sein. Seh' ich, daß etwas herauskommt, so will ich es auch nicht an Unterstützung fehlen lassen.
Dichter (umarmt ihn): Trefflichster, wie sehr bin ich Ihnen verbunden! Sie sind ein Ausbund aller Direktoren, und die Kunstgeschichte wird Ihren Namen mit Dankbarkeit neben den Sternen der Bühne nennen! – Ich blicke in die Zukunft: diese Ihre edle Uneigennützigkeit wird die herrlichsten Früchte für die ganze Nation tragen. So manches große, unentwickelte Talent wird in der milden Sonne Ihrer väterlichen Freigebigkeit reifen: sie werden den Ruhm haben, lauter Garricks und Schröders gebildet zu haben.
Direktor: Aber sehen Sie auch, daß die Leute wirklich etwas tun. Im Leben, untereinander sollen sie sich üben; ihr ganzes Leben soll ein beständiges Schauspiel sein. Ich verlasse mich hierin ganz auf Sie.
Dichter: O zweifeln Sie nicht –
Direktor: Nicht alle sind gleich fleißig. An diesen Pantalon glaub' ich – Arlequin geht mit – nur für Pierrot muß ich fürchten; es scheint, er wird sich in seiner Faulheit allzusehr hinreißen lassen. Auch die Frauenzimmer sind lange nicht, wie sie sein sollten. Aber, wie gesagt, ich baue auf Sie –
Dichter: Seien Sie überzeugt.
Direktor: Machen Sie den Regisseur – suchen Sie den Leuten die Würdigkeit ihres Standes begreiflich zu machen. – Nun, Sie wissen das alles besser als ich.
Dichter: Teuerster Mann, Sie sind die Hauptsache; daß ich meine schwachen Kräfte anwende, versteht sich von selbst. – Herbei, ihr freundlichen Künstler, harmlose Naturen! Umfaßt die Knie des gütigsten Direktors der ganzen Erde, und preist mit lauten Hymnen seine Gnade, seinen Edelmut! (Die *Pantomimisten* nähern sich der Glastüre.)
Direktor: Lassen Sie das, lassen Sie das! Nur keine rührenden Szenen! Ich muß ohnehin zur Probe! (Er eilt ab.)
(Der Dichter folgt ihm mit aufgehobenen Händen, indem er den *Pantomimisten* einen Wink gibt, ihm zu folgen.)

Der Vorhang fällt.

Das Leben der Pantomimen

Personen:

Pantalon v. Przelavtsch [Schober von Breslau]
Arlequin [Schwind]
Pierrot [Schubert]
Columbinens [*II.*] *bestimmter Bräutigam* [Mayerhofer]
Columbine [I., Anna Hönig]
Noch eine Columbine [II., Jeanette v. Mitis]
Nebenpersonen

1. Akt

1. Szene

(*Pantalon* liegt im Bette und raucht aus einer sehr langen Pfeife.)

2. Szene

(*Arlequin* tritt auf.)

Pantalon v. Przelavtsch: Grüß dich Gott!
Arlequin: Dich auch.
Pantalon v. Przelavtsch: Stopf' dir.

(*Arlequin* stopft.)
(Sie rauchen. Pause.)

Arlequin: Ich komm' eigentlich, großer Pantalon, mit dir etwas zu besprechen.

Pantalon v. Przelavtsch: Sprich dich aus, trauter Arlequin. Du weißt, daß ich zur Ergänzung deines Wesens alles Mögliche beizutragen unerschöpflich bin.

Arlequin: Wer weiß es nicht, wie sehr du mich gebildet hast, und doch bedaure ich, daß ich noch immer ein so ungehobelter Bengel bin.

Pantalon v. Przelavtsch: Du tust dir unrecht, lieber Arlequin. Deiner frischen Jugend geziemt ein gewisses ungeniertes Benehmen, das der rohe Pöbel von Bengelhaftigkeit zu unterscheiden nicht feinen Sinn genug besitzt.

Arlequin: Eigentlich liegt mir nichts daran. – Doch zur Sache. – Sieh, ich weiß nicht, ob du's bereits wirst bemerkt haben: Columbine ist mir nicht gleichgültig.

Pantalon v. Przelavtsch: Ob ich es bemerkt habe? Glaube mir, die Fäden deines Innern haben irgendeinen unergründlichen Zusammenhang mit den meinigen: wenn dir ein Nerv berührt wird, so glaub' ich es zu fühlen.

Arlequin: Ich danke dir. – Aber sieh': ich kann mich einmal von dem Mädchen nicht trennen, und doch möchte ich mich um alles in der Welt nicht in sie verlieben, wenn es dir zuwider wäre.

Pantalon v. Przelavtsch: Verlieben? Und warum gerade das? Kannst du nicht sonst in einem Verhältnis mit ihr stehen? Muß ich dir mein Beispiel ins Gedächtnis rufen?

Arlequin: Ja, aber wenn du wüßtest – Columbinchen ist gar zu allerliebst.

Pantalon v. Przelavtsch: Ich gesteh' es, sie ist anziehend, obschon du nicht mit den rechten Augen siehst. Denn es unterliegt keinem Zweifel, daß ihr Busen eigentlich der drastischen Fülle und Rundung entbehrt, die einer Columbine unumgänglich nötig sind. Du hättest unsere Columbine in Przelavtsch sehen sollen!

Arlequin: Ja, sieh –

Pantalon v. Przelavtsch: Dann ist ihre Art und Weise zu gedrängt, zu – wie soll ich sagen? – zu wenig aus sich selbst heraustretend, mit einem Worte zu innerlich. Ihre Pas sind gewiß um ein Drittel zu klein. Überhaupt möchte ich ihre Gestalt nicht loben. Das Schlimmste davon ist eigentlich: daß, nach dem Gesamtverhältnis des Körpers zu schließen, ihr Schenkel gewiß um zwei Zoll zu kurz ist.

Arlequin: O pfui, pfui! Wer denkt daran!

Pantalon v. Przelavtsch: Wo es sich um Vollendung handelt, ist kein Detail zu gering. – Und dann fürchte ich, daß diese Liebe dich von der Ausbildung deines Talentes nicht wenig abhält. Du bist gewiß ein Arlequin, welcher dereinst die Bewunderung der Welt auf sich ziehen wird, und wenn unser unverständiger Direktor dich gegenwärtig, unvorsichtig genug, aus den Händen schlüpfen läßt, so wirst du in der Folge um so mehr von Groß und Klein angestaunt werden, vorausgesetzt, daß dein Talent zur Reife kommt, wozu Ruhe und unablässiges Studium gehört.

Arlequin: Ja, aber Columbine –?

Pantalon v. Przelavtsch: Besuche sie, rede mit ihr, lebe mit ihr, aber mache sie nicht zum Mittelpunkt deines Wesens. Du tändelst zu viel.

Arlequin: Ich möchte lieber kein Arlequin sein, als ohne Columbine.

Pantalon v. Przelavtsch: Das ist's ja, was ich an dir tadle: diese Columbine gilt dir mehr als die Kunst, als ich.

Arlequin: Glaube das nicht: wenn du es verlangst, so gebe ich sie auf – aber sie ist gar zu angenehm.

Pantalon v. Przelavtsch: Du bemerkst es selbst nicht, daß sie dich eigentlich schon ganz und gar erfüllt hat. Du hast keinen Sinn mehr für dein Talent, für die Ausbildung.
Arlequin: Was fällt dir ein?
Pantalon v. Przelavtsch: Glaube mir.

3. Szene

(Die Vorigen. *Pierrot.*)

Pantalon v. Przelavtsch: Sieh da, Pierrot! – Willst du rauchen? Lege dich da zu Arlequin auf die Erde.
Pierrot: Lieg' schon! – Eigentlich ist es sehr langweilig, daß man jetzt nicht weiß, was man tun soll.
Arlequin: Wir sollen uns ausbilden.
Pierrot: Ausbilden? Ich bin ausgebildet genug für einen Pierrot, und was anderes werd' ich nicht. Diese weiten Hosen laß ich mir einmal nicht ausziehen.
Pantalon v. Przelavtsch: Du hast recht, und auch ich werde meine Art zu leben, die ich schon in Przelavtsch gewohnt war, um kein Haar ändern.
Pierrot: Wenn ich nichts anderes zu tun weiß, so trink' ich, und wenn ich getrunken habe, so schlaf' ich. (Sie lachen.)
Pantalon v. Przelavtsch: Du hast es leicht. Deine Kunst besteht eigentlich nur in großen, ungemessenen Schritten nach dem Takte, in gewaltigen Grimassen und einem ungeheuren, aus der Tiefe der Brust hergeholten Lachen: Alles das vergißt sich nicht so leicht. Aber bis Arlequinchen alle die kleinen Schnörkelchen und Pas, dieses Kopfüberschlagen, dieses Auf-den-Händen-gehen, Durch-die-Luft-fliegen, dieses Trippeln und Zittern, dies Kugeln und Rollen lernt, braucht's ungemeine Mühe und Zeit, und fast ebensoviel, um es nicht wieder zu vergessen.
Pierrot: Haha, Arlequin, du hast einen schweren Stand.
Pantalon v. Przelavtsch: Ich fürchte nicht für ihn, wenn ihm nur die Liebe keinen Streich spielt.
Pierrot: Ja, ja, die Columbine.
Pantalon v. Przelavtsch: Wie gefällt sie dir, Pierrot?
Pierrot: Sie ist so übel nicht.
Pantalon v. Przelavtsch: Das wohl; aber wer wird gleich um jedes Mädchen, das nicht übel ist, den Kopf verlieren?
Pierrot: Hahahaha, der Arlequin ist ein verliebter Kerl!
(Sie lachen und rauchen – dann bildet sich *Arlequin* ein wenig aus. Die Szene verändert sich.)

4. Szene

(Die *andere Columbine* und *Anselmo*, ihr bestimmter *Bräutigam.*)

Columbine II: Mein Bräutigam, ich weiß nicht, ob es für dich ein ebenso süßes Gefühl ist, Bräutigam zu sein, als es für mich ist, mich Braut zu fühlen.
Bräutigam: O ganz gewiß, liebstes Columbinchen, ich möcht' es um kein Gefühl in der Welt vertauschen!
Columbine II: Du Lieber, Guter! – Komm, gib mir einen Kuß! – Gib mir noch einen Kuß! – Gib mir wieder einen Kuß!
Bräutigam: Was du für eine liebenswürdige Spitzbübin bist!

Columbine II: Mein Anselmo, wenn du nur wüßtest, wie gerne ich dich heiraten möchte.
Bräutigam: O glaub' mir, ich dich gewiß nicht weniger.
Columbine II: Nein, einen solchen Trieb, ein solches Talent dazu hast du gewiß nicht als ich. Ich habe eine wahre Passion aufs Heiraten.
Bräutigam: Wenn mich nur der verdammte Direktor nicht außer Brot gesetzt hätte – denn auf seine Versprechungen bau' ich nicht viel. Wir werden wohl noch einige Zeit in dem Brautstand zubringen müssen.
Columbine II: Tut nichts – ist auch nicht übel.
Bräutigam: Du prächtiges Mädel! – Nun, küsse du mich auch einmal.
Columbine II: Und jetzt du mich.
Bräutigam: Und du mich.
Columbine II: Du mich. (Sie küssen sich hin und wieder.)
Bräutigam: Wenn du nur nicht immer stricken möchtest!
Columbine II: Aber sieh, mein Anselmo, du hast doch Füße, auf denen du zu mir kommen mußt, und diese Füße müssen doch gesunde Strümpfe haben –
Bräutigam: Ich weiß es wohl, aber doch –
Columbine II: Geh, geh, das sind freie Gesinnungen, die du dir in der Gesellschaft jenes etwas burschikosen Pantalon und Arlequin angewöhnt hast.
Bräutigam: Du wirst mich böse machen. Hab' ich dir nicht erklärt –?
Columbine II: Nun ja, aber du bist doch viel kälter gegen mich.
Bräutigam: Was fällt dir ein?
Columbine II: Nun sei nur gut. Du mußt aber auch hübsch viel zu mir kommen.
Bräutigam: Sei ohne Sorge. – Jetzt aber laß mich gehen. Ich habe neue Hoffnungen für uns. Es soll dieser Tage ein Gott ankommen, dem ich sehr empfohlen bin. Ich hoffe, er wird etwas für mich tun. Lebe wohl!
Columbine II: Lebe wohl, du kommst doch bald?
Bräutigam: In einer halben Stunde. (Sie küssen sich.)
Columbine II: Ich will dich bis zur Stiege begleiten. (Sie gehen ab.)

5. Szene

(*Pantalons* Zimmer.)

(Er liegt ⟨wieder oder noch⟩ im Bette, raucht und denkt. Es klopft.)
Pantalon v. Przelavtsch: Herein.

6. Szene

(Der *Dichter* tritt auf.)

Dichter: Guten Morgen, lieber Herr Pantalon. Nun, glauben Sie bald imstande zu sein, etwas für unsere Bühne tun zu können?
Pantalon v. Przelavtsch: Ich glaube, indem wir das Leben ausbilden, bilden wir die Bühne unwillkürlich mit aus. Und ich muß Ihnen gestehen, daß ich selbst nahe daran bin, eine bedeutende Lebensansicht durch mein Beispiel und Lehre klar darzustellen.
Dichter: Schön, schön! Sie wissen, wie viel ich immer auf Sie gehalten. Tun Sie, was Sie können, nur suchen Sie die andern Leute auch anzuhalten. Ich weiß, es sind Talente unter ihnen.
Pantalon v. Przelavtsch: Große Talente! Sie bringen doch unsere Gage mit sich?
Dichter: Jawohl: aber es hat mich nicht wenig Mühe gekostet, sie dem Direktor abzu-

schwatzen. Er schwor Stein und Bein, das soll die letzte sein, wenn er nicht bald Früchte sähe.

Pantalon v. Przelavtsch: Wo haben Sie das Geld?

Dichter: In diesem Beutel.

Pantalon v. Przelavtsch: Ganz recht. Geben Sie. – Ich muß Ihnen sagen, ich bin nicht abgeneigt, ein Trauerspiel zu schreiben.

Dichter: O tun Sie es; von Ihrer Feder läßt sich nur Herrliches erwarten.

Pantalon v. Przelavtsch: Ich hatte schon vor meiner Abreise nach Przelavtsch einen Plan – bei nächster Gelegenheit will ich es niederschreiben.

Dichter: O nur bald, bald!

Pantalon v. Przelavtsch: Recht bald.

Dichter: Ich empfehle mich Ihnen.

Pantalon v. Przelavtsch: Ergebenster. (*Dichter* ab.)

7. Szene

(*Pantalon v. Przelavtsch* allein. Er denkt weiter.)

8. Szene

(*Arlequin*, *Pierrot* und *Columbinens Bräutigam* treten auf.)

(Begrüßungen, dann führt *Pantalon* folgendes Gespräch:)

Ich muß euch sagen, meine Freunde, daß mir zwar alle Bestrebungen der Menschen bemerkenswert sind, und daß ich mich sowohl hier als während meines Aufenthalts in Przelavtsch am meisten damit abgegeben habe, sie alle kennen zu lernen und die meisten derselben mitzumachen: jetzt aber ist mir durch meine Studien der eigentliche und höchste Gedanke des Lebens erst recht klar und deutlich geworden; ich setze nämlich das Wesen des Lebens in die *Ruhe.* Versteht mich recht; nicht in jene tote Ruhe und Bewußtlosigkeit, die den Stein charakterisiert, obschon die edleren Arten derselben durch ihren Farbenschimmer zeigen, daß sie ein wahres inneres und geistiges Leben führen – aber lassen wir das dahingestellt sein – das Sinnbild der Ruhe, die *ich* meine, ist die *Pflanze.* Sie bleibt an der Stelle der Erde, auf welcher sie der Glühe-Geist der Sonne und der befruchtende Quell des Wassers hervorgelockt, und stört durch keine willkürliche Bewegung die höchste Harmonie ihres zarten Wesens. Nur dem freundlichen Zephir gestattet sie, daß er sie wiege in herrlicher Morgenluft, und den tiefsinnigen Zauber ihrer Gedanken begleite mit seinem leise flüsternden Hauche. Auch darf sie ein Boreas entwurzeln, der gewaltige Arm des Geschickes, und sie tosend hinschleudern in alle vier Winde. – Sie selbst aber bewegt sich nicht von ihrem Platze: sie strebt nicht, sie sammelt nicht – sie läßt sich bloß *beschauen.* Glaubt aber deshalb nicht, daß sie der Bewegung, des inneren Lebens entbehre. Sie spendet Düfte rings umher, das ist ihre Bewegung – ja, sie gibt sich sogar zu einer Handlung her, aber nur zu einer einzigen – wie's denn überhaupt nur *eine* Handlung gibt: nämlich sie gestattet ihrem männlichen Samen, sich mit dem weiblichen zu vermischen, und so ihr herrliches, reines Göttergeschlecht fortzupflanzen. Dies, ihr Freunde, soll künftig mein Leben – ich verachte Stand, Beschäftigung, Gewerbe – auf diesem Bette will ich liegen bleiben, auf meinem Blumenbeete – nichts soll mich stören – rein geistig will ich die Menschen aufnehmen und so auf sie wieder wirken. Ein Geschäft, und sei es das geistigste, ist meiner unwert – nur die ewige Substanz des Mannes und des Weibes will ich mir gegenwärtig halten, und so das Leben zu seinem reinen, ursprünglichen Zustand zurückführen.

Columbinens Bräutigam: Allerdings, sehr originell, . . . sehr schön und wahr!
Arlequin: O herrlich, göttlich, übermenschlich!
Pierrot: Ah, das ist wirklich außerordentlich!
Arlequin: Unerhört, ungeheuer! – Nun, jetzt wirst du gewiß auch bald dein großes Trauerspiel fertig haben?
Pantalon v. Przelavtsch: Wo denkst du hin? Auch ein Trauerspiel schreiben, ist eine Handlung, und folglich meiner unwürdig.
Arlequin: Ich dächte doch –
Pantalon v. Przelavtsch: Es wäre möglich – ich habe auch wirklich dem Dichter einige Hoffnung gemacht, aber wie gesagt, nur als Nebensache, und unbedeutende Studie.
Arlequin: Sei's, wie es sei – es ist und bleibt außerordentlich!
Pierrot: Ja wirklich!
Columbinens Bräutigam: Ich hoffe, Sie bald zu sehen, lieber Pantalon, ich gehe nur jetzt auf kurze Zeit zu meiner Columbine.
Pantalon v. Przelavtsch: Auf Wiedersehen!
Pierrot: Auch ich habe noch ein kleines Geschäft. Ich geh' mit dir. – Wir sehen uns doch im Bierhause?
Pantalon v. Przelavtsch: Nach meiner Ansicht will ich kein Bierhaus mehr besuchen, sondern mich von meinem Bett nicht wegbegeben; kommt also lieber alle zu mir.
Pierrot und *Columbinens Bräutigam:* Wir kommen.
Arlequin: Ich komme etwas früher. Leb' indes wohl, herrlicher Pantalon. – Ich werde versuchen, die großen Gedanken im Innern nachzubilden. Leb' wohl!
Pantalon v. Przelavtsch: Leb' wohl – lebt wohl! (Sie gehen ab. *Pantalon* bleibt im Bette.)

Der Vorhang fällt.

II. Akt

1. Szene

(Der *Direktor* und der *Dichter* treten auf.)

Direktor: Nun, wie steht's mit unseren Leuten?
Dichter: Ich hoffe, es wird alles gut gehen.
Direktor: Ich hoffe auch; aber auf die halbe Gage werden sie dennoch gesetzt.
Dichter: Die trefflichen Künstler!
Direktor: Sie sind mir zu poetisch; man muß solche phantastische Leute nicht noch begünstigen!
Dichter: Wie Sie glauben.
Direktor: Ja, glauben Sie mir, ich verstehe den Rummel. (Sie gehen ab.)

2. Szene

(*Arlequin* und *Columbine I* ⟨aber nicht auf den Alpen⟩.)

Arlequin: Sie kennen seine große, alles überwindende Art.
Columbine: Ich möchte ihn Vater nennen.
Arlequin: In der Pantomime sind Sie eigentlich seine Tochter.
Columbine: Ja, aber er will Sie mir entreißen.
Arlequin: Bloß in der Pantomime?
Columbine: Nein, wirklich –
Arlequin: Was haben Sie denn?

Columbine: In der Tat, recht törichte Freier – und ich weiß nicht, ob ich recht tue, sie alle so schnöd zu behandeln.
Arlequin: O gewiß!
Columbine: Lieber Arlequin, Sie sind zu intolerant – ich war schon oft um sie besorgt.
Arlequin: Aber charmantes Columbinchen, sollten Sie denn die Kunst gar nicht besitzen, die Buben zu malträtieren.
Columbine: Nein.
Arlequin: Man muß es doch tun.
Columbine: Ich fühle bisweilen Gewissensbisse, wenn ich einen schief ansehe.
Arlequin: Das müssen Sie sich abgewöhnen.
Columbine: Wenn ich es nur vermag!
Arlequin: Ei was, es muß sein! (Er zerrt sie am Ohrläppchen.)
Columbine: Kann nicht, kann nicht. (Sie tänzelt.)
Arlequin: Muß, muß, muß! (Er hüpft.)
Columbine: Nein, nein, nein! (Sie tänzelt.)
Arlequin: Doch, doch, doch! (Er rutscht.)
(Sie lachen und zerren sich an den Händen hin und her. Dann geht *Columbine* ab.)

3. Szene

Arlequin (allein): Sie ist zum Fressen – aber nicht zum Heiraten. Ich könnte vor Freude wahnsinnig werden, wenn ich ihr eigentlicher Liebhaber wäre – und doch ist es eine schwere Sache, in einer alles zu finden. Vedremo! (Ab.)

4. Szene

Pantalon v. Przelavtsch (in Schlafrock und Pantoffeln): Vom Liegen tut mir die eine Seite etwas weh; nun, man kann im Schlafrock auch ein würdiges Leben führen. (Er raucht.)

5. Szene

(Die *andere Columbine* und ihr bestimmter *Bräutigam.*)

Bräutigam: Der Gott ist noch nicht gekommen, und wenn ich auch keine angemessene Besoldung ziehe, so hab' ich dafür nichts zu tun.
Columbine II: Weißt du was, mein Geliebter, wir können versuchen, uns heute 1000 Küsse zu geben. Nach jedem zehnten mach' ich ein Strichelchen, wenn's dir recht ist.
Bräutigam: Ich bin's zufrieden.
Columbine II: Nun also. (Sie fangen an.)

6. Szene

(*Arlequin* und ein *Rudel Lümmel.*)

Arlequin: Nun also, ihr habt begriffen, daß Pantalon der größte Mensch ist, den die Welt jemals hervorgebracht?
Die Lümmel: Allerdings.
Arlequin: So schert euch nur eurer Wege, und inkommodiert wen andern mit eurem Besuch; ich glaube, genug zur gesellschaftlichen Unterhaltung beigetragen zu haben.
Die Lümmel: Wir danken dir, lieber Arlequin. (Sie gehen ab.)
Arlequin: Diese Lümmel sind rechte Tölpel. (Ab in sein Zimmer.)

7. Szene

(Ein Saal bei der *nackten Frau.*)

(*Sie* gibt eine Gesellschaft, zwischen *Arlequin* und *Pierrot* sitzend, die sich wechselweise von ihr an der Nase herumführen lassen.)

8. Szene

(*Pantalon* liegt im Bette. *Arlequin* und *Pierrot* sitzen rauchend bei ihm.)

Pierrot: Das scheint mir doch etwas zu viel behauptet.
Pantalon v. Przelavtsch: Keineswegs.
Arlequin: Auf das könntest du doch eingehen.
Pierrot: Es ist wirklich sonderbar! Warum sollte ein Mensch nicht – das ist doch das Natürlichste in der Welt.
Pantalon v. Przelavtsch: Für dich, Arlequin, und jeden andern, mit dessen innerer Sinnesweise es nicht in Widerspruch steht, obwohl sich wirklich beweisen ließe, daß das P– durchaus keine Pflicht für irgendeinen Menschen sei. Denn: sind wir zum Leben geschaffen, so müssen uns auch alle Bedingungen des Lebens mitgegeben sein, es darf nichts Störendes weder in unseren geistigen noch physischen Funktionen eintreten – folglich sind wir nicht verbunden, einen Kraftaufwand zu äußern, um die Unreinigkeiten aus unserem Körper wegzuschaffen.
Pierrot: Am Ende dürfte man auch nicht trinken.
Pantalon v. Przelavtsch: Allerdings nicht.
Pierrot: Aber mich freut's.
Pantalon v. Przelavtsch: Dann ist's für dich Pflicht.
Arlequin: Es ist gewiß bloß aus Widerspruch, daß du das nicht tust, oder vielmehr lassest, dessen Unterlassung dich krank macht.
Pantalon v. Przelavtsch: Keineswegs, es ist gegen meine innere Überzeugung.
Arlequin: Da kommt unser Direktor.

9. Szene

(Der *Direktor.* Der *Dichter.* Die Vorigen.)

Direktor: Saubere Geschichten! Schöne Verwirrung! Da liegt die andere Columbine und ihr sauberer Bräutigam ganz krank danieder. Sie wollten sich tausend Küsse geben und kamen bis zum neunhundertsten; sie wurden aber so hitzig, daß es am Ende wie ein Ploton-Feuer ging – piff-paff-piff-paff. Zum Glück kamen wir beide dazwischen. Wir rissen sie auseinander. Nun liegen sie elend darnieder, die Lippen aufgeschwollen, turmhoch. – Nun, und wie steht's mit Ihnen, meine Herren? – Wie, Pantalon, noch immer im Bette? Was wird's mit der verheißenen Ausbildung?
Dichter: Lassen Sie ihm nur Zeit.
Pantalon v. Przelavtsch: Mein lieber Direktor, machen Sie sich keine Hoffnung, daß ich Ihre Bühne je wieder betreten werde.
Direktor: So?
Pantalon v. Przelavtsch: Denn abgesehen, daß das Pantomimen-Theater das Ihrige weit überwiegt, so hab' ich mich auch gegenwärtig alles Handelns begeben.
Direktor: So?
Pantalon v. Przelavtsch: Auch bin ich über alles dies krank.

Direktor: Ei, so soll ja gleich das Donnerwetter dreinschlagen, über alle diese verdammten Komödianten! – Aber, daß ihr's wißt, keinen Kreuzer bekommt ihr mehr von mir, keinen Kreuzer! Ja, gibt es noch irgend Gerechtigkeit in der Welt, so will ich euch meine Vorschüsse herauskitzeln –
Dichter: Lieber Mann –
Direktor: Sie schweigen gar still! Denn Sie sind die Ursache, daß ich mich mit diesem Gesindel aufs neue eingelassen habe. Die Pest über euch alle! (Rennt ab.)
Pantalon v. Przelavtsch: Folgen Sie ihm, suchen Sie, ihn zu besänftigen!
Dichter: Ich will mein Möglichstes tun. (Ab.)
Pantalon v. Przelavtsch: Was machen wir mit unserem guten Anselmo und seiner Braut? Wenn er wirklich krank ist, müssen wir ihn besuchen. Ich will mich hintragen lassen, und früher jene Handlung begehen, die die menschliche Gebrechlichkeit zu benötigen scheint.
Arlequin: Der Himmel sei gepriesen! (Alle gehen ab.)

10. Szene

(Die *andere Columbine* und ihr *Bräutigam* liegen in den letzten Zügen.)

Columbine II: Mein Anselmo! –
Bräutigam: Liebste Columbine! –
Columbine II: Gib mir die Hand! –

11. Szene

(*Pantalon v. Przelavtsch, Pierrot* und *Arlequin* treten auf.)

Arlequin: Aber liebe Kinder!
Columbine II: Sie kommen zu unserem Ende, Arlequin.
Arlequin: O nicht doch!
Pantalon v. Przelavtsch: Wahrscheinlich hat das Küssen ihre Lebensgeister zu sehr aufgeregt, und eine Entzündung der Seele ist entstanden. Ich habe in Przelavtsch einen ähnlichen Fall erlebt.
Arlequin: Ihre Seelen haben das Rheumatische bekommen.
Pierrot: Hahaha!
Columbine II: Sterben wir mitsammen, wie es zu vermuten steht, so hat die Welt ein Beispiel treuer und reiner Liebe.
Pantalon v. Przelavtsch: Ich glaube nicht, daß es sehr gefährlich ist – lassen Sie sich homöopathisch kurieren.
Columbine II: O mein Anselmo!

12. Szene

(Die Vorigen. *Columbine I.*)

Columbine: Was hab' ich hören müssen? Liebe Columbine –
Die andere Columbine: Schön, daß du mich nicht verlässest. Du siehst die Opfer treuer Liebe.
Columbine: Mein Gott, das ist wahrlich schrecklich! Sie auch da, Arlequin?
Arlequin: Guten Abend, liebe Columbine.
Pantalon v. Przelavtsch: Meine Freunde! – Wir dürfen nicht länger als untätige Zuschauer bei der Sache stehen. Denn erstens sind es unsere besten Freunde, welche leiden, dann ist dasselbe Schicksal, welches *sie* unglücklich gemacht hat, die Quelle *ihres* Elends; ich

zweifle daher nicht, daß es unrecht – ja in gewissem Sinne verbrecherisch wäre, ihnen eine Hilfe zu versagen, die sie so sehr zu bedürfen scheinen. Ich bin überzeugt, daß ihr die Gefühle teilt, die mich bei dem Anblick dieser unglücklichen Opfer der reinsten Leidenschaft durchdringen, destoweniger darf ich also zweifeln, daß ihr euch willfährig zeigen werdet. –

(*Columbine II* und ihr *Bräutigam* geben den Geist auf.)

Liebe Columbine, teurer Freund Anselmo, ich schlage Ihnen also vor, sich in meine Wohnung tragen zu lassen, wo sie mehr Pflege und Bequemlichkeit finden werden als an irgendeinem Orte in der Welt.

Arlequin: Sie antworten nicht.

Columbine: Himmel, sie sind tot.

Pantalon v. Przelavtsch: Wär' es möglich?

Arlequin: Setzen Sie sich, Columbine, es wird Ihre Nerven zu sehr angreifen.

Pantalon v. Przelavtsch: Ein treffliches Paar! – Er war ein vorzüglicher Mensch, obwohl er, wenn man die Sache genau erwägt, die Columbine nicht eigentlich geliebt hat: sie war ihm mehr Entschädigung für manches verlorne Gut der Welt, eine Art Vorstellungszeichen, moralisches Geld. – Aber Columbine war ganz Liebe, ganz Hingebung, und obschon eine gewisse Sentimentalität an ihr zu tadeln sein mochte, so sprach sie sich doch darin auf eine Art aus, die man unbedingt nicht tadeln konnte.

Arlequin: Aber kommt, wir wollen unseren Freunden die letzte Ehre erweisen.

(Alle ab.)

Der Vorhang fällt.

III. Akt

(*Pantalons* Apotheose.)

Er wird auf ein hohes Ruhebett gelegt und ihm eine lange Pfeife in die Hand gegeben. *Arlequin* mit einem Fidibus zu seinen Füßen. *Pierrot* mit einem Chorus von Rauchern tritt auf. Auf ein gegebenes Zeichen werden alle Pfeifen angezündet. Volk erfüllt das Theater. Dazu passende Musik.

Ende.

Vgl. 2. Januar 1826. Die dort gegebene Deutung der Charaktere wird im Manuskript der „Parodie", die eigentlich eine Satire ist, ergänzt durch die Notiz, daß Mayerhofer der designierte Bräutigam der zweiten Colombine ist (der aber 1832 die erste geheiratet hat). Daß der Direktor Trentsensky ist, der Unternehmer der Wiener Shakespeare-Ausgabe, und der Dichter Bauernfeld selbst, später ein guter Lustspielschreiber, ist überliefert. – Schubert war durch Krankheit verhindert, diesem Silversterabend beizuwohnen, er hat die Satire wohl später gelesen. Sie ist nicht nur für Schuberts Charakterisierung bedeutsam, sondern vor allem Schobers wegen. Sie zeigt zumindest, wie Bauernfeld die beiden gesehen hat. – Przelavtsch ist eine willkürliche Slavisierung des Namens Breslau, des Ortes, wo Schober zwei Jahre geweilt hatte. – Jeanette v. Mitis, die Schwester eines Schulkollegen von Bauernfeld, war bis Herbst 1829 die Braut des Militärgeometers Ferdinand Freiherrn v. Mayerhofer (siehe 14. Februar 1825). – Schwind wird als Bewerber Anna Hönigs und Schober sklavisch ergeben dargestellt. Schober hatte 1824 Justina v. Bruchmann aufgeben müssen. – Schwind hat sich frühzeitig darum bemüht, die zeichnerische Darstellung des Schwebens und auch manchmal die der Akrobatik zu meistern. – Der Zusatz „aber nicht auf den Alpen" ist kaum zu deuten. – Die Lümmel sind wohl die lästigen Mitglieder der ehemaligen Lesegesellschaft. – Die „nackte Frau" mag Katharina Lászny sein. – Daß Bauernfeld die Satire Schober vorlesen konnte, zeigt, daß dieser Humor genug hatte, seine Verulkung zu vertragen. (In einer ungedeuteten Scherz-Zeichnung von Schwind, 1849, erscheint Schober als Harlekin und Schwind als Pierrot; siehe Bildband S. 269.)

1826

Streichquartett in d-Moll (Der Tod und das Mädchen) (D. 810), März 1824 bis Januar 1826
Streichquartett in G-Dur (D. 887), 20. bis 30. Juni
„Rondo brillant" für Klavier und Violine (D. 895)
3 Shakespeare-Lieder, Juli
Sonate in G-Dur (D. 894), Oktober
„Gesänge zu Feier des heiligen Opfers der Messe" (sogenannte „Deutsche Messe") (D. 872)

Aus Bauernfelds Tagebuch

2. Jänner 1826.

Silvester bei Schober, ohne Schubert, der krank war. Dramatische Parodie auf sämtliche Freunde und Freundinnen nach Mitternacht unter großem Beifall gelesen. *Moritz* erscheint darin als Harlequin, die *Netti* als Columbine. *Schober* ist Pantalon, *Schubert* Pierrot. – Moritz und ich schliefen bei Schober, und ich blieb noch bei ihm bis Mittag.

Was Schubert gefehlt hat, ist nicht bekannt. Es war aber wohl nur ein vorübergehendes Unwohlsein.

6. Januar 1826: Der Galopp und 8 Ecossaisen werden – für Orchester arrangiert – im Saal „Zu den sieben Kurfürsten" in Pest aufgeführt.

Nissen an Stadler in Linz

Salzburg 7. Jan. 1826.

... Sie hatten die Güte mir zu melden, daß ich ein gewisses Lied in allen Musikhandlungen antreffen würde. In der salzburgschen ist es aber wirklich nicht der Fall. Alles was man mir anbietet, ist das 13te Werk von Schubert, welches aber nichts enthält als (außer 2 andern Liedern) den Alpenjäger *von Mayerhofer*. Mit Ihrer Erlaubnis wiederhole ich daher meine Bitte, wenn es Ihnen tunlich ist (wenn Sie Text und Musik bei der Hand oder im Gedächtnis haben) an irgend einen Ihnen ganz gelegenen Cop. .. sich die Bemühung zu machen, mir eine Abschrift von den 2 oder 3 Strophen, die die Mutter singt (*nur* was die Mutter singt, wovon, glaube ich, die erste: Willst Du nicht das Lämmlein hüten?) mit oder ohne die Noten zu senden.
Um unnötiges Postgeld zu ersparen, könnte die Abschrift oder die Abschriften auf dem selben Papier seyn, welches Ihre Begleitungszeilen enthalten wird, alle Beilagen oder Couvert wegfallen.
Sie und unsre übrigen guten Bekannten in Linz werden von mir und meiner Frau freundlich gegrüßt ...

Vgl. 23./24. Oktober 1825. – Auch der „Alpenjäger" nach Mayrhofer – wie jener nach Schiller – war 1817 komponiert worden, aber schon Ende 1822 (siehe 13. Dezember 1822) als Nr. 3 des op. 13 erschienen. Konstanze schenkte Stadler 1835 das Autograph zweier Lieder von Mozart (KV 149 und 151?).

7. Januar 1826: Josef Ludwig Streinsberg heiratet Isabella v. Bruchmann. – Streinsberg, der 1824 von Linz zurückgekommen war, war nun Beamter in der Allgemeinen Hofkammer.

Bauernfeld an Seidl

[Wien,] d. 10. Jänner [1826].

Schubert kommt Abends zu Schober um 7 Uhr. Wenn Sie Zeit und Lust haben, so sind Sie hiermit auf einen Liederschmaus freundlichst eingeladen. Schober wohnt in der Bäckerstraße, das Haus neben *dem*, worin die Volke'sche Buchhandlung ist, im 3ten Stock Thüre links.

Diese Notiz kann auch 1827 geschrieben worden sein, denn Schober wohnte in der Oberen Bäckerstraße mit seiner Mutter vom Herbst 1825 bis Februar 1827. Aber Schubert war 1826 mit Seidl in regem Kontakt: damals schrieb er die meisten seiner Kompositionen Seidlscher Gedichte. Bauernfeld wohnte dort bei Schobers im Herbst 1825, Schubert im Herbst 1826.

Aus Sophie Müllers Tagebuch

11. Jänner 1826.

Abends Déspres, Wedekind, Betty Schröder, Scherer, Ditz, Jenger, Teltscher. Es ward gesungen. Der Abend, Quartett v. Hüttenbrenner, Duett v. Caraffa, Duett v. Schubert, Arie v. Rossini, Suleika, Müllerlieder bis 1/2 10 Uhr, dann ließ ich Betty nach Hause fahren. Teltscher brachte Schubert *lithographiert.*

Der Abend war vom 10. auf den 11. verschoben worden, weil Betty Schröder (siehe 20. März 1825) verhindert gewesen war. – Margarete („Gretl") Déprès war eine Freundin der Müller, ebenso Sophie Wedekind und Charlotte („Lotti") Scherer, eine arme Kollegin. – Ditz ist wahrscheinlich Tietze. – Josef Teltscher, geboren in Prag 1801, war ein sehr begabter Porträtist, er lithographierte, malte in Wasserfarben und auf Elfenbein Miniaturen. Teltscher wurde ein guter Freund Schuberts, den er wiederholt porträtiert hat (darunter in der hier erwähnten Lithographie), so wie Komtesse Karoline Esterházy. – „Der Abend", ein Vokalquartett für Sopran, Alt, Tenor und Baß, nach Johann Karl Unger, war schon am 19. November 1818 mit Frl. Unger, Marie Mathilde Weiß, Mozatti und Nestroy in einer Abendunterhaltung der Gesellschaft der Musikfreunde gesungen worden, bevor es Anselm Hüttenbrenner 1823 im Selbstverlag herausgab; es war auch in Zseliz bekannt geworden. – Michele Carafa (geboren 1787) war der Komponist der Oper „Gabriella di Vergy", die 1824 in Wien aufgeführt worden war. – Das Duett von Schubert dürfte „Mignon und der Harfner" gewesen sein, das im selben Monat entstanden ist.

Aus dem Programm der 9. Abendunterhaltung der Gesellschaft der Musikfreunde, am 12. Januar 1826

2. Rastlose Liebe von Goethe, in Musik gesetzt von Schubert, vorgetragen vom Herrn [Josef] Illem.

Die Leipziger „Allgemeine musikalische Zeitung" vom 10. Mai 1826 verzeichnet „Sehnsucht" statt „Rastlose Liebe". Am 23. Februar wurde Kreutzers Komposition des selben Gedichtes ebendort gesungen. – Illem organisierte in Linz am 27. Dezember 1828 eine Totenfeier für Schubert.

Aus Bauernfelds Tagebuch

16. Jänner 1826.

Vorgestern Würstelball bei Schober. Schubert mußte Walzer spielen.

„Würstelball" hieß eine private Tanzunterhaltung, bei der die Gäste mit „Würsteln" traktiert wurden.

Aus der amtlichen „Wiener Zeitung" vom 20. Januar 1826

Bei *Sauer* und *Leidesdorf* in Wien,
Kärntnerstraße Nr. 941, ist in Kommission zu haben:
FÜNFZIG NEUE WALZER,
herausgegeben und in tiefster Ehrfurcht und Untertänigkeit
Ihrer k. k Hoheit der durchlauchtigsten Frau
Erzherzogin Sophie von Oesterreich,
gebornen königl. Prinzessin von Bayern,
zugeeignet
von K. F. Müller,
komponiert von 50 der vorzüglichsten Tonsetzer, unter denen L. van
Beethoven, *Karl Czerny*, *J. N. Hummel*, *F. Schubert* etc. nebst einer Koda von *Franz Lachner*.
Preis 4 fl. Wiener-Währung.

Ferner:

ERNST UND TÄNDELEI,
eine Sammlung verschiedener Gesellschaftstänze,
herausgegeben und in tiefster Ehrfurcht und Untertänigkeit
Ihrer kaiserl. königl. Hoheit der durchlauchtigsten Frau
Erzherzogin Maria Dorothea von Oesterreich,
gebornen Prinzessin von Württemberg,
zugeeignet
von K. F. Müller.
Ebenfalls von den ausgezeichnetsten Tonsetzern.

Die „Fünfzig neuen Walzer" sind identisch mit der Sammlung „Seid uns zum zweiten Mal willkommen!" und ebenso wie die andere Sammlung schon Ende 1825 erschienen (29. Dezember 1825). Es ist interessant zu bemerken, daß Schubert unter den vier bekanntesten Klavierkomponisten aus 50 hervorgehoben ist. Die Koda des ersten Heftes ist übrigens früher nicht erwähnt worden.

Aus Sophie Müllers Tagebuch

24. Jänner 1826.

Teltscher, Jenger, Hüttenbrenner kommen mittags; mir Schuberts lithg. Bild gebracht.

Hüttenbrenner ist Josef. – Die Müller ließ sich bald darauf selbst von Teltscher porträtieren.

Aus Sophie Müllers Tagebuch

25. Jänner 1826.

Call, Jenger, Schubert speisten da. Letzterer sang neue Lieder aus Ernst Schulzes Gedichten, v. ihm komponiert.

Karl Freiherr v. Call, geboren in Eppan (Tirol) 1771, war ein tapferer Major. – Schubert hatte aus Schulzes „Poetischem Tagebuch" (siehe 31. Mai 1824) um Neujahr drei Lieder vertont: „An mein Herz", „Der liebliche Stern" und (im Januar) „Tiefes Leid". Es waren nicht die ersten Vertonungen Schulzescher Texte und weitere folgten.

29. Januar 1826: Erste Probe des d-Moll-Quartetts bei den Brüdern Karl (Violine) und Josef (Viola) Hacker, Schönlaterngasse Nr. 673 (jetzt Nr. 8), dritter Stock, mit Josef Hauer (Violine) und dem Hofopern-Cellisten Bauer unter Schuberts Leitung. – Die Stimmen waren gerade erst ausgeschrieben worden und dadurch noch häufige Korrekturen nötig. Zuhörer waren: Anton Holzapfel und Benedikt Randhartinger.

30. Januar 1826: Zweite Probe des d-Moll-Quartetts. – Das Quartett, mit dem Thema des Liedes „Der Tod und das Mädchen" im zweiten Satz, war schon im März 1824 begonnen, aber soeben erst vollendet worden. Schubert strich bei der Probe einen Teil des ersten Satzes und änderte weitere Stellen. – Josef Hacker war Jurist, sein Bruder Karl starb schon 1830. – Josef Hauer, geboren 1802, war auch im Stadtkonvikt (nahe der Schönlaterngasse) gewesen, studierte Medizin und wurde Fabrikarzt in Oed bei Leobersdorf (Niederösterreich). Es war ein großer Musikfreund, sammelte Erstausgaben und half Köchel bei der Zusammenstellung des Mozart-Katalogs. Seine Tochter Ottilie, verehelichte Ebner, eine gute Amateur-Sängerin, wurde mit Brahms befreundet. – Holzapfel (siehe Anfang 1815) stand sonst nicht mehr mit Schubert in Verbindung.

Aus der „Wiener Allgemeinen Theaterzeitung" vom 31. Januar 1826

[Über die Tanzmusik-Sammlung „Seid uns zum zweiten Mal willkommen" und „Ernst und Tändelei".]
Wir finden als Koryphäen den unsterblichen Beethoven, . . . Hummel, und Namen wie Karl Czerny, Gläser, Gyrowetz, Hellmesberger, Kreutzer, Lannoy, Leidesdorf, Würfel, Riotte, Schubert, Seyfried, Umlauf etc. nebst so vielen anderen beliebten Tonsetzern haben guten Klang im Lande . . . R . . . t.

31. Januar 1826 (29. Geburtag): Schubert erhält von Matthias Artaria 300 fl. W. W. als Honorar für die D-Dur-Sonate (op. 53) und das Divertissement à la hongroise (op. 54). – Nottebohm, der Matthias Artarias Spesenbuch (siehe Anmerkung vor 1825) gesehen hat, schreibt hier ausdrücklich W. W. Die Zahlung erfolgte an Schuberts Geburtstag.

Anfang 1826: Schuberts Sonate in a-Moll erscheint mit einer Widmung an Kardinal Erzherzog Rudolf bei A. Pennauer. – Das Werk war schon für den Herbst 1825 zur Ausgabe vorbereitet worden (vgl. 27. Juli 1825) und wurde erst im Frühjahr 1827 angezeigt (5. März 1827); die Besprechung vom 1. März 1826 und die Erwähnung in Schuberts Brief vom 4. Juli 1826 bezeugen, daß es, wenn auch – durch den Erlaubnisschein? – verspätet, spätestens Anfang 1826 erschienen ist. Ein brauner Umschlag trägt den Titel „Bibliothèque musicale de nos contemporains. Receuil de compositions originales pour Pianoforte . . . Nr. 1". Die Bezeichnung auf dem Titelblatte, das „François Schubert de Vienne" nennt, als „Première grande Sonate" ist zu vergleichen mit der von op. 30, der vierhändigen Sonate in B-Dur (vgl. 30. Dezember 1823).

Aus Nägelis „Vorlesungen über Musik", Anfang 1826

. . . Der Kunstfreund . . . wird . . . wohl auch mir beipflichten, der ich . . . unter den jetztlebenden Klavier-Komponisten . . . folgende alle unter die guten, erfinderischen, den Kunstsegen unsers Zeitalters vermehrenden zähle: . . . Joseph Czerny, Kalkbrenner . . . Leidesdorf, Neukomm, Reißiger, . . . Friedrich Schneider, Xaver Schnyder, Schubert, Sechter . . . und endlich den Knaben Mendelssohn . . .

Nägelis zehn Vorlesungen waren in der ersten Hälfte des Jahres 1824 in Karlsruhe, Darmstadt, Frankfurt am Main, Mainz, Stuttgart und Tübingen gehalten worden. Für die dem Erzherzog Rudolf gewidmete Buchausgabe, deren Vorwort vom 21. November 1825 aus Zürich datiert und die in Tübingen 1826 erschienen ist, hatte Nägeli „Nachträge" geschrieben und kleinere Einschübe gemacht. Die hier zitierte Stelle stammt aus der neunten Vorlesung über Kunsterziehung. Unter den Vokalkomponisten ist Schubert nicht erwähnt. – Sigismund Ritter v. Neukomm, geboren in Salzburg 1777, Schüler Michael und Joseph Haydns, hatte von 1798 bis 1806 in Wien geweilt. – Xavier Schnyder, geboren 1786 in Wartensee (Schweiz), hatte um 1812 in Wien gelebt.

1. Februar 1826: Aufführung des d-Moll-Quartetts bei Josef Barth. – Barth wohnte abwechselnd im fürstlich Schwarzenbergischen Winterpalais am Neuen Markt und im Sommerpalais in der Heugasse, jetzt Prinz-Eugen-Straße (Vorstadt Landstraße).

Aus dem „Verzeichnis der Geburts- und Sterbefälle in der Familie des Schullehrers Franz Schubert"

19) Am 3. Febr. 1826 früh um 3/4 auf 7 Uhr wurde geboren Anton Eduard signo Steinbock.

Zu Anton Eduard Schubert siehe Anfang 1818.

Aus der amtlichen „Wiener Zeitung" vom 8. Februar 1826

Bei A. Pennauer,
Kunsthändler, am Graben, Nr. 1122, ist soeben neu erschienen
Grande Marche funèbre
à l'occasion de la mort de S. M. Alexander I.
pour le Pianoforte à quattre mains,
par Fr. Schubert.
Oeuvre 55. Preis 1 fl. 30 kr. Wiener-Währung.

Die Sehnsucht.
Gedicht von Fr. Schiller,
für eine Singstimme mit Pianoforte-Begleitung,
von *Franz Schubert.*
Op. 39. Preis 1 fl. 30 kr. W. W.

Alexander I., geboren 1777, seit 1801 Zar, war am 1. Dezember 1825 gestorben; die Todesnachricht erreichte Wien am 14. Dezember. Er war beim Wiener Kongreß populär geworden und hatte Wien auch Ende 1818 und neuerdings im Herbst 1822 besucht. Vgl. 14. Juli und 14. September 1826. – Opus 39 war wieder ein Nachzügler; es erschien ohne Widmung. Auf dem Titel steht: „Dieses Gesangsstück ist auch mit Begleitung der Gitarre eingerichtet zu haben." Das war natürlich eine apokryphe Bearbeitung. Die Leipziger „Allgemeine musikalische Zeitung" erwähnte am 10. Mai 1826 dieses Lied als in den Abendunterhaltungen der Gesellschaft der Musikfreunde aufgeführt (Saison 1825/26), nicht aber die am 12. Januar und 30. März 1826 genannten Lieder; das war offenbar ein Irrtum.

Februar 1826 (?): Aufführung des d-Moll-Quartettes bei Franz Lachner in der Vorstadt Landstraße. – Lachner war von 1826 bis 1828 einer der Vizekapellmeister des Kärntnertor-Theaters. Er wohnte hinter dem Invalidenhaus.

17. Februar 1826: Schuberts Melodram „Abschied von der Erde" (D. 829) wird als Schluß des parodistischen Einakters „Der Falke" von Adolf v. Pratobevera zu seines Vaters Geburtstag privat aufgeführt. – Adolf v. Pratobevera, später Freiherr v. Wiesborn, geboren in Bielitz (Österreichisch-Schlesien) 1806, war Jurist. Sein Vater, Karl Josef v. Pratobevera, war Vizepräsident des Appellations- und Kriminal-Obergerichts in Niederösterreich. Er wohnte im sogenannten Bürgerspital, einem großen Zinshaus nahe dem Kärntnertor. – Am selben Tage gab die heimgekehrte Josefine Fröhlich, unterstützt von ihrem Schwager Bogner, ein Konzert im Landhaussaale.

Aus der amtlichen „Wiener Zeitung“ vom 20. Februar 1826

Bei *Sauer* und *Leidesdorf*,
k. k. privil. Kunst- und Musikalienhändlern in Wien, Kärntnerstraße
Nr. 941, ist neu erschienen und zu haben
(Pest bei K. Lichtl):

. . . .

Schubert (*Fr.*), *Ouvertüre aus der Oper: Alfonso und Estrella*, für das Pianoforte zu 4 Händen eingerichtet 2 fl.

Vgl. 6. Dezember 1825. Die Ouvertüre erschien, mit einer Widmung an Anna Hönig, als op. 52. Da aber diese Nummer bereits für den Zyklus der Gesänge aus Scotts „Fräulein vom See“ bei Matthias Artaria vergeben war, so wurde die Ouvertüre später, als Diabelli sie übernommen hatte, mit op. 69 beziffert. Diese Bearbeitung der Ouvertüre, die thematisch mit „Alfonso und Estrella“ zusammenhängt, soll von Schubert und Josef Hüttenbrenner herrühren. Das Manuskript, welches um 1890 auf dem Markt war, stammt von Schuberts Hand. Die Gesamtausgabe hat die vierhändige Fassung ganz übersehen, und so ist sie nicht wieder aufgelegt worden.

Aus Bauernfelds Tagebuch

21. Februar 1826.

Sonntags mit Schubert im Redoutensaal. Die D-Sinfonie und Egmont. Dann mit ihm gegessen, nach Tisch zu Schuppanzigh. Quartette von Haydn und Beethoven, Quintett von Mozart. Alles himmlisch. Auch *Grillparzer* war zugegen. . . . Die Freunde haben mir den Spitznamen „Spelunk“ aufgebracht, weil ich nur wenig aus meiner Landstraßenhöhle hervorkrieche.

Der Sonntag war am 19. Februar. Die mittags im Redoutensaal, in einem Konzert der Gesellschaft der Musikfreunde, aufgeführten Werke waren Beethovens zweite Sinfonie, seine Egmont-Ouvertüre und u. a. das „Halleluja“ aus Händels „Messias“. – Das von $^1/_2$5 bis $^1/_2$7 dauernde Nachmittagskonzert im Saal der Gesellschaft der Musikfreunde beim „Roten Igel“ unter den Tuchlauben, enthielt ein Streichquartett von Haydn, das c-Moll-Quintett von Mozart (KV 406) und das Klaviersextett von Georges Onslow (geboren in Clermont-Ferrand 1784, Professor am Konservatorium Paris, mehrere Jahre in Wien), aber nichts von Beethoven. – Bauernfeld wohnte seit kurzem bei Leopold und Anna Schmerling in der Beatrixgasse, Vorstadt Landstraße, und seine Freunde nannten dieses Logis „Spelunke“.

23. Februar 1826: Franz Schubert sen. erhält als Schulmeister und Armenrat das Bürgerrecht der Stadt Wien. Das Dekret, datiert vom 9. Februar, spricht von den 45jährigen Schuldiensten und der 17jährigen Arbeit im Armenwesen. Pfarre und Gemeinde Roßau hatten um die Ehrung nachgesucht. Am 23. Februar legte Vater Schubert den Bürgereid ab, wobei er 24 fl. K. M. als Taxe zu hinterlegen hatte. Seine Witwe hat ihn in der Todesanzeige 1830 irrtümlich als Ehrenbürger von Wien bezeichnet.

Aus Sophie Müllers Tagebuch

28. Februar 1826.

Normatag. Abends da Koberwein mit Betty und Minna. Betty Schröder, Winterberg mit Alexander Tettenborn u. kl. Fürst Wittgenstein. Déspres, Teltscher, Jenger, Ditz, Hüttenbrenner ungebeten, Call, Schubert kam nicht. Musiziert, getanzt, sehr vergnügt bis $^1/_2$11 Uhr.

Josef Koberwein, geboren in Kremsier (Mähren, heute Kroměříž, Tschechoslowakei) 1774, war Hofschauspieler. Eine seiner Töchter, Betty, geboren in Wien 1809, später verehelichte Fichtner, war seit

1822 auch am Burgtheater engagiert. – Winterberg ist nicht zu identifizieren. – Alexander ist wohl ein Sohn des badischen Gesandten Friedrich Karl Freiherrn v. Tettenborn. – Wittgenstein ist wahrscheinlich Adolf Fürst von Sayn-Wittgenstein, hessischer Gesandter in Wien. – Ditz ist wieder Tietze, Hüttenbrenner Josef.

Breslau, Ende Februar 1826

Aus Richard Otto Spaziers Buche: Jean Paul Friedrich Richter in seinen letzten Tagen und im Tode

[Über die Herbstwochen 1825 in Bayreuth]

Fast alle Abende in jener letzten Lebenszeit, wenn ihn der Tag erschöpft, verlangte er sehnsuchtsvoll nach Gesang . . . Vor allem ergriffen ihn die Stellen aus Schuberts herrlicher Komposition des Goetheschen Erlkönigs: „du liebes Kind, komm, geh mit mir" und „sie wiegen und tanzen und singen dich ein"; das ahnungsvolle heimliche, durch die Stimmen und die Begleitung durchtönende verheißne Glück lockte auch ihn mit magischer Gewalt zu einem verklärten, schöneren Sein

Jean Paul Friedrich Richter, genannt Jean Paul, der romantische Novellist, geboren in Wunsiedel (Bayreuth) 1763, war am 14. November 1825 gestorben. Sein Neffe Spazier, geboren 1803, der Scotts Gedichte übersetzte, gab dieses Erinnerungsbuch bei Schobers Breslauer Verleger Josef Max & Co. (siehe 21. September 1824 und 27. November 1825) heraus. Der Titel von Schobers „Palingenesien" war auch von Jean Paul genommen (1798). Der Dichter war Ende August 1823 in Erlangen gewesen, wo er Platen traf und vielleicht auch Bruchmann kennengelernt hatte. In den „Beiträgen zur Bildung für Jünglinge" (siehe Anmerkung nach Dezember 1816) waren 1817 Auszüge aus Jean Pauls „Titan" und „Hesperus" erschienen. – Die Tage, von denen Spazier spricht, liegen etwa zwischen dem 24. Oktober und 8. November. Jean Paul, der in den letzten Jahren erblindet war, schätzte auch Reichardts „Lied der Mignon": „Kennst du das Land . . .", und Zelters „Lied des Harfners": „Wer nie sein Brot . . ."

Aus der Leipziger „Allgemeinen musikalischen Zeitung" vom 1. März 1826

Première grande Sonate pour le Pianoforte, comp. – – par Franç. Schubert. Oeuv. 42. Vienne, chez Pennauer. (Pr. 1 Tlr. 8 Gr.)

Es führen jetzt viele Musikstücke den Namen Phantasie, an denen die Phantasie sehr wenigen oder gar keinen Anteil hat, und die man nur so tauft, weil der Name gut klingt, und weil das Geisteskind, wie wild Wasser nach allen Seiten auslaufend, in keine gesetzliche Form sich hat fügen wollen. Hier führt, einmal umgekehrt, ein Musikstück den Namen Sonate, an dem die Phantasie ganz offenbar den größten und entscheidendsten Anteil hat, und das wohl jenen Namen nur führt, weil es die selben Abteilungen, überhaupt den selben äußeren Zuschnitt hat wie die Sonate, übrigens aber, dem Ausdruck und der Technik nach, zwar in rühmlicher Einheit beharrt, aber in den abgesteckten Grenzen sich so frei und eigen, so keck und mitunter auch so sonderbar bewegt, daß es nicht mit Unrecht Phantasie heißen könnte. In dieser letzten Hinsicht kann es wohl nur mit den größesten und freiesten Sonaten Beethovens verglichen werden. Wir verdanken dies ungemein anziehende und auch wahrhaft gehaltvolle Werk Herrn Franz Schubert; wie wir hören, einem noch jungen Künstler von Wien in Wien. Uns ist derselbe, wie wahrscheinlich im nördlichen Deutschland überhaupt, nur aus seinen höchst verschiedenartigen ein- oder mehrstimmigen Gesängen mit oder ohne Begleitung des Pianoforte bekannt; und in diesen haben wir, wenn sie gleich bei ihrer großen An-

zahl von sehr verschiedenem Gehalt und Wert sind, auch nicht ohne Exzentrizitäten nach allen Seiten hin, die selbst hin und wieder Mißgriffe genannt werden müssen – ein ausgezeichnetes Talent, Geist und Gefühl, Spuren echter Originalität in Erfindung und Ausführung und ein, wenn auch zuweilen aus der rechten Bahn verlockendes, doch schon an sich achtungswertes und auch nicht selten das Rechte überraschend ergreifendes Bestreben, seinen eignenen Weg zu gehen – mit Vergnügen bemerkt. Aus den Vorzügen wie aus den Mängeln dieser Gesänge haben wir immer vermutet, daß Hr. Sch. in der Gattung, die keine Gesetzgebung hat als die aller guten Musik überhaupt – in der Instrumentalmusik, besonders in den weiteren und freieren Formen derselben, noch glücklicher als dort sein werde; und diese Vermutung wird durch die hier angeführte, seine erste große Sonate vollkommen bestätigt. Sie ist reich an wahrhaft neuen und orginellen melodischen und harmonischen Erfindungen; ebenso reich und noch mannigfaltiger an Ausdruck; kunstvoll und beharrlich in der Ausarbeitung, namentlich auch in der Führung aller Stimmen, und dabei doch durchgängig wahre Pianoforte-Musik. Daß diese Erfindungen nicht selten etwas wunderlich und noch wunderlicher aufgestellt sind (besonders im ersten Satze; wo z. B. das an sich fast trockene Hauptthema nicht nur auch absichtlich trocken hingesagt, sondern dann oft, und offenbar wieder absichtlich, ebenso wiederholt wird), das findet man leicht; desgleichen, daß der Verfasser mit den sich ihm zudrängenden, zum Teil seltsamen Harmonien öfters (sogar was die grammatisch richtige Schreibart anbelangt) kaum gewußt hat, wohin? und was dergleichen mehr ist, wobei man nicht unterlassen kann, den Kopf ein wenig zu schütteln: aber hat man geschüttelt und der Regel durch das Geständnis ihr Recht angetan, daß es zu wünschen wäre, der Verfasser hätte ihr und zugleich der Sache, wie sie nun (notabene im Zusammenhange) *klingt*, volles Genüge geleistet: dann kann man doch nicht lassen, alles, wie es nun einmal dasteht, mit Vergnügen aufzunehmen und sich an manche Wunderlichkeit für Einsicht, Ohr oder Auge einigermaßen zu gewöhnen. Besser ist besser – das ist keine Frage: aber Geist und Seele ist das Beste – das ist auch keine. Indessen: wenn es dem gerechten Beurteiler zukömmt, die zweite Hälfte des Satzes anzuerkennen, so kommt es auch dem Künstler zu, die erste zu Herzen zu nehmen. Denjenigen unserer Leser aber, die dieses Werk ganz bezwingen können, versprechen wir in Hinsicht auf Geist und Seele einen reichen und ausgezeichneten Genuß. Vielleicht glauben sie unserem Versprechen, bis es sich ihnen aus Erfahrung bestätigt, williger, wenn wir ihnen das Werk nach seinen Teilen etwas näher beschreiben; und so tun wir das.
Erster Satz: Moderato, a-Moll; ₵-Takt. Der herrschende Ausdruck: eine niedergehaltene, zuweilen aber heftig hervorbrechende düstere Leidenschaftlichkeit, wechselnd mit schwermütigem Ernst. In der technischen Ausführung viel Beharrlichkeit und manche wahrhaft kunstvolle, keinesweges schon verbrauchte Kombination. Jener Wunderlichkeiten in Nebendingen wollen wir nicht weiter gedenken. Der Satz ist nicht kurz, aber auch nicht länger als zu wünschen, wenn man gerne in dieser Stimmung verbleiben soll.
Zweiter Satz: Andante poco moto, C-Dur; Dreiachteltakt. Ein einfaches, singbares sanft-heiteres Thema, schön erfunden und in wohlgefälligem Flusse aller vier Stimmen harmonisiert. Es macht eben an dieser Stelle eine um so angenehmere und gewiß die passendste Wirkung. Es wird im fortlaufenden Satze fünfmal frei, aber dem Ausdrucke nach nicht abschweifend, variiert und aus der letzten Variation ein ausgeführterer Schluß gebildet. Hier ist auch in der Harmonie alles rein und klar. Das Ganze ist in der Erfindung, dem Ausdrucke und der Bearbeitung den variierten Andantes J. Haydns in seinen Quartetten aus späterer Zeit ähnlich; und daß damit kein geringes Lob ausge-

sprochen ist, weiß jedermann. Dritter Satz: Allegro vivace, Scherzando, a-Moll; Trio F-Dur; das erste lang und ganz thematisch, das zweite kurz und frei gehalten. In jenem bricht die zurückgehaltene Leidenschaftlichkeit hastig und heftig heraus; in diesem folgt einige Beruhigung, die aber durch Wiederholung des ersten bald wieder aufgehoben wird. Wie man den vorhergehenden Satz haydnisch nennen kann, kann man diesen beethovenisch nennen; es versteht sich, ohne damit dem Verfasser seine Eigentümlichkeit zweifelhaft machen zu wollen. Was würde im angeregten Gemüte nach diesem Wechsel der Empfindungen am natürlichsten folgen? Doch wohl: eine gleichsam verallgemeinerte, gehobene Stimmung überhaupt, nicht heftig, aber sehr lebhaft, nicht trübe, aber auch nicht leicht und lustig – eine kräftige, männlich-heitere Stimmung, gemischt aus Ernst zum größeren und aus Scherz zum kleineren Teile. Eben das ist der Ausdruck des langen, in technischer Behandlung sehr zusammengehaltenen Finale – Allegro vivace, a-Moll; Zweivierteltakt. Es ist dies schon an sich eine rühmenswerte Arbeit; noch mehr aber muß es als recht eigentlicher Abschluß des Ganzen gerühmt werden.
Wenn diese kurze Beschreibung des Werkes die Leser auf dasselbe aufmerksam macht und auch ihnen erleichtert, es so zu fassen und aufzunehmen, wie es gemeint ist: so hat sie geleistet, was sie hat leisten sollen. Um nach Wunsch vorgetragen zu werden, verlangt diese Sonate nicht sowohl ein virtuosenmäßiges Spiel (was man nun so nennt), als vielmehr ein ausgearbeitetes, ungefähr wie die größten Sonaten von Beethoven oder von Cramer. Auch das Instrument muß gut sein: der verschiedensten Modifikationen des Starken und Schwachen sowie des Bindens und Nachklingens neben präziser Dämpfung fähig. Der Stich ist ziemlich, doch nicht so gut, als bei mehren in dem selben Verlage seit kurzem herausgekommenen Musikalien weit geringeren Gehaltes. Ein besonderer, artig verzierter, farbiger Umschlag bezeichnet diese Sonate als Cah. I. einer Bibliotheque musicale de nos contemporains etc. [G. W. Fink?]

Vgl. Anmerkung vor Anfang 1826.

Josef Preisinger an Anna Fröhlich in Wien

[Preßburg,] d. 1. März 826.

Ist die Betty schon verheyrathet u fühlt sich Bogner schon im Stande guter Hoffnung? Wie geht es der Katty, wie lebt Grillparzer, Holz, Pyringer, Schubert, Wille, Kaufmann etc?

Der mit „Seppl" unterzeichnete Brief stammt offenbar von Preisinger (siehe 8. März 1821). Er war 1825 bis 1826 an den gemeinsam geführten Bühnen in Graz und Preßburg engagiert. Betti (Barbara) Fröhlich war seit 1825 mit Ferdinand Bogner vermählt und erwartete im August ihr erstes Kind. Kathi ist ihre andere Schwester. Ferdinand Piringer, geboren in Unterrötzbach (Niederösterreich) 1780, war Direktions-Adjunkt der Hofkammer-Registratur, Violinspieler, 1819 bis 1822 Stellvertreter Gebauers in der Leitung des Concert spirituel, seit 1824 sein Nachfolger. Er teilte sich aber in diese Arbeit mit Johann Baptist Geißler (geboren um 1785, niederösterreichischer Rechnungs-Offizial, Violoncellist). – Zu Holz siehe Anmerkung vor dem 14. März 1824. – Zu Wille siehe 20. September 1823. – Kaufmann ist vielleicht Grillparzers Freund, Johann Kaufmann, geboren 1788, der Professor des Römischen Rechts an der Theresianischen Ritter-Akademie war.

Aus Franz v. Hartmanns Tagebuch

Linz, 5. März 1826: Louis spielt Schubertische Deutsche.

Louis ist Franz v. Hartmanns Bruder. Siehe 19. März 1826.

Aus Bauernfelds Tagebuch

8. März 1826.

Schober ist uns allen im Geiste überlegen, im *Reden* nun gar! Doch ist manches an ihm gekünstelt, auch drohen seine besten Kräfte im Nichtstun zu ersticken. – *Schwind* ist eine herrliche, reine Natur – nur immer in Gärung, als wollt' er sich aufzehren. – *Schubert* hat die rechte Mischung vom Idealen und Realen. Die Erde ist ihm schön. – *Mayerhofer* ist einfach und natürlich, obwohl Schober behauptet, er sei eine Art gemütlicher Intrigant. – Und ich?! Ja, wer sich selber kennte! Bevor ich nichts *Rechtes* gemacht habe, bin ich kein Mensch.

Diese Betrachtungen sind eine ernste Ergänzung zu der Satire vom 31. Dezember 1825.

Aus einem Sitzungsprotokoll der Gesellschaft der Musikfreunde

1. Sitzung des Komitees für Biographie und Bibliographie der Tonkunst am 14. März 1826 ...

Regierungsrat Sonnleithner liest ... ein Verzeichnis mehrerer Tonkünstler ab, deren Biographie nach und nach von den Mitgliedern dieses Komitees geliefert werden dürfte; und zwar: ... Schubert ... Sonach wurden nachfolgende Künstler ausgemittelt, mit deren Biographie sich die nebenbezeichneten Mitglieder des Komitees beschäftigen zu wollen übereingekommen sind; und infolge der gutgeheißenen Vorschrift binnen 3 Monaten entweder diese Biographie liefern oder die Hindernisse anzeigen werden, welche dieser Ablieferung entgegen standen ...

Herr v. Jenger – – – Schubert Franz.

Der Regierungsrat ist Josef Sonnleithner. – Vgl. 21. Juni 1826.

Aus Franz v. Hartmanns Tagebuch

Linz, 19. März 1826: Louis spielt bei Ottenwalt Deutsche von Schubert.

Siehe 5. März 1826.

Aus Franz v. Hartmanns Tagebuch

Linz, 28. März 1826: Zu Spax ... Von Vogl und Schubert diskutiert.

Spax ist Max v. Spaun.

Aus Bauernfelds Tagebuch

Ende März 1826.

Schubert und ich halten treu zusammen gegen manche Schobersche Narrheit. Moritz schwankt hin und her.

Schobers „Narrheiten“ sind in der Satire und in den Tagebuchnotizen vom 31. Dezember 1825 und 8. März 1826 angedeutet.

Aus dem Programm der 16. Abendunterhaltung der Gesellschaft der Musikfreunde, am 30. März 1826

4. Der Wanderer, in Musik gesetzt von Schubert, vorgetr. von H. J. Hoffmann.

Zu Johann Hoffmann siehe 12. Mai 1824. – Die Leipziger „Allgemeine musikalische Zeitung" vom 10. Mai 1826, die eine Übersicht der in der Saison 1825/26 bei den „Abendunterhaltungen" aufgeführten Lieder gab, erwähnte den „Wanderer" nicht.

Aus Sophie Müllers Tagebuch

31. März 1826.

Bei uns abends Zedlitz, bis 7 Uhr, dann fort. Koberweins, sie, 2 Töchter, Betty, Schröder, Guste, Marie Wolf, Frä. Pracht, Déspręs, Teltscher, Dietz, Jenger, Schubert, Call. Recht ein vergnügter Abend.

Josef Christian Freiherr v. Zedlitz-Nimmersatt, geboren in Schloß Johannesberg (Österreichisch-Schlesien) 1790, war Offizier und Lyriker. Sein Gedicht „Die nächtliche Heerschau", das mehrere Male – u. a. von Anton Hackel – komponiert worden ist, haben Schubert und Mendelssohn zu vertonen abgelehnt. – Sophie Koberwein, geboren in Karlsruhe 1783 als Bulla, war die Gattin Josefs. – Auguste (Guste) Schröder, geboren in Hamburg 1810, später verehelichte Gerlach, wiederverehelichte Schloenbach, war die Schwester Betty Schröders und auch Schauspielerin. – Über Marie Wolf und Frl. Pracht ist nichts bekannt. – Dietz (früher Ditz genannt) ist Tietze.

Aus der Zeitschrift „The Harmonicon", London, April 1826

(Musikbericht aus Wien, übersetzt)

... Der junge Komponist Schubert fährt fort, unermüdlich Lieder zu schreiben. Die ersten Früchte seines Schaffens, und besonders seine Kantate „Der Erlenkönig", waren sehr bekannt, und einige seiner späteren Produkte zeichnen sich durch große Schönheit und Empfindung aus ...

Der Wiener Berichterstatter ist nicht bekannt. Er nennt die Ballade „Erlkönig": eine Kantate „Der Erlenkönig" (vgl. 29. Dezember 1825).

Karl Holz in Beethovens Konversationsheft, Anfang April 1826

Mölkerhof. Schubert war eben bei ihm; sie haben in einer Händelschen Partitur gelesen. Er war sehr artig; hat sich zugleich bedankt für das Vergnügen, das ihm die Quartetten Mylords gemacht haben, er war immer zugegen. Für Lieder hat er viel Auffassungsgabe. Kennen Sie den Erlkönig? Er hat immer sehr mystisch gesprochen.

Thayer meinte, daß der Partner Schuberts hier Matthias Artaria oder Mosel gewesen sein muß. Das erste Wort der Eintragung, „Mölkerhof", spricht für Mosel, der in diesem noch bestehenden Hause der Inneren Stadt wohnte. – „Mylord Falstaff" war der auf seine Figur anspielende Scherzname Schuppanzighs. Sein Quartett hatte am 21. März 1826, in seinem letzten Abonnementskonzert dieser Saison, im Saale der Gesellschaft der Musikfreunde das neueste Streichquartett in B-Dur, op. 130 (aus dem Manuskript) und, mit Halm, das Klaviertrio in B-Dur op. 97 von Beethoven gespielt. Schuberts Partner scheint allen Aufführungen des Schuppanzigh-Quartetts in den vorhergehenden Monaten beigewohnt zu haben.

AUS SOPHIE MÜLLERS TAGEBUCH

4. April 1826.

Um 7 Uhr nach Haus ... 2. Hälfte Schuberts Lieder [aus] Walter Scotts Fräulein v. See – 2 fl. 24 kr.

Vgl. nächste Anzeige. Die Müller kaufte nur das zweite Heft, das erste hatte sie vielleicht schon bekommen. Der Preis lag etwas unter der Norm, 2 Gulden 24 Kreuzer statt wie sonst 2 Gulden 30 Kreuzer.

AUS DER AMTLICHEN „WIENER ZEITUNG“ VOM 5. APRIL 1826

Bei Matthias Artaria,
Kunst- und Musikalienhändler, am Kohlmarkt Nr. 258,
ist neu erschienen und zu haben:

Sieben Gesänge
aus Walter Scotts Fräulein vom See,
in Musik gesetzt
mit Begleitung des Pianoforte
von *Franz Schubert.*
Op. 52. Erstes Heft, Preis 3 fl. 30 kr., 2tes Heft 2 fl. 30 kr. W. W.

Op. 52, das nach op. 55 erschien, war „Frau Sophie Gräfin von Weißenwolf [sic] geborne Gräfin von Breunner hochachtungsvoll gewidmet“. Heft 1 enthielt vier Gesänge, darunter die beiden Chöre, Heft 2 drei, darunter das „Ave Maria“. Erst die Anzeige, die fünf Tage nach Schuberts Tod erschien (24. November 1828) und auch die Opera 53 und 54 wieder anbot, erwähnt, daß das Werk – teilweise wenigstens – „mit Englischem und Deutschem Text“ gestochen war (siehe 25. Juli 1825). Die Alternativ-Notenwerte sind nicht immer durch ihre Größe unterschieden, doch sind die kleineren in der Regel für den englischen Text bestimmt.

AUS DER AMTLICHEN „WIENER ZEITUNG“ VOM 5. APRIL 1826

Im *T. Weigl*'schen *Kunst- und Musikverlage,*
am Graben Nr. 1144 (neben dem König von England),
sind ganz neu erschienen:

Hektors Abschied. – Emma.
Des Mädchens Klage.
Gedichte von Fr. v. Schiller,
in Musik gesetzt
für eine Singstimme mit Pianoforte-Begleitung
von
Franz Schubert.
56stes Werk. Preis 2 fl. W. W.

Ferner:

Schubert, Fr., der Schmetterling und *die Berge,*
von Fr. v. Schlegel. *An den Mond*, von Fr. v. Hölty. In
Musik gesetzt für eine Singstimme mit Pianoforte-Begleitung.
57stes Werk. Preis 1 fl. 30 kr. W. W.

Beim Erscheinen dieser neuesten Werke des geschätzten Tonsetzers ist zu bemerken, daß derselbe sein Augenmerk vorzüglich dahin gerichtet, jede Schwierigkeit in der Pianoforte-Begleitung entfernt zu halten.

Thaddäus Weigl, geboren 1776, Komponist wie sein älterer Bruder Josef, hatte 1803 einen eigenen Verlag gegründet (siehe 22. Dezember 1824). – Opp. 56 und 57 erschienen vor opp. 53 und 54. Da aber die Opuszahl 56 indessen schon an Pennauer vergeben war (siehe 8. Juli und 14. Juli 1826), mußte Weigls op. 56 in 58 umgeändert werden. Die drei Lieder von op. 57 (Hölty war nicht „von“) sind als Fortsetzung zu op. „56“ mit den Nummern 4, 5, 6 versehen und die sechs Lieder beider Werke auch zum Einzelverkauf eingerichtet worden.

Schubert an Kaiser Franz II.

Euer Majestät!
Allergnädigster Kaiser!

In tiefster Ehrfurcht waget der Unterzeichnete die gehorsamste Bitte um allergnädigste Verleihung der erledigten Vice-Hofkapellmeisters Stelle, und unterstützt sein Gesuch mit folgenden Gründen:
1. Ist derselbe von Wien gebürtig, der Sohn eines Schullehrers und 29 Jahre alt.
2. Genoß derselbe die allerhöchste Gnade, durch 5 Jahre als Hofsängerknabe Zögling des k. k. Convictes zu seyn.
3. Erhielt er vollständigen Unterricht in der Composition von dem gewesenen ersten Hofkapellmeister Herrn Anton Salieri, wodurch er geeignet ist, jede Kapellmeisters Stelle zu übernehmen, laut Beylage A.
4. Ist sein Nahme durch seine Gesangs- und Instrumental-Compositionen nicht nur in Wien sondern in ganz Deutschland günstig bekannt, auch hat er
5. fünf Messen, welche bereits in verschiedenen Kirchen Wiens aufgeführt wurden, für größere und kleinere Orchester in Bereitschaft.
6. Genießt er endlich gar keine Anstellung und hofft auf dieser gesicherten Bahn sein vorgestecktes Ziel in der Kunst erst vollkom̄en erreichen zu können.
Der allergnädigsten Bittgewähr vollkom̄en zu entsprechen, wird sein eifrigstes Bestreben seyn.

Unterthänigster Diener
Franz Schubert.

Wien, den 7. Aprill 1826

[Außen:]

An
Seine Majestät
den allergnädigsten Kaiser

[Darunter:]

Franz Schubert, Compositeur in Wien bittet unterthänigst um die allergnädigste Verleihung der Vice-Hofkapellmeisters Stelle.

Wohnhaft auf der Wieden No. 100 nächst der Karlskirche 5. Stiege 2. Stock.

[Beilage A siehe 21. September 1819]

Als Salieri im März 1824 pensioniert worden war, wurde Eybler zu seinem Nachfolger, d. h. zum ersten Hofkapellmeister ernannt, aber erst im Juni 1825 bestätigt (siehe Ende Juni 1824). Die Stelle des zweiten Hofkapellmeisters, die Eybler bis dahin innegehabt hatte, war also seit 1824 praktisch unbesetzt. Moritz Graf Dietrichstein, der Hofmusikgraf, hatte schon Anfang 1825 Michael Umlauf dafür vorgeschlagen. Anfang 1826 hatte der Kaiser Wittassek ernannt, der aber ablehnte. So war nun ein Wettbewerb veranstaltet worden, den Dietrichstein nicht mehr zu Ende führen konnte, weil er am 30. Mai Direktor der Hofbibliothek und Karl Leonhard Graf Harrach sein Nachfolger als Hofmusikgraf wurde. – Zur weiteren Entwicklung dieses Wettbewerbs vgl. 19. Dezember 1826, 24. und 27. Januar 1827.

Aus der amtlichen „Wiener Zeitung" vom 8. April 1826

Bei *Matthias Artaria,*
Kunst- und Musikalienhändler, am Kohlmarkt Nr. 258,
ist neu erschienen und zu haben:

Seconde Grande Sonate
pour le Pianoforte,
composée
par *François Schubert.*
Oeuvre 53. Prix 5 fl. Wiener-Währung.

Divertissement à la hongroise
pour le Pianoforte à quatre mains
composée
par *François Schubert.*
Oeuvre 54. Prix 6 fl. Wiener-Währung.

Opp. 53 und 54 erschienen nach op. 57. Die in Gastein geschriebene Sonate war Karl Maria v. Bocklet gewidmet (siehe 9. Juni 1824). Das „Divertissement à la hongroise", das wahrscheinlich 1824 in Zseliz geschrieben worden ist, hat Schubert mit Beziehung auf das Ungartum ihres Gatten der Frau Lászny, geb. Buchwieser, zugeeignet. Der dritte der drei Sätze, das Allegretto und die Keimzelle des Ganzen, war als „Ungerische Melodie" für zwei Hände am 2. September 1824 in Zseliz geschrieben worden, ist aber erst 1928 bei Eduard Strache in Wien erschienen (D. 817). Liszt, der das Ganze für zwei Hände, auch „in leichterem Styl", bearbeitet hat, kannte die originale zweihändige Form des Allegretto nicht. Er hat übrigens den zweiten Satz, Marcia benannt, auch für Orchester bearbeitet.

Josef von Spaun an Schober in Wien

Lemberg, den 16. April 1826.

... Die Freunde, vorzüglich aber Bertl grüße ich auf das herzlichste.

Bertl ist Schubert. – Spaun war zum dritten Assessor bei der Lottodirektion in Wien ernannt worden und reiste am 20. April von Lemberg ab.

23. April 1826: Michael Holzer stirbt.

Aus der amtlichen „Grazer Zeitung" vom 29. April 1826

[Über ein Konzert des Steiermärkischen Musikvereines am 19. April 1826 im ständischen Rittersaale]

Unter den gegebenen acht Konzertstücken wurde das von *Franz Schubert* in Musik gesetzte Gedicht: „*Der Wanderer*" vorzüglich gut aufgenommen, und mußte wiederholt werden. Hr. *Rauscher*, dieser kunstgeübte, gemütliche und uns unvergeßliche Sänger trug es vor; Hr. *Anselm Hüttenbrenner* begleitete ihn am Pianoforte mit tiefer Kenntnis des geistreichen Tonsatzes.

Über Jakob Wilhelm Rauscher siehe 27. August 1822.

Bauernfeld an Schober

Klagenfurt, 24. April 1826.

Dem Schubert werde ich nächstens schreiben; ich bitte daher um die genaue Adresse einer Kunsthandlung, wohin ich den Brief schicken kann; detto Schwinds Adresse.

Oberleutnant Mayerhofer v. Grünbühel war in Mappierungs-Geschäften nach Kärnten geschickt worden. „Da er mit Vorspann reiste und Diäten bezieht, so trug er mir an, ihn zu begleiten, was ich mit beiden Händen annahm", schreibt Bauernfeld in seinem Tagebuch. Bauernfeld war, nach einem Abschiedsmahl am 14., den 15. April abgereist. – Klagenfurt ist die Hauptstadt von Kärnten, etwa 240 km südwestlich von Wien gelegen.

Rochlitz an Mosel

Leipzig, 30. April 1826.

[Über Beethovens Neunte Sinfonie.] Dagegen sind mir einige neuere Kompositionen Ihres Schubert sehr interessant und wert geworden. Vielleicht bedürfte dieser talentvolle Künstler nur eines wissenschaftlich gebildeten Freundes, der ihn mit Liebe über sich selbst aufklärte: über das, was er ist, was er hat, was er will; woraus er dann hoffentlich von selbst fände, was er soll.

Rochlitz (siehe 9. Juli 1822), der mit Mosel eine langjährige Korrespondenz unterhielt (Nationalbibliothek, Wien), spricht darin sonst nicht von Schubert. Der Anlaß hier war eine abfällige Kritik der Neunten Sinfonie Beethovens.

Aus Bauernfelds Tagebuch

Paternion in Kärnten, am 2. Mai 1826.

Abschiedsmahl mit Schwind, Schober, Schubert, Feuchtersleben und anderen Freunden. Am 15., an einem herrlichen Frühlingsmorgen, wurde „die Reise ins Blaue" angetreten . . . „Langeweile, du bist, Mutter der Musen, gegrüßt!" – So dacht' ich an den Operntext für Schubert, machte mich über den *Grafen von Gleichen* her. Dramatisch-musikalischer Gegensatz: Orient und Okzident, Janitscharen und Rittertum, romantische Minne und Gattenliebe usw. – kurz, ein türkisch-christliches Brouillon. Die Verse fließen mir ziemlich leicht.

Paternion liegt an der Drau, zwischen Villach (westlich von Klagenfurt) und dem südlich von Gastein gelegenen Ober-Vellach. – Bauernfeld war mit Ernst v. Feuchtersleben (siehe Anmerkung vor Schobers Gelegenheitsgedicht von 1821) und seinem älteren Stiefbruder Eduard befreundet. Hier ist wahrscheinlich Ernst gemeint, der Arzt, Lyriker und Ethiker wurde. Er war ein Schüler Philipp Karl Hartmanns (siehe ebendort), dessen beide einst bekannte Bücher „Glückseligkeitslehre" und „Der Geist des Menschen" auf Feuchterslebens erfolgreiches Buch „Zur Diätetik der Seele" eingewirkt haben. – Die Sage vom Grafen Ernst von Gleichen, der aus dem Orient eine zweite Frau mitbrachte und fortan mit zwei Frauen einträchtig lebte, ist durch ein Grabdenkmal in Erfurt mit der Inschrift: „Hic ossa cubant comit. Ernesti de Gleichen ejusque uxorum. R. i. p.“ bezeugt. Bauernfeld, der als Knabe durch Volkerts Oper (siehe Anmerkung zum 22. Dezember 1824) im Theater in der Josefstadt zu einer ernsteren Behandlung des Stoffes angeregt worden war, fußt in seinem Libretto auf Johann Karl August Musäus' Märchen „Melechsala“. Nach Volkert hat sich auch Karl Eberwein (geboren 1786) mit dem oft behandelten Stoffe musikalisch beschäftigt: seine 1822 entstandene Oper war am 1. Mai 1824 in Weimar aufgeführt worden. – Bauernfelds Libretto (1907 bei Karl Fromme, Wien, erschienen) zeigt zum 1. Akt die Überschrift „Orient. Frühling. Morgen“, zum 2. „Okzident. Herbst. Abend“.

Bauernfeld und Mayerhofer an Schubert (Fragment)

[Villach, Anfang Mai 1826]

... Du nach Heurigem, er nach – Vorigjährigem. Auch gut. Hier gibt es gar keinen rechten Wein; lauter italienischen, der zwischen Most und Wein schmeckt. Grüße Deine Trinkgefährten, den Rieder, Perfetta usw. Was macht Bocklet? Sein Spiel kann ich gar nicht vergessen und ich sehne mich nach ihm. Stelle Dir vor, ich habe noch kein Klavier gefunden als in einem Klagenfurter-Kaffeehause; hier existieren 2 Hackbretter. Die meisten Nummern zum Grafen Gleichen hab' ich auch komponiert und gesungen. – Daß Du siehst, wie wir leben, folgt hier eine Beschreibung: – –

Die Lustigen von Vellach.

Samstag sind wir fortgegangen,
und wir geh'n noch immer fort;
mit dem Meßtisch, mit dem langen,
wandern wir von Ort zu Ort.
Sonntag machen wir mit vielen
einen Rutscher auf das Land,
schmieriges Tarock zu spielen
in dem schmutzigen *Fragant*.

Montag kommt der Geometer,
und man zeichnet auf dem Feld,
Dienstag wird bei schlechtem Wetter
unsre Tafel gut bestellt.
Mittwoch kommt der Herr Verwalter,
solch ein Wechsel hilft uns treu,
denn der Jäger und der Halter
sind uns Donnerstags wie neu.

Freitags gibt es ein Spektakel:
seht den *Jungfernumgang* an;
schreit die ganze Welt Mirakel,
glauben wir doch gerne dran.
Samstag lenkt uns die Verführung
wiederum zu unsrer Pflicht,
und der fehlt es nicht an Rührung,
denn der Schnee liegt ziemlich dicht.

Und so reichen sich die Hände
Lust und Lust im engen Kreis –
daß man wahrlich gar am Ende,
wo der Kopf steht, nicht mehr weiß.
Spiel und Wein, Verwalter, Pater,
sie erfrischen unser Blut –
Laßt den Wienern ihren Prater,
Villach, Vellach – da ist's gut!

Schluß auch so:

Soff und Fraß, Verwalter, Pater,
und was kommt noch Schlimmers nach!
Wiener, wo ist euer Prater??
Villach, Vellach – ach, ach, ach!!!

Ich grüße Dich vielmals und, wo möglich, tu, was ich Dir gesagt. Für jeden Fall möcht' ich Adresse nach Kremsmünster, Linz usw. Lebe wohl. Gruß und Kuß an Schober.

Dein
Bfld.

Noch eins: Stell' Dir vor, hier sind zwei sehr schöne Mädchen von 16 und 17 Jahren – gewesen, und alle beide vor $1^1/_2$ J. gestorben (Töchter der hiesigen Schloßbesitzerin), möchte man da nicht des Teufels werden? B.

Lieber Schubert. – Der Bauernfeld hat mir nur wenig Raum gelassen, also schnell zur Sache; komme doch ja gewiß aus der wienerischen Fuchshöhle heraus, den Feldel würde es sehr freuen. – Die Antwort adressiere auf jeden Fall an mich. Schober wird Dir die Adresse sagen. – Mir geht es, so gut es einem entwöhnten Liebhaber gehen kann – die Arbeit zerstreut mich und mein Begleiter erheitert mich, daß ich oft vergesse, daß zwischen Ober-Vellach und dem Trattnerhofe ein weiterer Raum liegt als zwischen Grinzing und Nußdorf. Schreibe mir auch, wenn Du willst, oder spar es vielmehr, bis ich ganz allein bin – dann brauch ich es notwendiger. Adieu.

Dein Mayerhofer.

Der Anfang des Briefes ist nicht erhalten. Er war an die Adresse Leidesdorfs gerichtet und begann mit der Einladung, Bauernfeld in Oberösterreich zu treffen, sowie einer scherzhaften Erinnerung an gemeinsamen Weingenuß in Grinzing (siehe Ende Mai 1826 und 15. August 1827). – Martin Perfetta, Ingrossist der Hofkriegs-Buchhaltung, genannt „Pedant" (Spitzname), war ein musikalischer Dilettant und verkehrte auch mit Grillparzer. – Bauernfeld hat sich die Musik zu seinem Libretto natürlich nur vorgestellt. – Das Gedicht ist eine Parodie von Goethes „ Die Lustigen von Weimar"; einzelne Worte, ja ein paar Zeilen (wie „Laßt den Wienern ihren Prater") sind wörtlich übernommen. Statt „Villach, Vellach" heißt es bei Goethe „Weimar, Jena, da ist's gut!" (Die dritte Strophe hat kein Gegenstück bei Goethe.) – Fragant liegt westlich von Ober-Vellach. – Das „Schloß" ist Mörtenegg oder Wertenau. Bauernfeld schreibt in seinem Tagebuch am 22. Mai: „Die Frau des Verwalters in Villach (im Schloß) ebenso hübsch als angenehm. Der Förster ein frischer Geselle." Feldel ist Bauernfeld(el). – Mayerhofer nennt sich einen „entwöhnten Liebhaber", weil er Jeanette v. Mitis in Wien hatte zurücklassen müssen. Der Trattnerhof, ein vornehmes Miethaus am Graben in Wien, lag im Zentrum der Stadt, nahe dem Dom.

AUS DER AMTLICHEN „WIENER ZEITUNG" VOM 10. MAI 1826

Bei Ant. *Diabelli* und Komp.,
Kunst- und Musikalienhändlern, am Graben Nr. 1133, ist neu erschienen,
und bei K. Lichtl in Pest um den selben Preis zu haben:
Fortsetzung des periodischen Werkes:
Apollo an der Damen-Toilette.
Leichte und angenehme Melodien
für eine Guitarre,
herausgegeben von A. Diabelli.
Fünftes und sechstes Heft, jedes 1 fl. 30 kr. W. W.

Das fünfte Heft enthält: Marsch aus Gabrielle von Carafa, Trauer-Marsch aus Achilles von Paër, Favorit-Thema von Rovelli, Trauer-Walzer von Schubert, Fandango, Menuet à la reine samt Gavotte, Kalamaika, Mazur, Tempête, Gallopade, Menuett aus Don Juan, Priester-Marsch aus Iphigenie auf Tauris von Gluck.

Kein Exemplar dieser Hefte ist bekannt. – Ferdinand Paër wurde 1771 geboren. – Schuberts Walzer ist op. 9, Nr. 2.

AUS SOPHIE MÜLLERS TAGEBUCH

13. Mai 1826.

2 Hüttenbrenner, Teltscher, Schubert da gespeist.

Anselm Hüttenbrenner war zu Besuch in Wien.

BAUERNFELD AN SCHOBER UND SCHWIND

Ober-Vellach, d. 24. Mai 1826.

Wir beide leben wirklich im Ganzen sehr angenehm, u. wenn man mich nicht mit Gewalt abruft, so bleibe ich wohl noch ein paar [darüber:] 4–5 Wochen bei M.[Mayerhofer], ehe ich meine weitere Reise mache; der Plan dieser Reise ist übrigens in einem Briefe an Schubert mitgeteilt (bei Leidesdorf), den er nun schon längst haben muß, worin ich ihm auch ankündige, daß ich eine Oper für ihn gemacht (NB. den ersten Akt am 1sten Mai) u. ihn einlade, zu kommen. Eine Stelle aus Deinem Briefe, lieber Schwind, läßt mich schließen, daß Du auch kommen willst; mich erfreut's noch mehr, als es mich wundert; kommt Beide, kommt Einer od. der Andere – es würde mich unendlich freuen; bestimmt einen Kongreß-Ort, ich will wie ein gläubiger Pilgersmann hinwandern. O, wer es in seiner Macht hat, einen Frühling zu verschwärmen, der unterlasse es ja nicht! . . . In dem Brief an Schubert ist auch ein Gedicht, welches unsern Zustand schildert.

. . . Außer der Oper (gemacht an ein paar Arbeitstagen, wo ich den M. nicht begleitete) eine sehr mäßige Anzahl Gedichte . . .

Grüßt Schubert.

Hier ist einiges von dem angedeutet, was am Beginn des Briefes vom Anfang Mai 1826 verlorengegangen ist. – Der Brief Schwinds an Bauernfeld ist verloren. Darin hatte er ihm offenbar auch erzählt, daß Schubert und Schwind auf einige Zeit nach der Vorstadt Währing zu Schober gezogen seien (siehe 9. oder 29. Mai 1826), der mit seiner Mutter wegen der Einquartierung eines Mailänder Diplomaten samt Familie die Stadtwohnung plötzlich hatte verlassen müssen.

Schubert an Bauernfeld und Mayerhofer in Kärnten

[Wien, Ende Mai 1826]

Lieber Bauernfeld!
Lieber Mayrhofer!

Daß Du die Oper gemacht hast, ist ein sehr gescheidter Streich, nur wünschte ich, daß ich sie schon vor mir sähe. Man hat hier meine Opernbücher verlangt, um zu sehen, was damit zu machen sei. Wäre Dein Buch schon fertig, könnte man ihnen *dieses* vorlegen und bei Anerkennung des Werthes, woran ich nicht zweifle, in Gottes Namen damit anfangen oder es nach Berlin zur Milder schicken. Die Mlle. Schechner ist hier in der „Schweizerfamilie" aufgetreten und hat außerordentlich gefallen. Da sie viel Ähnlichkeit mit der Milder hat, so kann sie gut für uns sein. – Bleibe doch nicht so lang aus, es ist sehr traurig und miserabel hier – – die Langweiligkeit hat schon zu sehr um sich gegriffen. Von Schober und Schwind hört man nichts als Lamentationen, die viel herzzerreißender sind, als die wir in der Charwoche gehört haben. – In Grinzing war ich, seit Du fort bist kaum einmal, mit Schwind gar nicht... Aus allem diesen kannst du Dir ein schönes Sümmchen Lustigkeit zusammendividieren. Die „Zauberflöte" wurde an der Wien sehr gut gegeben. Der „Freischütz" im k. k. Kärntnerthor-Theater sehr schlecht. Der Herr Jacob und die Frau Baberl in der Leopoldstadt unübertrefflich. Dein Gedicht, welches in der Modezeitung erschienen ist, ist sehr schön, doch schöner ist das Gedicht in Deinem letzten Brief. Die erhabene Lustigkeit und die komische Erhabenheit und besonders der zarte Schmerzenslaut am Ende, wobei Du die gute Stadt Villach – ach! – ach! meisterhaft benützest, erheben es unter die schönsten Muster dieser Gattung. – Ich arbeite gar nichts. – Das Wetter ist hier wirklich fürchterlich, der Allerhöchste scheint uns gänzlich verlassen zu haben, es will gar keine Sonne scheinen. Man kann im Mai noch in keinem Garten sitzen. Schrecklich! fürchterlich!! entsetzlich!!! für mich das Grausamste, was es geben kann! Schwind und ich wollen im Juni mit Spaun nach Linz gehen. Dort oder in Gmunden können wir uns ein Rendezvous geben, nur laß es uns bestimmt wissen – sobald wie möglich. Nicht erst in zwei Monaten.
Lebt wohl!

Schubert spricht tatsächlich nicht direkt zu Mayerhofer, den er „Mayrhofer" schreibt, nur zu Bauernfeld. – Barbaja hatte Ende April seine neue Pachtzeit im Kärntnertor-Theater begonnen, die bis April 1828 lief. Duport war sein Bevollmächtigter. Mosel, der Verfechter der deutschen Oper, wurde im Juni 1826 Direktor (bisher Vizedirektor) der beiden Hoftheater, was aber in der Oper nur nominell von Bedeutung war. In diese Zeit fällt die angebliche Bewerbung und Prüfung Schuberts für den Posten eines Vizekapellmeisters im Kärntnertor-Theater. Es heißt, daß er ein Libretto-Fragment, das Hofmann (siehe 14. Juni 1820) für ihn geschrieben haben soll, komponiert und probeweise dirigiert habe und daß er die von Nanette Schechner, der Primadonna, verlangten Änderungen auch bei dieser Probe ablehnte und wütend das Haus verließ. Die Unglaubhaftigkeit dieser Szene wird schon dadurch bewiesen, daß behauptet wird, die Stimme der Schechner sei zu dem Zeitpunkt, als das geschah, schon im Abnehmen gewesen. Nanette Schechner aber, eine Schülerin Webers, die am 22. Mai als Emeline in Weigls „Schweizerfamilie" debütiert hatte, war erst 1806 in München geboren worden, also gerade 20 Jahre alt. Sie ging 1828 nach Berlin, kam 1829 wieder nach Wien, ans Theater an der Wien, und zog sich schon 1835 von der Bühne zurück. Erst zu diesem Zeitpunkt mag ihre Stimme so nachgelassen haben, wie es ihr Schindler, der Kronzeuge dieser Szene, schon zu Beginn ihrer Laufbahn nachsagt. Sie verlobte sich mit dem hübschen Sänger Ludwig Cramolini, heiratete aber 1831 den Maler Karl Waagen. Schubert war mit Anselm Hüttenbrenner 1826 zu Gast bei ihr, und Anselm weiß nichts über ein Zerwürfnis zu berichten, nur über die bayrischen Dampfnudeln, die ihre Mutter so gut zu bereiten wußte. Eine andere

Unwahrheit zeigt sich darin, daß Schindler behauptet, Schubert sollte der Nachfolger von Karl August Krebs (recte Miedke, geboren in Nürnberg 1804) werden, der aber damals eben erst engagiert wurde und z. B. Boieldieus „Dame blanche" mit der Schechner als Anna dirigierte (6. Juli 1826). In Wirklichkeit war durch den Abgang Benedicts (siehe 7. Februar 1825) und Kreutzers (siehe 16. Mai 1822) eine Stelle frei geworden, die Krebs bekam. Josef v. Spaun berichtet, daß Schubert Kapellmeister werden sollte, aber keine Lust dazu hatte. Das ist wohl die Wahrheit. – Das Theater an der Wien, von Schikaneder nach der Aufgabe des Freihaus-Theaters erbaut, betrachtete die „Zauberflöte" noch immer als sein eigentliches Hauptwerk und setzte seinen Stolz darein, die Aufführungen des Kärntnertor-Theaters darin zu überbieten. Am 15. Mai war diese Oper vom gastierenden Ensemble des Josefstädter Theaters gegeben worden. Die Wiederaufführung des „Freischütz" am 6. Mai erfolgte durch das selbe im Kärntnertor-Theater gastierende Ensemble. – „Der Herr Jakob und die Frau Baberl" hießen richtig „Herr Josef und Frau Baberl" (Baberl = Babette), eine Posse mit Gesang in drei Akten, nach dem Lustspiel „Der Fleischhauer von Oedenburg" (ungarisch Sopron) frei bearbeitet von Gleich, Musik von Wenzel Müller. Die Premiere war am 11. Mai gewesen, mit Therese Krones (geboren in Freudental, Österreichisch-Schlesien, 1801) und Ignaz Schuster in den Hauptrollen. – Ein anderes Stück der selben Autoren, „Jakob in der Heimat", war in dem selben Theater am 14. Februar aufgeführt worden. Dies mag Schuberts Irrtum erklären. – Bauernfelds Gedicht, das in der „Wiener Zeitschrift für Kunst usw.", genannt die „Modezeitung", erschienen war, ist „Die Gunst des Lebens". Daß das andere Gedicht eine Parodie nach Goethe war, scheinen Schubert und seine beiden Freunde in Wien nicht gleich bemerkt zu haben, die Schubert-Literatur übrigens auch nicht. – Josef v. Spaun ging am 7. Juni für drei Wochen nach Linz, aber ohne Schubert und Schwind. – Die Unterschrift dieses Briefes hat Schubert vergessen.

Anton v. Spaun an seine Frau Henriette in Linz

[Wien,] 28. [Mai 1826]

Schubert, Vogl etc. habe ich noch garnicht gesehen, doch ist bereits eine Schubertiade verabredet.

Anton v. Spaun war nach Wien gekommen, um von dort mit Johann Mayrhofer, der zwei Monate Urlaub hatte, nach Karlsbad in Böhmen zur Kur zu gehen. Er verkehrte in Wien mit Schubert, Kupelwieser, Schwind und Mayrhofer, der vielleicht durch ihn dem Kreise vorübergehend wieder nahegebracht worden ist. Anton v. Spaun reiste am 4. Juni ab und blieb fast zwei Monate aus. (Siehe 31. Mai 1826.)

Aus Bauernfelds Tagebuch

9. [29?] Mai 1826.

In *Ober-Villach*. – Die Oper in acht Tagen fertig gebracht. Darüber an Schubert berichtet, der mit der Antwort nicht zögerte. Er brennt nach dem Operntext, langweilt sich in Währing mit Schwind.

Diese Eintragung ist offenbar falsch datiert, statt 9. muß es wohl 29. heißen. Daß Schubert mit Schwind in Währing war, steht nicht in Schuberts Brief von Ende Mai 1826, sondern stand wohl in dem verlorenen von Schwind an Bauernfeld.

Anton v. Spaun an seine Frau

[Wien,] 31. Mai [1826].

Eine Schubertiade bei Enderes, wozu über 20 Personen geladen sind.

Schober fehlte wohl, denn er war Ende Mai krank. Er scheint erst im Juni zu seiner Mutter nach Währing übersiedelt zu sein, als Schubert und Schwind von dort zurückgekommen waren. Aber offenbar besuchten sie die Schobers im Sommer wieder.

Aus Franz v. Hartmanns Tagebuch

Linz, 6. Juni 1826: Nach Walding abgekratzt. Auf dem Wege dorthin die schönsten Schubertischen Lieder gesungen.

Walding liegt bei Schwanenstadt, südwestlich von Linz.

Aus der amtlichen „Wiener Zeitung" vom 10. Juni 1826

Bei *Cappi* und *Czerny*,
privil. Kunsthändlern, am Graben Nr. 1134, ist ganz neu erschienen, und bei K. Lichtl in Pest um den selben Preis zu haben:

Greisen-Gesang
aus den östlichen Rosen von F. Rückert,
und
Dithyrambe
von F. v. Schiller,
in Musik gesetzt
für eine Baßstimme mit Begleitung des Pianoforte,
von Franz Schubert.
60stes Werk. Preis 2 fl. Wiener-Währung.

Op. 60 erschien vor op. 59 (andere Rückert-Lieder). – Friedrich Rückert, geboren in Schweinfurt 1788, ein überaus fruchtbarer Lyriker, von dessen tausend und mehr Gedichten nur ein Teil gedruckt worden ist, hatte 1822 seine Sammlung „Östliche Rosen" herausgegeben, der Schubert fünf Lieder entnahm. Sie ist nur unvollständig in den 1. Band von Rückerts „Gesammelten Gedichten" (1834ff.) aufgenommen worden. „Greisengesang" und „Sei mir gegrüßt" erschienen 1837 unter den „Ghaselen", „Daß sie hier gewesen" überhaupt nicht. Op. 60 hat keine Widmung.

Anton v. Spaun an seine Frau

Karlsbad, den 13. Juni 1826.

Ich habe der Begierde nicht widerstehen können und ein Fortepiano für 14 Tage gemietet, wofür ich samt dem Transport hin und zurück 10 f zahle. Mairhofer singt manches Schubertische Lied und weidet sich an meinen Deutschen und Ländlern.

Karlsbad ist der bekannte Kurort in Böhmen (heute Karlovy Vary in der Tschechoslowakei); siehe 28. Mai 1826.

Schober an Bauernfeld in Kärnten

[Währing bei Wien, Juni 1826]

Von Theatersachen melde ich Dir nur, daß eine Dlle. Schechner die Stadt durch ihren wunderbaren *deutschen* Gesang revoltiert. Seit der Milder soll keine solche Stimme die Luft erschüttert haben, dazu noch jugendlich, hübsch und lebendig. Schubert hat sie gehört und stimmt in die Hymne ein. Wenn er nur eine Oper für sie schriebe, vielleicht ist Deine dazu recht; wenn er nur kein gar so naiver Barbar wäre; neulich, als ich ihn frug, warum er durch die ganze Krankheit mich nicht besucht habe, antwortete er ganz unschuldig: Man trifft Dich ja niemals zu Hause. Die Zauberrose ist Dir schon weggenommen, der Bürgermeister von Teplitz hat sie operalisch verarbeitet ... Heute soll Schubert heraus kommen, ich hoffe, er wird Wort halten ... Schubert hat 4händige Märsche gemacht, die wieder sehr schön sein sollen; unter den neuen Liedern ist Im Freien jetzt mein Liebling.

Die Partei der deutschen Oper in Wien war froh, endlich wieder einmal eine Primadonna hoher Qualität den Damen der italienischen Oper gegenüberstellen zu können. – Schulzes Epos (vgl. 31. Mai 1824 und März 1825) war von E. H. Gehe zu einem Libretto verarbeitet worden, das Josef Maria Wolfram (geboren in Dobrzan in Böhmen 1789), der Bürgermeister von Teplitz in Böhmen, unter dem Titel „Maja und Alpino, oder Die bezauberte Rose“ komponierte. Die Oper war am 24. Mai in Prag zuerst aufgeführt worden. – Schubert weilte offenbar abwechselnd in der Stadt und in Währing. – Die Märsche – alle Autographe der vierhändigen Märsche sind verloren, und wir kennen deshalb keine Daten – dürften die zwei gewesen sein, die 1830 als op. 121 unter dem Titel „Deux Marches charactéristiques“ erschienen sind. Das Lied „Im Freien“ nach Seidl (op. 80, Nr. 3) war im März 1826 entstanden.

Aus der amtlichen „Wiener Zeitung“ vom 17. Juni 1826

Im T. Weigl'schen Kunst- und Musikverlage
(Graben Nr. 1144, neben dem König von England)
sind ganz neu erschienen:
Divertissement
en forme d'une marche brillante et raisonnée
pour le Pianoforte à quatre mains,
composé sur des motifs origineaux français
par Francois Schubert.
Preis 3 fl. W. W.

Dieses Divertissement erschien als op. 63, Nr. 1 (vor opp. 59, 61 und 62) ohne Widmung. (Das Wort „raisonnée“ im Titel scheint zu bedeuten, daß das Stück entsprechend den Regeln der Kunst aufgebaut ist.) Von den als Fortsetzung dazu gedachten beiden anderen Sätzen sind die französischen Originalmotive nicht zu identifizieren, also wahrscheinlich von Schubert erfunden. Sie erschienen als op. 84, Nr. 1 und 2 unter dem Titel „Andantino varié et Rondeau brillant“ am 6. Juli 1827. Dieses Divertimento in drei Sätzen, dessen Manuskript nicht erhalten ist, blieb durch die Willkür Thaddäus Weigls, des Verlegers, bis heute getrennt.

Nägeli an Karl Czerny in Wien

Zürich, d. 18. Juni 1826.

Euer Wohlgeboren

bezeige ich für die gütige Zusicherung, mir zur Beförderung meiner Unternehmungen gütigst Hand bieten zu wollen, meinen verbindlichsten Dank, und erlaube mir, Sie gleich beim Worte zu nehmen. Künstler von Ihrem Range und Ihrer Stellung, die vornehme und reiche Schüler haben, können die Subskription auf die Ehrenpforte am besten befördern. Zu diesem Behuf folgt also hier die Ankündigung (nebst derjenigen von 2 andern Unternehmungen, wofür Sie vielleicht auch etwas tun können). Daß Sie bei dieser Sache auch des Vorteils und Ruhmes Ihrer Mitkünstler gedenken, ist mir ein erfreulicher Beweis Ihrer edeln Gesinnung. Dieselbe ermutigt mich auch, mit Fragen und Zumutungen in Beziehung auf Wiener Künstler an Sie zu gelangen.

a) Den Klavier-Komponisten *Schubert* zähle ich entschieden unter die guten, ja vortrefflichen. Den ersten Satz seiner a-Moll-Sonate (bey Pennauer) halte ich für ein Kapital-Stück. Sind Sie mit demselben persönlich bekannt, versichern Sie ihn, daß ich ihn sehr gern unter die Mitarbeiter der „Ehrenpforte" aufnehmen werde, sobald die Subskription gesichert sei, wozu er wohl auch mitwirken könne. Soll ich direkt an ihn schreiben, so geben Sie mir nur einen Wink.
b) Welcher von den Komponisten *Joseph Czerny*, *Lannoy*, *Halm*, *Plachy*, *Kanne* etc. wäre wohl der Mitarbeit an der Ehrenpforte am fähigsten und würdigsten? Rechnen Sie hiebei auf meine Verschwiegenheit.

Vgl. 24. November 1825. Der Prospekt der „Musikalischen Ehrenpforte" war handschriftlich bei Prof. Dr. Rudolf Hunziker, Winterthur (Schweiz). Die beiden anderen „Unternehmungen" Nägelis sind „Siona" und „Die Kontrapunktisten des neunzehnten Jahrhunderts", beide in Nachfolge der Serie „Musikalische Kunstwerke im strengen Stil, von J. S. Bach und anderen Meistern" (1801 ff.) 1826 unternommen. – Die Sonate ist op. 42 (siehe Notiz vor Anfang 1826). – Siehe 4. Juli 1826.

Aus einem Sitzungsprotokoll der Gesellschaft der Musikfreunde

2. Sitzung des Komittees für Biographie und Bibliographie der Tonkunst, am 21. Juni 1826 . . .

Von der 1. Sitzung rückständig . . .:
Herr Jenger – – – Schubert Franz.

Vgl. 14. März 1826. Jenger, der auch die Biographie Anselm Hüttenbrenners übernommen hatte, schrieb zwar diese, aber leider nicht die Schuberts. Auch Josef Hüttenbrenner scheint die Biographie Ferdinand Schuberts nicht verfaßt zu haben.

Aus Sophie Müllers Tagebuch

26. Juni 1826.

Vogl, Sänger, heiratet [Kunigunde] Rosa.

Vogl, damals 58 Jahre alt, hatte sich, nach seiner Rückkehr aus Italien, im April verlobt. Kunigunde, auch „nicht ganz jung", war die Tochter des ehemaligen Ersten Kustos der Gemäldegalerie im Belvedere, des Malers Josef Rosa (eigentlich Roos, 1760–1822). Dem Ehepaar Vogl wurde 1827 oder 1828 eine Tochter Henriette geboren, an die ihre verwitwete Mutter um 1850 einen Brief aus Steyr schrieb, der vage Erinnerungen an Schubert enthält (Fitzwilliam Museum, Cambridge).

Schubert an Franz Sales Kandler

[Außen:]

Seiner

des H. v. Kandler
Wohlgeboren
zu eigenen Händen

[Innen:]

Euer Wohlgeb.

Ich ersuche höflichst, meine Messe, welche sich bey Ihnen befindet, gütigst in die Kunsthandlung des H. Leidesdorf *oder* Pennauer expediren lassen zu wollen.

Wien, den 30. Juny
1826

Ihr Ergebenster
Frz. Schubert.

Zu Kandler siehe 13. Mai 1822. Schubert hatte im Frühjahr 1817, bevor Kandler nach Italien ging, in sein Stammbuch (früher in der Sammlung Louis Koch, Muzzano-Lugano, Schweiz) die dritte der fünf Fassungen des Liedes „Die Forelle“ geschrieben. Er hatte nun Kandler nach dessen Heimkehr die Messe in As-Dur, offenbar zur Besprechung in der Wiener oder in der Leipziger „Allgemeinen musikalischen Zeitung“, übergeben. Kandler, der Referent mehrerer Zeitschriften war, schrieb aber nicht darüber. Die Messe ist erst 1875 bei Diabellis Nachfolger Friedrich Schreiber, Wien, erschienen. Schubert konnte das Manuskript, ohne Eifersucht zu erregen, bei einem der beiden genannten Verleger abgeben lassen. Er brauchte sie wohl nur für eine Aufführung in einer Kirche.

1826 (?): Aufführung des Quartettes „Geist der Liebe“, op. 11, Nr. 3 (D. 747) in Laibach. – Die Aufführung dürfte durch Eduard Jaëll (siehe 26. Februar 1818), der seit Ende 1821 Konzertmeister in Laibach war, vermittelt worden sein.

Schubert an Nägeli in Zürich

Wien, den 4. July 1826.

Euer Wohlgeboren

Haben mich durch Herrn Carl Czerny mit dem ehrenvollen Auftrag bekannt gemacht, für Sie eine Sonate für's Pianoforte zu schreiben, welche Sie in eine Sammlung verschiedener Klavier-Compositionen (unter dem Titel: Ehrenpforte) mit einzurücken gedenken, indem Sie durch meine a-Moll-Sonate mit mir befreundet wurden. Nicht nur die günstige Aufnahme dieser Sonate, sondern auch Ihr mir höchst schmeichelhafter Wunsch, machen mich ganz bereit, Ihrem Verlangen, sobald Sie wollen, Genüge zu leisten.

In diesem Falle müßte ich Sie doch ersuchen, mir das Honorar, welches in 120 fl. C. M. besteht, in Wien voraus anzuweisen.

Übrigens war es mir sehr angenehm, mit einer so alten berühmten Kunsthandlung in Correspondenz getretten zu seyn.

Ich verbleibe mit aller Achtung

Ihr ergebener

Franz Schubert.

Meine Adresse ist:
Auf der Wieden No. 100 im frühwirthischen Hause,
5. Stiege, 2. Stock.

Vgl. 24. November 1825 und 18. Juni 1826; siehe Juli 1826.

Aus der amtlichen „Wiener Zeitung“ vom 8. Juli 1826

Bei *Cappi* und *Czerny*,
privil. Kunsthändlern, am Graben, Nr. 1134, ist neu erschienen,
und bei K. Lichtl in Pest um den selben Preis zu haben:
Sechs Polonaisen
für das Pianoforte zu vier Händen,
komponiert
von Franz *Schubert.*
61stes Werk.
(Eigentum der Verleger.)
Preis des ersten Heftes .... 2 fl. W. W.
Preis des zweiten Heftes .... 2 fl. W. W.

Op. 61 erschien, nach op. 63, ohne Widmung.

Aus dem Frankfurter „Allgemeinen musikalischen Anzeiger“ vom 8. Juli 1826

Willkommen und Abschied. Gedicht von Goethe. *An die Leyer* (nach Anakreon). *Im Haine.* Gedichte von Bruchmann. In Musik gesetzt für eine Singstimme mit Begleitung des Fortepianos usw. von Franz Schubert. Op. 56. I. u. II. Heft. Wien bei Pennauer. Jedes Heft 12 gr.

Wir lernen durch diese Hefte einen sehr achtbaren Gesangs-Komponisten kennen, der die gewählten Dichtungen wahrhaft poetisch erfaßt und auf ergreifende charakteristische Weise in Tönen wiedergegeben hat. Seine Kompositionen gehören daher weniger zu denen, welche *viele*, aber jedenfalls achtbare Freunde sich erwerben werden. Die musikalische Darstellung streift zuweilen, vielleicht nur ein wenig zuviel, ins Gebiet des Dramatischen, für welches uns Herr Schubert ganz besonders zu inklinieren scheint. Ganz diesen gleich, oder umgekehrt, finden wir

Sieben Gesänge aus Walter Scotts Fräulein vom See
von dem selben Komponisten mit Pianoforte-Begleitung. Op. 52. I. u. II. Heft.
Wien bei Artaria. 1 fl. 45 kr.,

nur daß diese, dem Texte angemessen, mehr finsterer Natur sind und ihr historisches Interesse und damit auch zum großen Teil das musikalische, von jenem Romane erwarten müssen. Auch ihnen wird es bei der großen Menge von Verehrern Walter Scotts nicht an Freunden fehlen. Herr S. beweist überall auch eine bedeutende technische Ausbildung; um so mehr müssen Fälle wie S. 7, Doppelzeile 3, T. 3, im 1ten Hft., als offenbar falsch geschrieben, auffallen. Herr S. hätte jedenfalls den ganzen ersten Satz dieses Heftes und seine Wiederholungen in Cis statt Des schreiben müssen, dann würden auch noch andere Inkonvenienzen zugleich vermieden gewesen sein.

Das echte Opus 56, das Schubert seinem Freunde Karl Pinterics gewidmet hat, dürfte schon im Frühjahr 1826 erschienen sein. Es wurde, wie es scheint, erst Mitte Juli angekündigt (14. Juli 1826); aber diese Besprechung bezeugt, daß es schon eine Zeitlang vorher ausgegeben war. – Der beanstandete Takt und die Bezeichnung der Tonarten (Des-Dur für cis-Moll) in „Ellens erstem Gesang“ sind auch in der Gesamtausgabe beibehalten worden.

Schubert an Bauernfeld in Gmunden

[Außen:]

Herrn

H. v. Bauernfeld.

[Innen:]

Wien, den 10. July 1826

Lieber Bauernfeld!

Ich kann unmöglich nach Gmunden oder irgend wo anders hin kom̄en, ich habe *gar* kein Geld, u. [es] geht mir überhaupt *sehr* schlecht. Ich mache mir [aber] nicht daraus, u. bin lustig.

Übrigens kom̄e sobald als möglich nach Wien. Weil Duport von mir eine Oper wünscht [,ihm] aber die Opernbücher, welche ich gesetzt, gar nicht gefallen, so wäre es herrlich,

wenn Dein Opernbuch günstig aufgenom̄en würde. Dann gäbe es wenigstens Geld, wo nicht gar Ehre!
Schwind ist ganz auf den Hund, in Hinsicht Nettel's! Schober ist privil. Geschäftsmacher. *Vogl hat geheurathet!!!*
Ich bitte Dich, kom̄e sobald als möglich!
Wegen der Oper.
In Linz nenne nur meinen Nahmen, so bist Du gut aufgenommen

Dein
Schubert.

Die unvollkommene Adresse läßt annehmen, daß der Brief einem anderen beigelegt war, wahrscheinlich einem an Therese Clodi in Ebenzweier; siehe 16. Juli 1826. (Der Brief war der erste von Schubert, der versteigert worden ist, und zwar bei der ersten deutschen Autographen-Auktion bei Artaria & Co., Wien, 2. April 1838, aus der Sammlung des Bücherwurms Franz Gräffer, dem ihn Bauernfeld geschenkt hatte. Er wollte nun den „vertraulichen Brief, etwas verfänglichen Inhalts", zurückkaufen, kam aber zu spät: Der Redakteur Johann Paul Kaltenbaeck hatte ihn um 30 Kreuzer erworben. Der Brief kam endlich aus der Sammlung J. von Radowitz in die Preußische Staatsbibliothek, Berlin, jetzt Deutsche Staatsbibliothek.) – Schubert schrieb in diesem Juli in Währing seine drei Shakespeare-Lieder. Sie stehen in einem kleinen Heft, dessen Notenlinien mit Bleistift gezogen sind und das auch „Hippolits Lied" aus Johanna Schopenhauers Roman „Gabriele" enthält. Die Überlieferung sagt, daß Schubert sie – oder jedenfalls „Horch, horch, die Lerch'" – auf die Rückseite einer Speisekarte im Garten des Gasthauses „Zum Biersack" geschrieben habe (vgl. September 1820); das Manuskript widerlegt sie aber. Dagegen scheint an dem Gasthausgarten etwas Wahres zu sein, denn Schober schreibt an Bauernfeld um diese Zeit, daß neben dem Garten seiner Wohnung einer lag, der zu einem Wirtshaus gehörte, wo Trompetenmusik und anderer Lärm ihn störten. Im selben Brief überrascht er Bauernfeld mit der Kunde, daß er täglich um 1/2 9 von Währing in die Stadt fahre, „den Geschäften zu obliegen, die ziemlich gut gehen". Er leitete das 1817 vom Grafen Pötting gegründete Lithographische Institut im Michaeler-Haus bei der Hofburg, das 1826 bis 1835 der Gräfin Therese Trauttmansdorff gehörte. – Zu Duport vgl. Ende Mai 1826. – Schwind hatte Bauernfeld im Juni geschrieben, daß ihm Anna Hönig „wegen Mangels an Frömmigkeit die Leviten gelesen habe" und daß er ihr geantwortet habe: „Verlieben Sie sich in den Papst!" Bauernfeld fand das vortrefflich und legte den Satz später dem Herrn Sittig in seinem Lustspiel „Bürgerlich und Romantisch" in den Mund.

Aus Bauernfelds Tagebuch

10. Juli 1826.

Über den Mallnitzer Tauern nach Gastein. Mayerhofer begleitete mich noch bis Salzburg, dann ich wieder mit ihm zurück nach Golling. Er ging seinen weiteren Arbeiten nach, ich nach Hallein zu *Eduard Feuchtersleben*, der mich höchst gastfrei aufnahm. Einige Tage bei ihm geblieben. Das größere Gepäck nach Gmunden vorausgeschickt, wo ich Schubert zu treffen hoffte. Mit dem Ränzel auf dem Rücken nach Ischl.

Von Ober-Vellach gelangt man über Mallnitz nordwärts nach Badgastein, von dort weiter nordwärts über Golling und Hallein nach Salzburg. Am 7. Juli schrieben die beiden Freunde Verse in das Ehrenbuch von Badgastein (siehe 4. September 1825). – Eduard v. Feuchtersleben (vgl. 2. Mai 1826), geboren in Krakau 1798, Sohn einer Mulattin, war Montanist und weilte offenbar beruflich in Hallein. – Zu Gmunden, wohin Schubert nicht mehr kam, vgl. Ende Mai und 10. Juli 1826. – Ischl liegt östlich von Hallein und Gmunden nördlich von Ischl. – Bauernfeld nahm wohl ungefähr den selben Weg von Salzburg-Land nach Oberösterreich wie Schubert 1825.

Aus Franz v. Hartmanns Tagebuch

Linz, 11. Juli 1826: Louis und Betty spielen Schubertische Märsche.

Louis ist Hartmanns Bruder, Betty (Babette) vielleicht Fräulein Wanderer, die Schwägerin Franz v. Spauns (vgl. Anmerkung vor Oktober 1825). Die Märsche waren op. 27 oder 40.

Aus der amtlichen „Wiener Zeitung" vom 14. Juli 1826

Bei A. Pennauer,
privil. Kunst- und Musikalienhändler, in Wien, am Graben
Nr. 1122, im Fischerschen Hause, ist ganz neu erschienen:

Willkommen und Abschied. An die Leier.
Im Haine
Drei Gedichte,
in Musik gesetzt für eine Singstimme mit Pianoforte-Begleitung
von *Franz Schubert.*
Op. 56. Zwei Hefte, jedes 1 fl. 30 kr W. W.

Grande Marche funèbre pour Piano seul,
a l'occasion de la mort
de S. M. Alexandre I., Empereur de toutes les Russies,
par François Schubert.
Oeuvre 55. Preis 45 kr. Wien. Währ.
Der selbe zu 4 Händen. Preis 1 fl. 30 kr. W. W.

Vgl. 8. Juli 1826. Das erste Werk war – offenbar für in dieser Sprache geübte Sänger – „mit unterlegtem italienischen Text" erschienen, der von Craigher übersetzt gewesen sein mag (siehe 23. Oktober 1825). Die zweihändige Fassung von op. 55 (siehe 8. Februar 1826) ist natürlich nicht von Schubert.

Nägeli an Karl Czerny

[Zürich, Juli 1826?]

... An *Schubert, Lannoy, Halm, Kanne* werde ich nun Einladungen schreiben; an erstern unbedingt, an die andern aber bedingt, *wenn* die Sache hinlänglich gut gehe.

Der Brief ist nur fragmentarisch erhalten geblieben. Er mag geschrieben worden sein, bevor Nägeli Schuberts Brief vom 4. Juli erhalten hatte. Wir wissen, daß er Beethoven zu dem neuen Unternehmen, der „Musikalischen Ehrenpforte", nicht eingeladen hatte, wahrscheinlich wegen des Erlebnisses mit der Sonate op. 31, Nr. 1 (G-Dur), in der Nägeli vier Takte interpoliert hatte; wohl aber Weber (der am 5. Juni in London gestorben war) und Mendelssohn, die beide abgelehnt hatten, weiterhin Karl Czerny, Ferdinand Ries (geboren in Bonn 1784), Friedrich Kuhlau (geboren in Hannover 1786) und Moscheles, deren Beiträge schon angekündigt waren, ferner Spohr, Hummel und Bernhard Romberg. Während von der Sammlung „Siona" nur ein Heft und von den „Kontrapunktisten" vier erschienen, kamen von der „Ehrenpforte" zwei Hefte heraus, und zwar mit den Sonaten op. 141 von Ries und op. 124 von Czerny. Mit Schubert war es zu keiner Verständigung gekommen, bevor die Serie einging. Nägelis Brief an ihn ist nicht erhalten.

Aus Bauernfelds Tagebuch

16. Juli (abends) 1826.

In Ebenzweyer. Bei Therese Clodi. An sie durch Briefe der Wiener Freunde empfohlen. Ich wohne in dem kleinen Schlößchen. Das Mädchen ist die Wirtschafterin und Chatelaine zugleich. Der Vater blind, Podagrist, liegt im Bett. Mein Zimmer liegt dem See und dem Traunstein gegenüber. – Brief von Schubert in Gmunden gefunden. Er klagt über die Freunde, sehnt sich nach mir, *hat kein Geld!* – So ging's mir eben auch. – Morgen will ich abreisen.

Der Traunstein (1691 m) liegt am anderen Ufer des Traunsees, Ebenzweier gegenüber. – Schuberts Brief ist der vom 10. Juli 1826.

Aus der Leipziger „Allgemeinen musikalischen Zeitung" vom 19. Juli 1826

Die Sehnsucht, Gedicht von Schiller, in Musik gesetzt für eine Singstimme mit Begleitung des Pianoforte von Franz Schubert. 39stes Werk. Wien bei Pennauer. (Preis 45 kr.)
Hr. Sch. hat unter der beträchtlichen Anzahl seiner Gesänge beim Klavier mehrere sehr gute und einige treffliche Stücke geliefert. Für das eigentliche Lied scheint er weniger geeignet zu sein als für durchkomponierte Stücke, vierstimmige, oder für eine Stimme mit obligater, wohl auch bis zum Übermaß voller Begleitung. So ist z. B. sein Goethescher *Erlkönig* zwar ein höchst überladenes und, auszuführen, ein gewaltiges Stück Arbeit; aber Geist und Leben überhaupt sowie im Ausdruck eine gewisse geheime Teufelei ist wirklich darin. Hier nun, in Schillers *Sehnsucht* (gleichfalls durchkomponiert, mit obligater, gar nicht sparsamer Begleitung), hat er freilich sich mehr beschränkt, doch aber, unserm Urteil nach, für Ausmalung mancher Einzelheiten noch zu viel, und darüber für das, was beim Dichter durch das Ganze als Grundton der Empfindung feststeht, zu wenig getan. Interessant ist das Stück dennoch, wenigstens in einigen Abschnitten: es kömmt aber der weit frühern Komposition, gleichfalls in dieser Art, von Konr. Kreutzer, nicht bei. Sollte diese, vielleicht Kreutzers allerbeste aus diesem ganzen Fache, Herrn Sch. nicht bekannt oder er der Meinung sein, sie übertroffen zu haben? Wohl das erste! Sein Werkchen wird darum doch, und mit Recht, gern gesungen, gern gehört werden! Es ist eigentlich für eine Baß- oder Altstimme: aber ein tiefer Sopran kann es auch vortragen. Schwer ist es für Sänger und Spieler nicht.

[G. W. Fink?]

Als „eigentliches Lied" verstand man noch immer das Strophenlied. – Schubert schätzte von Kreutzer besonders dessen „Neue Wander-Lieder von Uhland", op. 34. – In Wien war neben Schuberts Komposition der Schillerschen „Sehnsucht" auch die von Leidesdorf bekannt geworden, (die Gesellschaft der Musikfreunde hatte um Neujahr 1824 beide aufgeführt, vgl. 12. Januar 1826), Kreutzers offenbar weniger. Schuberts Lied war übrigens für Baß, nicht für Alt geschrieben.

Aus Bauernfelds Tagebuch

Linz, Sonntag, 23. Juli 1826.

Rekapitulation. „Das Fräulein vom See" hielt mich so lange in Ebenzweyer zurück, so sehr es mich bereits nach Hause drängte ... Wanderung nach Kremsmünster ... In *St. Florian* ein paar angenehme Stunden mit dem Schweden *Maier* ... Hier in Linz ein

Freundeskreis, der mit dem Wiener zusammenhängt. Die Spauns, Ottenwalts, Mayrhofer.

Das „Fräulein vom See" ist Therese Clodi. – Bauernfeld war fast eine Woche länger geblieben, als er beabsichtigt hatte. – Theophil Friedrich Mayr (Bauernfeld schreibt Maier), geboren in Stockholm 1793 und deshalb der schwedische genannt, obzwar es im Konvikt zu Kremsmünster noch einen etwas älteren Stockholmer Friedrich Gottlieb Mayer gegeben hatte, war Chorherr in St. Florian. – Karl Maurus oder Karl Maria Mayrhofer, geboren in Wien 1801, der Sohn von Spauns Base Helene (siehe 6. Juni 1818 und 5. März 1822), war Mediziner.

Aus Bauernfelds Tagebuch

24. Juli 1826.

Bei Ottenwalt gespeist, der mir sehr gefällt. Mayrhofer ist ein Bär. Will heute mit der Ulmer Ordinari abfahren.

Bauernfeld, der das folgende Konzert versäumte, reiste am selben Tage auf der Donau nach Wien, und zwar mit der „Ulmer Ordinari", dem gewöhnlichen Postschiff, das jeden Samstag von Ulm (Württemberg) in 8 bis 9 Tagen, für 4 bis 15 fl. pro Person, nach Wien fuhr. (Dampfschiffe verkehrten nur zwischen Wien und Pest, und auch das erst seit 1823.)

Aus der „Wiener Allgemeinen Theaterzeitung" vom 19. August 1826

[Korrespondenz aus *Linz*, über die große musikalische Mittagsunterhaltung, von F. X. *Arming* aus Wien zum Andenken an den Besuch Ihrer Majestäten und zugunsten des Blindeninstitutes in Linz veranstaltet im dortigen Redoutensaal am 25. Juli 1826.]

3. „Der Wanderer" von *Schubert*. Gesungen von einem Mitgliede des hiesigen Musikvereins. Mit gerechtem Beifalle aufgenommen. R.

Arming mag der Sohn des Lotto-Administrations-Kontrolleurs Franz Arming gewesen sein, der unterstützendes Mitglied des Linzer Musikvereins war. – Der Sänger ist nicht bekannt. Kapellmeister Schiedermayr (siehe 11. März 1825) begleitete ihn.

27. Juli 1826: Ambros Rieders „Präludien und Fughetten für Orgel oder Klavier" op. 82 erscheinen, „Franz Schubert verehrungsvoll zugeeignet". – Gleichzeitig erscheint Rieders op. 81 mit einer Widmung an Ferdinand Schubert („Wiener Zeitung").

Aus Bauernfelds Tagebuch

[Ende] Juli 1826.

Als wir des Abends in *Nußdorf* landeten, liefen mir *Schwind* und *Schubert* aus dem Kaffeehaus entgegen. Großer Jubel! – „Wo ist die Oper?" fragte Schubert. – „Hier!" – Ich überreichte ihm feierlich den „Grafen von Gleichen". – Zu Schober nach Währing. Nach alter Sitte brachten wir alle die Nacht miteinander zu, und nun ging's an ein Erzählen! – Die Poesie ist vorüber, die Lebensprosa beginnt aufs neue.

Die donauabwärts fahrenden Schiffe landeten gewöhnlich im Vorort Nußdorf, weil der Donaukanal für die meisten zu schmal war und die Donau von der Innern Stadt zu weit entfernt ist. An der Landungsstelle lag das hübsche Lamberg-Haus mit dem beliebten Kaffeehaus des Michael Knorr. Die beiden Freunde kamen aus dem nahen Vorort Währing, um Bauernfeld abzuholen, der sich durch Schneeblindheit ein Augenübel zugezogen hatte. – Bauernfeld hatte diese Sommerreise knapp vor seinem Eintritt in den Beruf gemacht: Im September wurde er Konzepts-Praktikant bei der Niederösterreichischen Landesregierung.

Johann Baptist Jenger an Marie Leopoldine Pachler nach Graz

Wien, am 1ten August 826.

... Vielleicht geschieht es noch im Herbste, und kann ich nicht abkommen, so kömmt doch ganz gewiß Freund *Schubert* und der Maler *Teltscher*, welch beide sich bei Ihnen, gnädige Frau, vorstellen werden.

Jenger hatte sich während seiner Grazer Zeit mit Frau Pachler befreundet. Sie war 1794 als Koschak in Graz geboren, hatte 1816 den Brauer und Advokaten Dr. Karl Pachler dort geheiratet, war eine gute Klavierspielerin und hatte sich 1817 mit Beethoven in Vöslau (bei Baden, südlich von Wien gelegen) angefreundet. Die Reise Schuberts nach Graz kam erst im September 1827 zustande. Er hatte 1826 wie auch 1828 kein Geld für eine solche Fahrt.

Aus dem Sitzungsprotokoll des Komitees des Konservatoriums, 1. August 1826

Zur Aufführung des diesjährigen Prüfungs-Konzertes der Zöglinge des Konservatoriums wird der 7te September bestimmt ... Die hierbei aufzuführenden Musikstücke sind nach den Vorschlägen der Professoren folgende:

... Quartett von Schubert, mit Klavierbegleitung ...

Siehe 7. September 1826.

Aus der amtlichen „Wiener Zeitung" vom 7. August 1826

Bei *Ant. Diabelli* und *Komp.*,
Kunst- und Musikhändlern am Graben Nr. 1133, sind neu erschienen
und bei K. Lichtl in Pest um den selben Preis zu haben:
Trois Marches militaires
pour le Pianoforte à 4 mains,
composées par *François Schubert.*
Oeuvre 51. Prix 2 fl. 30 kr. Wiener-Währung.
(Propriété des Editeurs.)

Op. 51, nach op. 63 erschienen, hat keine Widmung. Die Veröffentlichung war einer der Nachzügler des Verlages Diabelli. Diese populärsten Märsche Schuberts sind oft und verschiedentlich bearbeitet worden.

Schubert an H. A. Probst

[Außen:]

Seiner des Herrn Hrn.
v. Probst, Kunsthändler
Wohlgeboren
in
Leipzig.

[Innen:]

Wien den 12. August 1826

Euer Wohlgeboren!

In der Hoffnung, daß mein Nahme Ihnen nicht ganz unbekannt ist, mache ich hiermit höflichst den Antrag, ob Sie nicht abgeneigt wären, einige von meinen Compositionen gegen billiges Honorar zu übernehmen, indem ich sehr wünsche, in Deutschland so viel als möglich bekannt zu werden. Sie können die Auswahl treffen unter Liedern mit Pianoforte Begleit. – unter Streich-Quartetten – Klavier-Sonaten – 4händigen Stücken etc. etc. Auch ein Octett habe ich geschrieben für 2 Violinen, Viola, Violoncello, Contra-Basso, Clarinett, Fagott u.Corno. In jeden Fall es mir für eine Ehre schätzend, mit Ihnen in Correspondenz getretten zu seyn, verbleibe ich, in Hoffnung einer baldigen Antwort, mit aller Achtung

Meine *Adresse: Auf der Wieden* Ihr Ergebener
No 100, nächst der Karlskirche. Franz Schubert.
5. Stiege. 2. Stock.

Dieses Schreiben ist fast gleichlautend mit dem anderen vom 12. August 1826: Schubert versuchte jetzt heftig, in Deutschland bekannt zu werden. – Heinrich Albert Probst hatte 1823 in Leipzig einen neuen Musikverlag gegründet, dessen Gesellschafter und späterer Besitzer F. Kistner wurde. – Siehe 26. August 1826.

Schubert an Breitkopf & Härtel

[Außen:] von Wien.

An die Kunsthandlung
Breitkopf et Härtel
in

Leipzig.

[Innen:] Wien, den 12. August 1826.

Euer Wohlgeboren!

In der Hoffnung, daß Ihnen mein Nahme nicht ganz unbekannt ist, mache ich hiermit höflichst den Antrag, ob Sie nicht abgeneigt wären, einige von meinen Compositionen gegen billiges Honorar zu übernehmen, indem ich sehr wünsche, in Deutschland so viel als möglich bekannt zu werden. Sie können die Auswahl treffen unter: Liedern mit Pianoforte Begleitung – unter Streich-Quartetten – Klavier-Sonaten – 4händigen Stücken etc. etc. auch ein Octett habe ich geschrieben. In jedem Fall würde es mir eine besondere Ehre seyn, mit einem so alten, berühmten Kunsthandlungs-Hause in Verbindung zu tretten. In der Erwartung einer baldigen Antwort,

verbleibe ich mit aller Achtung

Meine Adresse: Auf der Wieden Ihr Ergebener
No. 100, nächst der Karlskirche Franz Schubert.
5. Stiege, 2. Stock.

Vgl. 18. April 1817. Der Dresdner Franz Schubert war 1824 gestorben. – Siehe 7. September 1826.

Aus Bauernfelds Tagebuch

August 1826.

Ich soll Shakespeares Gedichte und Sonette für Sollinger übersetzen. Sei's! Schubert halbkrank (er bedarf „junger Pfauen“ wie Benv. Cellini). Schwind moros, Schober untätig, wie gewöhnlich. In mir steckt noch Reisemut und Blut!

Vgl. die Anmerkung zum 13. September 1825. – Cellini, geboren 1500, der berühmte Goldschmied und Bildhauer, dessen Selbstbiographie Goethe übersetzt hat, liebte es, Pfauen als Leckerbissen für seine Mahlzeiten zu schießen. Das hat aber nichts mit der Tatsache zu tun, daß er luetisch gewesen ist. Man darf also aus dieser Bemerkung kaum auf einen Rückfall in Schuberts Krankheit schließen. – Schobers Eifer für sein Geschäft war schon wieder erlahmt.

Aus Bauernfelds Tagebuch

August 1826.

Dem Schubert hat die Oper sehr gefallen; doch fürchten wir die Zensur ... Schober und Schwind werden uneins. Der arme Moritz leidet an seiner Liebe und findet keine Anerkennung in seiner Kunst. Schubert geldlos, wie wir alle.

Das Thema des „Grafen von Gleichen" war wegen der darin verherrlichten Bigamie für die Zensur, besonders jene der Hoftheater, sehr bedenklich. – Schwind hatte eben sein erstes Bild ausgestellt: eine Darstellung des „Käthchen von Heilbronn", wie es im Traume von seinem Herrn, dem Ritter Wetter von Strahl, belauscht wird. Heinrich v. Kleists romantisches Schauspiel war 1810 zuallererst im Theater an der Wien gegeben worden.

Aus der „Wiener Allgemeinen Theaterzeitung" vom 22. August 1826
[Über zwölf Lieder Friedrich August *Kannes* nach Johann Gabriel *Seidl*]

... Ein besonderes Interesse dürfte diesen Kompositionen der Umstand verleihen, daß manche dieser Texte auch von Fr. *Schubert*, B. *Randhartinger*, Fr. *Lachner* u. a. komponiert sind und nächstens in Stich erscheinen werden und mithin eine ebenso interessante als nützliche Vergleichung darbieten.

J. G. S.
[Seidl]

Das war eine Art Selbstanzeige des Dichters, denn auch Kannes Lieder nach seinen Gedichten waren noch nicht erschienen. Darunter waren „Im Freien", das Schubert im März 1826 auch als Lied komponiert hatte, und „Grab und Mond" (hier „Mond und Grab" benannt), das Schubert erst im September 1826 für Männerquartett komponierte.

22. August 1826: Therese Grob sen. stirbt. – Ihr Sohn Heinrich heiratet einen Monat später.

Aus dem Frankfurter „Allgemeinen musikalischen Anzeiger" vom 26. August 1826

Première *grande Sonate* p. l. Pianoforte composèe par *François Schubert* de Vienne. Op. 42. Vienne chez Pennauer. 2 fl.
Ein gehaltvolles, originelles Werk, das keinen Pianoforte-Virtuosen im gewöhnlichen Sinne, aber einen einsichts- und gefühlvollen Spieler fordert. Vielen wird es nicht einleuchten, aber, verstehen doch auch viele – *Goethe* nicht, den, man sollte meinen, alle müßten verstehen können.

Probst an Schubert

[Außen:]

Herrn
Franz Schubert Wohlgeb.,
Tonkünstler & Kompositeur.
Wien,
Auf der Wieden No. 100,
nächst der Karlskirche,
5t Stiege. 2t Stock.

frei.

[Innen:]

Herrn Franz Schubert, Wohlgeb.
Wien.

Leipzig, d. 26. Aug. 1826.

Es war wohl ehrenvoll und schätzbar für mich, Ihre Bekanntschaft durch Ihr Wertes v. 12. dss. zu erwerben, und indem ich für Ihr Vertrauen herzlich danke, bin ich sehr gern erbötig, zur Verbreitung Ihres Künstler-Rufes nach meinen Kräften beizutragen. Nur gestehe ich Ihnen offen, daß der eigne, sowohl oft geniale, als wohl auch mitunter etwas seltsame Gang Ihrer Geistesschöpfungen in unserem Publikum noch nicht genugsam und allgemein verstanden wird. Deshalb bitte ich, bei Übersendung Ihrer Mspte. gefälligst darauf Rücksicht zu nehmen. Lieder mit Auswahl, nicht zu schwierige Pfte.-Kompositionen à 2 und 4 m., angenehm und leicht verständlich gehalten, würden mir passend scheinen, Ihren Zweck und meinen Wunsch zu erreichen. Ist einmal die Bahn gebrochen, dann findet alles Eingang, im Anfang muß man jedoch dem Publikum einigermaßen nachgeben. Ihre Mspte. erbitte durch H. Lähne, Buchhalter bei Artaria & Co. dort, an mich zu befördern. Genehmigen Sie die vorzügliche Hochachtung

Ihres ergebenen

H. A. Probst.

Vgl. 12. August 1826. – Probst war der Kommissionär der Firma Artaria & Co. in Deutschland und Robert Lähne ihr Buchhalter. Siehe 15. Januar 1827.

BREITKOPF & HÄRTEL AN SCHUBERT

[Außen:]

Wohlgeb.
Herrn Franz Schubert
ber. Komponisten in

Wien
auf der Wieden N°. 100 – nächst der Karlskirche,
5t Stiege, 2t Stock.

[Innen:]

Leipzig, d. 7. Septbr. 1826.

Ew. Wohlgeboren

gütige Geneigtheit, uns einige Werke Ihrer Komposition zur Herausgabe zu überlassen, erwidern wir mit unserm verbindlichen Dank und mit der Versicherung, daß es uns sehr angenehm sein würde, ein wechselseitig angenehmes Verlagsverhältnis mit Ihnen zu gewinnen. Da wir jedoch mit dem merkantilen Erfolge Ihrer Kompositionen noch ganz unbekannt sind und Ihnen deshalb mit dem Erbieten einer bestimmten pekuniären Vergütung (welche der Verleger nur nach jenem Erfolge bestimmen oder genehmigen kann) nicht entgegenkommen können, so müssen wir Ihnen überlassen, ob Sie, um durch einen Versuch vielleicht eine dauernde Verbindung einzuleiten, uns diesen erleichtern und für das erste Werk, oder die ersten, welche Sie uns zusenden werden, bloß eine Anzahl Exemplare als Vergütung annehmen wollen. Wir zweifeln nicht an Ihrer Beistimmung hierzu, da es Ihnen, wie uns, weniger auf der Herausgabe Eines Werkes, als um die Einleitung zu einem fortgesetzten Verhältnisse zu tun sein kann. In diesem Falle schlagen wir vor, uns zuerst ein oder zwei Stücke für das Pianof.

allein, oder zu 4 Händen, mitzuteilen. Wenn unsere Hoffnung auf einen guten Erfolg irgend erfüllt wird, so daß wir Ihnen für die folgenden Werke anständige bare Vergütung offerieren können, so wird es uns zum Vergnügen gereichen, Ihnen dadurch das Verhältnis mit uns annehmlich zu machen. Mit vollkommenster Hochachtung

Ew. Wohlgeb.
ergebenste
Breitkopf & Härtel.

Mit diesem Briefe war der Verkehr zwischen Schubert, den sie als Anfänger behandeln wollten, und dem Hause Breitkopf & Härtel, dem ältesten Musikverlag in Deutschland, schon zu Ende. Erst nach Schuberts Tod interessierte sich der Verlag wieder für Werke des Komponisten, und zwar 1839, als er die große C-Dur-Sinfonie erwarb, und in den Jahren 1884 bis 1897 (Schuberts 100. Geburtstag), als er mit Hilfe Eusebius Mandyczewskis, unter dem Patronat von Brahms, die kritische Gesamtausgabe von Schuberts Werken unternahm (21 Serien in 39 Foliobänden).

Aus dem Programm der Zöglingsprüfung des Wiener Konservatoriums am 7. September 1826, 1/2 4 Uhr nachmittags, im Landhaussaale

12. *Der 23. Psalm,* in Musik gesetzt für 4 Singstimmen mit Fortepiano-Begleitung von Franz Schubert, gesungen von den Schülerinnen der dritten Gesangsklasse.

Vgl. 1. August 1828. – Das waren wieder die Schülerinnen Anna Fröhlichs, für die Schubert dieses Werk geschrieben hatte (vgl. 30. August 1821).

Aus dem „Sammler“ vom 26. September 1826

Die Schüler und Schülerinnen der ersten, zweiten und dritten Gesangsklasse trugen vierstimmige Vokal-Chöre – für 2 Sopran- und 2 Altstimmen – von *Seyfried, Gyrowetz* und *Schubert* vor; besonders die letztere, schon künstlerisch ausgebildetere, mit fester Intonation, Wärme, Gefühl und Leben. *Schuberts* 23. Psalm „*Gott ist mein Hort*“ ist eine tief empfundene, geistreich aufgefaßte Hymne, aber hinsichtlich der Modulationen eben nicht leicht auszuführen, und das unterstützende Pianoforte erscheint daher keineswegs als Lückenbüßer.

Der Psalm, von acht Schülerinnen gesungen, mußte wiederholt werden. Weitere Kritiken erschienen am 28. September in der „Wiener Allgemeinen Theaterzeitung“, am 25. Oktober in der Berliner „Allgemeinen musikalischen Zeitung“ (fast wörtlich mit der des „Sammler“ übereinstimmend), am 8. November in der Leipziger „Allgemeinen musikalischen Zeitung“ und ohne Datum in der Weimarer „Musikalischen Eilpost“ von 1826. (Erste Ausgabe, Nrn. 706–709.)

Aus der Weimarer „Musikalischen Eilpost“ von 1826

Quintetto pour deux Violons, deux Altos et Violoncello, par G. Onslow. Op. 23. 1 thl. 16 gr. Vienne chez Sauer et Leidesdorf und
Trois quatuors pour deux Violons, Alto et Violoncelle, par François Schubert de Vienne. Oeuv. 29. No. 1. Prix 1 thl. 16 gr. Vienne chez Sauer et Leidesdorf.
Der Tendenz unseres Blattes getreu, die ausführliche Rezensionen verbietet, können wir die Anzeige beider Werke recht gut verbinden, wenn wir sie aus dem Gesichtspunkte des Strebens nach dem Höchsten in der Kunst betrachten, das klar sich ausspricht. Tiefes Gefühl, Kraft und Anmut, Bedeutung und Leben und poetisches Feuer charak-

terisieren beide; wer Sinn hat für diese Gattung, und er lebt noch in vielen, der wird sie gewiß mehr als einmal und immer mit erhöhtem Interesse genießen.

Das neue Quintett von Onslow (vgl. 21. Februar 1826) war aus Pariser Stimmen bei Franz Edlen v. Pickher um 1825 in Wien gespielt worden. Pickher, Holzapfels Vorgesetzter, war Landrat beim niederösterreichischen Landrecht und ein begeisterter Sammler von Kammermusik, der in seiner Wohnung im „Bürgerspital" wöchentlich Musiken gab mit Werken von Händel bis Onslow, am liebsten Sinfonien für Streichquintett bearbeitet. Holzapfel spielte dort das Cello.

Aus der Weimarer „Musikalischen Eilpost" von 1826

Die Sehnsucht. Gedicht von Schiller, in Musik gesetzt für eine Singstimme mit Begleitung des Pf. von F. Schubert. Wk. 39. Wien b. A. Pennauer. 45 kr.
Eine Phantasie, die, in einer glücklichen Stunde empfangen, mit innerm Leben in einem Gusse fortströmt und im ganzen eine sehr schöne Wirkung hervorbringt. Deshalb kann man leicht ein paar kleine Verstöße gegen Deklamation und eine gewisse Steifheit der Melodie auf Seite 6 übersehen.

Aus der amtlichen „Wiener Zeitung" vom 14. September 1826

Bei *A. Pennauer*,
k. k. Kunst- und Musikalienhändler, am Graben Nr. 1122,
im Fischerischen Hause ist soeben neu erschienen:

Grande Marche héroique
pour le pianoforte à quatre mains,
à l'occasion du Sacre de Sa Maj.
Nicolas I.,
Empereur de toutes les Russies etc. etc. etc.
par François Schubert.
Oeuvre 66. Preis 2 fl. 45 kr. W. W.
Derselbe fürs Pianoforte allein eingerichtet 1 fl. 45 kr. W. W.

Nikolaus I., geboren 1796, des verstorbenen Zaren Alexander Bruder, hatte schon am 24. Dezember 1825 den Thron bestiegen. Es heißt, daß Schubert die beiden Märsche op. 55 (vgl. 8. Februar 1826) und op. 66 zuerst Steiner & Co. angeboten habe; da die Firma Steiner schon am 11. Mai 1826 gelöscht worden war und der Betrieb jetzt Tobias Haslinger hieß, so müßten beide Märsche schon vorher geschrieben worden sein. Wahrscheinlich hat sie Schubert kurz nacheinander komponiert. Der erste wurde von Wilhelm Kienzl, der zweite aber von N. A. Rimski-Korsakow instrumentiert und unter M. A. Balakirew am 5. Mai 1868 in St. Petersburg aufgeführt. – Op. 66 erschien vor opp. 62, 64 und 65.

17. September 1826: Leopold Kupelwieser heiratet Johanna Lutz. Schubert spielt bei der Hochzeit zum Tanze auf. – Er ließ niemand anderen an das Klavier heran. Ein bei dieser Gelegenheit gespielter neuer Walzer hat sich in der Erinnerung der Familie Kupelwieser erhalten. Schwind hielt eine Rede auf die Braut, die er als „Frau Meisterin" apostrophierte. Doblhoff kam wegen Erkrankung seiner Braut, Jeanette Cuny de Pierron, zu spät.

Aus Bauernfelds Tagebuch

18. September 1826.

Von Schubert hat sich ein sehr merkwürdiges Notizbuch vom Jahre 1824 vorgefunden, worin die Stelle vorkommt:

„Beneidenswerther Nero! Der du so stark warst, bei Saitenspiel und Gesang ekles Volk zu verderben."
Auch Verse seiner Mache.

Vgl. 25. März 1824ff. – Bauernfeld hatte am 10. September sein Anstellungsdekret bekommen: „es ist mir, als sollt' ich gehängt werden", schrieb er tags darauf in sein Tagebuch.

Aus der amtlichen „Wiener Zeitung" vom 21. September 1826

Bei Sauer und Leidesdorf,
Kunst- und Musikhändlern, in Wien, Kärntnerstraße Nr. 941,
(Pest bei K. Lichtl) ist soeben erschienen und zu haben:

Schubert, Franz, vier Gedichte [Du liebst mich nicht – Daß sie hier gewesen – Du bist die Ruh – Lachen und Weinen] von *F. Rückert* und *Graf Platen*, für eine Singstimme mit Pianoforte-Begleitung. 59stes Werk. 2 fl.

Op. 59 – der Text des ersten Liedes stammt von Platen – erschien nach op. 66. Daß seine Nummer bis zuletzt nicht feststand, ist daraus zu ersehen, daß sie auf dem Titelblatt nachträglich eingesetzt werden mußte. Das Werk trägt keine Widmung.

Aus dem Frankfurter „Allgemeinen musikalischen Anzeiger" vom 30. September 1826

Franz Schuberts Gesänge mit *Gitarre-Begleitung.* 21stes Werk. Wien bei Sauer u. Leidesdorf. 12 gr.
Drei gute Gesänge für eine Baßstimme. Die Begleitung ist zuweilen schwierig.

Vgl. 19. Juni 1823.

Aus Sophie Müllers Tagebuch

2. Oktober 1826.

Vogl da, vorgestern Steyr zurück, für Schubert – 2 fl.

Vogl war diesmal mit seiner jungen Frau in der Heimat gewesen. – Die Ausgabe „für Schubert" galt wohl dem op. 59 (21. September 1826).

Abschrift des Vertrages über den Verkauf des Schubertischen Familienhauses

An heute zu Ende gesetztem Jahr und Tag ist zwischen dem Herrn Franz Schubert, Eigentümer des Hauses No. 10 am Himmelpfortgrund als Verkäufer an *Einem*, u. dem Herrn Jakob Rickel u. seiner Ehegattin Josefa als Käuferin an *anderem Teile* nachstehender Kauf- und Verkaufskontrakt abgeschlossen worden:
1tens verkauft der Herr Franz Schubert dem Herrn Jakob Rickel u. seiner Ehegattin Josefa seine eigentümliche Behausung No. 10 am Himmelpfortgrunde, so wie selbe mit Mauern u. Planken umfangen u. eingefriedet, mit allem, was Erd-, Mauer-, Niet- u. Bandfest ist, mit allen vorhandenen Feuerlöschrequisiten u. sämtlichen Winterfenstern um einen behandelten Kaufschilling von Sechstausend vierhundert Gulden, sage 6400 in Konventions-Münze u. zweihundert Gulden Schlüsselgeld in Konv.-Münze, sage 200 fl. K. M.
2tens zahlen die Käufer den bedungenen Kaufschilling folgendermaßen, und zwar

a) sogleich eine Darangabe pr. Vierhundert Gulden in K. M., sage .. 400 fl. K. M.
über den richtigen Empfang wird hiermit förmlich quittiert,
b) zu Georgi 1827 den Betrag pr. Dreitausend Gulden Konv.-Münze, sage .... 3000 fl. K. M.
und zweihundert Gulden K. M. als Schlüsselgeld, sage .... 200 fl. K. M.
c) zu Georgi 1831 den Rest pr. Dreitausend Gulden K. M., sage..... 3000 fl. K. M.

Somit ist der Kaufschilling samt Schlüsselgeld angewiesen mit .... 6600 fl. K. M.

3tens versprechen die H. Käufer obbenannte 3000 fl. K. M. von Georgi 1827 angefangen mit fünf Prozento in vierteljährigen Raten zu verinteressieren u. diesen Kaufschillingsrest pr. 3000 fl. K. M. hierauf, u. zw. auf das erkaufte Haus No. 10 am Himmelpfortgrunde, auf ihre Unkosten einverleiben zu lassen.
4tens geschieht die Übergabe dieses Hauses zu Georgi 1827, bis dahin bezieht der Herr Verkäufer allen Nutzen u. bestreitet auch alle das Haus betreffenden Lasten, Steuern, Einquartierungen u. sonstige wie immer Namen habende Abgaben.
5tens übergibt der Herr Verkäufer Franz Schubert zu Georgi 1827 bei bezahlten 3200 fl. K. M. die Aufsandung, die Hausgewähr u. sonstige zur Vergewährung erforderlich sein sollenden Urkunden, u. [verpflichtet sich,] für jede sich allenfalls ergebende Last zu haften, auch das Haus schuldenfrei zu übergeben.
6tens findet keine Reue weder von Seite des Verkäufers noch der Käufer statt.
Urkund dessen nachstehende Fertigungen, Wien, am 5. Oktober 1826.

Vgl. 27. Mai 1801, 3. August und 30. September 1808, siehe auch 17. Februar und 16. Mai 1827. Obzwar der Hauswert seit 1812 von 5200 fl. auf 6600 fl. gestiegen war, dürfte Schuberts Anteil, 200 fl., von seinem Vater nur zum Nennwert ausbezahlt worden sein. – Eintragungen über diesen Besitzwechsel sind auch noch im Urkundenbuch D des Himmelpfortklosters (Grundbuch Nr. 342), folio 206 verso, und unter den Auszügen Himmelpfortgrund, folio 42f., im Archiv der Stadt Wien zu finden.

Aus der „Wiener Zeitschrift für Kunst usw.“ vom 7. Oktober 1826

An Franz Schubert vom Rheinstrome.

Was du von zweien *Königen* gesungen;
und *Gretchen* an das Rädchen hold gebannt;
der Sang an *Müllners* Wasserfall erklungen;
das Alleluja-*Glöckchen* wohlbekannt;
Rastlose Liebe ganz von Lust durchdrungen;
und Grillenruf dem *Einsamen* verwandt –
wir haben sie im *Morgenlied* vernommen;
der *Drang zur Ferne* soll nun in dich kommen.

O laß dich, *Wandrer!* an dem Rheinstrom sehen;
komm, *Liedler!* du der großen Donau Sohn.
Nicht als *gefangner Jäger* sollst du gehen,
wie jenes *Normans* wartet hier dein Lohn.
Ein *Ave!* wird dir hier entgegen wehen,
und anders lautet jenes Geistes Ton:
verweile oder kehr nach Haus zurück;
dort, wo du, *Harfner!* bist, dort ist das Glück.

[Freiburg im Breisgau] Julius *Velox*.
[Schneller]

Julius Franz Borgias Schneller (vgl. 5. März 1822), geboren in Straßburg 1777, war um 1797 nach Wien gekommen, 1805 Professor der Geschichte am Lyzeum in Linz (Josef v. Spauns Lehrer dort) und 1806 Professor der Philosophie am Lyzeum in Graz geworden. Er hatte 1817 bis 1820 eine Geschichte Österreichs veröffentlicht, die ihn dort unbeliebt machte, so daß er Ende 1823 nach Freiburg im Breisgau ging, wo er Universitätsprofessor für Philosophie wurde. Er war mit Pachlers und Jenger von Graz her befreundet. – Sein Huldigungsgedicht mit vergeblicher Einladung an den Rhein spielt natürlich auf mehrere Lieder Schuberts an: „Die zwei Könige" sind der „Erlkönig" und „Der König in Thule" (Gretchens Lied im *Faust*). Müller, den Schneller „Müllner" nennt, ist der Dichter von „Die schöne Müllerin", und was dort ein Bach ist, nennt er hier „Wasserfall"; das „Alleluja-Glöckchen" stammt aus „Die junge Nonne"; „Rastlose Liebe" ist das Lied mit dem selben Titel, ebenso „Der Einsame"; „Morgenlied" ist jenes nach Zacharias Werner, „Drang zur Ferne" ist „Drang in die Ferne". Der „Wandrer" in der zweiten Strophe ist das Gedicht nach Schmidt von Lübeck, das auch in der drittletzten und letzten Zeile variiert ist; „Liedler" ist das gleichnamige Lied; das „Lied des gefangenen Jägers" und „Normans Gesang" sind zwei der Walter-Scott-Lieder, während das „Ave" (Maria) „Ellens dritter Gesang" ist und der „Harfner" der Sänger der Harfnerlieder aus Goethes „Wilhelm Meister".

Aus Sophie Müllers Tagebuch

7. Oktober 1826.

Beer, Max, Vogl Beefsteak, Jenger, Schubert. Mittags Gretel.

Michael Beer, geboren 1800, Giacomo Meyerbeers Bruder, war dramatischer Schriftsteller, lebte abwechselnd in Paris und München, später in Bonn, und war zu Besuch in Wien. – Max ist vielleicht der jüngere Sohn der Frau v. Chézy (siehe 5. Dezember 1823). – Vogl mag eine Vorliebe für Beefsteak geäußert haben. – Gretel ist Fräulein Désprès (siehe 11. Januar 1826).

Aus Sophie Müllers Tagebuch

9. Oktober 1826

Vogl, Schubert, Jenger gespeist.

Das war abends.

Anfang Oktober 1826: Antonie Adamberger, verheiratete v. Arneth, singt im Stift St. Florian vor Grillparzer Lieder aus „Die schöne Müllerin" und aus „Wilhelm Meister", darunter den „Ersten Gesang des Harfners", und am Abend in der Stiftskirche, begleitet vom Organisten Anton Kattinger, das „Ave Maria". – Die Sängerin, geboren in Wien 1790 als Tochter des Tenors Valentin Adamberger (gestorben 1804), 1812 mit Körner verlobt (siehe Anmerkung vor dem 13. September 1813), war von 1807 bis 1817 am Burgtheater engagiert gewesen. (Sie war das Klärchen in Goethes „Egmont", das 1810 Beethovens Lieder „Freudvoll und leidvoll" und „Die Trommel gerühret" zuerst gesungen hatte.) Sie vermählte sich mit dem Archäologen Josef Cales v. Arneth, geboren 1791, dem Kustos am Antiken-Kabinett (vgl. 14. Juli 1816), und wurde Vorleserin der Kaiserin Karolina Augusta. Der Prälat von St. Florian (siehe 4. Juni 1823) war ein Bruder des Gelehrten. – Grillparzer befand sich auf der Rückreise von Weimar, wo er Goethe besucht hatte. – Kattinger (geboren um 1800) war später der Lehrer Bruckners (siehe 4. Juni 1823). – Antoniens Schwester, Mimi Adamberger, hat am 26. August 1829 zwei Schubert-Lieder in St. Florian gesungen (laut Franz v. Hartmanns Familienchronik).

Schubert an die Gesellschaft der Musikfreunde

[Anfang Oktober 1826]

An den Ausschuß des österreichischen Musik-Vereins.

Von der edeln Absicht des österreich. Musik-Vereins, jedes Streben nach Kunst auf die möglichste Weise zu unterstützen, überzeugt, wage ich es, als ein vaterländischer Künstler, diese meine Sinfonie demselben zu widmen und sie seinem Schutz höflichst anzuempfehlen.

Mit aller Hochachtung
Ihr ergebener
Frz. Schubert.

Es ist anzunehmen, daß Schubert von der verlorenen Gmunden-Gasteiner Sinfonie spricht, denn er dürfte für diese, ihm offenbar nahegelegte, Widmung nicht eine seiner sechs Jugend-Sinfonien verwendet haben. Außer den Fragmenten in D- und E-Dur und in h-Moll (dieses wohl schon in Graz liegend), hatte er aber keine andere Sinfonie geschrieben als eben jene verlorene.

Anfang Oktober 1826

Aus dem Index der Gesellschaft der Musikfreunde des österreichischen Kaiserstaates

Schubert (Franz, Tonkünstler.) Derselbe verehrt dem Verein eine Sinfonie, von ihm komponiert. (1826.) Faszikel: Biblioth. Nro. des Stückes: 105.

Die Gesellschaft hat keine Sinfonie von Schubert aus jener Zeit bewahrt.

9. Oktober 1826

Verlorengegangener Bericht über die Vorstand-Sitzung der Gesellschaft der Musikfreunde

[Der Präsident-Stellvertreter Rafael Georg v. *Kiesewetter* berichtet, daß *Schubert* dem Vereine eine Sinfonie widmen möchte. Man beschließt, ohne Bezug auf dieses Anerbieten, ihm eine Remuneration von 100 fl. M. M. auszahlen zu lassen, für seine Verdienste um die Gesellschaft und zur weiteren Aneiferung. Sekretär Josef *Sonnleithner* erklärt sich bereit, die Summe vorzustrecken, wenn die Gesellschaftskasse jetzt nicht ausreiche.]

Raphael Georg v. Kiesewetter an Vinzenz Hauschka

Dem Tonsetzer Herrn Franz Schubert ist als ein Beweis der Erkenntlichkeit der Gesellschaft der Betrag von Einhundert Gulden Konv. Münze, bewilliget worden, den Sie ihm mittelst beiliegenden Schreibens überschicken und in Ausgabe stellen wollen.

Vom leitenden Ausschusse.
Wien am 12. Oktober 826.
Kiesewetter

An
Herrn Vinzenz Hauschka
k. k. Rechnungsrat, Kassier
der Gesellschaft.
[Außen:]
Nro 208
826

Hauschka (siehe 8. April 1821), geboren in Mies (Böhmen) 1766, war 1792 nach Wien gekommen und wurde Rechnungsrat bei der Staatsgüter-Administration. Er war sehr musikalisch, der Begründer der Abendunterhaltungen der Gesellschaft und u. a. ihr Kassierer.

Kiesewetter an Schubert

Sie haben der Gesellschaft der Musikfreunde des Oesterreichischen Kaiserstaates wiederholte Beweise der Teilnahme gegeben, und Ihr ausgezeichnetes Talent als Tonsetzer zum Besten derselben und insbesondere des Konservatoriums verwendet.
Indem sie Ihren entschiedenen und ausgezeichneten Wert als Tonsetzer zu würdigen weiß, wünschet sie, Ihnen einen angemessenen Beweis ihrer Dankbarkeit und Achtung zu geben, und ersucht Sie, den Anschluß nicht als ein Honorar, sondern als einen Beweis anzunehmen, daß sich Ihnen die Gesellschaft verpflichtet finde, und mit Dank die Teilnahme, die Sie ihr bewiesen, anerkenne.
Von dem leitenden Ausschusse der Gesellschaft der Musikfreunde des österr. Kaiserstaates.

Wien, am 12. Okt. 1826. Kiesewetter.

Es ist auffällig, daß für die Sinfonie nicht gedankt wird, obzwar angedeutet ist, daß ihre Widmung mit dem Geschenk nicht bezahlt werden soll.

Aus dem Index der Gesellschaft der Musikfreunde

Schuberth (Kompositeur). Die demselben als Honorar angewiesenen 100 f – M. M. betr. (1826.) Faszikel: Bibliothek Nro. des Stückes: 130.

Hier ist der Betrag ein „Honorar“ genannt. Auffällig ist auch, daß eine Bibliotheks-Nummer angegeben ist, wenn auch eine andere als Anfang Oktober 1826.

Aus dem Index der Gesellschaft der Musikfreunde

Schubert (Franz, Kompositeur). Die demselben verehrte Remuneration von 100 fr. – M. M. betr. (1826.) Faszikel Protokoll: 178.

Hier ist der Betrag eine „Remuneration“ genannt wie am 9. Oktober 1826, ähnlich auch am 12. Oktober 1826.

Aus Bauernfelds Tagebuch

Oktober 1826.

Der Operntext *von der Zensur verboten.* Schubert will sie trotzdem komponieren.

Vgl. August 1826. – Schubert begann tatsächlich, den „Graf von Gleichen“ zu komponieren. Das einzige Datum in seinen Skizzen ist der 19. Juni 1827, es steht beim Einleitungschor des ersten Aktes. Es ist bemerkenswert, daß das Libretto Goethes Lied „Wonne der Wehmut“ („Trocknet nicht, trocknet nicht, Tränen der ewigen Liebe“) enthält, das Schubert schon 1815, mit Klavierbegleitung, komponiert hatte, das aber erst 1829 als Nr. 2 des op. posth. 115 erschien.

Bauernfeld an Schober

[Wien, Oktober 1826]

Als ich den Zettel las, kam er mir selbst zu derb vor, u. ich hatte eine leise Furcht, mißverstanden zu werden: ich teilte ihn dem Schubert mit (der eigentlich von der Geschichte so viel als Nichts wußte, nämlich nur meine Langeweile) u. da er ihm gefiel, gab ich ihn ab.

Bei einem Zusammensein der Freunde – ohne Schubert – hatte sich Bauernfeld über Schobers und Schwinds Ungerechtigkeit gegen Haas (wahrscheinlich Ferdinand, siehe 19. Juli 1825) und die Langweiligkeit der Gesellschaft ereifert. Er hatte dann satirische Knittelverse auf Schobers Benehmen gemacht, die er Schubert zeigte und bei Schober abgab. Der antwortete schriftlich: „Wenn Dir Gedanken, oder meine Gedanken, nichts gelten, so meide mich." Dann aber schrieb Bauernfeld einen Versöhnungsbrief mit halb scherzhaften Varianten an Schober und Schwind, dem das hier abgedruckte Blatt beilag. Es führte zur Versöhnung.

Aus Franz v. Hartmanns Tagebuch

Linz, 17. Oktober 1826: Stadler und Gahy spielen [bei Hartmanns] herrliche Schubertische Märsche, Schuberts Ouvertüre aus „Alfonso und Estrella".

Stadler ist Albert. – Die Ouvertüre ist op. „52", recte 69 (20. Februar 1826). Vgl. die Notiz vor dem 6. November 1826.

Schuberts Quittung für das Geschenk der Musikfreunde

Quittung

Über Hundert Gulden Convenzions-Münze, welche ich von dem österreichischen Musik-Vereine am 12. October dieses Jahres als gütevolle Auszeichnung erhalten habe, und deren Empfang hiermit bestätige.

Über 100 fl C. M.
Wien, den 20. Oct. 1826

Franz Schubert
Compositeur

[Außen:]

ad 208
———
826

Die Aktennummer entspricht der vom 12. Oktober 1826. – Die Quittung ist auf dem Neusiedel-Papier geschrieben, das in der Kanzlei der Gesellschaft der Musikfreunde benützt wurde; Schubert hat sie offenbar dort beim Empfang geschrieben, das Geld also abgeholt.

20. Oktober 1826: Gahy und Stadler spielen, vorwiegend von Schubert, vierhändige Klavierwerke bei Ottenwalt in Linz vor den Hartmanns und Spauns. – Vgl. 17. Oktober 1826.

Aus Sophie Müllers Tagebuch

6. November 1826.

Schubert, Teltscher, Jenger, Hüttenbrenner gratula(ntur) Vater Carolus.

Karl Müller, Sophiens Vater, war 1763 in Mannheim geboren und badischer Hofschauspieler gewesen. Er feierte seinen Geburtstag (die Müllers waren Protestanten). – Mit Hüttenbrenner dürfte Anselm gemeint sein.

Aus dem Programm der 1. Abendunterhaltung der Gesellschaft der Musikfreunde am 16. November 1826 (Direktor: Herr Schmiedel)

4. 23ste Psalm, in Musik gesetzt für 2 Sopran- und 2 Alt-Stimmen von Franz Schubert.

Das Quartett wurde wieder von den „Vereins-Schülerinnen" gesungen (siehe 7. September 1826).

Vermerk auf einem Programmtext

Fröhlich.

Eine Serie der gedruckten Programme dieser Abendunterhaltungen oder privaten Konzerte im „Kleinen Verein" trägt Notizen einer unbekannten Teilnehmerin, wahrscheinlich einer der Schülerinnen Anna Fröhlichs, die diese auf dem Klavier begleitete.

Aus Franz v. Hartmanns Tagebuch

Wien, 17. November 1826: Um 10 Uhr gehen wir mit Ferdinand Sauter zum Anker, wohin auch Spaun kam und Schober, Zehenters Schwager und Bruchmanns ehemaliger Freund. Wir blieben dort bis 12 Uhr.

Franz v. Hartmann, der schon 1824/25 in Wien Jura studiert hatte, war Anfang November 1826 mit seinem Bruder Fritz, der seit 1823 an der Wiener Universität immatrikuliert war, wiedergekommen. Sein Tagebuch, und von 1827 an auch das seines Bruders Fritz, enthält viele Einzelheiten aus dem täglichen Leben der Schubertianer. – Hier hören wir zum ersten Male von einem neuen Stammlokal der Freunde, das vielleicht schon eine Zeitlang von ihnen besucht worden war: „Zum grünen Anker" in der Grünanger-Gasse (volksetymologisch, also falsch, benannt), und heute noch, wo es halb italienisch geführt wird, „ancora verde" geheißen. Die Gaststätte liegt nahe dem Stefansdome bei der Singerstraße. – Ferdinand Sauter, geboren in Werfen (Tirol) 1804, genannt „Dinand", war seit 1825 in Wien und arbeitete als Kommis in einer Papierhandlung. Er war ein sehr begabter Lyriker, verbummelte aber durch den Trunk. Kurz nachdem er in die Schubert-Runde eingeführt wurde, offenbar durch die Brüder Hartmann, wandte sich Schober gegen ihn: „Er gibt ja der Gesellschaft nichts." (Vgl. Schuberts früher übliche Frage „Kann er was?".) – Zechenter war der frühere Gatte der verstorbenen Sophie v. Schober (siehe März 1820). Auch Schober, den die Hartmanns damals zum ersten Male trafen, war mit Bruchmann entzweit.

Aus Franz v. Hartmanns Tagebuch

19. November 1826: Mit Fritz zum Anker, wo eine große Gesellschaft, worunter Schwind, der mir ein kleines Bukett schenkt, Schubert, Bauernfeld. Spaun kömmt später auch noch. Um 11½ geht man auseinander.

Aus Franz v. Hartmanns Tagebuch

21. November 1826: Um 10 Uhr zum Anker, wo Spaun, Schubert, Schober usw., die recht fidel sind. Auch Ferdinand Sauter kommt in der Folge. Um 11⅔ endlich geht alles nach Hause.

Schubert an Ignaz v. Seyfried

[Außen:]

Sr. Hochwohlgeb.
Herrn Kapellmeister
Ritter v. Seyfried
Hier

[Innen:]

Euer Wohlgeboren!

Ich ersuche Sie höflichst, mir durch den Überbringer dieses wissen zu lassen, ob sich meine Ouverture zur Rosamunde gefunden hat. Da sie den 2. Dec. gegeben werden soll, so wäre ich in einer schrecklichen Verlegenheit. Ich bitte also nochmahl, um baldige Antwort.

Ich verbleibe mit
aller Achtung

Ihr Ergebenster
Frz. Schubert.

Wien den 23. Dez. [richtig: Nov.] 1826

Die 1823 zum Schauspiel „Rosamunde" gespielte Ouvertüre, das ist die zur Oper „Alfonso und Estrella" gehörige (siehe 22. Dezember 1823 und 20. Februar 1826), war offenbar seit damals im Theater an der Wien geblieben oder von dieser Bühne für einen nicht erfüllten Zweck wieder ausgeliehen worden. Es ist anzunehmen, daß Seyfried, der sich im letzten Jahr seiner Kapellmeisterschaft dort befand, das Manuskript, wahrscheinlich Partitur und Stimmen, rechtzeitig zur Aufführung in dem Konzert zurückgegeben hat (2. Dezember 1826). Als Schubert 1823 das vierhändige Arrangement der Ouvertüre schrieb, muß er ein Manuskript der Partitur zur Hand gehabt haben.

Aus dem Programm der 2. Abendunterhaltung der Gesellschaft der Musikfreunde, am 23. November 1826 (Direktor: Herr Schönpichler)

2. Der Einsame, Gedicht von Lappe, in Musik gesetzt von Fr. Schubert, gesungen von Herrn Tietze.

Zu Schönpichler siehe 31. März 1821. – Karl Lappe, im damaligen Pommern geboren, war ein unbedeutender Vertreter der romantischen Schule in Deutschland, ein Schulmeister, dessen „Hütte in Pütte" (genannt nach seinem Haus oder Lieblingsaufenthalt) sehr populär geworden war; Schubert hat zwei Lieder und ein Männerquartett nach seinen Gedichten geschrieben.

Aus der amtlichen „Wiener Zeitung" vom 24. November 1826

Bei Cappi und Czerny,
privil. Kunsthändlern, am Graben Nr. 1134, sind soeben erschienen,
und bei K. Lichtl in Pest um den selben Preis zu haben:

Lied eines Schiffers an die Dioskuren,
von J. *Mayrhofer;*
der Wanderer,
von A. W. *Schlegel;*
aus Heliopolis,
von J. *Mayrhofer;*
in Musik gesetzt für eine Singstimme mit Begleitung des Pianoforte
von Franz *Schubert.*
65stes Werk. 1 fl. 30 kr. Wiener-Währung.

Op. 65 erschien ohne Widmung vor op. 64 und nach op. 66. Der Name des Dichters von Nr. 2, „Der Wanderer" („Wie deutlich des Mondes Licht zu mir spricht"), ist auch auf dem Titelblatt irrtümlich als August Wilhelm, statt Friedrich v. Schlegel angegeben. – Das andere „Heliopolis"-Gedicht (im Zyklus vom Herbst 1821) war wahrscheinlich, wie dieses, im April 1822 komponiert worden.

Aus Franz v. Hartmanns Tagebuch

25. November 1826: Zum Anker, wo ich Spaun zu treffen hoffe. Erst spät aber kommen Schober und Bauernfeld und ein talkichter Bayer. Schober ist recht interessant; Bauernfeld sehr fad. Ich bleibe bis $11^2/_3$ Uhr.

Der täppische Bayer dürfte Franz Lachner gewesen sein (vgl. 5. Dezember 1826).

Marie Ottenwalt an ihren Bruder Josef v. Spaun in Wien

Linz, den 30. [November 1826?]

... Vielleicht bringt uns Max einiges Neues von Schubert mit, wir freuen uns schon darauf.

Max v. Spaun weilte vom 8. bis 23. September und am 8. Dezember zu Besuch in Wien.

Aus Franz v. Hartmanns Tagebuch

30. November 1826: Fritz holt mich zum Anker ab, da Spaun dort ist. Es ist dort recht lustig. Um $11^1/_4$ nach Hause.

Aus dem Programm der grossen musikalischen Akademie zum Vorteile der Brüder Eduard Konstantin und Josef Lewy, Waldhornisten des Kärntnertor-Theaters, am 2. Dezember 1826 daselbst

1. Ouvertüre von *Schubert.*

Eduard Konstantin Lewy, geboren 1796 in St. Avold (Departement Mosel), hatte sich in Wien niedergelassen. Sein Bruder Josef Rudolf, später genannt Lewy-Hoffmann, war 1804 in Nancy geboren und blieb nicht in Wien; er dürfte der Erfinder des chromatischen Waldhorns gewesen sein. – Schuberts Ouvertüre (siehe 23. Dezember 1826) wurde nicht näher bezeichnet, sie hatte im Hin und Her ihren Namen verloren. – Das Programm enthielt auch den Jägerchor aus Webers „Euryanthe“ und schloß mit einem Ballett.

Aus der „Wiener Allgemeinen Theaterzeitung“ vom 14. Dezember 1826

Den Anfang der Akademie machte eine Ouvertüre von unserm rühmlich bekannten Liederkompositeur *Schubert.* Das Orchester exekutierte diese Ouvertüre brav, und das Publikum gab seinen Beifall zu erkennen.

Die „Wiener Allgemeine Theaterzeitung“ hatte schon am 12. Dezember eine kurze Besprechung der Akademie gebracht, worin die Ouvertüre „gut geschrieben, effektvoll“ genannt worden war. Ähnlich haben sie auch Besprechungen in der „Wiener Zeitschrift für Kunst etc.“ vom 14. und im „Sammler“ vom 23. Dezember bezeichnet. (Nr. 743, 745 und 746 der ersten Ausgabe.)

Aus der Berliner „Allgemeinen musikalischen Zeitung“ vom 28. Februar 1827

Die einleitende Ouvertüre, von *Schubert,* mag leicht auf dem Papier mehr versprechen, als sie in Wirklichkeit hält! –

Aus der Zeitschrift „The Harmonicon", London, Juni 1827 (Übersetzung)

... In einem anderen Konzert, gegeben von den Brüdern Lewy, war unter den Neuigkeiten eine wieder aufgeführte Ouvertüre von Schubert, voll von starker Wirkung und wert besser bekannt zu sein.

Aus Franz v. Hartmanns Tagebuch

5. Dezember 1826: Ich gehe zum Anker, wo anfangs Schober, Schubert und Lachner (ein Kompositeur aus Bayern), und erst spät und unverhofft Pepi Spaun, mit dem wir dann bis 12 Uhr dort bleiben, wobei er herrliche Geschichten aus seiner und seiner Brüder Jugend erzählt.

Aus Franz v. Hartmanns Tagebuch

7. Dezember 1826: Um $9^3/_4$ zum Anker, wo Schober, Pepi Spaun und Schubert. Um $11^1/_2$ nach Hause.

Aus Franz von Hartmanns Tagebuch

8. Dezember 1826 (Mariä Empfängnis): Ich begab mich um $8^1/_2$ Uhr zu Spaun, wo erst die zwei Gebrüder und Fritz waren. Dann kam Schubert und spielte ein herrliches, aber melancholisches Stück von seiner Komposition. Endlich auch Schwind, Bauernfeld, Enderes, Schober. Nun sangen Schubert und Schwind die herrlichsten Schubertischen Lieder. Endlich soupierte man herrlich. Alles war sehr lebhaft und aufgeweckt. Zuletzt fing alles an zu rauchen. Spax, wie begreiflich, nickte sehr oft ein. Um $12^3/_4$ trennte man sich. Wir begleiteten Schober nach Hause.

Das „melancholische Stück" mag die Sonate in G, op. 78, gewesen sein, die im Oktober entstanden war und die Schubert Josef v. Spaun, dem der erste Satz gefallen hatte, zugeeignet hat (vgl. 15. Dezember 1826). Spaun wohnte in der Teinfaltstraße, nahe der Schottenkirche, in einer Amtswohnung, den sogenannten Klepperställen. („Klepper" sind alte Pferde.) – Spax ist Max v. Spaun. – Schober wohnte wieder in der Oberen Bäckerstraße, wo Schubert nach dem Sommer in Währing im Herbst zu Gaste gewesen war. Schubert hatte wohl sein Quartier im Fruhwirt-Haus durch seine Besuche in Währing verloren und nun ein neues auf der Bastei beim Karolinentor, gegenüber dem jetzigen Stadtpark, gefunden, wo er bis zum Februar 1827 verblieb, um dann auf länger zu Schober, in dessen neue Wohnung, zu ziehen.

Aus Franz v. Hartmanns Tagebuch

9. Dezember 1826: Ich begab mich zum Anker, wo die 2 Spaune, Enk, Schwind, Schober, Enderes, die 2 Lachner und ein Hofkonzipist war. Es war recht lustig, da wir zufällig (Spax und ich) das Ratspiel auf das Tapet brachten. Um $11^1/_4$ ging alles nach Hause.

Karl Enk, geboren in Salzburg 1800, hatte Jura studiert und wurde ein bedeutender Schulmann. Er war Privatlehrer und arbeitete mit Johann Baptist Hörwarter, dem wir noch begegnen werden, an einer Prosaübersetzung von Dantes „Divina Comedia", die 1829 vollendet wurde und 1830/31 in Innsbruck erschienen ist. – Franz Lachners Bruder Ignaz, geboren 1807, war 1824 nach jenem Organist der protestantischen Kirche geworden und 1826 auch Vizekapellmeister am Kärntnertor-Theater. – Der Ungenannte war „Hofkonzipist", das heißt ein akademisch gebildeter Anwärter auf einen Staatsbeamtenposten.

Aus Franz v. Hartmanns Tagebuch

11. Dezember 1826: Wir gehen zu Bruchmann, der krank war, und wo recht lustig juridische Sachen geschwätzt und beschimpft werden, wie ich fast nie noch gehört ... Ich gehe mit Fritz in das Bognerische Kaffeehaus (Singerstraße), und treffe da die Späune, Schober, Enderes, und Schwind kommt auch. Pepi erzählt sehr interessant von Polen und spielt sehr schön mit Enderes Billard. Ich verliere mit Max eine Partie, haue aber dafür dem Schober 2 ab. Nachdem man bis $9^1/_2$ dort gewesen (!), geht man zum Anker, wo die Bilder der „Lampe" angesehen werden und alles recht lustig ist. Um $11^1/_2$ nach Hause.

Auch Bruchmann war, wie die beiden Brüder Hartmann, Jurist. Ende August 1826 war eine große Wandlung mit ihm geschehen: Er hatte sich zum positiven Christentum bekehrt, wie vordem schon Streinsberg und seine Frau Isabella (Bruchmanns Schwester). Franz v. Hartmann, der von Mitte August bis Mitte September Prüfungen wegen in Wien geweilt hatte, war damals mit Bruchmann bekannt geworden, wahrscheinlich durch Smetana. – Das Café Bogner, nahe dem Gasthaus „Zum grünen Anker", Ecke Singerstraße und dem Blutgäßchen („Blutgassel" ist der richtige Name) gelegen, dessen Lokal jetzt anderen Zwecken dient, war zugleich mit jenem seit kurzem Stammsitz der Schubert-Runde geworden. Es gehörte seit 1824 Karl Bogner, dessen Frau den kleinen Betrieb leitete. Ein Kellner, vielleicht der einzige dort, hatte sich bei den Freunden dadurch beliebt gemacht, daß er die Bestellung einer Bavaroise (Tee mit Sirup) als „Brsss" an die Anrichte weitergab. Das Café hatte nur zwei kleine Gasträume und eine Küche zu ebener Erde. In dem größeren Eckzimmer stand ein Billard. – Schwind hatte zur Bezahlung seiner Schuld einen Türken und eine Türkin als Firmenschilder gemalt. – In den damaligen Wiener Cafés, wo die zugelassenen deutschen, französischen, italienischen und englischen Zeitungen auflagen, gab es Kaffee, Tee, Schokolade, Rosolio, Punsch, Limonade, Mandelmilch, Chaudeau und Liköre, auch Gefrorenes (im Sommer). Es wurde Schach und Karten gespielt. – „Die Lampe": Im Hause der Eltern v. Hartmann zu Linz war im Herbst 1824 unter dem Namen „Eos" eine Frühaufsteh-Gesellschaft gegründet worden, die auch dem Rauchen und dem Schachspiel gewidmet war. Die Mitglieder trugen bei den Zusammenkünften orientalische Kostüme, drei weibliche fungierten als „Sklaven". Protektor war Karl Maurus Mayrhofer (siehe 23. Juli 1826), Präsident Vater v. Hartmann, Leiter des Wiener Zweiges sein Sohn Fritz. Die Mitglieder hießen Memnoniden, es gab aber auch Ehren-Memnoniden, wie Kenner, und Memnoniden-Freunde, wie Enk und Sauter. Die Gesellschaft gab eine handschriftliche Zeitung heraus, die Kenner redigierte und illustrierte; sie hieß zuerst „Der Morgenstern", nun aber „Die Lampe" (Exemplar im Oberösterreichischen Landesarchiv, Linz).

Aus Franz v. Hartmanns Tagebuch

12. Dezember 1826: Spax und ich suchen Streinsberg umsonst auf ... Ich gehe in Bogners Kaffeehaus, wo ich den Spax, Schober und Derffel sehe und Fritz hole. Wir bleiben da bis $6^2/_3$. Dann holen wir Pepi Spaun ab, der uns ins Burgtheater zahlt, wo der „Erbvertrag" nach Hoffmanns Erzählung gleichen Namens herrlich und erschütternd aufgeführt wird. Besonders ergreifend spielt Anschütz als Daniel. Dann gehen wir zum Anker, wo auch Enderes, Schober und Schubert. Gegen 12 Uhr endlich nach Hause.

Derffel ist Schobers Vetter. – „Der Erbvertrag", eine dramatische Dichtung in 2 Akten von Wilhelm Vogel nach E. Th. A. Hoffmanns Novelle (siehe 21. September 1822), wurde seit 1825 im Burgtheater gespielt und 1828 gedruckt.

13. Dezember 1826: Fritz und Franz v. Hartmann besichtigen bei Schober Bilder, darunter Kupelwiesers „Ballspiel in Atzenbrugg". – Zu dem Bilde siehe die Anmerkung vor Schobers Gedicht von 1821. Schober hatte in seinem schönen Heim eine kleine, meist von Freunden stammende Bilder- und Graphiksammlung, deren Bestand er vermehrte und bis an sein Ende (1882) bewahrt hat.

Aus der amtlichen „Wiener Zeitung" vom 15. Dezember 1826

Neueste Tanzmusik für das Pianoforte
zum Carneval 1827,
welche bei *Ant. Diabelli* und *Komp.*,
Kunst- und Musikhändlern, am Graben Nr. 1133, erschienen, und
bei K. *Lichtl* in Pest um den selben Preis zu haben ist:

. . . .

Schubert, Fr., Hommage aux belles Viennoises (Wiener-Damen-Ländler.)
Op. 67. 1 fl. 30 kr.

. . . .

(Eigentum der Verleger.)

Op. 67 erschien ohne Widmung. Es enthielt außer den 16 Ländlern auch 2 Ecossaisen; der Untertitel ist also unvollständig. Diese Tänze sind wohl viel früher – wahrscheinlich vor April 1823, als Schubert mit Diabelli brach – entstanden. Der Titel stammt vom Verlag.

Josef v. Spauns Erlaubnisschein für die Widmung der Klaviersonate in G, Opus 78

Mit wahrem Vergnügen nehme ich die mir von dem Herrn Franz Schubert zugedachte ehrenvolle Dedikation seiner 4ten Sonate für das Fortepiano an.
Wien den 15ten Dezember 1826.

Joseph Edler von Spaun.

Vgl. 8. Dezember 1826. Das ist einer der beiden bekannt gewordenen Erlaubnisscheine für Schuberts Widmungen (siehe 30. April 1827); er lag dem Autograph bei, das vom Verlag Haslinger an Mr. Ernest Perabo in Boston und von diesem, aber leider ohne den Schein, an das British Museum gekommen ist. Das Manuskript ist nach der eigenwilligen Zählung Schuberts „IV. Sonate" betitelt. Sie erschien erst im Frühjahr 1827 (11. April 1827).

Aus Franz v. Hartmanns Tagebuch

15. Dezember 1826: Ich gehe zu Spaun, wo eine große große Schubertiade ist. Beim Eintritte werde ich von Fritz unnachsichtig und von Haas sehr naseweis empfangen. Die Gesellschaft ist ungeheuer. Das Arnethische, Witteczekische, Kurzrockische, Pompische Ehepaar, die Mutter der Frau des Hof- und Staatskanzleikonzipisten Witteczek, die Doktorin Watteroth, Betty Wanderer, der Maler Kupelwieser und seine Frau, Grillparzer, Schober, Schwind, Mayrhofer und sein Hausherr Huber, der lange Huber, Derffel, Bauernfeld, Gahy (der herrlich mit Schubert à 4 mains spielte), Vogl, der fast 30 herrliche Lieder sang, Baron Schlechta und andere Hofkonzipisten und -sekretärs waren da. Fast zu Tränen rührte mich, da ich heute in einer besonders aufgeregten Stimmung war, das Trio des 5. Marsches, das mich immer an meine liebe gute Mutter erinnert. Nachdem das Musizieren aus ist, wird herrlich schnabeliert und dann gtanzt. Doch bin ich gar nicht zum Courmachen aufgelegt. Ich tanze 2mal mit der Betty und 1mal mit jeder der Frauen v. Witteczek, Kurzrock und Pompe. Um 12 1/2 begleiten wir, nach herzlichem Abschiede von den Späunen und Enderes, Betty nach Hause, und gehen zum Anker, wo noch Schober, Schubert, Schwind, Derffel, Bauernfeld. Lustig. Nach Hause. Um 1 Uhr zu Bett.

Das war die erste festliche Schubertiade bei Spaun, der die berühmte Sepiazeichnung von Schwind (1868), wenn auch frei variiert, entspricht. – Fritz ist Hartmanns Bruder; Haas aber ist wahrscheinlich Karl (der dritte Bruder der Linzer Geschwister, siehe 18. Juni 1824 und 19. Juli 1825), geboren 1804, der Medizin studierte. – Johann Baptist v. Kurzrock war Hofkonzipist bei der Vereinigten Hofkanzlei, seine Frau Anna, geboren 1801 als Schauker, genannt „die schöne Jessika", wurde mit Grillparzer, Bauernfeld und Schwind befreundet. Grillparzer hat ein frivoles Epigramm auf ihren Namen gemacht, und ihre Töchter haben ihr, als sie 1877 in Graz starb, Zeichnungen von Schwind, an denen sie gehangen hatte, ins Grab gelegt. – Josef Pompe (geboren um 1788) war Direktor der Lottogefälls-Direktion, also der Chef Josef v. Spauns, seine Frau Johanna, geb. Sebald. – Mayrhofer, der nach langer Zeit wieder in diesem Kreise erscheint, wohnte damals bei Huber auf der Stubentorbastei, im selben Hause, wahrscheinlich auch in dem selben Zimmer, das Schubert vom Herbst 1823 bis Frühjahr 1824 benützt hatte. – Der Marsch, der auf Hartmanns Mutter starken Eindruck gemacht zu haben scheint, ist op. 40 Nr. 5, den Liszt in seiner Orchestrierung „Trauermarsch" benannt hat. – Enderes wohnte damals bei Spaun und ist deshalb nicht unter den Gästen genannt. Ebenso natürlich Max v. Spaun.

Aus dem Frankfurter „Allgemeinen musikalischen Anzeiger" vom 16. Dezember 1826

Divertissement en forme d'une Marche brillante et raisonnée (?) pour le Pianoforte à 4 mains composé sur des motifs originaux Français par *François Schubert*. Oeuv. 63. No. 1. Wien bei Weigl. 1 Rtlr.
Ein etwas breites, oft schwieriges, aber nicht uninteressantes Werkchen, äußerlich auch ganz vorzüglich ausgestattet.

Über „raisonnée (?)" siehe 17. Juni 1826.

Aus Franz v. Hartmanns Tagebuch

16. Dezember 1826: Spax holt uns ins Kaffeehaus ab, wo auch Pepi, Schwind, Schubert, Schober, Bauernfeld, Derffel. Diese begleiten wir zu Hönig, wo Schubertiade ist, nehmen am Tore Abschied und gehen nach Hause.

Pepi ist Josef v. Spaun. – Die Hartmanns waren bei Hönig nicht eingeführt.

Aus Bauernfelds Tagebuch

17. Dezember 1826.

Vorgestern Gesellschaft bei Josef Spaun. Vogl sang Schubertsche Lieder meisterlich, aber nicht ohne Geckerei. Die *Arneth* (Adamberger) zugegen, auch *Grillparzer*, dem ich vorgestellt worden. Er war sehr liebenswürdig. Ich weiß nicht, ob ich ihm besonders gefallen habe.

Vgl. 15. Dezember 1826.

Aus Franz v. Hartmanns Tagebuch

17. Dezember 1826 (Sonntag): Zu Spaun, wo Gahy herrliche nagelneue Schubertische Deutsche (mit dem Titel: „Hommage aux belles Viennoises", worüber sich Sch. sehr ärgert) spielt. Frühstück. Auch ein Artillerieoffizier, Rueskäfers Bruder, kommt. Auch ein gewisser Heerdegen, Student, der vor einigen Jahren in der Vakanz in Linz war. Dann fahren in 2 Wagen Gäste der Wandrerischen nach Nußdorf ab: Im 1ten Pepi

Spaun, Schubert, Derffel und Fritz; im 2ten Enderes, Spax, Gahi(di) und ich. Man nimmt bei den äußerst lieben und hübschen Wandrerischen ein herrliches Mittagmahl ein, wo es sehr heiter zugeht. 2 Redensarten werden dem lieben Pepi Spaun 2deutig aufgfangen: 1. Sein Bruder Franz habe einer wiederholten Sommerreise seiner Frau nach Nußdorf einen *Riegel vorgeschoben*. 2. Fritzi Dornfeld sehe so, *als wenn ein Wurm an ihr nagte*, aus. Nach dem Speisen kommen die Kurzrockischen und die 3 Anbeter der Frau v. Kurzrock, Schober, Schwind, Bauernfeld. Letztere beide spielen und singen ganz jämmerlich Schubertische Lieder, nachdem früher gtanzt worden war, wobei Betty äußerst lieb war. Aber „ich bin nimmer verliebt". Auch ein Mediziner Haller aus Steyr war da. Nachdem alle diese Nachmittagsgäste fort waren, kehrte die alte Behaglichkeit wieder zurück, und Schubert sang herrlich, besonders: den „Einsamen" von Lappe und „Dürre Blumen" aus den „Müllerliedern". Auch Betty sang 3 „Müllerlieder" allerliebst. Dann spielten wieder Schubert und Gahy zum Entzücken schön. Dann wurden allgemein gymnastische und Taschenspielerkünste gemacht und endlich ungern Abschied genommen. Wir fuhren in der selben Ordnung hinein, in der wir herausgefahren waren; nur Derffel und Gahy hatten gtauscht. Bei Spaun schwätzte man eine Zeitlang und ging von der Freiung bis zum Anker paar- und paarweise. Vorn Fritz und Max, dann Enderes und Gahy, dann Schubert und Spaun Pepi, und endlich Derffel und ich. Vor dem Anker trennte sich Derffel; dafür kam später Schober. Ich erhielt da wieder meinen alten Hut, und wir brachten auch den Abend noch aufs lustigste mit Erzählungen von Scheibiaden [?] und Anekdoten zu. Pepi Spaun erklärte noch, er habe die Fahrt nach Nußdorf aufgewichst, und er wurde fast böse, als wir doch rechnen wollten. Um $11^1/_2$ trennte sich alles herzlich und ging schlafen.

Zu den „Wiener Damen-Ländlern" siehe die Anzeige vom 15. Dezember 1826. – Michael Rueskäfers (siehe 29. Oktober 1809) Bruder, Friedrich, war Oberleutnant. – Über Heerdegen ist nichts bekannt. – Fritz ist Hartmanns Bruder. – Gahys Spitzname, Gahidi, dürfte mit dem Anfang des Liedes „Hänflings Liebeswerben" (op. 20, Nr. 3, Text von Friedrich Kind) zusammenhängen: „Ahidi, ich liebe". – Über Wanderer vgl. Anm. vor Oktober 1825. Franz v. Spaun war der Schwiegersohn des Wundarztes. – Über Fritzi (Friederike) v. Dornfeld siehe 4. November 1821. – Betty (Babette) war die ledige unter den drei Töchtern des Hauses; Franz v. Hartmann scheint ihr eine Zeitlang den Hof gemacht zu haben. – Adam Haller, geboren um 1807 in Steyr, wohnte 1825 und 1826 bei Vogl; er blieb bis zu seinem Rigorosum (1831) in Wien und wurde erster Stadtarzt von Linz. – Die Freiung ist der Platz vor der Schottenkirche, nahe Spauns Wohnung. – Max ist Spauns Bruder. – Der Ausdruck „Scheibiaden" ist nicht zu deuten, es sei denn, daß er mit „Scheibenschießen" oder „Kegelscheiben" zusammenhängt.

Aus Franz v. Hartmanns Tagebuch

18. Dezember 1826: Spax kommt. Wir diskurieren über die Betty Wanderer. Gehen dann zu Bogner ins Kaffeehaus, wo Schober, Schwind und Maler Führich aus Prag. Spax und Schober gehen in die Schubertiade zu Witteczek.

Spax ist Max v. Spaun. – Josef (später von) Führich, geboren in Kratzau (Böhmen) 1800, war ein bedeutender katholischer Maler religiöser Bilder, eben aus Prag kommend auf dem Weg nach Italien, wo er zwei Jahre verblieb. Schober und Schwind hatten Anton v. Spaun Empfehlungsbriefe an ihn mitgegeben, als er im Frühjahr nach Böhmen gefahren war; sie kannten Führich also schon. Mit Schubert scheint er nicht in nähere Fühlung gekommen zu sein. (Karl Kobald erwähnt in seinen populären Schubert-Büchern wiederholt die Autobiographie des Malers Führich, aber er zitiert aus der Schwind-Biographie des Kunsthistorikers Lukas v. Führich, 1871.) – Die Hartmanns waren bei Witteczeks auch noch nicht eingeführt.

MUSIKGRAF KARL HARRACH AN OBERSTHOFMEISTER FÜRST TRAUTTMANSDORFF

Durchlauchtiger Fürst,
gnädiger Herr.

Bekanntermaßen ist bei der sich ergebenen Dienstunfähigkeit des k. k. Hofkapellmeister Salieri, nämlich im März 824, der Vize-Kapellmeister Eybler an seine Stelle vorgerückt, und der Platz des Vize-Kapellmeisters bis zur Zeit unbesetzt geblieben;
Es hat zwar mein Vorfahrer Graf Moritz Dietrichstein wegen Besetzung dieser Vizekapellmeisterstelle unterm 24. Jänner 825 den allerdings empfehlenswerten pensionierten Hoftheater-Kapellmeister Umlauf zum Vorschlage gebracht, allein dieser Vorschlag ist bisher unerlediget geblieben, und ich vermeinte um so mehr, die wenigen Monate, wo mir die ehrenvolle Obsorge der k. k. Hofkapelle anvertraut wurde, die Erledigung dieses unterm 24. Jänner 825 vorgelegten Vorschlags noch einige Zeit abwarten zu sollen, als dem Dienste der k. k. Hofkapelle, unter der Leitung des so würdigen und allgemein geschätzten Hofkapellmeisters Eybler das volle Genügen geleistet werden konnte;
allein bei dem Umstande, da es sich doch denken läßt, daß ein Krankheits-Fall des Hofkapellmeisters Eybler möglich wäre, der mich dann in die größte Verlegenheit setzen würde, wem ich bei einem vorkommenden Dienst die Direktion des Orchesters anvertrauen könnte; mir auch von Seite des k. k. Obersthofmeisteramtes mehrfältige Gesuche zur Amtshandlung von Hofbittstellern zukommen, die sich um diese Vize-Kapellmeisterstelle bewerben, so halte ich es des mir anvertrauten Dienstes angemessen, den Gegenstand zur wiederholten Rücksprache zu bringen, und die mir in der Zwischenzeit in dieser Angelegenheit vorgekommenen Bittgesuche der höheren Würdigung zu unterziehen.
Die Bittwerber, welche sich um die Hof-Vize-Kapellmeisterstelle in die Kompetenz gesetzet haben, sind

1. Ignaz Ritter v. Seyfried,
2. Adalbert Gyrowetz,
3. Franz Schubert,
4. Konradin Kreutzer,
5. Joachim Hofmann,
6. Anselm Hüttenbrenner,
7. Wenzel Würfl,
8. Franz Glöser.

Es läßt sich nicht in Abrede stellen, daß diese Bittsteller alle verdienstliche Männer sind, und unter sich mehr oder weniger, doch jeder auf Berücksichtigung Anspruch machen könne ...
Franz Schubert beruft sich auf seine geleisteten Dienste als k. k. Sängerknabe, bestätiget durch ein Zeugnis des verstorbenen Hofkapellmeister Salieri, daß er von ihm die Komposition erlernet, und versichert, daß er bereits fünf Messen, mit größeren oder kleineren Orchester verfertiget habe, die in verschiedenen Kirchen produziert worden seien...

Ungeachtet der hier eintretenden mehrfältigen Verdienste des von meinem Vorgänger Grafen Moritz Dietrichstein vorgeschlagenen, in jedem Anbetrachte würdigen Tonkünstlers Umlauf, und der hier vorkommenden anderweiten Bittwerber, bin ich meines

Orts dennoch der unvorgreiflichen Meinung, daß bei den gegenwärtigen Zeitverhältnissen vorzüglich auch die Schonung des allerhöchsten Ärars beachtet werden müsse, und daß die Aufgabe der Besetzung einer Vize-Kapellmeisterstelle am besten aufgelöst sein würde, wenn sich das Individuum auffände, welches dem Dienste der k. k. Hofkapelle gewachsen wäre, ohne dabei dem allerhöchsten Ärar eine neue Last aufzubürden;
ich war demnach beflissen, mir das Pensionsbewilligungs-Dekret des rühmlich bekannten Hoftheater-Kapellmeisters Josef Weigl zu verschaffen, wovon ich hier die Abschrift beischließe.

Aus diesem allerhöchsten Hofdekrete vom 29. Sept. 802 geht hervor, daß er Weigl mit einer Pension von 3000 fl. mit dem 100perzentigen Zuschuß 6000 fl. W. W. begnadiget wurde, was dann 2400 fl. in M. M. beträgt; davon wird ihm jedoch der Gehalt, den er vom Theaterpächter Barbaja mit jährlichen 800 fl. M. M. erhält, abgezögen, also erhält derselbe aus der Theaterkassa alljährlich 1600 fl. M. M. zugeschossen;
der systemisierte Gehalt eines Hofvize-Kapellmeisters besteht in jährlichen 1000 fl. und 200 fl. M. M. Quartier-Geld.
Da nun das erwähnte allerhöchste Hofdekret ausdrücklich sagt, daß Weigl zu einer anderen seinen Fähigkeiten angemessenen Dienstleistung berufen werden könne, so scheinet mir, daß Weigl, welcher unter den Bittwerbern nicht vorkömmt, es für eine ehrenvolle Gnade des allerhöchsten Monarchen ansehen müßte, wenn er zur Stelle eines Vize-Hofkapellmeisters aufgefordert, ihm die zugewiesene Besoldung der 1000 fl. M. M. von seiner Pension abgezogen, und nur aus allerhöchster Gnade das Quartiergeld mit 200 fl. M. M., wegen der neuen Mühewaltung, als ein besonderer Genuß belassen würden, wo sodann der Pensions-Zuschuß des oft erwähnten Weigl nur mehr in 600 fl. M. M. bestehen würde.
Indem ich nun dies mein unmaßgeblich Dafürhalt Euer Durchlaucht zur Kenntnis bringe, erwarte ich ehrfurchtsvoll die allerhöchste Schlußfassung des Gegenstandes, um mich hiernach achten, und das weiters Erforderliche verfügen zu können.

Wien, den 19. Dezember 826. K. Gf. Harrach.

Vgl. 7. April 1826. – Zu Trauttmansdorff siehe 4. Oktober 1808. – Zu Schuberts Bewerbung vgl. auch April und 9. April 1816, 16., 24. und 27. Januar 1821. – Die Stelle war nicht förmlich ausgeschrieben, die Gesuche waren also spontan eingeschickt worden, und es bestand kein Hindernis für irgendeinen der Musiker Österreichs, sich um die Stelle zu bewerben. – Weigl war noch immer erster Hoftheaterkapellmeister. – Die Schluß-Summe von 600 fl. K. M. (= M. M.) ist errechnet durch Abzug von 1000 fl. Besoldung des Vize-Hof-Kapellmeisters von den 1600 fl., die Weigl aus der Hoftheaterkasse bekam. – Harrach schreibt immer Kapellenmeister.

Aus Franz v. Hartmanns Tagebuch

19. Dezember 1826: Ich gehe mit Spax zu Schober, wo auch Schwind und Bauernfeld, und wir schauen die Flaxmanischen Kupfer zu Aeschylus an ... Gehe mit Fritz zu Bogner, wo Derffel. Dann kommt Spax. Schwind auf einen Augenblick. Wir gehen zu Pepi Spaun, der uns in das „Käthchen von Heilbronn" führt, wo wir einen äußerst genußreichen Abend haben. Besonders herrlich spielt das Anschützische Ehepaar. Sie als das Käthchen, er als Graf Wetter. Darauf gehen wir zum Anker, wo wir Schwind und Schober, die sich in den „beiden Spadifankerl" sehr ennuyiert hatten, verhöhnten. Auch Schubert und Lachner kommen. Wir blieben bis $11^3/_4$ dort. Pepi lud mich auf morgen zum Frühstück bei Corti ein.

John Flaxman war am 7. Dezember in London gestorben. Seine Illustrations-Zyklen haben auf die Umrißzeichnungen der deutschen Zeitgenossen, auch auf Schwinds „Freischütz"-Illustrationen, einen starken Einfluß gehabt. Als Bildhauer war er auf dem Kontinent weniger bekannt. Seine 30 Illustrationen zu den Tragödien des Aeschylos, gestochen von T. Piroli und der Fr. Howard, waren 1795 in London erschienen. – Zu Heinrich v. Kleists „Käthchen von Heilbronn" vgl. Anmerkung zu August 1826 und 5. Juli 1828; zu den Anschütz' vgl. Anmerkung vor Januar 1822. Die Aufführung fand im Burgtheater statt. – „Die beiden Spadifankerl" (wienerisch für „kleine Teufel") war ein komisches Quodlibet mit Gesang in zwei Akten von Karl Meisl, Musik von Franz Volkert, das seit 1819 im Theater in der Leopoldstadt gegeben wurde. – Corti, ein bekannter Wiener Cafetier, besaß mehrere Lokale in der Innern Stadt.

Aus Franz v. Hartmanns Tagebuch

20. Dezember 1826: Ich gehe zu den Späunen, die mit mir zu Corti (Kaffeehaus im Paradeisgartel) gehen und mir dort Frühstück aufwichsen. Pepi geht früher. Ich bleibe noch mit Spax geraume Zeit dort. Dann führe ich ihn im ärgsten Kot zu Schubert, gehe aber nicht mit ihm hinauf . . . [Abends] gehe ich mit Fritz zum Anker, wo anfangs Derffel und Enk. Dann Schober und die Späune. Recht lustig. Um 12 Uhr erst nach Hause.

Das Paradeis-Gärtchen auf der Löwelbastei, in der Gegend des heutigen Burgtheaters gelegen, hatte ein Kaffeehaus, wo in der schönen Jahreszeit morgens und abends Harmoniemusik gespielt wurde. Cortis Pavillon im nahen Volksgarten vor der Hofburg, der umgebaut noch besteht, wurde eine beliebte Wirkungsstätte für die Orchester von Strauß Vater und Lanner. – Der Weg zu Schuberts neuer Wohnung führte auf der Bastei fast rund um die Innenstadt.

Aus dem Programm der 6. Abendunterhaltung der Gesellschaft der Musikfreunde, am 21. Dezember 1826 (Direktor: Herr Hauschka)

4. Der Zwerg, Gedicht von M. Edlen v. Collin, in Musik gesetzt von Franz Schubert, vorgetr. von Herrn Schoberlechner.

Johann Karl Schoberlechner, geboren in Wien 1800, Bassist, war ein Bruder des Klavierspielers Franz Schoberlechner (siehe 26. Mai 1822) und trat später unter dem Pseudonym Schober auf.

Vermerk auf einem Programmtext

Gesungen von Schoberlechner, Fr. v. Schmiedel.

Julie Schmiedel (geboren als Schauff in Wien 1807), Sopransängerin und Klavierspielerin, war die Gattin Johann Baptist Schmiedels (siehe 6. März 1823).

Aus Franz v. Hartmanns Tagebuch

21. Dezember 1826: Ich gehe mit Fritz zu Pepi Spaun, der uns auf heute abends ein Billett gibt . . . Bei Bogner sahen wir die Späune, Schober, Derffel, Schwind und Schubert. Dann ging ich mit Haas in den kleinen Verein, wo ein schönes Quintett von Beethoven, ein Klavierkonzert, ein lächerliches Violoncellpotpourri (obwohl von Romberg), der „*Zwerg*" (der 2 mal gesungen wurde), eine Arie aus Kreutzers „Libussa" und ein Duett von Rossini (aus dem „Barbier"); endlich ein Chor von Randhartinger (das Körnerische „Trinklied vor der Schlacht") gemacht wurden. Dann gingen wir mit Fritz

und Walcher zum Anker, wo in der Folge Gahy, Enderes, die Späune (die im „Bauer als Millionär" waren), Lachner, Schubert, Schober, Schwind, Enk usw. kommen. Man blieb bis nach 12 Uhr. Doch waren zu viele da.

Der „kleine Verein" sind die privaten Abendunterhaltungen der Gesellschaft der Musikfreunde. – Das Quintett war Beethovens op. 29 in C-Dur. Das Potpourri war von Bernhard Romberg; das Lied aus Körners Sammlung „Leyer und Schwert", das Schubert 1815 einstimmig gesetzt hatte, war von Randhartinger für zwei Männerchöre geschrieben worden. Daneben enthielt das Programm noch „Variationen für Pianoforte mit Accompagnement" von einem Herrn Winkler. – Ferdinand Walcher (später Ritter v. Uysdael), geboren in Waidhofen an der Ybbs (Niederösterreich) 1799, Jurist, war Praktikant im Marinedepartement des Hofkriegsrates; er hatte Fritz v. Hartmann schon 1823 kennengelernt. Walcher sang Tenorbariton. – „Das Mädchen aus der Feenwelt, oder Der Bauer als Millionär", ein Zaubermärchen mit Gesang in drei Aufzügen von Ferdinand Raimund, Musik von Josef Drechsler (darunter das volkstümlich gewordene „Brüderlein fein" der Krones und das „Aschenlied" Raimunds), war am 10. November 1826 im Theater in der Leopoldstadt zum ersten Male gegeben worden. In der ersten Arie des Bauern Wurzel ist ein Anklang an Schuberts „Trauerwalzer" zu finden.

Aus Franz v. Hartmanns Tagebuch

22. Dezember 1826: Ich gehe zum Anker, wo fast die ganze gestrige Gesellschaft wieder da ist (außer Gahy und Haas). Schwind ist auch da. Um $11^1/_2$ geht man nach Hause.

Aus der amtlichen „Wiener Zeitung" vom 23. Dezember 1826

In der k. k. priv. Kunst- und Musikhandlung
von *Sauer* und *Leidesdorf*,
Kärntnerstraße Nr. 941, ist neu erschienen: (Pest bei K. *Lichtl*)
Neue Krähwinkler-Tänze
für das Pianoforte,
von Schubert, Lachner, Lanz, Randhartinger, Fischhof, v. Gyika, Leidesdorf u. a. m.
Mit einer neuen Krähwinkliade als Titelbild.
Preis 1 fl. 30 kr. W. W.
Moderne Liebes-Walzer
für das Pianoforte
von Schubert, Lachner, Lanz, Sowinsky, Fischhof, v. Gyika, Leidesdorf u. a. m.
Mit einem analogen Titelblatte. Preis 1 fl. 30 kr. W. W.

Zur ersten Sammlung vgl. 28. Dezember 1825. Exemplare befinden sich in der Wiener Stadtbibliothek, im British Museum und bei Herrn Anthony van Hoboken, Ascona. Schuberts Beiträge sind Nr. 1 und 11, zwei Walzer (D. 980), die mit dem im folgenden genannten in der „Zeitschrift der Internationalen Musikgesellschaft", Leipzig 1902, vol. III, pp. 319–320, wieder abgedruckt worden sind. – Lachner ist Franz. – J. v. Gyika de Désánfalva stammte aus der Familie des Kunstförderers Konstantin v. Gyika, in dessen Hause Anton Halm (siehe 16. September 1823) um 1825 Erzieher geworden war. – Nur ein Komponist, Karl Braun, ist in der Anzeige nicht genannt. – Über das Titelblatt siehe 26. Januar 1828. – Das andere Heft ist vollständig nur in dem Exemplar des British Museum bekannt. Von Schubert ist ein Walzer (D. 979) darin, der am angegebenen Orte wieder abgedruckt worden ist. – William Barclay Squire, der diese drei Tänze wieder herausgab, vermutete eine Karikatur Schuberts auf dem zweiten Titelblatt, das eine Illustration zu dem Verse zeigt: „Wie leicht sind Herz und Hand vermählt, wenn Väterchen die Taler zählt" (Moderne Liebe). – Albert Sowinsky, geboren in Ladyzyn (Ukraine, heute Sowjetunion) 1803, war ein Klaviervirtuose, der damals in Wien weilte und dann nach Paris ging.

Aus Franz von Hartmanns Tagebuch

27. Dezember 1826: Wir gingen zum Anker, wo Schubert, die Lachners, Randhartinger. Auch Schober kam, mit Vorwürfen, daß wir so lange nicht mehr hingekommen. Wir 3 blieben mit Schubert noch lange sitzen. Endlich begleiteten wir Schober nach Hause.

Die Brüder Hartmann waren mit Josef v. Spaun am 25. Dezember wieder bei Wanderers in Nußdorf.

Aus dem Programm der 7. Abendunterhaltung der Gesellschaft der Musikfreunde, am 28. Dezember 1826 (Direktor: Herr Kirchlehner)

2. Die junge Nonne, Gedicht von Craigher, in Musik gesetzt von Schubert, vorgetragen von Fräuln. Schindler.

Über Karoline Schindler ist nichts Näheres bekannt.

Aus Franz v. Hartmanns Tagebuch

28. Dezember 1826: Wir holen die Schallhammerischen und Rouxischen ab ins Konzert im kleinen Verein. Ich sehe da die Fräulein Mertens, die im vorigen Konzert in Linz war, und rede mit ihr sehr lebhaft. Auch Enderes sehe ich, er steht neben mir. Es wird da ein Quartett von Haydn, ein Schubertisches Lied („Die junge Nonne"), ein fades Violin-, ein langweiliges Klavierkonzert, ein Terzett aus „Margaretha von Anjou" (von Meyerbeer) und endlich der schöne Chor aus „Moses in Ägypten", wobei eine junge Miß Grießbach aus London Harfe spielt, gemacht. Dann begleiten wir die Schallhammerischen und Louise Roux nach Hause.

Franz Ritter v. Schallhammer, ein Onkel der Hartmanns, war mit seiner Frau und Malchen (Amalie), seiner Tochter, aus Linz nach Wien zu Besuch des Sohnes Karl, der dort Jura studierte, gekommen; wahrscheinlich auch das Ehepaar Roux, das eine Tochter namens Louise hatte. – Über Frl. Mertens ist nichts bekannt, es mag Maria v. Mertens gewesen sein, die 1836 Karl v. Kleyle heiratete, eine Tochter Peter oder Demeter v. Mertens (vgl. 14. April 1816). – Das Programm dieser Abendunterhaltung (siehe 28. Dezember 1826), nur handschriftlich bei der Gesellschaft der Musikfreunde erhalten, umfaßte u. a. ein Streichquartett in G-Dur von Haydn, Variationen für die Violine von Stefan Franz (geboren 1785, Konzertmeister im Burgtheater), ein „Rondo brillant" für Klavier mit Streichquartett-Begleitung von Worzischek, die „Preghiera" aus Rossinis Oper, vorgetragen von einem Frl. Mayerhofer, den Herren Tietze und (Johann Karl) Schoberlechner sowie einem Chor. – Miß Griesbach ist nicht auf dem Programm genannt. Sie gab als Madame Griesbach Anfang 1827 und Ende 1828 ohne besonderen Erfolg im Landhaussaale eigene Konzerte auf der Harfe. Sie ist wahrscheinlich identisch mit Eleonore Griesbach, der englischen Gouvernante der beiden Töchter des Bankiers Johann Heinrich Adolf v. Geymüller, des Neffen der Brüder Johann Heinrich (siehe März 1821) und Johann Jakob v. Geymüller. Er hieß eigentlich Falkner und nahm den Mädchennamen seiner Mutter an. Nach dem Tode seiner Onkel (1824 bzw. 1834) und seiner ersten, leichtfertigen Frau Rosalie, geb. Deahna, die früher Gouvernante beim Grafen Fries (siehe 13. April 1821) gewesen war, heiratete er 1835 Miß Griesbach. Er war ein Verschwender und richtete das Bankhaus bald zugrunde; er starb in der Schweiz, der Heimat der Geymüller, 1848 und hinterließ Eleonore in geistiger Umnachtung. Ihre Familie stammte aus Hannover, sie war aber in England geboren worden. Geymüller hatte eine Ziehtochter, Louise Marsch, die von seinem jüngeren Onkel adoptiert worden war, 1828 den Grafen Adolf August Friedrich Kielmannsegg heiratete und mit ihm, einem hannoveranischen Legationssekretär, um 1835 im Paris lebte, wo sie für Schuberts Lieder erfolgreich geworben hat. Aloisia Gräfin Kielmannsegg, wie sie sich jetzt nannte, starb in Paris 1837.

Jenger an Frau Pachler

... Freund Schubert hat sich's bestimmt vorgenommen, künftiges Jahr nach Grätz zu reisen, doch wenn er nicht mir mir dahin kömmt, so geschieht es wieder nicht, wie heuer. Für den gütigen Antrag, in Ihrer neuen großen Wohnuhg mir ein Zimmer zu überlassen, küsse ich Ihnen, liebe gnädige Frau, die Hände, und werde diesen Antrag seinerzeit mit dem größten Vergnügen annehmen.

Wien, am 29ten Dezbr. 826.

Vgl. 1. August 1826. – Der Advokat Dr. Pachler hatte nach dem Tode seiner Mutter die Wohnung im zweiten Stockwerk seines Hauses, in der Herrengasse zu Graz, restaurieren und vergrößern lassen.

Aus Franz v. Hartmanns Tagebuch

30. Dezember 1826: Wir gehen zum Anker, wo Schober, Schwind, Schubert, Bauernfeld, Derffel. Spaun kömmt später, und Derffel und Bauernfeld gehen. Man spricht von Ritter-Romanen, Konviktsgeschichten usw. Wie wir aus dem Anker hinaustreten, ist alles tief angeschneit. Wir bekommen Lust zu schneeballen, was wir sogleich zur Ausführung bringen dort, wo sich die Grünangerstraße in die Singerstraße mündet. Spaun hilft mir, und Fritz und Schober dem Schwind. Schober trifft mich immer und tüchtig, und ich besonders ihn oder Schwind. Spaun schützt sich gegen die Schüsse herrlich mit seinem aufgespannten Regendach. Schubert und Haas nehmen nicht am Kampfe teil. Nach Hause, wo der Hausmeister grob war, weil wir stark anläuteten.

„Sogar Schober" nahm an der Schneeballschlacht teil, wie Hartmann in seiner Familienchronik erzählt. – Schwind hat Josef v. Spaun mit seinem Regenschirm, nicht in dieser Szene, karikiert (Bildband, Tafel 412).

Aus Franz v. Hartmanns Tagebuch

31. Dezember 1826: Gegen $8^1/_2$ mußten wir zu Schober, wo Enderes, Schwind, Schubert, Bauernfeld und in der Folge noch Spaun, was eine allgemeine Freude verursachte, da man ihn bei Baldazzi geglaubt, und gefürchtet hatte, er werde gar nicht kommen. Man ist den ganzen Abend über sehr lustig, raucht Tabak und liest sehr spaßige Briefe. Dann setzt man sich in das andere Zimmer zum Souper und wartet, bis es 12 Uhr schlägt. Dann kommt auch aus dem andern Zimmer Schobers Mutter heraus, die wie ein Geist aussieht. Mit Schlag 12 Uhr waren die Tokaiergläser gefüllt, und man trank sich auf das kommende Jahr Gesundheit zu, wobei Fritz, Spaun und ich auch ja nicht unsere teuern Eltern vergaßen. Wir tranken dann Kaffee, rauchten wieder, und um 2 Uhr endlich gingen anfangs Spaun und Enderes, dann wir andern bis auf Schwind, der bei Schober schlief; oder eigentlich wir wateten. In der Singerstraße Abschied von Schubert und Bauernfeld.

Anton Freiherr v. Baldacci, geboren 1761, Staatsrat, war mit Franziska, geb. v. Steyrer, verw. Freifrau v. Cothmann, vermählt; sie war die jüngere Schwester von Spauns Großmutter.

1827

Liederzyklus „Die Winterreise", Teil 1, Februar
„Ständchen" (Grillparzer) für Altsolo und Frauenstimmen mit Klavierbegleitung (D.921), Juli

„Die Winterreise“, Teil 2, Oktober
2 Klaviertrios B-Dur und Es-Dur (D. 898 und 929), das zweite beendet im November
8 Impromptus für Klavier (D. 899 und 935), beendet im Dezember
Fantasie für Klavier und Violine (D. 934), Dezember

3. Januar 1827: Schubert läßt sich einen Taufschein ausstellen. – Er wurde von Kreißle in seiner Schubert-Biographie auf S. 3 abgedruckt (erste Ausgabe, Nr. 3), ist nach der Eintragung im Geburtsbuch der Pfarre „Zu den vierzehn Nothelfern“ in Liechtental angefertigt worden und indessen verlorengegangen. Es ist nicht bekannt, zu welchem Zwecke ihn Schubert ausstellen ließ.

Aus Franz v. Hartmanns Tagebuch

2. Januar 1827: Gegen 10 Uhr treffen wir beim Anker Schober und Schubert, aber Spaun ist leider nicht da. Wir bleiben da bis 12 Uhr, aber es ist nicht sehr lustig.

Aus Franz v. Hartmanns Tagebuch

3. Januar 1827: Um $9^2/_3$ gingen wir zum Anker, wo Spaun schon wieder nicht war; nur Schober; Bauernfeld, die Lachners und der lange Huber waren da. Von $11^1/_3$ an waren wir mit Schober allein, der uns von seiner Jugend, und besonders vom herrlichen Leben in Schnepfental, bis $12^3/_4$ erzählte. Endlich trennten wir uns.

Schober war in Schnepfental erzogen worden (siehe Anmerkung vor 18. November 1815).

Aus der amtlichen „Wiener Zeitung“ vom 5. Januar 1827

Bei *Anton Diabelli* und *Komp.*,
Kunst- und Musikhändlern, in Wien, am Graben Nr. 1133,
sind neu erschienen, und bei K. *Lichtl* in Pest um den selben
Preis zu haben:

Der Einsame.
Gedicht von K. *Lappe.*
In Musik gesetzt
für eine Singstimme mit Begleitung des Pianoforte,
von Franz *Schubert.*
41stes Werk, 1 fl. 30 kr. W. W.

An die untergehende Sonne.
Gedicht von *Kosegarten.*
In Musik gesetzt
für eine Singstimme mit Begleitung des Pianoforte
von Franz *Schubert*
44stes Werk. 1 fl. Wien. Währ.

Opp. 41 und 44, beide ohne Widmung, erschienen nach op. 66.

Aus Fritz von Hartmanns französischem Tagebuch (Übersetzung)

6. Januar 1827: Um 8 Uhr hörte ich mit Franz die Messe in der Universitätskirche. Dann gingen wir zu Spaun.

Hier beginnt das in einem schülerhaften Französisch geschriebene Tagebuch Fritz v. Hartmanns von 1827, das nur zur Ergänzung des deutsch geschriebenen Tagebuchs seines Bruders Franz herangezogen wird.

Aus Franz v. Hartmanns Tagebuch

6. Januar 1827: Wir gingen zu Spaun, wo wir mit Gahy zum Frühstück eingeladen waren. Man war da recht lustig und gemütlich, und dann spielte Gahy 2 herrliche Sonaten von Schubert und dessen Deutsche, die uns am 17ten v. M. so entzückt hatten. Nach der 1ten Sonate kamen auch Enderes und Schober dazu. Schober bezeigte sein Mißfallen über die Sonaten und disputierte fast mit Spaun.

Die Sonaten waren vermutlich opp. 42 und 53, in a-Moll und D-Dur, Schuberts zwei „grandes sonates", die beide schon erschienen waren. Die „Deutschen Tänze" sind die als „Hommage aux belles Viennoises" erschienenen Ländler aus op. 67 (siehe 15. und 17. Dezember 1826).

Aus Fritz v. Hartmanns Tagebuch (Übersetzung)

7. Januar 1827: Nach dem Essen gingen wir alle vier [Ferdinand und Ludwig Sauter, Franz und Fritz v. Hartmann] ins Kaffee Steiner, wo ich . . . mit Lachner aus München, einem Freunde Schuberts, sprach.

Ludwig Sauter war der jüngere Bruder Ferdinands, von Beruf Jurist. Das Café des Anton Steiner befand sich in der Unteren Bäckerstraße (jetzt Nr. 2).

Aus Franz v. Hartmanns Tagebuch

9. Januar 1827: Wir gingen zum Anker. Spaun allein war da, und wir schwätzten recht lustig mit ihm. Spät endlich kam Schober, während Spaun schon im Gehen begriffen war. Doch Spaun blieb noch ein wenig sitzen, und ich kam wieder ein Stück Geld recht lustig los; einen 20er nämlich von diesem Jahre, den ich bekam, zeigte ich her, und Schober schob ihn ein, als gehörte er sein. Wie wehmütig sah ich diesem 20er nach! Wir blieben mit Schober bis nach $12^1/_2$ sitzen und redeten von Jean Paul und Goethe.

Das Zwanzig-Kreuzer-Stück, ein Drittel Gulden wert, war eine Silbermünze.

Aus der „Wiener Allgemeinen Theaterzeitung" vom 11. Januar 1827

Daselbst [bei Sauer und Leidesdorf] erschienen: „*Neue Krähwinkler-Tänze*", und „*Moderne Liebeswalzer*" von den beliebtesten Komponisten Wiens, von denen wir nur die Namen: *Schubert*, *Lachner*, *Randhartinger*, *Leidesdorf* usw. nennen dürfen. Beide Hefte sind mit sehr schön lithographierten analogen Vignetten geziert, deren erste eine äußerst drollige, populär witzige Krähwinkeliade vorstellt. v. S.

[Franz v. Schlechta?]

Vgl. 23. Dezember 1826.

Aus dem Programm der 9. Abendunterhaltung der Gesellschaft der Musikfreunde, am 11. Januar 1827 (Direktor: Herr Schmiedel)

4. An Schwager Kronos, Gedicht von Goethe, in Musik gesetzt von Franz Schubert, vorgetragen von Herrn Schoberlechner.

Zu Schmiedel vgl. 6. März 1823, zu Schoberlechner 21. Dezember 1826.

Jenger an Frau Pachler

Wien, am 12ten Jänner 827.

... Schubert läßt Ihnen, gnädige Frau, unbekannterweise die Hände küssen, und auch er freut sich sehr, die Bekanntschaft einer so warmen Anhängerin an Beethovens Schöpfungen – zu machen.
Gott gebe, daß unser allseitiger Wunsch, dieses Jahr nach Grätz kommen zu können – in Erfüllung gehe.

Zur Freundschaft zwischen Beethoven und Frau Pachler siehe 1. August 1826. Sie galt eine Zeitlang als Anwärterin für die unbekannte „Unsterbliche Geliebte".

Aus Franz v. Hartmanns Tagebuch

12. Januar 1827: Walcher singt uns [in seiner Wohnung bei Frau Angerer] recht schöne Schubertische Lieder („Drang in die Ferne" von Leitner und „Auf dem Wasser zu singen" von Stolberg) ... Zu Spaun, wo Schubertiade ist. Das liebe Witteczekische Ehepaar und dessen Schwiegermutter sind schon da; auch der lange Huber. Nach und nach kommen noch Gahy, Schober, Schubert, Enderes, Walcher (der aber noch vor Anfang der Musik fort muß), Moritz Pflügl (der in Paris war), Lachner, ein gewisser Rieder, Perfetta; endlich Vogl und seine Frau, Bauernfeld, Schwind, Groß. Es wurde eine prächtige Sonate auf 4 Hände, herrliche Variationen und viele prächtige Lieder, worunter ein ganz neues (was Richard Löwenherz im „Ivanhoe" singt) und unter den alten „Nacht und Träume" und der „Erlkönig" gemacht. Ein gar schönes: „Die Abendröte" von Lappe wurde von Vogl 2mal gesungen, der gerade besonders gut aufgelegt war. Dann wurde ein köstlicher Imbiß eingenommen und verschiedene Toaste ausgebracht. Plötzlich kam Spaun und sagte, wir müßten Bruderschaft trinken, was mich sehr überraschte und erfreute. Dann prellten wir Füchse (Enderes und Huber, welcher letztere sich gar plump benahm) und wir machten den gewissen famosen Stern mit 4 Paaren. Endlich nahmen wir von unseren freundlichen Wirten Abschied und gingen in hellen Haufen zum Bogner, wo wir einige Pfeifen rauchten und auf der Gasse Schwind laufend durch Mantelschwingen das Fliegen täuschend nachahmte.

Walcher (siehe 21. Dezember 1826) wohnte seit Jahren bei Frau Angerer, einer Holzhändlerin, auf der Seilerstätte, wo auch Fritz v. Hartmann den Winter 1823/24 verbracht hatte. – Die beiden Lieder, die Walcher sang, waren wohl eben gestochen worden; sie erschienen einzeln am 2. März 1827. – Die Schwiegermutter Witteczeks war die Witwe des Prof. Watteroth. – Moritz v. Pflügl war aus Linz. – Rieder ist der Maler Wilhelm August Rieder (siehe 2. Dezember 1823). – Zu Perfetta siehe Anfang Mai 1826. – Groß ist Josef (siehe Mitte 1821). – Die vierhändige Sonate dürfte die in C-Dur vom Juni 1824 gewesen sein, die als „Grand Duo" op. 140 erst 1838 erschienen ist; die Variationen, das 1826 entstandene „Andantino varié" über ein französisches Originalthema, erschienen als op. 84 am 6. Juli 1827. – Das erste genannte Lied Vogls ist die „Romanze des Richard Löwenherz" (vgl. Mai 1816), deren Entstehung gewöhnlich in den März 1826 verlegt wird, die aber erst neu geschrieben war; sie erschien als op. 86 am 14. März 1828. – Schubert hatte zwei Lieder unter dem Titel „Abendröte" geschrieben; das von Lappe aber hieß richtig „Im Abendrot". – Der Ausdruck „Füchse prellen" kommt von einem früheren Brauch, gefangene Füchse durch Schleudern auf einem Netz oder Tuch zu Tode zu peinigen. Der „Stern" war wohl ein anderes gymnastisches Spiel in der Figur eines Sternes. – Wenn Hartmann von den Wirten spricht, so meint er Spaun und Enderes, obwohl er letzteren unter den Gästen genannt hat (vgl. 31. Januar 1827). – Schwind, der sich schon 1823 einen Radmantel gewünscht hatte, den ihm aber seine knauserige Großmutter damals nicht kaufen wollte, scheint dann doch einen bekommen oder erworben zu haben und konnte nun damit täuschend die Flügelbewegungen einer Fledermaus nachahmen: „indem er, laufend, zugleich während er sprang und also die Füße in der Luft schwebten, seinen Mantelkragen mit beiden Armen in die Höhe warf“ (Hartmanns Familienchronik).

Aus Fritz v. Hartmanns Tagebuch (Übersetzung)

12. Januar 1827: [Schubert und Vogl.] Ihre Kunst kenne ich seit einigen Jahren gut genug, um mir hier eine nähere Beschreibung zu ersparen. Es genügt der Vermerk, daß mir die heute gesungenen Lieder fast alle neu waren, daß sie aber ebenso schön sind wie die älteren Werke dieses unerschöpflichen Komponisten ... In dieser Gesellschaft sah ich auch Rueskäfer aus Linz, zum erstenmal, seit er hier ist ... Man machte noch ein paar Turnübungen und entfernte sich erst gegen Mitternacht; für einige von uns noch immer zu früh, denn Schober, Schubert, Schwind, Huber, Bauernfeld, Franz und ich gingen noch ins Kaffee Bogner, wo wir die erste Stunde des neuen Tages verbrachten.

Michael Rueskäfer (siehe 29. Oktober 1809), geboren in Wien 1794, war Konzepts-Praktikant der Zollgefällen-Administration in Linz gewesen und als Examinator des Bankalwesens (in Zollangelegenheiten) nach Wien berufen geworden.

Aus Franz v. Hartmanns Tagebuch

13. Januar 1827: Wir gingen zum Anker, wo Spaun, Enderes, Gahy und Schober; anfangs auch Derffel. Nachdem wir schon lange dort gewesen waren und es für Zeit erachteten, endlich doch Aufbruch zu machen, gingen wir in herrlicher Mondnacht vor Bogners Kaffeehaus, wo wir tanzten und allerlei kindische Operationen vornahmen. Von da tanzten wir über den Stock-am-Eisen-Platz an der Stephanskirche herum, die wir anstaunten. Dann in die Goldschmiedgasse hinein und auch an diesem Kaffeehaus sowie am Peter und am Kaffeehaus auf dem Graben unsere Demonstrationen gemacht. Nun kamen wir zu Geringers Kaffeehaus auf dem Kohlmarkt, wo wir sagten, wir wollten Spaun (der immer gegen das späte Kaffeehausgehen ist) hineinwerfen. Als wir die Türen öffneten, siehe! ging er ganz gutwillig hinein, und alles trippelte ihm ganz gelassen nach. Wir rauchten da und schwätzten noch recht lustig. Endlich trennte man sich doch, und wir kamen um $12^1/_2$ nach Hause.

Schubert fehlte an diesem Abend. – Der Stock-am-Eisen-Platz, zwischen dem Stefansdom und dem Graben gelegen, war nach einer Sage benannt. Der Name heißt richtig „Stock im Eisen“, aber er wird gewöhnlich „am Eisen“ genannt, und zwar nach der Geschichte von einem Schlosserlehrling, der sich dem Teufel verschrieb, um ein unlösbares Schloß an den Baumstamm zu befestigen, der einst die Grenze des Wienerwaldes markiert haben soll. Zur Erinnerung an den armen Lehrling, der natürlich vom Teufel geholt wurde, schlugen alle vorbeikommenden Schlosser einen Nagel in den Stamm, solange dort Raum war. Der Baum ist noch erhalten. – In der Goldschmiedgasse lag das Café Rebhuhn des Anton Schneider. Am Peter das Café Leopold Geringers, auf dem Graben das der Franziska Schweiger (genannt „Zum Jüngling“) und am Kohlmarkt das Café des Karl Geringer.

Aus Franz v. Hartmanns Tagebuch

14. Januar 1827: Mit Fritz zu Spaun, der uns zum Frühstück eingeladen. Nachdem wir dort gefrühstückt, spielt Gahy sehr schöne Schubertische Deutsche. Enderes balanziert herrlich Stöcke, Stangen und dergl., ich will es ihm nachtun und lasse einen Stock, der oben einen stählernen Hammer hat, ihm mit Gewalt auf seine Stirne fallen, worüber

ich entsetzlich erschrecke und den Deutschen gar nimmer zuhöre, sondern immer bei ihm bleibe, da er sich wäscht und so glücklich die Beule unterdrückt.

Aus Fritz v. Hartmanns Tagebuch (Übersetzung)

14. Januar 1827: Auch Enderes war dort [bei Josef v. Spaun] und Gahy, der reizende Walzer von Schubert spielte („valses nobles" benannt).

Zu den Walzern vgl. 22. Januar 1827.

Probst an Schubert

[Außen:]

Herrn
Franz Schubert Wohlgeb.,
Tonkünstler u. Kompositeur,
Wien.

[Innen:]

Herrn Franz Schubert, Wohlgeb.
Wien.

Leipzig, d. 15. Janr. 1827.

Erst spät erhielt ich Ihre Manuskripte durch Artaria & Co. So gern ich auch das Vergnügen hätte, Ihren Namen in meinem Katalog einzuverleiben, so muß ich doch für jetzt darauf verzichten, da ich durch Herausgabe von Kalkbrenners Oeuvres complets mit Arbeit überhäuft bin. Auch gestehe ich wohl, daß mir das Honorar von 80 fl. K. M. für jedes Mspt. etwas hoch angesetzt schien. Ich halte die 3 Werke zu Ihrer Verfügung und empfehle mich Ihnen mit

vorzüglicher Hochachtung

H. A. Probst.

Vgl. 26. August 1826. Schuberts Antwort, die wohl vom Herbst stammte, ist nicht erhalten. Deshalb ist es unbekannt, welche drei Werke er Probst vergeblich angeboten hatte. Die Korrespondenz wurde am 9. Februar 1828 wieder aufgenommen. – Probst verlegte von Kalkbrenner (siehe 18. Dezember 1826) zehn Bände als „Oeuvres complètes pour le Pianoforte seul et à 4 mains, édition augmentée, revue et corrigée par l'Auteur".

Aus der Berliner „Allgemeinen musikalischen Zeitung" vom 28. Februar 1827

[Korrespondenz aus Wien, Januar 1827]

Die wöchentlichen Abendunterhaltungen des kleinen Vereins haben ununterbrochen ihren Fortgang. Neue Erscheinungen waren: . . . mehrere schöne Gesänge von *Schubert.*

Aus dem Programm der 10. Abendunterhaltung der Gesellschaft der Musikfreunde, am 18. Januar 1827 (Direktor: Herr Schönpichler)

2. Sehnsucht, Gedicht von Schiller, in Musik gesetzt von Fr. Schubert, vorgetragen von Fräulein Louise Weiß.

Über Schönpichler vgl. 31. März 1821. – Über Louise Weiß ist nichts Näheres bekannt

Vermerk auf einem Programmtext

Gesungen von Louise Weiß, schlecht. Frau v. Schmiedel.

Zu Frau Schmiedel (das „von" ist Höflichkeit) siehe 21. Dezember 1826.

Aus Franz v. Hartmanns Tagebuch

18. Januar 1827: Um 7 Uhr gehe ich unter Haasens Begleitung in den Kleinen Verein, wo ich beinahe an der Türe zuhören muß, indem ich zu spät kam. Quartett von Romberg, dummes Violinkonzert; Schubertisches Lied: „Sehnsucht" von Schiller. Klavierkonzert. Terzett aus „Barbier von Sevilla". Chor aus Spohrs „Faust". Dann treffe ich mit Spaun, Enderes, Gahy und Fritz zusammen. Da wir ein anderes Bierhaus suchen, treten wir beim Rebhuhn ein, wo aber der Dampf noch ärger ist als beim Anker, daher wir auch gleich unsere Zuflucht zu diesem nehmen. Wir machen da allerlei Künste, und nachdem wir Schober vergeblich erwartet hatten, gingen wir um 11 Uhr nach Hause.

Haas ist Karl (siehe 15. Dezember 1826). – Das Programm umfaßte ein Streichquartett in E-Dur von Andreas Romberg, eine Polonaise von Leopold Jansa, Adagio und Rondo mit Streichquartett-Begleitung von „Henri Herz aus Paris" (geboren in Wien 1803, seit 1816 in Paris, damals der berühmteste Pianist), am Klavier Sowinsky (siehe 3. Dezember 1826), ein Terzett aus Rossinis „Barbiere", eine Arie mit Chor aus Spohrs Oper „Faust". – Beim „Rebhuhn" in der Goldschmiedgasse, nahe dem Stefansdom, war nicht nur ein Kaffeehaus, sondern auf der anderen Seite des Tors auch ein Gasthaus. – Schober war erkrankt (siehe 1. Februar 1827).

Aus der amtlichen „Wiener Zeitung" vom 22. Januar 1827

Bei *Tobias Haslinger*,
Kunst- und Musikalienhändler in Wien, am Graben Nr. 572,
im Hause der ersten Österr. Sparkasse, sind erschienen und bei
K. *Lichtl* in Pest um den selben Preis zu haben:
Valses nobles
pour le Pianoforte seul
par
François Schubert.
Oeuvre 77. Prix 40 kr. K. M.

Haslinger, der seit 1826 Alleinbesitzer des früheren Verlags Steiner & Co. geworden war, verlegte hiermit das erste Werk von Schubert. Der Titel stammte wieder vom Verleger. Das Werk hat, wie alle Tänze, keine Widmung. Es erschien vor op. 67 und einigen anderen Werken mit niedrigeren Opuszahlen. Das läßt darauf schließen, daß diese Werke bereits vergeben waren.

Fürst Trauttmansdorff an Graf Harrach

Mit allerhöchster Entschließung vom 22ten d. M. haben Seine Majestät den Hoftheaterkapellmeister Josef Weigl zum k. k. Vizehofkapellmeister mit den systemisierten Genüssen zu ernennen . . . geruhet . . .
Hiermit erhält der Bericht vom 19t Xbr vor. Jahres seine Erledigung, und man stellet in der Anlage sämtliche Gesuche den Kompetenten zurück.

Vom k. k. Obersthofmeisteramte.
Wien, den 24. Jänner 1827.

Trauttmansdorff

Frhr. v. Sacken.

Vgl. 19. Dezember 1826 und 27. Januar 1827. – Weigl scheint doch das volle Gehalt von 1000 fl. und die 200 fl. Quartier-Zulage bekommen zu haben.

Aus Fritz v. Hartmanns Tagebuch (Übersetzung)

24. Januar 1827: Im kleinen Musikverein wohnte ich der Probe eines entzückenden Chores von Schubert, betitelt „Nachthelle", bei.

Das Männerquartett mit Tenorsolo und Klavierbegleitung, genannt „Nachthelle", nach Seidl, war im September 1826 geschrieben worden (siehe 25. Januar 1827).

Ferdinand Walcher an Schubert

[Außen:]

Herrn
Herrn Franz Schubert
Wohlgeboren
Eigenhändig zu übergeben.

[Innen:]

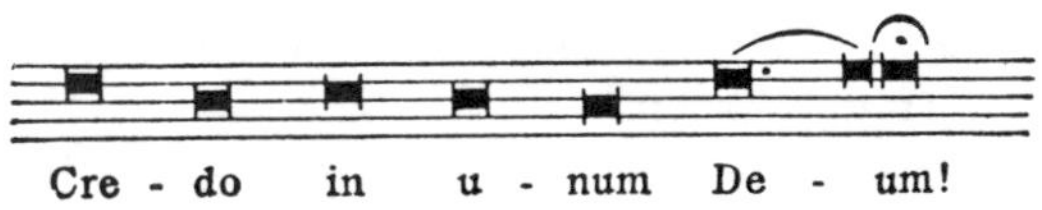

Du nicht, das weiß ich wohl, aber das wirst Du glauben, daß Tietze heute abend beim Vereine Deine „Nachthelle"*) singen wird, wozu Dich N. Fröhlich mittelst der 3 mitfolgenden Billetts einladet, die ich die Ehre habe, Dir, des großen Schnees wegen, im Wege des Kaffeehauses zur lustigen Plunzen zu übermitteln.

Wien, 25./1. 827.

Dein wohlaffektionierter

Gönner Walcher.

Vidi Julimauser aus Freiburg.

*) Nachthelle bedeutet hier nicht Somnambulism, Clairvoyance, ausgeschlafener Rausch usw., sondern Gedicht von Seidl, Musik von Schubert, für obligaten, verdammt hohen Tenor, mit Chor, wobei ich zum zweiten Tenor engagiert bin, und mir zu dem Ende bereits ein superbes ₣ vom Badner Bäcker bestellt habe, der die besten machen soll. Anmerkg. des Verfassers.

NB. Kleyle nicht vergessen, und morgen könntest Du wohl zu Kiesewetter kommen.

Schubert hat zwar die Worte „Et unam, sanctam, catholicam, et apostolicam Ecclesiam" in seinen Messen ausgelassen, nicht aber die anderen Teile des Credo, das ihm heilig war. – Walcher (siehe 21. Dezember 1826) war mit Schubert per du geworden. – Nanette, oder Anna, Fröhlich war wohl die Veranstalterin dieser Abendunterhaltung im „Kleinen Verein" der Gesellschaft der Musikfreunde. – Das Café Bogner hatte den scherzhaften Beinamen „Zur lustigen Plunzen", was Blutwurst bedeutet, vielleicht wegen der Leibesfülle der Besitzerin. – Julimauser war der Spitzname Jengers, der aus Freiburg im Breisgau stammte. Es bedeutet ein Lebewesen, das sich im Juli mausert. – Ein Bäckermeister in Baden bei Wien war bekannt durch seine großen „Kipfeln" (Hörnchen), die man Badner Ringeln nannte; danach ist ein Walzer von Lanner betitelt. Walcher unterstellt hier, daß jener Bäcker eine Bestellung auf Gebäck in Form eines durchstrichenen F annehmen würde. – Franz Joachim Ritter v.

Kleyle, geboren in Haslach in Baden (Deutschland) 1775, war Güterdirektor des Feldherrn Erzherzog Karl. Er lebte mit seiner schönen Frau Karoline, geb. Ockel, in einer Villa im Vorort Penzing, nahe dem Schloß Schönbrunn. Sie hatten sechs Töchter und drei Söhne. Von den Töchtern heiratete Sophie, die Freundin des unglücklichen Dichters Lenau, Max Löwenthal (siehe 20. Oktober 1822); Rosalie, eine Schülerin des Dichters Adalbert Stifter, Karl Freiherrn v. Schönstein (siehe 17. Februar 1824); und Johanna, verlobt mit dem musikalischen Juristen Emanuel Mikschik, der 1829 bis 1838 Vogl oft am Klavier begleitete, nach Emanuels Tod dessen Bruder Eduard. Im Penzinger Heim der Kleyle (jetzt Beckmanngasse 14), dessen prächtiger Park lange erhalten blieb, verkehrten auch Schubert, Walcher, Jenger und Teltscher.

Aus dem Programm der 11. Abendunterhaltung der Gesellschaft der Musikfreunde, am 25. Januar 1827 (Direktor: Herr Geissler)

2. Nachthelle, Gedicht von Seidl, in Musik gesetzt von Franz Schubert, vorget. von Herrn Tietze und dem Chor (in Manuskript).

Über Geißler siehe 1. März 1826. – Walcher sang im zweiten Tenor des Quartetts, das von einem Chor gesungen wurde. Jenger begleitete offenbar am Klavier.

Bescheid auf dem Majestätsgesuche Schuberts

Nachdem S. Majestät die hierin angesuchte Stelle zu besetzen geruhet haben; kann hierüber nichts mehr verfügt werden.

Vom k. k. Hofmusikgrafenamte
Wien d. 27. Jänner 1827.
K. Gf. Harrach

Diese Erledigung steht auf der Rückseite des Majestätsgesuches vom 7. April 1826, das Schubert also zurückbekam. Sie ist im Entwurf im Staatsarchiv, Wien, und zwar für alle acht Bewerber erhalten. (Weigl hatte sich ja nicht beworben.) Josef v. Spaun berichtet, daß Schubert daraufhin gesagt habe: „Gerne hätte ich diese Stelle erhalten mögen; da sie aber einem so würdigen Manne wie Weigl verliehen wurde, muß ich mich wohl damit zufrieden geben" (vgl. dagegen 19. Mai 1819). Bauernfeld erzählt, er habe mit Schubert im Sommer 1827 über diesen Ausgang gesprochen und zu Schubert gesagt: „Sie haben dir einen Dilettanten vorgezogen!" (was wohl novellistische Ausschmückung ist) und ihn damals auf die Idee eines Kompositionskonzertes gebracht (vgl. 31. März 1824).

Anfang 1827: Aufführung des „Rondo brillant" in h-Moll op. 70 (D. 895) durch Karl Maria v. Bocklet (Klavier) und Josef Slawjk (Violine) bei Domenico Artaria in Gegenwart Schuberts. – Domenico Artaria, geboren 1775 in Blevio am Comosee, war der Inhaber der 1770 gegründeten Firma Artaria & Co., die bis zur Mitte des 19. Jahrhunderts eine führende Rolle im Wiener Musik-, dann im Kunstleben spielte und erst um 1935 aufgelöst worden ist. Sie hatte mit Mozart, Haydn und Beethoven in sehr guten Beziehungen gestanden. – Das 1826 entstandene Rondo erschien dort im April (19. April 1827). – Slavjk, geboren in Böhmen 1806, weilte seit 1826 in Wien. Er hat mit Bocklet auch Anfang 1828 Schuberts Fantasie für Klavier und Violine (op. posth. 159) in seinem Konzert zuerst vorgetragen (20. Januar 1828).

Aus Franz v. Hartmanns Tagebuch

31. Januar 1827: Gegen 8 Uhr zu Spaun, der uns eingeladen hatte. Da waren Gahy, die beiden Rueskäfers, Enderes und Derffel. Anfangs spielte Gahy herrliche Schubertische Sachen, dann soupierte man und rauchte herrliche echte amerikanische Zigarren, und endlich machten die 2 Herren von Haus, die äußerst lebhaft und gut waren, allerlei überraschende Künste. Um $12^{3}/_{4}$ nahmen wir endlich Abschied und kratzten nach Hause.

Die beiden Rueskäfer waren Friedrich und Michael (siehe 17. Dezember 1826 und 12. Januar 1827). – Amerikanische, das heißt wohl Havanna-Zigarren, waren in Österreich, wegen des Tabakmonopols und der deshalb hohen Steuer auf ausländischen Tabak, ein besonderer Luxus. – Die zwei Herren vom Haus sind Spaun und Enderes. – Schubert war nicht dabei.

Aus Bauernfelds Tagebuch

1. Februar 1827.

Gestern auf *Kriehubers Hochzeit.*

Josef Kriehuber (vgl. 6. März 1824), geboren in Wien 1801, hochbegabt und erfolgreich als Porträtist in Lithographie und Aquarell, heiratete ein Fräulein Marie Forstern.

Aus dem Programm der 12. Abendunterhaltung der Gesellschaft der Musikfreunde, am 1. Februar 1827 (Direktor: Herr Piringer)

6. Die zürnende Diana, Gedicht von Mayrhofer, in Musik gesetzt von Schubert, vorgetr. von Herrn Schoberlechner.

Über Piringer siehe 1. März 1826, über Schoberlechner 21. Dezember 1826.

Vermerk auf einem Programmtext

Um zwei Töne tiefer, von Schoberlechner gesungen. Jenger akkomp.

„Der zürnenden Diana" ist für Tenor geschrieben, und Schoberlechner sang Baß.

Aus Franz v. Hartmanns Tagebuch

1. Februar 1827: Ich gehe (ohne sie zu treffen) zu Schwind und Schubert . . . Um 10 Uhr zum Anker, wo schon Spaun, Enderes, Schubert, Gahy, Fritz und Schober (nach einer Krankheit das erstemal). Um $11^1/_4$ nach Hause.

Zu Schober vgl. 18. Januar 1827.

Aus Franz v. Hartmanns Tagebuch

3. Februar 1827: Mit Enderes zum Anker, wo Spaun, Schober, Schwind, Schubert, Bauernfeld wieder sind. Es ist so ausnehmend lustig, wie es lange nicht mehr war. Wir bleiben auch wieder bis $11^1/_2$ Uhr.

Frau Nina . . . an Schober und Schubert

[Wien, 6. Februar (1827?)]

Wir, von Gottes Gnaden Beherrscherin aller Hatschiere und Janitscharen, legen hiemit mittelst dieses Edikts, im Namen einer wohlbekannten, mathematisch aufgenommenen, uns verbündeten Macht (id est Baronin Drostig) für den 15. d. M. Beschlag auf die beiden wohlgenährten Gestalten eines sichern P. T. Schober und detto Schubert. Diese Benannten haben nach Geistes- und Leibeskräften zur Verherrlichung einer musikalisch-deklamatorisch-tanzalischen Abendunterhaltung mitzuwirken.

Die verschneiten Nachtigallen aus der Alleegasse werden unerachtet aller kalten Rinden auch gehörig flöten.
Wir erwarten von unsern Vasallen unbedingten Gehorsam.
Gegeben aus unserer windigen Residenz am Tage der heiligen Dorothea.

Nina.

Dieses humoristische Billett fand sich in Schobers brieflichem Nachlaß (jetzt Stadtbibliothek Wien). Es sind nur Vermutungen über die Schreiberin möglich, die aber nicht überzeugend sind. Ihre Freundin, Baronin Droßdick, mag die Frau des Wilhelm Freiherrn v. Droßdick, Hofrates bei der Vereinigten Hofkanzlei, gewesen sein, der nach Schuberts Tod seinen Zyklus „Schwanengesang" subskribiert hat. (Bekanntlich hatte Beethovens Freundin Therese Malfatti 1817 einen anderen Baron Droßdick geheiratet.) Es ist jedenfalls bemerkenswert, daß Vogl 1827/28 in der Alleegasse, hinter der Karlskirche in der Vorstadt Wieden, wohnte; seine Frau aber hieß Kunigunde, nicht Nina. – P. T. ist eine Abkürzung für pleno titulo. – Die „Kalte Rinde" ist nicht leicht zu erklären, aber Schwind schrieb am 6. Mai 1824 an Schober: „Wie leicht legt' ich jede kalte Rinde ab" und Schuberts Lied „Am Bach im Frühling" (1816, Text von Schober) beginnt: „Du brachst sie nun, die kalte Rinde". – Der Brief ist undatiert, der Tag ergibt sich aus dem Fest der hl. Dorothea, das Jahr kann aber auch 1828 gewesen sein.

Aus dem Programm der 13. Abendunterhaltung der Gesellschaft der Musikfreunde, am 8. Februar 1827 (Direktor: Herr Bogner)

4. Lied des gefangenen Jägers aus Walter Scotts Fräulein vom See, in Musik gesetzt von Franz Schubert, vorgetragen von Herrn Schoberlechner.

Über Bogner vgl. 24. Februar 1825.

Vermerk auf einem Programmtext

Gesu. v. Schoberlechner, s. g. Jenger akk.

Aus der Leipziger „Allgemeinen musikalischen Zeitung" vom 4. April 1827

[Korrespondenz aus Wien, Februar 1827]

Der nimmermüde Liederkomponist Schubert hat in den wöchentlichen Vereins-Abendunterhaltungen wieder zwei neue Gesänge vortragen lassen, nämlich: die zürnende Diana, Gedicht von Mayrhofer, und das Lied des gefangenen Jägers aus Walter Scotts Fräulein vom See. Auch er arbeitet [wie Karl Czerny in seiner Art] beinahe allzuviel in diesem Genre und das folgende Gute vermag kaum das früher gegebene Treffliche zu überbieten.

Aus der Zeitschrift „The Harmonicon", London, Juli 1827 (Übersetzung)

(Über zwei „Abendunterhaltungen" der Gesellschaft der Musikfreunde, 1. und 8. Februar 1827)
... In unserem Musikverein wurden zwei neue Lieder vorgetragen, die allgemeines Interesse erregten, von dem beliebten Schubert komponiert. Das erste war „Die zürnende Diana", das zweite das „Lied des gefangenen Jägers" aus Sir Walter Scott's „Lady of the Lake".

Vgl. 1. Februar 1827.

Aus dem Frankfurter „Allgemeinen musikalischen Anzeiger“ vom 10. Februar 1827

Hektors Abschied. Emma. Des Mädchens Klage. Gedichte von Friedrich von Schiller. In Musik gesetzt für eine Singstimme mit Begleitung des Pianoforte von Franz Schubert. 56 [recte 58]stes Werk.
Der Schmetterling und die Berge. Von Friedr. Schlegel. An den Mond. Von Friedr. v. (?) Hölty. In Musik usw. von Franz Schubert. 57stes Werk. Wien, bei Thad. Weigl. 4 fl. K. M. u. 46 kr. K. M.
Beide Hefte enthalten wohlgeschriebene Musik, von der wir jedoch eine besondere *Innigkeit* namentlich nicht eben rühmen könnten. Diese Art Gesänge ist zu künstlich für das echte deutsche Lied und zu einfach, als daß man sie dramatisch nennen könnte. Was sie unter solchen Umständen sein kann, hat Herr Schubert allerdings geleistet, und wir könnten beide Werkchen den Gesangsfreunden vor vielen ähnlichen empfehlen.

Vgl. 6. April 1826. – Das echte deutsche Lied sollte noch immer das Strophenlied sein, wie es Reichardt und Zelter geschrieben hatten.

Aus Franz v. Hartmanns Tagebuch

10. Februar 1827: Haas begleitet Fritz und mich zu Schobers Wohnung, wo wir auf einen Ball geladen sind. Dort sind einmal alle Schobero-Spaunischen Bekannten männlichen und Schobero-Schwindischen Bekannten weiblichen Geschlechts; nämlich 12 Mädchen und junge Frauen, von denen ich anfangs keine einzige kenne. Alle sehr schön, außer Netty Hönig, die aber desto lieber ist, und Frl. Rinna, die auch neulich bei Conci war. Die lieblichste Tänzerin war eine gewisse Frl. Grünwedel, von der auch Spaun ganz bezaubert war. Herrlich war auch (und eigentlich die Schönste) die sogenannte Blume des Landes. Es wurden 2 Kotillons getanzt, wobei ich 2 sehr interessante Tänzerinnen bekam: die berühmte Klavierspielerin Blahetka und die Frl. Grünwedel. In den Zwischenräumen zwischen den Tänzen pokulierte man und aß Würsteln. Ich lernte einen Mediziner und wahrscheinlichen Schwager des Karl Hönig, namens Puffer, kennen. Zuletzt wurde noch gesungen und musiziert. Ich hatte den Abend im ganzen doch recht angenehm zugebracht, ob ich gleich anfangs, weil ich viele der Anwesenden nicht kannte, vor Langerweile mit Fritz (wie der Husarenmajor Paulini) hätte heulen mögen. Um $1^1/_4$ war der Ball aus. Ich mußte ein Fräulein, welches beim Augarten unten wohnt, ganz allein nach Hause geleiten. Es war die herrlichste Mondnacht, und die Luft strich äußerst frisch. Die zu Begleitende war sehr lieb, und die lange Strecke kam mir so kurz vor, daß ich sehr mißvergnügt war, als sie zu Hause anlangte. Indes ich tröstete mich, als wir uns recht freundlich guten Tag wünschten und das Herumstreichen gar so angenehm war. Die breite, helle und doch ganz menschenleere Straße machte einen gar sonderbaren Eindruck. Ich ging nach Hause, und es war mir fast willkommen, daß der Hausmeister 6mal um sich schellen ließ. Fritz war schon zu Hause, und ich ging zu Bette um 2 (nach Fritz 3) Uhr.

Das war an einem Samstag. – Schober war mit seiner Mutter soeben von der Oberen Bäckerstraße in die vornehmere „Unter den Tuchlauben“, nahe dem Graben, übersiedelt, und zwar in das Haus „Zum blauen Igel“, das dem „Roten Igel“ der Gesellschaft der Musikfreunde unmittelbar benachbart war. Dorthin ist ihnen Schubert für die meiste Zeit seines restlichen Lebens als Gast gefolgt. – Er hatte dort zwei Zimmer und eine „Musikkammer“, mehr als er je vorher gehabt hatte. – Ernst Rinna v. Sarenbach, geboren um 1792 (in Görz ?), war Hofarzt; er hatte zwei Söhne und eine Tochter, Cäcilia, die mit Schober befreundet war. – Karl v. Conzi, Dr. juris, war Hofrat bei der Obersten Justizstelle. – Auguste Grünwedel, die Schubert besonders gefiel, heiratete einen Maler, mit dem sie in Italien lebte. – Die „Blume des Landes" war Frl. Louise Forstern, Kriehubers Schwägerin (siehe 1. Februar 1827); sie heiratete 1831 den Kupferstecher Johann Nepomuk Passini. – Karl Hönig (siehe 12. November 1823) war mit Therese v. Puffer, geboren 1806, verlobt; der Medizinstudent war ihr Bruder. – Michael Pauliny Freiherr v. Kovelsdam war in den Befreiungskriegen 1813/15 Ritter des Maria-Theresien-Ordens geworden; die Anspielung ist aber nicht mehr verständlich. – Das Fräulein, das Franz nach Hause geleitete, hieß Emilie (siehe 24. Februar 1827); der Augarten liegt in der Vorstadt Leopoldstadt. – In Hartmanns Familienchronik ist auch „eine schöne junge Frau von Planer" (wahrscheinlich die Frau des Advokaten Johann Georg Edler v. Planer) unter den Gästen genannt, die von Schubert die „Valses nobles" (22. Januar 1827) spielen gehört hatten.

Aus Fritz v. Hartmanns Tagebuch (Übersetzung)

10. Februar 1827: Um 7 Uhr ging ich mit Franz zu Schober, einer schon lange vorher gemachten Einladung folgend, die Josef v. Spaun, der uns aufsuchte, diesen Vormittag wiederholt hatte. Spaun kam uns abholen. Bei Schober traf ich unter anderen Spaun, Gahy, Enderes, Schubert, Schwind und seinen Bruder, Bauernfeld; und Damen, die mir wenig bekannt waren, z. B. Netty Hönig, Frl. Puffer, Leopoldine Blahetka (die berühmte junge Pianistin), Frl. Grünwedel usw. Die meisten der Damen waren schön, was ein sehr hübsches Bild gab. Dennoch unterhielt ich mich anfangs nicht sehr gut, weil ich das Mißgeschick hatte, den ersten Kotillon mit dem einzigen häßlichen Mädchen unter den anwesenden zu tanzen, ein Mißgeschick, das ich notwendig ertragen mußte. Sie hieß Frl. Rinna. Beim zweiten Kotillon hatte ich mehr Glück: ich tanzte mit Frl. Blahetka. Vor drei Jahren hat sie mich entzückt, aber seit damals hat sie viel von ihrer Schönheit und noch mehr von ihrem liebenswürdigen Benehmen eingebüßt, weil man ihr in Deutschland, wo sie 18 Monate auf Reisen war, zu sehr gehuldigt hat. Die Musik war herrlich, da sie nur aus Walzern von Schubert bestand, zum Teil vom Komponisten selbst, zum Teil von Gahy gespielt. Wir blieben bei Schober bis 2 Uhr nachts. Hierauf teilten sich die Herren in die Begleitung der Damen. Ich geleitete Therese Puffer, mit der ich bei dieser Gelegenheit mehr als auf dem ganzen Balle sprach, weil ich mich den Mädchen, die durch ihre guten Bekannten sehr in Anspruch genommen waren, nicht nähern wollte. Schließlich geleitete ich die beiden Brüder Schwind bis zum Karolinentor.

Schwinds Bruder ist August (siehe Ende Dezember 1824). – Fräulein Blahetka war 1825/26 auf einer Konzertreise gewesen. – Da Schubert nicht auf dem Weg zum Karolinentor (wo er ein paar Wochen gewohnt hatte) mit den Brüdern Schwind war, so ist anzunehmen, daß er bereits zu Schobers übersiedelt war oder zumindest diese Nacht schon dort verbracht hat.

Aus Fritz v. Hartmanns Tagebuch (Übersetzung)

11. Februar 1827: [Ball beim Großhändler Reyer aus Triest.] Den vierten Walzer tanzte ich nach dem Souper mit einem Frl. Gosmar, mit der ich von . . . Schuberts Musik u. a. sprach.

Franz Thaddäus Ritter v. Reyer, geboren in Malborgeth (Kärnten) 1761, war Großhändler und Bankier und wurde erst 1826 geadelt. Sein Sohn Konstantin, geboren in Triest 1801, wurde zum Freiherrn und Mitglied des österreichischen Herrenhauses ernannt. – Louise Gosmar, geboren 1803, die spätere Gattin

Leopold Sonnleithners, war eine von vier Schwestern des aus Norddeutschland eingewanderten Kaufmanns W. A. Gosmar. Emilie, die älteste, heiratete Andreas v. Stifft (geboren 1787, vgl. 13. September 1813), Auguste, die dritte, Karl v. Rosenzweig, und Therese, die jüngste, Karl Sebastian Rosenkart. Hier ist wohl Louise gemeint, von der wir noch hören werden. Die Familie, die in Leipzig vom Judentum zum Protestantismus übergetreten war, wohnte in der Sackgasse der Vorstadt Wieden.

Aus Franz v. Hartmanns Tagebuch

13. Februar 1827: Wir gingen [nach 11 Uhr] zum Anker, wo noch Spaun, Gahy und Schubert. Wir blieben $^1/_2$ Stündchen dort.

Aus Fritz v. Hartmanns Tagebuch (Übersetzung)

14. Februar 1827: [Picknick bei Frau v. Pratty, Derffels Quartiergeberin.] Ein Herr Kandler spielt viel am Klavier und sang auch einige Lieder von Schubert; Gahy spielte die „valses nobles" von dem selben Komponisten.

Über Frau Pratty ist nichts bekannt. – Über Kandler siehe 13. Mai 1822.

Aus Franz v. Hartmanns Tagebuch

15. Februar 1827: Fritz und ich gingen zum Anker, wohin uns Eli [v. Spiegelfeld] begleitete. Nach langer Zeit kommen Enderes, Spaun, Schober und Schubert. Wir waren sehr lustig. Ich sang dem Schubert Deutsche vor. Um $11^3/_4$ nach Hause.

Laut Fritz v. Hartmanns Tagebuch waren die Brüder vorher mit Josef v. Spaun bei einer Abendunterhaltung der Gesellschaft der Musikfreunde gewesen. – Elias (Eli) Freiherr v. Spiegelfeld, geboren 1811, wurde Offizier. Er stammte aus einer von zwei Familien dieses Namens in Wien: er und drei Brüder waren die Söhne Antons, des 1822 verstorbenen Gouverneurs von Triest, zwei andere Brüder mit drei Schwestern die Kinder eines verstorbenen Appellationsrats.

Aus Fritz v. Hartmanns Tagebuch (Übersetzung)

15. Februar 1827: ... Mir werden diese Menschen immer lieber.

„Diese Menschen" sind die oben genannten Freunde.

Februar 1827: Anton Schindler bringt dem erkrankten Beethoven 60 Schubert-Lieder, davon einige im Manuskript. – Vgl. Notiz vor dem 21. März 1827.

Aus dem Grundbuch der Stadt Wien

[Über die Vormerkung auf das Haus Himmelpfortgrund Nr. 10]
17. Februar 1827 – deren Kassierung.

Vgl. 5. Oktober 1826. Die im Grundbuch vorgemerkten Erbanteile der vier Kinder nach dem Tode der Mutter 1812 wurden jetzt vom Vater aus dem Kaufpreis, dessen zweiten Teil (3000 fl.) er wohl schon vor dem Termin (24. April 1827) erhalten hatte, abgelöst. Die Vormerkung wurde also amtlich gestrichen.

Aus Franz v. Hartmanns Tagebuch

17. Februar 1827: Um $6^1/_2$ ziehe ich mich an, um zu Schober auf den Ball zu gehen. Es ist fast die selbe Gesellschaft da wie vor 8 Tagen; nur nicht so viele Tänzerinnen sind da. Besonders ist heute Spaun lieb. Mir ist unter den Tänzerinnen die liebste die sogenannte junge Nonne, Betty Puffer, die sehr angenehm ist. Wir tanzen tätig darauf los. (Ich die 2 Kotillons mit der Frau v. Kriehuber und Frl. Grünwedel.) In den Zwischenpausen gibt's Bier und Würsteln. Auch August Schwind ist sehr lieb. Ich bin schon besser mit allen bekannt als vor 8 Tagen. Um $2^3/_4$ geht alles nach Hause. Ich begleite die Hönigischen, aber auf die unlustigste Art, da ich eine Tante führen muß.

Das war wieder ein Samstag (vgl. 10. Februar 1827). – Betty Puffer war Theresens Schwester. – Die Tante der Hönigs ist Ludwig Hönigs (siehe 18. oder 19. September 1825) Frau.

Aus Franz v. Hartmanns Tagebuch

21. Februar 1827: Um $9^1/_2$ zum Anker, wo anfangs Bauernfeld, Lachner, Randhartinger. Nach langer Zeit kommen Spaun (flüchtig vom Balle), Schober, Schubert, Schwind. Wir bleiben bis 12 Uhr beisammen.

Aus Franz v. Hartmanns Tagebuch

22. Februar 1827: Wir gehen zum Schloß Eisenstadt (Bierhaus in der Naglergasse), wohin nach entsetzlich langer Zeit auch Schubert, Schober und Spaun kommen. Interessante musikalische Diskurse. Gegen 12 Uhr nach Hause.

Das Gasthaus „Zum Schloß Eisenstadt", benannt nach dem Sitz der Fürsten Esterházy, wo Haydn so lange gelebt hatte, wurde nun für ein halbes Jahr das Stammlokal der Schubertianer. Es lag nahe dem Graben.

Aus Franz v. Hartmanns Tagebuch

24. Februar 1827: Auf den Ball bei Schober, wo außer den Tänzern und Tänzerinnen von neulich (ausgenommen Blahetka) noch die garstige Frl. Rinna und eine gewisse Marie Pinterics, die sehr schön und lieb sein muß, weil sich die meisten in sie verlieben, sind. Ich tanze den 1. Kotillon mit der jungen Nonne, den 2ten mit einer alten Tante der Hönigischen, den 3ten mit Frl. Rinna. Deutsche mit allen. Fritz ist unausstehlich langweilig. Ich zerbreche eine Tasse. Tanze übrigens entsetzlich. Verliebe mich beinahe in die Blume des Landes. Begleite, wie vor 14 Tagen, die Frl. Emilie nach Hause. Gehe zurück, läute am Haustor über 20mal und stehe da über $^3/_4$ Stunden, eh mir geöffnet wird.

Wieder ein Samstag. – Marie war eine Schwester von Pinterics (siehe 20. August 1824). – Die „Junge Nonne" ist Betty v. Puffer, die „Blume des Landes" Louise Forstern. – Zu Frl. Emilie vgl. 10. Februar 1827.

Aus Fritz v. Hartmanns Tagebuch (Übersetzung)

24. Februar 1827: Um $^1/_2$8 Uhr ging ich mit meinem Bruder zu Schober, wo wir zum letzten kleinen Ball eingeladen waren. Ich tanzte mehrere Runden Deutsche, den ersten Kotillon mit Louise Forstern, einem so schönen Mädchen, daß sie sich des Beinamens

„Die Blume des Landes" erfreut; und den zweiten Kotillon mit Therese Puffer. Die übrige Zeit verbrachte ich im Gespräch mit Spaun, Schubert, Gahy, Netty Hönig usw. Bevor wir auseinandergingen, rauchten die Herren eine Pfeife. Es war 3 Uhr früh, als ich nach Hause kam.

Das Pfeifenrauchen wird hier erwähnt, weil es während einer Gesellschaft mit Damen, wenn auch offenbar in einem gesonderten Raum, geschah.

26. Februar 1827

[„Excudatur" der Wiener Zensurstelle
für Schuberts Opus 81: Alinde – An die Laute – Zur guten Nacht.]

Alle Lieder unterlagen, wegen der Texte, der Zensur. In diesem Falle ist die Bewilligung, „Excudatur", auf das Titelblatt des verschollenen Manuskripts gesetzt, das Schubert selbst mit Januar 1827 datiert hatte. Vgl. 28. Mai 1827.

Aus der „Wiener Allgemeinen Theaterzeitung" vom 27. Februar 1827

Es ist hinlänglich bekannt, welche herrliche Wirkung *Goethes* Gedicht: „Erlkönig" durch *Schuberts* meisterhafte Komposition gemacht hat. Wir übergeben hier ein ähnliches Gedicht, welches unsers Bedünken nach den Tondichtern ein reiches Feld bietet, und seiner Kürze wegen ein erhöhtes Verdienst hat.
[Folgen fünf anonyme Strophen, „Nina" betitelt.]

Das Gedicht ist stümperhaft.

Aus Fritz v. Hartmanns Tagebuch (Übersetzung)

1. März 1827: In den landständischen Saal, wo man das erste Concert spirituel gab. Die C-Dur-Symphonie von Mozart entzückte mich am meisten. Ich traf Spaun, Enderes und Schubert.

Das 1819 von Gebauer gegründete „Concert spirituel" stand jetzt unter der Leitung Piringers und Geißlers (siehe Notizen vor 3. März 1822 und 1. März 1826). – Das Programm enthielt u. a. Beethovens Ouvertüre „Zur Weihe des Hauses" und einen Chor aus Händels „Israel in Ägypten" (mit der vermehrten Instrumentalbegleitung von Mosel).

Aus der amtlichen „Wiener Zeitung" vom 2. März 1827

Bei Ant. *Diabelli* und Komp.,
Kunst- und Musikalienhändler, am Graben Nr. 1133, sind neu erschienen, und bei Karl Lichtl in Pest um den selben Preis zu haben:
Gesänge aus Wilhelm Meister
von *Goethe,*
mit Begleitung des Pianoforte,
in Musik gesetzt
und der
Fürstin Mathilde zu Schwarzenberg
ehrfurchtsvoll zugeeignet
von Franz *Schubert.*
62stes Werk Preis 1 fl. Konventions-Münze.

Inhalt:

Nr. 1 Duett: Mignon und der Harfner. (Nur wer die Sehnsucht kennt.)
Nr. 2 Lied der Mignon: (Heiß' mich nicht reden, heiß' mich schweigen.)
Nr. 3 Lied der Mignon: (So laßt mich scheinen, bis ich werde.)
Nr. 4 Lied der Mignon: (Nur wer die Sehnsucht kennt.)

Drang in die Ferne
Gedicht von K. G. *v. Leitner.*
In Musik gesetzt
für eine Singstimme mit Begleitung des Pianoforte
von Franz *Schubert.*
71stes Werk. Preis 30 kr. K. M.

Auf dem Wasser zu singen.
Gedicht von Leopold Grafen zu Stolberg.
In Musik gesetzt
für eine Singstimme mit Begleitung des Pianoforte
von Franz *Schubert.*
72stes Werk. Preis 30 kr. K. M.
(Eigentum der Verleger.)

Op. 62, das nach op. 77 erschien, war wohl das erste neue Werk, das Schubert nach der Wiederversöhnung mit Diabelli diesem Verlag überlassen hatte. Es war im Januar 1826 entstanden und der Prinzessin Mathilde Schwarzenberg, geboren 1804, gewidmet. Sie war die Tochter des Fürsten Josef Johann, geboren 1769, der Haydn und Beethoven protegiert hatte, und die Schwester des späteren Fürsten Felix, geboren 1800, der Ministerpräsident von Österreich geworden ist. Diese Beziehung Schuberts dürfte durch Barth (siehe 29. Januar 1821) bewerkstelligt worden sein. – Opp. 71 und 72 (ohne Widmung) waren Neudrucke der in der „Wiener Zeitschrift für Kunst usw." erschienenen Lieder (siehe Notizen vor Frühjahr 1823 und 1. Januar 1824).

Aus Franz v. Hartmanns Tagebuch

3. März 1827: Beim Schloß Eisenstadt sind Spaun, Schober, Schubert, Bauernfeld. Man spricht von den Griechen, Ungarn und Grillparzer. Ist recht aufgeräumt. Um 11½ nach Hause.

Im griechischen Befreiungskrieg (1821–1829) kam es 1827 zu einem Schutzbündnis zwischen England, Rußland und Frankreich. Vgl. 17. Februar 1824 über die Griechenlieder Wilhelm Müllers, mit dem sich Schubert eben wieder beschäftigte (siehe 4. März 1827). – In Ungarn war mit der Wiedereröffnung des Parlaments (1812–1824 geschlossen) ein neuer Nationalismus erweckt worden.

Aus Fritz v. Hartmanns Tagebuch (Übersetzung)

3. März 1827: ... Auch Türken. Lord Cachronne [besprochen].

Thomas Cochrane, zehnter Earl of Dundonald, war Kommandant der griechischen Marine geworden.

Aus Franz v. Hartmanns Tagebuch

4. März 1827: Ich gehe mit Fritz zu Schubert, der uns eingeladen hat, aber gar nicht zum Vorschein kommt. Schwind singt derweil; die Blume des Landes ist auch da.

Mit Spaun, Schober, Schwind und Bauernfeld und Fritz zum Schloß Eisenstadt, wohin auch Schubert, Gahy und Enderes kommen. Man spricht über die Tiere des Walds. Um 11 Uhr nach Hause.

Schubert hatte die Freunde in sein neues Quartier bei Schober eingeladen. Er komponierte dort als erstes zwei Lieder nach Schober, „Jägers Liebeslied" und „Schiffers Scheidelied", und im selben Februar 1827 auch noch den ersten Teil der „Winterreise", des zweiten Zyklus nach Wilhelm Müller, deren zweiten Teil er ebenfalls in Schobers Wohnung im Oktober 1827 komponierte. Diese Lieder hatte er offenbar den Freunden vorführen wollen. Spaun berichtet, wie sehr die Lieder aus der „Winterreise" Schubert angriffen, im Schaffen und im Vortrag. Das mag der Grund gewesen sein, warum er nicht anwesend war. Der Vortrag war aber nur verschoben. Nach Spaun hat Schubert den Freunden die ganze „Winterreise" vorgetragen, was also erst im Herbst 1827 geschehen sein kann. Die Freunde waren über die düstere Stimmung verblüfft, Schober gefiel nur „Der Lindenbaum". Aber Schubert war zuversichtlich und die Freunde waren begeistert, als ihnen Vogl den Zyklus später wieder vorsang. Spaun glaubte, daß diese Lieder mit an Schuberts frühem Ende schuld waren.

Aus Fritz v. Hartmanns Tagebuch (Übersetzung)

4. März 1827: Wir gingen zu Schober, wo wir Spaun, Schwind, Bauernfeld und Kriehuber mit seiner Frau und seiner Schwägerin (der „Blume des Landes") trafen, weil Schubert, Schobers Zimmerherr, uns eingeladen hatte, seine neuen Kompositionen anzuhören. Alles war versammelt, aber unser Freund Schubert kam nicht. Endlich übernahm es Schwind, einige ältere Lieder von Schubert zu singen, die uns entzückten. Um 1/2 10 Uhr gingen wir alle zum Schloß Eisenstadt, wo bald nach uns auch Schubert hinkam, und alle Herzen durch seine liebenswürdige Schlichtheit bezwang, wiewohl er unsere Hoffnungen durch seine geniale Lässigkeit betrogen hatte.

Aus der amtlichen „Wiener Zeitung" vom 5. März 1827

Bei A. Pennauer,
privil. Kunst- und Musikalienhändler, am Graben, im Fischerischen Hause Nr. 1122, ist soeben neu erschienen:

....

Schubert, Grande Sonate pour le Pianoforte seul. Oeuvre 42. Preis 4 fl. 30 kr.

Vgl. Notiz nach 31. Januar 1826. Das ist also eine verspätete Ankündigung.

Schubert an Franz Lachner

Lieber Lachner

Sey so gut dem Überbringer dieses mein Quartett in G dur, Partitur sam̄t den herausgeschriebenen Stim̄en zu übergeben, indem *Slawik* mir versprach, Mittwoch Abends zu Dir zu kom̄en.

Wien den 5. März 1827

Frz. Schubert.

Dieses – das letzte – Streichquartett Schuberts war Ende Juni 1826 entstanden. Lachner hatte es wohl ausgeliehen oder Schubert hatte es nach einem ersten Durchspielen bei ihm gelassen. Die Stimmen dürften nicht von Schubert geschrieben gewesen sein. Slawjk (siehe Notiz vor 31. Januar 1827) wollte es wohl durchsehen, bevor er es am 7. März mit Schubert, Lachner und einem Vierten spielte.

Aus dem Programm der 15. Abendunterhaltung der Gesellschaft der Musikfreunde, am 8. März 1827 (Direktor: Herr Kirchlehner)

4. Normans Gesang aus dem Fräulein vom See von Walter Scott mit Musik von Schubert, vorgetr. vom H. Tietze, begleitet vom H. Schubert ...
6. Gott in der Natur, Gedicht von Gleim, Musik von Schubert, vorgetr. von den Schülerinnen des Konservatoriums.

Über Kirchlehner siehe 27. Januar 1825. – Daß Schubert selbst begleitete und daß an einem Abend dort zwei Werke von ihm aufgeführt wurden, war etwas Besonderes. Das Frauenquartett, dessen Text tatsächlich von Ewald Christian v. Kleist stammt, wurde von zwölf Schülerinnen gesungen.

Aus Franz v. Hartmanns Tagebuch

8. März 1827: Um 9 Uhr gehen wir 3 [Ferdinand Sauter, Karl v. Revertera und ich] mit Haas zum Schloß Eisenstadt, wo gerade die ganze ehemalige Ankergesellschaft mit Ausnahme Schwinds und Bauernfelds. Wir schwätzen mit Karl und Spaun viel, und es ist überhaupt auch mit den übrigen sehr animiert. Nur Enderes geht früher, wir übrigen erst um $11^3/_4$ Uhr.

Karl Graf Revertera war ein Bruder Antons (siehe 18. Juni 1824), Hartmanns Schwagers.

Aus Franz v. Hartmanns Tagebuch

11. März 1827: Mit Vize gehen wir zu seinen Leuten, wo musiziert wird, geimbißt; Dini singt Schuberts junge Nonne sehr gut.

Der Abend fand im Hause Katharinas, Freiin v. Spiegelfeld statt (Witwe eines Rates am Appellationsgericht), die mit ihren Kindern auf dem Platz „Am Hof" wohnte (siehe 19. April 1827). Franz Freiherr v. Spiegelfeld, geboren 1803, genannt „Vize" (vielleicht, weil er Vizepräsident einer Organisation oder Vizedirektor einer Behörde war), war ein Vetter des Elias (siehe 15. Februar 1827); Leopoldine (Dini), geboren 1806, war seine Schwester und wurde „die Orientalin" genannt.

Aus Fritz v. Hartmanns Tagebuch (Übersetzung)

11. März 1827: [Bei der Appellationsrätin Katharina Freiin v. Spiegelfeld.] Leopoldine sang die „junge Nonne" und andere Lieder von Schubert sehr gut.

Aus der Berliner „Allgemeinen musikalischen Zeitung" vom 14. März 1827

[Rezension der opera 60 und 61 von Schubert]

... Betrachten wir ... die vorliegenden Werke, so können wir zunächst Herrn Schubert in Beziehung auf die Wahl der Texte unsre Billigung nicht versagen, die Dithyrambe von Schiller ausgenommen; es liegt in ihr zwar nur Ein Gefühl, aber es ist gänzlich gebeugt unter die Herrschaft des Gedankens, und dieser scheint uns durchaus unmusikalisch. So ist es uns denn auch gar nicht befremdend, daß dieses Stück gerade das schwächste von allen ist. In aufsteigender Linie folgt hierauf Nr. 3 der zweiten Sammlung, „Aus Heliopolis" von Mayrhofer. Es ist allegorisch und eben deshalb nicht sonderlich musikalisch; doch tritt das Gefühl, welches zum Grunde liegt, noch ziemlich deutlich hervor. Ganz vortrefflich sind die drei übrigen Lieder; es versteht sich, daß wir hier immer die Beziehungen auf die Komposition vor Augen haben, denn hätten wir die vorliegenden Gedichte, als solche, nach ihrem reinen Werte zu ordnen, so möchte das Resultat wohl ein ganz anderes sein. – Sämtliche hier bezeichneten Schubertschen Lieder zeichnen sich durch einen hohen Grad von Originalität aus, die nirgends erzwungen, also auch nicht als bloße Manier erscheint. Dabei versteht es Herr Schubert sehr gut, für den Baß zu komponieren; wir sind sogar der Meinung, daß auch die zweite Sammlung durchaus nicht für eine weibliche Singstimme, sondern ganz eigentlich für hohen Baß berechnet sei. Nirgends wird das ē überschritten.

Das Greisenlied (h-Moll) gibt uns das schönste Bild eines herrlich kräftigen Dichtergreises: er hat die bunten wechselnden Gestalten des Lebens an sich vorübergehen lassen und überschaut die Welt mit freiem, heiterm Blicke; das frische Wirken nach außen hin ist geendet, aber innerlich blüht ungeschwächt die alte Kraft. Auf die Auszeichnung einzelner schöner Momente können wir uns nicht einlassen, denn das ganze Lied ist vortrefflich. – Die Dithyrambe, wenn auch das schwächste Lied in diesen Sammlungen, ist darum noch immer nicht schlecht, nicht einmal nur mittelmäßig. Doch hat sie nicht das rechte innere Feuer; die bacchische Glut, der Schwung erscheint zuweilen gewaltsam, wie die Melodie überhaupt ungewöhnlich dem natürlichen Fortschritte widerstrebt. Wir zweifeln indes gar nicht, daß bei einem lebendigen und exakten Vortrage, der hier jedoch seine Schwierigkeiten hat, das Lied sehr gefallen wird. Des Schiffers Gesang an die Dioskuren ist durchaus schön; man kann unmöglich zugleich milder und kräftiger zum Herzen sprechen, als es hier geschieht. Der Text genügt den [obigen] Forderungen; das Gefühl ist einfach, aber erschöpfend dargestellt, und dem entspricht die Musik vollkommen; beide sind eins, so daß es unmöglich wäre, dieses ohne jenes zu denken. Das aber eben ist das Zeichen der höchsten Vollendung des Liedes. In diesem, so wie in dem folgenden „Der Wanderer" zeichnet uns Herr Schubert deutlich die ganze Szene. Beide sind Nachtstücke. Dort sehen wir den Schiffer einsam auf hoher düsterer See; hier haben wir eine duftige Landschaft im Mondschein mit allen den wechselnden Schatten und Nebelgestalten. Höchst originell ist der Gang der Melodie am Schlusse des zuletzt erwähnten Liedes. – Das letzte, „Aus Heliopolis" von Mayrhofer (wahrscheinlich nicht die Wölfin vom k. k. privil. Theater an der Wien), enthält eine Stelle, „von Menschen konnt' ich's nicht erfragen", die plötzlich den ganzen Fluß des Gesanges unterbricht und uns deshalb unpassend vorkommt. Deklamation darf im Liede nicht Hauptsache werden, weil sich so die Musik ihre Doppelherrschaft mit der Poesie vergibt. Vorzüglich gelungen erscheint dieses Lied, wo es nach E-Dur geht, und die herrliche volle Harmonie zu der klaren Melodie auf den letzten Seiten ist gar lieblich anzuhören.

So glauben wir denn diese Lieder mit Recht auf das angelegentlichste empfehlen zu dürfen, und schließen mit dem herzlichen Wunsche, von dem ausgezeichneten Herrn Verfasser – der auch schon früher viel Schönes für den Gesang geliefert hat – recht bald etwas Ähnliches mitgeteilt zu erhalten . . . 4.

[Heinrich Dorn]

Die erwähnten Lieder sind: „Greisengesang" und „Dithyrambe", „Lied eines Schiffers an die Dioskuren", „Der Wanderer" („Wie deutlich des Mondes Licht zu mir spricht") und „Aus Heliopolis". – Von op. 65 ist Nr. 1 für Tenor, Nr. 2 für Baß oder Bariton, Nr. 3 für Mezzosopran oder Alt geschrieben. – Über den Tierdarsteller Leopold Mayerhofer, den der Kritiker mit dem Dichter Johann Mayrhofer beinahe verwechselte, siehe Anmerkung zum 13. Januar 1824. – Dorn war selber Komponist.

Aus Franz v. Hartmanns Tagebuch

14. März 1827: Allein zum Schloß Eisenstadt. Da ist Schwind, Spaun, Schober, Schubert, Gahy, Enderes und eine Zeitlang Nagy. Man bleibt bis 12 Uhr.

Kreißle spricht zwar (S. 220) von einem mit Schubert bekannten Militärbeamten Karl Nágy, aber Franz v. Hartmann nennt diesen „raren Ungarn", mit dem Schober seit kurzem befreundet war, einen ungarischen Hofkonzipisten. Es ist wahrscheinlich Martin v. Nágy, Protokollist der Palatinal-Kanzlei (zu Erzherzog Josef, dem Palatin von Ungarn, siehe 29. Dezember 1825).

Aus Fritz v. Hartmanns Tagebuch (Übersetzung)

15. März 1827: Um 4 Uhr ging ich mit Karl Haas in das zweite Concert spirituel in den landständischen Saal. Man gab dort eine herrliche Sinfonie von Abbé Vogler, ein Stück aus dem „Davidde penitente" von Mozart, und die großartige neunte Sinfonie von Beethoven ... Nach dem Konzert begleitete ich Spaun ... Gegen 8 Uhr begab ich mich in den kleinen Musikverein, wo gar nichts Besonderes zu hören war ... Nach diesem Konzerte ging ich zum Schloß Eisenstadt, wo ich lange Zeit allein blieb; endlich kamen Schober, Enderes, Gahy, Schubert und noch nach Mitternacht Spaun. Das Konzert von heute Nachmittag und die Kunst überhaupt waren vor allem Stoff unserer Gespräche. Um $^1/_2$1 ging ich nach Hause.

Die „Sinfonie" von Vogler war seine 1811 für Darmstadt nachkomponierte Ouvertüre zur Oper „Samori", die von der Leipziger „Allgemeinen musikalischen Zeitung" auch „ein Meisterstück harmonischer Kunst" genannt wurde. Das „Stück" aus Mozarts Kantate (KV 469) war das Terzett in e-Moll und der Schlußchor in C-Dur.

Aus dem Programm des Konzertes Peregrin Feigerl, Zögling des Konservatoriums, am 18. März 1827, $^1/_2$1 Uhr mittags im Musikvereinssaale beim Roten Igel

5. *Psalm*, in Musik gesetzt von *Schubert*, vorgetragen von den Gesang-Schülerinnen der 3ten Klasse des Konservatoriums.

Feigerl, geboren 1803, war schon 1824 als Violinspieler aufgetreten; er wurde erst später Schüler Böhms, kam ans Theater in der Josefstadt und war schließlich Musiklehrer. – Tietze sang eine Arie aus dem „Freischütz", „aus besonderer Gefälligkeit für den Konzertgeber"; das Quartett sangen „sämtliche Fräuleins".

Aus der „Wiener Allgemeinen Theaterzeitung" vom 24. März 1827

Auch wurde noch ein schöner Psalm von *Schubert* von den Gesangs-Schülerinnen der dritten Klasse des Konservatoriums sehr erfreulich für die Fortschritte dieser Anstalt unter der Führung ihrer Lehrerin, der verdienstvollen Dem. *Fröhlich*, vorgetragen.

Eine weitere Besprechung erschien am 28. März in der Leipziger „Allgemeinen musikalischen Zeitung" (erste Ausgabe, Nr. 844), die irrtümlich annahm, daß der Psalm im letzten Herbst (siehe 7. September 1826) zum ersten Male aufgeführt worden sei.

Um diese Zeit, etwa am 19. März 1827, hat Schubert den sterbenden Beethoven besucht, wahrscheinlich mit Schindler, Teltscher und den beiden Brüdern Hüttenbrenner. (Anselm war eigens aus Graz gekommen.) Schindler hatte dem Meister, der Schwinds „Figaro"-Zyklus bei sich hatte, im Februar etwa 60 Lieder von Schubert gebracht, darunter auch noch ungedruckte: „Iphigenia", „Grenzen der

Menschheit", „Die Allmacht", „Viola" (damals noch ungedruckt), ferner „Die junge Nonne", „Die schöne Müllerin" und andere. Damals soll Beethoven, der kaum fünf von Schuberts 500 Liedern gekannt hatte und den Wunsch äußerte, seine Opern und auch mehr von seiner Klaviermusik kennenzulernen, gesagt haben: „Wahrlich, in dem Schubert wohnt ein göttlicher Funke!" (Herr Konsul Otto Taussig in Malmö besitzt eine handschriftliche Sammlung von Schubert-Liedern aus Schindlers Nachlaß, die wahrscheinlich mit jener Auswahl identisch ist.) – Um die selbe Zeit, im März 1827, hat Schubert bei Frau v. Lászny auch Hummel und den angehenden Klaviervirtuosen Ferdinand Hiller (geboren 1811 in Frankfurt am Main) getroffen, die zu Besuch in Wien weilten. Hummel phantasierte dort am Klavier über Schuberts Lied „Der blinde Knabe", das Vogl eben gesungen hatte. Die Lásznys wohnten in der Paniglgasse, Vorstadt Wieden Nr. 51.

Aus Fritz v. Hartmanns Tagebuch (Übersetzung)

21. März 1827: Um 10 Uhr gingen wir zum Schloß Eisenstadt, um unsere Freunde Schober, Spaun, Schubert usw. zu sehen; aber es kam keiner von ihnen.

Aus Franz v. Hartmanns Tagebuch

22. März 1827: Ich ging zum Schloß Eisenstadt, wo nach einiger Zeit Schober und nach langer Zeit Schubert hinkommen. Wir reden recht interessant bis $11^3/_4$. Im Heraufgehen über die Stiege zu Hause wandelt mich ein bißchen Grauen an, da heute morgens unser Zimmerherr, der Schneider, gestorben, war und die Diskurse beim Schloß Eisenstadt auch sehr schauerliche Sachen zum Gegenstand gehabt hatten.

Die Brüder Hartmann wohnten in der Riemergasse, nahe der Singerstraße, beim Schneider Watzolini, wohin ihnen im Februar die Brüder Sauter gefolgt waren.

Aus einem Grazer Konzert-Programm vom 25. März 1827

[Große musikalische Vokal- und Instrumental-Akademie, von den im Prager Konservatorium ausgebildeten Mitgliedern des Theaterorchesters, im Verein mit Grazer Opernsängern und dem Steiermärkischen Musikvereine im Rittersaal veranstaltet]
I. Abteilung ... Nr. 5. Vokalquartett von Schubert; gesungen von den Herren Marschall, Streicher, Schütze und Adolph ...
II. Abteilung ... Nr. 10. Vokal-Quartett von Schubert; gesungen von den Herren Marschall, Streicher, Schütze und Adolph.

Das Grazer Theater wurde seit 1823 von Johann Stöger (eigentlich Althaller, geboren in Stockerau, Niederösterreich, 1790) gemeinsam mit seiner Frau Johanna, geb. Wimmer, der Witwe des Prager Theaterdirektors Liebich, geführt. Ein Teil des Orchesterpersonals war mit der Direktion aus Prag gekommen. – Die beiden Quartette waren vermutlich „Das Dörfchen" und „Die Nachtigall", die schon früher in Graz gesungen worden waren (siehe 8. und 13. September 1822). Über die Sänger (zwei Tenöre, zwei Bässe) ist nichts Näheres bekannt.

Aus der amtlichen „Grazer Zeitung" vom 7. April 1827

Der Schluß der ersten Abteilung war ein von den Herren *Marschall*, *Streicher*, *Schütze* und *Adolph* recht brav gesungenes Vokalquartett von *Schubert*...
Den Schluß des Konzertes machte ein von *Schubert* komponiertes und von den Herren *Marschall*, *Streicher*, *Schütze* und *Adolph* recht gut vorgetragenes Vokalquartett.

Beethoven stirbt am 26. März 1827.

Aus Franz v. Hartmanns Tagebuch

27. März 1827: Zu Schloß Eisenstadt, wo nach langer Zeit endlich Schober kommt. Wir reden mit ihm über Watteroth und Byron bis 12 Uhr.

Watteroth mag der ältere Sohn des Professors (siehe 17. April 1816) gewesen sein; er hieß Vinzenz, war Registraturs-Konzipist der Niederösterreichischen Landesregierung und Cellist, starb allerdings bald darauf. – Byron war 1824 in Griechenland gestorben.

Aus Franz v. Hartmanns Tagebuch

28. März 1827: Hinaus in das Schwarzspanierhaus, wo ich die Leiche des göttlichen Beethoven, der vorgestern um 6 Uhr abends starb, betrachte. Als ich in sein Zimmer trat, das groß und etwas vernachlässigt ist, wurde ich schon gerührt durch das traurige Aussehen desselben. Die Möbel sind spärlich darin angebracht, und nur das Klavier, das ihm die Engländer zum Präsent machten, sowie ein sehr schöner Sarg zeichneten sich darin an Schönheit aus. Auf einigen Stellen lagen Musikalien und einige Bücher. Es war noch kein Paradebett hergerichtet, sondern er lag noch auf der Matratze seines Betts. Eine Decke lag über ihm, und ein ehrwürdiger Alter, den ich eher für seinen Diener, als für einen Totenwärter halten möchte, deckte mir ihn auf. Da sah ich sein herrliches Antlitz, das ich leider im Leben nicht hatte sehen können. Eine solche himmlische Würde, trotz der Entstellung, die er erlitten haben soll, lag über ihm ausgegossen, daß ich mich kaum an ihm satt sehen konnte. Voll Rührung ging ich wieder von dannen; und erst unten hätte ich weinen mögen, daß ich nicht den guten Alten gebeten hatte, mir einige Haare von ihm abzuschneiden. Ferdinand Sauter, mit dem ich mich zusammenbestellt hatte, den ich aber verfehlte, begegnete mir, und ich kehrte mit ihm um, ihm meinen Plan mitteilend. Der Alte zeigte uns ihn noch einmal und deckte uns auch die Brust auf, welche, sowie der hochangeschwollene Bauch, schon ganz blau war. Der Leichengeruch war schon sehr stark. Wir drückten dem Alten ein Trinkgeld in die Hand und baten ihn um Haare von Beethoven. Er schüttelte mit dem Kopfe und winkte uns zu, stille zu schweigen. Wir trollten uns also über die Stiege traurig hinab, als auf einmal oben an der Ballustrade der Alte leise zurief, wir sollten am Tore warten, bis 3 Gecken, die, mit den Röhrchen an den Pantalons klopfend, den herrlichen Toten betrachteten, fort wären. Dann begaben wir uns wieder hinauf, und aus der Türe kommend, den Finger auf den Mund legend, gab er uns in einem Papierchen die Haare und verschwand. In einer traurigen Freude darüber gingen wir. Fritz begegnete uns, und ich erzählte ihm von diesem Gange, worauf er das selbe tat. – Auf dem Kohlmarkte betrachteten wir das neueste Porträt, das von ihm da ist, und fanden seine Leiche mit selbem noch sehr ähnlich. – Dann begegnete mir Spaun, dem ich all das erzählte ... Disput mit Haas, welcher behauptet, das Geschenk, das die Engländer dem Verstorbenen machten (1000 fl. K. M. mit der Anweisung, alles, was noch nötig sei, bei Rothschild im Notfalle zu erheben), sei sehr schundig.

Das Schwarzspanierhaus, benannt nach dem früheren Orden der Schwarzspanier in Wien, lag vor dem Schottentor auf dem Glacis, an der Vorstadt Alsergrund, und war Beethovens letzte Wohnung.
Das Klavier war das sechsoktavige von der Firma John Broadwood & Sons, ein Geschenk ihres Teilhabers Thomas Broadwood von 1817. – Teltscher hatte Beethoven am 26. März im Sterben gezeichnet (Bildband, S. 465). – Beethoven war an Wassersucht gestorben. – Das Porträt, offenbar im Laden von Artaria & Co., war wohl Danhausers Zeichnung des Kopfes des Toten vom 28. März. – Die Phil-

harmonische Gesellschaft in London hatte Beethoven durch Rothschilds 100 Pfund, das ist 1000 fl. K. M., angewiesen, die er Mitte März bekommen hatte, und ihm nötigenfalls mehr zur Hilfe in seiner Krankheit in Aussicht gestellt.

Aus Bauernfelds Tagebuch

29. März 1827.

Am 26. ist Beethoven gestorben, 56 Jahre alt. Heute war sein Leichenbegängnis. Ich ging mit Schubert. Anschütz hielt vor dem Währinger Kirchhof eine Leichenrede von Grillparzer.

Der Währinger Ortsfriedhof, in der Hauptstraße dieses Vororts, war vor der Währinger Linie (Verzehrungssteuergrenze) gelegen, so wie der ältere Allgemeine Währinger Friedhof vor der Nußdorfer Linie lag. (Auf diesem war Schuberts Mutter begraben worden.) Der Ortsfriedhof ist 1796 geweiht, 1820 bis 1830 umgestaltet, 1873 geschlossen und 1925 in den sogenannten Schubertpark verwandelt worden, in dem unter wenigen erhaltenen Grabmalen auch die von Beethoven und Schubert bewahrt blieben; ihre Gebeine wurden allerdings schon 1888 in den berühmten Ehrenhain der Wiener Musiker auf dem modernen Zentralfriedhof im Vorort Simmering umgebettet. – Die schöne Rede Grillparzers mußte vom Hofschauspieler Anschütz (siehe Anmerkung vor Januar 1822) vor dem Eingang des Friedhofs gehalten werden, da nur der Priester am Grabe sprechen durfte. Darin war der Satz enthalten: „Noch lebt zwar, und möge er lange leben, der Held des Sanges in deutscher Sprach' und Zunge...", der von den Anwesenden richtig auf Goethe, aber später einmal irrtümlich auf Schubert bezogen worden ist. Ferdinand Sauter ließ sich am Schlusse zu einem „Bravo Anschütz!" hinreißen, was peinlich auffiel.

Aus Franz v. Hartmanns Tagebuch

29. März 1827: Mit Fritz und Haas Beethovens Begräbnis angesehen. Sie dauert sehr lange, und eine Menge von Zuschauern sind dabei. Es wird ein Miserere von ihm selbst gesungen, und viele Kompositeurs gehen mit. Mit Schober, Schwind und Karl Revertera gehen wir hinaus in den Kirchhof, wo er begraben wird (in Währing). Da warten wir $1^1/_2$ Stunden, bis endlich der Anschütz usw. kommen. Um diesen wird ein Kreis geschlossen, und da der Sarg endlich kommt, hält er eine herrliche Rede (von Grillparzer verfaßt), worin er auch den herrlichen Beethoven als Menschen ganz seiner würdig schildert. Nachhause mit Enderes, Schubert, Schober, Bauernfeld. Mit Ludwig Sauter und Nandi sowie Ferdinand, denen ich davon erzähle, sowie später mit Antonio, der auch dabei war bei der Rede, diskurriert. Fritz geht zum Schloß Eisenstadt.

Die Einsegnung geschah in der Pfarrkirche der Vorstadt Alsergrund, nahe dem Sterbehaus. – „Nandi" war der Spitzname Franz v. Lankmayrs, „Antonio" der seines Bruders Anton: es waren zwei Freunde der Hartmanns. – Ludwig Sauter starb tags darauf, die Freunde Ferdinands nahmen herzlichen Anteil daran.

Aus Fritz v. Hartmanns Tagebuch (Übersetzung)

29. März 1827: Ich ging zum Schloß Eisenstadt, wo ich mit Schober, Schubert und Schwind fast bis 1 Uhr nachts blieb. Selbstverständlich sprachen wir nur von Beethoven, seinen Werken und den wohlverdienten Ehren, die heute seinem Andenken bezeigt wurden.

Diese Eintragung (deren voller Wortlaut – ohne aber zu jener in Franzens Tagebuch etwas Neues hinzuzufügen – am 17. März 1920 von O. E. D. im „Neuen Wiener Journal" veröffentlicht worden ist), scheint der Überlieferung zu widersprechen, wonach Schubert mit Franz Lachner und Randhartinger nach Beethovens Begräbnis in den Gasthof „Zur Mehlgrube" am Neuen Markt gegangen sei. Dort habe er sein Glas Wein erhoben, zuerst auf das Andenken des Meisters, dann aber auf den, der von den Dreien ihm zuerst in den Tod folgen würde. – Mayrhofer schrieb im März 1827 ein Gedicht: „Den Manen Beethovens".

Aus dem „Sammler" vom 14. April 1827

[Über Beethovens Leichenfeier]

7. Auf beiden Seiten Reihen von Fackelträgern, worunter sich die Herren . . . Schubert . . . befanden. Alles war schwarz gekleidet, mit Handschuhen von gleicher Farbe und wehenden Flören am linken Arme, außer den Herren Fackelträgern, welche dafür weiße Liliensträußer angeheftet hatten, wogegen die Fackeln umflort waren.

In der Berliner „Allgemeinen musikalischen Zeitung" vom 23. Mai ist Schuberts Name als Schubart wiedergegeben. – Grillparzer und Raimund waren mit fast allen Wiener Musikern von Rang auch unter den Fackelträgern.

Aus „Ludwig van Beethoven's Leichenbegängnis, etc." (Juni 1827)

. . . VII. Auf beiden Seiten-Reihen, vom Anfange des Zuges bis zum Sarge zurück waren die Fackelträger, 36 an der Zahl, bestehend aus . . . Musikern, und unter ihnen die Herren . . . Schubert . . ., sämtlich in Trauerkleidern mit weißen Rosen u. Liliensträußern, befestigt am Arme durch die Flöre, und mit brennenden Wachsfackeln.

Der selbe Text, „zur Berichtigung mehrerer . . . teils irriger, teils mangelhafter Angaben", erschien auch im Sommer 1827 in Haslingers Ausgabe von Ignaz Seyfrieds „Libera", das in der Kirche der Alservorstadt gesungen worden war, sowie in Seyfrieds Komposition des Gedichtes „Beethovens Begräbnis" von Alois Jeitteles, dem Dichter des Zyklus „An die ferne Geliebte" von Beethoven.

Frühjahr 1827

Aus der Mainzer „Cäcilia"

[„Wien im Jahre 1826"]

Unter den jungen Komponisten schreibt . . . *Schubert* schöne Gesänge.

Dieser Bericht war in der Silvesternacht 1826 geschrieben worden.

Aus Franz v. Hartmanns Tagebuch

4. April 1827: Zu Schloß Eisenstadt, wo Schubert und Bauernfeld sind. Ich schwätze mit ihnen bis 11 Uhr von Musik und Goethe.

Aus dem Programm der musikalischen Akademie Josef Merks, Mitglieds der Hofkapelle, ersten Violoncellisten des Kärntnertor-Theaters und Professors am Konservatorium, am 6. April 1827 um 7 Uhr abends im kleinen Redoutensaale

5. Vierstimmiger Gesang von *Schubert*, vorgetragen von obengenannten Herren Sängern [*Eichberger*, *Ruprecht*, *Kral* und *Borschitzky*].

Zu Merk vgl. 25. April 1822. – Das Quartett mag das neue „Grab und Mond" vom September 1826 gewesen sein. – Josef Eichberger, geboren in Böhmen 1808, war damals als Tenor vorübergehend am

Kärntnertor-Theater engagiert. Über Ruprecht vgl. 27. August 1822. Auch Kral war Berufssänger. Franz Borschitzky, geboren in Reisenmarkt (Niederösterreich) 1794, war auch an der Hofoper tätig. – An diesem Abend spielte der 15jährige Sigmund Thalberg (geboren 1812 in Genf als natürlicher Sohn des Grafen Moritz Dietrichstein) den ersten Satz des Klavierkonzerts in h-Moll von Hummel.

Aus der „Wiener Allgemeinen Theaterzeitung" vom 12. April 1827

Zwei Vokal-Quartetten von *Eisenhofer* und *Schubert* wurden von Sängern unserer deutschen Oper sehr schön gesungen.

Franz Xaver Eisenhofer, über den sonst nichts bekannt ist, hat u. a. fünf Lieferungen mit je sechs Männerquartetten bei Georg Falter in München veröffentlicht. Er konkurrierte in dieser Gattung vorübergehend mit Schubert. Die „Wiener Zeitschrift für Kunst usw." vom 19. April (erste Ausgabe, Nr. 859) sagt von diesem Konzert: Das Quartett von Eisenhofer „erhielt außerordentlichen Beifall", das von Schubert „ließ kalt".

Eduard Horstig an seine Eltern in Bückeburg

Wien, 10. April 1827.

Große Abendgesellschaft bei uns. Anwesend waren unter anderem: Altgraf Salm. Prinz Ferdinand von Hessen-Philippsthal, Baron Jacquin, Orientalist Baron Hammer, drei Barone Boyneburg, Präsident Graf Ugarte, von Stein, Baron Spiegelfeld samt seinen Damen, Grillparzer, Hofrat Lehmann, Baron Pereira und Hofrat Weckbecker mit Familien, Baron Schlechta; Anselm Hüttenbrenner phantasiert auf dem Flügel, Tietze singt Lieder von Schubert und Beethovens „Adelaide", von Schubert akkompagniert. Baron Ransonnet spielt Mandoline, Nina selbst ergreifend Harfe, Bayer veranstaltet Quartette.

Eduard Horstig (geboren in Bückeburg 1793), Sohn des musikliebenden Konsistorialrates Karl Gottlieb Horstig und seiner Gattin Susanne, geb. d'Aubigny v. Engelbronner, war 1814 nach Wien gegangen und Staatsbeamter geworden. Er lebte von 1825 an mit seiner Tante Nina zusammen (geboren 1777 in Kassel), die unverheiratet geblieben und wie ihre ältere Schwester Amateur-Sängerin war. 1803 hatte sie in Leipzig ihre „Briefe an Natalie über den Gesang" veröffentlicht, die 1824 in zweiter Auflage erschienen; einige Lieder von ihr erschienen in verschiedenen Sprachen. Sie wohnte in Wien in einem dem Prinzen Paar gehörigen Hause in der Riemergasse. In ihrem Lehrbuch, das Beethoven geschätzt haben soll, spricht sie von Eduard Horstig als einem musikalischen Wunderkind. – Hugo Franz Graf Salm-Reifferscheid-Krautheim (geboren 1776) war Offizier gewesen und wurde Naturforscher. – Prinz Friedrich W. K. L. von Hesse-Philippsthal war Feldmarschall-Leutnant (Artillerie). – Josef Franz Freiherr v. Jacquin (geboren in Schemnitz 1766) war Professor für Chemie und Direktor des Botanischen Gartens. – Zu Hammer siehe 18. Mai 1821. – Moritz Heinrich Freiherr Boyneburg zu Lengfeld, geboren 1788, war Kavalleriegeneral, die beiden anderen vermutlich seine Brüder. – Adolf Graf von und zu Ugarte (geboren 1784) war Präsident der Oberösterreichischen Landesregierung. – Emerich Freiherr v. Stein (geboren in Görz 1762) war Feldmarschall-Leutnant und Brigadier (Artillerie). – Freiherr v. Spiegelfeld war wahrscheinlich der Offizier Anton v. Spiegelfeld (geboren 1801) mit seiner Mutter Katharina und seinen Schwestern (vgl. 15. Februar und 11. März 1827). – Franz Kaspar Lehmann (geboren 1769 im Großherzogtum Baden) war Hofrat im Hofkriegsrat und Historiker. – Der Bankier Heinrich Freiherr v. Pereira war mit Henriette v. Arnstein (geboren 1780 in Berlin) verheiratet. – Bernhard (später Ritter v.) Weckbecker (geboren 1778 in Koblenz), verheiratet mit Emilie Obermayer, war ebenfalls Hofrat im Hofkriegsrat. – Karl Freiherr v. Ransonnet-Villez (geboren 1802 in Wien) war Beamter der Niederösterreichischen Landesregierung. – Bayer ist nicht zu identifizieren.

Aus der amtlichen „Wiener Zeitung“ vom 11. April 1827

Bei *Tobias Haslinger*,
Kunst- und Musikhändler in Wien, am Graben Nr. 572, im
Hause der Österr. Sparkasse, ist neu erschienen:

Museum für Klaviermusik.
Neuntes Heft, enthaltend:

Fantasie, Andante und Allegretto
für das Pianoforte allein,
von Franz Schubert.

78stes Werk. 2 fl. K. M.
(Auch bei K. *Lichtl* in Pest, und bei Kraer und Deyrkauf
in Grätz zu haben.)

Op. 78 erschien vor opp. 73–76. Über die Widmung an „den hochwohlgeborenen Herrn Josef Edlen von Spaun“ vgl. 7. und 15. Dezember 1826. Schon op. 13 (13. Dezember 1822) war ihm zugeeignet gewesen. Die Anzeige hat im Titel den dritten Satz, Menuetto, ausgelassen. Der originale Titel, Sonate, wurde vom Verleger vermieden, um das Werk besonders zu bezeichnen. Im Kopftitel ist es aber „Fantasie oder Sonate“ bezeichnet. Es erschien in einer Sammlung, „Museum für Klaviermusik (Musée musical des Clavecinistes)“, deren Titel auf einem Vorsatzblatt steht. Das erste Heft dieser Sammlung, noch bei Steiner & Co. erschienen, hatte Beethovens Hammerklavier-Sonate, op. 101, enthalten.

Aus dem Frankfurter „Allgemeinen musikalischen Anzeiger“ vom 14. April 1827

6 Polonaisen für das Pianoforte à 4 mains, komponiert von Franz Schubert. 61stes Werk. 1. u. 2. Heft. Wien, bei Cappi und Czerny, à 1 fl. K. M.
Man muß hier nicht wirkliche Polonaisen erwarten, sondern kurze, höchst originelle und zum größeren Teil sehr melodienreiche kleine Sätze für das Pianoforte im Polonaisen-Rhythmus, den wir jedoch nicht durchaus für diese beiden Hefte beizubehalten wünschten, weil dadurch eine große Einerleiheit entstanden ist, welche die andern Schönheiten und Eigentümlichkeiten kaum aufzuwiegen vermögen. Die Ausführung ist zum Teil schwierig wegen der zuweilen überraschenden, zuweilen auch wohl gesuchten Modulationen. Bestens empfohlen.

Aus der Berliner „Allgemeinen musikalischen Zeitung“ vom 6. Juni 1827

[Korrespondenz aus Wien, April 1827]

Die wöchentlichen *Abendunterhaltungen* des kleinen Vereins gleichen einer Musterkarte... Dafür beschenkte uns *Schubert* wieder mit einigen kerngesunden Früchten seines schönen Talentes, z. B. „Die zürnende Diana“, Gedicht von *Mayrhofer*, das „Lied des gefangenen Jägers“ und: „Normans Gesang“ aus *Walter Scotts* „Fräulein am See“; „Gott in der Natur“, von Gleim, u. a.

Vgl. 1. und 8. Februar sowie 8. März 1827.

Aus dem Programm des letzten Abonnement-Quartetts Ignaz Schuppanzigh (Violine 1), am Ostermontag, dem 16. April 1827, 1/25 Uhr nachmittags, im kleinen Musikvereinssaale beim roten Igel gegeben

[Mitwirkende: Karl Holz (Violine 2), Franz Weiss (Viola), Josef Linke (Violoncell), Josef Melzer (? Kontrabaß), Georg Klein (? Klarinette), Friedrich Hradetzky (? Horn) und August Mittag (? Fagott)]

1. *Neues großes Oktett* für 5 Saiten- und 3 Blas-Instrumente, von Herrn *Schubert*.

Zum Oktett vgl. 6. März 1824 und Notiz vor dem 1. April 1824. Die Besetzung war ungefähr die selbe wie 1824 bei der privaten Uraufführung im Hause des Grafen Troyer, der diesmal wohl durch den Hofklarinettisten Klein ersetzt war. – Das Konzert enthielt noch Beethovens Zyklus „An die ferne Geliebte" und sein Klavierkonzert in Es-Dur, arrangiert für zwei Klaviere mit Quartettbegleitung.

Aus der „Wiener Allgemeinen Theaterzeitung" vom 26. April 1827

Der heutige Beschluß dieser musikalischen, sehr respektablen Anstalt wurde mit einem neuen Oktett für fünf Saiten- und drei Blas-Instrumente von *Schubert* ... gemacht. Hrn. *Schuberts* Komposition ist dem anerkannten Talente des Autors angemessen, lichtvoll, angenehm und interessant; nur dürfte die Aufmerksamkeit der Hörer durch die lange Zeitdauer vielleicht über die Billigkeit in Anspruch genommen sein. Wenn auch in den Thematen einige ferne Anklänge an bekannte Ideen mahnen sollten, so sind sie doch mit individueller Eigentümlichkeit verarbeitet, und Hr. *Schubert* hat sich auch in dieser Gattung als ein wackerer und glücklicher Tonsetzer erprobt.

Andere Besprechungen erschienen in der Leipziger und in der Berliner „Allgemeinen musikalischen Zeitung" am 30. Mai und 1. August 1827 (erste Ausgabe, Nrn. 865 und 866).

Aus der amtlichen „Wiener Zeitung" vom 19. April 1827

Bei Artaria und Kompagnie,
Kunsthändlern am Kohlmarkt Nr. 1151, ist ganz neu erschienen, und auch bei K. Lichtl in Pest zu haben:

....

Schubert, Fr. Rondeau brillant pour Pianof. et Violon. Oeuvre 70. 1 fl. 30 kr. K. M.

Op. 70 erschien ohne Widmung nach op. 78. Über die private Erstaufführung siehe Notiz vor 31. Januar 1827.

Aus Franz v. Hartmanns Tagebuch

19. April 1827: Ich ging in das letzte Concert spirituel, mit einem Billett, das Spaun dem (zu spät kommenden) Marl bestimmt hatte. Es wurde da der 1te Satz von Beethovens letzter Sinfonie und die herrliche Cherubinische Krönungsmesse (1824 bei Karls X. Krönung) gemacht. Dann sah ich Spaun, Frau von Ottenwalt, Schwind und Schubert, welche letztere 2 ich über das Glacis begleitete. Sie waren sehr lieb.

Marl ist Karl Maurus Mayrhofer (siehe 23. Juli 1826), der zum medizinischen Examen nach Wien gekommen war. – Man führte damals Sinfonien meist im getrennten Sätzen oder fragmentarisch auf. – Cherubini war in Wien durch seine Opern recht populär geworden. Schubert schätzte nur seine „Medée". – Die Messe war Cherubinis zweite, in D-Dur. – Ottenwalt war mit seiner Frau wegen eines juristischen Examens in Wien und wohnte bei Spaun. – Schubert ging offenbar zu Schwind zu Besuch.

Aus Fritz v. Hartmanns Tagebuch (Übersetzung)

20. April 1827: Zuhause treffen wir Josef v. Spaun, der mehrere von uns für morgen zu einer Schubertiade eingeladen hat; auch meinen Onkel, dem wir später begegneten, als wir uns zu Herrn und Frau Arneth auf den Weg machten, die das Ehepaar Ottenwalt zu sich geladen hatten, Joseph v. Spaun, Karl Haas mit seiner Schwester Anette, [Karl] Mayrhofer, Moritz Pflügl und einige andere . . . Frau Arneth sang sehr gefällig einige Lieder von Schubert und Himmel, und las ein paar entzückende Gedichte von Schiller.

Hartmanns Onkel ist Schallhammer (siehe 28. Dezember 1826). – Zu Anna (Netti) Haas siehe 18. Juni 1824, zu Pflügl 12. Januar 1827.

Aus Franz v. Hartmanns Tagebuch

21. April 1827: Um 7 Uhr gehen wir mit Maurus Mayrhofer, Enk und Haas zu Spaun. Es ist dort Schubertiade und ungeheure Gesellschaft, wo außer den Mitgliedern der Gesellschaft vom 15ten Dezember v. J. auch Onkel Franz ist, der so entzückt davon ist, daß er versichert, nie etwas so Herrliches gehört zu haben. Es werden gemacht: Grenzen der Menschheit, Das Abendrot, Der Wanderer und der Mond, Im Freien, Wer wagt's, Dithyrambe, Romanze aus Ivanhoe, Romanze aus Allan Macaulay von Walter Scott, Fragment aus dem Aeschylus usw. Herrlich! Mit Ottenwalt tranken wir, und auch Enk, Schmollis! Um 12 Uhr gingen wir von da weg, und eine große Gesellschaft zum Bogner, wo es aber eben deshalb nicht besonders lustig mehr war, und die herrlichen Eindrücke der Schubertiade in etwas verwischt wurden.

Zu Enk siehe 9. Dezember 1826. – Zur anderen Schubertiade siehe 15. Dezember 1826. Das eine Lied heißt richtig „Der Wanderer an den Mond". – „Wer wagt's" ist der Beginn des Liedes „Der zürnende Barde". – Die erste „Romanze" ist die des Richard Löwenherz; die andere das „Lied der Anne Lyle", das Hartmann „aus Allan Macaulay" nennt, das aber aus „A Legend of Montrose" stammt.

Aus Fritz v. Hartmanns Tagebuch (Übersetzung)

21. April 1827: Zuerst sprach ich mit Frau Wanderer aus Nußdorf und mit ihrer Tochter Betty, aber dann unterhielt ich mich nur mit meinem Onkel, mit Mayrhofer und Moritz Pflügl. Vogl sang herrlich, die meisten der neuen Lieder von Schubert . . . Als die Musik zu Ende war, begann man mit Speise und Trank, und eine tolle Lustigkeit, vorbereitet durch die geistigen Genüsse, bemächtigte sich aller Anwesenden . . . Man blieb bis $^1/_2$12 Uhr beisammen; dann gingen mehrere von uns, nämlich Schober, Schwind, Schubert, Mayrhofer, Enk, Hönig, Franz und ich ins Kaffee Bogner, wo wir, jeder ganz still für sich, was wir heute gesehen und gehört hatten, wiederholten. Nach 1 Uhr gingen wir schlafen.

Mayrhofer ist wieder Karl Maurus. – Unter den acht von Franz genannten Liedern (siehe oben) sind nur drei von 1826 und 1827; es sind aber mehr als acht gesungen worden. – Schwind wird in diesen Tagebüchern erst am 19. Juni wieder erwähnt. – Hönig ist Karl (12. November 1823).

Aus dem Programm des Privatkonzertes Josef Rudolf Lewys d. J., Waldhornisten am Kärntnertor-Theater, am 22. April 1827 zur Mittagsstunde im Musikvereinssaale

7. „Nachtgesang im Walde", Gedicht von Herrn J. G. Seidl, in Musik gesetzt für vier Männerstimmen und vier obligaten Waldhörnern von Franz Schubert; vorgetragen von

den Herren Eichberger, Ruprecht, Preisinger und Borschitzky, dann von den Herren Janatka, Leeser und den Gebrüdern Lewy.

Zu den Brüdern Lewy vgl. 30. November 1826. – Das Quartett war im April für dieses Konzert geschrieben worden. – Johann Janatka und (R.?) Leeser waren wohl auch am Kärntnertor-Theater tätig.

Aus der „Wiener Allgemeinen Theaterzeitung" vom 1. Mai 1827

Nebstdem gewährte vieles Vergnügen eine neue Komposition von unserem genialen Vokaldichter Franz *Schubert.* Er setzte ein Gedicht von Joh. Gabr. *Seidl*: *Nachtgesang im Walde* für vier Männerstimmen, die er von vier obligaten Waldhörnern begleiten ließ. Die Schwierigkeit hierbei lag wohl in der Verteilung der Effekte und in der Gefahr, entweder die Singstimme zu übertäuben oder die Begleitung zur überflüssigen Zugabe herabzuwürdigen. Beides vermied der phantasiereiche Tondichter mit Glück, und sein Tongemälde, in einem passenderen Lokale, im Freien, bei einer Nachtmusik aufgeführt, müßte von entzückender Wirkung sein.

Es heißt, daß das Quartett in Dornbach (Vorort) geprobt worden sei (vgl. 26. Mai 1827), also wohl im Freien. – Siehe 28. August 1827. – Eine andere Besprechung erschien am 3. Mai in der „Wiener Zeitschrift für Kunst usw." (erste Ausgabe, Nr. 874).

Aus der amtlichen „Wiener Zeitung" vom 19. April 1827

[Anzeige des folgenden Konzertes]

Mit hoher Bewilligung wird L. *Jansa*, Mitglied der k. k. Hofkapelle, Sonntag den 22. April 1827, um die Mittagsstunde, im Saale der Ni.-Öst. Herren Landstände ein Konzert zu geben die Ehre haben, bei welchem ihn Dlle. *Müller* und die Herren *Bocklet, Feigerl, Schubert* und zwei rühmlichst bekannte Dilettanten bei dem Vortrage seiner neuesten Kompositionen unterstützen werden.

Das Konzert Jansas fand zur selben Stunde wie das Konzert Lewys statt. – Zu Feigerl siehe 18. März 1827. – Die beiden Dilettanten waren ein Sänger (Tietze) und ein Cellist. Nur Feigerl wirkte in einer der beiden Kompositionen Jansas mit. – Ähnliche Anzeigen erschienen am 21. April in der „Wiener Zeitschrift für Kunst usw." und im „Sammler" (erste Ausgabe, Nrn. 876 und 877).

Aus dem Programm des Konzerts Leopold Jansa, Mitglied der k. k. Hofkapelle, am 22. April 1827, 1/21 Uhr mittags, im Landhaussaale

3. *Norman's Gesang* von Walter Scott, in Musik gesetzt von Herrn Fr. *Schubert*, vorgetragen von einem ausgezeichneten Sänger, begleitet auf dem Pianoforte vom Komponisten selbst . . .

Aus besonderer Gefälligkeit für den Konzertgeber haben Dem. *Müller* und die oben benannten Herren Künstler ihre Parten . . . übernommen.

Das Programm umfaßte die Egmont-Ouvertüre von Beethoven, dirigiert von Stefan Franz (siehe 28. Dezember 1826), ein Violin-Duo, gespielt von Jansa und Feigerl, ein Klaviertrio in E-Dur von Hummel, mit Bocklet am Piano, Deklamationen von Sophie Müller und Variationen für die Violine von Jansa.

Aus der „Wiener Allgemeinen Theaterzeitung“ vom 1. Mai 1827

Der Hr. Dilettant, welcher die sehr gelungene Komposition von Schubert: „Normans Gesang“ vortrug, ist in der hiesigen Musikwelt zu allgemein als ein vortrefflicher Lieder-Sänger bekannt, als daß man von ihm nicht den angenehmsten Vortrag dieses seelenvollen Produktes hätte erwarten sollen; allein er machte so viel Vergnügen, daß er dieses Stück wiederholen mußte.

In einer zweiten Besprechung der „Wiener Allgemeinen Theaterzeitung“ vom 3. Mai sowie in einer dritten, die am 10. Mai in der „Wiener Zeitschrift für Kunst usw.“ erschien (erste Ausgabe, Nrn. 880 und 881), ist Tietze als Sänger mit Hinweis auf seine „ausgezeichnete Leistung“ bei Beethovens Totenfeier genannt.

Franziska v. Roner an Antonie Oster

[Wien,] Den 22. April [1827?].

Liebe Toni, wir sind morgen auf eine Abendgesellschaft bei Frau v. Witteczek geladen, und die genannte Freundin ersuchte mich, Ihnen den Antrag zu machen, ob Sie ihr nicht auch den morgigen Abend schenken wollten. Der Vogel wird, vom Schubert akkompagniert, dort singen. Da in der gedachten Gesellschaft sich viele *Osterianer* befinden werden, so zweifle ich nicht, daß man Sie durch Bitten nötigen wird, etwas zu spielen. Dessen wollte ich Sie im Voraus benachrichtigen. Im bejahenden Falle bitte ich Sie, morgen gegen 6 Uhr zu uns zu kommen, weil wir dann vereint zu Witt. gehen würden.

Franziska Roner v. Ehrenwerth, geboren in Innsbruck 1795, die spätere Frau Josef v. Spauns, stammte aus einer Südtiroler Familie. Ihr Vater, Karl Ritter (später Freiherr) v. Roner, Hofrat bei der Justiz, war ein eifriger Autographensammler. Schubert hat ihr die vier italienischen Kanzonen für eine Altstimme im Manuskript geschenkt, die er nach Jacopo Vittorelli und Metastasio 1820 geschrieben hatte (D. 688). – Antonie Oster, geboren 1811, war schon mit zehn Jahren als Pianistin aufgetreten. Sie starb 1828 vor Schubert. – Fräulein Roner wohnte mit ihrer Schwester Anna bei ihrem Schwager, Anton Leopold Ritter v. Roschmann, geboren in Innsbruck 1777. Er war Hofrat bei der Vereinigten Hofkanzlei und seit 1819 pensioniert.

Widmung des Liedes „An die Musik“ (D. 547) in das Stammbuch Albert Sowinskis

Wien den 24. Aprill 1827. Zum freundlichen Andenken

Frz. Schubert.

Das ist die vierte und letzte Niederschrift dieses berühmten Liedes, reproduziert in Hippolyte Barbedettes Schubert-Biographie, Paris 1866. Das Lied, nach Schober, erschien im folgenden Dezember (12. Dezember 1827). – Über Sowinsky, der zunächst nach Italien und dann nach Paris ging, siehe 23. Dezember 1826.

Aus Franz v. Hartmanns Tagebuch

24. April 1827: [Karl Mayrhofer und das Ehepaar Ottenwalt reisen nach Linz ab.] Man geht zum Eilwagen, wo fast alle Mitglieder der letzten Schubertiade, selbst Vogl sind ... Endlich packte sich der Wagen davon, und die Schloß-Eisenstadt-Gesellschaft, auch die 2 Memnonidenfreunde, ging zum Schloß Eisenstadt. Es war dort lustig, und man blieb bis gegen 12 Uhr. Wir begleiteten dann Schober und Schubert nach Hause,

und gingen dann selbvieren ins Rebhähndelkaffeehaus, wo wir bis 1 Uhr Grog tranken, und ich 2 Partien Billard gegen Sauter verlor, 1 gewann.

Die letzte Schubertiade war für die Hartmanns am 21. April gewesen (siehe 21. April 1827); es dürfte aber am 23. ein Musikabend bei Witteczek stattgefunden haben (siehe 22. April 1827) zum Abschied des Ehepaares Ottenwalt. – Die beiden „Memnoniden-Freunde" (siehe 11. Dezember 1826) waren Karl Enk von der Burg und Ferdinand Sauter. – Das „Café Rebhuhn" – wie es noch heute in einem neuen Haus heißt – war das Café Schneiders (siehe 13. Januar 1827). Der Name kommt von dem des Hauses „Zum Goldenen Rebhuhn", wo sich auch ein Gasthaus befand (siehe 26. April 1827).

Aus Fritz v. Hartmanns Tagebuch (Übersetzung)

24. April 1827: Ein Teil der Zurückgebliebenen, Josef v. Spaun, Schober, Schubert, Enderes, Enk, Sauter, Franz und ich gingen zum Schloß Eisenstadt, wo wir die alten Wirtshausszenen erneuerten, und uns mit mancherlei Gesprächen unterhielten, namentlich über das Schwimmen und über die heutige Verwirrung auf der Post.

Das Schwimmen galt unter dem System Metternich wie das Turnen als politisch bedenklich, weil es zu gesellschaftlichen Verbindungen führte, die schwer zu überwachen waren. Es war übrigens damals noch wenig verbreitet. Josef v. Spaun war ein Vorkämpfer dieses Sports. – Beim Abgang des Postwagens (der einmal wöchentlich in $23^1/_2$ Stunden die Fahrt Wien–Linz machte) hatte es wegen des Platzes der Komtesse Antonie Attems aus Graz Schwierigkeiten gegeben.

Aus der Leipziger „Allgemeinen musikalischen Zeitung" vom 25. April 1827

Vier Gedichte, von Rückert und Graf Platen, in Musik gesetzt für eine Singstimme mit Begleitung des Pianoforte von Franz Schubert [Op. 59]. Wien, bei Sauer und Leidesdorf. (Pr. 16 Gr.) Daß in den besseren der zahlreichen Lieder oder liedermäßigen Gesänge des Hrn. Sch. Geist und Seele ist, und daß sich beide oftmals (wie auch hier, in allen vier Nummern) auf eine eigentümliche Weise äußern: das ist wohl von allen, die sich damit bekannt gemacht haben, anerkannt; auch von denen, welche gegen diese seine Weise vieles einzuwenden haben. Wahr ist wenigstens das, und erweiset sich in den zwei ersten Nummern dieses Heftes von neuem: Hr. Schubert sucht und künstelt – nicht in der Melodie, aber in der Harmonie, gar sehr, und besonders moduliert er so befremdlich und oft so urplötzlich nach dem Entlegensten hin, wie, wenigstens in Liedern und anderen kleinen Gesängen, kein Komponist auf dem ganzen Erdboden: (so wird z. B. hier, im ersten Liede, die ganz kurze und sehr einfache Melodie ziemlich durch alle Tonarten der gesamten Leiter und mehrmals nur durch zwei Griffe beinahe von einem Äußersten zum andern gerissen); aber ebenso wahr ist, daß er (wie hier auch) nicht vergebens sucht; daß er wirklich etwas herauskünstelt, das, wird es dann mit vollkommener Sicherheit und Zwanglosigkeit vorgetragen, der Phantasie und der Empfindung wirklich etwas sagt, und etwas Bedeutendes. Möge man darum sich an ihnen und sie an sich versuchen! – No. 3 und 4 dagegen sind weit einfacher, ohne darum weniger eigentümlich zu sein. Diesen glauben wir allgemeinen Beifall zusichern zu können, und auch uns sind diese beiden Lieder die liebsten. Sie nehmen wir, zumal da sie auch so anmutige, noch wenig bekannte Texte haben, mit Danke gegen den Dichter (Rückert) und den Komponisten in unsere auserwählten Sammlungen auf; und gewiß werden nicht wenige es ebenso machen. [G. W. Fink]

Op. 59 enthält „Du liebst mich nicht" nach Platen, „Daß sie hier gewesen", „Du bist die Ruh'", „Lachen und Weinen" nach Rückert.

Widmung des c-Moll-Allegretto (D. 915)

Meinem lieben Freunde Walcher zur Erinnerung. Frz. Schubert. Wien, den 26. Aprill 1827.

Walcher (siehe 21. Dezember 1826) reiste am 4. Mai nach Venedig, wo er bei der Österreichischen Marine beschäftigt wurde. Am 3. Mai gab es einen Abschiedsabend für ihn im Bierhaus Tax in der Spänglergasse.

Aus Franz v. Hartmanns Tagebuch

26. April 1827: Um 9³/₄ zu Schloß Eisenstadt, wo Spaun; in der Folge auch Schober, Enderes und Schubert. Um 11³/₄ erst nach Hause.

Aus Fritz v. Hartmanns Tagebuch (Übersetzung)

26. April 1827: [Schloß Eisenstadt.] Gespräche über Magnetismus.

Wien war durch Franz Anton Mesmer (Vetter Josefs, siehe 23. November 1813), der dort seine Karriere begonnen hatte, die Wiege des Magnetismus, den die medizinische Fakultät scharf bekämpfte. Auch Bruchmann hatte sich 1826 als Magnetiseur versucht.

Aus Franz v. Hartmanns Tagebuch

28. April 1827: Mit Fritz in die Oper: „Die weiße Frau“, von Boieldieu, welche ganz wunderschön ist. Auch Walcher und die (in Wien musikalisch bekannten) Fröhlichischen sehen wir, im 5ten Stock. Nach der Oper gingen Fritz und ich zum Schloß Eisenstadt, wo Enderes, und in der Folge Schober und Schubert. Ennuyanter juridischer Disput bis 12¹/₂ Uhr.

„La Dame blanche“, 1825 in Paris aufgeführt, war 1826, übersetzt von Castelli, nach Wien gekommen (siehe Ende Mai 1826).

Aus dem „Sammler“ vom 15. Mai 1827

[Über das Konzert der Pianistin Fanny Sallamon am 29. April 1827 mittags im Landständischen Saal]
Statt der Rossinischen Arie, welche Dlle. *Vio* plötzlich eingetretener Hindernisse wegen nicht singen konnte, hörten wir, über den glücklich getroffenen Tausch höchst vergnügt, Schuberts: Einsamen, gesungen von einem unserer ausgezeichnetsten Dilettanten, Hrn. *Tietze*, dem Hr. Schubert selbst auf dem Pianoforte akkompagnierte. Wen sollte nicht der tiefe und schöne Gehalt dieses Gesanges bei einem so seelenvollen Vortrage innig gerührt, erhoben, entzückt haben? A. M.

Fanny (Franziska) Sallamon war etwa gleichaltrig mit Antonie Oster (siehe 22. April 1827) und ebenfalls ein pianistisches Wunderkind, das mit 11 Jahren zuerst aufgetreten war. Sie war eine Schülerin Josef Czernys. – Über Betty Vio siehe 14. Juni 1820. – Weitere Besprechungen erschienen in der „Wiener Allgemeinen Theaterzeitung“ am 8. Mai und in der „Wiener Zeitschrift für Kunst usw.“ am 10. Mai (erste Ausgabe, Nrn. 890 und 891).

Luigi Lablaches Erlaubnisschein für die Widmung der Gesänge op. 83 (D. 902)

Io qui sottoscritto sono contento che il Sig.r Schubert compositore, mi dedichi le sue tre ariette per Piano-Forte

Luigi Lablache. Vienna 30 Ap.rle 1827.

Aus der Schubert-Sammlung des Herrn Konsul Otto Taussig in Malmö. – Vgl. 15. Dezember 1826 und 12. September 1827.

Aus Franz v. Hartmanns Tagebuch

30. April 1827: Ins Schloß Eisenstadt gegangen und mit [Josef v. Spaun,] Haas, Schober und Schubert bis nach 12 Uhr geplaudert.

Aus Fritz v. Hartmanns Tagebuch (Übersetzung)

30. April 1827: [Schloß Eisenstadt.] Spaun erzählte Züge polnischer Roheit.

Spaun war in Galizien gewesen, dessen Bewohner meist polnischer Nationalität waren.

Aus dem Frankfurter „Allgemeinen musikalischen Anzeiger“ vom 5. Mai 1827

Walse noble pour le Pianoforte seul par François Schubert. Oeuvre 77. Vienne chez T. Haslinger. 10 ggr.
Ref. weiß die Bedeutung des Beiworts „noble“ aus den Tänzen selbst nicht herauszudeuten. Schlecht sind sie nicht, aber auch nicht mehr als gewöhnlich. Nur hier und da sind einzelne Züge gelungen und der rühmlich bekannten Manier des Herrn F. S. entsprechend. Übrigens dünkt Ref., daß ein Tanz nie nur aus 2 Teilen bestehen sollte, wie das hier der Fall ist; denn bei der oft stundenlangen Wiederholung muß dabei unerträgliche Langeweile entstehen.

Schuberts Tänze, die für Hausbälle geschrieben waren, sind serienweise zu spielen. Opus 77 umfaßt ein Dutzend Walzer.

Jenger an Frau Pachler

Wien, am 5ten Mai 827, 12 Uhr Mittag.

. . . Ich halte dafür, daß es am besten wäre, die Reise nach Grätz zu Anfang des Monats September anzutreten. Schubert bringe ich diesmal ganz gewiß mit, auch ein 2ter Freund, der Lithograph Teltscher.

Teltscher kam erst später nach Graz.

Aus der Einladung zur musikalischen Akademie, am 6. Mai 1827, um 1/2 1 Uhr mittags, zum Vorteile der dürftigen Witwen und Waisen von Mitgliedern der Wiener juridischen Fakultät, im grossen Universitätssaale

2. *Im Freien*, Lied von G. *Seidl*, in Musik gesetzt und begleitet von Herrn *Franz Schubert*, gesungen von Herrn *Tietze*.

Vgl. Schwinds Plan von Mitte August 1825, bei einer solchen Akademie (1826) Schuberts Gmunden-Gasteiner Sinfonie aufführen zu lassen (14. August 1825). – Voranzeigen dieses Konzerts erschienen in der amtlichen „Wiener Zeitung“ am 28. April und im „Österreichischen Beobachter“ am 6. Mai. – Das Programm umfaßte Catels Ouvertüre zur Oper „Sémiramis“, Adagio und Rondo aus Hummels Klavierkonzert in h-Moll, gespielt von Thalberg (siehe 6. April 1827), Friedrich v. Matthissons Gedicht „Frühlingsfeier“, vorgetragen von Sophie Müller, eine von Josefine Fröhlich gesungene Arie aus Giuseppe Niccolinis Oper „Annibale in Bitinia“ (mit Chor) und Variationen für die Violine, komponiert und gespielt von Georg Hellmesberger. – Das Konzert fand in der Aula gegenüber dem Konvikt statt, wo Schubert Ende 1811 als Sängerknabe aufgetreten war (siehe Notiz vor dem Jahre 1812). In diesem Saale hatte Ende 1813 auch, nach der 7. Sinfonie von Beethoven, jene denkwürdige Aufführung seiner „Schlachtsinfonie“ stattgefunden, bei der die besten Musiker Wiens im Orchester mitwirkten, darunter Salieri, Hummel, Meyerbeer, Spohr und Moscheles. – Die Karten zu dem Konzert waren beim Dekan der juristischen Fakultät, Dr. Hönig, beim Advokaten Dr. Kaspar Wagner, dem wir noch begegnen werden, sowie in den Musikalienhandlungen Weigl, Haslinger, Diabelli zu haben. – „Sämtliche Mitwirkende haben ihre Partien in Rücksicht des wohltätigen Zweckes bereitwilligst übernommen“ (Voranzeigen).

Aus dem „Sammler“ vom 28. Juni 1827

Nr. 3. *Im Freien*, Gedicht von *Seidl*, komponiert und am Klavier begleitet von Hrn. *Schubert*, gesungen von Hrn. *Tietze*. So schön die Komposition und der Vortrag waren, muß Ref. doch bemerken, daß das Lokal seiner Meinung nach für ein Lied, bei dem auch die feinsten Schattierungen nicht verloren gehen dürfen, zu groß sei. Im Zimmer müßte es sich viel besser ausnehmen. M***

Die Reihenfolge der Stücke war geändert worden. – Der schöne Saal hat wirklich keine gute Akustik.

Josef v. Spaun, Josef Gahy und Schubert an die Brüder Franz und Fritz v. Hartmann

Auf Besuch waren
hier:

Jos. v. Spaun, kk. Adjunkt
der Lottodirektion ob der
ennsischer Herr u. Landmann, Ehren-
Mitglied des Linzer Musik-Vereins,
korrespondierendes Mitglied des
Lemberger Cäcilien-Vereins,
Herr auf Jägermeinleiten,
etc. etc. etc.
Josef v. Gahy, Hofkonzipist
der k. k. allgemeinen
Hofkammer
Franz Schubert
Compositeur
u. erwarten euch heute abends im
Schloß Eisenstadt. Den 8. Mai 827.

Der Zettel, zum größten Teil von Spaun geschrieben, war bei einem vergeblichen Besuch im Quartier der Hartmanns, Riemergasse, hinterlassen worden. – Spauns Titel sind scherzhaft übertrieben: er war kein Gutsbesitzer, und Jägermeinleiten scheint auf das Gasthaus Jägermayr in Linz anzuspielen (siehe 19. Juli 1825).

AUS FRANZ V. HARTMANNS TAGEBUCH

8. Mai 1827: Zuhause finden wir einen Zettel von Spaun, Schubert und Gahy, daß wir zum Schloß Eisenstadt sollten . . . Wir gingen also hin und blieben (außer jenen Dreien war auch Enderes, Schober da) bis 12¹/₄. Es war besonders lustig. Auch wurde gekanngießert.

„Kannegießern" (nach einem Lustspiel von Ludwig Holberg) bedeutet: über Politik schwatzen.

AUS FRANZ V. HARTMANNS TAGEBUCH

11. Mai 1827: Um 10 Uhr zu Schloß Eisenstadt, wo Spaun; in der Folge auch Enderes und Schubert. Wir unterhalten uns sehr gut bis $11^1/_3$.

AUS FRITZ V. HARTMANNS TAGEBUCH (ÜBERSETZUNG)

11. Mai 1827: Um $^1/_2$12 Uhr begleiten wir Schubert nach Hause.

ZENSURVERMERK AUF EINEM AUTOGRAPH DES KOMISCHEN TERZETTS „DIE ADVOKATEN" (D. 37)

Excudatur.

Vom k. k. Zentral Büch Revis Amte
Wien d 12 t Mai 1827
Schodl.

Vgl. 16. Mai 1827. Der Titel und ein Teil des Manuskriptes befinden sich im Fitzwilliam Museum, Cambridge, der Rest ist unvollständig in der Stadtbibliothek, Wien, erhalten. Die erste Niederschrift, datiert 25. bis 27. Dezember 1812, ist im Besitz des Herrn Konsul Otto Taussig, Malmö.

AUS FRANZ V. HARTMANNS TAGEBUCH

14. Mai 1827: In Bruchmanns Disputation, die recht brav ist . . . Zu Schloß Eisenstadt, wo bloß Schober und Schubert. Langweilig, und doch erst um $12^1/_2$ nach Hause.

Bruchmann hat das Thema seiner juristischen Doktordisputation so wenig wichtig genommen, daß er es in gleichzeitigen Briefen an Senn nicht einmal nennt. Das „Programm" war bei Hartmanns, ist aber nicht erhalten geblieben.

AUS FRITZ V. HARTMANNS TAGEBUCH (ÜBERSETZUNG)

14. Mai 1827: Um 10 Uhr gingen wir zum Schloß Eisenstadt, wo wir Schober und Schubert trafen, auch einige Musiker, die von Beethoven u. a. sprachen.

AUS DER AMTLICHEN „WIENER ZEITUNG" VOM 16. MAI 1827

Bei *Tobias Haslinger*,
Musikverleger in Wien,
am Graben, im Hause der ersten Österr. Sparkasse Nr. 572,
ist neu erschienen, und auch bei K. Lichtl in Pest zu haben:

Das Heimweh. – Die Allmacht.
Gedichte von Lad. von Pyrker.
In Musik gesetzt
für eine Singstimme mit Begleitung des Pianoforte
von
Franz Schubert.
79stes Werk. 1 fl. Konv. Münze.

Das Werk ist, wie op. 4 (siehe 29. Mai 1821), Pyrker, dem Dichter dieser 1825 komponierten Lieder gewidmet, der sich aber diesmal nicht durch ein Geschenk an Schubert erkenntlich erwiesen hat.

Aus der amtlichen „Wiener Zeitung“ vom 16. Mai 1827

Bei Ant. Diabelli und Komp.,
Kunst- und Musikhändlern am Graben Nr. 1133, sind neu erschienen,
und bei K. *Lichtl* in Pest um den selben Preis zu haben:

Der Wachtelschlag (Il canto della Quaglia).
In Musik gesetzt
für eine Singstimme mit Begleitung
des Pianoforte
von Fr. *Schubert.*
68stes Werk. Preis 30 kr. K. M.

Die Advokaten.
Komisches Terzett für zwei Tenor und Baß, mit Begleitung
des Pianoforte.
In Musik gesetzt von Fr. *Schubert.*
74stes Werk. Preis 1 fl. K. M.

Die Rose.
Gedicht von Friedrich Schlegel.
In Musik gesetzt
für eine *Singstimme* mit *Begleitung des Pianoforte*
von Fr. *Schubert.*
73stes Werk. Preis 30 kr. K. M.

NB. Diesem Liede ist das Verzeichnis von Schuberts sämtlichen Werken beigedruckt.

Mindestens zwei dieser drei Werke ohne Widmung waren wieder Nachzügler aus dem alten Verhältnis zwischen Schubert und dem Verlag (Cappi & Diabelli). Opp. 68 und 73 waren schon 1822 als Beilagen der „Wiener Zeitschrift für Kunst usw.“ erschienen (siehe Notizen vor dem 9. Mai und 6. August 1822). „Der Wachtelschlag“ (vgl. Notiz vor Oktober 1825) erschien jetzt deutsch und italienisch (vgl. 14. Juli 1826). Das der „Rose“ beigegebene gestochene Verzeichnis umfaßt opp. 1–74, also auch die in anderen Verlagen erschienenen Werke Schuberts, dennoch freilich nur einen kleinen Bruchteil seines Schaffens (vgl. die Notiz vor dem 14. August 1828). – Mit op. 74 hat es eine besondere Bewandtnis: Es ist ein von Schubert nur leicht verändertes Werk Anton Fischers (geboren 1778 zu Ried in Schwaben, von 1798 an in Wien, zuletzt Kapellmeister am Theater an der Wien, 1808 dort verstorben). Das Original war um 1805 in Wien erschienen. Da Schubert seine Bearbeitung zweimal niedergeschrieben hat (siehe 12. Mai 1827), so muß er es 1812 wohl verwendet haben, ähnlich dem Gitarrenquartett nach Matiegka (siehe 27. September 1813). Bei der Fülle der ungedruckten Werke, die Schubert zur Hand hatte, sowohl um 1822 als um 1827, muß man annehmen, daß ein ungeschickter Freund, etwa Josef Hüttenbrenner, das zweite Manuskript dieser Bearbeitung eines unbedeutenden fremden Werkes dem Verlag übergeben oder verpfändet hat.

Jakob und Josefa Rickels Gesuch an den Wiener Magistrat um Gewähranschreibung an das Haus No. 10 auf dem Himmelpfortgrunde

Löblicher Magistrat!

Die Unterzeichneten haben zufolge Kontrakt A. von Herrn Franz Schubert das Haus No. 10 am Himmelpfortgrunde um 6400 fl. Silbermünze und 200 fl. Schlüsselgeld erkaufet, nachdem ihnen nun der Hr. Verkäufer sub. B. die Aufsandung ausgehändiget hat, so bitten sie: Ein löbl. Magistrat geruhe in die Gewähranschreibung um dieses Haus zu willigen, u. die Auflage an Dero Grundbuch zu erlassen.

Wien, den 16. Mai 1827.

Jakob Rickel.
Josefa Rickel.

[Außen:]

Dem Grundbuche, welchem dies beigelegte Gesuch zuzustellen ist, wird die Vergewährung der Bittsteller um das vom Franz Schubert erkaufte Haus No. 10 am Himmelpfortgrunde auferlegt, das Duplikat ist dem Franz Schubert ad manus zuzustellen.

Vom Wiener Magistrate.
d. 25. Mai 827.
Schütz mp.
d. 30. Mai 827.
[Unleserlich.]
Maschek.

Dem Herrn *Franz Schubert*,
öffentlichen Schullehrer in der
Roßau No. 147, zuzustellen
Grüntorgasse.

Vgl. 5. Oktober 1826 und 17. Februar 1827. – Die Beilagen blieben mit dem Original beim Amte. – Johann Baptist Schütz war Ratsprotokollist beim Magistrat der Stadt Wien und Martin Maschek Gerichtsdiener dort.

Jenger an Frau Pachler

Wien, am 19ten Mai 827.

... Daß Freund Pachler auf mein und meiner Freunde Besuche sich beinahe fürchtet, mag er wohl recht haben. Wir wollen trachten, seine Ahnungen wahr zu machen, worauf wir uns lange schon freuen ... Die Hauptsache, alle meine Lieben in Grätz wieder zu sehen, vergesse ich darum doch nicht; und im September soll dies Vergnügen mir werden, was auch immer dagegen sich stellen mag.

Vgl. 5. Mai 1827.

Aus Fritz v. Hartmanns Tagebuch (Übersetzung)

24. Mai 1827: Wir holten Karl Haas ab ... und besuchten in Nußdorf die Familie Wanderer. Frau Günther, die Tochter des Hauses, war aus Ried angekommen. Mehrere Besuche waren da, z. B. Haller (ein Student der Medizin), Herr und Frau v. Kurzrock,

Josef v. Spaun u. a. Haas und ich unterhielten uns vornehmlich mit Betty Wanderer, die einige Tänze von Schubert auf dem Klavier spielte.

Zu Wanderers vgl. Oktober 1825. Die Tochter Josephine (Pepi) war mit Herrn Wanderers Kollegen Günther in Ried (Niederösterreich) verheiratet. – Zu Haller vgl. 14. Januar 1827.

Aus der amtlichen „Wiener Zeitung" vom 25. Mai 1827

Bei *Tobias Haslinger,*
Musikverleger in Wien,
am Graben, im Hause der ersten Österr. Sparkasse Nr. 572,
ist neu erschienen,
und auch bei K. Lichtl in Pest zu haben:

Der Wanderer an den Mond.
Das Zügenglöcklein. – Im Freien.
Gedichte von J. G. Seidl.
In Musik gesetzt
für eine Singstimme mit Begleitung des Pianoforte
von
Franz Schubert.
80stes Werk. Preis 1 fl. K. M.

Dieses Werk ist Witteczek „freundschaftlich" gewidmet.

Aus Fritz v. Hartmanns Tagebuch (Übersetzung)

26. Mai 1827: Gegen 10 Uhr gingen wir zum Schloß Eisenstadt, wo wir mit Schober, Gahy und Schubert sprachen, der jetzt in Dornbach wohnt. Spaun wurde vergeblich erwartet.

Schubert verbrachte ein paar Wochen dieses Frühjahrs, wahrscheinlich mit Schober, im Vorort Dornbach, wo er im Gasthof „Zur Kaiserin von Österreich" wohnte. Dornbach liegt westlich von der Innern Stadt am Wiener Wald, der Gasthof in der Hauptstraße (das Gebäude dient jetzt anderen Zwecken).

Aus Franz v. Hartmanns Tagebuch

26. Mai 1827: ... Doch ennuyiere ich mich so ziemlich und schlafe auch schon dort ein, bis wird endlich um $12^1/_4$ uns packen.

Aus der amtlichen „Wiener Zeitung" vom 28. Mai 1827

Bei *Tobias Haslinger,*
Musikverleger in Wien:
am Graben, im Hause der ersten Österr. Spar-Kasse Nr. 572,
ist neu erschienen, und auch bei K. Lichtl in Pest zu haben:

Alinde.
An die Laute. – Zur guten Nacht.

Gedichte von Fr. Rochlitz.
In Musik gesetzt
für eine Singstimme mit Begleitung des Pianoforte
von
Franz Schubert.
81stes Werk. 45 kr. Konv. Münze.

Vgl. 26. Februar 1827. – Das Vorsatzblatt dieses Werkes trägt eine Widmung an den Dichter Rochlitz, „diesen um Tonkunst und schöne Wissenschaften vielverdienten Schriftsteller", aber nicht von Schubert, sondern vom Verleger gezeichnet. Vgl. 9. Juli 1822, 30. April 1826 und 7. November 1827.

1827 (Frühjahr?): Schuberts Ouvertüre zu „Fierabras", vierhändig arrangiert von Carl Czerny, erscheint als op. 76 bei Anton Diabelli & Co. – Schubert selbst hat die Opusnummer 76 nur für dieses Arrangement verwenden lassen (vgl. opp. 26 und 69). Zugleich mit einer anonymen Bearbeitung der Ouvertüre für zwei Hände wurde Czernys Arrangement, als sie in einer Serie wieder aufgelegt wurde, am 29. Juli 1829 in der „Wiener Zeitung" angezeigt; beide Fassungen sind als op. 76 bezeichnet. Schuberts eigene Bearbeitung für vier Hände, um 1824 entstanden, erschien erst 1897 in der Gesamtausgabe seiner Werke.

Sophie v. Kleyle an Walcher in Venedig

Penzing, den 1. Juni 1827

An Besuchen fehlt es uns nicht, wir haben täglich mehrere; Angerer und Jenger kommen öfter als sonst, auch Schubert hat uns schon einmal beglückt, er war sehr liebenswürdig und gesprächig, entwischte uns aber plötzlich, ohne daß jemand etwas davon ahnte.

Zu Kleyle und Penzing siehe 25. Januar 1827. – Fritz Angerer war der Sohn von Walchers Hauswirtin (siehe 12. Januar 1827).

Zensurvermerk auf dem Autograph des Quartetts für Männerstimmen „Wein und Liebe" (D. 901)

Excudatur.
Vom k. k. Zentral Büch Rev Amt

Wien d. 2t Juni 1827

Schodl.

Vgl. 8. Oktober 1827.

Zensurvermerk auf dem Autograph des Quartetts für Männerstimmen „Frühlingslied" (D. 914)

Excudatur.
Vom k. k. Zentral Büch Rev Amt.

Wien d 2t Juni 1827

Schodl.

Dieses Quartett, nach Aaron Pollak, war wohl zuerst als Gegenstück zu „Wein und Liebe" (an Stelle von „Grab und Mond") gedacht. Haslinger hat es dann im Januar 1829, zugleich mit dem Zyklus „Schwanengesang", als unter der Presse befindlich angekündigt, aber nie verlegt.

Aus Franz v. Hartmanns Tagebuch

2. Juni 1827: Bei Eisenstadt ist Kurzrock, Spaun, Gahy, und auf kurze Zeit auch Schober und ein Bekannter, Kaufmann Mayer aus Breslau, ein fader. Um 12 Uhr nach Hause.

Antonio Mayer (siehe 12. November 1823) war bis Ende 1826 in Breslau gewesen und nun auf dem Heimweg nach Triest. Karl Holtei beschreibt ihn in seinen Erinnerungen als „einen der liebenswürdigsten, geistreichsten, lustigsten und zugleich gutmütigsten Menschen, die je gelebt haben". Als Schober im Frühjahr 1826 ungarische Weine in Deutschland einzuführen wünschte, riet ihm Mayer ab. Ebensowenig kam es zur Verwirklichung einer Kunsthandlung, die Schober mit ihm in Wien zu eröffnen beabsichtigte. Ob Mayer im „Lithographischen Institut" (1827/28) mitarbeitete, ist unsicher. Er erwarb später das „Luna-Hotel" in Venedig.

Aus Franz v. Hartmanns Tagebuch

4. Juni 1827: Zur Eisenstadt, wo Spaun, Schubert, Schober, Mayer. Um $11^3/_4$ endlich gingen wir nach Hause.

7. Juni 1827

Verlorengegangene neuerliche Einladung der Frau Pachler an Jenger und Schubert, nach Graz zu kommen

Vgl. 19. Mai und 12. Juni 1827.

Aus Franz v. Hartmanns Tagebuch

11. Juni 1827: Um $9^3/_4$ mit Fritz zu Schloß Eisenstadt, wo Enderes, Spaun, Schober, Schubert. Um $11^1/_2$ nach Hause.

Anfang Juni (?) 1827

Aus dem Index der Gesellschaft der Musikfreunde

Schubert (Franz, Kompositeur). Die denselben getroffene Wahl als Repräsentant. Faszikel: Sess.-Pr. Nro. des Stückes 183.

Schubert an die Gesellschaft der Musikfreunde

An
den leitenden Ausschuß
der Gesellschaft der Musik-
freunde des österreichischen
Kaiserstaates

Da der leitende Ausschuß der Gesellschaft der Musikfreunde des österreichischen Kaiserstaates mich würdig gefunden hat, zum Mitglied des Repräsentantenkörpers der löblichen Gesellschaft zu erwählen, so erkläre ich hiermit, daß ich mich durch diese Wahl sehr geehrt fühle, und den Pflichten derselben mit vielem Vergnügen unterziehe.

Wien, den 12. Juny 1827

Franz Schubert
Compositeur.

Mitte Juni 1827

AUS DEM INDEX DER GESELLSCHAFT DER MUSIKFREUNDE

Schubert (Franz, Kompositeur). Dessen Erklärung, die Stelle anzunehmen. Faszikel: Wahlakt. Nro. des Stückes: 23.

Es ist nicht bekannt, daß Schubert irgendwie an den Funktionen des Ausschusses teilgenommen hätte. Die Repräsentanten waren nur eine Zierde der Gesellschaft der Musikfreunde.

SCHUBERT AN FRAU PACHLER

Wien am 12. Juny 1827

Euer Wohlgeboren!
Gnädige Frau!

Obwohl ich nicht einsehe, wie ich ein solch freundliches Anerbiethen, als Euer Gnaden mir durch das an Jenger gesendete Schreiben bekannt machten, irgend verdiene, noch, ob ich je etwas entgegen zu biethen im Stande seyn werde, so kann ich doch nicht umhin, einer Einladung zuzusagen, wodurch ich nicht nur das vielgepriesene Grätz endlich zu sehen bekomme, sondern überdieß Euer Gnaden persönliche Bekanntschaft zu machen die Ehre habe.

Ich verharre

mit aller Hochachtung
Euer Wohlgeb.
Ergebenster Frz. Schubert.

Siehe 7. und 16. Juni 1827.

AUS DER AMTLICHEN „WIENER ZEITUNG“ VOM 15. JUNI 1827

Bei *Ant. Diabelli* und *Komp.*,
Kunst- und Musikhändlern, am Graben Nr. 1133, ist neu erschienen, und bei K. *Lichtl* in Pest um den selben Preis zu haben:

Fortsetzung des periodischen Werkes:

Der musikalische Gesellschafter
in einsamen Stunden,

für eine Flöte
eingerichtet und herausgegeben
von A. *Diabelli.*

. . . .

Nr. 40. Sammlung beliebter Wienertänze von Lanner, Strauß,
Krall, Schubert etc. Preis 1 fl.
NB. Wird fortgesetzt.

Kein Exemplar dieses Heftes ist bekannt. Welcher Tanz oder welche Tänze von Schubert hier für Flöte bearbeitet worden waren, ist also ungewiß. Sie mögen op. 67, den Wiener Damen-Ländlern, entnommen gewesen sein. – Wenzel Krall (wenn der gemeint ist) war um 1800 Primgeiger am Prager Theater.

Aus Franz v. Hartmanns Tagebuch

15. Juni 1827: Um $9^1/_2$ mit Fritz zu Schloß Eisenstadt, wo auch Schubert, Schober und Spaun. Um 12 Uhr nach Hause.

Aus Fritz v. Hartmanns Tagebuch (Übersetzung)

15. Juni 1827: [Schloß Eisenstadt.] Gespräch über Politik.

Jenger an Frau Pachler

Wien, am 16ten Juni 827.

... Freund Schubert war über Ihre gütige Einladung ganz entzückt; und sein Dank und Versprechen, dieser schönen Einladung zu folgen, enthält das beiliegende Blättchen.
Wir beide freuen uns recht herzlich auf den Ausflug in die liebe Steiermark, und ich hoffe auch, daß Sie, beste gnädige Frau, mit meinem Reisegefährten recht wohl zufrieden sein werden.
Wir wollen dann wieder einmal so ganz recht der Musik leben, und Schubert soll manch neues liebes Blümlein in unsern musikalischen Kranz winden. Auch Freund Dor Karl soll in jeder Hinsicht mit uns zufrieden sein; wir stellen auch an der Bier- und Weinschenke unsern Mann. Wäre doch die Zeit schon da zur Reise; indessen werden diese 10 Wochen auch vergehen, und zwar in angenehmer Hoffnung auf schöne Tage.

Die Beilage ist vom 12. Juni 1827. – Von Teltschers Reise nach Graz ist nicht mehr die Rede. – Im Haus des Dr. Pachler (siehe 1. August 1826) befand sich auch seine Brauerei; der Bräuhausgarten war in der Nähe.

Aus Fritz v. Hartmanns Tagebuch (Übersetzung)

19. Juni 1827: Wir gingen ins Schloß Eisenstadt, wo wir diesen Tag [um 12 Uhr] in der angenehmen Gesellschaft der Herren Spaun, Schubert, Schober und Schwind beendeten.

Aus Franz v. Hartmanns Tagebuch

20. Juni 1827: Zu Schloß Eisenstadt, wo nach langer Zeit Spaun, Schober, Schubert kommen und bis 12 Uhr bleiben.

Aus Fritz v. Hartmanns Tagebuch (Übersetzung)

20. Juni 1827 ... Schober, Spaun, Schubert und ein gewisser Goldhahn.

Zu Goldhahn siehe 9. November 1823.

23. Juni 1827: „Wandrers Nachtlied" op. 96, Nr. 3 (D. 768) und „Trost im Liede" (D. 546) erscheinen in der „Wiener Zeitschrift für Kunst usw.". – Dies ist das zweite „Wandrers Nachtlied" von Goethe, das berühmte „Über allen Gipfeln ist Ruh". Goethe ließ es nach dem ersten abdrucken und nannte es „Ein anderes".

25. Juni 1827: Franz v. Bruchmann heiratet Juliana v. Weyrother. – Zu Frl. v. Weyrother siehe 2. Dezember 1823. Bruchmann war nun Dr. juris. Die Trauung fand im Stefansdom statt; neben dem Vater der Braut erschien Friedrich v. Schlegel als Trauzeuge (siehe Ende 1822).

AUS FRITZ V. HARTMANNS TAGEBUCH (ÜBERSETZUNG)

29. Juni 1827: Franz und ich besuchten die Familie Wanderer. Einige klimperten auf dem Klavier. Betty sang Lieder von Schubert u. a.

Franz v. Hartmann berichtet, daß die anderen Lieder von „schlechten Kompositeurs", und daß auch Josef v. Spaun und der Medizinstudent Haller anwesend waren.

FERDINAND MAYERHOFER V. GRÜNBÜHEL AN BAUERNFELD

Wolfsberg, 30. Juni 1827.

... Was macht denn Schober – Schubert – Schwind? Erinnern sie sich wohl noch zuweilen, daß ich wie eine Erscheinung durch ihre Lebenskreise geschritten bin ... Kreisl ein Mähler ist hier und grüßt Schwind, Schubert u. Schober viel mal. – Ein guter Mensch.

Mayerhofer war offenbar wieder dienstlich in Kärnten, wo Kraißl (siehe die Notiz vor Mitte Juli 1821) sich seit Frühjahr 1824 angesiedelt hatte. Wolfsberg liegt nordöstlich von Klagenfurt.

1827

MOSEL ÜBER SALIERIS SCHULE

... Diese teils ehemaligen, teils noch wirklichen Schüler und Schülerinnen waren, in der Komposition: Die Herren ... Schubert ...

Dieser Satz erschien 1827 in Mosels Salieri-Biographie, S. 184, Anmerkung. Unter den 1827 lebenden Schülern Salieris nennt Mosel: in der Komposition Karl v. Doblhoff, Josef Weigl, Hummel, Moscheles, Stunz, Aßmayr und Liszt, im Gesang u. a. Mozatti und Frau Rosenbaum (vgl. 16. Juni 1816).

1827: Die Worte des verlorenen Schubert-Liedes „An Gott" von Hohlfeld erscheinen in Johann Wilhelm Kleins „Lieder für Blinde und von Blinden". – Klein, geboren in Allerheim bei Nördlingen 1765, war der Gründer und Direktor des Blindeninstituts in Wien, wo Sechter seit 1811 Musikmeister war. Majláths Übersetzung des „Blinden Knaben" (siehe 23. Oktober 1825) ist hier mit Erwähnung der Komposition von Sechter abgedruckt. Leider enthält das Buch keine Musikbeilagen, und sie haben sich auch nicht handschriftlich in der Anstalt erhalten. Schuberts Lied ist also verschollen. Sein Dichter dürfte der Böhme Ch. Ch. Hohlfeld gewesen sein. Das Gedicht beginnt: „Kein Auge hat Dein Angesicht geschaut ... Dein Weg ist Licht"; es hat drei Strophen.

ANTONIO MAYER AN SCHOBER IN WIEN

Triest, den 1. Juli 1827.

... Du könntest ... Dich aufmachen und [mit Bauernfeld und Schwind] hierherkommen ... Um die Quadrille voll zu machen, wäre Schubert zu zwingen mitzureisen. – Seiet Genies und kommt, o kommt, o kommt! –

Die Freunde in Wien scheinen nicht daran gedacht zu haben, Mayers Einladung in seine Heimat an der Adria zu folgen, obwohl Schubert im September von Graz aus Triest leicht hätte erreichen können.

AUS DER AMTLICHEN „WIENER ZEITUNG" VOM 6. JULI 1827

Bei Ant. *Diabelli* und Komp.,
Kunst- und Musikhändlern, am Graben Nr. 1133, sind erschienen, und bei K. *Lichtl* in Pest um den selben Preis zu haben:

....
....

Vier Polonaisen
für das Pianoforte zu vier Händen,
komponiert von Franz *Schubert.*
75stes Werk. 1 fl. K. M.

Op. 75, ohne Widmung, erschien nach op. 81. Diese Polonaisen, wie die des op. 61 (8. Juli 1826), sind undatiert, und ihre Manuskripte sind nicht erhalten geblieben. Die zweite der vier Polonaisen wurde, noch zu Schuberts Lebzeiten, zweihändig bearbeitet nachgedruckt (siehe Notiz vom Herbst 1828). Schubert soll 60 Gulden W. W. für op. 75 erhalten haben (laut Franz v. Hartmanns Familienchronik, obwohl diese nur Polonaisen ohne Opusnummern erwähnt und Haslinger als Verleger nennt).

Aus der amtlichen „Wiener Zeitung" vom 6. Juli 1827

Bei *Thadd. Weigl,*
Kunst- und Musikalienhändler in Wien, am Graben Nr. 1144
(neben dem König von England), ist ganz neu erschienen:

Andantino varié et Rondeau brillant
composés pour le
Pianoforte à quâtre mains
(sur des motifs origineaux Français)
par
François Schubert.
Oeuvre 84. Prix 4 fl. W. W.
L'Andantino separé 1 fl. 30 kr. Le Rondeau separé 2 fl. 30 kr.

Vgl. 5. April 1826. Die beiden neuen Sätze sind auf dem Titelblatt des op. 84 handschriftlich als Nr. 1 und 2 bezeichnet. Op. 84 erschien ohne Widmung vor op. 83.

Aus der „Allgemeinen Theaterzeitung" vom 10. Juli 1827

Allgemeiner musikalischer Anzeiger.

— „*Der Wanderer an den Mond*"; „*das Zügenglöcklein*"; „*im Freien*", Gedichte von J. G. *Seidl,* für eine Singstimme mit Klavierbegleitung gesetzt vn Franz *Schubert.* (Bei Tob. *Haslinger.*) —
Schubert sorgt unablässig für die Befestigung seines Rufes als Lieder-Komponist. Er verdient ihn auch im vollsten Maße. Seine Kompositionen besitzen Originalität, Charakter, Wahrheit und Gefühl. Da ist keine Note unnütz, und die unbemerkbarste Veränderung im Akkord oder in der Bewegung bewirkt oft den herrlichsten Effekt. Ref. glaubt, diese Lieder von J. G. *Seidl* unter *Schuberts* beste Tondichtungen zählen zu dürfen. Abgesehen von dem, daß sie teils in Privatzirkeln, teils (wie das zweite: „*im Freien*") in öffentlichen Konzerten schon mit allgemeinem Beifalle vorgetragen wurden, – wird jeden eine nähere künstlerische Betrachtung überzeugen. Wie malerisch ist schon die bloße Bewegung im ersten: „*der Wanderer an den Mond*". Düster und ernst klingt die eine Hälfte des Liedes, welche das unstäte, heimatlose Schicksal des Wanderers schildert; wie freundlich hingegen die andere Hälfte, welche zwar die selbe Melodie, aber in veränderter Tonart aufnimmt und das heimatfrohe Wandern des Mondes bezeichnet. – Einen höchst elegischen Eindruck macht das zweite Lied: „*das Zügenglöcklein*". Das forcierte Es, welches im ganzen Akkompagnement mitläuft und gleichsam das eintönige Geläute des Zügen-

glöckleins versinnlicht, steigt nur ein paarmal ins Ges, wo es eine ergreifende Wirkung hervorbringt. Gar ausdrucksvoll ist die Stelle:

> Doch es klingt so lauter,
> Wie ein Gottvertrauter
> Seine Laufbahn schließt,

in der die Auflösung des Ces den Ton recht charakteristisch anschwellt. – Nicht minder charakteristisch ist das dritte Lied: „*Im Freien*". Diese ganze Komposition durchweht, trotz des Akkompagnements in Sechszehnteilen, eine Ruhe, welche der Natur selbst in einer stillen, lauen Frühlingsmondnacht abgelauscht scheint. Auch in diesem Liede, wie im vorhergehenden

> Ist's der Frohen einer,
> Der im Arme reiner
> Lieb' und Freundschaft weilt, etc.

zeigt der Tondichter eine genaue Kenntnis der Deklamation. Wie geschickt wußte er die Worte in den Versen:

> Siehst du jenen Baum, der voll
> Silberflocken flimmt:
> O wie oft das Herz mir schwoll,
> Froher dort gestimmt! etc.

zu akzentuieren, damit nicht das tonlose Wörtchen *voll* auch in der Musik auf die Arsis falle. In solchen Kleinigkeiten verrät sich das Ohr des Meisters. – Die Gedichte sind aus Joh. Gabr. *Seidls* „*Liedern der Nacht*" genommen, und befinden sich im *zweiten Bande seiner Dichtungen*; ein neuer Beweis für die lyrische und echt musikalische Natur der Poesien dieses Dichters, der seit einiger Zeit in unsern Konzerten und Deklamationen völlig einheimisch geworden ist. Es fände sich in seinen beiden Bändchen noch manche Ausbeute für Liederkomponisten, die nicht bloß Ton*setzer*, sondern auch Ton*dichter* sind. Die Auflage dieser Lieder ist überaus deutlich, korrekt und nett.

A. B.

Gefunden von Ignaz Weinmann. – Opus 80, mit diesen drei Liedern, war am 25. Mai 1827 erschienen. – Das erste und das dritte Lied waren am 21. April privat gesungen worden, das dritte am 6. Mai öffentlich. – Die beiden Zitate aus dem zweiten und das aus dem dritten Lied sind ungenau, wenigstens nach Schuberts Text. – Die beiden ersten, lyrischen Bände der „Dichtungen" Seidls waren 1826 erschienen. – Schubert hat 15 Gedichte Seidls komponiert. Unter den zahlreichen anderen Komponisten seiner Gedichte sind Adolf Müller („Der Wanderer an den Mond") und Friedrich August Kanne („Im Freien") hier besonders zu nennen. – Die Chiffre „A. B." dürfte nicht Adolf Bäuerle, den Herausgeber der Zeitschrift, bezeichnen.

Aus Franz v. Hartmanns Tagebuch

19. Juli 1827: Zu Bogner, wir alle 5, die die Ainsidlkompagnie ausmachen. Enk spielt mit Clodi Billard, auch sehen wir Schober, Schubert und Bauernfeld, die uns auf heute abends zum Schloß Eisenstadt bestellen, wohin wir auch wirklich mit Clodi und Enk kommen . . . Bei Eisenstadt war's ganz lustig. Schober und Schubert waren dort, und man blieb bis 12 Uhr. Auch Dinand war mit.

Die Brüder Hartmann, Ferdinand Sauter, Karl Enk von der Burg, Franz Xaver Freiherr v. Spiegelfeld und Anton v. Lankmayr hatten einen Mittagstisch im Gasthaus „Zum Einsiedel", dem sich auch Max

Clodi angeschlossen hatte. – „Dinand“ ist Sauter. (Mayrhofer war vom 15. Juli bis 31. August wieder auf Krankenurlaub.)

23. Juli 1827: Schuberts vierter Neffe, Heinrich, Karl Schuberts zweiter Sohn, geboren.

Aus August Heinrich Hoffmann v. Fallerslebens Tagebuch

[Wien, 28. Juli 1827]

Um 1/27 Uhr Abfahrt nach Dornbach mit Panofka in einem Stellwagen. Wir bleiben bei der Kaiserin von Österreich, aber – Schubert ist nicht mehr in Dornbach.

A. H. Hoffmann von Fallersleben, geboren 1798, preußischer Bibliothekar, Sammler deutscher Volkslieder und später Verfasser des der österreichischen Volkshymne Haydns unterlegten Textes „Deutschland, Deutschland über alles“, war mit Heinrich Panofka und einem Kaufmann aus Breslau zu Besuch nach Wien gekommen. Er weilte dort vom 30. Juni bis Mitte August. Panofka, geboren in Breslau 1807, war ursprünglich Jurist gewesen, wurde als Schüler Mayseders Violinvirtuose und gab 1827 in Wien ein Konzert. Er ging später nach München und Berlin, 1834 nach Paris, wo er für Schubert warb, und 1844 nach London. Vgl. 28. April 1828. – Die beiden Gäste hatten in der Stadt gehört, daß Schubert diesen Sommer in Dornbach verbringe (siehe 26. Mai 1827); er war aber nur von Ende Mai bis Juni dort gewesen.

Aus Hoffmann v. Fallerslebens Tagebuch

[4. August 1827]

Weißer Wolf. Schubert wird komponieren.

Der Gasthof „Zum weißen Wolf“ war am (alten) Fleischmarkt gelegen, gegenüber dem Geburtshause Schwinds. Dort also hat Hoffmann von Fallersleben Schubert getroffen, nachdem er ihn wohl dorthin eingeladen hatte. Schubert hat nichts von seinen Gedichten komponiert. Siehe 15. August 1827.

Aus der amtlichen „Wiener Zeitung“ vom 6. August 1827

Bei A. *Pennauer*,
privil. Kunst- und Musikalienhändler, in Wien, am Graben
Nr. 1122, im Fischerischen Hause, ist soeben neu erschienen,
und in Pest bei K. *Lichtl* zu haben:

Der Unglückliche. Die Hoffnung.
Der Jüngling am Bache.
Drei Gedichte,
in Musik gesetzt für eine Singstimme mit Pianoforte-Begleitung,
von *Franz Schubert,*
84stes [richtig 87stes] Werk. Preis 1 fl. K. M.

Die Opuszahl 84 war irrtümlich verwendet worden, vielleicht weil Thaddäus Weigl die beiden Sätze, die er als Fortsetzung zu op. 63, Nr. 1 herausbrachte, ursprünglich als op. 63, Nr. 2 und 3 (siehe 6. Juli 1827) hätte bezeichnen sollen, statt op. 84, Nr. 1 und 2. Andererseits scheint die Opusnummer 87 schon an Leidesdorf vergeben gewesen zu sein, wie die Bezeichnung des op. 92 im Kopftitel bezeugt (11. Juli 1828). Op. 87 erschien ohne Widmung vor opp. 85 und 86.

7. August 1827: Schwind reist zu Studienzwecken nach München. – Er blieb dort zunächst bis 30. August, kehrte aber erst um den 20. Oktober nach Wien zurück.

Aus Franz v. Hartmanns Tagebuch

10. August 1827: Wir gehen zum Schloß Eisenstadt, wo auch Schubert und Schober. Bleiben bis $12^2/_3$. Unartig diskurriert!

Schober zeigte den Brüdern Hartmann und Max Clodi am gleichen Tage Steindrucke seiner Offizin.

11. August 1827: Erste Aufführung des „Ständchen" (D. 294) durch Josefine Fröhlich und die Schülerinnen ihrer Schwester Anna am Geburtstag Louise Gosmars im Garten des Lang-Hauses in Döbling. – Louise Gosmar (siehe 11. Februar 1827) war eine Schülerin Anna Fröhlichs. Diese hatte Grillparzer um einen Text gebeten, den Schubert zuerst irrtümlich für Altsolo mit Männerquartett-Begleitung komponierte, dann aber in einer zweiten Fassung dem Zwecke entsprechend. Die Damen wurden in drei Wagen aus der Stadt hinausgeführt, das Klavier wurde heimlich in den Garten gebracht, um das Geburtstagskind zu überraschen. Schubert war nicht dabei. Vgl. 24. Januar 1828. – Das Haus des Freiherrn Josef v. Lang, Obersten des Platzkommandos Wien, wo die Gosmars im Sommer wohnten, befand sich an der Ecke der Silber- und Nußwaldgasse; Beethoven wohnte 1815 dort.

Aus Franz v. Hartmanns Tagebuch

11. August 1827: [Um 10 Uhr] zu Eisenstadt, wo Spaun, Ottenwalt, Schubert, [Enderes,] Derffel, Schober und Clax. Um $11^3/_4$ nach Hause.

Ottenwalts waren wieder zu Besuch in Wien. – „Clax" ist Max Clodi.

Aus Franz v. Hartmanns Tagebuch

12. August 1827: Wir fallen bei Eisenstadt ein, und es kommen Spaun, (sehr liebe) Frau v. Ottenwalt, Schubert und Schober. Man redet sehr lustig, und Frau v. Ottenwalt erzählt mir schauerliche Stellen aus meinem letzten Briefe, den ich nach Linz geschrieben hatte. Um $11^3/_4$ kommen wir zu Hause an.

Aus Franz v. Hartmanns Tagebuch

13. August 1827: Um $9^3/_4$ abends gehe ich zu Schloß Eisenstadt und sehe alle Spaunisch-Ottenwaltische Bekannten. Man bleibt bis $11^2/_3$. Frau v. Ottenwalt sehr lieb. Clax fad.

Aus Fritz v. Hartmanns Tagebuch (Übersetzung)

13. August 1827: Zum Schloß Eisenstadt kamen Herr und Frau Ottenwalt, Josef v. Spaun, Schober, Schubert, Enderes, Gahy, Derffel, Clodi und mein Bruder.

Aus Fritz v. Hartmanns Tagebuch (Übersetzung)

14. August 1827: Nach 9 Uhr gingen mein Bruder und ich zum Büro der Eilwagen, um von Herrn und Frau Ottenwalt und von Therese Haas, die mit Weydiner nach Linz fuhren, Abschied zu nehmen. Dann begab sich die ganze Gesellschaft, welche bei dieser Abreise zugegen war, nämlich Spaun, Enderes, Clodi, Schober, Schubert, mein Bruder und ich, ins Bierhaus „Wo der Wolf den Gänsen predigt", und wir blieben bis Mitternacht.

Zu Therese Haas vgl. 18. Juni 1824. – Über Weydiner (Weydinger?) ist nichts bekannt. – Das Bierhaus, benannt nach einem gemalten Schild, auf dem die Legende von einem falschen Prediger dargestellt war, lag in der Wallnergasse, nahe dem Kohlmarkt, und wurde für eine Zeitlang das neue Stammlokal der Runde. (Schwind malte ein Aquarell dieses Gegenstandes, das aus Cramolinis Nachlaß in das Museum der Stadt Wien kam.) – Das Gasthaus „Zum grünen Anker" hatten sie aufgegeben.

Aus Franz v. Hartmanns Tagebuch

14. August 1827: Zum Wolf, der den Gänsen predigt, wo Clax und wir weiland Ankermänner. Um 11³/₄ nach Hause.

Aus Hoffmann v. Fallerslebens Tagebuch

[15. August 1827]

Der alte Fiedler [in Grinzing] spielte aus Mozart ... Schubert mit seinem Mädel erhuschten wir von unserm Sitze aus; er kam zu uns u. ließ sich nicht wieder blicken. Franz Lachner, 4. Kapellmeister vom Kärntnert. Theater, kam auch zu uns.

Diese Tagebuchnotiz eines Fremden ist sehr aufschlußreich. Wir finden ein Wiener Weinbauernhaus mit Garten, wo zeitweilig Heuriger (neuer Wein) im Turnus mit benachbarten Bauern ausgeschenkt werden darf. Es ist Montag, wahrscheinlich abends, und ein alter Musikant spielt auf seiner einsamen Geige Mozart. Es bietet sich also ein ganz anderes Bild, als die Welt sich – nach den Mustern vom Ende des 19. und Anfang des 20. Jahrhunderts – einen Wiener Heurigen mit der Schrammel-Musik, einem Quartett mit Geige, Flöte oder Klarinette, Ziehharmonika, Gitarre und einem oder mehreren Sängern vorstellt. Und wir finden Schubert, ohne seine Freunde, mit einem Mädel, das der Fremde für „sein Mädel" hält, das wahrscheinlich aber nur eine flüchtige Bekanntschaft war: er war verlegen. Lachner scheint nur zufällig auch dort gewesen zu sein, oder sich von Schubert wegen des Mädchens getrennt zu haben. Hoffmann hat übrigens seinen Eindruck von Schubert in der Selbstbiographie „Mein Leben" 1868 so geschildert: „Er schien mir eine recht gesunde, lebenskräftige Natur zu sein. Er sprach wienerisch, hatte wie jeder Wiener feine Wäsche, einen sauberen Rock, einen blanken Hut, und in seinem Gesichte, seinem ganzen Wesen nichts, was meinem Schubert ähnlich sah."

Aus Franz v. Hartmanns Tagebuch

20. August 1827: [9 Uhr] bei dem den Gänsen predigenden Wolfe ... Spaun, Schubert, Schober, Clax, Hintringer, Karl Revertera waren dort. Man ärgerte sich, lachte wieder u. dgl. und ging um 12¹/₄ nach Hause.

Hintringer ist wahrscheinlich ein Gast aus Linz: Josef Hintringer, Beamter der Bankalgefällen-Administration und Mitglied des Musikvereins. – Über Karl Graf Revertera siehe 8. März 1827.

Aus Fritz v. Hartmanns Tagebuch (Übersetzung)

20. August 1827: [Beim Wolfen.] Die ganze Gesellschaft war über die Sklaverei der armen Studenten sehr erbittert, und man machte eine Menge Pläne, für meinen unglücklichen Bruder morgen einen Paß zu bekommen.

Der Vizedirektor der Universität wollte Franz v. Hartmann, nach seinem gut bestandenen Examen, die Heimreise nicht vor dem Dankamt in der Universitätskirche gestatten. Aber am Tag darauf bekam er von der Polizei einen Passierschein.

Aus dem Programm der Zöglings-Prüfung des Wiener Konservatoriums, am 21. August 1827 um 4 Uhr nachmittags im Landhaussaale

9. *Vokal-Chor* für 2 Sopran- und 2 Alt-Stimmen, von Fr. Schubert [„Gott in der Natur" (D. 757)], gesungen von den Schülerinnen der dritten Klasse.

Jenger, als Sekretär-Stellvertreter der Gesellschaft, hielt eine Eröffnungsansprache. Das Programm enthielt wieder einen Chor aus Abbé Stadlers „Polyxena" (siehe 8. April 1821) und das Sextett aus Mozarts „Don Giovanni" (siehe 30. August 1821).

Aus der „Wiener Allgemeinen Theaterzeitung" vom 28. August 1827

9. *Vokal-Chor* für zwei Sopran- und zwei Altstimmen von Fr. *Schubert*, gesungen von den Schülerinnen der dritten Klasse. Der Name „*Schubert*" hat einen guten Klang, seine durchaus unter dem Rosenschleier der Originalität und des Gefühls sich bergenden Werke stehen hoch in der Gunst des Publikums. Dieses Werk kann ihn nur noch fester stellen, – durchaus der Natur und deren untrennbaren Gefährtin, der Schönheit, hat *Schubert* diese seine gediegene Komposition abgerungen. – Der Vortrag war zart und gefühlvoll.

Andere Besprechungen erschienen im „Sammler", der den Textdichter richtig als (Christian Ewald v.) Kleist nennt, am 8. September, in der amtlichen „Wiener Zeitung" am 15. September und in der Dresdner „Abendzeitung" am 1. Oktober 1827 (erste Ausgabe, Nrn. 950–952).

Aus Fritz v. Hartmanns Tagebuch (Übersetzung)

21. August 1827: Spaun, Clodi, Sauter und ich gingen in das Bierhaus, das jetzt auf der Tagesordnung steht; dorthin kommen später Schober und Schubert. Wir unterhielten uns ausgezeichnet bis Mitternacht.

Franz v. Hartmann, der Geburtstag hatte, fuhr am nächsten Tage nach Linz; sein Bruder Fritz folgte ihm am 5. September. Franz kam Anfang November mit seinem anderen Bruder Louis wieder an die Wiener Universität.

Aus der „Wiener Allgemeinen Theaterzeitung" vom 28. August 1827

[Vermerk unter dem Titel des Gedichtes „Nachtgesang im Walde" (D. 913) von Johann Gabriel *Seidl*]
(Für vier Männerstimmen, in Begleitung von vier obligaten Hörner gesetzt von Franz *Schubert*.)

Vgl. 22. April 1827.

Jenger an Frau Pachler

Wien, am 30ten August 827.

Künftigen Sonntag, den 2ten Septber., reisen Freund Schubert und ich mit dem Eilwagen um $^1/_2$10 Uhr abends hier ab, und hoffen zu Gott, am Montag abends 9 Uhr in Grätz bei Ihnen einzutreffen, worauf wir uns schon herzlich freuen.
Nun habe ich noch im Voraus eine große Bitte an Freund Dor Karl anzubringen. – Es sind nämlich vier liebe gute Freiburger Freunde und Bekannte von Schnellers hier,

und zwar Kommandeur *Baron v. Reinach*, 2 Bar. *v. Andlau* und der Universitäts Stiftsverwalter *Mayer*.
Durch diplomatische Ränke habe ich es so einzurichten gewußt, daß diese 4 Landsleute statt über Maria-Zell und das Salzkammer-Gut, ihre Rückreise ins Vaterland über *Grätz*, Obersteier, Salzburg, Innsbruck etc. antreten.
Dieselben reisen Sonntag früh mit Post von hier bis Mürzzuschlag, und Montag von da nach Grätz, um an jenem Tage noch ins Theater zu kommen. Dienstag bleiben sie bei uns in Grätz und Mittwoch geht es weiter nach Salzburg.
In Betreff dieser Landsleute bitte ich also den D^or^ Karl,
1tens Den Andreas *Sattinger* – an welchen ich diese Schwaben anweisen werde – zu vermögen, daß sie bei ihm gut bequartiert, und Reinach mit einem Lohnbedienten versehen werde.
2tens Wäre es vom Freunde Pachler sehr schön, wenn er darauf einwirken wollte, daß Montag ein hübsches Lustspiel und Dienstag womöglich eine ordentliche Oper, allenfalls der Freischütz etc. etc., gegeben würde, damit die Freiburger doch auch in dieser Hinsicht eine gute Idee von Grätz mitnehmen. Endlich an Sie, liebe gnädige Frau, richte ich diese Bitte, daß wir Dienstags doch bei Ihnen oder Frau v. Leeb die Groß-Mama und Schnellers Angehörige nur auf kurze Zeit alle sehen könnten, weil den Freiburgern – wenn sie in einem Tage das Merkwürdigste von Grätz sehen wollen – nicht viel Zeit übrig bleibt, überall Besuche zu machen . . .
Zum Schlusse mein und Schuberts Handküsse . . .

Der Fahrpreis betrug etwa 10 fl. K. M. – Schubert mag die Kosten dieser Reise aus dem Erlös der opp. 75 und 87 (6. Juli und 6. August 1827) bestritten haben. Franz Xaver Freiherr v. Andlau-Bierseck (vgl. 6. Dezember 1825), geboren in Freiburg im Breisgau 1799, war seit März 1826 badischer Diplomat in Wien; er hat in seinen „Erinnerungsblättern“ 1857 Schubert als unsympathisch dargestellt, aber den Wert dieses überraschenden Urteils dadurch gemindert, daß er unter Schuberts Liedern „Ich hatt' einen Kameraden“ nennt (Schubert-Erinnerungen, S. 189). Andlaus Bruder Heinrich, geboren 1802, wurde 1830 sein Nachfolger in Wien. Über die beiden anderen Landsleute Jengers ist nichts bekannt. Schwaben nannte man alle Anwohner des Bodensees (Schweizer, Deutsche, Österreicher). Die vier reisten mit einem „Separatwagen“ der Post. – Sattinger war ein Gastwirt in Graz. – Pachler war, wie sein Sohn Faust später erzählte, das Alter ego des Theaterdirektors Stöger (siehe 25. März 1827). – Am Montag war die zweite Aufführung von Meyerbeers Oper „Il crociato in Egitto“ (vgl. die Notiz vor dem 6. September 1827). Tags darauf wurden zwei neue Lustspiele gegeben. – Frau Leeb war eine Freundin der Pachlers. – Frau Pachlers Mutter war die Witwe Therese Koschak. – Über Schneller, der in Freiburg lebte, vgl. 7. Oktober 1826.

Aus Bauernfelds Tagebuch

31. August 1827

Moritz am 7. August nach München. Lücke im Freundeskreis. Übrigens – siehe Kotzebues „Philibert“ oder „Die Verhältnisse“. Was wird aus uns allen? Werden wir zusammenhalten? . . . Schubert komponiert den „Graf von Gleichen“.

Schwind, der sich wie Bauernfeld der Schubert-Runde zuletzt etwas ferngehalten hatte, war mit einer Empfehlung Grillparzers an Peter Cornelius, seinen späteren Lehrer, nach München gereist, um die dortige Akademie kennenzulernen. Er weilte dort etwa vom 20. bis 30. August. – Kotzebues Roman war 1809 in Königsberg erschienen, 1810 und 1814 auch französisch in Wien, wo er 1824 deutsch nachgedruckt worden ist. Sein Held, ein Schwärmer, verliert durch verschiedene „Verhältnisse“ einen Freundeskreis, findet aber nach vielen Enttäuschungen in einer edlen Frau einen wahren Freund. – Über die Oper vgl. Oktober 1826; Schubert hatte sich wirklich in diesem Sommer damit beschäftigt.

Aus Bauernfelds „Poetischem Tagebuch“, 1827

Ein Abschnitt in meinem Lebenslauf:
Ein *Lustspiel* fertig. Wer führt mir's auf?
Hab' unter Zweifeln und Bangen
ein zweites und drittes angefangen,
und kam die Sach' einmal in Guß,
für *Schubert* die Oper zum Überfluß.

Die Lustspiele waren: „Leichtsinn und Liebe“, Oktober bis Dezember 1826 entstanden, „Der Zweifler“ von September und „Der Brautwerber“ vom Juli bis Dezember 1827 (vgl. 6. September 1828). Das Libretto hatte Bauernfeld schon 1826 beendet. Sein „Poetisches Tagebuch“ erschien erst 1887.

Aus der amtlichen „Wiener Zeitung“ vom 3. September 1827

Bei *Tobias Haslinger*,
Musikverleger in Wien,
am Graben, im Hause der ersten Österr. Spar-Kasse Nr. 572,
sind neu erschienen,
und in allen Musikhandlungen der Österr. Provinzen
(in Pest bei K. Lichtl) zu haben:

Variationen
für das Pianoforte zu 4 Händen,
über ein Thema
aus der Oper: Marie, von Herold.
Komponiert
von
Franz Schubert.
82stes Werk. 1 fl. 45 kr. Konv. Münze.

Op. 82 erschien nach opp. 84 und 87. Es ist „Seiner Hochwürden Herrn Kajetan Neuhaus, Professor der theoretischen und praktischen Philosophie in Linz“ gewidmet, der am dortigen Lyzeum tätig und Mitglied des Musikvereins war; über seine Beziehungen zu Schubert ist sonst nichts bekannt. – Hérolds Oper (Text von F. A. E. de Planard) war, bald nach der Pariser Erstaufführung, am 18. Dezember 1826 in der Übersetzung Castellis am Kärntnertor-Theater gegeben worden. Das Thema stammt aus der 10. Szene des 3. Aktes, und zwar ist es das Lied des meunier Lubin, im Deutschen das Müllerlied genannt, beginnend „Sur la rivière, comme mon père“, in der Übersetzung „Was einst vor Jahren . . .“. Zu Hérold vgl. die Notiz vor dem 4. Juli 1821.

5. September 1827: Schubert hört im Grazer Landestheater Meyerbeers Oper „Il crociato in Egitto“, Libretto nach Gaetano Rossi von Josef Kupelwieser, mit Johann Nestroy als Sultan Aladdin. – Josef Kupelwieser, der Librettist des „Fierabras“, war Sekretär des Grazer und des Preßburger Theaters unter der Direktion Stöger. – Meyerbeers Oper soll Schubert nicht gefallen haben; das bezeugt Anselm Hüttenbrenner, der Schubert damals in Graz begrüßte, ihm Frau und Kinder vorführte und seinen „Erlkönig“ vorspielte. Teltscher hat vorher oder nachher in Wien die drei Freunde Jenger, Hüttenbrenner und Schubert, die er schon einzeln lithographiert hatte, in einer farbigen Zeichnung zusammen porträtiert – Nestroy (siehe 8. April 1821) war 1826 bis 1829 in Graz engagiert.

Aus der amtlichen „Grazer Zeitung" vom 6. September 1827

Anzeige [des folgenden Konzertes].

Samstag, den 8. September d. J., wird vom steiermärkischen Musikvereine eine große musikalische Akademie abgehalten, deren voller Ertrag ohne Abzug der Kosten, welche ein Ungenannter zu übernehmen erklärte, der Unterstützung der durch die letzt eingetretene Überschwemmung in Notstand versetzten Bewohner des flachen Landes und den dürftigen Landesschullehrer-Witwen und -Waisen, deren jährliche Beteiligung dem Musikverein statutenmäßig obliegt, zu gleichen Teilen gewidmet wird.
Die Direktion des ständ. Theaters hat in Berücksichtigung des wohltätigen Zweckes für diese Unternehmung dem Vereine ihr Lokal bereitwillig überlassen, wornach dieselbe im ständ. Theater zur Aufführung kommen wird, weil dessen größerer Raum und die Beibehaltung der sonstigen Eintrittspreise dem gesamten Publikum die Gelegenheit zur Teilnahme und Widmung eines Beitrages für die Notleidenden bietet.
Da man bei der Vereinigung sämtlicher Kunstfreunde der Hauptstadt, bei der gefälligen Mitwirkung eines Künstlers und hochgefeierten Tonsetzers der Residenz, und besonders bei der vielfach erprobten Menschenliebe des geehrten Publikums des entsprechenden Erfolgs sich versichert hält, so wird mit Übergehung aller ferneren Aufforderung zur Wohltätigkeit lediglich ersucht, daß der Vorbehalt der Herren Abonnenten für ihre Plätze am Tage der Aufführung selbst bis längstens 12 Uhr bei der Inspektion des ständ. Theaters im Erdgeschosse des Schauspielhauses angemeldet werden wolle, woselbst auch die sonstigen Bestellungen der Sperrsitze, sowie abends an der Kasse bis längstens 6 Uhr angenommen werden, da man sodann alle nicht vergebenen Plätze dem Publikum öffnen wird.
Vom Ausschusse des steierm. Musik-Vereines. Grätz, am 4. September 1827.

Diese Veranstaltung und Schuberts Mitwirkung dabei waren durch Pachler und Hüttenbrenner zustande gekommen. Der Tag war Mariä Geburt (vgl. 8. September 1822). Über die Landschullehrer vgl. 2. Juni 1825.

Aus einem Grazer Konzert-Programm vom 8. September 1827, 7 Uhr abends

Erste Abteilung . . . 2. Normans Gesang aus Walter Scotts Fräulein vom See, für Tenor und Pianoforte, komponiert und begleitet von Hrn. Franz Schubert, auswärtigem Ehrenmitgliede des steiermärkischen Musik-Vereins . . .
Zweite Abteilung . . . 1. Chor für 2 Sopran- und 2 Alt-Stimmen von Franz Schubert . . .
4. Geist der Liebe, von Matthisson, in Musik gesetzt für 4 Männerstimmen von Franz Schubert . . .
Abermals widmet der Musik-Verein die ihm statutenmäßig zukommende Einnahme dem Wohltätigkeits-Zwecke, und dieser, wie die gefällige Mitwirkung eines Tonsetzers, dessen geistvolle Werke selbst das ferne Ausland kennt und bewundert, verbürgen den zahlreichen Zuspruch des großmütigen kunstsinnigen Publikums.

Der Tenor war Herr Marschall (siehe 25. März 1827). Der Chor war „Gott in der Natur", er wurde aus dem Manuskript gesungen; vgl. 21. August 1827. Schubert dürfte ihn also mitgebracht haben. – Das Quartett für Männerstimmen, in dem vielleicht Nestroy wieder mitgesungen hat (vgl. 3. März 1822 u.a.), wurde von Schubert auch auf dem Klavier begleitet. Ein Grazer Zeit- und Namensgenosse, der Cellist

Franz Schubert (den Teltscher in einem Aquarell porträtiert hat), gab in seinen für Luib geschriebenen Aufzeichnungen über diese Tage (Schubert-Erinnerungen, S. 87f.) irrtümlich den „Gondelfahrer“ statt den „Geist der Liebe“ an. Übrigens ist ein angeblicher, in der Stuttgarter „Neuen Musikzeitung“ vom 7. Oktober 1920 (vol. 42, Nr. 1, pp. 5–7) veröffentlichter Schubert-Brief von diesem Namensvetter.

10.–12. September 1827: Ausflug der Grazer Schubert-Runde nach Schloß Wildbach. – Wildbach liegt bei Deutsch-Landsberg, etwa 30 km südwestlich von Graz. Es wurde von der Witwe Anna Massegg, geb. Tax, einer Tante des Doktor Pachler, bewirtschaftet. Sie hatte sechs Töchter; die älteste (Maria) sang Schubert-Lieder, begleitet von ihrem Musiklehrer Patricius Fuchs aus dem nahen Frauental, dem Vater des Komponisten Robert und des Hofkapellmeisters Johann Nepomuk Fuchs. Vgl. 25. Oktober 1827. Die Grazer Gesellschaft fuhr in mehreren Wagen hinaus: Schubert, Hüttenbrenner und Jenger im ersten, die Pachlers im zweiten. Der dort wachsende Schilcherwein (rötlich, leicht) hat Schubert besonders behagt. Das Schloß gehörte schon den Kindern der Witwe, die auch einen Sohn (Friedrich) hatte. Die musikalische Unterhaltung fand im „blauen Zimmer“ statt, das im ersten Stock mit Blick auf den schönen Garten gelegen war.

Aus der amtlichen „Wiener Zeitung“ vom 12. September 1827

Bei Tobias Haslinger,
Musikverleger in Wien,
am Graben, im Hause der ersten Österr. Spar-Kasse Nr. 572,
sind neu erschienen,
und auch bei K. *Lichtl* in Pest zu haben:
Drei
Gesänge für eine Baßstimme
[L'incanto degli occhi – Il traditor deluso – Il modo di prender moglie]
(Italienisch und Deutsch),
mit Begleitung des Pianoforte,
von
Franz Schubert.
83stes Werk.
Nr. 1, 24 kr., Nr. 2, 36 kr., Nr. 3, 36 kr. K. M.
Zusammen 1 fl. 36 kr. K. M.

Op. 83 erschien nach opp. 84 und 87. Es ist dem berühmten Bassisten Luigi Lablache gewidmet, geboren in Neapel 1794, der am Kärntnertor-Theater engagiert war und den Schubert bei Kiesewetter kennengelernt haben soll. Er verkehrte aber auch bei Frau Lászny, wo er einmal den zweiten Baß im Männerquartett „Gondelfahrer“ übernommen hat, und bei Kajetan Giannatasio del Rio, der zwei musikalische Töchter, Fanny (Franziska) und Nanni (Anna), hatte. In dessen Hause wurde einmal der „Häusliche Krieg“ mit Klavierbegleitung aufgeführt. (Giannatasio hatte eine Privatschule für Knaben, in der Beethovens Neffe Karl 1816 bis 1818 Zögling war.) Lablache, der nicht deutsch sprach, sang den Figaro sowohl in Rossinis wie in Mozarts Oper. Thalberg wurde sein Schwiegersohn. – Der Titel gibt Metastasio als Dichter der drei Lieder an; das dritte ist aber nicht von ihm, der Verfasser ist unbekannt. – Vgl. 30. April 1827.

Aus dem Kassa-Hauptbuch Karl Pachlers

13. September 1827: Dem Fiaker nach Wildbach s. Trinkgeld – 20 fl. W. W., 40 kr. K. M.

September 1827

Scherzhafter Theaterzettel über die Grazer Schubertfreunde

„Der Fußfall im Hallerschlössel" oder
„Zwilchen S' mi nit so!"

Personen:

Harengos – Dr. Franz Haring,
Pachleros – Dr. Karl Pachler,
Schwammerl – Franz Schubert,
Schilcherl – Anselm Hüttenbrenner.

Das Hallerschlössel liegt am Fuß des Rosenberges, südöstlich von Graz, mit der Aussicht auf die nahe Stadt. Es hieß ursprünglich Sparbersbach und wurde nach einem Besitzer um 1800 neu benannt. 1827 gehörte es dem Advokaten Dr. Franz Haring. Er war jung verheiratet und hatte zahlreiche Verwandte auf diesem Sommersitz zu Besuch. Deshalb waren die Pachlers, die gewöhnlich das ganze Haus mieteten, diesmal nicht den Sommer über dorthin gezogen. Aber Haring hatte Dr. Josef Schweighofer, Fiskal-Adjunkt, und seine Frau Katharina als Sommergäste bei sich, die später Teltschers Freunde wurden. Ein Fräulein Kathi (Katharina) Mayer v. Gravenegg kam zu Besuch und sang Schubert steirische Volkslieder vor. Er war in diesem Monat mit Pachlers öfters im Hallerschlössel zu Gaste. Den Theaterzettel, zu einer vielleicht gar nicht aufgeführten Komödie, hatte eine schöne Witwe verfaßt, der Jenger den Hof machte. Wir lernen daraus die Spitznamen einiger Herren der Gesellschaft kennen, darunter Hüttenbrenner als Schilcherl, benannt nach dem steirischen Wein, und Schubert als Schwammerl, was auf seine kurze, runde Figur anspielte; es hat wohl nichts mit dem Wiener Ausdruck „Schwammer" zu tun, der Rausch bedeutet (siehe Anmerkung zum 12. November 1823).

Aus dem Kassa-Hauptbuch Karl Pachlers

16. September 1827: 2 Pfeifenköpfe – 8 kr. K. M. ... Der Frau zur Haushaltung – 100 fl. W. W.

Im Hause Pachler gab es mehrere Schubertiaden. Aber Schubert mußte meistens selbst auch sein Sänger sein. Er hat dort u. a. das Lied „Der Wanderer an den Mond" vorgetragen und mit Jenger öfters vierhändig gespielt. Aber er ergötzte sich auch am Klavierspiel der Hausfrau, die eine besondere Begabung für „musikalische Porträts" hatte, in denen sie ihre Bekannten gut charakterisierte oder karikierte. Frau Pachler hatte übrigens noch im Winter gehofft, dieses Jahr auch Beethoven bei sich zu sehen. Sophie Müller und Heinrich Anschütz hatten als Gäste des Grazer Theaters bei ihr verkehrt.

Aus der Frankfurter „Allgemeinen Musikalischen Zeitung" vom 19. September 1827

[Besprechung der zwei Rochlitz-Lieder, Opus 81.]

Gar nicht übel gemacht. Zwar nur ganz einfach, wie der Sinn des Textes es erfordert, doch mit schönen, gefälligen Melodien ...

[Besprechung der drei Seidl-Lieder, Opus 80.]

Ganz der vorigen Sammlung ähnlich ...

F.

Schubert an Franz Selliers de Moranville

Lieber H. v. Sellier!

Ich war hier, um mich zu entschuldigen, dß ich neulich nicht mein Wort hielt. Wenn Sie wüßten, wie unmöglich mir es gemacht wurde, selbes zu halten, so würden Sie mir gewiß verzeihen. In der Hoffnung Ihre Gewogenheit nicht zu verlieren verbleibe ich

mit aller Achtung

Gratz, den 19. Sept. 1827.

Ihr Ergebenster
Frz. Schubert.

Selliers war Hofkriegskanzlist, früher in Wien und jetzt, wohl als Nachfolger Jengers, in Graz beschäftigt. Er gehörte der Gesellschaft der Musikfreunde in Wien an. Schubert scheint ihm etwas versprochen zu haben, was er nicht halten konnte oder wollte, wahrscheinlich nur einen Besuch.

20. September 1827

Erinnerungsblatt für Frau Pachler

Unserer lieben Hausfrau
zur freundlichen Erinnerung
Jenger. *Schubert.*

An diesem Tage reiste Schubert mit Jenger ab, und zwar auf einem anderen Wege, als sie gekommen waren; siehe 27. September 1827.

20. September 1827

Verlorengegangener Brief Frau Pachlers an Jenger

[mit der Bitte, Schubert an seine Zusage zu erinnern, daß er zu dem bevorstehenden Geburts- und Namenstag ihres Gatten ein vierhändiges Klavierstück schreibe, welches Faust Pachler mit seiner Mutter vorspielen könne].

Frau Pachler schrieb noch am gleichen Tage, damit Schubert sein Versprechen ja nicht vergesse. Ihr Sohn Faust war 1819 geboren, also acht Jahre alt. Vgl. 12. Oktober 1827.

25. September 1827: „Der blinde Knabe" op. 101 (D. 833) erscheint in der „Wiener Zeitschrift für Kunst usw." Vgl. Anmerkung zum 23. Oktober 1825.

Schubert an Frau Pachler

Wien, am 27. September 1827.

Euer Gnaden!

Schon jetzt erfahre ich, daß ich mich in Grätz zu wohl befunden habe, und Wien will mir noch nicht recht in den Kopf, 's ist freylich ein wenig groß, dafür aber ist es leer an Herzlichkeit, Offenheit, an wirklichen Gedanken, an vernünftigen Worten, und besonders an geistreichen Thaten. Man weiß nicht recht, ist man gscheidt oder dumm, so viel wird hier durcheinander geplaudert, und zu einer innigen Fröhlichkeit gelangt man selten oder nie. 's ist zwar möglich, daß ich selbst viel daran Schuld bin mit meiner langsamen Art zu erwarmen. In Grätz erkannte ich bald die ungekünstelte und offene Weise, mit und neben einander zu seyn, in die ich bey längerem Aufenthalt sicher noch mehr eingedrungen seyn würde. Besonders werde ich nie die freundliche Herberge mit ihrer lieben Hausfrau, dem kräftigen Pachleros und dem kleinen Faust vergessen, wo ich seit langer Zeit die vergnügtesten Tage verlebt habe. In der Hoffnung, meinen Dank auf eine würdige Weise noch an den Tag legen zu können, verharre ich mit aller Hochachtung

Euer Gnaden

Ergebenster
Frz. Schubert.

NB. Das Opernbuch hoffe ich
in einigen Tagen senden zu können.

Die beiden Freunde waren am 24. in Wien angekommen. – Das Opernbuch ist das Libretto zu „Alfonso und Estrella", das Pachler dem Grazer Direktor Stöger zeigen wollte. Schubert schickte dann auch die Originalpartitur nach Graz, ohne daß eine Aufführung zustande kam. Nach 14 Jahren gab Dr. Pachler das Manuskript an Ferdinand Schubert zurück.

Jenger an Frau Pachler

Wien, am 27ten Septbr. 827. Mittag.

Durch den morgen von hier nach Grätz abfahrenden glücklichen Steierer Josef Hüttenbrenner senden wir, Freund Schwammerl und ich, Ihnen, liebe gnädige Frau, sowie dem Freunde Dor Karl noch unsern herzlichsten und innigsten Dank für alle uns erwiesene Güte und Freundschaft, die wir ewig nie vergessen werden, und zwar um desto weniger, als Schubert und ich noch gar selten so herrliche Tage verlebten, als jetzt in dem lieben Grätz und seiner Umgegenden, worunter *Wildbach* mit seinen lieben Bewohnern obenan steht.

Hier will sich's noch nicht recht geben, besonders bei mir, wo ich jetzt wieder am großen Karren stark ziehen muß, jedoch keinen Strick abreißen werde. Im Vergleiche mit den vorher gegangenen 20 Tagen ist es fast nicht auszuhalten, und doch muß es jetzt auch wieder so recht sein. Also heißt es in seine Lage sich schicken.

Eine kleine Beschreibung unserer Rückreise dürfte Sie, liebe gnädige Frau, wohl ein wenig interessieren, und deshalb fange ich in Fürstenfeld an; denn daß die Trennung von unsern lieben guten Hausleuten uns etwas schwer geworden, und selbst der Himmel in unsere Trauer mit eingestimmt hat, wird Ihnen Freund Karrer wohl erzählt haben.

In Fürstenfeld fanden wir also bei meiner alten guten Freundin, Frau Bürgermeisterin Fritzi Wittman, eine sehr gute Aufnahme, und nachdem wir des andern Tages (21t) Vormittag die Merkwürdigkeiten der Stadt und vom Kalvarienberge die Umgegend betrachtet hatten, sind wir nach eingenommenem Mittagsmale um 3 Uhr von da aufgebrochen und abends 8 Uhr in Hartberg glücklich angelangt, wo wir bei dem Stadtrichter Hr. *v. Zschock* (Bruder des Hauptmanns Bron Z.) ein sehr gutes Nachtquartier fanden.

Am 22t stiegen wir früh 5 Uhr in den Wagen und langten beim herrlichsten Tage um ½10 Uhr außerhalb Friedberg in der Pinga an, wo wir frühstückten.

Von da gingen wir zu Fuß bergan bis auf die Spitze des Eselberges, wo wir um 12 Uhr anlangten, und dort die schönste Aussicht noch hinunter nach Steiermark, Ungarn und hinauf nach Österreich – im Durchmesser gewiß über 40 Stunden – genossen.

Auf der Spitze an der Grenze zogen wir unsere Mützen ab, und sandten mit dem lebhaftesten Danke für alles Empfangene unsere herzlichsten Grüße noch an alle unsere

Lieben in der Steiermark, mit dem festen Vorsatze, so bald als möglich wieder zu kommen.
Sodann ging es über die neu angelegte herrliche Straße bergab nach Aspang, wo wir Mittag machten, und endlich abends 8 Uhr – nach einigen überstandenen Fatiguen der schlechten Feldwege von Seebenstein über Pitten und Walbersbach wegen – in Schleinz glücklich anlangten, und wiederum eine sehr gute Aufnahme fanden. Eine Stunde später kam der Hausherr, Kaufmann Stehmann, mit 2 Bekannten aus Wien in Schleinz an, und daselbst blieben wir nach sehr lustig verlebtem Sonntag und Montag Vormittag – bis Montag Nachmittag 3 Uhr, wo wir sodann mit Stehmann und den beiden andern Wienern die Rückreise nach Wien antraten, und abends $^{1}/_{2}$10 Uhr daselbst wohlbehalten anlangten. Unter den Tuchlauben beim blauen Igel, wo Schubert wohnt, trennten wir beide uns, mit dem Vorsatze, unsern Lieben in Grätz so bald als möglich Nachricht von Uns zu geben, was nun hiermit – und mit dem von Schubert mir soeben übergebenen hier anliegenden Schreiben von ihm geschieht.
Für Ihre lieben Zeilen noch vom Tage unserer Abreise – welche ich gestern schon in meinem Bureau fand, als ich ankam – danken wir, liebe gute gnädige Frau, Ihnen noch insbesondere recht herzlich ... Indem ich Sie, liebe gnädige Frau, nun recht schön bitte, an *alle Bekannten* – besonders nach Wildbach, und dort wieder besonders an mein Zärterl „*Netti*“ von mir recht viel Schönes entrichten zu wollen, bleibe ich nebst nochmaligem herzlichen Dank und den herzlichsten Grüßen an Sie und Freund Karl

Ihr dankbarer Freund

Hans Jenger.

Josef Hüttenbrenner fuhr auf Urlaub in seine Heimat. Er nahm auch Schuberts Brief vom 27. September 1827 mit. – „Freund Karrer“ ist wohl der Fuhrmann gewesen. – Die Rückfahrt ging durch die Nordost-Steiermark nach Niederösterreich; statt über den Semmering wie auf der Hinfahrt, die gewöhnliche Postroute, diesmal über den Wechsel. – Fürstenfeld liegt etwa 50 km östlich von Graz. – Fritzi (Friederike) war die Gattin des Bürgermeisters von Fürstenfeld, Karl Johann Wittmann. – Hartberg liegt 30 km nördlich davon. – Anton Zschock, geboren 1775 in Hartberg, war Gastwirt und Kunstfreund. Sein Bruder war wohl der Offizier Ludwig Freiherr v. Zschock, geboren 1792. – Friedberg liegt 28 km nördlich von Hartberg. – Die Pinga, recte Pinggau, ist das Becken am Flusse Pinka, an dem Friedberg liegt. – Der „Eselberg“, recte Möselberg, ist ein Vorberg (665 m) des Wechsels (1738 m); Mönichkirchen – etwa 13 km nördlich von Friedberg – liegt auf der Höhe des Möselbergs, Aspang – etwa 15 km nördlich von Mönichkirchen – an seinem Fuße. – Unter „Österreich“ ist Innerösterreich verstanden, hier besonders Niederösterreich. – Von Aspang geht es, nordwärts, in das 18 km entfernte Seebenstein. (Anton David Steiger, siehe Mitte September 1825, war um 1820 Vorsteher der romantischen Runde auf Schloß Seebenstein gewesen, der „Ritter von der blauen Erde“.) 4 km nordöstlich von Seebenstein ist Pitten und nahe dabei Walpersbach gelegen. Nahe davon liegt, bei Frohsdorf, Schloß Schleinz, dessen Besitzer damals der Kaufmann Stehmann (oder Rehmann?) war. Er, wie die Wittmanns und Zschocks, waren offenbar Bekannte Jengers. Der weitere Weg führte wahrscheinlich über Wiener-Neustadt, Baden und Mödling nach Wien. – Netti ist Anna, später verehelichte Marussig, die zweite Tochter der Witwe Massegg.

Ernst v. Feuchtersleben an Romeo Seligmann nach Nikolsburg

[Wien Herbst 1827]

... Schubert kam vor kurzem ganz begeistert, aber nur um zwei Lieder reicher aus Grätz. Schwind hat München verlassen und wird von seinem Bruder in Linz erwartet. Bauernfeld schreibt, Schober druckt Stein.

Seligmann, geboren 1808 in Nikolsburg (Mähren, heute Mikũlov, Tschechoslowakei), war Arzt, später Professor für Geschichte der Medizin in Wien, und ein Freund Feuchterslebens. – Die Lieder waren „Heimliches Lieben“, Text von Frau v. Chézys Mutter, Karoline Louise v. Klenke, durch Schneller an Frau Pachler geschickt, und „Eine altschottische Ballade“ („Edward, Edward . . .“, aus Thomas Percys „Reliques“, übersetzt von Herder). Dazu kamen wohl die Tänze, die Schubert in Graz geschrieben hatte: die „Grätzer Walzer“, op. 91, und der „Grätzer Galopp“, siehe 5. Januar 1828 (D. 924 und 925). – Schwind war Anfang September in Salzburg, Mitte des Monats auf Schloß Ebenzweier, von Ende September bis Mitte Oktober in Linz, wo auch Josef v. Spaun damals weilte.

Aus der „Wiener Zeitschrift für Kunst usw.“ vom 29. September 1827

Fantasie, Andante, Menuetto und Allegretto für das Pianoforte allein. Dem Hochwohlgebornen Herrn Josef Edlen von *Spaun* gewidmet, von Franz *Schubert*. 78. Werk. Wien, bei Tobias *Haslinger*.
Der beliebte und talentvolle Lieder-Kompositeur übergibt hier der Musikwelt eine Fantasie, in welcher er seinem Erfindungsgeiste freien Spielraum gab und dem Spieler einen harmonischen Genuß verschaffte, ohne doch durch Anhäufung allzu großer Schwierigkeiten die Exekutierung zu erschweren. Die beiden Hände sind gewöhnlich vollgriffig beschäftigt, und die von *Beethoven* eingeführte Art und Weise, die Oberstimme öfter in der untern Oktave zu verdoppeln, während eine Terz oder Sexte parallel läuft, scheint ebenfalls eine Lieblingsweise des Hrn. *Schubert* zu sein, denn er schreitet sehr oft so in seinen Konstruktionen fort. Die durchgehenden Noten, Antizipationen und Retardationen, sind mit vieler Freiheit behandelt, und dies führt oft schöne, oft seltsame Verhältnisse herbei. Durch gelungene Nachahmungen hat der Verfasser das Ganze noch interessanter gemacht. Effektvoll ist das erste Stück. Das Andante gestattet und fordert vielen Ausdruck. Das Trio, die Menuette ist besonders gut gelungen. Das Allegretto ist feurig und läßt einen brillanten Vortrag zu. Hr. *Schubert* hält sein Thema sehr fest und verarbeitet es mit vieler Konsequenz; er opfert aber nicht selten die Mannigfaltigkeit auf. Das Werk ist den guten Klavier-Kompositionen, welche nicht etwa als bloße Tanzschulen für die Finger zu betrachten sind – mit Fug und Recht beizuzählen. Geübte Spieler werden dazu erfordert. Der Stich zeichnet sich, wie alle Auflagen der genannten Musikhandlung, vorteilhaft aus.

Anton Schindler an die B. Schottsche Hofmusikalienhandlung in Mainz

Wien den 29. Sept. 1827.

. . . So ist mir kürzlich ein Lied in die Hände gekommen, welches ein Hofsänger in Karlsruhe, ich glaube er heißt Schütz, herausgegeben hat und den Hrn. C. van Beethoven als Autor anführt. Der Hr. C. van Beethoven ist des verewigten Meisters L. Beethovens Neffe, dem es in seinem Leben nicht einfiel, eine Note zu schreiben. Aber was ist es? – zwei Walzer mit unterlegten Texten; der erste ist von J. Schubert und der zweyte von Hummel, aber Note für Note abgeschrieben. – Sollte man das Publikum vor einem solch abscheulichen Betrug nicht öffentlich warnen? –

Das war ein offener Brief, der in Schotts Zeitschrift „Cäcilia“ (VII. Band, Heft 26, S. 91f.) im Herbst 1827 erschien, betitelt: „Kleine Beiträge zu L. van Beethovens Charakteristik und zur Geschichte seiner Werke“. Heinrich Schütz, badischer Hofsänger und Schauspieler, hatte im Frühjahr 1826 bei Schott den sogenannten „Favorit-Walzer“ von Beethoven (vgl. Oktober 1823) mit den unterlegten Worten „O süße Himmelslust“, begleitet von Gitarre oder Pianoforte, herausgegeben. Es ist Nr. 250 einer

„Auswahl von Gesängen mit Klavier- oder Gitarre-Begleitung", trägt aber den Namen L. von Beethoven. Der Verlag Schott selbst hatte gleichzeitig „Le Désir, Valse favorite von Beethoven" für Pianoforte allein herausgebracht. Bei einem ähnlichen Anlaß, als der „Sehnsuchts-Walzer" von „Beethoven" wieder einmal als Lied herauskam, schrieb die Leipziger „Allgemeine musikalische Zeitung" im Dezember 1831: „... er ist von dem seligen Schubert, meine Damen! ihrem Lieblinge!". – Statt Hummel sollte es wohl Himmel heißen.

Pater Kolumban Daigele an Vater Schubert

... Nebst unseren Grüßen an die Frau Gevatter, H. Söhne und Töchterl ... wiederhole ich noch einmal unsere Glückwünsche nebst einem guten Glas Wein und verbleibe

Ergebenster Vetter und Gevatter

Jenö den 30t Septbr. 827. Col.

[Nachschrift von Elisabeth Kleyenböck:]

Ich küsse und grüße ... alle Kinder groß und klein ...

Zu Daigele siehe 24. August 1818. Er lebte seit Juli 1818 als Administrator des Wiener Schottenstifts in Telki, westlich von Buda, und war Priester in dem nahen Jenö, wo Anton Herbaschek (ebenso wie in Buda) ein Gut hatte. Dieser war mit Franziska (Fanny) Kleyenböck verheiratet, deren Schwester Elisabeth (Lisi) Wirtschafterin bei Daigele war. Schuberts Stiefmutter und Therese Obermeyer, eine Bäckersfrau am Himmelpfortgrund, waren die beiden anderen der vier Schwestern Kleyenböck (siehe 25. April 1813), die Daigeles Kusinen waren; Schuberts Vater war mit Daigele nur verschwägert. – Am 4. Oktober war Vater Schuberts Namenstag. – Die „Herren Söhne" sind Schubert und seine drei Brüder, das „Töchterl" wahrscheinlich Josefa, seine Halbschwester, „alle Kinder groß und klein" die aus beiden Ehen. – Der Wein ist Ofner (von Buda).

30. September 1827: Der Dichter Wilhelm Müller (siehe 17. Februar 1824) stirbt in Dessau.

3. Oktober 1827: Franz Michael Vierthaler (siehe Mitte Oktober 1818) stirbt.

5. Oktober 1827

Verlorengegangener Brief der Frau Pachler an Jenger mit einer Paket-Sendung für Schubert

Vgl. 26. Oktober 1827.

Aus Fritz v. Hartmanns Tagebuch (Übersetzung)

Linz, 5. Oktober 1827: Ich ging Schwind besuchen (der bei Anton v. Spaun wohnt). Ich sah ihn an dem Bilde zu Josef Kenners Gedicht: „Stillfried und Sigunde" zeichnen. Nachdem ich mit ihm und meinen Brüdern viel geplaudert hatte, sang ich Lieder von Schubert, von meinem Bruder Louis begleitet.

Über Schwind vgl. Herbst 1827. – Das Gedicht ist in der Stadtbibliothek, Wien, erhalten. Die Zeichnung ist verlorengegangen.

Aus der Münchener „Allgemeinen Musik-Zeitung" vom 6. Oktober 1827

Alinde. An die Laute. Zur guten Nacht. Gedichte von Friedrich Rochlitz. In Musik gesetzt für eine Singstimme mit Begleitung des Pianoforte von Franz Schubert. 81stes Werk. Wien, bei Tobias Haslinger. 12 ggr. oder 54 kr.

Das erste der Gedichte ist nicht als Lied gedacht, daher mit allem Recht auch etwas höher gehalten in der musikalischen Ausführung. Diese aber ist so charakteristisch und originell, daß wir das Werkchen schon darum den Freunden des Gesangs empfehlen könnten, wenn auch das darauf folgende Lied, an die Laute, weniger gelungen wäre, als es der Fall ist. Am wenigsten eigentümlich ist Nro. 3, aber demungeachtet auch von ganz allerliebster Wirkung.

Der Wandrer an den Mond. Das Zügenglöcklein. Im Freien. Gedichte von Seidl. In Musik gesetzt für 1 Singstimme mit Pianoforte-Begleitung von Franz Schubert. Op. 80. Ebendas. 1 fl. K. M.

Nro. 1. Ganz vortrefflich. Einfacher Gesang, klare Harmonie und doch lebenvolle Wahrheit im Ausdruck. Nro. 2. Weniger gut, obwohl mehr gesucht, namentlich die Begleitung, die beim echten Liede so sehr Nebensache sein soll. Das selbe gilt von Nro. 3, wo eine Begleitungs-Figur mit allzu großer Konsequenz 9 Seiten lang beibehalten ist. Übrigens gehören beide Werkchen unbedingt zu den vorzüglicheren ihrer Art.

Fr. St.
[Franz Stoepel]

Das war die erste Nummer dieser Zeitschrift; vielleicht war die Besprechung durch Schwinds Besuch in München veranlaßt worden. – „Nicht als Lied gedacht" heißt wohl: nicht rein strophisch: „Alinde" ist ein variiertes Strophenlied. – Das „echte Lied" war noch immer das der Reichardt und Zelter. – Stoepel, geboren 1794 in Preußen, Musikschriftsteller, war um 1815 in London gewesen.

Aus der amtlichen „Wiener Zeitung" vom 8. Oktober 1827

Bei *Tobias Haslinger*,
Kunst- und Musikhändler in Wien,
am Graben, im Hause der ersten Österr. Spar-Kasse Nr. 572,
sind neu erschienen,
und auch bei K. *Lichtl* in Pest zu haben:

Die deutschen Minnesänger.
Neueste Sammlung von Gesängen
für vier Männerstimmen.
Enthaltend:

K. M.

Nr. 1. *Grab und Mond.* Worte von Seidl, Musik von Fr. Schubert............ 15 kr.

....

Nr. 4. *Wein und Liebe.* Worte von Haug. Musik von Fr. Schubert........... 30 kr.

....

(Werden fortgesetzt.)

Diese Sammlung ausgezeichneter Vokal-Kompositionen der vorzüglichsten deutschen Tonsetzer wird ebensowohl die neuesten Original-Werke enthalten, als unter den gediegenen älteren in der Aufnahme eine sorgfältige Wahl treffen, um dem kunstliebenden Publikum nichts zu bieten, was nicht demselben willkommen, und einer besonderen Aufmerksamkeit würdig wäre.

Der gesammelte Vorrat (gegen 300 Gesänge) verbürgt eine angenehme Abwechslung und die ununterbrochene Fortsetzung.

Vgl. 2. Juni 1827. – Die Sammlung begann mit sechs Nummern. – Schuberts Beiträge erhielten, so wie die anderen, keine Opusnummern. – Johann Christoph Friedrich Haug war 1761 in Niederstotzingen (Württemberg) geboren.

SCHUBERT AN FRAU PACHLER [UNTER DER SECONDO- UND PRIMO-STIMME DES KINDERMARSCH-MANUSKRIPTES (D. 928)]

Hiermit überschicke ich Euer Gnaden das 4händige Stück für den kleinen Faust. Ich fürchte, seinen Beyfall nicht zu erhalten, indem ich mich für dergleichen Compositionen eben nicht sehr geschaffen fühle. Ich hoffe, daß sich Euer Gnaden besser befinden als ich, da mir meine gewöhnlichen Kopfschmerzen schon wieder zusetzen. Doctor Karl bitte ich meinen herzlichsten Glückwunsch zu seinem Nahmensfeste abzustatten, und zu melden, daß ich das Buch meiner Oper, welches Hr. Gottdank, dieses Faulthier, schon seit Monathen zum Durchlesen hat, noch im̄er nicht zurück erhalten kann. Übrigens verharre ich

mit aller Hochachtung

Ihr Ergebenster

Wien, den 12. Oct. 1827 Franz Schubert.

Vgl. 20. September 1827. Das Stück war zum Vortrag durch den kleinen Faust Pachler und seine Mutter am Namenstag des Dr. Karl Pachler (4. November) bestimmt. – Zu Schuberts Kopfschmerzen vgl. 15. Oktober und 7. November 1827. – Gottdank (siehe 14. Juni 1820), der zeitweilig in Graz wirkte, war seit Ende 1821 Regisseur am Kärntnertor-Theater. Es scheint also neuerdings erwogen worden zu sein, „Alfonso und Estrella" an der Hofoper aufzuführen, wozu es erst 1882 gekommen ist. Vgl. 27. September 1827.

JENGER AN FAUST PACHLER [AUF DER RÜCKSEITE DER PRIMO-STIMME DES KINDERMARSCHES]

Lieber kleiner Freund!

Daß ich mir Deine Kommission angelegen sein ließ, siehst Du nun an diesem Blatte. Studiere es also fleißig und denke am vierten kommenden Monats an Freund Schwammerl und mich. Entrichte Deinem lieben Vater zu seinem Namenstag von uns alles erdenklich Schöne; wir wollen uns an jenem Tag im Geist zu Euch versetzen. Schreibe mir bald wieder, Dein Brief hat mir viel Freude gemacht. Doch habe ich denselben erst am zehnten dieses Monats durch Freund Gometz erhalten. An Deine hochverehrten lieben Eltern und Alle sonstigen Bekannten viel viel Grüße. Dich, lieber Faust, küßt herzlich Dein Freund

Wien, am 12te 8ber 827. Hans Jenger.

Faust Pachler scheint Ende September in einem Briefe an Jenger, den er dessen Kollegen Gomez mitgab, auch noch an das Versprechen Schuberts erinnert zu haben, um den Marsch rechtzeitig zum Einüben zu bekommen. – Anton Gomez von Parientos war Registratur-Akzessist beim Generalkommando in Graz gewesen und jetzt in der selben Eigenschaft beim Hofkriegsrat in Wien; er war auch ein bescheidener Lyriker.

AUS FRITZ V. HARTMANNS TAGEBUCH (ÜBERSETZUNG)

Linz, 12. Oktober 1827: [Max v. Spauns Namenstag.] Wir frühstückten bei Herrn und Frau Ottenwalt. Man las ein von Schwind und meinem Bruder Franz verfaßtes Gedicht, dessen Gegenstand ein drolliges Abenteuer war, das Max Spaun vor einigen Tagen zustieß . . . Mittags besuchte ich Schwind, der einen schönen Thron für Max v. Spaun errichtet hatte. Als dieser oben war, schlossen wir plaudernd und rauchend einen Kreis. Dann sangen wir 3- und 4-stimmige Lieder von Schubert . . . Um 6 Uhr kam Josef v. Spaun, der meinem Bruder zuhörte, wie er eine herrliche Sonate von Schubert spielte.

Schwind war ein gewandter Gelegenheitsdichter. „Die Spixiade", zu der er am 5. August 1828 in Wien noch lustige Illustrationen beigestellt hat (eine davon im Bildband, S. 416), ist ein komisches Epos, das die Geschichte einer jungen Wienerin schildert, die wegen einer Liebschaft mit einem Offizier von ihrer Familie nach Belgien geschickt wurde und der Franz v. Spaun, als Bote des Geliebten, in Linz noch rasch einen Brief zugestellt hatte. – Die Sonate mag die Josef v. Spaun gewidmete in G-Dur, op. 78, gewesen sein.

Aus der „Wiener Allgemeinen Theaterzeitung" vom 13. Oktober 1827

[Vermerk unter dem Gedicht „Das Lied im Grünen" (D. 917) von Friedrich *Reil*]
Wurde nach einer angenehmen, heitern Melodie von *Schubert* diesen Sommer oft hie und da im Grünen von frohsinniger Gesellschaft gesungen.

Schubert hatte das Lied im Juni 1827 komponiert. Es erschien aber erst zwei Jahre später, als Nr. 1 des op. posth. 115, mit drei Zusatzstrophen, „als Traueropfer dem Verklärten von dem Dichter nachgeweiht und der Melodie unterlegt". – Reil, geboren in Ehrenbreitstein (Rheinland) 1773, war Burgschauspieler und Gelegenheitsdichter.

Schubert an Anna Hönig

[Außen:]

Dem
Wohlgeb. Fräulein
Nanette v. Hönig
zu eigenen Handen

[Innen:]

Es fällt mir sehr schwer, Sie benachrichtigen zu müssen, daß ich heute Abends nicht das Vergnügen haben kann, in Ihrer Gesellschaft zu seyn. Ich bin krank, und zwar von *der* Art, daß ich für jede Gesellschaft gänzlich untauglich bin. Mit der nochmahligen Versicherung, daß es mir außerordentlich leid thut, Ihnen nicht zu Diensten zu seyn können

verbleibe ich

Ihr Ergebenster

Wien. den 15. Oct. 827 Frz. Schubert

Dieser Brief war lange verschollen und fand sich erst vor kurzem in der Sammlung des Mr. S. L. Courtauld, S. Rhodesia, wieder. – Vgl. 7. November 1827.

Schubert an Anna Hönig

[Außen:]

An
Fräulein Anna Hönig
Wohlgeb.

[Innen:] [ohne Datum]

Vogl hat sich noch nicht bestimt erklärt, indessen hoffe ich heute noch mit ihm darüber zu sprechen. Im Falle einer abschlägigen Antwort wird *Tietze* wohl imer so gefällig seyn, etwas von mir zu singen. Vogl wird vermuthlich bey den Michaelern singen oder lamentiren um 4 Uhr herum. Übrigens hoffe ich den Anstand nicht verletzt zu haben.

Ihr Ergebenster
Frz. Schubert

Das Original dieses Briefes befand sich früher bei der Familie Mayerhofer v. Grünbühel, Völkermarkt, 1960 bei Herrn Heinrich Eisemann, London. – Der Brief ist ohne Datum, wahrscheinlich auch um 1827 geschrieben. Es liegt ein Zettel bei: „Spaun weiß nichts / Aber ich / Frz. Schubert". Unter „Michaelern" ist die Kirche St. Michael in Wien zu verstehen.

Schubert an Johann Philipp Neumann

Wien den 16. Oct. 1827

Geehrtester Herr Professor!

Ich habe die 100 fl. W. W., welche Sie mir für die Composition der Meßgesänge schickten, richtig empfangen, und wünsche nur, daß selbe Comp. den gemachten Erwartungen entsprechen möge.

Mit aller Hochachtung
Ihr
Ergebenster
Frz. Schubert.

Neumann, geboren in Trebitsch (Mähren, heute Třebíč, Tschechoslowakei) 1774, ein Vetter der Witwe Anna Watteroth (geboren 1776 als v. Rupprecht), war Professor der Physik am Polytechnischen Institut seit dessen Gründung 1815, auch Sekretär und Bibliothekar dort. Er war ein Verfechter der josefinischen Aufklärung, hatte literarische Neigungen, begründete 1798 den „Neuen Wiener Musenalmanach" und erfand 1826 die laufende Numerierung (an Stelle der Klassenordnung) für öffentliche Bibliotheken. Er war der Librettist von Schuberts unvollendeter Oper „Sakuntala" – nach Kalidasas indischem Schauspiel – (1820), von der nur zwei Akte skizziert worden sind. (Graf Lichnowsky hatte im Februar 1823 Neumann als Librettist einer Oper an Beethoven empfohlen.) Die Idee einer „Deutschen Messe", gesungen von der Gemeinde in katholischen Kirchen, war nicht neu: Michael Haydn hatte 1782 auf Befehl des Erzbischofs Hieronymus von Salzburg ein „Deutsches Hochamt" („Hier liegt vor Deiner Majestät . . .") auf einen Text von Franz v. Kohlbrenner geschrieben, das recht populär geworden war. Neumanns Text („Wohin soll ich mich wenden?") war angeblich schon 1826 „als Manuskript" von Anton Benko in Wien unter dem Titel: „Geistliche Lieder (für das heilige Meßopfer) von Johann Philipp Neumann, in Musik gesetzt von Franz Schubert" gedruckt worden (kein Exemplar bekannt); 1827 erschien der Text, ohne die Namen der Autoren, als „Gesänge zur Feier des heiligen Opfers der Messe. Nebst einem Anhange, enthaltend: Das Gebet des Herrn" gedruckt bei Anton v. Haykul (Exemplar in der Stadtbibliothek, Wien). Benko war seit 1824 als Faktor in der Buchdruckerei seiner Tante Anna v. Haykul (der Witwe Antons) tätig, wurde aber erst 1835 ihr Nachfolger; das macht den angeblichen Erstdruck des Textes ganz unmöglich. Es wurde lange angenommen, daß diese Messe für die Hörer der Technischen Hochschule geschrieben und in der benachbarten Karlskirche von ihnen zuerst aufgeführt worden sei. Dabei wurde aber übersehen, daß die Originalfassung für gemischten Chor geschrieben ist und daß die Hörerschaft der Hochschulen damals ausnahmslos männlich war. Neumann hatte tatsächlich keine Möglichkeit, die Messe zu Schuberts Lebzeiten aufführen zu lassen (siehe 24. Oktober 1827); er mag seine Hoffnung erst 20 Jahre später erfüllt gesehen haben. Es war um die Zeit, als einer seiner Söhne,

Ludwig Gottfried (siehe 25. Juli 1828), daran ging, eine Schubert-Biographie zu schreiben, die nicht vollendet wurde. – Das Honorar, das Schubert von Neumann persönlich bekam, entsprach genau der Summe, die er 1816 für die Kantate „Prometheus" privat bekommen hatte (siehe 17. Juni 1816).

Aus Fritz v. Hartmanns Tagebuch (Übersetzung)

Linz, 18. Oktober 1827: Nach 8 Uhr ging ich mit meinen Brüdern zu Herrn und Frau Ottenwalt, um dort mit Josef und Max v. Spaun, Schwind u. a. zu frühstücken. Schwind und mein Bruder Ludwig spielten herrliche 4händige Stücke von Schubert.

Schwind reiste am nächsten Tage zurück nach Wien.

Aus Bauernfelds Tagebuch

[Ende] Oktober 1827.

Grillparzer will uns die Oper an das Königstädter Theater senden . . . Schwind zurück. Er ist frisch und frohen Mutes.

Die Oper ist „Der Graf von Gleichen". Zum Königstädtischen Theater in Berlin vgl. 2. Juli 1825. Zu den Wiener Schwierigkeiten für die Oper vgl. Oktober 1826. Grillparzer hätte nur das Textbuch im Manuskript nach Berlin senden können.

Vermerk im „Censur-Protokoll" des erzbischöflichen Konsistoriums in Wien, 24. Oktober 1827

„Gesänge zur Feier des heil. Opfers der Messe. Nebst einem Anhang enthaltend: Das Gebet des Herrn von Joh: Ph: Neumann. In Musik gesetzt von Fr: Schubert. /: Jedoch ohne Musik-Beilage:/ Mpt./

admittuntur jedoch nicht zum öffentlichen Kirchengebrauche

Vgl. 16. Oktober 1827. So wie die Hoftheater hatte auch die Diözese des Wiener Erzbischofs ihre eigene Zensur (für die Kirchen). Der Akt beruft sich auf den Text in der zweiten Fassung. Die Musik war nicht eingereicht worden, weil nur der Text der Zensur unterlag. In der (vollständigen) Erstausgabe des Werkes zitiert der Verleger, J. P. Gotthard in Wien, in seinem Dezember 1870 datierten Vorwort ein verschollenes Tagebuch Neumanns. Darin habe sich die Bemerkung gefunden, daß er 1827 beim Wiener Konsistorium ein Gesuch um Einführung der Deutschen Messe in die katholischen Kirchen eingereicht habe, jedoch abschlägig beschieden worden sei. Das Werk wurde in der zweiten Hälfte des 19. Jahrhunderts für den Kirchengebrauch freigegeben.

Zensurvermerk auf der Stichvorlage des ersten Teils der „Winterreise"

Excudatur.
Vom k. k. Zent Büch Revis Amte
Wien d 24te Oktober 1827
Schodl.

Der erste Teil dieses Zyklus mußte wegen der Undeutlichkeit des Autographs beim Verlag umgeschrieben werden, bevor er in Stich ging. Schubert aber brachte in dieser Kopie noch ein paar Änderungen an.

Anna Massegg d. J. an Frau Pachler

Wildbach, den 25. Oktober 1827.

Wenn Sie einmal dem Jenger schreiben, so bitte ich wohl, recht viele herzliche Grüße von uns allen zu schreiben. – Unvergeßlich ist uns der Tag, den Sie, mit den andern lieben Begleitern bei uns zugebracht haben, u. ich dachte mir schon oft im Stillen, diesen Tag möchte ich mir noch einmal zurücke rufen, u. daß er recht lange dauern sollte, denn so etwas werden wir wieder lange entbehren müssen, u. wir wissen gar nicht, wie uns diese Ehre zuteil geworden ist, diese liebe Gesellschaft in unserem Hause gehabt zu haben.

Vgl. Notiz vor dem 12. September und Jenger am 27. September 1827. Der Tag, den Anna Massegg nicht vergessen konnte, war der 11. September 1827.

26. Oktober 1827

Verlorengegangener Brief Schuberts an Frau Pachler

Vgl. den nächsten Brief.

Jenger an Frau Pachler

Wien, am 26ten Oktober 827.

Heute früh erst erhielt ich durch Menz Ihre paar Zeilen vom 5ten d. Mts. nebst dem kleinen Paketchen für Freund Schwammerl, welches ich ihm gleich übergab, worüber seine Empfangsbestätigung hierneben folgt. An Ihre Lieblingin Sophie *Müller* und Vater werde ich heute Abend Ihre Grüße entrichten. Wir haben bei ihr eine kleine musikalische Soiree, wo ich mit einem Fräulein, was Sie so gerne schon lange kennen möchte – weil sie von der Müller ihrem Vater, von Freund Schwammerl und mir schon so viel Liebes und Gutes von Ihnen gehört hat – das Divertissement Hongroise spielen werde. Dieses Fräulein ist Irene Kisewetter, deren eigenhändig geschriebenen Name Sie, liebe gnädige Frau, auf dem obgenannten Divertissement, was Sie in Händen haben, finden werden. Es wird also heute Abend wieder viel von Ihnen und Ihrem Mann und Kind gesprochen werden, was jedesmal der Fall ist, wenn ich zu Müllers komme. Freund Schw. stimmt auch sehr gerne in das Thema mit ein, und so wollen wir denn heute Abend wieder einige Variationen darüber machen. Schade, ewig schade, daß Sie nicht Zeuge davon sein können, wir alle würden uns dessen recht herzlich freuen, und der lang ersehnte Wunsch der sehr lieben und sehr braven Klavierspielerin Irene würde endlich erfüllt. – Ich sehe Sie, liebe gnädige Frau, hier etwas schelmisch lächeln, und stelle mir jetzt vor, was Sie sich dabei denken mögen, doch ich sage Ihnen schon zum Voraus, daß Sie sich hierinfalls irren könnten, wie ich mich schon in Grätz expektorierte. Sophie Müller und Schubert könnten und würden mir Zeugenschaft leisten; doch eben fällt mir bei, daß Frauen oder auch Fräuleins keine rechtskräftige Zeugen sein können, und somit lassen wir es lieber beim Alten ... Wie geht es denn dem lieben Faustel mit seinem Marsche von Schw.? – Ohne Zweifel schon recht gut ...

Der Grazer Ignaz Menz war Arzt in Wien; er wohnte auf dem Kohlmarkt und Jenger bei ihm. – Das Paket dürfte die 1825 erschienene erste Gedichtsammlung von Leitner (siehe 12. Dezember 1824) enthalten haben. Schuberts Dank ist verloren. – Sophie Müller war in den Sommern 1824 und 1825 in

Begleitung ihres Vaters zu Gastspielen in Graz gewesen. – Über Irene v. Kiesewetter siehe Schnitzers Gedicht vom Herbst 1825. – Jenger hatte ihr Exemplar des „Divertissement à la hongroise" offenbar in Graz zurückgelassen. – Zum „Kindermarsch" vgl. 12. Oktober 1827.

Aus der Frankfurter „Allgemeinen musikalischen Zeitung" vom 27. Oktober 1827

[Besprechung der Klaviersonate in G, Opus 76, veröffentlicht unter dem Titel „Fantasie, Andante, Menuetto und Allegretto"]
Im Ganzen eine recht gute Arbeit. Die in diesem Hefte enthaltenen Stücke sind nicht zu schwer, und sind anziehend; sie können also zur Übung empfohlen werden. Den Inhalt gibt der Titel an.

R . . .

Aus Franz v. Hartmanns Tagebuch

Herbst 1827: Alle Mittwoche und Samstage abends gehen wir ins Bierhaus, wo Enk, Schober, Schubert und Spaun zu treffen sind. Fast täglich ins Bognerische Kaffeehaus, weil mich jetzt die Zeitungen sehr interessieren . . . Dinand Sauter ist sehr melancholisch im ganzen, bisweilen aber ausgelassen lustig. Es ist also wenig mit ihm zu machen. Leider mag ihn Schober gar nicht leiden, was mir um so mehr leid tut, da ich sie eigentlich bekannt machte, und Dinanden ermutigte, der es jetzt sehr wohl merkt, daß er nicht gerne gesehen ist.

Schubert an Jenger [1827 ?]

Lieber Jenger

Zum Mittagessen kan̄ ich nicht kom̄en. Entschuldige mich. Abends treffen wir uns um $^1/_2$8 Uhr.

Schubert.

Dieses Billett ist mit Bleistift geschrieben. Es mag die erste, nicht benützte Fassung des folgenden sein.

Schubert an Jenger

[Außen:]

Seiner

des H. Joh. Jenger

Wohlgeb.

[Innen:]

Lieber Freund

Zum Mittagessen bey Henikstein kann ich nicht erscheinen, bitte mich zu entschuldigen. Abends um $^1/_2$8 Uhr aber werde ich gewiß erscheinen.
7ter 9^{ber} $\overline{827}$.

Schubert.

Dieses Billett stammt aus der Sammlung der Familie Prokesch v. Osten. Anton Prokesch (siehe 5. März 1822), der Stiefsohn Schnellers, war wie Fräulein Marie Koschak (später Frau Pachler) sein Schüler in Graz; er heiratete später Irene v. Kiesewetter. – Die Worte „bei Henikstein" sind eingefügt. – Josef

Hönig Ritter v. Henikstein, der hier offenbar gemeint ist, war der älteste von drei Brüdern, die eine Großhandlung betrieben. Er wurde 1768 geboren, war Witwer, Vater einer malenden Tochter, Gönner Beethovens, Mitglied des Direktoriums der Gesellschaft der Musikfreunde, Baßsänger, Mandolinenspieler und Cellist; er gab wöchentlich Hauskonzerte und spielte im Streichquartett mit. Reichardt hatte 1808, bei seinem Besuch in Wien, im Hause Henikstein italienische komische Opern aufgeführt gesehen. – Am Abend dürfte Schubert zu Menz oder zu Kiesewetter gegangen sein.

Rochlitz an Schubert

[Außen:]

Herrn
Franz Schubert
Wohlgeb. in
Eingeschl. Wien.

[Innen:] Leipzig, d. 7ten November 1827.

Euer Wohlgeboren

kennen die Hochachtung und Zuneigung, die ich gegen Sie und Ihre Kompositionen hege; H. Haslinger hat Ihnen auch meinen Dank für Ihre Musik zu jenen meinen drei Liedern, sowie meinen Wunsch, daß Sie ein größeres Gedicht durch Ihre Kunst verschönern möchten, mitgeteilt; sowie mir Ihre Geneigtheit dazu. Erlauben Sie daher, daß ich sogleich auf diesen Gegenstand komme. Das Gedicht, welches ich im Sinne habe, ist: „Der erste Ton“. Sie finden es im 5ten Bande meiner gesammleten Schriften, welche Hr. Haslinger besitzt. Ich will hieher setzen, wie ich mir die Musik dazu denke: nur glauben Sie ja nicht, daß ich damit eine Art Vorschrift (zu welcher ich kein Recht habe) geben wolle; nehmen Sie vielmehr, was ich sage, bloß als einen Vorschlag zu eigener Erwägung, und folgen Sie dann, was sich Ihnen nach solcher Erwägung ergibt – wozu Sie sich begeistert fühlen – mag es mit meinem Vorschlage ganz oder zum Teil oder gar nicht übereinstimmen. *Ouvertüre.* Ein einziger, kurzer, gerissener Akkord ff., und nun ein möglichst lang ausgehaltener Ton <> für Klarinette oder Horn, mit Fermate. Jetzt leise beginnend und sich dunkel verwickelnd, mehr harmonisch als melodisch – eine Art Chaos, das nur allmählich sich entfaltet und lichter wird. Ob hiermit die Ouvertüre schließe oder ein Allegro folge, will ich nicht bestimmen; wird das zweite erwählt, so sei dies Allegro nur ernst, aber sehr kräftig und brillant, bekomme jedoch einen absterbenden Schluß aus dem ersten Satze. Jetzt: Deklamation ohne Musik, bis: „Wirken gegeben“. Hier fällt das Orchester leise in ausgehaltenen Akkorden ein; zu diesen wird, mit nur ganz kurzen Zwischenspielen bei den Haupteinschnitten der Rede, gesprochen bis: „Erdenreich“. Hier ein längeres, düsteres Zwischenspiel. Ein kürzeres, sanfteres nach: „Gott“. Der folgende Satz, bis „selbst gefällt“, ohne alle Musik. Der: „Nun schwingen –“ bis „soll ich sein“ – Akkorde, mit ganz kurzen Zwischenspielen bei den Haupteinschnitten: jetzt aber ein ausgeführteres, sanft heiteres Zwischenspiel, nach welchem, mit den Worten: „Nun schließet“ usw. sich in der Musik alles mehr zu regen und allmählich sich zu steigern beginnt. Dies nimmt zu in freiem Instrumentenspiel nach den Worten: „Wiederhall sie nach“ – und bildet so die ausgeführte Vorbereitung und Einleitung zu dem großen, möglichst prachtvollen und glänzenden Chor: „Drum Preis dir“ – der so lang und so effektvoll ausgeführt wird, als es dem Komponisten gefällt: doch bekommen die zwei letzten Zeilen, mithin der Schluß des Ganzen, eine sanftere, mildere Musik, ohne Veränderung des Tempo oder der Tonart. In dieser Weise von einem so geist- und empfindungsvollen Meister, wie Sie, komponiert, und von einem so würdigen Deklamator, wie Ihr Anschütz, gesprochen, verspreche ich mir eine große Wirkung, und eben eine solche, wie sie ein jeder, Kenner oder Nichtkenner, ehrt und liebt. Doch – ich wiederhole es: alles dies ist nur mein Vorschlag; und Ihnen kömmt die Wahl und Entscheidung zu. – Übrigens freut es mich, Ihnen auch hiermit etwas näher zu kommen und mein Andenken bei Ihnen aufzufrischen. Kömmt das Werk zustande und erhalte ich es: so werde ich für eine möglichst vollendete Aufführung in unsern Konzerten Sorge tragen. – Mit ausgezeichneter Hochachtung und Ergebenheit. Rochlitz.

Vgl. 9. Juli 1822, 30. April 1826 und 28. Mai 1827. – Das Gedicht „Der erste Ton" war schon am 2. Oktober 1805, mit dem Untertitel „Eine Fantasie", in der Leipziger „Allgemeinen musikalischen Zeitung" erschienen, dann 1808 von Weber komponiert, seit 1810 wiederholt aufgeführt worden (nicht in Wien). Es ist auch 1822 in der „Auswahl des Besten aus Friedrich Rochlitz's sämmtlichen Schriften" (V. 197ff.) erschienen. Ende 1822 hatte der Dichter das selbe Poem durch Haslinger Beethoven angeboten, aber vergeblich. Webers Komposition hatte Rochlitz in seinem zweiten Brief an Haslinger so erwähnt: „Beethoven hat . . . nicht unrecht, wenn er sagt, die musikalische Bearbeitung des ‚ersten Tons' möchte an Haydns ‚Schöpfung' erinnern. Zwar ließe sich diesem ausweichen, wenn man eine ganz andere Behandlung erwählte, daß man nämlich das Gedicht als Deklamationsstück mit Zwischenmusik der Instrumente (melodramatisch) behandelt: aber so ist es schon früher einmal, obgleich nicht gut, in Musik gesetzt worden, und da wird es unser Künstler nicht nochmals so machen wollen, obgleich jene Komposition fast gar nicht bekannt geworden ist, und auf der ganzen Erde Niemand weniger als *Er* diese Kollision zu scheuen hätte. Sollte er dennoch in diese Idee eingehen wollen, so dürfte der äußere Zuschnitt am vorteilhaftesten also zu machen sein: . . . Da es nur drei Instrumental-Zwischensätze gibt, könnten diese schon ziemlich ausgeführte Stücke werden, und alles Malen des Einzelnen, mithin die entfernteste Erinnerung an die ‚Schöpfung' würde vermieden." Wie im ersten Antrag für Beethoven, hat Rochlitz auch in seinem Briefe an Schubert nicht einmal andeutungsweise Weber erwähnt.

November (?) 1827

Schubert an Rochlitz

Euer Wohlgeboren!

Ich fand mich durch Ihr wertes Schreiben sehr geehrt, indem ich dadurch mit einem ausgezeichneten Manne in nähere Berührung kam.

Den Vorschlag in Hinsicht des Gedichtes: *Der erste Ton* habe ich reiflich überdacht, und glaube zwar, daß Ihre angegebene Behandlung desselben wohl eine schöne Wirkung machen könnte. Doch, da es auf diese Art mehr Melodram als Oratorium oder Cantate ist, und jenes (vielleicht mit Recht) nicht mehr geliebt wird, so muß ich offenherzig gestehen, daß mir ein Gedicht, welches als Oratorium zu behandeln wäre, weit angenehmer seyn würde, nicht nur, weil nicht immer ein Declamator wie Anschütz zu haben ist, sondern auch, weil es mein sehnlichster Wunsch ist, ein reines Musikwerk ohne alle andere Zuthat, außer der erhebenden Idee eines großen durchaus in Musik zu setzendes Gedichts, zu liefern. Daß ich Sie für den Dichter eines solchen Gedichts erkenne, und ich alle meine Kraft und allen Fleiß anwenden würde, um solches würdig des Gedichts zu componiren, brauche ich wohl nicht zu sagen.

Da übrigens *der erste Ton* ein so herrliches Gedicht ist, und wenn Sie es wünschen sollten, daß ich es in Musik setze, so würde ich es wohl versuchen, doch ließe ich die

Musik (d. h. als Gesang) bey den Worten: *Da vernahm* eintreten lassen, wenn Sie damit einverstanden sind.

Mit ausgezeichneter Hochachtung

Ihr Ergebenster
Frz. Schubert.

Zu Anschütz vgl. die Notiz nach dem 3. Dezember 1821 und 29. März 1827. – „Da vernahm ..." ist der Beginn der zweiten Hälfte des 66 Verse langen Gedichtes, das in Thayers deutschem „Beethoven" (Bd. 4, Anhang) wieder abgedruckt ist. – Damit endete der Briefwechsel zwischen Schubert und Rochlitz. – Vgl. 31. März 1826 (Zedlitz' „Nächtliche Heerschau").

Aus dem Programm der 1. Abendunterhaltung der Gesellschaft der Musikfreunde, am 22. November 1827 (Direktor: Herr Bogner)

4. Die zürnende Diana, Gedicht von Mayrhofer, in Musik gesetzt von Fr. Schubert, gesungen von Herrn Schnitzer.

Zu Bogner siehe Februar 1825. – Kolumban Schnitzer, später v. Meerau (vgl. 1825), war Violaspieler und Tenorsänger. Er hatte auch einen musikalischen Sohn, der hier gemeint sein könnte.

Vermerk auf einem Programmtexte

Schnitzer. Fröhlich.

Anna Fröhlich begleitete Schnitzer.

Aus der Berliner „Allgemeinen musikalischen Zeitung" vom 5. Dezember 1827

Herr Bader trug [im November in Berlin] den Erlkönig von Schubert vor, den Herr Felix Mendelssohn am Flügel begleitete.

[Siegfried] Dehn.

Aus der Leipziger „Allgemeinen musikalischen Zeitung" vom 16. Januar 1828

[Korrespondenz aus Berlin, November 1827]

Der November hat uns auch die Bernard Rombergschen Quartett-Soireen im schönen Saal der Sing-Akademie eröffnet ... Außerdem wurde [bei der dritten musikalischen Abendunterhaltung] ... Franz Schuberts Komposition „Der Erlkönig" – welche nach der Ansicht des Ref. weder die Reichardtsche noch Zeltersche erreicht, obgleich an Modulation und Bizarrerie überreich ist, von Hrn. Bader zur fertigen und kraftvollen Klavier-Begleitung des jungen Mendelssohn Bartholdy gesungen.

Über den Cellisten Bernhard Romberg, der damals Kapellmeister in Berlin war, vgl. 12. November 1822. – Die Singakademie dort war eine Gründung Zelters zur Pflege der Chormusik. – Das war die dritte musikalische Abendunterhaltung Rombergs in dieser Saison, gegeben am 3. November. – Karl Adam Bader, geboren in Bamberg 1789, war erster Tenor der Oper in Berlin. – Der Abend enthielt außer Schuberts Lied nur Kompositionen von Romberg. – Die Komposition des „Erlkönig" von Reichardt, die zweite von etwa 70 insgesamt, stand zu Goethes Lebzeiten immer hoch in Ehren, obwohl auch Karl Löwe sein Opus 1 schon 1824 hatte erscheinen lassen. Der „Erlkönig" von Zelter ist erst 1896 gedruckt und wahrscheinlich zu seinen Lebzeiten nie öffentlich gesungen worden.

1. Dezember 1827: Komtesse Marie Esterházy heiratet den Grafen Breunner-Enkevoerth. – Graf Breunner, verschwägert mit Gräfin Weißenwolff, war 1796 geboren, Hofrat im Finanzministerium und Kämmerer, später Mitglied des Herrenhauses. Marie gebar am 1. Oktober 1828 auf Schloß Grafenegg (Niederösterreich, bei Krems) einen Sohn August, der u. a. Herr auf Zseliz wurde.

Aus Fritz v. Hartmanns Tagebuch (Übersetzung)

Linz, 5. Dezember 1827: Um 7 Uhr ging ich zu der Baronin Rosenberg, wo ich meine Mutter, meine Schwester [Therese] und einige andere Damen fand. Ich sprach am meisten mit Fräulein Minna, die auch ein paar Lieder von Schubert sang.

Elisabeth war die Frau des Straßenbau-Kommissionärs Johann Freiherrn v. Rosenberg, und Wilhelmine (Minna) war ihre Tochter. Die Familie gehörte dem Linzer Musikverein an. – Zu Therese v. Hartmann vgl. Anmerkung vor dem 4. August 1823.

Aus dem Programm der 3. Abendunterhaltung der Gesellschaft der Musikfreunde, am 6. Dezember 1827

4. Der Kampf, Gedicht von Schiller, in Musik gesetzt von Franz Schubert, gesungen von Herrn Schoberlechner.

Aus der amtlichen „Wiener Zeitung“ vom 10. Dezember 1827

Bei *Tobias Haslinger*
Musikverleger in Wien,
am Graben, im Hause der ersten Österr. Spar-Kasse Nr. 572,
ist neu erschienen,
und (auch bei K. *Lichtl* in Pest) zu haben:

Impromptu
pour le Pianoforte seul,
par
Franç. Schubert.
Oeuvre 87. Nr. 1 et 2. à 45 kr. Konv. Münze

Op. 87, recte 90 – die Nummer 87 hatte die falsche 84 zu ersetzen (6. August 1827) – erschien, ohne Widmung, vor op. 89. Der Titel lautet „No. (1 oder 2 handschriftlich) Impromptu pour le Piano-Forte“. Das lyrische Klavierstück hat für Schubert seine Vorläufer in den „Eklogen“, „Rhapsodien“ und „Dithyramben“ Tomascheks (siehe 27. Juni 1821), aber auch in den „Impromptus“ Worzischeks. Für dessen op. 7, 1822 bei Mechetti in Wien erschienen, war dieser Titel zuerst verwendet worden. (Czapeks op. 6, benannt „Impromptu brillant“, war im gleichen Verlag um 1826 erschienen.) Der Titel stammt nicht von Schubert, aber er hat ihn – bei op. posth. 142 – später übernommen (vgl. 21. Februar 1828). Haslinger hatte die Absicht, die beiden anderen Stücke des op. 90 schon 1828 herauszubringen: er hat im Dezember 1828 tatsächlich alle vier Nummern angezeigt. Aber erst sein Sohn Karl gab die Nr. 3 und 4 von op. 90 1857 oder 1858 heraus, wobei er Nr. 3 von Ges- nach G-Dur transponierte.

Aus der amtlichen „Wiener Zeitung“ vom 12. Dezember 1827

Bei *Thadd. Weigl*,
Kunst- und Musikalienhändler, in Wien, am Graben Nr. 1144
(neben dem König von England), ist ganz neu erschienen:

Abendlied für die Entfernte.
Thekla (eine Geisterstimme). *Um Mitternacht.*
An die Musik.
Vier Gedichte,
in Musik gesetzt für eine Singstimme mit Pianoforte-Begleitung
von *Franz Schubert.*
88stes Werk. Preis 45 kr. Konv. Münze.

Auch op. 88 erschien ohne Widmung.

Aus dem Programm der 4. Abendunterhaltung der Gesellschaft der Musikfreunde, am 13. Dezember 1827 (Direktor: Herr Hauschka)

6. Der Zwerg. Gedicht von Collin, in Musik gesetzt von Schubert, vorgetr. von Herrn Schoberlechner.

Vermerk auf einem Programmtexte

Gesungen v. Schoberlechner. Fr. v. Schmiedel.

Frau Schmiedel begleitete am Klavier.

Aus dem Theaterzettel des K. K. Hof-Burgtheaters, 18. Dezember 1827

Zum ersten Mahle
DER PARIA
Trauerspiel in einem Aufzug von Michael Beer
[nach Casimir Delavigne]
. . . .
[Mit Musik von Mosel nach Mozart und Schubert (op. 40, Nr. 3)]

Über Beer vgl. 7. Oktober 1826. Sophie Müller hatte die Aufführung angeregt. Das Stück wurde nur am 19. und 21. Dezember wiederholt. – Mosel war der amtliche Leiter beider Hoftheater. Der Marsch ist einer von zweien aus op. 40, die Liszt orchestriert hat; Mosels Version ist nicht gedruckt worden.

Aus der Leipziger „Allgemeinen musikalischen Zeitung" vom 26. Dezember 1827

Fantasie, Andante, Menuetto und Allegretto, für das Pianoforte allein – – von Franz Schubert.
78stes Werk. Wien bei Haslinger. (Pr. 1 Tlr. 8 Gr.)

Der Komponist, der sich durch nicht wenige ausgezeichnete Gesänge ein zahlreiches Publikum erworben hat, kann sich ein gleiches auch durch Klavierstücke erwerben. Davon überzeugt uns deren Beschaffenheit, obgleich wir, außer dem hier genannten, nur noch eines kennen: eine große Sonate, dem Erzherzog Rudolf von Österreich gewidmet. In beiden hat er sich offenbar Beethoven zum Vorbild gewählt, und zwar in dessen späteren Arbeiten für dies Instrument, mit oder ohne Begleitung. Hat das für einen Künstler von Geist und Geübtheit, wie Herr Sch. ist, sein Vorteilhaftes, was wir gar nicht erst weiter anzugeben brauchen, so hat es auch sein Gefährliches. Da anfangen, wo ein großer Meister, dessen entschiedene Eigentümlichkeit dahin ging, die Grenzen

seiner Kunst möglichst zu erweitern und auf ihrem Äußersten kühn und rücksichtslos Posto zu fassen, endigte: das überhaupt hat schon seine Gefahren. Nun scheint uns aber auch eben Beethoven, besonders wie er sich in seiner mittleren und spätern Zeit zeigte, noch überdies, sozusagen, seine Klasse ganz allein und für sich auszumachen, so daß er eigentlich gar nicht als unbedingtes Vorbild gewählet werden sollte, weil man, um in seiner Weise vollkommen glücklich zu sein, er selbst sein müßte. Es gehet darin mit ihm, wie mit Jean Paul: sein Eigenstes stehet nur ihm, weil es aus seiner innersten Natur hervorgegangen und diese Natur selbst ist; geistvolle Männer, die ihn nachgeahmt, sind weder ihm gleich geworden, noch sie selbst geblieben, und haben ihre besten Kräfte dabei zugesetzt, wenn sie auch etwas immer noch sehr Schätzenswertes und Geschätztes hervorgebracht haben – wie Ernst Wagner in den *reisenden Malern* und im *Abc-Schützen*. Daß Geistlose nur Karikaturen ihres Vorbildes hervorgebracht haben, brauchen wir nicht anzuführen, da wir es hier ganz und gar nicht mit einem solchen zu tun haben. Wir meinen also: dergleichen Genies in ihrem ganz besonderen Wesen und ihren daraus hervorgehenden ganz besonderen Eigenheiten soll man mit Bewunderung und Freude aufnehmen, ganz wie sie sind; sich an ihnen erheben, stärken, laben, ihnen auf ihrer schwindelnden Berghöhe mit den Augen folgen, so scharf man diese nur hat: aber dann, erhaben, gestärkt, erlabt, seinen eigenen Weg gehen, ob er in ihre Nachbarschaft führe oder nicht, wenn er nur gleichfalls aufwärts führt.
Man würde uns ganz falsch verstehen, wenn man diese Äußerungen für einen Tadel des angeführten Werks nähme: sie sind nichts weiter als unsere Gedanken, vom Autor veranlaßt, und wie uns dünkt, eben jetzt nicht zur Unzeit ausgesprochen, für ihn, wenn er sie prüfen und, findet er sie wahr, aufnehmen will, aber auch, und mehr noch für andere, die jetzt den selben Weg ohne seine Kräfte einschlagen. Jetzt verweilen wir bei dem Werke, wie es ist und wie wir es gefunden haben.
Die Fantasie, als erster Satz (Molto moderato e cantabile, Zwölfachteltakt, G-Dur), macht die Rechte ihrer Gattung nicht in der Weise geltend, in welcher vorzüglich Meister der früheren Zeit, wie die Bache, so Vortreffliches geliefert haben, sondern in der, welche auch Beethoven aufnahm (von dessen Fantasien besonders die aus cis-moll unter seine am wenigsten bekannten, aber gewiß herrlichsten Klavierstücke gehört), nach welcher, in nicht ungewöhnlicher äußerer Form und Anlage, alles Innere ungewöhnlich und phantastisch gestaltet wird. Unser Autor legt einen höchst einfachen, fast gar zu wenig sagenden melodischen Gesang zugrunde, stellt diesem einen zweiten, gleichfalls höchst einfachen, aber sowohl an sich als durch die harmonische Anordnung bedeutendern entgegen, und entwickelt nun aus beiden und wie er sie verändert nebst mancherlei ihnen mehr oder weniger Analogem, das er dazwischen einschiebt, und aus verschiedenartigem Harmonisieren und Figurieren darüber und daran das trotz alledem eng verbundene Ganze. Hin und wieder spielt er wohl mit dem Spiele – auch mit dem Instrumente, das z. B. fortgehaltene Töne und Akkorde herausgeben soll, wie ein Violinquartett; bringt der Wiederholungen zu viele und wird eben für das, was hier gegeben werden sollte und wirklich gegeben ist, zu lang. (Der Satz füllt acht nicht weit gestochene Seiten an; und folgt man der Vorschrift des Vfs. und wiederholt die erste Abteilung, so werden's elf.) Sehr gut in jeder Hinsicht und auch auf einem sehr guten Instrumente vorgetragen, bleibt jedoch der Satz interessant, obschon er dies, kürzer und mit weniger Wiederholungen abgefaßt, mehr sein würde. – Der zweite Satz (Andante, Dreiachteltakt, D-Dur und -Moll) fängt mit einem schönen, durchgehends in vier Stimmen auch schön geführten, sanften Gesange an. Diesem folgt sogleich der kon-

trastierende, kräftige zweite Mittelsatz von sehr vorteilhafter Wirkung; und aus beiden spinnt sich nun, nicht selten mit vieler Kunst, überall auch mit rühmlichem Fleiße sowie mit Beweisen eigentümlichen Sinnes und Wesens das Ganze heraus, das wieder, die Reprisen ungerechnet, sieben Seiten lang ist. Doch können wir nicht sagen, daß wir dies Andante bei seinen Vorzügen für den Geist und die Empfindung zu lang fänden und etwas darin missen möchten. – Der dritte Satz ist eine belebte Menuett (h-Moll) mit allerliebstem Trio (H-Dur) ungefähr in der Art, wie einige in Beethovens früheren Quartetten; nicht lang, und, besonders nach dem Vorhergegangenen, von ausgezeichneter Wirkung. – Das Finale (Allegretto, Viervierteltakt, G-Dur) ist ein feuriger, sonderbarer, mitunter auch etwas wunderlicher Bravoursatz, nach der Anlage eines großen, freien Rondos. Er läuft zwölf Seiten fort, wie in einem Atem, und läßt Spieler und Zuhörer kaum zu Atem kommen. Erfindungen, melodische und harmonische, vieles in der Anordnung und Ausarbeitung (namentlich das Durcheinanderwerfen größerer und kleinerer Stücke des Themas u. dgl.), selbst in den Rhythmen, ist sonderbar; beweiset aber, wie es nun dasteht, ein ausgezeichnetes Talent ebenso unverkennbar als eine große Beharrlichkeit bei dem einmal Erwählten und ein nicht verflackerndes, sondern gleichmäßig fortbrennendes Jugendfeuer. Aber dieser Satz ist auch, nämlich wie es sein soll, schwer, viel schwerer auszuführen, als es beim Durchblättern scheint. Nicht das Fingerwerk allein – denn was ist darin den jetzigen Klavierspielern schwer? – sondern weit mehr die Energie, die Unterscheidung der Stimmen und das Hervorheben des Thematischen oder doch auf dies Anspielenden in ihnen: das ist es, was ihn schwer macht; und ohne dies rauscht er bloß vorüber, wird dem Zuhörer wohl nicht einmal deutlich und läßt schwerlich etwas in ihm zurück.

Sind wir bei dieser Komposition länger verweilt, als es im Andrange von Novitäten bei anderen dieser Gattung gewöhnlich geschieht und geschehen kann: so halten wir uns für gerechtfertigt dadurch, daß sie selbst keineswegs eine gewöhnliche ist und daß sie von einem noch jungen Künstler herrührt, der durch mehrere seiner bisherigen Arbeiten die erfreulichsten Hoffnungen erregt. Solchen – ist unsere Meinung – soll man öffentlich Achtung bezeigen, damit sie ermutigt, gestärkt und die Liebhaber auf sie aufmerksam werden: nicht aber soll man ihnen bloß im allgemeinen Lob spenden oder schmeicheln, damit sie erfahren, wie andere, denen sie gleichfalls Achtung schenken werden, nicht nur von einzelnen ihrer Werke, sondern auch von dem Wege, den sie vorzugsweise erwählt haben, denken; und zwar dies erfahren, ehe sie dieses Weges, wohin oftmals weniger ihr inneres Wesen als fremder Einfluß, Zeit-, Orts-Umstände und dergl. sie geleitet haben, zu sehr gewohnt worden sind, um davon ab zu wollen oder auch, wollen sie's, zu können. Es wäre dieses Nichtabkommen an und für sich, ist der Weg nur ein guter, zwar nicht eben ein Unglück: er führt aber das Üble herbei, daß man nicht nur andere, gleichfalls ins Holz führende und vielleicht kürzere, sichrere, schönere Wege nicht beachtet, sondern daß man auch auf dem gewohnten, eben weil er das ist, immer weniger zu sehen, zu denken, zu empfinden anfängt und ihn nur gleichen Schritts hintrollt – das heißt: daß man in eine Manier gerät, darin verharscht und versteift, einseitig und späterhin selbst in dieser Einseitigkeit zwar geübter, aber auch kälter, gewöhnlicher, oder auch, um nicht so auszusehen, übertrieben, bizarr, ungenießbar wird. [G. W. Fink ?]

Die Zeitschrift hatte op. 42 am 1. März 1826 besprochen. – Ernst Wagner (geboren in Roßdorf, Sachsen, 1769) hatte 1806 den Roman „Die reisenden Maler" und 1810, als Fortsetzung eines anderen Prosawerkes, „Historisches ABC eines vierzigjährigen hennebergischen Fibelschützen" herausgegeben. – Die erwähnte Sonate von Beethoven ist op. 27, Nr. 2 (die sogenannte „Mondscheinsonate").

Kantate zur Feier der Genesung Irene v. Kiesewetters [D. 936]

26. Dezember 1827.

Al par del ruscelletto ch'iaro
la tua vita scorra, Irene,
compagne sian le grazie amene,
e l'amistà, virtù e fè.

Il suo rigor, le tue pene serbi
a noi soli'l fato avaro
e sia per noi ancor più amaro
ond'esser prodigo conte.

Irene dea della pace
conserva in lei tranquillo il cor
del suo filial amor la face
per lunga età, risplenda ancor.

Eviva dunque la bella Irene,
la delizia del nostro amor.
Eviva Irene, la bella Irene. [Schnitzer ?]

Vgl. Herbst 1825. Der Textdichter mag durch Metastasio angeregt worden sein, in dessen Gedichten mehrere Arien und Kantaten an eine „bella Irene" gerichtet sind. Der Text ist etwas unklar. Die Kantate beginnt mit einem Männerquartett (Soli?) und geht in einen gemischten Chor über, alles begleitet von zwei Klavieren, die wohl von Schubert und Jenger gespielt wurden.

Aus dem „Chronologischen Verzeichnis aller . . . Akademien, Konzerte und musikalischen Unterhaltungen", Wien 1829

1827. Dezember. Am 26. . . . *Im Saale des Mus. Ver.* Quartetten des Hrn. *Schuppanzigh* . . . 2. Neues Trio für Pfte., Violin und Violoncell, v. *Schubert*; die Principalstimme vorg. v. Hrn. C. M. *von Bocklet.*

Dieses von K. Voll herausgegebene Verzeichnis, das die Jahre 1826 bis 1829 umfaßt, enthält mehrere der Konzerte, die aus anderen Quellen belegt wurden. – Vgl. Januar 1828. – Leopold v. Sonnleithner erzählte Kreißle, daß Schubert im Andante dieses Trios (November 1827) eines der schwedischen Volkslieder benützt hat, die er bei den Schwestern Fröhlich vom Tenor Isaak Albert Berg singen gehört hatte. Berg, der 1803 in Stockholm geboren war, hatte 1825 bis 1827 bei Siboni in Kopenhagen studiert (siehe Anmerkung vor dem 18. November 1815) und war auf seiner Konzertreise durch Deutschland und Italien (1827–1829) mit einer Empfehlung von Siboni an Josefine Fröhlich 1827 nach Wien gekommen. Nach den Erinnerungen Anna Fröhlichs war es das Andante des G-Dur-Streichquartetts, worin Schubert jenes Thema verwendet hätte; aber dieses Werk war schon Mitte 1826 vollendet worden. Nach einer anderen Überlieferung soll Schubert nicht ein Volkslied, sondern ein Lied von Berg (der später Jenny Linds Lehrer wurde) zitiert haben. Nottebohm notierte im Handexemplar seines thematischen Verzeichnisses sogar die Tonart, d-Moll, und den textlichen Anfang des vermeintlichen Liedes: „Se solen sjunker" (Die Sonne sinkt). Das Lied ist bisher nicht gefunden worden. Siehe Schubert-Erinnerungen, S. 97 und 214. Vgl. 21. Februar 1828.

AUS DEM „SAMMLER“ VOM 29. DEZEMBER 1827

Aus *Haslingers* tätiger Offizin, deren Pressen einem perpetuum mobile vergleichbar, sind, nebst mehreren interessanten Pieçen der beliebten Meister *Franz Schubert* und *Carl Czerny*, auch neue *Etuden* für das Pianoforte [von Josef Keßler] hervorgegangen.

Joseph Christoph Kessler war 1800 in Augsburg geboren und lebte 1816 bis 1820 in Wien. Sein Opus 20 ist Hummel gewidmet.

1828

„Mirjams Siegesgesang“ für Sopran solo und gemischten Chor mit Klavierbegleitung (D. 942), März
Sinfonie in C-Dur (D. 944), begonnen im März
Fantasie in f-Moll für Klavier zu vier Händen (D. 940), beendet im April
3 Impromptus für Klavier (D. 946), Mai
Messe in Es-Dur (D. 950), Juni
Lieder nach Gedichten von Heine, Rellstab und Seidl („Schwanengesang“), darunter „Ständchen“ und „Der Doppelgänger“, August bis Oktober
Streichquintett in C-Dur (D. 956), September
Sonaten für Klavier in c-Moll, A-Dur und B-Dur (D. 958–960), beendet am 26. September
Hymne für Männerstimmen mit Begleitung von Blasinstrumenten (D. 964), Oktober

AUS DER „WIENER ZEITSCHRIFT FÜR KUNST USW.“ VOM 8. JANUAR 1828

Am Silvester-Abend 1827

Es rollen die immer kreisenden Jahre
hinunter, hinunter – du hältst sie nicht!
Sie bauen die Wiege, sie zimmern die Bahre,
sie hüllen in Dunkel, sie zünden das Licht:
dem einen zur Freude, dem andern zur Klage
drängen und wechseln die flüchtigen Tage.

Und ruft der Beglückte: „Du sollst nicht von hinnen,
du Tag, voll Schimmer und Herrlichkeit!“ –
so spricht ihm der Tag: „Hinab muß ich rinnen
nach dem unendlichen Meere der Zeit;
mich hemmt, mich beschleunigt nicht dein Geschwätze,
Ich wandle mit Maß nach dem ew'gen Gesetze.“

Da stöhnt der Betrübte in einsamen Klagen,
und ersehnt sich die schmerzenerlösende Nacht:
„Du Tag, du feindlichster unter den Tagen,
schwinde mit deiner höhnenden Pracht!“ –
aber die Sonne lächelt wie immer,
und sendet auf Tränen den goldenen Schimmer.

Denn nimmer beugt sich dem Wunsche der Herzen
die gewaltige, mitleidslose Natur;
sie regt und stillet der Sterblichen Schmerzen
nach dem hohen Gottesgebote nur: –
nimmer die Träne wird sie erreichen,
kein Seufzer bewegen, kein Schmerzlaut erweichen.

Noch blühst du in Jugend, in üppiger Fülle,
in dichten Locken wallet das Haar;
stark ist dein Mut, unbeugsam dein Wille,
du kennst nicht, und du verachtest Gefahr:
du samt den gleichgesinnten Genossen,
gern zögt ihr mit Helios feurigen Rossen.

Aber stampfe nur immer den Boden,
er zittert dir unter dem Tritte nicht;
es verhallt deiner Stimme mächtiger Oden,
der Mut entschwindet, die Kraft gebricht;
du magst dich wie ein Titane gebärden: –
der Jüngling muß doch zum Greise werden.

Und willst du, Mädchen, die Schönheit bannen
im glänzenden Aug', in der holden Gestalt, –
bei all deinen Künsten flieht sie von dannen,
und mit ihr deine süße Gewalt:
nicht heute, nicht morgen – und doch wird's geschehn! –
wir sehn sie vergangen, doch nicht vergehn.

Der Zauber der Rede, der Quell der Gesänge –
auch er vertrocknet, so göttlich er ist;
nicht rauschen die Lieder, wie sonst, im Gedränge,
denn auch dem Sänger ward seine Frist: –
die Quelle eilet zum Meere wieder,
der Liedersänger zum Quelle der Lieder.

Darum lobet mir ewig und haltet
an dem wechselnden Augenblick:
denn dem Zögernden, ihm veraltet
und stirbt das flüchtige, liebliche Glück.
Die Früchte, die dir im Frühling sprießen,
du darfst und sollst sie im Frühling genießen.

Laßt uns den ewigen Ratschluß verehren,
der uns die flüchtigen Stunden verlieh;
sie wollen uns, was sie dürfen, gewähren,
das Unerlaubte verbergen sie:
in der Zeit sollt ihr wachsen und reifen,
um einst das Ewige zu begreifen.

Bauernfeld.

Vgl. Schobers Silvester-Gedicht von 1822. – Dieses unter Goethes Einfluß stehende Gedicht hat sich als einigermaßen prophetisch erwiesen. Zum Unterschied von Schobers Gedicht wurde es sogleich veröffentlicht.

Aus Franz v. Hartmanns Tagebuch

1. Januar 1828: Bei Schober. Schlag 12 Uhr tranken wir (Spaun, Enk, Schober, Schubert, Gahy, Eduard Rößler – junger Mediziner aus Pest – Bauernfeld, Schwind und wir 2) uns gegenseitig ein glückliches neues Jahr mit Malaga zu. Dann las Bauernfeld ein Gedicht auf diesen Zeitpunkt vor. Um 2 Uhr gingen wir nach Hause, und auf dem Stephansplatz gratulierten wir Enken zu seinem Geburtstage ... Ins Bognerische Kaffeehaus, wo ich ein schönes, teures Neujahrsbillett von den Marqueurs bekomme, und die ganze gewöhnliche Gesellschaft ist. Mit Schober hatte ich heute bei ihm Bruderschaft getrunken.

„Rößler", der Sohn des Pester Belletristen Christoph Rösler, war damals in Kost bei Schobers, also vorübergehend Schuberts Nachbar. – Marqueur hieß der Kellner im Kaffeehaus, weil er die Punkte beim Billardspiel mit Kreide auf eine Schiefertafel markierte. Es war Sitte, daß die Kellner jedem Stammgast eine der hübschen Wiener Glückwunschkarten (kunstgewerbliche Kostbarkeiten aus buntem Papier mit allerhand Bildchen und Flitterschmuck) überreichten, um dafür – wie in späteren Jahren für eine Brieftasche mit Kalender – ein angemessenes Extratrinkgeld zu bekommen.

Aus Franz v. Hartmanns Tagebuch

2. Januar 1828: Ins Bierhaus, wo Spaun und Schober über das Duell disputieren, und endlich Spaun (ganz gut) sagt, dieses Gespräch sei abzubrechen. Schober, der just spricht, findet sich so darüber beleidigt, daß er darüber ein fürchterliches Geschrei anfangt. Endlich geht Spaun, der sich vortrefflich benahm. Schober hat sich prostituiert. Als es etwas lustiger wurde, war es $1^1/_2$. Man ging nach Hause.

Das Duell war behördlich verboten, aber in gewissen Kreisen, im Falle wirklicher oder eingebildeter Beleidigung, gesellschaftliche Pflicht. – Schober „prostituiert sich" soll bedeuten: er stellt sich bloß durch sein unbeherrschtes Benehmen.

Aus dem Programm der 6. Abendunterhaltung der Gesellschaft der Musikfreunde, am 3. Januar 1828 (Direktor: Herr Schmiedel)

4. Normans Gesang, Gedicht aus Walter Scotts Fräulein v. See, in Musik gesetzt von Schubert, vorgetr. von Herrn Tietze ...
6. Neues Quintett, Mondenschein, Gedicht von Schober, in Musik gesetzt von Franz Schubert, vorgetr. von den Herren Tietze, Groß, Greisinger, Obermüller und Fuchs.

Wie am 8. März 1827 kam Schubert diesmal ausnahmsweise mit zwei Werken zu Wort. – Das Quintett war schon zwei Jahre vorher geschrieben worden. – Groß ist Karl Maria (siehe 3. Februar 1825), Fuchs ist Aloys (siehe 17. November 1825).

Vermerke auf einem Programmtext

Tietze. Fr. Schmiedel rep. – Tietze, Groß, Greisinger, Obermüller, Fuchs. Fr. v. Schmiedel.

Frau Schmiedel begleitete beide Werke. Das Lied mußte wiederholt werden. Das Quintett ist 1831 bei Diabelli als op. posth. 102 mit einer apokryphen Klavierbegleitung ad libitum erschienen (siehe 30. Oktober 1828).

Aus Franz v. Hartmanns Tagebuch

3. Januar 1828: Zu Bogner, wo die gewöhnliche Gesellschaft. Spaun schüttelt Schober höchst fidel beim Kommen und Gehen die Hand.

Aus der amtlichen „Wiener Zeitung" vom 5. Januar 1828

Bei *Tobias Haslinger,*
Kunst- und Musikhändler in Wien, am Graben, im Hause der Österr. Sparkasse Nr. 572, sind neu erschienen und zu haben:

Grätzer-Walzer
für das Pianoforte allein
von
Franz Schubert.
36 kr. K. M.

Schubert, Fr. Grätzer-Galoppe für das Pianoforte.
10 kr., zu 4 Händen 15 kr. K. M.

. . . .

Auch in Pest bei K. Lichtl, in Grätz bei Kraer und Deyrkauf und L. Greiner zu haben.

Diese Tänze sind wahrscheinlich in Graz entstanden (September 1827). Sie erschienen ohne Widmung: die 12 Walzer als op. 91, der Galopp als Nr. 10 der 16 Favorit- oder Lieblings-Galoppe, die meist nach Städten benannt waren und zum Teil von Strauß Vater und Lanner stammten. Die vierhändige Ausgabe ist apokryph. Im Verzeichnis der Karnevalmusik für 1828, auf der Rückseite des Titelblattes des op. 91, hat Haslinger den Galopp als op. 92 bezeichnet, nicht aber auf dem Titel seiner Ausgabe („Galoppe"). Vgl. 21. November 1825.

Aus Franz v. Hartmanns Tagebuch

5. Januar 1828: Zu Schober, der die Totenkränze von Zedlitz ausliest, und die Geschichte der Marquise v. O. (von Kleist) anfängt. Dann gehen wir ins Bierhaus, wo auch Spaun und Enderes sind und Dinand. Um 12½ nach Hause.

Bei Schober hatten um Neujahr wieder „Lesungen" begonnen, die seit 1824 in Vergessenheit geraten waren und jetzt jeden Samstag stattfinden sollten. Zedlitz (siehe 31. März 1826) hatte kurz vorher seine „Canzoni" unter dem Titel „Totenkränze" herausgegeben. – Heinrich v. Kleists Novelle „Die Marquise von O^xxxx" war zuerst 1808 in der Zeitschrift „Phöbus" erschienen. – Dinand ist Sauter. – Schubert ist wohl nur als Hausgenosse nicht besonders genannt.

Aus der Berliner „Allgemeinen musikalischen Zeitung" vom 9. Januar 1828

Quartett von Fr. Schubert, für das Pianoforte zu 4 Händen arrangiert von Ch. Schönberg. Halle bei K. A. Kümmel.

Eine höchst mißlungene Komposition im Stil der alten Pleyelschen Quartette, mittelmäßig für das Pianoforte arrangiert. Ist Herr Schönberg ein Freund oder ein Feind des Herrn Schubert? Ein solche mißratene Jugendarbeit aufs neue ins Licht zu stellen, ist wenigstens kein Beweis der Freundschaft. Es ist ein Glück für Herrn Schubert, daß er sich durch andere Werke schon einen besseren Namen gemacht hat. Das Papier ist gut, der Stich der Komposition würdig, der Preis fürs ganze Werk um 20 Silbergroschen zu hoch.

C. F. J. Girschner.

Diese Kritik, wie auch die freundlichere in der Leipziger „Allgemeinen musikalischen Zeitung" am 23. Januar 1828 (erste Ausgabe, Nr. 1030), beruht auf einem Irrtum. Das Quartett stammte nicht von unserem Schubert, sondern wahrscheinlich von dem Dresdener (siehe 18. April 1827), der Ende 1824 gestorben war und vor 1816 ein Flötenquartett als op. 4 veröffentlicht hatte. Friedrich Hofmeister hat jenes Quartett in seinen Katalogen 1828 und 1844 dem Wiener Schubert zugeteilt, das zweite Mal sogar mit Angabe der Tonart, a-Moll statt G-Dur, was Nottebohm dazu verführt hat, das Arrangement unter der Opusnummer 29 einzureihen. Auch der Index der Leipziger Zeitung bringt das Werk unter dem Namen des Wiener Schubert. – Ignaz Josef Pleyel, geboren 1757 in Ruppersthal (Niederösterreich), war in Paris ein berühmter Klavierfabrikant geworden; er lebte noch bis 1831. – Karl Friedrich J. Girschner, geboren in Spandau 1794, war Klavierpädagoge in Berlin.

Aus der amtlichen „Grazer Zeitung" vom 10. Januar 1828

Bei Kraer und Deyrkauf,
Kunst- und Musikalienhändler in Grätz in der Herrengasse
im Freiherrl. v. Mandell'schen Hause,
sind in Konv. Münz-Preisen zu haben:

Grätzer Walzer
für das Pianoforte
von Franz Schubert.
Op. 91. Preis 36 kr.

Grätzer Galoppe
für das Pianoforte
von Franz Schubert.
Für Pianoforte auf 2 Hände ... 10 kr.
„ „ „ 4 „ ... 15 kr.

Marie v. Pratobevera an ihren Bräutigam Josef Bergmann in Cilli

Wien, d. 10. Jänner 1828.

Wir haben schon sehr angenehm den Fasching, wenn auch nicht tanzend, so doch hörend begonnen. Am heil. drei König gab der Onkel [Dr. Kaspar Wagner] sich zu Ehren eine kleine Musik. Der Schubert ließ zwar vergebens auf sich warten, aber der Tietze sang zum Ersatz so rührend und seelenvoll viele von seinen Liedern, daß wir seine Abwesenheit nicht so schmerzlich vermißten. Ich wünschte, Sie, mein Freund, herzaubern zu können, so schön und herrlich war dies Fest, besonders entzückt war ich über der Marie Wagner ihre Verklärung, sie vergaß alle Schmerzen und Leiden und war wieder ganz so wie in den frühesten Jahren der schönen Jugend vor lauter Musik-Begeisterung. Sie spielte auch auf dem Klavier recht schön ein vierhändiges Stück mit Louise Weiß von Schubert, auch Louise und Marie Weiß sangen, und staunen und bewundern Sie, auch unsere kleine Hausnachtigall Fanni sang 2 Lieder. Sie hat wirklich eine sehr angenehme Stimme, und empfindet, was sie singt. – Meine Lieder sind verklungen, neben dieser Meisterin . . .

Maria Elisabeth war die älteste Tochter des Karl Josef und Schwester des Adolf Freiherrn v. Pratobevera (siehe Anmerkung vor dem 20. Februar 1826). Karl Josefs erste Frau war Josefine, geb. Raab, Tochter des Wiener Advokaten Dr. Ignaz Raab, dessen andere Tochter, Antonia, mit seinem Kollegen Kaspar Wagner in Wien verheiratet war. (Dr. Raabs Kusine, Maria Anna Raab, war die letzte Salzburger Hausfrau Leopold Mozarts gewesen.) Marie, geboren 1804, hatte drei ebenfalls musikalische Schwestern: Louise, die 1840 Mariens verwitweten Gatten geheiratet hat, Franziska, 1829 verehelichte Tremier (siehe 31. Mai 1828), und Bertha, die den späteren Schubert-Biographen Heinrich Kreißle v. Hellborn heiratete. – Josef Bergmann war 1796 in Hüttenau (Vorarlberg) geboren, war 1814 bis 1826 in Wien gewesen, nun Gymnasialprofessor in Cilli (Steiermark); später erlangte er als Geschichts-, Sprach- und Altertumsforscher Bedeutung. Er wurde im folgenden Sommer dritter Kustos am Münz- und Antiken-Kabinett, mit besonderer Dienstleistung in der Ambraser Sammlung aus Tirol, und konnte seine Braut am 20. Oktober 1828 heiraten. – Wagner, geboren in Triest 1773, war Advokat und Notar (siehe 6. Mai 1827 und oben); er wohnte in der Oberen Bäckerstraße, nahe der alten Universität, und hatte eine musikalische Tochter Marie, auch 1804 geboren, die um 1825 ihren Bräutigam verloren hatte und erst 1842 einen Dr. Gustav Mitterbacher heiratete. – Zu Louise Weiß vgl. 18. Januar 1827. Marie Weiß, vielleicht ihre Schwester, dürfte Marie Mathilde sein, die Alt sang (siehe Anmerkung vor dem 3. März 1822). – Fanni ist Franziska v. Pratobevera. – Marie hatte das Singen aufgegeben.

Aus dem Programm der 7. Abendunterhaltung der Gesellschaft der Musikfreunde, am 10. Januar 1828 (Direktor: Herr Kirchlehner)

4. Gute Nacht, aus dem Liederkreise: Die Winterreise, von W. Müller, in Musik gesetzt von F. Schubert, vorg. von H. Tietze.

Das war das erste Lied aus dem Zyklus, das (halböffentlich) vorgetragen wurde.

Aus Franz v. Hartmanns Tagebuch

12. Januar 1828: Zu Schober, wo die herrliche Geschichte der Marquise v. O. von Kleist ausgelesen und ein Buch angefangen wird: Reiseideen von Heine. Manches Gemütliche. Viel Witz. Falsche Tendenz. Am besten gefielen mir bisher die Jugenderinnerungen aus Düsseldorf. – Ins Beisel (zum den Gänsen predigenden Wolfe), wo wir bis nach 12 Uhr bleiben.

Heinrich Heine, Schuberts Altersgenosse, hatte im Mai 1826 den ersten Teil seiner „Reisebilder" veröffentlicht, und im Oktober 1827 sein „Buch der Lieder", das auch die „Reisebilder" enthielt. Der Zyklus „Heimkehr", dem Schubert seine sechs Lieder entnahm, eröffnete die „Reisebilder" von 1826. „Das Buch Le Grand" dessen Haupttitel „Ideen" heißt, enthält die Düsseldorfer Jugenderinnerungen. Die „falsche Tendenz" ist Heines Schwärmerei für Napoleon, die Hartmann als guter Deutscher nicht billigen konnte. Schubert dürfte seine sechs Heine-Lieder, die später im Zyklus „Schwanengesang" erschienen, in Schobers Exemplar der „Reisebilder" gefunden haben, obwohl Schönstein berichtet, daß ihm Schubert das „Buch der Lieder" mit Einbügen bei den sechs Gedichten überlassen habe. Die Titel sind von Schubert in seinem Manuskript beigefügt worden. Heines Gedichte haben keine. – Vgl. 19. Januar 1828.

Am 13. Januar 1828 mittags wurde im Kleinen Redoutensaal ein anonymer „Nachtgesang" für vier Männerstimmen vorgetragen, der aber offenbar mit Schuberts „Nachtgesang im Walde" mit vier Waldhörnern oder Klavier ad libitum nicht identisch ist. (Erste Ausgabe, Nrn. 1016 und 1017: Anzeige und Besprechung aus der „Wiener Zeitschrift für Kunst usw." vom 13. und 24. Januar 1828.)

Aus der amtlichen „Wiener Zeitung“ vom 14. Januar 1828

Bei Tobias Haslinger,
Musikverleger in Wien,
am Graben, im Hause der ersten Österr. Spar-Kasse Nr. 572,
ist erschienen und zu haben:
(In Pest bei K. Lichtl. – In Hermannstadt bei W. H. Thierry. – In Grätz bei Kraer und Deyrkauf. – L. Greiner.)

Winterreise,
von
Wilhelm Müller.
In Musik gesetzt
für eine Singstimme mit Begleitung des Pianoforte,
von
Franz Schubert.
89stes Werk.

In farbigen Umschlag gebunden.
Preis 3 fl. K. M.
Eigentum des Verlegers.
Erste Abteilung, enthaltend:
Nr. 1. Gute Nacht. – 2. Die Wetterfahne. – 3. Gefrorne Thränen. – 4. Erstarrung. – 5. Der Lindenbaum. – 6. Wasserflut. – 7. Auf dem Flusse. – 8. Rückblick. – 9. Irrlicht. – 10. Rast. – 11. Frühlingstraum und 12. Einsamkeit.

Dieser Kreis von Gesängen, von welchem dem kunstliebenden Publikum hiermit die erste Abteilung vorgelegt wird, und dessen zweite Hälfte bald möglichst folgen soll, ist das jüngste Geistesprodukt eines durch seine zahlreichen Gesangbehandlungen mit Recht geschätzten Tonsetzers, der hier neuerdings beweiset, was er vorzugsweise in dieser Gattung vermöge. Jeder Dichter darf sich Glück wünschen, der von seinem Komponisten so verstanden, mit eben so warmem Gefühl als kühner Fantasie aufgefaßt, ja durch der Töne Allgewalt der tote Buchstabe erst ins rege Leben gerufen wird.
Die Verlagshandlung darf sich schmeicheln, bei einer so werten Gabe auch ihrerseits rücksichtlich der äußerlichen wohlgefälligen Ausstattung nichts versäumt zu haben.

Hermannstadt (ungarisch Nágy-Székben, heute rumänisch Sibiú) war die Hauptstadt von Siebenbürgen (Ungarn). – Op. 89 erschien ohne Widmung, in blau-grünem Umschlag mit weißer Vignette; die erste Abteilung nach opp. 90 und 91, die zweite erst am vorletzten Tage des Jahres (also nach Schuberts Tod).

Aus der amtlichen „Grazer Zeitung“ vom 14. Januar 1828

In der Kunst- und Musikalienhandlung
des J. L. Greiner in Grätz in der Herrengasse Nr. 198
sind in Konv. Münz-Preisen zu haben:

Ball-Geschenke.
Grätzer Walzer
f. d. Pianoforte von Fr. Schubert. 36 kr.

Grätzer Galoppe
für das Pianoforte von Fr. Schubert,
vierhändig 15 kr., zweihändig 10 kr.

Aus der „Dresdener Abendzeitung" vom 19. März 1828

[Korrespondenz aus Wien, Anfang 1828]

Auch die Tondichtung zieht sich ins Kleine ... Eine ehrenvolle Ausnahme macht der geniale *Schubert* mit seinen Liedern. Diese haben sich Bahn gebrochen durch den Wust, und der Name dieses charakteristischen Tonsetzers erklingt bereits ehrenvoll in jedem Munde, so wie seine Lieder überall gesungen werden, wo der Triolen-Firlefanz noch nicht alles Gefühl für das Wahre und Schöne verdrängt hat.

Der Kritiker denkt wohl nicht an die Begleitung des „Erlkönig", oder er rechnet sie eben nicht zum Firlefanz mit Triolen.

Aus Franz v. Hartmanns Tagebuch

15. Januar 1828: Bogner, wo ich durch Clodi erfahre, Spaun heirate die zwar 30 Jahre alte, aber sehr liebe, gebildete, hübsche Fräulein Roner, was mich sehr freut.

Josef v. Spaun hatte sich am 6. Januar heimlich verlobt, und nun war es bekannt geworden. Über seine Braut siehe 22. April 1827. Sie war zwar schon 32 Jahre alt, aber immer noch sieben Jahre jünger als er.

Aus Franz v. Hartmanns Tagebuch

16. Januar 1828: Ins Beisel, wo alle Beislianer zusammenkommen. Spaun macht nun kein Geheimnis mehr aus seiner Heirat, was zu den lustigsten Diskursen Anlaß gibt. Um $12^1/_4$ erst nach Hause.

Aus dem „Chronologischen Verzeichnis aller ... Konzerte etc.", Wien 1829

1827. Jänner. Am 17. *Im Vereins-Saale.* Achte Abendunterhaltung. ... 4. *Der Gondelfahrer* v. *Schubert,* vorg. v. d. Hrn. *Schnitzer, Groß, Greisinger* u. *Tobiascheck.*

Auch dieses Konzert ist (vgl. Dezember 1827) nicht anders zu belegen. Es ist in dem 1829 erschienenen Buche irrtümlich mit 1827 datiert. Die Sänger sind Kolumban Schnitzer, Karl Maria Groß, Karl Greisinger und Josef Tobiaschek. Dieser mag mit Josef Kalasanz Tobiaschek identisch sein, geboren in Slepotitz (Böhmen) 1792, seit etwa 1813 in Wien, Schüler Salieris in der Komposition und Kiesewetters in der Harmonielehre, später Gesangslehrer in Teltsch (Mähren).

Schubert an Anselm Hüttenbrenner

[Außen:]

An
Herrn
Anselm Hüttenbreñer
Güterbesitzer im Rosenthal
Wohlgeb.
in
Grätz

[Innen:] Wien, den 18. Jänner 1828.

Mein lieber alter Hüttenbrenner!!!

Du wirst Dich wundern, dß ich einmahl schreibe? Ich auch. Aber wenn ich schon schreibe, so habe ich ein Interesse dabey. Höre also: Bey euch in Grätz ist eine Zeichnungslehrerstelle erledigt, u. der Concurs ausgeschrieben. Mein Bruder *Carl*, den Du vielleicht auch kennst, wünscht diese Stelle zu erhalten. Er ist sehr geschickt, sowohl als Landschaftsmahler wie auch als Zeichner. Wenn Du nun etwas in dieser Sache für ihn thun könntest, so würdest Du mich unendlich verbinden. Du bist ein mächtiger Mann in Grätz, kennst vielleicht jemanden beym Gubernium oder sonst jemanden, der eine Stimme hat. – Mein Bruder ist verheurathet, u. hat Familie, u. es wäre ihm also sehr willkommen, eine sichere Anstellung zu erlangen. Ich hoffe, dß es Dir sehr gut geht, sowie Deiner lieben Familie und Deinen Brüdern. Grüße mir Alles auf ds Herzlichste. Neulich ist von mir ein Trio für Pianoforte, Violin u. Violoncello bey Schuppanzigh aufgeführt worden und hat sehr gefallen. Es wurde von Boklet, Schuppanzigh u. Linke vortrefflich exequirt. Hast Du nichts Neues gemacht? A propos, warum erscheinen denn die 2 Lieder bey Greiner oder wie er heißt, nicht? Was ist denn das? Sapperment hinein!!!
Ich wiederhohle meine obige Bitte, u. denke nur, was Du meinem Bruder thust, thust Du mir.
In Erwartung einer angenehmen Nachricht

verbleibe ich
Dein treuer Freund
bis in den Tod.
Frz. Schubert.

Dieser Brief liegt im British Museum. Er trägt den Poststempel: Wien, 20. Januar. – Das Gut hieß nicht Rosental, sondern Rosenegg und lag in Geidorf, einem jetzt einverleibten Vorort von Graz; das andere Gut der Hüttenbrenner war Rotenturm bei Judenburg (Steiermark). – Das „Steiermärkische Amtsblatt", eine Beilage der „Grazer Zeitung", hatte am 11. Dezember 1827 einen Konkurs zur Besetzung der Zeichenlehrerstelle für die vierte Klasse an der Musterschule (Normal-Hauptschule) zu Graz ausgeschrieben: Prüfung am 31. Januar in Graz oder Wien, Gehalt 500 fl. K. M. – Karl Schubert hatte zwei Söhne. – Anselms Brüder in Graz waren Andreas und Heinrich Hüttenbrenner (siehe 19. Mai 1819). – Zum Trio vgl. Dezember 1827. – Hüttenbrenner war damals mit der Oper „Charles of England, or Woodstock Castle" (Libretto von Ignaz Kollmann nach Walter Scott) beschäftigt, die er nie vollendet hat. – Die zwei Lieder waren „Im Walde" und „Auf der Bruck", die aber nicht bei Johann Lorenz Greiner, sondern bei Josef Andreas Kienreich in Graz erschienen (24. Juni 1828). – Die Wendung „bis in den Tod" erscheint zum ersten Mal in Schuberts Briefen; es war der letzte (erhaltene) an Anselm Hüttenbrenner. – Vgl. 29. Januar 1828.

Aus Franz v. Hartmanns Tagebuch

19. Januar 1828: Zu Schober, wo Heines Reiseideen ausgelesen werden. Dann ins Beisel, wohin auch Ottenwalt und Spaun, im ganzen aber 13 Bekannte kommen. Um 12 Uhr erst packen wir uns und nach Hause.

Vgl. 12. Januar 1828. – Ottenwalt war seines Doktorats wegen nach Wien gekommen (vgl. 26. Januar 1828).

Aus dem Programm des Konzertes Josef Slawjks, am 20. Januar 1828 mittags $^1/_2$1 Uhr im Landhaussaale gegeben

6. Fantasie für Pianoforte und Violine, von *Franz Schubert*, vorgetragen von Herrn *Karl Maria v. Bocklet* und dem *Konzertgeber*.

Über Slawjk siehe die Notiz vor dem 31. Januar 1827. – Die Fantasie, die erst 1850 als op. posth. 159 erschien, enthält im dritten Satz Variationen über „Sei mir gegrüßt“ aus der „Schönen Müllerin“. (Ungefähr um diese Zeit, wahrscheinlich schon im Sommer 1827, war das Lied selbst, gesungen vom Hofopernsänger Ludwig Cramolini – geboren in Wien 1805 – und von Friedrich Kappus v. Pichelstein begleitet, dazu benutzt worden, die Braut von Kappus, Marie v. Berthold, zu versöhnen. [Kappus stammte aus einer in Triest und Laibach ansässigen Beamtenfamilie; er war Advokat und Notar in Wien.] Schubert, Merk und Schuppanzigh – offenbar ebenso wie Cramolini von Kappus dafür honoriert – sollen an dieser Geburtstagsserenade im Kahlenbergerdörfl bei Wien teilgenommen haben. Siehe Schubert-Erinnerungen, S. 224f.) – Die Matinee enthielt u. a. ein Violinkonzert von Slawjk. – Eine Ankündigung des Konzerts erschien in der „Wiener Allgemeinen Theaterzeitung“ am 17. Januar (erste Ausgabe, Nr. 1025).

Aus der „Wiener Allgemeinen Theaterzeitung“ vom 20. Januar 1828

Hr. *Slawjk* trug . . . eine Fantasie für Violine und Klavier mit Hrn. Karl Maria von *Bocklet*, von der Komposition des Hrn. *Schubert* vor. . . Wie viel ihm noch zum soliden Violinspieler mangle, zeigte sich recht auffallend in der Fantasie von *Schubert*; einem Tonstücke, das freilich nur in einem kleineren Lokale, vor einem eigentlichen Kenner-Publikum recht nach Würden genossen werden kann; auch wenn es von ganz dazu geeigneten Spielern vorgetragen wird, wozu *Bocklet* der rechte Mann ist.

Aus dem „Sammler“ vom 7. Februar 1828

Die Fantasie für Pianoforte und Violine, eine Komposition des Hrn. *Franz Schubert*, welche der Konzertgeber mit Hrn. K. M. von *Bocklet* vortrug, dehnte sich etwas zu lang über die Zeit aus, die der Wiener den geistigen Genüssen widmen will. Der Saal wurde allmählich leerer, und Referent gesteht, daß auch er von dem Ausgang dieses Musikstückes nichts zu sagen weiß.

Es war um die Mittagsstunde.

Aus der Leipziger „Allgemeinen musikalischen Zeitung“ vom 2. April 1828

Eine neue Fantasie für Pianoforte und Violine, von Franz Schubert, wollte keineswegs ansprechen. Man könnte darüber füglich das Urteil fällen, der beliebte Tonsetzer habe sich hier geradezu verkomponiert.

Dieser Bericht verlegt das Konzert irrtümlich ins Kärntnertor-Theater und auf den 5. Februar. Vgl. 15. April 1828.

Aus der Zeitschrift „The Harmonicon“, London, Juli 1827 (Übersetzung)

Eine neue Fantasie, für Pianoforte und Violine, aus der Feder Franz Schuberts, hat einen weit über den Durchschnitt hinausgehenden Wert.

MARIE V. PRATOBEVERA AN JOSEF BERGMANN IN CILLI

Wien, 22. 1. 1828.

Unsere kleine Nachtigall singt wirklich seelenvoll, besonders die neuesten Lieder von Schubert „Die Winterreise". Mehrere zusammenhängende Lieder, ein Seitenstück zu den Müllerliedern, von dem selben Dichter, und auch beinahe vom gleichen Inhalt. Klagen über die Untreue einer Geliebten. Eines gefällt mir ungemein gut, so daß ich es Ihnen schreiben muß:

Wasserflut.

. . . . . .

Die Musik ist eben so wehmütig, sie paßt ganz auf den Text und es schön singen zu hören, macht einen unendlichen Eindruck. Besonders im Zusammenhang mit den übrigen, gern hätte ich sie Ihnen alle geschrieben, aber ich müßte Hefte und keine Briefe mehr schicken, wenn ich meinen Plan ausführen wollte.

Die „Nachtigall" ist Maries Schwester Franziska. Sie sang aus der ersten Abteilung der „Winterreise".

AUS DER LEIPZIGER „ALLGEMEINEN MUSIKALISCHEN ZEITUNG" VOM 23. JANUAR 1828

1.) *Das Heimweh. Die Allmacht. Gedichte von Joh. Ladislaus Pyrker – – für eine Singstimme, mit Begleitung des Pianoforte, in Musik ges. von Franz Schubert.* 79stes Werk. Wien bei Haslinger. (Pr. 16 Gr.)
2.) *Der Wanderer an den Mond. Das Zügenglöcklein. Im Freien. Gedichte von J. G. Seidl.* Wie vorstehend. 80stes Werk. (Pr. 16 Gr.)
3.) *Alinde. An die Laute. Zur guten Nacht. Gedichte von Friedrich Rochlitz.* Desgleichen. 81stes Werk. (Pr. 16 Gr.)

Das sind die neuesten Hefte Lieder und mehr oder weniger ausgeführte Gesänge des genannten, seit einiger Zeit überall nicht wenig geschätzten und beliebten Komponisten; und mehre Stücke in denselben gehören offenbar zu seinen vorzüglichsten. Was in diesen Blättern und dann auch in anderen von Hrn. Schs. Gesängen gerühmt oder getadelt worden: das ist auch in diesen zu rühmen oder zu tadeln, doch mit dem Unterschiede, daß man jetzt zum erstern mehr, zum zweiten weniger Gelegenheit findet als früher, und das ist schon selbst wieder ein Ruhm. Fassen wir jene Urteile, wie sie ausgesprochen worden sind und sich hier von neuem bestätigen, in ihrem Wesentlichen zusammen: so laufen sie auf folgendes hinaus. Hr. Sch. weiß Gedichte zu wählen, die wirklich gut (an sich und für musikalische Ausführung) und auch nicht schon abgebraucht sind; er ist fähig und es gelingt ihm meistens, aus jedem das herauszuhören, was für die Empfindung und mithin für die Musik darin vorherrscht: das legt er vor allem in seine meist einfache Melodie, und seine Begleitung, die aber sehr selten bloße Begleitung ist, läßt er dies weiter ausmalen und benutzt dazu auch gern Bilder, Gleichnisse oder Szenisches der Dichtungen. In beidem zeigt er oft Eigentümlichkeit der Erfindung und Ausführung, tüchtige Kenntnis der Harmonie und treuen Fleiß: dagegen greift er öfters und zuweilen weit über die Gattung hinaus, oder auch über das, was in dem einzelnen Stücke mit Recht auszuführen gewesen wäre; künstelt gern an den Harmonien, um neu und pikant zu sein; und liebt es über die Maßen, in der Klavierpartie viele Noten zu machen, über- oder nacheinander. Jenes Rühmliche nun, siehet der Leser leicht, ist in der Kunst – für die Wirkung zunächst, doch nicht für sie allein – das Entscheidende und Bleibende: dieses Getadelte ist zwar durchaus nicht gleichgültig, doch gehört es zu dem, wovon ein junger Künstler, wenn er denkt und freundlichen Rat beachtet, nach und nach immer mehr zurückkömmt, besonders da es meistens nur angenommen ist von der Zeit, die jetzt überall auf ein Äußerstes hinaus will, und von irgendeinem Vorbilde, das dies mit Geist geübt und Aufsehen damit gemacht hat; oder, ist es nicht angenommen, sondern kömmt aus dem Innern: so ist es etwas Jugendliches, das mit der Jugend selbst schnell genug vorübergeht. Dieses im allgemeinen vorausgesetzt, gehen wir nun diese Hefte im einzelnen kurz durch.

79stes Werk. Ausgezeichnete Gedichte (besonders das zweite, ein erhabener Psalm), beide nicht nur durchkomponiert, sondern ins Breite, das erste gewissermaßen szenisch durchgeführt. Diesem ersten liegt, passend und wirksam, in der Melodie, noch mehr aber in der ausgebreiteten, überall obligaten Begleitung, eine Anspielung auf den Emmetaler Schweizerreigen zugrunde und die Benutzung desselben ist sehr gelungen. Am eindringlichsten wirkt sie da, wo sie, nach dem effektvollen Zwischensatze S. 9, wiederkehrt und nun bis zu Ende feststehen bleibt. Das zweite ist wahrhaftig groß, feierlich und innig. Gehörig vorgetragen (wozu aber eine tüchtige, klangvolle Stimme und ein lebendig mitfühlendes Herz gehört), kann es seine tiefdringende Wirkung wohl nirgends verfehlen. Der Gesang dieses zweiten Stückes, wiewohl ausdrucksvoll und auch Einzelheiten treffend bezeichnend, ist dennoch einfach und nähert sich dem Großartig-Deklamatorischen. Die Begleitung ist nicht figuriert, sondern bewegt sich fast durchgehends in geteilten, sich an den Gesang nahe anschließenden Akkordfolgen; aber in gewichtigen, trefflich geführten. Dies Stück loben wir nicht nur, sondern wir wünschen dankbar dem Verfasser Glück dazu. Nur zwei Anmerkungen erlauben wir uns: Die Worte: Blickst du flehend usw. (das erstemal S. 16) sollten durch Taktverhältnis und Modulation der Harmonie enger mit den vorhergehenden verbunden sein; und: die antiken Versmaße, so angemessen verwendet, wie es der ehrwürdige Pyrker tut, verstatten eigentlich noch weniger Wiederholungen, als ihnen Hr. Sch., besonders im ersten Stücke, gegeben hat. Nur verallgemeinernde, vorzüglich nachdrückliche und sentenziöse *Ausgänge* sollte man bei ihnen, findet man's überhaupt nötig oder ratsam, wiederholen.

80stes Werk. Die Gedichte sind artig: für die musikalische Komposition muß man ihnen aber eine sorgfältigere sprachliche Ausbildung wünschen und wenigstens, daß sie von falschen Akzenten frei wären und über das, was sie sagen, nicht so viele Worte machten; was es Hrn. Sch., da er nicht nur der Melodie, sondern (im wesentlichen) auch der einmal erwählten Begleitung, durch alle Strophen rühmlich treu bleiben [hat] wollen, besonders bei No. 2 und 3, nicht wenig erschwert hat, alles Gedehnte und Monotone zu vermeiden. Er hat es vermieden, soweit es unter diesen Umständen möglich war; doch müssen Sänger und Pianist viel Mannigfaltigkeit in ihren Vortrag legen, wenn es nicht in der letzten Nummer einigermaßen hindurchklingen soll. Bei der ersten hat das falsche Akzentuieren des Dichters gleich zu Anfang den Komponisten veranlaßt, dies Falsche, wollte er der, dem ganzen vollkommen angemessenen Melodie treu bleiben, noch mehr hervorzuheben, noch viel bemerklicher zu machen. Er hätte aber wohl hier aus der Not eine Tugend machen und ein wenig nachhelfen können, wollte er auch nicht so entschieden dreingreifen, wie es, ohne Rücksicht auf die anderen Strophen, hätte geschehen müssen, nämlich:

und so auch bei der korrespondierenden Zeile. Davon ab- und nur auf den Totaleindruck für die Empfindung hingesehen, nimmt sich das Lied mit seiner höchst einfachen Melodie, seiner ein wenig variierenden Begleitung und seinem Übergange zum Dur hübsch aus. – Das *Zügenglöcklein*, was wohl provinziell eine kleine Abendglocke bedeutet, die gezogen, nicht getreten wird, greift tiefer ein in die Saiten und in das Herz. Es ist übrigens auch ein wohlgelungenes musikalisches Kunststück; denn das Glöckchen hat den Ton, zweigestrichenes Es, als Quinte des Grundtons des Stücks, und schlägt in der Begleitung – stets obenliegend und beim Vortrage mit dem kleinen Finger stets scharf hervorzuheben – durch alle Strophen (und das heißt, da sie durchkomponiert sind, obgleich sie im wesentlichen einander ähnlich bleiben, fünf Seiten lang) immerfort und in gleicher Weise an, indes Melodie und sehr ausgesuchte Harmonie sich ganz frei und ungezwungen fortbewegen. Nur Seite 8 und 10 darf der emsige Kirchner drei Takte lang ausruhen: dann muß er wieder dran. Es ist ein allerliebstes Stück. – Die dritte Nummer, *Im Freien*, auch sanften Charakters, ist nach entgegengesetzter Richtung hin angelegt, obgleich auch hier die Melodie einfach, die obligate Begleitung gleichmäßig durchgeführt wird. Wenn dort der Gedanke und das Gewählte der Harmonie entscheidend war, so ist es hier der Klang des möglichst diskret und zart [zu] behandelnden Instruments selbst, was den Ausschlag gibt. Bei solcher Behandlung wird die einfache Melodie des Sängers nicht zu sehr verdeckt; das neun Seiten lange Stück bekömmt durch solchen Vortrag wenigstens so viel Mannigfaltigkeit als ihm nottut, und das Ganze wird gewiß sehr gern gehört.

81stes Werk. Die Gedichte von Fr. Rochlitz, sehr gut gewählt. So ähnlich sie auch einander in Klarheit des Ausdruckes und in natürlicher Darstellung des innern Lebens sind, was musikalische Gedichte immer sein sollten: so unterscheiden sie sich doch auch wieder hinlänglich durch ihr treu Charakteristisches. Das erste ist scherzhaft-ernst, das zweite lieblich-zart und das dritte seelen-innig und tief ergreifend. Das erste war nicht leicht musikalisch richtig zu behandeln. Es ist in genau einander korrespondierenden Strophen: so mußte auch jede die selbe Musik bekommen. Diese sind aber dialogisch, ja gewissermaßen szenisch: so mußten zugleich die sehr verschiedenen, einander entgegengesetzten Sprecher zugleich sehr unterschieden, einander entgegengesetzt werden. Gleichwohl ist Sprachton und Haltung ganz einfach: so mußte es auch die Musik bleiben. Hr. Sch. hat es wirklich so behandelt. Das erste anlangend, so sind zwar die Strophen sämtlich ausgesetzt, und einige Abweichungen finden sich: doch nur kleine, nicht störende. Das zweite (die Entgegensetzung der Personen) liegt bestimmt und deutlich genug in der Musik; und das dritte (die ganz einfache Haltung) ist, bis auf einige Wendungen der Harmonie, die Seite 3, Takt 1, dann Takt 4, im Übergange zu 5, zuerst vorkommen, und welche uns, eben für dieses Stück, etwas zu schnell und darum zu hart klingen, gleichfalls beobachtet worden. Das zweite Lied ist artig; die Begleitung, da es an die Laute gerichtet ist, bloß lautenierend; alles so heimlich, wie ein verstohlenes Ständchen. Das dritte ist ein gleichfalls sehr einfaches Gesellschaftslied, das sich leicht überall einführen wird, wo man nicht bloß von Wein, Liebe und Späßen zu singen pflegt. Einer singt vor; das Chor wiederholt die letzten Zeilen, die Begleitung gibt bloß zum Solo die Akkorde an und unterstützt dann das Tutti. Nur die wiederholenden letzten sechs Noten jeder Strophe stören durch den waldhornartigen, verbrauchten Ausgang den Ernst des Ganzen. Wir raten, sie ohne weiteres wegzulassen. Obgleich wir auch diese drei Stücke für gelungen erklären müssen und sogar eine besondere Sorgfalt, den Gedichten in ihrer Art ihr Recht anzutun, zu bemerken glauben: so scheint es uns

doch, als ob Hrn. Sch. seine Natur und Gewöhnung mehr zu dem hinzöge, was viele, als zu dem, was wenige Musik zuläßt; und daß er sich darum in jenem origineller zeige und freier bewege als in diesem.
Die Werkchen alle drei sind gut gestochen. [G. W. Fink?]

Das strophische „Lied" ist hier dem durchkomponierten „Gesang" gegenübergestellt. – Daß Schubert auf das „Lied der Emmentaler" („Chanson de l'Emmental") anspiele, ist nicht überzeugend; gemeint ist offenbar das in der „Sammlung von Schweizer Kuhreigen", Bern 1812, S. 11 (1826, S. 10) abgedruckte Lied mit dem Text: „Es isch key sölige Stamme" („Es gibt keinen glücklicheren Stand"). – Das „Zügenglöcklein" ist in Österreich die kleine Sterbeglocke, die in jeder katholischen Kirche angebracht ist und die nur geläutet (gezogen) wird, wenn eines der Pfarrkinder der Gemeinde im Sterben liegt, um die andern zum Beten aufzurufen. – Rochlitz war der Gründer der Zeitschrift. – In der selben Nummer erschien die Besprechung des am 9. Januar 1828 erwähnten Quartett-Arrangements (erste Ausgabe, Nr. 1030).

Aus Franz v. Hartmanns Tagebuch

23. Januar 1828: Zu Schwind, wo garstig geplärrt wird . . . Dann ins Beisel, wo es recht lustig ist. Erst um 12 Uhr nach Hause.

Schwind lebte nach wie vor bei seiner Familie im Mondscheinhaus nahe der Karlskirche.

Aus dem Programm der 9. Abendunterhaltung der Gesellschaft der Musikfreunde, am 24. Januar 1828 (Direktor: Herr Bogner)

4. Das Ständchen, Gedicht von H. Grillparzer, in Musik gesetzt von Schubert, vorgetr. von Fräulein [Josefine] Fröhlich (beides in Manuskript).

Vgl. die Notiz vor dem 11. August 1827. – Das war die erste öffentliche Aufführung. Bogner war der Schwager Anna und Josefine Fröhlichs. Anna, deren Schülerinnen den Chor sangen, war die Veranstalterin. Sie schickte nach Schubert, der nebenan wohnte, aber beinahe auch diese Aufführung versäumt hätte; Walcher und Jenger fanden ihn in Leonhard Wanners Bierhaus „Zur Eiche" auf der Brandstätte, die unweit dem „Roten" und dem „Blauen Igel" lag. (Beethoven und Grillparzer hatten dort 1826 verkehrt.) Schubert soll nach der Aufführung zu Anna Fröhlich gesagt haben: „Wahrhaftig, ich habe nicht gedacht, daß es so schön wäre."

Aus der Leipziger „Allgemeinen musikalischen Zeitung" vom 26. März 1828

Am 24. [Januar] hörten wir . . . im Vereins-Abend-Zirkel ein neues Ständchen, von Grillparzer gedichtet und von Schubert in Musik gesetzt, welches Fräulein Fröhlich mit einem Mädchen-Chore vortrug und das zu den reizendsten Kompositionen dieses beliebten Tonsetzers gehört.

Aus der amtlichen „Wiener Zeitung" vom 26. Januar 1828

Bei M. J. *Leidesdorf*,
Kunst- und Musikalienhändler, in der Kärntnerstraße,
ist soeben neu erschienen und zu haben:

Krähwinkler Tänze
für das Pianoforte komponiert
von verschiedenen Meistern.

Erstes Heft: Die Krähwinkler sind auf einem Ball und hauen tüchtig auf.
Zweites Heft: Eine Bürgersfrau aus Krähwinkel eröffnet den Ball mit einem Deutschen.
Drittes Heft: Krähwinkler Haus-Unterhaltung im geschlossenen Zirkel; jedes Heft à 30 kr. K. M.

Leidesdorf war nach Sauers Austritt Alleininhaber des Verlags geworden. – Zu den „Krähwinkler Tänzen" vgl. 28. Dezember 1825 und 23. Dezember 1826. Das dritte, neue Heft enthielt offenbar nichts von Schubert; nur ein Titelblatt ist erhalten geblieben, es ist betitelt: „Fortsetzung der beliebten Krähwinkler Tänze" (früher Sammlung Georg Eckl, Wien). Die hier beschriebenen Vignetten, die Wortspiele illustrieren, sind anonyme Lithographien: die erste (die für zwei Lieferungen diente) zeigt die Weltkugel als großen Ball, die zweite einen national kostümierten Deutschen mit einer Krähwinkler Dame tanzend, die dritte eine Tanzgesellschaft in Ketten (?).

Aus Franz v. Hartmanns Tagebuch

26. Januar 1828: In Ottenwalts sehr schöner Disputation. Zu Bogner, wo Marl, Schober, Clodi. Sehr schöner Diskurs über Handlung, Tat, Wort. Zu Schober, der Kleists Erzählung: Der Zweikampf vorliest. Heiteres Beisel bis 12 1/2 Uhr.

Das Thema der juristischen Disputation Ottenwalts ist nicht bekannt. Er hatte, fast 40 Jahre alt, seinen Doktor gemacht, um zwei Jahre später Adjunkt bei der Kammerprokuratur in Wien werden zu können. – Der „Diskurs" dürfte mit der Disputation zusammengehangen haben. – „Marl" ist Karl Maurus Mayrhofer. – Heinrich v. Kleists „Zweikampf" war 1811 im 2. Band seiner „Erzählungen" erschienen.

Franziska v. Roner an Antonie Oster

[Wien,] *Den 28.* [Januar 1828?]

Liebe Freundin, mit Vergnügen melde ich Ihnen, daß wir der Mitwirkung des Sängers Vogel zu Ihrem Konzerte *sozusagen* gewiß sind. Um jedoch den letzten Coup anzubringen, bitte ich Sie im Namen meiner Freundin Witteczek, einer Abend-Unterhaltung, welche bei dieser Letztern übermorgen stattfinden wird, beizuwohnen, da auch Vogel und Schubert dahin kommen. Wenn Ihr H. Vater, wie ich hoffe, Ihnen hiezu seine Erlaubnis erteilt, so werde ich mit demselben morgen früh ein Mehreres besprechen. Ich umarme Sie herzlich und bleibe stets

Ihre aufrichtige Freundin
Fanny Roner.

Vgl. 22. April 1827. – Das Konzert der Oster fand am 9. März im Landhaussaale unter Mitwirkung des Cellisten Leopold Böhm vom Theater an der Wien statt (geboren in Wien 1806, nicht identisch mit dem Geiger gleichen Namens, siehe 22. Dezember 1824). Vogl wirkte nicht mit. Vgl. 30. Januar 1828.

Aus Franz v. Hartmanns Tagebuch

28. Januar 1828: Mit Enk, Louis und Jerôme zu Spaun, wo herrlich von Schuppanzigh, Bocklet, Linke, Schubert und Gahy musiziert wird. Der Prälat von Florian und die 2 Maiers, die Ottenwalts, Spauns sehr liebe Braut usw., in allem 50 Personen, waren da. Wir kriegten fast alle Spitzeln. Wir tanzten. Ich sehr viel mit Frau v. Ottenwalt. Dann ging fast alles zu Bogner, wo man bis 2 1/2 sitzen blieb.

Das war die letzte Schubertiade bei Josef v. Spaun, gegeben zu Ehren seiner Braut in seiner Amtswohnung, den „Klepperställen“ in der Teinfaltstraße. Spaun schildert den Abend in den Schubert-Erinnerungen (S. 117f.): Schubert brachte Bocklet, Schuppanzigh und Linke mit zur Aufführung eines seiner zwei Klaviertrios (wahrscheinlich des in Es-Dur) und spielte hinreißend mit Bocklet vierhändige Variationen über ein eigenes Thema (wohl die in As-Dur); Bocklet soll Schubert danach geküßt haben. Schubert und Gahy haben dann wohl auch zum Tanze aufgespielt. – Jérôme (Hieronymus) v. Kleimayrn, geboren 1808, war Offizier. – Der Prälat war Michael v. Arneth (siehe 4. Juni 1823). Die beiden „Maiers“ aus St. Florian waren Theophil Friedrich Mayr, genannt der Schwede, später Arneths Nachfolger, und Friedrich Gottlieb Mayer, damals Dechant (siehe 23. Juli 1826). – Marie Ottenwalt war wieder mit ihrem Mann nach Wien gekommen.

Jenger an Frau Pachler

Wien, am 29ten Jänner 828.

Vor allem habe ich jetzt zwei Angelegenheiten unseres Freundes *Schwammerl* – der sich Ihnen und dem Freunde D^or^ Karl und dem lieben Faust vielmals empfiehlt – zu besprechen, worüber er zum Teil schon selbst an D^or^ Karl geschrieben hat, *wenn's wahr ist*, sage ich dazu.

Es ist nämlich bei der Normalhauptschule in Grätz eine Zeichnungslehrers-Stelle vakant, um welche ein Bruder unseres Schwammerls kompetieren und hier den Konkurs machen wird, und zwar am 31ten d. Mts. – Die diesfälligen Prüfungs-Elaborate werden sodann von hier unverzüglich an das Grätzer Gubernium eingesendet, welches diese Stelle vergibt. Wer beim Guber. das Referat hat, weiß ich nicht. Indessen ist so viel gewiß, daß in der Sache Freund *Pachler* sehr viel tun kann, und an dem Willen wird es ihm ja auch nicht fehlen.

Ich meine daher, daß unser alter Freund *Begutter*, *Baron Schimmelfenning*, Anselm *Hüttenbrenner* durch Gub:Rat *Gindl* etc. etc. so manches für das Gelingen des Lieblingswunsches unseres Fr. Schw. tun könnten, wenn nämlich D^or^ Carlos sie darum angehen wollte, und daß er dies tun möge, darum bitte ich ihn durch Ihr gütiges Vorwort.

Das Gelingen der Sache wäre eine Ursache mehr für Schw., die lieben Grätzer recht bald wieder zu besuchen, was jedoch auch bälder geschehen könnte, als er jetzt noch weiß, und zwar aus folgendem Grunde:

Die Tochter *Irene* meines Herrn Hofrates *von Kiesewetter* – von welcher ich mit Ihnen als von einer der ersten Klavierspielerinnen Wiens, so viel ich mich erinnere, öfter gesprochen habe – ist kürzlich von einer bedeutenden Krankheit genesen. Ihr Arzt hat nun für das kommende Frühjahr eine kleine Reise als Luftveränderung angeraten, und auf mein weiteres Anraten dürfte eine kleine Reise nach Steiermark dazu um so mehr fürgewählt werden, als Mutter und Tochter schon lange dies gelobte Land und seine lieben Bewohner – von welchen ich ihnen *schon hie und da* erzählte – kennen lernen möchten. – Wenn dies noch geschieht, so werden Schwammerl und ich als Reisemarschalls mitgenommen, und somit dürften wir Sie alle in wenig Monaten sehen. –

Eine zweite Angelegenheit betreff des Freundes Schw. ist, daß Sie, beste gnädige Frau, mir die Erlaubnis erteilen wollen, daß ich von schönen Händen auf ein Bändchen Lieder, welche Schub. Ihnen dediziert hat, Ihre Bewilligung zum Stich geben [lasse], damit das Manuskript nicht nach Grätz gesendet werden darf. Ich sprach darüber schon mit Fräul. Irene, und sie übernimmt dies Amt sehr gerne. Dies sollte aber sehr bald geschehen, und daher bitte ich *sehr bald um die Erlaubnis* . . .

Anselm Hüttenbrenner ist ein lüderliches Tuch, daß er bei Kienreich die beiden Lieder von Schubert nicht betreibt, damit sie endlich einmal im Stich erscheinen.

Vgl. 18. Januar 1828. – Schubert hatte wohl nur an Anselm Hüttenbrenner, nicht an Pachler in dieser Sache geschrieben. – Franz Anselm Begutter war Direktor der Normal-Hauptschule in Graz; Josef (oder Johann) Freiherr v. Schimmelfennig war Sekretär beim steiermärkischen Landesgubernium; Josef Gindl war Gubernialrat dort und Domherr des Stiftes Seckau. Begutter und Gindl waren übrigens auch, wie Schubert, Ehrenmitglieder des Steiermärkischen Musikvereins. – Carlos ist Dr. Pachler. – Kiesewetter war Jengers Vorgesetzter im Hofkriegsrat. – „so viel ich mich erinnere" ist selbstironisch gemeint, denn Jenger hatte oft von Irene geschwärmt. – Zu Frl. Kiesewetters Krankheit vgl. 26. Dezember 1827. Ihr Arzt war wohl Dr. Menz (siehe 26. Oktober 1827). Ihre Mutter war Jakobine, geb. Cavallo aus Heidelberg. – „hie und da" ist wiederum ironisch gemeint. – Frl. Kiesewetter sollte von Frau Pachler bevollmächtigt werden, an ihrer Statt die Erlaubnis zur Widmung auf den Probeabzug des op. 106 (siehe Notizen nach 29. Juni 1828) zu setzen, was auch geschehen ist. – Über die beiden in Graz gedruckten Lieder siehe 18. Januar und 30. Mai 1828. – Karl Schubert bekam die Stelle nicht; die Kiesewetter fuhren nicht nach Graz.

Aus der Leipziger „Allgemeinen musikalischen Zeitung" vom 30. Januar 1828

No. I. L'incanto degli occhi (Die Macht der Augen). No. II. Il traditor deluso (Der getäuschte Verräter). No. III. Il modo di prender moglie (Die Art, ein Weib zu nehmen). Gedichte von Metastasio. In Musik gesetzt für eine Baßstimme mit Begleitung des Pianoforte etc. von Franz Schubert. 83stes Werk. Wien bei Tob. Haslinger. Preis für No. I. 1 fl. 24 kr. No. II. 2 fl. 36 kr. No. III. 3 fl. 36 kr.

Diese drei, als ein Werk bezeichneten, ausgeführteren Gesänge des vielfach belobten und beliebten Komponisten sind in drei gut gestochenen Heften vor kurzem erschienen und im ganzen gewiß ebenso empfehlenswert, als die Lieder dieses Tonsetzers, die neulich in ausführlichen Rezensionen in diesen Blättern vorteilhaft bekannt gemacht worden sind. Es ist also zu hoffen, daß auch diese Gesänge bald ihre zahlreichen Freunde finden werden, wie sie es verdienen, und das um so mehr, da den Gedichten des unsterblichen Metastasio eine teutsche fließende Übertragung unterlegt worden ist. Es ist schon früher bemerkt worden, daß der Komponist mit glücklicher Umsicht aus dem reichen Vorrate der Dichtungen sich meist Texte zu wählen weiß, die an sich interessant, für musikalische Behandlung sich wohl eignen, welche Sorgfalt wir jungen Komponisten nicht genugsam empfehlen können, namentlich im Fache der Lieder, wo [es] auf gute Dichtung weit mehr ankommt, als manche Tonsetzer noch immer, aber irrig zu glauben scheinen.

Der erste Gesang ist sehr schlicht und melodievoll, dennoch, wie es der Verfasser liebt, mit einigen unerwarteten, aber geschickt angebrachten harmonischen Ausweichungen versehen, die den sehr sangbaren, leicht zu treffenden und einer guten Baßstimme äußerst vorteilhaften Melodienfolgen einen Reiz mehr geben. Wenn auch einige wenige durchgehende Noten kleine, jetzt nicht mehr beachtete, nach unserer Ansicht völlig unnötige Querstände bilden: so sind sie doch lange nicht so auffallend wie viele, die nun einmal an der Tagesordnung sind.

Der zweite Gesang ist durchaus szenisch gehalten. Er beginnt mit einem kurzen Rezitativ, in welchem der Anfang des teutschen Textes „Weh mir" sich nicht gut vernehmen läßt, da die erste Silbe kurz gebraucht worden ist. Alles übrige ist der mit Schrecken erfüllten, schaurigen Gemütsstimmung des verzweifelten Verräters sehr angemessen behandelt. Auf das einleitende Rezitativ folgt ein Allegro molto aus e-Moll. Wenn auch einige melodische Wiederholungen hin und wieder fast unwillkürlich an Mozartische Gänge erinnern und einige schnelle Ausweichungen für das erste gewagt erscheinen sollten, wie es wohl manchem Hörer ergehen dürfte: so können die etwaigen leichten Erinnerungen an den Meister, nach dessen Vorbild das Ganze angeordnet ist, dem gut gehaltenen charakteristischen Ausdrucke doch keineswegs irgendeinen Nachteil bringen, und die harmonischen Wagnisse wird man, an weit schrecklichere Wolfsschluchten gewöhnt, sehr bald der verzweifelten Sache analog finden, und zwar um so lieber, da die Melodie für eine gute Baßstimme äußerst vorteilhaft genannt werden muß.

Der dritte Gesang ist viel leichter genommen als der vorige, wie es der Gegenstand fordert. Der Hauptcharakter des Ganzen ist frische Entschlossenheit von fein scherzhafter Art, die nebenbei einen leichten ironischen Anflug durchschimmern läßt, der den Genuß gar sehr erhöht. Gleich anfangs ist der Vers „Muß schnell ein Weib erjagen" durch einen rasch von Akkord zu Akkord eilenden Übergang recht wohl vorbereitet. Das erste Allegro ma non troppo, weit über die Hälfte füllend, ist gleichfalls nach Mozarts Vorbilde gearbeitet. Es geht in ein Allegro vivace über, aus dem $^6/_8$- in den $^4/_4$-Takt, welches letzte mit einem so brillanten Schlusse versehen ist, daß ein Sänger sich schon damit nach Herzenslust hervortun kann. Hr. Ludwig Lablache, dem diese drei Nummern gewidmet sind, wird sicherlich damit Furore machen.

Man sieht aus diesen kurzen Schilderungen, daß jedes dieser drei Stücke in einem von dem andern ganz verschiedenen Charakter singt; das erste im gemütlichen, das zweite im leidenschaftlich wilden und das dritte im scherzhaften Tone. Alle drei eignen sich sehr gut für gesellschaftliche Unterhaltungen. [G. W. Fink?]

Das dritte Lied ist nicht nach einem Gedicht Metastasios geschrieben (siehe 12. September 1827). – Die „ausführliche Rezension" ist die vom 23. Januar 1828. – Die Übersetzung mag von Craigher stammen (siehe 23. Oktober 1825). – „Schreckliche Wolfsschluchten" ist zweifellos eine Anspielung auf Webers „Freischütz", Akt II.

Aus Franz v. Hartmanns Tagebuch

30. Januar 1828: Pepi Spaun führt uns mit Ottenwalt zum Hofsekretär Witteczek, wo anfangs Schubertiade, dann Souper, dann Ball, dann Trinkerei, alles sehr lustig, ist. Schon Herr, Frau und Schwiegermutter waren ungemein lieb. Dann kommen noch die Droßdickischen, Kübeckischen u. a. m. hin. Erst um 2 Uhr entfernte man sich seelenvergnügt.

Vgl. 28. Januar 1828. – Josef v. Spauns Braut und Frau Ottenwalt, ihre künftige Schwägerin, waren wohl auch dabei. – Witteczeks Schwiegermutter ist die Witwe Watteroth. – Zu Droßdick vgl. 6. Februar 1827. – Die Kübecks sind wahrscheinlich Karl Friedrich Kübeck Freiherr v. Kübau, geboren 1780 in Iglau (Böhmen, heute Jihlava, Tschechoslowakei), Finanzminister, seit 1827 in zweiter Ehe mit Julie, geboren 1805 als Lang, vermählt.

Aus dem Programm der 10. Abendunterhaltung der Gesellschaft der Musikfreunde, am 31. Januar 1828 (Direktor: Herr [Johann Nepomuk] Fischer)

2. Ellens Gesang, Gedicht aus Walter Scotts Fräulein vom See, in Musik gesetzt von F. Schubert, vorgetr. von Fräulein [Theresia] Josephi.

Das war an Schuberts (letztem) Geburtstag. – „Ellens Gesang" ist wahrscheinlich der dritte, das berühmte „Ave Maria".

Aus der amtlichen „Wiener Zeitung“ vom 31. Januar 1828

[Ankündigung des Konzertes Leopold *Jansa*, Violinspieler und Mitglied der k. k. Hofkapelle, am 2. Februar 1828 mittags im Landhaussaale]
. . . Die übrigen Nummern bestehen . . . in einem *Liede* von *Franz Schubert* . . .

Zu Jansa siehe 7. Februar 1825. – Eine andere Anzeige erschien am selben Tage in der „Wiener Allgemeinen Theaterzeitung“ (erste Ausgabe, Nr. 1042). – Schubert begleitete selbst.

Aus der „Wiener Allgemeinen Theaterzeitung“ vom 9. Februar 1828

Hr. *Tietze*, der rühmlichst bekannte Tenor-Sänger, und besonders im Vortrage gemütlicher deutscher Gesänge höchst preiswürdig, sang ein Lied aus *Walter Scotts* „Ivanhoe“, von Hrn. *Schubert* gesetzt, mit allgemeinem Beifalle. Es ist dieses der Gesang des Richard Löwenherz, eine ganz vorzüglich gelungene Tondichtung. *Schuberts* Genius schwebt auch in dieser Komposition in dem Rosenlichte der romantischen Sphäre mit so anmutigem Schwunge dahin, daß es ein reizendes Vergnügen gewährt, seinem sicheren und kräftigen Flügel-Schlage zu lauschen. Die Komposition ist in der Melodie so rührend einfach, in der Modulation so reich und dennoch so verständlich, die Einheit wird durch die fortlaufende Figur der Begleitung auf eine so sichere Weise hergestellt, daß dieses Lied bei allen, welche Sinn für eine gemütliche Tondichtung haben, eine wahrhaft erhebende Stimmung hervorbringen muß. Der romantische Sinn des kräftigen Helden Löwenherz ist wirklich in Tönen gemalt.

Aus der „Wiener Zeitschrift für Kunst usw.“ vom 14. Februar 1828

Der Gesang des „Richard Löwenherz“ von Franz *Schubert* wurde als Intermezzo von unserm braven Dilettanten Hrn. *Tietze* gesungen und vom Kompositeur am Klavier selbst akkompagniert. Das Tempo war offenbar zu geschwind, nämlich für den Sänger, wenn auch nicht für den Kompositeur. Der Sänger kämpfte zu sehr mit den Silben, war aber gut bei Stimme und sang ergreifend. Das Publikum ehrte beide durch Beifall.

Aus Franz v. Hartmanns Tagebuch

2. Februar 1828 (Lichtmeßtag): Schober holt uns ab, worauf Lesung bei ihm ist. Es wird da der Findling von Kleist gelesen, und der göttliche Prometheus von Aischylos. Darauf gehen wir ins Beisel, wo es mit der groben Wirtin, und darum auch mit ihrem Manne, solche Prozesse gibt, daß alles beschließt, nie mehr hinzugehen. Dennoch bleibt man bis nach 12 Uhr und geht endlich nach Hause.

Kleists „Findling“ war im selben Band wie sein „Zweikampf“ erschienen (siehe 26. Januar 1828). – Das „Beisel“ (Kneipe) war das Gasthaus „Zum Wolf, der den Gänsen predigt“.

Aus Franz v. Hartmanns Tagebuch

4. Februar 1828: Ich gehe ins Bierhaus zum burgundischen Kreuz, wo man aber nicht rauchen kann. Also von da mit Schober und Dinand zur Schnecke. Vor Lärm fliehen wir wie Jo zum Rebhuhn, wo nebst jenen beiden auch der liebe Dr. Hörwarter ist. Um $11^1/_2$ nach Hause.

Das „Burgundische Kreuz“ lag in der Oberen Bräunerstraße, die „Schnecke“ am Platz Am Peter. – Dinand ist Sauter. – Der Vergleich mit Io (vgl. 4. November 1821) ergab sich wohl aus der Lektüre des „Gefesselten Prometheus“ zwei Tage vorher. – Das Gasthaus „Zum Rebhuhn“ neben dem Kaffeehaus gleichen Namens, in der Goldschmiedgasse nahe dem Dom, wurde nun das Stammlokal der Schubertianer (vgl. 24. Dezember 1823, 13. Januar und 24. April 1827). – Johann Baptist Hörwarter, Karl Enks Freund und Mitarbeiter (siehe 9. Dezember 1826), war 1784 in Kitzbühel (Tirol) geboren, Dr. med. und Hausarzt im Kloster der Dominikaner; er war ein großer Musikfreund, studierte die alten Meister und gab noch 1832 eine Soiree in seinem schönen Heim im Kloster, wo Anna Gräfin Revertera (geb. v. Hartmann) und Tietze mitwirkten, und wo sich Schwind über die Koketterie des abwesenden Vogl lustig machte.

Aus Franz v. Hartmanns Tagebuch

5. Februar 1828: Zum Eilwagen, wo wir von den Ottenwaltischen Abschied nehmen, und dann in corpore beiselianorum ins Rebhähndel gehen, wo auch Hörwarter. Um $11^2/_3$ nach Hause.

Die Ottenwalts fuhren nach Linz zurück. – „in corpore beiselianorum“ schreibt Hartmann: er meint alle Freunde, die das Beisel „Zum Wolf, der den Gänsen predigt“ bisher besucht hatten.

Aus der Leipziger „Allgemeinen musikalischen Zeitung“ vom 6. Februar 1828

Variationen für das Pianoforte zu vier Händen über ein Thema aus der Oper: Marie, von Herold – – komponiert von Franz Schubert. 82stes Werk. Wien bei Tobias Haslinger. Preis 1 Tlr. 4 Gr.

Es ist seit kurzer Zeit in unseren Blättern öfters von den Kunsterzeugnissen des Hrn. Schubert die Rede gewesen und stets ist seiner im allgemeinen mit Ehren gedacht worden; man rühmte Erfindung und Geschmack, bemerkte in der Angabe des noch Mangelhaften, daß dies mehr zufällig und äußerlich und also leicht vergänglich sei; daß es mehr der Jugend und der Zeitlust, ohne Ursache sich auffallend zu zeigen, angehöre und daß man bereits mit Vergnügen gewahr werde, wie diese Fehler sich immer verringerten. Wir nehmen auch keinen Anstand, dieses Urteil sachverständiger Männer als ein, auch nach unserer Ansicht völlig begründetes zu unterschreiben: fühlen uns aber veranlaßt, dieses in der Tat nicht geringen Lobes wegen noch hinzuzufügen: Wir hoffen im Namen des stets zu ehrenden Publikums, der Komponist werde sich dadurch nicht verleiten lassen, sofort alles, was er schrieb und schreiben wird, ohne genauere eigene Prüfung, nur darum für gut und des Druckes wert zu halten, weil es eben fertig auf dem Papiere steht –: vielmehr soll und wird ihn gewiß die willigste Anerkennung seines Talentes und die gern geäußerte Freude über das Gelungenste seiner Schöpfungen, wie es einem wahren Künstler ziemt, zu einer desto bedachteren Sorgfalt in Selbstprüfung seiner Werke und zu einem desto begeisterterem Schaffen neuer Stücke antreiben. Er ist von der Natur so wohl begabt, daß er dies vermag, wenn er nur überall kräftig will und sich nicht übereilt. Der junge Künstler wird auch zuversichtlich selbst fühlen, daß wir dies warnende Vorwort in keiner anderen, als in einer guten, für ihn und die Sache freundlichen Absicht schreiben. Denn wir sind genötigt, ihn schon wieder zu loben und noch dazu ganz vorzüglich.

Er hat uns hier ein Werk geliefert, das gewiß unter die besten der neuesten Zeit, die wir in diesem Fache kennen gelernt haben, gezählt werden muß. Es ist nicht eben leicht, gute Variationen zu schreiben, wir würden sonst reicher daran sein; ja es ist sogar nicht einmal jedes tüchtigen Musikers Sache, sich auf diesem Felde mit Glück zu bewegen, wenn man nicht mit bloß veränderten Figuren in hergebrachter Form, ohne innern Geist und lebendige Kraft, zufrieden sein will. Es gehört eine ganz eigentümliche Anlage und Fertigkeit des bildenden Sinnes dazu, ein geistreiches Ganzes in einer Reihenfolge von Veränderungen über ein gegebenes Thema nach und nach, und zwar mit zunehmender Steigerung des Interesses für Spieler und Hörer zugleich, zu erfinden und darzustellen, wie es Haydn, Mozart und Beethoven so hervorragend vermochten. Da muß jede neue Veränderung ihren eigentümlichen Ausdruck, ihren besonderen Charakter haben; alle Stimmen müssen gleichmäßig und ihrer Stellung angemessen erfüllt sein, und alle diese Darstellungsweisen müssen in einem gewissen notwendigen Zusammenhange miteinander stehen; eine muß die andere natürlich und ungezwungen nicht nur herbeiführen, sondern auch erklären und höher heben bis zu voller Befriedigung eines bald glänzenden, bald völlige Ruhe bietenden anmutigen Schlusses. – Und das alles hat der Komponist dieses Werkes in einem sehr hohen Grade wirklich geleistet, bis auf jene Durchsichtigkeit, die den ganzen Reichtum der verschiedensten Gruppen unvermischt und völlig klar und frei, wie in einem Meerspiegel verschönt, uns vor die Sinne zaubert, die nur das hohe Gut völliger Meisterschaft ist, die also freilich hin und wieder noch fehlen muß. Es wird daher bei weitem den allermeisten Liebhabern nur desto anmutiger vorkommen, weil eben das, was jene kristallene Klarheit umnebelt, das Hervorstechende der Zeit ist, nämlich ein öfteres Hineinstürmen mit wunderlichen Akkorden oder vielmehr Durch- und Übergängen, die meist unsere Tonschönheiten in der Verwirrung ausmachen und die man auch hier zuweilen wieder finden wird. Davon abgesehen, was viele zu den Hauptschönheiten, das ist zu den modischen, zählen mögen, erklären wir diese Variationen für das Gelungenste, was uns bisher von ihm bekannt geworden ist. Gleich das Thema ist sehr einnehmend behandelt bei der größten Einfachheit. Alle darauf gebauten Variationen (es sind deren acht auf neunundzwanzig gut gestochenen Seiten) durchdringen sich gegenseitig, sind mannigfaltig ohne Ziererei und reich ohne Prunk bis auf die Modeakkorde. Die Schwierigkeit für die Spielenden nimmt aber immer zu, bis zu dem letzten, ziemlich lang gehaltenen Allegro vivace, ma non più. Sie sind überhaupt nicht leicht vorzutragen, wenn nicht zu viel durch ungebührliches Ruscheln verloren gehen soll. Sie sind es aber auch wert, daß sie mit Genauigkeit eingeübt werden. [G. W. Fink?]

Da hier von dem früher abgedruckten „Urteil sachverständiger Männer" die Rede ist, so muß man annehmen, daß nicht alle Besprechungen Schubertscher Werke in dieser Zeitschrift von einer Feder, der des Herausgebers Fink, stammen. – „Ruscheln" bedeutet Hudeln.

Aus dem Programm der 11. Abendunterhaltung der Gesellschaft der Musikfreunde, am 7. Februar 1828 (Direktor: Herr Chimani)

4. Der 23. Psalm für 4 Singstimmen von Schubert.

Chimani ist Dr. Franz, Advokat, oder (sein Sohn?) Josef, beide Mitglieder des Repräsentanten-Körpers der Gesellschaft wie Schubert.

Vermerk auf einem Programmtext

8 Schülerinnen. *Fröhlich.* Ich *rep.*

Die Schülerinnen waren jene Anna Fröhlichs. „Ich" bedeutet, daß der Schreiber anwesend war; „rep.", daß der Chor wiederholt werden mußte.

Aus der „Wiener Allgemeinen Theaterzeitung" vom 9. Februar 1828

Neue Faschings-Spenden.

Haslingersche Kunsthandlung ... neu erschienene Tanzmusik: Für das Pianoforte allein: Walzer von *Lanner*, *Lickl*, *Müller Ad.*, *Strauß*, *Schubert*; ... Galoppe von *Schubert*; ... ferner für das Pianoforte zu vier Händen von den genannten Komponisten; ... bis zu 10 kr. herab die Partie ... Rücksichtlich der Komposition zeichnen sich besonders die Arbeiten der Herren *Schubert*, *Lanner* und *Strauß* aus.

Schuberts Tänze sind die „Grazer Walzer", op. 91, und der „Grazer Galopp", dieser auch vierhändig bearbeitet.

Probst an Schubert

[Außen:]

Sr. Wohlgeb. Herrn
Franz Schubert,
Tonkünstler u. Kompositeur

Wien.

[Postvermerk:]

Gehört nicht H. Schubert an der Wien.
Graben b. H. Haslinger.
Wegen gleichlautende Namen geöffnet.

[Innen:] Leipzig, d. 9. Febr. 1828.

Es hat mir ernstlich leid getan, daß Verschiedenheit unsrer Ansichten vor meiner Reise nach Wien Ihre schätzbare Annäherung zur Herausgabe ihrer Kompositionen in meinem Verlage ohne Erfolg ließ. Als ich indes das Vergnügen Ihrer persönlichen Bekanntschaft voriges Jahr genoß, erwähnte ich zugleich, daß es mir sehr angenehm sein würde, neuere Geisteswerke von Ihnen zu erhalten, was Sie mir auch zu erfüllen versprachen. Seitdem habe ich Ihre neuern Lieder, z. B. Zügenglöcklein, Auf dem Wasser und mehrere andere kennen gelernt, und daraus immer mehr gesehen, wie vorteilhaft und immer klarer, seelenvoller Sie Ihre Phantasien wiedergeben. Ich habe mich ferner ergötzt an mehreren 4/m Werken, z. B. die vier Polonaisen op. 75, die Var. über das Müllerlied op. 82, und bin dadurch immer mehr überzeugt, daß es gelingen werde, Ihren Namen tüchtig im übrigen Deutschland und dem Norden auszubreiten, wozu ich bei solchen Talenten gern die Hand biete.

Haben Sie daher die Güte, mir, wenn Sie etwas Gelungenes vollendet, Lieder, Gesänge, Romanzen, die ohne Ihrer Eigentümlichkeit etwas zu vergeben, doch nicht zu schwer aufzufassen sind, solche einzusenden, auch à 4/m einige Piecen in dem selben Genre für mich zu bestimmen. Sie dürfen die Manuskripte nur H. Lähne bei Artaria & Co. geben, der sie prompt an mich fördert. Über das Honorar sind wir schnell einig, sobald Sie

mich nach einem billigen Maßstabe behandeln, und werden Sie mich stets in dieser Hinsicht honett finden, sobald nur die Werke so sind, daß ich selbst Freude darüber haben kann. Die Preise der Wiener Verleger könnten hierbei am leichtesten zur Richtschnur dienen. H. Lähne würde dann seinerzeit die Auszahlung an Sie pünktlich besorgen. Übrigens muß ich bitten, die Werke, welche Sie für mich bestimmen, nur selbst ernstlich zu prüfen, solche aber nicht erst dortigen Verlegern mitzuteilen, und solche Geschäftsangelegenheiten zwischen uns auch *unter uns* nur zu lassen. Daß Sie es nicht bereuen sollen, wenn Sie mir Ihr freundschaftliches Vertrauen schenken, und durch sorgfältige Auswahl echt gelungener Kompositionen mir Gelegenheit geben, für Ihren Ruf tätig zu wirken, dafür gebe ich Ihnen mein heiliges Wort.
Und so empfehle ich mich mit der aufrichtigsten Hochachtung als

Ihr ergebener

H. A. Probst.

Die Adresse war ungenügend: Schubert war nicht allbekannt in Wien. Der Brief ging, wie der vom 21. Juni 1828, an einen Josef Schubert, der zwar kein bekannter Musiker, aber dem Postamt wohl zufällig bekannt war. – Zu Probst vgl. 12. und 26. August 1826 sowie 15. Januar 1827. Indessen war Probst in Wien gewesen. – „Das Zügenglöcklein" ist op. 80, Nr. 2, „Auf dem Wasser zu singen" op. 72. Über „das Müllerlied" vgl. 3. September 1827. – Die Konkurrenz zwischen österreichischen und deutschen Musikverlagen war nicht mehr durch Privilegien zeitweilig geregelt (wie dies im 18. Jahrhundert gelegentlich der Fall war) und noch nicht durch den gemeinsamen Verlegerverein gemildert. Seit Beethoven, der Vorkämpfer für das musikalische Urheberrecht, seine Werke oft mehrfach vergeben hatte, waren die Verleger hüben und drüben besonders eifersüchtig geworden. – Siehe 10. April 1828.

B. Schotts Söhne an Schubert

[Außen:]

Sr. Wohlgeboren
Herrn *Franz Schubert*,
berühmter Tonsetzer in

Wien.

[Innen:]

Mainz, d. 9ten Februar 1828.

Herrn Franz Schubert in Wien.
Ew. Wohlgeboren

sind uns bereits durch Ihre vortrefflich gearbeitete Kompositionen seit mehreren Jahren bekannt, und wir hegten auch schon früher den Wunsch, von Ihren Arbeiten für unseren Verlag zu akquirieren, wenn wir nicht mit den Werken op. 121. 122. 123. 124. 125. 126. 127. 128 & 131 des seligen Beethoven, worunter manche sehr starke opus, zu lange Beschäftigung für unsere Arbeiter gehabt hätten.
Wir sind nun so frei, Sie um einige Werke für unsern Verlag zu ersuchen. Klavier-Werke, oder Gesänge für eine oder mehrere Stimmen mit oder ohne Piano-Begleitung werden uns stets willkommen sein. Das Honorar belieben Sie zu bestimmen, was wir Ihnen in Wien bei H. Franck & Cie. werden auszahlen lassen.
Bemerken müssen wir Ihnen, daß wir auch ein Etablissement in Paris besitzen, wo wir auch jedesmal Ihre Kompositionen bekannt machen.
Wenn Sie mehreres vorrätig haben, und wollten uns davon ein Verzeichnis senden, so wird uns dieses auch sehr angenehm sein. Mit Hochachtung zeichnen

B. Schotts Söhne.

Es ist merkwürdig, daß Probst und Schott am selben Tage spontan an Schubert geschrieben haben, Schott zum ersten Mal. Bernhard Schotts Firma war 1770 gegründet, seit 1809 in den Händen seiner Söhne, und hatte die meisten der letzten Werke Beethovens verlegt, darunter die „Missa solemnis" und die Neunte Sinfonie. – Dieser Brief kam, obwohl auch er unvollkommen adressiert war, direkt in Schuberts Hände. – Franck & Co. waren Großhändler in Wien (siehe 11. Juli 1820). – Siehe 21. Februar 1828.

Aus Franz v. Hartmanns Tagebuch

9. Febr. 1828: Zu Schober, der Pandora von Goethe liest. Zum Rebhuhn, wo ich besonders mit dem Dr. viel rede, was mich sehr freut. Um $11^3/_4$ nach Hause.

Goethes Festspiel „Pandora" war 1808 in der Wiener Zeitschrift „Prometheus" erschienen, herausgegeben von Josef Ludwig Stoll (1778–1815), von dem Schubert kurz nach dessen Tode drei Lieder komponiert hatte (D. 301–303). – Der Doktor ist Hörwarter.

Aus Franz v. Hartmanns Tagebuch

14. Februar 1828: Mit Enk besuche ich Schubert, dann gehe ich zum Rebhuhn, wo auch Schober. Um 10 Uhr nach Hause.

Schober war also nicht zu Hause gewesen.

Aus der Dresdener „Theaterzeitung" von Mitte Februar 1828

[Über das k. k. Hoftheater nächst dem Kärntnertore in Wien]

... Wenn man in diesen verwaisten Tempel der Musik tritt, will man kaum glauben, daß er in einem Lande steht, das in der Musik eben mehr, als in jedem andern Kunstfache getan hat, in einem Lande, das auf seinen Mozart, Haydn und Beethoven stolz sein könnte, wo nebst diesen Sternen erster Größe noch so manche ausgezeichnete Männer komponierten, ... und wo noch jetzt ein ... Schubert ..., geringere ... nicht zu erwähnen – für die Ehre der deutschen Kunst wirken und leben ... Der wahrhaft große Lablache, der die deutsche Musik versteht und ehrt, und z. B. Schuberts Liederkompositionen sehr hoch schätzt, äußerte wiederholt seine Verwunderung über den Mangel alles Patriotismus in Wien ... r–e–o–a.

Tieck (siehe 1. August 1825) war Herausgeber dieser Beilage der „Morgenzeitung". – Das Kärntnertor-Theater, bis Ende April 1828 gepachtet von Barbaja, hatte 1827 fünf italienische, zwei übersetzte französische und fünf deutsche Opern neu herausgebracht. Die Verfechter der deutschen Oper, darunter der Referent, hatten also keinen Grund zu besonderer Unzufriedenheit, es sei denn, daß sie unter jenen fünf deutschen Opern (einschließlich Spohrs „Faust") keine großen Werke gefunden hatten. Am 1. Mai, nach Ablauf der zweiten Pachtzeit Barbajas, wurde das Haus allerdings auf lange Zeit geschlossen: bis 5. Januar 1829, ausgenommen die Konzerte Paganinis im Mai und Juni 1828 und ein paar andere.

Aus Franz von Hartmanns Tagebuch

15. Februar 1828: Mit Dinand und Enk zum Schober, wo die Abendröte, Zyklus von Schlegelischen Gedichten und Kleists allerliebstes Lustspiel: Der zerbrochene Krug gelesen werden. Dann zum Rebhuhn, wo es recht lustig ist. Um $12^1/_2$ kommen Ehlers und Jerôme, letzterer ganz rauschig. Mit Louis, ihnen und Vacano gehen wir ins Rebhuhn-Kaffeehaus, wo Jerôme speit; ich führe ihn nach Hause, gehe wieder dahin, wo wir rauchend bis nach 3 Uhr sind.

„Die Abendröte" ist eine Folge von Gedichten Friedrich v. Schlegels (1809 in seinen gesammelten „Gedichten" erschienen); Schubert hatte das Einleitungsgedicht zur ersten Hälfte dieses Zyklus im März 1820 komponiert (D. 690) und es richtig „Abendröte. Erster Teil" betitelt; andere Gedichte daraus vertonte er früher und später. – Kleists berühmtes Lustspiel war 1811 erschienen. – Über Ehlers und Vacano ist nichts bekannt. – Dinand ist Sauter, Jérôme von Kleimayrn.

Aus Franz v. Hartmanns Tagebuch

16. Februar 1828: Um 2 1/2 [nachts] in Leibenfrosts Kaffeehaus, wo auch Dr. Hörwarter, Braun, Schubert, Bocklet. Es ist recht lustig. Um 3 1/2 erst nach Hause.

Über das Café Leibenfrost siehe die Notiz vor dem 28. Februar 1825. – Braun ist vielleicht der Schriftsteller Karl Johann Braun Ritter v. Braunthal, geboren in Eger (Böhmen, heute Cheb, Tschechoslowakei) 1802. Er erzählte 1840 in fragwürdigen Erinnerungen, daß Schubert Mozart und Beethoven mit Schiller und Shakespeare verglichen habe (Schubert-Erinnerungen, S. 212f.).

Schubert an B. Schotts Söhne

Wien, den 21. Februar 1828.

Euer Wohlgeboren!

Ich fühlte mich durch Ihr Schreiben vom 8. Febr. sehr geehrt, und trette mit Vergnügen mit einer so soliden Kunsthandlung, welche ganz geeignet ist, meine Werke im Auslande mehr zu verbreiten, in nähere Verbindung.

Vorräthige Compositionen besitze ich folgende:

a) Trio für Pianoforte, Violine und Violoncelle, welches mit vielem Beyfall hier producirt wurde.
b) Zwey Streich-Quartetten (G-Dur u. D-Moll).
c) Vier Impromptu's fürs Pianoforte allein, welche jedes einzeln oder alle vier zusammen erscheinen können.
d) Fantaisie fürs Pianoforte zu 4 Hände, der Comtesse Caroline Esterhazy dedicirt.
e) Fantaisie für Pianoforte u. Violine.
f) Gesänge für eine Stimme mit Begleit. des Piano, Gedichte von Schiller, Göthe, Klopstock, ꝛc. ꝛc. und Seidl, Schober, Leitner, Schulze ꝛc. ꝛc.
g) Vierstimmige Chöre für Männerstimmen wie auch für Weiberstimmen mit Begleitung des Piano, zwey davon mit einer Solo-Stimme, Gedichte von Grillparzer und Seidl.
h) Ein 5stimmiger Gesang für Männerst. Gedicht von Schober.
i) Schlachtgesang von Klopstock, Doppel-Chor für 8 Männerstimmen.
k) Komisches Terzett, *Der Hochzeitsbraten* von Schober, für Sopran, Tenor u. Baß, welches mit Beyfall aufgeführt wurde.

Dieß das Verzeichniß meiner fertigen Compositionen außer 3 Opern, einer Messe und einer Symfonie. Diese letztern Comp. zeige ich nur darum an, damit Sie mit meinem Streben nach dem Höchsten in der Kunst bekannt sind.

Wenn Sie nun von obigem Verzeichniß etwas für Ihren Verlag wünschen, so überlasse ich Ihnen solches gegen billiges Honorar mit Vergnügen.

Mit aller Achtung
Franz Schubert.

Meine Addresse:
Unter den Tuchlauben
beym blauen Igel
2ter Stock.

Vgl. Schotts ersten Brief, der tatsächlich vom 9. Februar (nicht vom 8., wie Schubert schreibt) stammt. – Zu a) vgl. 26. Dezember 1827; es ist das Klaviertrio in Es-Dur. – b) sind die beiden letzten Streichquartette. – c) ist das op. posth. 142, von Schubert noch als op. 101 geplant (vgl. 10. Dezember 1827). – d) ist die Phantasie in f-Moll, nach Schuberts Zählung als op. 103 und nach seinem Wunsche auch mit der französischen Widmung an die Komtesse 1829 von Diabelli verlegt; das Werk war im Januar 1828 skizziert und im Februar offenbar fertiggestellt worden. Es ist aber im April erst reingeschrieben und am 9. Mai von Schubert und Franz Lachner privat gespielt worden (siehe 9. Mai 1828). – e) ist op. posth. 159 (siehe 20. Januar 1828). – f) sind über 400 Lieder. – g) umfaßt unter den „Chören" den „Nachtgesang im Walde" (op. posth. 139b) und den „23. Psalm" (op. posth. 132), das „Ständchen" (op. posth. 135) und „Nachthelle" (op. posth. 134). – h) ist „Mondenschein" (op. 102, aber auch posthum erschienen, die Nummer war noch von Schubert gegeben). – i) recte „Schlachtlied" (op. posth. 151). – k) Das Terzett, das vielleicht bei Spaun (siehe 28. Januar 1828), jedenfalls aber nur privat aufgeführt worden war, erschien als op. posth. 104 mit einer Vignette von Schwind 1829; im selben Jahr gab Roser eine Bühnenaufführung davon im Josefstädter Theater. – N. B. Das Streichquintett und die drei letzten Sonaten wurden erst im August und September geschrieben. – Wenn Schubert von seinen acht fertigen Opern nur drei nennt, so meint er wohl „Die Verschworenen" („Der häusliche Krieg"), „Alfonso und Estrella" und „Fierabras"; von seinen fünf Messen nur die in As-Dur (die in Es-Dur wurde erst im Juni begonnen), von seinen sieben fertigen Sinfonien aber wahrscheinlich die verlorene aus Gmunden-Gastein von 1825 (die große in C-Dur wurde erst im März begonnen). – Siehe 29. Februar 1828.

Aus dem Programm der 12. Abendunterhaltung der Gesellschaft der Musikfreunde, am 21. Februar 1828 (Direktor: Herr Hauschka)

2. Ellens Gesang, aus Walter Scotts Fräulein vom See, in Musik gesetzt von F. Schubert, vorgetragen von Frau v. Frontini.

Auch hier, wie am 31. Januar 1828, dürfte „Ellens dritter Gesang", das „Ave Maria", gemeint sein. – Frau Karoline Frontini (das „von" ist nur eine Höflichkeit) war 1810 geboren (Mädchenname unbekannt), sang am 25. Juli 1828 im letzten Wiener Konzert Paganinis (vgl. 12. Juni 1828) an Stelle seiner schon von ihm getrennten Freundin Antonia Bianchi und wurde Anfang 1829 ans Kärntnertor-Theater engagiert, wo sie fünf Jahre verblieb; dann ging sie nach Galizien.

Aus Franz v. Hartmanns Tagebuch

23. Februar 1828: Zu Schober, wo die höchst tragische Verlobung auf St. Domingo von Kleist, und einige Palingenesien von Schober vorgelesen werden. Hierauf zum Rebhuhn, wo es recht angenehm ist. Um 11¼ gehen wir nach Hause.

Auch „Die Verlobung in St. Domingo" war 1811 im 2. Band der „Erzählungen" Heinrich v. Kleists erschienen. – Schobers erste Gedichtsammlung (siehe 27. November 1825) war 1826 in Breslau erschienen. Sie hatte aber in Wien von der Zensur nur die beschränkte Erlaubnis des „Transeat" bekommen, wodurch ihre Verbreitung erschwert war. Bauernfeld sollte sie besprechen, aber es kam nie dazu.

Aus Franz v. Hartmanns Tagebuch

25. Februar 1828: Enk holt mich [vormittags] zum Rebhuhn ab, wo wir bis 12½ bleiben. Auf der Gasse begegnen Schober, Enk und ich Schubert, Horzalka und Slawjk, mit denen wir ins Rebhuhn-Kaffeehaus gehen. Da spiele ich 11 Kegelpartien mit Enk, und wir bleiben Grog trinkend da bis 2½ Uhr. (Horzalka ist jener Kompositeur, der einmal sagte: Ich gebe meinem Hausmeister alle Tage einen Groschen in Zwanzigern.)

Zu Horzalka siehe 20. Januar 1823. – Es handelt sich um Billard mit Kegeln. – In Wien war es üblich, dem Hausmeister, der um 10 Uhr abends das Tor schloß, ein Trinkgeld zu geben, das allmählich rechtens wurde. Es war ein sechstel Gulden, also zehn Kreuzer, der ein „Sechserl" blieb, als der Gulden längst statt 60 Kreuzer 100 hatte, und sogar als die Währung in Kronen und Schillingen lautete.

Aus Franz v. Hartmanns Tagebuch

27. Februar 1828: Mit Enk und Felber einen Spaziergang [nach Hernals] gemacht, wo wir Schubert begegnen.

Josef Felber war ein Studienkollege Hartmanns. – Hernals war ein westlicher Vorort Wiens. Mayßen (siehe 10. September 1824) war dort zu Hause.

Aus dem Programm der 13. Abendunterhaltung der Gesellschaft der Musikfreunde, am 28. Februar 1828 (Direktor: Herr Piringer)

2. Vierstimmiger Gesang, Gott in der Natur, Gedicht von Gleim, in Musik gesetzt von Schubert.

Zu Piringer siehe 1. März 1826. – Der Text ist, wie schon bemerkt, in Wirklichkeit von Ewald Christian v. Kleist. – Das war die letzte Aufführung eines Schubertwerkes bei der Gesellschaft der Musikfreunde vor seinem Tode.

Vermerk auf einem Programmtext

Schülerinnen des Konservatoriums. Fröhlich. Ich war wegen Grillparzers Stück nicht dort.

Grillparzers Trauerspiel „Ein treuer Diener seines Herrn" wurde an jenem Abend zum ersten Male im Burgtheater gegeben; Bauernfeld war dabei. Vgl. 16. April 1828.

Aus Franz v. Hartmanns Tagebuch

28. Februar 1828: Schnecke, wo Marl, Enk, Schwind, Schober, Schubert, Bayer, Manschgo. $11^3/_4$.

Marl ist Karl Maurus Mayrhofer. – Schwind hatte zwei Kollegen mitgebracht: Josef Bayer, geboren in Wien 1804 (gleichaltrig mit Schwind), und Johann Manschgo, geboren in Weyer (Oberösterreich) 1800. Manschgo war auch Klavierspieler, Sänger und Dichter (als Amateur), und bei manchen der Gedichte seiner handschriftlichen Sammlung steht: „Hat Schubert gefallen". Es dürfte sich hier aber um eine der posthumen Freundschaften Schuberts handeln. Jedenfalls komponierte Schubert niemals einen Text von Manschgo.

B. Schotts Söhne an Schubert

[Außen:]

Sr. Wohlgeboren
Herrn *Franz Schubert*,
unter den Tuchlauben beim
blauen Igel 2ter Stock in

Wien.

[Innen:] Mainz, d. 29ten Februar 1828.

Herrn Franz Schubert in Wien.

Ew. Wohlgeboren

haben zu unserer größten Freude unsere am 8ten dies. an Sie gerichtete Zeilen sogleich beantwortet. Wir ersehen daraus, was Sie an Manuskripten gegenwärtig noch in Vorrat haben, und würden uns auch sogleich für sämtliche Werke von Ihnen verständigen, wenn wir nicht früher eingegangene Verbindlichkeiten ebenfalls erfüllen müßten, Ihre Werke sind für einen Verleger alle so anziehend, daß die Wahl schwer ist.
Senden Sie uns gefälligst folgende von Ihren verzeichneten Werken.

1. Trio für Pianoforte, Violin und Violoncelle,
2. Vier Impromptus für Piano allein,
3. Phantasie für Pianoforte à 4 mains,
4. Phantasie für Piano und Violin,
5. Vierstimmige Chöre für Männerstimmen,
6. Fünfstimmiger Gesang für Männerstimmen,
7. Schlachtgesang für Doppelchor für 8 Männerstimmen,
8. Komisches Terzett der Hochzeits-Braten.

Wir werden diese Werke nach und nach und so bald als möglich herausgeben, und dann wieder nach neueren Werken bei Ihnen anfragen.
Sie werden uns das möglichst billige Honorar bestimmen, und erlauben, daß wir das Honorar jedes Werkes sogleich nach der Herausgabe Ihnen in Wien anweisen dürfen.
Bestimmen Sie auch gefälligst, wie viel Exempl. Sie zum Verteilen an Ihre Freunde zu haben wünschen.
Wollen Sie das Paket zum Beischluß an Herrn Andreas Landschütz, Klavier-Instrumentenmacher, wohnt auf der Mariahilfer Hauptstraße No. 16 bei der roten Breze, abgeben, da derselbe in kurzer Zeit 2 Flügel an uns absendet, so wird das Porto erspart.
Doch handeln Sie darin nach eigenem Gefallen wegen der Sendung.
Auch dürfen Sie jedes Paket an Herrn Ferdinand Cammeretto, Instrumentenmacher, wohnt Laimgrube an der Wien beim weißen Ochsen No. 68, zum Beischluß abgeben, welcher auch gewöhnlich jeden Monat eine Sendung von Pianos an uns macht und ein sehr akkurater Mann ist.
Indem wir Ihrer Sendung entgegensehen, zeichnen wir mit ausgezeichneter Hochachtung

B. Schotts Söhne.

Vgl. 21. Februar 1828. – Die Firma übernahm Schuberts Irrtum beim Datieren ihres vorigen Briefes (9. Februar 1828). Ihre Annahme, daß Schubert ihr (abgesehen von seinen Opern, Messen und Sinfonien) ein vollständiges Verzeichnis seiner noch nicht vergebenen Kompositionen übermittelt hatte, erscheint heute naiv. – Nr. 1 entspricht seinem Buchstaben a, 2–c, 3–d, 4–e, 5–g (ohne die Chöre für Frauenstimmen), 6–h, 7–i, 8–k. Die beiden Streichquartette (b) und die Lieder (f) sind also übergangen. – Die Wiener Klaviermacher waren hauptsächlich in der Gegend hinter dem Theater an der Wien ansässig. – Manuskripte, die mehr als fünf Pfund wogen, durften nicht mit der Briefpost, sondern nur mit der langsameren Paketpost geschickt werden und waren umständlich aufzugeben. – Siehe 10. April 1828.

Antonio Mayer an Schober in Wien

Triest, 29. Februar 1828.

... Grüße mir die H. Bauernfeld, Schwind, Schubert usw. herzlichst.

Zu Mayer siehe 12. November 1823.

Aus Franz v. Hartmanns Tagebuch

1. März 1828: Zu Schober, wo wieder einige Palingenesien und die erste Hälfte der herrlichen Tieckischen Novelle: Die Gemäldegalerie gelesen werden. Dann zum Schnecken, wo die Maler nach Punkten zeichnen und Schubert nach Noten einen Deutschen macht. Um $11^{1}/_{2}$ nach Hause.

Tiecks Novelle „Die Gemälde" (das ist der richtige Titel) war zuerst in einem Taschenbuch und dann 1823 gesondert erschienen. – Die Maler sind offenbar Schwind, Bayer und Manschgo. Das Zeichnen nach Punkten, das Schwind beherrschte, war dem Dichten nach aufgegebenen Worten ähnlich (siehe Juli 1821). Das Komponieren von Tänzen nach Noten war zwar seit dem Würfelspiel Johann Philipp Kirnbergers (Berlin 1751) und einiger Nachahmer nichts ganz Neues, aber leider hat sich von Schubert nichts dergleichen erhalten.

Aus Johann Vesque v. Püttlingens Tagebuch

5. März 1828: Soirée mit Vogl, Schubert und Grillparzer.

Über Vesque vgl. 7. Februar 1825. Er soll 1827 und 1828 mit Schubert verkehrt, von ihm begleitet Schubert-Lieder gesungen und mit ihm Vogl besucht haben, bei dem er Deklamation lernte. Die Soiree mag bei seinem Vater stattgefunden haben, der Kustos der Hofbibliothek war und in der Hofburg wohnte.

Gesuch Schuberts an die Gesellschaft der Musikfreunde mit Erledigung von Jenger

P. N. 672 65
Misc.

Franz Schubert, Mitglied des
Repräsent.-Körpers der Gesellsch.
d. M.-F. d. öst. K., Wien, am
5te, praes. 6te März 828,
bittet um die Überlassung
des Lokale beim roten Igel
zur Abhaltung eines
privat. Konzertes für den
21te März 828, abends um 7 Uhr,
unter Vorlage der Bewil-
ligung hierzu von den
beiden k. k. Hoftheatern.

Exp. Kiesewetter.
Vidi [unleserlich].
Zur ten Sitzung
des leitend. Ausschusses
d. G. d. M.-F. d. ö. K.
St. Nro.–

Bescheid.
Dem Herrn Gesuchsteller
wird das erbetene Vereins-
Lokale beim roten Igel
zur Abhaltung eines privat.
Konzertes am Abende des
21te März l. J. mit Ver-
gnügen unentgeldlich
überlassen, und ist sich des-
halb mit diesem Bescheide
in der Vereins-Kanzlei
auszuweisen.
Vom leit. Ausschuß.
Wien, am 6te März 828.
Jenger.

Dieses Gesuch ist nicht von Schubert geschrieben. – Das Kompositionskonzert Schuberts, sein erstes und letztes, war zunächst für den 21. März geplant. Für Abendkonzerte mußte die Zustimmung der Hoftheater eingeholt werden, offenbar wegen der Konkurrenz.

Aus Franz v. Hartmanns Tagebuch

8. März 1828: Zu Schober, wo die vor 8 Tagen angefangene herrliche Novelle von Tieck ausgelesen wird. Zur Schnecke, wo es fad ist und bis $12^1/_2$ dauert.

Vgl. 29. Februar 1828.

Aus der amtlichen „Wiener Zeitung" vom 14. März 1828

Bei *Ant. Diabelli* und *Komp.*,
Kunst- und Musikhändlern, am Graben Nr. 1133, sind neu erschienen, und bei K. Lichtl in Pest um den selben Preis zu haben:

Lied der Anne Lyle
aus Walter Scotts: Montrose,
und
Gesang der Norna aus Walter Scotts: Pirat
für eine Singstimme mit Begleitung des Pianoforte,
in Musik gesetzt von *Franz Schubert.*
85stes Werk. Pr. 45 kr. K. M.

Romanze des Richard Löwenherz
aus Walter Scotts Ivanhoe,
für eine Singstimme mit Begleitung des Pianoforte,
in Musik gesetzt von *Franz Schubert.*
86stes Werk. Pr. 45 kr. K. M.
(*Eigentum der Verleger.*)

Opp. 85 und 86, ohne Widmungen, erschienen nach op. 91.

Aus Franz v. Hartmanns Tagebuch

15. März 1828: Zu Schober, wo der Anfang der herrlichen Novelle von Tieck: Die Verlobung gelesen wird. Hierauf zur Schnecke, wo wir bis $11^1/_2$ bleiben.

Tiecks Novelle „Die Verlobung" war zuerst in einem Taschenbuch und dann 1823 separat erschienen.

Aus Perths Tagebuch

[Über das Konzert des Knaben Josef Khayll am 16. März 1828, $^1/_2 5$ Uhr nachmittags, im Musikvereinssaale beim roten Igel]
3.) Normans Gesang aus dem „Fräulein vom See" von Walter *Scott*, in Musik gesetzt von Franz *Schubert.* Lieblich und schön gesungen vom Hrn. *Tietze*, und auf dem Fortepiano begleitet von Hrn. *Schubert.*

Über Perth vgl. 14. März 1819. – Der Knabe Khayll, um 1815 geboren, Violinspieler (Schüler Jansas), stammte aus einer Familie von Blasinstrumentalisten: es gab drei Brüder, die an den Hoftheatern und in der Hofkapelle beschäftigt waren. Josef Khayll, geboren 1781, Oboist und Lehrer am Konservatorium dürfte sein Vater gewesen sein. Eine Josefine Khayll hatte bei Hatwig (siehe die Notiz vor dem 15. Dezember 1816) am Klavier mitgewirkt.

Aus der Berliner „Allgemeinen musikalischen Zeitung" vom 19. März 1828

[Über *Schuberts* Opus 83: Drei italienische Gesänge]

Die italienischen Tonsetzer sind gewöhnlich dann schon sehr zufrieden, wenn es ihnen gelungen ist, in ihrer Musik im allgemeinen den Hauptsinn des Textes wiedergegeben zu haben, obwohl das nicht immer und in allen Fällen ausreicht. Das Mangelhafte des deklamatorischen Ausdrucks zu verbessern und auszufüllen, bleibt daher fast immer dem Sänger überlassen. Die deutschen Komponisten haben zu ihren Sängern nicht so viel Zutrauen und verlieren sich deshalb oft zu sehr in dem ängstlichen Bestreben, *jedem* Worte seine besondere Deutung zu geben und diesen Ausdruck durch oft faustdicke Ausmalung im Akkompagnement noch mehr zu heben, so daß dadurch wieder sehr häufig die Haupt- und Grundfarbe des Ganzen verwischt wird. Es bleibt sonach bei beiden Gattungen zu wünschen übrig, bei der ersten *immer* noch etwas hinzu, bei der letztern *oft* etwas hinweg. Kommt man aber gar in den Fall, eine Komposition in italien. Manier von einem Deutschen beurteilen zu müssen, wie z. B. obige Gesänge von Schubert, so ist man in keiner geringen Verlegenheit, auf *welche* Seite man sich schlagen soll, um den Standpunkt für die Kritik zu finden, ob auf die deutsche oder auf die italienische. Auf jeder findet sich Stoff zu einigem Tadel. Als italienischer Komponist hat Hr. S. zu wenig für den Gesang, und noch immer zu viel für das Akkompagnement getan. Der Fluß seiner Melodien ist zu zerrissen, zu schwerfällig, kein glühender Lavastrom, sondern nur ein etwas kaltes, murmelndes, nordisches Bächlein, dessen munteres Plätschern sogar oft durch wehmütig-ernstes Rauschen angrenzender Eichwälder (Akkompagnement) übertönt wird. Kurz: echte, leichtgeflügelte italienische Gesangsweisen, wie sie besonders die heutigen Italiener verlangen, sind es nicht. Mehr dürften sich deutsche Sänger damit befreunden, obwohl der deutsche Kunstrichter bemerken muß, daß einer hübschen Kantilene wegen die Wahrheit des Ausdrucks zu oft aufgeopfert wird. Am meisten hat uns No. 2: il traditor deluso, gefallen. No 3: il modo di prender moglie ist zu sehr Nachahmung der ersten Arie des Rossinischen Barbiers, ohne ihr in Leichtigkeit, Glut, Effekt, ja in Genialität nur nahezukommen. Mit diesen Gesängen ist es daher Hrn. Schubert noch nicht gelungen, eine wohl zu wünschende Allianz zwischen deutscher und italienischer Musik zustande zu bringen . . .

H. Marschner.

Heinrich Marschner, geboren in Zittau (Sachsen) 1795, war 1817 in Wien gewesen und nun Musikdirektor in Danzig (heute Gdańsk, Polen). Er hatte diese Kritik, laut dem erhaltenen Manuskript, schon am 29. Dezember 1827 geschrieben. Seine Oper „Der Vampyr" wurde zehn Tage nach dem Erscheinen dieser Kritik in Leipzig zuerst aufgeführt.

Aus Franz v. Hartmanns Tagebuch

22. März 1828: Schober, wo die schöne Tieckische Novelle ausgelesen wird, sowie auch die Palingenesien. Darauf zur Schnecke, wo Spaun eine Kunst mit einem Pfeifenrohr machen will. Er führt einen Hieb damit; der Oberteil bleibt in seinen Händen und das andere Stück fliegt einem Gaste im Nebenzimmer an den Kopf. Es werden allerlei Künste und Geschwätze gemacht. Um $11^2/_3$ gehen wir nach Hause.

Vgl. 23. Februar und 15. März 1828.

Aus der „Wiener Allgemeinen Theaterzeitung" vom 25. März 1828

[Ankündigung des Schubert-Konzertes]

Konzert-Anzeige.

Unter den mannigfaltigen musikalischen Kunstausstellungen, die in dieser Saison geboten wurden und uns noch bevorstehen, dürfte *eine* die allgemeine Aufmerksamkeit um so mehr in Anspruch nehmen, als sie durch die Neuheit und Gediegenheit der Kompositionen, den anziehenden Wechsel der Tonstücke ebenso wie durch die teilnehmende Mitwirkung der gefeiertsten hiesigen Künstler einen ebenso neuen als überraschenden Genuß bietet. – Franz *Schubert,* dessen geisteskräftige, bezaubernd liebliche, originelle Tondichtungen ihn zum Liebling des gesamten musikalischen Publikums machen und die durch echt künstlerischen Wert ihrem genialen Schöpfer einen mehr als ephemeren, ja unvergänglichen Ruhm bereiten dürften, führt uns am 26. März in einem Privatkonzerte (im Lokale des österreichischen Musikvereines) einen Zyklus seiner neuesten Geistesprodukte vor, laut folgendem Programm: 1. Erster Satz eines neuen Streichquartetts, vorgetragen von Hrn. Prof. *Böhm, Holz, Weiß* und *Linke.* 2. Vier neue Lieder, vorgetragen von Hrn. Vogl, k. k. pens. Hofopernsänger. 3. „Ständchen" von *Grillparzer.* Sopran-Solo und Chor, vorgetragen von Dem. Josefine *Fröhlich* und den Schülerinnen des Konservatoriums. 4. Neues Trio für Pianoforte, Violine und Violoncelle, vorgetragen von den Herren K. M. *v. Bocklet, Böhm* und *Linke.* 5. „Auf dem Strom", Gesang mit Begleitung des Horn und Pianoforte, vorgetragen von den Herren *Tietze* und *Lewy.* 6. „*Die Allmacht*" von Lad. *v. Pyrker,* gesungen von Hrn. *Vogl.* 7. Schlachtgesang von *Klopstock,* Doppelchor für Männerstimmen. – Möchte doch dem herrlichen deutschen Tondichter eine Teilnahme werden, wie sie, abgesehen von seiner Künstlerhöhe und dem zu erwartenden so seltnen musikalischen Hochgenusse, seine Bescheidenheit und Anspruchslosigkeit allein verdienen. – Eintrittskarten zu 3 fl. W. W. sind zu haben in den Kunsthandlungen der Herren *Diabelli, Haslinger* und *Leidesdorf.*

Die bevorstehenden Konzerte waren die Paganinis (siehe 12. Juni 1828). – Am Sonntag, dem 23. März, war in Linkes „Privat-Unterhaltung" zum Gedächtnis Beethovens (der erste Jahrestag seines Todes war am 26., dem Tag des Schubert-Konzerts) am selben Orte (im Musikvereinssaal) das Streichquartett in F-Dur, op. 135, von Böhm (?), Holz, Weiß und Linke zum ersten Male öffentlich gespielt worden. Schuppanzigh scheint schon damals unpäßlich gewesen zu sein, er hätte sonst gewiß in Schuberts Konzert mitgewirkt, und dessen Verschiebung vom 21. auf den 26. März ist vielleicht darauf zurückzuführen. Die Idee zu diesem Konzerte war schon 1823 und 1824 aufgetaucht (vgl. 24. Dezember 1823 und 31. März 1824). Bauernfeld rühmte sich später, daß er Schubert den letzten Anstoß dazu gegeben habe (siehe 27. Januar 1827). Sonnleithner aber meint, daß der Umstand entscheidend gewesen sei, daß Schubert bei den Wiener Verlegern, die schon übersättigt gewesen seien, nichts mehr anbringen konnte. – Das Streichquartett war offenbar das in G-Dur, weil vom d-Moll-Quartett gewiß der zweite Satz, mit den Variationen über „Der Tod und das Mädchen", gespielt worden wäre. – Von den vier Liedern wäre „Der Wanderer an den Mond" nicht „neu" gewesen, aber er wurde zuletzt noch ausgetauscht (siehe 26. März 1828). – Das „Ständchen" hat eigentlich ein Alt- (nicht ein Sopran-) Solo. – Das Klaviertrio war wieder das in Es-Dur (siehe Dezember 1827). – „Auf dem Strome" war eigens für das Konzert geschrieben worden.

Aus der „Wiener Zeitschrift für Kunst usw." vom 25. März 1828

Privat-Konzert.

Am 26. März wird Hr. Franz *Schubert* im Saale des nied.-österr. Musikvereins (unter den Tuchlauben, Nro. 558) ein Privat-Konzert geben, in welchem folgende, durchaus von ihm komponierte Stücke zu hören sein werden: Der erste Satz eines neuen Streich-Quartetts, vorgetragen von den HH. *Böhm*, *Holz*, *Weiß* und *Linke*. Vier Gesänge mit Begleitung des Pianoforte: Der Kreuzzug von *Leitner*, Die Sterne von dem selben, Der Wanderer an den Mond von *Seidl* und ein Fragment aus dem Äschylus, vorgetragen von dem k. k. pens. Hof-Opernsänger Hrn. *Vogl*. Sodann: Ständchen, von *Grillparzer*. Sopran-Solo und Chor, vorgetragen von Dlle. Josefine *Fröhlich* und den Schülerinnen des Musikvereins. Hierauf folgt ein neues Trio für Pianoforte, Violin und Violoncello, vorgetragen von den HH. Karl Maria *von Bocklet*, *Böhm* und *Linke*. Endlich fünftens *Rellstabs* Gedicht: Auf dem Strome, für Gesang und Begleitung des Horns und Pianofortes, vorgetragen von den HH. *Tietze* und *Lewy* d. j. Sechstens die Allmacht von Ladislaus *Pyrker*. Gesang mit Begleitung des Pianoforte, vorgetragen von Hrn. *Vogl*. Endlich 7.) Schlachtgesang von *Klopstock*, Doppel-Chor für Männerstimmen. Eintrittskarten zu 3 fl. W. W. sind in den Kunsthandlungen der HH. *Haslinger*, *Diabelli* und *Leidesdorfer* zu haben. Der Anfang ist abends um 7 Uhr.

Der „Sammler" vom 25. März druckte das ganze Programm in seiner ersten Fassung ab.

Programm des Schubert-Konzerts

Einladung
zu dem *Privat-Konzerte*, welches *Franz Schubert* am
26. März, abends 7 Uhr im Lokale des österreich. Musikvereins
unter den Tuchlauben No. 558 zu geben die Ehre haben wird.

Vorkommende Stücke

1. Erster Satz eines neuen Streich-Quartetts, vorgetragen von den Herren Böhm, Holz, Weiß und Linke.
2. a Der Kreuzzug von Leitner
   b Die Sterne von dem selben
   c Der Wanderer a. d. Mond v. Seidl
   d Fragment aus dem Aeschylus
   } Gesänge mit Begleitung des Piano-Forte, vorgetragen v. Herrn Vogl, k. k. pensionierten Hofopernsänger.
3. Ständchen von Grillparzer, Sopran-Solo und Chor, vorgetr. von Fräulein Josefine Fröhlich und den Schülerinnen des Konservatoriums.
4. Neues Trio für das Piano-Forte, Violin und Violoncelle, vorgetragen von den Herren Karl Maria von Bocklet, Böhm und Linke.
5. Auf dem Strome von Rellstab, Gesang mit Begleitung des Horns und Piano-Forte, vorgetragen von den Herren Tietze und Lewy dem Jüngern.
6. Die Allmacht, von Ladislaus Pyrker, Gesang mit Begleitung des Piano-Forte, vorgetragen von Herrn Vogl.
7. Schlachtgesang von Klopstock, Doppelchor für Männerstimmen.

Sämtliche Musikstücke sind von der Komposition des Konzertgebers.
Eintrittskarten zu f. 3 W. W. sind in den Kunsthandlungen der Herren Haslinger, Diabelli und Leidesdorf zu haben.

Das auf einem feinen Papier lithographierte Programm (mit falschem Datum: 28., handschriftlich auf 26. korrigiert) existiert in zwei Fassungen; die erste ist die verworfene mit „Der Wanderer an den Mond" als Nr. 2c, die andere mit der „Fischerweise", Text von Schlechta. – Schubert begleitete auf dem Klavier. – Das „Sopransolo" im „Ständchen" hatten die Zeitungen also aus dem Programm entnommen. Da Josefine Fröhlich jetzt Sopran und Alt sang, so ist anzunehmen, daß das Solo wirklich transponiert worden war. Der Chor wurde wieder von den Schülerinnen ihrer Schwester Anna bestritten. – Lewy der Jüngere war Josef Rudolf (siehe 30. November 1826). – Der Männerchor bestand wohl aus Mitgliedern der Gesellschaft der Musikfreunde, die das ganze Programm als Hundertjahrfeier am 26. März 1928 wiederholte. – Der Reinertrag war 800 fl. W. W.

Aus Franz v. Hartmanns Tagebuch

26. März 1828: Mit Louis und Enk in Schuberts Konzert. Wie herrlich das war, werde ich nie vergessen. Sehr freute es mich auch, die Schallhammer- und Witteczekischen da zu sehen. Zur Schnecke, wo wir bis 12 Uhr jubelten.

Louis ist Hartmanns Bruder. – Zu den Schallhammers siehe 28. Dezember 1826.

Aus Bauernfelds Tagebuch

[Ende] März 1828.

Schwind hat um die Netti geworben, und zwar im zerrissenen Frack. Brautgesellschaft. Seine Verzweiflung. Am 26. war Schuberts Konzert. Ungeheurer Beifall, gute Einnahme.

Vgl. erste Anm. zum 10. Juli 1826. Bauernfeld berichtet, daß er und Schubert im Kaffeehaus (Bogner?) warteten, während Schwind werben ging. Als Schwind – es war wohl vor dem Schubert-Konzert – verzweifelt über das Mißgeschick des zerrissenen Fracks (kein schwarzer, sondern ein bunter Frack) zurückkehrte, „kam Schubert aus einem gemütlichen Kichern nicht heraus". Schwind war nun verlobt, aber die Verbindung wurde im Oktober 1829, wegen der Verschiedenheit der religiösen Anschauung und wegen seiner finanziellen Lage, gelöst.

Aus der Leipziger „Allgemeinen musikalischen Zeitung" vom 7. Mai 1828

... Gewährten alle diese [bei der Privat-Unterhaltung des Violoncellisten Josef Linke am 23. im Saale des Musikvereins] in Vollendung ausgeführten [Beethovenschen] Werke einen unbeschreiblichen Ohrenschmaus, so muß solches in einem beinahe nicht minderen Grade jener Soirée musicale nachgerühmt werden, die am 26sten in ebendemselben Lokale der wackere Schubert veranstaltete und aus der bedeutenden Zahl seiner meist gelungenen Arbeiten nachstehende zu Gehör brachte: 1. Ein neues Violin-Quartett; voll Geist und Originalität, vorgetragen von den Hrn. Böhm, Holz, Weiß und Linke; 2. vier Gesänge: Der Kreuzzug, die Sterne, Fischerweise und Fragment aus Aeschilos, gesungen von dem pensionierten k. k. Hofoperisten Hrn. Vogl und am Pianoforte begleitet vom Komponisten; 3. Ständchen, gedichtet von Grillparzer, vorgetragen von Fräulein Josefine Fröhlich und den Schülerinnen des Konservatoriums; 4. neues Trio für Pianoforte, Violine und Violoncell, ausgeführt von den Hrn. Karl Maria von Bocklet, Böhm und Linke; 5. Auf dem Strome, Lied, gesungen von Hrn. Tietze, mit Klavier- und Horn-Begleitung von Hrn. Lewy und dem Verfasser; 6. Die Allmacht, Gedicht von Pyrker, vorgetragen von Hrn. Vogl; 7. Schlachtgesang von Klopstock, Doppelchor für Männerstimmen; mit echt germanischer Kraft aufgefaßt und wiedergegeben die erhabenen Worte des hehren Barden. – Wären diese sämtlichen Kunstgenüsse nicht so in hohem Grade ausgezeichnet gewesen, so hätte man wohl allerwegs mit dem zufrieden sein können, was Tags darauf, am 27sten, der Archivar, Hr. Franz Glöggl, in seinem jährlichen Benefize zum Besten gab ...

Über Linkes Konzert siehe Anmerkung zum 25. März 1828. – Franz Glöggl, geboren in Linz um 1797, spielte Kontrabaß und Posaune und war Archivar der Gesellschaft der Musikfreunde, später auch Lehrer an deren Konservatorium.

Aus der Dresdener „Abendzeitung" vom 12. Juni 1828

Es ist nur *eine* Stimme in unseren Mauern und diese schreiet: *Hört Paganini* ... Natürlich ist es nun wohl, daß neben ihm alle anderen ausübenden musikalischen Künstler im Schatten stehen. Aber viele begnügen sich auch damit, wenn sie im Schatten doch noch einige Gulden gewinnen können, und so kommt es, daß wir doch auch neben seinen Konzerten noch musikalische Akademien und Konzerte genug angekündigt sehen. Multum clamoris, parum lanae! So kann ich Dir denn nun nennen ... ein Privat-Konzert des beliebten Tondichters *Schubert* ... Alle diese Herren und alle von ihnen gegebenen Stücke wurden mehr oder minder beklatscht. Es war unstreitig viel Gutes darunter, allein die kleineren Sterne erbleichten vor dem Glanze dieses Kometen am musikalischen Himmel [Paganini] ...

Der Paganini-Rummel war wohl die Ursache, daß keine Wiener Zeitung eine Besprechung des Schubert-Konzertes brachte. Der große Geiger, damals 45 Jahre alt, war auf seinem späten Siegeszug durch Europa zuerst nach Wien gekommen, und zwar am 16. März, begleitet von seiner Freundin, der Sängerin Antonia Bianchi, und ihrer beider Sohn Achilles, den er bei sich behielt, während er die Freundin in Wien entließ (siehe 21. Februar 1828). Am 29. März gab er im Redoutensaal sein erstes Konzert, das noch schwach besucht war. Die Begeisterung der Wiener steigerte sich aber rasch ins Ungemessene. Paganini mußte seinen Aufenthalt immer wieder, bis zu vier Monaten, verlängern und gab im ganzen 14 Konzerte, ein paar davon auch in den Hoftheatern. Das Entrée kostete im Redoutensaal 2 fl. K. M. oder 5 fl. W. W. im Parterre und das Doppelte auf der Nobelgalerie. (Die Catalani hatte 1818 schon 5 fl. K. M. Entrée verlangt, also mehr. Dennoch wurden von nun an die 5-fl.-W.-W.-Scheine von den Wiener Fiakern „Paganinerl" genannt.) Die Einnahmen Paganinis bei jedem der Konzerte im Großen Redoutensaal betrugen im Durchschnitt 2500 fl. K. M., zusammen 20000 fl., einschließlich der Konzerte in den Hoftheatern 30000 fl. K. M. Die Leitung des Orchesters in diesen Konzerten hatte Schuppanzigh (siehe 25. März 1828) erst im April übernommen. Siehe Frühjahr 1828.

Aus der Berliner „Allgemeinen musikalischen Zeitung" vom 2. Juli 1828

(Korrespondenz aus Wien)

... Herrn *Franz Schubert*, welcher in einem Privat-Konzerte lauter eigne Arbeiten, meistens Gesänge, zu Gehör brachte; ein Genre, worin er vorzugsweise Gelungenes liefert. Die zahlreich versammelten Freunde und Protektoren ließen es an rauschendem Beifall bei jeder Nummer nicht fehlen und mehrere derselben wiederholen.

Diese kurze Kritik folgte mehreren Spalten über die ersten Paganini-Konzerte.

Aus der „Wiener Allgemeinen Theaterzeitung" vom 29. März 1828

„*Winterreise*. Von Wilhelm *Müller* in Musik gesetzt für eine Singstimme mit Begleitung des Pianoforte von Franz *Schubert*. 89. Werk. 1. Abteilung. Eigentum des Verlegers. Wien, bei Tobias *Haslinger*, Musikverleger im Hause der Sparkasse am Graben."
Auf etwas durchaus Gelungenes aufmerksam zu machen, ist das angenehmste Geschäft, dem sich ein Kunstfreund unterziehen kann. Sehr gern sprechen wir daher von dem vorliegenden Werke, das von Seite des Dichters, des Tonsetzers und Verlegers seinem

Ursprung Ehre macht. *Müller* ist naiv, sentimental und stellt der äußeren Natur in der Parallele einen leidenschaftlichen Seelenzustand gegenüber, der von jener Färbung und Bezeichnung entnimmt. *Schubert* hat seinen Dichter auf jene geniale Weise aufgefaßt, die ihm eigentümlich ist. So naiv wie der Ausdruck des Dichters ist seine Musik; er hat die Empfindungen, welche die Gedichte aussprechen, tief nachgefühlt und diese Gefühle so in Tönen wiedergegeben, daß kein Herz sie ohne innige Rührung singen und hören kann. Schuberts Geist hat überall einen kühnen Schwung, in dem er alle mit sich fortreißt, die sich ihm nahen, und der sie durch die unermeßlichen Tiefen des Menschenherzens in weite Fernen trägt, wo ihnen die Ahndung des Unendlichen im dämmernden Rosenlicht sehnsüchtig aufgeht, wo aber auch zur schaurigen Wonne eines unaussprechlichen Vorgefühles der sanfte Schmerz beschränkender Gegenwart sich gesellet, der die Grenze des menschlichen Seins umstellt. Hierin liegt das Wesen der Romantik deutscher Art und Kunst und in diesem Sinne ist *Schubert* ein durchaus deutscher Komponist, der unserem Vaterlande und unserer Zeit Ehre macht. In diesem Geiste sind vorliegende Lieder gedichtet; dieser spricht sich in denselben aus, wo auch der Stoff auf ganz andere Wege hinzuweisen scheint; und in dieser konsequenten Herstellung der Harmonie des Äußern und Innern liegt eben das Hauptverdienst beider Dichter, des sprechenden und singenden. Mit der Auseinandersetzung der technischen Schönheiten kann man sich in diesem Blatte nicht befassen, das nicht der Theorie gewidmet ist, aber auf den Standpunkt hinzuweisen, auf welchem dies schöne, edle Werk recht innig und völlig genossen werden kann, ist in unseren Tagen ein um so dringenderes Bedürfnis, da es fast Manie wurde, sich in der Tonkunst nur den materiellen Eindrücken zu überlassen.
Wir stehen in der schönen freien Gottes-Natur und sehen in Feld und Wald oben den blauen Himmel, das saftige Grün, die reizenden Gruppierungen der Bäume, wir fühlen die belebende Frühlingswärme, uns duftet das süße Aroma von den Wiesen herauf und fühlen uns so behaglich, daß wir uns durch Mahnungen an ein Höheres in diesen Eindrücken selbst, in unsern passiven Genüssen gar nicht stören lassen mögen, zum mindesten kein Verlangen darnach tragen. Ein solcher, echt epikureischer Genuß ist recht gut als medium stimulans, aber indem sich der Reiter die Sporen anschnallet, sitzt er noch nicht einmal zu Rosse! Die Ausstattung vonseiten der Verlagshandlung ist ihrer würdig; es steht zu hoffen, daß die zweite Abteilung des Werkes nicht ausbleiben werde, da die Zahl derjenigen, die an so etwas ihre Freude haben, nicht gering sein kann.

Aus Franz v. Hartmanns Tagebuch

29. März 1828: Zu Schober, der wieder eine herrliche Novelle von Tieck: Der Geheimnisvolle anfangt. Schnecke. Um 11½ nach Hause.

Tiecks Novelle war 1822 in einer Zeitschrift und 1823 separat erschienen. – An diesem Tag fand das erste Paganini-Konzert statt, dem Schubert wahrscheinlich beigewohnt hat (siehe Frühjahr 1828).

Marie v. Pratobevera an Josef Bergmann in Cilli

[Wien,] 31. 3. 1828.

Heuer machte ich also früher einen Ausflug ins Freie, als Sie, Bergfreund, zwar nicht auf die Höhen, aber doch auf grünende Saaten, grünend für irdische Hoffnungen, als auch auf grünende Gräber, Saaten für die Ewigkeit. Wir waren nämlich in Währing, am Begräbnistag des vor einem Jahre verstorbenen Beethoven, um seinen Leichenstein anzusehen, und auch das Lied zu hören, welches seine Verehrer seinem Andenken weihten. Der Tag war himmlisch schön, das Lied auch sehr rührend und unter Gräbern gesungen, mußte es einen tiefen Eindruck machen. – Ich wunderte mich nur, daß nicht mehr Menschen dorten waren, und noch mehr über das einfache, aus ordinären Steinen verfertigte Grabmal. Es stellt eine Pyramide vor, oben hängt eine sehr plumpe Lyra und unten ist bloß sein Name, mit goldenen Buchstaben. Die Idee, ihm keine Verse zu machen, sondern nur seinen Namen her zu setzen, und ihn dadurch doch unsterblich zu machen, gefällt mir zwar sehr gut, aber die Steine und Arbeit finde ich unwürdig. Doch genug von Grab und Tod, ich muß Ihnen auch von frischem, blühenden Leben erzählen, welches in einer Akademie, welche Schubert d. 26. März gab, herrschte. Es wurden lauter Kompositionen von ihm *selbst* und *herrlich* gegeben. Alles war in einem Taumel von Bewunderung und Entzücken verloren. Es wurde geklatscht und getrommelt, wie im König Lear (schmerzt Sie das, Bewunderer des Lear, was ihm nur allein gebühret, auch andern gezollt zu sehen, doch Sie wären trotz der Cillyschen Tag- und Nachtmusik entzückt gewesen). Ich sah in der Akademie auch die Baron Wetzlar. Pauline C. [Koudelka] soll auch darin gewesen sein, doch leider sah ich sie nicht, es war zu voll. Die einzelnen Stücke will ich Ihnen nicht beschreiben, wir werden sie im goldenen Herbst, alle selbst, Ihnen, gütiger nachsichtiger Dichter, vorspielen.

Das Grabmal ist als Kenotaph im jetzigen Schubert-Park zu Währing erhalten. Die „Trauerklänge bei Beethovens Grabe" waren „ein Männerchor nach einer Choral-Melodie des Verewigten", mit „Worten von Franz Grillparzer":

Du, dem nie im Leben Ruhstätt' ward und Herd und Haus,
ruhe nun im stillen Grabe, nun im Tode aus.
Und wenn Freundes Klage reicht über's Grab hinaus,
horch' eig'nen Sang's süßem Klang, halb erwacht im stillen Haus!

Die Musik, Nr. 2 von drei Equalen für Posaunen, geschrieben 1812 in Linz, wurde – arrangiert für vier Männerstimmen mit Klavierbegleitung – zuerst in Ignaz v. Seyfrieds Buch „Ludwig von Beethoven's Studien im Generalbasse, etc." 1832 gedruckt. Dort heißt es, daß der Chor auf dem Friedhof vor „einer gewählten Anzahl von Freunden und Verehrern" gesungen worden ist. – Katharina Freiin Wetzlar v. Plankenstein war die Mutter der Malerin Pauline Freiin v. Koudelka, geboren 1806 als Tochter des musikalischen Feldmarschall-Leutnants Josef v. Koudelka; Pauline hatte in Wien bei Bergmann Griechisch gelernt. – Bergmann hatte seiner Braut kurz vorher ein paar eigene Gedichte geschickt.

Frühjahr 1828: Schubert überreicht der Gesellschaft der Musikfreunde seine neue C-Dur-Sinfonie (D. 944) zur Aufführung. Da diese als zu lang und zu schwierig abgelehnt wird, bietet er die frühere C-Dur-Sinfonie an (D. 589). – Diese Nachricht beruht auf Überlieferung. Tatsächlich ist in den Katalogen der Gesellschaft unter der Signatur XIII. 8024 im Jahre 1828 eine Sinfonie von Schubert eingetragen. Die große C-Sinfonie ist wegen ihrer Länge und Schwierigkeit, ähnlich wie in Paris (1842) und in London (1844), abgelehnt worden. Ihr Manuskript kam 1828 ins Archiv der Gesellschaft. Das Autograph der kleinen C-Sinfonie, die Schubert statt jener überreichte und die am 14. Dezember 1828, bald nach Schuberts Tod, von der Gesellschaft aufgeführt worden ist, blieb nicht dort, sondern kam erst 1900 in ihr Archiv. Aber die von Josef Glöggl, dem Kassierer der Gesellschaft, kopierten Stimmen tragen die Signatur 8023, eine Nummer vor der Signatur der Partitur der großen C-Sinfonie. Diese ist übrigens schon 1839 Nummer 7 genannt worden, das heißt also, die unvollendeten in D, E und h sowie die verlorene Gmunden-Gasteiner Sinfonie wurden nicht mitgezählt.

Sophie Müller an ihren Bruder Josef

[Über Walzer seiner Komposition]

[Wien, Frühjahr 1828]

Du mußt übrigens eine gute Idee von meiner Hand haben. Welche Griffe! Selbst Bocklet und Schubert, die Blahetka und Oster (unsere vorzüglichsten Klavierspieler) fanden die Akkorde ausgedehnt.

Josef war einer der drei Brüder Sophie Müllers, Opernsänger in München und gelegentlich auch Komponist. Es ist möglich, daß das genannte, damals noch ungedruckte Werk identisch ist mit „Neun Walzer mit Trios nebst einem Fantasie-Walzer für das Pianoforte komponiert und gewidmet dem Fräulein Sophie Müller von A. J. Müller" (Mannheim, in Kommission bei K. F. Heckel, lithographiert).

Johann Schickh an Schubert

[Kuvert:]

Sr. Wohlgeboren
Herrn
Hrn. Franz Schubert,
berühmten Tonsetzer,
Tuchlauben No. 556
im 2ten Stock.

[Innen:]

Wertester Freund!

Von einer Gesellschaft großer Verehrer Ihrer schönen, ruhmwürdigen Kompositionen ist mir die Beilage zur Einrückung in die Wiener Zeitschrift zugesendet worden.
So gerne ich auch mich, sowohl in der Bewunderung Ihrer herrlichen Talente, als in dem Wunsche, der in diesem Anrufe ausgesprochen ist, mit der Gesellschaft aus vollem Herzen vereinige: so scheint der Aufsatz doch nicht für die Öffentlichkeit geeignet, und ich zweifle nicht daran, daß Sie davon ebensosehr als ich selbst überzeugt sein werden.
Um nun, so viel mir möglich ist, den Zweck der mir unbekannten Gesellschaft zu befördern, mache ich mir das Vergnügen, Ihnen den betreffenden Aufsatz zuzusenden, in der Hoffnung, es bei der Gesellschaft von Musikfreunden verantworten zu können, daß ich, bei der Unmöglichkeit, die erste Bestimmung des Aufsatzes zu erfüllen, hiermit die gegenwärtige Verfügung treffe, und bitte Sie, die Versicherung meiner herzlichsten Freundschaft und Achtung zu genehmigen, mit welcher ich bin

Ihr bereitester Freund
do. 3. IV. 28. Schickh.

Über Schickh vgl. die Notiz vor dem 16. Januar 1821. – Die Huldigungsadresse, verbunden mit einer Aufforderung, das Konzert vom 26. März zu wiederholen, ist leider nicht erhalten geblieben. Schubert war übrigens gewillt, solche Konzerte jährlich zu geben.

Aus Franz v. Hartmanns Tagebuch

5. April 1828: Zu Schober, wo jene herrliche Novelle von Tieck ausgelesen wird. Um $9^3/_4$ nach Hause.

Vgl. 29. März 1828.

8. April 1828: Josefine v. Koller heiratet Franz Krackowitzer. – Zu Frl. v. Koller vgl. 13. Juli 1819. – Krakowitzer war Güterverwalter (Pfleger) des Fürsten Wilhelm Auersperg zu Losensteinleiten (Oberösterreich), später Oberpfleger auf Burg Wels.

Aus der Leipziger „Allgemeinen musikalischen Zeitung" vom 9. April 1828

Die deutschen Minnesänger. Neueste Sammlung von Gesängen für vier Männerstimmen. Wien bei Tob. Haslinger. Sechs Hefte.

Bekanntlich hat der vierstimmige Männergesang in den neuesten Zeiten überall zahlreiche Freunde gewonnen; Liedertafeln bilden sich fast in allen Städten, und viele derselben haben wackere Lieder-Komponisten aufzuweisen, deren vorzüglichste Gaben wohl der öffentlichen Bekanntmachung wert wären. Es scheint jedoch beinahe gut, daß manche unter ihnen nicht für Öffentlichkeit stimmen; wir haben seit einiger Zeit sehr viele vierstimmige Lieder erhalten, wenn auch nicht immer gute. Bei der Menge solcher Kompositionen kann es nun aus vielen Gründen, die wir hier nicht erörtern wollen, gar nicht fehlen, man wird häufig die Formen mischen und liederartige Gesänge geben, wie es hier geschehen ist. Ob dadurch nicht die wahre Liedergattung, die herrliche, noch mehr leiden und bei der Mehrzahl noch weniger Eingang finden wird, wäre leider kaum zu verneinen, wenn die Überschwemmung solcher Gesänge sich nicht ihr eigenes Grab wühlt, was wohl auch geschehen könnte. Diese hier anzuzeigenden sechs Hefte überschwemmen uns aber nicht, denn jedes enthält nur ein einziges Stück.

No. 1. Pr. 15 kr. *Grab und Mond* von *Seidl* und Fr. *Schubert.*

Der Gesang hat etwas Eigentümliches und wird bei gutem Vortrage allen sehr wohl behagen, deren Ohren gebildet genug sind, einige bisher verboten gewesene Quintenfolgen mit altertümlichem Geschmack willig aufzunehmen ...

No. 4. Pr. 30 kr. Text von *Haug*, komponiert von Fr. *Schubert. Wein und Liebe.*

So beliebt auch Hr. Schubert jetzt ist: so dürfte dieser Gesang doch schwerlich viele Freunde finden. In der Tat, es geht hierin so bunt zu, daß man oft gar nicht weiß, woher und wohin. Das Gefühl gewinnt dabei nichts. Wir zählen dieses Erzeugnis zu den verunglückten und müssen dem Komponisten hier wiederholt raten, nicht alles drucken zu lassen, was er schrieb; er würde sonst sich selbst schaden ... [G. W. Fink?]

Vgl. 8. Oktober 1827. – In Wien und Österreich bildeten sich Männergesangsvereine erst nach Schuberts Tod. Das Männerquartett wurde dort meist solistisch gesungen. – Die Mahnung am Schluß spielte auf die Besprechung vom 6. Februar 1828 an.

Schubert an B. Schotts Söhne

Wien, den 10. Aprill 1828.

Euer Wohlgeboren!

Das Arrangement und die Abhaltung meines Concert's, in welchem sämmtliche Musikstücke von meiner Composition waren, hielten mich so lange ab, Ihren Brief zu beantworten. Ich habe indeß Abschriften von dem verlangten Trio (welches in meinem Concert bey gedrängt vollem Saale mit außerordentlichem Beyfall aufgenommen wurde, so daß ich zur Wiederholung des Concert's aufgefordert werde) von den Impromptu's und dem 5stimmigen Männergesang machen lassen, und wenn Ihnen obiges Trio zu

100 fl. Conv. Münze, die 2 übrigen Werke zusammen zu 60 fl. Münze genehm sind, so kann ich selbe gleich abschicken. Nur würde ich um möglichst balde Herausgabe bitten.

Mit aller Hochachtung

Frz. Schubert.

Vgl. 29. Februar 1828. – Schubert schickte nur drei von den gewünschten acht Werken: Nrn. 1, 2 und 6 der Liste jenes Briefes. – Siehe 28. April 1828.

Schubert an Probst

Von Wien
An die Buchhandlung
des Herrn Probst Wohlgeb.
in
Leipzig

Wien, den 10. April 1828.

Euer Wohlgeboren!

Haben mich mit einem Schreiben beehrt, welches wegen Arrangement meines Concert's bisher unbeantwortet blieb. Es dürfte Ihnen vielleicht nicht uninteressant seyn, wenn ich Sie benachrichtige, daß selbes Concert, in welchem alle Stücke von meiner Composition waren, nicht nur gedrängt voll war, sondern auch, daß ich außerordentlichen Beyfall erhielt. Besonders erregte ein Trio für Pianoforte, Violin u. Violoncello allgemeine Theilnahme, so zwar, daß ich zu einem zweyten Concert (: quasi als Wiederholung:) aufgefordert werde. Übrigens kann ich Ihnen mit Vergnügen Werke überlassen, wenn Sie das billige Honorar von 60 fl. Münze für ein tüchtiges Heft einzugehen geneigt sind. Daß ich Ihnen nichts senden werde, was ich nicht für durchaus gelungen halte, in soweit als solches dem Verfasser und einigen gewählten Zirkeln möglich ist, bedarf es wohl keiner Versicherung, indem mir ja selbst am meisten daran gelegen seyn muß, gute Werke ins Ausland zu senden.

Mit aller Achtung
Ihr Ergebener
Frz. Schubert.

NB. Meine Adresse ist:
Unter der Tuchlauben,
blauer Igel, 2ter Stock.

Vgl. 9. Februar 1828. – Dieser und der vorhergehende Brief zeigen Schuberts durch das Konzert gehobene Stimmung – ein neues Selbstbewußtsein. – Der wiederholte Hinweis auf den Wunsch einer Wiederholung des Konzerts mag mit Schickhs Brief vom 3. April 1828 zusammenhängen. – „Ein tüchtiges Heft" sollte wohl stärkeren Umfangs sein als die vier Impromptus oder das Männerquintett, für die zusammen er nur 60 fl. K. M. verlangte. Laut seinem Brief vom 10. Mai 1828 meinte Schubert ein Lieder- oder ein Klavierheft. – Die genaue Adresse des Absenders war nicht mehr bei Schott, wohl aber bei Probst nötig. – Siehe 15. April 1828.

Aus Franz v. Hartmanns Tagebuch

10. April 1828: Bogner, wo mir Pepi Spaun sagt, Spax komme morgen hier an.

Spax, i. e. Max v. Spaun, kam auf zwei Wochen zur Hochzeit seines Bruders nach Wien.

Aus Franz v. Hartmanns Tagebuch

11. April 1828: Zu Spaun, wo ich Spaxeln richtig treffe! . . . Zur Schnecke, wo Spax und die fidele Gesellschaft. Um $12^1/_2$ nach Hause.

Spaxel ist die Koseform des Spitznamens.

Aus der Frankfurter „Allgemeinen Musikalischen Zeitung" vom 12. April 1828

[Besprechung der drei Schiller-Lieder, Opus 56, und des Liederheftes Opus 57]
A. m. A. No. 33. Manches getadelt, aber doch empfohlen.

Die „Allgemeine musikalische Zeitung" von Frankfurt veröffentlichte regelmäßig Auszüge aus anderen Frankfurter Blättern. – „A. m. A.": der Frankfurter „Allgemeine musikalische Anzeiger" vom 10. Februar 1827.

Aus Franz v. Hartmanns Tagebuch

14. April 1828: Um $7^1/_2$ auf. Mit Marl zur Trauung Spauns mit der lieben Fanny Roner.

Die Trauung fand um 8 Uhr morgens in der Peterskirche, beim Graben, statt. Hofrat v. Roschmann (siehe 22. April 1827), der Schwager der Braut, und Witteczek waren die Trauzeugen. Die nachher geplante Landpartie mußte des Regens wegen aufgegeben werden. Statt dessen wurde das Hochzeitsmahl bei Roschmanns eingenommen. Schubert war sicher dabei. Kenner schenkte Spaun eine von ihm gemalte Ansicht von Linz (Aquarell). – „Marl" ist Karl Maurus Mayrhofer.

Probst an Schubert

[Außen:]

rekommandiert.

Sr. Wohlgeboren
Hernn Franz Schubert,
Tonkünstler und Kompositeur

Wien.
unter den Tuchlauben, im
blauen Igel 2t Stock.

[Innen:]

Hernn Franz Schubert in Wien.
Wohlgeboren.

Leipzig d. 15. April 1828.

Ein heftiger Fieber-Anfall nötigt mich, Ihr Geehrtes vom 10. dss. durch fremde Hand beantworten zu lassen.
Ich akzeptiere auf Ihr Wort das mir gütigst angebotene Trio für das Honorar von 20 f. 60.–, welche Sie beiliegend in

20 f. 25.– Zins Coup No 85548.
„ 25. Do „ „ 122305.
„ 10. Nat.-Zett Bank.
20 f. 60.–

erhalten; jedoch hoffe ich noch, daß Sie demnächst meine Bitte erfüllen werden, mir ehestens einige ausgewählte Kleinigkeiten für Gesang oder à 4 mains zu senden, da ein Trio meist nur ein Ehren Artikel und selten etwas dabei zu verdienen ist.

Das Manuskript belieben Sie an H. Robert Lähne in der Handlung der Herren Artaria & Co. dort versiegelt zu übergeben, und Sie können in Zukunft diesen Weg der Beförderung an mich allemal wählen, damit Ihnen kein unnötiges Porto verursacht werde.
Auf keinen Fall ist wohl unter dem Eingangs erwähnten Trio die Fantaisie verstanden, welche am 5. Febr. im Kärntnertor-Theater im Konzert des Herrn Slawick vorgetragen worden; denn diese hat man in der Leipz. musikal. Zeitung No 14, S. 223. nicht günstig beurteilt.
An dem großen Beifalle, welchen Ihr Konzert erhalten hat, nahm ich das herzlichste Intresse und wünsche Ihnen ferner jede verdiente Anerkennung im vollen Maße.
Ich erwarte nun Ihr Trio und empfehle mich Ihnen indes

mit Hochachtung freundschaftlich
H. A. Probst.

fl 60

Vgl. 10. April 1828. – Das Klaviertrio in Es hatte Schubert zwar in seinem Briefe an Probst erwähnt, aber Schott am selben Tage für 100 fl. K. M. angeboten. So „tüchtig" hatte er die Hefte, die er Probst für 60 fl. K. M. anbot, offenbar nicht gemeint. Als ob Probst die Konkurrenz witterte, antwortete er von seinem Krankenlager sofort, indem er Schubert für das Trio 60 fl. bot, ja ihm das Honorar dafür sogleich überwies. Der Umstand, daß er die Währung (siehe Notiz nach 25. April 1811) den Teilbeträgen und der Summe voransetzte, den 20-fl.-Fuß der Konventionsmünze nämlich (20 Gulden aus einer feinen oder reinen Mark Silber, etwa $^1/_2$ Pfund schwer), hat Grove veranlaßt, anzunehmen, daß Probst für das Trio nur 20 fl. 60 kr. (richtig 21 fl.) gezahlt hätte. Gemeint ist aber 60 fl. K. M., d. h. zum 20-fl.-Fuß. Dabei ist freilich zu bedenken, daß Schubert, der das Geld und damit das Angebot annahm, auch die Kosten der Kopie zu tragen hatte. Jedenfalls also erwies sich Probst nicht als allzu großzügig. – Die zitierte Besprechung ist die vom 2. April 1828. – Siehe 10. Mai 1828.

Aus Franz v. Hartmanns Tagebuch

16. April 1828: Bogner, wohin auch Spax kommt, der mich in Grillparzers herrliches Trauerspiel (Banc-Banus) „Ein treuer Diener seines Herrn" mitnimmt. Dann zur Schnecke.

Vgl. 28. Februar 1828. – Bank-Ban ist der Held des Dramas, und der ungarische Titel ist tatsächlich „Bánk-Bán".

Aus Franz v. Hartmanns Tagebuch

17. April 1828: Um $6^1/_4$ auf. Zu Spax, wo Pepis Frau so erschrickt, uns zu sehen, daß sie fast herfällt. Ich muß zum Frühstück dort bleiben, und bewundere die herrliche Einrichtung jenes Quartiers. Gehe dann mit den Späunen, Witteczek, Groß und Gahy auf die Löblbastei, dann mit Spax zu Doblhoff, Kupelwieser (an beiden Orten treffen wir niemand) . . . Zur Schnecke, wo auch Spax. Mit Dinand begleite ich diesen um $11^3/_4$ nach Hause.

Spax ist Max, Pepi ist Josef v. Spaun. Das Ehepaar wohnte in einem neuen Logis, aber offenbar im selben Haus der Teinfaltstraße, wo nun auch Spauns Bruder zu Gaste war. – Groß ist Josef. – Die Löblbastei, recte Löwelbastei, war oberhalb des Löweltors gelegen, das zu Vorstadt Josefstadt führte, nahe der Hofburg und dem heutigen Burgtheater. – Doblhoff ist Anton, Kupelwieser Leopold, Dinand Sauter.

Aus Franz v. Hartmanns Tagebuch

18. April 1828: Zur Schnecke, wo auch Spaxel. Um $11^3/_4$ begebe ich mich nach Hause.

Aus dem „Sammler“ vom 17. April 1828

[Anzeige des Konzertes Josef Rudolf *Lewy d. J.*, Mitglied des k. k. Hofopern-Orchesters, am 20. April 1828 mittags im kleinen Redoutensaale]
5. Auf dem Strome, von Rellstab, Gesang mit Begleitung des Waldhorns und Pianoforte, von *Schubert*, vorgetragen von einem vorzüglichen Dilettanten, Hrn. *Schubert* und dem Konzertgeber.

Der Sänger ist wahrscheinlich Tietze (vgl. 26. März 1828).

Aus Franz v. Hartmanns Tagebuch

22. April 1828: Der liebe gute Max kommt und nimmt Abschied.

Max v. Spaun reiste wieder heim nach Linz.

Aus Franz v. Hartmanns Tagebuch

23. April 1828: Schober, wo die schöne Erzählung von Tieck: Der Krieg in den Cevennen angefangen wird. Schnecke . . . Um 11½ zu Bette.

Tiecks Novelle, die richtig „Der Aufruhr in den Cevennen“ heißt, war unvollständig (zwei von vier Abschnitten) 1826 erschienen. Bauernfeld, der an diesen Lesungen nicht teilnahm, hatte sie schon Ende 1827 gelesen.

Jenger an Frau Pachler

Wien, am 26ten April 828.

Im Hause meines H^rn^ Hofrates v. Kiesewetter starb die Schwester der Frau Hofrätin, welches die projektierte Reise in die liebe Steiermark jedenfalls auf längere Zeit hinausschiebt, das heißt jene der Frau Hofrätin und ihrer Tochter Irene . . . Nun, ein Stern am musikalischen Horizonte ist mir aufgegangen, der einzig und allein in dieser Welt steht, und dies ist der größte Violin Virtuos – der je existiert hat und nicht mehr geboren werden wird – dies ist *Paganini*, welchen ich bereits 2mal gehört habe. – Was Sie, liebe gnädige Frau, über ihn in allen Blättern lesen werden – und von ihm wird viel Gutes gesagt – ist alles zu wenig. – Man kann ihn nur hören, bewundern und anstaunen, mehr kann ich nicht sagen. Wenn wir einmal wieder mündlich miteinander sprechen, so sollen Sie von ihm mehr erfahren.
Das Bändchen Lieder von Freund Schubert, welches er Ihnen dediziert – und Fräulein Irene Kiesewetter, Ihre Stellvertreterin, in Ihrem Namen angenommen hat – ist bereits dem Stiche übergeben worden. Es enthält folgende Lieder:

1. Heimliches Lieben. 2. Das Weinen. 3. Vor meiner Wiege (letztere zwei von Leitner). 4. Altschottische Ballade. Erstes und letztes in Ihrem Hause komponiert.

Bis Schubert und ich zu Ihnen kommen – was ohne Zweifel Ende August geschehen wird – werden wir Ihnen einige Exemplare mitbringen. –
Fügt es sich bis dahin etwa, daß Frau Hofrätin und Fräul. Irene von Kiesewetter mit uns nach Grätz kommen, so wäre dabei für mich nur zu bedauern, daß ich als Cavaliere servente der beiden Damen nicht werde von Ihrem gütigen Anerbieten — bei Ihnen wohnen zu können – Gebrauch machen (zu) können, da ich bei ihnen im Gasthause werde wohnen müssen.
Doch darüber mehr in der Folge . . .

Vgl. 29. Januar 1828. – Aus diesem Briefe scheint sich zu ergeben, daß ursprünglich „Eine altschottische Ballade“ als Nr. 4 des op. 106 gedacht war. Als es aber bald darauf erschien, war an Stelle jenes Liedes, dessen Thema vielleicht zu blutig für eine zarte Widmung schien, das Shakespearesche „An Sylvia“ gekommen. Die Ballade erschien erst um 1863 als op. posth. 165, Nr. 5.

Aus Franz v. Hartmanns Tagebuch

26. April 1828: Schober, wo jene Novelle von Tieck weiter gelesen wird. Schnecke. Um 12 Uhr nach Hause.

Vgl. 23. April 1828.

Widmung des Liedes „Herbst“ (D. 945) in das Album Heinrich Panofkas

Zur freundlichen Erinnerung.
Frz. Schubert.
Aprill 1828

Zu Panofka siehe 28. Juli 1827. – Das Lied, das ein Vorläufer der Rellstab-Lieder in dem späteren, „Schwanengesang“ genannten Zyklus ist, blieb nur in dieser Reinschrift erhalten. Das überlieferte Datum des Tages (28. April 1828) steht nicht darauf.

B. Schotts Söhne an Schubert

[Außen:]

Sr. Wohlgeboren
Herrn *Franz Schubert*
unter den Tuchlauben beim blauen Igel
2ter Stock
in
Wien

[Innen:]

Mainz d. 28 April 1828

Herrn Franz Schubert in Wien.
Ew. Wohlgeboren

verehrte Zuschrift vom 10ten April macht uns mit dem Honorar Ihrer Manuskripten bekannt.
Wir ersehen daraus, daß Sie dieselben sehr bald im Stich zu haben wünschten, und in diesem Falle erbitten wir uns vorderhand nur die Impromptus und den 5stimmigen Männergesang, für das Honorar werden wir Ihnen mit 60 fl. Münz erkennen.
Das Trio ist wahrscheinlich groß, und da wir mehrere Trio seit kurzem verlegt haben, so müssen wir ohne Nachteil für unsern Verlag diese Gattung von Komposition etwas später hinaus wieder verlegen, und dieses könnte Ihnen doch nicht in Ihrem Interesse sein.
Sobald wir die von Ihnen beschriebene Werke im Drucke beendigt haben, so werden wir auch so frei sein, wieder etwas anders von Ihnen zu begehren.
Wir grüßen Sie mit Achtung

B. Schott's Söhne

Wir bitten um gelegentliche Besorgung der Einlage.

Vgl. 10. April 1828. – Glücklicherweise verlangte Schott nicht das Klaviertrio, das Probst indessen bezahlt hatte. Freilich waren die beiden anderen Werke, die Schott ohne Feilschen annahm, zusammen billiger als die 100 fl. K. M., die Schubert für das Trio verlangt hatte. Während Probst das Trio für 60 fl. schnappte, hatte auch er den Wunsch nach „Kleinigkeiten" ausgesprochen, die ihm wie Schott und allen Verlegern, einst und in der Zukunft, das Liebste waren und sein werden. – Was die Einlage enthielt, ist nicht bekannt, weil sie Schubert an den Geschäftsfreund Schotts (Haslinger?) offenbar weitergegeben hat. – Siehe 23. Mai 1828.

Ende April 1828

Aus einem verlorengegangenen Briefe Schuberts an Anselm Hüttenbrenner

... Ich habe im Adagio [Paganinis] einen Engel darin singen gehört!

Vgl. Anmerkung zum 18. Januar 1828. – Es ist bemerkenswert, daß Schubert eine ähnliche Wendung schon in der Konviktszeit gebraucht haben soll, als er von dem Trio zum Menuett in Mozarts g-Sinfonie sagt: „Es scheint mir, daß die Engel mitsingen." – Hier spricht Schubert von einem früheren Paganini-Konzert, nicht von dem am 4. Mai. Paganini hatte am 29. März zum ersten Male sein eigenes Violinkonzert in h-Moll, das zweite, op. 7, gespielt. Es enthält nach dem tollen Allegro mit dem Doppeltriller in Terzen und vor dem berühmt gewordenen Rondo, wo ein Glöckchen das Flageolett der Violine begleitet, als dritten der vier Sätze ein Adagio in D, das durch seine einfache, gefühlvolle Weise besonders wirkte. Unter mehreren Adagios, die Paganini damals – zum Teil als Einlagen in fremde Konzerte – gespielt hat, ist es wohl jenes in D, das Schubert gemeint hat.

Aus Franz v. Hartmanns Tagebuch

4. Mai 1828: Abends kommt Enk, der heute mit der Schoberischen Kompagnie eine Landpartie gemacht, wobei Dinand sich sonderbar benahm und dafür stark hergenommen wurde. Mit Enk zur Schnecke, wo auch Schober und Enderes. Nachdem diese 3 fort sind, kommt Schubert, und ich sitze noch bis 12$^1/_3$ mit ihm allein recht lustig dort.

Ob Schubert bei der Partie war, ist ungewiß. – Dinand ist Sauter. – Vom 3. Mai bis 14. Juni gab es keine Lesungen bei Schober.

6. Mai 1828: Leopold v. Sonnleithner heiratet Louise Gosmar. – Über Frl. Gosmar siehe 11. Februar 1827. Sie blieb protestantisch, er katholisch. – Schubert war gewiß auch bei dieser Hochzeit.

Aus einem Protokoll der Gesellschaft der Musikfreunde

Sitzung / Den 8te Mai 828.

Über die am 29t Mai und 3 Juni abzuhaltende öffentl. Konzerte im k. k. Hoftheater am Kärntnertor.
... 4 Quartett von Schubert [gestrichen]
... 5 do. [Psalm] v. Schub.

Siehe 29. Mai 1828.

Aus Bauernfelds Tagebuch

9. Mai 1828.

Paganini gehört. Das Entree (5 fl.) zahlte Schubert für mich. ... Heute hat mir Schubert (mit Lachner) seine neue, wunderbare vierhändige Phantasie vorgespielt.

Schubert war schon bei einem der früheren Konzerte Paganinis gewesen, vielleicht mit Jenger (vgl. 26. April 1828), das heißt – wenn nicht beim ersten – am 13. oder 20. April. Mit Bauernfeld ging er, der wohl noch bei Kasse war, am 4. Mai ins Parterre. Dieses Konzert brachte: Ouvertüre zu „La clemenza di Tito“ von Mozart; Violinkonzert von Rodolphe Kreutzer, das Cantabile – Satz 2 – mit Doppelgriffen von Paganini; Cavatine von Pacini, gesungen von der Bianchi; Recitativo und drei Arien („Deh cari venite“, „Nel cor più non mi sento“ aus Paisiellos „La Molinara“ und „Di certi giovani conosco, l'arte“, mit Variationen auf der G-Saite); Arie von Mercadante, gesungen von der Bianchi; Variationen über den Hexentanz aus Süßmayrs Ballett „Il noce di Benevento“. – Über die Fantasie in f-Moll siehe 21. Februar 1828. Sie wurde in Lachners Gartenzimmer hinter dem Invaliden-Haus (Hauptstraße der Vorstadt Landstraße) gespielt.

Schubert an Probst

[Außen:]

Seiner
des H. v. Probst
Wohlgeboren

[Innen:]

Wien den 10. May 1828

Euer Wohlgeb.

Hiermit übersende ich Ihnen das verlangte Trio, obwohl unter dem Preis von 60 fl Münze ein Lieder- oder Clavierheft verstanden war, nicht aber ein Trio, wozu 6mahl soviel Arbeit nöhtig ist. Um indessen endlich einen Anfang zu machen, so ersuche ich nur um bald möglichste Auflegung, und 6 Exemplare zu schicken. Die im letzten Stücke angezeigten Abkürzungen sind aufs genaueste zu beobachten. Lassen Sie es ja von tüchtigen Leuten das erstemahl produciren, und sehen besonders im letzten Stücke bey Veränderung des Taktes auf fortwährend gleichmäßiges Tempo. Die Menuett im mäßigen Tempo durchaus piano, hingegen das Trio kräftig, außer den angezeigten *p* u. *pp*. In Erwartung der baldigsten Herausgabe

verharre ich
mit Hochachtung
Ihr ergebener
Frz. Schubert.

Vgl. 15. April 1828. – Die Gesamtausgabe der Werke Schuberts hat das Klaviertrio in Es-Dur, op. 100, nach der Erstausgabe Probst abgedruckt, die Ende 1828 – nach Schuberts Tod – erschienen ist, weil das Autograph 1886 nicht erreichbar war. In einem Anhang (VII 4b), der in allen bekannten Exemplaren der Serie VII fehlt, sollte das Werk dann 1891 noch einmal, ohne die Kürzungen, abgedruckt werden (wozu es aber nicht gekommen ist). Der Herausgeber Ignaz Brüll zweifelte dann, ob die zwei Striche im letzten Satz von Schubert selbst herrühren. Es ist möglich, daß Schubert die Änderungen in der Kopie kurz vor der Absendung an Probst vornahm. In der *Kammermusikbibliothek* des Verlags Breitkopf & Härtel ist das ganze Trio mit einem „Anhang“ erschienen, der nur das ungekürzte *Allegro moderato* enthält. Das Autograph kam wie andere Schubert-Manuskripte an Komtesse Karoline Esterházy und ist jetzt in Schweizer Privatbesitz. (Brahms besaß eine Skizze dazu.) – Schubert dachte wohl daran, daß Probst das Trio in Leipzig zur Aufführung bringen werde. Er bezeichnet das Scherzo als Menuett. – Siehe 18. Juli 1828.

Ignaz Papsch an Faust Pachler

Wien, den 10. Mai 1828.

Auguste und Roderich Anschütz lassen Euch küssen, so auch Jenger und Schubert.

Papsch, geboren 1800, war unter dem Decknamen Pusch als Schauspieler in Graz tätig. – Die Kinder von Heinrich Anschütz (siehe die Notiz vor Januar 1822) waren Roderich, geboren in Breslau 1818, der schon in Kinderrollen am Burgtheater aufgetreten war, und Auguste, geboren 1819, später verehelichte Koberwein, dann Demuth, die 1831 an die selbe Bühne kam.

Papsch an Karl Pachler

Wien, 11. Mai 1828.

Jenger, Schwammerl, Müller und Anschützens grüßen herzlich.

Müller ist Sophie.

Ferdinand Traweger an Schubert

[Außen:]

Von Gmunden am Traunsee.
Herrn
Herrn Franz Schubert,
Tonsetzer, Wohlgeboren.

Abzugeben beim rot. Igel unter den Tuchlauben im 2. Stock. in Wien.

[Innen:] Gmunden, d. 19. Mai 1828.

Lieber Freund Schubert!

Zierer sagt mir, Sie wünschten wieder in Gmunden zu sein, und er sollte mich fragen, was ich für Zimmer und Kostgeld verlange, und dieses sollte ich Ihnen schreiben. Sie setzen mich wahrlich in Verlegenheit; kennte ich Sie nicht, Ihre offene ungeheuchelte Denkungsweise, und müßte ich nicht fürchten, daß Sie mir am Ende nicht kämen, ich würde nichts verlangen. Damit Ihnen aber der Gedanke, als ob Sie jemand zur Last fielen, aus dem Kopf kommt, und Sie ungehindert bleiben können, solange Sie wollen, so hören Sie: für Ihr Zimmer, das Sie kennen, dann für Frühstück, Mittag und Abendessen zahlen Sie mir für den Tag 50 kr. Schein, was Sie trinken wollen, bezahlen Sie besonders. Ich muß schließen, sonst versäume ich die Post. Schreiben Sie mir sogleich, ob Sie mit meinem Antrag zufrieden.

Ihr

aufrichtiger Freund
Ferdinand Traweger.

Zu Traweger vgl. August 1818 und 22. Juni 1825. – Er verwechselte in der Adresse Schuberts Haus mit dem der Gesellschaft der Musikfreunde: Schubert wohnte im Haus „Zum Blauen Igel". – Franz Zierer, den Schindler als Zeugen in der Schechner-Affäre anführte (siehe Ende Mai 1826), war Flötist im Orchester des Kärntnertor-Theaters; er befand sich auf einer Konzertreise (siehe 27. August 1828), die ihn nach Italien führte: in Neapel erfuhr er von Schuberts Tod. – Schubert dachte nicht nur an Graz, sondern zunächst auch an das Salzkammergut für seine Erholung, zu der es aber nicht mehr gekommen ist.

SCHUBERT AN B. SCHOTTS SÖHNE

[Außen:]

An die Kunsthandlung
Schott's Söhne
in Mainz

[Innen:] Wien, den 23. May 1828.

Euer Wohlgeb.

Hiermit überschicke ich Ihnen die 2 gewünschten Compositionen, jede zu dem Preis von 60 fl. Münze. Ich ersuche Sie um bald möglichste Herausgabe derselben, und wünsche, daß Sie gute Geschäfte damit machen, wie ich wohl hoffen darf, indem hier beyde Comp. sehr beyfällig aufgenommen worden sind. In Erwartung des zugesicherten Honorars verharre ich

Mit Achtung

Frz. Schubert.

NB. *Auch bitte ich um 6 Exempl. von jedem Werk.*

Vgl. 28. April 1828. – Schubert hatte ursprünglich 60 fl. für beide Werke, die Schott erwerben wollte, verlangt. – Die vier Impromptus, die erst 1838 bei Diabelli als op. posth. 142 erschienen, waren nicht öffentlich gespielt worden. Zum „Mondenschein" siehe 3. Januar 1828. – Aus „aller Hochachtung" (10. April 1828) war einfache „Achtung" geworden. (Bei Probst aus „aller Achtung" am 10. April 1828 einfache „Hochachtung" am 10. Mai 1828.) Die Sendung erfolgte durch Haslinger. – Siehe 2. Oktober 1828.

AUS DER FRANKFURTER „ALLGEMEINEN MUSIKALISCHEN ZEITUNG" VOM 29. MAI 1828

[Besprechung der beiden Pyrker-Lieder, Opus 79]

Etwas Ausgezeichnetes und Großartiges darf man in diesen Kompositionen nicht suchen. Sie stehen hierin unzähligen andern zur Seite, welche dessenungeachtet eine gütige Aufnahme bei den Musikliebhabern gefunden haben. Diese verdient auch genanntes Werkchen, da guter Wille und Kenntnisse des Komponisten darin unverkennbar sind.

S . . . . . . .r.

AUS DEM PROGRAMM DES GROSSEN ZÖGLINGSKONZERTES DES KONSERVATORIUMS AM 29. MAI 1828 UM 7 UHR ABENDS IM KÄRNTNERTOR-THEATER

Zweite Abteilung . . . 9. Der 23ste Psalm, ein Vokal-Chor von Herrn *Fr. Schubert*, von den *Schülerinnen* der dritten Abteilung der Gesangschule vorgetragen.

Das zugunsten des Konservatoriums gegebene Konzert umfaßte einen Prolog, die Ouvertüren zu Cherubinis „Anacréon" und zu Catels „Sémiramis" (nicht aber die zur Wahl gestellte zu Wolframs „Bezauberte Rose", vgl. Juni 1826), ein Quartett aus Gyrowetz' „Federica ed Adolfo" und ein anderes von ihm, beide als Frauenchöre gesungen, u. a. auch wieder das Sextett aus „Don Giovanni". (Vgl. 8. Mai 1828.)

AUS DEM „SAMMLER" VOM 24. JUNI 1828

9. *Der 23. Psalm.* Vokalchor mit Pianoforte-Begleitung von *Fr. Schubert.* Die Gesangsschülerinnen der dritten Abteilung suchten die tiefe Empfindung, welche der Komponist in diesen Psalm legte, in die Ausführung zu übertragen. Wie sehr ihnen dies gelang, bewies die allgemein verlangte Wiederholung. L.

Aus der amtlichen „Wiener Zeitung" vom 30. Mai 1828

Bei *Tobias Haslinger*,
Musikverleger in Wien,
am Graben, im Hause der ersten Österr. Sparkasse Nr. 572,
ist zu haben:

Im Walde und auf der Brücke,
zwei Gedichte von *Ernst Schulze*,
in Musik gesetzt
für eine Singstimme, mit Begleitung des Pianoforte,
von
Franz Schubert,
während seiner Abwesenheit in Grätz.
Op. 90. Preis 1 fl. 20 kr. K. M.

Der Name dieses im In- und Auslande rühmlichst bekannten Lieder-Komponisten bürgt für den inneren Gehalt des angezeigten Werkes, welches den früher erschienenen würdig zur Seite steht, und jedem Verehrer der Schubertschen Muse höchst willkommen sein wird. Vorzüglich machen wir das auf zweite Lied: „*Auf der Brücke*" aufmerksam, welches so originell dasteht, wie der Erlkönig und der Wanderer, und diesen beiden Lieblingsgesängen sogar den Vorrang streitig machen dürfte.

Op. „90", recte 93, erschien nach op. 91, ohne Widmung. Die Nummer 90, die Schubert vielleicht in Graz angegeben hatte (vgl. 18. und 29. Januar 1828), war indessen schon für die ersten vier Impromptus verwendet worden. (Vgl. die weitere Verwirrung mit opp. 87 und 84 am 6. Juli, 6. August und 10. Dezember 1827; als Diabelli op. 90 in 93 verwandelte, hatte Leidesdorf op. 93 schon für das spätere op. 108 verwendet.) Die Anzeige setzt statt „Anwesenheit" irrtümlich „Abwesenheit". Das gibt auch einen Sinn, steht aber nicht auf dem Titel noch in späteren Anzeigen. Das Heft war bei Josef Franz Kaiser in Graz lithographiert und von Josef Andreas Kienreich dort verlegt worden; Haslinger war nur dessen Kommissionär in Wien. Der Titel des zweiten Liedes ist bei Schubert wie bei Schulze – dem Dichter – „Auf der Bruck", das ist ein Ort bei Göttingen, wo Schulze das Gedicht geschrieben hat. Das andere Gedicht ist aus dem selben Grund überschrieben: „Im Walde hinter Falkenhagen" (auch bei Göttingen gelegen) und hat mit einem Walde so wenig zu tun wie das zweite mit einer Brücke. Die Korrumpierung rührt vom ersten Verleger her.

Marie v. Pratobevera an Josef Bergmann in Cilli

Wien, 31. Mai 1828.

Tremier kommt sehr oft zu uns . . . Nun wird sie [Fanni] mit süßen rührenden Liedern von Schubert von ihm überhäuft, denn denken Sie, er ist noch entzückter von der Fanni ihrem Gesang, als Sie es je in alten Zeiten über meine Stimme waren.

Josef Tremier, geboren 1805, war der Bräutigam der Franziska v. Pratobevera (siehe 10. Januar 1828). Das Album Tremier, das sich jetzt in der Stadtbibliothek Wien befindet, wurde offenbar von ihm für seine Braut angelegt. Es enthält, zum Teil transponiert für Mezzosopran oder Alt, meist Lieder von Schubert in Abschriften, aber auch den von ihm eigenhändig geschriebenen Titel zum Lied „Todesmusik"; Beethovens „Abendlied unterm gestirnten Himmel", von Schubert eigenhändig aus E-Dur nach D-Dur transponiert; unter den Kopien, als Schuberts Werk, eine Abschrift seiner Abschrift von Reichardts Lied „Iphigenies Monolog" (erschienen 1804, abgeschrieben 1815, Schuberts Autograph im Fitzwilliam Museum, Cambridge).

Aufschrift auf dem Autograph der Orgelfuge in e-Moll (D. 952)

Baden am 3. Juni 1828.

Das Datum ist von fremder Hand. Franz Lachner improvisierte mit Schubert einen Wettbewerb für den nächsten Tag, als sie und Johann Schickh (siehe Anmerkung nach dem 30. Januar 1821) in einem Gasthof in Baden übernachteten.

4. Juni 1828: Schubert macht mit J. Schickh und Franz Lachner einen Ausflug von Baden ins Stift Heiligenkreuz. – Der Kurort Baden liegt südlich von Wien, das Zisterzienser-Stift Heiligenkreuz, gegründet 1135, nordwestlich von Baden. Lachner und Schubert spielten auf der Orgel der Stiftskirche ihre beiden am Tag vorher geschriebenen vierhändigen Fugen. Das war Schuberts einziges Werk für die Orgel allein. Es erschien um 1844 als op. posth. 152 für Orgel oder Piano zu 4 Händen bei Diabelli. Lachners Fuge, in d-Moll, war 1840 in Leipzig erschienen, mit einem Vorspiel, als Opus 62.

Johann Theodor Mosewius an Schubert

[Außen:]

Sr. Wohlgeboren
Herrn Herrn Franz *Schubert*,
berühmten Kompositeur zu

Wien.

[Innen:]

Sehr werter Herr und Freund!

Ich nehme mir die Freiheit, Ihnen diese Zeilen durch meinen Landsmann, Herrn Musiklehrer Kühn, überreichen zu lassen, und denselben, der sich einige Zeit in Wien aufzuhalten und sein Kompositionstalent dort auszubilden gedenkt, aufs angelegenste zu empfehlen. Herzlich freut es mich, daß ich durch Haslinger von Ihrem Wohlbefinden unterrichtet bin, und daß es Ihnen überhaupt nach Verdienst, d. h. gut geht. – Von Ihrem fortgesetzten Fleiß zeugen Ihre vielen Kompositionen, deren Wert auch in unserem früher einseitigeren Norden immer mehr gebührende Anerkennung findet. Es wird Ihnen wenig daran liegen, daß auch ich zu Ihren großen Verehrern gehöre, und daß namentlich Ihre Müller-Lieder mir das Verständnis Ihrer Eigentümlichkeit eröffnet haben. Ich bin auf alle Erzeugnisse Ihrer Muse fortdauernd begierig und habe mich an Ihrer Winterreise wahrhaft erbaut. – Sie werden schon wissen, daß ich meinen früheren Stand quittiert habe; ich bin als Musikdirektor und akademischer Musiklehrer bei der hiesigen Universität angestellt, und da das hohe Ministerium mir zugleich die Leitung des königl. Instituts für Kirchenmusik anvertraut hat, so befinde ich mich auch in meinem Wirkungskreise sehr wohl. – Vielleicht wird es mir vergönnt, Sie baldigst wiederzusehen, und Ihnen mündlich die Versicherung wiederholen zu können, daß ich hochachtungsvoll und in wahrer Ergebenheit bin und bleibe

Ihr

Sie schätzender Freund
Mosewius.

Breslau, d. 4. Juni 1828.

Mosewius, geboren in Königsberg 1788, war bis 1825 Opernsänger gewesen, hatte 1822 in Wien gastiert, 1824 mit Schober in Breslau verkehrt, die Singakademie dort begründet, und war seit 1827 zweiter Musiklehrer an der Universität und Direktor des königlich akademischen Instituts für Kirchenmusik dort. – Josef Karl Kühn, geboren in Elbing (Preußen, heute Elblag, Polen) 1803, war seit 1825 Lehrer für Musiktheorie in Breslau.

Mosewius an Schober in Wien

Breslau, den 4. Juni 1828.

... Ich benutze diese Zeilen, um Ihnen einige Sinnes-Änderung mitzuteilen; Sie betrifft unsern Schubert; ich habe ihn jetzt sehr lieb gewonnen; nehme ihn, wie er ist, und finde ihn nicht nur trefflich, sondern oft unübertroffen. Unser objectum litis, die Müllerlieder haben mich zuerst bekehrt; und sein Zügenglöcklein, Wanderer an den Mond, und vorzüglich die Winterreise sind herrlich. Ich bin auf jede seiner Arbeiten im Voraus begierig und lasse alles fleißig von meinen Schülern singen, denen ich, wie Sie wissen, nichts Schlechtes nach meiner besten Kenntnis in die Hände gebe.

Der Brief an Schubert war offenbar dem an Schober beigelegt. Mosewius mag gewußt haben, daß Schubert bei Schober wohnte.

Aus der „Wiener Zeitschrift für Kunst usw." vom 7. Juni 1828

Rondeau brillant pour Pianoforte et Violon par François Schubert. Op. 70. Vienne chez Artaria et Comp.

Das großartige Talent des rühmlich bekannten Lieder- und Romanzen-Kompositeurs ist vielseitig und versucht sich in allen Fächern, wie alle Geister von einer wahren, aufwärts strebenden Kraft. Das vorliegende Werk zeigt den kühnen Meister in der Harmonie, der seinem Gemälde einen starken, kräftigen Hauptton gibt, und in diesem seine Formen und Gruppen so zu vereinigen weiß, daß alle zu einem schönen Ganzen gehören. Eine feurige Phantasie belebt dieses Tonstück und reißt den Spieler in die Tiefen und Höhen der Harmonie, bald in stürmischer Gewalt, bald in leichten Wellen getragen.

Obwohl das Ganze brillant ist, so verdankt es doch nicht seine Existenz den bloßen Figuren, die uns aus mancher Komposition in tausendfältigen Verrenkungen angrinsen und die Seele ermüden. Der Geist des Erfinders hat hier oft recht kräftig seinen Fittich geschwungen und uns mit ihm erhoben. Sowohl das Pianoforte als die Geige braucht einen geübten Spieler, der sich auf Perioden gefaßt machen muß, die nicht durch unzähligen Gebrauch etwa ihr Bürgerrecht erlangt haben, sondern die eine neue und begeisterte Ideenfolge kund tun. Der Spieler wird sich durch schönen Harmonienwechsel auf eine interessante Art angezogen fühlen.

Aus der „Wiener Zeitschrift für Kunst usw." vom 7. Juni 1828

Winterreise von Wilhelm *Müller*. In Musik gesetzt für eine Singstimme mit Begleitung des Pianoforte, von Franz *Schubert*. 89. Werk. Wien, bei Tobias *Haslinger*.

Mit vieler Freude nehmen wir die Anzeige dieses schönen, interessanten Werkes vor, in dem das Genie des Tonsetzers mit wirklicher Weihe die herrlichen Lieder des edelsten Dichters zur Verklärung bringt. Die erste Nummer „*Gute Nacht*" zeichnet sich durch eine tiefgefühlte Wehmut aus, die nur in der letzten Strophe einen tröstenden Charakter annimmt, wo beim Schlummer der Geliebten die ganze Liebe des Dichters wieder erwacht. – „*Die Wetterfahne*" ist ein Bild der wilden Verzweiflung, von großer Kraft – „*Erstarrung*" ein Gemälde der höchsten Leidenschaft – „*Der Lindenbaum*" ein Lied voll Gemüt, in dem die musikalische Malerei abermals recht schönen Anteil hat – wie tief empfunden ist „*Die Wasserflut*" und „*Auf dem Flusse*", indes bei dem „*Rückblick*" das Akkompagnement einen höchst wundervollen Anteil nimmt – wie einfach und zugleich kunstvoll ist „*Das Irrlicht*", welche Wirkung macht in der „*Rast*" die Stelle, wo leise und stark der Ausdruck wechselt, und des bewegten Herzens lauten Sturm verkündet – wie echt romantisch ist „*Der Frühlingstraum*“, an den sich das wehmutsvolle Schmerzenslied „*Die Einsamkeit*“ als die schönste Blume des großen Kranzes anreiht. Wir wünschen dem genialen Tondichter von Herzen Glück zu so gelungenem schönen Werke und erwarten froh die Folge.

Pauline de Choiseul an Antonie Oster in Wien

Millotitz [Mähren], am
13ten Juni 1828.

... Auch bitte ich Sie noch, liebe Toni, mir die *Valses sentimentales, in 2 Heften, von Schubert zu schicken. 2händig*

Pauline Gräfin de Choiseul d'Aillecourt, geb. Komtesse Sérényi, Sternkreuz-Ordens-Dame, erwartete eben auf ihrem Landgut ein neues Klavier von Graf aus Wien (siehe 5. September 1814) und bestellte durch die Oster auch Karl Czernys eben erschienene Variationen über Paganinis „Glöckchen-Rondo“ (vgl. Frühjahr 1828). Hugelmann hatte ihr das dritte Heft seines vierhändigen Arrangements von Mozarts Streichquintetten gewidmet (siehe 3. Juli 1824).

14. Juni 1828: Ignaz Sonnleithner und mit ihm sein Sohn Leopold erhalten den Adelstitel „Edler von“.

Karl Brüggemann an Schubert

[Außen:]

Herrn
Komponisten Franz Schubert
Wohlgeboren.

Frei. Wien.

[Postvermerk:] Gehört nicht Hrn. Josef Schubert an der Wien.
Stadt, bei Diabelli zu erfragen.

[Innen:] Hochgeehrter Herr!

Es erscheint bei mir seit einigen Monaten eine Sammlung von Klavier-Kompositionen, welche in monatlichen Heften herausgegeben wird und zur Hälfte Original- zur andern Hälfte arrangierte Sachen enthält. Ich bin so frei, bei Ew. Wohlgeboren ergebenst anzufragen, ob Sie geneigt sind, obiges Unternehmen durch Beiträge für das Pianoforte ohne Begleitung zu unterstützen. Die aufzunehmenden Original-Kompositionen müssen nicht zu schwer, können aber auch ganz leicht sein; ihre Form bleibt ganz den geehrten Mitarbeitern überlassen, ihre Ausdehnung dürfte nicht zwei Bogen überschreiten, da ein Heft nur aus 3 Bogen besteht. Kleinere Sachen, als: kleine Rondos, Tänze u. dergl. sind ebenfalls ganz zur Aufnahme geeignet. Die Redaktion hat der M.-D. *Mühling* in Magdeburg übernommen, dessen Namen Ihnen dafür bürgt, daß nichts aufgenommen wird, welches Ihren wertvollen Beiträgen unwürdig zur Seite stände.
Wenn Ew. Wohlgeboren geneigt sind, den obigen Wunsch zu erfüllen, so bitte ich ergebenst um baldige geneigte Nachricht und Bestimmung des Honorars, dessen Zahlung stets prompt erfolgen soll. Hätten Sie vielleicht schon etwas vorrätig, das sich zu dem obi-

gen Zwecke eignete, so bitte ich, es Ihrer geehrten Antwort gleich beizufügen. Noch muß ich bemerken, daß die Tendenz des Unternehmens es wünschenswert macht, daß die Beiträge leicht faßliche, gefällige Musik enthalten.

Hochachtungsvoll
Ew. Wohlgeboren
ergebener Diener
Brüggemann.

Halberstadt, d. 21. Juni 1828.

Brüggemann war der letzte deutsche Verleger, der sich an Schubert wandte. – Der Brief, ungenügend adressiert, ging zuerst wieder an jenen amtsbekannten Unbekannten in der Vorstadt „An der Wien" (vgl. 9. Februar 1828). – Das „Museum für Pianoforte-Musik und Gesang", herausgegeben von August Mühling (geboren in Raguhn 1786, seit 1823 Orchester- und Konzertdirektor in Magdeburg), erschien 1828 bis 1831 in je 12 Heften. – Schuberts Antwort, die nicht ablehnend war, ist verloren (siehe Mitte Juli 1828).

Aus Franz v. Hartmanns Tagebuch

21. Juni 1828: Zu Schober, der Kleists Prinzen von Hessenhomburg vorliest.

Heinrich v. Kleists Schauspiel „Der Prinz von Homburg" war 1821 in seinen „Hinterlassenen Schriften" erschienen und wurde zuerst in Wien 1831 aufgeführt.

Aus der Berliner „Allgemeinen musikalischen Zeitung" vom 25. Juni 1828

In die selbe Kategorie [mit Liedern von Theodor *Fröhlich*, Ferdinand *Stegmayer*, Johann *Spech* und K. E. *Hering*] gehört endlich auch folgendes Werk, das durch den ausgebreitetern Ruf des Verfassers, durch seine Ausdehnung und durch die Trefflichkeit typographischer Ausstattung zu abgesonderter Erwähnung empfohlen ist:
Winterreise von Wilhelm Müller. Für eine Singstimme und Pianoforte von Franz Schubert. 89stes Werk. 1. Abteilung. Haslinger in Wien. Preis 2 Tlr.
Schubert hat Talent, zeigt Originalität bisweilen, und würde noch Besseres zeigen, wären nicht die fatalen 89. Besonders ist nichts zersplitternder und verflachender, zu einer leicht gebildeten Manier verführender, als überhäufte Liederkomposition. Das selbe könnte man unsern heutigen Poeten sagen. Ihre zwei Dutzend Frühlings-, drei Dutzend Liebes-, vier Dutzend Wander-, fünf Dutzend Müller-, 666 Dutzend Orientlieder gemahnen an die Suppe des Geizigen, in der ein glänzendes Fettauge auf einem Ozean treibt. Wilhelm Müller singt in der Winterreise 1. Gute Nacht, 2. Die Wetterfahne, 3. Gefrorne Tränen, 4. Erstarrung, 5. Der Lindenbaum, 6. Wasserflut (hört! hört!), 7. Auf dem Flusse – kurz, er schließt erst Nr. 24. Der Leiermann. Schubert hat ihm schon durch zwölf Nummern unverdrossen nachgesetzt. *Ein gutes* Lied wär's wohl geworden, hätten es nicht 24 werden sollen. Hätte aber Goethe aus seinem Liede:

Wie herrlich leuchtet
Mir die Natur!

an die dreitausend (verhältnismäßig) gemacht, so wär' er auch – nicht Goethe.
Indes – Ballenweise muß es *auch* geben und Müller und Schubert sei empfohlen!

Friedrich Theodor Fröhlich war 1803 in Brugg (Aargau) geboren, Karl Eduard Hering 1807 in Oschatz (Sachsen). Über Stegmayer siehe 22. Dezember 1824, über Spech 11. Juni 1823. – Das zitierte Gedicht von Goethe ist das „Mailied", das u. a. Beethoven komponiert hat. – Der Ton dieser Kritik ist berlinerisch.

Aus Franz v. Hartmanns Tagebuch

28. Juni 1828: Mit Enk zu Schober. Kleists Prinz von Homburg ausgelesen. Zum Rebhuhn, wo auch Hörwarter. Schwind benimmt sich bübisch gegen Dinand. Dinand sehr schön. Um $12^3/_4$ nach Hause.

Vgl. 21. Juni 1828. – Dinand ist Sauter.

Aus Franz v. Hartmanns Tagebuch

29. Juni 1828: Mit Enk und Louis, nachdem wir auch Schubert aufgegabelt hatten, nach Grinzing. Alle 4 rauschig, mehr oder weniger, besonders aber Schubert. Um 12 Uhr nach Hause.

Hartmann ergänzt diese Eintragung in der Familienchronik: „Es gab Schwipse [leichte Räusche], besonders Enk fing auf der Straße einen Dauerlauf an." – Das ist der einzige Fall, wo Schubert dokumentarisch als berauscht bezeichnet worden ist. Die Legende, die Schubert zum Trunkenbold macht, ist – abgesehen von dem Ausmaß seines Werkes in der schmalen Spanne dieses Lebens – durch Bemerkungen widerlegt, die Josef v. Spaun, Schuberts ältester Freund, nach dem Erscheinen der Biographie Kreißles niedergeschrieben hat (Schubert-Erinnerungen, S. 312f.): „... Schubert war immer mäßig, und wäre er es nicht aus sich selbst gewesen, so würden ihn seine Finanzen dazu gezwungen haben ... Es soll sich einmal, als er mit seinen Brüdern und ihren Freunden in Grinzing, an einem sehr heißen Tage, ermüdet von dem weiten Gange in einem Gasthause einkehrte, ergeben haben, daß er etwas zu viel über den Durst getrunken habe; allein ein solcher Zufall berechtigt nicht, ihn, der in der Regel höchst mäßig war, der Völlerei zu beschuldigen ..." Möglicherweise ist, wenn Spaun Ende 1864 die Begleiter verwechselt hat, der selbe Tag gemeint.

1828: Schuberts op. 96 („Die Sterne", „Jägers Liebeslied", „Wanderers Nachtlied" und „Fischerweise") erscheint mit einer Widmung an Charlotte Prinzessin von Kinsky.

1828: Schuberts op. 106 („Heimliches Lieben", „Das Weinen", „Vor meiner Wiege" und „An Sylvia") erscheint mit einer Widmung an Frau Marie Pachler. – Opp. 96 und 106 erschienen als Privatdrucke, lithographiert in Schobers Offizin, die aber auf den Titelblättern nicht genannt ist. Die erste Auflage von op. 96, bei der die Widmung in brauner Farbe aufgedruckt ist, hat Schubert signiert, aber die Opusnummer ist von anderer Hand eingesetzt. – „Jägers Liebeslied" liegt ein Text von Schober zugrunde, der das Autograph erwarb; merkwürdigerweise ist das selbe Gedicht mit einer anonymen Musik in Siebenbürgen zum Volkslied geworden. Zu Nr. 3 vgl. Notiz vor dem 21. September 1822. – Marie Karoline, oder Charlotte, Fürstin Kinsky, geb. 1782 als Freiin v. Kerpen, war die Witwe des Fürsten Ferdinand Kinsky von Wchinitz und Tettau, des Gönners von Beethoven, der sie 1812 in einem Briefe an Breitkopf & Härtel „eine der hübschesten dicksten Frauen in Wien" genannt und ihr drei Werke gewidmet hatte. Sie war Sternkreuz-Ordens-Dame und Obersthofmeisterin der Erzherzogin Sophie (der Mutter des Kaisers Franz Joseph); sie „sang mit weichem, vollem, italienischem Klang". In ihrem Salon auf der Freiung soll sich die Szene zugetragen haben, daß die Gesellschaft nur dem Sänger der Lieder zujubelte (Schönstein) und den Begleiter, der auch der Komponist war, übersah; als ihn die Hausfrau trösten wollte, sagte er: „Er sei es ganz gewohnt übersehen zu werden, ja es sei ihm dieses sogar recht lieb, da er sich dadurch weniger beengt fühle" (Spaun in den Schubert-Erinnerungen, S. 115). Schubert war nicht so wie Beethoven in den Wiener Adelspalästen zu Hause. – Über op. 106 vgl. 29. Januar und 26. April 1828. – Op. 96 erschien wahrscheinlich vor op. 92 und 94, die erst im Juli angezeigt worden sind (11. Juli 1828), sicher vor op. 95 (13. August 1828); op. 106 aber nicht nur vor op. 97 (6. Oktober 1828), sondern vor all den posthum erschienenen opp. 98, 99, 101 bis 105 (siehe Anhang V).

3. Juli 1828: Katharina Lászny, geb. Buchwieser, stirbt.

Aus der Dresdener „Abendzeitung“ vom 8. September 1828

[Korrespondenz aus Wien, Juni bis Juli 1828]

Das Beste von diesen [kleineren musikalischen Kompositionen] sind wohl *Schuberts* Lieder, deren eines das andere an charakteristischer Tonmalerei übertrifft.

Jenger an Frau Pachler

Wien, am 4ten Juli 828.

Die Abwesenheit zweier Beamter aus meinem Bureau zum Gebrauche des Badner Bades, dann die nicht ganz brillanten Finanz Umstände des Freundes Schubert – welcher sich Ihnen und dem Freunde Dor Karl, dem kleinen Faust so wie allen Bekannten recht vielmals empfehlen läßt – sind die Hindernisse, warum wir beide nicht dermal von Ihrer gütigen Einladung, nach Grätz zu kommen, Gebrauch machen können. – Schubert hat ohnehin projektiert gehabt, ein Teil des Sommers in Gmunden und der Umgegend – wohin er schon mehrere Einladungen erhielt – zuzubringen, woran ihn jedoch bis jetzt die obbesagten Finanz Verlegenheiten abgehalten haben.
Er ist dermalen noch hier, arbeitet fleißig an einer neuen Messe, und erwartet nur noch – wo es immer herkommen mag – das nötige Geld, um sodann nach Ober-Österreich auszufliegen.
Bei diesen Umständen dürfte also unser Ausflug nach Grätz wieder wie im vorigen Jahre zu Anfang des Monats September an die Tour kommen, wenn meinerseits die Russen und Türken mir nicht einen Quer-Strich durch die Rechnung machen, was mich entsetzlich ärgern würde – . . . Vor allem heißt es also jetzt, in Geduld die Zeit erwarten, die entweder Rosen oder Dornen mit sich bringen wird . . .
Was unser Domizil anbetrifft, ob wir nämlich bei Ihnen im Hallerschlössel oder in Ihrem Hause in der Stadt wohnen sollen, so würden wir Wiener jedenfalls das Erstere vorziehen. Gott gebe nur, daß wir an ein oder dem andern Orte uns niederlassen dürfen, das übrige gibt sich dann von selbst. Sollte ich aber dieses Jahr wirklich nicht abkommen können, so werde ich wenigstens den Freund Schubert Ihnen zusenden, der sich – wie er mir heute sagte – schon wieder freut, in Ihrer Nähe einige Wochen verleben zu können.

Zu Gmunden vgl. 19. Mai 1828. Die „Umgebung“ heißt wohl Ebenzweier, wo Anton v. Spaun mit seiner Frau in Spätsommer wohnte. – Die neue Messe ist die im Juni begonnene in Es-Dur. – Im griechischen Befreiungskriege besetzten russische Truppen 1828 die Donaufürstentümer. Jenger war beim Hofkriegsrat angestellt. – Die Pachler verbrachten den Sommer 1828 wieder auf dem Hallerschlössel bei Graz (siehe September 1827). – Schubert kam weder nach Gmunden noch nach Steyr.

Aus Franz v. Hartmanns Tagebuch

5. Juli 1828: Hinaus zu Schober, der die 2 ersten Akte des Käthchen von Heilbronn vorliest. Dann mit ihm zum Mondschein, wo es höchst heiter und interessant ist. 11½ nach Hause.

Hartmann gebraucht von Anfang Juli bis Anfang August die Wendung „hinaus zu Schober“; das läßt darauf schließen, daß Schober mit seiner Mutter (ohne Schubert?) wieder auf kurzen Sommeraufenthalt in der Umgebung Wiens war, vielleicht in Währing wie 1826. Aber es ist nichts Näheres darüber bekannt. Über Kleists Schauspiel siehe August und 19. Dezember 1826. – Der „Mondschein“ ist Schwinds Quartier.

CHARLOTTE FÜRSTIN KINSKY AN SCHUBERT

Empfangen Sie nochmals meinen Dank, lieber Herr Schubert, sowohl für den Anteil, den Sie an dem Gelingen meines Konzerts hatten, als für die Zueignung der letzterhaltenen Lieder, welche ich mich freue, den nächsten Winter zu bewundern, wenn Ihre und Baron Schönsteins Gefälligkeit mir diesen Genuß verschaffen wollen. Empfangen Sie die Inlage als einen schwachen Beweis meiner Erkenntlichkeit, und Sie werden sehr verbinden Ihre ergebene

Wien, d. 7ten Juli 1828. Charlotte Fstn. Kinsky.

Vgl. die Notiz vor dem 8. September 1828. – Der Musikabend bei der Fürstin, der kurz vorher stattgefunden haben muß, war wohl der Anlaß jenes Erlebnisses mit Schönstein, der Schubert dort eingeführt hatte. – Es ist nicht bekannt, wie groß die Ehrengabe der Fürstin für Schubert gewesen ist.

8. Juli 1828: Antonie Oster stirbt.

AUS DER AMTLICHEN „WIENER ZEITUNG" VOM 11. JULI 1828

Bei M. J. *Leidesdorf*,
Kunst- und Musikalienhändler, in Wien, Kärntnerstraße Nr. 941,
ist soeben neu erschienen, und zu haben (in Pest bei Herrn
K. Lichtl, sowie in allen Buch- und Musikalienhandlungen der
Österr. Provinzen vorrätig):

Momens musicales
pour le Pianoforte,
par Fr. Schubert.
Oeuvre 94. Zwei Hefte, jedes 36 kr. K. M.

. . . .

Der Musensohn. Auf dem See. Geistes-Gruß.
Drei Gedichte von Goethe,
für Gesang mit Pianoforte-Begleitung,
von Fr. Schubert.
Op. 92. Preis 1 fl. Konv. Münze

Laut der Anzeige in der „Cäcilia" vom Herbst 1828 sind opp. 92 und 94 schon zur Ostermesse (dem Leipziger Büchermarkt) angemeldet gewesen, sie wurden aber erst jetzt in Wien angekündigt. Daß jene Voranzeige nicht viel bedeutet, zeigt op. 93, recte 108, das Leidesdorf zur selben Messe angemeldet hatte und das erst am 28. Januar 1829 in Wien angekündigt worden ist. – Op. 94 (ohne Widmung) hat den grammatisch falschen Titel „Momens musicales". Auf dem Heft selbst steht „musicals", im Kopftitel aber – wie in dieser Anzeige – „musicales", ein Fehler, der sich lange fortgeschleppt hat. Es sind sechs Stücke, drei in jedem Heft, wovon die Nrn. 3 und 6 bereits im Sammelheften des Verlags Sauer & Leidesdorf erschienen waren (siehe 19. Dezember 1823, 11. Dezember 1824 und 9. Dezember 1825). – Op. 92 ist „der wohlgeborenen Frau Josephine von Frank gewidmet", recte Franck (geboren als Frl. v. Körber in Bielitz, siehe 9. Februar 1828). Sie war die Witwe des Großhändlers und Kunstsammlers, auch niederösterreichischen Landstands, Josef Ritter v. Franck, der im Jahr zuvor gestorben war. Er besaß eine Sammlung von Originalporträts der Wiener Theaterleute, die er jeweils zum Mittagessen lud und mit einem Goldstück unter dem Gedeck für ihre Sitzung honorierte. Schubert widmete der Dame dieses Heft offenbar ohne andere Beziehung als der, daß er dafür ein Geschenk bekam. – Um diese Zeit (Juli

1828) komponierte Schubert den 92. Psalm (hebräisch) für die städtische Synagoge der israelitischen Kultusgemeinde, für Baritonsolo mit gemischtem Chor. Das Solo wurde von Salomon Sulzer gesungen (geboren 1809 in Hohenems, Vorarlberg). Sulzer war ein Reformator des jüdischen religiösen Gesanges, über den Frances Trollope 1836 schrieb „Eine Stimme, die von [John] Braham in seinen besten Tagen nicht übertroffen wurde". – Ein angeblicher Brief von Schubert an Sulzer über das Lied „Allmacht", der von einem der Nachkommen des Kantors am 9. März 1928 im „Neuen Wiener Journal" veröffentlicht wurde, ist eine Fälschung.

Aus Franz v. Hartmanns Tagebuch

12. Juli 1828: Hinaus zu Schober, wo Käthchen von Heilbronn ausgelesen wird. Dann zum Rebhuhn, wo Hörwarter, auch sein Bruder. Um 12 Uhr nach Hause.

Vgl. 5. Juli 1828. – Über Hörwarters Bruder ist nichts bekannt.

Mitte Juli 1828

Verlorengegangener Brief Schuberts an Brüggemann

Vgl. 21. Juni 1828; siehe 10. August 1828.

Probst an Schubert

[Außen:]

Herrn
Franz Schubert,
Tonkünstler und Kompositeur,
Wohlgeboren.

d. G. Wien.

[Innen:]

Herrn Franz Schubert, Tonkünstler und Kompositeur,
Wohlgeboren, in Wien.

Leipzig, d. 18. Juli 1828.

Erst heute habe ich Ihr Wertes vom 10. Mai nebst dem Trio erhalten und es darf Sie, werter Freund, nicht befremden, wenn demnach dieses Werk etwas später herausgegeben wird, als Sie vielleicht erwarteten. Es ist indes sogleich in Arbeit genommen worden, und kann binnen 6 Wochen zirka fertig sein. Bis dahin ersuche ich Sie noch, mir

1) den Titel nebst etwaiger Dedikation und ferner
2) die Opus-No.

gefälligst anzugeben, weil ich [in] dieser Hinsicht gern mit möglichster Genauigkeit Ihren Wünschen gemäß verfahren möchte.

Alle Ihre übrigen Vorschriften wegen dieses Werkes sollen aufs beste befolgt werden.

Sobald es vollendet ist, sende ich Ihnen durch Beischluß die bedungenen 6 Exemplare.

Meine Meinung über dasselbe werde ich Ihnen späterhin mitzuteilen die Ehre haben, unterdes verharre mit

achtungsvoller Ergebenheit

H. A. Probst.

Vgl. 10. Mai 1828. – Schubert hatte offenbar einen umständlichen Weg für die Kopie des Klaviertrios in Es gewählt. – Probst sparte seine Meinung über das Werk (um die er nicht befragt war) wohl für den Zeitpunkt auf, an dem er es hören konnte. – Siehe 1. August 1828.

Aus Franz v. Hartmanns Tagebuch

19. Juli 1828: Zum Schober, der eine wunderliche, aber sehr schöne Novelle von Goethe vorliest. Zum Rebhuhn, wo auch der Dr., Dinand, Enk, Louis; später erst Schubert. Um $12^1/_3$ nach Hause.

Goethes „Die Novelle" war eben erschienen. – Der Doktor ist Hörwarter, Dinand Sauter, Louis v. Hartmanns Bruder.

Aus Franz v. Hartmanns Tagebuch

23. Juli 1828: Mit Enk und Louis zum Neuling, wo wir mit Schubert recht lustig beisammen sitzen. Um $9^1/_2$ nach Hause.

Vincenz Neuling war ein musikliebender Bürger mit verschiedenen Berufen. Er spielte als Schüler Mayseders Violine, war Repräsentant der Gesellschaft der Musikfreunde, komponierte selbst, war Besitzer des Gundelhofs auf dem Bauernmarkt (wo u. a. Ignaz v. Sonnleithner wohnte), Hofjuwelen-Lieferant, Armen-Bezirksdirektor, Brauer (wie Dr. Pachler in Graz) und Inhaber des Brauhausgartens auf der Landstraße (Vorort), wo er zur Unterhaltung der Gäste ein Streichquartett oder Blechmusik spielen ließ. Auch Bauernfeld, der damals in der Nähe davon wohnte, verkehrte dort mit Freunden.

Aus Franz v. Hartmanns Tagebuch

26. Juli 1828: Mit Enk zu Schober, der uns aber alle sitzen läßt.

Die Lesung bei Schober entfiel an diesem Samstag.

Aus Franz v. Hartmanns Tagebuch

27. Juli 1828: Nach Nußdorf mit Potpeschnigg und Haller. Betty ist heute sehr bitter und traurig. Man macht auch darum wenig mit ihr. Mayrhofer, der Dichter, ist auch da. Man singt im Chor herrliche Schubertische Lieder. Erst um 10 Uhr abgefahren. Dann zum Zögernitz, wo wir bis $12^1/_4$ sitzen.

Der Besuch galt wieder der Familie Wanderer (siehe die Notiz vor dem 27. September 1825). Johann Potpeschnigg (ein Mediziner, der Fräulein v. Gravenegg heiratete – siehe September 1827 –, und Vorfahre eines Freundes von Hugo Wolf) und Adam Haller (siehe 17. Dezember 1826) waren Freunde Karl Maurus Mayrhofers. Johann Mayrhofer war ein seltener Gast in den Kreisen Schuberts geworden. – Ferdinand Zögernitz, Gründer des noch bestehenden „Kasinos" im Vorort Döbling, auf dem Wege von der Inneren Stadt nach Grinzing oder Nußdorf.

Aus der Münchener „Allgemeinen Musik-Zeitung" vom 28. Juli 1828

Winterreise. Von Wilhelm Müller. In Musik gesetzt für eine Singstimme, mit Begleitung des Pianoforte, von Franz Schubert. 89. Werk. 1ste Abteilung. Wien, bei Haslinger. fl. 3 K. M.
Nach Gehalt und Form des Textes ein Lieder-Zyklus, dessen Haupt-Inhalt Liebe und Tränen sind. Daß der liederreiche W. Müller auch hier, besonders in Einzelheiten, ganz Herrliches gegeben hat, bedarf der Versicherung um so weniger, als wir uns nur erlauben dürfen, einige Bruchstücke mitzuteilen.

[Folgen die Gedichte: „Gefrorne Thränen" und „Erstarrung".]

Aber demungeachtet scheint uns doch die Aufgabe eines Liederzyklus, der ein schönes Ganzes bildet, in der Einzelheit und Manchfaltigkeit seiner Teile die Bedingungen zu fortwährendem, sich steigerndem Interesse trägt, der also auch von Anfang bis Ende muß gesungen werden können, soll er seinen Zweck ganz erfüllen, – nicht ganz glücklich gelöst; denn letzteres möchte, bei aller Schönheit der einzelnen Teile, doch nicht möglich sein, einmal, weil das Ganze an einer gewissen Monotonie leidet, und weil der Komponist namentlich es etwas zu breit gehalten hat. – Das deutsche Lied soll nach unserer Ansicht nur ein Überströmen des vollen, tiefbewegten Herzens sein: und schließt alles Didaktische, Historische und Reflektierende, bis zu einem gewissen Grade, ganz aus. Solch tiefinnerstes, nach außen drängendes Empfindungsleben kann nicht – alt werden im glühenden Busen, oder es wird lau, erkaltet; darum sind wir überhaupt nicht für Liederkreise. Nur in den schönsten, in den ersten Blütentagen des Lebens gedeiht uns das wahre Lied; und so soll es auch nur in einzelnen Blüten sich entfalten. Zum Kranze es zu winden, ist unendlich schwierig, denn jedes fast lebt sein eigenes Leben. So mögen wir denn auch nun dieses Liederkranzes einzelne Blüten und Blätter dem Liederfreunde als sinnige, zarte und kunstreiche Gabe empfehlen; denn beide Sänger haben sich einander würdig erwiesen, in beider Werke gehen Wahrheit und Schönheit Hand in Hand!

[Franz Stoepel?]

Schubert an Probst

[Wien, 1. August 1828]

Euer Wohlgeboren!

Das Opus des Trio ist 100. Ich ersuche, daß die Auflage *fehlerlos* ist, und sehe derselben mit Sehnsucht entgegen. Dedicirt wird dieses Werk Niemanden außer jenen, die Gefallen daran finden. Das die einträglichste Dedication.

Mit aller Achtung

Frz. Schubert.

Vgl. 18. Juli 1828. – Das Werk erschien im November 1828. – Dieser Brief war der erste, der von Schubert gedruckt worden ist, und zwar in G. W. Finks Kritik des Werkes, am 10. Dezember 1828, in der Leipziger „Allgemeinen musikalischen Zeitung“. – Siehe 2. Oktober 1828.

Aus Franz v. Hartmanns Tagebuch

2. August 1828: Mit Enk, Schober und Bayer hinaus zum Schober, nachdem wir früher beim Mondschein gewesen waren. Schober liest Faust vor bis zu Mephistopheles Auftreten. Wieder zum Mondschein. Um 11$^1/_2$ nach Hause.

Zu Bayer vgl. 28. Februar 1828. – Im Mondscheinhaus wohnte die Familie Schwind. – Von Goethes „Faust“ war damals nur der erste Teil erschienen.

Schubert an Seidl

[Außen:]

Herrn v. Seidl
Wohlgeboren

[Innen:]

Geehrtester H. Gabriel!

Beyliegend sende ich Ihnen diese Gedichte zurück, an welchen ich durchaus nichts dichterisches noch für Musik brauchbares entdecken konnte.
Bey dieser Gelegenheit erkundige ich mich zugleich ob Sie nicht meine Musik zu Ihren Gedichten

Widerspruch u. Wiegenlied

in Händen haben, in welchem Falle ich ersuche, mir solche sobald als möglich zu schikken, indem ich selbe herausgeben will.

Ihr Verehrer
Frz Schubert

Wien den 4. Aug. 1828

Das Original befindet sich in der „Gratz Collection of Autographs" der Historical Society of Pennsylvania, Philadelphia. – Veröffentlicht wurde dieser Brief zuerst von Eugene L. Norwood und David Bonnell Green in „Music & Letters", London, Oktober 1956, S. 340f. – Die Anrede Schuberts dürfte ironisch gemeint sein. Das Quartett für Männerstimmen „Widerspruch" und das „Wiegenlied" (Opus 105, Nr. 1 und 2) erschienen am 21. November 1828; das Autograph des Liedes ist verschollen. Schubert hat die meisten Seidl-Texte 1826 und 1827 komponiert; vom Oktober 1828 stammt nur die „Taubenpost", sein letztes Lied.

Aus Franz v. Hartmanns Tagebuch

5. August 1828: Heute vormittag hatten wir Visite von Schwind, der 6 Bilder aus Dombukes zeichnete.

Schwind zeichnet die sechs Illustrationen zur „Spixiade" (vgl. 12. Oktober 1827) auf Franz v. Hartmanns Schreibunterlage.

Aus Franz v. Hartmanns Tagebuch

6. August 1828: Zum Rebhuhn, wo Dr., Enk, Bayer. Wir bleiben bis 11¾ (Später kommt Schubert.)

Der Doktor ist Hörwarter. – Am 9. August entfiel der Leseabend bei Schober.

Brüggemann an Schubert

[Außen:]

An
den Kompositeur
Herrn *Franz Schubert*
Wohlgeboren
in
Wien
Tuchlauben, blauer Igel
2t Stock

frei.

[Innen:]

Verehrter Herr.

Es ist mir sehr angenehm daß Ew. Wohlgeboren geneigt sind, Kompositionen für Mühlings Museum zu liefern u ich erwarte Ihre gefälligen Zusendungen. Um jeden Mißverstand zu beseitigen bemerke ich noch: daß die längsten Beiträge nicht über 2 Bogen enthalten müßten u daß ich darin nur Sachen ohne Begleitung für 2 Hände aufnehmen kann. Das Honorar wollen Sie gütigst bei jeder Sendung bestimmen, es soll Ihnen prompt durch H. Buchhändler [C. G.] Jasper dort ausbezahlt werden. Manuskript senden Sie gefälligst zur Fahrpost. Da ich künftig auch größere Kompositionen verlege, so wird es mir sehr angenehm sein, wenn Sie mir auch davon Anerbietungen machen wollten.

Mit der größten Hochachtung

Ew. Wohlgeboren
ergebenster Diener
Brüggemann.

Halberstadt
d. 10. August 1828.

Vgl. Mitte Juli 1828. – Die Fahrpost war so benannt im Gegensatz zur reitenden Post, die nur Briefe beförderte. – Damit bricht die erhaltene Korrespondenz zwischen Schubert und Brüggemann ab. Ob Schubert dem Verlag irgend etwas eingeschickt hat, ist ungewiß. Daß aber der Verlag mit einem Beitrag rechnete, ist aus einem Bericht der „Wiener Allgemeinen Theaterzeitung" vom 6. Januar 1829, geschrieben zu Pest im Herbst 1828 und verspätet abgedruckt, zu ersehen. Darin heißt es: „Wir zeigen den Liebhabern der Musik an, daß in Pest ‚Museum für Pianoforte zu zwei und vier Händen und Gesang', herausgegeben von A. Mühling, mit Beiträgen von K. A. von Winkhler [siehe 9. Juni 1824] . . . Schubert usw. erscheine. Die Namen der verdienstvollen Mitarbeiter bürgen für das Gehaltvolle dieser Kompositionen." Das erste Heft wurde am 21. September 1828 von Karl Lichtl, Pest, in der „Vereinigten Ofner-Pester Zeitung" angezeigt. Aber die Sammlung hat nichts von Schubert gebracht.

Aus der amtlichen „Wiener Zeitung" vom 13. August 1828

Bei *Thadd. Weigl*,
Kunst- und Musikalienhändler in Wien, am Graben Nr. 1144
(neben dem König von England), sind ganz neu zu haben
(in Pest bei F. *Tomala*, in Brünn bei J. G. *Gastl*):

Vier Refrain-Lieder
von Johann Gabriel Seidl,
in Musik gesetzt für eine Singstimme, mit Pianoforte-Begleitung,
und dem Dichter freundschaftlichst gewidmet von
Franz Schubert.
95stes Werk. Preis 54 kr. Konv. Münze.

Hieraus einzeln:

Nr. 1. Die Unterscheidung, oder: Gretchens Gehorsam . 20 kr.
Nr. 2. Bei Dir allein! .... 30 kr.
Nr. 3. Die Männer sind méchant .... 20 kr.
Nr. 4. Irdisches Glück .... 20 kr.

Schon lange hegte das Publikum den Wunsch, aus der Feder dieses genialen Liederdichters einmal eine Komposition heiteren komischen Inhaltes zu erhalten. Diesem Wunsche kam Herr Schubert durch gegenwärtige vier Lieder, welche teils echt komisch sind, teils den Charakter der Naivität und des Humors an sich tragen, auf eine überraschende Weise entgegen.

Op. 95 erschien nach opp. 96 und 106. Diese Lieder, von denen kein Autograph erhalten ist, sind undatiert. Gemäß der Anzeige scheinen sie nicht lange vor dem Erscheinen geschrieben worden zu sein. Der Verkehr mit Thaddäus Weigl beschränkte sich sonst auf die Jahre 1826 und 1827. Seidls Bemerkung vom 22. August 1826 kann sich schon auf diese Lieder beziehen, weil Franz Lachner Nr. 3 auch komponiert hat. Das erste Lied ist im Heft nur „Die Unterscheidung" genannt, der Untertitel „Gretchens Gehorsam" finden sich nicht im Druck. Seidl hat es 1835 (im Taschenbuch „Das Veilchen") „Gretchens Abscheu vor der Liebe" benannt. – Ein Refrainlied ist die Komposition eines Gedichtes, dessen Strophen wiederkehrende Endzeilen haben; das gibt im Vortrag dramatische oder komische Varianten. – Die vier Lieder wurden auch einzeln verkauft.

13. August 1828: In op. 95 wird ein „Verzeichnis der bisher erschienenen Werke" Schuberts veröffentlicht. – Das Verzeichnis steht auf zwei Seiten nach dem Titel. Vgl. 16. Mai 1827. Die Werkliste in op. 73 war in einer zweiten und dritten Ausgabe inzwischen bis opp. 81 und 87 erweitert worden.

Aus Robert Schumanns Tagebuch

[Leipzig,] 13. August 1828.

Fantasie aus C-Dur; Schubert wollte hier ein ganzes Orchester in zwei Händen vereinen, u. der begeisterte Anfang ist eine Seraphhymne zum Lobe der Gottheit; man sieht die Engel beten; das Adagio ist eine milde Reflexion über das Leben u. nimmt die Hülle von ihm herab; dann donnern Fugen ein Lied von der Unendlichkeit des Menschen u. der Töne.

Opus 15, die später sogenannte Wanderer-Fantasie. – Die Stellen aus Schumanns Tagebüchern und „Materialien" wurden von Herrn Dr. Georg Eismann, dem Direktor des Schumann-Museums in Zwickau, freundlichst beigestellt.

Aus der „Wiener Zeitschrift für Kunst usw." vom 14. August 1828

Première grande Sonate pour le Pianoforte composée et dédiée à Son Altesse Imp. et Roy. Eminentissime Monseigneur le Cardinal *Rodolphe* Archiduc d'Autriche etc. etc. par François *Schubert* de Vienne. Oeuvre 42. Vienne chez A. *Pennauer.*

Der beliebte Romanzen-Kompositeur legt in diesem Werke dem Publikum eine Komposition vor, deren ernster Stil sich sowohl im Anfange als in der ganzen Ausführung recht imposant ausspricht. So wie Hr. *Schubert* sich in seinen Liedern als tüchtiger Kenner der Harmonie zeigt und seine Melodien durch eine schöne Folie der Akkorde zu würzen versteht, so zeigt er sich hier in einer fast martialischen Stimmung, in welcher ein wohlgewählter Harmoniewechsel das marschartige Mittelthema in vielfältigen Veränderungen begleitet. Das moderate Tempo paßt sehr gut für den Gang der Ideen, und der Tonsetzer bleibt konsequent in dem einmal aufgefaßten männlichen Charakter. Der Baß führt das Thema im zweiten Teile durch vielerlei Wendungen in immer neue Harmonien, und schöne Bindungen treten endlich an die Stelle der Hauptfigur.

Das Andante poco moto ist sehr gelungen, die in die Mittelstimme verlegte Melodie bietet zu sehr angenehmen und interessanten Umkehrungen Gelegenheit, und wird

vom Tonsetzer mit großer Mannigfaltigkeit durchgeführt. Dieser Satz ist brillant, ohne gerade schwer zu sein, und fordert viel Ausdruck. Das feurige Scherzo erhält durch das sanftere Trio erst seine rechte Bedeutung. Beide sind wohlgelungen.
Das Allegro vivace ist sehr schön gearbeitet und die großen, durch Ober-, Mittel- und Unterstimme laufenden Figuren zeigen den schönen Erfindungsgeist des Hrn. *Franz Schubert*. Bei recht lebhaftem Vortrage macht dies Finale eine brillante Wirkung. Die ganze Sonate zeigt keine gekünstelten Schwierigkeiten und gibt dem denkenden Spieler viel Gelegenheit, seinen Vortrag zu zeigen.

Diese Sonate war schon Anfang 1826 erschienen (siehe Notiz vor Anfang 1826).

Antonio Mayer an Schober in Wien

Ancona, 14. August 1828.

... Tausend herzliche Grüße an Schwind 1° & 2°, Schubert, Bauernfeld, Siegert und allen Freunden.

Schwinds älterer Bruder war August (siehe Ende Dezember 1824). – Übert Siegert ist nichts bekannt.

Aus Schumanns Tagebuch

[Leipzig,] 19. August 1828.

Polonaisen von Schubert – lauter aufbrechende Gewitterstürme mit romantischen Regenbogen über feierlich-schlummernden Welten.

Der Vermerk bezieht sich auf die vierhändigen opp. 61 und (oder) 75 (8. Juli 1826 und 6. Juli 1827). – Siehe September 1828.

Aus Franz v. Hartmanns Tagebuch

16. August 1828: Zu Schober ... Er liest heute herrlich im Faust vor. Dann gehen wir zum Mondschein. Um $11^1/_2$ nach Hause.

Vgl. 2. August 1828. – Am 23. August war kein Leseabend bei Schober; am 30. war Hartmann bereits abgereist. In der Familienchronik erwähnt Hartmann auch Karl Leberecht Immermanns „Das Trauerspiel in Tirol“ unter der Lektüre; es behandelt Andreas Hofer und war 1827 erschienen.

Aus Bauernfelds Tagebuch

24. August 1828.

In Währing bei Hönig Komödie gespielt: „Die Unglücklichen“. Ich gab den Rezensenten. Schwind als Tanzmeister und Geiziger sah köstlich aus.

Die Familie Ludwig Hönigs senior (vgl. 18./19. September 1825 und 17. Februar 1827) verbrachte diesen Sommer in dem Vorort Währing. – Die Komödie war ein einaktiges Lustspiel von Kotzebue (Bauernfelds Vorbild als Lustspieldichter).

Frau Pachler an Anna Morack nach Wien

[Graz,] 26. August 1828.

Künftigen Monat erwarte ich ein Paar Bekannte aus Wien; Schubert, den berühmten Lieder-Kompositeur, und einen andern musikalischen Freund, Namens Jenger, der früher in Graz angestellt, und vor 3 Jahren nach Wien übersetzt wurde. Da sie bei uns wohnen würden, so wird das einige Abwechslung in mein sonst so einförmiges Leben bringen.

Frau Morack war eine in Wien wohnhafte Tante der Frau Pachler, wahrscheinlich die Gattin Johann Moracks, des Hofrats bei der Obersten Justizstelle. Vgl. 7. Juni und 28. August 1828.

Aus Franz v. Hartmanns Tagebuch

26. August 1828: Mit Enk zum Wanner, wo wir aufs lustigste mit Schubert und Lachner sind. Um $11^4/_5$ nach Hause.

Wanner war der Inhaber der „Eiche" (siehe 24. Januar 1828). Die Freunde saßen, laut Hartmanns Chronik, vor dem Bierhaus auf der Brandstätte.

Aus einem Grazer Konzert-Programm vom 27. August 1828

[Großes Vokal- und Instrumental-Konzert Franz *Zierer* im ständischen Schauspielhause] II. Abteilung . . . Nr. 3. Lied von Franz Schubert, mit Klavierbegleitung, vorgetragen von Herrn Schmezer.

Zu Zierer, der Ehrenmitglied des Steiermärkischen Musikvereins war, vgl. 19. Mai 1828. – Welches Lied damals, als letztes Werk Schuberts zu seinen Lebzeiten in Graz, gesungen wurde, ist unbekannt. – Friedrich Schmezer, geboren 1807 in Wertheim (Baden), war Tenor und Liederkomponist.

Graz, 28. August 1828

Verlorengegangener Brief der Frau Pachler an Jenger und Schubert

Vgl. 26. August und September 1828.

Aus Franz v. Hartmanns Tagebuch

29. August 1828: Ins Bierhaus im Komödiengassel, wo der herrliche Hörwarter, Enk (der mir den Tyrtaios höchst lieb zum Andenken gibt), Böbie, Dinand, Schober, Schubert und Jérôme. Zu Corra. Grog. Herzlicher Abschied. Um $1^1/_4$ nach Hause.

Das war der letzte Abend der Brüder Franz und Louis v. Hartmann in Wien; am nächsten Tage reisten sie nach Linz zurück. – Das Bierhaus nahe dem Kärntnertor-Theater (vgl. 6. August und Ende 1822), wurde 1829 ein Treffpunkt für Grillparzer, Bauernfeld, Schober, Franz Lachner und Theodor v. Karajan. – Das Geschenk war wohl K. Chr. H. Stocks metrische Übersetzung der Kriegsgedichte des Tyrtaios (1820). – „Böbie" ist vielleicht Hieronymus Bobies, Hofkanzlist bei der Allgemeinen Hofkammer; Dinand ist Sauter, Jérôme ist Kleimayrn. – Simon Corra hieß der Eigentümer eines Cafés im Zinshaus Bürgerspital gegenüber dem Theater. In diesem Kaffeehaus soll sich die Begegnung mit Bauernfeld zugetragen haben, wo die beiden Freunde sich zufällig trafen und jeder erstaunt darüber war, daß der andere zu seinem Milchkaffee sechs Kipfel (Hörnchen) aß: sie hatten beide kein Mittagsmahl gehabt.

Aus der „Wiener Allgemeinen" Theaterzeitung vom 30. August 1828

„*Die Unterscheidung.*" – „*Bei dir allein!*" – „*Die Männer sind mechant!*" – „*Irdisches Glück.*" Refrainlieder von Joh. Gabr. *Seidl.* In Musik gesetzt und dem *Dichter* freundschaftlichst gewidmet von Franz S*chubert.* (Bei Th. *Weigl.*) – 14 g. G. – Ein herrliches Geschenk für die Freunde der Lieder-Komposition überhaupt und unseres genialen *Schubert* insbesondere. Schon lange sehnte man sich, von dem Verfasser dieser Tonstücke etwas in einem Genre zu erhalten, in welchem er sich bisher (das Sing-Trio: „*Die Advokaten*" etwa ausgenommen) noch nicht versucht hatte. Aber Hr. *Schubert* zeigte, daß dem wahren Talente jeder Weg eben sei. Er traf in diesen Liedern, welche Herr J. G. *Seidl* der leichten Gattung des Vaudevilles nachgebildet zu haben scheint, den Charakter der Naivität, der liebenden Grazie, des bitteren Trotzes und des Humors so gut, daß wir nicht umhin können, diese Komposition seinen gelungensten an die Seite zu stellen. – Ungemein ansprechend ist die dritte Nummer dieses Heftes; ganz geeignet für gesellschaftliche Erheiterung die letzte. Und somit empfehlen wir dieses neueste Werk, welches der Kompositeur seinem Freunde, dem Dichter der Lieder, Hrn. J. G. *Seidl*, der schon so viel Stoffe für Komposition geliefert hat, widmete, allen Gesangfreunden. Die Ausstattung ist nett; der Stich deutlich und korrekt. – Die Nummern werden auch einzeln verkauft.

F–f.

Zu „Die Advokaten" siehe 16. Mai 1827; das Geheimnis dieses Werkes war also noch nicht enthüllt.

1. September 1828: Schubert übersiedelt auf Anordnung Dr. Ernst Rinnas v. Sarenbach zu seinem Bruder Ferdinand in die Vorstadt Neu-Wieden, Nr. 694. – Schubert kränkelte, er hatte Blutwallungen und Schwindelanfälle; der Arzt glaubte, daß ihm die Luft vor der Stadt gut tun würde. Leider war aber das Haus auf der Neuen Wieden (Teil der Vorstadt Wieden), in das sein Bruder Ferdinand im August übersiedelt war, ein Neubau, also feucht, und die hygienischen Verhältnisse in dieser Gegend überhaupt noch sehr ungenügend. Die Gasse hatte noch keinen rechten Namen. Sie wurde amtlich als „Neu eröffnete Gasse beim erzbischöflichen Stadel" (Scheune) bezeichnet, und dann abwechselnd nach dem Erzbischof von Wien, Leopold Max Graf Firmian, und nach dem Bürgermeister Anton Lumpert, endlich aber nach der nahen Kettenbrücke über den Wienfluß „Kettenbrückengasse" genannt; die Brücke wurde am 18. September 1828 eröffnet. Das Haus hatte neben der Konskriptionsnummer 694 Auf der Wieden die Bezeichnung „Zur Stadt Ronsberg", nach einem Ort an der böhmisch-bayrischen Grenze. – Rinna (siehe 10. Februar 1827) war mit der Familie Schober bekannt; er hat 1833 bis 1836 ein „Repertorium der vorzüglichsten Kurorten, Heilmittel, Operationsmethoden, etc." herausgegeben. Seine Kinder waren musikalisch. – Schubert hat (laut einem Brief Schobers an Ferdinand Schubert vom 18. März 1848) fast alle seine Manuskripte in der „Musikkammer" bei Schobers belassen, was darauf schließen läßt, daß seine Übersiedlung zu Ferdinand nicht endgültig gemeint war.

Aus der „Wiener Allgemeinen Theaterzeitung" vom 27. September 1828

[Über die feierliche Weihe der umgegossenen Glocke in der restaurierten Pfarrkirche zur heiligen Dreifaltigkeit, Alservorstadt, am 2. September 1828]
Während der feierlichen Prozession ward das folgende, vom k. k. Hofschauspieler Hrn. *Reil* verfaßte, von Hrn. Franz *Schubert* mit einer lieblichen Melodie versehene Lied unter dem Titel: „*Glaube, Hoffnung und Liebe*", abgesungen: [Folgt der Text – 3 Strophen mit Refrain.]

F. H. *Böckh.*

Die Kirche war die selbe, in der Beethoven eingesegnet worden war (siehe 29. März und Juni 1827). Ihre größte Glocke war vor 23 Jahren gesprungen. Sie war jetzt umgegossen worden und wurde in einer Prozession zurückgebracht. Der Abt des Wiener Schottenstifts, Dr. Andreas Wenzel (siehe 25. August 1815), weihte sie. Sie wurde hochgezogen, aber erst am Sonntag, dem 7. September, wieder geläutet. – Seit 1827 war Michael Leitermayer, geboren in Wien 1799, Chorregent der Kirche. Er war, wie Schubert, ein Schüler Michael Holzers am Himmelpfortgrund gewesen und hatte seinen Jugendgenossen offenbar eingeladen, diesen Chor zu schreiben. (Die Messe in Es-Dur ist auch in der Alser-Kirche zum ersten

Male aufgeführt worden, und zwar am 4. Oktober 1829; wie es heißt, gemäß dem Wunsche Schuberts.) – Über Reil vgl. 13. Oktober 1827. Sein Gedicht ist nicht identisch mit dem des gleichnamigen Liedes (siehe 6. Oktober 1828). Es beginnt „Gott, laß die Glocke glücklich steigen“. Schubert setzte es für gemischten Chor mit Blasinstrumenten-Begleitung (D. 954). Das Werk erschien, mit Klavierbegleitung ad libitum, am 30. Dezember 1828, „zu einem wohltätigen Zweck“, privat gedruckt, ohne Opusnummer. – Über Böckh vgl. Sommer 1821.

Aus Schumanns Tagebuch

[Leipzig,] Am 5ten September [1828].

Ein äußerst charakteristischer Zug in Schuberts Polonaisen ist, wie in den meisten seiner übrigen Kompositionen, daß er zu seinen schönsten Stellen nie ein Wort, wie: dolce setzt; er teilt dies mit Göthe, der in keines seiner Trauerspiele: rührend, wehmütig pp. hin zu setzt. Die Werke, in denen viel dolce's etc. vorkommen, sind es bestimmt nicht, so wie auch schon JPaul in seiner Aesthetik sagt, daß die Lustspiele pp., wo zum Todlachen auf dem Titel stünde, zum Todheulen u -jammern wären.

Vgl. August 1828. Schumann hatte sich mit Schuberts vierhändigen Werken, soweit sie schon erschienen waren, besonders beschäftigt.

Aus Bauernfelds Tagebuch

6. September 1828.

Gestern die erste Aufführung [meines Lustspiels „Der Brautwerber“]. Sogenannter succès d'estime. Ich war wie vernichtet, sah gleich bei den ersten Versen den Unsinn ein, ein großes Stück in Alexandrinern zu schreiben. Grillparzer, Schwind, Schubert, Schober und andere Freunde erwarteten mich im Gasthaus – ich war nicht imstande, sie zu sehen. Lief in den Straßen herum, begegnete Grillparzer gegen Mitternacht. Er war äußerst liebenswürdig. – Ich bin heute wie totgeschlagen. Das Erwachen war gräßlich.

Die Premiere dieses Lustspiels fand im Hofburgtheater statt. Es war in der zweiten Hälfte des Jahres 1827 geschrieben und wurde bis zum 15. September viermal gegeben. Am Morgen besuchte Schubert mit Schwind den Dichter und sagte: „Mir hat das Lustspiel ganz außerordentlich gefallen. Uns allen! Und wir sind doch keine Esel!“ Bauernfeld erwiderte lachend: „Was hilft's, wenn ich einer bin!“ Die Kritiken waren schlecht, und Bauernfeld ging für ein paar Wochen aufs Land.

Aus Bauernfelds „Poetischem Tagebuch“

[Anfang September] 1828.

Die ersten Szenen. Mir ward nicht wohl,
die Verse klangen so schal, so hohl!
Hat sich das Publikum amusiert,
Schwind und Schubert haben applaudiert,
Lobsprüche der Freunde, von Allen!
Mir aber ist, als wär' ich durchgefallen.

Zu Bauernfelds „Poetischem Tagebuch“ siehe 1. August 1825.

Jenger an Frau Pachler

Wien, am 6ten September 828.

Freund Schubert und ich sind mit 1ten d. Mts. in neue Quartiere übersiedelt, und dies ist die Ursache, warum die Antwort auf Ihr letztes gütiges Schreiben vom 28ten v. Mts. nicht in den bezeichneten 8 Tagen in Grätz eingetroffen ist. – Ich fand Schubert nicht mehr im alten und auch niemal in seinem neuen Quartier auf der Wieden. Gestern abends habe ich ihn endlich im Burgtheater gesprochen, und nun kann ich Ihnen, liebe gnädige Frau, sagen, daß Freund Schwammerl in kurzer Zeit eine Verbesserung seiner Finanzen erwartet und mit Zuversicht darauf rechnet, und sobald dies geschehen, er auch unverzüglich Ihrer gütigen Einladung folgen und mit einer neuen Operette bei Ihnen in Grätz anlangen wird. Jedenfalls erhalten Sie 8 Tage vor seinem Eintreffen in Grätz entweder von ihm oder mir bestimmte Nachricht. – Er wünschte freilich, daß ich die Reise mit ihm machen könnte, doch – wie ich schon im letzten Briefe sagte – kann ich während des heurigen Lagers – welches bis 24ten d. Mts. dauert – nicht abkommen ...
Bleibt Schubert bis Ende Oktober bei Ihnen, so wäre es dennoch möglich, daß ich wenigstens auf 8 Tage nach Grätz komme, um alle meine Lieben wieder zu sehen, und Freund Schwammerl abzuholen ...
Ich sehe nun alle Tage in meinem vorjährigen Tagebuch nach, und freue mich in der Erinnerung an jene herrlichen Tage.
Heute ist es ein Jahr, daß die guten Schwaben von Grätz abgereist. Ich sprach heute schon mit Andlau davon, welcher Ihnen allen recht viel viel Schönes sagen läßt ...
Am 10t, 11. und 12. werde ich an die herrliche Partie nach Wildbach denken.
Allen Teilnehmern und Familien Glieder von Wildbach – besonders aber meinem Zärterl – viel viel Schönes.

Vgl. 28. August 1828. – Jenger war zu Dr. Menz übersiedelt (siehe 26. Oktober 1827). – Was Jenger mit der „neuen Operette" von Schubert meint, ist nicht klar. „Der Graf von Gleichen" war nicht über Skizzen hinausgekommen und konnte nicht gut als Operette angesprochen werden. Ebensowenig „Alfonso und Estrella", das noch weniger neu war, wenn Schubert etwa die Partitur mitbringen sollte und noch nicht hingeschickt hatte. Jenger mag nur gescherzt haben. – Das „Lager" waren die Herbstmanöver bei Baden, diesmal besonders imposant. – Schubert wollte statt den September, wie 1827, erst den Oktober in Graz verbringen. – Die „guten Schwaben" waren die am 30. August 1827 genannten Landsleute aus Freiburg im Breisgau. – Zum Ausflug nach Wildbach siehe Notiz vor dem 12. September 1827. – Das „Zärterl" ist Netti (Anna) Massegg; siehe 27. September 1827.

16. September 1828: „Im Frühling", später Nr. 2 der Lieferung 25 der „Nachgelassenen musikalischen Dichtungen", erscheint in der „Wiener Zeitschrift für Kunst usw."

Schubert an Jenger

[Außen:]

H. H. v. Jenger
Wohlgeb.

[Innen:] 25t 7ber 28.

Den zweyten Theil der Winterreise habe ich bereits Haslingern übergeben. Mit der Reise nach Grätz ists für heuer nichts, da Geld u. Witterung gänzlich ungünstig sind. Die Einladung zu D. Mens nehme ich mit Vergnügen an, da ich Bar Schönstein im̄er sehr gern singen höre. Du kañst mich Samstags Nachmittag im Kaffeehause beym Bogner, Singerstrasse, zwischen 4 u. 5 Uhr treffen.

Dein Freund
Schubert.

Meine Adresse ist:
Neue Wieden, Firmiansgasse
N° 496. 2tr Stock, rechts.

Es ist auffällig, daß Schubert das Manuskript des zweiten Teils der „Winterreise", der seit Oktober 1827 fertig war, erst jetzt dem Verleger übergeben hätte; wahrscheinlich hatte es ihm Haslinger – nach der Erfahrung mit dem ersten Teil – zur Durchsicht vor dem Stich zurückgegeben. Das Manuskript enthält keine wesentlichen Änderungen im zweiten Teil. Das Honorar dafür, wenn es nicht schon längst bezahlt war, hat Schubert nicht zur Reise nach Graz befähigt. Aber daß er für sechs der 12 Lieder nur sechs Gulden (K. M.) bekommen hätte, wie Franz Lachner Grove erzählte, ist ganz unglaubwürdig. – Der Abend bei Dr. Menz scheint am Samstag, dem 27., stattgefunden zu haben: Schönstein sang, und Schubert spielte – wie es heißt – seine letzten Sonaten vom September 1828; die in B-Dur hat er erst am 26. vollendet. (Dafür hat Haslinger am 17. Dezember 1828 Ferdinand Schubert je 70 fl. K. M., also 210 fl. gezahlt; für 13 von den 14 Liedern des „Schwanengesangs" zugleich 290 fl. K. M.) – Schubert gibt die Hausnummer irrtümlich als 496 statt 694.

Herbst 1828: Im „Taschenbuch zum geselligen Vergnügen auf das Jahr 1829", herausgegeben von Ferdinand Philippi und verlegt von Leopold Voss in Leipzig, erscheint ein Arrangement für Klaviersolo der Polonaise op. 75, Nr. 2.

Aus Schumanns „Materialien"

[Leipzig, September 1828?]

Im Sommer 1828 Komposition einer Menge vierhändiger Polonaisen und Lieder von J. Kerner u. Lord Byron. Brief an Wiedebein (und Reißiger). Auch an Franz Schubert (nicht fortgeschickt).

Siehe 16. August und September 1828. – Acht Polonaisen vom August und September 1828 haben sich im Archiv der Gesellschaft der Musikfreunde erhalten und wurden 1933 von Karl Geiringer in der „Musik" (Berlin) veröffentlicht. – Justinus Kerner, geboren 1786, war Arzt und Dichter. Gottlieb Wiedebein, geboren in Eilenstadt bei Halberstadt 1779, Kapellmeister und Liederkomponist, war ein Freund Schumanns. Über Reißiger siehe die Notiz vor dem 3. März 1822. – Der Brief an Schubert ist leider nicht erhalten geblieben. Schumann wurde bald einer der ersten und feurigsten Verkünder der Schubertschen Kunst.

Aus der Zeitschrift "The Quarterly Musical Magazine and Review", London, Anfang 1829
(Übersetzung)

Bericht über das Musikleben in Wien [Herbst 1828]

... Die anderen jungen Komponisten, die sich in Wien ausgezeichnet haben, sind die Herren Sechter, der der beste im Fugen-Setzen ist, Schubert, der schöne Melodien schreibt, Lachner, dessen Sonaten gut sind, und einige andere.

Das war eine Übersetzung der Notiz in der Mainzer „Cäcilia" vom Frühjahr 1827.

Aus dem „Intelligenzblatt zur Cäcilia“, Mainz, Herbst 1828

Neue Verlags-Musikalien
welche bei
M. J. *Leidesdorf* in Wien
Ostermesse 1828 erschienen sind.
Auslieferungs-Lager bei Herrn Wilhelm Härtel
in Leipzig . . .
Für Pianoforte allein.
Schubert, Fr. Momens musicals. Oeuv. 94
1. Lieferung - 12 ggr.
2. Lieferung - 12 „

. . . .

Für Gesang.
Schubert, Fr. Der Musensohn. – Auf dem See. – Geistes Gruß. – 3 Gedichte von Göthe, für Gesang mit Pianoforte-Begleitung Op. 92. ggr - 16
– Über Wildemann – Todeskuß – Die Erscheinung. – 3 Gedichte für Gesang mit Pianoforte-Begleitung Op. 93. - 12

Vgl. 11. Juli 1828. – Die Nr. 33 der „Cäcilia“, die diese Mitteilung enthielt, ist im September oder Oktober 1828 erschienen. Opp. 92 und 94 waren wohl inzwischen in Leipzig eingetroffen, kaum aber op. 93, recte 108, das wahrscheinlich erst Anfang 1829 erschienen ist. Das Heft dürfte noch zu Schuberts Lebzeiten gedruckt, aber erst später ausgegeben worden sein. Es war schon zu Ostern 1828 angekündigt gewesen. – Wildemann ist ein Bergstädtchen am Harz. Der Irrtum „Todeskuß“ statt „Todesmusik“ steht auch auf dem Titelblatt. „Die Erscheinung“, jetzt „Erinnerung“ genannt, war schon Ende 1824 bei Sauer & Leidesdorf erschienen (siehe 11. Dezember 1824).

Schubert an B. Schotts Söhne

[Außen:]

Von Wien.
An die Kunsthandlung
Schott's Söhne
in

Mainz

[Innen:]

Wien, den 2. Oct. 1828

Euer Wohlgeboren!

Da es schon so lange ist, daß ich von Ihnen kein Schreiben erhielt, und ich sehr zu wissen wünschte, ob Sie die von mir überschickten Compositionen, nähmlich *4 Impromptu's* und den *5stimmigen Männergesang*, welche ich Ihnen durch Haslinger sendete, richtig erhalten haben, so ersuche ich Sie um eine gefällige Antwort hierüber. Auch wünschte ich besonders, daß selbe Comp. sobald als möglich erschienen. Das Opus der Impromptu's ist 101; und des Quintetts: 102. In Erwartung einer baldigen und erfreulichen Antwort

Mit aller Achtung

Meine Adresse: Frz. Schubert.
Neue Wieden, zur Stadt Ronsperg
No. 694 im 2ten Stock, rechts.

Vgl. 23. Mai 1828. – Die Impromptus, die erst Ende 1838 bei Diabelli erschienen, bekamen schließlich die Opusnummer 142. Die Nummer 101 wurde schon Ende 1828 unbefugt von Probst für den Nachdruck von vier Liedern – einschließlich dem „Blinden Knaben" – aus der „Wiener Zeitschrift für Kunst usw." benützt (handschriftlich eingesetzte Opusnummer) und im Frühjahr 1829 von Diabelli für den „Blinden Knaben" allein. – „Mondenschein" erschien tatsächlich als op. 102, aber auch bei Diabelli (um 1830). – Siehe 30. Oktober 1828.

Schubert an Probst

[Außen:]

Von Wien
An den Kunsthändler
Herrn Probst
Wohlgeboren
in
Leipzig.

[Innen:]

Wien, den 2. Oct. 1828.

Euer Wohlgeboren!

Ich frage mich an, wann denn endlich das Trio erscheint? Sollten Sie das Opus noch nicht haben? Es ist das Op. 100. Ich erwarte das Erscheinen desselben mit Sehnsucht. Ich habe unter andern 3 Sonaten für's Pianoforte allein componirt, welche ich *Hummel* dediciren möchte. Auch habe ich mehrere Lieder von *Heine aus Hamburg* gesetzt, welche hier außerordentlich gefielen, und endlich ein Quintett für 2 Violinen, 1 Viola u. 2 Violoncello verfertigt. Die Sonaten habe ich an mehreren Orten mit vielem Beyfall gespielt, das Quintett aber wird dieser Tage erst probirt. Wenn Ihnen vielleicht etwas von diesen Compositionen conveniert, so lassen es wissen

Mit aller Achtung

Meine Adresse ist: Neue Wieden gezeichneten
No. 694 zur Stadt Ronsberg Frz. Schubert.
2ter Stock. rechts

Vgl. 1. August 1828. – Dieser Brief klingt wie ein Notruf. Schubert hatte mit Probst bei der Honorierung des Klaviertrios in Es schlechte Erfahrung gemacht. Dennoch bietet er ihm seine neuesten und besten Werke an. Er übertreibt in ihrer Anpreisung, was Aufführung und Erfolg betrifft. – Die drei letzten Sonaten (siehe 25. September 1828), die Schubert Hummel widmen wollte, sind von Haslinger schon Anfang 1829 angekündigt worden, aber erst 1838 bei Diabelli erschienen, nach Hummels Tod (1837) vom Verlage Robert Schumann zugeeignet und als „Allerletzte Kompositionen" bezeichnet. – Die Heine-Lieder sind die sechs, die dann im Zyklus „Schwanengesang" erschienen sind. Schubert hatte selbst schon geplant, die Rellstab-Lieder, beginnend mit „Lebensmut" (D. 937), das dann wieder ausgeschieden wurde, und die Heine-Lieder zusammen herauszugeben, als einen Zyklus, den er seinen

Freunden widmen wollte. Wenn er nun die Heine-Lieder allein anbot, so war das ein Verzicht und geschah wohl aus Not. – Das Streichquintett erschien erst 1853 bei C. A. Spina, dem Nachfolger Diabellis. Nicht einmal eine private Aufführung dieses Werkes ist zu Schuberts Lebzeiten nachzuweisen. Hellmesberger hat es 1850 in den Kammermusikabenden seines Quartetts zuerst aufgeführt.

Anfang Oktober 1828: Schubert macht mit seinem Bruder Ferdinand und zwei Freunden einen dreitägigen Ausflug nach Unter-Waltersdorf und Eisenstadt, um Haydns Grab zu besuchen. – Diese Fußwanderung, an der etwa Josef Mayßen (siehe 10. September 1824) und Johann Rieder (siehe 3. Juli 1824) teilgenommen haben mögen, war vielleicht auf ärztliche Anordnung von Schubert unternommen worden, den sein Bruder Ferdinand begleitete. Sie ging südlich von Wien zuerst etwa 24 km nach Unter-Waltersdorf in Niederösterreich, dann weitere 11 km nach Eisenstadt in Ungarn (jetzt Burgenland, zu Österreich gehörig). Dort war bekanntlich eines der größten Schlösser der Fürsten Esterházy, und Haydn, der die längste Zeit seines Lebens bei diesen Fürsten verbracht hatte, war seit 1820 dort in der „Bergkirche" beigesetzt. Ein englischer Besucher, Adolphus Frederick Duke of Cambridge, hatte kurz vorher den regierenden Fürsten, Nikolaus II. durch eine Frage nach Haydns Grab daran erinnert, daß dieser noch immer auf dem Friedhof in dem Wiener Vorort Hundsturm begraben lag. Der Fürst erwirkte nun die Überführung der Gebeine; aber der Schädel, an dessen Raub (siehe 28. Oktober 1823) Rosenbaum beteiligt gewesen ist, war nicht dabei: er ist später ins Museum der Gesellschaft der Musikfreunde gekommen. Auch dem jetzigen Fürsten, der 1932 ein eigenes Mausoleum für Haydn errichtet hat, ist es erst 1954 gelungen, den Schädel mit den Gebeinen wieder zu vereinigen. – Über Schuberts Besuch am Grabmal Michael Haydns in Salzburg vgl. 12. September 1825.

Aus der amtlichen „Wiener Zeitung" vom 6. Oktober 1828

Bei Ant. *Diabelli* und Komp.,
Kunst- und Musikhändlern, am Graben Nr. 1133, ist neu erschienen, und bei K. Lichtl in Pest, N. Meidinger in Preßburg und Niemirowsky in Lemberg um den selben Preis zu haben:
Glaube, Hoffnung und Liebe.
Gedicht von Christ. Kuffner,
für eine Singstimme, mit Begleitung des Pianoforte,
in Musik gesetzt
von *Franz Schubert.*
97stes Werk.

Op. 97 erschien nach op. 106, ohne Widmung, in der Sammlung „Philomele" (mit Klavierbegleitung; eine andere „Philomele" mit Gitarrebegleitung erschien auch bei Diabelli) als deren Nr. 240. – Der in der Anzeige nicht genannte Preis betrug 30 kr. K. M. – Kuffner (vgl. 22. Juli 1823), geboren in Wien 1780, war Beamter im Hofkriegsrat und Zensor; Beethoven hat Texte von ihm benützt. In den Wiener „Jahrbüchern der Literatur" veröffentlichte er „Geist und Leben der britischen Dichter des 19. Jahrhunderts". Das Gedicht, das Schubert komponiert hat, war schon vorher von Maximilian Stadler als Quartett für Männerstimmen gesetzt worden. Es beginnt „Glaube, hoffe, liebe" und darf nicht mit dem gleichnamigen Gedicht von Reil verwechselt werden, das Schubert im selben August 1828 komponiert hat (siehe 27. September 1828).

Aus der amtlichen „Wiener Zeitung" vom 6. Oktober 1828

Bei A. *Pennauer*,
k. k. privil. Kunst- und Musikalienhändler in Wien, am Graben Nr. 1122, ist neu erschienen, und auch bei K. *Lichtl* in Pest, bei J. Niemirowsky in Lemberg, und bei W. H. Thierry in Hermannstadt um den selben Preis zu haben:

. . . .

Schubert, Franz, Wehmut (Gedicht von Hüttenbrenner), ewige Liebe von Schulze, Flucht von Lappe. In Musik gesetzt für 4 Männerstimmen. 64stes Werk. Preis 1 fl. 45 kr. K. M.

Op. 64 (ohne Widmung) ist ein Nachzügler des Verlags Pennauer, mit dem Schubert 1825 bis 1827 zu tun hatte. Nottebohm meinte zwar, daß Pennauer das Werk schon um Michaelis 1826 ausgegeben hätte, dem widerspricht aber, abgesehen von dieser ersten Anzeige, die Verlagsnummer 400, die höher ist, als die aller anderen Schubert-Werke bei Pennauer. – Der Textdichter des ersten Liedes ist Heinrich Hüttenbrenner (siehe 19. Mai 1819).

Probst an Schubert

[Außen:]

Sr. Wohlgeb.
Herrn Franz Schubert,
Tonkünstler u. Kompositeur,

Wien,
Neue Wieden No. 694.
Zur Stadt Ronsperg, 2. Etage rechts.

[Innen:]

Herrn Franz Schubert, Wohlgeb.
Wien.

Leipzig, d. 6. 8ten 1828.

In Antwort Ihrer werten Zuschriften v. 1. Aug. und 2. dss. bitte ich um Entschuldigung, daß Ihr Trio Op. 100 noch nicht in Ihren Händen ist. Meine Reise nach Frankreich und Holland hat wohl ein wenig den Aufschub veranlaßt, auch ist das Werk ziemlich stark. Es ist indes bereits im Stich vollendet, sowie auch so sorgfältig als möglich korrigiert und geht fix und fertig mit nächster Sendung durch Diabelli & Co. an Sie ab. Von Ihren neuen Kompositionen würden mir die Lieder am meisten konvenieren und ich bitte um deren Zusendung. Was Sie ferner leicht Faßliches à 4/mains komponieren, so etwa wie Ihre Variationen über das Müllerlied aus Marie, bitte ich mir ebenfalls mitzuteilen. Sollte sich das Himmelsche Thema An Alexis nicht zu ähnlichem dankbar verarbeiten lassen?

Mit wahrer Achtung ergeben

H. A. Probst.

Vgl. 1. August und 2. Oktober 1828. – Es ist unwahrscheinlich, daß ein Exemplar des Klaviertrios in Es noch in Schuberts Hände gekommen ist: es wurde erst am 11. Dezember 1828 von Artaria & Co., zugleich mit deren Ausgabe des vierhändigen Rondos op. 107, als in Wien eingetroffen angekündigt. – Die Lieder sind die nach Heine, die Schubert aber nicht an Probst geschickt hat. – Die Variationen über das Lied des Müllers aus Herolds „Marie", op. 82, hatte Probst schon früher erwähnt (9. Februar 1828). – Himmel (siehe 4. Juni 1823) war 1765 in Preußen geboren, 1814 gestorben und hatte vor Beethovens Liederkreis „An die entfernte Geliebte" (siehe Juni 1827) den Zyklus „Alexis und Ida" (Text von Christoph August Tiedge) geschrieben; darin ist das beliebte „An Alexis send' ich dich". Statt Schubert schrieb François Hünten Variationen darüber für Probst (erschienen als Hüntens op. 26). Schumann schrieb einen Kanon über das Thema.

ANTON SCHINDLER AN SCHUBERT

[Außen:]

S: Wohlgeboren
Herrn Frz. Schubert,
Neue Wieden!
Zur Stadt Lansperg
Nr. 624. im 2. Stock rechts.
Wien

[Innen:]

Pesth, den 11t Oktb. 1828

Mein guter, lieber Freund Schubert!

Unser Freund Lachner ist mit dem Arrangement seiner Oper gar zu sehr beschäftigt, daher ich es übernehme, Sie nicht nur in seinem Namen zu dem wichtigen Tage, an dem dieses große Werk zur Aufführung kommen wird, welches der 25. oder 27t d. M. bestimmt ist, einzuladen, sondern ich und meine Schwester fügen noch unsere Einladung hinzu, und wünschen, Sie hier in unserer Mitte nun als herzlich wohlmeinender Freund empfangen und verehren zu können. Wir haben alle unter einem Dache und an einem Tische recht gut Platz, und freuen uns, daß Sie den für Sie bestimmten Platz *ohne Widerrede* annehmen und recht bald schon okkupieren werden. Richten Sie sichs daher ein, daß Sie längstens am 22. d. mit dem Eilwagen abreisen, und geben Sie uns nur 2 Tage früher schriftliche Nachricht, ob Sie sicher am 24. d. morgens hier zu erwarten sind. Dies wäre das Eine; das Andere folgt.
Sintemal und alldieweil Ihr Name hier einen guten Klang hat, so haben wir folgende Spekulation mit Ihnen vor, nämlich: daß Sie sich entschließen mögen, hier ein Privat Konzert zu geben, wo größtenteils nur Ihre Gesangstücke vorgetragen werden sollen; und man verspricht sich einen guten Erfolg; und da man schon weiß, daß Ihre Timidität und Komodität bei einem solchen Unternehmen nicht viel selbst Hand anlegt, so mache ich Ihnen kund und zu wissen, daß Sie hier Leute finden werden, die Ihnen auf das willfährigste unter die Achseln greifen werden, so schwer Sie auch sind. Jedoch müssen Sie auch etwas dazu beitragen, et quidem daß Sie sich in Wien 5–6 Briefe aus adelichen Häusern an wieder solche hier geben lassen. Lachner meint z. B. aus dem Graf Esterházschen Hause, und ich meine auch dazu: z. B. sagen Sie ein Wort davon unserm biedern Freunde Pinterics, der Ihnen gewiß einige von seinem Fürsten besorgen wird. Vorzüglich aber verschaffen Sie sich einen guten Brief an die Gräfin Tölöky, Vorsteherin des adelichen Frauenvereins, die die größte Beschützerin der Kunst hier ist. Lassen Sie sich das nicht schwer fallen, denn es ist dabei keine Mühe und kein Kurmachen verbunden, sondern Sie geben die Briefe hier ab, wenn wir es für notwendig finden werden, und damit basta! Einige 100 fl. auf diese Art in die Tasche bekommen, ist nicht zu verwerfen, und nebst diesem können noch andere Vorteile dabei heraus schauen. Also frisch! nicht lange judiziert und keine Mäuse gemacht! unterstützt werden Sie aufs Beste und nach Kräften. Es ist hier ein junger Dilettant, der Ihre Lieder mit sehr schöner Tenor Stimme gut, recht gut singt, der ist dabei, die Herren vom Theater detto, meine Schwester detto, detto, also darf er sich mit seinem dicken Ranzen nur hinsetzen, und, was vorgetragen werden soll, begleiten. Auch mehrstimmige Gesänge können ihre gute Wirkung nicht verfehlen. Mehrere sind darunter hier bekannt. Neues schreiben Sie nicht, nicht notwendig!

Und somit Gott befohlen! Wir erwarten Alle, daß Sie hübsch g'scheit handeln und sich nicht widerspenstig zeigen werden. Also auf baldiges Wiedersehen in dem Lande der Schnurrbärte!

Dies von

Ihrem

aufrichtigen Freunde
Anton Schindler.

Lieber Butscher ich erwarte Dich längstens am 20 in Pesth, damit wir doch auch noch ein paar Tropfen trinken können. Lebe wohl.

[Franz Lachner.]

Original verschollen. Veröffentlicht in Kreißles Buch, S. 439ff. – Abschrift früher bei der Familie Krasser, Wien. – Schindler, Beethovens Faktotum, war aus Mähren 1813 nach Wien gekommen, wo er von 1822 bis 1826 als Konzertmeister im Orchester des Theaters in der Josefstadt tätig war. Im September 1827 war Schindler mit seiner Schwester Marie nach Pest übersiedelt, wo sie am Deutschen Theater als Sängerin engagiert war. – Franz Lachner hatte seine erste Oper, „Die Bürgschaft", komponiert, und Schindler veranlaßte im Sommer 1828, daß sie in Pest aufgeführt wurde. Ende September war Lachner nach Pest gereist, und Schubert soll ihm versprochen haben, der Premiere womöglich beizuwohnen. Sie fand erst am 30. Oktober statt, zum Benefiz des Fräulein Schindler, und die Oper wurde nie wieder gegeben. – Nach den Einladungen aus Gmunden und aus Graz war die aus Pest besonders verlockend, wenn Schubert auch dort hätte ein eigenes Konzert geben können. Der Eilwagen brauchte 28 Stunden von Wien bis Buda (Ofen), an der Donau, gegenüber von Pest. – Pinterics war Privatsekretär des Fürsten Josef Palffy. – Johanna Gräfin Teleki war die Gründerin und Präsidentin des Wohltätigen Frauenvereins in Pest; in ihrem Salon verkehrten Ladislaus Pyrker, Johann Graf Mayláth, gelegentlich auch Karoline Pichler und Franz Grillparzer: vier von Schuberts Textdichtern. – Nach Lachners Erinnerungen kam von Schubert keine Antwort mehr nach Pest. – Butscher war ein anderer Scherzname für Schubert. (Lachners Nachschrift fehlt bei Kreißle.)

22. Oktober 1828: Schwind übersiedelt nach München. – Schwind, der um Netti Hönigs willen an die Akademie nach München ging, fuhr zuerst nach Salzburg, dann zurück nach Linz, und ging zu Fuß über das Innviertel nach München. Anfang November begann sein Semester dort.

B. Schotts Söhne an Schubert

[Außen:]

Sr. Wohlgeborn
Herrn Fr. Schubert,

Neue Wieden, zur Stadt Lansperg,
No. 694 im 2ten Stock rechts,
Wien.

[Innen:]

Mainz, d. 30. Oktober 1828.

Herrn Fr. Schubert in Wien.

Dero sehr werte Zuschriften vom 28ten Mai und 2ten Okt. haben wir richtig erhalten. Die Antwort auf das erste Schreiben verzögerte sich so sehr, weil wir auch von hier die Impromptus mit Gelegenheit nach Paris sandten, wie solche auch hierher kamen.
Wir erhalten solche von dort zurück mit dem Bedeuten, daß diese Werke als Kleinigkeiten zu schwer seien und in Frankreich keinen Eingang finden würden, und bitten Sie deshalb recht sehr um Entschuldigung.
Das Quintett werden wir bald verlegen; doch müssen wir bemerken, daß dieses kleine

opus um das angesetzte Honorar zu teuer ist, im ganzen gibt es auf der Klavier-Stimme nur 6 gedruckte Seiten, und wir vermuten, es beruht auf einem Irrtum, daß wir dafür 60 fl. K. M. bezahlen sollten.
Wir offerieren Ihnen fl. 30 dafür, und werden auf Ihre Antwort den Betrag sogleich entrichten, oder Sie dürfen auch auf uns entnehmen.
Das Klavier-Werk op. 101 wäre uns gewiß nicht zu teuer, allein die Unbrauchbarkeit für Frankreich war uns recht verdrüßlich. Wenn Sie gelegentlich etwas minder Schweres und doch Brillantes auch in einer leichteren Tonart komponieren, dieses belieben Sie uns ohne weiteres zuzusenden.
Wir zeichnen mit Achtung und Freundschaft

B. Schotts Söhne.

P. S.
Um allen Aufenthalt zu vermeiden, legen wir eine Anweisung von fl. 30 auf H. [W.F.] v. Heilmanns Erbe, nebst avis-Brief bei. Gehen Sie unsern Vorschlag nicht ein, so senden Sie uns die Anweisung zurück. – Die 4 Impromptus schließen wir der ersten Sendung an Herrn Haslinger bei. – Die Obigen.

Vgl. 23. Mai und 2. Oktober 1828. – Schotts hatten seit 1826 eine Filiale in Paris. In diesem Zusammenhang ist es bemerkenswert, daß man in Paris um 1829 (!) davon gesprochen haben soll, Schubert dorthin zu laden, damit er für die Akademie eine Oper schreibe (Sonnleithner an Luib 1857, Brief bei der Gesellschaft für Musikfreunde, Wien; Schubert-Erinnerungen, S. 101). – Die Impromptus, geplant als op. 101, veröffentlicht von Diabelli als op. posth. 142, kamen also zurück, und zwar auf dem selben Wege, auf dem sie Schubert geschickt hatte. – Es scheint, daß Schubert das kleinere Honorar für „Mondenschein" nicht angenommen hat; das Quintett erschien um 1831 dennoch bei Schott, aber autorisiert schon 1829 bei Diabelli, freilich mit einer apokryphen Klavierbegleitung (ad libitum), nachdem Schott die autographe Beilage zu der Kopie des unbegleiteten Quintetts zurückbehalten hatte (verschollen).

31. Oktober 1828: Schubert geht zum „Roten Kreuz" am Himmelpfortgrund, wo er während des Essens einen Fisch angeekelt stehen läßt. – Das „Rote Kreuz" (vgl. Anfang 1821 und 25. Juli 1825) war das Stammgasthaus der Familie Schubert gewesen, solange sie noch auf dem Himmelpfortgrund wohnte. Die Brüder Schubert trafen sich aber noch manchmal dort.

3. November 1828: Schubert hört morgens in der Hernalser Pfarrkirche ein Requiem, das sein Bruder Ferdinand komponiert hatte, und macht nachher mit ihm und Josef Mayßen einen dreistündigen Spaziergang. – Das Requiem erschien um 1830 als Ferdinands op. 9 bei Diabelli, gewidmet dem Andenken Schuberts, mit einer Vignette, die sein Grabmal darstellt. Mayßen war Chormeister an der Kirche von Hernals.

4. November 1828: Schubert meldet sich zusammen mit Josef Lanz bei Simon Sechter als Schüler für das Studium der Fuge an; es wird vereinbart, daß dem Studium Friedrich Wilhelm Marpurgs „Abhandlung von der Fuge" zugrunde gelegt werden soll. – Über Lanz siehe 7. Februar 1825. Sechter hatte Marpurgs Lehrbuch bearbeitet. Er war, nach Johann Josef Fux, der Meister der Musiktheorie in Wien; sein bedeutendster Schüler wurde Bruckner. Auch Worzischek hatte drei Monate vor seinem Tode bei ihm studiert. Laut Schindler soll Schubert schon 1824 die Absicht gehabt haben, zu Sechter in die Lehre zu gehen, aber Pinterics hätte ihm abgeraten (eine sehr fragwürdige Überlieferung, siehe Schubert-Erinnerungen, S. 271). – Schuberts schließlicher Entschluß, bei Sechter Unterricht zu nehmen, soll durch den Eindruck veranlaßt worden sein, den Händels Werke auf ihn gemacht haben. Es ist möglich, daß Haslinger ihm Beethovens Exemplar der Arnold-Ausgabe zugänglich gemacht hatte. – Grillparzer – der wie Schubert Heines „Fischermädchen" komponiert hat – studierte um 1832 bei Sechter; seine Übungen sind im Archiv der Gesellschaft der Musikfreunde erhalten. – Es scheint, daß Schubert und Lanz am 4. eine erste Stunde in Sechters Wohnung, in der Vorstadt Mariahilf 123, genommen haben, bei der zweiten (am 10. November?) erschien Lanz schon allein.

9. (?) November 1828: Schubert besucht Schönstein.

11. (14.?) November 1828: Schubert legt sich endgültig zu Bett. – Das Zimmer, ein Kabinett, ist am rechten Ende des zweiten Stockwerkes gelegen (jetzt Gedenkstätte der Stadt Wien). Die ganze Wohnung, die Ferdinand schon im nächsten Jahre wieder verließ, umfaßte ein Gassenzimmer mit zwei Fenstern, jenes Kabinett mit einem Fenster, und ein finsteres Hofzimmer. Wenn Gerhard v. Breuning sich zu erinnern glaubte, daß Schubert das Hofzimmer bewohnte, so ist das wohl ein Irrtum. Daß ihn sein Bruder in dem dunklen Loch hätte liegen lassen, ist unglaubwürdig. Schubert wurde nicht nur von Ferdinand, seiner Frau Anna und vielleicht deren ältestem Kind, der zwölfjährigen Therese, gepflegt, sondern besonders von seiner damals dreizehnjährigen Halbschwester Josefa (siehe Anfang 1818), die Spaun als „liebevolle Pflegerin" bezeichnet. – Spaun und Bauernfeld bezeugen, daß sich Schubert am 11. November endgültig zu Bette gelegt hat, Ferdinand gibt den 14. November an.

Schubert an Schober

[12. November 1828]

Lieber Schober!

Ich bin krank. Ich habe schon 11 Tage nichts gegessen u. nichts getrunken u. wandle matt u. schwankend von Sessel zu Bett u. zurück. Rinna behandelt mich. Wenn ich auch was genieße, so muß ich es gleich wieder von mir geben.

Sey also so gut, mir in dieser verzweiflungsvollen Lage durch Lecktüre zu Hülfe zu kommen. Von Cooper habe ich gelesen: *Den letzten der Mohikaner*, *den Spion*, *den Lootsen* u. die *Ansiedler*. Solltest Du vielleicht noch was von ihm haben, so beschwöre ich Dich, mir solches bey der Fr. v. Bogner im Kaffehh. zu depositiren. Mein Bruder, die Gewissenhaftigkeit selbst, wird solches am gewissenhaftesten mir überbringen. Oder auch etwas Anderes.

Dein Freund

Schubert.

Dieser letzte Brief von Schuberts Hand ist undatiert, er trägt den Vermerk: „Erhalten den 12ten November 1828. Fr. v. Schober". – Schober, der sich vielleicht aus Angst vor Ansteckung fernhielt, war im November nicht bei Schubert zu Besuch. Aber er hatte ihm offenbar im Oktober aus seiner Bibliothek ein paar Bände Cooper gebracht oder geschickt. Obzwar sich bei Schobers Haushälterin, Frau Babette Wolf in Dresden, 1914 noch ein Wiener Nachdruck einer deutschen Cooper-Übersetzung von *r und Wilhelmine v. Gersdorf befand, scheint die von Schubert gelesene die von Chr. A. Fischer herausgegebene gewesen zu sein, die in Frankfurt am Main 1826 bis 1833 erschienen ist. In ihr umfaßt „Der Spion" die Bändchen 1–6, „Der letzte der Mohikaner" 7–12, „Die Ansiedler" 13–18 (1826 erschienen) und „Der Lootse" 19–24 (1827/28 erschienen). Wenn Schober mehr von dieser Ausgabe schickte, so waren das die folgenden 1828 erschienenen Werke: „Lionel Lincoln" 25–30, „Die Steppe" 31–36 und „Der rote Freibeuter" 37–42. Die Bändchen 43 bis 75 erschienen erst nach 1828. Neben dieser Duodez-Ausgabe existierte noch eine 12bändige in Oktav, in Leipzig 1824/25 erschienen, übersetzt von *r (F. P. E. Richter?), die aber den „Letzten der Mohikaner" nicht enthielt, und einzelne Werke bei verschiedenen deutschen Verlegern. (Laut Goedeke war „Richter" identisch mit Gersdorf.) – Im Café Bogner hat Wilhelm v. Chézy (siehe 5. Dezember 1823) bald darauf von Schuberts Hingang zuerst erfahren (Schubert-Erinnerungen, S. 224).

14. November 1828: Karl Holz, Karl Groß, Baron König und . . . spielen für Schubert, in Gegenwart des Klavierlehrers Johann Dolezalek, Beethovens Streichquartett in c-Moll, op. 131. – Diese sehr fragliche Nachricht stammt von Holz (Schubert-Erinnerungen, S. 257). Er meinte, daß das fünf Tage vor Schuberts Tod geschehen sei. Das müßte in Ferdinands Wohnung gewesen sein. Op. 131 war das vorletzte der Streichquartette Beethovens, und alle diese wurden damals nur von wenigen seiner Verehrer gewürdigt. Karl Groß könnte Karl Magnus Groß, der Violinspieler und Lehrer Lenaus, gewesen sein oder Karl Friedrich Groß, ein Cellist, der aber nur Amateur war. Ein Baron König spielte Flöte bei der Gesellschaft der Musikfreunde als ihr Mitglied, aber Leopold v. Sonnleithner nennt auch einen Cellisten

dieses Namens, der der selbe gewesen sein mag. Den vierten Spieler hat Holz nicht angegeben. – Johann Nepomuk Emanuel Dolezalek (vgl. 7. Februar 1825), geboren 1780 in Chotieborz (Böhmen), seit 1800 in Wien, war Cellist am Kärntnertor-Theater, Komponist und Klavierlehrer. Er war auch einer der letzten Besucher Beethovens gewesen.

Mitte November (?) 1828

Verlorene Adresse des Cäcilienchores in Lemberg an Schubert,

[zum Dank für die durch Josef v. *Spaun* übermittelte Abschrift des 23. Psalms (op. 132, D. 706)]

Wolfgang Amadeus Mozart Sohn (siehe 14. Juni 1820) hatte im Herbst 1826 diesen Verein gegründet, also nach Spauns Abgang von Lemberg. Die Sendung erfolgte durch Vermittlung Spauns, der Schubert Mitte November (zugleich mit Randhartinger?) besuchte. Schubert sagte zu ihm: „Schreibe auch das ‚Ständchen‘ von Grillparzer ab, und schicke es den Damen in Lemberg." Er soll diese Abschrift korrigiert und eine Dankadresse des Chors noch erhalten haben. Im übrigen waren die Korrekturen des zweiten Teils der „Winterreise" Schuberts letzte Arbeit.

16. November 1828: Konsilium Josef v. Verings und Johann Baptist Wisgrills an Schuberts Krankenbett. – Josef Ritter (später Edler) v. Vering, geboren in Wien 1793, war ein Onkel Gerhard v. Breunings (siehe Anmerkung vor dem 12. November 1828). Seine Schwester Julie, die erste Frau Stephan v. Breunings, war auf dem Währinger Ortsfriedhof (im Familiengrab der Vering) begraben worden, und ihr Grab soll Beethovens Beerdigung dort veranlaßt haben, indirekt also auch die Schuberts. Vering war Rinnas Freund und war von diesem, der nun selbst erkrankt war, aufgefordert worden, Schuberts Behandlung zu übernehmen. Daß Vering 1821 ein Buch „Über die Heilart der Lustseuche durch Quecksilber-Einreibungen" und 1826 ein anderes, unter dem Titel „Syphilo-Therapie" (dieses Rinna gewidmet) veröffentlicht hatte, muß nichts mit seiner Berufung zu tun haben. (Übrigens hatte Verings Vater, der 1823 verstorbene Stabsfeldarzt Gerhard v. Vering, im Frühjahr 1816 zu Wien Karoline Komtesse Esterházy operiert.) – Johann Baptist Wisgrill, geboren um 1795, war zwischen 1806 und 1811, drei Jahre lang mit Schubert Hofsängerknabe (Alt) gewesen. Im Frühjahr 1809 war er Primus seiner Klasse am Akademischen Gymnasium gewesen und hatte, nach Absolvierung der Philosophie-Klassen, Medizin studiert. Er wurde später Professor der Chirurgie, veröffentlichte mehrere Handbücher, auch über Physik und Chemie, und war Mitredakteur der „Jahrbücher der Medizin des österreichischen Kaiserstaates" (1838ff.). – Nach diesem Konsilium scheint die Behandlung Schuberts geändert worden zu sein. Zu der schon anwesenden Wärterin wurde nun auch noch ein Wärter bestellt, die sich wohl ablösen sollten. Schubert nahm die Arzneien pünktlich, und zwar mit Hilfe einer Taschenuhr, die an einem Sessel neben dem Bett hing.

17. November 1828: Schubert deliriert heftig und ohne Unterbrechung. Bauernfeld und Lachner besuchen Schubert. – Lachner war Anfang November von Pest zurückgekommen (siehe 11. Oktober 1828). Er reiste gleich darauf im Auftrag der neuen Operndirektion nach Deutschland, um Sänger für Wien zu finden. In Darmstadt erreichte ihn ein Brief des Regisseurs Georg Friedrich Treitschke mit der Nachricht von Schuberts Tod. – Während Bauernfelds Tagebuch nur davon berichtet, daß Schubert an diesem Tage von ihrer Oper „Der Graf von Gleichen" gesprochen habe, meldet Bauernfelds Nachruf, daß Schubert nach einem neuen Libretto verlangt habe. In Bauernfelds Erinnerungen von 1869 ist nur vom „Grafen von Gleichen" in diesem Zusammenhang die Rede. Auch Lachner erinnerte sich nur daran. – Während Schober, der von Vering täglich Nachricht über Schuberts Befinden erhielt, und andere Freunde damals aus Furcht vor Ansteckung fernblieben, scheinen Spaun und vielleicht auch Josef Hüttenbrenner noch einmal zu Schubert gekommen zu sein.

18. November 1828: Schubert ist nur mit Mühe im Bett zu halten.

19. November 1828: Rudolf v. Smetana heiratet Justina v. Bruchmann. – Die Hochzeit fand im Stefansdom statt; Smetanas Schwager Streinsberg (oder sein Vater) und Leopold Kupelwieser waren Trauzeugen. Die Todesnachricht kam während der Hochzeit ins Haus Bruchmann.

Vater Schubert an seinen Sohn Ferdinand

Lieber Sohn Ferd.

Die Tage der Betrübnis und des Schmerzens lasten schwer auf uns. Die gefahrvolle Krankheit unsers geliebten Franz wirkt peinlich auf unsere Gemüter. Nichts bleibt uns in diesen traurigen Tagen übrig, als bei dem lieben Gott Trost zu suchen, und jedes Leiden, das uns nach Gottes weiser Fügung trifft, mit standhafter Ergebung in seinen heiligen Willen zu ertragen; und der Ausgang wird uns von der Weisheit und Güte Gottes überzeugen und beruhigen.
Darum fasse Mut und inniges Vertrauen auf Gott; er wird Dich stärken, damit Du nicht unterliegest, und Dir durch seinen Segen eine frohe Zukunft gewähren. Sorge so viel als möglich, daß unser guter Franz unverzüglich mit den heil. Sakramenten der Sterbenden versehen werde, und ich lebe der tröstlichen Hoffnung, Gott wird ihn stärken und erhalten.

Dein betrübter, aber von dem Vertrauen auf Gott gestärkter Vater

19. Nov. 1828. Franz.

Im Sterbeprotokoll der Kirche St. Josef in der Vorstadt Margarethen heißt es: „erhielt bloß die letzte Ölung" (s. S, 552). Um das heilige Abendmahl einzunehmen, fehlte es Schubert offenbar am dazu nötigen Bewußtsein.

Aus dem „Verzeichnis der Geburts- und Sterbefälle in der Familie des Schullehrers Franz Schubert"

[Franz Peter . . .] † Mittwoch, den 19. November 1828, nachmittags 3 Uhr (am Nervenfieber), begraben Samstag, 22. November 1828.

Die Krankheitsursache, wie sie amtlich festgestellt wurde, hieß „Nervenfieber". Es war Typhus wie bei Schuberts Mutter (siehe 28. Mai 1812), offenbar typhus abdominalis (Bauchtyphus). Schuberts Fettsucht, eine gewisse Neigung zum Alkohol und das schlechte Wasser der „Neuen Wieden", dieser sanitär noch ungeregelten Vorstadt, hatten die Grundlagen für die Krankheit gegeben. Der Verlauf von drei Wochen bis zur Krisis ist typisch für diese Krankheit. Schubert soll nach Spauns Zeugnis schmerzlos gestorben sein: sein Antlitz war unverändert. Er war 31 Jahre, 9 Monate und 19 Tage ($1^1/_2$ Stunden) alt geworden. Durch die Genauigkeit der Aufzeichnungen Vater Schuberts wäre man imstande, die Dauer dieses Lebens nicht nur in Tagen, sondern auch in Stunden zu errechnen.

NACHKLANG

Aus dem Wiener Totenprotokoll

[19. November 1828]

Schubert H. Franz, Tonkünstler u. Kompositeur, led. Hier gebürtig.
In Ronsberg-H., Nr. 694 auf der Neuwied., a. Nervenfieber, alt 32 Jr.

Ullreich.

November 1828

Aus Perths Tagebuch

Am 19. d. M. starb hier, zu früh für die Kunst, der geniale Tonkünstler und Kompositeur Franz Schubert am Nervenfieber, 32 Jahre alt. Als lyrischer Tondichter behauptete er gegenwärtig gewiß den ersten Rang in Deutschland. Als gebildeter Mann, angenehmer Gesellschafter und liebenswürdiger Mensch werden sein Andenken seine Freunde und Verehrer heilig bewahren.

Todesanzeige

Gestern Mittwoch nachmittag um 3 Uhr entschlummerte zu einem besseren Leben mein innigstgeliebter Sohn *Franz Schubert*, Tonkünstler und Kompositeur, nach einer kurzen Krankheit und dem Empfang der heiligen Sterb-Sakramente, im 32. Jahre seines Alters. Zugleich haben ich und meine Familie unseren verehrlichen Freunden und Bekannten hiermit anzuzeigen, daß der Leichnam des Verblichenen Freitag den 21. d. M. nachmittags um halb 3 Uhr, von dem Hause Nro. 694 auf der Neu-Wieden in der neugebauten Gasse nächst dem sogenannten Bischof-Stadel in die Pfarrkirche zum heiligen Josef in Margareten getragen und daselbst eingesegnet werde.

Wien, am 20. November 1828. *Franz Schubert*
Schullehrer in der Roßau.

Zu dem Empfang der Sterbe-Sakramente vgl. 19. November 1828. – Zum Namen der Straße vgl. die Notiz vor dem 27. September 1828. – Die Vorstadt Wieden (einschließlich Neu-Wieden) lag südlich der Inneren Stadt, die Vorstadt Margareten westlich von der Wieden. Die Kettenbrückengasse, wie sie später hieß, ist die Grenze zwischen den beiden Vorstädten (heute 4. und 5. Gemeinde-Bezirk der Groß-Stadt Wien). – Die Kirche in Margareten war die nächst liegende. Der Ort der Beisetzung war an diesem Tage noch nicht bestimmt.

Aus Bauernfelds Tagebuch

20. November 1828.

Gestern nachmittags ist Schubert gestorben. Montags sprach ich ihn noch. Dienstag phantasierte er, Mittwoch war er tot. Er sprach mir noch von der Oper. Es ist mir wie ein

Traum. Die ehrlichste Seele, der treueste Freund! Ich wollt', ich läge statt seiner. Er geht doch mit Ruhm von der Erde!

Vgl. 17. November 1828. – Die Oper ist „Der Graf von Gleichen". – An Stelle Schuberts wäre auch Kenner gern gestorben; vgl. 27. Januar 1829.

Ferdinand Schubert an seinen Vater

Liebwertester Herr Vater!

Sehr viele äußern den Wunsch, daß der Leichnam unseres guten Franz im Währinger Gottesacker begraben werde. Unter diesen vielen bin besonders auch ich, weil ich durch Franzen selbst dazu veranlaßt zu sein glaube. Denn am Abende vor seinem Tode noch sagte er bei halber Besinnung zu mir: „Ich beschwöre Dich, mich in mein Zimmer zu schaffen, nicht da in diesem Winkel unter der Erde zu lassen; verdiene ich denn keinen Platz über der Erde?" Ich antwortete ihm: „Lieber Franz, sei ruhig, glaube doch Deinem Bruder Ferdinand, dem Du immer geglaubt hast, und der Dich so sehr liebt. Du bist in dem Zimmer, in dem Du bisher immer warst, und liegst in Deinem Bette!" – Und Franz sagte: „Nein, ist nicht wahr, hier liegt Beethoven nicht." – Sollte dies nicht ein Fingerzeig seines innersten Wunsches sein, an der Seite Beethovens, den er so sehr verehrte, zu ruhen?! –
Ich habe deshalb mit dem Rieder gesprochen, und mich erkundigt, welche Kosten diese Leichenübertragung verursache, und da kommen ungefähr 70 fl. K. M. heraus. – Viel! sehr viel! – Aber für Franzen doch gewiß sehr wenig! – Ich meinerseits könnte für diesen Fall einstweilen 40 fl. entbehren, denn ich habe gestern 50 eingenommen. – Übrigens glaube ich sicher erwarten zu dürfen, daß alle die Auslagen für seine Krankheit und für seine Beerdigung ꝛc. durch sein Hinterlaß selbst bald getilgt werden würden.
Sind Sie daher, lieber Herr Vater, meiner Gesinnung, so wäre mir wieder ein großer Stein vom Herzen gewälzt. Jedoch müßten Sie sich *sogleich* entschließen und es mir durch den Überbringer dieses mitteilen lassen, damit ich das Eintreffen des Totenwagens veranstalten könnte. Auch müßten Sie dafür besorgt sein, daß hierüber noch heute vormittags dem Herrn Pfarrer in Währing die Anzeige gemacht werde. Ihr

trauernder Sohn
21. November 1828, früh 6 Uhr. Ferdinand.

P. S. Die Frauen werden doch nicht in schwarzer Trauer erscheinen? Der Konduktansager glaubt, daß er keine Flöre anzuschaffen habe, weil es bei Ledigen nicht gebräuchlich sei, und weil die Träger rote Mäntel und Blumen haben! –

Die Entfernung von der Neuen Wieden zur Roßau war etwa 3 km. – Der Gottesacker ist der vor der Währinger „Linie" (beim „Linienwall"), der sogenannte Währinger Ortsfriedhof (vgl. 29. März 1827), auf dessen neuem Portal von 1827 bis 1832 „Ort der Ruhe" stand; die Inschrift wurde später geändert. Zuständig für den Sterbeort wäre der Friedhof im Vorort Matzleinsdorf gewesen, wo Gluck begraben war und später Vogl begraben wurde. Das Sterbeprotokoll der Kirche Margareten verzeichnet irrtümlich Schubert als wirklich dort begraben. – Zu Johann Rieder vgl. 3. Juli 1824; er war auch Gemeindebeamter des Vororts Währing. Die Entfernung von der Matzleinsdorfer Kirche zum Währinger Ortsfriedhof ist etwa 4 km. – Über die tatsächlichen Kosten vgl. 6. und 27. Dezember 1828. – Der Pfarrer in Währing war Johann Hayek; aus seinen Quittungen vom 22. November, über 30 fl. K. M. für das Grab und 44 fl. 45 kr. für andere Kosten in Währing (22. November 1828) ist ersichtlich, daß das Leichenbegängnis zweiter Klasse war (es gab drei) und daß u. a. die Währinger Schulkinder daran teilgenommen haben. – Das Postskriptum ist gestrichen, offenbar von Ferdinand selbst. – Der Konduktansager, der das Arrangement über hatte, war Balthasar Ausim (siehe November 1828). Wie bei dem ledigen Beethoven, waren auch bei Schubert Flöre für die Leidtragenden beigestellt worden. Die zwei Leichenträger hatten rote Mäntel.

BESCHAU-SCHEIN

Es ist der Herr Franz Schubert, Tonkünstler und Kompositeur, ledig, hier gebürtig.
so in N° 694 auf der Neuwieden
den 19*ten dieses an* Nervenfieber
beschaut worden, alt: 32 Jahr
den 21*ten* Nov *18*28

Geläut 2 Klass *um* 3 *Uhr mit* 1 *Priester.*

Zu begleiten
Pr. Kirchenmeisteramt
Ohne Beyl. *von St. Stephan.*
Joseph Eckart
Kirchenprobst

Die in Kursiv gesetzten Worte sind vorgedruckt.

21. November 1828

AN FRANZ SCHUBERTS SARGE

Der Friede sei mit dir, du engelreine Seele!
Im frischen Blüh'n der vollen Jugendkraft
hat dich der Strahl des Todes hingerafft,
daß er dem reinen Lichte dich vermähle,
dem Licht, von dem hienieden schon durchdrungen,
dein Geist in heil'gen Tönen uns gesungen,
das dich geweckt, geleitet und entflammt,
dem Lichte, das von Gott nur stammt.

O sieh, verklärter Freund, herab auf unsre Zähren,
vergib den Schmerz der schwachen Menschenbrust
wir sind beraubt, *wir* litten den Verlust;
du schwebst befreit in heimatlichen Sphären.
Für viele Rosen hat dies Erdenleben
dir scharfe Dornen nur zum Lohn gegeben,
ein langes Leiden und ein frühes Grab, –
dort fallen alle Ketten ab!

Und was als Erbteil du uns hast zurückgelassen:
das Wirken heißer Liebe, reiner Kraft,
die heilge Wahrheit, groß und unerschlafft,
wir wollen's tief in unsre Seelen fassen.
Was du der Kunst, den Deinen du geworden,

ist offenbart in himmlischen Akkorden.
Und wenn wir *nach* den süßen Klängen gehen,
dann werden wir dich wiedersehen!

Franz v. Schober.

Vgl. die folgende Notiz. – Das Gedicht, auf Wunsch der Familie Schuberts geschrieben, ist eine Variante von Schobers „Pax vobiscum" (‚Der Friede sei mit euch! Das war Dein Abschiedssegen'), das Schubert 1817 als Lied komponiert hatte. Auffällig ist die Wendung „ein langes Leiden"; Schuberts letzte Krankheit hatte nur ein paar Wochen gedauert. Schober spielt also wohl auf den Leidensweg des Lebens an (vgl. 25. November 1828).

Schubert wird am 21. November 1828 in dem üblichen Einsiedlergewande, mit einem Lorbeergewinde um die Schläfen, in den reich bekränzten Sarg gelegt. Bei schlechtem Wetter, unter verhältnismäßig reger Teilnahme, tragen junge Beamte und Studenten den Leichnam aus dem Sterbehause in die Margaretner Kirche zum heil. Josef. Dort werden Schuberts „Pax vobiscum" (D. 551), nach einem neu unterlegten, auf Wunsch der Verwandten geschriebenen Text von Schober, und eine Trauermotette von Johann Baptist Gänsbacher, beide unter dessen Führung mit begleitenden Blasinstrumenten von einem Chor gesungen. Nachdem die Leiche eingesegnet worden ist, wird sie in die Währinger Kirche zum heil. Lorenz und zur heil. Gertrud geführt, wo eine zweite Einsegnung folgt, bei der das Miserere, ein deutsches Totenlied und das Libera gesungen werden. Dann wird der Sarg auf dem Währinger Ortsfriedhofe beigesetzt.

Aus dem Sterbeprotokoll der St.-Josefs-Kirche in Margareten

Den 19te Novemb., Wieden No. 694: Der Franz Schubert, Tonkünstler und Kompositeur, ledig, 32, Nervenfieber, den 21. November im Matzleinsdorfer, erhielt bloß die letzte Ölung.

Leichbetrag

Des H. H. Franz Schubert, Tonkünstler und Kompositeur, so d. 21. November 1828 nach der 2. Klasse in der Pfarre St. Josef in Margareten ist begraben worden, als:

	fl. kr. K. M.
Totenbeschreiber-Amt	·9
Gemalten Leichensarg	4·
Übertan und Kreuz	1·36
Ein feines Totenkleid	5·
Pfarr-Tax	20·27
Pfarr-Schule	2·
Armen-Institut	2·
150 St. Patozetteln	3·
Einsagen den Nachbarn	·48
Schönes Bahrtuch	·36
Schönes Kreuz und Instituten-Buch	1·6
Konduktmäßige Bedienung	3·
4 Pfd. Wachs	4·48
Beten bei der Leiche	2·
22 Rest Trauer-Flöre	3·40

2 Trauer-Mäntel	·12
Leichenwagen auf Währing	5·4
Kranzelbinder-Arbeit zusammen	15·30
Tumpa	·48
Extra-Libera............................	2·
Trinkgeld dem Personal..................	3·36
Vor Leiche abrichten und abdanken	3·
Stempel	·15
Summa	84 f. 35 kr. K. M.

Richtig bezahlt.

Balthasar Ausim,
Kondukt-Ansager.

Die „Patozettel“ (richtig Partezettel) enthielten die Todesanzeige des Vaters (20. November 1828). Das „Einsagen“ war die mündliche Verständigung der Nachbarn. „Rest“ waren Reststücke von schwarzem Tuch. „Tumpa“ bedeutet wohl Pauke (timpano).

QUITTUNG

Über Dreißig Gulden Ks. Mz., welche für einen einfachen Platz auf dem hiesigen Pfarrfriedhofe zur Ruhestätte des H. Franz Schubert, Tonkünstler und Kompositeur, an die Pfarr-Kirche sind gezahlt worden.

Johann Hayek,
Pfarrer.

Währing, den 22ten 9ber 828.

Hayek war der Pfarrer von Währing.

QUITTUNG

Über Vierzig vier Gulden 45 kr. Ks. Mz., welche für die nach der II. Klasse gehaltene Leiche des H. Franz Schubert als sämtliche Auslagen an die Kirche, Pfarre und das Armeninstitut, für Totengräber, Träger, Meßner, Ministranten und Ausläuter, für den Ansager und Vorbeter, für die mitgehenden Institutsarmen, für die Schulkinder samt den Aufsichttragenden Schulgehilfen, an den Schullehrer für das Miserere, Totenlied und Libera, für die Assistenz, für das Wachs zur Beleuchtung des Hochaltars, und das sonstige Leichenwachs sind gezahlt worden.

Johann Hayek,
Pfarrer.

Währing, den 22ten 9ber 828.

Das Einsiedler-Gewand war (für verstorbene Junggesellen?) üblich. Neben den berufsmäßigen Leichenträgern, die den Sarg wohl nur über die Stiegen trugen, waren Jünglinge am Werk, die ihn auf der Straße transportierten. Der Weg zur Kirche in Margareten war ja nicht weit. – Zu Gänsbacher vgl. 9. Juni 1824. – Die Währinger Kirche liegt in der Hauptstraße dieses Vororts, unweit vor dem Ortsfriedhof; sie wurde 1934 erweitert. – Schuberts „Kleine Trauermusik für Blasinstrumente“ vom 19. September 1813, die von fremder Hand auf dem Manuskript als „Franz Schuberts Begräbnisfeier“ bezeichnet ist, wurde damals nicht verwendet. – In Vater Schuberts Familien-Verzeichnis steht irrtümlich der 22. November als Datum der Beisetzung. (Über Vater Schuberts eigenes Grab siehe 9. Juli 1830.) – Schuberts Grab bekam die Nummer 323, nach Beethovens 290, auf dem Friedhof. Die beiden Gräber liegen am stadtwärtigen (östlichen) Teil der erst 1827 errichteten Umfriedungsmauer; nach Beethovens Grab lag das der Familien Hardtmuth und Schlechta (Schlechtas Schwester Therese hatte Louis

v. Hardtmuth, einen musikalischen Steingut- und Bleistift-Fabrikanten geheiratet); danach, vor Schuberts Grab, das des Johann Grafen O'Donell, der am 31. Januar 1828 gestorben war. Nach Schuberts Grab kam später das des Direktors Pompe (siehe 15. Dezember 1826), der am 10. August 1831 gestorben ist. Indessen war auf diesem Friedhof auch eine Frau begraben worden, die Byron nahe gestanden war: Constance Spencer Smith, geboren in Konstantinopel um 1785, Tochter des österreichischen Internuntius Peter Philipp Herbert Freiherrn v. Rathkeal, Gattin des englischen Ministers Spencer Smith (und also Schwägerin des Admirals Sir William Sidney Smith), der später nach Stuttgart gekommen war. Byron lernte die schöne, politisch abenteuernde, Frau 1809 in Malta kennen und schrieb auf sie, unter dem Titel „To Florence" das Gedicht: „Oh Lady! . . .", dessen fünfte Strophe auf ihr Grabmal gesetzt wurde, als sie am 21. Oktober 1829 in Wien verstarb: „On thee, in whom at once conspire . . ." – Später wurden auch die Rosenbaums, Lampi, Ignaz v. Seyfried, Clement, Goethes Enkelin Alma, Nestroy, Antonie v. Arneth (Adamberger) und Grillparzer dort begraben.

Aus Bauernfelds Tagebuch

22. November 1828.

Gestern unsern Schubert begraben. Schober mit seinem Kunstinstitut ist der Krida nahe, Schwind und ich sind mutlos. Was ist das für ein Leben!

Schober hatte etwa zwei Jahre lang das „Lithographische Institut" geleitet. – Schwind hatte am 5. November aus München an Schober geschrieben, daß er nur bis Neujahr mit Geld versehen sei.

Aus Bauernfelds „Poetischem Tagebuch", 1828

Beethoven † 26. März 1827.
Schubert † 19. November 1828.

Wer schafft uns eine Heroika?
Wer frische Müllerlieder?
Das Reich der holden Musika
so glanzvoll kehrt es nimmer wieder!

Mit *Schubert* und *Schwind* im treuen Bunde
verlebt ich manche schöne Stunde,
der Jüngere so zart und weich,
und Beide an Genie sich gleich,
die letzten Blüten in Österreich.

Mein trauter Moritz, wir haben
den besten Freund begraben,
braucht kein Beteuern, kein Schwören,
daß wir für's Leben uns angehören.

Moritz ist Schwind. Die Freundschaft zwischen Bauernfeld und Schwind reichte wirklich bis zum Ende des Malers.

Schwind an Schober

München, den 25. Nov. 828.

Lieber, guter Schober. Ich habe gestern den Brief bekommen, wo mir die Netti schreibt, daß Schubert gestorben ist. Du weißt, wie ich ihn liebte, Du kannst Dir auch denken, wie ich dem Gedanken kaum gewachsen war, ihn verloren zu haben. Wir haben noch Freunde, teure und wohlwollende, aber keinen mehr, der die schöne, unvergeßliche Zeit mit uns gelebt und nicht vergessen hat. Ich habe um ihn geweint, wie um einen meiner Brüder, jetzt aber gönn' ich ihm's, daß er in seiner Größe gestorben ist und seines Kummers los ist. Je mehr ich es jetzt einsehe, was er war, je mehr sehe ich ein, was er gelitten hat. Du bist noch da, und Du liebst mich noch mit der selben Liebe, die in unvergeßlichen Zeiten uns mit unserm geliebten Toten verband. Du allein weißt jetzt noch die Jugend und das Feuer, das trotz allem noch das einzige ist, was mich glücklich machen kann. Zu Dir trage ich alle Liebe, die sie nicht mit ihm begraben haben, und mit Dir immer zu leben und alles zu teilen, ist meine liebste Aussicht. Die Erinnerung an ihn wird mit uns sein und alle Beschwerden der Welt werden uns nicht hindern, in Augenblicken ganz zu fühlen, was nun ganz verschwunden ist.

Dein Moritz.

Schreibe mir bald, alles, was Du noch von ihm weißt, aber recht bald. Für eine Stunde bei Euch wollte ich . . .

Netti Hönig war noch immer Schwinds Braut.

Jenger an Josef Hüttenbrenner

Lieber Freund!

Gestern habe ich mit Herrn Schober wegen eines Requiems für Schubert gesprochen; er ist mit allem einverstanden; nur lassen seine Verhältnisse nicht zu, sich irgend an die Spitze einer Unternehmung zu stellen, und er meint, daß man wegen des Requiems und wegen der Kosten für ein Monument jedenfalls mit dem Vater oder Bruder Ferdinand Rücksprache pflegen sollte, um ihre Meinung zu hören. Tue es also und gib mir bald Auskunft darüber. Schober meint, es wäre gut, wenn das Requiem so wenig als möglich kostet, damit mehr Geld fürs Monument und das angekaufte Grab übrig bleibe.
Rede also auch mit dem Dechant und mit Piringer, damit man erfährt, was das Requiem ungefähr kosten werde. Der ganze Unkostenbetrag würde sodann von den eingehenden Subskriptionsgeldern abgezogen werden, doch nur so wenig als möglich.
Schober sagt, er glaube, es werde auch bei St. Josef ein Requiem abgehalten. Wenn dieses der Fall wäre, so dürfte eines in der Augustiner-Kirche unnötig sein; mir wäre es aber doch lieb, wenn eines dort stattfände.
Unterdessen werde ich durch Schober dafür sorgen, daß Subskriptionsbögen lithographiert und in den besten Musikalienhandlungen, sowie unter die Freunde des Verstorbenen verteilt werden.
Wenn der Aufsatz in die Zeitung fertig ist, so lasse ihn sehen

Deinem Freund

[26. November 1828] Jenger.

Zum Requiem in der Augustiner-Kirche vgl. Dezember 1828. Bei St. Josef fand keine Seelenmesse statt, wohl aber bei St. Ulrich (siehe 27. November 1828). Das „Monument" war das Grabmal (siehe 20. Dezember 1828). Schober war damals in Geldnot. Zu Piringer vgl. 1. März 1826. Der „Aufsatz", den Josef Hüttenbrenner schreiben wollte, war vielleicht der Nachruf, der am 11. Dezember 1828 in der „Wiener Zeitschrift für Kunst usw." erschien (Schubert-Erinnerungen, S. 5).

Einladung zum Seelenamt

Den Freunden und Verehrern des zu früh verblichenen *Franz Schubert*, Tonkünstlers und Kompositeurs, wird hiermit bekannt gemacht, daß Donnerstag, den 27. November 1828 [um $^1/_2$ eilf Uhr], auf Veranstaltung des Kirchenmusik-Vereines zu St. Ulrich am Platzl für Ihn das Seelenamt stattfindet, wobei von dem selben Musikvereine das Mozartsche Requiem aufgeführt werden wird.

Kirchenmusikverein
zu St. Ulrich am Platzl.

Dieses Seelenamt war offenbar von Ferdinand Schubert veranlaßt worden.

P. Columban Daigele an Vater Schubert

... Wir bedauern von Herzen das frühzeitige Ableben des H. Sohnes Franz. Wahrlich er würde noch großes Aufsehen in der musikalischen Welt erreget haben. Allein Gott hat es so beschlossen, und wir können wider dessen höchsten Willen nicht streiten – ein besseres Leben ist uns allen verheißen, und so müßen wir als Diener Gottes uns auch nicht aufhalten, wenn er uns /: scheinbar :/ in Traurigkeit zu versetzen scheint. Sie sind Vater! und müßen daher bedenken, daß Sie noch zarte Pflanzen besitzen, die Sie dem Allmächtigen aufzuziehen verpflichtet sind. Der Herr wird Ihnen Kraft dazu verleihen, wenn Sie nur jede Kleinmütigkeit beseitigen. Andere Freuden und Vergnügen werden Ihnen sodann diesen erlittenen Schlag ersetzen. Herr du hast es gegeben, du hast es auch wieder genommen. – Sit nomen Domini benedictum! und unser Herz wird hierin Trost finden. Wir werden des Verblichenen im Gebete nicht vergessen ...
Ich habe die Ehre zu sein und zu verbleiben mit wahrer Freundschaft

Ihr ergebenster Vetter und Gevatter
Ofen den 28t Novbr 828
Col.

... H. Pfarrer Heinrich Enderle hat mir auch schon das Ableben des lieben Franz berichtet.

Vgl. 30. September 1827. – Über Enderle (Federle?) ist nichts bekannt.

Jenger an Frau Pachler

Wien, am 30ten 9ber 828.

Daß ich den Schmerz über das Ableben meines guten Freundes Schubert noch immer nicht besiegen kann, und mich seit dem Tode desselben unwohl fühle, wird Ihnen B[aron] Gr[imschitz] ebenfalls sagen.
Ich bin sehr beschäftiget, für den Verstorbenen das Requiem seines treuen Freundes Anselmo in der Augustiner-Kirche zur Aufführung zu bringen, und eine Subskription zu veranstalten zu einem Grabsteine.
Ein eigenes Grab erhielt er bereits, drei Gräber entfernt von Beethoven, auf dem neuen Währinger Gottesacker.

Jenger hatte schon früher zwei ausführliche Briefe über Schuberts Ende an Doktor Pachler geschrieben, die aber auf Pachlers Wunsch nach dessen Tode vernichtet worden sind. – Ein Friedrich Freiherr v. Grimschitz (geb. 1793) war um 1825 Kreiskommissär in Görz. – Anselm ist Hüttenbrenner. Über das Requiem siehe Dezember 1828.

Herbst 1828

Nachgefühl

bei Fr. Schuberts Hinscheiden 19. Novb. 1828

Von eines Birnbaums Zweige
da sang ein Vögelein:
Der Herbst, er geht zur Neige,
es muß geschieden sein.
Ich flatt're von hinnen
zur Wärme, zum Grünen,
weit über das Meer;
die Winde vom Norden
sie wüten und morden
Doch alles umher.
Drum hurtig zu Auen,
wo unter dem lauen
Gekose der Lüfte
mich segnende Düfte
der Blüten erfreu'n;
wo ewige Lenze
nie welkende Kränze
verschwenderisch streu'n.
Wie will ich dort singen,
wie soll es nicht klingen,
mein friedliches Lied:
„Wenn jubelnd die Seele
aus schwellender Kehle
verstandener zieht.
Glückliche Zone,
Leuchtende Sonne,
ich fliege zu euch!"

Johann Mayrhofer.

Das Gedicht ist hier nach dem Manuskripte abgedruckt, das Mayrhofer 1833 für Frau Franziska v. Spaun niedergeschrieben hat (Archiv der Gesellschaft der Musikfreunde). Eine andere Fassung steht in der zweiten Sammlung von Mayrhofers Gedichten, die Ernst v. Feuchtersleben 1843 herausgegeben hat.

Sperrs-Relation

Totenfall auf der Wieden.

Name des Verstorbenen Herr Franz Schubert.
Kondition Tonkünstler und Kompositeur.
Stand ledig, 32 Jahre alt.
Wohnung No. 694 allda in Aftermiete bei dem leiblichen Bruder H. Ferdinand Schubert.
Sterbtag der 19te 9br 828.

Nachgelassene Ehegatt –
Nachgelassene Kinder –
Großjährige, und wo selbe sich befinden –
Minderjährige, und wo sich selbe befinden –
Ob ein Testament vorhanden keines
Wo dasselbe befindlich –

Nächste Anverwandte der leibliche Vater des Erblassers Franz Schubert, Schullehrer in der Roßau No. 147, dann 8 leibliche Geschwister des Erblassers: 1) Ferdinand, Professor zu St. Anna, wohnhaft im Sterbeorte, 2) Ignaz, Schulgehilf am Him̄pfortgrunde, 3) Karl, am Himmelpfortgrunde Maler, 4) Theresia, vereh. Schneider, Professorsehegattin im k. k. Waisenhause, aus 1ter *Ehe* von der Mutter Elisabeth; dann 5) Maria Schubert 14, 6) Josefa 13, 7) Andrä 5, und 8) Anton Schubert 3 Jahr alt, alle 4 bei dem Vater in der Roßau, und Geschwister 2te *Ehe*, von der Mutter Anna.

Aufgehabte Vormundschaft keine.

Namen desjenigen, der sich der Verlassenschaft annehmen und in dessen Hand sie gelassen werde der leibliche Vater.

Vermögen – ob dasselbe beträchtlich oder unbedeutend sei, aus welchen Hauptartikeln dasselbe beiläufig bestehe – und ob die Jurisdiktions- oder enge Sperre angelegt wurde?

Selbes besteht nach Angaben des leiblichen H. Vaters und leiblichen Bruders bloß in folgenden:

3 tüchene Fräcke, 3 Gehröcke, 10 Beinkleider, 9 Gilets	37 f.	K. M.
1 Hut, 5 Paar Schuh, 2 Pr. Stiefel	2 f.	–
4 Hemder, 9 Hals- und Sacktücheln 13 Pr. Fußsäckeln, 1 Leintuch, 2 Bettziechen	8 f.	–
1 Matratze, 1 Polster, 1 Decken	6 „	
Außer einigen alten Musikalien, geschätzt pr.	10 f.	–
befindet sich vom Erblasser nichts vorhanden		
Summa	63 f.	

Hierauf hat der leibliche H. Vater des Erblassers laut in Handen habenden Quittungen an bestrittenen Krankheits- und Leichkosten zu fordern .... 269 f. 19 kr in Konv. Münze.

Es wurde die Jurisd.-Sperre angelegt.

Wien, den 2ten Xbr. 828.

Anton Slabe, Sperrkoär.
Franz Schubert, Schullehrer in der Rossau No. 147, des Erblassers leibl. Vater.
Ferd. Schubert, Lehrer an der k. k. Normal-Hptschule, des Erblassers leiblicher Bruder.
Ignaz Schubert, Schulgehilfe in der Rossau, des Erblassers leibl. Bruder.

Karl Wegemann, Schätzmeister.

Ob Bücher in der Verlassenschaft vorhanden, und ob dieserwegen die Anzeige sogleich nach der Sperre an das k. k. Bücher-Revisions-Amt geschehen sei? keine vorhanden.

66715 pr. 11. Xber 828

5 Stücke.

[Außen:]

Magistrat
der Kaiserl. Königl. Haupt- und
Residenzstadt Wien.
Sperrs-Relation.

Herr Franz Schubert, No. 694
auf der Wieden.

Slabe.

Dieser Bericht ist, wie immer, auf ein vier Seiten großes Formular in Folio geschrieben. Er betrifft die amtliche Sperrung der Hinterlassenschaft jedes Verstorbenen, so lange, bis seine letzten Wünsche und Pflichten amtlich behandelt waren. Die Angaben der Verwandten über die Werte waren natürlich so niedrig wie möglich gehalten, und die Beamten machten dabei gewöhnlich keine Schwierigkeiten. – Schubert hatte kein Testament hinterlassen, weil er sich bis zuletzt des Ernstes seiner Krankheit kaum bewußt gewesen ist. Aber es war klar, daß seine Angehörigen, besonders der ihm nächststehende Bruder Ferdinand, die Nutznießer seines Nachlasses sein sollten, nicht nur wegen der Ausgaben, die er ihnen zuletzt bereitet hatte. – Daß Ignaz noch als Schulgehilfe in der Schule am Himmelpfortgrund bezeichnet wurde, ist durch den Zusatz bei seiner Unterschrift richtiggestellt. – Karl wohnte noch in jener Vorstadt, aber nicht mehr im ehemaligen Schulhaus, wo nur noch die Witwe Maria Magdalena (siehe 24. August 1818) geblieben war. – Obzwar der Nachlaß des verhältnismäßig wohlhabenden Beethoven, eines Wohnungsinhabers, im übrigen nicht mit dem Schuberts, eines Zimmerherrn, zu vergleichen ist, mag eine Gegenüberstellung der Kleider und Wäsche in beiden Fällen von Interesse sein (links die Habseligkeiten Beethovens):

2	tüchene Fracke	3	20 Hals- und Sacktüchel	9
2	Gehröcke	3	18 Paar Socken	13
8	Beinkleider	10	6 Leintücher	1
16	Gilets	9	4 Bettüberzüge	2
2	Hüte	1	4 Matratzen	1
6	Paar Stiefel	2 (und 5 Paar Schuhe)	7 Polster	1
14	Hemden	4	3 Decken (und 1 Kotze)	1

Schubert hatte, als Gast Ferdinands, vielleicht nicht alles Bettzeug, das er besaß, mitgebracht. Die Schätzung der Kleider, Leib- und Hauswäsche ergab bei Beethoven, einschließlich zweier Betten und zweier Pistolen nur 53 fl., bei Schubert – für weniger Stücke – 63 fl. K. M. – „Einige alte Musikalien" (das Thema vieler Jeremiaden) waren wirklich nur einige alte Musikalien (gebrauchte Notendrucke), nicht aber Schuberts handschriftlicher Nachlaß, der fast ganz bei Schober geblieben war (Jugendarbeiten wahrscheinlich beim Vater). Übrigens wäre der Schätzmeister gewiß nicht berufen gewesen, den musikalischen Nachlaß zu schätzen; daß dieser, wenn Manuskripte überhaupt in Betracht gekommen wären, möglichst niedrig geschätzt würde, wäre aber im Interesse der Erben gelegen gewesen. – Zu Vater Schuberts Gegenforderung vgl. 27. Dezember 1828, erster Teil, worin allerdings keine Krankheits-Kosten ausgewiesen sind, dafür aber zwei Schneider- und eine Schusterrechnung. – Slabe war Kanzlist der Magistrats-Kanzlei. – Schubert hatte wohl auch seine Bücher bei Schober zurückbelassen. Hinterlassene Bücher unterlagen, sowie die von Reisenden mitgebrachten, der Zensur des k. k. Zentral-Bücher-Revisionsamtes (dem Mayrhofer angehörte).

Aus der „Wiener Zeitschrift für Kunst usw." vom 6. Dezember 1828

Meinem Freunde
Franz Schubert!
Am Vortage seines Begräbnisses.
(Den 20. November 1828.)

Verklungen war der milde Klang,
der Flügel ruhte wieder;
nur in der Seele wehte lang
noch, sehnsuchtbang,
der Nachhall süßer Lieder.
Vom Traum' erwacht nun jauchzt die Brust,
des neuen Reichtums froh bewußt:
„Der uns erquickt im Liede,
mit dem sei Gottes Friede!"

Und weil ich ihnen schien ein Mann,
der, oft erträglich eben,
was ihn und andere gewann,
aussprechen kann,
und offen wiedergeben:
so schütteten sie Lust und Schmerz
zusammen gleichsam in mein Herz,
damit ich ihr Empfinden
alljedem möchte künden.

„Dir", sprachen sie, „gehorcht das Wort;
du kannst es besser nennen!
Geh! sprich für uns, daß sie hinfort,
so hier, als dort,
nach Würd' und Wert ihn kennen!
Nicht *unser Schubert* soll er sein:
ein Lied, wie sein's, – ist allgemein!
Soll jetzt ihr was behagen,
muß man's der Welt erst sagen.

Sonst fand sie wohl ein Veilchen auch
am duft'gen Heckenzaune!
Jetzt lockt sie nur ein bunter Strauch,
ein Bisamhauch,
und ihr Gesetz – ist Laune!
Sie hat wohl Augen noch, wie sonst,
doch, wenn du sie zu öffnen schonst,
so wird sie, vor Erblinden,
das Wahre doch nicht finden!

Drum singe kühn! hier ist's am Platz!
Erheb' ihn, preisbeflissen!
Entfalte seinen Künstlerschatz.
Sag' stolz: Er hat's,
was tausend Jünger missen!
des Jünglings Glut, des Mannes Kraft,
die Sehnsucht und die Leidenschaft,
das Lispeln und den Schauer,
den Jubel und die Trauer!

Den Dichter dichtet er zurück;
als heil'ge Doppeltgänger
steh'n Wort und Sang, *ein* Leib, *ein* Stück,
vor unserm Blick,
und Dichter wird der Sänger!
Da ist kein Gang im Flug' erhascht,
kein Honig lüstern weggenascht;
die Noten seines Spieles
sind Tropfen des Gefühles!

Wenn in dem Dome, gottgeweiht,
die Orgeln brausend dröhnen,
dann weiß er, im Choral, mit Zeit
und Ewigkeit
die Herzen auszusöhnen!
Der Flügel ist ihm nicht ein Feld,
wo nur die Hand sich müde quält, –
er läßt durch seine Saiten
die eigne Seele gleiten.

Kaum nur sechs Lust'ren reichten hin,
um, *blühend*, das zu geben!
Dem Tücht'gen ist der Tag Gewinn:
was wird der Sinn
des *Reifen* erst erstreben?!
Und wär's auch nicht, – das deutsche *Lied*
bleibt unbestritten sein Gebiet,
und wer genügt in Einem,
der weicht der Besten Keinem!"

So weckten sie in mir zur Glut
der Brust bescheidnen Funken!
Mir in die Wangen stieg das Blut;
von frohem Mut
fühlt' ich die Seele trunken.
Heim stürzt' ich; ging voll Ungestüm
ans Werk; gestehen wollt' ich's ihm,
mein schönstes Lied ihm singen,
mein bestes Opfer bringen!

Da seh ich auf dem Pult vor mir
ein Blatt von Freundes-Händen.
Ich nehm' es, les' – erblinde schier;
so muß denn hier
das Best' am frühsten enden?
Doch nein – es ist nicht – kann nicht sein!
Mein *Schubert* lebt; – er starb nicht – nein!
Er lebt – (dies Blatt ist Lüge)
lebt noch für schönre Siege.

Er lebt! – Und doch – er ist nicht mehr!
Ich les' es nun, und wieder!
Ein Sturm fuhr über ihn daher –
er ist nicht mehr –
entblättert sank er nieder!
Fort eil' ich, nochmal ihn zu seh'n –
er liegt im Sarg' – und Freunde steh'n,
mit schauerndem Gemüte,
um die geknickte Blüte!

Und selbst es sehend, glaub ich's kaum;
klopf' an die Brust, die junge;
der Ruf: „Was ist das Leben? Traum?
und hohler Schaum!"
entzittert meiner Zunge!
Und was ich erst, so fromm und heiß,
erdacht dem *Lebenden* zum Preis,
leg' ich, in heil'ger Ruhe,
dem *Toten* in die Truhe!

Joh. Gab. *Seidl.*

Zu Seidl vgl. 1. Juli 1824 und 4. August 1828.

FRANZENS RECHNUNG

Einnahme	W.	W.	Ausgaben	W.	W.
	fl.	kr.		fl.	kr.
Nov. 828			12. 9b. 828 Arzenei	1	5
Vorrätiges Geld 30 f.			2 Limonien	—	14
M. u. 43 f. Schein	118	—	1 Lot Holländer-Tee ...	—	24
Den 19. Nov. vom H.			13. Arzenei	1	15
Vater 16 f. Münz			1 Limonie	—	7
erhalten	40	—	Die Aderlaß	2	—
Den 20. Nov. 20 f. M. ...	50	—	14. Limonie u. Haarlinsen ..	—	19
Und endlich am 27. Nov.			15. Arzenei	2	5
10 f. M.	25	—	Salbe u. Visikatur-		
	233	—	Pflaster	—	24

Einnahme	W.	W.	Ausgaben	W.	W.
				fl.	kr.
			16. dem Rasierer...........	—	30
			Arzenei	1	33
			$^1/_2$ Pfd. Zucker	—	36
			Arzenei	—	58
			Senfmehl	—	12
			17. Arzenei	—	57
			1 Limonie	—	7
			den 16. für den Wagen des H. v. Gagstatter	2	—
			18. Wein 15 kr., Tee 9 kr., Limonie 7 kr.	—	31
			Salbe u. Fleisch	1	8
			Durch 3 Tage jedes Ml. 1 S. Wein.............	—	36
			Pulver	—	18
			19. Arznei	—	40
			Am 18. dem Kirchendiener................	1	
			19. Eine Gattie	2	—
			20. H. Doktor Wisgrill fürs Konzilium	5	—
			Dem Totenbeschauer ...	1	40
			21. Dem Krankenwärter ...	8	20
			Der Krankenwärterin ...	10	30
			Quartiergeld pro November	12	30
			Heizung...............	5	—
			Wäsche	5	—
			Dem Krankenwärter durch 3 Tage Kost u. Wein...	2	30
			Der Wärterin durch 6 Tage die Kost u. Wein	3	—
			21. Nov. Leichenkosten laut. Rchng. 84 f. 35 M......	211	27
			Dem Kondukt-Ansager für gänzliche Besorgung	5	—
			Trinkgeld dem Kirchendiener, den Trägern, Leichenbubn u. Totengräber in Währing.....	5	50
			Auf 2 Heilige Messen ..	2	—

Einnahme	W.	W.	Ausgaben	W.	W.
				fl.	kr.
			Am 3. Dez. dem Schuhmacher Wudy nach Ausgleich	22	—
			Für den Wagen, um den Krankenwärter zu holen (H. v. Ponfikl)	5	—
				325 f.	46

Wien, am 6. Dezember 1828.

Ferd. Schubert.

Diese Abrechnung über seine Ausgaben während Schuberts Krankheit wurde von Ferdinand Schubert für den Vater geschrieben. Sie ist in Wiener Währung aufgestellt, während Vater Schuberts Abrechnung in Konventions-Münze lautet (27. Dezember 1828). – Die 118 fl. W. W., die als erster Posten bei den Einnahmen stehen, sind offenbar das Geld, das Schubert bei sich hatte, als er zu Bette ging. Die drei vom Vater beigestellten Beträge sind auch in dem Verzeichnis vom 27. Dezember 1828, dritter Teil, erwähnt. Alles andere hatte Ferdinand aus Eigenem ausgelegt. – Es ist schade, daß die „Arzenei" (auch Salbe und Pulver) nie näher beschrieben ist. – Der „Holländer-Tee" war chinesischer, über Holland importiert. – Der Aderlaß war, besonders bei hohem Blutdruck, noch immer sehr gebräuchlich. – Die „Haarlinsen" bedeuten Leinsamen; das „Visikatur-Pflaster" ein Ziehpflaster aus „spanischer Fliege". – Herr Gagstatter war wohl ein Fuhrmann, der den Wagen für die Ärzte beigestellt hatte; das Konsilium war am 16. November. – Der Kirchendiener war zur letzten Ölung benötigt worden. – Die „Gattie" (Unterhose) war für den Leichnam neu angeschafft worden. – Der Krankenwärter war erst nach der Wärterin, die schon seit 14. November fungierte, am 17. November, mit dem Wagen des Herrn Ponfikl, eingeholt worden. Er war im Lohn und in der Kost teurer als jene. – Das Quartiergeld, das Schubert seinem Bruder bezahlt hatte, scheint 25 fl. W. W. im Monat ausgemacht zu haben. – Die Leichkosten waren vom Konduktansager, Balthasar Ausim, aufgestellt worden (siehe November 1828). Er bekam auch ein Trinkgeld. – Der Kirchendiener und die Träger waren von Margareten, die Leichenbuben jugendliche Helfer des Totengräbers in Währing. – Der „bürgerliche Schuhmacher", Johann Wudy, war am 3. Dezember einen Vergleich eingegangen; die eigentliche Rechnung für Schubert ist aber nicht erhalten geblieben.

Aus der „Wiener Zeitschrift für Kunst usw." vom 9. Dezember 1828

Franz Schubert.
gestorben am 19. November 1828.

Die Muse weint; ein Liebling folgt dem andern:
Warum so jung, so hoffnungsreich auch du?
Der Winter herrscht, die Nachtigallen wandern
dem Frühling eines schön'ren Landes zu!

Baron Schlechta.

Dieser Vierzeiler wurde 1861 von Anselm Hüttenbrenner komponiert und erschien mit Musik in der Zeitschrift „Lyra", Wien, an Schuberts hundertstem Geburtstag, 31. Januar 1897.

Dezember 1828

SCHUBERT

Habt Ihr's erlebt, daß wohl des Lenzes Blüten
der Reif verbrennt' in einer einz'gen Nacht?
Saht Ihr die Rosen, die am Morgen glühten,
am Abend leer der angebornen Pracht?
Und Sterne, die am reinen Himmel sprühten,
verschlungen plötzlich von Gewitters Macht?
Das Alles saht Ihr, und ich hört Euch klagen:
wie nichts beständig sei in diesen Tagen.

Und hörtet Ihr das Lied mit trunk'ner Seele
und saugtet Euch in seine Weisen ein?
Und sehntet Euch, daß er Euch nimmer fehle,
der süße Ton, er ewig möchte sein?
Daß er sich Eure Brust zum Sitz erwähle,
das Leben schmückend, wie mit gold'gem Schein? –
Und dennoch schwand er – und [Du] mußtest wieder
ins dunkle Treiben aus dem Glanz der Lieder.

Ach, daß ein Lied entschwebt, – der Sang ist flüchtig –
man muß es dulden, und man wird's gewohnt;
und daß die Rose welkt, – ihr Glanz ist nichtig –
sie blüht ja wieder, wird oft lang verschont; –
doch wenn der Gärtner, Sänger, beide tüchtig,
in deren Brust die schöne Kunst gethront,
wenn sie, weit schneller als ihr Werk, vergangen,
in Jugend-Glanz und Kraft – das macht uns bangen.

So schwand *der* Mann im Vollgefühl des Lebens,
um den wir trauern; – schwand gleich seinem Lied, –
gebrochen in der Blüte seines Lebens,
in üpp'ger Jugend, die nicht wieder blüht;
wir zweifeln – unser Zweifeln ist vergebens –
der kehrt nicht wieder, welcher dorthin zieht;
und dennoch fragen wir, im dumpfen Sinnen:
War's nicht ein Traum? Und schied er denn von hinnen?

War Einer wert, sein Leben hoch zu bringen, –
er war der Mann: so redlich, wahr und treu,
so wenig strebend nach gemeinen Dingen,
so kunstgewandt, so ohne Künstelei;
ein Fühlen schien sein Leben zu durchdringen,
das macht ihn sinnig, aber froh dabei;
es ging, schien er auch häufig arm an Worten,
viel ein und aus durch seines Herzens Pforten.

Vor Allem hat er, was in unsern Zeiten
fast selten wird, das Große stets verehrt:
was edel war, von dem ließ er sich leiten,
nicht, was der Pöbel anpries, hatt' ihm Wert;
den großen Meistern sucht er nachzuschreiten;
und übte prüfend, was ihn *die* gelehrt;
die Glut, die in ihm glomm, der Welt zur Freude,
schützt' ihn vor eitlem Dünkel, armem Neide.

Sprech' ich von seiner Kunst? – Wem sind die Lieder
noch nicht verklungen? wer blieb unbewegt?
Ihr lauschtet oft entzückt, und lauschtet wieder!
Segnend den Gott, der ihm den Sang erregt;
ein ganzer Himmel stieg zur Erde nieder,
ein Frühling, der im Herzen Blüten schlägt:
es war die Kunst, die herrliche, die frohe,
die von den Himmeln stammt, die reine, hohe.

Wem dankt man mehr, als der uns den Beschwerden
des Tags entrückt durch holde Phantasi'n?
Er tat es oft, – und schied er von der Erden,
doch sollen seine Töne sie durchzieh'n;
nein, dieser Mann soll nie vergessen werden,
sein, – *unser* Vaterland ist stolz auf ihn:
wir werden ihn von Land zu Land verkünden,
und fremde Freunde seinen Liedern finden.

Ach, – und er selbst! – Ich seh' ihn krank, ermattet,
und überwältigt rasch von Fieberglut,
schon von des Todes Dunkel halb umschattet,
gebrochen all' die Kraft, der Lebensmut.
Da liegt der Freund – der Freund – – ach, den Ihr *hattet*!
Die Seele ringt mit dem erstarrten Blut,
bis sie, im Fiebertraum für Kunst noch brennend,
der Erd' entflieht, die Erde nicht mehr kennend.

So haben wir ein großes Recht zu trauern,
die Freunde, seine Lieben wohl zumeist! –
Wer bliebe fühllos bei des Todes Schauern? –
Doch wer vergäße den lebend'gen Geist?
Er wird ja *über* uns're Schmerzen dauern,
dort, dort, wohin uns uns're Sehnsucht weis't:
wohin ein Meister kurz vor ihm gegangen,
dem er sich nun darf nähern nach Verlangen.

Und uns, wird unser Schmerz allmählich mäßig,
erscheint er selbst in einem schönen Glanz;
kein Mund ist bald in seinem Lobe lässig,
vergessen jeder ird'sche Makel ganz;

sprach eine Zunge hie und da gehässig,
sie schweigt nun gern, und gönnt ihm einen Kranz;
denn das erringt sich Einer nach dem Leben:
die Welt ist minder scheu, ihn zu erheben.

Drum trauert mild, und horcht den Liedern gerne,
sein bestes Erbteil, das er Allen ließ,
sie klingen her, wie aus bekannter Ferne,
sie klingen uns ins Herz so wohl und süß, –
wir blicken aufwärts in das Meer der Sterne,
wir lächeln, – sind nicht länger ungewiß:
er ist nicht tot im ew'gen Reich des Schönen,
und seine Seele lebt in seinen Tönen.

Bauernfeld.

Dieses Gedicht, wahrscheinlich für die Freunde geschrieben (vgl. Notiz vor dem Heiligen Abend 1828), wurde von Bauernfeld nicht veröffentlicht. Er hat aber zwei Zeilen daraus in seinem Nekrolog (Schubert-Erinnerungen, S. 27) zitiert. Das Manuskript fand sich bei Nachkommen der Familie Schubert.

Aus Bauernfelds Tagebuch

Dezember 1828.

Gedicht an Schubert. Gelungen. Soll auch seinen Nekrolog für die Modezeitung schreiben. –

Vgl. Bauernfelds Nekrolog (Schubert-Erinnerungen, S. 25–28). – Die sog. „Modezeitung" war die „Wiener Zeitschrift für Kunst usw."

Aus der amtlichen „Wiener Zeitung" vom 20. Dezember 1828

Zur Nachricht.
Franz Schuberts letzte Kompositionen
für Gesang und Pianoforte,

hat Unterzeichneter aus dem Nachlasse des unlängst verstorbenen Tonsetzers *Franz Schubert*, dessen Verlust von allen Kunstfreunden innigst betrauert wird, bestehend: in *vierzehn* noch ganz unbekannten Gesängen, mit Begleitung des Pianoforte (komponiert im August 1828), und *drei* neuen Klavier-Sonaten (komponiert im September 1828) als rechtmäßiges Eigentum an sich gekauft, und wird über die Herausgabe derselben nächstens eine ausführlichere Anzeige erfolgen.

Wien, den 18. Dezember 1828.

Tobias Haslinger,
Musikverleger.

Die Zugabe der „Taubenpost" scheint noch am vorhergehenden Tage erfolgt zu sein; sie war aber nicht schon im August 1828 entstanden wie die anderen Lieder des Zyklus, dessen Titel zwischen Ferdinand und Haslinger vereinbart worden war. Die Sonaten sind auch in dem besonderen Prospekt des „Schwanengesang "noch erwähnt. Diese „Pränumerations-Anzeige" erschien im Januar 1829 (ähnlich in der amtlichen „Wiener Zeitung" am 23. März 1829). Der Preis war 3 fl. K. M. für Subskribenten, und 6 fl. für andere Abnehmer, als das Werk in der „Wiener Zeitung" angeboten wurde.

Aus der „Wiener Allgemeinen Theaterzeitung“ vom 20. Dezember 1828

Einladung an Freunde der Tonkunst.

Um den Wünschen vieler Freunde, Verehrer und Bewunderer des zu früh verblichenen Tondichters Franz *Schubert* nachzukommen, welche dem Unersetzlichen auch im Tode einen ehrenden Beweis ihrer Liebe und Verehrung darbringen wollen, werden zu einem Monumente für den Hingeschiedenen – welcher an der Seite des unsterblichen Tonheros *Beethoven* auf dem Gottesacker zu Währing ruht – Beiträge in der Gesellschafts-Kanzlei der Musikfreunde des österr. Kaiserstaates, unter den Tuchlauben zum roten Igel 1. Stock, sowie in sämtlichen Kunst- und Musikalienhandlungen der Residenzstadt Wien und den Provinzial-Hauptstädten angenommen, zu welchen die P. T. Herrn Subskribenten auf eigens hierzu gedruckten Bogen bis längstens Ende des Monats Jänner 1829 sich gefälligst zu unterzeichnen belieben.

Zur Totenfeier

für den gedachten Kompositeur, Franz *Schubert*, wird von den Freunden und Verehrern desselben, unter Mitwirkung mehrerer Mitglieder der Gesellschaft der Musikfreunde des österr. Kaiserstaates, am 23. Dez. l. J. um 11 Uhr in der Augustiner-Hofkirche, ein großes Requiem von Anselm *Hüttenbrenner* stattfinden.

[Josef Hüttenbrenner.]

Vom 22. Dezemb. 828.

Final-Erledigung des Verlassenschafts-Aktes

Über die von Herrn Ferdinand Schubert, noë seines durch Krankheit verhinderten Vaters Franz Schubert erschienen, als bestritten ausgewiesenen Leich-Kosten zu 118 f. 20 k. K. M., dann über dessen Erklärung, daß der Vater außer den mittelst Quittungen ausgewiesenen Kosten noch 101 fl. 4 kr. K. M. und 22 fl. W. W. an verschiedenen Schulden für den Verlebten verausgabt habe, wird der auf 63 fl. K. M. gerichtlich inventierte Nachlaß des am 19. 9b. 828 verstorbenen Franz Schubert seinem leib. Vater Franz Schubert auf Abschlag der bestrittenen Leichkosten und sonstigen Auslagen jure crediti eingeantwortet, weshalb diese Relation dem Sperrskommissär wegen unentgeldlicher Sperreröffnung zuzustellen und der Todfall als abgetan vorzumerken ist; et vide Totenprotokoll.

Vom W. Magistrat
d. 22. Xber 828.
Brotkorb.

Vater Schubert war am 16. Dezember für den 22. zum Senat in bürgerlichen Rechtsangelegenheiten vorgeladen worden. Die Summe von 118 fl. 20 kr. K. M., für die Kosten der Krankheit und des Leichenbegängnisses, ist aus Ferdinands Rechnung (6. Dezember 1828) zu ermitteln, wenn man die beiden Wagenfahrten, den Barbier und den Schuster ausnimmt. – Die Summe von 101 fl. 4 kr. K. M. entspricht den beiden Schneider-Rechnungen, die in dem Verzeichnis vom 27. Dezember 1828 zitiert sind; der Betrag von 22 fl. W. W. der schon genannten Schuster-Quittung (siehe 6. Dezember 1828). – Die 63 fl. K. M. sind in der Sperrs-Relation vom 11. Dezember 1828 genannt. – Joachim Brotkorb war einer der beiden Direktoren des Einreichungs-Protokolls, und zwar in bürgerlichen Rechtssachen.

Einladung
zu
Franz Schuberts
Totenfeier,

welche am 23ten Dezember 1828 um 11 Uhr in der Augustiner Hof- und Pfarrkirche in Wien stattfindet, und wobei das doppelchörige Requiem seines Freundes, des Herrn Anselm Hüttenbrenner, Musikdirektor des Steiermärkischen Musik-Vereins, aufgeführt wird.
Die Probe von diesem Requiem ist am 22ten Dezember 828 abends um 7 Uhr im Konzert-Saale der Gesellschaft der Musikfreunde des Österr. Kaiserstaates, Tuchlauben zum roten Igel 1ten Stock.

An Se. des Herrn
Herrn von Schubert,
Schul-Direktors
Wohlgeborn u. Familie in Wien.

Im Namen der Freunde u. Verehrer
des Verewigten:
Josef Hüttenbrenner,
Mitglied des Musik-Vereins, k. k. Hofbeamter.

Nachdem der ursprüngliche Plan, die Totenmesse bei St. Josef in Margareten abzuhalten, aufgegeben worden war und dem eindrucksvolleren Platz gemacht hatte, sie in der Hofkirche zu St. Augustin, nahe der Burg (vgl. Notiz vor 1815), zu veranstalten, wurde am 20. Dezember eine Einladung in mehreren Zeitungen Wiens veröffentlicht, zugleich mit einem Aufruf für Spenden zu einem Grabmal. Die hier abgedruckte Einladung ist ein lithographiertes Blatt, und zwar das Exemplar, das an Vater Schubert ging. Ein anderes, an Grillparzer adressiert (Gesellschaft der Musikfreunde), enthält die Aufforderung, bei der Singprobe mitzuwirken, die mit Quartettbegleitung am Sonntag, den 20., abends 7 Uhr im Vereinslokal der Gesellschaft stattfand. Josef Hüttenbrenner, der neben dem jungen Tenor Josef Alois Tichatschek, dem späteren Wagner-Sänger, in den Solis mitsang, war der eigentliche Veranstalter der Totenfeier, im Namen mehrerer Freunde. Er hat 1860 im einem Brief an Thayer (Fitzwilliam Museum, Cambridge) erzählt, daß Schubert das Requiem seines Bruders Anselm schon 1825 gesehen und viele Tage hindurch bewundert habe. Das dürfte nicht wörtlich zu nehmen sein. Das Requiem in c-Moll war tatsächlich 1825 entstanden und ist in Graz nacheinander für Salieri, Beethoven und (1835) Kaiser Franz I. gesungen worden. Es ist auch im Druck erschienen. Die Leipziger „Allgemeine musikalische Zeitung", die allein über die Musik bei Schuberts Totenfeier berichtet hat, nennt das Requiem „alles eher denn eine Missa pro defunctis, wasmaßen [dieweilen] es für diese ernsten Worte viel zu lustig darin hergeht". Zahlreiche Musiker waren bei dieser Totenfeier anwesend. Ähnliche Veranstaltungen waren in Wien für Gluck, Haydn und – am selben Orte – für Beethoven abgehalten worden, nicht aber für Mozart. – Die Kosten waren 75 fl. 6 kr. K. M.

Am 23. Dezember 1828 findet bei Josef v. Spaun eine Schubertiade statt. Bauernfelds Gedicht vom Dezember 1828 mag dafür geschrieben worden sein. Der Vater der drei Brüder v. Hartmann (siehe die Notiz vor dem 4. August 1823) war anwesend.

Schwind an Schober

München, heil. Abend 828.

Schubert ist tot und mit ihm das Heiterste und Schönste, das wir hatten . . .

Schwind an Schober

[München, den 27. Dezember 1828]

Was den Figaro betrifft, so befand [er sich] in dem Zimmer, wo ich zuletzt wohnte, und wenn er nicht da oder im Magazin ist, so muß er unter die Pakete geraten [sein], deren ich eins für Olivier, eins für Schubert zusammenlegte; nisi hoc ist er beim Teufl . . . Wenn er [Bauernfeld] mir diejenigen Lieder v. Schubert, die in die Modenzeitung gekommen sind, dem Schick ausreissen und qua Brief schicken könnte, so täte er mir einen großen Gefallen. Es steht mir ein ganz einsames Klavier zu Gebot.

Zu Schwinds Zyklus „Figaros Hochzeitszug" vgl. 2. April 1825. – Ferdinand Olivier, geboren in Dessau 1784, von 1811 bis 1830 in Wien, mit seinem Bruder Friedrich von M. v. Schwind „die Barone" genannt, war Landschaftsmaler, einer der feinsten Vertreter der romantischen Schule. – In der „Modenzeitung", richtig der „Wiener Zeitschrift für Kunst, Literatur, Theater und Mode", waren zwölf Lieder von Schubert als Beilagen erschienen: 1820 „Die Forelle", 1821 „An Emma" und „Der Blumen Schmerz", 1822 „Die Rose" und „Der Wachtelschlag", 1823 „Drang in die Ferne" und „Auf dem Wasser zu singen", 1825 „Der Einsame", 1827 „Trost im Liede", „Wandrers Nachtlied" (‚Über allen Gipfeln ist Ruh') und „Der blinde Knabe", 1828 (16. September) „Im Frühling". Wenigstens fünf dieser Lieder sind auch in Sonderdrucken, auf je vier Seiten Querfolio, ausgegeben worden.

VERZEICHNIS DER LEICHENKOSTEN UND ANDERER AUSGABEN
FÜR MEINEN VERSTORBENEN SOHN FRANZ

	K. M. fl.	K. M. kr.
No. 1 Leichenbetrag	84	35
No. 2, No. 3 Quittungen von der Pfarre Währing	74	45
No. 4 Konto von dem Schneidermeister Bartholomäus Hardt	60	—
No. 5 Konto von dem Schneidermeister Friedrich Wendt	41	11
No. 6 Konto von dem Schustermeister Johann Wudy 22 fl. W. W.	8	48
Summe	269	19

Wien, in der Roßau No. 147,
am 27. Dez. 1828.

Franz Schubert,
Schullehrer.

Zu dem oben ausgewiesenen Betrage von	269 fl.	19	k. K. M.
kommen noch an Pennauer, Kunsthändler	58 f.	35 1/5	k. K. M.
an Wilh. Leschen	20 f.	—	k. K. M.
an Steinmetz Wasserburger	28 f.	—	k. K. M.
an H. Ritter von Schober	—	—	—
an Doktor Rinna	25 f.	—	K. M.
Schuldpost laut Beilage	202 f.	—	—
Zusammen	602 f.	54	k. K. M.

K. M. Ausgaben		K. M. Einnahme
74 f. 45 k.	nach Währing	178 f. 43 k. von Frd.
60 f. —	H. Hart	7 —14 k.
28 f. —	H. Jungbaur	
16 f. —	am 19. Nov. an Frd.	
20 f. —	— 20. do. do.	
10 f. —	— 27. do. do.	
Schuldpost 202 f. —		
410 f. 45 k.		

Vgl. 6. Dezember 1828. – Diese Aufstellung war nicht mehr für die Behörde gemacht. – No. 1 entspricht der vom Konduktansager Ausim gelegten Rechnung vom November 1828; No. 2 und 3 den vom Pfarrer Hayek ausgestellten Quittungen (22. November 1828). Die Rechnungen der beiden Schneider sind nicht erhalten. (Schumann glaubte, in einzelnen der „Moments musicaux" [op. 94] „Schneiderrechnungen zu erkennen", die Schubert „nicht zu bezahlen imstande" war.) Über den Schuster siehe 6. Dezember 1828. – Der Verlag Pennauer scheint einen Vorschuß bezahlt zu haben, dem keine Gegenleistung mehr entsprach, obzwar er noch opp. 122 bis 124 herausbrachte und bezahlte (siehe Juni 1829). – Leschen war ein Klaviermacher auf der Wieden, der 1826 ein fünfjähriges Privileg für eine Verbesserung des Stimmstocks erhalten hatte; übrigens der Vater des 1816 geborenen Komponisten Christoph Leschen. Es handelte sich wohl um eine Reparatur aus früherer Zeit. Schubert besaß kein Klavier mehr; zuletzt hatte er das bei Schober benützt. – Anton Wasserburger bekam am 12. Januar 1829 diesen Betrag für den Leichenstein. Für das Grabmonument samt der Inschrift (vgl. Juni 1830) wurde er aus anderen Mitteln honoriert. Beide Arbeiten waren aus „Margaretner Stein". – Die Schuld an Schober betrug 191 fl. 12 kr.; sie wurde zwischen 18. Dezember 1828 und 9. Januar 1829 beglichen (siehe Juni 1829). – Das Honorar für Rinna betrug eigentlich 25 fl. 20 kr. – Die summarische „Schuldpost", die auch im dritten Teil dieser Aufstellung erscheint, ist nicht belegt (die Beilage verloren). – Unter den Ausgaben erscheinen im dritten Teil die beiden Quittungen des Pfarrers Hayek, die Rechnung des Schneiders Hardt (nicht aber die wohl noch unbezahlte des Schneiders Wendt), die Forderung eines unbekannten Herrn Jungbaur, die drei am 6. Dezember 1828 genannten Beträge, die Vater Schubert Ferdinand für Franz gegeben hatte, und jene summarische Schuldpost. Unter den Einnahmen erscheinen zunächst nur die Anzahlung Haslingers für den „Schwanengesang" mit 150 fl., vom 17. Dezember, und vielleicht noch weitere Erlöse aus dem musikalischen Nachlaß: 28 fl. 43 kr.; endlich 7 fl. 14 kr., die aus dem Verkauf einiger Habseligkeiten Schuberts gekommen sein mögen, die Ferdinands (erste) Frau Anna rasch veräußert hatte.

Aus der amtlichen „Wiener Zeitung" vom 30. Dezember 1828

Bei *Tobias Haslinger*,
Musikverleger in Wien,
am Graben, im Hause der Österr. Sparkasse Nr. 572, ist neu
erschienen, und auch bei K. Lichtl in Pest zu haben:

Winterreise
von
Wilhelm Müller.
In Musik gesetzt
für eine Singstimme mit Begleitung des Pianoforte
von
Franz Schubert.
89stes Werk. Zwei Abteilungen, schön gebunden 5 fl. 30 kr. K. M.

Erste Abteilung:

Nr. 1. Gute Nacht. Nr. 2. Die Wetterfahne. Nr. 3. Gefrorne Tränen. Nr. 4. Erstarrung. Nr. 5. Der Lindenbaum. Nr. 6. Wasserflut. Nr. 7. Auf dem Flusse. Nr. 8. Rückblick. Nr. 9. Irrlicht. Nr. 10. Rast. Nr. 11. Frühlingstraum. Nr. 12. Einsamkeit.
Preis 3 fl. K. M.

Zweite Abteilung.

Nr. 13. Die Post. Nr. 14. Der greise Kopf. Nr. 15. Die Krähe. Nr. 16. Letzte Hoffnung. Nr. 17. Im Dorfe. Nr. 18. Der stürmische Morgen. Nr. 19. Täuschung. Nr. 20. Der

Wegweiser. Nr. 21. Das Wirtshaus. Nr. 22. Mut. Nr. 23. Die Nebensonnen. Nr. 24. Der Leiermann.

Preis 2 fl. 30 K. M.
(*Eigentum des Verlegers.*)

Jedes empfängliche Gemüt, welches den Dichter und Tonsetzer auf dem ersten Teile ihrer Wanderung begleitete, fühlte wohl recht lebhaft und erwärmend, daß auch eine *Winterreise* in den Regionen des Idealen die lieblichsten, duftigsten Blüten zur Ausbeute gibt. Seit der Erscheinung der ersten Abteilung haben Beide, Dichter und Tonsetzer, die große Reise in jenes Land angetreten, aus dem kein Wanderer wiederkehrt! Sie sind im Hafen angelangt, aus dem sie uns keine Gaben mehr senden können, wie sie uns von ihnen dargeboten so oft entzückten; allein was sie zurückließen, windet sich in einen Kranz von Immortellen, deren Duft Alle beglücket, die sich ihm nahen.
Die Korrektur von der zweiten Abteilung der *Winterreise* waren die letzten Federstriche des vor kurzem verblichenen *Schubert*; viel zu schnell hat er seinen Lauf, allein er hat ihn als Sieger beendigt.

Wilhelm Müller war schon 1827 gestorben.

Aus der amtlichen „Wiener Zeitung“ vom 31. Dezember 1828

Nachricht.

Da der Unterzeichnete aus der Verlassenschaft des leider! zu früh verstorbenen genialen Tonsetzers *Franz Schubert*, 18 Gesänge und 1 Quartett für Streich-Instrumente in E-Dur, mit Verlagsrecht, käuflich an sich gebracht hat; so glaubt er, die Herren Musikverleger sowohl, als auch die zahlreichen Verehrer des Verewigten hiervon mit dem Bedeuten benachrichtigen zu müssen, daß alle diese obbenannten musikalischen Werke noch im Laufe des Jahres 1829 im Drucke erscheinen werden.

Josef Czerny,
Kunst- und Musikalien-Verleger.

Czerny war, nach Haslinger, der erste Verleger, der sich um den Nachlaß bemühte. Er scheint am 30. Dezember 100 fl. K. M. bezahlt zu haben. An Schuberts Begräbnistag hatte er vier früher erworbene Lieder als op. 105 herausgebracht. Nun folgten die achtzehn Lieder opp. 110–112, 117, 126, 130 in 1829 und 1830. Das Streichquartett in E-Dur erschien mit dem in Es-Dur als op. 125 Anfang 1830. Aber Czerny hat auch die Klaviersonate in A (op. 120, Ende 1829 erschienen), das Streichquartett in d („Der Tod und das Mädchen“, Juli 1831 erschienen) und das Forellen-Quintett erworben (siehe 21. Mai 1829).

Aus der „Revue musicale“, Paris, Januar 1829

Le 19 novembre est mort à Vienne, Schubert, musicien et compositeur. La société philharmonique des Etats autrichiens a exécuté en son honneur, le 23 décembre, dans l'église des Augustins, le *Requiem* de Hüttenbrenner. Une souscription a été ouverte pour lui élever un monument à côté de Beethoven, dont il était l'ami.

Das war die erste, wenn auch posthume, Pressestimme aus Frankreich über Schubert (vgl. 30. Oktober 1828). – Das Requiem war nicht eigentlich von der Gesellschaft der Musikfreunde veranstaltet worden, obzwar sie daran indirekt stark beteiligt gewesen ist.

PRÄNUMERATIONS-ANZEIGE

auf
Franz Schuberts
Schwanen-Gesang,
mit Begleitung des Pianoforte.
Seinen Gönnern und Freunden geweiht.
Letztes Werk.
In zwei Abteilungen.
Auf sehr schönem weißen Papier, und in geschmackvollen Umschlag gebunden.
Quer-Folio, über 80 Musikseiten (oder über 20 Bogen) stark.
Der Pränumerations-Preis ist:
3 fl. Konv.-Münze,

wovon die erste Hälfte (mit 1 fl. 30 kr. K.-M.) beim Eintritt in die Pränumeration, die zweite Hälfte (mit 1 fl. 30 kr. K.-M.) beim Empfang des Exemplares zu entrichten ist.

Inhalt:

Nr. 1. Liebesbotschaft. Nr. 2. Kriegers Ahnung. Nr. 3. Frühlingssehnsucht. Nr. 4. Ständchen. Nr. 5. Aufenthalt. Nr. 6. In der Ferne. Nr. 7. Abschied. Nr. 8. Der Atlas. Nr. 9. Ihr Bild. Nr. 10. Das Fischermädchen. Nr. 11. Die Stadt. Nr. 12. Am Meere. Nr. 13. Der Doppelgänger. Nr. 14. Die Taubenpost.
(Eigentum des Verlegers.)

Auch *Schubert*, dieser edle Musenliebling ist dahin! – Nur zu rasch folgte er, wie auf magischen Wink, dem großen Meister Beethoven in das Land der ewigen Harmonien!! Ungeheuchelte Trauer umschwebt ihr Andenken; nur ihr geistiges Vermächtnis gewährt uns Ersatz.

Es ist unleugbar, daß Schuberts Lieder-Kompositionen durch Tiefe und Fülle der Empfindung, durch echte Innigkeit wie durch den Zauber seelenvoller Begeisterung und zartester Gemütlichkeit eigentümlich und unvergleichlich sind.

Den zahlreichen Freunden seiner klassischen Muse werden unter obigem Titel *die letzten Blüten* seiner edlen Kraft geboten. Es sind jene Tondichtungen, die er im August 1828, kurz vor seinem Dahinscheiden, geschrieben. Arbeiten, die auf das bewährendste den Beruf seiner reichbegabten Meisterschaft verkünden, so daß man versucht wird zu glauben, die Tüchtigkeit dieses im blühendsten Alter entschwundenen Genius habe sich mit dem rüstigsten Aufgebote aller Fülle und Macht noch einmal erhoben, um seinen Lieben eine recht preiswürdige Spende des Abschiedes zu hinterlassen.

Ganz im Geiste dieser Ansichten wird der Verleger, nicht minder als des Verewigten Freund, die Verpflichtung einer möglichst glänzenden Ausstattung dieses *Schwanengesanges* erfüllen. In der selben Bedeutung wird das Werk auch die Liste *sämtlicher Pränumeranten* liefern, welche hier als die Übersicht von Schuberts Verehrern und Freunden erscheinen, ja gewissermaßen die Namenreihe der Leidtragenden bilden sollen. Die Exemplare dieser besonders Teilnehmenden werden mit einer eignen Verzierung zur Eintragung ihrer Namen bezeichnet sein, was also bei den übrigen folgenden Abdrücken nicht mehr der Fall sein wird.

Man kann von heute an pränumerieren.

Die Erscheinung des Werkes erfolgt, da nach den getroffenen Maßregeln keine Hindernisse eintreten können, zuverlässig zu Ostern 1829. Dann tritt der bedeutend erhöhte Ladenpreis ein.

Alle Kunst-, Musik- und Buchhandlungen des gesamten Deutschlands und der benachbarten Länder nehmen hierauf Bestellungen an.

Wien, im Jänner 1829. *Tobias Haslinger,*
Kunst- und Musikverleger.

In der „Wiener Zeitung" erschien am 13. März 1829 Haslingers endgültige Anzeige, datiert März 1829. Sie unterschied sich nur wenig von der Pränumerations-Anzeige des Januars. Statt „oder über 20 Bogen" hieß es jetzt „24 Bogen", und der erhöhte Ladenpreis war mit 6 fl. K. M. festgesetzt worden.

Josef Kenner an Josef v. Spaun

Linz, 27. Jänner 1829.

... Und in der Tat, hätte ich nicht unverdiente Freude an Weib und Kind, so möchte ich gerne u. würde ich unbedenklich für Schubert gestorben sein. Der hätte etwas Einziges in seiner Art geleistet, während mein Tagewerk im Amte jedes Maschinenwesen fördern könnte.

Vgl. 20. November 1828.

Einladung
zu einem
Privat-Konzerte,

welches die Unterzeichnete Freitags, den 30. Jänner 1829, abends um 7 Uhr, in dem Saale des Musik-Vereins, geben wird, wovon die eine Hälfte der Einnahme zur *Errichtung eines Monumentes* für den verstorbenen Kompositeur *Franz Schubert*, die andere *zu einem wohltätigen Zweck* bestimmt ist.

Vorkommende Musikstücke:

Nr. 1. Mirjams Siegessang, Gedicht von *Grillparzer*, Musik von *Schubert*, vorgetragen von Herrn *Tietze* und dem *Chor.*
Nr. 2. Variationen für die Flöte, von *Gabrielsky*, vorgetragen von Herrn *Bogner.*
Nr. 3. Die Taubenpost von *Seidl* – Aufenthalt, von *Rellstab*, beide in Musik gesetzt von *Schubert* und vorgetragen von Herrn *Vogl.*
Nr. 4. Trio für Pianoforte, Violine und Violoncell, von *Schubert*, vorgetragen von den Herren *v. Bocklet*, Professor *Böhm* und *Linke.*
Nr. 5. Die Allmacht von *Pyrker*, in Musik gesetzt von *Schubert*, vorgetragen von Herrn *Schoberlechner.*
Nr. 6. Am Strome, von *Rellstab*, mit obligatem Violoncell, in Musik gesetzt von *Schubert*, vorgetragen von den Herren *Tietze* und *Linke.*
Nr. 7. Erstes Finale aus der Oper: *Don Juan*, von *Mozart*, vorgetragen von den Fräuleins *Kirstein, Jeckel, Sack*, den Herren *Tietze, Lugano, Schoberlechner, Nejebse* und dem *Chor.* *Anna Fröhlich.*

Die Eintrittskarten zu 3 fl. W. W. sind in der Kanzlei des Musik-Vereins und in jeder Kunsthandlung zu haben.

Bereits am 20. Dezember 1828 war in der „Wiener Allgemeinen Theaterzeitung" eine „Einladung an Freunde der Tonkunst" erschienen, die eine Subskription für das Grabmal Schuberts eröffnete. Auf dem Programm der Abendunterhaltung vom 15. Januar war auch schon eine Einladung zu diesem Konzert gegeben worden. Es fand am Vorabend von Schuberts Geburtstag statt. – „Mirjam's Siegesgesang", wie das im Stile Händels gehaltene Werk richtig heißt, war im März 1828 geschrieben worden, zunächst mit Klavierbegleitung; die geplante Orchesterbegleitung wurde dann von Franz Lachner beigestellt. Zunächst half man sich mit einer Begleitung auf zwei Klavieren, an einem Anna Fröhlich. Das Solo ist eigentlich für Mezzosopran geschrieben und wurde bei dieser Erstaufführung von einem Tenor bestritten. Als das Werk um 1839 erschien, widmete es Diabelli dem Hofrat Witteczek. – Johann Wilhelm Gabrielski war 1791 geboren, ein Flötist in Berlin. – Die von Vogl gesungenen und wiederholten Lieder waren die beiden ersten aus dem „Schwanengesang" vorgetragenen. – Das Trio ist das in Es, das bereits erschienen war. – Schoberlechner ist Johann Karl. Er sang „Die Allmacht" an Stelle Vogls, der bei Schuberts Konzert das selbe Lied vorgetragen hatte. Außer dem Trio und der „Allmacht" war auch „Auf dem Strome" aus jenem Programm genommen; aber das obligate Horn war durch ein Cello ersetzt worden. Mit beiden Stimmen zur Wahl ist es als op. 119 bei Diabelli im Herbst 1829 auch erschienen. Das Autograph enthält nur die Hornstimme. – Das Mozart-Finale wurde auf zwei Klavieren begleitet. Amalie Kierstein, später verehelichte Mick, wurde bis zu ihrer Ehe Berufs-Sängerin. Frl. Jeckel mag die Tochter des Apothekers in Döbling (siehe Ende Juni 1824) gewesen sein. Karoline Sack, später verehelichte Bauer, kam ans Kärntnertor-Theater. – Das Konzert wurde am 5. März wiederholt.

Öffnung der Sperre über Schuberts Nachlass

Löblicher Magistrat!

Infolge Verordnung A hat Unterzeichneter den auf 63 fl. K. M. gerichtlich inventierten Nachlaß des am 19ten 9br 828 auf der Wieden No. 694 verstorbenen Franz Schubert, Tonkünstler, seinen leibl. Vater Franz Schubert auf Abschlag seiner Forderung jure crediti eingeantwortet und die Juris.-Sperre unentgeldlich eröffnet.

Wien, den 1t Febr. 829.

Anton Slabe,
Sperrkoär.

Mai 1829

Verzeichnis der P. T. Pränumeranten auf Franz Schuberts Schwanengesang

Verlag von Tobias Haslinger in Wien.

Nr.	Ex.		Nr.	Ex.	
1	1	Hr. *Tremier* in Wien.	8	1	Hr. *Schoberlechner*, ebend.
2	1	– *Witteczek*, k. k. Hofrat, ebend.	9	1	– *v. Decret*, ebend.
3	1	– *Battista* (Albin), ebend.	10	1	– *v. Droßdik* (Wilhelm) Freiherr, ebend.
4	1	Fr. Fürstin *Oettingen-Wallerstein*, ebend.	11	1	– *Frühwald*, k. k. Hofkapellsänger, ebend.
5	1	– Fürstin Th. *Lobkowitz*, ebend.	12	1	– *Blaha*, ebend.
6	1	Hr. Landgraf Jos. *Fürstenberg*, ebend.	13	1	Fräulein *Fröhlich*, ebend.
7	1	Fr. Fürstin *Schwarzenberg*, ebend.	14	1	Hr. *Schnitzer*, ebend.
			15	1	– *Schedius*, ebend.
			16	1	– Graf v. *Mniscek*, ebend.

Nr.	Ex.		
17	1	Hr. *Mladek* (Josef), k.k. Hauptgen. Oberfaktorei-Kanzellist in Steyr.	Durch Hrn. Josef *Greis* in Steyr.
18	1	– *Hintermayr*, Edler v. Wallenberg, Oberpfleger der *Lamberg-schen* Herrschaft Steyr.	
19	1	– *Apolt*, Adjunkt bei der fürstl. *Lamberg-schen* Herrschaft Steyr.	
20	1	– *v. Koller* (Josef), Eisenhändler in Steyr.	
21	1	– *Greis* (Josef) in Steyr.	
22	1	Fräulein *v. Gosmar* in Wien.	
23	1	Hr. *Doré*, ebend.	
24	1	– *Enderes* (Karl), ebend.	
25	1	– *v. Lederer* (Karl), Freiherr, ebend.	
26	1	Fräulein *Huber* (Antonie), ebend.	
27	1	Hr. *v. Spaun* (Josef), ebend.	
28	1	– *Ottenwalt* (Anton) in Linz.	
29	1	Fräulein *Reisky* in Wien.	
30	1	Hr. *Hüttenbrenner* (Josef) in Wien.	
31	1	– – – (Anselm) in Grätz.	
32	10	– *Förster* (K. G.) in Breslau.	
33	1	– Graf von *Egger* (Ferd.) in Klagenfurt.	Durch Hrn. *Huber* in Klagenf.
	1	Madame *Kumpf*, ebend.	
	1	Fräulein *v. Steininger* (Josefa), ebend.	
34	1	Hr. *Vogl*, k. k. pens. Hofopern-Sänger in Wien.	
35	1	– *v. Sonnleithner*, Doktor der Rechte, Hofrichter des Stiftes Schotten, ebend.	
36	1	Fräulein *v. Sonnleithner* (Marie), ebend.	
37	1	Hr. *Pittner* (Franz), ebend.	
38	1	– *Speiser* (Julius) im Stifte Melk.	
39	1	Fräulein *Neulinger* (Marie) in Wien.	
40	1	Hr. *Dolezaleck*, ebend.	
41	1	– *Pinterics*, ebend.	
42	1	*Der selbe.*	
43	1	*Der selbe.*	
44	1	Fräulein *v. Lacsny* (Josefine) ebenda.	
45	1	Hr. Graf *v. Weißenwolff* (Johann), ebend.	
46	1	– *Grünsteidel* (Josef), ebend.	
47	1	– *Gottfried* (Vinzenz Franz) ebend.	
48	1	Fr. Baronin von *Trenck*, ebend.	
49	1	Hr. *Pfusterschmid* (Matthias) ebend.	
50	1	– *Löhr*, ebend.	
51	1	Fräulein *Kapferer* (Elise) in Freiburg.	
52	1	Frau *v. Ernburg* (Nina) in Wien.	
53	1	Hr. *Dratschmiedt* (Friedrich), ebend.	
54	1	– *Perl* (Johann), ebend.	
55	1	Frau *v. Planer*, ebend.	
56	1	Fräulein *Kolbe* (Therese), ebend.	
57	1	Hr. *Obermüller* (Anton), ebend.	
58	1	– *Walcher* (Ferdinand), ebend.	
59	1	– *Rieder* (Johann), ebend.	
60	1	– *Artaria* et Comp. in Wien.	
61	1	*Die selben.*	
62	1	Fräulein *Weishaupt* (Mathilde) in Brünn.	
63	1	Hr. *Niemann*, k. k. Oberlieutenant bei Kaiser-Inf., ebenda.	
64	1	– *Obsiger* (Johann) in Eibenschütz.	

Nr.	Ex.		
65	1	Fräulein *Schönbach* (Babette) in Brünn.	
66	1	– *Swoboda* (Josefine in Jarmeritz.	
67	1	Hr. *Gerzabek*, Oberamtmann in Rozinka.	
68	1	– *Czerwenka* (Josef), fürst. erzbischöflicher Konsistorial-Beamter in Olmütz.	
69	1	– *Hübner* (Wilhelm), Berggerichts-Aktuar in Goldenstein.	
70	1	– *Strohm* (Franz), Grundbuchsführer in Altstadt.	
71	1	– *Hartau* (Josef) in Wien.	
72	1	Madame *Wanderer* (Babette), ebend.	
73	1	Hr. *v. Gahy* (Josef), ebend.	
74	1	– *Schwarzhuber*, k. k. Hofrat, ebend.	
75	1	– *Wittassek*, in Brünn.	Durch Hrn. *Gastl* in Brünn.
76	1	– *Wischau*, ebend.	
77	1	– *Macher* (Josef) in Wien.	
78	1	– *v. Liebenberg de Zsittin* (K. E.), Edler in Wien.	
79	1	– *Herzig* (Franz Leopold), ebend.	
80	1	– *Bosse*, Baron, ebend.	
81	1	Madame *Koch* (Amalie), geb. *Payer*, ebend.	
82	1	Hr. *Greiner* in Grätz.	
83	1	*Der selbe.*	
84	1	*Der selbe.*	
85	1	– *Marke* (Anton) in Wien.	
86	1	Fräulein *v. Cöckelberghe* (Adelheid), ebend.	
87	1	– *v. Kleinmayrn* (Marie), ebend.	
88	1	– *Kiesewetter* (Irene), ebend.	
89	2	– *Sartorius* (Clementine), ebend.	
90	1	– *Frech* (Josefine), ebend.	
91	1	Frau *v. Bargehr* (Marie), ebend.	

Nr.	Ex.		
92	1	Hr. *v. Andlaw*, Freiherr, ebend.	
93	1	– Graf *v. Esterházy* (Johann Karl) ebend.	
94	1	– *v. Schönstein* (Karl), ebend.	
95	1	– *v. Brevillier* (Karl), ebend.	
96	1	– *Menz*, Dr. (Ignaz), ebend.	
97	1	– *Wänker*, Dr. (Ludwig), in Freiburg.	
98	1	Fräulein *Schneller* (Ida), ebend.	
99		Hr. *Tietze* (Ludwig) in Wien.	
100	1	– *Teltscher* (Josef), ebend.	
101	1	– *Jenger* (Johann Bapt.), ebend.	
102	1	– *Fischer*, ebend.	
103	1	Fräulein W . . . . (Marie), ebend.	
104	1	– *Westermayer* (Leopoldine), ebend.	
105	1	Hr. *Puschl* (Leopold), Professor und Präfekt im Konvikte Seitenstetten.	
106	1	– *Heidenreich* (Johann), Schullehrer in Hof.	Durch Hrn. *Gastl* in Brünn.
107	1	Fräulein *Turowsky* (Josefine), in Prerau.	
108	1	Hr. *Traßler* (J. G.) in Brünn.	
109	1	– *Prock* (Maxim.), Mitglied des Stiftes Heiligenkreuz.	
110	4	– *Berra* (Marco) in Prag.	
111	1	Fräulein *Hönig* (Anna) in Wien.	
112	1	Hr. *Nejebse* (Hugo), ebend.	
113	1	Fräulein *Rehmann* (Minna), ebend.	
114	1	Freiin *v. Wetzlar* (Cölestine), ebend.	
115	1	Hr. *Pan*, herrschaftl. Beamter in Seckau.	
116	1	– *Peterstein* (Joh.) in Grätz.	

Nr.	Ex.		
117	1	Hr. *Koch* (F. X.), Lehrer in Hollenegg.	Durch Hrn. *Kraer* und *Deyrkauf* in Grätz.
118	1	– *Stumpf* (Fr.), Verwalter der Herrschaft Eichberg.	
119	1	– *Thomann* in Grätz.	
120	1	– *Wimmer* (Josef), ebend.	
121	1	– *Guggenberger* (Josef), ebend.	
122	1	– *Rothleitner* (Frz.) in Frauental.	
123	1	– *Wegscheider*, Verwalt. i. Birkenstein.	
124	1	– *Hunna* (J. Ludw.) in Grätz.	
125	1	– *Madl*, k. k. Postoffizier in Bruck a. d. M.	
126	1	Fräulein *v. Appltauer* (Josefine) in Grätz.	
127	1	Fräulein *Karner* (Nina), ebend.	
128	1	– *Kurady* (Elise), ebend.	Durch Hrn. *Kraer* und *Deyrkauf* in Grätz.
129	1	Hr. *Neupauer* (Aug.), Lehrer in Kumitz.	
130	2	– *Kraer* und *Deyrkauf* in Grätz.	
131	1	– *Köchel*, Dr. (Ludw.), in Wien.	
132	1	– *Mikschik* (Eman.), ebend.	
133	1	– *Kapferer* (Max) in Freiburg.	
134	1	– *Bauers* Buchh. in Krems.	
135	1	– *Malter* (Josef), k. k. Hauptmann in Brünn, durch Hrn. *Gastl*.	
136	1	– *Diabelli* und Komp. in Wien.	
137	1	*Die selben.*	
138	1	– *Prosmann* (Alois) in Wien.	
139	1	– *Nekola* (Johann), ebend.	
140	1	– Graf *v. Teleki* (Franz), ebend.	
141	1	– *Petzina* (Leopold), ebend.	
142	1	Madame *Weiß* in Wien.	
143	1	Hr. *Löwenthal* (Max), ebend.	
144	1	Fräulein *Müller* (Sophie), k. k. Hofschauspielerin, ebend.	
145	1	Frau *v. Rosthorn* (Josefine), Edle, ebend.	
146	1	Hr. *v. Rosthorn* (August), Edler, ebend.	
147	1	– *Zahlbruckner* (Joh.), ebend.	
148	1	– *Skraup* (Wenzel), ebend.	
149	1	Frau *Pachler* (Marie) in Grätz.	
150	1	Hr. *Spettl* (Rudolf) in Wien.	
151	1	– *Schweitzer* (Siegmund), ebend.	
152	1	– *Paterno* (A.), ebend.	
153	1	– *Hassak* (Pater Heinrich), k. k Professor in Kremsmünster.	Durch Hrn. Kaj. *Haslinger* in Linz.
154	1	– Baron *v. Lorella*, k. k. Kreiskommissär.	
155	1	– *Knerr*, ständ. Obereinnehmer in Linz.	
156	1	– *Schäffler*, Beamter in St. Florian.	
157	1	– *Gugeneder*, Kleriker im bischöfl. Seminar zu Linz.	
158	1	– *Hopfauer*, k. k. Strafhausverw. in Linz.	
159	3	– *Haslinger* (Kajetan), Buch- und Musikhändler in Linz.	
160	1	– *Scheuerle* (Christoph) in Wien.	
161	1	– *Kleindl* (Jos.) in Mantua.	
162	1	– *Karis* (Siegm.) in Wien.	
163	1	– Graf von *Batthyany* (Karl) ebend.	
164	1	– *Barth* (Jos.), fürstl. Schwarzenbergscher Rechnungsführer, ebend.	

Haslinger hatte im März 1829, bei der Anzeige der Pränumeration in der amtlichen „Wiener Zeitung", und schon im Januar 1829 im Prospekt des „Schwanengesangs" (fast gleichlautend) versprochen, daß diese Liste als „Übersicht von Schuberts Verehrern und Freunden erscheinen, ja (etwa) gewissermaßen die Namensreihe der Leidtragenden bilden" solle. 158 Personen hatten 180 Exemplare bestellt, die mit einem eigenen Vorsatzblatt geschmückt waren: eine gestochene Vignette, die einen schwimmenden Schwan darstellt, tragend. Das gilt nur für die Subskriptions-Exemplare, die auch die Liste enthalten. Die wichtigeren der Namen, soweit sie nicht voll genannt sind, bedeuten: Josef Tremier, Josef Wilhelm Witteczek, Mathilde Fürstin zu Schwarzenberg, Johann Karl Schoberlechner, Josef Frühwald, Anna Fröhlich, Kolumban Schnitzer, Therese Gosmar, der Musikalienhändler Karl Gustav Förster, Johann Michael Vogl, Ignaz v. Sonnleithner, Johann Nepomuk Dolezalek, Karl Pinterics, Johann Nepomuk August Wittasek, der Musikalienhändler Johann Lorenz Greiner und Franz v. Andlau; Trassler, Berra, Kraer & Deyrkauf waren auch Musikalienhändler.

Aus der „Wiener Allgemeinen Theaterzeitung" vom 21. Mai 1829

Unter den zahlreichen Manuskripten, welche der beliebte Tondichter Franz *Schubert* hinterließ und wovon der tätige und umsichtige Musikverleger Josef *Czerny* den größten Teil käuflich, mit Verlagsrecht an sich gebracht hat, befand sich auch ein großes Quintett für Pianoforte, Violin, Viola, Violoncell und Kontrabaß. Da dieses Quintett bereits, auf Veranlassung des Hrn. Verlegers, in mehreren Zirkeln zur Aufführung gebracht wurde und von den anwesenden Musikverständigen als ein Meisterwerk erklärt worden: so glauben wir das musikalische Publikum auf dieses neueste Werk des unvergeßlichen Tonsetzers aufmerksam machen zu müssen, und berichten zugleich, daß dasselbe nicht nur als Quintett für die oben angezeigten Instrumente, sondern auch für das Pianoforte zu 4 Händen, von dem Verleger selbst sehr effektvoll eingerichtet, im Druck erschienen und in dessen Kunsthandlung zu haben ist.

Es war eine große Übertreibung von Czerny, zu behaupten, daß er den größten Teil des Nachlasses erworben hätte; aber er wußte wohl nichts von dessen Umfang. Vgl. 31. Dezember 1828. – Das „Forellen-Quintett" brachte er als op. 114 heraus. Neben Czernys und anderen Arrangements für vier Hände gibt es auch eines von Gahy, das handschriftlich in der Stadtbibliothek Wien erhalten ist.

Für meinen Herrn Vater Franz Schubert

Juni 1829

Eingenommen:	K. M.
17. Dez. 828.	150 f. —
30. Dez. 828.	100 f. —
5. Jän. 829.	58 f. 36
9. Jän. 829.	120 f. —
25. do.	10 f. —
28. Febr.	30 f. —
2. Mai	30 f. —
	498 f. 36
Eingenommen	498 f. 36
Ausgegeb.	309 f. 33
Bleibt	188 f. 43
14. Jun.	150 f. —
	338 f. 43.

Ausgegeben:	K. M.
18. Dez. 828. H. v. Schober	40 f. —
30. Dez. 828. H. v. Czerny	14 f. 45
31. Dez. 828. H. v. Schober	40 f. —
5. Jän. 829. H. Pennauer	58 f. 36
9. Jän. 829. H. v. Schober	111 f. 12
21. Jän. 829. Doktor v. Rinna	25 f. 20
29. Jän. 829. Dem Klaviermacher Löschen	20 f. —
	309 f. 53.

Ferdinand.

Vgl. 6. und 27. Dezember 1828. – Unter den Einnahmen, die des Toten Zahlung und Überzahlung seiner Schulden darstellen [Verkäufe aus dem Nachlaß], sind die ersten und die letzten 150 fl. von Haslinger für den „Schwanengesang" bezahlt (die zweite Hälfte tatsächlich am 13. Juni). Die 100 fl. sind offenbar von Josef Czerny für 18 Lieder und ein Streichquartett bezahlt worden (siehe 31. Dezember 1828). Die Schuld an Pennauer scheint von Vater Schubert durch Ferdinand bezahlt worden zu sein; der Betrag von 58 fl. 36 (ursprünglich $35^1/_2$) kr. erscheint am selben Tage unter den Einnahmen und Ausgaben. Ähnlich ist vielleicht die Einnahme von 120 fl. und die Zahlung von 111 fl. 12 kr. an Schober zu verstehen. Hier aber und bei den drei folgenden kleineren Einnahmen dürfte es sich eher um Zahlungen der drei Verleger Pennauer (für die Sonate in Es, op. 122, und drei Lieder, opp. 123 und 124), Thaddäus Weigl (ein Lied, op. 130) und Leidesdorf (fünf Lieder, opp. 115, 116, 119) handeln. Unter den Ausgaben erscheinen drei Teilbeträge, die nach Möglichkeit, je nach den Einnahmen, an Schober bezahlt wurden, für eine Gesamtschuld Schuberts an ihn von 191 fl. 12 kr.; darin mag auch seine Miete aus den letzten Monaten inbegriffen sein, obwohl Schober gegen seine Freunde generös war und z. B. Schwind im Herbst 1828, als es Schober schon an den Kragen ging (er war dem Bankrott nahe), noch Geld von ihm erbeten hatte (siehe letzte Notiz zum 22. November 1828). Die kleine Zahlung an Czerny mag die Differenz zwischen jenen 100 fl. und dem tatsächlichen Honorar (Wechselgeld) gewesen sein, oder – wie bei Pennauer – ein rückbezahlter Vorschuß. Das Doktorhonorar für Rinna erscheint hier zum ersten Male. Die Rechnung von Leschen aber ist auch bereits am 27. Dezember 1828 genannt.

Grillparzers Entwürfe für Schuberts Grabschrift

Mitte September 1829

Wanderer! Hast Du Schuberts Lieder gehört? Unter
diesem Steine liegt er. (Hier liegt, der sie sang.)

Den Besten stand er nahe, als er starb, und doch
war er kaum noch auf der Hälfte seiner Bahn.

Die Tonkunst begrub hier einen reichen Besitz,
aber noch viel schönere Hoffnungen.

Er gab der Poesie (Dichtkunst) Töne (Klänge) und
Sprache (Rede) der Musik. Nicht Frau und nicht Magd,
als Schwestern umarmten sich die Beiden über
Schuberts Haupt, Grab.
Er hieß die Dichtkunst tönen u. reden die Musik.

In dem dritten Entwurf, der der endgiltige war, ist das Wort „viel" später eingefügt. Diese pessimistische Auffassung über Schuberts Reife teilte Grillparzer z. B. mit Josef v. Spaun.

Herbst 1829

Inschrift auf Schuberts Grabmal

DIE TONKUNST BEGRUB HIER EINEN REICHEN BESITZ,
ABER NOCH VIEL SCHOENERE HOFFNUNGEN.
FRANZ SCHUBERT LIEGT HIER.
GEBOREN AM XXXI. JAENNER MDCCXCVII.
GESTORBEN AM XIX. NOV. MDCCCXXVIII.
XXXI JAHRE ALT.

Das Grabmal wurde erst im Sommer 1830 aufgestellt (siehe 6. November 1830). Die Mittel dafür und für das Requiem (siehe Dezember 1828) waren durch ein Komitee gesammelt worden, dem Grillparzer, Jenger und Schober als Verwalter vorstanden. Sie hatten 69 fl. 42 kr. von Anna Fröhlich als Reinertrag ihrer beiden Konzerte (s. 30. Januar 1829) erhalten; 40 fl., die Jenger gesammelt hatte, und 251 fl. 48 kr. von Haslinger, zusammen 360 fl. 90 kr. K. M. am 10. August 1829. In Haslingers Summe dürfte der Erlös aus dem Verkauf der Lithographie Teltschers (siehe 24. Januar 1826), die erst im Frühjahr 1829 in den Handel kam (1 fl. 15 kr. W. W.), und des gleichzeitig ausgegebenen musikalischen „Nachrufs an Schubert in Trauerstimmen am Pianoforte" (30 kr. W. W.) von Anselm Hüttenbrenner (Bildband, zwischen S. 236 und 237) enthalten gewesen sein. (Ähnliche Nachrufe haben Abbé Stadler: „Fuge für die Orgel oder das Pianoforte über den Namen des zu früh verblichenen Tonsetzers Franz Schubert", und Sechter: „Fuge in C moll für die Orgel oder das Piano-Forte. Dem Andenken des zu früh verblichenen Franz Schubert" geweiht; beide bei Diabelli erschienen, reproduziert im Bildband gegenüber S. 370 und S. 478. Sechters Fuge war schon am 28. November 1828 erschienen.) Vgl. Juli 1830.

Aus Bauernfelds Tagebuch

[Oktober] 1829.

Schwinds Heirat hat sich zerschlagen. Die Mayerhofersche längst. Moritz wieder nach München. Wir waren noch in Währing an Schuberts Grab.

Schwind war zu einem kurzen Besuch nach Wien gekommen. Zur endgültigen Lösung seiner Verlobung mit Anna Hönig vgl. Ende März 1828. Ferdinand Mayerhofer v. Grünbühel, der sie 1832 heiratete, war früher mit Jeanette v. Mitis verlobt gewesen (siehe Anfang 1826). Als Anna längst seine Frau geworden war, gedachte Schwind ihrer als der „Königin seiner jungen Jahre", setzte aber hinzu: „Ich kann sonst hübsch was an Katholizismus vertragen, aber was zu viel ist, ist zu viel." Mayerhofer wurde selbst ein tätiger Katholik, Präsident der marianischen Kongregation; als er um 1850 Landeschef der Wojwodina und des Banats wurde, nannte Schwind die quondam „süße Anne Page" die „Wojwodin", und als er gar Feldmarschall-Leutnant wurde, die „Generalin". – Die Szene an Schuberts Grab hat Schwind, sich selbst mit dem Helden dieses Werks vertauschend, in einem Blatt seiner „Lachner-Rolle" festgehalten, einem Zyklus von aquarellierten Federzeichnungen zu Ehren Franz Lachners (1862).

Aus dem Wiener „Allgemeinen musikalischen Anzeiger" vom 6. Februar 1830

Die hiesige Kunsthandlung *Diabelli et Comp.* hat den gesamten Nachlaß der Franz *Schubert*schen Kompositionen an sich gekauft. In diesem Nachlasse sollen, dem Vernehmen nach, noch gegen 300 Lieder von verschiedenem Umfange sich befinden. Wie wünschenswert müßte es nicht den zahlreichen Verehrern dieses genialen Tonsetzers sein, *eine gleichartig ausgestattete Gesamtausgabe* seiner so sehr zerstreut erschienenen Werke zu besitzen! Und dies ist eine Erörterung, welche jetzt nicht zum ersten Male ausgesprochen wird, da wir uns erinnern, daß sich schon auswärts eine beachtenswerte Stimme darüber hat vernehmen lassen.

Vgl. 21. Mai 1829. – Die „Nachgelassenen musikalischen Dichtungen" brachten in ihren 50 Lieferungen etwa 135 Lieder und Gesänge. – Es ist keine österreichische oder außer-österreichische Zeitungsstimme bekannt, die vor 1830 den Wunsch nach einer Gesamtausgabe geäußert hätte. Ch. S. Richault in Paris, der 1834 mit der Ausgabe der Lieder in französischer Übersetzung begonnen hatte, trug sich um 1835 mit einem solchen Plan; C. A. Spina in Wien, Diabellis Nachfolger, plante schon um 1865 das selbe; und L. Holle in Wolfenbüttel gab vor, in den um 1870 veröffentlichten 10 Bänden „Sämtlicher Kompositionen" die „Erste vollständige und rechtmäßige Gesamtausgabe" zu veröffentlichen. Die Gesamtausgabe kam erst gegen Ende des Jahrhunderts zustande, als Breitkopf & Härtel 1884 bis 1897, zur Zentenarfeier von Schuberts Geburt, fast alle damals bekannten Werke (Brahms verhinderte einige Publikationen) in 21 Serien herausbrachten, die 39 Folio-Bände umfassen.

Am 24. April 1830 trägt Wilhelmine Schröder-Devrient, begleitet von Christine Genast, Goethe in Weimar Schuberts „Erlkönig“ vor. – Über Wilhelmine siehe Herbst 1822. – Goethe küßte sie nach dem Vortrag auf die Stirn und sagte: „Ich habe diese Komposition früher einmal gehört, wo sie mir gar nicht zusagen wollte; aber so vorgetragen, gestaltet sich das Ganze zu einem sichtbaren Bild.“ Aus einer anderen Äußerung, drei Wochen später (17. Mai), ergibt sich aber, daß Goethe – zwei Jahre vor seinem Ende – keineswegs zu Schubert bekehrt war, von dem er sonst kein Lied gehört haben dürfte.

Grillparzers Entwurf einer Anzeige über die Vollendung von Schuberts Grabmal

Juni 1830

Allen Freunden und Verehrern Schuberts, vornehmlich aber denjenigen, die ihr Gefühl für ihn durch Beiträge zu seinem Denkmale werktätig gezeigt haben, dient zu wissen, daß dieses Denkmal, von geschickter Hand wohlgelungen ausgeführt und mit der ähnlichen Büste des Verewigten aus Gußeisen geziert, eben jetzt fertig geworden und in dem Kirchhof zu Währing aufgestellt ist, wo es der allgemeinen Ansicht offen steht.

Die Nachweisung über die Verwendung der durch Unterzeichnung eingegangenen Beträge wird nachträglich bekannt gemacht werden.

Vgl. Herbst 1829. – Die Anzeige ist nie erschienen; ebensowenig die Abrechnung. – Die Kosten für das Requiem (siehe Dezember 1828) waren 75 fl. 6 kr. K. M. Für das Gipsmodell der Büste, die Josef Alois Dialer (geb. 1797 zu Imst in Tirol, seit 1815 in Wien) ohne Honorar beistellte, hatte man 16 fl. gezahlt. Sie war im Eisenwerk zu Blansko (Mähren) für 72 fl. gegossen worden. Wasserburger (siehe 27. Dezember 1828) bekam 195 fl. 40 kr. für das Grabmal: „ein Monument von Margaretner Stein nach einer vorgelegten Zeichnung“, mit einer Inschrift von 160 Buchstaben, etc. Der Entwurf stammte von Schober, unter Mitarbeit des Architekten Ludwig Förster (geboren 1797 in Bayreuth, seit 1820 Korrektor an der Wiener Akademie). Mit einigen Nebenauslagen hatte das Grabmal samt der Büste etwa 300 fl. gekostet, so daß durch die Sammlung schon am 10. August 1829 fast alle Ausgaben, einschließlich der Trauerfeier in der Augustiner-Kirche, gedeckt waren. Während Beethovens Grabmal kein Bildnis trug, war das Schuberts durch die sprechende Büste Dialers belebt: ein damals und dort ungewöhnlicher Schmuck. (Es gab in Wien nur ein öffentliches Denkmal, das des Kaisers Joseph II., und auf Friedhöfen kaum ein Porträt.)

Aus dem Verzeichnis der „Geburts- und Sterbefälle in der Familie des Schullehrers Franz Schubert“

[Eintragung der Stiefmutter]

Den 9. Juli 1830 um halb 7 Uhr abends starb mein innigstgeliebter und geschätzter Gemahl, rücksichtlich Vater.

Die Eintragung ist ähnlich stilisiert, wie Vater Schuberts eigene Notiz über den Tod seines Vaters (16. Dezember 1787). Vater Schubert war zwei Tage vor seinem 67. Geburstag gestorben. Die Schule in der Roßau, wo ihm sein Sohn Ignaz als Lehrer folgte, hatte zuletzt 6 Gehilfen und bei 500 Schüler gehabt. Vater Schubert wurde im Grabe seiner ersten Frau auf dem Allgemeinen Währinger Friedhof, vor der Nußdorfer Linie, also nahe seinem alten Wirkungskreis am Himmelpfortgrund, beigesetzt.

Aus dem Wiener „Allgemeinen musikalischen Anzeiger“ vom 6. November 1830

Wir übergeben den Lesern unseres Blattes und allen Gönnern von *Schuberts* seelenvollen Kompositionen (und wer wäre das nicht?) mit diesem Blatte ein Abbild von dem Denkstein, welchen seine Freunde dem verewigten *Tonmaler* auf dem Währinger Kirchhofe setzen ließen. Der Grabstein ist einfach – einfach wie seine Lieder, aber er birgt einen tiefen Geist, wie diese.

Beethovens und Schuberts Gräber wurden 1863 erneuert. Bei der Ausgrabung und Wiederbeisetzung wurden Photographien der Schädel gemacht und Messungen auch der anderen Überreste vorgenommen (vgl. Bildband, Tafel 58–61 und Text S. 8–13). Im Jahre 1888 wurden die Überreste beider wieder ausgegraben, aber diesmal, um in den Musiker-Ehrenhain des neuen Wiener Zentralfriedhofs im Vorort Simmering überführt zu werden. Dort wurde für Schubert, der 1872 das erste Musiker-Denkmal in Wien erhalten hatte (Stadtpark), ein neues Grabmal errichtet. Als der Währinger Ortsfriedhof 1925 endgiltig aufgelassen und in den „Schubert-Park" verwandelt wurde, hat man die beiden Kenotaphe für Beethoven und Schubert bewahrt. (Vgl. 29. März 1827.)
N.B. Aus der Zeit vom November 1828 bis November 1830 sind weitere Dokumente bekannt, die hier absichtlich übergangen worden sind. Nur die Gedichte und Nachrufe darunter sind vielleicht erwähnenswert.
Gedichte. „Franz Schubert's Totenfeier" von Eduard Duller – Einblattdruck. „Freundesgefühle am Grabe des für die Kunst und seine Freunde zu früh entschlafenen Herrn Franz Schubert" von Josef Müller (Unterlehrer an Vater Schuberts Schule) – Manuskript. „An Schuberts Grabe" von K-s. – „Wiener Allgemeine Theaterzeitung", 6. Dezember 1828. „Allegorie" von Franz Stelzhammer – „Wiener Allgemeine Theaterzeitung", 13. Dezember 1828. „Dem Andenken Schuberts gewidmet" von E. Khier – „Der Sammler", 16. Dezember 1828. „Trauerweide, gepflanzt an dem Grabe des unvergeßlichen Tondichters Franz Schubert" von Peter Bleich – „Der Sammler", 18. Dezember 1828. „Nachruf. An Schuberts Grabe" von Andreas Schumacher – „Wiener Allgemeine Theaterzeitung", 20. Dezember 1828. Prolog zur Totenfeier, gehalten am 27. Dezember 1828 im Hause des Prof. Abbé Luigi Tomazolli in Linz, von Karl Adam Kaltenbrunner – „Österreichisches Bürgerblatt", Linz, 10. April 1829. Epilog zum „Lied im Grünen" von Friedrich Reil – Erstdruck des op. 115, 16. Juni 1829. (Die Gedichte der Freunde Schuberts sind hier abgedruckt.)
Nachrufe. „Schuberts Manen", anonym – „Wiener Zeitschrift für Kunst usw.", 11. Dezember 1828. Einleitung zur Besprechung der Zyklen „Winterreise" und „Schwanengesang" von Gottfried Wilhelm Fink – „Allgemeine musikalische Zeitung", Leipzig, 7. Oktober 1829. (Die Nachrufe der Freunde Schuberts sind in den Schubert-Erinnerungen abgedruckt.)

ANHANG

I. IKONOGRAPHIE

Die authentischen Bildnisse Schuberts

Es gibt mehrere Nachrichten über Schuberts äußere Erscheinung, die alle im Vorwort der Mappe „Die historischen Bildnisse Franz Schuberts in getreuen Nachbildungen" (Wien 1922) abgedruckt sind. Der Bericht seines Schulkollegen, des späteren Arztes Georg Franz Eckel, ist auch in den Schubert-Erinnerungen, Seite 41, zu finden. Schuberts körperliche Größe war, wie wir jetzt wissen, nur 1,57 m (vgl. Januar 1818).

Dem Umstand, daß unter Schuberts Freunden einige bildende Künstler waren, haben wir mehr authentische Bildnisse zu verdanken, als die Kürze und die Enge seines Lebens erwarten hätten lassen. Leider gibt es kein Bildnis Schuberts von der Hand Moritz v. Schwinds aus dieser Zeit, ausgenommen die kleine Figur in der Gruppe Nr. 2. Auch der begabte und fruchtbare Porträt-Lithograph Josef Kriehuber, der Schubert kannte, verfertigte nur ein posthumes Bildnis von ihm (zwei Fassungen). Ein Gruppenbild der Schubert-Runde bei der „Ungarischen Krone" (siehe 11. Mai 1821) von Ludwig Ferdinand Schnorr v. Carolsfeld gilt als verschollen, aber man weiß nicht sicher, ob es dergleichen je gegeben hat. Ob Josef Alois Dialer, der die Büste für Schuberts Grabmal gemacht hat, ihn nach dem Leben porträtierte, ist fraglich. So bleiben nur die folgenden zehn authentischen Bildnisse als gesichert.

1. *Silhouette.* Tusche. 4,5×3 cm. Anonym. Datiert 1817. Aus Anton Holzapfels Nachlaß. Jetziger Besitzer unbekannt. Schubert ist ohne Brille dargestellt, obwohl er schon im Stadtkonvikt, also vor 1814, Augengläser trug (vgl. Nr. 10).

2. *Ballspiel in Atzenbrugg*, auch *Das Atzenbrugger Fest* benannt (siehe Juli 1821). Radierung. 16,7×9,8 cm. Landschaft und Architektur von Franz v. Schober gezeichnet, die Figuren von Moritz v. Schwind, das Ganze von Ludwig Mohn radiert, um 1820. Schubert, mit einem Gitarren-Spieler und Schwind im Grase sitzend, ist in Hemdärmeln mit einer Pfeife dargestellt. Im Hintergrund sieht man das noch bestehende Schlößchen, das Schwind auch an der Wand des Raumes seiner späten Sepiazeichnung „Ein Schubertabend bei Ritter (Josef) von Spaun" abgebildet hat. Ein Exemplar der Radierung ist in der Albertina, Wien; ein koloriertes Exemplar aus Schobers Besitz ist bei der Gesellschaft der Musikfreunde, Wien.

3. *Landpartie der Schubertianer*, von Atzenbrugg nach Aumühl. Aquarell. 32×23 cm. Von Leopold Kupelwieser für Schober gemalt, 1820. Schubert und der Maler sind hinter dem Wagen gehend dargestellt. Die Aumühle ist im Hintergrund sichtbar. Schubert-Museum der Stadt Wien.

4. *Gesellschaftsspiel der Schubertianer in Atzenbrugg.* Aquarell, 44×34 cm. Von Kupelwieser für Schober gemalt, 1821. Die Damen und Herren der Gesellschaft sind im Salon des kleinen Schlosses versammelt, um eine Charade darzustellen und zu erraten. Das zu findende Wort ist „Rheinfall", verborgen unter den Silben „rein" und „Fall". Der erste Teil des lebenden Bildes hatte gezeigt, wie sich die Akteure in den Teichen und Wasser-

fällen auf den Wandgemälden rein wuschen; der zweite Teil aber zeigt hier den Sündenfall der ersten Menschen. Schubert ist am Klavier sitzend zu sehen, nachdem er offenbar die Pantomime mit improvisierter Musik melodramatisch begleitet hatte.

5. *En-face-Zeichnung*. Bleistift. 20,8×15,9 cm. Am 10. Juli 1821, wahrscheinlich in Atzenbrugg, von Kupelwieser gezeichnet. Aus dem Nachlaß des Malers. Jetzt in der Sammlung Anthony van Hoboken, Ascona.

6. „*Michael Vogl und Franz Schubert ziehen aus zum Kampf und Sieg*". Bleistift-Karikatur. 20×15 cm. Wahrscheinlich von Schober gezeichnet und beschriftet, um 1825. Aus Schobers Nachlaß. Jetzt bei Dr. Curt Sluzewski, London. Eine Skizze dazu, ohne Inschrift, seit 1925 verschollen.

7. *Aquarell*. 25×20 cm. Von Wilhelm August Rieder, Mai 1825. Dreiviertel-Figur, sitzend. Das berühmteste dieser Bildnisse. Historisches Museum der Stadt Wien. – Ein Stich danach von Johann Passini, 1825 (zwei Zustände: ohne die Lebensdaten und mit diesen) – Gesellschaft der Musikfreunde, Wien; eine Lithographie danach von Rieder selbst, 1825 – Albertina, Wien.

8. *Lithographie*. 45×30 cm. Von Josef Teltscher, 1826. – Es gibt drei Fassungen davon, die sich in den Inschriften unterscheiden. Historisches Museum der Stadt Wien und Gesellschaft der Musikfreunde, Wien.

9. Jenger, Anselm Hüttenbrenner und Schubert. Farbstift-Zeichnung. 20,6×16,2 cm. Von Teltscher, um 1827. Brustbilder. Aus Schönsteins Nachlaß. Bei Herrn Otto Schweitzer, Schlüchtern.

10. *Ölbildnis*. 56×44 cm. Von Franz Eybl? (Früher Willibrord Josef Mähler zugeschrieben.) Um 1827 für Josef Sonnleithners Musiker-Porträtsammlung gemalt. Ohne Brille (vgl. Nr. 1). Gesellschaft der Musikfreunde, Wien.

Schober hielt das Porträt auf dem Gruppenbild Nr. 4 für das beste. Auch Schwind meinte, daß es sprechend ähnlich sei, daß daneben das En-face-Bild Nr. 5 und die Lithographie Nr. 8 zu beachten seien; er stimmte aber mit anderen Freunden Schuberts darin überein, daß das Aquarell Nr. 7 das beste Porträt sei. Das Ölbild Nr. 10, das Schober und Schwind nicht gekannt haben dürften, oder doch nur flüchtig, wurde von Leopold v. Sonnleithner, Josefs Neffe, sehr geschätzt.

Unter den angeblichen Bildnissen Schuberts ist wegen seiner Verbreitung in Reproduktionen die Kohlezeichnung erwähnenswert, die Kupelwieser 1813 gemacht haben soll, der Schubert damals noch gar nicht gekannt hat. Das schöne Blatt ist weder von Kupelwiesers Hand noch stellt es Schubert dar. Es dürfte nicht in Österreich entstanden sein.

II. SCHUBERTS WOHNUNGEN IN WIEN

Anfang 1797 bis Herbst 1801:

Vorstadt Himmelpfortgrund (Nordwesten), Obere Hauptstraße, Nr. 72, „Zum roten Krebsen". Eigentümer Matthias Schmidtgruber. Jetzt Gemeindebezirk IX, Nußdorferstraße 54. Gedenktafel mit Büste über dem Tor. Die Schule lag im Hofe rechts, die Wohnung der Familie im ersten Stock rechts, mit je zwei Räumen. Im ersten Stock Schubert-Museum der Stadt Wien. Haus, Hof und Garten ziemlich unverändert. Forellenbrunnen im Hofe. Vom Garten aus die tiefer liegende Kirche von Liechtental sichtbar.

Herbst 1801 bis Herbst 1808:

Vorstadt Himmelpfortgrund, Nr. 10. „Zum schwarzen Rössl", schräg gegenüber dem Geburtshaus. Eigentümer Schuberts Vater und Mutter. Im Erdgeschoß war die Schule, oben die Wohnung. Haus und Hof erhalten. Jetzt Gemeindebezirk IX, Säulengasse 3. Gedenktafel.

Herbst 1808 bis Herbst 1813:

Innere Stadt, Nr. 796, Kaiserlich-königliches Stadtkonvikt, innerhalb der alten Universität gelegen, zwischen dem Akademischen Gymnasium und der Jesuiten-Kirche, gegenüber der Aula der Universität (jetzt Akademie der Wissenschaften). Jetzt Gemeindebezirk I, Ignaz-Seipel-Platz (früher Universitätsplatz) 1. Gedenktafel.

Herbst 1813 bis Herbst 1816:

Schulhaus auf dem Himmelpfortgrund, Nr. 10, wie oben. Eigentümer Vater Schubert und seine Kinder aus erster Ehe (ausgenommen Ignaz).

Frühjahr 1816 (vorübergehend):

Vorstadt Landstraße (Südosten), Nr. 97. Eigentümer Universitätsprofessor Heinrich Josef Watteroth. Haus, Hof und Garten erhalten. Jetzt Gemeindebezirk III, Erdbergerstraße 17. Schubert wohnte dort zeitweilig mit Josef v. Spaun, der ein Zimmer im Hause innehatte. Gedenktafel.

Herbst 1816 bis August 1817:

Innere Stadt, Nr. 592, „Zum Winter". Eigentümer Karl Edler v. Bartenfeld. Steinfigur des „Herrn Winter" an der Ecke (erhalten). Demoliert. Neubau Gemeindebezirk I, Tuchlauben 26, Ecke Landskrongasse. Schubert wohnte dort als Gast der Familie Schober.

Ende 1817:

Schulhaus auf dem Himmelpfortgrund, Nr. 10, wie oben.

Anfang 1818:

Vorstadt Roßau (Nordwesten, näher der Inneren Stadt), Nr. 147, neues Schulhaus. Eigentümer Gemeinde Roßau. Demoliert. Neubau Gemeindebezirk IX, Grünetorgasse 11, „Schubert-Schule", das Stiegenhaus mit Bildern aus Schuberts Leben geschmückt. Gedenktafel.
(Im Sommer 1818 lebte Schubert auf Schloß Zseliz in Ungarn, als Musiklehrer beim Grafen Johann Karl Esterházy.)

Herbst 1818 bis Ende 1820:

Innere Stadt, Nr. 420, zwischen dem alten Rathaus und dem Hohen Markt. Eigentümer Johann Irrsa. Im dritten Stock wohnte Frau Anna Sanssouci und Mayrhofer als ihr Zimmerherr; Schubert lebte damals mit ihm. Demoliert, später genannt das „Liebighaus", endlich mit zwei Nachbarhäusern in ein Eckhaus umgebaut. Jetzt Gemeindebezirk I, Wipplingerstraße 2.
(Im Sommer 1819 weilte Schubert in Oberösterreich.)

1821:

Innere Stadt, Nr. 380, nahe der vorhergehenden Wohnung; früher das Theatiner-Kloster. Eigentümer Maria Josefa Desprez, Freiin v. Neufmanil. Der Mieter, bei dem Schubert ein Zimmer innehatte, unbekannt. Er wohnte zum ersten Male allein. Demoliert. Neubau Gemeindebezirk I, Wipplingerstraße 21, Ecke Tiefer Graben.
(Im Herbst 1821 weilte Schubert in St. Pölten, Niederösterreich.)

1822 bis Sommer 1823:

Innere Stadt, Nr. 1155, „Göttweigerhof". Eigentümer Stift Göttweig, Niederösterreich. Schubert wohnte wieder als Gast der Familie Schober, im zweiten Stock. Das Haus erhielt 1828 ein Stockwerk aufgesetzt. Jetzt Gemeindebezirk I, Spiegelgasse 9, Ecke Göttweigergasse. Gedenktafel.

Herbst 1822 bis Frühjahr 1823 (vorübergehend):

Schulhaus in der Roßau, wie oben.
(Im Sommer 1823 weilte Schubert in Oberösterreich.)

Herbst 1823 bis Frühjahr 1824:
Innere Stadt, Nr. 1187. Eigentümer Johann Schmid. Schubert wohnte dort mit Josef Huber im ersten Stock. Demoliert. Neubau Gemeindebezirk I, Stubenbastei 14, das zweite Haus gegen die Liebenberggasse.
(Im Sommer 1824 lebte Schubert wieder auf Schloß Zseliz, wie 1818.)

Oktober 1824 bis Februar 1825:

Schulhaus in der *Roßau*, wie oben.

Februar 1825 bis Sommer 1826:

Vorstadt Wieden (Süden), Nr. 100. Eigentümer Johann Fruhwirth. Das Haus lag zwischen der Karlskirche und dem Haus „Zur heiligen Dreifaltigkeit"; nahebei war das „Mondscheinhaus" mit der Wohnung der Familie Schwind. Der Mieter der Wohnung 26 im zweiten Stock war Georg Kellner. Schubert wohnte bei ihm, zum zweiten Male allein, in einem Zimmer über dem linken Tor. Das niedrige und weitläufige Haus hatte einen malerischen Hof. Jetzt Gemeindebezirk IV, Technikerstraße 9. 1962 demoliert. (Den Sommer 1825 verbrachte Schubert in Oberösterreich und Salzburg.)

Frühjahr und Sommer 1826 (vorübergehend):

Vorort Währing (Nordwesten). Keine Einzelheiten bekannt. Schubert lebte dort zeitweilig mit Schwind bei Schober.

Herbst 1826:

Innere Stadt, Nr. 765. Eigentümer Anton Freiherr v. Sala. Demoliert. Neubau Gemeindebezirk I, Bäckerstraße 6, das zweite Haus vor der Essiggasse. Schubert wohnte dort wieder bei Schober, im 3. Stock über dem linken Tor.

Ende 1826 bis Februar 1827:

Innere Stadt, Nr. ?, auf der Bastei beim Karolinentor. Demoliert. Gegenüber dem jetzigen Stadtpark. Schubert lebte dort wieder allein.

März 1827 bis August 1828:

Innere Stadt, Nr. 556 und 557, „Zum blauen Igel", Durchhaus zum Wildpretmarkt, neben dem Haus „Zum roten Igel", wo die Gesellschaft der Musikfreunde einquartiert war, nahe dem Haus „Zum Winter". Eigentümer Kajetan Franz Wenzel und Franz Anton Edler v. Sternegg. Demoliert. Neubau Gemeindebezirk I, Tuchlauben 18. Noch einmal war Schubert damals bei Schober zu Gaste, im zweiten Stock, wo er zwei Räume und eine Musikkammer zur Verfügung hatte.

Mai bis Juni 1827 (vorübergehend):

Vorort Dornbach (Westnordwest), Hauptstraße, Gasthof „Zur Kaiserin von Österreich". Eigentümer Paul Konrath. Schuberts Zimmer soll im zweiten Stock gewesen sein. Das Haus hat jetzt eine andere Bestimmung. Gemeindebezirk XVII, Dornbacherstraße 101. Gedenktafel. (Den September 1827 verbrachte Schubert in Graz.)

September bis November 1828:

Vorstadt Wieden, Nr. 694, „Zur Stadt Ronsberg". Eigentümer Johann Kiffmann. Schubert wohnte dort bei seinem Bruder Ferdinand im zweiten Stock rechts, in einem Kabinett nach der Straße, wo jetzt eine Gedenkstätte der Stadt Wien eingerichtet ist. Heute Gemeindebezirk IV, Kettenbrückengasse 6. Gedenktafel.

Notiz. Die Zeit, die Schubert 1823 im Allgemeinen Krankenhaus (Gemeindebezirk IX, Alserstraße 4) verbrachte, und seine Ausflüge nach Schloß Atzenbrugg in Niederösterreich um 1820/21 sind hier nicht erwähnt, weil sie sich nicht genau datieren lassen.

Vergleich. Gluck und Haydn, die während ihres Lebens in Wien nur ein- oder zweimal übersiedelten, bewohnten zuletzt je ein eigenes Haus.
Mozart, der wie sie verheiratet war, wechselte seine Quartiere in Wien in 13 Jahren 18mal, mit 17 verschiedenen Adressen, weil er ein Haus zweimal bewohnte.
Beethoven logierte während seiner 35 Wiener Jahre in 44 verschiedenen Quartieren, wobei er aber 14mal in frühere Wohnungen zurückkehrte.
Schubert, der nur dreimal allein wohnte, hatte 17 verschiedene Adressen während seiner 31 Jahre. Wenn wir die ersten 20 Jahre abrechnen, um ihn mit jenen anderen Meistern vergleichen zu können, so bewohnte er 14 (16) verschiedene Häuser in 11 Jahren.

III. SCHUBERTS EINKOMMEN

(W. W. = Wiener Währung, K. M. = Konventions-Münze,
fl. = florin = Gulden, * nicht belegt)

Jahr	*Gegenstand*	*fl. W. W*	*fl. K. M.*
1816	Prometheus-Kantate	100	40
1818–1828	15 Beiträge für Almanache und Zeitschriften	300	120*
1818–1828	(7) Auftreten als Klavierspieler und Begleiter (nicht immer bezahlt)		120*
1818	Musikstunden in Zseliz (vier Monate zu je 75 fl. K. M.)		300*
um 1820	Musikstunden bei Esterházys in Wien (2 fl. K. M. für die Stunde)		100*
1820–1821, 1824	Musik für drei Bühnenwerke und zwei Einlagen für eine Oper („*Die Zwillingsbrüder*", „*Die Zauberharfe*", „*Das Zauberglöckchen*", „*Rosamunde*")	1) 500	200
		4) 100	40
		2 u. 3) 150	60*
1820–1828	Wiederholtes Auftreten als Begleiter in vornehmen Privathäusern		100*
1821	Korrepitition für Frl. Karoline Unger	50	20
1821–1822	Opus 1–7 und 10–12 in Kommission bei Cappi & Diabelli	2000	800
1821	Geschenk für die Widmung des Opus 2 (20 Dukaten)		80
1821	Geschenk für Opus 4 (12 Dukaten)		50
1822–1828	Für die Hälfte von 16 anderen Widmungen (zu je 16 Dukaten angenommen)		520*
1822–1828	Honorare für etwa 70 Opus-Nummern (je 50 fl. K. M.)		3500*
1822	Honorar für das gemischte Quartett Opus posth. 146 (D. 763)	50	20
1822	Honorar für den Chor Opus posth. 157 (D. 748)	25	10*
1823–1826	16 Beiträge zu Sammelwerken		80*
1823–1826	Opus 20–30, 35, 40, 59, 69 (je 200 fl. W. W. von Sauer & Leidesdorf)	3000	1200*
1823	Geschenk für die später sog. Wanderer-Fantasie	50	20
1824	Aufführungsrechte für die „Rosamunde"-Musik außerhalb Wiens		100*
1824	Musikstunden in Zseliz (5 Monate zu je 100 fl. K. M.)		500*
1824	Honorar für Opus posth. 139 (D. 815)	25	10*

1825	Honorar für die 7 Lieder und Gesänge aus dem „Fräulein vom See“, Opus 52 (M. Artaria)		200
1826	Opus 53 und 54 (Matthias Artaria)	300	120
1826	Honorar für das Melodram „Abschied von der Erde“ (D. 829)	25	10*
1826	Geschenk von der Gesellschaft der Musikfreunde		100
1827	Anteil am Verkauf des Familienhauses (mütterliches Erbe)	204	81
1827	Honorar für die „Deutsche Messe“	100	40
1828	Erlös vom eigenen Kompositions-Konzert	800	320
1828	Honorar für Opus 100 (Klaviertrio in Es)		60
			8911

(Das „Forellen-Quintett“ und der „Kindermarsch“, D. 928, sind in dieser Liste nicht erwähnt, weil Schubert in Steyr und in Graz bei den Bestellern zu Gaste gewesen war und sich mit diesen beiden Kompositionen wahrscheinlich revanchieren wollte.)

Das ganze Einkommen würde also in einem Dutzend Jahren bei 9000 Gulden Konventions-Münze ausgemacht haben, wenn unsere Annahmen (*) richtig sind. Das ergibt 750 fl. im Jahr, 62 fl. 30 kr. im Monat. Um diese Zahlen richtig zu verstehen, muß man bedenken, daß Schubert vom Herbst 1814 bis zum Herbst 1816, als er zu Hause lebte, als Schulgehilfe von seinem Vater jährlich 80 fl. bekam und daß er sich 1816 um die Stelle eines Musikdirektors in Laibach bewarb, die ihm jährlich 500 fl. eingebracht hätte. Der zweite Hoforganist in Wien bekam das gleiche Gehalt und der Vize-Hofkapellmeister nicht mehr als 800 fl. Schuberts möbliertes Zimmer bei der Karlskirche kostete 25 fl. Wiener Währung oder 10 fl. Konventions-Münze, was als teuer galt; andrerseits wohnte er meistens kostenlos bei Freunden. Essen und Trinken kostete 1 fl. den Tag. Aber die Unregelmäßigkeit seines Einkommens würde selbst für einen praktischeren Menschen jeden regelmäßigen Haushaltsplan unmöglich gemacht haben. Nur einen Trost kann man aus dieser Rechnung schöpfen: Schubert dürfte niemals gehungert haben.

IV. ERSTAUFFÜHRUNGEN VON WERKEN SCHUBERTS ZU SEINEN LEBZEITEN

(Private und öffentliche Aufführungen zu ungewisser Zeit sind übergangen)

1814, 16. Oktober	Messe in F (D. 105)	Liechtentaler Kirche
1817, 22. Januar	Kantate für Spendou (D. 472) mit Ouvertüre (D. 470)	Waisenhaus
1818, 1. März	Ouvertüre im italienischen Stil (D. 590 oder 591)	Gasthof „Zum römischen Kaiser“
12. März	Ouvertüre im italienischen Stil, arrangiert für zweimal 4 Hände (D. 592 oder 597)	Ebenso
September	Deutsche Trauermesse (D. 621)	Waisenhaus
29. September	Polonaise für Violine und Orchester (D. 580)	Ebenso
1819, 28. Februar	„Schäfers Klagelied“ (D. 121)	Gasthof „Zum römischen Kaiser“
1820, 28. März	Antiphonen (D. 696)	Altlerchenfelder Kirche
14. Juni	„Die Zwillingsbrüder“ (D. 647)	Kärntnertor-Theater
19. August	„Die Zauberharfe“ (D. 644)	Theater an der Wien
1821, 25. Januar	„Erlkönig“ (D. 328)	Gesellschaft der Musikfreunde (Gundelhof)
8. Februar	„Die Sehnsucht“ (D. 636)	Ebenso
7. März	„Gesang der Geister über den Wassern“ (D. 714)	Kärntnertor-Theater
7. März	„Das Dörfchen“ (D. 641)	Ebenso
8. März	„Gruppe aus dem Tartarus“ (D. 583)	Gesellschaft der Musikfreunde (Gundelhof)
22. April	„Die Nachtigall“ (D. 724)	Kärntnertor-Theater
20. Juni	Arie und Duett als Einlagen zu Hérolds Oper „Das Zauberglöckchen“ (D. 723)	Ebenso
30. August	Der 23. Psalm (D. 706)	Gesellschaft der Musikfreunde (Gundelhof)
18. November	Ouvertüre in e-Moll (D. 648)	Großer Redoutensaal
18. November	„Der Wanderer“ (D. 493)	Gasthof „Zum römischen Kaiser“
2. Dezember	„Der Jüngling auf dem Hügel“ (D. 702)	Ebenso
1822, 11. Februar	„Am Geburtstage des Kaisers“ (D. 748)	Theresianum

1822, 3. März	„Geist der Liebe“ (D. 747)	Großer Redoutensaal
7. April	„Frühlingsgesang“ (D. 740)	Kärntnertor-Theater
1823, 20. Februar	„Gretchen am Spinnrade“ (D. 118)	Gesellschaft der Musikfreunde („Zum roten Igel“)
6. März	„Die abgeblühte Linde“ (D. 514)	Ebenso
20. Dezember	„Rosamunde“ (D. 797) mit Ouvertüre zu „Alfonso und Estrella“ (D. 732)	Theater an der Wien
1824, 14. März	Streichquartett in a-Moll (D. 804)	Gesellschaft der Musikfreunde („Zum roten Igel“)
1825, 3. Februar	„Der Blumen Schmerz“ (D. 731)	Ebenso
24. Februar	„Der zürnenden Diana“ (D. 707)	Ebenso
20. März	„Die Flucht“ (D. 825, Nr. 3)	Landständischer Saal
10. April	„Der Alpenjäger“ (D. 588)	Gesellschaft der Musikfreunde („Zum roten Igel“)
9. Juni	„Suleika II“ (D. 717)	Jagorscher Saal, Berlin
8. September	Offertorium „Totus in corde“ (D. 136) Offertorium in F, „Salve Regina“ (D. 223) „Tantum ergo“ in C (D. 739)	Maria-Trost-(St.-Ulrichs-) Kirche
17. November	„Der Gondelfahrer“ (D. 809)	Gesellschaft der Musikfreunde („Zum roten Igel“)
1826, 6. Januar	Galopp und (8) Ecossaisen (D. 735), arrangiert für Orchester	Saal „Zu den sieben Churfürsten“, Pest
12. Januar	„Rastlose Liebe“ (D. 138)	Gesellschaft der Musikfreunde („Zum roten Igel“)
23. November	„Der Einsame“ (D. 800)	Ebenso
21. Dezember	„Der Zwerg“ (D. 771)	Ebenso
28. Dezember	„Die junge Nonne“ (D. 828)	Ebenso
1827, 11. Januar	„An Schwager Kronos“ (D. 369)	Ebenso
25. Januar	„Nachthelle“ (D. 892)	Ebenso
8. Februar	„Lied des gefangenen Jägers“ (D. 843)	Ebenso
8. März	„Gott in der Natur“ (D. 757)	Ebenso
8. März	„Normans Gesang“ (D. 846)	Ebenso
16. April	Oktett (D. 803)	Ebenso
22. April	„Nachtgesang im Walde“ (D. 913)	Ebenso
6. Mai	„Im Freien“ (D. 880)	Aula der Universität
6. Dezember	„Der Kampf“ (D. 594)	Gesellschaft der Musikfreunde („Zum roten Igel“)
26. Dezember	Klaviertrio in Es (D. 929)	Ebenso
1828, 3. Januar	„Mondenschein“ (D. 875)	Ebenso
10. Januar	„Gute Nacht!“ (D. 911, Nr. 1)	Ebenso
20. Januar	Fantasie für Klavier und Violine in C (D. 408)	Landständischer Saal

1828, 24. Januar	„Ständchen" (D. 921)	Gesellschaft der Musikfreunde („Zum roten Igel")
31. Januar	„Ellens (dritter) Gesang" (D. 839)	Ebenso
2. Februar	„Romanze des Richard Löwenherz" (D. 907)	Landständischer Saal
1828, 26. März	Streichquartett in G (D. 887), erster Satz „Schlachtlied" (D. 912) „Fragment aus dem Aeschylus" (D. 450) „Fischerweise" (D. 881) „Der Kreuzzug" (D. 932) „Die Sterne" (D. 939) „Auf dem Strom" (D. 943)	Gesellschaft der Musikfreunde („Zum roten Igel"), Schuberts Kompositionskonzert
Sommer	Der 92. Psalm (D. 953)	Judentempel
2. September	„Glaube, Hoffnung und Liebe" (D. 954)	Dreifaltigkeits-Kirche

Schubert war öfters als Dirigent, Klavierspieler oder Begleiter aufgetreten. Hier ist eine Zusammenstellung all dieser öffentlichen Gelegenheiten:

1814, 16. Oktober – Messe in F – Liechtentaler Kirche; wiederholt am 26. Oktober – Augustiner Hofkirche (Dirigent)

1816, 24. Juli – „Prometheus"-Kantate – Watteroths Garten, Erdberg (Dirigent)

1818, 12. März – eine der beiden Ouvertüren im italienischen Stil, arrangiert für zweimal vier Hände – Gasthof „Zum römischen Kaiser" (Klavierspieler)

1820, 4. April – Haydns „Nelson-Messe" – Altlerchenfelder Kirche (Dirigent)

1827, 8. März – „Normans Gesang" – Gesellschaft der Musikfreunde (Begleiter)

1827, 22. April – „Normans Gesang" – Landständischer Saal (Begleiter)

1827, 29. April – „Der Einsame" – Landständischer Saal (Begleiter)

1827, 8. September – „Normans Gesang" – Landestheater, Graz (Begleiter)

1828, 16. März – „Normans Gesang" – Gesellschaft der Musikfreunde (Begleiter)

1828, 26. März (Schuberts eigenes Konzert) – Begleiter bei sieben Werken – Gesellschaft der Musikfreunde

1828, 20. April – „Auf dem Strom" – Kleiner Redoutensaal

Schubert erschien also in der Öffentlichkeit viermal als Dirigent, einmal als Klavierspieler (nicht als Solist) und siebenmal als Begleiter am Klavier.

V. VERZEICHNIS DER ZU SCHUBERTS LEBZEITEN ERSCHIENENEN WERKE

a) Werke mit Opus-Nummern (in zahlenmässiger Ordnung)

(Nummern in Klammern sind solche, die bei den Erstausgaben irrtümlich verwendet worden sind)

1. „Erlkönig". 2. April 1821, in Kommission erschienen
2. „Gretchen am Spinnrade". 30. April 1821, ebenso
3. Vier Goethe-Lieder (darunter „Heidenröslein"). 22. Mai 1821, ebenso
4. Drei Lieder (darunter Schmidts „Der Wanderer"). 29. Mai 1821, ebenso
5. Fünf Goethe-Lieder (darunter „Rastlose Liebe"). 9. Juli 1821, ebenso
6. Drei Lieder (darunter „Antigone und Oedip"). 23. August 1821, ebenso
7. Drei Lieder (darunter „Der Tod und das Mädchen"). 27. November 1821, ebenso
8. Vier Lieder (darunter „Erlafsee"). 9. Mai 1822
9. „Original-Tänze" (36 Walzer in zwei Heften) für Klavier. 29. November 1821
10. Acht „Variationen über ein französisches Lied" für vier Hände. 19. April 1822
11. Drei Männerquartette (darunter „Das Dörfchen"). 12. Juni 1822
12. Drei „Gesänge des Harfners" (Goethe). 13. Dezember 1822, in Kommission
13. Drei Lieder (darunter Mayrhofers „Der Alpenjäger"). 13. Dezember 1822, ebenso
14. „Suleika" (I) und „Geheimes" (Goethe). 13. Dezember 1822, ebenso
15. Fantasie für Klavier („Wanderer-Fantasie"). 24. Februar 1823
16. „Frühlingslied" [eigentlich „Frühlingsgesang"] (Schober) und „Naturgenuß", Männerquartette. 9. Oktober 1823
17. Vier Männerquartette (darunter „Die Nacht"). 9. Oktober 1823
18. „Walzer, Ländler und Ecossaisen" (38 Tänze in zwei Heften) für Klavier. 5. Februar 1823
19. Drei Goethe-Lieder (darunter „An Schwager Kronos"). 6. Juni 1825
20. Drei Lieder (darunter „Sei mir gegrüßt"). 10. April 1823
21. Drei Lieder (darunter Mayrhofers „Der Schiffer"). 19. Juni 1823
22. M. v. Collins „Der Zwerg" und „Wehmut". 27. Mai 1823
23. Vier Lieder (darunter „Die Liebe hat gelogen"). 4. August 1823
24. „Gruppe aus dem Tartarus" und „Schlummerlied". 27. Oktober 1823
25. Lieder-Zyklus „Die schöne Müllerin" (20 Lieder in fünf Heften). I. 17. Februar 1824; II. 24. März 1824; III–V. 12. August 1824
26. Gesänge aus dem Schauspiel „Rosamunde" (1 Arie und 3 Chöre in vier Heften). 24. März 1824 und später
27. „Trois Marches héroïques" für vier Hände. 18. Dezember 1824
28. „Der Gondelfahrer", Männerquartett. 12. August 1824
29. (Nr. 1) Streichquartett in a-Moll. 7. Dezember 1824 (Nr. 2 und 3 nicht veröffentlicht)
30. Sonate in B für vier Hände. 9. Dezember 1823

31. „Suleikas zweiter Gesang" (Goethe). 12. August 1825
32. (–) „Die Forelle". 13. Januar 1825. (Erst die dritte Ausgabe trägt die Opus-Nummer.)
33. „Deutsche Tänze und Ecossaisen" (18 Tänze) für Klavier. 8. Januar 1825
34. Ouvertüre in F für vier Hände. 28. Februar 1825
35. Acht „Variations sur un thème original" für vier Hände. 9. Februar 1825
36. (35) „Die zürnende Diana" und „Nachtstück". 11. Februar 1825
37. Schillers „Der Pilgrim" und „Der Alpenjäger". 28. Februar 1825
38. „Der Liedler". 9. Mai 1825
39. „Die Sehnsucht" (Schiller). 8. Februar 1826
40. „Six Grandes Marches et Trios" (in 2 Heften) für vier Hände. 7. Mai und 21. September 1825
41. „Der Einsame". 5. Januar 1827
42. „Première Grande Sonate", a-Moll, für Klavier. 5. März 1827
43. „Die junge Nonne" und „Nacht und Träume". 25. Juli 1825
44. „An die untergehende Sonne". 5. Januar 1827
45. „Tantum ergo" in C. 23. Juni 1825
46. Offertorium Nr. 1 („Totus in corde langueo") in C. 23. Juni 1825
47. Offertorium Nr. 2 („Salve Regina") in F. 25. Juli 1825
48. Messe in C. 3. September 1825
49. „Galoppe (sic) et (8) Écossaises" für Klavier. 21. November 1825
50. „Valses sentimentales" (34 in zwei Heften) für Klavier. 21. November 1825
51. „3 Marches militaires" für vier Hände. 7. August 1826
52. „Sieben Gesänge aus Walter Scotts Fräulein vom See" (5 Lieder und 2 Gesänge, in zwei Heften). 5. April 1826
53. „Second Grande Sonate" in D für Klavier. 8. April 1826
54. „Divertissement à la hongroise" für vier Hände. 8. April 1826
55. „Grande Marche funèbre a l'occasion de la mort de S. M. Alexandre I." für vier Hände. 8. Februar 1826
56. Drei Lieder (darunter „Willkommen und Abschied") (in zwei Heften). 14. Juli 1826
57. Drei Lieder (darunter Höltys „An den Mond"). 6. April 1826
58. (56) Drei Schiller-Lieder (darunter „Hektors Abschied"). 6. April 1826
59. Vier Lieder (darunter „Du bist die Ruh"). 21. September 1826 (die Opus-Nummer handschriftlich eingetragen)
60. „Greisengesang" und „Dithyrambe". 10. Juni 1826
61. Sechs Polonaisen für vier Hände. 8. Juli 1826
62. „Gesänge aus Wilhelm Meister" (vier Goethe-Lieder). 2. März 1827
63. (Nr. 1) „Divertissement en forme d'une marche brillante et raisonnée, composé sur des motifs originaux français" für vier Hände. 17. Juni 1826. (Nr. 2 und 3: op. 84)
64. Drei Männerquartette (darunter „Flucht"). 6. Oktober 1828
65. Drei Lieder (darunter „Lied eines Schiffers an die Dioskuren"). 24. November 1826
66. „Grande Marche héroïque, composée à l'occasion du Sacre de Sa Majesté Nicolas Ier" für vier Hände. 14. September 1827
67. „Hommage aux belles Viennoises. Wiener Damen-Ländler (und Ecossaisen)" (18 Tänze) für Klavier. 15. Dezember 1826
68. „Der Wachtelschlag". 16. Mai 1827
69. (52) Ouvertüre zur Oper „Alfonso und Estrella", arrangiert für vier Hände. 20. Februar 1826

70. „Rondeau brillant" in h-Moll für Klavier und Violine. 19. April 1827
71. „Drang in die Ferne". 2. März 1827
72. „Auf dem Wasser zu singen". 2. März 1827
73. „Die Rose". 16. Mai 1827 (mit Werkverzeichnis bis op. 74, später erweitert bis opp. 81 und 87)
74. „Die Advokaten" für zwei Tenöre und Baß mit Klavierbegleitung (von Anton Fischer, arrangiert von Schubert). 16. Mai 1827
75. Vier Polonaisen für vier Hände. 6. Juli 1827
76. Ouvertüre zur Oper „Fierabras", arrangiert für vier Hände von Carl Czerny. 1827
77. „Valses nobles" (12 Tänze) für Klavier. 22. Januar 1827
78. „Fantasie, Andante, Menuetto und Allegretto" (Sonate in G) für Klavier. 11. April 1827
79. Pyrkers „Das Heimweh" und „Die Allmacht". 16. Mai 1827
80. Drei Seidl-Lieder (darunter „Der Wanderer an den Mond"). 25. Mai 1827
81. Drei Rochlitz-Lieder (darunter „An die Laute"). 28. Mai 1827
82. Acht Variationen über ein Thema aus Hérolds Oper „Marie" für vier Hände. 3. September 1827 (wieder abgedruckt in Hamburg 1860 als Opus 82, Nr. 1, zusammen mit D. 603 als Nr. 2)
83. Drei italienische Lieder. 12. September 1827
84. „Andantino varié et Rondeau brillant, composés sur des motifs originaux français" (2 Hefte) für vier Hände. 6. Juli 1827 (s. Opus 63)
85. Scotts „Lied der Anne Lyle" und „Gesang der Norna". 14. März 1828
86. „Romanze des Richard Löwenherz" (Scott). 14. März 1828
87. (84) Drei Lieder (darunter „Der Jüngling am Bache"). 6. August 1827
88. Vier Lieder (darunter „An die Musik"). 12. Dezember 1827
89. Lieder-Zyklus „Winterreise" (24 Lieder in zwei Heften, das zweite posthum erschienen). 14. Januar und 30. Dezember 1828
90. (87) „Impromptus", Nr. 1 und 2, für Klavier. 10. Dezember 1827 (Nr. 3 und 4 erst 1857 und 1858 veröffentlicht)
91. Zwölf „Graetzer Walzer" für Klavier. 5. Januar 1828. (Die „Graetzer Galoppe" – eigentlich nur einer – erschienen zur gleichen Zeit ohne Opus-Nummer, ursprünglich als Opus 92 geplant.)
92. Drei Goethe-Lieder (darunter „Der Musensohn"). 11. Juli 1828
93. (90) „Im Walde" und „Auf der Brücke" (richtig Bruck). 30. Mai 1828
94. „Momens musicales" (sic) (6 in zwei Heften) für Klavier. 11. Juli 1828
95. „Vier Refrain-Lieder" (Seidl). 13. August 1828 (mit Werkverzeichnis bis op. 95)
96. (–) Vier Lieder (darunter „Wanderers Nachtlied" II). Sommer 1828, Privatdruck. (Die erste Ausgabe hat keine Opus-Nummer.)
97. „Glaube, Hoffnung und Liebe" (Lied). 6. Oktober 1828
100. „Grand Trio pour Pianoforte, Violon et Violoncelle" in Es. Oktober–November 1828 (Leipzig)
106. (–) Vier Lieder (darunter „An Sylvia"). Sommer 1828, Privatdruck. (Die erste Ausgabe hat keine Opus-Nummer.)

Posthum erschienene Werke mit Schuberts eigenen Opus-Nummern

98. Drei Lieder (darunter Claudius' „Wiegenlied"). 10. Juli 1829
99. „Premier Grand Trio pour Piano Forte, Violon et Violoncelle" in B. 1836

101. „Der blinde Knabe". 16. März 1829. (Die Opus-Nummer, ursprünglich von Schubert für die Impromptus Opus 142 gedacht, war schon unrechtmäßig in Leipzig am 12. Dezember 1828 für einen Nachdruck von vier Liedern, darunter dieses, benützt worden.)
102. „Mondenschein" für Männerquintett. 1829
103. Fantasie in f-Moll für vier Hände. 16. März 1829
104. „Der Hochzeitsbraten" für Sopran, Tenor und Baß mit Klavierbegleitung. 1829
105. Vier Seidl-Lieder (darunter „Widerspruch"). 21. November 1828 (Schuberts Begräbnistag)
108. (93) Drei Lieder (darunter „Erinnerung"). 28. Juni 1829

b) Werke ohne Opus-Nummern (in zeitlicher Folge)

6. Februar 1818. „Am Erlafsee" (op. 8, Nr. 3) – Beilage zum „Mahlerischen Taschenbuch für Freunde interessanter Gegenden, usw". Band VI, Wien 1818
13. September 1820. „Widerschein" (erste Fassung) – Beilage des „Taschenbuchs zum geselligen Vergnügen", herausgegeben von Friedrich Kind, Band 31, Leipzig 1821
9. Dezember 1820. „Die Forelle" (op. 32) – Beilage zur „Wiener Zeitschrift für Kunst, Literatur, Theater und Mode"
30. Juni 1821. „An Emma" (op. 58, Nr. 2) – Beilage zur „Wiener Zeitschrift für Kunst usw."
8. Dezember 1821. „Der Blumen Schmerz" (op. 173, Nr. 4) – Beilage zur „Wiener Zeitschrift für Kunst usw."
11. Februar 1822. „Am Geburtstag Ihrer Majestät des Kaisers" (op. 157) – Privatdruck
7. Mai 1822. „Die Rose" (op. 73) – Beilage zur „Wiener Zeitschrift für Kunst usw."
30. Juli 1822. „Der Wachtelschlag" (op. 68) – Beilage zur „Wiener Zeitschrift für Kunst usw."
10. Januar 1823. Drei Deutsche Tänze (D. 971) – „Carneval 1823", Jahrgang II
25. März 1823. „Drang in die Ferne" (op. 71) – Beilage zur „Wiener Zeitschrift für Kunst usw."
19. Dezember 1823. „Air russe" (op. 94, Nr. 3) und Walzer (D. 769) – „Album musical", Jahrgang I
30. Dezember 1823. „Auf dem Wasser zu singen" (op. 72) – Beilage zur „Wiener Zeitschrift für Kunst usw."
21. Februar 1824. Zwei Ländler (op. 127, Nr. 2, und D. 366, Nr. 6) – „Halt's enk z'samm!", Band II
21. Februar 1824. Drei Ecossaisen (D. 781, Nr. 3 und 6, und D. 782) – „Nouvelles Galoppes favorites et Écossaises"
9. Juni 1824. Variation über einen Walzer von Anton Diabelli (D. 718) – „Vaterländischer Künstlerverein", Heft II
26. Juni 1824. „Lied an den Tod" (D. 518) – Beilage der „Allgemeinen musikalischen Zeitung mit besonderer Rücksicht auf den österreichischen Kaiserstaat", Wien
11. Dezember 1824. „Plaintes d'un Troubadour" (op. 94, Nr. 6) und „Die Erscheinung" (später „Erinnerung" genannt, op. 108, Nr. 3) – „Album musical", Jahrgang II
22. Dezember 1824. Walzer (D. 366, Nr. 17) – „Musikalisches Angebinde zum neuen Jahre"

7. Februar 1825. Deutscher Tanz (nicht identifiziert) – „Terpsichore“ (kein Exemplar bekannt)
12. März 1825. „Der Einsame“ (op. 41) – Beilage zur „Wiener Zeitschrift für Kunst usw.“
29. Dezember 1825. Walzer (D. 978) – „Seyd uns zum zweyten Male willkommen!“
29. Dezember 1825. Cotillon (D. 976) – „Ernst und Tändelei“
23. Dezember 1826. Walzer (D. 979) – „Moderne Liebes-Walzer“
23. Dezember 1826. Zwei Walzer (D. 980) – „Neue Krähwinkler Tänze“
23. Juni 1827. „Trost im Liede“ (D. 546) – Beilage zur „Wiener Zeitschrift für Kunst usw.“
23. Juni 1827. „Wandrers Nachtlied“ II (op. 96, Nr. 3) – Beilage zur „Wiener Zeitschrift für Kunst usw.“
25. September 1827. „Der blinde Knabe“ (op. 101) – Beilage zur „Wiener Zeitschrift für Kunst usw.“
8. Oktober 1827. „Grab und Mond“, Männerquartett (D. 893) – „Die deutschen Minnesänger“, Nr. 1
8. Oktober 1827. „Wein und Liebe“, Männerquartett (D. 901) – „Die deutschen Minnesänger“, Nr. 4
5. Januar 1828. „Graetzer Galoppe“ (sic, nur einer) (D. 925) – „Favorit-Galoppe“, Nr. 10
16. September 1828. „Im Frühling“ (D. 882) – Beilage zur „Wiener Zeitschrift für Kunst usw.“

Übersicht der zu Schuberts Lebzeiten veröffentlichten Werke

3 Werke für Kammermusik (1 Streichquartett, 1 Klaviertrio, 1 Duo für Klavier und Violine)
56 Werke für Klavier zu vier Händen (darunter 1 Sonate, 2 Divertimenti, 2 Ouvertüren, 14 Märsche, 10 Polonaisen, 24 Variationen)
13 Werke für Klavier allein (darunter 3 Sonaten, 1 Fantasie, 2 Impromptus, 6 Moments musicaux)
193 Tänze für Klavier allein
4 Werke für Kirchenmusik (darunter 1 Messe)
22 mehrstimmige Gesänge
181 Lieder

472 Nummern

Um diese Summe richtig zu verstehen, muß man bedenken, daß sie nur scheinbar fast die Hälfte der Produktion Schuberts umfaßt: der Zahl nach nämlich. Da aber ein einzelner Tanz, eine einzelne Variation oder ein einzelnes Lied hier als Einheit gezählt sind, erscheinen diese Einheiten wie eine Messe, eine Oper oder eine Sinfonie. Tatsächlich enthält diese Aufstellung keine der Sinfonien, keines der Quintette, nur eines der Streichquartette, drei der Klaviersonaten, eine der Messen, keine der Opern, nur zweiundzwanzig der über hundert mehrstimmigen Gesänge und nur 181 der über 600 Lieder.

Schuberts größter Erfolg lag in den Liedern, aber der Markt konnte mit seiner Produktion nicht Schritt halten, selbst während der letzten Jahre, als sie sehr verringert war.

Liste der Verleger Schuberts mit den von ihnen veröffentlichten Werken

a) Mit Opus-Nummern

Cappi & Diabelli (Anton Diabelli & Co.): op. 1–18, 19, 32, 41, 44–51, 62, 67, 68, 71 bis 76, 85, 86, 97 und 1 Klavierstück in einer Sammlung
Sauer & Leidesdorf (M. J. Leidesdorf): op. 20–30, 35, 40, 59, 69, 92, 94, 108 und 12 Tänze, 2 Klavierstücke und 1 Lied in sieben Sammlungen
Anton Pennauer: op. 31, 39, 42, 43, 55, 56, 64, 66, 87
Cappi & Co. (Cappi & Czerny): op. 33, 34, 36–38, 60, 61, 65
Matthias Artaria: op. 52–54
Thaddäus Weigl: op. 57, 58, 63, 84, 88, 95
Artaria & Co.: op. 70, 107
Tobias Haslinger: op. 77–83, 89–91 und 1 Tanz und 2 mehrstimmige Gesänge in zwei Sammlungen
J. A. Kienreich, Graz: op. 93
Schuberts Selbstverlag: op. 96, 106
H. A. Probst, Leipzig: op. 100

b) Ohne Opus-Nummern

Anton Doll: 1 Lied in einem Almanach
Anton Strauß: 12 Lieder als Beilagen der „Wiener Zeitschrift für Kunst usw."
G. J. Göschen, Leipzig: 1 Lied in einem Almanach
Theresianum: 1 mehrstimmiger Gesang (Privatdruck)
Lithographisches Institut: 1 Lied als Beilage der Wiener „Allgemeinen musikalischen Zeitung"
K. F. Müller: 3 Tänze in drei Sammlungen
Pietro Mechetti: 1 Tanz in einer Sammlung

VI. WIDMUNGEN

Liste der Personen, denen Schubert gedruckte Werke gewidmet hat

Name (Widmung)	*Opus*	*Werk*
Barth, Josef (Freundschaft)	11	3 Männerquartette
Beethoven (Verehrung und Bewunderung)	10	Variationen in e-Moll für vier Hände
Berchtold, Anton Graf	35	Variationen in As für vier Hände
Bernhardt, J. (Dankbarkeit und Freundschaft)	40	6 Märsche für vier Hände
Bocklet, Karl Maria v.	53	Sonate in D für Klavier
Bruchmann, Frau Justine v.	20	3 Lieder
Collin, Matthäus v.	22	2 Lieder (Collin)
Dankesreither, Johann Nepomuk Ritter v. (Ehrfurcht)	12	3 Lieder
Dietrichstein, Moritz Graf (Ehrfurcht)	1	„Erlkönig"
Esterházy, Johann Graf (Ehrfurcht)	8	4 Lieder
Esterházy, Karoline Komtesse	103	Fantasie in f-Moll für vier Hände
Franck, Frau Josefine v.	92	3 Lieder
Fries, Moritz Reichsgraf (Ehrfurcht)	2	„Gretchen am Spinnrade"
Goethe (Verehrung)	19	3 Lieder (Goethe)
Hönig, Fräulein Anna	69 (52)	Ouvertüre zu „Alfonso und Estrella" vierhändig arr.
Holzer, Michael (zur freundlichen Erinnerung)	48	Messe in C
Hummel, Johann Nepomuk (siehe Anmerkung)	–	Sonaten in c-Moll, A und B (posthum veröffentlicht)
Hüttenbrenner, Josef (Freundschaft)	116	„Die Erwartung" (ebenso)
Kenner, Josef	38	„Der Liedler" (Kenner)
Kinsky, Karoline Fürstin (Ehrfurcht)	96	4 Lieder
Lablache, Luigi	83	3 italienische Lieder
Laszny, Frau Katharina v.	36	2 Lieder
	54	„Divertissement à la hongroise" für vier Hände
Liebenberg, Emanuel Karl Edler v.	15	Fantasie in C („Wanderer") für Klavier
Mayrhofer, Johann (Freundschaft)	21	3 Lieder (Mayrhofer)
Milder-Hauptmann, Frau Anna	31	„Suleikas zweiter Gesang"
Mosel, Ignaz Edler v. (Hochachtung)	3	4 Lieder
Neuhaus, Kajetan	82	Variationen in C für vier Hände
Pachler, Frau Marie Leopoldine	106	4 Lieder
Pálffy, Ferdinand Graf	30	Sonate in B für vier Hände
Pinterics, Karl (Freundschaft)	56	3 Lieder

Name (Widmung)	*Opus*	*Werk*
Pyrker, Johann Ladislaus v. (Ehrfurcht)	4	3 Lieder
	79	2 Lieder (Pyrker)
Rudolf, Erzherzog	42	Sonate in a-Moll für Klavier
Salieri, Antonio	5	5 Lieder
Schnorr, Ludwig Ferdinand v. (Freundschaft)	37	2 Lieder
Schober, Franz Ritter v.	14	2 Lieder
Schönstein, Karl Freiherr v.	25	„Die schöne Müllerin"
Schuppanzigh, Ignaz (Freundschaft)	29	Streichquartett in a-Moll
Schwarzenberg, Mathilde Fürstin (Ehrfurcht)	62	4 Lieder
Seidl, Johann Gabriel (Freundschaft)	95	4 Refrain-Lieder (Seidl)
Spaun, Josef Edler v. (op. 13: Freundschaft)	13	3 Lieder
	78	Sonate in G für Klavier
Széchényi, Louis Graf (Hochachtung)	7	3 Lieder (2 nach Széchényi)
Tietze, Ludwig (Freundschaft)	46	Offertorium Nr. 1 in C
Vogl, Michael (Hochachtung)	6	3 Lieder
Weissenwolff, Sophie Gräfin (Hochachtung)	52	7 Gesänge aus dem „Fräulein vom See"
Witteczek, Josef (Freundschaft)	80	3 Lieder

Anmerkung. Die Hummel zugedachten Sonaten wurden später vom Verleger Robert Schumann gewidmet. Die Widmung von Opus 81, drei Lieder nach Gedichten von Rochlitz, wurden auch vom Verleger dem Dichter gewidmet. Die posthum veröffentlichten Variationen in a-Moll (ohne Opus-Nummer, D. 576) haben im Druck die Widmung an Schuberts „Freund und Mitschüler" Anselm Hüttenbrenner, aus dessen erstem Streichquartett (op. 3) das Thema genommen ist; aber das Autograph Schuberts zeigt diese Widmung nicht. Das Gleiche mag für die Widmung des op. 116 an Josef Hüttenbrenner gelten; aber das Manuskript dieses Werkes ist verschollen.

VII. PERSONALIEN

Spätere Erlebnisse der Personen des Schubert-Kreises

(Daten aus Schuberts Zeit sind im Kommentar erwähnt und können durch die Register gefunden werden)

Aßmayr, Ignaz (1790–1862), wurde 1838 Vize-Hofkapellmeister und 1846, nach Weigl, Hofkapellmeister.

Bauernfeld, Eduard v. (1802–1890), blieb unvermählt, war bis 1848 Beamter der Lotto-Direktion unter Josef v. Spaun, ein erfolgreicher Lustspieldichter des Burgtheaters und ein Vorkämpfer der Pressefreiheit. Seine Erinnerungen an Schubert sind in den Schubert-Erinnerungen, Seite 25 ff., abgedruckt.

Bocklet, Karl Maria v. (1801–1881), gründete eine Privatschule für vierhändiges Klavierspiel, die später von seinem Sohne weitergeführt worden ist.

Bogner, Ferdinand (1786–1846), lebte schlecht mit seiner Frau, der störrischen Barbara (siehe Fröhlich), und blieb Professor für Flötenspiel am Konservatorium.

Bruchmann, Franz Seraph Ritter v. (1798–1867), trat nach dem Tode seiner Frau, Juliana, geb. v. Weyrother, die 1830 in ihrem ersten Kindbett gestorben war, in den Redemptoristen-Orden, wie sein Schwager Smetana. Er starb im Ordens-Kollegium zu Gars am Inn (Bayern), wo er bis 1865 Provinzial der deutschen Provinz dieses Ordens gewesen war. – Sein Vater, Johann Christian (1768–1849), überlebte die Mutter Justine, geb. Weis (1774–1840). Seine Schwester Isabella (1801–1836), die mit Streinsberg verheiratet war, starb im dritten Kindbett; Justina (1805–1829), Smetanas Frau, im ersten.

Castelli, Ignaz Franz (1781–1862), wurde Bibliothekar und Sekretär der Niederösterreichischen Regierung und blieb ein fruchtbarer Schriftsteller. Als er 1861 in einer konzertmäßigen Aufführung den „Häuslichen Krieg“ zum erstenmal hörte, sagte er, daß man ihm früher gesagt habe, Schubert hätte aus den „Verschworenen“, wie die Oper ursprünglich hieß, ein düsteres Tongemälde gemacht. Castelli veröffentlichte interessante Erinnerungen, in denen aber von Schubert kaum die Rede ist.

Chézy, Wilhelmine (Helmina) Christine, geb. Klencke (1783–1856), blieb bis 1833 in Österreich, revidierte ihr Drama „Rosamunde“ und versuchte 1837 noch einmal, es mit Schuberts Musik in München aufführen zu lassen; dann aber ging das Textbuch endgiltig verloren. Sie starb in Genf. – Ihr Sohn Wilhelm Theodor (1806–1856), nach drei Generationen der erste männliche Dichter in dieser Familie, lebte zuletzt in Wien; Max, der Maler (1808–1846) starb in Heidelberg. Helmina und Wilhelm erwähnen Schubert in ihren Erinnerungen.

Clodi, Therese (vor 1804 bis nach 1847), blieb unverheiratet. Nach dem Tod ihres Vaters, Florian Maximilian (1740 – Ende Oktober 1828), verkauften die Kinder 1831 Schloß Ebenzweier an den Erzherzog Maximilian d'Este (1782–1863), General-Quartiermeister, der dort gestorben ist, und kauften ein Gut bei Traunkirchen. Therese, die bald verarmte, ging nach Wien und erhielt sich selbst mit Nadelarbeiten, später als Vorsteherin des Mädchen-Instituts in Penzing bei Wien. Ihr Bruder Max (1804 bis 1854) wurde Expedits-Direktor der oberösterreichischen Landstände; Josef (1806–1849) starb als Offizier in Venedig; Franz (geb. 1808) wurde Direktor der Feldapotheke in Hermannstadt, Siebenbürgen (heute Sibiu, Rumänien).

Craigher de Jachelutta, Jakob Nikolaus Reichsfreiherr v. (1797–1855), wurde belgischer Konsul in Triest, reiste 1843 im Osten und starb zu Cormons bei Görz.

Diabelli, Anton (1781–1858), blieb der Chef der Firma A. Diabelli & Co. bis 1853; sein Nachfolger war Karl Anton Spina (siehe dort).

Doblhoff, Anton Freiherr v. (1800–1872) wurde 1848 Handelsminister, später Innenminister und schließlich Unterrichtsminister. Er schrieb auch über Landwirtschaft. – Seine Braut Jeanette Cuny de Pierron war schon 1828 gestorben.

Doppler, Josef, wurde Buchhalter bei der Firma C. A. Spina, Nachfolger des Musikverlags A. Diabelli & Co., wo ihn Sir George Grove noch 1867 antraf.

Ebner, Johann Leopold (1791–1870), der mit Seraphine Schellmann (gest. 1857) verheiratet war, wurde Hofkameralrat in Innsbruck. Er hinterließ seine bis 1817 geführte Sammlung von Abschriften Schubertscher Lieder (vgl. Albert Stadler) seinem Bruder Johann Ebner Ritter v. Rofenstein, dessen Tochter, Frau Marie Kerner v. Marilaun in Wien, sie erbte.

Eckel, Georg Franz, Doktor der Medizin, wurde Direktor des Tierärztlichen Instituts in Wien (jetzt Hochschule); er begann aber vor 1860 wieder als Arzt zu wirken.

Enderes, Karl Ritter v. (1787–1861), wurde Hofrat im Finanz-Ministerium, und heiratete seine Jugendliebe Kamilla Ellmaurer, eine Schülerin Vogls, nach dem Tode ihres ersten Mannes, Josef Groß (gest. 1834). Er wurde 1840 der Vormund der 12jährigen Tochter Vogls, Henriette.

Enk von der Burg, Karl (1800–1885), wurde Inspektor der Gymnasien in Niederösterreich, übersetzte 1866/67 Epiktet und starb als Hofrat in Salzburg.

Esterházy, Karoline Komtesse (1805–1851), heiratete 1844 in Preßburg den Grafen Karl Folliot de Crenneville-Poutet, Kämmerer und pensionierten Major. Die Ehe wurde aber bald annulliert. Sie starb in Preßburg und wurde in Zseliz begraben. – Ihren Vater, Grafen Johann Karl (1775–1834), überlebte seine Frau, die Gräfin Rosine (1779–1854). Karolines Schwester, Marie Gräfin Breunner-Enkevoerth (1802–1837), starb noch vor ihr. Ihr Bruder, Graf Albert (1813–1845), heiratete 1843 Marie Komtesse Apponyi und starb in Paris. Graf Folliot und Gräfin Marie Esterházy (geb. Apponyi) heirateten ein zweites Mal.

Fröhlich, Anna (1793–1880) blieb Gesanglehrerin am Konservatorium. – Ihre Schwester Barbara (1798–1878), Bogners Frau (siehe dort), wurde Zeichenlehrerin am Offizierstöchter-Institut in Hernals bei Wien. Josefine Fröhlich (1808–1878) wurde Privatlehrerin für Klavier und Gesang. Katharina (1800–1879), Grillparzers „ewige Braut", blieb unvermählt wie zwei ihrer Schwestern. Die vier Schwestern wurden alt und starben rasch nacheinander. Ihre Eltern, von denen man wenig weiß, starben um 1842.

Gahy, Josef v. (1793–1864), wurde Sektionsrat in einem Ministerium. Als der dritte und der vierte Finger seiner rechten Hand gelähmt wurden, arrangierte er zahlreiche Werke Schuberts für vier Hände, um sie mit Marie v. Stohl, einer guten Pianistin, spielen zu können. Die Manuskripte dieser Arrangements sind jetzt in der Wiener Stadtbibliothek.

Grillparzer, Franz (1791–1872), blieb unverheiratet, wurde Direktor des Hofkammer-Archivs und starb hochverehrt als Dramatiker und Dichter.

Grob, Therese, verheiratete Bergmann (1798–1875), starb kinderlos. – Ihr Bruder Heinrich (1800–1855), ein Kaufmann, seit 1826 mit Fräulein Barbara Müllner vermählt, hatte zwei Söhne. Die Tochter eines dieser Söhne, Frau Marianne Meangya in Mödling bei Wien, erbte Thereses Sammlung früher Schubert-Lieder in Autographen (jetzt in einer Schweizer Privatsammlung).

Hartmann, Franz v. (1808–1875), heiratete Rosalie Talatzko v. Gesteticz und wurde Kreisgerichts-Präsident in Graz. – Sein Vater, Friedrich Ludwig (1773–1844), starb in Kirchschlag (Oberösterreich) ein paar Jahre nach seiner Frau Maria Anna (geb. 1779). – Sein Bruder Fritz (1805–1850) wurde Bezirkshauptmann in Braunau (Oberösterreich), und Ludwig (1810–1881) Finanzdirektor in Salzburg. – Deren Schwester Anna (geb. 1800) war die Frau des Grafen Anton Revertera v. Salandra, eines Offiziers; Therese (geb. 1812) heiratete 1836 – unmittelbar nach einer Werbung Schwinds – Eduard Ritter v. Arbter, der zuletzt beim Obersten Gerichtshof in Brünn war. Schwind behandelte diese unglückliche Liebe allegorisch in dem Aquarell „Der wunderliche Heilige".

Hellmesberger, Johann Georg (1800–1873), Konzertmeister am Kärntnertor-Theater von 1830 bis 1867 und Professor für Violine am Konservatorium. Das von seinem Sohne Josef gegründete Streichquartett führte mehrere Werke Schuberts zum erstenmale öffentlich auf, darunter das Streichquintett.

Hönig, Anna (1804–1888), heiratete 1832 Ferdinand Mayerhofer v. Grünbühel (siehe dort) und ging nach seinem Tod ins Kloster. – Ihr Vater Franz (1766–1852), Hofrichter des Metropolitan-Kapitels von St. Stefan, wurde in diesem Amte von Franz Xaver Gutherz (1802–1865) abgelöst, dem zweiten Gatten Therese Puffers (1806 bis 1867). Annas Bruder, Karl Hönig, Thereses erster Mann, war 1836 nach einer langen Krankheit gestorben.

Holzapfel, Anton (1792–1868), wurde Magistratsrat in Wien. Als er 1850 pensioniert wurde, zog er mit seiner Familie nach Aistersheim bei Wels in Oberösterreich.

Huber, Josef (1794–1870), wurde Beamter in der Buchhaltung des Hofkriegsrats. Nachdem er seine erste Braut, Rosalie Kranzbichler, verloren hatte, heiratete er Fräulein Maria Schmidt.

Hüttenbrenner, Anselm (1794–1868), blieb artistischer Direktor des Steiermärkischen Musikvereins bis 1839. Er verbrannte sein Tagebuch 1841, lebte mehr und mehr zurückgezogen nach dem Tode seiner Frau Elise, geb. Pichler (1800–1848), überließ Johann Herbeck 1865 das Autograph der Unvollendeten Sinfonie zur Aufführung und starb als unzufriedener Pietist auf seinem Gute Strasserhof bei Graz. Seine Erinnerungen an Schubert, geschrieben für Liszt und für Luib, erschienen 1906 im „Jahrbuch der Grillparzer-Gesellschaft" (Schubert-Erinnerungen, S. 82ff. und 151ff.). – Sein Bruder Josef (1796–1873) blieb unverheiratet, wurde Adjunkt im Ministerium des Innern und nannte sich 1860, in einem Briefe an den Beethoven-Biographen A. W. Thayer, „Schuberts Prophet, Sänger, Freund und Schüler", war aber schließlich eher Anselms Prophet. Von den Brüdern Andreas (1797–1868) und Heinrich (1799–1830) wurde der erste 1848 Bürgermeister von Graz und später dort Oberlandesgerichtsrat, der andere zuletzt Professor an der juristischen Fakultät der Grazer Universität.

Jenger, Johann Baptist (1792–1856), blieb ledig und wurde ein höherer Beamter des Hofkriegsrats beim Nieder- und Oberösterreichischen General-Militärkommando.

Kenner, Josef (1794–1868), vermählt mit Anna Kreil, wurde Bezirkshauptmann in Freistadt, Oberösterreich, später in Ischl, wo er als Pensionist mit dem Titel eines Statthaltereirats starb. In seiner ersten Stellung veranlaßte er, daß der Altar von Kefermarkt, in seiner zweiten der von St. Wolfgang restauriert wurden.

Kiesewetter v. Wiesenbrunn, Irene (1811–1872), heiratete 1832 Julius Schnellers Adoptivsohn, Anton Prokesch (1795–1876), der Freiherr und dann Graf von Osten wurde, Feldmarschall-Leutenant und Internuntius. Sie starb in Graz. – Ihr Vater, Rafael Georg (1773–1850), blieb Vizepräsident der Gesellschaft der Musikfreunde bis 1843. Ihr älterer Bruder Karl starb als Kameralrat in Mailand 1854.

Kleindl, Josef (1796–1882), wurde Hofrat beim Obersten Gerichts- und Kassationshof. In seinem Testament vermachte er dem Wiener Schubertbund (gegründet 1863) eine erhebliche Summe „zur Pflege der Schubertischen Muse“.

Koller, Josefine v. (1801–1874), heiratete im Frühjahr 1828 Franz Krackowitzer, später Verwalter des Schlosses von Wels in Oberösterreich. Sie starb in Türnitz (Niederösterreich). – Ihr Vater Josef (1780–1864) und ihre Mutter Therese, geb. v. Horalek (1783–1853), starben in Steyr. Die Embleme, die Kollers Musiksalon geschmückt hatten, kamen 1909 an den Wiener Schubertbund.

Korner, Philipp (1761–1831), starb als Chormeister der Sängerknaben der Hofkapelle.

Kreil, Josef (1792–1855), war zuletzt Wirtschaftsrat des Erzbistums von Prag. – Sein Bruder, Franz Sales Ritter v. Kreil, starb 1867 als Vizepräsident der Oberösterreichischen Landesregierung. Der jüngste Bruder, Karl (1798–1862), wurde Direktor der meteorologischen Reichsanstalt in Wien. Über die Schwester Anna siehe Kenner.

Kupelwieser, Leopold (1796–1862), wurde ein hervorragender Porträt- und Kirchenmaler (er dekorierte unter anderem die Liechtentaler und die Universitäts-Kirche) und 1836 Professor an der Akademie der bildenden Künste. – Seine Frau Johanna, geb. Lutz (geb. 1803), starb 1883. Sein Bruder Josef (1791–1866) war zweimal verheiratet und wurde zuletzt Sekretär des Theaters in der Josefstadt.

Lachner, Franz (1803–1890), war von 1829 bis 1834 erster Kapellmeister am Kärntnertor-Theater und wurde 1852 Generalmusikdirektor in München. Er war ein Gegner Wagners, wie Schwind, der Lachners Laufbahn 1862 in einem humorvollen Leporello-Album von Aquarellen verherrlicht hat. – Sein Bruder Ignaz (1807–1895), der ihm 1824 als Organist der protestantischen Kirche von Wien gefolgt war, wurde auch Theater-Kapellmeister und starb in Hannover. Vincenz (1811–1893) folgte Ignaz 1831 in der Wiener Stellung und war zuletzt Lehrer am Konservatorium von Karlsruhe.

Leidesdorf, Maximilian Josef (1787–1841), übersiedelte um 1830 nach Florenz, wo er die „Rivista musicale“ redigierte und Kammer-Pianist am großherzoglichen Hofe von Toskana, aber auch Professor am Konservatorium wurde. – Er hatte 1810 in Triest Elisabeth Cremer geheiratet. – Seine Tochter Louise war in zweiter Ehe mit dem Journalisten Michael Étienne vermählt, dem Sohne Claude Étiennes (siehe 24. August 1817). Sein älterer Sohn, Maximilian, wurde Psychiater und gründete in Wien eine private Irrenanstalt.

Leitermayer, Michael (1799–1867), wurde 1834 Singmeister am Theater in der Josefstadt und veranstaltete 1835 im Saal der Gesellschaft der Musikfreunde ein Konzert zur Erinnerung an seinen „Jugendfreund“ Franz Schubert.

Löwenthal, Max (1799–1872), wurde 1863 geadelt und war zuletzt General-Postmeister von Österreich. Unter seinen 1871 privat gedruckten Gedichten ist eines betitelt „Nemo profeta in patria“, das sich vielleicht auf Schubert bezieht. Er heiratete 1829

Sophie von Kleyle (1810–1889), die wie er selbst mit dem Dichter Nikolaus Lenau befreundet war.

Mayerhofer, Ferdinand Freiherr v. Grünbühel (1798–1869), heiratete 1832 Anna Hönig (siehe dort), nachdem sein Verlöbnis mit Jeanette v. Mitis 1829 gelöst worden war; er war 1849–1851 provisorischer Landeschef der Wojwodina (heute zu Jugoslawien gehörig) und des Banats (heute zu Ungarn gehörig) und starb als Feldmarschall-Leutnant.

Mayrhofer, Johann (1787–1836), versuchte schon 1831, nach dem Fall von Warschau, einen Selbstmord und stürzte sich während einer Cholera-Epidemie in Wien aus einem Fenster im dritten Stock des Bücher-Revisionsamtes zu Tode. Sein Freund, der Rechtsgelehrte Franz Alois Edler v. Zeiller (1751–Sommer 1828), mit dem Schubert und Anselm Hüttenbrenner verkehrt hatten, war ihm durch einen Sprung in die Donau als Selbstmörder vorangegangen.

Milder, Pauline Anna, verheiratete Hauptmann (1785–1838), die Berliner Hofopernsängerin, ging 1831 in Pension, gab aber noch 1836 in Wien ein Konzert und sang in einer der Abendunterhaltungen der Gesellschaft der Musikfreunde Schuberts „Hermann und Thusnelda"; sie lebte die letzten zwei Jahre mit ihrer verheirateten Tochter in Wien und starb in Berlin.

Mosel, Ignaz Edler v. (1772–1844), wurde 1829 erster Kustos der Hofbibliothek und heiratete nach dem Tod seiner zweiten Frau Katharina, geb. Lembert (1789–1832), noch einmal.

Müller, Sophie (1803–1830), die Burgschauspielerin, wurde bei ihrem frühen Tod von ganz Wien betrauert.

Nestroy, Johann (1801–1862), kehrte 1830 nach Wien zurück und war dort als Sänger, dann als Komiker und zuletzt als Direktor des Theaters in der Leopoldstadt tätig, das damals schon Carl-Theater hieß. Er starb als berühmter Komödien-Dichter in Graz.

Ottenwalt, Anton (1789–1845), wurde 1830 Adjunkt bei der Kammerprokuratur in Wien und starb dort mit dem Titel eines Hofrats. – Seine Frau Marie, geb. 1795 als v. Spaun (siehe dort), folgte ihm 1847. Ihr einziges Kind Karl war im Alter von acht Jahren 1837 gestorben.

Pachler, Marie, geb. Koschak (1794–1855), bekam kein Exemplar des ihr gewidmeten, privat gedruckten Liederheftes op. 106 und war genötigt, Diabellis Neuausgabe 1829 in Graz zu kaufen. – Ihr Gatte Karl (1789–1850) war ihr vorangegangen. Der Sohn Faust (1819–1891), ein bescheidener Poet, wurde Kustos der Hofbibliothek.

Paumgartner, Sylvester (um 1763–1841), veranstaltete 1839 in seinem Musiksalon in Steyr ein Konzert zugunsten des Mozart-Denkmals in Salzburg.

Pinterics, Karl (gest. 1831), hinterließ eine Sammlung von Schubert-Liedern, die an Wittezek, und einen Katalog von 505 dieser Lieder, der an Doppler gelangte, aber auch der Witteczek-Sammlung zugute kam.

Pyrker v. Felsö-Eör, Johann Ladislaus (1772–1847), der Erzbischof, schrieb 1842 für das Salzburger Mozart-Fest eine von S. v. Neukomm komponierte Hymne „Österreich", in der folgende Zeilen stehen: „Auch laßt uns Schubert preisen ob seiner Zauberweisen!"

Randhartinger, Benedikt (1802–1893), war als Nachfolger Aßmayrs Kapellmeister der Hofkapelle von 1862 bis 1866. Um 1830 widmete er dem Gedächtnis Schuberts ein Vokalquartett mit Klavierbegleitung, „Ins stille Land"; Schubert hatte das gleiche

Gedicht von J. G. v. Salis 1816 als „Lied“ komponiert. Um 1860 revidierte er „Die schöne Müllerin“ für Diabellis Nachfolger Spina.

Rieder, Wilhelm August (1796–1880), ein guter Porträt- und Historienmaler, wurde Kustos der kaiserlichen Gemäldegalerie (1857–1878). – Sein Vater Ambros (1771 bis 1857), einer der wenigen Wiener Musiker, die Haydn, Mozart, Beethoven und Schubert gekannt hatten, starb in Perchtoldsdorf bei Wien. Sein Bruder Johann (siehe 3. Juli 1824) und seine Schwester Magdalena, später verehelichte Rupp, hatten Schubert auch gekannt.

Rinna v. Sarenbach, Ernst (um 1792–1837) starb als Hofarzt in Wien.

Rueskäfer, Michael Freiherr v. Wellenthal (1794–1872), wurde Unterstaats-Sekretär im Finanzministerium, bekam den Titel Exzellenz, wurde geadelt und ging 1862 in Pension. Nach dem Tod seiner ersten Frau Anna heiratete er Marie v. Hintermayr aus Steyr und nach deren Tod ihre Schwester.

Sauter, Ferdinand (1804–1854), wurde 1839 Versicherungs-Beamter und starb als degeneriertes Genie, dem Trunke ergeben.

Schellmann, Albert junior (1798–1854), folgte seinem Vater gleichen Namens (1759 bis 1844) als Landes- und Berggerichts-Advokat in Steyr. Seine Mutter Barbara, geb. Reutter (geb. 1770), starb ein Jahr nach ihrem Gatten. Über Seraphine, eine seiner zahlreichen Schwestern, siehe Ebner.

Schlechta, Franz Freiherr v. Wssehrd (1796–1875), wurde Sektionschef im Finanzministerium. Heinrich Hollpein, Ignaz Schuberts Stiefsohn, malte Schlechta 1835. Ein ziemlich langes Gedicht auf Schubert, von Schlechta um 1840 verfaßt und von ihm in einem Klub vorgelesen, ist verlorengegangen.

Schnorr v. Carolsfeld, Ludwig Ferdinand (1788–1853), ein hervorragender Historienmaler, war vor Rieder Kustos der kaiserlichen Gemäldegalerie im Belvedere. Seine mystischen Neigungen schwanden nach dem Tod seines Freundes Friedrich v. Schlegel (1829), aber er blieb bis zum Ende ein überzeugter Katholik.

Schober, Franz v. (1796–1882), gab seine Stellung im Lithographischen Institut 1829 auf, verlor, als der letzte der unglücklichen Familie, seine Mutter Katharina, geb. Derffel (1764–1833) vier Jahre später. Nach einem Prozeß gegen seinen Vetter Josef Derffel wegen des Gutes Chorherrn in Niederösterreich, ging er 1839 nach Ungarn als Gesellschafter und Verwalter bei adeligen Familien, war an den dortigen Kinderheimen der Komtesse Therese Brunsvik interessiert und fungierte eine Zeitlang als Liszts Sekretär in Ungarn. Dann ging er 1847 nach Weimar, wo er Kammerherr und Legationsrat wurde, oder wenigstens solche Titel erwarb, beinahe auch Generalintendant. In Dresden, wo er sich mit dem Konzertmeister François Schubert anfreundete, heiratete der alte Schwerenöter, der einst vergeblich um Marie v. Spaun geworben hatte und 1836 Justina v. Smetana seine letzte Liebe nannte, 1856 den Blaustrumpf Thekla v. Gumpert, die Schöpferin des bekannten „Töchter-Albums“, eines Jahrbuchs für Backfische. Die Ehe dauerte kaum vier Jahre, und ihr Verlauf ist gekennzeichnet durch den überlieferten Ausruf: „Thekla, ich erwürge dich!“ Er blieb in Dresden bis zu seinem Ende, wenn auch mit Unterbrechungen, in einer mit Möbeln seines Entwurfs versehenen Wohnung, mit einer Kupferstichsammlung, mehr als tausend Büchern, darunter einem einzigen Band mit seinen Gedichten (in drei verschiedenen Ausgaben) und einer anonym erschienenen Broschüre, die er über Liszt geschrieben hatte. Niemals brachte er es zuwege, seine Erinnerungen an Schubert zu schreiben. Seine Haushälterin, Frau Babette Wolf, lebte in jener Wohnung noch 1915.

Schönstein, Karl Freiherr v. (1797–1876), heiratete 1845 Rosalie v. Kleyle, eine der zahlreichen Töchter des Hofrats Joachim v. Kleyle (siehe Löwenthal), verlor sie aber innerhalb eines Jahrs, heiratete 1849 Amalia v. Winther aus München (gest. 1860), ging als Ministerialrat des Finanzministeriums 1856 in Pension und starb in Aussee, Oberösterreich. 1838 hatte er Liszt mit seinem Vortrag der „Schönen Müllerin" zu Tränen gerührt, und noch 1866 sprach Schwind von ihm als Baron Schönstein, dem wandernden Müllerburschen.

Schubert, Ferdinand (1794–1859), heiratete 1832 in zweiter Ehe Therese Spazier (1803–1882), wurde 1851 Direktor der Haupt-Normalschule und hinterließ ein Dutzend Kinder. Als er noch mehr davon hatte, war er genötigt, einige aufs Land zu geben, und es ereignete sich manchmal, daß der Schulmeister, der mit so vielen Kindern anderer Leute zu tun hatte, seine eigenen nicht erkannte, wenn er ihnen auf der Straße begegnete. – Ignaz (1785–1844) folgte seinem Vater 1830 als Schulmeister in der Vorstadt Roßau. – Karl (1795–1855) blieb Zeichen- und Schönschreib-Lehrer; seine Söhne Ferdinand (1824–1853) und Heinrich (1827–1897) wurden Maler; seine Tochter Karoline lebte von 1830 bis 1904. – Maria Theresia (1801–1878) überlebte ihren Mann, den Lehrer Matthias Schneider (1788 – 1851). – Die Stiefmutter Anna, geb. Kleyenböck (1783–1860) überwachte um 1830 die Handarbeits-Stunden, die ihre Töchter in der Roßauer Schule gaben: Maria (1814–1835) und Josefa (1815–1861), die später einen Herrn Zant und dann einen Herrn Bitthan heiratete. Annas Sohn Andreas (1823–1893) wurde Rechnungsrat; der andere, Anton Eduard (1826–1892), wurde unter dem Namen P. Hermann im Wiener Schottenstift ein hervorragender Prediger.

Schwind, Moritz v. (1804–1871), der Anna Hönig aufgegeben und vergeblich um Therese v. Hartmann geworben hatte, heiratete schließlich Louise Sachs, die Tochter eines badischen Majors, mit der er in einer sehr glücklichen Ehe lebte. Nach einer Zeit in Karlsruhe und einer anderen in Frankfurt am Main kehrte er endgiltig nach München zurück und wurde der bedeutendste deutsche Märchen- und Legenden-Maler. Er illustrierte aber auch gerne Bücher und malte oft seine eigenen „Gelegenheits-Gedichte", Bilder aus seinem Leben. Er war ein Meister des Zeichnens und der Komposition (besonders im Synchronisieren zeitlich aufeinander folgender Szenen auf einem Blatte oder einer Tafel), aber nicht so sehr ein Meister der Farbe. Oft verwendete er die Gestalten Schuberts und anderer Freunde in seinen Schöpfungen. Sein Plan, ein Musikzimmer mit Szenen aus Schuberts Werken zu schmücken, kam leider nicht über einige Bleistift- und Aquarell-Skizzen hinaus. Eine der Lünetten, die er für das Foyer der Wiener Hofoper malte, ist Schubert gewidmet, und die verstrichene Jugendzeit verherrlichte er in der großen Sepiazeichnung „Ein Schubertabend bei Ritter von Spaun", deren Ausführung in Ölfarben um 1870 leider nicht mehr vollendet worden ist. Musik begleitete ihn durch das ganze Leben, aber er war ein streitbarer Gegner Wagners und Liszts. Mit Schober lebte er meistens in Zwietracht, obwohl ihm der einst verehrte Jugendfreund den Auftrag für die Fresken in der Wartburg verschafft hatte.

Seidl, Johann Gabriel (1804–1875), wurde Gymnasial-Professor in Cilli, Steiermark, 1840 Kustos am Münz- und Antiken-Kabinett in Wien, aber auch Zensor. Sein Bildnis, 1829 von Teltscher gemalt, zeigt auf dem Klavier die Noten einiger von Schubert komponierten Gedichte Seidls: „Der Wanderer an den Mond", „Im Freien" und „Die Taubenpost". Seidls Sohn heiratete Ferdinand Schuberts Tochter Karoline.

Senn, Johann Chrisostomus (1795–1857), wurde Lehrer an einer Kadettenschule in Tirol, 1832 pensioniert, und verdiente seinen Lebensunterhalt dann als Schreiber in verschiedenen Anwalts-Kanzleien.

Smetana, Rudolf Ritter v. (1802–1871), trat nach dem Hinscheiden seiner Frau Justina (siehe Bruchmann) 1829 in den Redemptoristen-Orden und war zuletzt dessen General-Vikar. 1857 pensioniert, starb er wie sein Schwager Bruchmann in Gars, Bayern. Ein anderer Ordensbruder, Alois Pichler, gab 1904 einige Gedichte Smetanas unter dem Titel „Gott und – wir" heraus, biblische Sonette, von denen Proben schon 1902 in Karl Dilgskrons Biographie Smetanas erschienen waren.

Sonnleithner, Leopold Edler v. (1797–1873), wurde 1842 Hofrichter des Schottenstifts in Wien, aber auch Advokat, wie sein Vater Ignaz (1770–1831), mit dem er 1828 geadelt worden war. Sein seit 1812 geführtes Tagebuch ist nicht erhalten geblieben; aber er veröffentlichte wertvolle Aufsätze über die häusliche Musikpflege in Wien während der ersten Hälfte des 19. Jahrhunderts. Er sammelte auch Material über die Geschichte der Oper in Wien. Seine Erinnerungen an Schubert, 1857/58 für Ferdinand Luib geschrieben, sind in den Schubert-Erinnerungen, S. 89–103, wieder abgedruckt. – Seine Frau Louise, geb. Gosmar (1803–1858), starb vor ihm. Sein Onkel Josef (1766–1836) sammelte vor ihm Materialien zur Musikgeschichte.

Spaun, Josef Freiherr v. (1788–1865), wurde 1841 Direktor der Staatslotterie und Hofrat, 1859 Freiherr, und wurde 1861 pensioniert. Er hinterließ die wertvolle Schubert-Sammlung Witteczeks (siehe dort), die er geerbt hatte, der Gesellschaft der Musikfreunde. Er starb auf seinem Landsitz in Traunkirchen, Oberösterreich. Auf der Zeichnung, die Schwind für sein ideales Grabmal machte (Bildband, Tafel 413), ist die trauernde Nymphe des Traunsees zu sehen und auf einer Inschrift ein Vers aus Mayrhofers „Nachtstück". Spauns Erinnerungen an Schubert sind in der Sammlung der Schubert-Erinnerungen passim zu finden. Seine Frau Franziska, geb. Roner v. Ehrenwerth (1795–1890), starb in Görz; ihr Sohn Hermann wurde ein österreichischer Admiral. – Spauns Mutter Josefa (1757–1835) starb infolge eines Unfalls auf einer Straße in Wien. Sein Bruder Anton (1790–1849) wurde Syndikus der Oberösterreichischen Landesregierung, ein Geschichts- und Literatur-Forscher sowie Sammler österreichischer Volkslieder; seine Frau Henriette, geb. Vogelsang (1798–1870), überlebte Anton. Der Bruder Franz (1792–1829) starb früh als Bezirkskommissär in Steyr; seine Frau Louise, geb. Wanderer, lebte länger. Der Bruder Max (1797–1844) heiratete 1833 Marie Zach aus Laibach und wurde Hofsekretär der Allgemeinen Hofkammer in Wien. Über die Schwester Marie siehe Ottenwalt.

Spina, Karl Anton, Diabellis Gesellschafter seit 1824, übernahm die Firma, Schuberts Hauptverlag, 1853. Sie ging 1872 an Friedrich Schreiber über und 1876 an August Cranz in Hamburg und Leipzig. Vor dem ersten Besitzwechsel eröffnete Spina am 28. Februar 1851 den „Schubert-Salon" der Firma A. Diabelli & Co. in der Seilerstätte Nr. 2 (nahe dem Gasthof „Zur ungarischen Krone") mit einer Feier, die durch einen Prolog von Bauernfeld eingeleitet wurde. Am 25. November 1853 feierte Spina dort den 25. Todestag Schuberts. Schwinds Hoffnung, den Saal zu dekorieren, ging nicht in Erfüllung, aber das Haus wurde schon 1860 demoliert.

Stadler, Albert (1794–1888), veröffentlichte nur wenige Lieder seiner Komposition (Linz um 1835), darunter zwei nach Gedichten Karl Gottfried v. Leitners, die schon Schubert benützt hatte. Er übersiedelte 1845 nach Salzburg, wo seine Frau Antonie, geb. Weilnböck (siehe 13. Juli 1819), 1863 starb. Er wurde 1876 als niederösterreichischer Regierungsrat pensioniert. Seine Abschriften von Schubert-Liedern bis 1817 (jetzt bei Konsul Otto Taussig, Malmö) wurden, ähnlich Ebners Kopien (siehe dort), eine wichtige Quelle für die Gesamtausgabe der Werke Schuberts. – Seine Schwester Katharina (1798–1861) starb als Frau eines Normalschul-Lehrers, Franz Xaver Kojeder, in Schwanenstadt, Oberösterreich.

Streinsberg, Josef Ludwig v. (1798–1862), starb als Sektionschef eines Ministeriums. Über seine Frau Isabella siehe Bruchmann.

Teltscher, Josef (1801–1837), ein hochbegabter Porträtist als Lithograph, Aquarellist und Miniaturist, lebte später in Graz und ertrank im Hafen von Piräus während einer griechischen Reise. Das geschah während des Schwimmbadens; daß er ertrank, während er einem anderen das Leben retten wollte, ist nicht richtig: es geschah nach dem Versuch.

Tietze, Ludwig (1797–1850), wurde Pedell der Wiener Universität, Tenor der Hofkapelle und Mitglied des Komitees des Concert spirituel. Sein Name wurde amtlich Titze geschrieben.

Traweger, Ferdinand (gest. 1832), und seine Frau Elise (gest. 1846) hinterließen einen Sohn namens Eduard (1820–1909), der Rittmeister bei der Gendarmerie wurde und die letzte Person war, die Schubert noch gekannt hatte.

Umlauff, Johann Karl Ritter v. Frankwell (1796–1861), wurde Präsident des Oberlandesgerichts in Preßburg (Bratislava); er starb in Wien.

Unger, Johann Karl (1771–1836), mußte sich von seiner Tochter Karoline (1803–1877) trennen, als sie 22 Jahre alt Wien 1825 verließ. In der Saison 1839/40 war sie wieder am Kärntnertor-Theater engagiert, aber sie entsagte der Bühne 1843, als sie den französischen Gelehrten François Sabatier heiratete. Sie starb in Florenz.

Vering, Josef Edler v. (1793–1862), wurde später Spezialist für nervöse Erkrankungen, Ohrenleiden, Skrofeln und Gicht.

Vesque v. Püttlingen, Johann Ritter v. (1803–1883), der unter dem Pseudonym J. Hoven komponierte, wurde Sektionschef im Ministerium des Äußeren und Vizepräsident der Gesellschaft der Musikfreunde.

Vogl, Johann Michael (1768–1840), sang den „Erlkönig“ 1834 zum letzten Male öffentlich, trug aber die ganze „Winterreise“ bei Karl v. Enderes noch im Alter von über 70 Jahren vor und rührte die Gesellschaft sehr. In seinem verlorenen Tagebuch, das Bauernfeld in seinem Nachruf für Vogl 1841 zitierte, sprach er von Schuberts schlafwandlerischem Komponieren. In seinen Exemplaren der Schubert-Lieder sind allerhand Verzierungen für die Singstimme notiert; einige dieser Exemplare sind bei der Gesellschaft der Musikfreunde bewahrt. Seine Singschule blieb unvollendet, und das Fragment ist nicht erhalten. Vogls Frau, Kunigunde, geb. Rosa, lebte noch 1865 in Steyr, wohin sie sich nach seinem Tode zurückgezogen hatte.

Walcher, Ferdinand Ritter v. Uysdael (1799–1873), wurde Hofrat und Kanzleivorstand im Obersthofmeisteramt des Erzherzogs Karl, später des Erzherzogs Albrecht. Er heiratete Hermine Sartorius.

Weisse, Maximilian Ritter v. (1798–1863), seit 1826 mit Karoline Lierhammer aus Nürnberg vermählt, war von 1825 bis 1861 Direktor des Observatoriums in Krakau und wurde ein berühmter Astronom, 1848 korrespondierendes Mitglied der Royal Astronomical Society in London. Er starb pensioniert in Wels, Oberösterreich.

Weißenwolff, Johann Nepomuk Ungnad, Graf (1779–1855), Oberstleutnant und Verordneter der oberösterreichischen Stände, überlebte seine Frau Sofie Gabriele, geb.

Komtesse Breuner (1794–1847). Ihre Noten, darunter „das meiste von Schubert", erbten Anton v. Spauns Töchter Henriette und Josefine.

Witteczek, Josef Wilhelm (1787–1859), wurde 1828 Hofrat im Finanz-Ministerium. Er erwarb 1831 die von Pinterics (siehe dort) angelegte Sammlung von Schubert-Liedern und sammelte selbst alle bis 1850 gedruckten Werke Schuberts, meist in Erstausgaben, aber auch die ungedruckten in Reinschriften von der Hand eines Herrn Weiser, ausgenommen die Sinfonien, Messen und Opern: 88 Bände mit Registern, Kritiken, Bildnissen Schuberts und seiner Sänger und Instrumentalisten. Er vermachte diese Sammlung Josef v. Spaun, der sie seinerseits der Gesellschaft der Musikfreunde hinterließ. Sie war eine wichtige Quelle für die Gesamtausgabe der Werke Schuberts. Witteczeks Frau Wilhelmine, geb. Watteroth (1800–1847) starb, nachdem sie sich beim Essen in die Wange gebissen hatte. Witteczek hinterließ eine große Bibliothek und ein beträchtliches Vermögen, beides zum Wohle der Allgemeinheit.

VIII. BIBLIOGRAPHIE

a) Die wichtigsten Bücher über Schubert (in zeitlicher Folge)

Kreißle von Hellborn, Heinrich: „Franz Schubert" (Wien 1865). Ins Englische übersetzt von Arthur Duke Coleridge, London 1869, mit einem Anhang über Schuberts Sinfonien von George Grove

Reissmann, August: „Franz Schubert: sein Leben und seine Werke" (Berlin 1873)

Nottebohm, Gustav: „Thematisches Verzeichnis der im Druck erschienenen Werke von Franz Schubert" (Wien 1874)

Grove, George: Artikel in seinem „Dictionary of Music and Musician", Band III, S. 319–382, mit Nachträgen im Band IV, S. 768f. (London 1883). Der Artikel wurde in späteren Auflagen leicht verändert, mit einigen Nachträgen im Supplement 1940, von W. H. Hadow, H. C. Colles und K. Geiringer. Erst für die von Eric Blom besorgte Neuausgabe des Lexikons (1954) schrieb Maurice J. E. Brown einen ganz neuen Artikel

Friedlaender, Max: „Beiträge zur Biographie Franz Schuberts". Rostocker Dissertation (Berlin 1887). Spätere Fassung: „Franz Schubert: Skizze seines Lebens und Wirkens" (Leipzig 1928)

Schubert-Ausstellung der k. k. Reichshaupt- und Residenzstadt Wien, 1897 (Katalog)

Mandyczewski, Eusebius (und andere): „Franz Schubert. Kritisch durchgesehene Gesamtausgabe. Revisionsbericht" (Leipzig 1897). Der Bericht für Serie II stammt von Johann Nepomuk Fuchs, der für Serie VII und VIII von Ignaz Brüll und der für die Serien X, XI und XII von Julius Epstein.

Heuberger, Richard: „Franz Schubert" (Berlin 1902). Zweite Auflage 1908; dritte Auflage, revidiert von Hermann Freiherr von der Pfordten, 1920

Dahms, Walter: „Schubert" (Berlin 1912). Mit Benützung des von Alois Fellner gesammelten Materials; die zweite und die späteren Auflagen, ohne Illustrationen, mit Benützung des folgenden Werkes

Deutsch, Otto Erich: „Franz Schubert. Die Dokumente seines Lebens und Schaffens"; Band II, erste Hälfte: „Die Dokumente seines Lebens" (München 1914); Band III: „Sein Leben in Bildern" (München 1913). Der zweite Band vollendet in englischer Sprache: „Schubert. A Documentary Biography" (London 1946). Der erste Band bisher auch nur englisch: „Schubert. Thematic Catalogue of all his Works in chronological Order" (in collaboration with Donald R. Wakeling, London 1951). Der vierte Band (ursprünglich als zweite Hälfte des Bandes II geplant): „Schubert. Die Erinnerungen seiner Freunde" (Leipzig 1957, englisch London 1958)

Bauer, Moritz: „Die Lieder Franz Schuberts", Band I (Leipzig 1915). Band II ist nicht erschienen

Költzsch, Hans: „Franz Schuberts Klaviersonaten", Erlanger Dissertation (Leipzig 1927)

Capell, Richard: „Schuberts Songs“ (London 1928). Zweite Auflage, revidiert von Martin Cooper (London 1957)
Mies, Paul: „Schubert, der Meister des Liedes“ (Berlin 1928)
Katalog der Schubert-Zentenar-Ausstellung der Stadt Wien, 1928
Laaff, Ernst: „Franz Schuberts Sinfonien“. Frankfurt am Main Dissertation (Wiesbaden 1933)
Vetter, Walther: „Franz Schubert“ (Potsdam 1934)
Kahl, Willi: „Verzeichnis des Schrifttums über Franz Schubert, 1828–1928 (Regensburg 1938)
Paumgartner, Bernhard: „Franz Schubert“ (Zürich 1945)
Abraham, Gerald (Herausgeber): „Schubert. A Symposium“ (London 1946)
Einstein, Alfred: „Schubert. Ein musikalisches Porträt“ (Zürich 1952). Englische Ausgabe – New York 1951, London 1951. Französische Ausgabe – Paris 1958
Vetter, Walther: „Der Klassiker Schubert“. Zwei Bände (Leipzig 1953)
Brown, Maurice J. E.: „Schubert's Variations“ (London 1954)
Goldschmidt, Harry: „Franz Schubert — ein Lebensbild“ (Berlin 1954). Zweite Auflage 1958, dritte Auflage 1960, vierte Auflage 1962
Mies, Paul: „Franz Schubert“ (Leipzig 1954)
Brown, Maurice J. E.: „Schubert. A Critical Biographie“ (London 1958)
Hug, Fritz: „Franz Schubert. Leben und Werk eines Frühvollendeten“ (Frankfurt am Main 1958)

b) Auswahl aus den Schubert-Arbeiten des Verfassers

Schubert-Brevier. Berlin 1905
Anselm Hüttenbrenners Erinnerungen an Schubert. „Jahrbuch der Grillparzer-Gesellschaft“, Wien, Jahrgang XVI, 1906, S. 99ff.
Schuberts Aufenthalt in Graz 1827. „Die Musik“, Berlin, Jahrgang VI, 1. und 15. Januar 1907, S. 10ff. und 91ff.
Das Schuberthaus in der Roßau (Grünetorgasse). „Neues Wiener Tagblatt“, 22. August 1913
Das Schubert'sche Familienhaus (Säulengasse). „Neue Freie Presse“, Wien, 19. November 1913
Schubert in Ungarn. „Pester Lloyd“, Budapest, 13. Januar 1914 (Spätere Fassung, ungedruckt, Radio-Lesung, Budapest, 15. November 1935)
Schuberts Schöne Müllerin und die Sage von der Höldrichsmühle. „Alt-Wiener Kalender“, Wien, Jahrgang I, 1917, S. 48ff.
Franz Schuberts Briefe und Schriften. München 1919. Zweite Auflage – München 1922, dritte Auflage (englisch) – London 1928, vierte Auflage (mit Kommentar und den Briefen an Schubert) – Wien 1954
Ein Schuberthaus in Erdberg [richtig auf der Landstraße] (Erdbergerstraße). „Der Merker“, Wien, Jahrgang X, Juli 1919, S. 478ff.
Schubert im Fruhwirth-Haus (Technikerstraße). „Blätter des Operntheaters“, Wien, Jahrgang I, 1921, S. 26ff.
Schuberts Krankheit. „Zeitschrift für Musikwissenschaft“, Leipzig, Jahrgang IV, November 1921, S. 100ff. (Vgl. Jahrgang III, Juni–Juli 1921, S. 552ff.)
Die historischen Bildnisse Franz Schuberts in getreuen Nachbildungen. Wien 1922. Zweite Auflage, Privatdruck des Wiener Schubertbundes, Wien 1928

Schuberts Erstlinge. Vorwort zu „Franz Schuberts fünf erste Lieder“, in Faksimile-Reproduktion herausgegeben. Wien 1922, S. III ff.
Schuberts Vater. „Alt-Wiener Kalender“, Wien, Jahrgang IV, 1924, S. 134 ff.
Schuberts Gasteiner Sinfonie. „Neue Freie Presse“, Wien, 11. Juli 1925 (Spätere Fassung, ungedruckt, in der Radio-Lesung „Schuberts sinfonisches Schaffen“, Basel 5. Mai 1934)
Der intime Schubert. Sondernummer der Zeitschrift „Die moderne Welt“, Wien, Jahrgang VII, 1. Dezember 1925 (mit Beiträgen anderer Autoren)
Schuberts Einkommen. „Frankfurter Zeitung“, 4. August 1926. (Ergänzungen in der „Zeitschrift für Musikwissenschaft“, Leipzig, Jahrgang IX, Oktober 1926, S. 61 f., in „Schubert. A Documentary Biography“, London 1946, S. 932 ff., und in „Music & Letters“, London, Band 36, April 1955, S. 165 f.)
Die Originalausgaben von Schuberts Goethe-Liedern (Bibliographie). Wien 1926
Franz von Schober, Schuberts schwedischer Freund (ungedruckt), Vorlesung, Stockholm, 25. Januar 1927
Schubert ohne Guitarre. „Schubert-Gabe“ der „Österreichischen Guitarre-Zeitschrift“, Wien, Jahrgang II, 1928, S. 18 ff. (Vgl. „Zeitschrift für Musikwissenschaft“, Leipzig, Jahrgang XI, November 1928, S. 124 ff., und Jahrgang XIV, August–September 1932, S. 476 ff.)
Schwinds Schubertzimmer. „Schubert-Gabe“ der „Österreichischen Guitarre-Zeitschrift“, Wien, Jahrgang II, 1928, S. 46 ff. (Über die Skizzen für einen Musiksaal mit Bildern zu Schuberts Werken)
Einführung zu „Rosamunde“, Textbuch von Hugo Engelbrecht (sc. Schwarz) für Konzertaufführungen. Wien 1928, S. 3 ff.
Schubert unter den Wiener Sängerknaben. „Schubert-Zentenarfeier der Wiener Sängerknaben“, Wien 1928. S. 3 ff.
Das k. k. Stadtkonvikt zu Schuberts Zeit. „Die Quelle“, Wien, Jahrgang LXXVIII, April 1928, S. 477 ff.
Franz Schuberts Tagebuch (von 1816, Faksimile mit Vorwort und Transkription). Wien 1928 (New York 1928, ohne Vorwort, mit englischer Übersetzung des Textes)
Ferdinand Schuberts „Deutsches Requiem“ von Franz Schubert. Vorwort zur Neuausgabe der „Deutschen Trauermesse“. Wien 1928, S. 1 ff. (Vgl. „Zeitschrift für Musikwissenschaft“, Leipzig, Jahrgang XI, November 1928, S. 126 f.)
Schuberts Verleger. „Der Bär“, Leipzig, Jahrgang V, 1928, S. 13 ff.
Schuberts zwei Liederhefte für Goethe (Reinschriften). „Die Musik“, Berlin, Jahrgang XXI, Oktober 1928, S. 31 ff.
Das „Advokaten“-Terzett (ein Plagiat) von Schubert. „Zeitschrift für Musikwissenschaft“, Leipzig, Jahrgang XI, November 1928, S. 65 ff. (mit Notenbeilage)
Schuberts Popularität einst und jetzt. Vorlesung, Basel 5. Mai 1934. Abgedruckt in der „National-Zeitung“, Basel, Sonntags-Beilage, 1. Juli 1934
Goethe und Schubert. Vorlesung, Wien, 27. April 1935. Abgedruckt in der „Chronik des Wiener Goethe-Vereins“, Wien, Jahrgang XLI, 1936, S. 13 ff.
Grillparzer und Schubert. Vorlesung in der Grillparzer-Gesellschaft, Wien, 20. Januar 1936. Gedruckt von der Wiener Bibliophilen-Gesellschaft 1949, unter dem Titel „Schubert und Grillparzer“
The Riddle of Schubert's Unfinished Symphony. „The Music Review“, Cambridge,

Band I, Februar 1940, S. 36ff. (Vgl. Band II, Februar 1941, S. 63ff., und Mai 1941, S. 184, Band III, Februar 1942, S. 10ff.)

The Chronology of Schubert's String Quartets. „Music & Letters", London, Band XXIV, Januar 1943, S. 25ff.

The Reception of Schubert's Works in England. Vorlesung im Bedford College for Women, London, 28. November 1945. Gedruckt in „Monthly Musical Record", London, Band 81, Oktober–November 1951, S. 200ff. und 236ff. Deutsch in der „Österreichischen Musikzeitschrift", Wien, Jahrgang 2, Januar–Februar 1947, S. 21ff., unter dem Titel „Schuberts Aufnahme in England"

Schubert the Man. Vortrag im Bedford College for Women, London 1945. Gedruckt in „Schubert. A Symposium", herausgegeben von Gerald Abraham, London 1946, S. 9ff. Deutsch in „Lebendige Stadt, Literarischer Almanach", Wien 1955, S. 269ff., unter dem Titel „Der Mensch Schubert"

Schubert. A Documentary Biography. London 1946 (die Grundlage dieses Buches)

Schubert. Thematic Catalogue of all his Works (in collaboration with Donald R. Wakeling). London 1951

Schubert: The Collected Works. „Music & Letters", London, Band XXXII, Juli 1951, S. 226ff.

The Discovery of Schubert's Great C-Major Symphony. A Story in Fifteen Letters. „The Musical Quarterly", New York, Band XXXVIII, Oktober 1952, S. 528ff. Deutsch in der „National-Zeitung", Basel, 30. Dezember 1952, Abendblatt: „Die Entdeckung der großen C-Sinfonie von Schubert"

Ein unbekanntes Goethe-Lied von Schubert („Meeresstille", 1. Fassung). „Schweizerische Musikzeitung", Zürich, Jahrgang 92, November 1952

Neue Schubert-Dokumente. „Schweizerische Musikzeitung", Zürich, Jahrgang 93, September – Dezember 1953, S. 354ff., 406ff., 447ff., 492 ff. Als Sonderdruck erschienen – Zürich 1953

The Schubert Catalogue: Corrections and Additions. „Music & Letters", London, Band XXXIV, Januar 1953, S. 25ff.

Schubert-Museum der Stadt Wien in Schuberts Geburtshaus IX, Nußdorferstraße 54. Gedenkschrift. Wien 1954. Zweite Auflage (unverändert) 1958, dritte Auflage (verbessert) 1964. Englische Übersetzung von Maurice J. E. Brown 1964

Franz Schubert. Die Erinnerungen seiner Freunde. Leipzig 1957. Englische Ausgabe – London 1958, unter dem Titel „Schubert. Memoirs by his Friends"

NACHTRAG

Aus einem gedruckten Programm der Philharmonischen Gesellschaft in Laibach

10. Januar 1823

Gewöhnliche Gesellschafts-Akademie

Zum Vortrag kommende Stücke.

...

2. Der Wanderer. Arie, von Schubert.

...

Universitäts-Bibliothek, Laibach (jetzt Ljubljana). – Gefunden von Prof. Dr. Dragotin Cvetko, Ljubljana, mitgeteilt von Prof. J. N. Chochlow, Moskau. Zur Philharmonischen Gesellschaft in Laibach s. S. 51.

5. Dezember 1824 bis 22. Mai 1828. Das Kunst- und Industrie-Comptoir des Karl Lichtl in Pest, Kommissionärs mehrerer Wiener Musikverleger für Ungarn, zeigt in der „Vereinigten Ofner-Pester Zeitung" wiederholt Werke von Schubert an: Opus 19, 20, 27, 34, 37, 42, 45, 46, 51, 66, 67, 77 und 94. Ferner den Ende 1825 in Opus 49 erschienenen und am 6. Januar 1826 beim Pester Carneval (Hotel „Zu den Sieben Churfürsten") verwendeten Galopp (siehe S. 325). Auffällig ist, daß Lichtls Anzeigen manchmal den Wiener vorangehen: Opus 19 – 17. April 1825, op. 27 – 5. Dezember 1824, op. 66 – 27. August 1826 und op. 94 – 22. Mai 1828. Nur einmal, bei Opus 77, weicht Lichtls Preis von dem Wiener ab: 36 kr. statt 1 fl. 30 kr.; aber das ist wohl nur ein Versehen. Es gibt noch 28 andere Opera Schuberts und 6 Sammlungen, in denen er vertreten ist, die Lichtl vertrieb, die aber in seinen Anzeigen bisher nicht gefunden worden sind. Die Anzeigen der 13 oben genannten Werke sind von Prof. Chochlow ermittelt worden.

Aus der „Vereinigten Ofner-Pester Zeitung", 2. März 1826

Bei C. Miller, Kunst- und Musikalien-Händler in Pest ... sind wieder ganz neu erschienen: ... *Neueste Galoppe*, für das Fortepiano, von den 7 Kurfürsten 1826. Von *Schubert*. 20 kr.

Gefunden von Kálmán Isoz, Budapest, mitgeteilt von Prof. J. N. Chochlow. – Karl Theodor Müller firmierte aus unbekannten Gründen als C. Miller. – Das Wort Galoppe wurde damals auch für die Einzahl verwendet. – Für die Gesellschaftsbälle 1826 in jenem Pester Hotel war Schuberts Tanz offenbar orchestriert worden. – Die originale Klavier-Fassung zeigt in Millers Nachdruck weder den Namen des Verlegers noch den des Komponisten. Der Einblattdruck ist nur im Archiv der Stadt Budapest, als Beilage des folgenden Gesuches, erhalten geblieben.

Karl Lichtls Gesuch an den Pester Magistrat, 2. März 1826

Schon vor langer Zeit bin ich bei einem löblichen Magistrate bittlich eingeschritten, womit dem hiesigen Buchhändler Herrn K. A. Hartleben der Handel mit Musikalien, als ein von dem Buchhandel ganz verschiedener Zweig, verboten werden wolle, welche

Sache an den Magistratsrat v. Szepessy angewiesen wurde; – demungeachtet habe ich bisher auf dieses Bittgesuch keinen Bescheid erhalten.
Ferner hat der hiesige Musikalienhändler Herr Miller ein auf meine Kosten in Wien aufgelegtes musikalisches Werk hier nachstechen lassen, welches er auch öffentlich zum Kaufe darbietet...
Der gewöhnliche Ladenpreis der Musikalien ist überall 30 k per Bogen, welchen der Geschäftsmann jedoch zu 20 k erhaltet, wodurch es ihm möglich wird, seine Ankösten zu bestreiten und zugleich für seine Existenz zu sorgen. – Da nun Herr Hartleben laut Ankündigung sub ·/. den Bogen zu 20 k, also zu dem nämlichen Preise veräußert, zu welchem er ihm zu stehen kommt, so ist es klar, daß derselbe hieraus keinen Nutzen ziehe, sondern dies bloß aus boshafter Neckerei tue, um die Abnehmer der Musikalien von mir an sich zu ziehen, und mich dadurch zu verderben ...
Da jeder Diebstahl überhaupt, also auch der wie immer Namen habende gelehrte Diebstahl laut überall angenommenen Gesetzen und Gebräuchen verboten ist, so bitte ich, Herrn Miller, – welcher das sub ·//. beigefügte, auf meine Kosten in Wien aufgelegte musikalische Werk hier nachstechen ließ, wie solches sub ·///. zu sehen ist, und es wider alle Rechte zu meinem offenbaren Nachteil öffentlich veräußert, – sowohl die Platten, auf welche dasselbe gestochen ist, und die bei ihm vorrätigen Exemplare zu konfiszieren, als auch ihn zum Erlag des Preises der bereits unrechtmäßig verkauften Exemplare zu verhalten, welchen Betrag ich zu was immer für einen Zwecke zu verwenden, einem löblichen Magistrate überlasse ...

Karl Lichtl.
Inhaber des Kunst- und Industrie-Comptoirs
allhier.

Archiv der Stadt Budapest. – Gefunden von Kálmán Isoz. Mitgeteilt von Dr. János Maróthy und Prof. Dr. Bence Szabolcsi an Prof. Chochlow, und von diesem an den Herausgeber. – Die Beilagen des Gesuches waren: K. A. Hartlebens undatierte Anzeige der Opera 31, 45, 46 und 48 (dieses mit Guitarre-Begleitung) von Schubert, zu herabgesetzten Preisen; Lichtls zweite, in Wien für ihn gedruckte Ausgabe von Schuberts Opus 49 und Millers (Müllers) Nachstich des Galopps daraus. – Der Titel der für Lichtl gedruckten Ausgabe deutet darauf hin, daß nicht nur der Galopp, sondern auch die Ecossaisen in jenem Hotel, vom Dreikönigstag bis zum Aschermittwoch, zum Tanze aufgespielt worden waren.

Magistratsrat Franz Szepessys Referat, Pest, 7. April 1826

Was die Klage des Kunsthändlers Müller anbelangt, welcher beschuldigt wird, ein auf Kosten des Karl Lichtl aufgelegtes musikalisches Werk nachgestochen und verkauft zu haben, hat sich der hierüber durch mich vernommene Theodor Müller dahin geäußert, daß er die Galoppe und Ecossaisen des Herrn Lichtl nie gesehen, viel weniger gekannt habe, sondern jene einzelne Galoppe, welche er auf vielfältige Anfrage der Kunstliebhaber habe nachstechen lassen, aus dem allhier sub ·//. anliegenden Exemplare entnommen sei, welches auf dem Titelblatt den Herrn Anton Diabelli als Eigentümer anzeigt; hätte er aber jenes durch Herrn Lichtl aufgelegte Exemplar früher gekannt, so würde er nie den in Frage stehenden Nachstich veranlaßt haben. Ferner habe ich von dem hiesigen Notenstecher und Kupferdrucker Schmid, welcher den beanstandeten Nachstich besorgte, die Versicherung erhalten, daß nur 27 Exemplare von diesem Musikstück abgedruckt wurden und die Zinn-Platte selbst, als gegenwärtig noch nicht bezahlt, in seinen Händen sei. Da jedoch nach denen allerhöchsten Orts vorgeschriebenen Zensur-Verordnungen Theodor Müller nicht berechtigt war, auch dem Herrn Diabelli als einem Wiener Verleger irgendetwas nachzustechen, so habe ich dem Herrn Theodor Müller den ferneren Verkauf der annoch vorrätigen wenigen Exemplare des Nachstiches verboten, dem Kupferstecher Schmid aber aufgetragen, weder mehrere Exemplare abzuziehen, noch aber die Zinn-Platte dem Herrn Müller herauszugeben; ob demnach ofterwähnter Theodor Müller noch einer ferneren Strafe zu unterziehen sei, unterbreite ich der magistratischen Entscheidung.

Archiv der Stadt Budapest. – Gefunden und mitgeteilt wie oben. – Die Beilage war Diabellis erste Ausgabe von Schuberts Opus 49.

Entscheidung des Pester Magistrats, 10. April 1826

Nachdem Theodor Müller den angezeigten Nachstich einer Galoppe nicht aus des Bittstellers, sondern des Herrn Diabellis Verlag entlehnt zu haben angibt, wird demselben die verdiente Strafe für dermalen mit dem nachgesehen, daß er sich für die Zukunft nach den bestehenden Zensur-Regeln unter ansonst unnachsichtlich zu befahrenden schärferen Ahndung zu verhalten habe.

Archiv der Stadt Budapest. – Gefunden und mitgeteilt wie oben.

Anna Gräfin Revertera an Josef v. Spaun in Wien

Lemberg, 6. August 1826

Schubert lebt noch immer bei mir in großem Ansehen. Nur habe ich außer Revertera und Weinzierl nun keine Zuhörer mehr dafür.

Archiv Revertera, Schloß Helfenberg im Mühlkreis, Ober-Österreich. – Mitgeteilt, wie die Briefe vom 15. Dezember 1828 und vom 26. Januar 1829, von Prof. Dr. Andreas Markus, Linz. – Anna Gräfin Revertera, geb. von Hartmann, lebte mit ihrem Gatten Anton Graf Revertera seit 1826 in Lemberg, wo Mozarts Sohn Wolfgang als Musikdirektor damals den Cäcilienchor gründete. Spaun, mit ihr von Linz her bekannt, war vom Frühjahr 1825 bis Frühjahr 1826 dienstlich in Lemberg gewesen. – Über Weinzierl ist nichts bekannt; er mag der Vater des Komponisten Max von Weinzierl gewesen sein.

Aus dem „Harmonicon", London, September 1826 (Übersetzung)

In Prof. Waners *Musikalischer Akademie* hörten wir ... Goethes Ballade *Der Erlkönig*, in Musik gesetzt von F. Schubert ... und Schuberts Gesang *Der Gondelfahrer*.

Gräfin Revertera an Josef v. Spaun in Wien

Lemberg, 15. Dezember 1824 [recte 1828]

Daß ich Ihnen noch nicht für Ihren lieben, interessanten Brief dankte, sind Sie wirklich großenteils selbst schuld, da ich die wenigen freien Augenblicke, die mir mein Haus, meine Kinder und unser Stadtleben vergönnen, ganz den herrlichen Liedern widmete, welche Sie mir sendeten, und die mich, es scheint zwar ein Widerspruch zu sein, sooft ich sie zur Hand nehme, mit dem innigsten Danke gegen den Geber beseelten, während eben sie es waren, die mich immer so unwiderstehlich anzogen, abhielten, Ihnen meinen Dank auch auszudrücken. Das Zügenglöcklein, der Wanderer an den Mond, und die Hoffnung sind meine liebsten Gefährten und Freunde und haben deren auch außer mir noch eine Menge, nur nicht im Baronischen Hause, in dem sich der Geschmack noch nicht geändert hat. Der herrliche Psalm, den wir im Singverein von Schubert besitzen, gehört auch zu dem Rührendsten, was ich noch hörte. Er wurde sehr gut gegeben. Überhaupt herrscht in diesem Vereine ganz der rechte Geist, und es ist unglaublich, wie sich die Sänger gebessert haben, und was für schwere Fugen jetzt schon a prima vista getroffen werden.

Dieser Brief ist offenbar falsch datiert. Die Schubert-Lieder, darunter „Hoffnung" nach Schiller, erschienen erst 1827; „Das Zügenglöcklein" und „Der Wanderer an den Mond" waren erst 1826 entstanden. „Der 23. Psalm" aber, der 1831 erschien, war erst im Herbst 1828 von Schubert in einer Abschrift nach Lemberg gesandt worden (siehe S. 547). – Das mit Mozart junior befreundete Ehepaar Baroni-Cavalcabò, Gasparo und Josefine, geb. Komtesse Castiglioni, lebte in Lemberg; ihre Tochter Julie war Mozarts Schülerin auf dem Klavier. – Auffällig ist, daß die Gräfin nichts von Schuberts Tod schrieb, über den sie vielleicht erst später unterrichtet worden ist; vgl. 26. Januar 1829.

Gräfin Revertera an Josef v. Spaun in Wien

Lemberg, 26. Januar 1829

Herr von Willersdorf überbrachte mir vor einigen Tagen den zweiten Teil der Winterreise von unserem unsterblichen Schubert, dessen Hingang mich sehr ergriffen. Ich danke Ihnen vielmals dafür, ich habe mir in diesem Hefte bereits einige Lieblinge erkoren, worunter vorzüglich die Post. Woher wußten Sie denn, daß die Baroni mir den ersten Teil der Winterreise geschenkt hat?

Der erste Teil des Liederzyklus war am 14. Januar 1828 erschienen, der zweite erst am 30. Dezember.

REGISTER

VERZEICHNIS
DER IN DIESEM BUCH ERWÄHNTEN WERKE SCHUBERTS

(Die englische Ausgabe erschien vor dem Thematischen Katalog. In der vorliegenden Ausgabe sind die entsprechenden Katalognummern im Text zu finden)

GENERALREGISTER

(Personen, Sachen, Orte)

ERRATA

Seite	33	Kopfdatum: statt *September* lies *19. August*
	58	Kopfdatum: statt *26. Februar* lies *Anfang*
	68	Zeile 18: statt „*Iphigenie auf Tauris*" lies „*Iphigénie en Tauride*"
	73	Zeile 7 von unten: statt *11.* lies *17. Oktober*
	153	Überschrift: das Datum *Frühjahr 1822* zwischen eckige Klammern
	154	Erste Anmerkung, Zeile 3: statt *Möskirch* lies *Meßkirch*
	172	Erste Anmerkung, Zeile 3: statt *(recte „Weib")* lies *(recte „Weib" statt „Mädchen"* und *„Der bleibt . . . ")*
	197	Zweites Dokument: das Datum *4. August 1823* ist zu streichen
	201	Dritte Anmerkung, Zeile 1: statt *(auch die letzte) Pressestimme* lies *von vier Pressestimmen*
	206	Zweite Anmerkung, Zeile 3: statt *Franz* lies *Josef*
	213	Kopfdatum: statt *22.* lies *20. Dezember*
	220	Letztes Dokument, Zeile 1 und 2: statt *Jen.* lies *Jän.* und statt *Sylvester, Silvester*
	240	Zweites (verlorenes) Dokument: ergänze als Anmerkung: *Siehe Seite 245*
	245	Zweites Dokument, Zeile 2: statt *vom v. M.* lies *vom 31. v. M.*
	252	Zweites Dokument: ergänze als Anmerkung: *Siehe Seite 253*

Inhalt